『전공략 新HSK 두달에 6급 따기』는 新HSK 시험을 한 번도 본 적이 없는 학습자라도 쉽게 학습할 수 있도록 각 영역별 공략법부터 실전 테스트까지 체계적으로 구성되어 있습니다. 또한 적중률 높은 엑기스 문제로만 구성된 실전 모의고사로 新HSK에 완벽하게 대비할 수 있습니다. 『전공략 新HSK 두달에 6급 따기』는 가장 정확하고 빠르게 고득점 합격의 길을 제시해드릴 것입니다.

全功略

全力以赴掌握新HSK成**功**的策**略**

맛있는 books

개정판 1쇄 발행	2014년 3월 28일
개정판 4쇄 발행	2018년 1월 15일

저자	차오진옌
번역	박정순 │ 권연은
기획	JRC 중국어연구소
발행인	김효정
발행처	맛있는books
등록번호	제300-2002-42호
편집	최정임 │ 이소연 │ 김소연 │ 조해천
디자인	신은지 │ 최여랑
제작	박선희
영업	김영한 │ 강민호
홍보	이지연
웹마케팅	오준석 │ 김희영

주소	서울 강남구 테헤란로 109, 8층
전화	**구입 문의** 02.567.3837, 02.567.3861 │ **내용 문의** 02.567.3860
팩스	02.567.2471
홈페이지	www.booksJRC.com

ISBN	978-89-98444-34-1 14720
	978-89-98444-28-0 (세트)
정가	27,000원

Copyright ⓒ 2014 맛있는books

이 도서의 국립중앙도서관 출판시도서목록(CIP)은 서지정보유통지원시스템 홈페이지(http://seoji.nl.go.kr)와
국가자료공동목록시스템(http://www.nl.go.kr/kolisnet)에서 이용하실 수 있습니다. (CIP제어번호 : CIP2014007826)

你们好！本书是我在多年对外汉语教学经验基础上，结合多年HSK命题和批卷经历写成的一本HSK6级综合性攻略书。

本书最大的特色就是针对性强。首先，书中所有的词汇、语法、例句、例题、文章等直接针对HSK6级的出题倾向，几乎包含所有HSK6级考试中会出现的语言点。

此外，本书各部分的编写都直接针对韩国学生的特点，对于韩国学生很容易出现的错误、很难掌握的部分，都给予重点讲解。比如作文中韩国式汉语部分，其中一些词如："中毒、退职、反对"等都是大部分学生会受韩语影响而误用的词汇，这样的词汇我们都单独拿出来讲解，让学生少走弯路。

视角独特是本书另一大特色。HSK6级各个部分解题的方法都不一样，有的部分技巧性强一些，比如听力部分、阅读三四部分，这几个部分在书写时我们从解题技巧的角度来讲解，让考生在最短时间内掌握解题技巧；而像阅读一二部分，则主要考察语法、词汇的基本功，对这部分的编写，我们采用正误对比、按词性分类的方法详细讲解，目的是让考生打下扎实的基本功；对于最难得分的作文部分，我们在编写时先从字数少的文章入手，循序渐进，由易及难，最终让学生能在不知不觉中提高自己的写作能力。

最后预祝所有的同学都能得到自己理想的成绩，充分展现出自己的汉语实力。

曹金艳

여러분 안녕하세요? 이 책은 제가 오랜 기간 동안 외국인에게 중국어를 가르친 경험을 바탕으로 HSK 출제 경력을 더해 완성한 HSK 6급 종합 공략서입니다.

이 책은 新HSK 출제 경향을 그대로 반영한 것이 가장 큰 강점입니다. 우선, 책 속의 어휘, 어법, 예문, 예제, 본문 모두 시험 문제 경향과 관련된 것이며 HSK 6급 시험에 출제되는 포인트를 거의 다 담고 있습니다.

이외에 이 책은 한국 학습자들의 특성을 감안해서 만들었습니다. 한국 학습자들에게 자주 나타나는 오류, 잘 이해하지 못하는 부분에 대해서 중점적으로 설명했습니다. '中毒, 退职, 反对'와 같은 어휘는 대부분의 한국 학습자들이 한국어의 영향을 받아서 잘못 쓰고 있는 한국어식 중국어 표현인데요, 이런 실수를 줄이기 위해 한국인들이 잘 틀리는 한국식 표현만 별도로 설명하기도 하였습니다.

이 책의 가장 큰 특징은 다른 각도에서 HSK 6급을 분석했다는 점입니다. HSK 6급의 각 영역별 공략은 모두 다릅니다. 어떤 부분은 스킬이 중요한데요, 듣기, 독해 제3부분과 제4부분의 경우는 문제를 푸는 기교적인 각도에서 설명했기에 학습자들이 짧은 시간에 문제 푸는 능력을 향상시킬 수 있습니다. 독해 제1부분과 제2부분에서는 학습자들이 어법, 어휘 등에서 탄탄한 기본기를 다질 수 있도록 문장 오류 비교 및 품사에 근거하여 상세하게 설명했습니다. 가장 어려워하는 쓰기 영역은 글자 수가 적은 것부터 점진적으로 늘려가며 연습하고 난이도가 쉬운 것에서 어려운 것으로 올려서 학습하도록 구성해 학습자들이 자기도 모르게 저절로 쓰기 능력이 향상될 수 있도록 구성하였습니다.

마지막으로 여러분 모두 원하시는 성적을 거두시고 중국어 실력을 맘껏 펼쳐보일 수 있기를 기원합니다.

차오진옌

차례

『전공략 新HSK 두달에 6급 따기』는 본책, 해설집, 실전 모의고사로 구성된 新HSK 종합서입니다. 新HSK 6급을 한 번도 본 적이 없는 학습자라도 쉽게 학습할 수 있도록 각 영역별 공략법부터 실전 테스트까지 체계적으로 구성되어 있으며, 적중률 높은 엑기스 문제로만 구성된 실전 모의고사로 新HSK에 완벽하게 대비할 수 있습니다.

1. 공략부터 실전 테스트까지 한 권으로 끝내는 新HSK 종합서의 결정판!

각 영역별 · 부분별로 꼼꼼한 공략 및 예제, 실제 시험에 가까운 난이도로 구성된 실전 테스트가 수록되어 있습니다. 한 권으로 新HSK 6급 시험을 종합적으로 준비할 수 있어 급수 획득이 쉬워집니다.

2. 최신 기출문제 및 출제 경향 완벽 분석

최신 기출문제를 바탕으로 각 영역별 출제 경향을 완벽히 분석했습니다. 출제 경향이 200% 반영된 기출문제 맛보기 및 공략 예제를 통해 문제 난이도와 공략 포인트를 파악할 수 있어 실력이 한층 업그레이드됩니다.

3. '기초 실력 테스트 → 기출문제 맛보기 → 공략하기 → 실전 테스트'로 이어지는 체계적인 학습 프로그램 제공

자신의 실력을 체크하는 「기초 실력 테스트」, 최신 기출문제로 문제 유형을 익히는 「기출문제 맛보기」, 유형별로 꼼꼼하게 짚어주는 「공략하기」, 실제 시험 난이도에 가까운 「실전 테스트」까지 체계적으로 학습할 수 있습니다.

4. 新HSK 전문가의 날카로운 공략 비법 제시

각 영역별 유형을 분석한 자료를 바탕으로 최적화된 공략 비법을 제시했습니다. 공략과 관련된 어법, 표현, 어휘가 한눈에 정리되어 있어 학습에 용이합니다. 공략마다 예제가 제공되어 있어 실제 시험에서 공략법을 어떻게 활용할 수 있는지 연습할 수 있습니다.

5. 시험 적응력을 높이고 실력을 극대화시키는 실전 문제 최다 수록

실제 시험 형식과 난이도로 구성된 예제 및 실전 테스트는 학습자의 시험 적응력을 높이고 시험장 환경에 익숙해지도록 하여 실력을 충분히 발휘할 수 있도록 도와줍니다. 모든 공략에 예제가 제시되어 있으며, Day별로 다양한 실전 테스트 문제가 수록되어 있어 풍부한 실전 경험을 쌓을 수 있습니다.

6. 두 달, 40일에 新HSK 6급 획득을 위한 꼼꼼한 학습 플랜 및 학습법 제공

두 달에 듣기 · 독해 · 쓰기 전 영역을 완벽하게 끝낼 수 있도록 학습 플랜을 제시하였습니다. 또한 사전 실력 점검을 통해 자신에게 맞는 수준별 학습법도 선택할 수 있습니다.

7. 상세하고 정확하게 풀이한 해설

친절하고 상세한 설명으로 학습자들이 틀린 문제를 정확히 알고 넘어갈 수 있습니다. 각 문제마다 상세한 해설과 함께 정답, 어휘 등을 수록하였습니다. 본책에서 배운 공략을 다시 한번 짚어보고, 실전 테스트에서 틀린 부분을 점검하여 고득점 획득의 발판을 마련할 수 있습니다.

8. 2013년 한반 개정 단어를 반영한 6급 만점 단어 및 실전 모의고사 1회분 수록

언제 어디서나 휴대하며 암기할 수 있는 6급 만점 단어 1500으로 어휘 실력을 단기간에 향상시킬 수 있으며, 적중률 높은 실전 모의고사로 응시 전에 마지막으로 자신의 실력을 점검할 수 있습니다.

『전공략 新HSK 두달에 6급 따기』는 'step1 기초 실력 테스트 → step2 기출문제 맛보기 → step3 공략하기 → step4 실전 테스트'로 구성되어 있어 체계적이고 단계적인 학습 방법을 제시합니다.

1. 오늘의 학습목표

학습에 들어가기에 앞서 반드시 학습해야 할 내용을 알아봅니다.

2. 내 실력이 궁금하다면? 기초 실력 테스트!

학습하기 전에 자신의 실력을 테스트해봅니다.

3. 출제 경향이 궁금해? 그럼 기출문제 맛보기로 해결!

최신 출제 경향을 완벽하게 반영한 문제로 新HSK 유형을 미리 알아봅니다.

4. 무엇을 중점으로 풀어야 하지? 난이도와 공략 Key로 끝!

문제의 난이도와 공략 Key로 자신의 취약점을 파악할 수 있어 학습 효과가 배가됩니다.

5. 이것만 알면 끝! 영역별 공략 비법 제시

고득점을 얻을 수 있는 학습 노하우를 이해하기 쉽게 정리했습니다. 다양한 예제로 공략 비법을 마스터하세요.

6. 예제에 제시된 주요 표현까지 놓치지 않고 Tip으로 정리!

新HSK에 자주 출제되는 주요 표현을 깔끔하게 정리했습니다. 예문을 통해 제시된 표현에 익숙해지세요.

7. 학습 후 복습까지 바로바로! 바로 체크~

학습한 내용을 바로바로 체크할 수 있어 학습 효과를 높일 수 있습니다.

8. 학습 효과 2배! 아무도 모르는 나만의 비법 노트!

각 영역에서 반드시 알아야 하는 빈출 어휘나 표현을 주제별로 모아 정리했습니다.

9. 실전 감각을 익힐 수 있는 실전 테스트!

공략에서 마스터한 내용을 실전 테스트를 풀어보며 실력을 확인해보세요.

10. 이것만 알면 어휘는 내 손안에~ 만점 단어 1500

2013년 한판 개정 단어를 반영한 필수 어휘 1500개를 10일 동안 나누어 공부할 수 있도록 구성되어 있으며, MP3 파일도 무료로 다운로드하실 수 있습니다.(www.booksJRC.com)

11. 적중률 높은 실전 모의고사!

두 달 동안 공략 비법을 마스터한 후, 실전 모의고사 1회분으로 실제 시험에 완벽하게 대비하세요.

- ◉ 필수적으로 암기해야 하는 중요 어휘에는 ★가 표시되어 있으며, 베테랑 저자의 조언 한 마디, 「토크 토크! 쌤의 한마디」도 놓치지 마세요.
- ◉ 본책의 「실전 테스트」는 해설집으로 따로 분리하여 담았습니다. 정확한 공략과 깔끔한 해설로 학습에 용이합니다.

新HSK는 제1언어가 중국어가 아닌 사람의 중국어 능력을 평가하기 위해 만들어진 중국 정부 유일의 국제 중국어 능력 표준화 고시로, 생활 · 학습 · 업무 등 실생활에서의 중국어 운용 능력을 중점적으로 평가하는 시험입니다.

❶ 용도

- 중국 대학(원) 입학 · 졸업식 평가 기준
- 한국 대학(원) 입학 · 졸업식 평가 기준
- 중국 정부 장학생 선발 기준
- 한국 특목고 입학식 평가 기준
- 교양 중국어 학력 평가 기준
- 각급 업체 및 기관의 채용 · 승진을 위한 기준

❷ 구성

新HSK는 국제 중국어 능력 표준화 시험으로, 필기 시험과 회화 시험 두 가지 부분으로 나뉘며, 회화 시험은 녹음 형식으로 이루어집니다.

필기 시험	新HSK 6급	新HSK 5급	新HSK 4급	新HSK 3급	新HSK 2급	新HSK 1급
회화 시험	HSKK 고급		HSKK 중급		HSKK 초급	

❸ 등급

新HSK의 각 등급과「국제 중국어 능력 기준」,「유럽 언어 공통 참고 규격(CEF)」의 대응 관계는 아래의 표와 같습니다.

등급	어휘량	국제 중국어 능력 기준	유럽 언어 규격(CEF)
新HSK 6급	5,000 이상	5급	C2
新HSK 5급	2,500	5급	C1
新HSK 4급	1,200	4급	B2
新HSK 3급	600	3급	B1
新HSK 2급	300	2급	A1
新HSK 1급	150	1급	

4 원서 접수

① 인터넷 접수 : 한국HSK사무국 홈페이지(www.hsk.or.kr)에서 접수

② 우편 접수 : 구비 서류를 동봉하여 한국HSK사무국으로 등기 발송
  구비 서류 응시 원서(최근 6개월 이내에 촬영한 반명함판 사진 1장 부착) 및 별도 사진 1장,
      응시비 입금 영수증

③ 방문 접수 : 서울공자아카데미로 방문하여 접수
  접수 시간 평일 오전 9시 30분~12시, 오후 1~5시 30분 / 토요일 오전 9시 30분~12시
  구비 서류 응시 원서, 최근 6개월 이내에 촬영한 반명함판 사진 3장

5 시험 당일 준비물

① 유효한 신분증

주민등록증, 운전면허증, 기간 만료 전의 여권, 군 장교 신분증, 현역 사병 휴가증
- 18세 미만(주민등록증 미발급자) : 기간 만료 전의 여권, 청소년증,
                  HSK 신분 확인서(한국 내 소재 초중고 재학생만 가능)
- 주민등록증 분실 시 재발급 확인서는 인정되나, 학생증, 사원증, 의료보험증, 주민등록등본,
  공무원증 등은 인정되지 않음.

② 수험표

③ 2B 연필, 지우개

6 성적 발표

① 시험일로부터 1개월 후에 중국 고시 센터 홈페이지(www.chinesetest.cn)에서 응시 자 개별 성적 조회 가능

② 시험일로부터 40일경에 등기 우편으로 성 적표 발송

③ 新HSK 성적은 시험일로부터 2년간 유효함

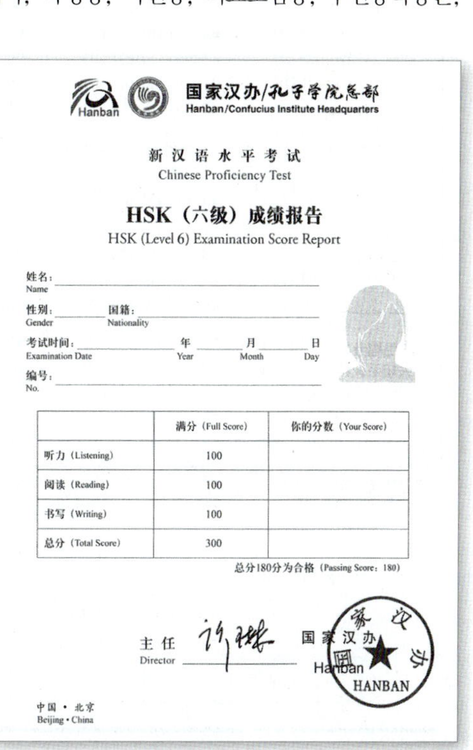

	满分 (Full Score)	你的分数 (Your Score)
听力 (Listening)	100	
阅读 (Reading)	100	
书写 (Writing)	100	
总分 (Total Score)	300	

新 汉 语 水 平 考 试
HSK(六级)答题卡

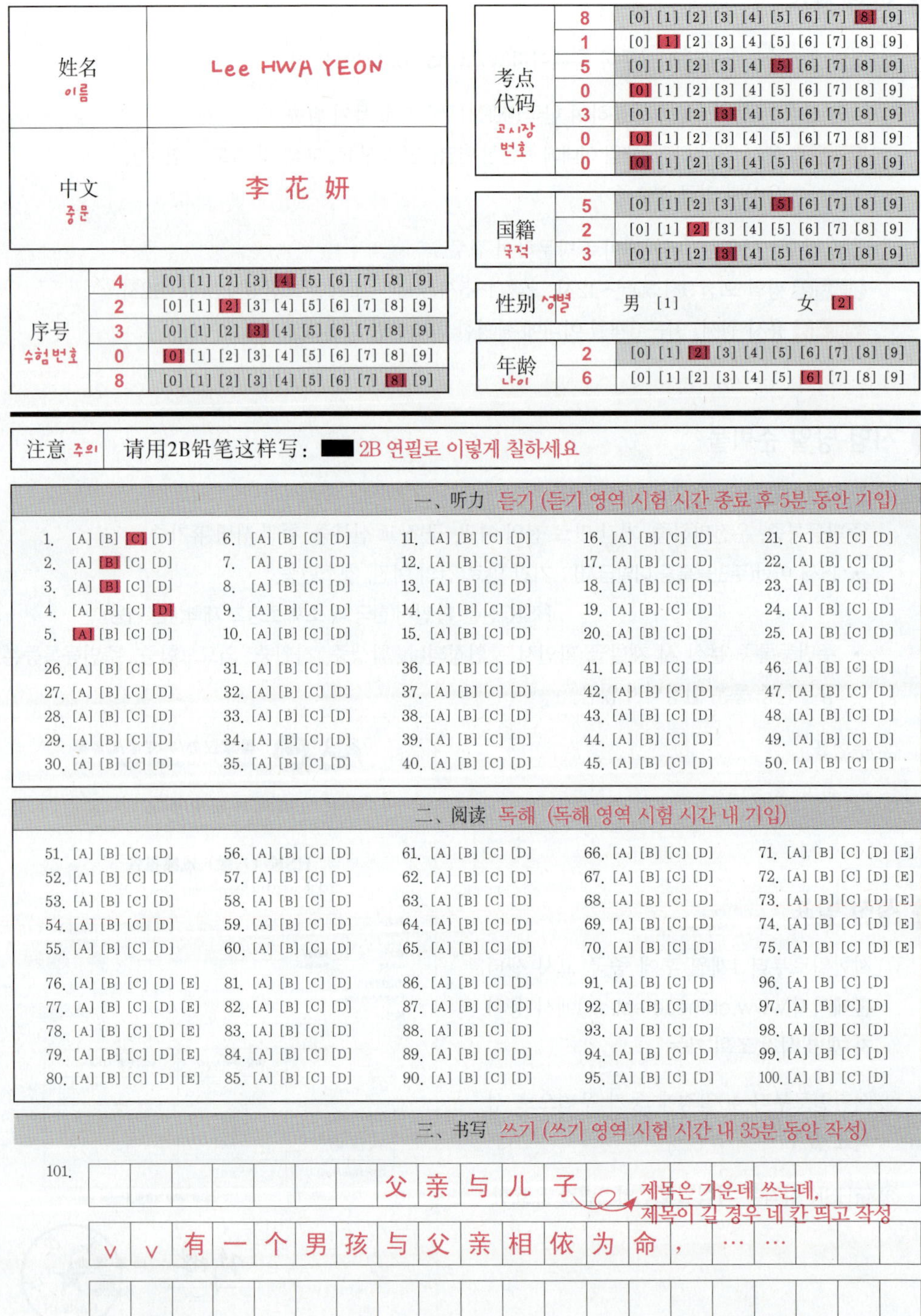

❶ 대상

新HSK 6급은 5,000개 또는 5,000개 이상의 상용 어휘와 관련 어법 지식에 숙달한 학습자를 대상으로 합니다.

❷ 구성

新HSK 6급은 총 101문제로, 듣기·독해·쓰기 세 영역으로 구성되어 있습니다.

영역		문제 유형	문항 수		시험 시간
듣기 (听力)	제1부분	단문 듣고 일치하는 내용 고르기	15	50	약 35분
	제2부분	인터뷰 듣고 질문에 답하기	15		
	제3부분	단문 듣고 3~4개 질문에 답하기	20		
		듣기 영역 답안지 작성			5분
독해 (阅读)	제1부분	제시된 4개의 보기 중 틀린 문장 고르기	10	50	50분
	제2부분	빈칸에 들어갈 알맞은 어휘 고르기	10		
	제3부분	빈칸에 들어갈 알맞은 문장 고르기	10		
	제4부분	장문 읽고 4~5개 질문에 답하기	20		
쓰기 (书写)	작문	한 편의 글 읽고 요약하기	1		45분
		합계	101		약 135분

❸ 영역별 배점표

- 新HSK 6급 성적표는 듣기·독해·쓰기 세 영역의 점수와 총점이 기재됩니다.
- 각 영역별 만점은 100점이며, 영역별 점수에 상관없이 **총점 180점 이상**이면 합격입니다.

영역	문항 수	추정 배점	총점
듣기(听力)	50문항	2점	100점
독해(阅读)	50문항	2점	100점
쓰기(书写)	1문항	100점	100점
계	101문항		300점

⊙ 문제 유형

	문제 유형	문항 수	시험 시간
제1부분	단문 듣고 일치하는 내용 고르기	15	
제2부분	인터뷰 듣고 질문에 답하기	15	50 · 약 35분
제3부분	단문 듣고 3~4개 질문에 답하기	20	

⊙ 출제 유형 분석

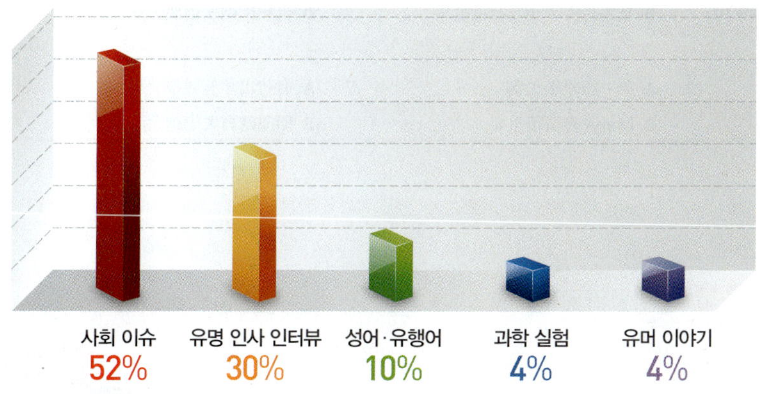

[check 1] 실용적인 글에 집중하자

듣기 문제에 제시되는 글은 실용적인 추세로 가고 있습니다. 사회 이슈, 유행어, 개인 일화, 과학 실험 등의 내용이 주로 출제되는데 표현적인 면에서도 상용 어휘를 사용하는 경향을 보입니다. 실용성이 강한 글과 관련 어휘 학습에 주력하세요.

[check 2] 겁먹지 마라! 중급 수준의 글이 제시된다

듣기는 총 50문제로 난이도는 대부분 중급 수준입니다. 핵심어 파악, 동일한 어휘와 문장 찾기 등 듣기 스킬을 잘 활용하면 좋은 점수를 얻을 수 있으니 지레 겁먹지 말고 차분히 녹음 내용을 듣는 훈련을 해보세요.

[check 3] 녹음 속도에 익숙해져라!

과거에 비해 녹음 속도가 다소 빨라지고 있습니다. 新HSK 5급과 비교해볼 때 상대적으로 속도가 많이 빨라지기에 당황할 수 있으니 평소에 듣기 연습을 충분히 해두세요.

하나의 단문을 듣고 녹음 내용과 일치하는 보기를 고르는 문제로, 녹음 내용은 한 번만 들려줍니다.

第一部分

第 1–15 题：请选出与所听内容一致的一项。

1.   A 小女孩没有花钱
     B 西瓜一块钱一斤
     C 小西瓜比大西瓜甜
     D 瓜农答应了小女孩的要求

6.   A 台风也有积极作用
     B 人们无法预测台风
     C 地球温度在逐年上升
     D 台风影响水资源分配

2.   A 第一印象很关键
     B 演讲时表情很重要

7.   A 有付出才有回报
     B 期望越高失望越大

학습 노하우

보기 내용을 먼저 확인하자

녹음을 듣기 전에 반드시 보기 ABCD를 먼저 살핀 후, 관련된 문장이 나오면 즉각적으로 반응해야 합니다. 보기와 일치하거나 비슷한 단어가 제시되는 경우가 많기 때문에 보기를 보고 대략적인 내용을 파악해놓으면 정답을 찾기가 쉬워집니다.

녹음 내용을 받아쓰기 연습하자

듣기 훈련은 많은 연습이 필요합니다. 한 문장을 듣고, 들은 문장을 쓰고 난 후에는 원문과 대조해보고 자신의 취약점을 파악하는 것이 듣기 실력을 향상시킬 수 있는 가장 좋은 방법이며 동시에 한자와 어휘 실력도 향상시킬 수 있습니다. 또한 듣기 지문을 읽는 연습도 해보세요. 문장을 많이 읽으면 어휘 암기에도 도움이 되며 중국어 어감에도 익숙해집니다.

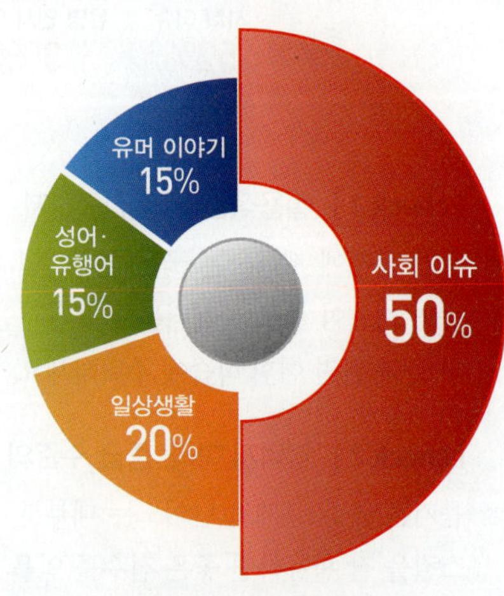

〈기출 문제 유형 분석〉

제2부분 총 15문항

인터뷰 내용을 듣고 알맞은 답을 고르는 문제로, 3개의 인터뷰와 인터뷰당 5개의 문제로 구성되어 있습니다. 녹음 내용은 한 번만 들려줍니다.

第二部分

第 16–30 题：请选出正确的答案。

16. **A** 准备退休
    B 续写了《红楼梦》
    C 希望年轻人多读书
    D 劝阻人们续写《红楼梦》

21. **A** 脚踏实地地做事
    B 宏观看世界
    C 合理配置资源
    D 做事之前作好计划

17. **A** 写作时间短
    B 重视故事的结局

22. **A** 企业利润不高
    B 经历过多次失败

보기 내용을 근거로 문제를 판단하자

인터뷰로 구성된 제2부분은 보기항을 보고 질문의 내용을 어느 정도 짐작할 수 있습니다. 일반적으로 보기 내용 가운데 정답이 그대로 들리는 경우가 빈번하므로 반드시 보기를 먼저 파악해야 합니다.

인터뷰이의 신분에 주목하자

녹음 내용 중 직업, 연령, 참여한 행사 등 인터뷰이와 관련된 내용은 반드시 기억해야 합니다. 취재 이유나 직업 등은 첫 번째 대화의 질문과 대답에서 나오는 경우가 많으니 첫부분에 유의해서 들으세요.

질문 내용에 집중하자

제2부분은 녹음 내용이 길어 자칫하면 집중력이 떨어질 수 있습니다. 하지만 대부분 인터뷰 중에 주고 받는 내용을 그대로 묻는 경우가 많으니 질문 내용과 인터뷰이의 대답에 주의해서 들으세요.

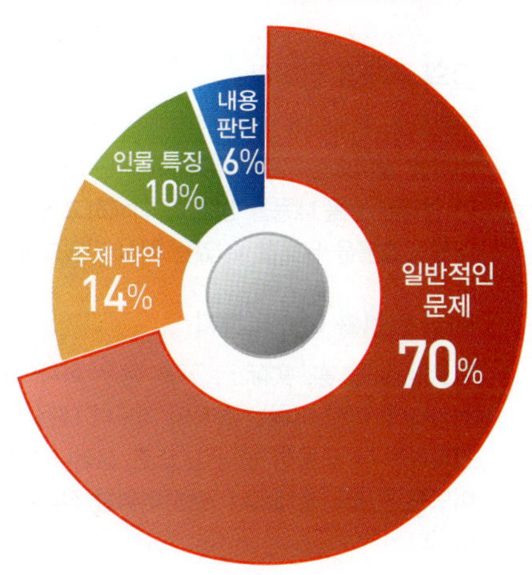

〈기출 문제 유형 분석〉

제3부분 총 20문항

단문을 듣고 알맞은 답을 고르는 문제로, 지문당 3~4개의 문제로 구성되어 있습니다. 녹음 내용은 한 번만 들려줍니다.

第三部分

第 31–50 题：请选出正确答案。

31. A 珍珠不够光滑
    B 想把它变小点儿
    C 想在中间穿个洞
    D 珍珠上有个黑点儿

36. A 缺少耐心
    B 在北大读书
    C 强调道德的重要性
    D 他孩子爱看书

32. A 被毁掉了
    B 被人偷走了

37. A 要教孩子理财
    B 做孩子的榜样

학습 노하우

글의 주제를 잡아라

단문으로 구성되어 있는 제3부분은 주로 글의 주제나 어떤 문장의 의미를 물어보는 것이 대부분이며 난이도가 비교적 높습니다. 듣기 영역은 녹음 내용을 전부 다 이해하고 푸는 것이 아니기에 전체 내용의 흐름을 유추할 수 있는 핵심 키워드 파악이 중요합니다.

핵심 어휘를 마스터하자

有人认为, 其实, 实际上, 可是 등은 화자의 관점을 드러내는 어휘입니다. 이런 어휘는 화자의 의도나 내용 판단과 관련된 문제를 간파하는 데 도움이 됩니다. 또한 성어나 일부 어휘의 의미를 물어보는 문제도 출제되니 관련 어휘를 정리해서 외워두는 것이 좋습니다.

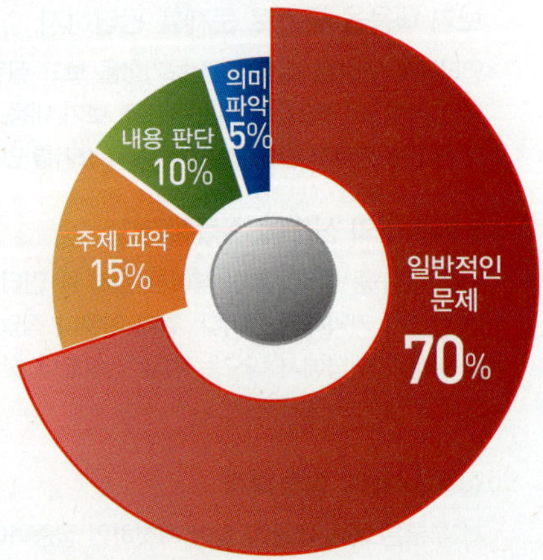

〈기출 문제 유형 분석〉

⊙ 문제 유형

	문제 유형	문항 수	시험 시간
제1부분	제시된 4개의 보기 중 틀린 문장 고르기	10	
제2부분	빈칸에 들어갈 알맞은 어휘 고르기	10	
제3부분	빈칸에 들어갈 알맞은 문장 고르기	10	50 · 50분
제4부분	장문 읽고 4~5개 질문에 답하기	20	

⊙ 출제 유형 분석

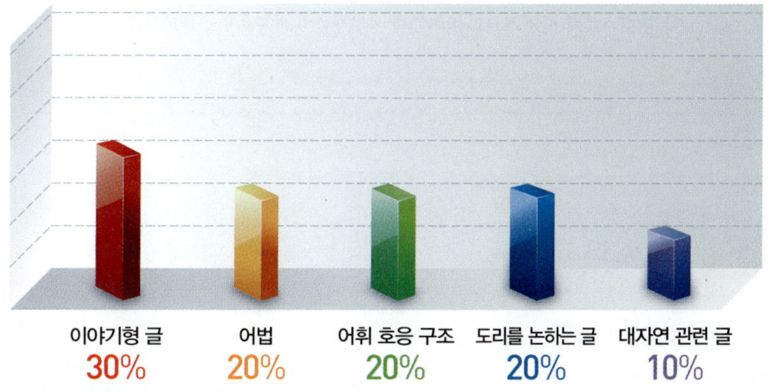

[check 1] 난이도가 낮은 유형부터 공략하라

제1부분이 난이도가 가장 높으며 제3부분과 제4부분은 난이도가 일정하지 않으며 상대적으로 제2부분이 수월한 편입니다. 난이도가 낮은 유형부터 공략하여 높은 점수를 얻을 수 있도록 준비하세요.

[check 2] 독해 영역은 시간 싸움이다

독해 영역은 50분 안에 50문제를 풀어야 합니다. 문항 수가 많기 때문에 특히 처음 응시하는 학습자의 경우에는 시간 안에 풀기가 어렵습니다. 틀린 문장을 고르는 유형인 독해 제1부분은 일반적으로 가장 나중에 푸는 것이 좋습니다.

[check 3] 자주 출제되는 지문 유형부터 익숙해져라

제1부분과 제2부분은 기본적인 어법 지식을 요구하며 제3부분과 제4부분은 실용적인 내용의 글이 비교적 많이 출제되고 과학 기술과 관련된 내용은 비교적 적습니다. 각 부분별 지문 유형을 파악하여 시험에 철저히 대비하세요.

제1부분 총 10문항

제시된 4개의 보기 중 틀린 문장을 고르는 문제입니다.

第一部分

第51–60题：请选出有语病的一项。

51.　**A** 对于一辆车来说，外观真的很重要。

　　　B 风既有大小，又有方向。因此风预报包括风速和风向。

　　　C 正所谓"宝马赠英雄"，在古代，马常被当作为珍贵的礼物给英雄赠送。

　　　D 傣族人把孔雀作为自己民族精神的象征，孔雀舞是最具傣族代表性的舞蹈。

학습 노하우

기본적인 어법 지식을 마스터하자

중국어의 특징을 파악하고 관련 어법 지식을 알고 있어야 합니다. 중국어의 특수 문장, 동태조사, 보어, 고정 형식 등의 기본 형식과 자주 범하기 쉬운 오류의 예를 분석하여 틀린 문장과 맞는 문장의 차이를 살펴보세요.

오류를 찾는 실전 감각을 익혀라

어법 지식을 마스터한 후에는 실전 문제를 많이 풀어보면서 학습한 내용을 확인하여 어법 실력을 다져야 합니다. 틀린 문장은 어떤 부분이 잘못되었는지 반드시 확인하고 맞는 문장으로 고쳐보는 연습도 해보세요.

조급함을 버려라

제1부분은 단시간에 실력이 늘지 않습니다. 실력이 향상되지 않는다고 조급해 하지 마세요. 매일매일 착실하게 준비한다면 좋은 결과를 얻을 수 있을 것입니다.

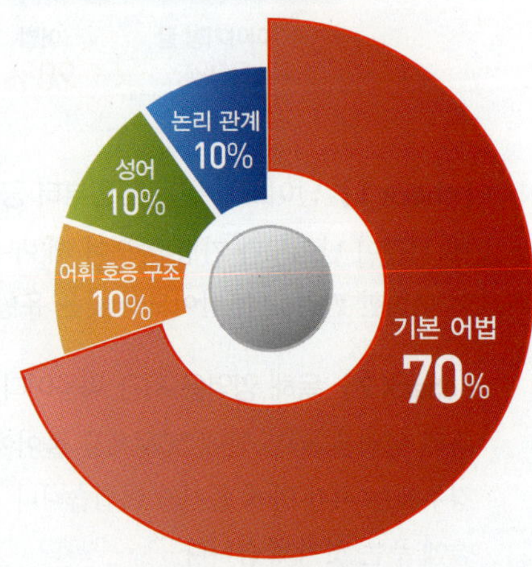

〈기출 문제 유형 분석〉

제2부분 총 10문항

지문당 3~5개의 빈칸에 들어갈 알맞은 어휘를 고르는 문제입니다.

第二部分

第 61–70 题：选词填空。

61. 小时侯，幸福是一件东西，______就幸福；长大后，幸福是一个______，
达到就幸福；成熟后，发现幸福原来是一种心态，______就幸福。

    A 拥护   眼光   奉献   **B** 占有   目光   贡献
    C 拥有   目标   领悟   **D** 拥抱   标志   觉悟

학습 노하우

기본적인 호응 구조를 익혀라

제2부분에서는 호응 구조의 출제 빈도율이 가장 높습니다. 기본 어휘의 호응 구조는 반드시 암기해야 하며 각 품사별로 자주 호응하는 어휘와 예문도 함께 익히는 것이 좋습니다.

빈칸 전후의 호응 관계에 주목하자

보기에 제시된 어휘 간의 차이점을 찾기보다는 빈칸 전후의 호응 관계에 좀 더 신경을 써야 합니다. 빈칸 전후에 제시된 내용을 근거로 앞뒤 문맥의 흐름을 파악하면 답을 찾는 힌트를 발견할 수 있습니다.

특수 문형을 활용하자

기본 어휘 외에 성어와 고정 형식, 접속사의 호응 구조에도 신경을 쓰는 것이 좋습니다. 또한 빈칸에 앞뒤 내용과 상반된 의미의 어휘가 들어가는 경우가 있습니다. 호응 구조 외에 반의어를 체계적으로 공부한다면 답을 찾기가 좀 더 수월합니다. 어휘 학습 시, 반의어도 함께 알아두세요.

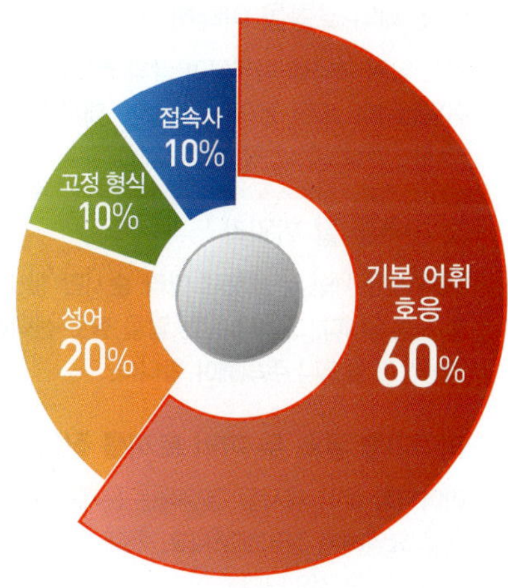

〈기출 문제 유형 분석〉

제3부분 총 10문항

지문당 5개의 빈칸에 들어갈 알맞은 문장을 고르는 문제입니다. 지문은 2개 제시됩니다.

第三部分

第71-80题：选句填空。

71-75.
　　在现实生活中，你和谁在一起的确很重要，甚至能改变你的成长轨迹，(71)___________。和什么样的人在一起，就会有什么样的人生。和勤奋的人在一起，你不会懒惰；和积极的人在一起，你不会消沉；与智者同行，你会不同凡响；与高人为伍，你能登上巅峰。

학습 노하우

글 전체의 흐름을 이해하자

빈칸 앞뒤 내용을 파악하여 글의 흐름을 이해하면 답을 찾기가 더 쉬워집니다. 또한 동의어, 반의어, 대사 등은 문장 간의 관계를 나타내는 키워드이니 꼭 기억하세요.

첫 단추를 잘 끼워라

제3부분은 내용의 흐름에 따라 순서만 잘 배열하면 답을 찾을 확률이 높습니다. 그러나 한번 답을 잘못 선택하면 다른 문제도 틀릴 가능성이 높으니 주의해야 합니다.

이야기형 글로 두 마리 토끼를 잡아라

이야기형 글이 제시된 경우에는 문제를 푼 후에 다시 읽어보고 내용을 요약해서 정리해보세요. 독해 연습과 함께 쓰기 영역을 잡는 밑거름이 될 것입니다.

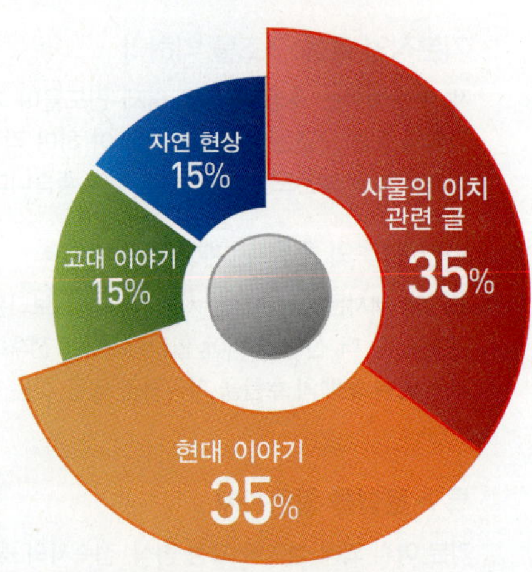

〈기출 문제 유형 분석〉

제4부분 총 20문항

긴 지문을 읽고 제시된 질문에 알맞은 답을 고르는 문제입니다.

第四部分

第 81–100 题：请选出正确答案。

81–84.

笛子是中国广为流传的吹奏乐器，因为是用天然竹材制成，所以也称为"竹笛"。虽然也有石笛和玉笛。不过，制作笛子的最好原料仍是竹子，因为这种材料的笛子声音效果最好。

笛子由一根竹管做成，里面去节，在管身上开有一个吹孔、一个膜孔、六个音孔。吹孔是笛子的第一个孔，

출제자의 의도를 간파하자

문장의 의미를 정확하게 파악하여 각 문제들이 요구하는 정답을 선택하는 유형으로, 문제를 출제한 출제자의 의도를 정확하게 파악하는 것이 가장 중요합니다. 또한 각 부분별 주요 정보를 캐내는 문제와 옳고 그름을 판단하는 유형의 문제도 자주 출제되니 관련 공략을 알아두세요.

질문과 보기를 먼저 보고 문제를 파악하자

독해 영역은 속도와 이해 능력이 관건입니다. 짧은 시간 안에 50문제를 풀어야 하기 때문에 모든 지문을 하나하나 자세히 해석할 수 없습니다. 주어진 시간 안에 문제를 정확히 해결하기 위해서는 먼저 질문과 보기의 내용을 살펴보고, 본문과 보기의 내용을 대조하며 핵심 키워드를 중심으로 살펴보는 것이 좋습니다.

다양한 글을 접하라

독해 지문을 다 푼 후에는 읽기 연습을 많이 해야 합니다. 특히 이야기형 글인 경우에는 지문 속 어휘가 자주 사용하는 것이기에 어휘 학습에도 도움이 됩니다. 하지만 과학과 관련된 글은 모든 문장을 다 읽어볼 필요가 없고 한번 훑어보면 됩니다.

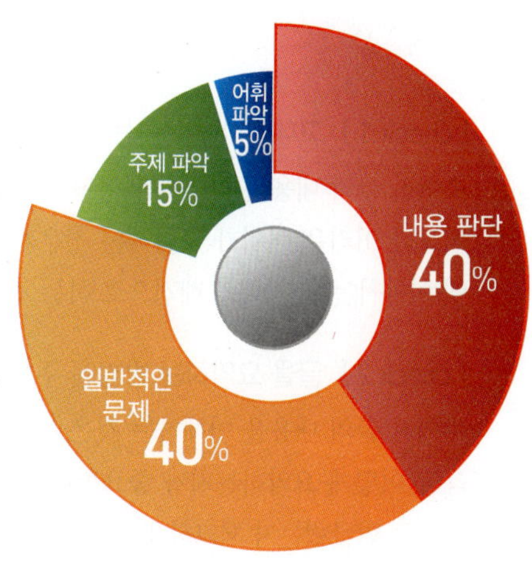

〈기출 문제 유형 분석〉

⊙ 문제 유형

	문제 유형	문항 수	시험 시간
작 문	한 편의 글 읽고 요약하기	1	45분

⊙ 출제 유형 분석

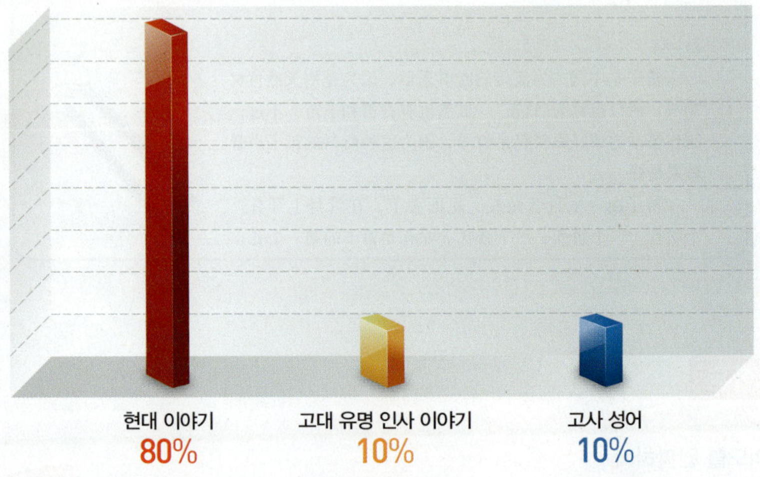

[check 1] 고대 이야기보다는 현대 이야기에 집중하자

주어진 글의 내용은 시대적 배경이 고대인 경우와 현대인 경우가 있는데, 옛 이야기인 경우에는 성어나 비교적 어려운 어휘가 출현하는 경우가 있어 독해하기에도 어려워 난이도가 비교적 높습니다. 그러나 옛 이야기는 이 시대를 배경으로 하는 경우보다 출제 빈도가 상대적으로 낮습니다.

[check 2] 글을 요약하는 방법에 주의하자

주어진 글의 내용을 이해하는 것은 그렇게 어렵지 않습니다. 하지만 글의 내용을 이해했더라도 관련 내용을 어떻게 요약하는지가 중요합니다. 글을 쓸 때는 관련 내용과 상반된 내용은 없는지, 주요 내용은 제대로 언급했는지 체크하세요.

[check 3] 채점 기준이 되는 요소를 파악하자

글자 수, 내용의 정확성, 오자, 어법 오류 등이 있는지 여부는 채점 시 먼저 보는 부분이기에 실수가 없는지 반드시 확인해야 합니다. 채점위원들은 이런 기본적인 부분을 먼저 본 후에 난이도가 있는 어휘나 성어, 숙어 등의 사용 여부를 보기에 이 부분에도 신경을 쓰면 점수를 높일 수 있습니다.

작문 `총 1문항`

10분 동안 1000자 정도의 글을 읽고 35분 동안 400자 내외로 요약하는 문제입니다. 지문을 읽는 동안 베끼거나 기록할 수 없으며 요약할 때 지문을 볼 수 없습니다.

> 第101題：缩写。
>
> (1) 仔细阅读下面这篇文章，时间为10分钟，阅读时不能抄写、记录。
> (2) 10分钟后，监考收回阅读材料，请你将这篇文章缩写成一篇短文，时间为35分钟。
> (3) 标题自拟。只需复述文章内容，不许加入自己的观点。
> (4) 字数为400左右。
> (5) 请把作文直接写在答题卡上。
>
> 　　益川敏英在上大学的时候，遇上一件令他十分头痛的事情——他的英语成绩全年级最差。英语老师也不止一次敲着桌子对益川敏英说："你这么聪明的一个人，怎么会学不好英语？ 如果你的英语一直这样的话，你怎么有可能到外国去留学，又怎么可能读得懂英文版的课程？"

학습 노하우

우선 짧은 글부터 시작하라

짧은 글을 읽고 내용을 요약하는 연습을 한 후, 차츰 글의 분량을 늘여 연습을 하고 어느 정도 익숙해지면 1000자 정도의 글을 읽고 요약하는 연습을 해보세요. 처음부터 너무 무리하다 보면 글을 독해하기도 힘들 뿐 아니라 작문 실력도 쉽사리 늘지 않습니다.

눈으로만 보지 말고 직접 작성하자

작문 실력을 향상시키려면 눈으로만 보지 말고 반드시 써봐야 합니다. 시험 전에 적어도 10편 정도는 연습해보아야 60점 이상을 얻을 수 있습니다. 또한 책 속의 예문이나 모범 답안을 많이 읽어 작문 감각을 익히고, 실제 시험에서 적절하게 활용할 수 있도록 성어나 고정 형식도 외워두세요.

시간 안배를 철저히 하자

쓰기 영역은 주어진 글을 10분 동안 독해하면서 관련 내용을 기억해야 하기 때문에 시간 안배가 중요합니다. 평소에 10분이라는 짧은 시간을 유용하게 쓰는 연습을 해보는 것도 좋습니다.

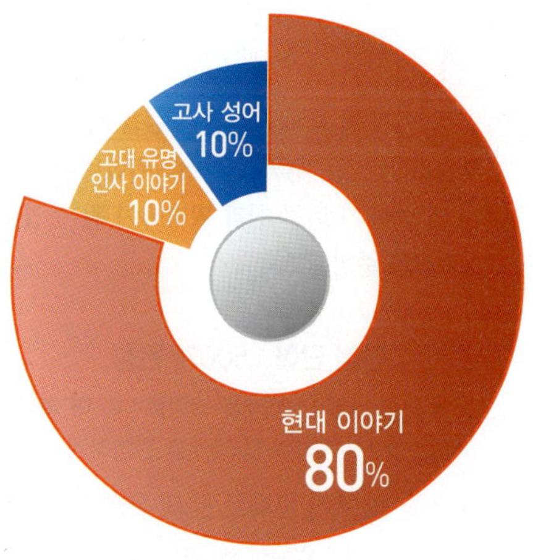

〈기출 문제 유형 분석〉

⊙ 자신의 실력을 미리 체크해보세요.

체크 사항	매우 그렇다 (4)	그렇다 (3)	보통이다 (2)	아니다 (1)
新HSK 6급 유형을 잘 알고 있다.				
영역별 특징과 자주 쓰이는 표현이 머릿속에 잘 정리되어 있다.				
듣기의 보기를 보고 질문을 유추할 수 있다.				
인터뷰 내용을 듣고 전체 내용을 파악할 수 있다.				
중국어의 특수 문장을 잘 파악하고 있다.				
중국어의 다양한 고정 형식을 알고 있다.				
주어진 시간 안에 제시된 지문을 읽고 문제를 풀 수 있다.				
지문의 이해도가 높으며 답을 찾지 못하는 경우가 거의 없다.				
긴 지문 속의 어휘를 80% 이상 알고 있다.				
원고지 작성법과 문장 부호 사용에 능숙하다.				
긴 지문을 읽고 간단하게 요약할 수 있다.				
고사성어나 관용어를 숙지하고 있다.				

⊙ 점수를 합산한 후 자신의 학습법을 알아보세요.

☐ 12점 이하 ➡ **A단계** ☐ 13~35점 ➡ **B단계** ☐ 36점 이상 ➡ **C단계**

A단계 이제 막 6급에 입문한 학습자!

이제 막 新HSK 6급 시험을 시작하는 학습자를 위한 학습법입니다. 이 단계의 학습자들은 방대한 어휘 학습과 쓰기 문제를 가장 어려워합니다. 기출문제에 제시된 어휘와 어법을 마스터한다면 6급 시험을 준비하는 데 있어 가장 큰 힘과 밑거름이 될 것입니다. 계획 없이 문제만 풀 것이 아니라 학습의 순서를 정해놓고 체계적으로 준비해보세요.

Plan 1 만점 단어 1,500개 완성

6급 만점 단어 1,500개를 10일로 나누어 하루에 150개씩 학습합니다. 10일이 지나면 다시 한 번 반복하고, 시험 전까지 2~3회 반복하여 1,500개를 완벽하게 마스터합니다.

Plan 2 맛보기 문제로 문제 유형 파악

新HSK에 처음 입문한 학습자들에게 가장 중요한 것은 출제 유형을 파악하는 것입니다. 출제 경향을 완벽하게 분석한 맛보기 문제를 풀어보고, 문제마다 제시된 공략법과 어휘를 반드시 자신의 것으로 만듭니다.

Plan 3 공략으로 실력 다지기

문제를 다 맞히는 것도 중요하지만 입문자에게 가장 중요한 것은 기초를 탄탄히 쌓는 것입니다. 공략에 설명된 내용을 꼼꼼히 읽어보고 HSK 전문가의 공략을 확인하여 경향에 맞는 해법을 익힙니다.

B단계 180점 합격을 목표로 하는 학습자!

빠른 합격을 목표로 하는 학습자들은 누구보다 조급한 마음을 갖기 쉽습니다. 그렇기 때문에 순서나 기본 원칙을 무시하고 무조건 많은 분량을 학습하길 원합니다. 하지만 많은 학습량보다는 틀린 문제를 다시 틀리는 일이 없도록 머릿속에 정확하게 집어넣는 것이 중요합니다. 오답 노트를 만들어 활용하는 것도 좋은 방법이 될 수 있습니다.

Plan 1 만점 단어 1,500개 확인!!

만점 단어 1,500개를 이미 학습했더라도, 시험 전에는 만점 단어 전체를 다시 한 번 확인합니다. 문제 풀이를 위주로 하다 보면 종종 막히는 어휘가 출현할 수 있습니다.

Plan 2 예제 문제 공략

문제를 풀어보면, 자신의 취약점을 알 수 있습니다. 기초부터 다시 공부하기보다는 자신의 부족한 부분에 해당하는 공략을 찾아 다시 한 번 복습하고 정답을 골라내는 기술을 익힙니다. 또한 그에 해당하는 예제를 완벽히 자기 것으로 만드는 것이 좋습니다. Tip에 제시된 어법과 표현에 관한 내용도 모두 외워 HSK의 흐름을 파악합니다.

Plan 3 실전 테스트로 실력 점검

HSK 시험에 익숙해지기 위해서는 무엇보다 문제를 많이 풀어보며, 실전 감각을 익히는 것이 중요합니다. 실전 테스트를 풀어보며, 자신이 틀린 문제가 난이도의 상·중·하 어디에 해당하는지 확인해 실력을 가늠해봅니다.

C단계 230점 이상 고득점을 원하는 학습자

어느 정도 중국어를 배운 학습자들은 고득점을 받기를 원합니다. 그러나 고득점을 받는 것은 쉬운 일이 아닙니다. 시험에서 고득점을 받기 위해서는 쓰기 영역의 점수를 올리는 것이 키포인트입니다. 대부분의 학습자들이 듣기나 독해 영역에서는 고득점을 받아도 그에 비해 쓰기에서는 고득점을 받지 못하는 경우가 허다하기 때문입니다. 매일매일 짧은 글을 읽고 요약해보며 작문 실력을 꾸준히 향상시켜야 합니다.

Plan 1 헷갈리는 어휘만 써보자

이 수준의 학습자라면 필수 어휘를 다시 공부할 필요는 없습니다. 하지만 쓰기 영역에 대비하여 헷갈리는 어휘를 써보는 연습을 하는 것이 좋습니다.

Plan 2 쓰기 영역에 철저히 대비하자

쓰기 영역에서 고득점을 획득하기 위해서는 글을 자주 써보는 훈련을 해야 합니다. '짧은 글을 읽으며 요약 연습하기 → 700자 글 읽으며 요약 연습하기 → 1000자 글 읽으며 요약 연습하기' 순으로 단계적으로 쓰기 능력을 키웁니다. 여러 글과 표현을 접하다 보면 문장력도 늘고 실전에 강해질 수 있습니다.

Plan 3 실전처럼 연습하자

아무리 열심히 공부했더라도 시간 안에 모든 문제를 풀지 못하면 고득점을 얻을 수 없습니다. 평소 실전 테스트를 시험 시간과 동일하게 맞춰 풀어봅니다.

新HSK 6급을 준비하는 학습자를 대상으로, 문제 유형 및 공략법을 학습하여 실력을 갖출 수 있도록 도와주는 학습 플랜입니다. 「기출문제 맛보기」로 문제 난이도와 경향을 파악하고 「공략하기」 및 「실전 테스트」로 학습 능력을 업그레이드할 수 있습니다.

학습일	듣기	독해	쓰기
01day	☐ 01day 기초 실력 테스트+맛보기	☐ 12day 기초 실력 테스트+맛보기 ☐ 12day 공략하기 1	☐ 36day 기초 실력 테스트
02day	☐ 01day 공략하기 1	☐ 12day 공략하기 2 ☐ 12day 실전 테스트	☐ 36day 맛보기
03day	☐ 01day 공략하기 2	☐ 13day 기초 실력 테스트+맛보기 ☐ 13day 공략하기 1	☐ 36day 공략하기 1
04day	☐ 01day 실전 테스트	☐ 13day 공략하기 2 ☐ 13day 실전 테스트	☐ 36day 공략하기 2
05day	☐ 02day 기초 실력 테스트+맛보기	☐ 14day 기초 실력 테스트+맛보기 ☐ 14day 공략하기 1	☐ 36day 실전 테스트
06day	☐ 02day 공략하기	☐ 14day 공략하기 2 ☐ 14day 실전 테스트	
07day	☐ 02day 실전 테스트	☐ 15day 기초 실력 테스트+맛보기 ☐ 15day 공략하기 1	
08day	☐ 03day 기초 실력 테스트+맛보기	☐ 15day 공략하기 2 ☐ 15day 실전 테스트	
09day	☐ 03day 공략하기	☐ 16day 기초 실력 테스트+맛보기 ☐ 16day 공략하기 1	☐ 37day 기초 실력 테스트
10day	☐ 03day 실전 테스트	☐ 16day 공략하기 2 ☐ 16day 실전 테스트	☐ 37day 맛보기
11day	☐ 04day 기초 실력 테스트+맛보기	☐ 17day 기초 실력 테스트+맛보기 ☐ 17day 공략하기 1	☐ 37day 공략하기 1
12day	☐ 04day 공략하기 1	☐ 17day 공략하기 2 ☐ 17day 실전 테스트	☐ 37day 공략하기 2
13day	☐ 04day 공략하기 2	☐ 18day 기초 실력 테스트+맛보기 ☐ 18day 공략하기 1	☐ 37day 실전 테스트
14day	☐ 04day 실전 테스트	☐ 18day 공략하기 2 ☐ 18day 실전 테스트	
15day	☐ 05day 기초 실력 테스트+맛보기	☐ 19day 기초 실력 테스트+맛보기 ☐ 19day 공략하기 1	
16day	☐ 05day 공략하기 1	☐ 19day 공략하기 2 ☐ 19day 실전 테스트	
17day	☐ 05day 공략하기 2	☐ 20day 기초 실력 테스트+맛보기 ☐ 20day 공략하기 1	☐ 38day 기초 실력 테스트
18day	☐ 05day 실전 테스트	☐ 20day 공략하기 2 ☐ 20day 실전 테스트	☐ 38day 맛보기

학습일	듣기	독해	쓰기
19day	☐ 06day 기초 실력 테스트+맛보기	☐ 21day 기초 실력 테스트+맛보기 ☐ 21day 공략하기 1	☐ 38day 공략하기 1
20day	☐ 06day 공략하기 1	☐ 21day 공략하기 2 ☐ 21day 실전 테스트	☐ 38day 공략하기 2
21day	☐ 06day 공략하기 2	☐ 22day 기초 실력 테스트+맛보기 ☐ 22day 공략하기 1	☐ 38day 실전 테스트
22day	☐ 06day 실전 테스트	☐ 22day 공략하기 2 ☐ 22day 실전 테스트	
23day	☐ 07day 기초 실력 테스트+맛보기	☐ 23day 기초 실력 테스트+맛보기 ☐ 23day 공략하기 1	
24day	☐ 07day 공략하기 1	☐ 23day 공략하기 2 ☐ 23day 실전 테스트	
25day	☐ 07day 공략하기 2	☐ 24day 기초 실력 테스트+맛보기 ☐ 24day 공략하기 1	☐ 39day 기초 실력 테스트
26day	☐ 07day 실전 테스트	☐ 24day 공략하기 2 ☐ 24day 실전 테스트	☐ 39day 맛보기
27day	☐ 08day 기초 실력 테스트+맛보기	☐ 25day 기초 실력 테스트+맛보기 ☐ 25day 공략하기 1	☐ 39day 공략하기 1
28day	☐ 08day 공략하기 1	☐ 25day 공략하기 2 ☐ 25day 실전 테스트	☐ 39day 공략하기 2
29day	☐ 08day 공략하기 2	☐ 26day 기초 실력 테스트+맛보기 ☐ 26day 공략하기 1	☐ 39day 실전 테스트
30day	☐ 08day 실전 테스트	☐ 26day 공략하기 2 ☐ 26day 실전 테스트	
31day	☐ 09day 기초 실력 테스트+맛보기	☐ 27day 기초 실력 테스트+맛보기 ☐ 27day 공략하기 1	
32day	☐ 09day 공략하기	☐ 27day 공략하기 2 ☐ 27day 실전 테스트	
33day	☐ 09day 실전 테스트	☐ 28day 기초 실력 테스트+맛보기+공략하기 1 ☐ 28day 공략하기 2+실전 테스트	☐ 40day 기초 실력 테스트
34day	☐ 10day 기초 실력 테스트+맛보기	☐ 29day 기초 실력 테스트+맛보기+공략하기 1 ☐ 29day 공략하기 2+실전 테스트	☐ 40day 맛보기
35day	☐ 10day 공략하기	☐ 30day 기초 실력 테스트+맛보기+공략하기 1 ☐ 30day 공략하기 2+실전 테스트	☐ 40day 공략하기 1
36day	☐ 10day 실전 테스트	☐ 31day 기초 실력 테스트+맛보기+공략하기 1 ☐ 31day 공략하기 2+실전 테스트	☐ 40day 공략하기 2
37day	☐ 11day 기초 실력 테스트+맛보기	☐ 32day 기초 실력 테스트+맛보기+공략하기 1 ☐ 32day 공략하기 2+실전 테스트	☐ 40day 실전 테스트
38day	☐ 11day 공략하기 1	☐ 33day 기초 실력 테스트+맛보기+공략하기 1 ☐ 33day 공략하기 2+실전 테스트	
39day	☐ 11day 공략하기 2	☐ 34day 기초 실력 테스트+맛보기+공략하기 1 ☐ 34day 공략하기 2+실전 테스트	
40day	☐ 11day 실전 테스트	☐ 35day 기초 실력 테스트+맛보기+공략하기 1 ☐ 35day 공략하기 2+실전 테스트	

Day			점수	self - check
	<예>		8/10	어휘의 뜻을 몰라 두 문제를 틀렸다. 빈출 어휘 다시 한 번 암기!!
듣기	제1부분	01day		
		02day		
		03day		
		04day		
	제2부분	05day		
		06day		
		07day		
	제3부분	08day		
		09day		
		10day		
		11day		
독해	제1부분	12day		
		13day		
		14day		
		15day		
		16day		
		17day		
		18day		
		19day		
		20day		
	제2부분	21day		
		22day		
		23day		
		24day		
		25day		
		26day		
		27day		
		28day		
	제3부분	29day		
		30day		
		31day		
	제4부분	32day		
		33day		
		34day		
		35day		
쓰기	작문	36day		
		37day		
		38day		
		39day		
		40day		

⊙ 시험 전날 check! check!

☐ **수험표와 2B 연필, 지우개, 신분증 등 준비물 챙기기**

쓰기 시험에 대비하여 2B 연필은 여분으로 더 준비하세요.

☐ **신분증 챙기기**

① 18세 이상의 주민등록증 기발급자 : 주민등록증, 운전면허증, 기간 만료 전의 여권, 주민등록증 발급 신청 확인서(군 장교 · 현역 사병의 경우, 군 장교는 신분증, 현역 사병은 휴가증 인정)

② 18세 미만의 주민등록증 미발급자 : 기간 만료 전의 여권, 청소년증, HSK 신분 확인서(한국 내 소재 초중고 재학생인 경우, 발급일 6개월 이내의 것으로 학교 직인을 받은 HSK 신분 확인서 인정)

③ 외국인 : 기간 만료 전의 여권, 외국인등록증

주의 학생증, 사원증, 국민건강보험증, 주민등록등본, 공무원증 등은 인정되지 않습니다.

☐ **고사장 위치 확인하기**

한국HSK사무국 사이트에서 고사장의 위치를 확인하고, 교통편을 숙지하세요.

☐ **손목 시계 챙기기**

휴대 전화 등 전자기기를 사용할 수 없어요.

⊙ 시험 당일 check! check!

☐ **시험장에 도착하기 전**

- 지각하지 않도록 여유 있게 출발하세요. 시험 시작 시간보다 일찍 도착해서 마음을 가라앉히고 최종 점검을 해보세요.
- 시험장으로 가는 길, 자신이 자주 틀렸던 문제를 다시 한번 검토해보세요.

☐ **시험장에서는?**

- 오답 노트 등 자신만의 자료로 파이널 점검을 하세요. 자신이 자주 잊어버리거나 획수가 많은 한자를 써보는 것이 좋습니다.
- 시험 도중에는 퇴실할 수 없으니, 화장실은 미리 다녀오세요.
- 시험 규정과 고시장 수칙을 반드시 준수하세요. 위반 시 부정 행위 처리, 자격 제한 등의 처벌을 받을 수 있으므로 HSK 규정에 반드시 따르도록 합니다.

듣기

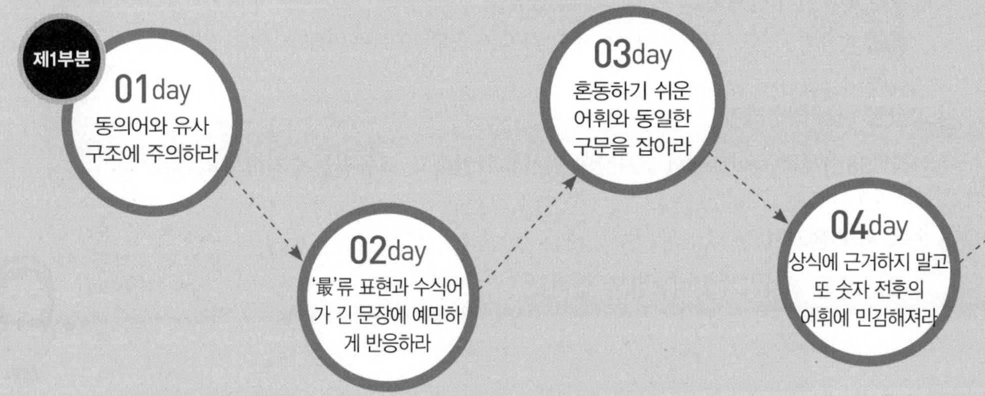

제1부분
01day
동의어와 유사
구조에 주의하라

02day
'最'류 표현과 수식어
가 긴 문장에 예민하
게 반응하라

03day
혼동하기 쉬운
어휘와 동일한
구문을 잡아라

04day
상식에 근거하지 말고
또 숫자 전후의
어휘에 민감해져라

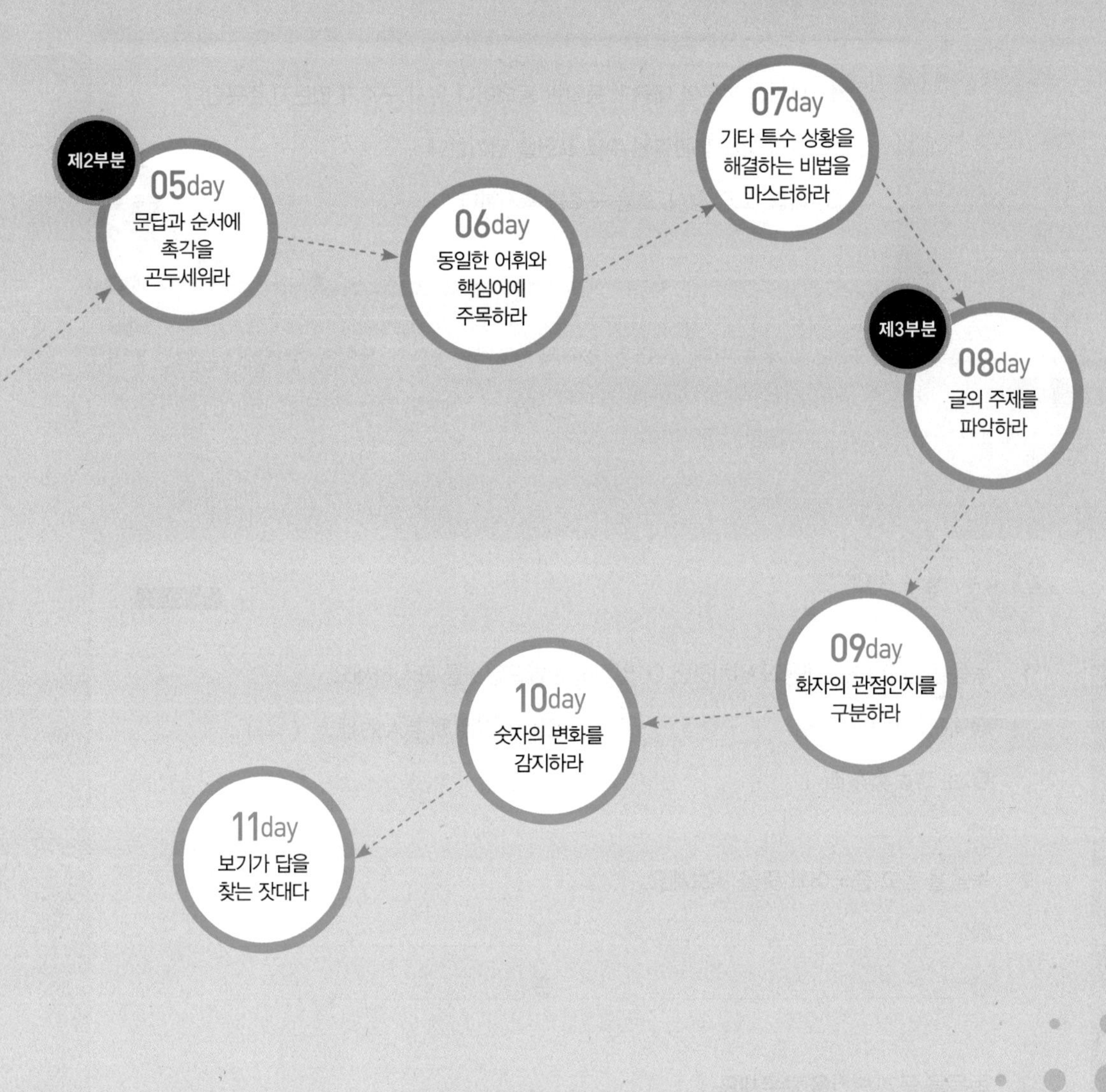

제2부분
05day
문답과 순서에
촉각을
곤두세워라
06day
동일한 어휘와
핵심어에
주목하라
07day
기타 특수 상황을
해결하는 비법을
마스터하라
제3부분
08day
글의 주제를
파악하라
09day
화자의 관점인지를
구분하라
10day
숫자의 변화를
감지하라
11day
보기가 답을
찾는 잣대다

01 day 동의어와 유사 구조에 주의하라

1 보기에 본문의 내용과 동일한 동의어나 유사 구조가 있는지 주목한다

2 사회 생활과 관련된 주요 표현을 암기한다

3 어법, 고정 형식, 호응 구조를 숙지한다

듣기 영역을 풀 때는 반드시 보기를 먼저 보고 녹음에서 언급한 내용과 동일한 구조가 있는지, 동의어가 제시되는지 신경을 써야 한다. 사회 생활과 관련된 내용과 어휘를 학습하고 공략과 함께 이와 관련된 문장을 파악하는 능력도 익히자.

기초 실력 테스트 · TEST

🎧 01-1

1 녹음을 듣고 다음 내용과 일치하면 O, 일치하지 않으면 X를 표시하세요.

❶ 很长时间 (　　) ❷ 专门照顾老人的地方 (　　)

❸ 主动去卖东西 (　　) ❹ 误会 (　　)

2 녹음을 듣고 중국어와 뜻을 써보세요.

❶ ＿＿＿＿＿＿＿ ＿＿＿＿＿＿＿ ❷ ＿＿＿＿＿＿＿ ＿＿＿＿＿＿＿

❸ ＿＿＿＿＿＿＿ ＿＿＿＿＿＿＿ ❹ ＿＿＿＿＿＿＿ ＿＿＿＿＿＿＿

3 녹음을 듣고 빈칸을 채우세요.

一个＿＿＿＿＿＿老师让孩子们玩儿一个＿＿＿＿＿，刚开始他们觉得很＿＿＿＿＿，但不到三十分钟，他们都表现出＿＿＿＿＿的样子。

6급 기출문제 맛보기

 맛보기　🎧 01-2

난이도 下　공략 Key 一世의 동의어 长久

듣기
제1부분

A 流行音乐不受老人欢迎　　　　B 喜欢古典音乐是长久的事
C 流行音乐价值不大　　　　　　D 音乐家更喜欢古典音乐

정답&공략

해석　　喜欢流行音乐的人随着年龄的增长和阅历的增加，可能最终转向喜欢古典音乐。但喜欢古典音乐的人，只要喜欢上了，很少再转向喜欢流行音乐。音乐家说："喜欢流行音乐是暂时的事，喜欢古典音乐是一世的事。"

유행 음악을 좋아하던 사람도 나이가 먹고 경험이 쌓이면서 마지막에는 고전 음악을 좋아하게 될 것이다. 하지만 고전 음악을 좋아하는 사람이 고전 음악에 맛들이면 유행 음악을 좋아하게 되는 경우는 드물다. 음악가들은 '유행 음악을 좋아하는 것은 생명이 짧지만 고전 음악을 좋아하는 것은 오래간다'고 한다.

A 流行音乐不受老人欢迎
Ⓑ 喜欢古典音乐是长久的事
C 流行音乐价值不大
D 音乐家更喜欢古典音乐

A 유행 음악은 노인들의 환영을 받지 못하고 있다
Ⓑ 고전 음악을 좋아하게 되면 오래간다
C 유행 음악의 가치는 크지 않다
D 음악가는 고전 음악을 더 좋아한다

공략　보기 중의 长久는 一世와 동의어다. 一世는 '한평생'을 의미하는 단어로 비슷한 표현으로는 一辈子, 一生이 있다.

어휘　流行音乐 liúxíng yīnyuè 몡 유행 음악 | ★随着年龄的增长 suízhe niánlíng de zēngzhǎng 나이가 증가함에 따라 | 阅历 yuèlì 몡 경험 | ★最终 zuìzhōng 몡휑 맨 마지막(의), 최종(의) | 古典音乐 gǔdiǎn yīnyuè 몡 고전 음악 | ★喜欢上 xǐhuan shàng 좋아하게 되다 | 转向 zhuǎnxiàng 동 방향을 바꾸다 | 音乐家 yīnyuèjiā 몡 음악가 | ★暂时 zànshí 몡 잠시, 잠깐 | 长久 chángjiǔ 휑 길고 오래다

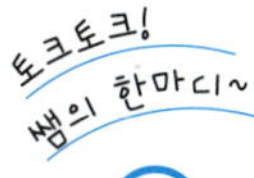

토크토크!
쌤의 한마디~

보기와 같은 동의어나 유사 구조를 듣게 되면 최대한 집중해서 들으세요. 녹음을 듣고 이해도 했지만 동의어가 있는 보기를 주의 깊게 보지 않아서 다 된 밥에 코 빠뜨리는 격으로 문제를 틀리게 되는 경우가 의외로 많답니다.

공략 1. 동의어를 캐치해라

보기를 먼저 보고 녹음을 들으며 동의어를 판별하는 데 집중해야 한다. '自助旅游＝自助游 나 홀로 여행', '参团旅游＝旅游团 여행단', '谦虚＝谦逊(qiānxùn) 겸손하다', '骄傲＝自满＝自负 자부하다', '吝啬(lìnsè)＝小气 인색하다'와 같이 같은 의미인데 옷만 조금 바꿔 입은 경우에 주의하자.

예제 🎧 01-3   난이도 中 공략 Key 旅游团의 동의어 参团旅游

A 自助旅游省钱方便	B 参团旅游行程很紧
C 参团旅游自由自在	D 自助旅游更好

정답&공략

해석　　旅游团具有省钱、方便的优点，但是行程往往安排得比较紧密，旅客容易疲劳。自助旅游的优点是比较自由，可以随自己喜好去游玩。但在旅游旺季，旅客在解决交通、住宿等问题时往往会遇到麻烦。

　　단체 여행은 돈도 절약되고 편리하다는 이점이 있으나 일정을 종종 너무 빡빡하게 짜면 여행객들은 쉽게 피로를 느끼게 된다. 나 홀로 여행의 이점은 비교적 자유롭고 자기 기호에 맞게 여행을 갈 수 있다는 것이다. 그러나 여행 성수기에는 여행객들이 교통, 숙박 등의 문제로 종종 어려움을 겪게 될 것이다.

A 自助旅游省钱方便
Ⓑ **参团旅游行程很紧**
C 参团旅游自由自在
D 自助旅游更好

A 나 홀로 여행은 돈도 절약할 수 있고 편리하다
Ⓑ **단체 여행은 일정이 빡빡하다**
C 단체 여행은 자유롭다
D 나 홀로 여행이 더 좋다

공략　旅游团과 参团旅游는 동의어고, 紧은 다의어로 '긴박하다, 빡빡하다, 경제적으로 쪼들리다'와 같은 여러 가지 의미를 가지므로, '旅游团……但是行程往往安排得比较紧密'의 문장에서 답이 B임을 알 수 있다.

어휘　★旅游团 lǚyóutuán 몡 여행단, 관광단 ｜ ★具有……优点 jùyǒu……yōudiǎn ~의 이점을 가지고 있다 ｜ ★省钱 shěngqián 통 돈을 절약하다 ｜ 行程 xíngchéng 몡 여정 ｜ ★安排 ānpái 통 안배하다, 준비하다 ｜ 紧密 jǐnmì 혱 긴밀하다 ｜ ★旅客 lǚkè 몡 여행객 ｜ ★疲劳 píláo 혱 피로하다 ｜ ★自助旅游 zìzhù lǚyóu 나 홀로 여행 ｜ 随自己喜好 suí zìjǐ xǐhào 자기 기호에 따라 ｜ ★旺季 wàngjì 몡 성수기 ｜ 住宿 zhùsù 통 묵다, 숙박하다 ｜ ★麻烦 máfan 몡혱 골치거리; 번거롭다

> **Tip** **具有**와 **具备**
>
> ① 具有와 자주 결합하는 목적어
>
> | 具有
가지다, 지니다 | + | 作用 작용 | 特点 특징 | 能力 능력 |
> |---|---|---|---|---|
> | | | 功能 기능 | 特色 특색 | 才能 재능 |
> | | | 效果 효과 | 优点 장점 | 天赋 천부적인 자질 |
> | | | 效用 효력 | 气质 기질 | 条件 조건 |
>
> 现在的手机都**具有**拍照片的功能。 최신 휴대 전화에는 모두 사진 찍는 기능이 있다.
> 这种药据说**具有**减肥的效果。 이 약은 다이어트 효과가 있다고 한다.
>
> ② 具备와 자주 결합하는 목적어
>
> | 具备
갖추다, 구비하다 | + | 能力 능력 \| 才能 재능 \| 天赋 천부적인 자질 \| 条件 조건 |
> |---|---|---|
>
> 不**具备**语言方面的能力绝对进不了这家公司。
> 언어 능력을 구비하지 못하면 이 회사에 절대 들어갈 수 없다.
> **具备**某方面天赋的人也不一定能成功。
> 어떤 방면의 천부적인 재능을 가지고 있는 사람이 반드시 성공할 수 있는 것은 아니다.

〈 여행 관련 어휘 〉

★随团旅游 suí tuán lǚyóu 여행단을 따라 여행하다	단체로 여행을 가면 일반적으로 여행사의 가이드가 인솔한다.
★自助旅游 zìzhù lǚyóu 나 홀로 여행	최근 몇 년 동안 유행한 여행 형태로 여행 단체를 따라다니지 않고 숙식, 교통, 즐길 수 있는 곳까지 혼자서 챙기는 방식을 말한다.
旅游地 lǚyóudì 관광지	일반적으로 명승고적과 자연 경치를 포함한다.
背包客 bèibāokè 배낭 여행	친구와 혹은 혼자서 장거리 여행을 가는 사람은 짜릿함과 모험을 즐기길 좋아하는 사람이다.
★环游世界 huányóu shìjiè 세계 일주를 하다	세계 여행을 간다는 것을 의미한다.
北京 Běijīng 베이징	베이징의 대표적인 명승지에는 故宫(고궁), 天安门(톈안먼), 颐和园(이허위안), 圆明园(위안밍위안) 등이 있다.
★苏杭 Sū Háng 쑤저우와 항저우	'上有天堂, 下有苏杭(하늘에는 천당, 땅에는 쑤저우와 항저우가 있다)'이라는 속담이 있으며, 비단, 시후, 룽징차가 대표적이다.
★西藏/新疆 Xīzàng/Xīnjiāng 티베트/신장	야크, 설련화, 동충하초, 티베트 면양이 대표적이다.
★四川九寨沟 Sìchuān Jiǔzhàigōu 쓰촨 주자이거우	짱족 마을이 9개 있기로 유명하다. 해발 2000미터 이상 되는 곳에 위치하며 온통 원시림이다.
★广西桂林 Guǎngxī Guìlín 광시 구이린	'桂林山水甲天下(구이린의 산수는 천하의 으뜸)'이라는 속담이 있다.
★西安兵马俑 Xī'ān bīngmǎyǒng 시안 병마용	시안에 있는 진시황의 병마용은 '세계 8대 기적의 하나'로 불린다.

- 비교문 : 今天**没有**昨天热。오늘은 어제만큼 덥지 않다. = 昨天**比**今天热。어제는 오늘보다 더웠다.
  = 昨天**更**热。어제가 더 더웠다.
- 부정문 : 并非 = 并不是 결코 ~이 아니다 | 绝非……那样 절대 그렇지 않다
  = 跟……不一样 ~와 같지 않다 | 毫无 = 一点也没有…… 조금도 ~이 없다
- 이중 부정문 : 并不否认 결코 부인하지 않다 = 承认 인정하다 | 无时不 ~하지 않는 때가 없다 = 每时都 언제나
- 반어문 : **难道**你不知道吗? 설마 네가 모른다고? = 你**当然**知道。너는 당연히 안다.

예제 I 🎧 01-4

난이도 中 공략 Key 没有를 사용한 비교문

> A 老人更愿意去养老院　　B 养老院照顾得不好
> C 儿女们应该孝顺　　D 老人在家更自在

정답&공략

해석

　　现代社会很多人认为与其让老人在家呆着，不如送他去养老院，跟其他老人聊聊天、下下棋，还有专人照顾。这没什么不好，但养老院对老人照顾得再好，也没有儿女们上心，跟其他老人们玩儿得再开心，也没有在家享受天伦之乐自在。

A 老人更愿意去养老院
B 养老院照顾得不好
C 儿女们应该孝顺
D 老人在家更自在

　　현대 사회를 사는 많은 이들은 노인이 양로원에 가면 다른 노인들과 이야기도 할 수 있고 장기도 둘 수 있고 전문 도우미가 돌봐주기에 집에 계시는 것보다 낫다고 생각한다. 이것도 나쁘지는 않다. 그러나 양로원에서 아무리 노인을 잘 모신다고 해도 자식들처럼 마음을 써주지 못하고, 노인들과 이야기를 나누는 게 재미있다 할지라도 집에서 단란한 시간을 보내는 것만큼 자유롭지는 못하다.

A 노인은 양로원에 가는 것을 더 원한다
B 양로원은 잘 돌보지 못한다
C 자식들은 효도해야 한다
D 노인은 집에 있는 게 더 자유롭다

공략 비교문의 부정 형식인 '也没有在家享受天伦之乐自在'에서 답이 D임을 알 수 있다.

어휘 ★与其A不如B yǔqí A bùrú B A하느니 차라리 B하는 것이 낫다 | ★在家呆着 zài jiā dāizhe 집에 있다 | ★养老院 yǎnglǎoyuàn 몡 양로원 | ★聊天 liáotiān 통 이야기하다 | 下棋 xiàqí 통 장기(바둑)를 두다 | 专人 zhuānrén 몡 전담자 | 上心 shàngxīn 통 주의를 돌리다, 전심하다 | 享受天伦之乐 xiǎngshòu tiānlún zhī lè 가정의 단란함을 누리다 | 自在 zìzài 톙 자유롭다

> **Tip** 与其……不如……와 宁可……也不……
>
> ① '与其……不如……'는 '~하느니 차라리 ~하는 것이 낫다'라는 뜻이다. 둘 중 하나를 굳이 선택하라고 한다면 후자를 선택한다는 의미다.
>
> **与其**今天去，**不如**明天去。오늘 가느니, 차라리 내일 가는 게 낫겠다.

② '宁可……也不……'는 '차라리 ~할지언정'이라는 뜻이다. 두 가지 선택 모두 원하는 일이 아니지만, 둘 중에서 전자를 선택한다는 의미를 나타낸다.

我宁可不上大学, 也不去那所学校。 나는 대학에 가지 않을지언정, 그 학교에는 가지 않겠다.

〈 사회 복지 시설 관련 어휘 〉

★养老院 yǎnglǎoyuàn 양로원	노인들이 생활하고 활동하도록 제공되는 공간으로 시설이 잘 갖추어져 있다.
★幼儿园 yòu'éryuán 유치원	학교에 들어가기 전의 교육 기관으로 3~6세의 아이가 다닌다.
家政公司 jiāzhèng gōngsī 가사 관리 회사	실내 청결 서비스를 제공하는 회사로 보통 가사, 아이와 노인을 돌보는 일 등을 한다.
红十字会 hóngshízìhuì 적십자회	전 세계적으로 영향력이 있는 자선 기관으로 5월 8일은 '세계 적십자의 날'이다.
★慈善事业 císhàn shìyè 자선 사업	사회와 대중에 도움을 주는 공익 사업이다.
消费者协会 xiāofèizhě xiéhuì 소비자협회	많은 소비자들로 이루어진 조직으로 상품과 서비스 감독, 소비자 권익 보호가 주요 역할이다.
希望工程 xīwàng gōngchéng 희망 사업	가난한 지역에 사는 아이들이 학교에 다닐 수 있도록 도와주는 공익 사업이다.
★志愿者活动 zhìyuànzhě huódòng 봉사 활동	금전을 목적으로 하지 않고 사회를 위해 공헌하는 활동이다.

예제 2　🎧 01-5　　　　　　　　난이도 中　공략 Key 绝非와 误解의 의미 파악

A 很多人对推销有误解　　　　　B 推销就是要嘴皮子

C 推销需要简单培训　　　　　　D 推销员一定要善良

정답&공략

해석

专家告诉我们，推销其实是一项复杂的智力活动，A,B它绝非许多人想象的那样，只要要嘴皮子、死缠烂打就可以了。C它也不是经过简单的职业培训就能做得很好，它需要高超的人际沟通能力，以及做人做事的真诚和热情。

전문가는 세일즈는 사실 복잡한 두뇌 활동이라고 한다. A,B그것은 결코 많은 사람들이 상상하는 것처럼 말발로만 혹은 낄 때 안 낄 때 다 낀다고 해서 되는 것이 아니다. C또한 간단한 직업 훈련을 통해 잘할 수 있는 것도 아니다. 수준 높은 의사소통 능력과 사람 됨됨이나 일할 때의 성의와 열정이 있어야 한다.

Ⓐ 很多人对推销有误解
B 推销就是要嘴皮子
C 推销需要简单培训
D 推销员一定要善良

Ⓐ 세일즈에 대해 많은 이들이 오해를 하고 있다
B 세일즈는 말발이다
C 세일즈는 간단한 훈련이 필요하다
D 세일즈맨은 선량해야 한다

Tip 项과 자주 결합하는 명사

| 项
항목, 가지 | + | 活动 활동 \| 运动 운동 \| 工作 업무 \| 任务 임무 |
| | | 研究 연구 \| 调查 조사 \| 实验 실험 \| 考查 검사 |

打篮球是一项很好的运动。 농구는 매우 좋은 운동이다.
这项研究持续了8年，终于成功结束了。 이 연구는 8년간 계속되었고 마침내 성공적으로 마무리되었다.

〈일 관련 어휘〉

★招聘 zhāopìn 모집하다, 채용하다	那家企业要招聘汉语方面的人才。 그 회사는 중국어 관련 인재를 채용하려고 한다.
★应聘 yìngpìn 지원하다	我想去那家公司应聘。 나는 그 회사에 지원하고 싶다.
★简历 jiǎnlì 약력, 이력서	制作简历时，一定要简明扼要。 이력서를 작성할 때는 간단 명료하게 써야 한다.
★面试 miànshì 면접 시험, 면접을 보다	面试时，你给面试官的第一印象很重要。 면접할 때, 면접관에게 주는 첫인상이 매우 중요하다.
★辞职 cízhí 직장을 그만두다	昨天，我向公司递交了辞职信。 어제 나는 회사에 사표를 냈다.
★开除/辞退 kāichú/cítuì 해고하다	我真的担心会被公司开除。 나는 회사에서 해고당할까 봐 정말 걱정된다.
★炒鱿鱼 chǎo yóuyú 해고하다	老板炒了他的鱿鱼。 사장님은 그를 해고시켰다.
★丢饭碗 diū fànwǎn 밥그릇을 잃다, 실직하다	很多公司白领都担心会丢饭碗。 많은 회사의 화이트칼라는 밥그릇을 빼앗길까 봐 걱정한다.
★白领 báilǐng 화이트칼라	很多人认为白领比蓝领压力小，其实不然。 많은 사람들은 화이트칼라가 블루칼라보다 스트레스가 적을 것이라고 생각하는데, 사실은 그렇지 않다.
★精英 jīngyīng 엘리트	很多社会精英面临着结婚难的问题。 많은 사회에서 엘리트가 결혼이 쉽지 않은 문제에 직면해 있다.
★铁饭碗 tiěfànwǎn 철밥통, 평생 직장	他的工作是铁饭碗，不用担心失业。 그의 일은 평생 직장이기에 실업자가 될 걱정이 없다.
企业 qǐyè 기업	一般来说，外资企业职员薪水比较高。 일반적으로 외국 기업 직원의 월급이 비교적 높다.

事业 shìyè 사업	**事业**单位的工作比较稳定。 사업 기관의 일이 비교적 안정적이다.
★跳槽 tiàocáo 다른 부서로 옮기다, 직업을 바꾸다	现在很多年轻人工作不到一年就**跳槽**。 요즘 많은 젊은이들이 일한 지 1년도 안 돼서 이직을 한다.

바로 체크 Check!  01-6

1 녹음을 듣고 중국어를 써보세요.

❶ __________　❷ __________　❸ __________　❹ __________　❺ __________

❻ __________　❼ __________　❽ __________　❾ __________　❿ __________

2 녹음을 듣고 빈칸을 채우세요.

❶ 随着__________，我更喜欢__________了。

❷ ______让老人__________，______送他去养老院。

❸ 大多数老人都想__________________。

❹ 这件事__________________那样。

❺ 旅游团具有__________________的优点。

정답 **1** ❶ 疲劳　❷ 专人照顾　❸ 流行音乐　❹ 耍嘴皮子　❺ 人际沟通能力　❻ 炒鱿鱼　❼ 遇到麻烦　❽ 铁饭碗　❾ 自助旅游　❿ 旅游旺季　**2** ❶ 随着**年龄的增长**，我更喜欢**古典音乐**了。　❷ **与其**让老人**在家呆着**，**不如**送他去养老院。　❸ 大多数老人都想**在家享受天伦之乐**。　❹ 这件事**绝非你想象的**那样。　❺ 旅游团具有**省钱、方便**的优点。

 전공략 비법 노트

<사회 생활 관련 어휘>

운동	★游泳 yóuyǒng 수영(하다) | ★滑冰 huábīng 스케이트를 타다 | ★滑雪 huáxuě 스키를 타다 | ★攀岩 pānyán 암벽 등반 | ★蹦极 bèngjí 번지 점프 | 冒险 màoxiǎn 모험하다 | ★篮球 lánqiú 농구 | ★足球 zúqiú 축구 | ★棒球 bàngqiú 야구 | ★跆拳道 táiquándào 태권도 | 太极拳 tàijíquán 태극권 | 剑道 jiàndào 검도
의료	★医院 yīyuàn 병원 | ★保险 bǎoxiǎn 보험 | ★手术 shǒushù 수술 | ★疾病 jíbìng 질병 | 患病 huànbìng 병들다 | ★心脏病 xīnzàngbìng 심장병 | ★癌症 áizhèng 암 | 康复 kāngfù 건강을 회복하다 | 住院 zhùyuàn 입원하다 | 死亡率 sǐwánglǜ 사망률 | ★安乐死 ānlèsǐ 안락사 | ★亚健康 yàjiànkāng 병은 없지만 몸이 좋지 않은 상태
교통	★大众交通工具 dàzhòng jiāotōng gōngjù 대중 교통수단 | ★地铁 dìtiě 지하철 | ★公共汽车(=公交车) gōnggòng qìchē(=gōngjiāochē) 버스 | ★出租车 chūzūchē 택시 | 私家车 sījiāchē 자가용 | ★空姐 kōngjiě 스튜어디스 | 司机 sījī 운전기사 | 飞行员 fēixíngyuán 조종사
종교	★基督教 Jīdūjiào 기독교 | ★佛教 Fójiào 불교 | 伊斯兰教 Yīsīlánjiào 이슬람교 | 天主教 Tiānzhǔjiào 천주교
정부	★主席 zhǔxí 주석, 위원장 | 总理 zǒnglǐ 총리 | ★总统 zǒngtǒng 대통령 | ★副总统 fùzǒngtǒng 부통령 | 部长 bùzhǎng 장관 | ★外交部 wàijiāobù 외교부 | ★大使馆 dàshǐguǎn 대사관
법률	★一条法律 yì tiáo fǎlǜ 법률 한 개조 | ★遵守 zūnshǒu 준수하다 | ★违反 wéifǎn 위반하다 | ★律师 lǜshī 변호사 | 法官 fǎguān 법관 | 法院 fǎyuàn 법원 | 宪法 xiànfǎ 헌법 | 死刑 sǐxíng 사형 | 无期徒刑 wúqī túxíng 무기 징역 | ★贪污 tānwū 횡령하다 | 行贿受贿 xínghuì shòuhuì 뇌물 수수
혼인	★结婚 jiéhūn 결혼하다 | ★离婚 líhūn 이혼하다 | ★婚外情 hūnwàiqíng 혼외 사랑 | ★第三者 dì-sānzhě 제삼자 | 离婚率 líhūnlǜ 이혼율 | 结婚率 jiéhūnlǜ 결혼율 | ★单身主义 dānshēn zhǔyì 독신주의
일상생활	★家务 jiāwù 집안일 | ★洗衣机 xǐyījī 세탁기 | ★空调 kōngtiáo 에어컨 | 冰箱 bīngxiāng 냉장고 | 电脑 diànnǎo 컴퓨터 | 电视 diànshì 텔레비전 | 手机 shǒujī 휴대 전화 | ★智能手机 zhìnéng shǒujī 스마트폰
취업	★求职 qiúzhí 구직하다 | ★就业难 jiùyènán 고용난 | ★简历 jiǎnlì 이력서 | ★面试 miànshì 면접 시험을 보다 | ★跳槽 tiàocáo 다른 부서로 옮기다, 직업을 바꾸다 | 工资 gōngzī 임금 | 福利 fúlì 복지 | 奖金 jiǎngjīn 상여금 | ★待遇 dàiyù 대우(하다)
첨단 기술	★核武器 héwǔqì 핵무기 | 宇宙飞船 yǔzhòu fēichuán 우주선 | 卫星 wèixīng 위성 | 火箭 huǒjiàn 로켓 | 航空母舰 hángkōng mǔjiàn 항공모함 | ★机器人 jīqìrén 로봇 | ★克隆 kèlóng 복제하다
음식	★绿色食品 lǜsè shípǐn 녹색 식품, 무공해 식품 | ★食品安全 shípǐn ānquán 식품 안전 | ★转基因食品 zhuǎnjīyīn shípǐn 유전자 변형 식품 | 加工食品 jiāgōng shípǐn 가공식품 | 健康食品 jiànkāng shípǐn 건강식품 | ★肥胖 féipàng 뚱뚱하다 | 绿茶 lǜchá 녹차 | ★乌龙茶 Wūlóngchá 우룽차 | 普洱茶 Pǔ'ěrchá 푸얼차 | ★青岛啤酒 Qīngdǎo Píjiǔ 칭다오맥주 | 五粮液 Wǔliángyè 우량예[다섯 가지 곡물로 빚은 술]

실전 테스트

第 1-8 题：请选出与所听内容一致的一项。

1. **A** 概念车产量很大
   B 概念车只是一种梦想
   C 概念车设计前卫
   D 概念车能节约能源

2. **A** 主持人具有知名度
   B 明星访谈是谈话节目
   C 被访谈对象影响力不大
   D 节目关注度不高

3. **A** 蓝色能提高视力
   B 蓝色家具可治病
   C 人对蓝色很敏感
   D 蓝色能减轻疼痛

4. **A** 虾皮含钙量高
   B 虾皮比牛奶贵
   C 虾皮用来做汤最好
   D 多吃虾皮无益

5. **A** 男性不需要谦逊
   B 谦虚不再是美德了
   C 女性不喜欢太谦逊的男性
   D 过于谦虚就是骄傲

6. **A** 志愿者活动有助于身心健康
   B 非志愿者寿命更长
   C 志愿者都很乐观
   D 志愿者都年龄较大

7. **A** 票房高电影一定好看
   B 票房对电影影响不大
   C 电影最重要的是票房
   D 票房影响电影成败

8. **A** 现代人营养知识不够
   B 现代人普遍比古代人高
   C 医学使每个人都很高
   D 孩子们营养过于充足

✛**정답 및 해설_** 해설집 4쪽

02 day '最'류 표현과 수식어가 긴 문장에 예민하게 반응하라

1 수식어가 긴 문장을 들었을 때, 最와 같은 단어를 정확히 판단한다

2 인생 철학과 관련된 중요한 어휘, 속담, 성어를 암기한다

3 중요한 어법, 호응 구조를 숙지한다

보기에 最, 一定, 所有와 같은 단어가 있을 때, 혹은 문장이 길어질 때, 문제 해결 방법을 알아보자. 본문은 대부분 인생 철학과 관련된 내용이며 이와 관련된 어휘, 숙어, 성어를 정리했다. 비교적 어렵지만 新HSK 6급에서는 필수 코스이다.

기초 실력 테스트 TEST

🎧 02-1

1 녹음을 듣고 다음 내용과 일치하면 O, 일치하지 않으면 X를 표시하세요.

❶ 没表现出来的能力 （　　）　　　❷ 知识好像专家一样丰富 （　　）

❸ 卖钢琴的人 （　　）　　　❹ 说假话 （　　）

2 녹음을 듣고 중국어와 뜻을 써보세요.

❶ ＿＿＿＿＿＿＿＿＿＿＿　　　❷ ＿＿＿＿＿＿＿＿＿＿＿

❸ ＿＿＿＿＿＿＿＿＿＿＿　　　❹ ＿＿＿＿＿＿＿＿＿＿＿

3 녹음을 듣고 빈칸을 채우세요.

＿＿＿＿＿＿开始，校长把一位老师叫到＿＿＿＿＿＿，告诉他："你是本校最

＿＿＿＿＿的老师，希望你这学期能让学生取得更好的＿＿＿＿＿。"

정답_ 해설집 229쪽

6급 기출문제 맛보기

맛보기　🎧 02-2

난이도 中　　공략 Key 수식어가 긴 문장에서 보기 파악

> A 地质学家都不懂手艺　　　　　B 钢琴家数学都不好
> C 没有人能什么都懂　　　　　　D 大部分人什么都不懂

정답&공략

해석

人的知识是有限的，<u>没有人可以在所有领域都精通，对各个方面都懂</u>。一个杰出的地质学家，不一定能懂得工人的手艺；一个出色的钢琴家，也可能不会对数学有兴趣。一个人如果说自己什么都懂，这个人多半什么都不懂。

A 地质学家都不懂手艺
B 钢琴家数学都不好
Ⓒ 没有人能什么都懂
D 大部分人什么都不懂

사람들의 지식은 제한적이다. 모든 영역에서 정통하고 각 방면에 대해서 다 알고 있는 사람은 없다. 뛰어난 지질학자가 반드시 노동자가 가지고 있는 기술을 알 수 있는 것은 아니며, 뛰어난 피아니스트가 수학에 흥미가 없을 수 있다. 만약 자신이 뭐든 다 안다고 한다면, 이런 사람은 대부분 아무것도 모른다.

A 지질학자는 모두 기술을 모른다
B 피아니스트는 모두 수학을 못한다
Ⓒ 모든 것을 다 아는 사람은 없다
D 대부분의 사람들은 아무것도 모른다

공략　'没有人可以……, 对各个方面都懂'은 결과적으로 모든 것을 다 아는 사람이 없다는 의미로, 有가 겸어동사로 쓰였다. 길게 표현된 것을 약간 줄였을 뿐 보기 C와 동일한 의미다.

어휘　★是有限的 shì yǒuxiàn de 제한적이다 | ★领域 lǐngyù 명 분야, 영역 | ★精通 jīngtōng 동 정통하다 | ★杰出 jiéchū 형 출중하다, 남보다 뛰어나다 | 地质学家 dìzhìxuéjiā 명 지질학자 | 手艺 shǒuyì 명 솜씨, 수공 기술 | ★出色 chūsè 형 대단히 뛰어나다 | 钢琴家 gāngqínjiā 명 피아니스트 | ★对……有兴趣 duì……yǒu xìngqù ~에 흥미가 있다 | ★什么都懂 shénme dōu dǒng 뭐든지 안다 | 多半 duōbàn 수부 대다수; 대개 | ★什么都不懂 shénme dōu bù dǒng 아무것도 모르다

보기에서 답을 고르기 어려울 때, 每个人, 一定, 所有 등과 같은 단어가 있는 문장은 가능한 선택하지 마세요. 이런 어휘들은 어투가 강하며 본문의 내용과 동일하게 제시되었을 때만 선택해야 해요. 그리고 길게 표현되어 이해하지 못하는 내용을 들었어도 긴장하지 말고 보기에서 들었던 어휘의 비중이 많은 것에 주의해서 문제를 풀어보세요.

공략 1. 절대적인 어투를 나타내는 어휘에 주목하라

절대적인 어투를 나타내는 最, 第一, 首次, 冠军, 独有的, 一定, 绝对, 所有, 都, 全部, 关键, 决定 등과 같은 어휘는 주의해서 들어야 한다. 본문에서 동일하게 제시하지 않았다면 답이 아닌 경우가 많다.

예제 🎧 02-3   난이도 **下**   공략 Key 동일한 의미 찾기

> A 三年前的选择最重要　　　　　B 选择决定了生活
> C 我们一定看新闻　　　　　　　D 选择不容易

정답&공략

해석　什么样的选择，决定什么样的生活。我们今天的生活，是由三年前的选择决定的。而今天的选择，将决定我们三年后的生活。我们要摄入最新的信息，熟悉最新的趋势，才能更好地做出选择，从而创造美好的未来。

어떤 선택을 하느냐에 따라서 생활이 달라진다. 오늘날 우리들의 생활은 3년 전의 선택을 통해 결정된 것이다. 따라서 오늘의 선택은 3년 후의 생활을 결정할 것이다. 우리가 최신 정보를 받아들이고 최신 경향을 알고 있어야만 더 나은 선택을 할 수 있으며 아름다운 미래를 창조할 수 있다.

A 三年前的选择最重要
Ⓑ 选择决定了生活
C 我们一定看新闻
D 选择不容易

A 3년 전의 선택이 가장 중요하다
Ⓑ 선택이 생활을 결정한다
C 우리는 반드시 뉴스를 보아야 한다
D 선택은 쉽지 않다

공략　의문사 두 개가 나열되어 앞뒤로 호응되면 앞의 의문사가 뒤의 것을 결정함을 나타낸다. 따라서 의문사가 귀를 유혹할 수 있지만 '什么样的选择，决定什么样的生活'라는 문장에서 결과적으로 선택이 생활을 결정한다는 보기 B가 답임을 알 수 있다. 보기 A는 본문에서 언급했으나, '最'라고는 말하지 않았으므로 답이 될 수 없다.

어휘　★决定 juédìng 통 결정하다 | ★是……的 shì……de ~한 것이다 | ★由……决定 yóu……juédìng ~가 결정하다 | 摄入 shèrù 통 섭취하다 | ★熟悉 shúxī 통 터득하다, 파악하다 | ★趋势 qūshì 명 추세, 경향 | ★从而 cóng'ér 접 따라서, 그리하여 | ★创造 chuàngzào 통 창조하다, 만들다 | ★美好的未来 měihǎo de wèilái 아름다운 미래

> **Tip** 是……的와 由……决定
>
> ① 是……的 : 형용사구, 동사구, 성어, 고정 형식 등을 강조한다.
>
> | 是……的 + | 형용사구/동사구 | 성어 | 고정 형식 |
> |---|---|---|---|
> | | 非常重要
매우 중요하다 | 至关重要
지극히 중요하다 | 由……决定
~가 결정하다 |
> | | 不能缺少
빠트릴 수 없다 | 必不可少
없어서는 안 되다 | 很受……欢迎
인기가 아주 많다 |
> | | 非常有名
매우 유명하다 | 不言而喻
말하지 않아도 안다 | 以……命名
~으로 명명하다 |
>
> 学汉语语法是非常重要的。중국어를 배울 때 어법이 매우 중요하다.
> 对我来说，早饭是必不可少的。나에게 있어 아침밥은 없어서는 안 되는 것이다.
>
> ② 由+동작 주체+동사 : 由는 동작의 주체를 이끈다.
>
> | 由 + | |
> |---|---|
> | | 决定 결정하다 \| 安排 배치하다 \| 负责 책임지다 \| 担任 맡다 |
> | | 组成 짜다 \| 构成 구성하다 \| 合成 합쳐 ~이 되다 |
>
> 这次活动由刘主任安排。이번 행사는 류 주임이 짰다.
> 如果这件事由我负责，一定会做得更好。이 일을 내가 책임진다면 반드시 더 잘할 수 있을 것이다.

〈 인생 관련 표현 〉

★机不可失，时不再来 jī bùkě shī, shí bú zài lái	좋은 기회는 놓치면 다시 오지 않는다
	俗话说："机不可失，失不再来"，所以一定要及时抓出机会。 속담에 '좋은 기회는 놓치면 다시 오지 않는다'고 했으니 반드시 제때 기회를 잡아야 한다.
★左右为难 zuǒ yòu wéi nán	이러지도 저러지도 못하다, 진퇴양난이다
	父母吵架时，我真是左右为难。 부모님이 싸울 때는 나는 정말 이러지도 저러지도 못하겠다.
★拿不定主意 ná bu dìng zhǔyi	결정을 내리지 못하다
	去中国还是在韩国，我真拿不定主意。 중국을 가야 할지 한국에 있어야 할지 나는 정말 결정을 내리기가 어렵다.
★优柔寡断 yōu róu guǎ duàn	우유부단하다
	他太优柔寡断了。그는 너무 우유부단하다.
当机立断 dāng jī lì duàn	긴요한 때에 즉시 결정을 내리다
	他总是当机立断。그는 늘 중요한 순간에 결정을 내린다.
鱼和熊掌不可兼得 yú hé xióngzhǎng bùkě jiān dé	물고기와 곰 발바닥은 동시에 얻을 수 없다
	俗话说："鱼和熊掌不可兼得"，找工作时不要那么追求完美。 속담에 '물고기와 곰 발바닥은 동시에 얻을 수 없다'고 했으니 일을 찾을 때 그렇게 완벽을 추구해서는 안 된다.
★后悔莫及 hòu huǐ mò jí	후회막급이다, 후회해도 소용없다
	这件事你一定要想好，否则后悔莫及。 너는 이 일을 잘 생각해야 한다. 그렇지 않으면 후회하게 될 것이다.

수식어가 긴 문장이라 할지라도 보기 속의 어휘에서 힌트를 얻을 수 있다. 문장이 길어지거나 혹은 어휘를 듣지 못했다 할지라도 당황하지 말고 보기 속의 어휘에 집중하자.

> 보기　A 游泳能增强体质
>
> 녹음 대본　游泳是一项很受欢迎的体育运动。适当地游泳训练，不仅能给人心理上的愉悦，还能增强体质。

녹음 내용에서 연관 있는 문장은 매우 길지만 보기는 짧다. 하지만 녹음을 들다 보면 보기 A와 동일한 내용이 있다는 것을 판단할 수 있으며 중간에 이해하지 못한 어휘가 있더라도 답을 찾을 수 있다.

예제 1　🎧 02-4

난이도 下　공략 Key 수식어가 긴 문장에서 보기 파악

A 家长一定要严格
B 撒谎是一种正常现象
C 说谎就是品质不好
D 说谎根本不是坏事

정답&공략

해석

　　我们应该正确看待孩子说谎，而 **C**不要轻易将谎言与小孩子的品质划等号。因为小孩子说谎，有时只不过是幻想，或是小小的如意算盘。**B**撒谎是孩子们成长过程中的一个正常现象，家长不要一味地责怪和处罚，而是要学会对孩子多做引导。

　　우리는 아이들이 거짓말을 할 때 정확하게 판단해야 한다. **C**제멋대로 거짓말과 아이들의 성품을 동일 선상에서 봐서는 안 된다. 아이들이 거짓말을 하는 것은 때로 단지 환상에 불과하거나 마음속으로 바라는 아주 작은 무언가가 있기 때문이다. **B**거짓말을 하는 것은 아이들이 성장하는 과정에서 정상적인 현상이다. 부모들은 무턱대고 책망하거나 처벌만 하지 말고 아이들을 더 잘 지도하는 법을 배워야 한다.

A 家长一定要严格
Ⓑ 撒谎是一种正常现象
C 说谎就是品质不好
D 说谎根本不是坏事

A 학부모는 반드시 엄격해야 한다
Ⓑ 거짓말은 정상적인 현상이다
C 거짓말하는 것은 성품이 나빠서다
D 거짓말하는 것은 전혀 나쁜 일이 아니다

공략　문장이 길지만 '撒谎是孩子们成长过程中的一个正常现象'이라고 직접적으로 언급하고 있다.

어휘　★撒谎 sāhuǎng 동 거짓말하다 | ★轻易 qīngyì 형 제멋대로, 함부로 하다 | ★将……与……划等号 jiāng……yǔ……huà děnghào ～을 ～와 동일하게 보다 | ★说谎 shuōhuǎng 동 거짓말하다 | ★幻想 huànxiǎng 명 공상, 환상 | 如意算盘 rú yì suàn pán 좋은 쪽으로만 생각하다 | 正常现象 zhèngcháng xiànxiàng 정상적인 현상 | ★一味地责怪 yíwèi de zéguài 무턱대고 책망하다 | ★处罚 chǔfá 명동 처벌(하다) | 引导 yǐndǎo 동 지도하다, 인도하다

> **Tip** 将……与……划等号
>
> '~을 ~와 동일하게 보다'라는 뜻으로 두 가지 사물이 동일한 것이며 별개가 아니라는 의미를 나타낸다. 여기서 将은 把와 같다.
>
> 我们不能**将**学历和能力**划等号**。 우리는 학력과 능력을 동일하게 보아서는 안 된다.
> 很多公司**将**HSK成绩和汉语水平**划等号**。 많은 회사에서 HSK 성적과 중국어 실력을 같은 선상에서 본다.

〈자녀 교육 관련 어휘〉

★素质教育	인성 교육 → 입시 교육과 상대적인 것으로 시험을 목적으로 하는 것이 아니며 학생의 자질을 키워주는 것을 중요시한다.
★减负	스트레스를 줄여주다 → 초·중학교 학생들의 숙제에 대한 부담을 줄여 심신이 건강하게 성장하도록 한다.
★离家出走	가출하다 → 아이가 부모와 마찰이 생겨서 집을 나가는 것을 말한다.
★私教育热	사교육 열풍 → 학원, 개인 교습, 과외 같은 것으로 공교육과 대립된다.
★早期留学	조기 교육 → 부모가 나이 어린 자녀를 외국에 보내서 공부시키는 것을 가리킨다.
★孤儿	고아
★单亲家庭	한 부모 가족 → 아버지나 어머니가 없는 가족
自闭症	자폐증 → 孤独症이라고도 하며 외부 세계와 소통하지 않으며 다른 사람과 교류하려 하지 않는 것을 말한다.
多动症	주의력 결핍 과잉 행동 장애 → 아이들에게 자주 볼 수 있는 행동 장애로 과잉 행동을 하고 주의력이 부족해서 집중하지 못한다.

예제 2 🎧 02-5

난이도 上 **공략 Key** 수식어가 긴 문장에서 보기 파악

> A 气质是一种内在表现   B 人要脱离低级趣味
> C 读书能提高人的气质   D 每个人的气质都一样

정답&공략

해석

我们常用"气质好"来赞美一个人。俗话说："腹有诗书气自华。" 读书不仅可以获取知识，还可以提升人的精神境界。<u>常读书，日积月累，就会使人脱离低级趣味、形成高雅脱俗的气质。</u>

우리는 자주 '성격이 좋다'는 말로 사람을 칭찬한다. 속담에 '뱃속에 시경과 상서가 있다면 기가 자연적으로 화태롭다'고 했다. 독서는 지식을 얻을 수 있을 뿐 아니라 사람의 정신적인 경지를 높여줄 수 있다. <u>자주 독서를 하면 그것이 쌓여 저속한 취미에서 벗어나 고아하고 세속적이지 않은 성격이 형성된다.</u>

A 气质是一种内在表现
B 人要脱离低级趣味
Ⓒ 读书能提高人的气质
D 每个人的气质都一样

A 기질은 일종의 내재적 표현이다
B 사람은 저속한 취미에서 벗어나야 한다
Ⓒ 독서는 사람의 기질을 높여줄 수 있다
D 모든 사람의 기질은 같다

공략 '常读书', '就会使人', '形成高雅……的气质'가 보기 C에서는 짧게 축약되었지만 동일한 표현으로 언급되었다.

어휘 用……来 yòng……lái ~을 사용하여 | ★气质 qìzhì 몡 기질, 성격 | ★赞美 zànměi 동 찬미하다, 칭송하다 | ★俗话 súhuà 몡 속담 | ★腹有诗书气自华 fù yǒu Shī Shū qì zì huá 뱃속에 시경과 상서가 있으면 기가 자연히 화태로워지다 | ★不仅……还…… bùjǐn……hái…… ~할 뿐만 아니라 게다가 | ★获取知识 huòqǔ zhīshi 지식을 얻다 | ★日积月累 rì jī yuè lěi 셩 날마다 조금씩 쌓이다 | 脱离 tuōlí 동 벗어나다 | 高雅脱俗 gāoyǎ tuōsú 고아하고 세속적이지 않다

Tip 不仅……还/而且……와 不但……而且/也……

'不仅……还/而且……'와 '不但……而且/也……' 모두 '~할 뿐만 아니라 게다가'의 의미를 나타낸다.

① 주어가 하나일 때는 주어는 不但, 不仅 앞에 놓인다.

她不但漂亮，而且聪明。그녀는 예쁠 뿐만 아니라 똑똑하다.
弟弟不但喜欢恐怖电影，也喜欢科幻电影。
남동생은 공포 영화를 좋아할 뿐만 아니라 SF 영화도 좋아한다.

② 주어가 두 개일 때는 첫 번째 주어는 不但이나 不仅 뒤에, 두 번째 주어는 而且 뒤에 놓이거나 也나 都 앞에 놓여야 한다.

不但我会说汉语，而且他也会说汉语。내가 중국어를 할 줄 알 뿐 아니라, 그도 중국어를 할 줄 안다.
不但弟弟喜欢中国菜，我也喜欢。남동생이 중국 음식을 좋아할 뿐 아니라, 나도 좋아한다.

〈 사람 관련 어휘 〉

능력	명사 ★才能 cáinéng 재능	★才华 cáihuá 재주	★天赋 tiānfù 천부적 재능	★天分 tiānfèn 타고난 자질	★潜力 qiánlì 잠재력
	형용사 ★出色 chūsè 대단히 뛰어나다	★杰出 jiéchū 출중하다	★优秀 yōuxiù 우수하다
	성어 ★出类拔萃 chū lèi bá cuì 출중하다	德才兼备 dé cái jiān bèi 지덕을 겸비하다	博古通今 bó gǔ tōng jīn 고금의 일에 정통하다, 지식이 해박하다	出口成章 chū kǒu chéng zhāng 말이 입 밖으로 나오면 문장이 되다, 말을 잘하다	★见多识广 jiàn duō shí guǎng 보고 들은 것이 많고 식견이 넓다	★多才多艺 duō cái duō yì 다재다능하다
외모	명사 ★眼睛 yǎnjing 눈	★鼻子 bízi 코	嘴 zuǐ 입	唇 chún 입술	胳膊 gēbo 팔(어깨 아래에서부터 손목의 윗부분)	★肩膀 jiānbǎng 어깨	手指 shǒuzhǐ 손가락	脚趾 jiǎozhǐ 발가락
	형용사 ★高大 gāodà (몸집이) 크다	清秀 qīngxiù 우아하고 아름답다	★苗条 miáotiáo (여성의 몸매가) 날씬하다	★丰满 fēngmǎn (몸매가) 풍만하다	健壮 jiànzhuàng 건장하다	清瘦 qīngshòu 수척하다
	성어 ★浓眉大眼 nóng méi dà yǎn 눈썹이 짙고 눈이 크다	★亭亭玉立 tíng tíng yù lì 여자의 몸매가 늘씬하다	纤纤玉指 xiān xiān yù zhǐ 손이 예쁘다
성격	형용사 ★外向 wàixiàng 외향적이다	★内向 nèixiàng 내성적이다	★活泼 huópo 활발하다	★开朗 kāilǎng 활기차다	★乐观 lèguān 낙관적이다	★悲观 bēiguān 비관적이다
	성어 ★沉默寡言 chén mò guǎ yán 과묵하다	★活泼好动 huó po hào dòng 활발하고 활동적이다	乐于交友 lè yú jiāo yǒu 친구를 잘 사귀다	★一丝不苟 yì sī bù gǒu 빈틈없이 일을 처리하다
인간관계	호응 구조 ★交际圈广 jiāojìquān guǎng 인간관계가 폭넓다	★交际范围窄 jiāojì fànwéi zhǎi 인간관계가 좁다	交友广泛 jiāo yǒu guǎngfàn 두루두루 친구를 사귀다
생활 습관	동사 ★抽烟 chōuyān 담배를 피우다	★喝酒 hē jiǔ 술을 마시다	早起早睡 zǎo qǐ zǎo shuì 일찍 자고 일찍 일어나다	★熬夜 áoyè 밤새다	读书 dúshū 책을 읽다	★上网 shàngwǎng 인터넷을 하다

1 녹음을 듣고 중국어를 써보세요.

❶ _________ ❷ _________ ❸ _________ ❹ _________ ❺ _________

❻ _________ ❼ _________ ❽ _________ ❾ _________ ❿ _________

2 녹음을 듣고 빈칸을 채우세요.

❶ 没有人可以__________________________。

❷ 不要_______将_______和孩子的__________________。

❸ _______是孩子__________________的一个______________。

❹ __________________________，决定什么样的生活。

❺ _______不仅可以______________，还可以_______人的精神境界。

정답 **1** ❶ 说谎 ❷ 责怪 ❸ 离家出走 ❹ 素质教育 ❺ 摄入信息 ❻ 优柔寡断 ❼ 后悔莫及
❽ 俗话 ❾ 获取知识 ❿ 日积月累　**2** ❶ 没有人可以在所有领域都精通。
❷ 不要轻易将谎言和孩子的品质划等号。❸ 撒谎是孩子成长过程中的一个正常现象。
❹ 什么样的选择，决定什么样的生活。❺ 读书不仅可以获取知识，还可以提升人的精神境界。

〈 인생 철학과 관련된 성어와 표현 〉

★失败乃成功之母 shībài nǎi chénggōng zhī mǔ	실패는 성공의 어머니다. 실패가 있어야 성공이 있다.
★功夫不负有心人 gōngfu bú fù yǒuxīnrén	하늘은 스스로 돕는 자를 돕는다 → 负는 '저버리다'의 의미로, 뜻이 있고 노력을 하면 그 노력이 헛되지 않을 것이며 반드시 수확이 있음을 의미한다.
世上无难事，只怕有心人 shìshàng wú nánshì, zhǐ pà yǒuxīnrén	세상에 어려운 일이 없고 뜻이 있다면 시련을 이겨낼 수 있다 → 하려는 마음만 있으면 어떤 어려움도 극복할 수 있다.
有志者事竟成 yǒu zhì zhě shì jìng chéng	뜻이 있는 곳에 길이 있다 → 竟은 '마침내'의 의미로, 뜻과 포부가 있고 부단히 노력하는 사람은 마침내 성공하게 됨을 나타낸다.
★机会只青睐有准备的人 jīhuì zhǐ qīnglài yǒu zhǔnbèi de rén	기회는 준비되어 있는 사람을 좋아하며 준비가 되어 있는 사람만이 기회를 잡을 수 있다 → 青睐는 '좋아하다'는 의미다.
★父母是孩子的第一任老师 fùmǔ shì háizi de dì-yī rèn lǎoshī	부모는 아이의 첫 번째 스승이다 → 부모가 아이에게 미치는 영향이 매우 크다는 것을 비유한다.
★家和万事兴 jiā hé wànshì xìng	가화만사성 → 가정의 화목이 있어야만 다른 일이 순조롭게 될 수 있다.
★朋友多了路好走 péngyou duō le lù hǎo zǒu	친구가 많으면 인생을 살아가는 동안 매우 순조롭다
在家靠父母，出门靠朋友 zài jiā kào fùmǔ, chūmén kào péngyou	집에서는 부모님께 의지하고 집 밖에 나가서는 친구에게 의지한다 → 친구가 매우 중요하다는 것을 비유한다.
★近朱者赤，近墨者黑 jìn zhū zhě chì, jìn mò zhě hēi	붉은색에 가까이 가면 자신도 붉은색으로 변하고 검은색에 가까이 가면 검은색으로 변한다 → 朱는 붉은색 물감, 墨는 검은색 물감을 가리킨다.
★知足常乐 zhī zú cháng lè	만족할 수 있는 사람만이 즐거움을 느낄 수 있다
★一分耕耘，一分收获 yì fēn gēngyún, yì fēn shōuhuò	뿌리는 만큼 거둔다 → 노력한 사람이 수확을 거둘 수 있기에 노력 여부에 따라 결과가 달라진다.
★一寸光阴一寸金 yí cùn guāngyīn yí cùn jīn	시간은 금이다 → 光阴은 시간을 뜻하며, 시간은 금처럼 소중한 것으로 시간을 아껴야 함을 의미한다.
读万卷书，行万里路 dú wàn juàn shū, xíng wànlǐ lù	책 속에 길이 있다 → 많은 책을 읽는 것은 마치 여러 곳을 여행한 것처럼 풍부한 지식을 가지게 해준다.
★活到老，学到老 huódào lǎo, xuédào lǎo	죽을 때까지 공부한다 → 쉼 없이 공부해야 한다.
★身体是革命的本钱 shēntǐ shì gémìng de běnqián	건강은 혁명의 밑천이다, 건강이 제일 중요하다 → 건강하지 않은 몸은 아무런 밑천 없이 혁명을 일으키는 것과 같다
★有钱不是万能的 yǒu qián bú shì wànnéng de	돈이 있다고 해서 반드시 모든 것을 살 수 있는 것은 아니다
★一分钱一分货 yì fēn qián yì fēn huò	싼 게 비지떡이다 → 돈에 따라 물건이 달라지기에 싼 것은 질이 좋지 않고 비싼 것은 질이 좋다.

第 1-8 题：请选出与所听内容一致的一项。

1. **A** 跳高时后退作用不大
    B 后退有时是为了前进
    C 退就是怯弱无能
    D 要前进一定要后退

2. **A** 心情是由自己决定的
    B 好心情跟环境无关
    C 人不可能天天好心情
    D 人常因为别人不高兴

3. **A** 会说话就是说好话
    B 好人不得罪人
    C 人一定要有原则
    D 老好人会失去别人的好感

4. **A** 缺憾会给人带来成功
    B 人生总会有缺憾
    C 缺憾都是高兴的事
    D 悲观带来缺憾

5. **A** 有付出才有回报
    B 成功者都令人羡慕
    C 努力就一定有收获
    D 这个世界不太公平

6. **A** 正确看待生活中的不幸
    B 不要对自己不满
    C 人们都有不幸的时候
    D 人们常会放大别人的幸福

7. **A** 心态影响成败
    B 悲观者不能成功
    C 成功的人都乐观
    D 努力就一定成功

8. **A** 事业和家庭不能忽视
    B 财富比健康重要
    C 身体健康最重要
    D 没有 "1" 就没有 "0"

✚ **정답 및 해설_** 해설집 8쪽

혼동하기 쉬운 어휘와 동일한 구문을 잡아라

학습목표

✓ 1 틀리기 쉬운 어휘를 파악한다

✓ 2 이야기 글과 관련된 주요한 어휘, 성어, 유행어 등을 암기한다

✓ 3 주요 어법과 호응 구조를 이해하고 활용한다

이야기 형식의 글이나 성어와 관련된 문제는 2~3개 정도 출제되는데, 비교적 어려운 문제이기 때문에 주의해야 한다. 평소에 성어와 유행어를 많이 외워두면 문제 풀기가 수월해진다. 난이도가 어려운 문제일수록 본문의 내용과 일치하는 문장을 선택하면 대부분 정답이니, 이 점을 숙지하자.

기초 실력 테스트 TEST 🎧 03-1

1 녹음을 듣고 다음 내용과 일치하면 O, 일치하지 않으면 X를 표시하세요.

❶ 叫人起床的钟表 (　　)　　　　❷ 两人关系很好 (　　)

❸ 只有坏处没有好处 (　　)　　　❹ 男女朋友穿的相似的衣服 (　　)

2 녹음을 듣고 중국어와 뜻을 써보세요.

❶ ＿＿＿＿＿＿＿　＿＿＿＿＿＿＿　　　❷ ＿＿＿＿＿＿＿　＿＿＿＿＿＿＿

❸ ＿＿＿＿＿＿＿　＿＿＿＿＿＿＿　　　❹ ＿＿＿＿＿＿＿　＿＿＿＿＿＿＿

3 녹음을 듣고 빈칸을 채우세요.

＿＿＿＿＿＿时你的仪表很重要，穿着要干净＿＿＿＿＿＿，说话时要＿＿＿＿＿＿对方的

眼睛，不要一直低着头，那样显得很没有＿＿＿＿＿＿。

정답_ 해설집 229쪽

6급 기출문제 맛보기

맛보기　🎧 03-2

난이도 中　　공략 Key 동일한 문장 선별하기

> A 画蛇时要添上脚　　　　B 我们常做无用功
> C 不要做多余的事　　　　D 不要追求完美

정답&공략

해석　　　"画蛇添足"这个成语的意思是：画蛇时给蛇添上脚。告诉人们不要做多余的事，否则有害无益、徒劳无功。现实生活中，我们总是追求完美。实际上，有些时候我们在这个过程中做了许多无用功，所以凡事应该适可而止。

'화사첨족(畫蛇添足)'이 성어는 뱀을 그릴 때 뱀에 다리를 더해 그린다는 뜻이다. 사람들에게 불필요한 일을 하지 말 것이며 그렇지 않으면 백해무익하며 쓸데없는 행동을 하는 것이라고 알려주고 있다. 현실 생활 속에서 우리는 늘 완벽함을 추구한다. 사실 때로는 이런 과정 속에서 쓸데없는 일을 많이 하고 있으며 그래서 모든 일은 적절한 수준에서 멈춰야 한다.

A 画蛇时要添上脚
B 我们常做无用功
Ⓒ 不要做多余的事
D 不要追求完美

A 뱀을 그릴 때 다리를 더 그려야 한다
B 우리는 늘 소용없는 일을 한다
Ⓒ 불필요한 일을 해서는 안 된다
D 완벽함을 추구해서는 안 된다

공략　본문 내용 중 '告诉人们不要做多余的事'와 보기 C는 완전히 일치한다. 뒤에 어려운 표현이 있지만 동일한 문장에서 감을 잡을 수 있다.

어휘　★画蛇添足 huà shé tiān zú 성 뱀을 그리며 발을 더하다, 쓸데없는 짓을 하다 | ★成语 chéngyǔ 명 성어 | ★添 tiān 동 더하다, 덧붙이다 | ★多余 duōyú 형 나머지의, 쓸데없다 | ★否则 fǒuzé 접 만약 그렇지 않으면 | ★有害无益 yǒu hài wú yì 성 해만 되고 이로운 것은 없다 | 徒劳无功 tú láo wú gōng 성 힘만 쓰고 아무것도 얻은 것이 없다 | ★追求完美 zhuīqiú wánměi 완벽을 추구하다 | ★实际上 shíjìshang 부 사실은, 실제로는 | 无用功 wúyònggōng 명 헛된 일 | ★凡事 fánshì 명 만사(萬事) | 适可而止 shì kě ér zhǐ 성 적당한 선에서 멈추다

토크토크!
쌤의 한마디~

이야기나 성어와 관련된 글은 대부분 비교적 어렵기 때문에 의미를 이해할 필요가 있죠. 물론 전체 내용을 이해하는 것이 제일 좋겠지만 이해가 안 되더라도 보기와 대조해서 동일한 문장을 찾는다면 답이 될 확률이 높으니 보기를 잘 들여다보세요.

공략 1. 일부 어휘의 차이점에 주의하라

- 偶尔(이따금)과 总是(늘) : 偶尔은 '이따금'의 의미로 '늘, 자주'를 뜻하는 总是, 常常, 经常과 의미가 동일하지 않다.
- 和(~와)와 或者(또는) : 和는 두 가지 모두를 포함하지만 或와 或者는 둘 중의 하나를 가리킨다.
- 只要(~하기만 하면)와 要(~해야 한다) : 只要는 조건을 나타내고 要는 반드시 어떤 일을 해야 함을 나타낸다.
- 许多(매우 많은)와 所有(모든) : 许多는 다양한 뜻을 가진 어휘로 所有와 같지 않다. 이런 표현으로는 大部分(대부분)과 绝大多数(절대 다수), 全部(전부)와 都(모두) 등이 있다.

예제 🎧 03-3

난이도 中 공략 Key 보기 C, D의 一定과 要에 주의

A 丢东西的习惯可以改掉　　　　B 丢三落四的人记忆力差

C 一定要做好准备　　　　　　　D 要养成有条理的习惯

정답&공략

해석　　"丢三落四"这个成语的意思是做事情缺乏条理，常常忘这忘那。这种习惯有时是因为事先不准备，事到临头一团糟，所以容易丢三落四。只要养成做事情有条理的习惯，"丢三落四"的习惯自然就会改掉。

'丢三落四' 이 성어는 일하는 데 조리가 없고 자주 이것저것을 잊어버린다는 뜻이다. 이런 습관은 사전에 준비를 하지 않아 일이 엉망이 되어서 쉽게 이것저것 빠트리게 된다. 조리 있게 일을 처리하는 습관을 기르기만 하면 '이것저것 빠트리는 습관'은 자연히 고쳐질 것이다.

Ⓐ 丢东西的习惯可以改掉
B 丢三落四的人记忆力差
C 一定要做好准备
D 要养成有条理的习惯

Ⓐ 물건을 잃어버리는 습관은 고칠 수 있다
B 이것저것 빠트리는 사람은 기억력이 떨어진다
C 반드시 준비를 잘 해야 한다
D 조리가 있는 습관을 키워야 한다

공략　본문 내용 중 '"丢三落四"的习惯自然就会改掉'에서 답을 찾을 수 있는데, 이와 동일한 의미는 바로 A다. 본문에서 '事先不准备'라고 했지 '一定要'라고 하지 않았으므로 C는 답이 아니고, D는 '只要养成……'이라고 언급했으므로 역시 답이 아니다.

어휘　★丢三落四 diū sān là sì 🔢 흐리멍덩하다, 이것저것 빠트리다 | ★缺乏 quēfá 🔢 결핍되다, 결여되다 | ★条理 tiáolǐ 🔢 조리, 두서 | 忘这忘那 wàng zhè wàng nà 이것저것 잊어버리다 | ★事先 shìxiān 🔢 사전에, 미리 | 事到临头 shì dào lín tóu 🔢 일이 중요한 시기에 다다르다 | ★一团糟 yìtuánzāo 뒤죽박죽이 되다 | ★养成……习惯 yǎngchéng ……xíguàn ~의 습관을 기르다 | ★只要……就…… zhǐyào……jiù…… ~하기만 하면 ~하다 | 有条理 yǒu tiáolǐ 조리가 서다, 체계가 있다 | ★自然 zìrán 🔢 자연히, 저절로 | ★改掉 gǎidiào 고치다

> **Tip** 只要……就…… / 只有……才…… / 因为……才……
>
> ① '只要……就……'는 조건에 따른 결과를 나타낸다.
>
> **只要**通过了这次考试，你**就**可以来我们公司了。
> 네가 이 시험에 합격을 해야만 우리 회사에 들어올 수 있다.
>
> ② '只有……才……'는 조건이 갖추어지지 않으면 결과도 있을 수 없다는 뜻을 나타낸다.
>
> **只有**考上名牌大学，**才**能找到好工作。 유명 대학에 합격해야만 좋은 일자리를 찾을 수 있다.
>
> ③ '因为……才……'는 원인과 결과를 나타내며 원인이 매우 중요하다는 것을 강조한다.
>
> **因为**妻子的支持，我**才**能专心工作。 아내가 지지해주었기에 나는 일에 집중할 수 있었다.

〈숫자가 들어가는 성어〉

★丢三落四 diū sān là sì	자주 물건을 잃어버리다
	你怎么总是**丢三落四**的，又把钱包丢了。 너는 어째서 늘상 이것저것 빠트리니, 또 지갑을 잃어버렸어!
一心一意 yì xīn yí yì	마음속에 오직 한 사람만 생각하다
	他**一心一意**地爱着那个女孩。 그는 마음속으로 오로지 그 여자아이만 좋아한다.
★一丝不苟 yì sī bù gǒu	일이나 학습 모두 성실하고 빈틈이 없다
	他在工作时总是**一丝不苟**。 그는 일을 할 때 항상 빈틈없다.
★一举两得 yì jǔ liǎng dé	일거양득
	去中国留学，可以学汉语，也可以交朋友，真是**一举两得**。 중국에 가서 유학을 하면 중국어도 배울 수 있고 친구도 사귈 수 있으니 그야말로 일거양득이다.
★一无所有 yì wú suǒ yǒu	아무것도 없다
	她现在没有工作、没有钱、也没有男朋友，真是**一无所有**。 그녀는 지금 일자리도 돈도 남자 친구도 없다. 정말 가진 게 아무것도 없다.
★一事无成 yí shì wú chéng	한 가지 일도 성사되지 않다, 되는 게 하나도 없다
	我到现在**一事无成**，没有取得一点成就。 나는 지금까지 한 가지 일도 성사되지 않아 아무런 성과를 거두지 못했다.
★一见钟情 yí jiàn zhōng qíng	첫눈에 반하다
	他对她**一见钟情**。 그는 그녀에게 첫눈에 반했다.
★两全其美 liǎng quán qí měi	누이 좋고 매부 좋다, 쌍방 모두에게 득이 되다
	这件事对两家公司都有好处，不是**两全其美**吗？ 이 일은 두 회사에 모두 장점이 있는데, 양쪽 모두에게 좋은 게 아니겠어?
★挑三拣四 tiāo sān jiǎn sì	항상 트집을 잡고 그 어느 것에도 만족하지 않는다
	她找男朋友时总是**挑三拣四**，所以到现在也没结婚。 그녀는 남자 친구를 찾을 때 맨날 트집만 잡아서 지금까지 결혼을 하지 못했다.
十全十美 shí quán shí měi	완벽하다
	像他这样**十全十美**的人真的不容易找了。 그와 같은 완벽한 사람은 정말 찾기 어렵다.
★千方百计 qiān fāng bǎi jì	각종 방법을 써보다
	政府总是**千方百计**促进经济发展。 정부는 항상 온갖 방법을 강구하여 경제 발전을 촉진한다.

공략 2. 완전히 일치하는 문장을 찾아라

제1부분 15문제 중 많은 문제에서 보기와 완전히 일치하는 문장이 본문에 언급된다. 보기의 내용을 미리 체크해두지 않으면 녹음을 들었을 때 답을 찾기 어려울 수 있으니, 보기의 내용을 미리 파악하는 훈련을 하자.

예제 1 🎧 03-4   난이도 中 | 공략 Key 동일한 문장 선별하기

A 肉被河水冲走了　　　　　B 水中也有条狗
C 这条狗很聪明　　　　　　D 不要抢别人的东西

정답&공략

해석　　B 狗叼着肉要渡过一条河，它看见水中自己的倒影，还以为是另一条狗叼着一块更大的肉。它决定去抢那块更大的肉，于是它扑到水中，结果水中那块本来就不存在，A 原有的那块又被河水冲走了。

B 개가 고기를 물고 강을 건너가려고 하다가 물속에 비친 자신의 그림자를 보았다. 그러고는 다른 개가 더 큰 고기를 입에 물고 있다고 생각했다. 개는 더 크게 보이는 고기를 빼앗으러 강물로 뛰어들었다. 결과적으로 물속에는 그 고기가 원래부터 없었고 A 갖고 있던 고기마저 강물에 떠내려보냈다.

🅐 肉被河水冲走了
B 水中也有条狗
C 这条狗很聪明
D 不要抢别人的东西

🅐 고기를 강물에 떠내려보냈다
B 물속에도 개가 있었다
C 이 개는 매우 총명하다
D 다른 사람의 물건을 빼앗으면 안 된다

공략　'冲走(떠내려가다)'와 같은 표현이 어려울 수도 있지만 보기 A와 동일한 문장 '原有的那块又被河水冲走了'가 그대로 본문에 언급되었기 때문에 답을 쉽게 선택할 수 있다.

어휘　叼着肉 diāozhe ròu 고기를 물고 있다 | 渡过一条河 dùguò yì tiáo hé 한 줄기 강을 건너다 | ★倒影 dàoyǐng 뗑 수면에 비친 그림자 | ★一块肉 yí kuài ròu 고기 한 덩어리 | ★抢 qiǎng 똥 빼앗다 | 扑到水中 pūdào shuǐzhōng 물속으로 뛰어들다 | ★本来就不存在 běnlái jiù bù cúnzài 원래부터 존재하지 않다 | 原有 yuányǒu 뗑 원래 있는, 고유의 | 冲 chōng 똥 돌진하다 | ★被河水冲走了 bèi héshuǐ chōngzǒu le 강물에 떠내려가다

> **Tip** 被河水冲走了
>
> '주어+被(+명사)+동사+기타 성분' 구조이다. 그중 被 뒤의 명사는 생략이 가능하고 동사 뒤에는 일반적으로 기타 성분이 온다. 피동문은 일반적으로 '당하다'라는 부정적 의미가 강하지만 예외도 있다.
>
> ① 좋지 않은 상황을 나타낼 때
>
> 他被(爸爸)打了。그는 (아빠에게) 맞았다.　　我的钱包被偷了。내 지갑은 도둑맞았다.
>
> ② 일반적인 상황을 나타낼 때
>
> 我的书被(他)拿走了。내 책을 (그가) 가져갔다.　　他被(妈妈)接走了。(엄마가) 그를 데려갔다.

듣기
제1부분

〈 동물과 관련된 성어와 표현 〉

★乌鸦嘴 wūyāzuǐ	불길한 말을 자주 하는 사람
	你真是个乌鸦嘴，老说我这次考试不能通过。 너는 계속 이번 시험에 내가 통과할 수 없다고 기분 나쁜 말만 늘어놓는구나!
★猪窝 zhūwō	집안이 엉망진창이다
	他的家里好像猪窝一样。 그의 집은 마치 돼지우리 같다.
鸡窝 jīwō	머리카락이 헝클어져 있다
	你的头发怎么跟鸡窝一样，刚起床吗？ 네 머리에 새집이 졌어. 이제 막 일어났니?
狗眼看人低 gǒu yǎn kàn rén dī	你别狗眼看人低，我这次一定要成功。 너 사람 무시하지 마, 나 이번에 반드시 성공할 거야.
虎头虎脑 hǔ tóu hǔ nǎo	남자아이가 씩씩하고 야무지다
	这个孩子长得虎头虎脑的。 이 아이는 씩씩하고 늠름하게 생겼다.
★铁公鸡 tiěgōngjī	매우 인색하다
	他就是个铁公鸡，从来不请客。 그는 자린고비라서 여태껏 한턱 쓴 적이 없다.
★纸老虎 zhǐlǎohǔ	종이호랑이, 겉으로 보기에는 강하지만 힘이 없는 사람 또는 집단
	困难就是纸老虎，我们不要怕它。 어려움은 종이호랑이일 뿐이니, 두려워하지 마라!
猫哭耗子——假慈悲 māo kū hàozi——jiǎ cíbēi	겉으로는 남의 불행을 동정하는 듯하지만 내심 기뻐하다
	就是因为他我们公司才倒闭的，现在他又来安慰我，真是猫哭耗子——假慈悲。 그 때문에 우리 회사가 도산했는데 지금 그가 나를 위로하다니, 정말 자비를 베푸는 척하는구나.
★对牛弹琴 duì niú tán qín	쇠귀에 경 읽기
	跟你说话真是对牛弹琴，什么都不懂。 너는 전혀 이해를 못하니, 너와 이야기하는 건 정말 쇠귀에 경 읽기야.
★癞蛤蟆想吃天鹅肉 làiháma xiǎng chī tiān'é ròu	두꺼비가 백조 고기를 먹으려고 하다, 조건도 안 좋고 외모도 못생긴 남자가 조건이 좋은 예쁜 여자와 사귀길 원하다
	这个男的一无所有，还想追求我们学校的校花，真是癞蛤蟆想吃天鹅肉。 이 남자는 아무것도 잘난 게 없는데 우리 학교의 퀸카를 따라다니고 있으니, 정말 자기 분수를 모르는군.

> A 情侣装只受年轻人欢迎　　　　　B 情侣装只能是一样的
> C 情侣装见证了爱情　　　　　　　D 情侣装很容易过时

정답&공략

해석

情侣装是一个现代词汇，是指供情侣双方穿的服装。可以是一样的，也可以是一对的，你中有我，我中有你。见证了甜蜜的爱情，因此情侣装受到了广大年轻男女的喜爱，在人群中，穿情侣装的男女更容易引起人们的注意。

커플룩은 신조어로 연인들이 같이 입는 옷을 가리킨다. 똑같거나 한 쌍으로 입은 것으로, 그대에게 내가 있고, 나에게 그대가 있다는 달콤한 사랑을 증명한다. 따라서 커플룩은 많은 젊은 남녀의 사랑을 받았으며 사람들 속에서 커플룩을 입은 남녀는 더욱 쉽게 사람들의 주의를 끈다.

A 情侣装只受年轻人欢迎
B 情侣装只能是一样的
Ⓒ 情侣装见证了爱情
D 情侣装很容易过时

A 커플룩은 젊은이들에게만 환영을 받는다
B 커플룩은 단지 똑같은 것이다
Ⓒ 커플룩은 사랑을 증명한다
D 커플룩은 쉽게 유행이 지나간다

공략 본문 중의 '见证了甜蜜的爱情'은 보기 C와 동일하다. '젊은 남녀의 사랑을 받았다'라고 했지, '젊은이들에게만 환영을 받았다'고는 언급하지 않았으므로 A는 답이 될 수 없고 커플룩은 스타일이 똑같은 것뿐만 아니라 한 쌍으로 된 것도 있으므로 B도 답이 될 수 없다.

어휘 ★情侣装 qínglǚzhuāng 뎽 커플룩 | 情侣 qínglǚ 뎽 커플 | 你中有我，我中有你 nǐ zhōng yǒu wǒ, wǒ zhōng yǒu nǐ 당신에게 내가 있고, 나에게는 당신이 있다 | 见证 jiànzhèng 뎽통 증거물; 증명할 수 있다 | ★甜蜜 tiánmì 혱 달콤하다 | ★受到……的喜爱 shòudào……de xǐ'ài ~의 사랑을 받다 | ★在人群中 zài rénqún zhōng 군중 속에서, 무리 속에서 | ★引起……的注意 yǐnqǐ……de zhùyì ~의 주의를 끌다

Tip 引起와 引发

① 引起와 자주 결합하는 목적어

| 引起
끌다, 불러일으키다 | + | 关注 관심을 가지다 \| 注意 주의하다 \| 重视 중요시하다 \| 议论 의논하다 \| 兴趣 흥미 \| 好奇 호기심을 갖다 \| 关心 관심을 갖다 \| 很大反响 커다란 반향 \| 感冒 감기(에 걸리다) \| 战争 전쟁 \| 疾病 질병 \| 瘟疫 급성 전염병 |

这件事引起了人们的关注。 이 일은 사람들의 관심을 불러일으켰다.
这部电影引起了很大的反响。 이 영화는 커다란 반향을 일으켰다.

② 引发와 자주 결합하는 목적어

| 引发
일으키다, 야기하다 | + | 感冒 감기(에 걸리다) \| 战争 전쟁 \| 疾病 질병 \| 瘟疫 급성 전염병 |

这件事有可能引发战争。 이 일은 전쟁을 유발시킬 가능성이 있다.
生活没规律容易引发感冒。 규칙적인 생활을 하지 않으면 쉽게 감기에 걸린다.

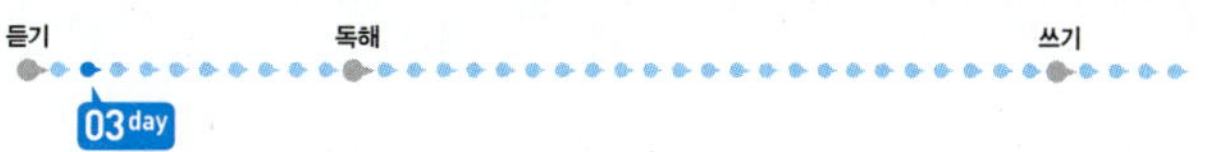

〈 사랑과 관련된 성어와 표현 〉

★日久生情 rì jiǔ shēng qíng	시간이 오래 지나면 점점 감정이 생겨난다
	他们两个日久生情，感情深厚。 그들 둘은 오랜 시간이 지나면서 감정이 깊어졌다.
青梅竹马 qīng méi zhú mǎ	어릴 때부터 좋은 친구다
	他们俩青梅竹马。 그들 둘은 죽마고우다.
★天生一对 tiānshēng yíduì	천생연분
	他们俩真是天生一对。 그들 둘은 정말 천생연분이다.
郎才女貌 láng cái nǚ mào	남자는 재주가 있고 여자는 용모가 뛰어나다, 남녀가 서로 잘 어울리다
	这对夫妻可以说是郎才女貌。 이 부부는 서로 잘 어울린다고 할 수 있다.
门当户对 mén dāng hù duì	두 집안의 가정 환경이 비슷하다
	古时结婚很重视门当户对。 옛날에 결혼은 집안의 가정 환경이 비슷한 사람끼리 했다.
★脚踩两条船 jiǎo cǎi liǎng tiáo chuán	양다리를 걸치다
	这个男的常常脚踩两条船。 이 남자는 자주 양다리를 걸친다.
★喜新厌旧 xǐ xīn yàn jiù	좋아하는 사람이 새로 생겨서 예전에 좋아했던 사람이 싫어지다, 사랑이 한결같지 않다
	每个人都多少有点喜新厌旧的心理。 사랑이 한결같지 않다는 마음은 모든 사람들에게 어느 정도 있다.
愿有情人终成眷属 yuàn yǒu qíngrén zhōngchéng juànshǔ	사랑하는 남녀가 평생 함께하기를 기원하다
	真心地祝愿有情人终成眷属。 진심으로 사랑하는 남녀가 함께하기를 바란다.

바로 체크 Check! 🎧 03-6

1 녹음을 듣고 중국어를 써보세요.

❶ ________　❷ ________　❸ ________　❹ ________　❺ ________

❻ ________　❼ ________　❽ ________　❾ ________　❿ ________

2 녹음을 듣고 빈칸을 채우세요.

❶ ________应该________________。

❷ 狗____________要________________________。

❸ ________________受到了广大________________的喜爱。

❹ 穿情侣装的男女更容易________________________。

❺ 原有的那块又________________________了。

정답 **1** ❶ 倒影　❷ 画蛇添足　❸ 多余的事　❹ 甜蜜的爱情　❺ 在人群中　❻ 一见钟情　❼ 脚踩两条船　❽ 丢三落四　❾ 一团糟　❿ 一举两得　**2** ❶ 凡事应该适可而止。　❷ 狗叼着肉要渡过一条河。　❸ 情侣装受到了广大男女青年的喜爱。　❹ 穿情侣装的男女更容易引起人们的注意。　❺ 原有的那块又被河水冲走了。

〈 성어와 유행어 〉

★画蛇添足 huà shé tiān zú	뱀은 본래부터 다리가 없으나 뱀에 다리를 그려넣어 불필요한 일을 한 것으로, 쓸데없는 일을 한다는 뜻이다.
★井底之蛙 jǐng dǐ zhī wā	우물 안의 개구리는 하늘이 매우 좁다고 생각하고 바깥 세계가 얼마나 큰지 모른다. 시야가 넓지 않은 것을 비유한다.
★亡羊补牢 wáng yáng bǔ láo	양을 잃어버린 후에 급히 울타리를 고쳐도 늦지 않기에 제때 일을 수정해야 한다는 것을 비유한다.
★拔苗助长 bá miáo zhù zhǎng	싹이 빨리 자라길 바라서 모종을 뽑아 올리는 방법을 택했다. 하지만 이 방법은 오히려 벼를 죽게 만들었다. 아이들 교육에 있어서 너무 서두르거나 아이들의 성장 법칙을 유의하지 않는 것을 비유한다.
★三顾茅庐 sān gù máo lú	삼국시기에 유비는 제갈량을 세 번 찾아가서야 청할 수 있었다. 따라서 인재를 반드시 성심 성의껏 대우하고 존중해야 함을 비유한다.
★守株待兔 shǒu zhū dài tù	나무 옆에 앉아서 토끼가 스스로 오길 기다린다는 뜻으로 쟁취하려고 노력하지 않고 기회가 오기만을 기다리는 것을 비유한다.
★孟母三迁 Mèng mǔ sān qiān	맹자의 어머니가 자식을 위해 좋은 교육 환경을 만들어주려고 세 번 이사했다. 이는 환경이 교육에 많은 영향을 준다는 것을 의미한다.
★丁克族 dīngkèzú	결혼 후에 아이를 낳지 않는 딩크족을 말한다.
★追星族 zhuīxīngzú	스타를 쫓아다니는 팬들로 대부분 젊은이들이다.
啃老族 kěnlǎozú	나이는 들었지만 여전히 자신의 부모에 의지해서 생활하는 캥거루족을 말한다.
★闪婚 shǎnhūn	알게 된 지 얼마 안 되어서 번개처럼 결혼하는 것을 말한다. 결혼한 지 얼마 안 되어서 헤어지는 것은 闪离라고 한다.
★裸婚 luǒhūn	현대 사회에서 집을 사기가 매우 어려워서 많은 사람들이 세를 얻어 결혼하는 것을 가리킨다.
★宅男宅女 zhái nán zhái nǚ	집에만 있고 외출하지 않는 남녀를 가리킨다.
★空巢老人 kōngcháo lǎorén	자녀가 곁에 없고 노인만 있는 경우로 독거 노인을 말한다.
钻石王老五 zuànshí Wánglǎowǔ	돈이 많은 싱글로, 일반적으로 남성을 가리킨다.
★剩男剩女 shèng nán shèng nǚ	圣男圣女와 발음이 같다. 나이가 많지만 아직 결혼하지 않은 남녀를 가리킨다.
★低碳生活 dītàn shēnghuó	생활에서 이산화탄소 배출량을 줄이기 위해 절전, 가스 절약, 쓰레기 회수 등을 하는 것을 말한다.

第 1-8 题：请选出与所听内容一致的一项。

1. **A** 做事情方法最重要
   B 第一个"鱼"是动词
   C 这句话告诉我们如何捕鱼
   D 做事情一定要坚持

2. **A** 不要自认为聪明
   B 努力能弥补笨拙
   C 先天条件更重要
   D 机会只喜欢有准备的人

3. **A** 女人的钱包是秘密
   B 许多人在网上展示自己的收入
   C 网民们都喜欢晒工资
   D 网民的收入一般不多

4. **A** "月光族"很有钱
   B 老人不喜欢"月光族"
   C "月光族"喜欢追新潮
   D "月光族"每天都开心

5. **A** 孩子们很安静
   B 乘客很热情
   C 那位太太在飞机上
   D 那位太太有8个孩子

6. **A** 李先生带啤酒去
   B 他的朋友很热情
   C 李先生很小气
   D 李先生跟弟弟关系好

7. **A** 父子住在五星级饭店
   B 儿子不富裕
   C 儿子喜欢豪华车
   D 有钱人没有学问

8. **A** 女儿不听妈妈的话
   B 姥姥没有白头发
   C 妈妈不听姥姥的话
   D 妈妈长白头发了

+**정답 및 해설_** 해설집 12쪽

04 day
상식에 근거하지 말고 또 숫자 전후의 어휘에 민감해져라

1 숫자를 표현하는 방법을 익힌다

2 자연·역사 관련 주요 어휘 및 중국 문화 지식을 파악한다

3 어법, 호응 구조, 고정 형식을 암기한다

문제를 풀 때 본문의 내용에 근거하지 않고 자신의 상식에 따라 판단하는 경우가 있다. 모든 문제는 제시된 내용을 중심으로 이에 따라 답을 선택해야 한다. 그리고 녹음 내용에 숫자가 나올 경우, 숫자 전후의 어휘에 유의해야 한다. 본문은 대부분 자연·역사와 관련된 내용이다. 공략과 함께 중국 역사 관련 문화 지식과 어휘도 함께 익히자.

기초 실력 테스트 TEST

🎧 04-1

1 녹음을 듣고 다음 내용과 일치하면 O, 일치하지 않으면 X를 표시하세요.

❶ 一种聚餐 (　　)　　　　❷ 又叫中秋节 (　　)

❸ 用菊花做的茶 (　　)　　　　❹ 中国古代的名人 (　　)

2 녹음을 듣고 중국어와 뜻을 써보세요.

❶ ＿＿＿＿＿＿＿＿＿ ＿＿＿＿＿＿＿＿＿　　❷ ＿＿＿＿＿＿＿＿＿ ＿＿＿＿＿＿＿＿＿

❸ ＿＿＿＿＿＿＿＿＿ ＿＿＿＿＿＿＿＿＿　　❹ ＿＿＿＿＿＿＿＿＿ ＿＿＿＿＿＿＿＿＿

3 녹음을 듣고 빈칸을 채우세요.

有一天，我在＿＿＿＿＿＿加班，突然接到＿＿＿＿＿＿的电话，告诉我家里来了＿＿＿＿＿＿，让我赶快回家。我一生气就对她＿＿＿＿＿＿＿。

정답_ 해설집 229쪽

6급 기출문제 맛보기

맛보기 🎧 04-2

난이도 下　공략 Key 一千三百多年의 의미 파악

듣기
제1부분

A 唐三彩以黄色为主　　　B 唐三彩是中国传统国画的一种
C 唐三彩具有现代风格　　　D 唐三彩的历史已超过了1300年

정답&공략

해석

唐三彩是一种盛行于唐代的陶器，以黄、白、绿为基本颜色。唐三彩已经有一千三百多年的历史了。它吸收了中国国画、雕塑等工艺美术的特点，是一种具有中国独特风格的传统工艺品。

A 唐三彩以黄色为主
B 唐三彩是中国传统国画的一种
C 唐三彩具有现代风格
D 唐三彩的历史已超过了1300年

당삼채는 당대에 성행한 도기이다. 노란색, 흰색, 녹색이 기본 색채다. 당삼채는 이미 1300여 년의 역사를 가지고 있다. 중국의 국화, 조소 등 미술 공예의 특성을 흡수한 중국 특유의 전통 공예품이다.

A 당삼채는 주로 노란색이다
B 당삼채는 중국 전통 국화의 한 종류이다
C 당삼채는 현대적인 스타일을 가지고 있다
D 당삼채는 이미 1300년 이상의 역사를 가지고 있다

공략　'唐三彩已经有一千三百多年的历史了'는 보기 D의 내용과 일치한다.

어휘　唐三彩 Tángsāncǎi 명 당삼채 | ★盛行 shèngxíng 동 성행하다, 널리 유행하다 | ★唐代 Tángdài 명 당대, 당 왕조 | ★陶器 táoqì 명 도기 | ★以……为基本颜色 yǐ……wéi jīběn yánsè ~을 기본 색채로 삼다 | ★历史 lìshǐ 명 역사 | 吸收 xīshōu 동 흡수하다 | ★国画 guóhuà 명 국화 | ★雕塑 diāosù 명동 조소품; 조소하다 | 工艺美术 gōngyì měishù 미술 공예 | ★具有独特风格 jùyǒu dútè fēnggé 특유의 풍격을 가지고 있다 | ★传统 chuántǒng 명 전통 | ★工艺品 gōngyìpǐn 명 공예품

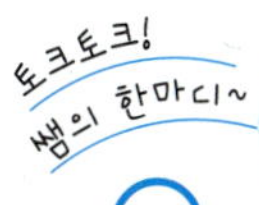

듣기 영역에서는 숫자가 대단히 중요해요. 특히 보기에 숫자가 있을 때는 두말할 필요 없죠. 숫자 전후의 단어에 유의해서 듣고 그 수에 부족한지 아니면 초과하는지 파악해보세요. 참! 수사 뒤에 붙는 양사도 주의해서 들으면 문제를 풀 때 많은 도움이 된답니다.

 공략 1. 상식에 근거해서 문제를 판단하지 마라

본문에서 언급하지 않은 보기를 상식에 근거해서 판단해서는 안 된다. 예를 들어, 술을 마시는 것과 관련된 본문에서 '잔을 부딪치는 이유'에 관해 이야기하고 있더라도 많은 응시자들이 '술을 마실 때 기분이 매우 중요하다'는 보기를 답으로 선택한다. 이것은 본문의 내용에 근거해서 답을 고른 것이 아니라 일상 생활 속의 상식을 바탕으로 답을 찾은 것이다. 이런 실수를 하지 않도록 본문 내용에 귀를 쫑긋 세우자.

예제 🎧 04-3   난이도 上   공략 Key 高原反应의 의미 파악

A 海拔700米人会有高原反应

B 天气会影响高原反应

C 风不影响高原反应

D 高原反应并不可怕

정답&공략

해석   一般来说，A高原反应常发生在海拔2700米的高山。除了高原缺氧的因素之外，B,C还有恶劣天气，比如风、雨、雪、寒冷和强烈的紫外线照射等都会加剧高原反应。对于不常去高山的人来说，去前一定要准备一些药品，以防万一。

A 海拔700米人会有高原反应
Ⓑ 天气会影响高原反应
C 风不影响高原反应
D 高原反应并不可怕

일반적으로 A고산 증세는 해발 2700미터의 높은 산에서 자주 발생한다. 고원에서 산소가 부족한 요인 외에, B,C예를 들어 바람, 비, 눈, 추운 날씨, 강한 자외선 등 악천후가 고산 증세를 더한다. 자주 고산에 가지 않는 사람은 만일에 대비하기 위해서 가기 전에 반드시 상비약을 준비해야 한다.

A 해발 700미터에는 고산 증세가 있을 것이다
Ⓑ 날씨는 고산 증세에 영향을 줄 것이다
C 바람은 고산 증세에 영향을 주지 않는다
D 고산 증세는 결코 무섭지 않다

공략 '还有恶劣天气', '会加剧高原反应'에서 악천후가 고산 증세를 가중시키는 것을 알 수 있다. 중간에 구체적인 예를 길게 제시했지만, 의미 이해를 위한 최소한의 표현만 파악하면 된다.

어휘 ★一般来说 yìbān lái shuō 일반적으로 | ★高原反应 gāoyuán fǎnyìng 고원 반응, 고산 증세 | ★海拔 hǎibá 몡 해발 | 高山 gāoshān 몡 고산, 높은 산 | ★除了……之外，还 chúle……zhīwài, hái ～을 제외하고, 또 | ★恶劣天气 èliè tiānqì 악천후 | ★比如 bǐrú 젭 예를 들면 | ★寒冷 hánlěng 혱 춥고 차다 | ★强烈 qiángliè 혱 강렬하다 | ★紫外线 zǐwàixiàn 몡 자외선 | 加剧 jiājù 통 악화되다, 심해지다 | ★对于……来说 duìyú……lái shuō ～에 대해 말하자면 | 药品 yàopǐn 몡 약품 | ★以防万一 yǐ fáng wàn yī 셩 만일에 대비하다

> **Tip** 对……来说와 拿……来说
>
> 둘 다 '~에 대해 말하자면'의 뜻으로 다음과 같은 형태로 활용된다.
>
> ① 对 { 사람 / 국가 / 직장, 기관 } 来说, 주어 + ……
>
> **对**外国人**来说**，这个题太难了。 외국인에게 이 문제는 매우 어렵다.
> **对**我们公司**来说**，这次合作至关重要。 우리 회사에서 이번 합작은 매우 중요하다.
>
> ② 주어 + ……, 拿……来说(比如说)
>
> 韩国人离不了泡菜，**拿**我**来说**，没有泡菜就不想吃饭。
> 　　　　　　주제　　　　　　나를 예로 들면　　　　　나의 상황
> 한국인은 김치 없이 살 수 없다. 나로 말하자면 김치가 없으면 밥이 먹고 싶지 않다.
>
> 现在就业很难，**拿**北京**来说**，40%的毕业生都找不到工作。
> 　　　　주제　　　　　베이징을 예로 들면　　　　　베이징의 상황
> 요즘 취업하기가 어렵다. 베이징을 예로 들자면 40%나 되는 졸업생이 일자리를 찾지 못하고 있다.

〈 자연계와 관련된 어휘 〉

날씨	★晴天 qíngtiān 맑은 날씨 | ★阴天 yīntiān 흐린 날씨 | ★阵雨 zhènyǔ 소나기 | ★暴雨 bàoyǔ 폭우 | 阴转晴 yīn zhuǎn qíng 흐렸다 맑아지다 | ★打雷 dǎléi 번개가 치다 | 暴风 bàofēng 폭풍 | 暴雪 bàoxuě 폭설 | ★阳光明媚 yángguāng míngmèi 햇빛이 빛나다
특수 동물	★熊猫 xióngmāo 판다 | ★藏羚羊 Zànglíngyáng 티베트 영양 | ★袋鼠 dàishǔ 캥거루 | ★骆驼 luòtuo 낙타 | ★鲸鱼 jīngyú 고래 | ★鲨鱼 shāyú 상어 | 海豚 hǎitún 돌고래
특수 식물	★牡丹 mǔdan 모란 | ★玫瑰 méigui 장미 | ★樱花 yīnghuā 벚꽃 | ★菊花 júhuā 국화 | 紫荆花 zǐjīnghuā 박태기나무 | 枫叶 fēngyè 단풍
자연 재해	★地震 dìzhèn 지진 | ★沙尘暴 shāchénbào 황사 바람 | ★海啸 hǎixiào 해일 | 瘟疫 wēnyì 급성 전염병, 역병 | 禽流感 qínliúgǎn 조류 독감 | 暴风雨 bàofēngyǔ 폭풍우 | ★洪水 hóngshuǐ 홍수 | 火灾 huǒzāi 화재
지리 특징	★高原 gāoyuán 고원 | ★高山 gāoshān 고산 | ★平原 píngyuán 평원 | 丘陵 qiūlíng 구릉 | 盆地 péndì 분지 | ★海洋 hǎiyáng 바다 | 湖泊 húbó 호수 | 河流 héliú 강 | ★瀑布 pùbù 폭포
환경 보호	★植树种林 zhíshù zhǒnglín 식수 | ★节约能源 jiéyuē néngyuán 에너지 절약 | ★环保意识 huánbǎo yìshí 환경 보호 의식 | ★公益广告 gōngyì guǎnggào 공익 광고 | 保护动物 bǎohù dòngwù 동물 보호
환경 오염	★空气污染 kōngqì wūrǎn 공기 오염 | 水污染 shuǐwūrǎn 수질 오염 | 土壤污染 tǔrǎng wūrǎn 토양 오염 | 噪声污染 zàoshēng wūrǎn 소음 공해 | ★动植物灭绝 dòngzhíwù mièjué 동식물 멸종 | ★能源危机 néngyuán wēijī 에너지 위기

'将近/近/不足/快要/不够/不到2000人'과 같은 표현은 '2000명 이하', '2000多人/超过2000人/2000人有余/最少2000人'은 '2000명 이상', '2000人左右/大约2000人/大概2000人/2000来人/差不多2000人'은 '2000명 정도'를 나타낸다. 이와 같은 숫자를 나타내는 방법을 구분할 수 있어야 하며, 또한 음력인지 양력인지를 나타내는 农历, 阳历와 같은 표현에도 주의해야 한다.

예제 I 🎧 04-4

난이도 中 | 공략 Key 左右의 용법 파악

A 端午节开始于秦汉
B 5月5日左右是端午节
C 端午节时人们更繁忙
D 端午节有很多传统的活动

정답&공략

해석　端午节，又名"端阳节"。A,B自汉代以来就定为农历五月初五。端午节也是整个春季中唯一重要的节日。在农事繁忙的五月，气候温暖。C人们期待着端午节忙里抽闲娱乐一下，放松一下身心，再重新投入劳动。D端午节有吃粽子、赛龙舟等节俗活动。

'단오절(端午節)'은 다른 말로 '단양절(端陽節)'이라고도 한다. A,B한대 이래로 음력 5월 5일로 정해졌다. 단오절은 봄철에 유일하게 중요한 절기다. 농사일로 바쁜 5월은 기후가 따뜻하다. C사람들은 단오절 때가 농번기지만 짬을 내 쉬면서 심신을 전환하고 다시 일을 할 수 있기를 기대한다. D단오절에는 중쯔를 먹거나 용선 시합 등 민속 행사가 있다.

A 端午节开始于秦汉
B 5月5日左右是端午节
C 端午节时人们更繁忙
Ⓓ 端午节有很多传统的活动

A 단오절 행사는 진한 시대에 시작되었다
B 5월 5일쯤이 단오절이다
C 단오절 때 사람들은 더 바쁘다
Ⓓ 단오절에는 많은 전통 행사가 있다

공략　'端午节有吃粽子、赛龙舟等节俗活动'에서 节俗活动은 传统活动과 동일한 의미이므로 답은 D다. 初五는 '5일'을 의미하는 것으로 대략적인 뜻을 나타내는 左右와 결합할 수 없다.

어휘　★端午节 Duānwǔjié 몡 단오절 | 又名 yòumíng 통 ~라고도 하다 | ★自……以来 zì……yǐlái ~이래로 | 定为 dìngwéi ~로 정하다 | ★农历 nónglì 몡 음력 | ★整个春季 zhěnggè chūnjì 봄철 내내 | ★唯一 wéiyī 혱 유일하다 | ★节日 jiérì 몡 기념일, 명절 | 农事 nóngshì 몡 농사 | ★繁忙 fánmáng 혱 일이 많고 바쁘다 | ★气候 qìhòu 몡 기후 | ★温暖 wēnnuǎn 혱 따뜻하다 | ★期待 qīdài 통 기대하다 | 忙里抽闲 máng li chōu xián 바쁘지만 짬을 내다 | ★娱乐一下 yúlè yíxià 좀 즐겁게 보내다 | ★放松一下 fàngsōng yíxià 정신적 긴장을 좀 풀다 | ★重新 chóngxīn 뙤 다시, 새로 | 投入劳动 tóurù láodòng 일을 하다 | ★吃粽子 chī zòngzi 중쯔를 먹다 | 赛龙舟 sài lóngzhōu 통 용선 시합을 하다 | 节俗活动 jiésú huódòng 민속 행사

> **Tip** **整个와 全**
>
> ① 整个와 자주 결합하는 단어
>
> | 整个
모든 것 | + | 春天 봄 ｜ 假期 휴가 기간 ｜ 上午 오전 ｜ 周末 주말 |
> |---|---|---|
> | | | 北京 베이징 ｜ 商场 상가 ｜ 城市 도시 ｜ 足球场 축구장 |
>
> 整个上午，他都在睡觉。 오전 내내 그는 잠을 자고 있다.
> 他买下了整个商场。 그는 모든 상가를 매입했다.
>
> ② 全과 자주 결합하는 단어
>
> | 全
전부의 | + | 1음절 | 家 집 ｜ 校 학교 ｜ 市 시 ｜ 国 나라 |
> |---|---|---|---|
> | | | 2음절
(사용 빈도가 낮음) | 世界 세계 ｜ 社会 사회 ｜ 中国 중국 ｜ 家人 한 가족 |
>
> 中秋节时，全家人聚在一起。 중추절 때 온 가족이 함께 모인다.
> 全国经济情况都不太好。 전국적으로 경제 상황이 모두 그다지 좋지 않다.

〈절기와 명절 관련 어휘〉

元旦 Yuándàn 신정(양력 1월 1일)	阳历新年 yánglì xīnnián 양력 신년
★春节 Chūnjié 춘절(음력 1월 1일)	除夕 Chúxī 섣달그믐 ｜ 拜年 bàinián 새배하다 ｜ 压岁钱 yāsuìqián 새뱃돈 ｜ 一副对联 yí fù duìlián 대련 한 쌍 ｜ 一副春联 yí fù chūnlián 춘련 한 쌍 ｜ 庙会 miàohuì 묘회(명절이나 정해진 날에만 열리는 임시 시장)
元宵节 Yuánxiāojié 원소절(음력 1월 15일)	吃元宵 chī yuánxiāo 위안샤오를 먹다 ｜ 看花灯 kàn huādēng 꽃등을 감상하다 ｜ 猜灯谜 cāi dēngmí 등롱 수수께끼 놀이
★清明节 Qīngmíngjié 청명절(양력 4월 4일 전후)	寒食节 Hánshíjié 한식 ｜ 扫墓 sǎomù 성묘하다 ｜ 踏青 tàqīng 답청하다 ｜ 放风筝 fàng fēngzheng 연놀이하다
劳动节 Láodòngjié 노동절(양력 5월 1일)	五一节 WǔYījié 5·1절 ｜ 外出旅游 wàichū lǚyóu 여행하다
★端午节 Duānwǔjié 단오절(음력 5월 5일)	吃粽子 chī zòngzi 쫑쯔를 먹다 ｜ 赛龙舟 sài lóngzhōu 용선 시합을 하다 ｜ 爱国诗人屈原 àiguó shīrén Qū Yuán 애국 시인 굴원
★七夕 Qīxī 칠석(음력 7월 7일)	中国的情人节 Zhōngguó de Qíngrénjié 중국의 발랜타인데이 ｜ 牛郎 Niúláng 견우 ｜ 织女 Zhīnǔ 직녀 ｜ 银河 yínhé 은하수 ｜ 鹊桥 quèqiáo 까치 다리
★中秋节 Zhōngqiūjié 중추절(음력 8월 15일)	吃月饼 chī yuèbing 웨빙을 먹다 ｜ 赏月 shǎng yuè 달구경을 하다 ｜ 家人团圆 jiārén tuányuán 온 가족이 모이다
重阳节 Chóngyángjié 중양절(음력 9월 9일)	登高 dēnggāo (중양절에) 산에 오르다 ｜ 菊花茶 júhuāchá 국화차 ｜ 菊花酒 júhuājiǔ 국화주
★中国国庆节 Zhōngguó Guóqìngjié 중국 국경일(양력 10월 1일)	黄金周 huángjīnzhōu 황금 연휴 ｜ 长假 chángjià 장기 휴가 ｜ 天安门阅兵 Tiān'ānmén yuèbīng 톈안먼 사열

A 豆汁只有北京有　　　　B 豆汁历史很长

C 豆汁色彩鲜艳　　　　　D 豆汁味道很甜

정답&공략

해석

豆汁是北京独具特色的民间小吃，**B**历史长达一千年，它是以绿豆为原料制成的，**C**颜色暗淡，**D**味道酸甜。第一次品尝时，人们通常会觉得难以下咽，但多试几次，它醇厚的香味儿就会让你欲罢不能了。

A 豆汁只有北京有
Ⓑ 豆汁历史很长
C 豆汁色彩鲜艳
D 豆汁味道很甜

콩국은 베이징의 민간에서 먹는 독특한 간식이다. **B**역사가 천 년이 되었으며 녹두를 원료로 해서 만든 것으로 **C**색은 짙고 **D**맛은 시고 달다. 처음 맛을 보았을 때는 목으로 넘기기 어렵지만, 여러 번 먹어보면 그윽한 향기가 사람의 입맛을 자꾸 당긴다.

A 콩국은 베이징에만 있다
Ⓑ 콩국은 역사가 오래되었다
C 콩국은 색이 선명하다
D 콩국은 맛이 달다

공략 '历史长达一千年'에서 시간사 一千年 앞의 동사 长达를 통해서 역사가 오래되었음을 알 수 있다. 그리고 베이징의 민간에서 먹는 간식거리라고 했지 베이징에만 있다고는 하지 않았으므로 A는 답이 아니다.

어휘 ★豆汁 dòuzhī 몡 콩국 | ★民间小吃 mínjiān xiǎochī 민간 간식거리 | 绿豆 lǜdòu 몡 녹두 | ★以……为原料 yǐ……wéi yuánliào ~을 원료로 삼다 | ★暗淡 àndàn 혱 막막하다, 암담하다 | ★酸甜 suāntián 혱 새콤달콤하다 | ★品尝 pǐncháng 통 맛보다 | 难以下咽 nányǐ xiàyàn 삼키기가 어렵다 | 醇厚 chúnhòu 혱 깔끔하고 진하다 | 欲罢不能 yù bà bù néng 솅 그만두려고 해도 그만둘 수 없다

〈중국 음식 관련 어휘〉

小吃 간식거리	★天津狗不理包子 Tiānjīn Gǒubùlǐ bāozi 톈진 거우부리 만두 | ★麻花 máhuā 꽈배기[두세 가닥의 밀가루를 함께 꼬아서 기름에 튀겨 익혀 먹는 음식] | ★北京糖葫芦 Běijīng tánghúlu 베이징 탕후루 | 驴打滚 lǘdǎgǔn 차좁쌀가루에 설탕을 넣고 찐 후 동글동글하게 빚어 콩가루를 묻힌 떡 | ★山东煎饼 Shāndōng jiānbing 산둥 젠빙[수수, 보리 또는 밀 등을 물에 반죽하여 번철(燔鐵)에 얇게 펴 구워서 먹는 과자] | ★新疆羊肉串 Xīnjiāng yángròuchuàn 신장 양꼬치 | ★内蒙古涮羊肉 Nèiměnggǔ shuànyángròu 내몽고 양고기 샤브샤브
北京烤鸭 베이징 카오야	★全聚德 Quánjùdé 취안쥐더 | ★老字号 lǎozìhào 대대로 내려온 가게
火锅 훠궈	★东来顺 Dōngláishùn 둥라이순[베이징에서 샤브샤브로 유명한 브랜드]
药膳 한방 약재를 섞은 자양 강장 식품	有药用价值 yǒu yàoyòng jiàzhí 약용 가치가 있다 | 饮食 yǐnshí 음식
满汉全席 만족 풍과 한족 풍의 요리를 함께 내놓은 호화로운 연회석	108道 yìbǎi líng bā dào 108가지 음식 | ★满族 Mǎnzú 만주족 | ★汉族 Hànzú 한족

豆汁 콩국	★发酵 fājiào 발효하다 ｜ 绿豆 lǜdòu 녹두 ｜ ★民间小吃 mínjiān xiǎochī 민간에서 먹는 간식거리
酒 술	★五粮液 Wǔliángyè 우량예[다섯 가지의 곡물(고량, 쌀, 소맥, 옥수수, 찹쌀)로 만드는 백주] ｜ 国酒 guójiǔ 국주 ｜ ★青岛啤酒 Qīngdǎo Píjiǔ 칭다오맥주
茶 차	★红茶 hóngchá 홍차 ｜ 绿茶 lǜchá 녹차 ｜ ★乌龙茶 Wūlóngchá 우룽차 ｜ 普洱茶 Pǔ'ěrchá 푸얼차 ｜ ★西湖龙井 Xīhú Lóngjǐng 시후 룽징차
四大菜系 4대 요리	★川菜(四川) Chuāncài(Sìchuān) 쓰촨 요리 ｜ ★鲁菜(山东) Lǔcài(Shāndōng) 산둥 요리 ｜ ★湘菜(湖南) Xiāngcài(Húnán) 후난 요리 ｜ ★粤菜(广东) Yuècài(Guǎngdōng) 광둥 요리

바로 체크 Check! 🎧 04-6

---

1 녹음을 듣고 중국어를 써보세요.

❶ _________ ❷ _________ ❸ _________ ❹ _________ ❺ _________

❻ _________ ❼ _________ ❽ _________ ❾ _________ ❿ _________

2 녹음을 듣고 빈칸을 채우세요.

❶ _________是整个春季中_________________。

❷ 人们_______能_________________。

❸ 豆汁是北京___________的___________。

❹ _____________会加剧___________。

❺ 去前一定要_________________, _______________。

정답 1 ❶ 农历 ❷ 繁忙 ❸ 气候温暖 ❹ 粽子 ❺ 流传 ❻ 颜色暗淡 ❼ 味道酸甜 ❽ 海拔 ❾ 高原反应 ❿ 紫外线
　　　2 ❶ 端午节是整个春季中最重要的节日。 ❷ 人们期待能放松一下身心。 ❸ 豆汁是北京独具特色的民间小吃。
　　　❹ 恶劣天气会加剧高原反应。 ❺ 去前一定要准备一些药品，以防万一。

 전공략 비법 노트

〈역사 문화 관련 어휘〉

전통 의복	★唐装 Tángzhuāng 탕좡		당나라 시대에 유행하던 의복으로 당나라 때 외국에서 중국인을 唐人이라고 불렀고 그들이 입은 옷을 唐装이라고 했다.
	★旗袍 qípáo 치파오		청나라 때 유행하던 옷이다. 청나라는 만주족이 세웠으며 만주족을 旗人이라고 했기에 그들이 입었던 옷을 旗袍라고 불렀다.
중국 4대 기서	★西游记 Xīyóujì 서유기	중국의 유명한 장편 신화 소설로 환상 세계로 가득차 있다. 손오공, 저팔계, 삼장 법사, 사오정이 주요 등장인물이다.
	★三国演义 Sānguó Yǎnyì 삼국연의	위, 촉, 오 삼국의 전쟁을 묘사했으며 조조, 유비, 손권, 제갈량, 장비, 조운 등과 같은 인물을 생생하게 그려냈다. 그리고 그들과 관련된 三顾茅庐, 桃园结义, 草船借鉴 등의 이야기가 지금까지 전해지고 있다.
	★水浒传 Shuǐhǔzhuàn 수호전	원말 명초에 쓰여졌으며 중국의 농민 봉기를 노래한 장편 소설이다.
	★红楼梦 Hónglóumèng 홍루몽	백과사전형 소설로 石头记라 불리며 중국 고전 소설의 최고봉으로 손꼽힌다.
문자	★甲骨文 jiǎgǔwén 갑골문	최초의 고문자다. 일반적으로 거북이 등, 동물 뼈에 새겼으며 점을 쳐서 기록하는 데 사용하였다.
	★金文 jīnwén 금문	청동기에 문자를 새겼으며 조상과 왕들의 공적을 찬양하는 것이 주된 내용이다.
	字体 zìtǐ 자체	★楷书(kǎishū 해서), 篆书(zhuànshū 전서), ★隶书(lìshū 예서), ★草书(cǎoshū 초서) 네 가지 자체로 나뉜다.
도자기	★唐三彩 Tángsāncǎi 당삼채	당대에 성행한 도기로 노란색, 흰색, 녹색이 기본이다. 다양한 모양이 있는데 동물 모양이 제일 많으며 수준 높은 예술적 가치를 가지고 있다.
	★景泰蓝 jǐngtàilán 경태람	명나라 경태년에 유행했으며 대부분 남색으로 정교하게 만들어졌다. 중국뿐 아니라 외국에서도 유명세를 타고 있다.
	★青花瓷 qīnghuācí 청화자	중국 주요 도자기 중의 하나로 명·청 시기에 성행하였다.
기타	★年画 niánhuà 연화		중국 그림의 한 종류이며 대중적인 예술 형식으로 춘절 때 문에다 붙인다.
	★剪纸 jiǎnzhǐ 전지		窗花라고도 부르며 종이, 나무 껍질, 나뭇잎, 천, 가죽을 재료로 한다.
	★对联 duìlián 대련		春联이라고도 부르며 문의 양쪽에 붙인다. 일반적으로 붓을 사용해 붉은색으로 쓴다. 대련은 上联, 下联, 横批로 나뉜다.

第 1-8 题：请选出与所听内容一致的一项。

1. A 《红楼梦》写于1874年
   B 《石头记》是长篇小说
   C 《红楼梦》是百科全书
   D 四大名著价值都很高

2. A 口耳相传效果好
   B 没有印刷术知识不能传播
   C 书本对知识的传播作用巨大
   D 印刷术是科技之母

3. A 团圆节是农历8月15
   B 中秋节月亮最圆
   C 中秋时外地的人都回故乡
   D 中秋节又称七夕

4. A 老字号历史不长
   B 老字号都受欢迎
   C 老字号经营策略都好
   D 老字号可以提高商标的价值

5. A 滴水观音具有药用价值
   B 滴水观音喜欢干燥的环境
   C 滴水观音随时随地滴水
   D 滴水观音的叶子像观音

6. A 避暑山庄内很冷
   B 荷花花期到九月初
   C 春天游客最多
   D 避暑山庄荷花很有名

7. A 风会被防护林完全挡住
   B 防护林会减小风速
   C 防护林间距要远一些
   D 平行的树林都是防护林

8. A 鲸鱼眼睛都不大
   B 鲸鱼都生活在海洋中
   C 须鲸没有牙齿
   D 雪鲸有胡须

➕ **정답 및 해설_** 해설집 15쪽

문답과 순서에 촉각을 곤두세워라

학습목표

✓ 1 듣기 제2부분의 가장 기본적인 공략인 문답 순서 파악에 유의한다

✓ 2 유명 인사 및 기업, 중국의 미디어 관련 표현을 숙지한다

✓ 3 주요 어휘, 어법, 호응 구조 등을 암기한다

일부 몇 문제를 제외하고는 대부분 녹음 순서에 따라 문제가 제시된다. 따라서 녹음을 들을 때 보기를 잘 봐야 한다. 그리고 듣기 제2부분은 취재 형식으로, 일문 일답으로 제시되기 때문에 인터뷰어의 질문을 잘 이해하고 듣고 난 후에는 보기를 보면서 질문에 대한 답으로 적절한 것이 있는지 확인한다.

기초 실력 테스트 TEST

🎧 05-1

1 녹음을 듣고 다음 내용과 일치하면 O, 일치하지 않으면 X를 표시하세요.

❶ 跟别人一样 (　　)　　　　❷ 一直很受欢迎 (　　)

❸ 喜欢电影 (　　)　　　　❹ 所有人都反对 (　　)

2 녹음을 듣고 중국어와 뜻을 써보세요.

❶ ________________　　　　❷ ________________

❸ ________________　　　　❹ ________________

3 녹음을 듣고 빈칸을 채우세요.

________人们生活水平的提高，人们越来越________美感，________自身的健康了。首先我们必须意识到：肥胖也是一种病，因为过于肥胖，会________各种疾病。

* **정답**_ 해설집 230쪽

6급 기출문제 맛보기

 **맛보기**　🎧 05-2

1. A 一把古刀　　　B 六把小紫砂壶　　　C 一个瓷碗　　　D 一幅字画

2. A 北京大学　　　B 清华大学　　　C 南开大学　　　D 复旦大学

3. A 10年　　　B 20年　　　C 50年　　　D 40年

4. A 在美国工作　　　B 是北大教授　　　C 在美国留过学　　　D 把房子都卖了

5. A 中国统一　　　　　　　　　　B 卖掉古刀
　　C 收藏更多的古物　　　　　　D 把古刀归还给中国

정답&공략

해석　第1到5题是根据下面一段采访：

女：我今天有幸邀请到了台湾著名的收藏家王著先生。聊一聊老人家的收藏经历。请问您是什么时候开始对文物收藏感兴趣的？

男：上个世纪六十年代，**4**那时候我在美国留学打工。有一天，**1**在一家店里看到六把小紫砂壶，非常漂亮。老板开价每把一百美元。我当时月薪只有三百美元。于是省吃俭用，全部都买下了。后来请人一鉴定，才知道其中一把壶已经流传了四百多年了。我的收藏就是这么开始的。后来，我去几个博物馆参观。一看那么多中国文物都在外国人的博物馆里。我就说，我将来有钱了，一定要做收藏，都把它们买回来。现在我想开了，在他们的博物馆，成千上万的人去参观，看到的也是中国的东西。

女：听说您的收藏品，台湾和大陆都有。捐出去的比卖的多。

1~5번 문제는 다음 인터뷰에 근거한다.

여: 오늘 운좋게 타이완의 유명한 수집가인 왕주 선생을 모시게 되었습니다. 선생님을 모시고 수집 경력에 대해 이야기해보기로 하죠. 언제부터 문물 수집에 관심을 가지게 되셨나요?

남: 지난 세기 60년대에, **4**그때 저는 미국에서 유학하며 아르바이트를 하고 있었죠. 어느 날 **1**한 가게에서 작은 자사 주전자 여섯 개를 보게 되었는데 너무 아름답더라고요. 사장님은 한 개에 백 달러를 불렀죠. 그 당시 제 월급이 삼백 달러였는데, 전 돈을 아끼고 모아서 모두 사버렸어요. 후에 다른 분에게 감정을 부탁하고서야 그 중 하나는 이미 400여 년이 넘은 것이라는 사실을 알게 됐어요. 저의 수집은 이렇게 시작된 거예요. 훗날 몇몇 박물관에 참관을 갔는데 이렇게 많은 중국 문물이 외국 박물관에 있는 것을 보고 저는 이렇게 말했죠. 나중에 돈이 생기면 반드시 소장하게 사야겠다고요. 지금은 생각을 좀 넓게 해요. 외국 박물관에 있지만 수많은 사람들이 참관하러 가서 보는 것도 중국 물건이니까요.

여: 선생님 소장품이 타이완과 대륙에 모두 있고, 기증하신 것이 판 것보다 많다고 들었는데요.

男：这没有什么不好，只是你要换个角度想，有舍才有得。捐给博物馆，他们可以永久替我保存。凡有学校、博物馆能保护好这些文物，我都捐。

女：您把所有的财产都用来收藏文物，甚至卖房子也要买文物，您觉得值得吗？

男：我认为我做的，比我父亲留给我房子还要好。当时不知道，现在我认为我做对了。钱再多就多一个零吧。一百亿和一千亿根本没有区别。但我保护文物五十年如一日。现在树也长大了，花也开了，开始结果子了，是该收获的时候了。

女：²您去年获得了北京大学的荣誉博士学位，这对您来说，算是一种收获吗？

男：我一个小商人，能拿到北大的博士学位，不是因为我有钱，³是因为我保护中华文物五十年。

女：五十年，您收获了一个荣誉博士，您今后还打算收获些什么？

男：老天对我已经太厚爱了。我得到了我所有想要的东西。但我还有一个梦想。我收藏了一对明朝的刀，已经收藏三十年了。别人出多少钱我都不会卖。我想等我死了以后，一把送给大陆，一把送给台湾。希望将来能存在一起。⁵这两把刀应该留在我们中国。

남: 별로 나쁠 것도 없어요. 각도를 달리 생각하면 버리는 것이 있어야 얻는 것이 있는 법이니까요. 박물관에 기증하면 제 대신에 영원히 보관해주니까, 이 문물을 잘 보관해줄 수 있는 학교와 박물관이 있으면 다 기증을 하죠.

여: 선생님은 모든 재산을 문물 소장에 쓰셨고 심지어 집을 팔아서까지도 문물을 사시는데 그만큼 가치가 있다고 생각하시나요?

남: 저는 제가 한 행동이 아버지가 제게 집을 물려주신 것보다 더 좋다고 생각해요. 당시에는 몰랐는데 지금은 제가 잘했다고 생각해요. 돈은 아무리 많아 봤자 뒤에 동그라미 하나 더 붙는 것밖에 더 있겠어요. 백 억과 천 억은 아무 차이도 없어요. 하지만 제가 문물을 50년을 하루같이 보관했더니 나무가 자라 꽃도 피고 과실도 맺기 시작해 이제 수확할 시기가 된 거죠.

여: ²작년에 베이징대학에서 명예 박사 학위를 받으셨죠. 선생님께는 첫 수확인 셈인가요?

남: 저 같은 별 볼 일 없는 장사꾼이 베이징대학의 박사 학위를 받을 수 있었던 것은 제가 돈이 있어서가 아니라 ³제가 중국 문물을 50년 동안 보존했기 때문이죠.

여: 50년이라는 세월로 선생님께서 명예 박사를 따셨는데요, 앞으로 무엇을 수확할 계획이신가요?

남: 하늘은 제게 이미 너무 많은 것을 주셔서 제가 갖고 싶은 것을 다 얻었어요. 하지만 또 한 가지 꿈이 있어요. 제가 명나라 시대 검 한 쌍을 소장하고 있는데, 이미 30년을 소장했죠. 누가 아무리 많은 돈을 준다고 해도 절대 팔지 않을 거예요. 제가 죽고 나서는 하나는 대륙으로 하나는 타이완으로 보낼 거예요. 앞으로 같이 있었으면 좋겠어요. ⁵이 두 자루 검이 중국 땅에 있게 해야죠.

어휘　★有幸邀请到 yǒuxìng yāoqǐng dào 운좋게도 모시다 | 收藏家 shōucángjiā 몡 소장가, 수집가 | ★是什么时候开始……的 shì shénme shíhou kāishǐ……de 언제부터 ~을 시작했나 | ★对……感兴趣 duì……gǎn xìngqù ~에 흥미를 갖다 | ★世纪 shìjì 몡 세기 | ★留学 liúxué 동 유학 가다 | ★打工 dǎgōng 동 아르바이트를 하다 | 六把紫砂壶 liù bǎ zǐshāhú 여섯 개의 자사호 | 开价 kāijià 동 값을 부르다 | ★月薪 yuèxīn 몡 월급 | ★省吃俭用 shěng chī jiǎn yòng 졩 아껴 먹고 아껴 쓰다 | ★买下 mǎixià 동 사들이다 | ★鉴定 jiàndìng 동 감정하다, 평가하다 | ★流传了四百多年了 liúchuán le sìbǎi duō nián le 400여 년 동안 전해 내려오다 | 博物馆 bówùguǎn 몡 박물관 | ★参观 cānguān 동 참관하다, 견학하다 | 文物 wénwù 몡 문물 | 买回来 mǎi huílai 사서 돌아오다 | ★想开了 xiǎngkāi le 마음에 두지 않다, 넓게 생각하다 | ★成千上万 chéng qiān shàng wàn 졩 수천수만, 대단히 많다 | ★大陆 dàlù 몡 대륙 | 捐出去的 juān chūqu de 기부한 것 | ★换个角度想 huàn ge jiǎodù xiǎng 각도를 달리 생각하다 | ★凡 fán 뷔 무릇, 대체로 | ★值得 zhídé 동 ~할 만하다, ~할 만한 가치가 있다 | ★收获 shōuhuò 동 수확하다 | 获得荣誉博士学位 huòdé róngyù bóshì xuéwèi 명예 박사 학위를 취득하다 | 厚爱 hòu'ài 동 특별히 보살피다

난이도 **下**　공략 Key **숫자 및 동일한 어휘 파악**

1　男的收藏的第一件文物是什么?

A　一把古刀
Ⓑ　六把小紫砂壶
C　一个瓷碗
D　一幅字画

남자가 처음으로 소장한 물건은 무엇인가?

A　오래된 칼 한 자루
Ⓑ　여섯 개의 작은 자사 주전자
C　도자기 그릇 하나
D　서화 한 폭

공략　본문에 제시된 '六把小紫砂壶'와 보기 B가 완전히 일치한다.

난이도 **下**　공략 Key **동일한 어휘 파악**

2　男的获得了哪个大学的荣誉博士学位?

Ⓐ　北京大学　　　B　清华大学
C　南开大学　　　D　复旦大学

남자는 어느 대학에서 명예 박사 학위를 수여받았는가?

Ⓐ　베이징대학　　　B　칭화대학
C　난카이대학　　　D　푸단대학

공략　본문에서 보기 A의 北京大学를 직접적으로 언급했으며 이어지는 내용 속에 이 대학에서 박사 학위를 취득했음을 알 수 있다.

난이도 **下**　공략 Key **숫자 및 동일한 어휘 파악**

3　男的收藏文物多少年了?

A　10年　　B　20年　Ⓒ　50年　　D　40年

남자는 문물을 소장한 지 얼마나 되었는가?

A　10年　　B　20年　Ⓒ　50年　　D　40年

공략　질문에서는 收藏이라고 했지만 본문에서는 保护로 표현했다. 구체적으로 '50년'이라고 언급했다.

난이도 **上**　공략 Key **장소와 과거 행적에 유의**

4　关于男的，下列哪项正确?

A　在美国工作　　　B　是北大教授
Ⓒ　在美国留过学　　D　把房子都卖了

남자에 관하여 다음 중 옳은 것은?

A　미국에서 일했다　　B　베이징대학의 교수다
Ⓒ　미국에서 유학했다　D　집을 팔았다

공략　문제가 순서대로 나오지 않는 경우도 있기에 주의해야 한다. 종종 시작 부분에 인터뷰이가 소개하는 장소, 직업, 업무, 프로그램 명칭 등을 기억하면 문제를 풀기가 쉽다. '那时候我在美国留学打工'에서 60년대에 미국에서 유학을 했고 아르바이트를 한 사실을 알 수 있다. 打工과 工作는 다르기 때문에 A는 답이 될 수 없다.

난이도 **中**　공략 Key **동일한 어휘 파악**

5　男的还有什么愿望?

A　中国统一
B　卖掉古刀
C　收藏更多的古物
Ⓓ　把古刀归还给中国

남자는 또 어떤 바람을 가지고 있는가?

A　중국 통일
B　오래된 검을 파는 것
C　더 많은 유물을 소장하는 것
Ⓓ　오래된 검을 중국에 돌려주는 것

공략　'这两把刀应该留在我们中国'로 답이 D임을 알 수 있다. 보기 A는 일반적인 상식으로 선택할 수 있는 내용이나 본문에는 언급되지 않았다.

공략 1. 문답의 내용을 명확히 이해하라

제2부분은 취재 형식이다. 인터뷰어가 한 질문에 대해서 답을 하는 형식이기 때문에 대부분 인터뷰이의 대답 속에 문제의 답이 있다. 그래서 매번 질문 내용이 뭔지를 명확히 알아야 하며 대답하는 부분을 들으면서 보기를 잘 살펴봐야 한다.

예제 🎧 05-3

1. A 常与人交流　　　B 很烦燥　　　C 控制欲强　　　D 没有新鲜感

2. A 编剧　　　B 摄影师　　　C 演员　　　D 作家

3. A 题材多变　　　B 很与众不同　　　C 追求视觉效果　　　D 有教育意义

4. A 要多做宣传　　　B 讲什么更重要
   C 要有很好的素养　　　D 要重视电影技术

5. A 失败过很多次　　　B 总是很严格
   C 更喜欢做编剧　　　D 认为导演应该充实自己

정답&공략

해석　第1到5题是根据下面一段采访：

女：大家好，今天我们邀请到了当下最受关注的华人导演，李安导演。你好，您能跟大家介绍一下，平时的工作方式吗？

男：我有我特别个性化的工作方式，主要分为三个阶段，酝酿期、交流期和控制期。在酝酿期，我会收集大量我感兴趣的资料，让心中出现过的想法慢慢成形。1A然后到了交流期，我会挑选工作伙伴，挑选演员。接着不断地与他们交流，让他们清楚自己需要做的事。接下来就是控制期了，这也是正式开始拍摄的阶段。1C在这段时间，我的控制欲十分强烈，不会因为什么状况而轻易妥协。所以在第三阶段，我有一股狠劲儿。

1~5번 문제는 다음 인터뷰에 근거한다.

여: 여러분, 안녕하세요. 오늘 저희는 요즘 제일 각광을 받고 있는 중국인 감독, 리안 감독을 모셨습니다. 안녕하세요. 평소 작업 방식을 좀 소개해주실 수 있나요?

남: 저에게는 특별하고 독특한 작업 방식이 있는데요. 주로 준비기, 교류기 그리고 통제기 3단계로 나눌 수 있죠. 준비 기간에는 상당한 양의 관심 있는 분야의 자료를 수집하고 천천히 마음속 생각의 틀을 만들죠. 1A그리고 나서 교류기에는 작업 파트너와 배우를 선발하고 끊임없이 그들과 교류하여 자신이 해야 할 일을 정확하게 파악하게 하죠. 이어서 통제기인데, 이때도 정식 촬영을 시작하는 단계라고 할 수 있지요. 1C이 기간 동안 저는 제어력이 굉장히 강해지는데,

女：我们知道，您所执导的剧本，都是自己写的。这对于您的电影来说十分重要吗？

男：2我在成为电影导演之前，写了六年剧本。这对我来说是十分重要的经历。不管是否做导演，我觉得只要想从事电影这一行，都应该懂得剧本。现在，中文电影普遍缺少较强的编剧。编剧是什么？就是在纸上讲故事，构思一个能吸引观众注意力的故事。

女：3您拍摄的影片题材是多变的，跳跃性也很大。这是为什么呢？

男：对我来说，拍影片就是一个冲动。电影让我活在梦想的世界里。当我有想要表达的东西时，就去拍相应的电影。好比一个走进去和走出来的过程。拍完电影后，在我宣传这部电影时，我会反复地讲述拍摄的动机。当这些都完成后，我就再也不想涉及相关题材的电影，也可以说是走出来了。再拍下一部电影时，我需要新鲜感。所以，又会有了个不一样的东西。

女：作为一个成功的导演，您能给现在的学生，和正在做着电影梦的人一些建议吗？

男：拍电影其实并不难，4你想要表达什么，才是最重要的。我的意思是说，技术是小事，道理才更重要。在人生历程中，你感悟到了什么？观众买票进来看电影，你又想让他们感受到什么？5一定要充实自己，建立起自己的心理文化。

어떤 상황과도 쉽사리 타협하지 않아요. 그래서 세 번째 단계가 되면 저는 아주 마음을 독하게 먹어요.

여: 연출한 극본 모두 직접 쓰신 걸로 알고 있는데요, 극본이 감독님 영화에서는 매우 중요한 부분인가요?

남: 2제가 영화감독이 되기 전에 6년 동안 극본을 썼어요. 이것은 제게 굉장히 중요한 경험이에요. 감독을 하든 안 하든 영화라는 이 업종에 종사하고자 한다면 극본에 대해 알아야 한다고 생각해요. 현재 중국 영화는 대부분 강한 시나리오가 부족하죠. 시나리오가 무엇입니까? 바로 종이 위에 이야기를 쓰고 관중의 주의력을 끌 수 있는 이야기를 구상하는 것이죠.

여: 3감독님이 연출한 영화는 소재가 다양하고 비약적인 부분이 매우 많은데, 왜 그런가요?

남: 저에게 영화 연출은 하나의 충동입니다. 영화는 제가 꿈꾸는 세상에서 생활하도록 해주죠. 제가 표현하고 싶은 것이 있을 때 그에 상응하는 영화를 연출합니다. 마치 걸어 들어가고 걸어 나오는 과정과 같죠. 영화를 찍고 난 후 그 영화를 홍보할 때 반복적으로 연출하게 된 동기를 이야기해요. 그러나 다 끝난 후에는 관련된 소재의 영화를 다시는 하고 싶지 않은데, 이것이 걸어 나오는 것이라 말할 수 있겠죠. 다시 영화를 찍을 때는 신선함이 있어야 하거든요. 그렇게 해서 또 다른 것이 생기니까요.

여: 성공한 감독님이신데 학생들과 영화인을 꿈꾸고 있는 사람들에게 제안을 좀 해주신다면요?

남: 영화 연출은 사실 어려운 것이 아니에요. 4무엇을 표현하는지가 가장 중요하죠. 제 뜻은 기술은 작은 부분이고 도리가 중요하다는 거죠. 인생의 과정에서 무엇을 느꼈나요? 관중이 표를 사서 영화를 보러 오면 그들에게 무엇을 느끼게 하고 싶나요? 5반드시 내적으로 충실을 기해야 하며 자신만의 마음속 문화를 세워야 해요.

어휘　★邀请 yāoqǐng 툉 초청하다, 초대하다 | ★最受关注 zuì shòu guānzhù 가장 많이 관심을 받다 | ★华人 Huárén 몡 중국인 | ★导演 dǎoyǎn 몡 감독 | ★工作方式 gōngzuò fāngshì 작업 방식 | 个性化 gèxìnghuà 툉 개성화시키다 | 阶段 jiēduàn 몡 단계 | 酝酿 yùnniàng 툉 미리 준비하다 | 收集资料 shōují zīliào 자료를 수집하다 | 成形 chéngxíng 툉 모양을 갖추다 | ★挑选 tiāoxuǎn 툉 고르다, 선택하다 | ★工作伙伴 gōngzuò huǒbàn 동료 | ★演员 yǎnyuán 몡 연기자 | ★接着 jiēzhe 閉 이어서, 잇따라 | ★不断 búduàn 閉 끊임없이, 계속해서 | ★接下来 jiē xiàlai 다음으로, 이어서 | ★拍摄 pāishè 툉 촬영하다 | ★强烈 qiángliè 혱 (힘이) 크다, 세차고 강하다, 강렬하다 | 状况 zhuàngkuàng 몡 상황 | ★因为……而…… yīnwèi……ér…… ~하기 때문에 따라서 | ★轻易 qīngyì 혱 제멋대로다, 수월하다 | ★妥协 tuǒxié 툉 타협하다 | 一股狠劲儿 yì gǔ hěn jìnr 한 번 내리치다 | 执导 zhídǎo 툉 연출하다, 감독하다 | ★剧本 jùběn 몡 극본 | ★不管……都 bùguǎn……dōu ~에 관계없이 모두 | ★从事 cóngshì 툉 종사하다 | ★缺少 quēshǎo 툉 모자라다, 부족하다 | ★构思 gòusī 툉 (문장을 짓거나 예술 작품을 제작할 때) 구상하다 | ★吸引观

众注意力 xīyǐn guānzhòng zhùyìlì 관중의 이목을 끌다 | ★题材 tícái 명 제재 | 多变 duōbiàn 통 변화가 많다 | 跳跃性 tiàoyuèxìng 비약적인 부분 | ★冲动 chōngdòng 명통 충동(하다) | ★表达 biǎodá 통 나타내다, 표현하다 | ★宣传 xuānchuán 통 (어떤 주의·주장이나 어떤 사물의 존재·효능 등을) 선전하다 | ★讲述 jiǎngshù 통 진술하다, 이야기하다 | ★动机 dòngjī 명 동기 | ★涉及 shèjí 통 (힘·말·작용 등이) 관련되다, 미치다 | 新鲜感 xīnxiāngǎn 명 신선함 | ★给……一些建议 gěi……yì xiē jiànyì 건의를 좀 하다 | 做着电影梦 zuòzhe diànyǐngmèng 영화 꿈을 꾸면서 | ★其实并不难 qíshí bìng bù nán 사실 결코 쉽지 않다 | 感悟 gǎnwù 통 깨닫다, 느끼다 | ★充实 chōngshí 형통 충분하다; 충족시키다

난이도 下   공략 Key 동일한 표현 찾기

1 男的在第三个工作阶段表现得怎么样? | 남자는 세 번째 작업 단계에서는 태도가 어떠한가?

A 常与人交流
B 很烦燥
Ⓒ 控制欲强
D 没有新鲜感

A 자주 사람들과 교류한다
B 아주 불안해진다
Ⓒ 통제력이 강해진다
D 신선함이 떨어진다

공략 본문의 '在这段时间，我的控制欲十分强烈'는 보기의 C와 완전히 동일하다. 단지 유의해야 할 점은 세 단계에서 어느 부분이 문제로 제시될지 모르는 상황이기에 사전에 각 단계에 대한 간단한 메모가 필요하다.

난이도 上   공략 Key 编剧와 作家의 차이점 구분

2 在做导演之前，男的做过什么? | 감독을 하기 전에 남자는 무엇을 했었는가?

Ⓐ 编剧　　　B 摄影师
C 演员　　　D 作家

Ⓐ 극작가　　　B 촬영 기사
C 연기자　　　D 작가

공략 인터뷰어 물음에도 답의 힌트가 있고 '我在成为电影导演以前，写了六年剧本'이라고 인터뷰이가 직접적으로 언급하고 있다. 극본을 쓰는 사람이 바로 编剧이다.

난이도 下   공략 Key 동일한 표현 찾기

3 男的拍摄的电影有什么特点? | 남자가 찍은 영화는 어떤 특성을 가지고 있는가?

Ⓐ 题材多变
B 很与众不同
C 追求视觉效果
D 有教育意义

Ⓐ 제재가 다양하다
B 아주 남다르다
C 시각적 효과를 추구한다
D 교육적 의의를 가지고 있다

공략 인터뷰어의 물음이 답변보다 더 중요할 때가 있다. 인터뷰어의 물음인 '您拍摄的影片题材是多变的'에 답이 있다.

난이도 中   공략 Key 동일한 의미 구조 찾기

4 男的有什么建议? | 남자는 어떤 제안을 하는가?

A 要多做宣传
Ⓑ 讲什么更重要
C 要有很好的素养
D 要重视电影技术

A 홍보를 많이 해야 한다
Ⓑ 무엇을 이야기하는지가 더 중요하다
C 좋은 소양을 가지고 있어야 한다
D 영화 기술에 치중해야 한다

공략 본문에서 감독이 제안하고 싶은 것을 분명히 제시했지만 표현을 달리 했기에 다소 주저되는 문제다. '你想要表达什么，才是最重要的'에서 '想要表达什么'는 '讲什么'와 같은 의미다. '讲什么'는 구체적으로 '말하다'의 의미가 아니라 작품 속에서 '무엇을 이야기하는 것', 다시 말해서 표현하고 싶은 주제나 내용이 무엇보다 더 중요하다는 의미다.

난이도 中 **공략 Key** 동일한 표현 찾기

듣기 제2부분

5 关于男的，可以知道什么?

A 失败过很多次
B 总是很严格
C 更喜欢做编剧
Ⓓ **认为导演应该充实自己**

남자에 대해서 알 수 있는 것은?

A 여러 차례 실패한 적이 있다
B 늘 엄하다
C 극본 쓰는 것을 더 좋아한다
Ⓓ **감독이라면 내적인 충실을 기해야 한다**

공략 의미가 썩 다가오지 않고 남자에 관한 정보를 물어보는 문제라 다소 긴장할 수 있다. 하지만 다행히 마지막의 '一定要充实自己'와 동일한 내용이 보기에 있기에 답을 고르는 데는 무리가 없을 것이다.

Tip **受(到)와 收到**

① 受(到)는 受만 쓸 수도 있다. 목적어로 동사나 추상명사가 온다.

受(到) 받다	**동사** 欢迎 환영하다 | 批评 꾸짖다 | 关注 관심을 가지다 | 喜爱 좋아하다
	추상명사 压力 스트레스 | 损失 손실

韩国电视剧在中国很**受**欢迎。 한국 연속극은 중국에서 환영을 받는다.

② 收到 뒤에는 구체적인 명사만 올 수 있다.

收到 받다	礼物 선물 | 鲜花 생화, 꽃 | 一条短信 문자 메시지 한 건 | 一封邮件 우편물 한 통

我每天都会**收到**他送来的鲜花。 나는 매일 그가 보낸 꽃을 받을 수 있을 것이다.

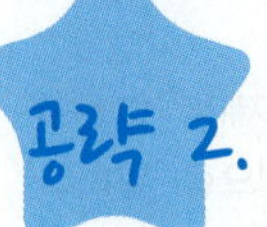

공략 2. 한번에 여러 개의 보기를 스캔하라

대부분 순서에 따라 문제가 하나씩 제시되는데 때로는 순서대로 제시되지 않는 경우가 있다. 숫자, 장소, 직업 등과 같은 비교적 짧은 보기는 속독을 하고 비교적 긴 보기는 한번 훑어보는 연습을 해두자.

예제 🎧 05-4

1. A 自己的前途 　　　　　　　　　　B 如何给自己定位
   C 留在中国还是回国 　　　　　　　D 受到人们的误解

2. A 学习说相声 　　B 从事外交工作 　　C 了解中国文化 　　D 进行商业活动

3. A 商人 　　　　　B 中国通 　　　　　C 学者 　　　　　　D 相声演员

4. A 自由职业的文化使者 　　　　　　B 中国文化的研究人员
   C 专业相声演员 　　　　　　　　　D 教育工作者

5. A 在《人民日报》工作 　　　　　　B 参加过春晚
   C 将要回国 　　　　　　　　　　　D 不喜欢说相声

정답&공략

해석

第1到5题是根据下面一段采访：

女：大山先生，《人民日报》曾这样评价您："大山虽然是外国人，但不是外人"。中国人从来没有把您当成外人来看。您是怎样评价您自己的呢？

男：我觉得是最中国化的外国人和最为中国人熟知的外国人。

女：按照我们节目的惯例，请您先简单地做个自我介绍吧。

男：自我介绍嘛，我觉得大家对我的基本情况还是比较熟悉的。但有一个问题很重要，¹也困扰我很久了，就是如何给自己定位。

女：如何给自己定位？

男：对。很多人问我，你到底是干什么的？³或者干脆把我归类为相声演员。其实，我最初的想法不是这样的，现在的奋斗目标也不仅仅是这样的。我是1984年开始学习中文，四年后获得奖学金。参加"学者互换"交流项目来到北京。在学

1~5번 문제는 다음 인터뷰에 근거한다.

여: 다산 선생님, 인민일보에서 '외국인이지만 타지 사람은 아니다'라고 당신을 평가하더군요. 중국 사람들은 당신을 타지 사람으로 생각본 적이 없는 것 같은데, 당신은 스스로를 어떻게 평가하시나요?

남: 저는 제가 가장 중국화된 외국인이고 가장 중국을 아는 외국인이라고 생각합니다.

여: 저희 프로그램의 관례에 따라 간단한 자기 소개 좀 부탁 드립니다.

남: 제 소개라, 모두들 저에 대한 기본적인 상황은 꽤 알고 계실 거라고 생각하는데요. 그런데 저에게는 아주 중요한 문제가 하나 있어요. ¹오랫동안 저를 힘들게 했는데요, 바로 '어떻게 스스로에게 자리매김하는가?'이죠.

여: 어떻게 스스로에게 자리매김하는가요?

남: 네, 많은 분들이 저에게 '당신은 도대체 뭐하는 사람인가?' 하고 물어요. ³혹은 아예 저를 만담 연기자로 생각하시더군요. 사실 제일 처음 생각은 이런 건 아니었고, 지금 노력하는 목표도 이

习中文的四年中，我对中国的文化、历史等基本情况就已经略知一二，但没有新的感受。所以来中国就一个目的，深入中国，体验书上学习不到的中国。

女：也就是说，相声并不是你的专业领域。

男：是的。2来中国是希望多了解东方文化、中国文化，希望自己能够在中西文化之间做一个桥梁。当时的想法也不是很清楚，到底在哪一个领域发展，外交、商业、文化、学术，没有明确的目标。然而，51988年，一个偶然的机会在中央电视台的春节联欢晚会上演了一个节目，大山的名字就是从那个节目来的。从那时起，我才开始接触相声这种中国传统艺术表演方式。尽管很多观众对我的认识主要是通过这样一个渠道，但我始终都不是一个专业的相声演员，也不靠这个谋生。我给自己的定位是文化的使者，相声演员对我来讲只是手段而已。

女：其实，在节目刚开始时，我也觉得特别为难。您在教育、公益、商业等多个领域都成绩显著，我都不知道如何向观众介绍您了。

男：4你可以说我是一个自由职业的文化使者。我所从事的工作不管在哪个领域都离不开文化，只要能促进中西方之间的交流和相互了解，我都挺感兴趣的，都特别喜欢做。

것만은 아닙니다. 1984년 중국어를 배우기 시작했고 4년 후에 장학금을 탔지요. '교환 학생' 교류 프로그램에 참가하려고 베이징에 왔어요. 중국어를 배우는 4년 동안 저는 중국의 문화, 역사 등 기본적인 상황에 대해서는 조금 알게 되었죠. 그러나 새로운 느낌은 없었습니다. 그래서 제가 중국에 온 유일한 목적은 책 속에서 배우지 못한 중국에 대해서 깊이 아는 거예요.

여: 다시 말해서 만담은 당신의 전문 분야가 아니라는 거네요.

남: 맞아요. 2제가 중국에 온 것은 동양 문화, 중국 문화를 더 많이 알고 싶어서죠. 제가 동서양 문화 사이에 다리를 만들어줄 수 있기를 바라서죠. 당시에는 도대체 외교, 상업, 문화, 학술 어떤 영역에서 발전을 시켜야 하는지 생각이 분명하지 않았고 명확한 목표도 없었어요. 그러나 51988년 우연한 기회에 중앙방송국 춘절 디너쇼 프로그램에 출연하게 되었죠. '다산'이라는 이름도 그 프로그램 때문에 지어진 거예요. 그때부터 저는 만담이라는 중국의 전통 예술 표현 방식을 접하게 되었죠. 비록 많은 관중들이 이 루트를 통해서만 저를 알 수 있었지만, 저는 여태껏 전문 만담 배우를 해본 적도 없고, 이걸 밥벌이로 한 적도 없습니다. 저는 스스로에게 문화 사절이라고 자리매김을 합니다. 만담 연기자는 저에게 하나의 수단이죠.

여: 사실 프로그램을 시작할 때 저도 아주 난감했어요. 교육, 공익, 사업 등 다방면에서 현저한 성과를 거두었는데, 어떻게 당신을 소개해야 할지 몰라서요.

남: 4저를 프리랜서 문화 사절이라고 소개해주시면 될 것 같아요. 제가 하는 일은 영역에 상관없이 모두 문화를 떠날 수 없고 동서양의 교류와 상호 이해를 증진시킬 수 있는 일이라면 저는 흥미를 가질 테고, 아주 즐겁게 할 테니까요.

어휘　人民日报 Rénmín Rìbào 몡 인민일보 | ★评价 píngjià 몡동 평가(하다) | 外人 wàirén 몡 외부인, 외국인 | ★从来没有 cónglái méiyǒu 여태껏 ～한 적 없다 | ★把……当成外人 bǎ……dàngchéng wàirén 타지 사람으로 여기다 | ★中国化 Zhōngguóhuà 중국화 | 为……熟知 wéi……shúzhī ～로 익히 알다 | ★按照 ànzhào 개동 ～에 따라; ～에 따르다 | 惯例 guànlì 몡 관례, 관행 | ★熟悉 shúxī 혱 잘 알다, 익숙하다 | ★困扰 kùnrǎo 동 괴롭히다, 귀찮게 굴다 | 定位 dìngwèi 몡동 확정된 위치; 객관적으로 평가하다 | ★到底 dàodǐ 뷔 도대체, 결국 | ★干脆 gāncuì 뷔 아예, 차라리 | 归类为 guīlèi wéi ～로 분류하다 | ★相声演员 xiàngshēng yǎnyuán 만담 연기자 | ★奋斗目标 fèndòu mùbiāo 분투 목표 | ★不仅仅是 bùjǐnjǐn shì 단순히 ～가 아니다 | ★获得奖学金 huòdé jiǎngxuéjīn 장학금을 받다 | 学者互换 xuézhě hùhuàn 교환 학생 | ★交流项目 jiāoliú xiàngmù 교류 프로그램 | ★略知一二 lüè zhī yī èr 솅 조금 알다, 대략적으로 이해하다 | ★深入中国 shēnrù Zhōngguó 중국을 깊이 파고들다 | ★体验 tǐyàn 몡동 체험(하다) | ★专业领域 zhuānyè lǐngyù 전공 분야, 전문 영역 | ★桥梁 qiáoliáng 몡 교량, 매개 | ★明确的目标 míngquè de mùbiāo 명확한 목표 | ★春节联欢晚会 Chūnjié Liánhuān Wǎnhuì 춘절 디너쇼 | 演节目 yǎn jiémù 프로그램을

하다 | ★接触 jiēchù 통 접촉하다, 접근하다 | ★尽管 jǐnguǎn 접 비록 ~라 하더라도 | ★渠道 qúdào 명 경로, 방법 | ★始终 shǐzhōng 명부 처음과 끝; 시종일관 | ★靠……谋生 kào……móushēng ~에 기대어 생계를 도모하다 | 使者 shǐzhě 명 사절 | ★只是……而已 zhǐshì……éryǐ 단지 ~일 뿐이다 | ★为难 wéinán 형 난처하다 | ★公益 gōngyì 명 공익 | 成绩显著 chéngjì xiǎnzhù 성과가 돋보이다 | ★自由职业 zìyóu zhíyè 명 자유업, 프리랜서 | ★不管 bùguǎn 접 ~을 막론하고 | ★离不开 líbukāi 통 떠날 수가 없다 | ★促进交流 cùjìn jiāoliú 교류를 촉진하다

난이도 下 공략 Key 동일한 표현 찾기

1 男的为哪个问题所困扰?　　　　　　　　　남자는 어떤 문제 때문에 괴로운가?

A 自己的前途　　　　　　　　　　　　　A 자신의 미래
B 如何给自己定位　　　　　　　　　　　B 어떻게 자신에게 자리매김하는가
C 留在中国还是回国　　　　　　　　　　C 중국에 남을지 고국으로 돌아갈지
D 受到人们的误解　　　　　　　　　　　D 사람들의 오해를 받는 것

공략　본문의 '也困扰我很久了，就是如何给自己定位'는 보기 B와 일치한다. 그리고 사실을 강조할 때 쓰는 표현 就是를 통해 힘들게 하는 문제가 바로 '자신의 위치 정립'임을 알 수 있다.

난이도 中 공략 Key 위아래 보기 동시 파악

2 男的最初来中国的目的是什么?　　　　　　남자가 처음에 중국에 온 목적은 무엇인가?

A 学习说相声　　　　　　　　　　　　　A 만담을 배우기 위해
B 从事外交工作　　　　　　　　　　　　B 외교 업무에 종사하기 위해
C 了解中国文化　　　　　　　　　　　　C 중국 문화를 알기 위해
D 进行商业活动　　　　　　　　　　　　D 사업을 위해

공략　일반적인 문제와는 달리 본문 내용에서 3번, 2번 순서로 답이 제시된다. '来中国是……了解东方文化、中国文化'에서 답이 C임을 알 수 있다.

난이도 中 공략 Key 위아래 보기 동시 파악

3 很多人误以为男的是做什么的?　　　　　　많은 사람들은 남자가 무엇을 하는 사람으로 착각하고 있는가?

A 商人　　　　　B 中国通　　　　　　　A 상인　　　　　B 중국통
C 学者　　　　　D 相声演员　　　　　　C 학자　　　　　D 만담 연기자

공략　두 개의 보기를 동시에 봐야 하는 문제다. '或者干脆把我归类为相声演员'에서 답이 D임을 알 수 있다.

난이도 中 공략 Key 위아래 보기 동시 파악

4 男的认为自己是做什么的?　　　　　　　　남자는 자신이 무엇을 하는 사람이라 생각하는가?

A 自由职业的文化使者　　　　　　　　　A 프리랜서 문화 사절
B 中国文化的研究人员　　　　　　　　　B 중국 문화 연구원
C 专业相声演员　　　　　　　　　　　　C 전문 만담 연기자
D 教育工作者　　　　　　　　　　　　　D 교육자

공략　본문 내용에서 5번, 4번 순서로 답이 제시되어 있다. '你可以说我是一个自由职业的文化使者'에서 답이 A임을 알 수 있다.

난이도 **上**　　공략 Key 위아래 보기 동시 파악

5 关于男的，下列哪项正确？　　　　　남자에 관하여 다음 중 옳은 것은?

A　在《人民日报》工作	A　인민일보에서 일한다
B　参加过春晚	**B　춘절 디너쇼에 출연했다**
C　将要回国	C　곧 귀국한다
D　不喜欢说相声	D　만담을 좋아하지 않는다

공략 이 문제는 4번과 5번을 동시에 봐야 한다. 인민일보가 그에 대한 평가를 한 적은 있지만 그가 거기에서 일한 적은 없기에 A는 틀렸고, C의 귀국, D의 만담을 좋아하지 않는 것과 관련된 내용은 언급하지 않았다. '1988年, 一个偶然的机会在中央电视台的春节联欢晚会上演了一个节目'에서 답이 B임을 알 수 있다.

Tip 到底, 究竟, 毕竟

到底, 究竟, 毕竟은 원인을 나타내며 앞에 종종 但是, 可是, 却 등이 온다. 到底와 究竟은 동의어로 의미가 같으며 의문문에 사용되어 강조를 나타낸다. 毕竟은 의문문에 사용할 수 없으며 평서문에서만 사용할 수 있다.

① 究竟＝到底 : 도대체, 결국

你昨天究竟干什么去了，这么晚回来？ 너는 어제 도대체 뭘 하러 갔기에 이렇게 늦게 돌아왔니?
你跟他到底是什么关系？ 너는 도대체 그와 무슨 관계니?

② 毕竟 : 결국, 어디까지나

她很有能力，但毕竟没有工作经验，所以犯了这样的错误。
그녀는 매우 능력이 있지만 어디까지나 업무 경험이 없어서 이런 잘못을 한 것이다.

바로 체크 Check!　🎧 05-5

1 녹음을 듣고 중국어를 써보세요.

❶ __________　❷ __________　❸ __________　❹ __________　❺ __________

❻ __________　❼ __________　❽ __________　❾ __________　❿ __________

2 녹음을 듣고 빈칸을 채우세요.

❶ 我收藏了____________的刀，已经收藏____________。

❷ __________我在美国____________。

❸ 你想要____________，才____________。

❹ ____________，一定要____________。

❺ 一个____________在________上演了一个节目。

정답 1 ❶ 邀请　❷ 导演　❸ 挑选　❹ 吸引注意力　❺ 充实　❻ 评价　❼ 奋斗目标　❽ 明确的目标
❾ 了解文化　❿ 促进交流　**2** ❶ 我收藏了一对明朝的刀，已经收藏三十年了。❷ 那时候我在美国留学打工。
❸ 你想要表达什么，才是最重要的。❹ 作为导演，一定要充实自己。❺ 一个偶然的机会在春晚上演了一个节目。

〈 중국의 각계 유명인과 대중 매체 〉

영화감독	张艺谋 Zhāng Yìmóu 장이머우 | 陈凯歌 Chén kǎigē 천카이거 | 李安 Lǐ Ān 리안 | 贾樟柯 Jiǎ Zhāngkē 자장커 | 田壮壮 Tián Zhuàngzhuang 톈좡좡
텔레비전 프로그램	百家讲坛 Bǎijiā Jiǎngtán 백가강단 | 鲁豫有约 Lǔ Yù yǒu yuē 루위와의 데이트 | 快乐大本营 Kuàilè Dàběnyíng 유쾌한 베이스 캠프 | 春晚 Chūnwǎn 춘절 디너쇼 | 中国达人秀 Zhōngguó Dárénxiù 중국 달인쇼
유명 배우	成龙 Chéng Lóng 청룽 | 李连杰 Lǐ Liánjié 리롄제 | 甄子丹 Zhēn Zǐdān 전쯔단 | 张曼玉 Zhāng Mànyù 장만위 | 张柏芝 Zhāng Bǎizhī 장바이즈 | 周杰伦 Zhōu Jiélún 저우제룬 | 王力宏 Wáng Lìhóng 왕리훙 | 林志玲 Lín Zhìlíng 린즈링 | 刘亦菲 Liú Yìfēi 류이페이 | 汤唯 Tāng Wéi 탕웨이 | 周星驰 Zhōu Xīngchí 저우싱츠 | 葛优 Gě Yōu 거여우
신문 잡지	人民日报 Rénmín Rìbào 인민일보 | 中国青年报 Zhōngguó Qīngniánbào 중국청년보 | 南方周末 Nánfāng Zhōumò 남방주말 | 环球日报 Huánqiú Rìbào 환구일보
유명 작가	张爱玲 Zhāng Àilíng 장아이링 | 鲁迅 Lǔ Xùn 루쉰 | 于丹 Yú Dān 위단 | 郭敬明 Guō Jìngmíng 궈징밍 | 余秋雨 Yú Qiūyǔ 위추위 | 刘墉 Liú Yōng 류융 | 莫言 Mò Yán 모옌
체육계 인사	姚明 Yáo Míng 야오밍 | 刘翔 Liú Xiáng 류샹 | 郭晶晶 Guō Jīngjing 궈징징 | 王皓 Wáng Hào 왕하오 | 邓亚萍 Dèng Yàpíng 덩야핑 | 伏明霞 Fú Míngxiá 푸밍샤 | 容国团 Róng Guótuán 룽궈퇀
유명 기업	百度 Bǎidù 바이두 | 联想 Liánxiǎng 렌상 | 海尔 Hǎi'ěr 하이얼 | 中国石油 Zhōngguó Shíyóu 중국석유 | 蒙牛 Měngniú 멍뉴 | 中国移动 Zhōngguó Yídòng 중국이동[차이나모바일] | 联通 Liántōng 렌퉁
유명 코미디언	赵本山 Zhào Běnshān 자오번산 | 马三立 Mǎ Sānlì 마싼리 | 冯巩 Féng Gǒng 펑궁 | 小沈阳 Xiǎo Shěnyáng 샤오선양
유명 기업인	李开复 Lǐ Kāifù 리카이푸 | 柳传志 Liǔ Chuánzhì 류촨즈 | 俞敏洪 Yú Mǐnhóng 위민훙 | 张瑞敏 Zhāng Ruìmǐn 장루이민

〈 문화 관련 어휘 〉

영화와 텔레비전	★电影 diànyǐng 영화 | ★电视剧 diànshìjù 드라마 | ★导演 dǎoyǎn 감독 | ★演员 yǎnyuán 연기자 | ★主角 zhǔjué 주인공 | ★票房 piàofáng 매표소, 흥행 수입 | ★收视率 shōushìlǜ 시청률 | ★主持人 zhǔchírén 사회자 | ★剧本 jùběn 극본 | ★字幕 zìmù 자막
인터넷	★网游 wǎngyóu 온라인 게임 | 网恋 wǎngliàn 사이버 연애 | ★上瘾 shàngyǐn 중독되다 | ★博客 bókè 블로그 | 邮箱 yóuxiāng 우편함, 메일 박스 | ★聊天 liáotiān 이야기하다, 채팅하다 | ★搜索 sōusuǒ 검색하다 | 关键词 guānjiàncí 키워드 | ★点击率 diǎnjīlǜ 조회수 | 无线网络 wúxiàn wǎngluò 무선 인터넷
예술	★书法 shūfǎ 서예 | 绘画 huìhuà 회화 | ★雕塑 diāosù 조소 | ★摄影 shèyǐng 영화를 촬영하다 | 音乐 yīnyuè 음악 | ★舞蹈 wǔdǎo 춤, 무용 | 表演 biǎoyǎn 공연하다, 연기하다 | ★剪纸 jiǎnzhǐ 전지 공예 | 刺绣 cìxiù 자수
서적	★小说 xiǎoshuō 소설 | ★散文 sǎnwén 산문 | 诗歌 shīgē 시가 | 杂志 zázhì 잡지 | 爱情小说 àiqíng xiǎoshuō 연애 소설 | ★科幻小说 kēhuàn xiǎoshuō 공상 과학 소설 | 推理小说 tuīlǐ xiǎoshuō 추리 소설 | ★百科全书 bǎikē quánshū 백과사전

실전 테스트

+ 정답 및 해설_ 해설집 19쪽

第 1-10 题：请选出正确答案。

1. **A** 《小崔说事》
   B 《流浪者》
   C 《电影传奇》
   D 《独立》

2. **A** 104
   B 208
   C 140
   D 30

3. **A** 资金不足
   B 不容易抓住历史史实
   C 老艺术家们不满意
   D 自己能力不够

4. **A** 拍摄人员
   B 不拍外国电影
   C 再现老电影
   D 拍摄方式

5. **A** 计划去印度
   B 是一个著名演员
   C 也曾拍过电视剧
   D 曾经生活很困难

6. **A** 在报社工作
   B 是北方人
   C 觉得自己很辛苦
   D 不希望女儿当作家

7. **A** 妈妈不同意
   B 觉得太辛苦
   C 不愿接受父亲的帮助
   D 不喜欢文学

8. **A** 对她工作的帮助
   B 对她生活的照顾
   C 尊重她的选择
   D 培养了她的文化气质

9. **A** 真正关爱孩子
   B 严格要求孩子
   C 什么都答应孩子
   D 帮孩子实现理想

10. **A** 家庭关系
    B 家庭教育
    C 父母的影响
    D 家庭环境

06 day
동일한 어휘와 핵심어에 주목하라

정답_ 해설집 230쪽

학습목표

✓ 1 올바른 청취 습관을 길러서 동일한 어휘나 핵심어에 대한 감을 키운다

✓ 2 교육, 영화와 텔레비전, 작품, 창업, 구직 등과 같은 핫이슈를 숙지한다

✓ 3 주요 어휘, 어법, 호응 구조 등을 암기한다

보기와 동일한 어휘나 동의어를 들었다면 그것이 답일 가능성이 높다. 또한 보기와 동일한 어휘가 들어간 내용에서 为了, 因为, 最重要, 主要, 目的是 등과 같은 핵심어가 포함되어 있다면 답이 될 확률이 높으니 반드시 체크해두자.

기초 실력 테스트 TEST

🎧 06-1

1 녹음을 듣고 다음 내용과 일치하면 O, 일치하지 않으면 X를 표시하세요.

❶ 高中毕业之后 (　　)   ❷ 成就很大 (　　)

❸ 做生意很有能力 (　　)   ❹ 压力很大 (　　)

2 녹음을 듣고 중국어와 뜻을 써보세요.

❶ ___________ ___________   ❷ ___________ ___________

❸ ___________ ___________   ❹ ___________ ___________

3 녹음을 듣고 빈칸을 채우세요.

读什么样的书? 不强求一定要读什么___________, 读点闲书也挺好的。

这也能激起我们的_______, 让我们_______对生活的_______。

6급 기출문제 맛보기

 맛보기　🎧 06-2

1. A 独立自主　　B 活泼好动　　C 非常淘气　　D 不爱说话

2. A 上高中的时候　　B 初中毕业之前　　C 大学毕业之前　　D 初中毕业后

3. A 严厉　　B 民主　　C 宽容　　D 温和

4. A 赚钱　　B 表达自己的感悟　　C 休闲方式　　D 奋斗目标

5. A 自学成才　　B 学历很高　　C 晚上精力更好　　D 拜过很多老师

정답&공략

해석　第1到5题是根据下面一段采访：

女：今天应邀来到我们现场的嘉宾是著名的画家蔡志忠先生，蔡志忠先生是一个很特别的人物，每天全球至少有15部机器在同时印刷他的作品。听说蔡先生很小就迷上了漫画，能跟我们说一说您入迷的经过吗？

男：我小时候家里房子很多，从两三岁时起，我就单独睡一个房间，1逐渐培养了独立自主的个性。我也记不清是从哪一年开始对漫画产生了兴趣。反正小学课本和作业本的白边儿上，到处都活跃着我信手画的小人国。考上中学后，我的态度才认真起来。将书报杂志上的漫画拿来仔细品味揣摩，然后将心中的构思画在纸上，向出版社投稿。画稿也很幸运地不断地被采用，随后我就被一家杂志社录用了。

女：2那时您初中毕业了吗？

男：还没有，只差半年。可我太热衷漫画了，别说半年，就是一个月也等不下去。于是我决定接受这份工作。

1~5번 문제는 다음 인터뷰에 근거한다.

여: 오늘 초대에 응해주신 분은 바로 유명한 화가시죠, 차이즈충 선생님이십니다. 차이즈충 선생님은 매우 특별한 인물로 매일 전 세계에서 최소 15대의 기계가 동시에 선생님의 작품을 인쇄하고 있죠. 차이 선생님은 어려서부터 만화에 빠지셨다고 들었는데, 그 과정을 말씀해주실 수 있으신가요?

남: 제가 어렸을 때 집에 방이 매우 많았어요. 두세 살 때부터 저는 혼자 방에서 자면서 1차츰 독립적이고 자주적인 개성이 길러졌죠. 저도 어느 해부터 만화에 흥미가 생겼는지 기억이 잘 나지는 않아요. 어쨌든 초등학교 교과서와 숙제 노트의 여백이 있는 곳곳에 제가 손 가는 대로 그려놓은 소인국이 살아 움직이고 있었죠. 중·고등학교에 입학한 후에서야 저의 태도가 진지해지기 시작했어요. 서적과 잡지 속의 만화를 가지고 와서 꼼꼼히 음미하고 따져본 후에 마음속의 구상을 종이에 그려서 출판사에 투고했죠. 스케치 역시 운 좋게도 끊임없이 채택되면서 저는 한 잡지사에 채용되었어요.

여: 2그때 선생님은 중학교를 졸업하셨나요?

남: 아직 안 했었어요. 6개월이 남아 있었죠. 그렇지만 제가 만화에 너무 열중한 나머지 6개월은 말할 것도 없고 한 달도 기다릴 수가 없었어요. 그래서 저는 이 일을 받아들이기로 결정했죠.

女：您的父亲没有阻拦吗？

男：我能走到今天，**3 要特别感谢父亲的宽容**。俗话说："知子莫若父"，父亲对我非常了解，也十分支持，他知道我决心退学一定是去从事自己热爱的事业。

女：听了您的这些话，是不是可以说，**5 您是自学成才的？**

男：可以这么说吧，我学画漫画完全是出于兴趣爱好。我本身没有多少文化，也从来没有拜过老师。但是我相信，只要自己喜欢干，就一定能学好、干好。一个人想要有出息，必须靠自己。当然，"无师自通"不是无条件的，要达到较高的境界，必须如醉如痴地去追求。

女：您画漫画的目的是什么？

男：完全没有目的，就像我们聊天儿口渴了，就喝一口茶；中午饿了，就去找餐厅吃饭一样。**4 在我眼里，漫画是一种非常有趣的表达方式。每当内心有所感悟时，就用画面传达给读者。**为了达到漫画最高标准，我一直是全力以赴的。我每天7点钟起床，开车送女儿去上学，随后就到自己的工作室去画画儿，一直画到下午6点半。吃过晚饭后继续画，总是到凌晨两三点钟才上床休息。我很珍惜时间，在我生活中，没有昨天，也没有明天，只有今天。

여: 선생님의 부모님께서는 말리지 않으셨나요?

남: 제가 오늘날까지 올 수 있었던 것은 **3 아버지의 너그러움에 특히 감사드려야 해요.** '아들을 아는 것은 아비만 한 사람이 없다'라는 속담이 있는데, 아버지께서 저를 가장 잘 이해해주셨고 역시 가장 지지해주셨죠. 아버지도 제가 자퇴를 결정한 것이 분명 자신이 좋아하는 일을 하려는 것임을 알고 계셨죠.

여: 이런 말들을 들어보면 **5 선생님은 독학으로 성공한 경우라고 할 수 있겠네요?**

남: 그렇다고 말할 수 있겠죠. 제가 만화를 배우게 된 것은 순전히 흥미와 취미에서 출발한 것이니까요. 저는 원래 그렇게 지식이 많은 것도 아니었고 선생님을 모셔 배운 적도 없었어요. 하지만 저는 제가 좋아하는 걸 하면 분명 잘 배우고 잘할 수 있다고 믿었어요. 누군가 비전이 있는 사람이 되려고 한다면 그건 분명 자신에게 달렸어요. 물론 '스승 없이 혼자 터득하는 것'이 아무 조건 없이 되는 것은 아니에요. 비교적 높은 경지에 도달하려면 반드시 미친 듯이 탐구해야 하죠.

여: 선생님이 만화를 그리는 목적은 무엇인가요?

남: 목적은 전혀 없어요. 우리가 이야기하다 목이 마르면 차 한 잔 마시고, 점심에 배가 고파지면 식당에 밥을 먹으러 가는 것과 같죠. **4 제 눈에 만화는 매우 흥미 있는 표현 방식이에요. 매번 마음속에 깨달음이 생기면 그림으로 독자에게 전달하는 거죠.** 최고의 만화가 되기 위해 저는 늘 최선을 다하고 있어요. 저는 매일 7시에 일어나서 차로 딸을 등교시키고 제 작업실로 가 오후 6시 반까지 그림을 그리죠. 저녁밥을 먹고 난 후에도 계속해서 그림을 그려요. 항상 새벽 2~3시가 되어서야 취침을 하고 쉬죠. 저는 시간을 매우 소중히 여기는데, 제 생활 속에는 어제와 내일은 없고 오로지 오늘만 있어요.

어휘　★应邀 yìngyāo 통 초대에 응하다 | 现场 xiànchǎng 명 현장 | ★嘉宾 jiābīn 명 귀한 손님, 귀빈 | ★全球 quánqiú 명 전 세계 | ★机器 jīqì 명 기계 | ★印刷 yìnshuā 통 인쇄하다 | ★漫画 mànhuà 명 만화 | 单独 dāndú 부 단독으로 | ★逐渐 zhújiàn 부 점점, 점차 | ★独立自主 dú lì zì zhǔ 성 자주 독립하다 | ★反正 fǎnzhèng 부 아무튼 | ★白边儿 báibiānr 비어 있는 곳 | 活跃 huóyuè 형 활기 차다 | 信手画的 xìnshǒu huà de 손 가는 대로 그린 것 | ★小人国 xiǎorénguó 명 소인국 | 品味 pǐnwèi 통 맛을 보다, 이해하다 | 揣摩 chuāimó 통 깊이 헤아리다 | 投稿 tóugǎo 통 투고하다 | ★被采用 bèi cǎiyòng 채용되다 | ★随后 suíhòu 부 뒤따라 | ★被录用 bèi lùyòng 채용되다 | 热衷 rèzhōng 통 간절히 바라다, 열중하다 | ★别说……就是……也…… biéshuō……jiùshì……yě…… ~는 말할 필요도 없고 ~하더라도 ~하다 | 阻拦 zǔlán 통 저지하다, 방해하다 | ★宽容 kuānróng 형 너그럽다 | 知子莫若父 zhī zǐ mòruò fù 아들을 아는 것은 아비만 못하다 | ★支持 zhīchí 통 지지하다 | 退学 tuìxué 통 퇴학하다 | ★自学成才 zì xué chéng cái 혼자 독학으로 공부해서 우수한 성적을 거두다 | ★出于 chūyú 통 생겨나다 | ★本身 běnshēn 명 그 자신

| 拜老师 bài lǎoshī 스승을 모시다 | 有出息 yǒu chūxi 장래성이 있다 | 无师自通 wú shī zì tōng 성 스승의 가르침 없이 스스로 통달하다 | 境界 jìngjiè 명 경계, 경지 | 如痴如醉 rú chī rú zuì 성 취한 듯 홀린 듯하다 | 追求 zhuīqiú 동 추구하다 | ★聊天 liáotiān 동 이야기하다 | ★口渴 kǒukě 형 목마르다 | 感悟 gǎnwù 동 깨닫다 | 传达 chuándá 동 전달하다 | ★达到标准 dádào biāozhǔn 수준에 도달하다 | ★全力以赴 quán lì yǐ fù 성 최선을 다하다, 전력 투구하다 | ★凌晨 língchén 명 새벽녘 | ★珍惜 zhēnxī 동 진귀하게 여겨 아끼다

듣기
제2부분

난이도 下　공략 Key 동일한 어휘 찾기

1 男的从小养成了怎样的个性?　　남자는 어려서부터 어떤 개성을 길렀는가?

Ⓐ 独立自主　　　　　　　　　　Ⓐ 독립적이고 자주적이다
B 活泼好动　　　　　　　　　　B 활발하고 활동적이다
C 非常淘气　　　　　　　　　　C 매우 장난꾸러기다
D 不爱说话　　　　　　　　　　D 말하는 걸 좋아하지 않는다

공략　다른 보기는 언급하지 않았고 보기 A와 동일한 표현은 '逐渐培养了独立自主的个性'에서 찾을 수 있다.

난이도 上　공략 Key 中学와 高中의 차이점 구분

2 男的什么时候开始以漫画为职业?　　남자는 언제 만화를 직업으로 삼기 시작했는가?

A 上高中的时候　　　　　　　　A 고등학교에 입학했을 때
Ⓑ 初中毕业之前　　　　　　　　Ⓑ 중학교 졸업 전
C 大学毕业之前　　　　　　　　C 대학 졸업 전
D 初中毕业后　　　　　　　　　D 중학교 졸업 후

공략　문답을 제대로 듣고 답을 선택해야 한다. '那时您初中毕业了吗?'라는 질문에 아직 반 년 남았다고 대답했기 때문에 답은 B가 된다. '考上中学后'를 듣고 A를 선택할 수도 있으나 中学는 중·고등학교를 포함한다.

난이도 下　공략 Key 동일한 어휘 찾기

3 男的特别感激父亲的什么?　　남자는 아버지의 무엇에 특히 감사했는가?

A 严厉　　　　B 民主　　　　　A 엄격함　　　　B 민주적임
Ⓒ 宽容　　　　D 温和　　　　　Ⓒ 관대함　　　　D 온화함

공략　보기 C는 본문의 '要特别感谢父亲的宽容'과 일치한다. 感谢가 感激로 표현을 달리 했을 뿐 동일한 의미다.

난이도 中　공략 Key 비슷한 의미의 문장 찾기

4 男的把画画看作什么?　　남자는 그림 그리기를 무엇으로 여기는가?

A 赚钱　　　　　　　　　　　　A 돈을 버는 것
Ⓑ 表达自己的感悟　　　　　　　Ⓑ 자신의 느낌을 표현하는 것
C 休闲方式　　　　　　　　　　C 여가 방식
D 奋斗目标　　　　　　　　　　D 추구하는 목표

공략　'漫画是一种非常有趣的表达方式……就用画面传达给读者'에서 답이 B임을 알 수 있다.

5 关于男的，下列说法哪项正确? | 남자에 관한 설명 중 옳은 것은?

Ⓐ 自学成才
B 学历很高
C 晚上精力更好
D 拜过很多老师

Ⓐ 독학으로 성공했다
B 학력이 매우 높다
C 저녁에 기운이 더 난다
D 많은 선생님께 배운 적이 있다

공략 인터뷰어의 질문에 인터뷰이가 그것에 동의하는지 여부를 주의 깊게 들어야 한다. '您是自学成才的?'의 질문에 긍정적으로 대답했으므로 답은 A다.

6급 **듣기 공략**하기

듣기
제2부분

공략 1. 동일한 어휘를 찾아내라

동일한 어휘나 같은 의미의 표현을 찾아내는 것은 듣기에서 가장 핵심이 되는 공략법이며 듣기 제2부분에서는 특히 중요하다. 왜냐하면 듣기 제2부분은 보기가 비교적 짧고 대부분 들었던 어휘나 동의어가 답인 경우가 많기 때문이다. 심지어 문제를 들을 필요도 없이 본문만 듣고도 바로 답을 고를 수 있다. 만약 두 개 이상의 보기와 관련된 내용을 들었다면 관련된 문장 전후의 내용에 유의해서 답을 찾으면 된다.

예제　🎧 06-3

1. A 评书表演　　　B 说相声的　　　C 歌星　　　　D 演员

2. A 比新版差远了　　B 演员表演一般　　C 质量非常高　　D 武打很成功

3. A 演员的表演　　B 导演的安排　　C 特技的处理　　D 武打部分

4. A 1990年　　　　B 今年　　　　　C 1995年　　　　D 还没成立

5. A 男的善于经商　　　　　　　　B 男的老家不在北京

　　C 男的一人管理公司　　　　　　D 男的赚了很多钱

정답&공략

해석　第1到5题是根据下面一段采访：

女：让我们欢迎[1]中国著名的评书表演艺术家单田芳。说书人可以说对三国情有独钟。现在电视版的三国您有什么样的看法呢？

男：[2]旧版唐国强演的那个三国咱们老实说质量很高，演员阵容也强大。特别是我们认为唐国强是奶油小生，他不适合演诸葛亮。结果出乎人们的意料，唐国强演的是真好。尤其是到了晚年，诸葛亮演的深沉老练很动人，而且场面也大。现在高希希版的三国尽管网上说什么的都有。但一件东西再好，羊羔虽美，众口难调。我认为他的确拍得不错。首先

1~5번 문제는 다음 인터뷰에 근거한다.

여：[1]중국의 유명한 평서 연기 예술가인 산톈팡 선생님을 환영합니다. 평서를 하시는 분은 삼국지에 특별한 감정이 있다고 할 수 있겠죠, 그럼 지금 텔레비전에서 방영되는 삼국지를 어떻게 보시나요?

남：[2]예전에 탕궈창이 연기했던 삼국지는 솔직히 수준이 매우 높았다고 할 수 있어요. 출연진들도 대단했고요. 특히 탕궈창은 외모는 준수하지만 남자답지 못해서 제갈량으로는 적합하지 않다고 생각했는데 생각 외로 연기를 잘했죠. 늘그막에 제갈량을 연기하는 중후함과 노련함은 감동적이었어요. 장면도 웅대했죠. 가오시시가 찍은 삼국지도 인터넷에 다 있지요. 하지만 아무리 물

头一个他进行大刀阔斧的删减，从三国之中提炼最主要的情节，这我没有想到。我说书是按部就班地说，他是大块砍掉了，能省略的省略，突出了重点，这点我挺欣赏的。另外选的这些演员也还是不错的，有些情节也比较感人，尤其是武打的场面。过去三国看了之后，我们失望的是武打不成功。别看通过科技手段，千军万马，攻城略地，人多势众。结果一打起来非常假，特别假。而这一次不一样了，打得比较生动，比较激烈。当然他们投入的力量和功夫是比较大的。后来听他们接受采访的时候说，一场几分钟的打戏就拍了八天，一招一式都是大伙研究成的。<u>3在武打这方面比前一个老三国版要成功。</u>

女：您对这里面的角色诸葛亮是最期待的吗？

男：当然是。因为诸葛亮可以说是三国里的第一人物，是三国魂。至关重要。

女：您算是最早一批自己开公司的传统艺人之一吧？

男：单是我们搞曲艺的，不算人家影视界的，好像我是比较早的。<u>4我们是1995年正式成立评书公司的。</u>到现在十好几年了。

女：这十几年来就一直靠着评书这块儿不停地在运作吗？

男：咱不会别的。我是个说书艺人，不懂得经商，开公司是大势所趋。<u>5因为工作的关系不断的在北京和老家来回跑。</u>后来北京青年报和北京电视台的几个朋友就说：“您老来回跑什么呢？也退休了，又不用上班，干脆就搬到北京来得了，咱们干脆就联合开一个公司，就听您的评书，您就给我们录制，咱们就推销评书，全国上千家的电台、电视台，会有市场的。”我一听觉得有道理，我说：“可以啊，咱这个公司就是卖评书，别的不干，别的咱也不会。”他说：“这你甭管，只要你同意，你生产，我们去营销去，一切运作全包给我们。”就这么一个情况。

건이 좋아도 사람의 요구를 다 만족시킬 수 없잖아요. 그가 잘 찍은 것 같아요. 우선 처음으로 과감하게 삭제를 하고 삼국지에서 가장 엑기스가 되는 줄거리만 선별했더군요. 정말 의외였어요. 저는 평서 연기할 때 순서에 맞춰 하는데, 그는 과감하게 줄일 수 있는 건 최대한 줄이고 중점을 부각시켰더군요. 이 점도 제가 맘에 드는 부분이에요. 그리고 연기자 선정도 좋았어요. 일부 줄거리는 꽤 감동적이었는데, 특히 무술하는 장면은 아주 훌륭했어요. 과거에 봤던 삼국지는 무술 부분이 성공적이지 못한 게 참 실망스러웠거든요. 과학 기술을 이용해서 천군만마가 공격하고 빼앗고 많은 인력이 동원되어 세력이 강한 것처럼 보이지만 실제로 무술을 하면 모두 가짜죠. 정말 거짓이에요. 그러나 이번에는 좀 달랐어요. 비교적 생동감 있고 아주 치열해 보여요. 당연히 노력과 시간을 많이 들였겠지요. 나중에 인터뷰하는 내용을 들었는데 몇 분 정도의 무술 분량을 찍기 위해서 8일 동안 찍었다고 하던군요. 무술 한 수 한 수가 모두 연구를 통해 만들어진 거예요. <u>3무술면에서는 이전에 만들어진 삼국지보다 성공적이죠.</u>

여: 인물 중 제갈량의 연기에 관심이 제일 많으신가요?

남: 당연하죠, 제갈량은 삼국지에서 최고의 인물이고 '삼국지의 핵심'이죠. 아주 중요해요.

여: 선생님은 최초로 자기 회사를 차린 전통 예술인이시죠?

남: 텔레비전과 영화계에서는 아니고 설창 문예를 하는 사람들 중에서는 제가 좀 이른 편이죠. <u>41995년에 정식으로 평서 회사를 차렸어요.</u> 지금까지 십 년이 넘었네요.

여: 십 몇 년 동안 줄곧 평서를 통해 끊임없이 업무를 진행하셨나요?

남: 아니요, 저는 연기하는 배우이지 사업은 몰라요. 하지만 회사를 차린 것은 대세를 따른 거죠. <u>5일 때문에 계속 베이징과 고향을 왔다 갔다 했어요.</u> 후에 베이징청년보와 베이징방송국의 몇몇 친구들이 저에게 왜 계속 왔다 갔다 하냐고 묻더군요. 퇴직도 했고 출근도 안 하면 차라리 베이징으로 옮겨 와서 함께 회사를 차리자고 했어요. 제가 하는 평서를 듣고 그들은 녹음도 해주고 판매도 한다고요. 전국에 수천에 달하는 라디오, 텔레비전 방송국 모두 시장이 될 수 있다는 거죠. 들어보니까 이치에 맞는 것 같아 말했죠. "그래, 그런데 우리 회사는 평서만 팔고

다른 건 안 해. 다른 건 할 수 없어." 친구가 저한테 말하더군요. "다른 건 신경 쓰지 말고 동의만 하고 평서만 하면 우리가 판매를 할게. 모든 운명은 우리에게 맡겨." 이렇게 된 거예요.

듣기 제2부분

어휘 ★评书表演 píngshū biǎoyǎn 평서 공연[평서: 장편의 이야기를 부채, 딱딱이 등을 들고 강설함] | ★艺术家 yìshùjiā 명 예술가 | ★三国 Sānguó 명 삼국[위(魏), 촉(蜀), 오(吴)] | ★情有独钟 qíng yǒu dú zhōng 성 사람이나 사물에 각별한 애정을 보이다 | ★电视版 diànshìbǎn 텔레비전 버전 | ★看法 kànfǎ 견해 | ★旧版 jiùbǎn 명 구판 | 唐国强 Táng Guóqiáng 고유 탕궈창 | ★老实说 lǎoshi shuō 솔직히 말하면, 사실대로 말하면 | ★质量 zhìliàng 명 질, 품질 | 阵容 zhènróng 명 진용, 라인업 | ★强大 qiángdà 형 강대하다 | 奶油小生 nǎiyóu xiǎoshēng 명 얼굴은 준수하나 남성미가 부족한 남자 | ★适合 shìhé 통 적합하다, 알맞다 | ★诸葛亮 Zhūgě Liàng 고유 제갈량 | ★出乎意料 chū hū yì liào 성 예상 밖이다, 뜻밖이다 | ★尤其是 yóuqí shì 더욱이, 특히 | 晚年 wǎnnián 명 노년, 늘그막 | 深沉老练 shēnchén lǎoliàn 침착하고 노련하다 | ★动人 dòngrén 형 감동적이다 | ★场面 chǎngmiàn 명 장면 | ★高希希 Gāo Xīxi 고유 가오시시 | ★尽管 jǐnguǎn 접 비록 ~라 하더라도 | ★说什么的都有 shuō shénme de dōu yǒu 무엇을 말하든지 다 있다 | 羊羔 yánggāo 명 어린 양 | ★众口难调 zhòng kǒu nán tiáo 성 많은 사람들의 구미를 다 맞추기 어렵다 | ★的确 díquè 부 확실히, 참으로 | 大刀阔斧 dà dāo kuò fǔ 성 큰 칼이나 큰 도끼를 휘두르다 | ★删减 shānjiǎn 통 빼버리다, 삭감하다 | 提炼 tíliàn 통 다듬다, 향상시키다 | ★情节 qíngjié 명 줄거리 | ★按部就班 àn bù jiù bān 성 순서대로 하나씩 진행하다, 착실하게 한 걸음씩 나아가다 | 大块砍掉了 dàkuài kǎndiào le 큰 덩어리를 베어냈다 | ★省略 shěnglüè 통 생략하다 | ★突出重点 tūchū zhòngdiǎn 중점을 부각시키다 | ★欣赏 xīnshǎng 통 감상하다, 좋아하다 | ★感人 gǎnrén 통 감동시키다 | ★千军万马 qiān jūn wàn mǎ 성 천군만마 | 攻城略地 gōng chéng lüè dì 성 성을 공격하여 그 땅을 빼앗다 | 人多势众 rén duō shì zhòng 성 사람도 많고 세력도 크다 | ★生动 shēngdòng 형 생동감이 있다 | ★激烈 jīliè 형 격렬하다, 치열하다 | ★采访 cǎifǎng 통 인터뷰하다, 취재하다 | 一招一式 yì zhāo yí shì 한 동작 한 자세 | ★角色 juésè 명 배역, 역할 | ★期待 qīdài 통 기대하다 | 三国魂 Sānguó hún 삼국 정신 | 传统艺人 chuántǒng yìrén 전통 예술인 | ★搞曲艺的 gǎo qǔyì de 설창 문예를 하는 사람 | ★不算 búsuàn 통 ~라고 할 수 없다 | ★影视界 yǐngshìjiè 영화와 텔레비전 분야 | ★成立公司 chénglì gōngsī 회사를 설립하다 | 运作 yùnzuò 통 활동하다, 운행하다 | 经商 jīngshāng 통 장사하다 | 大势所趋 dà shì suǒ qū 성 대세의 흐름, 전체적인 발전 추세 | ★老家 lǎojiā 명 고향 집, 고향 | ★干脆 gāncuì 부 아예, 차라리 | 录制 lùzhì 통 녹음하다, 녹화하다 | ★推销 tuīxiāo 통 판로를 확장하다, 마케팅을 하다 | ★上千家 shàng qiān jiā 천 곳에 달하다 | ★有道理 yǒu dàolǐ 일리가 있다 | ★营销 yíngxiāo 통 판매하다 | 包给我们 bāo gěi wǒmen 우리에게 맡기다

난이도 下   공략 Key 동일한 어휘 찾기

1 男的从事哪方面的工作?

남자는 어떤 일에 종사하는가?

Ⓐ 评书表演   B 说相声的
C 歌星   D 演员

Ⓐ 평서 연기자   B 만담 배우
C 가수   D 연기자

공략 첫머리에 인터뷰어가 인터뷰이의 직업을 소개하는 경우가 많다. '评书表演艺术家'라는 직업이 생소할 수 있다. 하지만 著名의 수식을 받았고 보기에 동일한 어휘가 제시되어 있어 답을 찾기는 수월하다.

난이도 中   공략 Key 동일한 표현 찾기

2 男的是怎么评价老版三国的?

남자는 구판 삼국지를 어떻게 평가하는가?

A 比新版差远了
B 演员表演一般
Ⓒ 质量非常高
D 武打很成功

A 신판에 비해 훨씬 뒤처진다
B 연기자의 연기가 보통이다
Ⓒ 수준이 매우 높다
D 무술을 잘한다

공략 이전에 나온 삼국지에 대해 '老实说' 뒤에서 자신의 견해를 밝히고 있다. '老实说质量很高'를 통해 답이 C임을 알 수 있다.

난이도 中   공략 Key 동일한 어휘 찾기

3 男的欣赏新版三国的什么? | 남자는 신판 삼국지의 어떤 부분을 좋아하는가?

A 演员的表演　　B 导演的安排　　　A 연기자 공연　　B 감독의 구성
C 特技的处理　　D 武打部分　　　　C 특수 기술 처리　　D 무술 부분

공략 欣赏은 '감상하다'의 의미 외에 '좋아하다'라는 의미가 있다. '在武打这方面比前一个老三国版要成功'에서 성공했다고 하는 것은 맘에 들어 하는 부분과 일맥상통한다. 따라서 답은 D다.

난이도 下   공략 Key 동일한 어휘 찾기

4 男的的公司是哪年成立的? | 남자의 회사는 언제 설립되었는가?

A 1990年　　　　B 今年　　　　　　A 1990년　　　　B 올해
C 1995年　　　　D 还没成立　　　　C 1995년　　　　D 아직 설립되지 않음

공략 숫자 문제는 항상 본문에 나오는 숫자를 모두 기억해야 한다. 설립 시기가 '1995년'으로 구체적으로 제시되었으므로 답은 C다.

난이도 上   공략 Key 동일한 의미 구조 찾기

5 关于男的, 下列哪项正确? | 남자에 관해 다음 중 옳은 것은?

A 男的善于经商　　　　　　A 남자는 사업을 잘한다
B 男的老家不在北京　　　　B 남자의 고향은 베이징이 아니다
C 男的一人管理公司　　　　C 남자는 혼자서 회사를 관리한다
D 男的赚了很多钱　　　　　D 남자는 돈을 많이 벌었다

공략 긴 문장의 의미를 간략히 정리하고 한번 되새겨본다면 동일한 의미가 되는 경우가 있다. 일 때문에 끊임없이 베이징과 고향을 왔다 갔다 한다고 했기에 베이징이 그의 고향이 아닌 것은 확실하다.

공략 2. 핵심어에 칼날을 세워라

동의어 외에도 핵심어를 예리하게 잘 찾아내야 한다. 답의 힌트를 쥐고 있는 표현에는 最重要, 主要, 根本, 因为, 原因是, 为了, 目的是, 首先, 第一, 也叫, 又称 등이 있다.

듣기
제2부분

예제　🎧 06-4

---

1. A 成功的例子不多 　　　　　　B 创业经验不足
　 C 政府不支持 　　　　　　　　D 创业热情不高

2. A 要有决心 　　　　　　　　　B 提高综合实力
　 C 要有足够的资金 　　　　　　D 良好的人脉关系

3. A 选好项目 　　　　　　　　　B 筹集资金
　 C 找到合伙人 　　　　　　　　D 制定合理的计划

4. A 利润大的 　　　　　　　　　B 根据自己的爱好
　 C 投资少的 　　　　　　　　　D 根据自己的专业

5. A 政府扶持政策 　　　　　　　B 自己当老板
　 C 也叫加盟企业 　　　　　　　D 不需要自己出钱

정답&공략

해석　第1到5题是根据下面一段采访：

女：今年的大学毕业生毕业招聘高峰期即将到来，除了按部就班地参加招聘会外，还有许多大学生选择了自己创业。我们从媒体的报道中了解到大学生创业热情很高，而且政府也提供了很多扶持政策，创业前景不错，孙老师您怎么看呢？

男：客观地说，大学生的创业前景不错，但现实却不容乐观。[1]从近几年的统计数据结果来看，创业者中有30%能达到创业目标就已经很不错了。我想对广大大学生们说的是，创业想要成功，[2]最重要的是提升自主创业的综合实力，光有决心是不够的。

1~5번 문제는 다음 인터뷰에 근거한다.

여: 올해 졸업생을 모집하는 취업 절정기가 곧 다가오고 있네요. 수순을 밟듯이 취업 박람회에 참가하기도 하고 많은 대학생들이 창업을 선택하기도 합니다. 저희는 매스컴 보도를 통해 대학생들의 창업 열기가 아주 높고 정부도 많은 부양책을 제공하고 있어, 창업 전망이 좋다고 알고 있는데, 쑨 선생님은 어떻게 보시는지요?

남: 객관적으로 말하면 대학생들의 창업 전망이 좋지만 현실적으로는 결코 낙관적이지만은 않습니다. [1]최근 통계 수치 결과에서 본다면 창업자 중 30%만이라도 목표를 달성했다면 잘된 거죠. 많은 대학생들에게 창업에서 성공하려고 한다면 [2]자주적으로 창업할 수 있는 종합적인 능력을 제고하는 것이 관건이라고 말해주고 싶네요. 결심만 가지고는 부족하죠.

女：很多大学生朋友有知识、有文化，但缺乏社会经验和对市场的调研，苦于找不到创业的头绪，您认为怎样才能使他们迈出很好的第一步呢？

男：3首先要根据个人实际情况制定一个切实可行的创业计划。俗话说："凡事预则立，不预则废"，创业也应当如此。创业计划要包括预期目标、市场前景、管理方式、风险预算等等，应尽量详细，并且在实际实施中不断修订。

女：您认为选取项目时，应该考虑的首要因素是什么？

男：4选项目主要根据个人兴趣、行业前景等因素来确定，选项目一定要选自己最熟悉的项目。行业的话要做未来发展前景好，回旋空间大的行业。

女：为了保证创业项目的正常启动，怎样能够筹措资金，也是大学生创业者十分关注的一个问题。您认为怎样才能把握好资金呢？

男：如果把创业项目比作一个人的躯体，资金则好比赖以生存的血液。创业必须具有创业启动资金，资金的多少视项目需求而定。通常所说的大投入大收获，小投入小收获就是这个道理。资金不足时，要用好用足了政府的创业扶持政策，这相当于降低或减少了创业成本。5当然也可以实行联合创业，也叫加盟创业，就是利用别人的技术资金进行创业，这也是解决启动资金问题的一个办法。

여: 많은 대학생 친구들이 지식과 교양이 있지만 사회 경험과 시장에 대한 조사 연구가 부족해 창업의 실마리를 찾지 못하고 있어요. 어떻게 해야 그들이 첫발을 잘 내딛을 수 있을까요?

남: 3우선 자신의 실제 상황에 맞게 현실적이고 가능한 창업 계획을 세워야 합니다. '모든 일이 준비를 해야만 성공할 수 있고 준비하지 않으면 성공하지 못한다'는 속담이 있듯이 창업도 당연히 그렇죠. 창업 계획은 예기한 목표, 시장 전망, 관리 방식, 리스크 예측 등을 포함하며 최대한 상세해야 합니다. 그리고 실행하는 과정 중에 부단히 수정해야하죠.

여: 종목을 정할 때 우선 고려해야 할 요소는 무엇입니까?

남: 4종목 선택은 주로 개인적인 관심, 업종의 전망 등의 요소를 근거로 정해야 하며 자신이 가장 잘 아는 종목으로 선택해야 합니다. 업계 내에서는 미래에 발전 가능성도 좋고 선회할 수 있는 여지가 큰 업종이라고 말하죠.

여: 창업 종목이 정상적으로 돌아가게 하기 위해 충분한 자금을 어떻게 모을 수 있는지가 대학생 창업자가 가장 골머리를 썩는 문제입니다. 선생님 생각에 어떻게 해야 자금을 확보할 수 있을까요?

남: 창업 종목을 사람의 몸으로 비유한다면, 자금은 인류가 살기 위해 필요한 혈액과 같죠. 창업하려면 반드시 초기 운영 자금이 필요하고 자금의 크기는 창업 종목에 따라 결정될 수 있죠. 통상적으로 말하는 '많이 투자하면 많이 얻고, 적게 투자하면 적게 얻는다'는 이런 이치겠죠. 자금이 부족할 때는 정부의 창업 부양책을 이용해도 되죠. 이는 창업 코스트를 낮추거나 감소시키는 방법이에요. 5당연히 '가맹점 창업'이라고도 부르는 체인점 창업도 할 수 있죠. 다른 사람의 기술 자금을 빌려 창업하는 것으로, 시작할 때 필요한 자금 문제를 해결할 수 있는 방법이죠.

어휘　★大学毕业生 dàxué bìyèshēng 대학 졸업생 | ★招聘 zhāopìn 동 모집하다, 채용하다 | ★高峰期 gāofēngqī 명 황금기 | ★即将到来 jíjiāng dàolái 임박하다, 다가오다 | ★按部就班 àn bù jiù bān 조리 있고 순서대로 일하다 | ★招聘会 zhāopìnhuì 명 채용 박람회 | ★创业 chuàngyè 동 창업하다 | ★媒体 méitǐ 명 매스컴 | ★报道 bàodào 명동 보도(하다) | 创业热情 chuàngyè rèqíng 창업 열의 | ★政府 zhèngfǔ 명 정부 | 提供 tígōng 동 제공하다 | 扶持政策 fúchí zhèngcè 부양책 | ★前景 qiánjǐng 명 장래, 앞날 | ★客观地说 kèguān de shuō 객관적으로 말해서 | ★不容乐观 bùróng lèguān 낙관적이지 않다 | ★从……来看 cóng……lái kàn ~에서 본다면 | 统计数据 tǒngjì shùjù 통계 데이터 | ★达到目标 dádào mùbiāo 목표에 도달하다 | ★广大 guǎngdà 형 광대하다, 크고 넓다 | ★提升实力 tíshēng shílì 실력을 끌어올리다 | 光 guāng 부 단지, 오로지 | ★缺乏经验 quēfá jīngyàn 경험이 부족하다 | 调研 diàoyán 동 조사 연구하다 | 苦于 kǔyú 동 ~에 괴로워하다, ~에 고생하다 | 头绪 tóuxù 명 두서, 단서 | 迈出第一步 màichū dì-yī bù 첫발을 내디디다 | ★实际情况 shíjì qíngkuàng 실제 상황 | ★切实可行 qièshí kěxíng 실제적이어서 실행할 수 있다 | ★凡事预则立、不预则废 fánshì yù zé lì, bú yù zé fèi 모든 일은 준비를 해야 성공하지, 준비를 하지 않으면 성공하지 못한다 | ★应当 yīngdāng 조동 반드시 ~해야 한다 | ★预期目标 yùqī mùbiāo 목표를 예기하다 | ★管理方式 guǎnlǐ fāngshì 관리 방식 | ★风险 fēngxiǎn 명 위험, 모험 | ★预算 yùsuàn 명동 예산(하다) | ★详细 xiángxì 형 상세하다, 자세하다 | 修订 xiūdìng 동 (서적 등을) 수정하다 | ★选取项目 xuǎnqǔ xiàngmù 항목을 선택하다 | ★首要因素 shǒuyào yīnsù 가장 중요한 요소 | 回旋空间 huíxuán kōngjiān 변통할 수 있는 공간 | 启动 qǐdòng 동 시작하다, 실행하다 | 筹措资金 chóucuò zījīn 자금을 마련하다 | ★把握 bǎwò 동 파악하다, 장악하다 | 躯体 qūtǐ 명 몸통 | ★赖以生存 làiyǐ shēngcún 생존에 의지하다 | 血液 xuèyè 명 혈액, 피 | 启动资金 qǐdòng zījīn 어떤 일을 처음 시작할 때 경비 | 视……而定 shì……ér dìng ~에 근거하여 결정하다 | 创业扶持政策 chuàngyè fúchí zhèngcè 창업 부양책 | ★降低 jiàngdī 동 내리다, 인하하다 | 创业成本 chuàngyè chéngběn 창업 비용 | ★加盟创业 jiāméng chuàngyè 가맹점 창업

난이도 上   공략 Key 30%의 의미 파악

1 男的为什么说大学生自主创业现状不容乐观?

남자는 왜 대학생들이 자주적으로 창업하는 현상이 낙관적이지 않다고 했는가?

Ⓐ **成功的例子不多**
B 创业经验不足
C 政府不支持
D 创业热情不高

Ⓐ **성공한 예가 많지 않아서**
B 창업 경험이 부족해서
C 정부가 지원하지 않아서
D 창업 열기가 높지 않아서

공략 통계 수치와 가정에 따른 결과를 통해 30%만 목표를 달성했으면 다행이라는 말은 그만큼 성공한 경우가 많지 않다는 뜻임을 알 수 있다.

난이도 下   공략 Key 最重要에 유의

2 男的给大学生的建议是什么?

남자는 대학생들에게 어떤 제안을 하는가?

A 要有决心
Ⓑ **提高综合实力**
C 要有足够的资金
D 良好的人脉关系

A 결심해야 한다
Ⓑ **종합적인 실력을 향상시켜야 한다**
C 충분한 자금이 있어야 한다
D 좋은 인맥을 쌓아야 한다

공략 '最重要的是提升自主创业的综合实力'에서 강조를 나타내는 핵심어 最重要 뒷부분과 보기 B의 내용이 일치한다.

난이도 下   공략 Key 首先에 유의

3 大学生创业的第一步是什么?

대학생 창업의 첫걸음은 무엇인가?

A 选好项目
B 筹集资金
C 找到合伙人
Ⓓ **制定合理的计划**

A 종목을 잘 선별하는 것
B 자금을 조달하는 것
C 동업자를 찾는 것
Ⓓ **합리적인 계획을 짜는 것**

공략 '首先要……制定……创业计划'에서 首先은 중요도를 나타내는 핵심어로, 보기 D와 내용이 일치한다.

4 男的认为选项目首先考虑的是什么？

A 利润大的　　　**B 根据自己的爱好**
C 投资少的　　　D 根据自己的专业

남자는 종목을 선정하는 데 있어서 제일 먼저 고려해야 하는 것은 무엇이라고 생각하는가?

A 이윤이 큰 것　　　**B 자신의 관심도**
C 투자를 적게 하는 것　D 자신의 전공

공략 '选项目主要根据个人兴趣、行业前景等因素来确定'에서 답이 B임을 알 수 있다. 主要는 중요한 핵심 부분을 말하고, 根据는 판단의 근거를 나타내며, 보기의 爱好는 兴趣와 동의어다.

5 关于联合创业，下列哪项正确？

A 政府扶持政策
B 自己当老板
C 也叫加盟企业
D 不需要自己出钱

체인점 창업에 관하여 다음 중 옳은 것은?

A 정부가 정책적으로 지원한다
B 개인이 사장이 되는 것이다
C 가맹점 창업이라고도 부른다
D 자기가 출자할 필요가 없다

공략 '也叫加盟创业'에서 联合创业와 加盟创业는 동일한 의미임을 알 수 있다.

바로 체크 Check! 🎧 06-5

1 녹음을 듣고 중국어를 써보세요.

❶ __________ ❷ __________ ❸ __________ ❹ __________ ❺ __________

❻ __________ ❼ __________ ❽ __________ ❾ __________ ❿ __________

2 녹음을 듣고 빈칸을 채우세요.

❶ 这培养了我______________的个性。

❷ 那时我还__________初中毕业。

❸ __________在《三国》中______________。

❹ 大学__________的__________________即将到来。

❺ 我们要______一个______________的计划。

정답 1 ❶ 嘉宾　❷ 产生兴趣　❸ 小人国　❹ 尤其是　❺ 激烈　❻ 有道理　❼ 高峰期　❽ 漫画　❾ 风险　❿ 把握
2 ❶ 这培养了我独立自主的个性。　❷ 那时我还差半年初中毕业。　❸ 诸葛亮在《三国》中至关重要。
❹ 大学毕业生的招聘高峰期即将到来。　❺ 我们要制定一个切实可行的计划。

第 1-10 题：请选出正确答案。

1. **A** 中国第一家私人博物馆
    B 全年无休
    C 不收门票
    D 由外国人创办

2. **A** 每张150元
    B 设计成6种样子
    C 图样单一
    D 大多被丢弃

3. **A** 一周
    B 30天
    C 3天
    D 4天

4. **A** 面积五千平方米
    B 提供免费食品
    C 有充足的休息空间
    D 门票更便宜

5. **A** 有时间写写书
    B 扩大博物馆规模
    C 强化博物馆管理
    D 多做慈善事业

6. **A** 兴趣爱好
    B 为了赚钱
    C 擅长教育孩子
    D 曾从中得到过鼓励

7. **A** 有责任心
    B 和孩子交流
    C 对孩子有爱心
    D 平等对待孩子

8. **A** 培养孩子的特长
    B 帮孩子建立自信
    C 对孩子要严格要求
    D 及时发现孩子的问题

9. **A** 表示谦虚
    B 鼓励孩子
    C 孩子表现太差
    D 对孩子期望值太高

10. **A** 是一名作家
    B 初中时开始学画画
    C 在《少年报》工作
    D 家里有"问题孩子"

➕ 정답 및 해설_ 해설집 24쪽

07 day 기타 특수 상황을 해결하는 비법을 마스터하라

학습목표

✓1 특수한 문제를 푸는 방법을 학습한다

✓2 주요 속담, 성어 등을 숙지한다

✓3 주요 어휘, 어법, 호응 구조 등을 암기한다

예를 들어준 문장이나 속담의 의미를 물어보는 경우나 보기 중 하나의 보기 내용만 들리는 게 아니라 여러 개의 보기 내용이 들리는 특이한 경우도 있다. 이런 문제의 대응 방법을 배워보자.

기초 실력 테스트 TEST

🎧 07-1

1 녹음을 듣고 다음 내용과 일치하면 O, 일치하지 않으면 X를 표시하세요.

❶ 同意 (　　)　　　　　❷ 只有中国有 (　　)

❸ 自己表扬自己 (　　)　　　　　❹ 换工作 (　　)

2 녹음을 듣고 중국어와 뜻을 써보세요.

❶ ＿＿＿＿＿＿＿ ＿＿＿＿＿＿＿　　　　❷ ＿＿＿＿＿＿＿ ＿＿＿＿＿＿＿

❸ ＿＿＿＿＿＿＿ ＿＿＿＿＿＿＿　　　　❹ ＿＿＿＿＿＿＿ ＿＿＿＿＿＿＿

3 녹음을 듣고 빈칸을 채우세요.

　　打工能增长知识、＿＿＿＿＿＿＿。现在社会对人才有很高的要求，只坐在教室里死读书的"＿＿＿＿＿"远远不能满足公司的要求，＿＿＿＿地做一些打工，可＿＿＿＿一些经验。

◆ 정답_ 해설집 230쪽

6급 기출문제 맛보기

 **맛보기** 　07-2

1. A 故乡　　　　　　　　　　B 国外电影
   C 电视新闻　　　　　　　　D 北京、天津的经历

2. A 使作家的作品差不多　　　B 使作家形成不同风格
   C 与文人文化一样　　　　　D 没有太大影响

3. A 施展才华的机会　　　　　B 很多年轻的作家出现了
   C 网络文学的想象力　　　　D 网络语言的跳跃感

4. A 写了《幻城》　　　　　　B 反对网络文学
   C 认同网络文学　　　　　　D 更喜欢纸笔写作

5. A 觉得写得不好　　　　　　B 读过他的许多作品
   C 没读过他的作品　　　　　D 和他的风格完全不同

정답&공략

해석　第1到5题是根据下面一段采访：

女：各位网友大家好，今天我们请来了著名作家莫言老师。网友们熟悉莫言老师的小说已经很久了，大家很想知道您的创作灵感来源于什么。

男：[1]故乡可以算是一个最大的来源。因为我的小说中有很多的人物、很多的故事，都是从故乡挑选出来的。此外，还有很多故事是我在北京、天津亲身经历过的；还有一些是我从国外电影上看到的，从外国作家书里读到的，从电视新闻里看到的。这样我才能持续不断的创作。

女：中国传统文化流传下来两种截然不同的东西。一种是文人文化，另外一种是民间文化。您的作品好像更多体现民间文化。对此，您有什么看法？

1~5번 문제는 다음 인터뷰에 근거한다.

여: 네티즌 여러분, 안녕하세요. 오늘 유명 작가이신 모옌 선생님을 모셨습니다. 네티즌은 모옌 선생님 소설에 대해서 이미 오래 전부터 잘 알고 있는데요, 모두들 선생님의 창작 영감이 어디서 나오는지 알고 싶어 합니다.

남: [1]고향이 가장 큰 근원이라 할 수 있어요. 소설 속에 나오는 많은 인물과 이야기가 모두 고향에서 뽑아온 것이기 때문이죠. 이외에, 베이징, 톈진에서 직접 경험한 것도 있고, 일부는 해외 영화에서 본 것, 해외 작가의 책에서 읽은 것, 텔레비전 뉴스에서 본 것들도 있죠. 이렇게 해서 제가 계속해서 창작을 할 수 있었던 거죠.

여: 중국 전통문화에는 전혀 다른 두 가지가 전해 내려왔죠. 하나는 지식인 문화, 또 다른 하나는 민간 문화인데요, 선생님 작품은 민간 문화를 더 많이 구현한 것 같아요. 이에 대해서 어떻게 생각하시나요?

男：每一个作家接受的文人文化都差不多。如果只有文人文化，那么，所有作家的作品应该是差不多的。<u>2为什么会有这么多的作家形成各自不同的风格呢，因为我们所接受的来自民间的文化不同。</u>这块东西对一个作家的风格是至关重要的。

女：您对网络对文学的影响有什么看法？

男：网络文学毫无疑问为许多有才华的年青作者提供了展示才华的平台。通过网络写作，"<u>3很多年青的写手涌现出来</u>"。然后重新回归到传统的出版方式出书，这是好事。<u>4网络文学有自己独特的风格，那种想象力，那种语言的跳跃感和充满朝气的力量</u>，这都是用纸笔写作很难达到的。这样的写作势必会影响我们的文学。

女：您最近有没有看过网络的作品？

男：看过。我曾经看过郭敬明写的《幻城》，我觉得写得挺好的。<u>5他写的和我写的完全不一样。</u>他写的东西我写不了，我写的可能他也写不了。

남: 모든 작가가 받은 지식인 문화는 다 비슷합니다. 만약 지식인 문화만 있다면 모든 작가의 작품은 거의 비슷하겠죠. <u>2왜 이렇게 많은 작가가 각기 다른 스타일을 형성할 수 있겠어요? 우리가 받은 민간 문화가 다르기 때문이죠.</u> 이것은 한 작가의 스타일에 굉장히 중요한 것이죠.

여: 당신은 인터넷이 문학에 미치는 영향에 대해 어떤 의견을 갖고 있으신가요?

남: 인터넷 문학이 재능 있는 많은 젊은 작가들에게 재능을 펼칠 무대를 제공했다는 것은 의심할 여지가 없어요. 인터넷 창작을 통해 <u>3많은 젊은이들의 작품이 쏟아져 나오죠.</u> 그리고 난 후 다시 전통적인 출판 방식을 통해 책을 내는 것도 좋은 일이죠. <u>4인터넷 문학은 자신만의 독특한 스타일이 있는데, 상상력, 비약적인 언어, 생기로 가득찬 힘은 지필 창작으로는 도달하기 힘든 것이에요.</u> 이러한 창작은 반드시 우리 문학에 영향을 미칠 수 있죠.

여: 최근에 인터넷 작품을 보신 적 있으신가요?

남: 네. 예전에 궈징밍이 쓴 『환성』을 읽은 적이 있는데 아주 잘 썼다고 생각해요. <u>5그가 쓴 것과 제가 쓴 것은 완전히 다른데</u>, 그가 쓴 것은 제가 쓸 수 없고 제가 쓴 것은 그도 아마 쓸 수 없을 거예요.

어휘　★网友 wǎngyǒu 몡 네티즌 | ★熟悉 shúxī 휑 잘 알다 | ★创作灵感 chuàngzuò línggǎn 창작 영감 | ★来源于 láiyuán yú ～에서 기원하다, ～에서 생겨나다 | ★算是 suànshì 통 ～할 만하다, ～인 셈이다 | ★挑选 tiāoxuǎn 통 고르다 | ★此外 cǐwài 쩝 이외에 | ★亲身经历 qīnshēn jīnglì 직접 자신이 경험하다 | ★持续不断 chíxù búduàn 계속하다 | 传统文化 chuántǒng wénhuà 전통문화 | ★截然不同 jié rán bù tóng 쩡 분명히 다르다 | 文人文化 wénrén wénhuà 문인 문화 | ★另外一种 lìngwài yì zhǒng 다른 한 종류 | ★民间文化 mínjiān wénhuà 민간 문화 | ★体现 tǐxiàn 통 구현하다, 체현하다 | 差不多 chàbuduō 휑 비슷하다, 그런대로 괜찮다 | ★各自 gèzì 떼 각자, 제각기 | ★风格 fēnggé 몡 풍격, 스타일 | ★毫无疑问 háowú yíwèn 조금도 의문이 없다 | ★有才华 yǒu cáihuá 재주가 있다 | ★展示才华 zhǎnshì cáihuá 재능을 드러내다 | 平台 píngtái 몡 무대, 환경 | 写手 xiěshǒu 글쓰기나 문자 편집에 재능이 있는 사람 | ★涌现 yǒngxiàn 통 한꺼번에 나타나다 | 回归 huíguī 통 회귀하다, 되돌아가다 | ★出版方式 chūbǎn fāngshì 출판 방식 | ★出书 chūshū 통 책을 내다, 서적을 출판하다 | ★独特的风格 dútè de fēnggé 독특한 스타일 | ★想象力 xiǎngxiànglì 몡 상상력 | ★充满朝气 chōngmǎn zhāoqì 활기가 넘치다 | ★纸笔写作 zhǐbǐ xiězuò 종이에 글을 쓰다 | ★势必 shìbì 뷔 반드시 | 写不了 xiě bu liǎo 쓸 수 없다

난이도 下　공략 Key 키워드 最大 파악

1 男的的创作灵感主要是从哪里来的？

　Ⓐ **故乡**
　B 国外电影
　C 电视新闻
　D 北京、天津的经历

남자의 창작 영감은 주로 어디서 나오는 것인가？

　Ⓐ 고향
　B 외국 영화
　C 텔레비전 뉴스
　D 베이징과 톈진의 경험

공략　'故乡可以算是一个最大的来源'에서 보기 A와 동일한 어휘 '故乡'이 제시되어 있으며 또한 키워드 '最大'도

함께 언급되어 있다. 비록 B, C, D 모두 언급되기는 했지만 전후에 키워드가 없다.

난이도 上　공략 Key 키워드 因为 파악

2 男的认为民间文化对写作有什么影响? | 남자는 민간 문화가 창작에 어떤 영향을 끼친다고 여기는가?

A 使作家的作品差不多
B 使作家形成不同风格
C 与文人文化一样
D 没有太大影响

A 작가들마다 작품이 비슷하다
B 작가들마다 작품의 풍격이 다르다
C 문인 문화와 동일하다
D 별다른 영향이 없다

공략 '为什么会有这么多的作家……，因为……的文化不同'에서 원인을 묻는 의문사 为什么, 원인을 나타내는 접속사 因为가 핵심 키워드다. 원문이 길기는 하지만 간략하게 정리하면 B와 동일한 의미다.

난이도 上　공략 Key 추측을 통한 의미 유추

3 "很多年青的写手涌现了出来"，主要是什么意思? | '很多年青的写手涌现了出来'는 무슨 뜻인가?

A 施展才华的机会
B 很多年轻的作家出现了
C 网络文学的想象力
D 网络语言的跳跃感

A 재능을 펼칠 수 있는 기회
B 많은 젊은 작가가 출현하였다
C 인터넷 문학의 상상력
D 도약적인 인터넷 언어

공략 이 문장의 의미를 전후에서 해석해주지 않아 추측을 통해 의미를 유추해야 한다. 敌手(적수), 猎手(사냥꾼) 등과 같이 手는 사람을 나타낸다. 그래서 '很多年青的写手涌现出来'에서 写手는 글 쓰는 사람을 뜻한다. 涌现은 '사람이나 사물이 대거 출현하다'는 의미다.

난이도 中　공략 Key 저자의 견해 간파

4 关于男的，可以知道什么? | 남자에 관해서 무엇을 알 수 있는가?

A 写了《幻城》
B 反对网络文学
C 认同网络文学
D 更喜欢纸笔写作

A 『환성』을 지었다
B 인터넷 문학을 반대한다
C 인터넷 문학을 긍정한다
D 원고지에 글 쓰는 것을 더 좋아한다

공략 인터넷 문학에 관한 인터뷰이의 입장이 긍정인지 부정인지 제대로 파악해야 한다. 상상력, 비약적인 언어, 생기로 가득찬 힘을 인터넷 문학의 독특한 스타일이라고 했으므로 긍정한다는 판단을 할 수 있다.

난이도 中　공략 Key 의미가 동일한 표현 찾기

5 男的怎么看待郭敬明的作品? | 남자는 궈징밍의 작품을 어떻게 보는가?

A 觉得写得不好
B 读过他的许多作品
C 没读过他的作品
D 和他的风格完全不同

A 잘 못 썼다고 생각한다
B 그의 많은 작품을 읽었다
C 그의 작품을 읽어본 적이 없다
D 그의 작품 스타일과 상이하게 다르다

공략 본문의 '他写的和我写的完全不一样'은 'A和B不一样'을 不同으로 어휘만 바꿨을 뿐 보기 D와 일치한다.

공략 1. 인용하는 말의 의미를 찾아라

어떤 말의 의미를 묻는 문제를 풀 때는 두 가지 방법이 있다. 하나는 그 말을 듣고 의미를 유추하는 것이고, 다른 하나는 속담이나 성어 등의 뜻을 이해하지는 못했지만 전후 문장의 흐름을 파악하여 의미를 찾는 것이다. 이런 유형은 한두 문제 출제되어 비중을 많이 차지하지는 않지만 꼭 출제되니 반드시 알아두자.

 **예제** 🎧 07-3

---

1. A 明确目标   B 自我管理
   C 自我控制   D 分配任务

2. A 制定计划很重要   B 工作压力太大
   C 人际关系复杂   D 不确定的事很多

3. A 有挑战性和吸引力   B 不用太担心
   C 太不稳定   D 赚钱太少

4. A 厌烦了自己的工作   B 想跳槽
   C 现在做网页设计   D 现在忙不过来了

5. A 每个人的爱好都不同   B 要多吃蔬菜
   C 自由职业最好   D 不要浪费时间

정답&공략 ▷

해석 第1到5题是根据下面一段采访：

男：听说您现在是一名自由职业者，具体是做什么？感觉怎么样？

女：4我现在做网页设计，感觉很好。自由职业是一种全新的生活方式，最大的特点就是可以自由地安排自己的时间。没有那么多的制度规定，没有人抱怨你请假，只要按时完成任务就行了。可以让自己调整到最舒服的工作状态。

1~5번 문제는 다음 인터뷰에 근거한다.

남: 듣자 하니 지금 프리랜서라고 하시던데, 구체적으로 무슨 일을 하시나요? 기분은 어떻세요?

여: 4저는 웹 디자인을 합니다. 좋아요. 프리랜서는 새로운 생활 방식이며 가장 큰 특징이 자유롭게 개인 시간을 짤 수 있다는 점이죠. 그리 많은 제도나 규정도 없고 휴가 내는 것 가지고 뭐라고 할 사람도 없어요. 단지 계획대로 임무만 완수하면 되죠. 그래서 자신이 생각하기에 가장 편안한 업무 조건을 만들 수 있죠.

男：听起来不错。不过这肯定需要很强的自我控制能力，像我这样的人可能就会浪费掉大把的时间。

女：对，**1**最大的挑战就是自己管理自己，合理有效的利用时间。给别人打工，什么事都是固定的。**2**有句话叫"计划不如变化快"嘛，做自由职业者就要选择面对各种不确定因素，也可能甚至无法确定明天是不是还有工作。

男：那没有工作的时候，您怎么办呢？

女：我现在可以在旺季和淡季之间找到一个平衡。没工作的时候也不用太担心，让自己去旅游呀，和朋友聊天，健身什么的。

男：那您是怎么平衡旺季和淡季的呢？我的意思是说，在旺季忙不过来的时候，您是怎么按时完成您的工作任务的呢？

女：其实很简单，只要把所有的事情按时间先后顺序列一张表。用大约估计各项工作所需要的时间，然后一项一项的去完成就可以了。如果发现自己一个人无法承担所有工作，那就可以分一些给其他朋友，或者跟客户商量，多争取一些时间。

男：**3**听起来真是蛮有挑战性和吸引力的。难怪现在很多人都放弃很好的待遇，去做自由职业者呢。

女：是啊，**5**俗话说："萝卜白菜，各有所爱"嘛，每个人的兴趣和适合的生活方式都不一样。如果能找到自己的兴趣点，喜欢有各种生活体验，自由职业是个很好的选择。

남: 좋아 보이네요, 하지만 분명히 자기를 통제할 수 있는 강한 능력도 필요할 것 같은데요. 저 같은 사람은 시간을 많이 낭비하게 될 것 같아요.

여: 맞아요. **1**최대의 도전은 바로 스스로 자신을 관리하고 합리적이고 효과적으로 시간을 이용하는 것이죠. 남을 위해 일하는 것은 모두 고정적인 것이에요. **2**'계획이 변화보다 빠르지 않다'는 말이 있잖아요, 프리랜서로 일하는 사람들은 여러 가지 불확실한 요소 앞에서 선택을 해야 하죠. 심지어는 내일 일이 또 있을지 없을지도 확신할 수 없어요.

남: 그럼 일이 없을 때는 어떻게 하시나요?

여: 지금은 바쁠 때 안 바쁠 때 사이에서 균형을 잡을 수 있어요. 일이 없어도 너무 걱정할 필요가 없고요, 여행을 가거나 친구와 수다를 떨거나 운동 같은 것을 하기도 해요.

남: 어떻게 바쁠 때와 안 바쁠 때를 조절할 수 있죠? 제 뜻은요, 바빠서 쉴 틈이 없을 때 어떻게 시간에 맞춰 일을 마무리 지을 수 있는지요?

여: 사실 간단해요. 모든 일은 시간 선후를 따져 스케줄표를 작성하죠. 일하는 데 걸리는 시간을 대략 추측해서 하나하나씩 완성하면 돼요. 만약 자신이 모든 일을 다 할 수 없다는 것을 발견하면 그중 일부를 다른 친구에게 넘겨주거나 혹은 고객과 상의해서 시간을 더 늘리죠.

남: **3**듣기에 매우 도전적이고 매력적인 일인 것 같네요. 어쩐지 많은 사람들이 좋은 대우를 포기하고 프리랜서를 택하더군요.

여: 그래요. **5**'무와 배추 각자 좋아하는 게 있다'라는 속담이 있듯이 사람들마다 흥미나 적합한 생활 방식이 다 다르죠. 만약 자신이 좋아하는 것을 찾을 수 있고, 여러 체험을 해보고 싶다면 프리랜서를 선택하는 게 좋을 거예요.

어휘   ★自由职业者 zìyóu zhíyèzhě 몡 프리랜서 | ★具体 jùtǐ 혱 구체적이다 | 网页设计 wǎngyè shèjì 웹 디자인 | ★全新 quánxīn 혱 참신하다, 아주 새롭다 | 生活方式 shēnghuó fāngshì 생활 방식 | ★安排时间 ānpái shíjiān 시간을 안배하다 | ★制度 zhìdù 몡 제도 | ★规定 guīdìng 몡동 규정(하다) | ★抱怨 bàoyuàn 동 원망하다 | ★请假 qǐngjià 동 휴가를 신청하다 | ★按时 ànshí 변 제때에 | ★完成任务 wánchéng rènwu 임무를 완성하다 | 调整 tiáozhěng 동 조정하다, 조절하다 | ★工作状态 gōngzuò zhuàngtài 업무 상황 | ★听起来 tīng qǐlai 듣기에 | 自我控制能力 zìwǒ kòngzhì nénglì 자기 통제 능력 | ★浪费 làngfèi 동 낭비하다 | ★大把的时间 dàbǎ de shíjiān 엄청난 시간 | ★挑战 tiǎozhàn 동 도전하다 | ★管理 guǎnlǐ 동 관리하다 | ★合理 hélǐ 혱 합리적이다 | ★有效 yǒuxiào 혱 유효하다, 효과가 있다 | ★利用时间 lìyòng shíjiān 시간을 이용하다 | ★固定 gùdìng 혱동 고정된; 고정시키다 | 计划不如变化快 jìhuà bùrú biànhuà kuài 계획이 변화보다 빠르지 않다 | 面对 miànduì 동 마주 보다, 직면하다 | 不确定因素 bú quèdìng yīnsù 불확정적인 요소 | ★无法 wúfǎ 동 ~할 방법이 없다 | ★旺季 wàngjì 몡 성수기 | ★淡季 dànjì 몡 비수기 | ★平衡 pínghéng 혱 균형이 맞다 | ★健身 jiànshēn 동 신체를 건강하게 하다 | ★忙不过来 máng bu guòlai 매우 바쁘다 | 先后顺序 xiānhòu shùnxù 선후 순서 | 列一张表 liè yì zhāng biǎo 표 한 장을 배열하다 | ★大约 dàyuē 🖳 대략, 아마 | ★估计 gūjì 통 추측하다, 예측하다 | ★各项工作 gè xiàng gōngzuò 각종 업무 | ★所需要的时间 suǒ xūyào de shíjiān 필요한 시간 | ★承担 chéngdān 통 맡다, 담당하다 | ★客户 kèhù 몡 고객 | ★争取时间 zhēngqǔ shíjiān 시간을 내다 | 蛮 mán 🖳 매우 | ★吸引力 xīyǐnlì 몡 흡인력 | ★难怪 nánguài 🖳 어쩐지, 과연 | ★放弃 fàngqì 통 포기하다 | ★待遇 dàiyù 몡통 대우(하다) | ★萝卜白菜、各有所爱 luóbo báicài, gè yǒu suǒ ài 무와 배추 각자 선호하는 게 있다 | 兴趣点 xìngqùdiǎn 흥미가 있는 것 | ★生活体验 shēnghuó tǐyàn 생활 체험

1 女人认为从事自由职业最大的挑战是什么？ | 여자는 프리랜서 일을 할 때 가장 큰 도전이 무엇이라고 했는가？

A 明确目标　　　B 自我管理
C 自我控制　　　D 分配任务

A 명확한 목표　　　B 자기 관리
C 자기 통제　　　　D 임무 분배

공략 보기 C도 언급되기는 했지만 '最大的挑战就是自己管理自己'에서 질문의 핵심 키워드 最大가 직접적으로 언급되었다.

2 "计划不如变化快" 是什么意思？ | '计划不如变化快'는 어떤 의미인가？

A 制定计划很重要
B 工作压力太大
C 人际关系复杂
D 不确定的事很多

A 계획을 정하는 게 중요하다
B 업무 스트레스가 매우 크다
C 인간관계가 복잡하다
D 불확실한 일이 많다

공략 속담이나 격언이 제시되었을 때는 겁먹지 말고 속담 전후를 주의해서 들어야 한다. 속담 뒤에 '불확실한 요소가 많다'고 언급되어 있으므로 답은 D가 된다.

3 男的觉得做自由职业者怎么样？ | 남자는 프리랜서가 어떻다고 생각하는가？

A 有挑战性和吸引力
B 不用太担心
C 太不稳定
D 赚钱太少

A 도전적이고 매력적이다
B 너무 걱정할 필요가 없다
C 매우 불안정하다
D 돈을 매우 적게 번다

공략 인터뷰어의 느낌을 물어보는 문제로 질문의 주체를 파악해야 한다. 남자는 '蛮有挑战性和吸引力的'라고 언급했으므로 답은 A다.

4 关于女的，下列哪项正确？ | 여자에 관하여 다음 중 옳은 것은？

A 厌烦了自己的工作
B 想跳槽
C 现在做网页设计
D 现在忙不过来了

A 자신의 일자리에 짜증난다
B 이직하고 싶어 한다
C 지금 웹 디자인 일을 한다
D 지금 매우 바쁘다

공략 인터뷰 첫머리에 직업이 웹 디자이너라고 구체적으로 언급했다. 문제의 순서가 처음으로 거슬러 올라가는 경우다. 그리고 이야기 첫머리에서 인터뷰이의 직업이 언급되는 경우가 많기에 녹음 내용을 기록하면 문제를 풀기가 수월하다.

난이도 中　**공략 Key** 속담과 그 전후 문장에 유의

듣기
제2부분

5 "萝卜白菜，各有所爱" 是什么意思?　|　'萝卜白菜，各有所爱'는 무슨 의미인가?

- **Ⓐ 每个人的爱好都不同**
- B　要多吃蔬菜
- C　自由职业最好
- D　不要浪费时间

- **Ⓐ 사람마다 취미가 다 다르다**
- B　채소를 많이 먹어야 한다
- C　프리랜서가 제일 좋다
- D　시간을 낭비하지 마라

공략 속담의 구체적인 뜻을 이해하지 못해도 염려할 필요가 없다. 뒤의 내용을 주의 깊게 들으면 답을 알 수 있다. 속담 뒷부분에 '사람마다 흥미와 적합한 생활 방식이 다르다'고 부연 설명을 하고 있으므로 답은 A다.

Tip 동사+起来

'동사+起来' 구조는 판단을 나타내며 주어 앞뒤에 모두 위치할 수 있다. 주로 감각이나 행위를 나타내는 동사 听, 看, 说, 闻, 吃, 尝, 做, 学 등이 온다.

> 동사+起来, 주어+결과 판단

看起来，她今年20多岁。 보기에 그녀는 올해 20여 세쯤인 듯하다.
听起来，他不是北京人。 들어보니 그는 베이징 사람이 아니다.
说起来容易，**做起来**难。 말은 쉬운데 하기는 어렵다.
臭豆腐**闻起来**很臭，**吃起来**很香。 발효 두부는 냄새를 맡아보면 구리지만 먹어보면 아주 맛있다.

이 구조는 절대로 '我看起来他不是北京人'이라고 쓸 수 없으며, '他看起来不是北京人', '看起来他不是北京人'으로만 쓸 수 있다.

〈 자주 쓰는 속담과 성어 표현 〉

江山易改，本性难移 jiāngshān yì gǎi, běnxìng nán yí	강산은 쉽게 바뀌어도 사람의 본성은 바뀌기가 어렵다
仁者见仁，智者见智 rénzhě jiàn rén, zhìzhě jiàn zhì	사물을 대하는 데 있어서 사람마다 견해가 다르다
机不可失，时不再来 jī bùkě shī, shí bú zài lái	좋은 기회는 잃어버리지 말아야 하며 반드시 잡아야 한다 → 기회를 잃어버리면 다시는 돌아오지 않는다.
货比三家 huò bǐ sān jiā	물건을 살 때는 바로 사지 말고 몇 집을 둘러본 후에 사야 한다
上有天堂，下有苏杭 shàng yǒu tiāntáng, xià yǒu Sū Háng	하늘에서 가장 아름다운 곳은 천당이고 땅에서는 쑤저우, 항저우다.
桂林山水甲天下 Guìlín shānshuǐ jiǎ tiānxià	구이린의 산수는 천하의 으뜸이다 → 甲는 '제일이다, 첫째다'라는 의미다.

때로는 본문 내용과 동일한 보기 하나만 들어도 그것이 답인 경우가 있다. 하지만 여러 개의 보기와 관련된 내용이 본문 중에 언급되었을 때는 전후에 最重要, 主要와 같은 핵심이 되는 키워드가 있는지로 답을 확신할 수 있다. 그 외에도 여러 보기의 내용을 들었지만 핵심 키워드가 없는 경우도 있는데, 이럴 때는 전후의 내용을 유의해서 들어야 하며 필요에 따라 메모를 해야 한다.

예제 🎧 07-4

1. A 苹果公司副总裁　　　　　　　　B 大学的副教授
   C 筹办自己的企业　　　　　　　　D 创办微软中国研究院

2. A 挑选出人才　　　　　　　　　　B 选好项目
   C 进行投资　　　　　　　　　　　D 寻找更大的投资

3. A 成功的概率是很大的　　　　　　B 节奏很快
   C 青年的梦想　　　　　　　　　　D 这是一个崭新的工作

4. A 投资经验　　　B 创业经验　　　C 销售技术　　　D 创业资金

5. A 创业要有激情　　　　　　　　　B 世界因我而不同
   C 地球缺了谁照样转　　　　　　　D 让世界更美好

정답&공략

해석　第1到5题是根据下面一段采访：

女：他曾经是美国著名大学最年轻的副教授，他曾经是苹果公司副总裁，他曾经创立了微软中国研究院，他曾经任谷歌全球副总裁兼大中华地区总裁。他总是在一个个巅峰，毅然做出新的决定。而这些决定，又成为了一次次成功的自我超越。今天，我们很荣幸地邀请到了李开复先生，与我们一起来谈一谈他的事迹。

男：大家好！

女：我们知道您在近期做了一个重大的决定，您能和大家说一说吗？

男：我已经离开了谷歌，1现在正在筹建一个自己的公司——创意工厂。2我们致力于构建一个全方位的创业平台。说简

1~5번 문제는 다음 인터뷰에 근거한다.

여: 일찍이 미국 유명 대학의 가장 젊은 부교수였고 애플사의 부총재였으며 MS중국연구소도 창립하셨고 구글 전 세계 부총재 겸 중국 지역 총재를 역임한 적이 있습니다. 선생님께서는 항상 독보적인 위치에 계셨는데 의연하게 새로운 결정을 내리셨죠. 그리고 이번 결정도 매번 성공했던 자신을 또 뛰어넘을 수 있게 해주었네요. 오늘 리카이푸 선생님을 모실 수 있게 되어 영광입니다. 저희와 함께 하시고 계시는 일에 대해 이야기를 나눠보도록 하죠.

남: 여러분, 안녕하세요.

여: 근래 중대한 결정을 내리셨다고 알고 있는데, 이야기 좀 해주시겠습니까?

남: 저는 이미 구글을 떠났고 1지금은 '창의 공장'이라는 제 회사를 세우려고 기획하고 있습니다. 2저희는 전방위적인 창업 무대를 만드는 데 힘쓰고

单些，就是先挑选出人才，然后和他们一起选好项目，帮助他们把项目做起来。接着投资他们，并为他们寻找大面积投资，进一步地注资给他们。

女：这项工作对您来说，它的魅力在哪里？

男：它的乐趣在于它串联了我生命中最重要的几个旋律。中国、青年，还有创新、创业。3这是一个全新的工作，从头做起是我最喜欢做的事。

女：您这个工作是为了圆您自己的梦想，还是为了圆其他人的梦想？

男：我觉得除了是我自己的梦想以外，也是这些青年的梦想。4因为今天中国的青年非常渴望创业，但是他们没有足够的经验把这件事情做好。而我可以为他们提供这样的经验，提高成功的概率。

女：5您常常告诉大学生们一句话"世界因我而不同"。但是中国也有这么一句俗话"地球缺了谁都照样转"。这和您所说的，似乎是完全不同的两种观点。您怎么看待您的这种信念？

男：世界确实会转，但是我觉得这不是人生的目的。人生的目的不在于让世界继续地转，而在于让世界更美好。是让世界上有更多更美好的产品，让人们的生活更快乐，让人能够节约能源，让世界拥有更多的和平，更少的战争。这是让世界更美好。那么，这美好的世界和不美好的世界都在转。但转不是目的，它只是一个行动，是我们不可改变的行动。所以我更希望把我们有限的时间，不要用在去观察一个行动，而是应该去创造一个差别。

듣기
제2부분

있죠. 간단하게 말씀드리면 우선 인재를 선발하고 그러고 나서 그들과 함께 프로젝트를 선별하여 그들이 시작하는 것을 도울 겁니다. 연후에는 그들에게 투자도 하고 그들을 위해 투자할 만한 큰 것을 찾아 전폭적인 지원을 쏟아부을 겁니다.

여: 이 일에서 선생님은 어떤 매력을 느끼셨나요?

남: 그 즐거움은 제 생명에서 가장 중요한 몇 가지 선율을 연결해주고 있어요. 중국, 젊은이 그리고 창조와 창업이죠. 3이는 참신한 일이며 처음 시작할 때부터 제가 가장 좋아한 일이에요.

여: 이 일은 자신의 꿈을 실현시키기 위해서인가요? 아니면 다른 사람의 꿈을 실현시키기 위해서인가요?

남: 저는 제 자신의 꿈인 것 외에도 젊은이들의 꿈이라고 생각해요. 4오늘날 중국의 젊은이들은 창업을 매우 갈망하는데, 그들은 이 일을 잘 할 만한 충분한 경험이 부족하죠. 하지만 저는 그들을 위해 이러한 경험을 제공해주고 성공 확률을 높혀줄 수 있죠.

여: 5선생님은 자주 대학생들에게 '내가 세상을 바꿀 수 있다'라는 말을 하시죠. 하지만 중국에는 또 '세상은 내가 없어도 잘 돌아간다'라는 속담도 있죠. 이것과 선생님이 말씀하신 것은 전혀 다른 관점 같은데, 선생님의 신념을 어떻게 보시는지요?

남: 세상은 분명 그대로 돌아갑니다. 하지만 저는 이것이 인생의 목적은 아니라고 생각해요. 인생의 목적은 세상을 계속 돌아가게 하는 것에 있지 않고 세상을 더 아름답게 하는 데 있죠. 세상에 더 다양하고 더 아름다운 상품을 선보이게 하고 사람들의 생활을 더 즐겁게 해주며 사람들이 에너지 절약을 할 수 있게 해주고 세상에 더 많은 평화가 와서 전쟁이 줄어드는 거예요. 이것은 세상을 더 좋게 하죠. 그러면 이 아름다운 세상과 아름답지 않은 세상이 모두 돌아가게 되죠. 지구가 도는 것은 목적이 아니라 단지 하나의 행동이며 우리가 변화시킬 수 없는 행동이죠. 그래서 저는 우리가 제한된 시간을 하나의 행동을 관찰하는 데 쓰지 말고 차별화된 것을 창조해내는 데 쓰길 더 희망합니다.

어휘　★曾经 céngjīng 위 일찍이, 이전에 | ★副教授 fùjiàoshòu 명 부교수 | ★苹果公司 Píngguǒ Gōngsī 고유 애플사 | ★副总裁 fùzǒngcái 명 부총재 | ★创立 chuànglì 통 창립하다 | ★微软 Wēiruǎn 고유 마이크로소프트(MS사) | 研究院 yánjiūyuàn 명 연구원 | ★谷歌 Gǔgē 고유 구글 | ★兼 jiān 통 겸하다 | 巅峰 diānfēng 명 최고봉 | 毅然 yìrán 위 의연히, 결연히 | 自我超越 zìwǒ chāoyuè 자신이 뛰어넘다 | ★荣幸 róngxìng 형 영광스럽다 | ★邀请 yāoqǐng

⑧ 초청하다 | ★事迹 shìjì ⑲ 사적 | 近期 jìnqī ⑲ 가까운 시기, 장래 | ★筹建 chóujiàn ⑧ 기획하고 건립하다 | ★创意 chuàngyì ⑲⑧ 창의성; 창의하다 | ★致力于 zhìlì yú (어떤 일을 하거나 이루기 위해) 애쓰다, 힘쓰다 | 构建 gòujiàn ⑧ 세우다, 수립하다 | 全方位 quánfāngwèi ⑲ 모든 방향, 각 방면 | ★项目 xiàngmù ⑲ 프로젝트, 항목 | ★投资 tóuzī ⑲⑧ 투자(하다) | ★并 bìng ⑨ 함께, 동시에 | ★进一步 jìnyíbù ⑨ (한 걸음 더) 나아가 | 注资 zhùzī 유한책임회사가 주주의 동의를 얻어 등록한 자본을 늘이다 | ★魅力 mèilì ⑲ 매력 | ★乐趣 lèqù ⑲ 즐거움, 재미 | 串联 chuànlián ⑧ 연계하다 | ★旋律 xuánlǜ ⑲ 멜로디, 리듬 | ★全新 quánxīn ⑱ 참신하다 | ★从头做起 cóng tóu zuò qǐ 처음부터 시작하다 | ★圆梦想 yuán mèngxiǎng 꿈을 실현하다 | ★渴望 kěwàng ⑧ 갈망하다, 간절히 바라다 | ★足够 zúgòu ⑱ 충분하다, 만족하다 | ★而 ér ⑳ 그러나 | 概率 gàilǜ ⑲ 확률 | 世界因我而不同 shìjiè yīn wǒ ér bùtóng 세상이 나로 인해 달라지다, 내가 세상을 바꿀 수 있다 | ★地球缺了谁都照样转 dìqiú quē le shéi dōu zhàoyàng zhuàn 세상은 누가 없어도 잘 돌아간다 | ★似乎 sìhū ⑨ 마치 (~인 것 같다) | ★信念 xìnniàn ⑲ 신념, 믿음 | ★不在于…… 而在于…… bú zàiyú……ér zàiyú…… ~에 달려 있지 않고 ~에 달려 있다 | ★美好 měihǎo ⑱ 좋다, 훌륭하다 | ★节约能源 jiéyuē néngyuán 에너지를 절약하다 | ★有限 yǒuxiàn ⑱ 유한하다, 한계가 있다 | ★观察 guānchá ⑧ 관찰하다 | ★差别 chābié ⑲ 차별, 차이

1 男的最近做了什么决定?

남자는 최근 어떤 결정을 하였는가?

A 苹果公司副总裁
B 大学的副教授
C 筹办自己的企业
D 创办微软中国研究院

A 애플사 부총재
B 대학 부교수
C 자기 회사를 설립한다
D MS중국연구원을 창립한다

공략　已经, 现在, 正在와 같은 시간사를 통해서 상황이 변했음을 알 수 있다. 따라서 과거의 사실과 결정을 통해 현재의 상황을 변별해야 한다. '现在正在筹建一个自己的公司'를 통해 답이 C임을 알 수 있다.

2 男的的工作第一步要做什么?

남자는 첫 번째 일로 무엇을 하려고 하는가?

A 挑选出人才
B 选好项目
C 进行投资
D 寻找更大的投资

A 인재를 선발한다
B 프로젝트를 선별한다
C 투자한다
D 더 많은 투자를 모색한다

공략　'就是先挑选出人才'에서 先이 핵심어로 보기 A와 의미가 동일하다. B, C, D도 언급되기는 했으나, 앞뒤에 키워드가 제시되어 있지 않다.

3 男的认为现在的工作有什么魅力?

남자는 현재 하고 있는 일에 어떤 매력이 있다고 여기는가?

A 成功的概率是很大的
B 节奏很快
C 青年的梦想
D 这是一个崭新的工作

A 성공할 확률이 아주 크다
B 리듬이 매우 빠르다
C 청년의 꿈
D 참신한 일이다

공략　본문에서 언급한 어휘를 바꿔서 보기에 제시했다. 全新이 '참신하다'의 의미를 나타내는 崭新으로 바뀌었다.

4 男的认为自己可以为青年提供什么? | 남자는 자신이 젊은이들을 위해 무엇을 제공할 수 있다고 여기는가?

A 投资经验 | A 투자 경험
Ⓑ 创业经验 | Ⓑ 창업 경험
C 销售技术 | C 판매 기술
D 创业资金 | D 창업 자금

공략 마지막 남자의 말 중 지시대사 这样이 가리키는 경험의 진정한 의미를 찾으면 된다. 앞에서 젊은이들이 창업을 갈망하지만 충분한 경험이 부족하다고 했고 자신은 이것을 제공할 수 있다고 했다.

5 男的常告诉大学生哪句话? | 남자는 자주 대학생들에게 어떤 말을 하는가?

A 创业要有激情 | A 창업은 열정이 있어야 한다
Ⓑ 世界因我而不同 | Ⓑ 세상은 내가 바꿀 수 있다
C 地球缺了谁照样转 | C 세상은 내가 없어도 잘 돌아간다
D 让世界更美好 | D 세상을 더욱 아름답게 만들자

공략 '您常常告诉大学生们一句话"世界因我而不同"'에서 보기 B가 답임을 알 수 있다. '地球缺了谁照样转'은 중국의 속담일 뿐 남자가 대학생들에게 자주 하는 말이 아니다. 보기 D는 남자가 인생의 목적으로 언급한 내용이다.

Tip 并, 而, 而且

并, 而, 而且는 독해 제1부분에서 자주 출제되기도 하고 축약문을 쓸 때도 자주 틀리는 표현이다. 특히 而은 자주 '그러나'의 의미로 쓰이며 '게다가'의 의미는 없다. 并과 而且는 바꿔 쓸 수 있다.

① 주어1……, 而+주어2(却) : 반대적인 의미나 상대적인 의미를 가진다.

　我很喜欢喝咖啡，**而**他喜欢喝茶。 나는 커피 마시는 것을 좋아하지만 그는 차 마시는 것을 좋아한다.

② 주어+동사1, 并/而且+동사2 : 점진을 나타낸다.

　我把这些数据写下来，**并**告诉了老板。 나는 이 데이터를 작성해서 사장님에게 보고드렸다.

③ 并은 대부분 而且로 바꿀 수 있다. 그러나 而且는 때로 并으로 바꿀 수 없다. 而且는 점진을 나타낼 수도 있고 병렬을 나타낼 수도 있기에 병렬을 나타낼 때는 并으로 바꿀 수 없다.

　他不但很帅，**而且**很聪明。 그는 잘생기기도 했고 매우 총명하다. (병렬)

1 녹음을 듣고 중국어를 써보세요.

❶ __________ ❷ __________ ❸ __________ ❹ __________ ❺ __________

❻ __________ ❼ __________ ❽ __________ ❾ __________ ❿ __________

2 녹음을 듣고 빈칸을 채우세요.

❶ 我的小说中有很多的________、很多的________，都是从故乡____________的。

❷ ____________最大的特点是可以____________时间。

❸ 俗话说：" ____________，各有所爱。"

❹ ________缺了谁都__________。

❺ __________________不在于让世界继续地转，______在于让世界__________。

정답 **1** ❶此外 ❷亲身经历 ❸截然不同 ❹展示才华 ❺旺季 ❻忙不过来 ❼待遇 ❽生活体验
❾魅力 ❿节约能源 **2** ❶我的小说中有很多的**人物**、很多的**故事**，都是从故乡**挑选出来**的。
❷**自由职业**最大的特点是可以**自由安排**时间。❸俗话说：" **萝卜白菜**，各有所爱。"
❹**地球**缺了谁都**照样转**。❺**人生的目的**不在于让世界继续地转，**而**在于让世界**更美好**。

第 1-10 题：请选出正确答案。

1. **A** 不真实
   B 能消除自卑
   C 会增加自信
   D 能事半功倍

2. **A** 适当地比较有好处
   B 比较能建立自信
   C 比较是一种个性
   D 不要总是进行比较

3. **A** 对着镜子大喊
   B 时刻提醒自己最棒
   C 永远保持乐观
   D 无条件地接受自己

4. **A** 随便做
   B 主动去处理悲伤
   C 让事情自然发展
   D 不要灰心

5. **A** 相信自己最棒
   B 勇于接受自己
   C 学会顺其自然
   D 永不言弃

6. **A** 可以治疗各种疾病
   B 对治疗疼痛疾病更好
   C 不容易被大家接受
   D 对慢性病无效

7. **A** 方便携带
   B 口感不好
   C 治疗范围有限
   D 服用简单

8. **A** 很难推广
   B 前途光明
   C 人们很难接受
   D 制药方式要变化

9. **A** 两者互补
   B 西医更好
   C 中医更好
   D 毫不相关

10. **A** 中医
    B 西医
    C 针灸
    D 中药

➕ **정답 및 해설_** 해설집 29쪽

08 day 글의 주제를 파악하라

1 주요 내용을 파악하는 비법을 알아본다

2 처세나 인생의 도리를 다루는 글의 내용을 숙지한다

3 주요 어휘, 어법, 호응 구조를 암기한다

제3부분은 글의 주요 내용을 물어보는 문제가 많은데 이런 문제는 대부분 난이도가 매우 높다. 특히 문단의 서두 혹은 끝 부분에서 可见, 由此看来, 总之와 같은 핵심어를 듣고 판단할 수 있는 문제도 있지만 글 전체의 의미를 토대로 파악해야 하는 경우가 대부분이다.

기초 실력 테스트 TEST

🎧 08-1

1 녹음을 듣고 다음 내용과 일치하면 O, 일치하지 않으면 X를 표시하세요.

❶ 孩子也是一样 (　　)　　　　❷ 数量很少 (　　)

❸ 缺少一个也不行 (　　)　　　　❹ 律师 (　　)

2 녹음을 듣고 중국어와 뜻을 써보세요.

❶ ＿＿＿＿＿＿＿＿　＿＿＿＿＿＿＿＿　　❷ ＿＿＿＿＿＿＿＿　＿＿＿＿＿＿＿＿

❸ ＿＿＿＿＿＿＿＿　＿＿＿＿＿＿＿＿　　❹ ＿＿＿＿＿＿＿＿　＿＿＿＿＿＿＿＿

3 녹음을 듣고 빈칸을 채우세요.

那时的她＿＿＿＿＿＿＿＿, 身边有很多追求者, 而他却是一个很＿＿＿＿＿＿的人。因此, 当宴会结束, 他＿＿＿＿＿＿她一块儿去喝咖啡的时候, 她很＿＿＿＿＿＿。

6급 기출문제 맛보기

 맛보기　🎧 08-2

1. A 一个月　　　　　B 三个月　　　　C 半年到一年　　　D 2年以上

2. A 严格按照计划进行　　　　　B 准备多个计划
   C 重视短期计划　　　　　　　D 计划要灵活

3. A 如何制定计划　　　　　　　B 更加刻苦地学习
   C 充分利用时间　　　　　　　D 选择好的学习方法

정답&공략

해석　第1到3题是根据下面一段话：

[3]不管做什么事，提前制定计划会更容易取得好结果。学习也是如此，毫无计划的学习是散漫的，松松垮垮的，非常容易被外界影响。因此，如果想取得好的学习效果，制定计划是非常有必要的。计划可分为长期计划和短期计划。在一段较长的时间内，[1]比如一年或半年，可以制定一个长期计划。因为实际生活中有许多变化无法预知，所以制定长期计划不需要很详尽，只要对必须要做的事做到心中有数即可。而对于近一段时间，比如下一周的学习计划，就应当尽可能具体些。把大量的任务合理分配到每一天中去完成，就可以逐步而稳定地实现长期计划。可见，没有长期计划，生活就会缺少大方向；同样，没有短期安排，目标也很难达成。所以两者缺一不可。此外，制定计划时还应该注意，不要将计划定得太满、太死，要留出一点空余的时间，[2]使计划有一定的灵活性。毕竟现实不会完美地跟着计划走。给计划留出一些调整的余地，这样完成计划的可能性就更大了。

1~3번 문제는 다음 내용에 근거한다.

[3]무슨 일을 하든 사전에 계획을 세워야 더 수월하게 좋은 결과를 얻을 수 있다. 학습 역시 마찬가지다. 전혀 계획 없이 학습을 하면 엉성하고 탄탄하지 못하며 외부의 영향을 매우 쉽게 받는다. 그래서 만약 학습 효과를 제대로 얻고자 한다면 계획을 세우는 것은 매우 필요하다. 계획은 장기 계획과 단기 계획으로 나뉠 수 있다. 비교적 긴 시간, [1]예를 들어 1년 혹은 반년에는 장기 계획을 세울 수 있다. 실제 생활 속에서는 많은 변화가 있고 미리 예측할 방법이 없으므로 장기 계획을 세울 때는 너무 상세하게 세울 필요는 없다. 반드시 해야 할 일은 어떤 상황인지 명확히 알고 있으면 된다. 가까운 시간, 예를 들어 다음 주 학습 계획은 가급적 구체적이어야 한다. 많은 양의 업무를 합리적으로 분배하여 매일매일 완성하면 점차 안정적으로 장기 계획을 실천할 수 있다. 이처럼 장기 계획이 없으면 생활의 큰 방향이 없어지게 된다. 마찬가지로 단기 계획이 없으면 목표도 역시 달성하기 어렵다. 그래서 둘 중 하나라도 없어서는 안 된다. 이외에, 계획을 세울 때 주의해야 할 것이 있다. 계획을 너무 빡빡하고 융통성 없게 세워서는 안 되며 시간적인 여유을 좀 두고 계획해 [2]어느 정도 융통성을 가질 수 있게 하는 데 주의해야 한다. 어쨌든 현실은 완벽하게 계획대로만 돌아갈 수 없다. 계획은 조정할 수 있는 여지를 남겨두어야 하는데 이렇게 하면 계획을 완성할 가능성이 더 높아질 것이다.

어휘 ★不管 bùguǎn 웹 ~을 막론하고, ~에 관계없이 | ★提前 tíqián 통 앞당기다 | ★制定计划 zhìdìng jìhuà 계획을 세우다 | ★取得 qǔdé 통 얻다 | ★如此 rúcǐ 데 이러하다, 이와 같다 | ★毫无计划 háowú jìhuà 전혀 계획이 없다 | 散漫 sǎnmàn 휑 산만하다, 엉성하다 | 松松垮垮 sōngsongkuǎkuǎ 휑 느슨하다, 산만하다 | ★有必要 yǒu bìyào 필요하다 | 长期 chángqī 명 장기간 | 短期 duǎnqī 명 단기간 | ★在一段时间内 zài yí duàn shíjiān nèi 얼마간의 시간 내에 | ★无法预知 wúfǎ yùzhī 예측할 수 없다 | 详尽 xiángjìn 휑 상세하고 빠짐없다 | ★只要……即可 zhǐyào……jíkě ~하기만 하면 곧 ~할 수 있다 | ★心中有数 xīn zhōng yǒu shù 휑 어떤 상황인지 명백히 알다, 마음의 준비가 되어 있다 | ★近一段时间 jìn yí duàn shíjiān 가까운 시일 내에 | ★应当 yīngdāng 조통 반드시 ~해야 한다 | ★具体 jùtǐ 휑 구체적이다 | 分配任务 fēnpèi rènwu 임무를 분배하다 | 逐步 zhúbù 부 점차 | 稳定 wěndìng 휑 안정적이다 | ★实现计划 shíxiàn jìhuà 계획을 실현하다 | ★可见 kějiàn 웹 ~라는 것을 알 수 있다 | ★缺少 quēshǎo 휑 모자라다 | ★达成目标 dáchéng mùbiāo 목표를 달성하다 | ★缺一不可 quē yī bù kě 젱 하나라도 부족해선 안 된다 | ★此外 cǐwài 명 이외에 | 留出 liúchū 남겨두다 | 空余的时间 kòngyú de shíjiān 비어 있는 시간 | 灵活性 línghuóxìng 명 융통성, 유연성 | ★毕竟 bìjìng 부 결국, 끝내 | 余地 yúdì 명 여지 | ★可能性 kěnéngxìng 명 가능성

난이도 下 공략 Key 동일한 어휘 찾기

1 长期计划一般指多长时间的计划?

장기 계획은 일반적으로 얼마 동안의 계획을 가리키는가?

A 一个月　　　B 三个月
C 半年到一年　　D 2年以上

A 한 달　　　B 3개월
C 반년에서 1년　　D 2년 이상

공략 장기 계획은 1년 혹은 반년이라고 언급하고 있으므로 답은 C다. 본문에서는 '一年或半年' 순서로 언급하고 있지만 보기에는 '半年到一年'이라고 제시했다.

난이도 中 공략 Key 의미가 동일한 문장 찾기

2 如何增加完成计划的可能性?

어떻게 해야만 계획을 완성할 가능성이 높아지는가?

A 严格按照计划进行
B 准备多个计划
C 重视短期计划
D 计划要灵活

A 철저하게 계획대로 진행해야 한다
B 여러 개의 계획을 준비해야 한다
C 단기 계획을 중시해야 한다
D 계획은 융통성이 있어야 한다

공략 '使计划有一定的灵活性'은 보기 D와 일치하는 표현이다. HSK 빈출 단어인 灵活가 '민첩하다, 융통성이 있다, 탄력이 있다'의 다양한 의미로 쓰인다는 점을 숙지해야 한다.

난이도 上 공략 Key 첫머리에 유의

3 这篇文章的主要内容是什么?

이 글의 주요 내용은 무엇인가?

A 如何制定计划
B 更加刻苦地学习
C 充分利用时间
D 选择好的学习方法

A 어떻게 계획을 세워야 하는가
B 더욱 열심히 공부해라
C 시간을 최대한 활용해라
D 좋은 학습 방법을 선택해라

공략 문단의 첫머리 '不管做什么事，提前制定计划会更容易取得好结果'에서 계획을 세우는 것이 그 무엇보다도 중요하다는 점을 말해주고 있다. '不管……都'는 조건이 결과에 영향을 미치지 않는 경우에 사용하는 표현으로 결과의 중요성을 나타낼 때 쓴다.

6급 **듣기 공략** 하기

공략 1. 문장의 첫머리와 마지막에 귀를 기울려라

글의 서두와 끝 부분에 주제가 있는 지문이 있기에 반드시 글의 첫머리와 끝 부분에 나와 있는 내용을 기억해두어야 한다. 특히 由此可见, 由此看来, 总之, 可见과 같은 표현이 있을 때는 종종 그 뒤에 답이 있다.

예제　🎧 08-3

---

1. A 食用价值高　　　B 伤害人　　　　C 数量稀少　　　D 浑身都是宝

2. A 眼睛　　　　　　B 行为　　　　　C 身长　　　　　D 舌头

3. A 见人就逃　　　　B 有的快要灭绝　　C 受到了好的保护　D 比无毒蛇便宜

4. A 伤害别人也是在伤害自己　　　　　B 毒蛇的效用
   C 无毒蛇和毒蛇的区别　　　　　　　D 保护毒蛇

정답&공략

해석　第1到4题是根据下面一段话：

　　4有时候，作恶看似伤害的是别人，实则伤害的是自己。市场上毒蛇的价格总是比无毒蛇的价格更高。**1**捕蛇的人认为这除了毒蛇比无毒蛇的药用价值更高外，还有一个原因，那就是毒蛇更稀少。这让人很难理解。在蛇的世界里，毒蛇是强者，按说它应该比无毒的蛇更容易生存，为什么数量反而更少呢？经常捕蛇的人说，**2**遇到一条蛇看它有毒无毒只要看它的行为就知道了。无毒的蛇一般看到人就逃，而毒蛇看到人不但不逃，反而迎上前去攻击人。正因为毒蛇有毒这个强大的武器，所以不管发生什么都不怕，处处攻击别人，侵害别人。然而，正因为它们处处树敌，处处作恶，同时也遭到了别人的反击、报复和捕杀。**3**目前，毒蛇的数量越来越少，有的甚至到了濒临灭绝的边缘。

1~4번 문제는 다음 내용에 근거한다.

　　4때로는 나쁜 일을 했을 때 상처를 입는 사람이 남인 것 같지만 실제로 다치는 것은 자기 자신이다. 시장에서 독사가 늘 독이 없는 뱀보다 가격이 더 비싸다. **1**뱀을 잡는 사람들은 독사가 독이 없는 뱀보다 약용 가치가 더 높은 것 외에 희소성도 또 다른 원인이라고 생각한다. 참 이해가 안 되는 부분이다. 뱀의 세계에서 독사는 강자이기에 독이 없는 뱀보다 더 쉽게 생존해야 한다. 왜 수적으로 오히려 더 적은 것인가? 자주 뱀을 잡는 사람들은 **2**뱀을 봤을 때 독이 있는지 없는지 여부는 행동을 보면 알 수 있다고 말한다. 독이 없는 뱀은 보통 사람을 보면 바로 도망간다. 그러나 독사는 도망가지 않을 뿐 아니라 오히려 앞으로 다가와 사람을 공격한다. 따라서 독은 독사의 강한 무기이기에 어떤 일이 발생해도 두려워하지 않는다. 어디서든 다른 사람을 공격할 수 있고 다치게 할 수 있다. 그러나 곳곳에 적을 만들고 나쁜 일을 하기 때문에 동시에 다른 사람의 반격, 보복, 포획을 당하게 된다. **3**최근에 독사는 수가 점점 줄고 있으며 어떤 것은 심지어 멸종 위기에 처해 있다.

어휘 作恶 zuò'è 통 나쁜 짓을 하다 | ★看似 kànsì ~하게 보인다 | 伤害 shānghài 통 상하게 하다, 손상시키다 | ★实则 shízé 접 실은, 사실 | ★市场上 shìchǎng shang 시장에서 | ★价格 jiàgé 명 가격 | 总是 zǒngshì 부 늘, 줄곧 | 捕蛇 bǔ shé 뱀을 잡다 | ★药用价值 yàoyòng jiàzhí 약용 가치 | ★稀少 xīshǎo 형 희소하다, 적다 | 强者 qiángzhě 명 강자 | 按说 ànshuō 접 이치를 따져 말하자면 | 生存 shēngcún 통 생존하다 | ★反而 fǎn'ér 접 반대로, 오히려 | 逃 táo 통 도망치다 | ★不但不……反而…… búdàn bù……fǎn'ér…… ~하기는커녕 오히려 | 武器 wǔqì 명 무기 | ★不管……都 bùguǎn……dōu ~을 막론하고, ~에 관계없이 | 攻击 gōngjī 형 공격하다 | 然而 rán'ér 접 그러나 | ★处处 chùchù 명 곳곳에, 도처에 | 树敌 shùdí 통 적을 만들다 | ★遭到 zāodào 통 당하다, 겪다 | ★反击 fǎnjī 통 반격하다 | ★报复 bàofù 통 보복하다 | 捕杀 bǔshā 통 잡아 죽이다 | ★目前 mùqián 명 지금 | 甚至 shènzhì 접 심지어 | ★濒临 bīnlín 통 인접하다, 가까이 가다 | ★灭绝 mièjué 통 멸절되다 | 边缘 biānyuán 명 가장자리, 끝자락

난이도 下 **공략 Key** 동일한 어휘 찾기

1 为什么毒蛇的售价更高?

A 食用价值高
B 伤害人
C 数量稀少
D 浑身都是宝

왜 독사의 판매가가 더 높은가?

A 식용 가치가 높다
B 사람을 다치게 한다
C 수량이 매우 적다
D 온몸이 다 보물이다

공략 '还有一个原因，那就是毒蛇更稀少'에서 原因은 답이 되는 핵심어이며 원문과 동일한 稀少가 보기 C에 제시되어 있다.

난이도 下 **공략 Key** 동일한 어휘 찾기

2 分辨一条蛇是否有毒，可以看它什么?

A 眼睛   B 行为
C 身长   D 舌头

뱀이 독이 있는지 없는지 여부는 무엇을 봐야 하는가?

A 눈   B 행위
C 몸 길이   D 혀

공략 조건에 따른 결과의 복문 구조인 '遇到一条蛇看它有毒无毒只要看它的行为就知道了'에서 독의 유무를 알 수 있는 조건이 뱀의 행동이라고 했다.

난이도 中 **공략 Key** 문장 끝 부분에 유의

3 关于毒蛇，下列说法正确的是?

A 见人就逃
B 有的快要灭绝
C 受到了好的保护
D 比无毒蛇便宜

독사에 관한 설명 중 옳은 것은?

A 사람을 보자마자 도망간다
B 일부는 곧 멸종될 것이다
C 잘 보호받고 있다
D 독이 없는 뱀보다 싸다

공략 본문의 '目前，毒蛇的数量越来越少，有的甚至到了濒临灭绝的边缘'에서 濒临이라는 다소 어렵게 느껴지는 표현을 사용했는데 이는 특히 멸종이라는 灭绝와 자주 호응한다. 濒临은 快要와 동의어로 머지 않은 미래에 출현할 상황을 나타낼 때 쓴다.

난이도 中　공략 Key 문장 첫머리에 유의

4 这段话主要想告诉我们什么? | 이 글에서 주로 이야기하는 것은 무엇인가?

Ⓐ **伤害别人也是在伤害自己** | Ⓐ **남을 다치게 하면 자신도 다치게 된다**
B　毒蛇的效用 | B　독사의 효능
C　无毒蛇和毒蛇的区别 | C　독이 없는 뱀과 독사의 구분
D　保护毒蛇 | D　독사 보호

듣기
제3부분

공략　종종 글의 서두에서 문장 전체의 주제를 언급하고 그것의 실례를 들어 그 뒤에 설명하는 형식의 글이 있다. 글 첫머리에 언급되는 내용을 유의해서 듣고 잘 기억해야 한다. '有时候, 作恶看似伤害的是别人, 实则伤害的是自己'에서 답이 A임을 알 수 있다.

Tip　**不管……都**

'不管……都'는 '~을 막론하고, ~에 관계없이'라는 뜻으로, 不论, 无论과 같은 표현이며 부사 都, 也와 호응한다. 不管 뒤에 다음 형식이 갖추어져 있지 않으면 틀린 문장이다. 독해 제1부분에서 자주 출제되므로 반드시 알아두자.

$$不管／不论／无论 \begin{cases} A不A \\ A还是B \\ 多么+형용사 \\ 의문사 \\ 4자 \ 구조(男女老少, 春夏秋冬) \end{cases} , 주어+都／也……$$

不管爸爸同意不同意, 我**都**要去中国。 아빠가 동의하든지에 상관없이 나는 중국에 가려고 한다.
无论冬天还是夏天, 他**都**坚持锻炼身体。 겨울이든 여름이든 상관없이 그는 꾸준히 몸을 단련한다.
不论今天多么累, 你**都**得完成这个工作。 오늘 아무리 힘들어도 당신은 이 일을 완성해야 한다.
他**不管**学什么, **都**充满热情。 그는 무엇을 배워도 열정적이다.
不论男女老少, **都**很喜欢听这首歌。 남녀노소에 상관없이 모두 이 노래를 좋아한다.

공략 2. 앞에 나왔던 문제에 근거해 주제를 추측하라

어떤 문제는 이야기를 예로 들어 도리를 설명하고 있는데, 이 경우에는 글의 첫 부분과 끝 부분에 주제가 제시되어 있지 않다. 따라서 앞에서 풀었던 문제는 중요한 정보를 담고 있으므로 앞에 나왔던 문제를 바탕으로 주제를 판단하면 된다.

예제 🎧 08-4

1. A 愤怒　　　　B 郁闷　　　　C 失望　　　　D 友好

2. A 没用的东西　 B 消极情绪　　C 黑色小汽车司机　D 路上的障碍

3. A 要保持好的心态　B 要学会宽容　C 知足常乐　　D 开车注意安全

정답&공략

해석　第1到3题是根据下面一段话：

　　一天，我坐上一辆出租车去机场，出租车正在它该行驶的车道上前行，忽然一辆黑色小轿车朝我们行驶的车道上冲了过来。只见出租车司机猛地踩下刹车，车子侧滑和对面开来的一辆车发生了冲撞。可那辆黑色小汽车的司机却冲我们大喊大叫，<u>**1**出租车司机却只是面向他笑了笑，不但没有生气，相反还友好地向那个家伙挥了挥手</u>。我有些不解地问他："你刚才为什么那样做？那个家伙差点撞坏你的车，把我们送进医院。"他解释说："<u>**2**有些人就像是垃圾车一样，他们装载着垃圾，带着愤怒和失望四处奔跑</u>。当他们的垃圾堆积到一定程度后，他们希望找一个对象推卸，有时候他们会把垃圾推卸到你身上。这时不要把它们接过来，笑一笑，挥挥手，祝他们好运，然后继续前行。不要接过它们的垃圾，然后散布给你的同事、家人或者路人。"

1~3번 문제는 다음 내용에 근거한다.

　하루는 택시를 타고 공항에 갔다. 택시가 가야 할 차도에서 앞으로 가는데 갑자기 검은색 소형 자동차가 우리가 가는 차선 앞으로 끼어들었다. 보고서는 택시 기사가 급히 브레이크를 잡았고 차체가 한쪽으로 쏠려서 미끄러져 맞은편에서 오던 차와 충돌했다. 그러나 그 검은색 소형차 기사는 우리에게 소리를 크게 질렀고 <u>**1**택시 기사는 그에게 가볍게 웃어주기만 하고, 화를 내지 않았을 뿐 아니라 오히려 우호적으로 그 사람에게 손을 흔들어주었다</u>. 난 좀 이해가 되지 않아서 그에게 물었다. "방금 전에 왜 그렇게 하셨나요? 그 사람이 당신 차를 박을 뻔했고 우리가 병원에 실려갈 뻔했잖아요." 그는 "<u>**2**어떤 사람은 꼭 쓰레기차 같아요. 쓰레기를 잔뜩 싣고 분노와 실망을 담고 여기저기 질주하고 다녀요</u>. 그런 사람들은 쓰레기가 어느 정도 차면 버릴 곳을 찾고 그러다 보니 때로는 당신에게 쏟아붓는 경우도 있죠. 이럴 때는 받지 말고 웃으며 손을 흔들어 행운을 빌어주고 가던 길을 계속 가세요. 그 사람들의 쓰레기를 받으면 동료나 가족, 행인에게 뿌리지 마세요"라고 말했다.

어휘　★出租车 chūzūchē 몡 택시 | ★机场 jīchǎng 몡 공항 | ★该 gāi 조동 ~해야 한다 | 行驶 xíngshǐ 통 통행하다, 운항하다 | 车道 chēdào 몡 차도, 찻길 | 前行 qiánxíng 통 앞으로 나아가다 | ★忽然 hūrán 분 갑자기, 돌연 | 小轿车 xiǎojiàochē 몡 소형차 | ★冲了过来 chōng le guòlai 돌진해오다 | 猛地 měngde 냅다 | 踩下刹车 cǎixià shāchē 브레이크를 밟다 | 侧滑 cè huá 옆으로 미끄러지다 | 冲撞 chōngzhuàng 통 부딪치다, 충돌하다 | ★冲……大喊大叫

chōng……dà hǎn dà jiào ~을 향해 큰 소리로 외치다 | ★面向 miànxiàng 동 ~에 직면하다, ~로 향하다 | ★友好 yǒuhǎo 형 우호적이다 | 家伙 jiāhuo 명 놈, 녀석 | ★挥手 huī shǒu 동 손을 흔들다 | ★不解 bùjiě 동 이해하지 못하다 | ★差点 chàdiǎn 부 하마터면, 가까스로 | ★撞坏 zhuànghuài 부서지다 | ★解释 jiěshì 동 해석하다, 밝히다 | ★垃圾车 lājīchē 명 쓰레기차 | 装载 zhuāngzài 동 싣다 | ★愤怒 fènnù 형 분노하다 | ★失望 shīwàng 동 실망하다 | 四处奔跑 sìchù bēnpǎo 이리저리 내달리다 | 堆积 duījī 동 쌓이다 | 推卸 tuīxiè 동 책임을 미루다, 전가하다 | ★祝 zhù 동 기원하다, 축복하다 | ★好运 hǎoyùn 명 행운, 좋은 기회 | 散布 sànbù 동 퍼뜨리다 | ★同事 tóngshì 명 동료 | ★路人 lùrén 명 행인

듣기
제3부분

난이도 中　공략 Key 동일한 어휘 찾기

1 差点撞车后，出租车司机的态度怎样？

차에 부딪칠 뻔한 후에 택시 기사의 태도는 어떠했는가?

A　愤怒　　　　　B　郁闷
C　失望　　　　　D　友好

A　분노하다　　　　B　우울해하다
C　실망하다　　　　D　우호적이다

공략　'不但没有生气，相反还友好地向那个家伙挥了挥手'에서 '不但没(有)……相反'은 '~하지 않을 뿐 아니라 오히려'의 의미로, 여기에서 택시 기사의 태도가 의외임을 알 수 있다. 또한 동일한 어휘 友好를 보기 D에서 찾을 수 있다.

난이도 中　공략 Key 失望, 愤怒와 동일한 표현 찾기

2 这段话中的垃圾指什么？

이 글에서 쓰레기는 무엇을 가리키는가?

A　没用的东西
B　消极情绪
C　黑色小汽车司机
D　路上的障碍

A　쓸모없는 것
B　비관적 정서
C　검은색 자가용 운전자
D　길에 있는 장애물

공략　'有些人就像是垃圾车一样……带着愤怒和失望四处奔跑'에서 쓰레기는 비유적 표현으로 뒷부분에서 愤怒, 失望을 써서 구체적으로 알려주고 있다. 따라서 이 두 표현을 함축할 수 있는 단어는 비관적 정서이므로 답은 B다.

난이도 上　공략 Key 앞에 나온 문제의 友好, 垃圾에서 추론

3 这段话主要告诉我们什么？

이 글은 우리에게 무엇을 알려주는가?

A　要保持好的心态
B　要学会宽容
C　知足常乐
D　开车注意安全

A　좋은 마음 자세를 가져야 한다
B　관용을 배워야 한다
C　만족할 줄 아는 사람은 항상 즐겁다
D　운전할 때는 안전에 유의해야 한다

공략　동일하게 표현된 보기는 없지만 앞에서 푼 문제에서 택시 기사의 태도는 우호적이고 소형차 기사는 부정적인 마음을 가진 것에 비유한 상황을 보면, 이 글의 주제는 상대방이 나쁜 태도를 보여도 좋지 못한 태도를 보이지 말라는 심리 상태에 관한 내용임을 알 수 있다. 하지만 운전기사의 관대함에 초점을 맞춰 답을 B로 선택하는 오류를 범해서는 안 된다.

동사	호응 단어
面对 마주 보다	困难 어려움｜问题 문제｜挫折 좌절｜人 사람
面临 직면하다	危机 위기｜危险 위험｜倒闭 도산｜破产 파산｜考试 시험
面向 ~로 향하다	观众 관중｜未成年人 미성년｜未来 미래｜社会 사회

面对困难，他表现得很勇敢。 어려움 앞에서 그는 매우 용감하게 행동한다.
现在经济都不景气，我们公司也**面临**破产。 최근 불경기라서 우리 회사는 파산 위기에 직면해 있다.
这本书的对象主要是，**面向**高中生。 이 책은 주로 고등학생을 대상으로 한 것이다.

바로 체크 Check! 🎧 08-5

1 녹음을 듣고 중국어를 써보세요.

❶ __________ ❷ __________ ❸ __________ ❹ __________ ❺ __________

❻ __________ ❼ __________ ❽ __________ ❾ __________ ❿ __________

2 녹음을 듣고 빈칸을 채우세요.

❶ ____________________, 提前制定计划会____________________。

❷ 不要____________________、太死，要____________空余的时间。

❸ 有时候，作恶____________是别人，____________是自己。

❹ 他____________生气，____________向那个家伙____________。

❺ 那个家伙____________你的车，____________医院。

정답 1 ❶ 吃惊 ❷ 毫无计划 ❸ 达成目标 ❹ 濒临灭绝 ❺ 伤害 ❻ 药用价值 ❼ 武器 ❽ 愤怒 ❾ 同事 ❿ 攻击
2 ❶ **不管做什么事**，提前制定计划会**更容易取得好结果**。 ❷ 不要**将计划定得太满**、太死，要**留出一点**空余的时间。
❸ 有时候，作恶**看似伤害的**是别人，**实则伤害的**是自己。 ❹ 他**不但没有生气，相反还友好地**向那个家伙**挥了挥手**。
❺ 那个家伙**差点撞坏**你的车，**把我们送进**医院。

第 1-9 题：请选出正确答案。

1. **A** 可以忘记烦恼
   B 可以解除压力
   C 可以发泄不良情绪
   D 可以增加信心

2. **A** 幸运
   B 幸福
   C 乐观
   D 有魅力

3. **A** 不良情绪的坏处
   B 看悲剧的好处
   C 如何解除压力
   D 保持乐观的心态

4. **A** 吃洋葱
   B 杀人
   C 打架
   D 偷东西

5. **A** 鞭打一百下
   B 吃掉所有洋葱
   C 缴纳罚金
   D 买下所有洋葱

6. **A** 要勇于接受惩罚
   B 要知错改错
   C 正确认识自己
   D 不要偷东西

7. **A** 不完全同意
   B 完全赞同
   C 没说明
   D 觉得可笑

8. **A** 害怕落后
   B 减少寿命
   C 效率太低
   D 会被淘汰

9. **A** 要抓住每分每秒
   B 坚持才是最重要的
   C 欲速则不达
   D 快节奏的缺陷

✦**정답 및 해설**_ 해설집 35쪽

09 day 화자의 관점인지를 구분하라

정답_ 해설집 231쪽

학습목표

✓1 화자의 관점인지 아닌지를 구분하는 방법을 학습한다

✓2 일상생활, 실험 조사 내용과 관련된 글을 숙지한다

✓3 주요 어휘, 어법, 호응 구조 등을 암기한다

듣기 제3부분에는 '有人认为, 人们普遍认为, 生活中有很多人'과 같은 표현이 자주 등장한다. 일반적으로 이런 표현 뒤에 이어지는 내용은 화자가 동의하지 않는 것이기에 이 부분은 유의해서 들어야 한다. 이런 어휘 뒷부분에는 其实, 实际上, 但是와 같이 화자의 관점을 나타내는 어휘가 나오니 정신을 집중하자.

기초 실력 테스트 TEST

09-1

1 녹음을 듣고 다음 내용과 일치하면 O, 일치하지 않으면 X를 표시하세요.

❶ 自己国家的语言 (　　) 　　　❷ 正餐 (　　)

❸ 耐心 (　　) 　　　❹ 本地人 (　　)

2 녹음을 듣고 중국어와 뜻을 써보세요.

❶ ___________　___________ 　　　❷ ___________　___________

❸ ___________　___________ 　　　❹ ___________　___________

3 녹음을 듣고 빈칸을 채우세요.

中国饮食各个地方都有不同的________，主要有"四大菜系"：________、鲁菜、湘菜、粤菜，在味道上有"南_____北咸，东辣西_____"的说法。

6급 **기출문제** 맛보기

 **맛보기** 🎧 09-2

1. A 越早越好　　　　　　　　　B 要在一个适当的年龄
   C 三至六岁是理想时期　　　　D 不要同时对孩子说两种语言

2. A 令孩子感觉无聊　　　　　　B 孩子感到不舒服
   C 让孩子不知道怎么办　　　　D 教学效果很差

3. A 如何教孩子母语　　　　　　B 什么年龄学习外语最好
   C 怎么样教孩子学外语　　　　D 外语与母语的差异

정답&공략

해석 第1到3题是根据下面一段话：

　　　关于儿童何时开始学习外语的问题，有的人主张越早越好，有的人主张在一个适当的年龄。还有人认为，三至六岁的小孩儿，学习语言的能力处于巅峰状态，是学习第二种语言的理想时期。在这个年龄段的孩子，学习第二种语言，就像学习母语一样容易。并且无须任何准备的正式功课，只需要照老师教小孩子学习母语的方式教就可以了。也就是说，他只需要常常听某一个人，或某些人流利地对他说第二种语言即可。[1]记住，不要在差不多同一时间内，既对孩子说母语，又对孩子说第二种语言。"[2]这会令孩子无所适从。"应该在某些特定的时间，或特定的地方，只对孩子只说第二种语言。或者特定的人，对孩子只说第二种语言。

1~3번 문제는 다음 내용에 근거한다.

　　아이가 언제부터 외국어를 배우는 게 좋을지에 관한 문제에 대해서 어떤 이는 빠르면 빠를수록 좋다고 하고 어떤 이는 적당한 연령이 있다고 한다. 또 어떤 이는 3세에서 6세의 아이들은 언어를 배울 수 있는 최고의 상태이기에 외국어를 배우기에 가장 이상적인 시기라고 한다. 이 연령대의 아이가 외국어를 배우는 것은 마치 모국어를 배우는 것과 마찬가지로 쉽다. 그리고 어떤 준비된 정식 숙제를 할 필요 없이 선생님이 아이에게 모국어를 학습시키는 방식으로 가르치면 된다. 즉, 아이는 어떤 사람 또는 어떤 사람들이 유창하게 그에게 외국어를 말하는 것을 자주 듣기만 해도 된다. [1]기억해라. 같은 시기에 아이에게 모국어로도 이야기하고 외국어로도 이야기해서는 안 된다. [2]이것은 아이들이 어찌할 바를 모르게 만든다. 반드시 특정한 시간에 특정한 곳에서만 아이에게 외국어를 해야 하며 혹은 특정한 사람이 아이에게 외국어를 해야 한다.

어휘 ★儿童 értóng 몡 아동, 어린이 | 何时 héshí 몡 언제 | ★主张 zhǔzhāng 통 주장하다 | ★适当的年龄 shìdāng de niánlíng 적당한 연령 | 至 zhì 통 ~에 이르다 | 处于巅峰状态 chǔyú diānfēng zhuàngtài 최상의 상태에 있다 | 年龄段 niánlíngduàn 몡 연령대 | ★母语 mǔyǔ 몡 모국어 | 无须 wúxū 뷔 (~할) 필요 없이 | ★任何 rènhé 때 어떠한, 무슨 | ★正式 zhèngshì 혱 정식의, 공식의 | 功课 gōngkè 몡 과목, 공부 | ★只需要……即可 zhǐ xūyào……jíkě ~만 하면 바로 가능하다 | 照……方式教 zhào……fāngshì jiāo ~한 방법에 따라 가르치다 | ★某 mǒu 때 아무, 어느 | ★流利 liúlì 혱 유창하다 | ★令 lìng 통 ~하게 하다 | ★无所适从 wú suǒ shì cóng 솅 무엇을 따라야 할지 모르다, 어떻게 해야 할지 모르다 | ★特定 tèdìng 혱 특정한

1 关于孩子学外语，下面哪项正确？ | 아이들의 외국어 학습과 관련해서 다음 중 옳은 것은?

A 越早越好
B 要在一个适当的年龄
C 三至六岁是理想时期
D 不要同时对孩子说两种语言

A 빠르면 빠를수록 좋다
B 적절한 나이에 해야 한다
C 3~6세의 나이가 적정 시기다
D 동시에 아이에게 두 가지 언어를 사용하지 마라

공략 '有的人主张……有的人主张……还有人认为' 표현 뒤에 바로 나오는 관점은 화자가 동의하지 않는 것으로 그 뒷부분 즉, 记住 뒷부분이 바로 작가의 관점이다.

2 "这会令孩子无所适从"是什么意思？ | '这会令孩子无所适从'의 의미는 무엇인가？

A 令孩子感觉无聊
B 孩子感到不舒服
C 让孩子不知道怎么办
D 教学效果很差

A 아이가 지겨워하게 만든다
B 아이를 불편하게 한다
C 아이가 어떻게 해야 하는지 모르게 만든다
D 가르치는 효과가 매우 떨어진다

공략 无所适从은 성어로 반드시 기억해두어야 한다. 하지만 뜻을 모르더라도 전후 내용을 근거로 답을 유추할 수 있다. 동일한 시기에 두 가지 언어를 동시에 사용하지 말라고 했다면, 이렇게 하면 아이에게 안 좋을 것이라는 부정적인 답이 나오게 된다. 질문의 '令孩子'는 '让孩子'의 의미다.

3 这段话主要告诉我们什么？ | 이 글에서 주로 이야기하는 것은 무엇인가？

A 如何教孩子母语
B 什么年龄学习外语最好
C 怎么样教孩子学外语
D 外语与母语的差异

A 아이에게 어떻게 모국어를 가르칠 것인가
B 어느 연령대에 외국어를 학습하는 게 가장 좋은가
C 어떻게 아이들에게 외국어 학습을 시키는가
D 외국어와 모국어의 차이

공략 문장의 주제를 묻는 문제다. 아이의 모국어 교육이라기보다는 외국어 교육에 대해서 이야기하고 있으며 시기적인 부분에 관한 언급도 있기는 하지만 그것을 포함한 방법론과 견해를 담고 있다.

토크토크!
쌤의 한마디~

대부분의 학습자들이 '虽然……但是……'의 복문 구조를 알고는 있지만 녹음을 들을 때는 주의 깊게 생각하지 않습니다. 사실 이 구조는 매우 중요한 복문 구조예요. 일반적으로 虽然 뒤에 나오는 내용보다는 전환이 되는 但是 뒤에 나오는 내용이 중점이며 문제시되는 부분도 바로 이 부분이죠. 꼭 기억하세요.

6급 듣기 공략 하기

공략 1. 一般人认为 표현에 유의하라

문장 속에서 '一般人认为, 人们普遍认为, 有这样一种说法, 有些人主张'과 같은 표현을 들었다면 그 부분은 화자가 반대하고 있는 내용이다.

예제　 🎧 09-3

1. A 绝对不要吃 　　　　　　　　B 早餐之后
   C 上午十点和下午三点 　　　　D 早餐时

2. A 下午茶 　　　　　　　　　　B 喝红茶
   C 喝咖啡 　　　　　　　　　　D 吃饼干或蛋糕

3. A 吃的越多越好 　　　　　　　B 应该多吃水果
   C 应该少吃甜食 　　　　　　　D 热量不能太高

4. A 吃零食是个坏习惯 　　　　　B 零食里营养很高
   C 零食可以代替正餐 　　　　　D 零食有助于健康

정답&공략

해석　第1到4题是根据下面一段话：

　　4一提起吃零食，许多人都认为是不好的习惯，不利于身体健康，因此绝对不要吃零食。但是，研究发现人有时是需要零食的。在适当的时间吃零食，反而可以让你更健康。**1**如果三餐时间固定，上午10点和下午3点左右是吃零食的最佳时间，此时正处于两餐之间，人体血糖值较低，适当补充些能量，可以消除疲劳，调节心情，舒缓压力。此时，吃两粒坚果，喝一杯酸奶，再吃点水果，对身体很有好处。**2**广东等地流行的下午茶，就是这样。一杯红茶或咖啡，配上几块饼干或蛋糕，不仅驱除了饥饿感，还能使人心情愉悦，从而提高工作效率。**3**但是这时所选的零食，热量不能太高，否则会影响

1~4번 문제는 다음 내용에 근거한다.

　　4간식을 언급하면 많은 사람들은 나쁜 습관이며 건강에 좋지 않다고 여겨, 절대로 간식을 먹어서는 안 된다고 한다. 그러나 사람은 때때로 간식이 필요하다고 연구에서 밝혀졌다. 적당한 시간에 간식을 먹는 것은 오히려 당신을 더욱더 건강하게 할 수 있다. **1**만약 세 끼를 먹는 시간이 고정되어 있다면 오전 10시와 오후 3시 정도에 간식을 먹는 게 가장 좋은데, 이때는 두 끼 식사 사이에 있기 때문에 신체내의 혈당이 비교적 낮아 적당히 열량을 보충해주면 피로를 풀어주고 기분을 조절해주며 스트레스를 줄일 수 있다. 이때는 견과류 두 알을 먹고 요구르트 한 잔을 마신 후 과일을 조금 먹으면 건강에 도움이 된다. **2**광둥 등 지역에서 유행하는 '오후 티타임'이 바로 이런 것이다. 홍차 혹은 커피 한 잔에 과자 몇

接下来的工作和下一餐的进食。如果三餐时间不固定，作为替补品的零食当然是越早吃越好，以便及时为身体补充能量。

조각과 케이크를 더하면 허기를 없애고 사람의 기분을 좋게 하며 이로써 업무 효율도 향상될 수 있다. 3하지만 이때 열량이 너무 높은 간식을 선택해서는 안 된다. 그렇지 않으면 잇따르는 업무와 다음 식사에 영향을 미칠 수 있다. 만약 세 끼 식사 시간이 고정적이지 않다면 제때 열량을 보충할 수 있게 보충 식품이 되는 간식은 당연히 빨리 먹어야 좋다.

어휘 ★一提起……许多人都认为 yì tíqǐ……xǔduō rén dōu rènwéi ~을 언급하면 많은 사람들은 모두 생각하기를 | ★零食 língshí 몡 간식 | ★习惯 xíguàn 몡동 습관; 습관이 되다, 적응하다 | ★不利于 bú lìyú ~에 이롭지 않다 | 研究 yánjiū 동 연구하다 | ★适当的时间 shìdāng de shíjiān 적당한 시간 | ★反而 fǎn'ér 접 반대로, 도리어 | ★三餐 sāncān 몡 세 끼 식사 | ★固定 gùdìng 혱동 고정된; 고정하다 | 最佳时间 zuìjiā shíjiān 최적의 시간 | ★此时 cǐshí 몡 이때, 지금 | 两餐之间 liǎng cān zhī jiān 두 끼 식사 사이 | 血糖值 xuètángzhí 몡 혈당치 | 能量 néngliàng 몡 에너지 | ★消除 xiāochú 동 없애다, 해소하다 | ★疲劳 píláo 혱 피곤하다, 지치다 | ★调节心情 tiáojié xīnqíng 기분을 조절하다 | 舒缓 shūhuǎn 혱 완만하게 하다, 느슨하게 하다 | 粒 lì 양 알, 톨 | ★坚果 jiānguǒ 몡 견과 | ★酸奶 suānnǎi 몡 요구르트 | ★流行 liúxíng 동 유행하다 | 下午茶 xiàwǔchá 오후의 차 | 红茶 hóngchá 홍차 | ★咖啡 kāfēi 몡 커피 | 配上 pèishàng 곁들이다, 배합하다 | ★饼干 bǐnggān 몡 비스킷 | ★蛋糕 dàngāo 몡 케이크 | 驱除 qūchú 동 없애다, 제거하다 | 饥饿感 jī'ègǎn 몡 허기 | ★心情愉悦 xīnqíng yúyuè 기분이 유쾌하다 | ★工作效率 gōngzuò xiàolǜ 근무 능률 | ★热量 rèliàng 몡 열량 | ★否则 fǒuzé 접 만약 그렇지 않으면 | ★接下来 jiēxiàlai 다음으로, 이어서 | 下一餐 xià yì cān 다음 식사 | 进食 jìnshí 동 식사하다 | 替补品 tìbǔpǐn 몡 강장제, 자양 식품 | ★以便 yǐbiàn 접 ~하기에 편리하도록, ~하기 위하여 | ★及时 jíshí 부 즉시, 곧바로

`난이도` 下 `공략 Key` 许多人都认为에 유의

1 如果三餐固定，什么时间吃零食最合适?

만약 세 끼 식사 시간이 고정적이라면 언제 간식을 먹는 것이 가장 적당한가?

A 绝对不要吃
B 早餐之后
Ⓒ 上午十点和下午三点
D 早餐时

A 절대 먹지 말아야 한다
B 아침 후에
Ⓒ 오전 10시와 오후 3시
D 아침 먹을 때

공략 '许多人都认为' 뒤에 있는 내용은 화자의 관점이 아니다. 따라서 '绝对不要吃'는 다른 사람들의 관점이기에 그 뒤에 이어지는 '上午10点和下午3点' 부분이 화자의 관점이다.

`난이도` 下 `공략 Key` 동일한 어휘 찾기

2 广东等地流行什么?

광둥 등 지역에서는 무엇이 유행하는가?

Ⓐ 下午茶
B 喝红茶
C 喝咖啡
D 吃饼干或蛋糕

Ⓐ 오후 티타임
B 홍차 마시기
C 커피 마시기
D 과자나 케이크 먹기

공략 광둥 지역이 언급되고 流行의 수식을 받는 것은 下午茶다. 수식 관계를 잘 들어야 답을 찾기 쉽다.

난이도 中　공략 Key 동일한 표현 찾기

3 吃零食应该注意什么? | 간식을 먹을 때 무엇을 주의해야 하는가?

A 吃的越多越好
B 应该多吃水果
C 应该少吃甜食
D 热量不能太高

A 많이 먹을수록 좋다
B 과일을 많이 먹어야 한다
C 단것을 적게 먹어야 한다
D 열량이 너무 높아서는 안 된다

공략 본문 내용과 동일한 문장 '热量不能太高'가 보기에 제시되어 있다. 업무와 다음 정식에 영향을 주기에 열량이 너무 높은 간식을 먹어서는 안 된다고 했으므로 답은 D가 된다.

난이도 中　공략 Key '许多人都认为……但是'에 유의

4 根据这段话, 下列哪项正确? | 이 글에 따르면 다음 중 옳은 것은?

A 吃零食是个坏习惯
B 零食里营养很高
C 零食可以代替正餐
D 零食有助于健康

A 간식을 먹는 것은 나쁜 습관이다
B 간식에는 영양이 많다
C 간식이 끼니 때 먹는 밥을 대신할 수 있다
D 간식은 건강에 도움을 준다

공략 '一提起吃零食, 许多人都认为……但是……在适当的时间吃零食, 反而可以让你更健康'에서 '许多人认为'는 보편적인 관점이다. 但是 뒤의 내용이 화자의 관점이므로 D가 답이 된다.

Tip　所 구조

'所+동사+的+명사'는 명사구다. 조사 所의 유무에 상관없이 의미는 동일하지만 所가 들어간 구조가 자주 사용된다. 명사는 이미 아는 것이면 생략이 가능하며 때로는 的도 생략이 가능하다.

동사 종류	상용구
감각을 나타내는 동사	所听的音乐 들은 음악 ┃ 所看的电影 본 영화 ┃ 所见的人 만난 사람 ┃ 所想的事 생각한 일 ┃ 所说的话 한 말 ┃ 所讲的生词 강의한 새 단어 ┃ 所知道的事 알게 된 일
감정을 나타내는 동사	所喜欢的人 좋아하는 사람 ┃ 所讨厌的事 싫어하는 일 ┃ 所在乎的人 신경 쓰이는 사람
경험을 나타내는 동사	所经历的困难 겪은 어려움 ┃ 所从事的工作 종사하는 일 ┃ 所走过的路 걸어온 길

一年前所学的东西现在都忘得差不多了。 1년 전에 배웠던 것을 지금은 거의 모두 잊어버렸다.
人们亲眼所见的也不一定是真的。 사람들이 직접 본 것도 반드시 진실은 아니다.

공략 2. 实际上, 其实에 주목하라

본문에 만약 其实, 实际上, 说实话, 但是, 研究发现, 调查显示, 实验证明, 专家证实와 같은 표현이 있다면 이것은 화자의 관점이다. 그리고 이런 표현 뒤에는 문장의 주제가 드러나 있으니 주의하자.

예제 　🎧 09-4

1. A 跟周围的人一样　　　　　　　B 担心迟到
   C 只是一种习惯　　　　　　　　D 感觉不太自在

2. A 0.5-1.6米　　　B 0.6-1.5米　　　C 1米以上　　　D 0.5米左右

3. A 没有性别差异　　　　　　　　B 所有人都一样
   C 只表现在乘电梯时　　　　　　D 女人的私人空间大于男人

정답&공략

해석　第1到3题是根据下面一段话:

　　有一天乘电梯的时候, 我和往常一样, 仰头看着显示的楼层数。突然意识到我每次乘电梯的时候都会仰着头往上看, 这是为什么呢? 而且我看了看周围的人, 发现他们竟然也和我一样, 也都仰着头看着显示的楼层数。难道显示的楼层数有什么神奇的魔力吗? [1]实际上, 乘电梯往上看的行为与我们的私人空间有着很大的关系。所谓私人空间, 是指在我们周围一定的空间, 一旦有人闯入我们的私人空间, [1]我们就会感觉不舒服, 不自在。私人空间的大小因人而异, [2]但大体上是0.6-1.5米左右的距离。[3]调查数据显示, 女性的私人空间比男性的大, 具有攻击性格的人的私人空间更大。在电梯中我们会感觉不自在, 就是因为有人进入了自己的私人空间。大家都想尽早离开这个狭小的空间, 向上看正是想尽快逃离这个狭小空间的心理表现。

1~3번 문제는 다음 내용에 근거한다.

　　하루는 엘리베이터를 탔을 때 평소와 똑같이 고개를 들어 층수가 바뀌는 것을 보았다. 갑자기 내가 매번 엘리베이터를 타면 고개를 들어 위를 본다는 사실을 의식하게 되었다. 왜 그럴까? 주위 사람들을 둘러보았을 때 다른 사람들도 나와 똑같이 고개를 들어 바뀌는 층수를 보고 있다는 것을 발견하였다. 설마 층수가 바뀌는 게 무슨 신기한 마력이라도 있는 것인가? [1]사실 엘리베이터를 타고 위를 바라보는 행동은 우리들의 개인 공간과 아주 밀접한 관계가 있다. 소위 말하는 '개인 공간'은 우리 주위의 일정한 공간을 가리키며 일단 누군가가 우리들의 개인 공간에 들어오면 [1]우리는 불편함을 느끼게 되고 부자연스러워진다. 개인 공간의 크기는 사람들마다 다르지만 [2]대체적으로 0.6~1.5미터 정도다. [3]조사 결과에 따르면 여성의 개인 공간이 남성보다 크며 공격적인 성향인 사람일수록 개인 공간이 더 크다고 한다. 엘리베이터 안에서 부자연스럽게 느껴지는 것은 누군가가 자신의 개인 공간으로 들어왔기 때문이다. 모두들 이 좁은 공간에서 빨리 벗어나고 싶어 하며, 위를 바라보는 것도 이런 좁은 공간에서 빨리 벗어나고픈 심리적인 표현일 것이다.

어휘　★乘电梯 chéng diàntī 엘리베이터를 타다 | ★往常 wǎngcháng 몡 평소, 평상시 | ★仰头 yǎngtóu 통 고개를 들다 | ★显示 xiǎnshì 통 분명하게 표현하다, 내보이다 | ★楼层数 lóu céngshù 건물 층수 | ★意识到 yìshí dào ~을

의식하다 | 周围 zhōuwéi 몡 주위 | ★竟然 jìngrán 튀 뜻밖에도, 의외로 | ★难道……吗? nándào……ma? 설마 ～란 말인가? | 神奇 shénqí 혱 신기하다 | 魔力 mólì 몡 마력, 매력 | ★实际上 shíjìshang 튀 사실상, 실제로 | 行为 xíngwéi 몡 행위 | ★私人空间 sīrén kōngjiān 사적 공간 | ★与……有很大的关系 yǔ……yǒu hěn dà de guānxi ～와 아주 큰 관계가 있다 | ★所谓……是指…… suǒwèi……shì zhǐ…… 소위 ～라는 것은 ～을 가리킨다 | 空间 kōngjiān 몡 공간 | ★一旦……就…… yídàn……jiù…… 일단 ～한다면 ～하다 | 自在 zìzai 혱 편안하다 | ★因人而异 yīn rén ér yì 솅 사람에 따라 달리 방법을 세우다 | ★大体上 dàtǐ shang 대체로 | 距离 jùlí 몡 거리 | ★调查 diàochá 동 조사하다 | ★数据 shùjù 몡 데이터 | 攻击性格 gōngjī xìnggé 공격적인 성격 | ★尽早 jǐnzǎo 튀 되도록 일찍 | ★狭小 xiáxiǎo 혱 좁고 작다 | 尽快 jǐnkuài 튀 되도록 빨리 | 逃离 táolí 동 달아나다, 도망치다 | ★心理表现 xīnlǐ biǎoxiàn 심리적으로 드러나다

난이도 中　**공략 Key** 实际上, 不舒服에 유의

1　乘电梯时人们为什么仰头看楼层数?

엘리베이터를 탔을 때 사람들은 왜 고개를 들어 층수를 보는가?

A 跟周围的人一样
B 担心迟到
C 只是一种习惯
Ⓓ **感觉不太自在**

A 주위 사람들이 그렇게 하니까
B 지각할까 걱정돼서
C 일종의 습관이다
Ⓓ **부자연스러워서**

공략　实际上 뒷부분이 사실 전환이 이루어지고 화자가 말하고자 하는 내용이다. 따라서 층수를 보는 것은 불편하고 부자연스럽기 때문이라고 했으므로 답은 D가 된다.

난이도 中　**공략 Key** 숫자에 유의

2　一般来说，私人空间的距离是多少?

일반적으로 개인 공간은 얼마나 되는가?

A 0.5–1.6米
Ⓑ **0.6–1.5米**
C 1米以上
D 0.5米左右

A 0.5~1.6미터
Ⓑ **0.6~1.5미터**
C 1미터 이상
D 0.5미터 정도

공략　구체적인 숫자가 언급되었을 때는 항상 기억해두어야 한다. 아무리 숫자를 잘 기억한다고 할지라도 삽시간에 지나가기에 본문에 나오는 숫자는 정확하게 들어야 한다. '但大体上是0.6–1.5米左右的距离'에서 답이 B임을 알 수 있다.

난이도 下　**공략 Key** 调查数据显示 뒤의 결과에 유의

3　关于私人空间，下面哪项正确?

개인 공간에 관하여 다음 중 옳은 것은?

A 没有性别差异
B 所有人都一样
C 只表现在乘电梯时
Ⓓ **女人的私人空间大于男人**

A 성별의 차이가 없다
B 모든 사람이 같다
C 단지 엘리베이터를 탈 때만 나타난다
Ⓓ **여자의 개인 공간이 남자보다 크다**

공략　HSK에는 실험이나 연구 결과를 실례로 든 경우가 많이 나온다. 따라서 그 결과를 유의해서 들어야 한다. '调查 数据显示' 뒷부분에서 답이 D임을 알 수 있다.

바로 체크 Check! 🎧 09-5

1 녹음을 듣고 중국어를 써보세요.

❶ __________ ❷ __________ ❸ __________ ❹ __________ ❺ __________

❻ __________ ❼ __________ ❽ __________ ❾ __________ ❿ __________

2 녹음을 듣고 빈칸을 채우세요.

❶ ______________是学习第二语言的______________。

❷ 应该在________________、________________，只对孩子说一种语言。

❸ __________吃零食，许多人认为________________________。

❹ 吃零食能使人______________，从而________________________。

❺ 我和往常一样，________看着________________________。

정답 **1** ❶ 最佳时期 ❷ 适当的年龄 ❸ 无所适从 ❹ 适当补充 ❺ 工作效率 ❻ 以便 ❼ 乘电梯 ❽ 仰头 ❾ 因人而异 ❿ 心理表现 **2** ❶ 三至六岁是学习第二语言的理想时期。 ❷ 应该在特定的时间、特定的地方，只对孩子说一种语言。 ❸ 一提起吃零食，许多人认为不利于身体健康。 ❹ 吃零食能使人心情愉悦，从而提高工作效率。 ❺ 我和往常一样，仰头看着显示的楼层数。

第 1-9 题：请选出正确答案。

1. A 让他知道你在帮他
   B 帮以后告诉他
   C 不告诉他
   D 给他一个惊喜

2. A 通过练习可以提高
   B 每个人都一样
   C 忍耐极限一个月
   D 是有限的

3. A 告诉她的朋友
   B 一个月保密
   C 告诉她要为她庆祝生日
   D 庆祝前一天告诉她

4. A 高大挺拔
   B 弯曲不直
   C 旁逸斜出
   D 树身不高

5. A 植物专家
   B 当地人
   C 古人
   D 说话人

6. A 树木需要阳光
   B 竞争弊大于利
   C 集体合作很重要
   D 竞争对人的发展有益

7. A 年龄小
   B 贪吃
   C 缺乏耐心
   D 不聪明

8. A 20分钟
   B 整个中学时期
   C 一生
   D 几十年

9. A 思维能力
   B 团队精神
   C 竞争意识
   D 自控能力

+ **정답 및 해설_** 해설집 40쪽

10 day 숫자의 변화를 감지하라

✓1 신속하게 숫자와 관련된 어휘를 캐치한다

✓2 자연 환경, 동식물과 관련된 글을 잘 숙지한다

✓3 주요 어휘, 어법, 호응 구조를 암기한다

듣기의 모든 영역에서 숫자과 관련된 문제가 출제된다. 숫자와 관련된 문제는 매우 유동적인데, 비록 명확한 숫자를 듣지는 못했지만 명사를 통해서 숫자를 유추해야 하는 경우도 있다. 예를 들어 冠军과 같은 표현을 들었다면 '1등'이라는 숫자를 떠올려야 한다. 심지어는 숫자를 계산해야 하는 경우도 있다. 숫자와 관련된 문제를 푸는 노하우를 알아보자.

기초 실력 테스트 ^{TEST}

🎧 10-1

1 녹음을 듣고 다음 내용과 일치하면 O, 일치하지 않으면 X를 표시하세요.

❶ 二分之一 (　　　)　　　　　❷ 第二名 (　　　)

❸ 一月 (　　　)　　　　　❹ 成绩很好 (　　　)

2 녹음을 듣고 중국어와 뜻을 써보세요.

❶ ＿＿＿＿＿＿＿＿＿＿＿　　　　❷ ＿＿＿＿＿＿＿＿＿＿＿

❸ ＿＿＿＿＿＿＿＿＿＿＿　　　　❹ ＿＿＿＿＿＿＿＿＿＿＿

3 녹음을 듣고 빈칸을 채우세요.

他＿＿＿＿＿一切时间看书学习，练习讲演。他失过业，做过工人，当过＿＿＿＿＿。

他从29岁起，开始竞选议员和总统，前后尝试过11次，＿＿＿＿＿过9次。他就是被

称为"全世界第一＿＿＿＿＿"的美国总统——林肯。

6급 기출문제 맛보기

맛보기 🎧 10-2

1. A 一半左右　　　B 不到一半　　　C 绝大部分　　　D 全部

2. A 保持平静　　　B 迅速逃走　　　C 尖声高叫　　　D 碰触鲨鱼

3. A 要有坚强的毅力　　　　　　　　B 所有的问题一定都能解决
　 C 要坦然面对困境　　　　　　　　D 要勇敢地面对危险

정답&공략

해석　第1到3题是根据下面一段话：

　　鲨鱼的攻击性极强，只要被鲨鱼发觉，很少有人能够逃离。不过，奇怪的是，有位海洋生物学家研究鲨鱼很多年，经常穿着潜水衣游到鲨鱼的身边，与鲨鱼近距离接触，可鲨鱼好像并不在意他的存在。他说："其实鲨鱼并不可怕，可怕的是你见到鲨鱼时，自己产生的恐慌。"的确如此，[1]90%以上的人在遇到鲨鱼时心跳都会加速，正是那快速跳动的心脏引起了鲨鱼的注意。鲨鱼就是通过快速跳动的心脏在水中发出的感应波来捕捉猎物的。如果在鲨鱼面前，[2]你能够心情平静，毫不惊慌，那么鲨鱼就对你构不成任何威胁，哪怕它不小心触碰到你的身体也没关系。反之，你一见到鲨鱼就吓得浑身发抖、高声尖叫，只想赶快逃命，那么你将会成为鲨鱼的一顿美餐。看似凶险的东西，[3]只要坦然地面对，有条有理地处理，最终都可以解决。有时，困住我们的正是我们自己。

1~3번 문제는 다음 내용에 근거한다.

　　상어는 공격성이 매우 강하여 상어에 발견되면 도망칠 수 있는 사람은 매우 적다. 하지만 이상한 것은 해양 생물학자가 상어를 여러 해 동안 연구하면서 늘 잠수복을 입고 상어 곁에 헤엄쳐 가서 상어와 근거리에서 접촉하지만 상어는 마치 그의 존재를 개의치 않는 것 같았다. 그는 "사실 상어는 결코 무섭지 않아요. 무서운 것은 당신이 상어를 만났을 때 스스로 느끼는 공포예요"라고 말한다. 확실히 그렇다. [1]90% 이상의 사람들이 상어를 만나면 심장 박동이 빨라질 것이고, 그 빨라진 심장 박동이 상어의 주의를 불러일으킨다. 상어는 곧 박동이 빨라진 심장에서 나온 감지파를 통해 사냥감을 잡는 것이다. 만약 상어 앞에서 [2]당신이 마음의 평정을 유지하고 조금도 당황하지 않을 수 있다면 상어는 당신에게 어떤 위협도 가하지 않을 것이다. 설령 상어가 부주의해서 부딪치더라도 아무렇지도 않을 것이다. 반대로, 당신이 상어를 만났을 때 온몸이 떨릴 정도로 놀라고 날카로운 비명을 지르면 빨리 도망은 가고 싶지만 당신은 상어의 한 끼 맛있는 식사가 될 것이다. 보기에는 흉악해 보이는 것도 [3]태연하게 맞서고 질서 정연하게 처리하면 결국에는 해결할 수 있다. 때로는 우리를 곤경에 빠지게 하는 것은 바로 우리 자신이다.

어휘　★鲨鱼 shāyú 명 상어 │ ★攻击性 gōngjīxìng 명 공격성 │ 逃离 táolí 동 달아나다, 도망치다 │ 海洋生物学家 hǎiyáng shēngwù xuéjiā 해양 생물학자 │ ★潜水衣 qiánshuǐyī 명 잠수복 │ ★近距离 jìn jùlí 근거리 │ ★接触 jiēchù 동 닿다, 접근하다 │ 存在 cúnzài 동 존재하다 │ ★并不可怕 bìng bù kěpà 두렵지 않다 │ ★恐慌 kǒnghuāng 명 형 공황 상태; 당황하다 │ ★的确如此 díquè rúcǐ 정말 그렇다 │ ★心跳 xīntiào 동 심장이 뛰다, 가슴이 두근거리다

| ★加速 jiāsù 图 속도를 내다 | ★心脏 xīnzàng 몡 심장 | 感应波 gǎnyīngbō 몡 감지파 | 捕捉 bǔzhuō 图 잡다, 체포하다 | 猎物 lièwù 몡 사냥감 | ★心情平静 xīnqíng píngjìng 마음이 안정되다 | ★毫不惊慌 háobù jīnghuāng 조금도 허둥대지 않다 | ★威胁 wēixié 图 위협하다, 으르다 | ★哪怕 nǎpà 젭 설령 ~라 해도 | ★反之 fǎnzhī 젭 이와 반대로 | ★吓得浑身发抖 xià de húnshēn fādǒu 무서워서 온몸을 떨다 | ★高声尖叫 gāoshēng jiānjiào 큰 소리로 비명을 지르다 | 赶快 gǎnkuài 凰 재빨리 | ★逃命 táomìng 图 목숨을 건지기 위해 달아나다 | 美餐 měicān 몡 맛있는 음식 | 凶险 xiōngxiǎn 혱 음험하다 | ★坦然 tǎnrán 혱 마음이 편안한 모양 | ★面对 miànduì 图 마주 보다 | ★有条有理 yǒu tiáo yǒu lǐ 셍 조리 정연하다 | 困住 kùnzhù 图 곤경에 빠져 헤어나지 못하다

난이도 中   공략 Key 90%와 동일한 표현 찾기

1 多少人遇到鲨鱼时心跳会加速?

A 一半左右   B 不到一半
C 绝大部分   D 全部

상어를 만났을 때 심장 박동이 빨라지는 사람이 얼마나 되는가?

A 절반 정도   B 절반이 안 된다
C 대부분   D 전부

공략 본문에는 90% 이상이라고 구체적인 숫자를 제시했지만 이것을 보기에서는 绝大部分으로 표현했다.

난이도 中   공략 Key 동일한 표현 찾기

2 遇到鲨鱼时，应该怎样保护自己?

A 保持平静
B 迅速逃走
C 尖声高叫
D 碰触鲨鱼

상어를 만났을 때 어떻게 자신을 보호해야 하는가?

A 균형을 유지한다
B 신속하게 도망간다
C 날카로운 비명을 지른다
D 상어와 부딪친다

공략 본문과 동일한 어휘 平静을 보기에서 찾을 수 있다. 단 주의할 점은 질문에서는 '자신을 보호할 수 있는 방법'으로 표현했지만 본문에서는 '위협이 되지 않는다'라고 제시했다.

난이도 上   공략 Key 마지막 문장 파악

3 下列哪项是说话人的观点?

A 要有坚强的毅力
B 所有的问题一定都能解决
C 要坦然面对困境
D 要勇敢地面对危险

다음 중 화자의 관점은?

A 강한 의지가 있어야 한다
B 모든 문제는 반드시 해결할 수 있다
C 의연하게 곤경에 대응해야 한다
D 용감하게 위험에 대처해야 한다

공략 마지막 문장에 보기 C의 '坦然面对'와 동일한 어휘가 제시되며 연이어 '해결할 수 있다'라고 언급했으므로 답은 C가 된다.

6급 듣기 공략 하기

공략 1. 숫자와 관련된 일반 어휘에 주의하라

숫자는 아니지만 숫자의 의미를 가지는 어휘가 있다. 이런 표현들도 문제를 해결하는 키워드로 반드시 기억해야 한다.

- 冠军 1등 | 亚军 2등 | 季军 3등
- 金牌 금메달 | 银牌 은메달 | 铜牌 동메달
- 状元 장원 | 榜眼 2등 | 探花 3등
- 高居榜首 수석을 차지하다 | 名列前茅 상위권이다 | 居首位 1등을 차지하다 | 倒数 뒤에서부터 세다
- 正月 정월(음력 1월) | 腊月 섣달, 음력 12월
- 春节 춘절, 음력 설(음력 1월 1일) | 端午 단오(음력 5월 5일) | 七夕 칠석(음력 7월 7일) | 中秋 추석(음력 8월 15일) | 重阳 중양절(음력 9월 9일) | 除夕 섣달 그믐날(음력 12월 31일)
- 而立之年 30세 | 不惑之年 40세 | 知天命之年 50세 | 花甲 60세 | 古稀 70세
- 十有八九 십중 팔구 | 八成 거의, 대부분

예제   🎧 10-3

---

1. A 12345   B 123456   C 654321   D 54321

2. A 爱上网的人很懒   B 密码越简单越好
   C 个人隐私很重要   D 简单的密码不安全

3. A 如何解决上网的难题   B 网上密码排名
   C 如何设置自己的网上密码   D 上网不安全

정답&공략

해석   第1到3题是根据下面一段话：

    爱上网的人可能面对这样一个难题，如何记住一堆账号和密码。不少人为了方便，干脆设定123456这样的简单密码。近日，一家网站列出了一份"懒人密码"，123456居首位。3其实，每个人都应该意识到，使用这些差劲的密码很可能遭受网络攻击。黑客只需花一点精力就能在一秒钟内攻破你的账号，2这样的账号十有八九都是不安全的。

1~3번 문제는 다음 내용에 근거한다.

    인터넷을 자주 사용하는 사람은 많은 계좌 번호와 비밀번호를 기억하는 게 큰 문제다. 그래서 많은 사람들은 편의를 위해 아예 '123456'으로 쉬운 비밀번호를 설정한다. 최근에 한 사이트에서 '게으른 사람들의 비밀번호'를 조사했는데 '123456'이 1위를 차지했다. 3사실 사람들은 이렇게 안 좋은 비밀번호는 인터넷상에서 해킹당하기 쉽다는 것을 알아야 한다. 해커들은 별 수고 없이 1초 안에 당신의 계좌 번호

为了个人隐私安全，网民们应该动动脑筋，为自己想个像样的密码。榜上第二名跟第一名有异曲同工之妙。一些网站限定密码为五位，[1]不少懒人就顺理成章地把密码定为12345，这个没6的密码就成了亚军。

를 해킹할 수 있기에 [2]이런 계좌 번호는 분명 안전하지 않다. 개인의 안전을 위해서라도 사용자는 머리를 써서 그럴싸한 비밀번호를 생각해내야 한다. 비밀번호 1, 2위는 별반 차이가 없다. 일부 사이트는 비밀번호를 다섯 자리로 제한하고 있다. [1]많은 게으른 사람들이 자연스럽게 비밀번호를 '12345'로 정하는데 숫자 '6'이 없는 비밀번호가 당연히 2등이 된다.

어휘 ★上网 shàngwǎng 통 인터넷을 하다 | ★面对难题 miànduì nántí 난제에 직면하다 | 一堆 yì duī 한 더미 | ★账号 zhànghào 명 계좌 번호 | ★密码 mìmǎ 명 비밀번호 | ★干脆 gāncuì 부 아예, 차라리 | ★设定 shèdìng 통 설정하다 | ★近日 jìnrì 명 요 며칠, 최근 | ★网站 wǎngzhàn 명 웹사이트 | ★列出 lièchū 통 열거하다 | ★一份 yí fèn 일회분 | ★居 jū 통 머무르다, 고정되다 | ★首位 shǒuwèi 명 1등, 앞자리 | ★意识到 yìshí dào ~을 의식하다 | ★差劲 chàjìn 형 나쁘다, 형편없다 | ★遭受 zāoshòu 통 당하다, 만나다 | ★攻击 gōngjī 통 공격하다 | ★黑客 hēikè 명 해커 | ★精力 jīnglì 명 정력, 정신과 체력 | 攻破 gōngpò 통 쳐부수다, 돌파하다 | ★个人隐私 gèrén yǐnsī 프라이버시 | ★网民 wǎngmín 명 네티즌 | ★动脑筋 dòng nǎojīn 통 머리를 쓰다 | ★像样 xiàngyàng 형 그럴듯하다 | 榜上 bǎng shang 공고문 위, 명단 위 | ★异曲同工 yì qǔ tóng gōng 성 곡이 달라도 교묘한 솜씨는 똑같다, 방법은 다르지만 똑같은 효과를 내다 | 妙 miào 형 기묘하다, 뛰어나다 | ★限定 xiàndìng 통 한정하다, 규정하다 | ★五位 wǔ wèi 다섯 자리 | ★顺理成章 shùn lǐ chéng zhāng 성 조리 정연하다 | ★把……定为 bǎ……dìngwéi ~을 ~로 정하다 | ★亚军 yàjūn 명 2위, 준우승

난이도 中 공략 Key 亚军의 의미 파악

1 懒人密码排行榜中，第二名是哪个？

게으른 사람이 설정하는 비밀번호 중 랭킹 2위는 무엇인가？

Ⓐ 12345　　　　B 123456
C 654321　　　　D 54321

Ⓐ 12345　　　　B 123456
C 654321　　　　D 54321

공략 본문에서는 1등은 '居首位', 2등은 '亚军'으로 표현했다. 일반 어휘가 가지고 있는 숫자의 의미를 알아야 하며 1등을 묻는지 2등을 묻는지에 따라 답이 달라질 수 있기에 질문에 유의해야 한다.

난이도 中 공략 Key 十有八九의 의미 파악

2 根据这段话，下列哪项正确？

본문에 근거해서 다음 중 옳은 것은？

A 爱上网的人很懒
B 密码越简单越好
C 个人隐私很重要
Ⓓ 简单的密码不安全

A 인터넷 하는 걸 좋아하는 사람은 게으르다
B 비밀번호는 단순할수록 좋다
C 프라이버시는 매우 중요하다
Ⓓ 쉬운 비밀번호는 안전하지 않다

공략 성어 十有八九는 '십중팔구'의 의미로 大部分, 肯定과 동의어이며, 여기서는 불안전한 것을 강조한다.

난이도 上 공략 Key 其实 뒤의 의미 파악

3 这段话想告诉我们什么？

이 글이 우리에게 알려주는 것은 무엇인가？

A 如何解决上网的难题
B 网上密码排名

A 인터넷 접속 시 문제점을 해결하는 방법
B 인터넷에서 설정하는 비밀번호 순위

C 设置网上密码要用心
D 上网不安全

C 웹상에서 비밀번호를 설정할 때 머리를 써라
D 인터넷 사용은 안전하지 않다

공략 其实 뒤에는 저자의 관점이 제시되어 있다. 안 좋은 비밀번호는 해킹 당하기 쉽기 때문에 머리를 써서 그럴싸한 비밀번호를 생각해내야 한다고 했으므로 답은 C다. 보기 C의 用心은 '머리를 쓰다, 방법을 생각해 내다'라는 뜻이다.

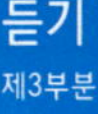

Tip 一份

一份은 매우 중요한 수량사로, 뒤에 호응하는 명사는 대부분 다음과 같다.

	요리명	종이로 만든 물건	기타
一份 일회분	饺子 만두, 교자 ┃ 面条 국수	材料 재료 ┃ 资料 자료	工作 일
	麻婆豆腐 마포더우푸	报纸 신문 ┃ 杂志 잡지	感情 감정
	东坡肉 둥포러우	简历 이력서 ┃ 报告 보고서	爱心 사랑

昨天去饭馆点了一**份**东坡肉。 어제 식당에서 둥포러우를 주문했다.
找工作时，我投了大概一百**份**简历。 취업을 하려고 대략 100군데 이력서를 냈다.
我希望能找到一**份**理想的工作。 나는 맘에 드는 일자리를 찾을 수 있길 바란다.
我很珍惜我们之间的这**份**感情。 나는 우리들 사이의 이런 감정을 아주 소중히 여긴다.

숫자 관련 문제는 '给出了几点建议, 提到了几个好处, 谈到了几个方面'과 같은 표현을 통해 관련된 내용이 몇 가지 제시될 것임을 암시하는 경우가 있다. 명확한 수를 계산할 수 있도록 다음 구조를 알아두자.

- 先……其次……再次……此外……最后…… : 첫 번째 ~, 그다음으로 ~, 다시 한 번 ~, 이외에 ~, 마지막으로 ~
- 一来……二来…… : 첫째는 ~, 둘째는 ~
- 不仅能……还能…… : ~할 수 있을 뿐만 아니라 또 ~할 수 있다
- 而且……并且……同时…… : ~뿐만 아니라 게다가 ~, 동시에 ~
- 有的……有的……还有的…… : 어떤 것은 ~, 어떤 것은 ~, 또 어떤 것은 ~
- 第一……第二……第三…… : 첫 번째 ~, 두 번째 ~, 세 번째 ~
- 最重要的是……此外……最后…… : 가장 중요한 것은 ~, 이외에 ~, 마지막으로 ~

예제 🎧 10-4

1. A 5000年 　　 B 几十年 　　 C 上百年 　　 D 近几年

2. A 5 　　 B 3 　　 C 4 　　 D 6

3. A 多去游泳馆游泳 　 B 夏天多游泳 　 C 最好饭前游泳 　 D 应回归自然

정답&공략

해석 　第1到3题是根据下面一段话：

水是生命之源泉，游泳等亲水运动自然会受到人们喜爱，特别是广大青少年。在炎炎夏日，把身体浸没在蔚蓝色的凉爽的水中，实在是一种美好的享受。[1]游泳，始于五千年前，但游泳作为一个体育项目得以发展还是近几十年的事。

游泳是最受欢迎的健身运动项目之一。[2]首先，适当地进行游泳锻炼，能给人带来心理上的愉悦，使人心情愉快、精神放松；其次，游泳能使人的骨骼得到充分地放松，对于保持挺拔的身体有好处；再次，在水中运动时，水还能大大减少汗液中盐分对皮肤的刺激，从而使皮肤光滑细嫩；最后，游泳对提高身体的协调性方面也大有好处。

1~3번 문제는 다음 내용에 근거한다.

물은 생명의 원천이다. 수영과 같이 물과 접촉이 많은 운동은 당연히 사람들 특히 청소년의 사랑을 받고 있다. 무더운 여름날 푸른빛 시원한 물에 몸을 담그면 정말 행복을 누릴 수 있다. [1]수영은 5천 년 전에 시작되었고 수영이 운동 종목으로 발전된 지는 몇 십 년이 되었다.

수영은 가장 인기 있는 운동 종목 중 하나다. [2]우선 적당하게 수영으로 단련하면 사람들에게 심리적인 즐거움을 줘 기분이 좋아지고 마음이 가벼워진다. 둘째는 수영을 하면 사람의 골격이 충분히 이완되고 바른 자세를 갖는 데 도움이 된다. 그 외에도 수중 운동을 할 때 물은 땀 속의 염분이 피부에 미치는 자극을 크게 줄여 피부가 윤이 나고 부드러워진다. 마지막으로 수영은 신체의 조화를 향상시키는 장점도 가지고 있다.

当然，游泳对身体素质要求很高。如果不是经常游泳，下水前一定要做好准备活动，让身体发热，下水时间不能太长，要随时注意自己的身体反应。需要注意的是，饭后40分钟才可以游泳。**3**现在很多人都喜欢去游泳馆游泳，其实我们应该回归自然，到公开水域中游泳，到江河湖海中享受大自然的乐趣。

당연히 수영은 신체적 요구치가 높은 운동이다. 만약 자주 수영을 하지 않는다면 입수하기 전에 준비 운동을 해서 몸에 열이 나게 하고, 물속에 장시간 있으면 안 되며, 수시로 자신의 신체적 반응에 유의해야 한다. 식후 40분 후에 수영을 할 수 있다는 점도 주의할 사항이다. **3**지금 많은 사람들이 수영장에 가서 수영하는 것을 좋아한다. 사실 우리는 자연으로 돌아가서 개방된 수역에서 수영을 해야 하고 강과 호수, 바다에서 대자연의 즐거움을 누려야 한다.

듣기
제3부분

어휘　生命之源泉 shēngmìng zhī yuánquán 생명의 원천 | ★亲水运动 qīn shuǐ yùndòng 물과 접촉이 있는 운동 | ★广大 guǎngdà 휑 광대하다, 크고 넓다 | ★炎炎夏日 yányán xiàrì 한여름의 태양이 이글거리다 | 浸没 jìnmò 동 침수시키다, 물에 잠기다 | 蔚蓝色 wèilánsè 휑 담청색 | ★凉爽 liángshuǎng 휑 시원하고 상쾌하다 | ★美好的享受 měihǎo de xiǎngshòu 아름다운 향유 | ★始于 shǐyú ~에서 시작하다 | ★作为 zuòwéi 동 ~로 여기다, ~로 하다 | ★体育项目 tǐyù xiàngmù 운동 종목 | ★得以发展 déyǐ fāzhǎn 발전하게 되다 | ★近几十年 jìn jǐ shí nián 근 몇 십 년 | ★健身运动 jiànshēn yùndòng 건강 운동 | ★适当地游泳 shìdāng de yóuyǒng 적당하게 수영하다 | ★进行 jìnxíng 동 진행하다 | ★锻炼 duànliàn 동 단련하다 | ★愉悦 yúyuè 휑 기쁘다, 즐겁다 | 心情愉快 xīnqíng yúkuài 기분이 즐겁다 | ★精神放松 jīngshen fàngsōng 마음이 가벼워지다 | ★其次 qící 몡 그다음 | 骨骼 gǔgé 몡 골격 | ★充分放松 chōngfèn fàngsōng 충분히 긴장을 풀다 | 挺拔 tǐngbá 휑 우뚝하다, 늘씬하다 | ★再次 zàicì 분 재차, 다시 한 번 | ★大大减少 dàdà jiǎnshǎo 대대적으로 감소하다 | 汗液 hànyè 몡 땀 | 盐分 yánfèn 몡 염분 | ★刺激 cìjī 몡동 자극(하다) | ★光滑细嫩 guānghuá xìnèn 매끌매끌하고 부드럽다 | 协调性 xiétiáoxìng 몡 조화성 | ★大有好处 dà yǒu hǎochu 좋은 점이 많다 | ★身体素质 shēntǐ sùzhì 신체적 소질 | ★发热 fārè 동 발열하다 | ★身体反应 shēntǐ fǎnyìng 신체적 반응 | ★游泳馆 yóuyǒngguǎn 몡 수영장 | ★回归自然 huíguī zìrán 자연으로 돌아가다 | 公开水域 gōngkāi shuǐyù 개방 수역 | ★江河湖海 jiāng hé hú hǎi 강과 호수와 바다 | ★享受乐趣 xiǎngshòu lèqù 즐거움을 누리다 | ★大自然 dàzìrán 몡 대자연

난이도 中　**공략 Key** A와 B의 대상 구분

1　游泳作为体育项目时间多长?

수영은 운동 종목이 된 지 얼마나 되었는가?

A 5000年　　　**B** 几十年
C 上百年　　　D 近几年

A 5000년　　　**B** 몇 십 년
C 몇 백 년　　　D 최근 몇 년

공략　수영의 시작 기점은 5000년 전이고 운동 종목으로 자리를 잡은 시기는 '几十年'이라고 했으므로 답은 B다.

난이도 上　**공략 Key** '首先……其次……'에 유의

2　文中提到了游泳的几点好处?

본문에서 수영의 장점은 몇 가지 언급했는가?

A 5　　　　　B 3
C 4　　　　　D 6

A 5　　　　　B 3
C 4　　　　　D 6

공략　'首先……其次……再次……最后……'로 열거를 나타냈다. 본문에 首先이 나오면 개수에 민감해져야 한다.

3 说话人对游泳有什么建议? | 화자는 수영에 관하여 어떤 제안을 하는가?

A 多去游泳馆游泳
B 夏天多游泳
C 最好饭前游泳
D 应回归自然

A 자주 수영장에 가서 수영을 해라
B 여름에 수영을 많이 해라
C 식사 전에 수영하는 게 제일 좋다
D 자연으로 돌아가라

공략 其实 뒤에 화자의 견해가 있다. 따라서 현재 많은 사람들이 수영장에 가서 수영을 하는데 이것은 화자가 원하는 바가 아니다. 본문의 '回归自然' 표현이 보기 D에 제시되어 있으므로 답은 D다.

바로 체크 Check! 🎧 10-5

1 녹음을 듣고 중국어를 써보세요.

❶ ___________ ❷ ___________ ❸ ___________ ❹ ___________ ❺ ___________

❻ ___________ ❼ ___________ ❽ ___________ ❾ ___________ ❿ ___________

2 녹음을 듣고 빈칸을 채우세요.

❶ 只要_______________, _______________地处理，最终都可以解决。

❷ _______________可能面对这样_______________。

❸ 使用这些_______________很可能_______________。

❹ 适当地_______________, 能给人带来_______________。

❺ 游泳对_______________方面也_______________。

정답 1 ❶ 鲨鱼 ❷ 接触 ❸ 并不可怕 ❹ 的确如此 ❺ 心情平静 ❻ 吓得浑身发抖 ❼ 账号 ❽ 密码 ❾ 个人隐私 ❿ 顺理成章 **2** ❶ 只要**坦然地面对**, **有条有理**地处理，最终都可以解决。 ❷ **爱上网的人**可能面对这样**一个难题**。 ❸ 使用这些**差劲的密码**很可能**遭受网络攻击**。 ❹ 适当地**进行游泳锻炼**，能给人带来**心理上的愉悦**。 ❺ 游泳对**提高身体的协调性**方面也**大有好处**。

第 1-8 题：请选出正确答案。

1. **A** 更原始
   B 更像猫
   C 身体更长
   D 更强壮

2. **A** 喜欢群居
   B 雄虎不到2米
   C 雌虎身长更长
   D 善于爬树

3. **A** 濒临灭绝
   B 跟其他虎的数量差不多
   C 多为野生繁殖
   D 人工饲养为百余只

4. **A** 现存的数量不多
   B 可能已经消失
   C 无需保护
   D 为数众多

5. **A** 2011年
   B 2001年
   C 2010年
   D 1990年

6. **A** 节目很精彩
   B 觉得他们可怜
   C 替他们担心
   D 羡慕他们的冒险

7. **A** 人工启动
   B 通过光来启动
   C 利用计算机启动
   D 听到动物声响自动启动

8. **A** 可远程遥控
   B 不适合在热带使用
   C 容易被动物发现
   D 体积庞大

+ 정답 및 해설_ 해설집 45쪽

보기가 답을 찾는 잣대다

정답_ 해설집 231쪽

학습목표

✓1 다른 보기를 근거로 답을 판별하는 방법을 학습한다

✓2 사회 현상, 역사·문화와 관련된 문장을 숙지한다

✓3 주요 어휘, 어법, 호응 구조 등을 암기한다

문제를 풀 때 다른 보기와의 관계를 활용하면 빠른 속도로 답을 찾을 수 있다. 예를 들어 동시에 두 개의 보기를 들었다면 이것은 아마 답이 아닐 가능성이 크다. 두 개의 보기 내용을 들었는데 하나는 맞고 다른 하나는 틀리다면 두 개 중 하나는 분명 답이다.

기초 실력 테스트 TEST

🎧 11-1

1 녹음을 듣고 다음 내용과 일치하면 O, 일치하지 않으면 X를 표시하세요.

❶ 不满意的事 (　　)　　　　❷ 抱怨 (　　)

❸ 演讲的主题 (　　)　　　　❹ 特殊的能力 (　　)

2 녹음을 듣고 중국어와 뜻을 써보세요.

❶ _______________________　　　❷ _______________________

❸ _______________________　　　❹ _______________________

3 녹음을 듣고 빈칸을 채우세요.

________是一种美德，但凡事都有__________，不能简单地说对与不对。在和别人交往的时候，我们应该真诚、谦虚；而在适当的时候，我们也应该自信地________自己的才能和________。

6급 기출문제 맛보기

 맛보기 🎧 11-2

1. A 缺乏激情　　　B 干劲儿十足　　　C 激情高昂　　　D 情绪低落

2. A 换一份工作　　　　　　　　　B 工作娱乐两不误
　 C 取得工作上的成就　　　　　　D 认真对待业余爱好

3. A 会影响工作　　B 能产生成就感　　C 改善工作环境　　D 提高办事效率

정답&공략

해석 第1到3题是根据下面一段话：

　　许多职场人士，在踏入职场之初，刚刚进入一个新的工作环境时，不仅干劲儿十足，激情高昂，而且对自己的职业前途也寄予"厚望"。但用不了两年之后，很快就会觉得自己如同机器人一般。每天上了班，就盼着能早点下班，**1一点也没有原先的激情**。这样每次工作中出现不如意的事，就会"鼓励"自己换个工作环境。然而每一次跳槽之后，常常会使自己的情绪越来越低落。为什么会发生这样的情况呢？有什么办法可以避免这种现象呢？**2我认为只有工作娱乐两不误，我们才能保持对工作的激情。**

　　此外，我们还可以在工作之外寻找成功，把自己的爱好当作本职工作一样认真对待，并同样引以为荣。当今社会，许多人把来自办公室的成绩看做真正的成功，那么这些人只有在事业上取得成功时，才会有成就感。而一旦工作不顺利就感到羞辱不堪。**3如果能把尊严同时建立在工作之外的爱好上，也许工作中遇到挫折也能保持一种积极的态度，也会有一种成就感。**

1~3번 문제는 다음 내용에 근거한다.

　　많은 직장인들은 갓 직장에 들어갔을 때는 새로운 업무 환경이라 기운도 넘치고 열정에 불타오른다. 게다가 자신의 직업이 비전이 있다고 생각되어 커다란 기대를 건다. 그러나 2년도 채 되지 않아 자신이 로봇과 같다고 느끼게 될 것이다. 매일 출근해서는 일찍 퇴근하길 바라며 **1원래 가졌던 열정은 조금도 남아 있지 않게 된다.** 이렇게 매번 일하면서 원치 않는 일이 생기게 되면 업무 환경을 바꾸려고 자신을 독려할 것이다. 그러나 매번 이직을 한 이후에도 종종 자신의 감정은 점점 저조해질 것이다. 왜 이런 상황이 발생하게 되는가? 이런 현상을 피할 수 있는 방법은 없는가? **2일과 오락이 같이 가야지 일에 대한 열정을 가질 수 있다고 나는 생각한다.**

　　이외에 우리는 일 밖에서 성공을 찾을 수 있다. 자신의 취미를 일처럼 생각하고 진지하게 대하면 마찬가지로 뿌듯함이 생길 것이다. 요즘 사회에서는 많은 사람들이 사무실에서의 성과를 진정한 성공으로 생각한다. 그리고 이런 사람들은 일적으로 성공했을 때만 성취감을 느끼게 될 것이다. 그러나 일이 순조롭게 되지 않으면 말할 수 없는 굴욕감을 느끼게 된다. **3만약 존엄을 일 외의 취미와 동일 선상에 놓을 수 있다면 아마도 일에서 좌절을 겪어도 긍정적인 마음가짐을 가지게 될 것이고, 이것 역시 성취감이 될 수 있다.**

어휘 ★职场人士 zhíchǎng rénshì 직장인 | ★踏入 tàrù 들어가다, 밟다 | 之初 zhī chū ~의 초반에 | ★工作环境 gōngzuò huánjìng 업무 환경 | ★干劲儿 gànjìnr 추진력 | ★激情 jīqíng 명 격정, 열정적인 감정 | ★高昂 gāoáng 형 높아지다, 고양되다 | 职业前途 zhíyè qiántú 직업적인 비전 | 寄予 jìyǔ 동 주다, 보내다 | 厚望 hòuwàng 명 간절한

희망 | ★用不了 yòng bu liǎo 다 쓸 수 없다 | ★如同 rútóng 통 마치 ~와 같다 | ★机器人 jīqìrén 명 로봇 | 盼着 pànzhe 바라고 있다 | ★原先 yuánxiān 명 이전, 원래 | 不如意 bù rúyì 여의치 않다 | ★鼓励 gǔlì 통 격려하다, 복돋우다 | ★跳槽 tiàocáo 통 다른 부서로 옮기다, 직업을 바꾸다 | ★情绪 qíngxù 명 감정, 기분 | ★低落 dīluò 통 떨어지다, 낮아지다 | ★避免 bìmiǎn 통 피하다, 모면하다 | ★娱乐 yúlè 명 오락 | ★两不误 liǎng bú wù 두 방면의 일을 모두 그르치지 않다 | 工作之外 gōngzuò zhī wài 일 이외에 | 本职工作 běnzhí gōngzuò 본업 | ★引以为荣 yǐn yǐ wéi róng 성 영광으로 생각하다 | ★当今社会 dāngjīn shèhuì 요즘 사회 | ★取得成功 qǔdé chénggōng 성공을 얻다 | ★成就感 chéngjiùgǎn 명 성취감 | 羞辱不堪 xiūrǔ bùkān 몹시 모욕적이다 | ★尊严 zūnyán 명형 존엄(성); 존엄하다 | ★挫折 cuòzhé 명통 좌절; 좌절시키다 | ★积极 jījí 형 적극적이다

난이도 中 공략 Key 연이은 보기 내용에 유의

1 说自己简直跟机器人一样，主要说的是什么意思? | '자신이 마치 로봇과 같다'는 것은 어떤 의미인가?

Ⓐ 缺乏激情	Ⓐ 열정이 없다
B 干劲儿十足	B 기운이 넘친다
C 激情高昂	C 열정이 넘친다
D 情绪低落	D 감정이 저조하다

공략 B, C 두 개의 보기가 다 언급되기는 하였지만 질문에 부합되는 답은 A다. 일을 시작할 때와 시간이 흐른 다음의 변화를 감지해야 한다.

난이도 中 공략 Key 동일한 표현 찾기

2 说话人有什么建议? | 화자는 어떤 제안을 하는가?

A 换一份工作	A 일자리를 바꿔야 한다
Ⓑ 工作娱乐两不误	Ⓑ 일과 오락을 같이 누려야 한다
C 取得工作上的成就	C 업무적으로 성과를 얻어야 한다
D 认真对待业余爱好	D 취미 생활을 잘해야 한다

공략 '我认为只有工作娱乐两不误'에서 동일한 표현 '两不误'가 제시되어 있다. 따라서 화자는 일과 오락이 병행되어야 한다고 제안하고 있다.

난이도 中 공략 Key 의미가 유사한 문장 찾기

3 关于工作之外的爱好，说话人是什么看法? | 일 외의 취미에 대해 화자는 어떤 견해를 가지고 있는가?

A 会影响工作	A 업무에 영향을 줄 것이다
Ⓑ 能产生成就感	Ⓑ 성취감이 생길 것이다
C 改善工作环境	C 업무 환경을 개선한다
D 提高办事效率	D 업무 효율을 향상시킨다

공략 마지막에 이 글의 주제와 화자의 생각을 정리하고 있다. 존엄과 취미를 동일시할 수 있다면 다시 말해 '일처럼 취미 생활도 잘한다면 성취감이 생길 것이다'가 바로 화자의 관점이다.

6급 **듣기 공략** 하기

공략 1. 동일한 두 개의 보기를 동시에 들어라

두 개의 보기 내용을 동시에 들을 때가 있다. 이때 이 두 보기는 모두 정답이 아니다. 만약 동시에 들은 것은 아니지만 먼저 들은 두 개의 보기가 모두 맞다면 이것 역시 정답이 아닐 가능성이 높다. 간단한 이 치처럼 보이지만 문제를 풀 때는 이 공략을 순간마다 적절하게 활용해야 신속하게 답을 선택할 수 있다.

예제 🎧 11-3

---

1. A 朋友   B 学生   C 家人   D 亲人

2. A 失势了   B 丢了官职   C 朋友都离开了他   D 没有人帮他

3. A 没有选择好培养对象   B 他提拔的人忘恩负义
   C 人际关系不好   D 他提拔的人品德低下

4. A 人有旦夕祸福   B 好老师的标准
   C 交友要慎   D "桃李满天下"的来历

정답&공략

해석   第1到4题是根据下面一段话：

    中国人喜欢在赞颂老师弟子多、贡献大时，说他"桃李满天下"。**1**为什么把学生比作桃李呢？有记载说：春秋时期，魏国有一个大臣叫子质，他得势的时候曾培养和推举过不少的人。**2A,2B**但后来他失势了，丢了官职，地位一落千丈。由他推举入朝做官的人却都视而不见，没有人帮他的忙。他只好一个人逃到北方去了，在北方他遇见一个叫子简的人，**2D**就向他发牢骚，说受过自己恩惠的人都忘恩负义，在他遇难时无动于衷，不来帮助他。子简笑着回答说："你听我慢慢分析，如果你在春天种下的是桃树和李树，夏天就可以在树荫下休息、纳凉，秋天还可以吃到果子。可是如果你春天种下的是带刺的植物，到了夏天，就会长出刺来，到了秋

    1~4번 문제는 다음 내용에 근거한다.

    중국 사람들은 제자가 많고 많은 공헌을 한 선생님을 칭송할 때 '桃李满天下'라고 한다. **1**왜 학생을 '桃李(복숭아나무와 오얏나무)'라고 부르는가? 기록에 따르면 춘추 전국 시대, 위나라에 자질(子質)이라는 대신이 있었다. 그는 권세를 가지고 있을 때 많은 사람을 키우고 추천도 했었다. **2A,2B**그러나 후에 힘이 없어지고 관직을 잃어버리자 지위가 하루아침에 떨어져버렸다. 그의 추천을 받아서 관직에 오른 사람도 그를 본 체 만 체 했고, 그를 도와주는 사람이 없었다. 그는 어쩔 수 없이 혼자서 북쪽으로 도망갔다. 북쪽에 있을 때 그는 자간(子簡)이라고 불리는 사람을 만났고 **2D**그에게 '자신에게 은혜를 입었던 사람들이 모두 배은망덕하고 어려움에 처해 있어도 전혀 움직임도 없고 도와주지도 않아요'라며 불평을 늘어놓았다. 자간은 웃으며 대답했다. "내가

天还会刺伤人。你提拔的人都是不应该提拔的，**3虽然他们确实忘恩负义、品德低下，但重要的是你自己首先应该选择对象，然后再去培养。" 4**此后，人们就把培养人才称为"树人"，把培养出来的优秀人才称为"桃李"。如果一个老师教的人才非常多，就称之为"桃李满天下"。

천천히 말해줄 테니 잘 들어보게. 자네가 봄에 복숭아나무와 오얏나무를 심었으면 여름에 녹음 아래에서 쉴 수도 있고 서늘하게 있을 수도 있으며 가을에는 과일을 먹을 수 있겠지. 하지만 봄에 심은 게 가시가 있는 식물이라면 여름에 가시가 돋고 가을이면 사람을 다치게 할 수도 있지 않겠나. 자네가 뽑은 사람들은 모두 뽑지 말아야 할 사람이었던 것이네. **3비록 그들이 배은망덕하고 인품도 떨어지지만 중요한 것은 자네가 먼저 사람을 잘 골라서 키웠어야 하는 게지." 4**이로부터 사람들을 인재를 키우는 것을 '树人(사람을 심는다)'이라고 표현했고, 키워낸 우수한 인재를 '桃李'라고 부르게 되었다. 선생님이 가르친 인재가 아주 많으면 '桃李满天下'라고 일컬었다.

어휘 ★赞颂 zànsòng 통 찬송하다, 칭송하다 | 弟子 dìzǐ 명 제자, 문하생 | ★贡献 gòngxiàn 통 공헌하다 | ★桃李满天下 táolǐ mǎn tiānxià 성 문하생이 천하에 가득하다 | ★比作 bǐzuò 통 ~에 비교하다 | ★记载 jìzǎi 통 기재하다, 기록하다 | ★春秋时期 Chūnqiū shíqī 춘추 전국 시대 | 魏国 Wèiguó 위(魏)나라 | 大臣 dàchén 명 대신, 중신 | 得势 déshì 통 권력을 얻다 | ★培养 péiyǎng 통 배양하다 | ★推举 tuījǔ 통 천거하다, 추천하다 | 失势 shīshì 통 세력을 잃다 | 官职 guānzhí 명 관직 | ★一落千丈 yí luò qiān zhàng 성 (명예나 지위 등이) 급격하게 떨어지다 | 入朝做官 rùcháo zuòguān 조정에 들어가 관직에 오르다 | ★视而不见 shì ér bú jiàn 성 보아도 보이지 않다 | ★帮他的忙 bāng tā de máng 그의 일을 돕다 | ★只好 zhǐhǎo 부 부득이, 어쩔 수 없이 | ★逃 táo 통 도망가다 | ★发牢骚 fā láosao 통 불평하다 | 恩惠 ēnhuì 명 은혜 | ★忘恩负义 wàng ēn fù yì 성 배은망덕하다 | ★无动于衷 wú dòng yú zhōng 성 아무런 느낌이 없다, 전혀 무관심하다 | ★分析 fēnxī 통 분석하다 | ★树荫 shùyīn 명 그늘 | 纳凉 nàliáng 통 시원한 바람을 쐬다 | ★刺 cì 통 찌르다 | ★提拔 tíbá 통 발탁하다, 등용하다 | 树人 shùrén 통 인재를 양성하다 | ★优秀人才 yōuxiù réncái 우수한 인재 | ★称之为 chēng zhī wéi ~을 ~라고 부르다

난이도 下　**공략 Key** 동일한 어휘 찾기

1 桃李被用来比喻什么?

A 朋友　　　　**B 学生**
C 家人　　　　D 亲人

'桃李'는 무엇을 비유하는가?

A 친구　　　　**B 학생**
C 가족　　　　D 친척

공략 '为什么把学生比作桃李呢?'에서 桃李와 학생이 동일한 의미임을 알 수 있다. '把A比作B'는 'A를 B로 비유한다'는 표현이다.

난이도 中　**공략 Key** 연이은 보기 내용에 유의

2 子质为什么要发牢骚?

A 失势了
B 丢了官职
C 朋友都离开了他
D 没有人帮他

자질은 왜 불평을 했는가?

A 권세가 없어져서
B 관직을 박탈당해서
C 친구들이 모두 그를 떠나서
D 그를 도와주는 사람이 없어서

공략 보기 A, B가 본문에 모두 언급되었다. 그렇다면 이것은 답이 아닐 것이다. 뒷부분 '就向他发牢骚……不来帮助他'에서 언급된 发牢骚 표현 뒤의 내용이 질문에 걸맞는 답이다.

난이도 中　공략 Key 연이은 보기 내용에 유의

3 子简认为问题出在哪里? | 자간은 문제가 어디에서 출발했다고 생각하는가?

A 没有选择好培养对象 | **A** 키워야 할 인재를 잘못 선택했다
B 他提拔的人忘恩负义 | B 그가 선발한 사람들이 배은망덕하다
C 人际关系不好 | C 인간관계가 안 좋다
D 他提拔的人品德低下 | D 그가 선발한 사람들의 인품이 떨어진다

공략 '忘恩负义、品德低下'를 동시에 언급하였으니 B, D는 답이 아닐 것이다. '但重要的是' 뒷부분에서 더 강조하려는 내용이 인재를 잘못 선택한 것임을 알 수 있으므로 답은 A다.

난이도 中　공략 Key 주제 파악

4 这段话主要谈什么? | 이 글은 주로 무엇에 대해 이야기하고 있는가?

A 人有旦夕祸福 | A 사람은 아침저녁으로 화와 복이 찾아온다
B 好老师的标准 | B 좋은 선생님의 기준
C 交友要慎 | C 친구를 사귈 때는 신중해야 한다
D "桃李满天下"的来历 | **D** '桃李满天下'의 배경

공략 첫부분에 桃李满天下의 뜻을 설명하고 중간에 그 배경이 되는 이야기를 설명하고 맨 마지막에 시간사 此后를 써서 이 성어의 의미를 다시 한 번 되새기고 있다. 따라서 답은 D가 된다.

공략 2. 두 개의 보기 중 하나는 맞고 하나는 틀릴 때의 공략법을 잡아라

두 개의 보기 내용을 들었을 때, 하나는 맞고 하나는 틀리다면 분명 둘 중 하나는 답이다. 혹은 두 개의 보기가 상반될 경우도 이와 같다. 마찬가지로 들은 내용 중 두 개는 맞고 하나는 틀렸을 때 나머지 하나를 듣지 않아도 틀린 게 답이 된다. 한 개가 맞고 두 개가 틀렸다면 맞는 게 분명 답이다.

예제　🎧 11-4

1. A 严肃的　　　　B 轻松的　　　　C 谈论天气　　　　D 谈论爱好

2. A 态度要放松　　　　　　　　B 找出自己喜欢的话题
　　C 说话要真诚　　　　　　　　D 不要说谎话

3. A 经济　　　　B 教育　　　　C 政治　　　　D 隐私

4. A 如何做好开场白　　　　　　B 演讲的技巧
　　C 选择好话题　　　　　　　　D 与他人谈话的技巧

해석　第1到4题是根据下面一段话：

　　　许多人在正式谈论一件事情的时候，**1**都喜欢以轻松的话题作为开场白，然后再逐步打入正题，而不会选择太严肃的话题。律师、主持人及新闻记者等等都是这方面的专家。他们都懂得如何以轻松的方式开场，然后再迅速把握住谈话的主题，达到深入沟通的目的。善于聊天的人告诉我们，他们之所以能把谈话的气氛营造得很热烈，并不是靠自己比别人懂得更多，或声调比别人高，或最会讲笑话，或懂得控制谈话的方向。聊天聊得好并没有什么秘密，其实一点儿也不困难。**2**首先你的谈话态度一定要放轻松，然后再设法找出对方喜欢的话题，尽量让对方发表看法。至于你，不妨装出有兴趣的样子，仔细地倾听，当你在寻找话题的时候，**3**最好不要涉及政治与宗教信仰这样的主题，因为这类话题最容易引起激烈地争辩，而将原来的轻松场面一扫而空。

1~4번 문제는 다음 내용에 근거한다.

　　많은 사람들이 본격적으로 일을 논의할 때 **1**가벼운 화제로 시작해서 점차 본론으로 들어가며 너무 심각한 화제를 선택하지 않는 것을 좋아한다. 변호사, 사회자, 뉴스 기자 등은 모두 이런 방면에서 전문가다. 그들은 편한 방식으로 이야기를 시작해서 신속하게 이야기의 주제를 잡아 의사소통에 깊이 들어가는 목적에 도달하는 법을 잘 안다. 이야기를 잘하는 사람은 자기가 이야기 분위기를 활기차게 만들 수 있는 것은 남보다 많이 알아서 혹은 남보다 목소리 톤이 커서, 우스갯소리를 잘해서 혹은 이야기의 방향을 잘 컨트롤할 수 있어서가 아니라고 한다. 수다를 잘 떠는 데 어떤 비결이 있는 것도 아니며 사실 조금도 어렵지 않다. **2**우선은 말하는 태도가 부드러워야 하며 그리고 난 후에 상대가 좋아하는 화제를 잡아서 상대방이 최대한 견해를 발표할 수 있게 해야 한다. 자신도 재미있는 모습을 해야 하며 자세히 귀담아 들어야 한다. 그리고 화제를 찾을 때는 **3**가능한 정치, 종교, 신앙과 같은 주제를 언급해서는 안 된다. 이런 화제는 격렬한 논쟁을 쉽게 불러일으키고 원래의 부드러운 분위기를 순식간에 사라지게 만든다.

어휘　★正式谈论 zhèngshì tánlùn 정식으로 논의하다 | ★以……话题 yǐ……huàtí ~을 화제로 | 轻松 qīngsōng 쥉 수월하다, 가볍다 | ★开场白 kāichǎngbái 몡 개막사, 서두 | ★逐步 zhúbù 图 점차 | 打入正题 dǎrù zhèngtí 주제로 들어가다 | ★律师 lǜshī 몡 변호사 | ★主持人 zhǔchírén 몡 사회자 | ★记者 jìzhě 몡 기자 | ★以……方式 yǐ……fāngshì ~의 방식으로 | ★把握主题 bǎwò zhǔtí 주제를 파악하다 | ★达到目的 dádào mùdì 목적에 이르다 | 深入沟通 shēnrù gōutōng 의사소통에 깊이 파고들다 | ★善于 shànyú 图 ~을 잘하다, ~에 능하다 | ★聊天 liáotiān 图 이야기하다 | ★之所以 zhīsuǒyǐ 젭 ~의 이유, ~한 까닭 | ★气氛 qìfēn 몡 분위기 | ★营造 yíngzào 图 조성하다, 세우다 | ★热烈 rèliè 쥉 열렬하다 | ★并不是 bìng bú shì 결코 ~이 아니다 | 靠 kào 图 기대다 | 声调 shēngdiào 몡 성조, 말투 | ★讲笑话 jiǎng xiàohua 웃기는 이야기를 하다 | ★秘密 mìmì 몡 비밀 | ★放轻松 fàng qīngsōng 수월하다, 홀가분하다 | ★设法 shèfǎ 图 방법을 강구하다 | 尽量 jǐnliàng 图 가능한 한, 마음껏 | ★发表看法 fābiǎo kànfǎ 견해를 발표하다 | ★至于 zhìyú 게동 ~에 관해서는; ~의 정도에 이르다 | ★不妨 bùfáng 图 (~해도) 괜찮다, 무방하다 | ★装出……样子 zhuāngchū……yàngzi ~한 모습인 체하다 | ★倾听 qīngtīng 图 귀를 기울여 듣다 | ★寻找 xúnzhǎo 图 찾다 | ★涉及 shèjí 图 관련되다, 미치다 | ★政治 zhèngzhì 몡 정치 | ★宗教信仰 zōngjiào xìnyǎng 종교 신앙 | ★主题 zhǔtí 몡 주제 | ★引起争辩 yǐnqǐ zhēngbiàn 논쟁을 불러일으키다 | ★激烈 jīliè 쥉 격렬하다 | ★一扫而空 yì sǎo ér kōng 깨끗이 쓸어버리다

난이도 下　**공략 Key** 상반된 두 개의 보기에 유의

1　人们一般会选择什么样的开场白？

사람들은 일반적으로 어떻게 이야기를 시작하는가?

A　严肃的
B　**轻松的**

A　엄숙하게
B　**가볍게**

C 谈论天气 | C 날씨 이야기를 한다
D 谈论爱好 | D 취미에 대해서 이야기한다

공략 본문에서 보기 A, B를 언급했는데 A와 B는 상반된 내용이다. 따라서 둘 중 하나는 반드시 답으로 이어질 것이다. '都喜欢以轻松的话题作为开场白'로 보아 답은 B다.

난이도 中   공략 Key 상반된 두 개의 보기에 유의

듣기
제3부분

2 根据这段话，怎样才能营造出良好的谈话气氛? | 이 글에 따르면 어떻게 해야 좋은 이야기 분위기를 만들 수 있는가?

Ⓐ **态度要放松** | Ⓐ **태도는 부드러워야 한다**
B 找出自己喜欢的话题 | B 자신이 좋아하는 화제를 찾는다
C 说话要真诚 | C 진솔하게 이야기한다
D 不要说谎话 | D 거짓말을 해서는 안 된다

공략 '首先你的谈话态度一定要放轻松'에서 A가 옳고, '找出对方喜欢的话题'에서 B가 틀렸음을 알 수 있다.

난이도 下   공략 Key 동일한 어휘 찾기

3 哪类谈话容易引起争辩? | 어떤 화제가 쉽게 논쟁을 불러일으키는가?

A 经济   B 教育 | A 경제   B 교육
Ⓒ **政治**   D 隐私 | Ⓒ **정치**   D 프라이버시

공략 '最好不要涉及政治与宗教信仰这样的主题……最容易引起激烈地争辩'에서 답이 C임을 알 수 있다.

난이도 上   공략 Key 주제 파악

4 这段话主要谈什么? | 이 글에서 주로 이야기하는 것은 무엇인가?

A 如何做好开场白 | A 어떻게 대화를 시작하는가
B 演讲的技巧 | B 강연의 기술
C 选择好话题 | C 화제를 잘 선택하는 법
Ⓓ **与他人谈话的技巧** | Ⓓ **타인과 이야기하는 기교**

공략 전체 내용에서 타인과 이야기할 때의 태도, 화제 선별 등을 언급하고 있기에 대화 나누는 기술을 소개하고 있음을 추론할 수 있다.

Tip 之所以……是因为 / 是由于 / 主要在于……

'~한 까닭은 ~이기 때문이다'라는 뜻으로 앞절에는 결과가 나오고 뒷절에는 원인이 제시된다.

我之所以会吃惊，是因为她的变化实在太大了。 그녀는 너무 많이 변해서 나는 놀랄 것이다.
沙尘暴之所以日益严重，主要是由于人们对森林资源的破坏。
사람들이 산림 자원을 파괴했기 때문에 황사가 나날이 심해지고 있다.
他之所以取得了这么大的成就，主要在于永不放弃的态度。
늘 포기하지 않는 태도 덕분에 그는 이렇게 커다란 성과를 거두었다.

1 녹음을 듣고 중국어를 써보세요.

❶ _________ ❷ _________ ❸ _________ ❹ _________ ❺ _________

❻ _________ ❼ _________ ❽ _________ ❾ _________ ❿ _________

2 녹음을 듣고 빈칸을 채우세요.

❶ 但______________之后，很快就会觉得自己______________________。

❷ 然而______________之后，常常会使自己的______________________。

❸ 许多人把______________________看做______________________。

❹ 如果一个老师____________非常多，就____________ "______________"。

❺ ________、____________及______________等等都是这方面的专家。

정답 **1** ❶ 鼓励 ❷ 培养 ❸ 激情 ❹ 避免 ❺ 成就感 ❻ 贡献 ❼ 记载 ❽ 帮他的忙 ❾ 无动于衷 ❿ 优秀人才
2 ❶ 但用不了两年之后，很快就会觉得自己如同机器人一般。❷ 然而每一次跳槽之后，常常会使自己的情绪越来越低落。
❸ 许多人把来自办公室的成绩看做真正的成功。❹ 如果一个老师教的人才非常多，就称之为 "桃李满天下"。
❺ 律师、主持人及新闻记者等等都是这方面的专家。

第 1-9 题：请选出正确答案。

1.   **A** 灵活度高的
     B 规则性强的
     C 充满新鲜感的
     D 创造性强的

2.   **A** 灵活性强的工作好
     B 社会推荐的工作好
     C 收入高的工作好
     D 适合自己的才是最好的

3.   **A** 社会定位很重要
     B 工作和性格的矛盾
     C 根据性格选择工作
     D 性格决定命运

4.   **A** 古典音乐
     B 流行音乐
     C 爱情音乐
     D 快餐音乐

5.   **A** 通俗易懂
     B 易于传唱
     C 为生活增添乐趣
     D 歌词远离生活

6.   **A** 流行音乐都会很快过时
     B 高雅音乐才是真正的音乐
     C 不能否认流行音乐的作用
     D 流行音乐不如高雅音乐

7.   **A** 满足了人们的好奇心
     B 挖掘新鲜事
     C 性格不屈
     D 媒体的发展

8.   **A** 赢得了尊重
     B 从英语翻译而来
     C 缺乏社会责任感
     D 得到了人们的认同

9.   **A** 受到了不公平的对待
     B 不符合时代的发展
     C 很受人们欢迎
     D 存在没有多少意义

➕ 정답 및 해설_ 해설집 49쪽

제1부분

12day
특수 문장을
잡아라 I
– 把자문

13day
특수 문장을
잡아라 II
– 被자문

14day
완료·지속·경험,
더 이상 어렵지 않다
– 了, 着, 过

15day
술어의 의미를
보충하는 표현
– 보어

16day
짝꿍만 알면
정답 확률 100%
– 고정 형식

17day
문장을
연결하는 고리
– 접속사

18day
숨겨진 매력을
발견하라
– 특수 어휘

19day
과유불급! 정도
표현을 제대로 알자
– 정도부사

20day
문장 성분의
조건을 알면
답이 보인다

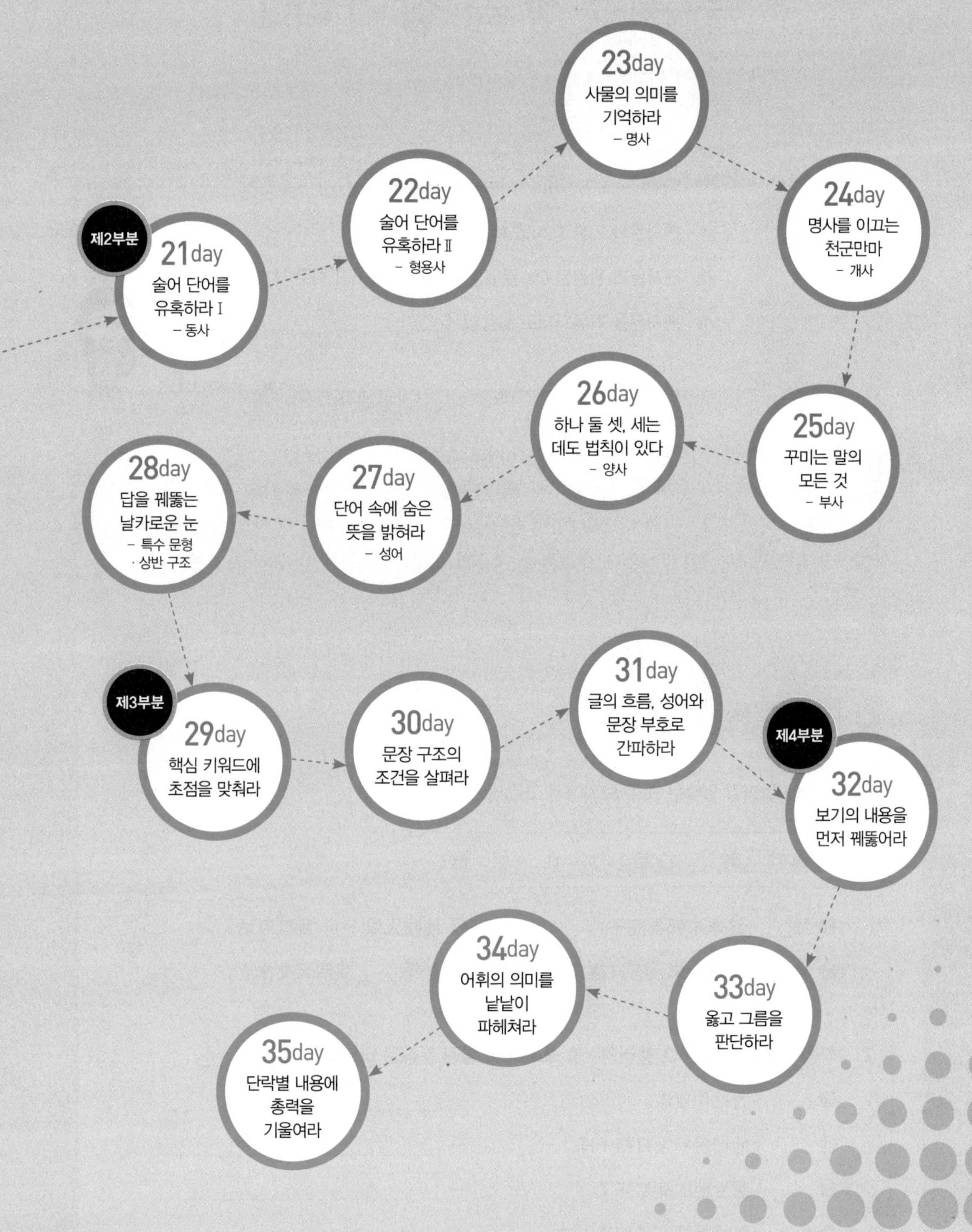

제2부분
21day
술어 단어를
유혹하라 I
- 동사
22day
술어 단어를
유혹하라 II
- 형용사
23day
사물의 의미를
기억하라
- 명사
24day
명사를 이끄는
천군만마
- 개사
25day
꾸미는 말의
모든 것
- 부사
26day
하나 둘 셋, 세는
데도 법칙이 있다
- 양사
27day
단어 속에 숨은
뜻을 밝혀라
- 성어
28day
답을 꿰뚫는
날카로운 눈
- 특수 문형
· 상반 구조
제3부분
29day
핵심 키워드에
초점을 맞춰라
30day
문장 구조의
조건을 살펴라
31day
글의 흐름, 성어와
문장 부호로
간파하라
제4부분
32day
보기의 내용을
먼저 꿰뚫어라
33day
옳고 그름을
판단하라
34day
어휘의 의미를
낱낱이
파헤쳐라
35day
단락별 내용에
총력을
기울여라

12 day 특수 문장을 잡아라 I
– 把字문

중국어 학습자는 대부분 把字문만 들어도 머리가 아프다. 왜 그럴까? 설명을 들으면 이해되는 것 같지만 막상 자기가 말하려고 하면 틀리는 경우가 허다하다. 더욱이 긴 把字문을 보면 혼란스러워지는데 이건 지극히 자연스러운 반응이다. 왜냐하면 把字문은 종류가 다양하고 문형도 복잡하기 때문이다. 그러나 염려할 필요는 없다! 자주 사용하는 把字문의 형식과 공략법을 이해하고 전형적인 문장을 외워서 활용한다면 충분히 마스터할 수 있다.

기초 실력 테스트 (TEST)

1 빈칸에 들어갈 알맞은 것을 보기에서 고르세요.

|보기|	对	给	让	把

❶ 我_____这本书都看完了。　　❷ 他昨天没_____我打电话。

❸ 我_____恐怖电影没有兴趣。　　❹ 老师_____我明天交作业。

2 다음 문장이 맞으면 O, 틀리면 X를 표시하고, 틀린 문장은 바르게 고치세요.

❶ (　　) 我把作业做。　　　　　　　→ _______________________

❷ (　　) 他把房间没打扫干净。　　　→ _______________________

❸ (　　) 医生他的病治好了。　　　　→ _______________________

❹ (　　) 妈妈想把儿子培养人才。　　→ _______________________

6급 기출문제 맛보기

맛보기　　　　　　　　　　　　　　　난이도 中　｜　공략 Key 把의 동의어 将

A 随着网络的普及，网上购物的人越来越多。

B 东西方在饮食文化上存在着极大的差异。

C 近几年，韩国已将中国视最大的贸易出口国。

D 我们不得不承认他很适合从事主持人方面的工作。

정답&공략

C 近几年，韩国已**将**中国**视**最大的贸易出口国。

→ 近几年，韩国已**将**中国**视为**最大的贸易出口国。

해석 A 인터넷이 보급되면서 인터넷 쇼핑을 하는 사람이 점점 많아지고 있다.

B 동서양은 음식 문화에서 커다란 차이를 보이고 있다.

C 최근 몇 년 동안 한국은 이미 중국을 최대 무역 수출국으로 간주하고 있다.

D 우리는 그가 사회 보는 일에 종사하는 것이 적절하다고 인정하지 않을 수 없다.

공략 把자문에서 동사가 일반명사를 수반할 때 동사는 반드시 成, 作, 为 등과 같은 기타 성분이 있어야 한다.

예 我**把**她看**成**我的妹妹。 나는 그녀를 내 여동생으로 생각한다.

어휘 ★随着+동사+的+명사, ……越来越…… suízhe……de……, ……yuèláiyuè…… ~함에 따라 점점 더 ~하다 ｜ ★网络 wǎngluò 몡 인터넷 ｜ ★普及 pǔjí 통 보급하다 ｜ ★网上购物 wǎngshàng gòuwù 인터넷 쇼핑 ｜ ★在饮食文化上 zài yǐnshí wénhuà shang 음식 문화 방면에서 ｜ ★存在差异 cúnzài chāyì 차이가 존재하다 ｜ 贸易出口国 màoyì chūkǒuguó 무역 수출국 ｜ ★不得不承认 bùdébù chéngrèn 인정하지 않을 수 없다 ｜ ★适合+동사 shìhé…… ~하기에 적합하다 ｜ ★从事……方面的工作 cóngshì……fāngmiàn de gōngzuò ~방면의 일에 종사하다 ｜ ★主持人 zhǔchírén 몡 사회자

토크토크!
쌤의 한마디~

把자문의 기본 형식 파악하기

把자문의 기본 형식은 '주어+把+명사+동사+기타 성분'이며, 把의 문어체 표현은 將이다.

1. 我 把 昨天的作业 都做 完了。 나는 어제의 숙제를 모두 다 했다.
   주어 / 명사 / 동사 / 결과보어

2. 他 把 钱包 拿 出来，准备付钱。 그는 지갑을 꺼내 돈을 내려고 했다.
   주어 / 명사 / 동사 / 방향보어

3. 他 每天都把 房间 打扫 得干干净净的。 그는 매일 방을 깨끗하게 청소한다.
   주어 / 명사 / 동사 / 정도보어

4. 服务员 将 菜 放 在桌子上 就走了。 종업원은 음식을 테이블 위에 올려놓고 갔다.
   주어 / 명사1 / 동사 / 在+명사2+방위사

5. 请 你 帮我把 这封信 寄 到北京。 이 편지를 베이징에 부쳐주세요.
   주어 / 명사 / 동사 / 개사+장소

6. 老师 把 一本书 交 给了那位同学。 선생님은 책 한 권을 그 친구에게 건네주었다.
   주어 / 명사 / 동사 / 개사+명사

7. 我 把 中国 看成 我的第二故乡。 나는 중국을 제2의 고향으로 생각한다.
   주어 / 명사1 / 동사+成 / 명사2

공략 1. 把자문에 쓰이는 동사의 특징을 파악하라

把자문에서 핵심은 동사다. 동사가 없으면 절대 把자문을 쓸 수 없으며 많은 제약이 따른다.

1. **把자문에서의 동사 조건** : 把자문에서는 동사를 단독으로 쓸 수 없다. 일반적으로 동사 뒤에는 기타 성분이 있어야 한다.

   > 주어 + 把 + 명사 + 동사 + 기타 성분

   我把垃圾扔。(X) → 我把垃圾扔了。/ 我把垃圾扔掉了。/ 我把垃圾扔到外面了。(O)
   나는 쓰레기를 버렸다. / 나는 쓰레기를 버렸다. / 나는 쓰레기를 밖에 버렸다.

   你把这件衣服买吧。(X) → 你把这件衣服买了吧。/ 你把这件衣服买下来吧。/ 你把这件衣服买给我吧。(O)
   너는 이 옷을 샀지! / 너는 이 옷을 사라! / 네가 이 옷을 사줘.

2. **把자문에서의 부정부사와 조동사의 위치** : 把자문에서 부정부사(不, 没有, 没)와 조동사(会, 能, 可以, 想, 愿意, 喜欢)는 동사 뒤에 위치할 수 없으며, 반드시 주어 뒤, 把 앞에 써야 한다.

   > 주어 + 不/能 + 把 + 명사 + 동사 + 기타 성분

我把这件事没告诉她。(X) → 我没把这件事告诉她。(O) 나는 이 일을 그녀에게 알리지 않았다.

我把这次考试想考好。(X) → 我想把这次考试考好。(O) 나는 이번 시험을 잘 보고 싶다.

3. 把자문에 쓸 수 없는 술어 : 목적어를 수반하지 않는 자동사(死, 醒, 倒, 坏, 完, 破)는 단독으로 把자문에 쓸 수 없으며 앞에 목적어를 수반할 수 있는 타동사가 반드시 있어야 한다. 형용사도 마찬가지다.

> 주어 + 把 + 명사 + 동사(~~자동사, 형용사~~) + 기타 성분

我把一只蚊子死了。(X) → 我把一只蚊子打死了。(O) 나는 모기 한 마리를 죽였다.
　　　　자동사　　　　　　　　　　타동사

我不小心把手机坏了。(X) → 我不小心把手机弄坏了。(O) 나는 부주의해서 휴대 전화를 망가뜨렸다.
　　　　　형용사　　　　　　　　　　　동사

4. 把자문에 쓸 수 없는 동사 : 인지나 감각을 나타내는 동사(认识, 知道, 明白, 理解, 感受, 以为)와 이합사(见面, 旅游, 毕业, 结婚, 辞职)는 把자문에 쓸 수 없다. 반드시 동작성을 가지는 동사만 把자문에 쓸 수 있다.

> 주어 + 把 + 명사 + 동사(~~인지동사, 이합사~~) + 기타 성분

他把这件事都知道了。(X) → 他知道了这件事。(O) 나는 이 일을 안다.

我把他以为自己的知己。(X) → 我把他当做自己的知己。(O) 나는 그를 나의 친한 친구라 생각한다.

 **바로 체크** Check! 다음 문장을 바르게 고치세요.

---

❶ 他用了一次就把我的电脑坏了。　　　　→ ________________________

❷ 女同学每天都把宿舍干干净净的。　　　→ ________________________

❸ 我把这次旅行的安排没有交给旅行社。　→ ________________________

정답 ❶ 他用了一次就把我的电脑弄坏了。❷ 女同学每天都把宿舍打扫得干干净净的。❸ 我没有把这次旅行的安排交给旅行社。

예제 1

난이도 中   공략 Key 把자문에 쓸 수 없는 理解

A 我上大学的时候，获得信息的办法只有去图书馆看书。

B 我家就在海边，小时候，爸爸常常带我去海边散步，一边走一边给我讲故事。

C 俗话说"养儿方知父母恩"，意思是说只有自己当了父母，才能把自己的父母好好理解。

D 雪在灯光下总是显得夸张，纷纷扬扬，让干透了的北京有了几分湿润。

C 俗话说"养儿方知父母恩"，意思是说只有自己当了父母，才能把自己的父母好好理解。

→ 俗话说"养儿方知父母恩"，意思是说只有自己当了父母，才能好好理解自己的父母。

해석 A 내가 대학에 다닐 때에는 정보를 얻는 방법이 도서관에 가서 책을 읽는 것뿐이었다.

B 우리 집은 해변에 있어서, 어릴 적 아버지는 자주 나를 데리고 해변에 산책하러 가셨는데, 걸으면서 나에게 이야기를 들려주셨다.

C 속담에 '자식을 키워봐야 부모의 은혜를 안다'고 한다. 자신이 부모가 된 후에야 비로소 자신의 부모를 잘 이해할 수 있다는 뜻이다.

D 눈은 불빛 아래서 늘상 크게 보이는데, 흩날려서 건조한 베이징을 조금이나마 적셔준다.

공략 理解는 인지동사로 把자문에 쓸 수 없다.

어휘 ★获得信息 huòdé xìnxī 정보를 얻다 | ★海边 hǎibiān 몡 해변 | ★散步 sànbù 통 산책하다 | ★养儿方知父母恩 yǎng ér fāng zhī fùmǔ ēn 자식을 키워봐야 부모의 은혜를 안다 | ★只有……才…… zhǐyǒu……cái…… ~해야지만 비로소 ~하다 | ★理解 lǐjiě 통 이해하다 | ★显得 xiǎnde 통 ~하게 보인다 | 夸张 kuāzhāng 통 과장되다 | 纷纷扬扬 fēnfēnyángyáng 혱 흩날리다 | 干透了 gāntòu le 바짝 마르다 | ★湿润 shīrùn 혱 촉촉하다

Tip 理解와 了解

① 理解와 了解는 한국어로는 의미가 비슷하나 서로 바꿔 쓸 수 없다.

理解 알다, 이해하다	理解词语 단어를 이해하다 | 理解意思 의미를 이해하다 | 理解说的话 한 말을 이해하다 | 理解情况 상황을 이해하다
	这个词语的意思我不太理解。 이 단어의 의미를 나는 그다지 이해하지 못한다.
了解 이해하다, 자세하게 알다	了解历史 역사를 이해하다 | 了解文化 문화를 이해하다 | 了解法律 법률을 이해하다 | 了解政治 정치를 이해하다 | 了解经济 경제를 이해하다 | 了解习惯 습관을 이해하다
	我刚来，还不了解这儿的文化。 나는 막 와서 여기의 문화를 아직 알지 못한다.

② 둘 다 사람과 호응할 수 있지만 의미는 다르다.

我真不理解他们怎么每天吵架。
나는 그들이 어떻게 매일 싸우는지 정말 이해가 되지 않는다. (→ '매일 싸우는 것'을 이상하게 여김)

我非常了解我的妈妈。 나는 엄마를 매우 잘 안다. (→ '엄마의 상황, 성격, 취미' 등을 모두 알고 있음)

예제 2

난이도 下   공략 Key 把자문에서 조동사의 위치

A 《孙子兵法》也叫《孙子》，成书于公元前五世纪的春秋战国时期，是中国也是世界上最古老的军事著作。

B 我觉得这篇文章已经写得很好了，但是还存在一些缺点，只要你把它能好好地修改修改，那就更好了。

C 陈凯歌导演的电影《霸王别姬》是中国电影之中雅俗共赏的典范作品，也是大陆和港台电影人合作拍片最成功的代表作。

D "远亲不如近邻"指的是和邻居的友好关系。在发生紧急事情的时候，邻居往往会给我们更及时的帮助。

정답&공략

B 我觉得这篇文章已经写得很好了，但是还存在一些缺点，只要你把它能好好地修改修改，那就更好了。

→ 我觉得这篇文章已经写得很好了，但是还存在一些缺点，只要你能把它好好地修改修改，那就更好了。

해석 A 『손자병법』은 『손자』라고도 부르는데, 기원 전 5세기 춘추 전국 시대에 책이 만들어졌으며 중국뿐 아니라 세계적으로 가장 오래된 군사 저작이다.

B 나는 이 글이 이미 잘 쓰여졌다고 생각한다. 약간의 단점이 있기는 하지만 잘만 수정한다면 더 좋을 것이다.

C 천카이거 감독의 영화 「패왕별희」는 중국 영화 중 고상한 사람이든 저속한 사람이든 누구나 다 감상할 수 있는 대표적인 작품이다. 또한 대륙과 홍콩, 대만 영화인이 합작으로 만든 최고의 성공적인 작품이다.

D '먼 친척이 가까운 이웃만 못하다'는 이웃 간의 우호적인 관계를 가리킨다. 긴급한 일이 발생했을 때 이웃은 종종 우리에게 바로 도움을 줄 수 있다.

공략 조동사 能은 반드시 把 앞에 써야 한다.

어휘 ★孙子兵法 Sūnzǐ Bīngfǎ 명 손자병법 | ★成书于 chéngshū yú ~에 책이 만들어지다 | ★公元前 gōngyuán qián 기원 전 | ★世纪 shìjì 명 세기 | ★春秋战国 Chūnqiū Zhànguó 명 춘추 전국 | 古老 gǔlǎo 형 오래되다 | 军事著作 jūnshì zhùzuò 군사 저작 | ★存在缺点 cúnzài quēdiǎn 결점이 있다 | ★修改 xiūgǎi 동 수정하다 | 陈凯歌 Chén Kǎigē 고유 천카이거 | ★霸王别姬 Bàwáng Biéjī 명 패왕별희 | 雅俗共赏 yǎ sú gòng shǎng 성 고상한 사람이나 저속한 사람 모두 감상하다 | 典范作品 diǎnfàn zuòpǐn 대표적인 작품 | ★大陆 dàlù 명 대륙 | ★港台 Gǎng Tái 고유 홍콩과 대만 | ★合作 hézuò 동 합작하다 | 代表作 dàibiǎozuò 명 대표작 | ★远亲不如近邻 yuǎn qīn bùrú jìn lín 먼 친척이 가까운 이웃만 못하다 | 友好 yǒuhǎo 형 우호적이다 | ★紧急事情 jǐnjí shìqing 급한 일 | ★及时 jíshí 형 때가 맞다

 **공략 2. 把자문의 기타 성분의 특징에 주목하라**

把자문에 쓰이는 동사는 단독으로 사용될 수 없으며 기타 성분이 수반되어야 한다. 하지만 기타 성분으로 쓸 수 있는 경우는 제한적이다.

1. 가능보어는 把자문에 쓸 수 없다.

> 주어 + 把 + 명사 + 동사 + ~~가능보어~~

我把这本书看得懂。(X) → 我能把这本书看懂。(O) 나는 이 책을 이해할 수 있다.
我把这个箱子打得开。(X) → 我能把这个箱子打开。(O) 나는 이 상자를 열 수 있다.

2. 把자문 구조1 : '주어+把+명사1+동사+在/到+명사2+上/里/中/下' 구조에서 동사 뒤에는 개사가 반드시 있어야 하며 두 번째 명사 뒤에는 반드시 방위사가 있어야 한다. 그리고 두 번째 명사가 北京, 上海, 停车场, 飞机场과 같은 장소명사일 경우에는 방위사를 쓸 필요가 없다.

> 주어 + 把 + 명사1 + 동사 + 在/到 + 명사2 + 上/里/中/下

他把帽子戴在头就走了。(X) → 他把帽子戴在头上就走了。(O) 그는 모자를 머리에 쓰고 가버렸다.
她把大部分钱都花在买衣服了。(X) → 她把大部分钱都花在买衣服上了。(O)
　　　　　　　　　　그녀는 대부분의 돈을 옷을 사는 데 쓴다.

3. 把자문 구조2 : '주어+把+명사1+동사+成/为/作+명사2' 구조에서 동사 뒤에 成, 为, 作와 같은 보어가 반드시 있어야 한다.

> 주어 + 把 + 명사1 + 동사 + 成/为/作 + 명사2

她把我当最好的朋友。(X) → 她把我当作最好的朋友。(O) 그녀는 나를 제일 좋은 친구로 생각한다.
他负责把文件翻译中文。(X) → 他负责把文件翻译为中文。(O)
　　　　　　　　　　그는 문서를 중국어로 번역하는 일을 책임지고 있다.

바로 체크 (Check!) 다음 문장을 바르게 고치세요.

> ❶ 我把老师的字迹看得懂。　　　　→ ________________________
>
> ❷ 最近我们把工作重点放节约成本上。　→ ________________________
>
> ❸ 我把这儿看我的第二故乡。　　　→ ________________________

정답 ❶ 我能把老师的字迹看懂。 ❷ 最近我们把工作重点放在节约成本上。 ❸ 我把这儿看成我的第二故乡。

예제

난이도 上　공략 Key 把자문에 쓸 수 없는 가능보어

A 抱怨从来没有得到机会的人，一定会从来没冒过险。

B 这些喜讯来得太突然了，他几乎不敢相信这是真的。

C 普洱茶是云南特有的地方名茶，具有越陈越香的独特品质。

D 要看清一个人的真面目并非易事，往往需要很长时间才把一个人的真心看得清楚。

독해
제1부분

정답&공략

D 要看清一个人的真面目并非易事，往往需要很长时间才**把**一个人的真心**看得清楚**。

→ 要看清一个人的真面目并非易事，往往需要很长时间才**能把**一个人的真心**看清楚**。

해석　A 여태껏 기회가 없었다고 원망하는 사람은 분명 모험을 해본 적이 없는 사람이다.

B 너무 갑자기 기쁜 소식이 와서 그는 이게 진실이라고 믿을 수 없었다.

C 푸얼차는 윈난 특유의 지방 명차이다. 오래될수록 향기가 나는 특성을 가지고 있다.

D 사람의 진면목을 보는 게 쉬운 일은 아니다. 종종 오랜 시간이 걸려야만 사람의 진심을 분명하게 볼 수 있다.

공략　가능보어는 把자문에 쓸 수 없다. 得를 없애고 결과보어로 만든 후 能을 사용하여 가능을 나타낼 수 있다.

어휘　★抱怨 bàoyuàn 图 원망하다 | ★从来 cónglái 뤼 여태껏 | ★得到机会 dédào jīhuì 기회를 얻다 | ★冒险 màoxiǎn 图 모험 | 喜讯 xǐxùn 圆 기쁜 소식 | ★突然 tūrán 圆 갑작스럽다 | ★几乎 jīhū 뤼 거의 | ★普洱茶 pǔ'ěrchá 圆 푸얼차 | ★云南 Yúnnán 고유 윈난 | 名茶 míngchá 圆 명차 | ★越陈越香 yuè chén yuè xiāng 오래될수록 향이 나다 | ★独特品质 dútè pǐnzhì 독특한 품질 | ★看清 kànqīng 图 분명히 알다 | ★真面目 zhēnmiànmù 圆 진면목 | ★并非 bìngfēi 图 결코 ~이 아니다 | 易事 yì shì 쉬운 일 | 真心 zhēnxīn 圆 진심

Tip　从来

从来는 '여태껏'의 뜻으로 뒤에 부정부사를 수반할 수 있는데, 이런 부사들은 다음과 같다.

从来/根本/丝毫/一点也/并 + 부정부사

我**从来没**去过非洲。 나는 여태껏 아프리카에 가본 적이 없다.

他**根本不**知道这件事。 그는 이 일을 전혀 모른다.

我**丝毫没有**批评你的意思。 나는 너의 뜻을 조금도 비평하지 않았다.

今天太热，**一点也不**想动。 오늘은 너무 더워서 조금도 움직이고 싶지 않다.

这件事**并不**是我负责的。 이 일은 절대 내가 책임지고 있는 게 아니다.

第 1-8 题：请选出有语病的一项。

1. **A** 每天早上妈妈很早就把我醒，但不知为什么今天一点动静也没有。

   B 成年人当中，讲普通话的，基本上限于受过高等教育的群体。

   C 很多公司在面试的时候非常看重应聘者的工作经验。

   D 你看他长得普普通通，他可是我们这儿名副其实的"专家"。

2. **A** 虽然是初次见面，但是两个人志同道合，聊起天来竟如同交往多年的朋友。

   B 大学给了我们一个学习的舞台，其中核心的内容就是培养我们的专业素质。

   C 大家都把他以为没有能力的人，但他竟然考上了北大。

   D 可以毫不夸张地说，这部著作在历史上的成就是绝无仅有、空前绝后的。

3. **A** 中国投资的动力主要是来自国内企业，来自于国内的巨大储蓄。

   B 北京的许多传统建筑物凝结着古代劳动人们的智慧，如天坛的回音壁。

   C 很多单身一族，每天把自己漂漂亮亮的，但也掩饰不了内心的孤独。

   D 节奏紧张的现代社会产生了大量不能单纯依赖于药物的"文明病"。

4. **A** 不要因为问题小就忽视它，这样很容易导致严重的后果，甚至可能使整个系统瘫痪。

   B 1987年12月莫高窟被联合国教科文组织列为世界文化遗产。

   C 司马迁继承了父亲的遗愿，终于完成了一部空前的历史著作——《史记》。

   D 朋友的突然来访，把我本来的计划完全破了。

5.　**A** 学习外语时，如果你的听力不好，要想口语好，是绝不可能的。

　　B 如果你是一个抽烟者，看上去就会比同龄人衰老10岁。

　　C 名校的毕业生要承担更多的社会责任，社会对他们有着更多的关注和要求。

　　D 许多家庭主妇都放生活的中心在孩子身上，这样也给孩子很大的压力。

6.　**A** 每一代都在责备下一代人，但下一代总是照常成长。

　　B 有的父母孩子一犯错就把他们批评，这样会激起孩子的逆反心理。

　　C 一年之中，大部分人抬头看天的时间，不足一个小时，甚至很久都没有抬过头了。

　　D 在欧洲的一些公园，常见到一种架在草坪上的望远镜，名叫"望鸟镜"。

7.　**A** 朱老师在去教学大楼的路上，突然发现一位面带笑容的老人正迎面而来。

　　B 先生侃侃而谈，他的音容笑貌虽然没什么变化，但眼角的皱纹似乎暗示着这些年的艰辛和不快。

　　C 抗战时期，他们将各民族人民都被团结起来，共同抵御日本侵略者的入侵。

　　D 这幅画出自中国现代著名画家徐悲鸿之手，有着很高的收藏价值。

8.　**A** 老板思索再三，还是那位助理赶出公司去了。

　　B 鲁迅具有坚韧不拔的战斗精神，是我们学习的榜样。

　　C 我们仔细调查研究后，认为他要负全部责任，但他却百般抵赖。

　　D 中国古代地域辽阔，民族众多，历史上形成的传统节日多达数百个。

13 day 특수 문장을 잡아라 Ⅱ
– 被자문

✓ 1 被자문의 기본 형식을 학습한다

✓ 2 被자문을 쓸 때 자주 범하는 오류를 파악한다

✓ 3 被자문을 자유자재로 활용할 수 있다

대부분 被자문을 把자문의 상대적인 구조라고 생각한다. 被자문은 把자문만큼 어렵고 용법도 매우 복잡하기에 제대로 파악하기 쉽지 않다. 기본적인 용법 및 특수한 형태나 被자문이 자주 호응하는 구조를 알아보자.

기초 실력 테스트 TEST

1 빈칸에 들어갈 알맞은 것을 보기에서 고르세요.

|보기|	把	被	向	使

❶ 我的手机＿＿＿他拿走了。

❷ 这件事＿＿＿他变了很多。

❸ 你要＿＿＿他道歉。

❹ 帮我＿＿＿那画拿下来吧。

2 다음 문장이 맞으면 O, 틀리면 X를 표시하고, 틀린 문장은 바르게 고치세요.

❶ (　　　) 爸爸被我很生气。　　→ ＿＿＿＿＿＿＿＿＿＿＿＿＿＿

❷ (　　　) 窗户被关。　　→ ＿＿＿＿＿＿＿＿＿＿＿＿＿＿

❸ (　　　) 他的书被别人没拿走。　　→ ＿＿＿＿＿＿＿＿＿＿＿＿＿＿

❹ (　　　) 我的电脑被他坏了。　　→ ＿＿＿＿＿＿＿＿＿＿＿＿＿＿

6급 기출문제 맛보기

맛보기

난이도 下　공략 Key 被자문에는 쓸 수 없는 欢迎

A 中国近几年飞速发展，一定会创造出更加辉煌的成就来。

B 要想取得优异的成绩，必须付出艰苦的劳动。

C 无论富翁还是官员，毫无例外，都必须遵守法制。

D 这就是这本书如此被欢迎，如此畅销的根本原因。

정답&공략

D 这就是这本书如此被欢迎，如此畅销的根本原因。

→ 这就是这本书如此受欢迎，如此畅销的根本原因。

해석　A 중국은 최근 몇 년간 비약적으로 발전하였으니 분명 더 눈부신 성과를 만들어낼 것이다.

B 우수한 성적을 얻으려면 반드시 힘든 노동의 대가를 치러야 한다.

C 부자든 관리든 상관없이 조금의 예외도 없이 모두 법을 준수해야 한다.

D 이것이 바로 이 책이 이처럼 환영을 받고 이처럼 베스트셀러가 된 근본적인 원인이다.

공략　欢迎은 被자문에 쓸 수 없으며 피동의 의미를 나타내려면 동사 受와 결합해야 된다.

어휘　近几年 jìn jǐ nián 최근 몇 년 | ★飞速发展 fēisù fāzhǎn 비약적으로 발전하다 | ★创造 chuàngzào 통 창조하다 | 辉煌 huīhuáng 형 휘황찬란하다 | 成就 chéngjiù 명 성과 | ★优异的成绩 yōuyì de chéngjì 우수한 성적 | ★付出 fùchū 통 지급하다, 치르다 | 艰苦 jiānkǔ 형 고달프다 | 劳动 láodòng 명 노동 | ★无论 wúlùn 접 ～을 막론하고 | ★富翁 fùwēng 명 부자 | ★官员 guānyuán 명 관리 | ★毫无例外 háowú lìwài 조금의 예외도 없다 | ★遵守 zūnshǒu 통 준수하다 | 法制 fǎzhì 명 법제 | ★如此 rúcǐ 대 이와 같다 | ★畅销 chàngxiāo 명 베스트셀러 | ★根本原因 gēnběn yuányīn 근본적인 원인 | ★受欢迎 shòu huānyíng 환영을 받다

피동문의 많은 용법이 把자문과 비슷해요. 하지만 일반적으로 把자문의 규칙이 좀 더 까다로우며 사용할 수 없는 경우에는 절대 사용할 수 없지만, 피동문은 특수한 경우가 많고 규칙이 그다지 엄격하게 지켜지지 않는 경우도 더러 있답니다.

 被자문의 기본 형식 파악하기

被자문의 구조는 '주어+被+(명사)+동사+기타 성분'으로 기본적으로 把자문의 구조와 비슷하다. 하지만 피동문에서 被 뒤의 명사는 일반적으로 생략할 수 있고, 회화체에서는 '我叫他打了。(나는 그에게 맞았다.)', '我的钱包给别人偷了。(내 지갑을 다른 사람이 가져갔다.)'처럼 叫, 给도 被의 의미를 가진다.

1. 那些钱 三天就被 他 花 完了。 그는 그 돈을 사흘 만에 다 써버렸다.
주어 　　　명사 동사 결과보어

2. 他被 公司 赶 出来了。 그는 회사에서 쫓겨났다.
주어 명사 동사 방향보어

3. 房间 每天都被 她 收拾 得干干净净的。 그녀는 매일 방을 깨끗하게 정리한다.
주어 　　　명사 동사 정도보어

4. 我被 老师 批评 了一顿。 나는 선생님께 한바탕 혼줄이 났다.
주어 명사 동사 수량보어

5. 钥匙被 他 忘 在朋友家里了。 그는 깜박하고 열쇠를 친구 집에 두고 왔다.
주어 명사1 동사 在+명사2+방위사

6. 他被 公司 派 到上海 工作。 회사는 그를 상하이로 파견 보냈다.
주어 명사 동사1 개사+장소 동사2

7. 我的东西叫 他 送 给了别人。 내 물건을 그가 다른 사람에게 주었다.
주어 명사 동사 개사+사람

8. 他 被 同学们 选为 班长。 친구들은 그를 반장으로 선출했다.
주어 명사1 동사+为 명사2

9. 기타 상용 호응 구조

被	辞退 해고하다 | 开除 해고하다 | 解雇 해고하다 | 炒了鱿鱼 해고 당하다 | 赶出来了 쫓겨나다 | 赶走了 쫓겨나다
	杀 죽이다 | 打 때리다 | 骂了一顿 한바탕 꾸짖다
	冤枉 억울하다 | 误会 오해하다 | 罚款 벌금을 내다
	骗 속이다 | 抓 잡다 | 偷 훔치다 | 捕 잡다
	称为 ~라고 부르다 | 誉为 ~라고 부르다 | 尊为 ~라고 존경 받다 | 视为 ~로 보다 | 看成 ~로 간주되다 | 当作 ~로 삼다 | 评为 ~로 평가되다
	吓了一跳 놀라 자빠지다 | 气死了 화가 나다 | 吓晕了 놀라 어지럽다
	逼无奈 압력에 못 견디다 | 甩了 ~에게 차이다 | 被……所喜爱 ~에 의해 사랑을 받다 | 关注 관심을 가지다 | 代替 대체하다

공략 1. 被자문 동사의 조건을 탐색하라

被자문의 핵심은 동사이며 把자문과 마찬가지로 동작성이 있어야 한다. 아울러 다음과 같은 조건을 갖춰야 한다.

1. **被자문의 동사** : 일반적으로 被자문의 동사는 단독으로 출현할 수 없으며 보통 동사 전후에 다른 성분이 있어야 한다. 그러나 이 조건이 把자문처럼 그렇게 까다롭지 않다. 被자문은 '他很害怕被老师批评。(그는 선생님께 혼날까 봐 매우 걱정한다.)'처럼 동사 뒤에 기타 성분 없이 단독으로 사용되기도 한다.

> 주어 + 被 (+ 명사) + 동사 + 기타 성분　**또는**　주어 + 기타 성분 + 被 (+ 명사) + 동사

他被老师批评。(X) → 他被老师批评了。/ 他被老师批评了一顿。(O)
　　　　　　　　　그는 선생님께 꾸중을 들었다. / 그는 선생님께 한바탕 꾸중을 들었다.
西瓜都被他吃。(X) → 西瓜都被他吃完了。/ 西瓜都被他吃光了。(O) 수박을 그는 다 먹어치웠다.

2. **被자문에서 부정부사와 조동사의 위치** : 把자문과 마찬가지로 부정부사(不, 没有, 没)와 조동사(会, 能, 可以, 想, 愿意, 喜欢 등)는 반드시 被 앞에 써야 한다.

> 주어 + 不 / 能 + 被 (+ 명사) + 동사 + 기타 성분

我被爸爸没骂。(X) → 我没被爸爸骂。(O) 나는 아빠한테 혼나지 않았다.
他被这个故事不会打动的。(X) → 他不会被这个故事打动的。(O) 그는 이 이야기에 감동 받지 않을 것이다.

3. **被자문에 쓸 수 없는 술어** : 死, 醒, 倒, 坏, 完, 破와 같은 자동사는 단독으로 被자문에 쓸 수 없다. 자동사는 반드시 앞에 타동사를 수반해야 하며 형용사도 마찬가지다.

> 주어 + 被 (+ 명사) + 동사(자동사, 형용사) + 기타 성분

今天早上被妈妈醒了。(X) → 今天早上被妈妈叫醒了。(O) 오늘 아침에 엄마가 깨워줬다.
　　　　　　　　자동사　　　　　　　　　타동사
我的手机被他坏了。(X) → 我的手机被他弄坏了。(O) 내 휴대 전화를 그가 망가뜨렸다.
　　　　　　형용사　　　　　　　　동사

4. **被자문에 쓸 수 없는 동사** : 인지나 감각을 나타내는 동사(认识, 明白, 感受, 以为)와 이합사(见面, 旅游, 毕业, 结婚, 辞职)는 모두 피동문에 쓸 수 없다. 그러나 知道는 '这件事被他知道了。(그는 이 일을 알았다.)'처럼 피동문에 쓸 수 있다.

> 주어 + 被 (+ 명사) + 동사(인지동사, 이합사) + 기타 성분

他被辞职了。(X) → 他被开除了。(O) 그는 해고 당했다.
这个词不被他明白。(X) → 这个词他不明白。(O) 이 단어를 그는 이해하지 못했다.

바로 체크 다음 문장을 바르게 고치세요.

<table>
<tr><td>❶ 他被老师回家了。</td><td>→ ______________________</td></tr>
<tr><td>❷ 我的衣服被他脏了。</td><td>→ ______________________</td></tr>
<tr><td>❸ 我被他骂。</td><td>→ ______________________</td></tr>
<tr><td>❹ 手机被别人不会偷了吧。</td><td>→ ______________________</td></tr>
</table>

정답 ❶ 他被老师**送**回家了。 ❷ 我的衣服被他**弄**脏了。 ❸ 我被他骂**了一顿**。 ❹ 手机**不会**被别人偷了吧。

예제 1

난이도 上 　공략 Key 자동사 倒에 유의

A 他在文艺界享有极高声望，曾经是数年春晚最受欢迎奖得主。
B 如果你想真正掌握汉语，一定要多写点儿文章。
C 暴风突然来袭，很多的大树都被风倒了。
D 黄山位于安徽省南部，是中国著名的游览胜地之一。

정답&공략

C 暴风突然来袭，很多的大树都被风**倒**了。
→ 暴风突然来袭，很多的大树都被风**刮倒**了。

해석 A 그는 문화 예술계에서 높은 명성을 가지고 있어 여러 해 동안 춘절 디너쇼의 최우수인기상 수상자였다.
B 만약 당신이 정말로 중국어를 마스터하고 싶다면 반드시 글을 많이 써봐야 한다.
C 폭풍이 갑자기 불어닥쳐 커다란 나무들이 바람에 많이 쓰러졌다.
D 안후이성 남부에 위치한 황산은 중국의 유명한 관광 명승지 중 하나다.

공략 倒는 자동사이기에 단독으로 被자문에 쓸 수 없다. 따라서 风과 어울리는 타동사 刮를 써야 한다.

어휘 ★文艺界 wényìjiè 문화계 | ★享有极高声望 xiǎngyǒu jígāo shēngwàng 매우 높은 명성을 누리고 있다 | 数年 shǔnián 수년간 | 得主 dézhǔ 뗑 입상자 | ★掌握 zhǎngwò 뙹 마스터하다 | 文章 wénzhāng 뗑 글 | ★暴风 bàofēng 뗑 폭풍 | 来袭 lái xí 습격을 받다 | 黄山 Huáng Shān 교유 황산 | 安徽 Ānhuī 교유 안후이 | 省 shěng 뗑 성[중국의 최상급 지방 행정 단위] | ★游览胜地 yóulǎn shèngdì 관광 명소 | ★之一 zhī yī ~중의 하나

예제 2

난이도 中　공략 Key 被자문에 단독으로 쓸 수 없는 동사

> A 这次危机的突然到来，使得所有的计划都被打。
>
> B 即使有天大的困难，我也要迎难而上。
>
> C 该法律强化了人们的自我保护意识，使消费者的权益得到最大限度的保护。
>
> D 诗人王昌龄不曾留下过记载，我们也无从得知他作诗的心路历程。

독해
제1부분

정답&공략

> A 这次危机的突然到来，使得所有的计划都被**打**。
>
> → 这次危机的突然到来，使得所有的计划都被**打乱了**。

해석　A 이번에 갑작스럽게 닥친 위기로 모든 계획이 엉망이 되었다.
B 설사 커다란 어려움이 있다 할지라도 부딪쳐야 한다.
C 이 법률은 사람들의 자기 보호 의식을 강화시켰고 소비자의 권익을 최대한 보호받게 했다.
D 왕창령 시인은 기록을 남기지 않아서 그가 시를 쓸 때의 사고 과정을 알 길이 없다.

공략　被자문의 동사는 단독으로 쓸 수 없으므로 동사 앞이나 뒤에 다른 단어가 있어야 한다.

어휘　★危机 wēijī 몡 위기 | 到来 dàolái 통 도래하다 | ★计划 jìhuà 몡통 계획(하다) | ★即使……也 jíshǐ……yě 설사 ~한다 할지라도 | ★迎难而上 yíng nán ér shàng 어려움을 무릅쓰고 나아가다 | ★该 gāi 때 그 | ★法律 fǎlǜ 몡 법률 | ★强化 qiánghuà 통 강화시키다 | ★自我保护意识 zìwǒ bǎohù yìshí 자기 보호 의식 | ★消费者 xiāofèizhě 몡 소비자 | ★权益 quányì 몡 권익 | ★限度 xiàndù 몡 한도 | 诗人 shīrén 몡 시인 | ★记载 jìzǎi 통 기록하다 | 无从得知 wúcóng dézhī 알 수 있는 길이 없다 | 心路历程 xīnlù lìchéng 사고 과정, 심리 변화 과정

Tip　가설을 나타내는 即使

가설을 나타내는 접속사는 복문 구조를 이해하는 데 매우 중요하다. 即使와 동일한 의미를 나타내는 접속사는 다음과 같다.

접속사	특징	예문
即使 설사 ~라 할지라도	일반적인 표현	**即使**他没有钱，我也喜欢他。 그가 돈이 없다 할지라도 나는 그를 좋아한다.
即便 설령 ~하더라도	문어체에 쓰임	**即便**中国退出，结果也不会有所改变。 중국이 퇴출되더라도 결과적으로 조금의 변화도 없을 것이다.
就算 설사 ~하더라도	회화체에 쓰임	这件衣服**就算**很贵，我也要买。 이 옷이 아무리 비싸도 난 사려고 한다.
就是 설령 ~하더라도	회화체에 쓰임	**就是**你不同意，我也要去。 네가 허락하지 않아도 난 가려고 한다.
哪怕 비록 ~하더라도	일반적인 표현	**哪怕**被炒鱿鱼，我也要做这件事。 해고를 당한다 할지라도 나는 이 일을 하려고 한다.

⭐ 공략 2. 被자문의 기타 특징을 살펴라

1. 把자문과 마찬가지로 被자문에도 가능보어를 쓸 수 없다.

> 주어 + 被 (+ 명사) + 동사 + ~~가능보어~~

这个问题被我们解决得了。(X) → 这个问题我们解决得了。(O) 우리는 이 문제를 해결할 수 있다.
这些菜被我们吃得完。(X) → 这些菜我们吃得完。(O) 이 음식을 우리는 다 먹을 수 있다.

2. 被와 동사 受 : 被와 受 모두 피동의 의미를 나타내기에 동시에 같은 문장에 쓸 수 없다.

> 주어 + 被 (+ 명사) + ~~受~~ + 동사

这首歌被年轻人受欢迎。(X) → 这首歌受年轻人欢迎。(O) 이 노래는 젊은이들의 사랑을 받는다.
孩子容易被受到别人影响。(X) → 孩子容易受到别人影响。(O) 아이들은 쉽게 다른 사람의 영향을 받는다.

3. 被자문과 혼동하기 쉬운 구조 : 被자문을 사역동사 让이나 由자 구문, '因……而……' 구조, 对자와 혼동해서는 안 된다.

母亲被我去那儿。(X) → 母亲让我去那儿。(O) 엄마가 나한테 그곳에 가라고 했다.
这个地方被独特的风俗而闻名。(X) → 这个地方因独特的风俗而闻名。(O)
　　　　　　　　　　　　　　　　　　　　이 지역은 독특한 풍습으로 유명하다.

4. 被자문과 的자 구조 : 被자문에서는 동사 앞에 的를 넣은 수식 구조를 쓸 수 없다.

> 주어 + 被 (+ 명사) + ~~的~~ + 동사

他被朋友的传染了感冒。(X) → 他被朋友传染了感冒。(O) 그는 친구한테 감기가 옮았다.
环境被人们的破坏了。(X) → 环境被人们破坏了。(O) 사람들이 환경을 파괴하였다.

🏷 바로 체크 Check! 다음 문장을 바르게 고치세요.

> ❶ 他被老师受了批评。　　　　→ ＿＿＿＿＿＿＿＿＿＿＿＿＿
>
> ❷ 我们被这个问题很敏感。　　→ ＿＿＿＿＿＿＿＿＿＿＿＿＿
>
> ❸ 窗户被猫打得开。　　　　　→ ＿＿＿＿＿＿＿＿＿＿＿＿＿

정답 ❶ 他被老师批评了。❷ 我们对这个问题很敏感。❸ 窗户能被猫打开。

 **예제**

난이도 上　공략 Key 被자문에 쓸 수 없는 负责

A 每年三月，各界人士都聚集北京，热闹非凡。
B 这件事大家都认为应该被他负责，他却死不认账。
C 开车出行，一定要系好安全带，保证万无一失。
D 过去的苦难岁月在他幼小的心灵中留下了深深的烙印。

独해
제1부분

정답&공략

B 这件事大家都认为应该被他负责，他却死不认账。
→ 这件事大家都认为应该由他负责，他却死不认账。

해석　A 매년 3월이 되면 각계 인사들이 베이징에 모여 대성황을 이룬다.
B 이 일은 모두들 그가 책임져야 한다고 생각하는데, 그는 죽어도 인정하지 않는다.
C 운전해서 나갈 때는 만일의 사고에 대비하기 위해 반드시 안전벨트를 착용해야 한다.
D 과거의 힘든 세월이 그의 어린 마음속에 깊이 각인되었다.

공략　负责는 由와 호응하며 被자문에는 쓸 수 없다.

어휘　★各界人士 gèjiè rénshì 각계 인사 | 聚集 jùjí 동 모이다 | ★热闹非凡 rènao fēifán 평소와 다르게 시끌벅적하다 | 死不认账 sǐ bù rènzhàng 절대 인정하지 않다 | ★开车出行 kāichē chūxíng 운전해서 나가다 | ★系 jì 동 묶다 | ★安全带 ānquándài 명 안전벨트 | ★保证 bǎozhèng 동 장담하다 | ★万无一失 wàn wú yì shī 성 만에 하나의 실수를 하지 않다 | 苦难岁月 kǔnàn suìyuè 힘든 세월 | ★幼小 yòuxiǎo 형 어리다 | ★留下 liúxià 남기다 | 烙印 làoyìn 동 낙인을 찍다

Tip　**다음자 系**

系는 다음자로 품사와 의미가 다양하다.

① 系 xì 명 학과
　中文系 중문과 | 历史系 역사학과 | 数学系 수학과

② 系 jì 동 묶다
　系鞋带 신발끈(구두끈)을 묶다 | 系扣子 단추를 채우다 | 系领带 넥타이를 매다

第 1-8 题：请选出有语病的一项。

1.　**A** 孩子被父母受的影响很大，因此父母的一言一行、一举一动都要小心。
　　B 夫妻吵架是很正常的事，但千万注意不能在孩子面前吵架。
　　C 夏天的南极，仍然非常寒冷，即使穿上了防寒服，也会冻得发抖。
　　D 他获奖的原因并不在于他多聪明，而在于他平时花的功夫比别人多。

2.　**A** 苹果富含丰富的维生素，不仅能提高免疫力，而且可以改善心血管功能。
　　B 文章里的中心思想确定以后，还要认真选择和组织材料。
　　C 面对五花八门的装饰材料，消费者应该学会精挑细选。
　　D 他被中国的一所名牌大学毕业后，就开了一家自己的公司。

3.　**A** 当前和今后相当长一段时间内，安排青年劳动力就业是一项相当繁重的任务。
　　B 我有两个姐姐，一个被送美国留学，另一个去年大学刚毕业。
　　C 屈原如果不被放逐，就不会写出《离骚》那样伟大的作品。
　　D 想象不仅对于读者的欣赏是一种必要，对于诗人的创作也是一种必要。

4.　**A** 艾滋病是一种传染病，其病毒侵入人体后，会使人丧失对病原体的免疫力。
　　B 金丝猴是中国特有的珍稀动物，主要生活在四川、云南、陕西等地区。
　　C 不论是大学还是中学，思想政治都应把传授知识和培养品德结合起来。
　　D 房间收拾好以后，又被孩子会弄乱的，所以我干脆就不收拾整理了。

5.　A　大型国有企业遭受的损失，很大程度上是由于企业内部监督管理不严。

　　B　此次诗歌朗诵会上，众多艺术家的表演，使在场的大学生热血沸腾。

　　C　近年来，中国以新的姿态参与国际事务，迈出了从被动接受者转变为参与者的重要一步。

　　D　新中国成立前，很多农民终生被地主的压迫，他们过着水深火热的生活。

6.　A　那个孩子天真无邪的话被我哭笑不得，同时也令我感动不已、羡慕不已。

　　B　大学毕业后去农村应聘村官的人中，多数人希望能在建设新农村这一大环境中找到施展才华的途径。

　　C　塑料购物袋国家强制性标准的实施，从源头上限制了塑料袋的生产，但要真正减少塑料袋的污染，还需要消费者从自身做起。

　　D　不管他跳舞跳得多么好，都不能获得评委们的好感，因为他脸部有缺陷。

7.　A　现代医学一再证明，当一个人精力衰退、对事物缺乏好奇心与兴趣时，循环系统功能也会跟着退化。

　　B　有时一个人会受一时的困难所击倒，这也是再正常不过的事了。

　　C　中国观众对好莱坞大片是不陌生的，因而这些大片在中国取得了不俗的票房佳绩。

　　D　母亲像往日一样，从屋里端出了热腾腾的饭菜，招呼我们赶紧吃。

8.　A　人生的最大价值在于对社会的无私奉献。

　　B　他的作品始终如一地关注社会最底层的小人物的命运，文字富有浓郁的理想主义色彩。

　　C　取得成绩不盲目乐观，遇到困难不失望悲观，这是许多成功人士成就事业后的经验总结。

　　D　老人所有的钱都叫儿子花，现在变得无依无靠，只能露宿街头。

✦ **정답 및 해설**_ 해설집 58쪽

14 day

완료·지속·경험, 더 이상 어렵지 않다 – 了, 着, 过

了, 着, 过는 동사 또는 형용사 뒤에 놓여 각각 완료, 진행 및 지속, 경험을 나타낸다. 그중에서도 了는 학습자들이 자주 틀리는 용법 중 하나로 新HSK 6급에서 중요시 다루어야 할 부분이다. 了, 着, 过의 기본 용법과 특징을 마스터하자.

기초 실력 테스트 TEST

1 빈칸에 들어갈 알맞은 것을 보기에서 고르세요.

보기	了 着 过

❶ 他躺＿＿＿看电视。

❷ 我从来没去＿＿＿欧洲。

❸ 作业做完＿＿＿。

❹ 昨天我买＿＿＿一本书。

2 다음 문장이 맞으면 O, 틀리면 X를 표시하고, 틀린 문장은 바르게 고치세요.

❶ (　　　) 她哭了说。　→ ＿＿＿＿＿＿＿＿＿＿＿＿

❷ (　　　) 我没吃早饭了。　→ ＿＿＿＿＿＿＿＿＿＿＿＿

❸ (　　　) 我们来过这儿看电影。　→ ＿＿＿＿＿＿＿＿＿＿＿＿

❹ (　　　) 他常常迟到了。　→ ＿＿＿＿＿＿＿＿＿＿＿＿

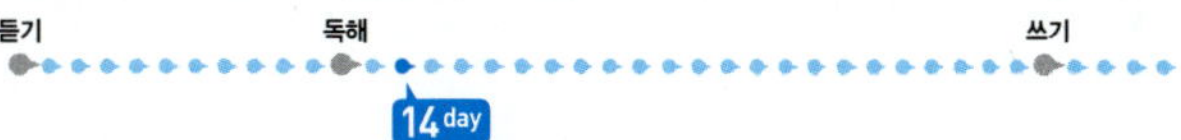

6급 기출문제 맛보기

맛보기

난이도 中　공략 Key 연동문에서 了의 위치

독해
제1부분

A 白鹿洞书院是中国四大书院之一，古时候，有很多名人曾在此讲学。
B 网络上的搜索功能为用户提供了他们所需要的信息。
C 别担心，你的事就是我的事，我一定会尽力的，三天后我给你答复。
D 三年前，父亲带了我拜访一位他的朋友。

정답&공략 ▶

D 三年前，父亲带了我拜访一位他的朋友。

→ 三年前，父亲带我拜访了一位他的朋友。

해석 A 백록동서원은 중국 4대 서원 중의 하나로, 옛날에 많은 명인들이 이곳에서 강의를 했다.
B 인터넷 검색 기능은 사용자들이 필요로 하는 정보를 제공한다.
C 염려하지 마세요. 당신의 일이 바로 제 일이니, 제가 최선을 다할게요. 사흘 있다가 답변 드릴게요.
D 3년 전에 아버지는 나를 데리고 아버지 친구 집에 가셨다.

공략 연동문에서 了는 두 번째 동사 뒤에 위치해야 한다. '带我拜访'은 두 개의 동작이 발생한 연동문이다. 따라서 了는 두 번째 동사 拜访 뒤에 놓여야 한다.

어휘 书院 shūyuàn 명 서원 | ★古时候 gǔ shíhou 고대에, 옛날에 | ★此 cǐ 때 이, 이것 | 讲学 jiǎngxué 통 강연하다 | ★网络 wǎngluò 명 인터넷 | 搜索 sōusuǒ 통 검색하다 | ★功能 gōngnéng 명 기능 | ★为……提供 wèi……tígōng ~을 위해 제공하다 | ★所需要的信息 suǒ xūyào de xìnxī 필요한 정보 | ★担心 dānxīn 통 염려하다 | ★尽力 jìnlì 통 최선을 다하다 | ★答复 dáfù 통 답변을 주다 | ★拜访 bàifǎng 통 방문하다

토크토크!
쌤의 한마디~

 了, 着, 过의 기본 형식 파악하기

了, 着, 过는 기본적으로 다음과 같은 특징을 나타낸다.

1. **了는 동사나 형용사 뒤에 쓰여 완료, 변화, 어투를 나타낸다.**

我喝了一瓶啤酒。 나는 맥주 한 병을 마셨다. (완료)

天冷了。 날씨가 추워졌다. (변화)

她太漂亮了。 그녀는 매우 예쁘다. (어투)

2. **过는 동사나 형용사 뒤에 쓰여 경험과 완료를 나타낸다.**

我去过中国。 나는 중국에 가본 적이 있다. (경험)

我吃过饭就去找你。 내가 밥 먹고 바로 너한테 갈게. (완료)

3. **着는 동사 뒤에 쓰여 상태를 나타낸다.**

门开着。 문이 열려 있다. (앞 주어의 상태)

他躺着看书。 그는 누워서 책을 보고 있다. (뒤 동작의 상태)

4. **다음의 了와 过를 사용한 문장은 그 의미가 비슷하다.**

我吃过饭就去找你。 나 밥 먹고 바로 너한테 갈게.

我吃了饭就去找你。 나 밥 먹고 바로 너한테 갈게.

 공략 1. 了, 着, 过를 쓸 수 없는 상황에 익숙해져라

了, 着, 过를 함께 쓸 수 없는 경우가 많은데, 특히 了가 그렇다. 了는 오류를 범하기 쉬우니 핵심 내용을 반드시 숙지하자.

1. **了, 着, 过와 시간을 나타내는 어휘 :** 습관을 나타내는 어휘 常常, 经常, 往往, 总是, 一直, 每天, 每次, 老는 了, 着, 过와 함께 쓸 수 없다.

> 常常 / 一直 + 동사 + 了 / 着 / 过

我一直不喜欢做饭了。(X) → 我一直不喜欢做饭。(O) 나는 여태껏 밥하는 게 싫었다.

他每天都很早来了。(X) → 他每天都很早来。(O) 그는 매일 일찍 온다.

2. 了, 着, 过와 형용사 : 형용사 앞에 정도를 나타내는 부사 非常, 很, 特别, 十分, 相当 등이 있을 때는 了, 着, 过를 쓸 수 없다. 그러나 更, 可 뒤에는 了를 쓸 수 있으며 자주 호응한다.

> 非常/特别 + 형용사 + 了/着/过 　　　更/可 + 형용사 + 了

这个题非常难了。(X) → 这个题非常难。(O) 이 문제는 매우 어렵다.
苏州的夏天相当热了。(X) → 苏州的夏天相当热。(O) 쑤저우의 여름은 매우 덥다.

3. 了, 过와 부정부사 没, 没有 : 일반적으로 부정부사 没, 没有 뒤에는 了를 쓰지 않으며 过를 자주 쓴다. 그러나 没, 没有 앞에 시간사가 있는 특수한 상황에서는 了를 쓸 수 있다.

> 没/没有 + 동사 + 了　　　　시간사 + 没/没有 + 동사 + 了　또는　没/没有 + 명사 + 了

我没有做作业了。(X) → 我没有做作业。(O) 나는 숙제를 하지 않았다.
他没给我打电话了。(X) → 他没给我打电话。(O) 그는 나에게 전화를 하지 않았다.
我没回国了。(X) → 我好久没回国了。(O) 나는 오랫동안 귀국하지 않았다.

4. 了, 过와 正在, 才의 관계 : 진행을 나타내는 正在 뒤에는 了, 过를 쓸 수 없다. 그리고 '才+동사' 구조에서는 문장 끝에 了, 过를 쓸 수 없지만, 동사 뒤에는 了를 쓸 수 있다.

> 正在 + 동사 + 了/过　또는　才 + 동사 + …… + 了/过　　　才 + 동사 + 了/过

外面正在下雨了。(X) → 外面正在下雨。(O) 밖에 비가 내리고 있다.
我35岁才结婚了。(X) → 我35岁才结婚。(O) 나는 35세가 되어서야 결혼을 했다.

바로 체크 Check! 다음 문장을 바르게 고치세요.

❶ 他总是热情地帮助了我。　　　→ ___________________________
❷ 老太太没写清楚了信上的地址。　→ ___________________________
❸ 我才工作了一年了。　　　　　　→ ___________________________
❹ 他正在上大学了。　　　　　　　→ ___________________________

정답 ❶ 他总是热情地帮助我。 ❷ 老太太没写清楚信上的地址。 ❸ 我才工作了一年。 ❹ 他正在上大学。

예제

A 她不但相貌出众，而且写得一手好字。

B 这幅画用丰富的色彩描绘了秋天丰收的景象。

C 他每天上班之前都会去那家咖啡厅买了一杯美式咖啡。

D 关于中草药，我知道的不多，不过我可以帮你请教别的朋友。

정답&공략

C 他每天上班之前都会去那家咖啡厅买了一杯美式咖啡。

→ 他每天上班之前都会去那家咖啡厅买一杯美式咖啡。

해석 A 그녀는 외모가 출중할 뿐 아니라 글씨도 잘 쓴다.

B 이 그림은 풍부한 색채를 가지고 풍작을 이룬 가을 풍경을 묘사하였다.

C 그는 매일 출근하기 전에 그 커피숍에 가서 아메리카노 커피를 한 잔 산다.

D 중의약에 대해서 나는 아는 게 별로 없다. 하지만 다른 친구에게 당신을 가르쳐주라고 할 수는 있다.

공략 습관성을 나타내는 每天은 동사 뒤의 了와 함께 쓸 수 없다.

어휘 相貌 xiàngmào 몡 외모 | ★出众 chūzhòng 휑 출중하다 | ★写得一手好字 xiě de yì shǒu hǎo zì 글씨를 잘 쓴다 | ★这幅画 zhè fú huà 이 그림 | 丰富 fēngfù 휑 풍부하다 | 色彩 sècǎi 몡 색채 | 描绘 miáohuì 동 묘사하다 | ★丰收 fēngshōu 동 풍작하다 | ★景象 jǐngxiàng 몡 경치, 광경 | ★咖啡厅 kāfēitīng 몡 커피숍 | 美式咖啡 Měishì kāfēi 몡 아메리카노 커피 | 中草药 zhōngcǎoyào 몡 중의약, 한약재 | ★请教 qǐngjiào 동 가르침을 청하다

> **Tip** 幅와 副
>
> 幅와 副는 글자가 비슷해 헷갈리기 쉽다. 뜻과 자주 결합하는 명사를 잘 알아두자.
>
> | 양사 | 호응 명사 |
> | --- | --- |
> | 幅 fú 폭 | 画 그림 ｜ 书法 서예 ｜ 书画作品 서화 작품 |
> | 副 fù 쌍 | 眼镜 안경 ｜ 手套 장갑 ｜ 耳环 귀고리 ｜ 对联 대련 |

공략 2. 특수한 상황에서 了와 过의 위치를 파악하라

了를 쓸 수 없는 상황 외에도 了1과 了2가 같이 쓰이는 상황, 연동문에서 了, 过의 위치, 수량사 구조가 있을 때의 용법도 살펴보아야 한다.

1. **了1와 了2 :** 문장 속에서 두 개의 了가 있을 때 문장 끝의 了2는 현재의 상황을 나타낸다. 이미 지나간 과거의 상황이라면 문장 마지막에 了2를 쓸 수 없다.

> 동사 + 了1 + 시간/장소 + 了2(현재)

> 那时 / 以前 / 过去 + 동사 + 了1 + 시간/장소 + ~~了2~~

那时候我在中国学了三年汉语了。(X) → 那时候我在中国学了三年汉语。(O)
그때 나는 중국에서 중국어를 3년 배웠다.

昨天老板进了办公室了。(X) → 昨天老板进了办公室。(O) 어제 사장님은 사무실로 들어갔다.

2. **연동문에서의 了, 过 위치 :** 了, 过는 두 번째 동사 뒤에 위치해야 하며 첫 번째 동사 뒤에는 쓸 수 없다.

> 동사1 + 동사2 + 了/过

> 동사1 + ~~了/过~~ + 동사2

她去了药店买药。(X) → 她去药店买药了。(O) 그녀는 약국에 약을 사러 갔다.
我去过美国出差。(X) → 我去美国出过差。(O) 나는 미국으로 출장을 갔었다.

3. **了와 수량 구조 및 결과보어 :** '동사+수량 구조'에서 이미 지나간 상황을 나타낼 때는 동사 뒤에 반드시 了가 있어야 한다. 또, '동사+결과보어' 구조에서 了는 보어 뒤에 위치해야 하며 동사 뒤에 놓여서는 안 된다.

> 동사 + 了 + 수량 구조(과거)

> 동사 + 결과보어 + 了(과거)

昨天我睡8个小时觉。(X) → 昨天我睡了8个小时觉。어제 나는 8시간 동안 잠을 잤다.
上周末我看一部电影。(X) → 上周末我看了一部电影。지난 주말에 나는 영화 한 편을 보았다.

바로 체크 Check! 다음 문장을 바르게 고치세요.

> ❶ 他昨天进了房间了就没出来。　　　→ ________________________
>
> ❷ 公司派了他去上海。　　　→ ________________________
>
> ❸ 他本来在看书，可过一会儿就睡着了。　→ ________________________

정답 ❶ 他昨天进了房间就没出来。❷ 公司派他去了上海。❸ 他本来在看书，可过了一会儿就睡着了。

 **예제 1**

A 是不是好的作品可以用两个标准去衡量，一个是历史，另一个是大众。

B 任何事情总有第一次，不试试怎么会知道结果呢?

C 婚姻不同于恋爱的一点是，婚姻得忍耐更多的生活压力。

D 我从来没去过外国工作，这次被派到中国工作，真有点不知所措。

정답&공략

D 我从来没去过外国工作，这次被派到中国工作，真有点不知所措。

→ 我从来没去外国工作过，这次被派到中国工作，真有点不知所措。

해석　A 좋은 작품인지 여부는 두 개의 기준을 가지고 평가할 수 있다. 하나는 역사고, 다른 하나는 대중이다.
B 어떤 일이든 처음이 있는 법, 시도해보지 않고 어찌 결과를 알 수 있겠는가?
C 결혼이 연애와 다른 점은 결혼은 생활에서 오는 많은 스트레스를 참아내야 한다는 것이다.
D 나는 여태껏 외국에 가서 일을 해본 적이 없다. 이번에 중국으로 파견되어 정말로 어찌해야 할지 모르겠다.

공략　'去外国工作'는 연동문이다. 연동문에서 过는 두 번째 동사 뒤에 위치해야 한다.

어휘　★标准 biāozhǔn 몡 기준 | ★衡量 héngliang 동 평가하다, 따지다 | 一个……另一个 yí ge……lìng yí ge 하나는 ~이고 다른 하나는 ~이다 | ★任何 rènhé 떼 어떠한 | ★怎么……呢 zěnme……ne 어찌 ~할 수 있는가? | ★婚姻 hūnyīn 몡 결혼 | 不同于 bùtóng yú ~와 다르다 | ★恋爱 liàn'ài 동 연애하다 | ★忍耐 rěnnài 동 인내하다 | ★从来 cónglái 뷔 여태껏 | ★被派到 bèi pàidào ~로 파견되다 | ★不知所措 bù zhī suǒ cuò 쳉 어찌할 바를 모르다

 **예제 2**

A 今年2月9号晚上，北京终于迎来2011年的第一场雪。

B 那天他陪同我进了故宫了，之后便急急忙忙地去参加会议了。

C 由于文化等诸多因素，《三国演义》成为一本翻译难度极高的著作。

D 早在唐代，陆羽的《茶经》就有了关于茶叶的分类和煎煮收藏的记载。

정답&공략

B 那天他陪同我进了故宫了，之后便急急忙忙地去参加会议了。

→ 那天他陪同我进了故宫，之后便急急忙忙地去参加会议了。

해석　A　올해 2월 9일 저녁 베이징에 마침내 2011년 들어 첫눈이 내렸다.

　　　　B　그날 그는 나를 데리고 고궁에 갔다. 그러고 나서는 급히 회의에 참석하러 갔다.

　　　　C　문화 등 여러 가지 원인으로『삼국연의』는 번역하기 매우 어려운 저작이 되었다.

　　　　D　일찍이 당나라 때 육우가 쓴『다경』에는 찻잎의 종류와 끓이기, 보관하는 방법과 관련된 기록이 있다.

공략　了₁, 了₂가 같이 쓰일 때는 현재의 상황을 나타낼 수 있지만 과거의 상황은 나타낼 수 없다. 따라서 두 번째 了를 없애야 한다.

어휘　★终于 zhōngyú 뵈 마침내 | 迎来 yínglái 맞이하다 | 第一场雪 dì-yī chǎng xuě 첫눈 | ★陪同 péitóng 동 동행하다 | 故宫 Gùgōng 고유 고궁 | 之后 zhīhòu 명 ～이후에 | 便 biàn 뵈 곧 | ★急急忙忙 jíjímángmáng 형 급하다 | 诸多 zhūduō 형 많은 | ★因素 yīnsù 명 요소 | 三国演义 Sānguó Yǎnyì 명 삼국연의 | 翻译 fānyì 동 번역하다 | ★难度 nándù 명 난이도 | 著作 zhùzuò 명 저작 | 唐代 Tángdài 명 당 왕조 | 茶经 Chájīng 명 다경 | 分类 fēnlèi 동 분류하다 | 煎煮 jiānzhǔ 동 끓이다 | ★收藏 shōucáng 동 보관하다 | 记载 jìzǎi 동 기록하다

독해
제1부분

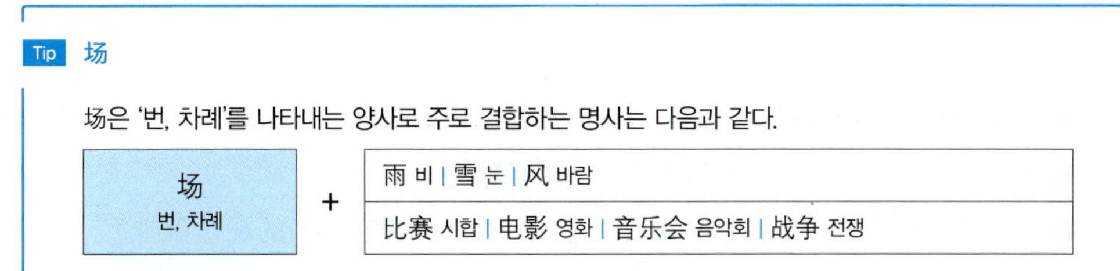

第 1-8 题：请选出有语病的一项。

1. **A** 元旦晚会上，孩子们表演了自己精心准备的节目，相当精彩了。
   B 时间是治疗心灵伤痛的良师，但绝不是解决问题的高手。
   C 我一直坚持跑步，不仅是为了锻炼身体，也是为了磨练自己的意志。
   D 在图书市场上，将《孙子兵法》应用在经济管理领域的作品不在少数。

2. **A** 据我所知，本次摄影展起初是以地方旅游经济为目的展开的。
   B 在我看来，创意是有一定门槛的，但不是特别高。
   C "海归"往往掌握先进技术，市场观念比较强，并拥有最新的观念和理念。
   D 数学考试，他才得了7分了，但语文考试却得了满分。

3. **A** 天底下快乐的人并不是上天给了他快乐的事，而是给了他一颗快乐的心。
   B 宽容是一种为人处世的人生哲学，原谅别人的过错，才能与他人保持良好的人际关系，获得他人的尊敬与钦佩。
   C 每年春节，大街小巷热热闹闹的，孩子们跑来跑去，笑了放鞭炮，真是一番热闹祥和的景象。
   D 记忆和理解是有区别的，少了一种记忆手段并不意味着理解能力会下降。

4. **A** 汽车开了到山脚下，大家便散开各玩各的。突然，一声突如其来的爆炸声引起了大家的注意。
   B 吹风机由一组电热丝和一个小风扇组合而成，通电时电热丝会产生热量，风扇通过它将吹出热风。
   C 迄今为止发现的最早的地图，是1573年在湖南长沙马王堆出土的三幅汉代国绘地图。
   D 大多数鲸鱼生活在海洋中，可以分为两类：一是须鲸，二是雪鲸。

5. **A** 香港地域狭小，人口众多。为了解决交通问题，政府对私家车征收重税。

   B 网络文学毫无疑问为许多有才华的青年作者提供了展示才华的平台，使得一批优秀的青年写手涌现了出来。

   C 很久以前，我曾在中国工作了三年了，那段经历，对我来说是永远难以忘怀的。

   D 在适当的时间吃零食，可以消除疲劳、调节心情、缓解压力，并且可以为身体补充能量。

6. **A** 天冷了，你应该多穿点衣服。

   B 老师的鼓励，使他的信心大大增加了。

   C 昨天睡得太晚，所以今早我9点多才醒来了。

   D 为了预防在野外活动中走失，你应当掌握定位和测向方法。

7. **A** 愚公精神要赋予它新的时代内涵，信息时代也需要弘扬持之以恒的精神。

   B 他的生平经历，史书上不曾留下了记载，我们也无从考证。

   C 他不但爱唱京剧，而且精于京剧史的研究。

   D 这次考试不难，但由于他准备得不够充分，差点儿就没及格。

8. **A** 冬天他爱穿一件破旧的棉衣，从不围围巾，丝毫没有大学校长的派头。

   B 社区主任接受采访时表示，去年大家做了很多调解工作，今年会更多地为受到情感和生活困扰的人提供帮助。

   C 营救告一段落后，志愿者把重点转向照顾幸存者，一刻也不停歇。

   D 老人指那个高个儿说："他就是你们要找的那位科学家。"

＋**정답 및 해설**_ 해설집 62쪽

15 day 술어의 의미를 보충하는 표현
– 보어

보어는 종류가 비교적 많다. 그리고 보어들은 각기 다른 용법과 많은 제한이 따른다. 따라서 반드시 사전에 학습을 통해서 정리해야 한다. 방향보어의 여러 가지 용법과 기타 보어의 특징을 학습해 보어 관련 문제를 해결하는 비법을 마스터하자.

학습목표

1 보어의 기본적인 용법을 학습한다

2 보어 사용에서 자주 발생하는 오류를 파악한다

3 여러 가지 보어를 자유자재로 활용할 수 있다

기초 실력 테스트 TEST

1 빈칸에 들어갈 알맞은 것을 보기에서 고르세요.

| 보기 | 出来 | 起来 | 下来 | 得 |

❶ 他从山上走＿＿＿＿＿。

❷ 他从教室里跑＿＿＿＿＿。

❸ 你的汉语说＿＿＿＿＿真好。

❹ 最近天热＿＿＿＿＿了。

2 다음 문장이 맞으면 O, 틀리면 X를 표시하고, 틀린 문장은 바르게 고치세요.

❶ (　　) 他说汉语得很好。　　→ ＿＿＿＿＿＿＿＿＿＿＿＿＿＿＿＿

❷ (　　) 老师走进去教室。　　→ ＿＿＿＿＿＿＿＿＿＿＿＿＿＿＿＿

❸ (　　) 我做作业完了。　　→ ＿＿＿＿＿＿＿＿＿＿＿＿＿＿＿＿

❹ (　　) 昨天我看了电视一个小时。　　→ ＿＿＿＿＿＿＿＿＿＿＿＿＿＿＿＿

6급 기출문제 맛보기

맛보기

난이도 中　　공략 Key '동사+在+일반명사+방위사' 구조 파악

A 有些电脑设计得很小巧甚至可以放在一个很薄的文件袋。

B 快乐有助于长寿，快乐有助于增进食欲，快乐有助于提高工作效率。

C 草原上的天气变化无常，刚刚还是晴空万里，转眼间就乌云密布。

D 重新审视农业，开拓农业的新领域，已成为当今世界农业发展的新趋势。

정답&공략

A 有些电脑设计得很小巧甚至可以放在一个很薄的文件袋。

→ 有些电脑设计得很小巧甚至可以放在一个很薄的文件袋里。

해석　A 어떤 컴퓨터는 소형으로 디자인이 되어 있어서 아주 얇은 서류 가방에도 넣을 수 있다.

B 즐거움은 장수에 이롭고 즐거움은 식욕을 증진시키며 즐거움은 업무의 효율을 향상시키는 데 도움을 준다.

C 초원의 날씨는 변화무쌍해서 방금 전까지만 해도 맑아서 멀리까지 보이다가도 눈 깜짝할 사이에 먹구름이 잔뜩 낀다.

D 농업에 대해 재검토를 하고 농업의 신영역을 개척하는 것이 오늘날 세계 농업 발전의 새로운 추세가 되었다.

공략　'동사+개사+일반명사' 뒤에는 반드시 방위사 上, 中, 下, 里 등이 있어야 한다. 문장의 의미에 따라 방위사가 달라지는데, 이 문장에서는 맨 뒤에 방위사 里를 추가해야 한다.

어휘　★电脑 diànnǎo 명 컴퓨터 | ★设计 shèjì 동 디자인하다 | 小巧 xiǎoqiǎo 형 작다 | ★甚至 shènzhì 부 심지어는 | ★薄 báo 형 얇다 | 文件袋 wénjiàndài 서류 가방 | ★有助于 yǒuzhùyú 동 ~에 도움을 주다 | ★长寿 chángshòu 형 장수하다 | ★增进 zēngjìn 동 증진하다 | ★食欲 shíyù 명 식욕 | ★效率 xiàolǜ 명 효율 | ★变化无常 biàn huà wú cháng 성 변화무쌍하다 | 晴空万里 qíngkōng wànlǐ 하늘이 맑아 멀리 보인다 | ★转眼间 zhuǎnyǎnjiān 눈 깜짝할 사이에 | ★乌云密布 wūyún mìbù 먹구름이 짙게 깔리다 | 审视 shěnshì 동 자세히 살펴보다 | ★开拓 kāituò 동 개척하다 | ★领域 lǐngyù 명 영역 | 新趋势 xīn qūshì 새로운 추세

방향보어가 있는 문장에서 '回来韩国, 回去北京, 进去教室'와 같이 장소 목적어의 정확한 위치를 찾지 못해 자주 틀리는 경우가 많아요. 사실 回来, 回去, 进去 뒤에는 장소 목적어가 올 수 없답니다. '回韩国来, 回北京去, 进教室去'로 표현해야 맞는 문장이죠.

 **보어의 기본 형식 파악하기**

1. 여러 가지 방향 보어

방향보어	의미	호응 동사	예문
起来	아래 → 위	站 서다 | 拿 가지다 | 爬 기어오르다 | 捡 줍다 | 拾 줍다	我从地上捡起一个钱包来。 나는 바닥에서 지갑을 하나 주었다.
	분산 → 집중	包 싸다 | 集中 집중하다	请帮我把礼物包起来吧。선물 좀 싸주세요.
	시작(추상)	哭 울다 | 笑 웃다 | 热 덥다 | 紧张 긴장하다	说着说着，她哭起来了。 말하다가 그녀는 울기 시작했다.
	판단(추상)	看 보다 | 听 듣다 | 说 말하다 | 闻 맡다 | 提 들다	听起来，他是上海人。 들어보니 그는 상하이 사람이다.
出来	안 → 밖	走 걷다 | 跑 달리다 | 拿 가지다 | 掏 꺼내다	他从包里拿出一张照片来。 그는 가방에서 사진 한 장을 꺼냈다.
	무 → 유	想 생각하다 | 发挥 발휘하다 | 认 분간하다 | 看 보다	你一定要发挥出自己的能力来。 너는 자신의 능력을 발휘해야 한다.
下来	위 → 아래 (화자는 아래, 청자는 위에 위치)	走 걷다 | 爬 기어오르다 | 拿 가지다 | 跑 달리다	你快点跑下来吧。너 빨리 좀 뛰어 내려와라!
	과거 → 현재	坚持 견지하다	虽然很难，但他坚持下来了。 매우 어렵지만 그는 견뎌냈다.
	고정	停 멈추다 | 住 살다 | 定居 정착하다 | 安定 안정되다 | 留 머무르다	雨慢慢停下来。비가 천천히 그쳤다.
下去	위 → 아래 (화자와 청자 모두 위에 위치)	走 걷다 | 爬 기어오르다 | 拿 가지다 | 跑 달리다	我们一起跑下去吧。우리 함께 뛰어 내려가자!
	현재 → 미래	坚持 견지하다	你一定要坚持下去。너는 반드시 견뎌내야 한다.
上去	아래 → 위 (화자와 청자 모두 아래에 위치)	走 걷다 | 爬 기어오르다 | 拿 가지다 | 跑 달리다	我一个小时内要爬上去。 나는 한 시간 안에 기어 올라가려고 한다.
	판단	看 보다 | 听 듣다 | 闻 맡다	看上去，他是南方人。 보기에 그는 남방 사람이다.
过来	저쪽 → 이쪽	走 걷다 | 爬 기어오르다 | 拿 가지다 | 跑 달리다	他拿过来一本书让我看。 그는 책을 한 권 가지고 와서 나에게 보여주었다.
	무의식 → 의식	活 살다 | 醒 깨다 | 明白 이해하다 | 醒悟 깨닫다	我12点才醒过来。 나는 12시가 되어서야 일어났다.

| 过去 | 이쪽 → 저쪽 | 走 걷다 │ 爬 기어오르다 │ 拿 가지다 │ 跑 달리다 | 孩子一看到妈妈就跑过去了。
아이는 엄마를 보자마자 뛰어갔다. |
| | 의식 → 무의식 | 死 죽다 │ 晕 어지럽다 | 我昨天差点儿热得晕过去了。
나는 어제 하마터면 더워서 쓰러질 뻔했다. |

2. 정도보어 : '……极了, ……死了, ……得要命'의 형태로 표현되며 주로 형용사 또는 심리동사 뒤에 온다.

我现在饿得要命。 나는 지금 배가 고파 죽겠다.

今年夏天热死了。 올해 여름은 더워 죽겠다.

昨天真的气死我了。 어제 정말 화가 나 죽을 뻔했다.

3. 수량보어 : 동사나 형용사 뒤에서 수량을 수반한다. 만약 '동사+명사' 구조나 이합사가 있을 경우에는 동사를 중첩하거나 동사와 명사 사이에 수량보어가 놓인다.

他到现在谈了三次恋爱。/ 他到现在谈恋爱谈了三次。 그는 지금까지 세 번 연애를 했다.

去年，我读了50本书。/ 去年，我读书读了50本。 작년에 나는 책을 50권 읽었다.

4. 가능보어 : 동사나 형용사 뒤에 놓여 가능을 나타낸다. 긍정 형식은 '동사+得+보어'고, 부정 형식은 '동사+不+보어'다.

作业今天做得完吗？ 숙제는 오늘 다 할 수 있니?

早上真的起不来。 아침에 정말 일어날 수 없다.

5. 장소보어 : 동사 뒤에 놓여 장소를 나타낸다.

车停在停车场了。 차를 주차장에 세웠다.

他坐在沙发上睡着了。 그는 소파에서 잠이 들었다.

6. 상태보어 : 대부분 동사 뒤에 쓰여 동작의 상태를 나타내며, 동사 또는 형용사 뒤에 得가 반드시 있어야 한다.

我吃饭吃得很快。 나는 밥을 빨리 먹었다.

外面雪下得很大。 밖에 눈이 많이 내린다.

7. 결과보어 : 동사 뒤에 놓여 결과를 나타낸다.

作业做完了。 숙제를 다 했다.

水果都吃光了。 과일을 다 먹어치웠다.

방향보어는 자주 출제되며 용법이 복잡하다. 방향보어의 기본적인 의미와 파생 의미까지 파악하자.

1. 장소 목적어의 위치 : '동사+出去, 出来, 回去, 回来, 进去, 进来'의 뒤에는 장소를 나타내는 명사가 올 수 없다. 장소를 나타내는 명사는 去, 来 앞에 놓여야 한다. 단순방향보어일 때도 용법은 동일하다.

> 동사 + **出** + 장소 + **去**

他爬上来山顶。(X) → 他**爬上**山顶**来**。(O)　그는 산 정상에 올라갔다.

我要回去家了。(X) → 我要**回**家**去**了。(O)　나는 집에 가려고 한다.

2. '동사+起来'에서 명사의 위치 : '동사+起来'는 여러 가지 의미를 가지고 있다. 그중 시작이나 판단과 같은 추상적인 의미를 나타낼 때는 뒤에 명사를 쓸 수 없으며, 명사를 쓸 경우에는 반드시 起와 来 사이에 놓여야 한다.

> 동사 + **起** + 명사 + **来**

外面突然下雨起来。(X) → 外面突然**下起**雨**来**。(O)　밖에 갑자기 비가 내리기 시작했다.

提起来中国，人们都会想到长城。(X) → **提起**中国**来**，人们都会想到长城。(O)
　　　　　　　　　　　　　　　'중국' 하면 사람들은 만리장성을 떠올리게 될 것이다.

3. 방향보어의 파생 의미 구별

❶ 想起来와 想出来 : '想起来'는 잊었던 일이 생각난 것을 의미하고, '想出来'는 원래 없던 것에서 새로운 아이디어가 생각나는 것을 의미한다.

我**想起**这个词的意思**来**了。나는 이 단어의 의미가 생각났다.

我**想出**了一个好主意**来**。나는 좋은 생각이 떠올랐다.

❷ 坚持下去와 坚持下来 : 下去는 현재에서 미래까지를 나타내고, 下来는 과거에서 현재, 미래까지를 나타낼 수 있다.

我从今天开始，一定要**坚持下去**。나는 오늘을 시작으로 반드시 끝까지 할 것이다.

一个月的时间虽然很长，但我终于**坚持下来**了。한 달이라는 시간이 길었지만, 나는 마침내 끝까지 버텨냈다.

4. 방향보어와 동사의 호응 관계 : 방향보어는 방향 의미 외에 파생 의미를 가지고 있으며, 어떤 단어는 특정한 방향보어와 호응한다. '停/固定+下来', '说/闻/吃+起来', '下起雨来/聊起天来/睡起觉来', '发挥/发泄/表现+出来' 등의 방향보어는 고정 형식으로 쓰이기에 다른 것으로 대체할 수 없다.

雨停起来了。(X) → 雨**停下来**了。(O)　비가 멈췄다.

我要把自己的能力发挥下来。(X) → 我要把自己的能力**发挥出来**。(O)　나는 스스로의 능력을 발휘하려고 한다.

 다음 문장을 바르게 고치세요.

---

❶ 他终于醒过去了。 → _______________________

❷ 老板走进去办公室了。 → _______________________

❸ 他读书起来。 → _______________________

❹ 他拿一百元出来。 → _______________________

정답 ❶ 他终于醒过**来**了。 ❷ 老板走**进办公室去**了。 ❸ 他读**起书来**。 ❹ 他拿**出一百元来**。

예제

난이도 中   공략 Key '동사+起来' 구조에서의 명사 위치

A 在家人的照料下，他很快地恢复了健康。

B 拥有健康的身体，关键是要保持一个良好的心态。

C 商业广告显然与公益广告不同，因为它有着明显的功利色彩。

D 说起来健康之道，没有什么比良好的生活习惯更重要的了。

정답&공략

D **说起来**健康之道，没有什么比良好的生活习惯更重要的了。

→ **说起**健康之道**来**，没有什么比良好的生活习惯更重要的了。

해석 A 가족들의 보살핌으로 그는 빠른 속도로 건강을 회복하였다.

B 건강한 몸을 가지려고 한다면 좋은 마음 자세를 가지는 것이 관건이다.

C 상업 광고는 명확한 공리적인 색채를 가지고 있기에 분명 공익 광고와는 다르다.

D 건강해지는 방법에 대해서 말하자면 좋은 생활 습관이 무엇보다도 중요하다.

공략 '동사+起来'는 판단을 나타내며 이때 명사는 起와 来 사이에 위치한다.

어휘 照料 zhàoliào 통 보살피다 | ★恢复 huīfù 통 회복하다 | ★健康 jiànkāng 명 건강 | ★拥有 yōngyǒu 통 가지다 | ★关键 guānjiàn 명 관건 | ★保持 bǎochí 통 유지하다 | ★良好 liánghǎo 형 좋다, 양호하다 | ★心态 xīntài 명 마음 자세 | ★商业广告 shāngyè guǎnggào 상업 광고 | ★公益广告 gōngyì guǎnggào 공익 광고 | 明显 míngxiǎn 형 두드러지다 | 功利色彩 gōnglì sècǎi 공리적인 색채 | 健康之道 jiànkāng zhī dào 건강 비법 | 没有什么比……更……的了 méiyǒu shénme bǐ……gèng……de le ~보다 더 ~한 것은 없다 | ★生活习惯 shēnghuó xíguàn 생활 습관

공략 2. 다양한 보어의 형식을 마스터하라

1. 결과보어의 위치 : 결과보어(예 做完, 吃掉, 开到) 뒤에 명사가 있을 때, 명사는 동사 앞에 쓸 수 없으며 반드시 보어 뒤에 써야 한다.

> 동사 + **결과보어** + 명사

我读这本书完了。(X) → 我读完这本书了。(O) 나는 이 책을 다 보았다.
他吃所有的菜光了。(X) → 他吃光了所有的菜。(O) 그는 모든 음식을 다 먹어 치워버렸다.

2. 정도보어의 위치 : '동사+목적어' 구조나 이합사 뒤에 정도보어가 올 때는 동사를 중복해야 한다.

> 동사 + 명사 + 동사 + **得** + 정도보어

他睡觉得很香。(X) → 他睡觉睡得很香。(O) 그는 달콤하게 잠을 잤다.
老师说话得很快。(X) → 老师说话说得很快。(O) 선생님은 말씀하시는 속도가 빠르다.

3. 수량보어의 위치 : '동사+목적어' 구조나 이합사 뒤에 수량보어가 올 경우에는 동사를 중복하거나 수량보어를 동사와 명사 사이에 놓아야 한다.

> 동사 + 명사 + 동사 + **수량보어**　　　동사 + **수량보어** + 명사

下雨了三天。(X) → 下雨下了三天。 / 下雨下了三天雨。(O) 사흘 동안 비가 내렸다.
聊天了两个小时。(X) → 聊天聊了两个小时。 / 聊了两个小时天。(O) 두 시간 동안 수다를 떨었다.

4. '동사+在/到'와 장소 : '동사+在/到+일반명사'가 장소를 나타낼 때 뒤에 반드시 방위사 上, 中, 下, 里가 명사 뒤에 있어야 한다. 만약에 '车停在五道口了'처럼 在, 到 뒤에 장소명사가 있으면 뒤에 방위사를 쓸 수 없다.

동사 + 在/到 + 일반명사 + 上/中/下/里　　　동사 + 在/到 + 장소명사

书放在包。(X) → 书放在包里。(O)　책을 가방에 넣었다.
他的能力主要表现在音乐。(X) → 他的能力主要表现在音乐上。(O)　그의 능력은 주로 음악에서 나타난다.

바로 체크 Check!　다음 문장을 바르게 고치세요.

❶ 南方人吃很慢。　　　　　→ ____________________

❷ 他写报告完了。　　　　　→ ____________________

❸ 画贴在墙。　　　　　　　→ ____________________

정답 ❶ 南方人吃得很慢。 ❷ 他写完报告了。 ❸ 画贴在墙上。

예제

난이도 中　공략 Key 목적어가 있는 정도보어의 형식

A 外面下雪得这么大，我们何必一定要现在去呢?
B 不是每次努力都能有所收获，但是每一次收获都源之于努力。
C 两个人在一起，遇到事至少可以商量一下，总比一个人好。
D 我是一名电影评论专业的研究生，去年一年我共看了206部电影。

정답&공략

A 外面下雪得这么大，我们何必一定要现在去呢?
→ 外面下雪下得这么大，我们何必一定要现在去呢?

해석　A 밖에 눈이 이렇게 많이 내리는데 구태여 지금 꼭 갈 필요가 있겠니?
　　　B 매번 노력한다고 성과가 있는 것은 아니지만 모든 수확은 노력에서 시작된다.
　　　C 두 사람이 함께 있으면 어떤 일에 처해도 최소한 상의할 수 있다. 혼자 하는 것보다 낫다.
　　　D 난 영화 평론을 전공한 대학원생으로 작년 한 해 동안 총 206편의 영화를 보았다.

공략　명사 목적어가 있는 정도보어는 동사를 한 번 더 중복해야 한다. '下雪下得很大'로 써아 맞는 문장이다.

어휘　★下雪 xiàxuě 동 눈이 내리다 | ★何必 hébì 부 구태여 ~할 필요가 있는가? | ★有所收获 yǒusuǒ shōuhuò 조금의 수확(성과)이 있다 | 源之于 yuán zhī yú ~에서 비롯되다 | ★至少 zhìshǎo 부 최소한 | ★商量 shāngliang 동 상의하다 | 总 zǒng 부 합쳐서 | ★评论 pínglùn 동 평론하다 | ★专业 zhuānyè 명 전공 | ★一部电影 yí bù diànyǐng 영화 한 편

新HSK **6급 따기**
실전 테스트

第 1-8 题：请选出有语病的一项。

1. **A** 我从小一感冒就发烧起来，头也疼得厉害。

   B 他是一位有着30多年教龄的老教师。

   C 做任何事情，只要开始行动，就等于取得了一半的成功。

   D 婺源市是南宋著名学者朱熹的故里和中国铁路之父詹天佑的家乡。

2. **A** 到了故宫，再走多几步就是景山公园，在那儿你能看到故宫全景。

   B 旅行对我们作家来说是非常好的机会，可以让我们了解社会的各个阶层。

   C 人们生活的地球，是一个天然的磁体，有南北两个磁极。

   D 生活就如同一次旅行，在乎的不是旅游的终点，而是旅途上的风景和旅游的心情。

3. **A** 每个人都需要关爱，关爱可以增进人们的感情，拉近人与人之间的距离，但关爱有一个前提就是适当。

   B 人们面临财务困境的主要原因在于，在学校学习多年，却从未学过任何有关金钱方面的知识。

   C 1940年11月27日出生的李小龙虽然不是第一个进入好莱坞的华人，却是第一个成为国际巨星的功夫演员。

   D 那次旅行，因为我晕车得厉害，所以很多风景都没看到，回来后真是后悔莫及。

4. **A** 人要善待自己，善待自己的最好方法就是善待别人，而善待别人的最好方法就是宽恕别人。

   B 今天好不容易可以休息一下，我本来打算睡个够，可没想到刚躺下在床上，老板就又打过电话来。

   C 一所大学的成功除了要靠一些杰出人士的支撑外，更多的是靠许许多多普通的小人物全心全意的服务与奉献。

   D 他突然来访，我的计划完全被打乱了，虽然我们是多年的好朋友，心中也难免会生出一些不快。

5.　**A** 一看到树上长小嫩芽出来，我就特别兴奋，好似看到了一个新生命的诞生。

　　B 他平时总是沉默寡言，但一谈起他那心爱的专业时，就变得健谈多了。

　　C 为什么这种浪费人才的现象，至今没有引起有关部门的重视呢?

　　D 一个人只有时刻保持积极乐观的心态，才会更加热爱生命、热爱生活。

6.　**A** 崔永元是中央电视台的著名主持人，他的节目很受欢迎。

　　B 中学时代打下的坚实基础，为他进一步自学创造了条件。

　　C 他们在遇到困难的时候，并没有消沉，而是从大家的信赖和关怀中得到了力量，树立了克服困难的信心。

　　D 有的学生普通话说不标准，很可能与他的小学老师的语言情况有关。

7.　**A** 记者在采访中发现，不少民众已经养了睡前阅读的习惯。

　　B 如果今天比昨天做得更差，那么明天怎么会更好?

　　C 据了解，人体所需的矿物质4%左右是由饮用水提供的。

　　D 桥下的流水在"哗哗"作响，一艘艘搭着花棚的竹竿木船穿洞而过。

8.　**A** 在她的一再鼓动下，丈夫辞职去了一家私营企业。

　　B 结婚数年，所有的温情都被生活抹去，剩下的只有油盐酱醋。

　　C 我最近新租的房子离公司很远，要转两趟车才能到。

　　D 他昨天早点睡，可是今天还是起不来，真是无药可救了。

16 day 짝꿍만 알면 정답 확률 100%

– 고정 형식

정답_ 해설집 232쪽

학습목표

1 고정 형식의 기본적인 용법을 파악한다

2 자주 출제되는 고정 형식과 관련된 오류 잡기를 마스터한다

3 고정 형식을 자유자재로 활용할 수 있다

고정 형식은 호응하여 사용되는 구조를 말한다. 호응 구조는 어떤 단어와도 자유롭게 결합하여 쓰이는 것이 아니라 고정된 형태로 쓰인다. 그리고 앞뒤에 호응하는 단어나 위치에 대한 요구치가 높다. 또한 고정 형식은 비슷한 형태처럼 보이는 것들도 의미와 용법에는 큰 차이가 있으니 결합 형태에 익숙해져야 한다.

기초 실력 테스트 TEST

1 빈칸에 들어갈 알맞은 것을 보기에서 고르세요.

| 보기 | 下　　　在　　　对　　　由 |

❶ 这件事是＿＿＿他安排的。　　　❷ ＿＿＿我来说，汉语很难。

❸ ＿＿＿我看来，这部电影不怎么样。　　❹ 在这样的条件＿＿＿，想生活也很难。

2 다음 문장이 맞으면 O, 틀리면 X를 표시하고, 틀린 문장은 바르게 고치세요.

❶ (　　) 她受欢迎男孩。　　　→ ＿＿＿＿＿＿＿＿＿＿＿＿＿

❷ (　　) 在他看来，这件事不容易。　→ ＿＿＿＿＿＿＿＿＿＿＿＿＿

❸ (　　) 南方人来说，这儿太冷。　→ ＿＿＿＿＿＿＿＿＿＿＿＿＿

❹ (　　) 这件事是很重要。　　　→ ＿＿＿＿＿＿＿＿＿＿＿＿＿

6급 기출문제 맛보기

맛보기

난이도 中　공략 Key '对于……来说' 구조 파악

A 梁羽生是被大家认可的新派武侠小说的开山始祖。

B 牡丹别称木芍药，是花中之王，素有"国色天香"之称。

C 关于一般的工薪阶层来说，贷款购房、按揭付款的方式压力也不小。

D 拉萨的天空总是那么干净、那么蓝，就像用水洗过的蓝宝石一样。

정답&공략

C 关于一般的工薪阶层来说，贷款购房、按揭付款的方式压力也不小。

→ 对于一般的工薪阶层来说，贷款购房、按揭付款的方式压力也不小。

해석　A 량위성은 모두가 인정하는 새로운 무협 소설파의 창시자다.

B '목작약'이라는 별칭이 있는 모란은 꽃 중의 왕으로, 예전부터 '절세미인'이라는 명칭을 가지고 있다.

C 일반적인 샐러리맨이 대출해서 집을 사거나 주택 담보로 대출하는 방식은 부담이 적지 않다.

D 라싸의 하늘은 항상 깨끗하고 푸르러 마치 물로 씻은 사파이어와 같다.

공략　'~의 입장이나 관점에서 말하자면'의 의미를 가지는 고정 형식 '对于……来说'에서 对于는 关于로 바꿀 수 없다.

어휘　★被认可 bèi rènkě ~라고 인정되다 | 新派 xīnpài 몡 새로운 파, 신파 | ★武侠小说 wǔxiá xiǎoshuō 몡 무협 소설 | 开山始祖 kāishān shǐzǔ 창시자 | 牡丹 mǔdān 몡 모란 | 木芍药 mùsháoyào 몡 목작약 | 花中之王 huā zhōng zhī wáng 꽃 중의 왕 | ★素有……之称 sùyǒu……zhī chēng 오래도록 ~명칭을 가지고 있다 | ★工薪阶层 gōngxīn jiēcéng 몡 샐러리맨 | ★贷款 dàikuǎn 동 대출하다 | ★购房 gòufáng 주택 구매 | ★按揭付款 ànjiē fùkuǎn 주택 담보 대출 | ★拉萨 Lāsà 고유 라싸 | 蓝宝石 lánbǎoshí 몡 사파이어

고정 형식은 독해 영역뿐 아니라 쓰기 영역에서도 잘 활용하면 높은 점수를 받을 수 있어요. 필수 고정 형식이 어떻게 호응하는지 잘 살펴보세요.

자주 출제되는 고정 형식 파악하기

1. **从**……**来看** : '어떤 방면에서 본다면'의 의미로 '从……上来看'과 같다.

从经济方面**来看**，上海是一个很发达的城市。경제 방면에서 본다면 상하이는 아주 발달한 도시다.
只**从**成绩**上来看**，他是一个很优秀的学生。단지 성적에서만 본다면 그는 아주 우수한 학생이다.

2. **在**……**看来** : '~에서 본다면'의 의미로 중간에 사람, 회사, 국가를 넣을 수 있다.

在外国人**看来**，故宫的规模太大。외국인이 보기에 고궁의 규모는 아주 크다.
在中国**看来**，这是一次难得的机会。중국에게 이건 보기 드문 좋은 기회다.

3. **拿**……**来说** : '예를 들어 말하자면'의 의미로 유사 표현으로는 '比如说'가 있다. 이 표현을 쓸 때
는 앞에서 우선 주제를 설명하고 그 뒤에 이 표현을 써서 예를 들어 설명한다.

每年来这儿旅游的人都很多，**拿**今年**来说**，游客的数量已超过了两万人。
매년 이곳에 여행 오는 사람이 매우 많다. 올해를 예로 들자면 관광객의 수가 이미 2만 명을 넘어섰다.

很多中国人都离开故乡去了外地，**拿**我**来说**，每年只回一次故乡。
많은 중국인들이 고향을 떠나 외지로 갔다. 나만 봐도 매년 고향에 한 번 간다.

4. **因(为)**……**而**…… : '~하기 때문에 그래서 ~하다'의 의미로 원인에 따른 결과를 나타낸다. 그러
나 모든 인과 관계에 이 고정 형식을 쓸 수 있는 것은 아니다. 또한 목적에 따른 행위를 나타내는
'为了……而……' 구조도 주의해야 한다.

很多公司**因**贷款太多**而**破产了。많은 회사들이 대출이 너무 많아서 파산했다.
我**为了**学汉语**而**去了北京。나는 중국어를 배우기 위해서 베이징에 갔다.

5. **在**……**下** : '~하에'라는 의미로 상황이나 원인, 조건 등을 나타낸다.

호응 구조	의미	예문
在……情况**下** ~ 상황하에 | **在**……环境**下** ~ 환경하에 | **在**……条件**下** ~ 조건하에	상황	**在**当时的情况**下**，女人要成功非常难。 당시의 상황에서 여자가 성공하는 것은 매우 어려웠다.
在……帮助**下** ~ 도움하에 | **在**……指导**下** ~ 지도하에 | **在**……引导**下** ~ 인도하에	원인, 조건	**在**他的帮助**下**，我得到了很好的成绩。 그의 도움 때문에 나는 좋은 성적을 거두었다.

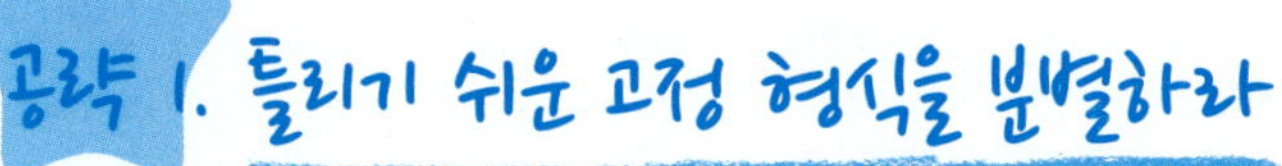

공략 1. 틀리기 쉬운 고정 형식을 분별하라

고정 형식은 말 그대로 고정된 것이기에 전후의 호응 관계와 위치를 제대로 파악해야 한다. 그리고 의미에 따른 적합한 고정 형식을 선택해야 한다.

1. **对……来说** : '~의 입장에서 말하자면'의 의미로 중간에 사람, 회사, 국가 등을 넣을 수 있다. 对를 对于로 바꿔 쓸 수는 있지만 关于로 바꾸어 '关于……来说'로는 쓸 수 없다. 또한 예를 들어 '对西方人而言，汉字很难。(서양인에게 한자는 매우 어렵다.)'처럼 来说도 而言으로 바꿔 쓸 수 있다.

독해
제1부분

关于一般人来说，房价太高了。(X) → **对于**一般人**来说**，房价太高了。(O)
　　　　　　　　　　　　일반 사람들에게 집값은 너무 비싸다.

中小企业来说，这个项目意义重大。(X) → **对于**中小企业**来说**，这个项目意义重大。(O)
　　　　　　　　　　　　중소 기업에게 이 프로젝트는 큰 의미를 가지고 있다.

2. **是……的** : 강조 구문으로 여러 용법에 쓰인다.

호응 구조	용법		예문
是……的₁	과거의 사실을 강조할 때 是는 생략 가능	시간	我(**是**)去年大学毕业**的**。 나는 작년에 대학을 졸업했다.
		장소	我(**是**)在朋友家睡**的**觉。 나는 친구 집에서 잠을 잤다.
		방식	我(**是**)坐地铁来**的**。 나는 지하철을 타고 왔다.
是……的₂	是는 생략 불가능	형용사	学汉语**不是**那么容易**的**。 중국어 배우기가 썩 쉽지 않다.
		성어	朋友**是**必不可少**的**。 친구는 꼭 있어야 한다.
		구조	这件事**是**由他负责**的**。 이 일은 그가 책임져야 한다.

주의 두 번째 '是……的' 구문은 是, 的 모두 생략이 불가능하며 항상 호응해서 써야 한다. 독해 제1부분에서 중요한 내용이기도 하지만 특히 작문할 때 유의해야 한다.

他的想法很特别的。(X) → 他的想法**是**很特别**的**。(O) 그의 생각은 아주 독특하다.
语法是至关重要。(X) → 语法**是**至关重要**的**。(O) 어법은 매우 중요하다.

3. **连……也(都)** : '连+명사+也(都)+동사'는 '~조차도'라는 뜻의 강조 구문으로 连은 생략할 수 있다.

我刚去中国时，**连**"你好"**也**不会说。 막 중국에 갔을 때는 '你好'도 말하지 못했다.

주의 이 구조에서 명사는 连 뒤에 위치해야 하며 也 또는 都 뒤에 위치해서는 안 된다.

他连一本也没看过中文小说。(X) → 他**连**一本中文小说**也**没看过。(O) 그는 중국 소설을 한 권도 본 적이 없다.
他连一个也没有朋友。(X) → 他**连**一个朋友**也**没有。(O) 그는 친구가 단 한 명도 없다.

 **바로 체크 Check!** 다음 문장을 바르게 고치세요.

❶ 有些人而言，早饭可有可无。　　　　→ ______________________________

❷ 关于孩子来说，有时父母要求太高。　→ ______________________________

❸ 小错误也不能忽视的。　　　　　　　→ ______________________________

❹ 她连一杯也喝不了啤酒。　　　　　　→ ______________________________

정답 ❶ 对有些人而言，早饭可有可无。 **❷** 对于孩子来说，有时父母要求太高。
❸ 小错误也是不能忽视的。 **❹** 她连一杯啤酒也喝不了。

예제

난이도 中　공략 Key '对于……, 而言' 구조 파악

A 越来越多的艺术家开始加入该电影的创作，赢得了观众的称赞。

B 不知从什么时候开始，书报杂志上出现了越来越多的回忆往事的文章。

C 为了使工厂尽快脱离困境，厂领导认真研究了职工们的建议。

D 关于新闻工作者而言，语言能力更是起着举足轻重的作用。

정답&공략

D 关于新闻工作者而言，语言能力更是起着举足轻重的作用。

→ 对于新闻工作者而言，语言能力更是起着举足轻重的作用。

해석 A 점점 많은 예술가들이 그 영화를 창작하는 데 영입되기 시작해 관중들의 호평을 받았다.
B 언제부터인지는 모르겠지만 책이나 신문, 잡지에서 과거를 회고하는 글이 갈수록 많아지고 있다.
C 공장을 가능한 빨리 곤경에서 벗어나게 하기 위해 공장 책임자는 직원들의 건의 사항을 진지하게 검토하였다.
D 뉴스 관련 일을 하는 사람한테는 언어 실력이 더욱 막대한 작용을 한다.

공략 而言은 来说의 문어체 표현이며 단지 对(于) 하고만 호응할 수 있다.

어휘 ★艺术家 yìshùjiā 몡 예술가 | ★加入 jiārù 동 가입하다 | ★该 gāi 때 그, 저 | 创作 chuàngzuò 동 창작하다 | 赢得 yíngdé 동 (어떤 것을) 얻다 | ★观众 guānzhòng 몡 관중 | ★称赞 chēngzàn 동 칭찬하다 | ★书报杂志 shūbào zázhì 책·신문·잡지 | ★回忆 huíyì 동 회고하다 | ★往事 wǎngshì 몡 지나간 일 | ★文章 wénzhāng 몡 글 | 尽快 jǐnkuài 뵈 서둘러 | ★脱离 tuōlí 동 벗어나다 | ★困境 kùnjìng 몡 곤경 | ★研究 yánjiū 동 연구하다 | 职工 zhígōng 몡 직원 | ★建议 jiànyì 동 건의하다 | ★新闻工作者 xīnwén gōngzuòzhě 뉴스 관련 종사자 | ★起作用 qǐ zuòyòng 작용을 일으키다 | ★举足轻重 jǔ zú qīng zhòng 솅 일거수일투족이 전체에 중요한 영향을 미치다

공략 2. 고정 형식과 관련된 기타 오류를 잡아라

1. **1% 부족하다!** : 고정 형식에서 단어 하나가 빠진 경우다.

在这个过程，一不小心就会出错。(X) → 在这个过程**中**，一不小心就会出错。(O)
이 과정 속에서 자칫 잘못하면 실수할 것이다.

我喜欢朋友沟通。(X) → 我喜欢**跟**朋友**沟通**。(O)　나는 친구와 소통하는 것을 좋아한다.

2. **혼용은 금물!** : 비슷한 다른 고정 형식의 단어로 함부로 대체해서는 안 된다.

从我来看，他说得对。(X) → **在**我**看来**，他说得对。(O)　내가 보기에는 그 사람 말이 맞다.

拿我来说，这个菜很辣。(X) → **对**我**来说**，这个菜很辣。(O)　나한테는 이 음식이 너무 맵다.

3. **짝꿍은 제대로 찾을 것!**

在他的指导中，我进步很大。(X) → 在他的指导**下**，我进步很大。(O)
그의 지도하에 내 실력이 많이 향상되었다.

这件事对他负责。(X) → 这件事**由**他负责。(O)　이 일은 그가 책임진다.

〈 기타 고정 형식 〉

受……欢迎/影响 ~ 영향을 받다	韩国歌手很**受**中国年轻人的**欢迎**。 한국 가수들은 중국 젊은이들의 환영을 받는다.
就……状况来说/而言 ~ 상황에 대해 말하자면	**就**现在的**状况来说**，公司可能会破产。 현 상황에 대해 말하자면 회사는 아마도 파산하게 될 것이다.
以……著称 ~로 이름이 알려지다	这儿**以**独特的建筑**著称**。 이곳은 독특한 건축 양식으로 이름이 알려져 있다.
在……过程/比赛/表演中 ~하는 과정/시합/공연 중에서	**在**学习的**过程中**，遇到困难绝对不能放弃。 공부하는 중에 어려움에 맞닥트린다 할지라도 절대 포기해서는 안 된다. **在**上次足球**比赛中**，这个队表现得非常好。 지난번 축구 시합에서 이 팀은 성적이 아주 좋았다. **在**昨天的**表演中**，有一个演员突然病了。 어제 공연에서 한 배우가 갑자기 아팠다.
由……决定/负责/构成 ~가 결정하다/책임지다/구성하다	这件事**由**你**决定**就好了。 이 일은 네가 결정하는 게 좋겠다. 这个项目**由**他**负责**。 이 프로젝트는 그가 책임지고 있다. 该球队大部分是**由**北方人**构成**。 그 팀은 대부분 북방 지역 사람으로 구성되어 있다.
所자 구조(所+동사+的) ~한 바	我不太相信他**所说的**。 나는 그가 하는 말을 그다지 믿지 않는다.
比什么/哪儿/谁都…… 무엇/어디/누구보다 ~하다	我觉得火锅**比什么都**好吃。 나는 훠궈가 무엇보다도 맛있다고 생각한다. 这儿的茶**比哪儿的都**好喝。 이곳의 차가 어디보다도 맛이 좋다. 在我看来，她**比谁都**漂亮。 내가 보기에 그녀는 누구보다 예쁘다.
在……心目/心/眼中 ~의 마음속에	**在**我的**心目中**，他是一个完美的人。 내 마음속에 그는 완벽한 사람이다.

| 跟……交流/沟通/见面
~와 교류하다/소통하다/만나다 | 父母要及时**跟**孩子**交流**。 부모는 제때에 아이들과 의사소통을 해야 한다. |
| 以……为主/基础/中心
~을 주로/기초로/중심으로 삼다 | 我们班**以**韩国人**为主**。 우리 반은 한국인이 대부분이다. |

 다음 문장을 바르게 고치세요.

> ❶ 在我的心眼中，母爱最伟大。　　　　　→ ___________________
>
> ❷ 在经济方面来看，这儿发展很快。　　　→ ___________________
>
> ❸ 我不想她见面。　　　　　　　　　　　→ ___________________

정답 ❶ 在我的**心目**中，母爱最伟大。 ❷ **从**经济方面来看，这儿发展很快。 ❸ 我不想**和**她见面。

예제 1

난이도 中　공략 Key '比+의문대사+都' 구조 파악

> A 如果作者的想象脱离了人物的思想实际，反而会让人觉得不真实。
>
> B 在我的心里，他近乎完美，比谁有魅力，可万万没想到他做出这样的事。
>
> C 这座博物馆中，收藏着许多举世闻名的艺术珍品，每天来这里观赏的人络绎不绝。
>
> D 大约在2000年前，我们的祖先就已经开始使用仪器进行气象研究了。

정답&공략

> B 在我的心里，他近乎完美，比谁有魅力，可万万没想到他做出这样的事。
>
> → 在我的心里，他近乎完美，比谁**都**有魅力，可万万没想到他做出这样的事。

해석　A 작가의 상상이 인물의 생각과 실제에서 벗어났다면 오히려 사람들은 진실하지 못하다고 생각할 것이다.
　　　B 내 마음속에 그는 완벽하고 그 누구보다도 매력이 있지만, 그가 이런 일을 했을 것이라고는 전혀 생각치 못했다.
　　　C 이 박물관에는 세계적으로 유명한 예술 진품이 많이 소장되어 있어, 매년 이곳으로 구경 오는 사람이 끊임없이 이어지고 있다.
　　　D 대략 2000년 전에 우리의 선조는 이미 기구를 사용하여 기상에 대해 연구하기 시작했다.

공략　'比+의문대사+都'는 고정 형식으로 최상급의 의미를 나타낸다.

어휘　★作者 zuòzhě 몡 작가 | ★想象 xiǎngxiàng 동 상상하다 | 脱离 tuōlí 동 (환경이나 상황에서) 벗어나다 | ★人物 rénwù 몡 인물 | ★反而 fǎn'ér 접 오히려 | ★在……心里 zài……xīnli ~의 마음속에 | ★近乎完美 jìnhū wánměi 완벽함에 가깝다 | ★魅力 mèilì 몡 매력 | ★万万没想到 wànwàn méi xiǎngdào 절대 생각하지 못했다 | ★博物馆 bówùguǎn 몡 박물관 | 收藏 shōucáng 동 소장하다 | ★举世闻名 jǔ shì wén míng 솅 세계적으로 유명하다 | 艺术

珍品 yìshù zhēnpǐn 진귀한 예술품 | ★观赏 guānshǎng 통 눈으로 감상하다 | 络绎不绝 luò yì bù jué 성 끊임없이 이어지다 | ★大约 dàyuē 부 대략 | ★祖先 zǔxiān 명 선조 | ★仪器 yíqì 명 기기, 기구 | ★进行研究 jìnxíng yánjiū 연구를 하다 | ★气象 qìxiàng 명 기상

예제 2

난이도 上　공략 Key '拿……来说' 구조 파악

A 这家工厂虽然规模不大，但曾两次获得省科学大会奖，产品远销世界各地。

B 实践证明，新的考试条例有利于考试的科学化，也减轻了学生不必要的负担。

C 这条路一到高峰期堵车就非常厉害，对今天来说，本来20分钟的车程却走了两个小时。

D 谈起电脑和互联网，这个孩子说得头头是道，让在场的专家也感到惊讶。

정답&공략

C 这条路一到高峰期堵车就非常厉害，对今天来说，本来20分钟的车程却走了两个小时。

→ 这条路一到高峰期堵车就非常厉害，拿今天来说，本来20分钟的车程却走了两个小时。

해석　A 이 공장은 비록 규모가 크지는 않지만 성에서 주최하는 과학 대회에서 상을 두 번이나 받았고 상품이 세계 각지에서 팔리고 있다.

B 새로운 시험 관련 조례는 시험의 과학성을 늘리는 데 도움을 줄 수 있고 학생들에게 불필요한 부담을 덜어 줄 수 있다고 실천을 통해 증명되었다.

C 이 길은 러시아워가 되면 매우 심하게 차가 막힌다. 오늘을 예로 들면 원래 20분 걸렸던 길인데 2시간이나 걸렸다.

D 이 아이는 컴퓨터와 인터넷에 대해 이야기만 하면 아주 조리 있게 말해 자리에 있던 전문가도 놀란다.

공략　'拿……来说'는 예를 들어 말하는 것이고 '对……来说'는 사람이나 회사, 국가의 입장이나 각도에서 말하는 것을 가리키므로 C에서는 '拿……来说'가 적합하다

어휘　★规模 guīmó 명 규모 | ★曾 céng 부 일찍이 | ★获得 huòdé 통 획득하다 | ★远销 yuǎnxiāo 통 먼곳까지 팔리다 | ★世界各地 shìjiè gèdì 세계 각지 | ★实践证明 shíjiàn zhèngmíng 실천을 통해 증명하다 | 条例 tiáolì 명 조례 | 科学化 kēxuéhuà 과학화 | ★减轻 jiǎnqīng 통 경감하다 | ★不必要 bú bìyào ~할 필요없다 | ★负担 fùdān 명통 부담(하다) | ★高峰期 gāofēngqī 명 러시아워 | ★堵车 dǔchē 통 차가 막히다 | ★厉害 lìhai 형 심하다 | 车程 chēchéng 명 주행 거리 | ★谈起 tánqǐ ~을 이야기하다 | ★互联网 hùliánwǎng 명 인터넷 | ★头头是道 tóu tóu shì dào 성 조리 있게 말하다 | ★在场 zàichǎng 통 자리에 있다 | ★惊讶 jīngyà 통 놀라다

第 1-8 题：请选出有语病的一项。

1. **A** 在专家们的意见看来，这种病已经无药可救了，他最长还有6个月的时间。
   B 有些炎症，西药中药都能治。事实上，很多中药不但治疗效果不比西药差，而且副作用更小。
   C 最近几年，这儿的粮食总产量，一直以每年百分之二十的速度在增长。
   D 尽管气候条件和地理环境都极为不利，登山队员还是克服了重重困难，胜利到达峰顶。

2. **A** 倾听别人的交谈，对我来说是获得知识、经验、思想启迪的机会。
   B 蜂鸟是地球上已知的最小的一种鸟。
   C 《西游记》是以民间流传的唐僧取经故事为基础写成的。
   D 该书一经出版就受欢迎很多职场人士，甚至于有些公司人手一本。

3. **A** 以海洋旅游为依托的海洋产业具有非常好的发展前景。
   B 当时的状况来说，女性谈自由、谈权利简直就是天方夜谭。
   C 那种拔苗助长式的教育方法必将造成身体和心理上双重的伤害。
   D 多年来，京郊旅游在京城旅游业中一直占据着十分重要的地位。

4. **A** 这段感人的爱情故事经电台报道后，引起了广泛的关注。
   B 医院修建在小山上，是一处典型的中国古代园林式建筑。
   C 已经到了而立之年，但她连一次也没谈过恋爱，是名副其实的"剩女"。
   D 那里是休闲度假的好地方。更是难得的天然浴池，因此吸引了大量的游客。

5. **A** 很多人为了第一份工作不理想而跳槽，但跳槽之后又往往会更加失落。

   B 竹节虫的体色几乎和竹子一样，在安静时，其体形也与竹子很接近。

   C 从今天起，所有的超市和商场都不再免费提供塑料购物袋。

   D 最近上映的几部外国影片，是我这十年来我所看到的最具民族特色的作品。

6. **A** 这种病毒传播速度非常快，引起了世界各国政府的极大重视。

   B 午饭后可以小睡一会儿，这对缓解疲劳、补充体力很有帮助。

   C 每天忙于工作的父母们回家后都筋疲力尽，孩子的交流实在太少了。

   D 他生前对中国一直怀有深厚的感情，他在作品中多次以赞美的口气提到中国和中国人。

7. **A** 在经济快速发展的情况下，如何使人民的收入水平提高，是新政府面临的严峻课题。

   B 俗话说："差之毫厘，失之千里"，错误微不足道的，但造成的损失却不可估量。

   C 众所周知，新时代的教育应该培养学生善于观察、善于思考、善于创造的能力。

   D 北京奥运会向世界传达了中国人们致力于建设和谐社会、追求平等的美好愿望。

8. **A** 这支团队训练有素，成员由法律方面的专家为主，他们做事我保证万无一失。

   B 在年降雨量少于500毫升的地区不能种树，只能种草。

   C 经验多固然是好事，但如果只靠经验做事，也是不行的。

   D 世界各国人口寿命调查数据表明，女性平均寿命比男性长7年。

✦ **정답 및 해설_** 해설집 70쪽

17 day 문장을 연결하는 고리
– 접속사

*정답_ 해설집 232쪽

학습목표

✓ 1 자주 쓰이는 접속사 구조의 기본 용법을 파악한다

✓ 2 접속사가 들어간 문장 형식의 오류 잡기를 마스터한다

✓ 3 접속사 호응 구조를 자유자재로 활용할 수 있다

복문은 두 개의 문장이 연결된 것으로 전후 문장 사이에 논리 관계가 존재하며 두 개의 접속사가 호응되어 사용된다. 접속사 구조를 물어보는 문제가 많지는 않지만 용법이 비교적 복잡하다. 호응 관계를 알아야 하며 앞절과 뒷절의 논리 관계가 부합되는지를 살피는 게 가장 중요하다.

기초 실력 테스트 TEST

1 빈칸에 들어갈 알맞은 것을 보기에서 고르세요.

보기	与其	尽管	反而	无论

❶ 吃药后，他的病不但没好，________更严重了。

❷ ________做什么工作，都要全力以赴。

❸ ________在家睡觉，不如跟我一起去看电影吧。

❹ ________他没有钱，但是很有能力。

2 다음 문장이 맞으면 O, 틀리면 X를 표시하고, 틀린 문장은 바르게 고치세요.

❶ (　　) 不管爸爸不同意，我都要去。 → ________________________

❷ (　　) 不但他会说汉语，而且会说英语。 → ________________________

❸ (　　) 虽说他努力学习了，那么就不会失败。

→ ________________________

6급 기출문제 맛보기

맛보기

난이도 中　공략 Key '不仅……而且……' 구조 파악

A 美酒配佳肴，古来有之，酒是节日餐桌上的必备品。

B 穿衣服不必一味追求名牌，但一定要注意搭配。

C 这是我同事小李的女儿，不仅年纪小，而且非常懂事。

D 这场雨断断续续一直下到第二天上午9点左右才结束。

정답&공략

C 这是我同事小李的女儿，不仅年纪小，而且非常懂事。

→ 这是我同事小李的女儿，虽然年纪小，但是非常懂事。

해석　A 좋은 술에 맛있는 음식을 곁들인다라고 했다. 예로부터 술은 명절 밥상에서 꼭 있어야 하는 것이다.
　　　B 옷을 입을 때 오로지 명품만 고집할 필요는 없다. 하지만 어울리는지는 신경을 써야 한다.
　　　C 여기는 동료 샤오리의 딸로, 나이는 어리지만 매우 철이 들었다.
　　　D 이번 비는 오락가락 계속되다가 그 다음날 오전 9시쯤이 돼서야 멈췄다.

공략　나이가 어리지만 매우 철들었다는 것은 전환 관계지 점진 관계가 아니다. 따라서 '不仅……而且……'를 '虽然
　　　……但是……'로 바꿔야 한다.

어휘　美酒 měijiǔ 몡 좋은 술 | ★配 pèi 동 곁들이다, 배합하다 | 佳肴 jiāyáo 몡 맛있는 음식 | ★古来有之 gǔlái yǒu zhī
　　　예로부터 | ★餐桌 cānzhuō 몡 밥상 | ★必备品 bìbèipǐn 몡 필수품 | ★不必 búbì 閂 ~할 필요가 없다 | ★一味追求
　　　yíwèi zhuīqiú 오로지 추구하다 | 名牌 míngpái 몡 유명 브랜드 | ★搭配 dāpèi 동 어울리다 | ★同事 tóngshì 몡
　　　동료 | 不仅……而且…… bùjǐn……érqiě…… ~할 뿐 아니라 게다가 | ★懂事 dǒngshì 혱 철들다 | ★断断续续
　　　duànduànxùxù 혱 찔끔찔끔, 끊어졌다 이어졌다 하다 | ★结束 jiéshù 동 끝나다, 멈추다

**토크토크!
쌤의 한마디~**

접속사가 들어간 복문 구조에서는 어법적인 의미 파악이 가장 중요해요. 그래서인지 듣
기와 독해 영역에서는 소홀히 되는 면이 있죠. 회화할 때나 작문할 때 실질적인 뜻이
있는 단어에만 관심을 가지기 쉽지만 접속사 구문 활용에도 주의를 기울여보세요.

 상용 접속사의 형식 파악하기

자주 쓰이는 접속사는 다음과 같다. 호응 관계에 역점을 두고 특징을 파악해보자.

1. 因为……所以…… : '~하기 때문에 그래서 ~하다'의 의미로 원인에 따른 결과를 나타낸다. 반대로 결과가 먼저 나올 때는 '之所以……是因为……'로 나타낼 수 있다.

> **因为**她每天都运动，**所以**身材很好。 그녀는 매일 운동하기 때문에 몸매가 매우 좋다. (원인+결과)
> 他们**之所以**分手，主要**是因为**性格不和。 그들은 성격이 맞지 않는 게 헤어지게 된 주된 원인이다. (결과+원인)

2. 如果……那么/就 : '만일 ~한다면 곧 ~하다'의 의미로 가정에 따른 결과를 나타낸다. 那么와 就는 같이 쓸 수도 있고 하나만 쓸 수도 있다. 如果는 '假设/假如/若/倘若/……的话'와 같은 표현이고, 뒤에는 때로 否则, 不然, 要不然 등이 오는데 앞에 가정이 이루어지지 않으면 생길 수 있는 나쁜 결과를 나타낸다.

> **如果**不去中国留学**的话**，我**就**不能进入这家公司。
> 만약에 중국으로 유학을 가지 않았다면, 나는 이 회사에 들어가지 못했을 것이다.
> **倘若**确定了目标，**就**一定要坚持下去，**否则**不能成功。
> 만약 목표를 정했다면 끝까지 해야지 그렇지 않으면 성공할 수 없다.

3. 即使……也 : '설사 ~하더라도'의 의미로 상황이 좋든 나쁘든 간에 결과에는 변함이 없음을 나타낸다. 即使는 即便, 哪怕, 就算, 就是로 바꿔 쓸 수 있다.

> **即使**明天下雨，我**也**要去旅游。 내일 비가 내린다 할지라도 나는 여행을 가려고 한다. (→ 좋지 않은 상황에서도 함)
> **哪怕**工资很高，我**也**不去那家公司。
> 설사 월급이 매우 높다 할지라도 나는 그 회사에 가지 않겠다. (→ 좋은 상황이어도 함)

4. 既然……就 : '기왕 ~한 이상'의 의미로 이미 발생한 어떤 상황을 전제로, 뒷절에는 결론을 제시한다.

> **既然**太贵，**就**别买了。 너무 비싸니 사지 마.
> **既然**你喜欢他，**就**去告诉他吧。 네가 그를 좋아하는 이상 그에게 말해!

5. 除了……以外, ……也/都…… : '除了……以外'와 也가 함께 쓰이면 '~외에도'라는 의미로 포함을 나타내지만, 都와 함께 쓰이면 '~을 제외하고'라는 의미로 배제됨을 나타낸다.

> **除了**我**以外**，他们**也**喜欢这首歌。 나뿐만 아니라 그들도 이 노래를 좋아한다. (→ 모두 좋아함)
> **除了**我**以外**，他们**都**喜欢这首歌。 나를 빼놓고 그들은 모두 이 노래를 좋아한다. (→ 나는 좋아하지 않음)

1. 不管/不论/无论……都/也 : '~에 관계없이 모두'의 의미로 不管과 都, 也 사이에는 다음과 같은 조건이 성립되어야 한다.

> 不管 + A不A/A还是B/多么 + 형용사/의문대사/4자 구조 + 都/也

不管她不漂亮，我都喜欢她。(X) → 不管她漂亮不漂亮，我都喜欢她。(O)
그녀가 예쁘든 말든 나는 그녀를 좋아한다.

无论今天特别热，我都去爬山。(X) → 无论今天多么热，我都去爬山。(O)
오늘 아무리 더워도 나는 등산을 하러 간다.

독해
제1부분

2. 宁可/宁愿……也 : '~을 할지언정'이라는 의미로 '宁可/宁愿……也要'라고도 쓴다. '宁可/宁愿……也不'는 '~을 할지언정 ~는 하지 않겠다'라는 의미로 두 복문 구조의 차이점을 구분해야 한다.

我宁可自己累死，也要给别人麻烦。(X) → 我宁可自己累死，也不给别人麻烦。(O)
나는 내가 힘들지언정 다른 사람에게 폐를 끼치지는 않을 것이다.

我宁可不睡觉，也不完成这个工作。(X) → 我宁可不睡觉，也要完成这个工作。(O)
나는 잠을 안 자면서까지도 이 일을 완성하려고 한다.

3. 不但/不仅/不只/不光……而且/还/也…… : '~할 뿐만 아니라 또한'이라는 의미로, 이 구조에서는 주어의 위치가 중요하다. 주어가 하나일 때는 不但 앞에 위치하며, 주어가 두 개일 때는 첫 번째 주어가 不但 뒤에 위치한다.

> 주어 + 不但……, 而且……

他不但去过中国，而且去过日本。 그는 중국에 가본 적이 있을 뿐 아니라 일본에도 가본 적이 있다.

> 不但 + 주어1 + ……, 而且 + 주어2 + ……

不但他去过中国，而且我也去过中国。 그가 중국에 가본 적이 있을 뿐 아니라 나도 중국에 가본 적이 있다.

不但他有房子，还有车。(X) → 他不但有房子，还有车。(O) 그는 집도 있고 차도 있다.
他不仅说得很好，而且会说汉语。(X) → 他不仅会说汉语，而且说得很好。(O)
그는 중국어를 할 줄 아는데 잘하기까지 한다.

 **바로 체크** 다음 문장을 바르게 고치세요.

---

❶ 不论春天和秋天，他都坚持运动。　　→ ＿＿＿＿＿＿＿＿＿＿＿＿

❷ 不仅他喜欢喝酒，还喜欢抽烟。　　→ ＿＿＿＿＿＿＿＿＿＿＿＿

❸ 我宁可饿死，也要吃臭豆腐。　　→ ＿＿＿＿＿＿＿＿＿＿＿＿

❹ 尽管多么贵，我都要买。　　→ ＿＿＿＿＿＿＿＿＿＿＿＿

정답 ❶ 不论春天**还是**秋天，他都坚持运动。**❷ 他不仅**喜欢喝酒，还喜欢抽烟。
❸ 我宁可饿死，也**不吃**臭豆腐。**❹ 不管**多么贵，我都要买。

예제

난이도 中　**공략 Key** '不管+多么+형용사' 구조 파악

A 上海车展逢单年举办，与逢双年举办的北京车展南北辉映。

B 不管大家反对强烈，他始终坚持自己的主张。

C 每座城市都有它的文化记忆，这种记忆在老建筑上体现得尤为明显。

D 孟子名轲，是继孔子之后的又一位儒学大师。

정답&공략

B 不管大家反对强烈，他始终坚持自己的主张。

→ 不管大家反对**多么**强烈，他始终坚持自己的主张。

해석　A 상하이모터쇼는 1년에 한 번 거행되는데 2년에 한 번씩 거행되는 베이징모터쇼와 남북으로 빛난다.
　B 모두의 반대가 아무리 심해도 그는 자신의 주장을 시종일관 견지하고 있다.
　C 도시마다 문화의 기억을 가지고 있는데, 이런 기억은 오래된 건축에서 더욱 두드러진다.
　D 맹자는 이름이 가(轲)로 공자 이후 유학의 대가다.

공략　不管 뒤에 형용사가 있으면 반드시 형용사 앞에 多么가 와야 한다.

어휘　★车展 chēzhǎn 몡 모터쇼 | 逢单年 féng dānnián 1년 씩 | ★举办 jǔbàn 통 거행하다 | 南北辉映 nánběi huīyìng 남북으로 빛나다 | ★强烈 qiángliè 휑 강렬하다 | ★始终 shǐzhōng 뷔 시종일관 | ★坚持主张 jiānchí zhǔzhāng 자신의 주장을 견지하다 | ★记忆 jìyì 통 기억하다 | ★老建筑 lǎo jiànzhù 오래된 건축 | ★尤为明显 yóuwéi míngxiǎn 유달리 두드러지다 | ★孟子 Mèngzǐ 고유 맹자 | ★继……之后 jì……zhīhòu ～이후에 | ★孔子 Kǒngzǐ 고유 공자 | ★儒学 rúxué 몡 유학 | 大师 dàshī 몡 대가

공략 2. 접속사의 호응 구조를 따져라

접속사는 다른 단어로 교체하거나 쉽게 생략할 수 없기에 매우 중요하다. 헷갈리는 접속사는 꼼꼼히 외워두어야 한다.

1. **접속사의 논리 구조 파악** : 접속사는 고정적인 호응 관계가 존재하기에 함부로 다른 단어로 교체할 수 없다.

只有坚持下去，就能取得成功。(X) → **只有**坚持下去，**才**能取得成功。(O) 버텨야만 성공할 수 있다.
既然你已经辞职了，也别抱怨了。(X) → **既然**你已经辞职了，**就**别抱怨了。(O)
너는 사직한 이상 원망하지 마라.

2. **호응되는 접속사에 주목** : 일반적으로 두 개의 접속사가 함께 쓰이는데 특히 뒤에 호응하는 접속사는 생략할 수 없다.

与其在家看电影，出去走走吧。(X) → **与其**在家看电影，**不如**出去走走吧。(O)
집에서 영화를 보느니 나가서 좀 걷는 게 낫겠다.
哪怕他不喜欢我，我喜欢他。(X) → **哪怕**他不喜欢我，我**也**喜欢他。(O)
설사 그가 나를 싫어한다 할지라도 나는 그가 좋다.

3. '不是……而是……'와 '不是……就是……' 구분

他**不是**韩国人，**而是**中国人。 그는 한국인이 아니라 중국인이다. (→ 그는 중국인임)
他**不是**韩国人，**就是**中国人。 그는 한국인이거나 중국인이다.
(→ 그가 어느 나라 사람인지는 잘 모르겠지만 한국인이거나 중국인일 것으로 추측됨)

주의 이 두 구조는 의미가 완전히 다르므로 혼용해서는 안 된다. '不是……而是……'는 '～이 아니라 ～이다'라는 의미로 앞부분을 부정하고, '不是……就是……'는 '～이거나 아니면 ～이다'라는 의미를 나타낸다.

我看了日历，今天不是19号，就是20号。(X)
→ 我看了日历，今天**不是**19号，**而是**20号。(O) 내가 달력을 봤는데 오늘은 19일이 아니라 20일이다.
我猜她不是在睡觉，而是在玩电脑，两个中一个。(X)
→ 我猜她**不是**在睡觉，**就是**在玩电脑，两个中一个。(O)
내가 생각하기에 그녀는 잠을 자고 있거나 컴퓨터를 하는 것 중 하나일 것이다.

〈 기타 접속사 구조 〉

虽然/尽管……但是…… 비록 ～하지만 그러나	**尽管**现在是夏天，**但**不怎么热。 지금은 여름이지만 그다지 덥지 않다.
只要……就…… 단지 ～하기만 하면 곧	**只要**明天天气好，我们**就**去郊游吧。 내일 날씨가 좋으면 우리 교외로 놀러 가자!
只有……才…… 단지 ～해야지만 비로소	**只有**得到很高的汉语成绩，**才**能找到理想的工作。 중국어 점수를 높게 받아야만 원하는 일자리를 찾을 수 있다.
不仅仅……更/而且…… ～할 뿐 아니라 게다가	他**不仅仅**是我的爸爸，**更**是我的朋友。 그는 우리 아빠일 뿐 아니라 나의 친구다.

不但没/不……反而…… ~하지 않을 뿐 아니라 오히려	学了两个月后，**不但没**进步，**反而**退步了。 두 달 동안 배웠지만 진보는 없고 오히려 퇴보했다.
一边……一边…… 한편으로 ~하고 한편으로 ~하다(동시 동작)	我喜欢**一边**听音乐**一边**看书。 나는 음악을 들으면서 책 보는 것을 좋아한다.
一方面……, (另)一方面…… 한 방면으로는 ~하고 다른 한 방면으로는 ~하다	要学好汉语，**一方面**要多说，**另一方面**也要多写。 중국어를 잘하려면 한 방면으로는 많이 말하고 다른 한 방면으로는 많이 써봐야 한다.
一个……, 另一个…… 하나는 ~이고 다른 하나는 ~이다	我刚交了两个朋友：**一个**是美国人，**另一个**是法国人。 내가 친구 둘을 얼마 전에 사귀었는데, 한 명은 미국인이고 다른 한 명은 프랑스인이다.
有的……, 有的…… 어떤 것은 ~하고 어떤 것은 ~하다	对这件事**有的**人持肯定的态度，**有的**人持否定的态度。 이 일에 대해 어떤 이는 긍정적인 태도를 취하지만, 어떤 이는 부정적인 태도를 취한다.
一来……, 二来…… 첫째는 ~이고 둘째는 ~이다	去留学有两个好处：**一来**可以学习外语；**二来**可以多交朋友。 유학을 가면 두 가지 장점이 있는데, 첫째는 외국어를 배울 수 있다는 점이고, 둘째는 많은 친구를 사귈 수 있다는 점이다.
既……也…… ~이기도 하고 ~이기도 하다	他**既**是我的爱人，**也(又)**是我最好的朋友。 그는 나의 남편이기도 하고 나의 베스트 프렌드이기도 하다. ＊'既……又……'로 바꿔 쓸 수 있다.
既……又……/又……又…… ~이기도 하고 ~이기도 하다	这个女孩**既**漂亮**又**聪明。 이 여자아이는 예쁜데다가 총명하기도 하다. ＊형용사를 쓸 때는 '既……也……'를 쓸 수 없다.

바로 체크 Check! 다음 문장을 바르게 고치세요.

❶ 只要我通过考试，我才请客。　　　　　　→ ________________________

❷ 她不但漂亮，善良。　　　　　　　　　→ ________________________

❸ 这位不是我的爸爸，就是我的老师。　　→ ________________________

정답 ❶ 只要我通过考试，我**就**请客。 ❷ 她不但漂亮，**而且**善良。 ❸ 这位不是我的爸爸，**而是**我的老师。

예제 1

난이도 下　공략 Key '即便……也' 구조 파악

A 许多国家的人口统计显示，女性的平均寿命通常要比男性长5至10年。

B 这并不是一件什么大不了的事情，却很令我感动。

C 北斗七星由7颗星组成，连在一起时形状像一个勺子。

D 即便这些需求都得到满足，孩子们就会觉得缺少什么。

정답&공략

D **即便**这些需求都得到满足，孩子们**就**会觉得缺少什么。

→ **即便**这些需求都得到满足，孩子们**也**会觉得缺少什么。

해석　A 많은 국가의 인구 통계에서 여성의 평균 수명은 통상적으로 남성보다 5~10년 길다고 밝혀졌다.
　　　B 이것은 결코 대단한 일이 아니지만 오히려 나를 감동시켰다.
　　　C 북두칠성은 7개의 별로 되어 있어 함께 연결하면 마치 국자와 같은 형상을 하고 있다.
　　　D 이런 요구들을 만족시켜주어도 아이들은 뭔가 부족하다고 느낄 것이다.

공략　即便, 即使, 哪怕, 就算, 就是는 모두 동의어로 '설사 ~하더라도 결과에는 변함이 없다'는 의미로 뒷절의 부사 也와 호응한다.

어휘　★人口统计 rénkǒu tǒngjì 인구 통계 | ★显示 xiǎnshì 图 뚜렷하게 나타내 보이다 | ★平均寿命 píngjūn shòumìng 평균 수명 | ★大不了 dàbuliǎo 图 대단하다 | ★令……感动 lìng……gǎndòng ~으로 하여금 감동하게 하다 | 北斗七星 běidòu qīxīng 图 북두칠성 | ★由……组成 yóu……zǔchéng ~로 이루어지다 | ★形状 xíngzhuàng 图 형상 | ★勺子 sháozi 图 국자 | ★即便 jíbiàn 图 설사 ~라 할지라도

예제 2

난이도 中　공략 Key '不在于……而在于……' 구조 파악

A 一个人的价值不在于他和别人相像的地方，也在于他与别人不一样的地方。

B 人的两只眼睛是平行的，所以应当平等看人，人的两只耳朵是分在两边的，所以不可偏听一面之词。

C 昨天已经成为过去，明天还没有到来，我们无法把昨天请回来，明天也不能提前拥有，我们唯一可以把握的只有今天。

D 全世界每年约发生500万次地震，然而到目前为止，南极大陆却没有一次地震记录，是名副其实的"安全岛"。

정답&공략

A 一个人的价值不在于他和别人相像的地方，也在于他与别人不一样的地方。

→ 一个人的价值不在于他和别人相像的地方，而在于他与别人不一样的地方。

해석　A 한 사람의 가치는 그가 다른 사람과 닮은 점에 있는 것이 아니라 다른 사람과 다른 점에 있다.
　　　B 사람의 두 눈은 평행으로 있기에 당연히 사람을 평등하게 보아야 한다. 사람의 두 귀가 양쪽에 있기에 한쪽 이야기만 들어서는 안 된다.
　　　C 어제는 이미 과거가 되었고 내일은 아직 오지 않았다. 우리는 어제를 돌이킬 수 없으며 내일도 앞당겨 가질 수 없다. 우리는 오로지 오늘만 잡을 수 있다.
　　　D 전 세계에 매년 500만 차례의 지진이 발생한다. 그러나 지금까지 남극 대륙에는 한 번의 지진 기록도 없는 것을 보면 '안전한 섬'이라는 점은 명실상부하다.

공략　'不在于……而在于……'는 '~가 아니라 ~이다'의 의미를 나타내는 '不是……而是……'와 동일하다. 앞에는 原因, 目的, 关键, 价值 같은 단어와 같이 쓸 수 있다.

어휘　★价值 jiàzhí 图 가치 | ★相像 xiāngxiàng 图 서로 닮다 | ★平行 píngxíng 图 평행의 | ★偏听 piāntīng 图 한쪽으로 듣다 | ★一面之词 yí miàn zhī cí 图 한쪽 말 | ★无法 wúfǎ 图 ~할 수 없다 | ★把握 bǎwò 图 잡다, 파악하다 | ★地震 dìzhèn 图 지진 | ★到目前为止 dào mùqián wéizhǐ 지금까지 | ★南极大陆 nánjí dàlù 남극 대륙 | ★名副其实 míng fù qí shí 图 명실상부하다 | 安全岛 ānquándǎo 图 안전한 섬, 안전지대

第 1-8 题：请选出有语病的一项。

1. **A** 拜年是中国民间传统习俗，是人们辞旧迎新，相互表达美好祝愿的一种方式。

   B 人际关系被很多人视为衡量一个人社会地位的标准之一。

   C 我有两个姐姐：一个在中国留学，别的去年大学刚毕业。

   D 盐不仅是重要的调味品，也是维持人体正常发育不可或缺的物质。

2. **A** 有时候一个人的行为不仅仅代表了他自己，而代表了整个集体。

   B 人参、貂皮、鹿茸被称为长白山 "三宝" 长期享誉中外。

   C 青藏高原有 "世界屋脊" 之称，是亚洲许多大河的发源地。

   D 在选拔人才时，既要听其言、观其貌，还要察其行、考其绩。

3. **A** 网络语言，顾名思义，就是由网民创造，在网络上流行的语言，是网民约定俗称
   的表达方式。

   B 许多人一生都在等待一个可以改变他命运的机会。事实上，机会无处不在，而关
   键在于，当机会出现时，你是否已经准备好了。

   C 在千家万户的欢声笑语中，在千言万语的祝福声中，我们迎来了兔年春节。

   D 对联，俗称对子，上下两联对仗工整，平仄协调，不光受到了外国友人的关注，
   而且在国内也深受喜爱。

4. **A** 人一生都在不断地追求快乐，失意却在所难免。

   B 电子产品的出现使我们的生活发生了巨大的变化，这些变化中既有正面的，也是
   负面的。

   C 腊梅是中国特有的传统名贵观赏花木，有着悠久的栽培历史。

   D 亲近自然是人的本能，在与自然的接触中，你会产生许多的思考和感悟。

5. **A** 吐鲁番盆地平均每年要刮70次大风卷起漫天风沙，所以有"风库"之称。

   B 一项调查结果显示，50.3%的大学毕业生在第一份工作坚持不到一年的时候就开始跳槽。

   C 植物在阳光的照射下，会吸收二氧化碳进行光合作用，以合成它们所需要的有机物。

   D "尺有所短，寸有所长"。如果看到了别人身上的优点，就应该要虚心学习，那么不能成功。

6. **A** 我有一个信念：无论做各种事，只要开始就一定不半途而废。

   B 生活不是单行线，一条路可以转几个弯，可以有多种选择。

   C 平遥没有故宫的庄严和肃穆，它只是一座平民之城。

   D 生活中会发生什么，我们无法选择，但我们至少可以选择怎样面对。

7. **A** 我帮助了他，他不但不感谢我，而对我发脾气，真是不可理喻。

   B 不到万不得已，我是不会采取那样的手段来处理这个问题的。

   C 幸福没有快车道，所有的幸福，都来自平凡的坚持和不懈的努力。

   D 企业管理水平低下和核心竞争力不足，是阻碍一些企业壮大的两大顽疾。

8. **A** 一个有生活情趣的人，能够不断发现生活中的新乐趣，并且感染身边其他人。

   B 他的这篇论文立论准确，简明扼要，观点鲜明。只要在个别地方略加修改，稍加润色，那么才能拿到一流杂志那儿发表了。

   C 一杯清水会因滴入一滴污水而变得污浊，一杯污水却不会因一滴清水的存在而变清澈。

   D 情侣之间产生争执的主要原因，是他们把爱当成一把雕刻刀，时时刻刻都想用这把刀把对方塑造得符合自己心中的理想。

18 day
숨겨진 매력을 발견하라
– 특수 어휘

*정답_ 해설집 232쪽

학습목표

✓1 특수 어휘의 기본 용법을 파악한다

✓2 특수 어휘 오류 잡기를 마스터한다

✓3 특수 어휘를 자유자재로 활용할 수 있다

중국어는 어휘가 어법적인 기능을 나타내는 경우가 있다. 이런 어휘들을 파악한다면 문장의 이해력을 높일 수 있다. 특수 어휘의 용법과 특징을 마스터하자.

기초 실력 테스트 TEST

1 빈칸에 들어갈 알맞은 것을 보기에서 고르세요.

보기	还是	或者	旅游	游览

❶ 去那儿坐地铁________公交车都行。

❷ 你是学生________公司职员?

❸ 我下个月要去桂林________。

❹ 我们________了长城、天安门等。

2 다음 문장이 맞으면 O, 틀리면 X를 표시하고, 틀린 문장은 바르게 고치세요.

❶ (   ) 我真想旅游西藏。　　　　　　　→ ________________

❷ (   ) 我不理解，所以老师再说了一遍。→ ________________

❸ (   ) 上课的时，朋友来找我。　　　　→ ________________

❹ (   ) 那时我经验了很多困难。　　　　→ ________________

6급 기출문제 맛보기

맛보기

난이도 中　공략 Key 이합사 毕业

A 为了便于记忆，我们编了一首二十四节气歌。

B 自从毕业大学后，他就一直在贫困山区从事教育工作。

C 唐诗、宋词、元曲、明清小说，一个时代有一个时代的文学形式。

D《将进酒》是唐代诗人李白的代表作之一，题目意译即为"劝酒歌"。

정답&공략

B 自从毕业大学后，他就一直在贫困山区从事教育工作。

→ 自从大学毕业后，他就一直在贫困山区从事教育工作。

해석　A 기억하기 쉽게 나는 24절기를 노래로 만들었다.
　　　B 대학을 졸업한 후에 그는 줄곧 가난한 지역에서 교육에 종사했다.
　　　C 당시, 송사, 원곡, 명청 소설처럼 시대마다 문학 형식이 있다.
　　　D 「장진주」는 당대 시인 이백의 대표 걸작 중 하나이며 제목을 의역해서 '권주가'라고 한다.

공략　毕业는 이합사다. 이합사는 용법이 많은데, 공통된 특징은 이합사 뒤에 명사가 올 수 없다는 점이다.

어휘　★便于 biànyú 图 ~하기 편하다 | ★记忆 jìyì 图 기억하다 | ★编 biān 图 짓다 | ★二十四节气 èrshísì jiéqì 24절기 | ★贫困山区 pínkùn shānqū 빈곤한 산간 지역 | ★从事……工作 cóngshì……gōngzuò ~한 일에 종사하다 | ★唐诗 Tángshī 몡 당시 | ★宋词 Sòngcí 몡 송사 | 元曲 Yuánqǔ 몡 원곡 | 明清 Míng Qīng 몡 명청 | ★文学形式 wénxué xíngshì 문학 형식 | 将进酒 qiāngjìnjiǔ 장진주 | ★代表作 dàibiǎozuò 몡 대표작 | ★题目 tímù 몡 제목 | ★意译 yìyì 图 의역하다 | ★即 jí 凰 즉 | ★劝酒 quànjiǔ 图 술을 권하다

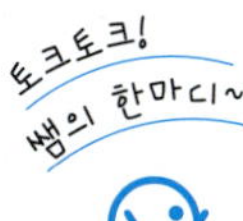

많은 학습자들이 이합사의 용법이 동사와 명사 사이에 명사를 두는 것이라고만 생각해요. 하지만 이합사의 명사 위치는 정해진 것이 없답니다. 명사를 삽입할 때 분리하기도 하고, 보어를 삽입할 때 분리하기도 하죠. 이합사 문제가 출제되더라도 무조건 분리시키려 하지 마세요.

공략 1. 어휘의 차이를 구분하라

특수 어휘는 용법이 독특하고 어느 정도 어법적 의미가 내포되어 있어 혼동하기 쉽다. 특수 어휘에는 이합사, 형태가 비슷하나 용법이 다른 어휘, 형태는 같으나 품사가 다른 어휘, 집합명사 등이 포함된다. 일부 어휘들은 의미 외에도 어법적인 차이가 있다.

1. **毕竟 결국, 필경/究竟 결국, 어쨌든, 도대체** : 둘 다 어기부사지만, 究竟은 의문문에 쓰여 강조를 나타내고 毕竟은 평서문에 쓰여 가장 기본적인 이유를 나타내며 사실을 강조한다.

   你昨天**究竟**去哪儿了？너 어제 도대체 어디 갔었니? (의문문, 강조)

   你不要打他了，**毕竟**他还只是个孩子。너는 그를 때리지 마라. 그는 어쨌든 아이일 뿐이다. (평서문, 기본적인 이유 강조)

   추의 或者(혹은)/还是(또는) : 或者는 평서문에 쓰여 둘 중 하나임을 나타내고, 还是는 의문문에 쓰여 양자 택일을 나타낸다.

   这项工作你毕竟什么时候完成？(X) → 这项工作你**究竟**什么时候完成？(O)
   　　　　　　　　이 일은 도대체 언제 완성되니?

   去留学的话，北京还是上海都行。(X) → 去留学的话，北京**或者**上海都行。(O)
   　　　　　　　　유학을 가려면 베이징 또는 상하이 모두 가능하다.

2. **相反 반대로, 오히려, 반대되다/反之 이와 반대로/反而 오히려, 반대로** : 相反과 反之는 용법이 비슷하다. 단독으로 쓰일 수 있으며 주어 앞에 위치할 수도 있다. 하지만 反而은 문장의 중간에만 위치할 수 있다.

   姐姐很外向，**相反/反之**，妹妹很内向。
   언니는 매우 외향적이다. 반대로 여동생은 내성적이다. (단독으로 문장을 구성할 수 있으며 주어 앞에 위치함)

   我骂了他，他**反而**对我更好了。나는 그를 욕했는데, 그는 오히려 나한테 더 잘한다. (문장 중간, 주어 뒤에 위치함)

   他很喜欢旅游，我正好**相反**。그는 나랑 정반대로 여행을 매우 좋아한다. (술어)

   추의 相反은 직접적으로 술어가 될 수 있지만 反之, 反而은 불가능하다.

   狗是社会性动物，反而，猫喜欢独处。(X) → 狗是社会性动物，**相反**，猫喜欢独处。(O)
   　　　　　　　　개는 사회적 동물이다. 반대로 고양이는 혼자 있는 것을 좋아한다.

   她化妆后，相反更难看了。(X) → 她化妆后，**反而**更难看了。(O)
   　　　　　　　　그녀는 화장을 한 후에 오히려 더 안 예쁘다.

3. **有点儿 약간/一点儿 조금** : 일반적으로 有点儿은 불만스러운 일을 나타내며, 一点儿은 희망하는 일을 나타낸다. 有点儿은 형용사 앞에 위치하며, 一点儿은 형용사 뒤에 위치한다. 비교문에서는 一点儿만 쓸 수 있다.

   有点儿 ＋贵/矮/少/小 (다소 불만스러움을 나타냄)

| 便宜/高/多/大 + 一点儿(희망하는 일을 나타냄) | A + 比 + B + 형용사 + 一点儿(비교문) |

我比她一点儿高。(X) → 我比她**高一点儿**。(O)　나는 그녀보다 조금 크다.

我希望我的眼睛一点儿大。(X) → 我希望我的眼睛**大一点儿**。(O)　나는 내 눈이 좀 더 컸으면 좋겠다.

바로 체크 Check! 다음 문장을 바르게 고치세요.

❶ 你毕竟多大了?　　　　　　　　　　→ ＿＿＿＿＿＿＿＿＿＿＿＿

❷ 他学习很努力，相反成绩不好。　　　→ ＿＿＿＿＿＿＿＿＿＿＿＿

❸ 他的汉语只比我一点儿好。　　　　　→ ＿＿＿＿＿＿＿＿＿＿＿＿

정답 ❶ 你**究竟**多大了? ❷ 他学习很努力，**反而**成绩不好。 ❸ 他的汉语只比我**好一点儿**。

예제

난이도 中　공략 Key 의문문에 쓰이는 究竟

A 对错误，我们应该用辩证的眼光来看待。

B 婚姻毕竟是什么? 有人说它就像一个"围城"，里面的人想出来，外面的人想进去。

C 不要站在旁边羡慕他人的幸福，其实你的幸福一直都在你身边。

D 胡同，也叫"巷"，是指城镇或乡村主要街道之间的比较小的街道。

정답&공략

B 婚姻**毕竟**是什么? 有人说它就像一个"围城"，里面的人想出来，外面的人想进去。

→ 婚姻**究竟**是什么? 有人说它就像一个"围城"，里面的人想出来，外面的人想进去。

해석 A 잘못에 대해서 우리는 반드시 변증법적인 안목으로 대처해야 한다.

　　　B 결혼이 도대체 뭔가? 어떤 이는 마치 '에워싸고 있는 성'처럼 안에 있는 사람은 나오려고 하고 밖에 있는 사람은 들어가려고 한다고 말한다.

　　　C 옆에 서서 남의 행복을 부러워하지 마라. 사실 당신의 행복은 줄곧 당신 옆에 있다.

　　　D '골목(巷)'이라고 부르는 '후통(胡同)'은 도시나 시골의 주요 도로 사이에 있는 비교적 작은 길을 가리킨다.

공략 究竟은 의문문에 사용할 수 있으나 毕竟은 의문문에 사용할 수 없다.

어휘 ★错误 cuòwù 명 잘못 | 辩证 biànzhèng 형동 변증법적이다; 변증하다 | ★眼光 yǎnguāng 명 안목 | ★看待 kàndài

동 대우하다 | ★围城 wéichéng 몡 포위된 도시 | ★羡慕 xiànmù 동 부러워하다 | ★幸福 xìngfú 혱 행복하다 | ★胡同 hútòng 몡 후통(골목) | ★巷 xiàng 몡 골목 | ★城镇 chéngzhèn 몡 도시 | ★街道 jiēdào 몡 거리

> **Tip** 眼光, 视力, 视野, 视线
>
> 다음 단어의 호응 구조를 알아두자.
>
> | | |
> |---|---|
> | **眼光**
안목, 식견 | 有眼光 안목이 있다 \| 没有眼光 안목이 없다 |
> | | 她是一个很有眼光的人，买的衣服都很好看。
그녀는 안목이 있는 사람이라 산 옷이 다 예쁘다. |
> | **视力**
시력 | 视力很好 시력이 좋다 \| 视力不好 시력이 좋지 않다 \| 视力下降 시력이 떨어지다 |
> | | 用电脑太多会导致视力下降。컴퓨터를 너무 많이 사용하면 시력 저하를 초래할 수 있다. |
> | **视野**
시야 | 开阔视野 시야를 넓히다 \| 扩展视野 시야를 확장하다 |
> | | 旅游能开阔视野、增长见识。여행을 하면 시야가 넓어지고 견문을 넓힐 수 있다. |
> | **视线**
시선 | 视线不清楚 시선이 뚜렷하지 않다 |
> | | 今天下小雨，前面的视线不清楚。오늘 비가 조금 내려서 앞이 잘 보이지 않는다. |

공략 2. 기타 오류에 관한 정보를 캐치하라

1. 품사 문제 : 일부 어휘는 형식은 비슷하지만 품사와 용법이 다르다.

适合	동 적합하다, 어울리다	这件衣服真适合你。이 옷은 너에게 정말 잘 어울린다.
合适	혱 적당하다, 알맞다	她跟她的男朋友很合适。그녀는 그녀의 남자 친구와 잘 어울린다.
经验	몡 경험	他有10年的教学经验。그는 10년의 지도 경험이 있다.
经历	몡동 경력; 몸소 겪다	我在中国经历了很多事。나는 중국에서 많은 일을 겪었다.
变化	몡 변화	这儿变化真大。이곳은 변화가 정말 크다.
改变	동 변하다, 바뀌다	你要改变你的工作态度。너는 일하는 태도를 바꿔야 한다.
充足	혱 충분하다	充足的睡眠很重要。충분한 수면은 매우 중요하다.
满足	동 만족하다	商家要满足消费者的需求。사업하는 사람들은 소비자의 수요를 만족시켜야 한다.
婚姻	몡 결혼	信任是婚姻幸福的关键。신뢰는 결혼 생활이 행복해질 수 있는 관건이다.
结婚	동 결혼하다	结婚后，她当了一名家庭主妇。결혼 후 그녀는 전업주부가 되었다.
必要	몡혱 필요; 필요로 하다	学汉语是很有必要的。중국어를 배울 필요가 있다.
需要	동 필요하다	人们需要建立良好的人际关系。사람들은 좋은 인간관계를 구축해야 한다.

他到现在经验了很多困难。(X) → 他到现在**经历**了很多困难。(O)
그는 지금까지 많은 어려움을 겪었다.

每个人都必要交朋友。(X) → 每个人都**需要**交朋友。(O) 모든 사람은 친구를 사귀어야 한다.

2. 이합사 : 이합사는 뒤에 명사를 수반할 수 없기에 분리해서 사용하며, 명사는 그 사이에 놓인다. 그러나 이 용법이 모든 이합사에 해당되는 것은 아니다.

이합사		결합 형태	
结婚 결혼하다 | 见面 만나다 | 聊天 이야기하다	跟+명사+이합사	**跟**他**结婚** 그와 결혼하다	
旅游 여행하다 | 旅行 여행하다 | 出差 출장 가다	去+명사+이합사	**去**中国**旅游** 중국으로 여행 가다	
辞职 직장을 그만두다 | 退休 퇴직하다 | 毕业 졸업하다	从+명사+이합사	**从**银行**辞职** 은행에서 사직하다	

我下午要见面朋友。(X) → 我下午要**跟朋友见面**。(O) 나는 오늘 오후에 친구와 만나려 한다.
他出差上海了。(X) → 他**去上海出差**了。(O) 그는 상하이로 출장 갔다.

3. 어휘 의미 문제 : '又/再, 以致/以免, 就/才'와 같은 어휘들은 상반된 의미를 나타낸다.

又	또(과거)	他昨天**又**来了一趟。 그는 어제 또 한 번 왔다.
再	다시(미래)	你明天**再**来吧。 너 내일 다시 와!
以致	~을 초래하다 (과거)	他没关好煤气，**以致**发生了火灾。 그는 가스를 잘 잠그지 않아서 화재가 발생했다.
以免	~하지 않도록 (미래)	一定要关好煤气，**以免**发生火灾。 화재 발생을 막기 위해서 반드시 가스를 잘 잠가야 한다.
就	이르다, 빠르다	9点上课，他7点**就**来了。 9시에 수업을 시작하는데, 그는 7시에 벌써 왔다.
才	늦다, 느리다	9点上课，他9点半**才**来。 9시에 수업을 시작하는데, 그는 9시 반이 되어서야 왔다.

老师再说了一遍。(X) → 老师**又**说了一遍。(O) 선생님께서 다시 한 번 말씀해주셨다.
他很早才结婚。(X) → 他很早**就**结婚**了**。(O) 그는 아주 일찍 결혼했다.

4. 특수 어휘 : '명사+们'과 书籍, 车辆, 船只와 같은 집합명사 앞에는 수량사를 붙일 수 없다.

~~수량사~~ + 명사 们 / 일부 집합명사

我有两个中国朋**友们**。(X) → 我有两个中国朋友。(O) 나는 중국 친구가 두 명 있다.
他买了一辆车**辆**。(X) → 他买了一辆车。(O) 그는 차를 한 대 샀다.

5. 부정부사를 수반하는 부사 : 根本, 从来, 一点儿也, 丝毫, 未尝, 万万 등의 어휘들은 뒤에 부정부사가 온다.

他根本喜欢学文学。(X) → 他**根本不**喜欢学文学。(O) 그는 문학을 배우는 걸 전혀 좋아하지 않는다.
我对政治丝毫有兴趣。(X) → 我对政治**丝毫没有**兴趣。(O) 나는 정치에 대해 조금의 흥미도 없다.

 **바로 체크 Check!** 다음 문장을 바르게 고치세요.

---

❶ 我还不能充足公司的条件。　　→ _______________________

❷ 他辞职了那家公司。　　　　　→ _______________________

❸ 他昨天很晚就下班了。　　　　→ _______________________

정답 ❶ 我还不能**满足**公司的条件。 ❷ 他**从那家**公司**辞职了**。 ❸ 他昨天很晚**才**下班。

예제 1

난이도 **中**　공략 Key **婚姻**과 **结婚** 구분

> A 幽默是人类面临困境时减轻精神压力的方法之一。
>
> B 自言自语并不是病态，相反它还有利于身体健康。
>
> C 婚姻以后，她把主要精力都投入家庭生活中，曾经的梦想都被抛到了脑后。
>
> D 赞美是一剂良药，能愈合对方因为错误引发的心理创伤，增强其信心。

정답&공략

> C **婚姻**以后，她把主要精力都投入家庭生活中，曾经的梦想都被抛到了脑后。
>
> → **结婚**以后，她把主要精力都投入家庭生活中，曾经的梦想都被抛到了脑后。

해석　A 유머는 인류가 곤경에 직면했을 때 정신적인 스트레스를 줄일 수 있는 방법 중 하나다.

B 혼잣말을 하는 것은 결코 병이 아니라, 오히려 신체 건강에 이롭다.

C 결혼 후에 그녀는 모든 에너지를 가정 생활에 쏟아부었기에 예전에 꿈꿨던 것을 모두 뒤로 제쳐두었다.

D 칭찬은 좋은 약이다. 상대방의 잘못으로 야기된 심리적인 상처도 치료해줄 수 있고 자신감도 늘려줄 수 있다.

공략　婚姻은 명사고 结婚은 동사다. 以后 앞에는 반드시 동사가 와야 한다.

어휘　★幽默 yōumò 혱 유머러스하다 | ★面临困境 miànlín kùnjìn 곤경에 처하다 | ★减轻压力 jiǎnqīng yālì 스트레스를 줄이다 | ★自言自语 zì yán zì yǔ 졩 혼잣말하다 | 病态 bìngtài 몡 병적 상태 | ★有利于 yǒulì yú ~에 이롭다 | ★精力 jīnglì 몡 힘, 에너지 | ★梦想 mèngxiǎng 몡 꿈 | ★被抛到脑后 bèi pāodào nǎo hòu 뒤로 제쳐두다, 다 잊어버리고 신경 쓰지 않다 | ★赞美 zànměi 동 찬미하다 | ★一剂良药 yí jì liángyào 좋은 약 한 재 | ★愈合 yùhé 동 치료하다 | ★引发 yǐnfā 동 유발시키다, 일으키다 | ★心理创伤 xīnlǐ chuàngshāng 심리적 상처 | ★增强信心 zēngqiáng xìnxīn 자신감을 늘리다

독해
제1부분

> **Tip** 被抛到脑后
>
> '다 잊어버리고 신경 쓰지 않다'는 뜻으로 작문 시 유용하게 활용할 수 있는 구문이다.
>
> 钓鱼的时候，精神格外集中，所有的烦心事都会被抛到脑后。
> 물고기를 잡을 때 정신을 특별히 집중해야 하며 모든 걱정스러운 일들은 다 제쳐두어야 한다.
>
> 才过了两天，所有的计划就都被他抛到了脑后。
> 기껏해야 이틀 지났는데 그는 모든 계획을 다 잊어버렸다.

예제 2

난이도 中　**공략 Key** 以致와 以免 구분

A 只要养成做事情有条理的习惯，丢三落四的毛病自然会改掉。

B 最近天气冷了，明天你要去爬山，一定带着外套，以致感冒。

C 涂鸦作为街头文化的一部分，已经越来越受人们的青睐。

D 高档餐馆的老板都会以一套专门的服务规范来要求员工。

정답&공략

B 最近天气冷了，明天你要去爬山，一定带着外套，<u>以致</u>感冒。

→ 最近天气冷了，明天你要去爬山，一定带着外套，<u>以免</u>感冒。

해석　A 조리 있게 일하는 습관을 길러주기만 한다면 잘 잊어버리는 버릇은 저절로 고칠 수 있을 것이다.
B 요즘 날씨가 추워서 내일 산에 오르려면 감기에 걸리지 않도록 반드시 외투를 입어야 한다.
C 그라피티는 거리 문화의 일부분으로 이미 많은 사람들의 환영을 받고 있다.
D 고급 음식점의 사장님은 전문적인 서비스 기준을 가지고 직원에게 요구할 것이다.

공략　以致는 이미 발생한 일을 나타낸다. 보기 B는 아직 발생하지 않은 것이고 목적을 나타내기에 以免을 쓰는 것이 적절하다.

어휘　★养成习惯 yǎngchéng xíguàn 습관을 기르다 | ★有条理 yǒu tiáolǐ 조리가 있다 | ★丢三落四 diū sān là sì 〔성〕 잘 잊어버리다, 이것저것 빠뜨리다 | ★改掉 gǎidiào 〔동〕 바꾸다 | ★爬山 páshān 〔동〕 등산하다 | ★外套 wàitào 〔명〕 외투 | ★感冒 gǎnmào 〔동〕 감기에 걸리다 | ★涂鸦 túyā 〔명〕 그라피티[벽·창·화면 위에 낙서처럼 마구 휘갈기거나 페인트를 분무기에 넣고 뿌려서 그리는 그림] | 街头文化 jiētóu wénhuà 거리 문화 | ★受青睐 shòu qīnglài 사랑을 받다 | ★高档餐馆 gāodàng cānguǎn 고급 음식점 | 服务规范 fúwù guīfàn 서비스 기준 | ★员工 yuángōng 〔명〕 직원

第 1-8 题：请选出有语病的一项。

1. **A** 随着年龄的增长，我对象棋有了更深地了解，这也让我明白了很多人生道理。
   B 珍宝一般是指由天然材料制成的，具有一定价值的首饰、工艺品或其他珍藏。
   C 调查发现，处于亚健康状态的患者多是年龄在18至45岁之间的城市白领。
   D 美国的快餐文化变化了人们的饮食习惯，也改变了一个国家的饮食文化。

2. **A** 日光下的西湖如一面镜子，闪闪发亮。
   B 生产更多的消费品是为了充足人们生活水平不断提高的需要。
   C 冰糖葫芦是北方常见的一种小吃，一般用山楂串成。
   D 人可以平凡，但不能平庸；可以淡泊名利，但不能没有追求。

3. **A** 虽然说付出才会有回报，但付出和回报并不成比例，这样的例子不胜枚举。
   B 信念一旦形成，就可以产生强大的推动力，能使人们为实现某个目标而持之以恒
   地奋斗。
   C 和你一同笑过的人，你也许很快就会把他忘却，而和你一起哭过的人，你也许一
   生都会记住他。
   D 人们往往把交往看做一种能力，却忽略了独处也是一种能力，不擅交际固然是一
   种遗憾，不耐孤独也未尝是一种很严重的缺陷。

4. **A** 读书好似爬山，爬得越高，望得越远；读书又好似耕耘，汗水流得越多，收获越
   丰富。
   B 悲观的人，先被自己打败，然后才被生活打败；乐观的人，先战胜自己，然后才
   战胜生活。
   C《木兰诗》和《孔雀东南飞》合成"乐府双璧"是汉代乐府民歌中最著名的两大代表作。
   D 知人不易，自知更难，明白自己合适做什么，能够做什么，对于很多人来说，甚
   至比认识别人更加困难。

5.　**A** 我们不知道他这样做的原因毕竟是什么？但我们都感觉似乎他也有苦衷。

　　B 南辕北辙这个成语告诉我们，无论做什么事都要首先看准方向。

　　C 元朝时代，从皇帝到文武百官再到普通百姓，都有不同的服饰形式。

　　D 在全球变暖的背景下，我们更应该提倡"低碳"生活，减少温室气体的排放。

6.　**A** 农历腊月初八，是中国民间的传统节日"腊八节"。

　　B 香槟酒味道醇美，适合在任何时刻饮用，而且价格也不太昂贵。

　　C 政府从来制定过具体的关于缩小贫富差距的规划。

　　D 回族目前人口1000万，是中国少数民族中分布最广的一个民族。

7.　**A** 很多人在求职时会考虑两大要素：一是职业稳定性，二是发展前景。

　　B 炎热的夏天，人的身体容易处于缺水状态，因此必要及时补充水分。

　　C 世界上没有什么天才，成功就是靠自己的努力，发掘自身内在的潜力，从而改变
　　　　自己的命运。

　　D 符合时代的需要、符合观众的口味和需求，是电视剧受欢迎的重要原因。

8.　**A** 不要忘了身边常常指责你、批评你的几个朋友们，他们往往是你真正的财富。

　　B 茅台酒被称为中国的国酒，一直享有外交酒、友谊酒的美誉。

　　C 对学习没有兴趣的人，或者忙得没工夫看书的人，终会被时代的潮流所淘汰。

　　D 研究发现，大部分人都认为手机使用者越来越旁若无人了，吵闹的铃声成为最烦
　　　　人的噪音。

✦ **정답 및 해설_** 해설집 78쪽

19 day 과유불급! 정도 표현을 제대로 알자 – 정도부사

학습목표

✓1 정도부사의 용법을 파악한다

✓2 정도부사의 오류 잡기를 마스터한다

✓3 정도부사를 자유자재로 활용할 수 있다

정도부사의 의미는 비교적 쉽지만 대부분 정도부사를 사용할 수 없는 위치에 쓰는 경우가 많기에 쓰임에 주의해야 한다. 정도부사와 함께 쓸 수 없는 어휘나 구조를 파악하고 很, 非常, 特別, 相当, 比较, 这么, 十分 등의 용법을 학습한다.

기초 실력 테스트 TEST

1 빈칸에 들어갈 알맞은 것을 보기에서 고르세요.

보기	高兴	高高兴兴	很	还

❶ 她每天都________的。

❷ 你今天看起来很________。

❸ 她比明星________漂亮。

❹ 你穿这条裙子________漂亮。

2 다음 문장이 맞으면 O, 틀리면 X를 표시하고, 틀린 문장은 바르게 고치세요.

❶ (   ) 他这个人很老老实实的。　　→ _______________________

❷ (   ) 七八月天很热死了。　　→ _______________________

❸ (   ) 他特别批评了我。　　→ _______________________

❹ (   ) 我的汉语比他十分好。　　→ _______________________

✦**정답**_ 해설집 232쪽

6급 기출문제 맛보기

맛보기

난이도 中　공략 Key 정도부사를 쓸 수 없는 AABB중첩

독해
제1부분

A 昨天熬了一夜，连眼皮也没眨一下，真是累得够呛，现在我就想比较舒舒服服
地睡上一觉。

B 有"活化石"之称的龟被视为长寿的象征，在生物演化，地质变迁等方面具有重
要的科研价值。

C 研究发现，向一个人道歉的时候，如果看着他的眼睛，更容易获得别人的原谅，
你注意到这一点了吗?

D 服饰大致应满足人类的三个方面的需要，即调节体温、满足保护身体的生理需
要；区别身份、表达信仰的社会需要；遮蔽弱点、突出个性的审美需要。

정답&공략

A 昨天熬了一夜，连眼皮也没眨一下，真是累得够呛，现在我就想<u>比较</u>舒舒服服
地睡上一觉。

→ 昨天熬了一夜，连眼皮也没眨一下，真是累得够呛，现在我就想舒舒服服地睡
上一觉。

해석 A 어젯밤을 눈 붙일 틈도 없이 꼬박 세워서 정말 피곤하다. 나는 지금 편안하게 한잠 자고 싶다.

B '활화석'이라고 불리는 거북이는 장수의 상징이다. 생물의 변화 발전, 지질 변천 등에 있어서 중요한 과학
연구 가치가 있다.

C 연구 결과에 따르면 사람에게 사과할 때 만약 그의 눈을 바라볼 수 있다면 더욱 쉽게 다른 사람의 용서를 구
할 수 있다고 한다. 당신은 이 점을 생각해봤는가?

D 복식은 대략적으로 인류의 세 가지 수요를 만족시켜야 한다. 즉 체온을 조절하고 신체를 보호할 수 있는 생
리적 요구, 신분을 구분하고 신앙을 나타내는 사회적 요구, 약점을 가리고 개성을 돋보이게 하는 심미적 요
구이다.

공략 舒舒服服는 '很舒服'의 의미로 이미 정도의 의미를 가지고 있다. 따라서 앞에 정도부사가 올 수 없다.

어휘 ★熬夜 áoyè 图 밤을 세우다 | ★眨 zhǎ 图 눈을 감박이다 | ★累得够呛 lèi de gòuqiang 피곤해 죽겠다 | ★活化石
huóhuàshí 명 활화석 | ★龟 guī 명 거북이 | ★被视为 bèi shìwéi ~라고 간주되다 | ★长寿 chángshòu 图 장수하다
| ★象征 xiàngzhēng 图 상징하다 | ★生物演化 shēngwù yǎnhuà 생물의 변화 발전 | 地质变迁 dìzhì biànqiān
지질 변천 | 科研价值 kēyán jiàzhí 과학 연구 가치 | ★向⋯⋯道歉 xiàng⋯⋯dàoqiàn ~에게 사과하다 | ★原谅
yuánliàng 图 양해를 구하다 | ★服饰 fúshì 명 복식 | ★满足需要 mǎnzú xūyào 수요를 만족시키다 | ★调节体温
tiáojié tǐwēn 체온을 조절하다 | ★生理需要 shēnglǐ xūyào 생리적 요구 | ★信仰 xìnyǎng 명 신앙 | 遮蔽 zhēbì 图
가리다 | ★弱点 ruòdiǎn 명 약점 | ★突出个性 tūchū gèxìng 개성을 돋보이게 하다 | ★审美 shěnměi 명 심미

정도부사의 기본 특징 파악하기

1. 정도부사를 쓸 수 없는 경우 : 정도를 나타내는 형용사 중첩, 성어, 일반동사, 명사, 비교문, 변화의 의미를 나타내는 '越来越/형용사+起来' 등에는 정도부사를 쓸 수 없다.

2. 정도부사+단음절 형용사 : 多, 少, 大, 小, 快, 慢, 好, 坏, 早, 晚 등의 단음절 형용사는 단독으로 사용할 수 없으며 앞에 반드시 정도부사를 써야 한다.

他这一生赚了**很多**钱。 그는 한평생 많은 돈을 벌었다. (명사 앞)

他的朋友**比较少**。 그는 친구가 비교적 적다. (술어)

我昨天睡得**很早**。 나는 어제 일찍 잤다. (보어)

주의 단음절 형용사가 부사어가 되거나 대비의 의미를 나타낼 경우에는 단독으로 쓸 수 있다.

你**快**走吧! 너 빨리 가! (부사어)

她长得**高**，我长得**矮**。 그녀는 큰데 나는 작다. (대비)

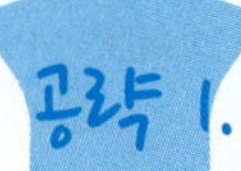

공략 1. 정도부사를 사용할 수 없는 어휘에 주목하라

다음의 경우에는 정도부사와 함께 쓸 수 없으니 형식을 잘 파악해두자.

1. 형용사 중첩 : 형용사 중첩은 이미 정도의 의미를 나타내기에 앞에 정도부사를 쓸 수 없다. 주요 형식은 다음과 같으며 늘 的와 함께 쓴다.

형식		예문
AABB	高高兴兴 기쁘다 | 干干净净 깨끗하다 | 漂漂亮亮 예쁘다 | 老老实实 성실하다	他的房间总是**干干净净的**。 그 사람 방은 늘 깨끗하다.
ABB	傻乎乎 멍청하다 | 黑乎乎 시꺼멓다 | 绿油油 짙푸르다 | 红彤彤 새빨갛다	他虽然看起来**傻乎乎的**，可人家是名牌大学毕业生。 그는 어리버리하게 보이지만 명문대 졸업생이다.
A里AB	土里土气 촌스럽다 | 傻里傻气 멍청하다	女朋友嫌他**土里土气的**，就提出了分手。 여자 친구는 그가 촌스러운 것이 싫어서 헤어지자고 했다.
ABAB	雪白雪白 새하얗다 | 火红火红 시뻘겋다	那条裙子**雪白雪白的**。 그 치마는 매우 하얗다.

这件衣服**真**漂漂亮亮的。 (X) → 这件衣服漂漂亮亮的。 (O) 이 옷은 정말 예쁘다.

他总是**这么**傻里傻气的。 (X) → 他总是傻里傻气的。 (O) 그는 늘 어리버리하다.

2. **일반동사** : 정도부사 뒤에는 반드시 형용사나 심리동사가 있어야 한다. 일반동사 앞에는 정도부사를 쓸 수 없다.

她**很**打扫了房间。(X) → 她打扫了房间。(O)　그녀는 방을 청소했다.

我**很**帮助了他。(X) → 我帮助了他。(O)　나는 그를 도왔다.

3. **일반명사** : 명사 앞에는 일반적으로 정도부사를 쓸 수 없으나 '很中国, 很女人, 很男人'과 같이 특별한 경우에는 이미 대중화되어 쓰이기도 한다.

她很变化了。(X) → 她**变化很大**。(O)　그녀는 변화가 크다.

他很毅力。(X) → 他**很有毅力**。(O)　그는 매우 의지가 있다.

4. **기타 정도부사** : 두 개의 정도부사는 함께 쓸 수 없다.

他**比较**很聪明。(X) → 他很聪明。(O)　그는 매우 총명하다.

那个女孩**特别**挺漂亮。(X) → 那个女孩挺漂亮。(O)　그 여자아이는 아주 예쁘다.

 다음 문장을 바르게 고치세요.

❶ 她总是把自己打扮得挺漂漂亮亮的。	→ ________________
❷ 我很反对他的意见。	→ ________________
❸ 这里的文化很特色。	→ ________________
❹ 这孩子比较太不懂事。	→ ________________

정답 ❶ 她总是把自己打扮得漂漂亮亮的。 ❷ 我反对他的意见。 ❸ 这里的文化**很有特色**。 ❹ 这孩子太不懂事。

 **예제**

난이도 中　공략 Key 정도부사를 쓸 수 없는 土里土气

A 没有什么事是可以不劳而获的。

B 是否具有辨别是非好坏的能力，是一个人成熟与否的标志。

C 他这个人特别土里土气的，没想到女朋友却这么漂亮。

D 这个故事富有教育意义，教会了我们如何做人、如何处世。

정답&공략

C 他这个人**特别**土里土气的，没想到女朋友却这么漂亮。

→ 他这个人土里土气的，没想到女朋友却这么漂亮。

  A 그 어떤 일도 노력 없이 얻을 수 있는 것은 없다.
B 시비와 좋고 나쁨을 변별할 수 있는 능력의 유무는 사람의 성숙도 여부를 알 수 있는 지표다.
C 그 사람은 매우 촌스럽지만 여자 친구는 의외로 이렇게 예쁘다.
D 이 이야기는 매우 교육적인 의의를 가지고 있어 우리가 어떻게 사람이 되어야 하는지, 어떻게 처세해야 하는지를 가르쳐준다.

공략 土里土气는 형용사 중첩의 한 형식으로 이미 정도의 의미를 가지고 있기에 앞에 정도부사를 쓸 수 없다.

어휘 ★不劳而获 bù láo ér huò 〔성〕 일하지 않고 거져 얻다 | ★辨别 biànbié 〔동〕 변별하다 | ★是非好坏 shìfēi hǎohuài 시비와 좋고 나쁨 | ★成熟 chéngshú 〔형〕 성숙하다 | 故事 gùshi 〔명〕 이야기 | ★富有 fùyǒu 〔동〕 충분히 가지고 있다 | ★教育意义 jiàoyù yìyì 교육적 의의 | ★处世 chǔshì 〔동〕 처세하다

Tip 성어와 정도부사

성어 자체가 정도의 의미를 나타내는 경우에는 앞에 정도부사가 올 수 없는데 특히 두 글자가 중첩되는 성어가 그렇다.

兴高采烈 xìng gāo cǎi liè	매우 기쁘고 신이 나다 他兴高采烈地告诉我他考上北大了。 그는 신이 나서 나에게 그가 베이징대학에 합격했다고 알려주었다.
聚精会神 jù jīng huì shén	정신을 집중하다 我正聚精会神地看书，突然电话响了。 내가 정신을 집중해서 책을 보는데 갑자기 전화벨이 울렸다.
精益求精 jīng yì qiú jīng	(학술·기술·작품·제품 등이) 현재의 상태도 매우 뛰어나지만, 더 뛰어나게 하려고 공을 들이다 工作中应该要有精益求精的态度，不能轻易满足。 일할 때는 잘하려는 태도를 가져야지 쉽게 만족해서는 안 된다.
津津有味 jīn jīn yǒu wèi	(음식이) 매우 맛있다, (이야기가) 매우 흥미 있다, 흥미진진하다 我正在津津有味地看电视，爸爸回来了。 내가 마침 흥미진진하게 텔레비전을 보고 있는데, 아빠가 돌아오셨다.
赫赫有名 hè hè yǒu míng	명성이 매우 높다, 매우 유명하다 这家酒店在当地赫赫有名。 이 호텔은 그곳에서 매우 유명하다.

공략 2. 정도부사를 사용할 수 없는 구조에 주목하라

1. 비교문 : 비교문의 형용사 술어 앞에는 일반적으로 부사 更, 还를 제외한 정도부사를 쓸 수 없다.

> A + 比 + B + ~~非常/很/特别/十分/挺/太~~ + 형용사

> A + 比 + B + 更/还 + 형용사

他比我非常高。(X) → 他比我更高。(O) 그는 나보다 더 크다.
今年比去年太热。(X) → 今年比去年还热。(O) 올해가 작년보다 더 덥다.

2. 변화를 나타내는 구조 : 정도부사는 상태를 나타내기에 변화를 나타내는 구조(예 越来越/형용사 +起来)와 같이 쓸 경우 의미상 모순이 발생할 수밖에 없다.

> 越来越 + ~~정도부사~~ + 형용사　　　　~~정도부사~~ + 형용사 + 起来

天气越来越比较冷了。(X) → 天气越来越冷了。(O) 날씨가 점점 추워진다.
他的病很好起来了。(X) → 他的病好起来了。(O) 그의 병은 좋아지기 시작했다.

3. 정도보어 : 정도보어(예 형용사+死了/得要命/得不得了/疯了) 자체가 정도의 의미를 가지고 있기에 정도부사와 결합할 수 없다.

昨天我真的很气死了。(X) → 昨天我真的气死了。(O) 어제 나는 정말 화가 났다.
这儿太冷得不得了。(X) → 这儿冷得不得了。(O) 여기는 정말 춥다.

4. 기타 구조 : '又……又……', '……而……' 구조에서 형용사가 연이어질 때 형용사 앞에는 정도부사를 쓸 수 없다.

她又很聪明又很漂亮。(X) → 她又聪明又漂亮。(O) 그녀는 총명하고 예쁘다.
这是一个很美丽而很迷人的地方。(X) → 这是一个美丽而迷人的地方。(O)
이것이 예쁘고 사람을 매료시키는 구석이다.

바로 체크 Check! 다음 문장을 바르게 고치세요.

❶ 我昨天很气疯了。　　　→ ________________________________

❷ 天气比较暖和起来了。　→ ________________________________

❸ 他比我说得很好。　　　→ ________________________________

정답 ❶ 我昨天气疯了。 ❷ 天气暖和起来了。 ❸ 他比我说得好。

예제 1

A 苏州是著名的历史文化名城，其历史绵延2000余年。

B 房价越来越很高，已经成了一座大山压在老百姓的身上。

C 妈妈告诉我做人要善良，要宽容，不要斤斤计较，更不要去伤害别人。

D 小时候我读了很多书，但长大后反而没有时间去读了。

정답&공략

B 房价越来越**很**高，已经成了一座大山压在老百姓的身上。

→ 房价越来越高，已经成了一座大山压在老百姓的身上。

해석
A 쑤저우는 역사와 문화가 유명한 도시로, 2000여 년의 역사가 전해져 오고 있다.
B 방값이 점점 높아지고 있어서 이미 커다란 산이 서민들의 몸을 누르고 있는 듯하다.
C 엄마는 나에게 사람은 선량하고 관대해야 하며 작은 것을 너무 따져서는 안되며 다른 사람을 다치게 해서는 더더욱 안 된다고 했다.
D 어릴 적에 책을 많이 읽었지만 커서는 오히려 읽을 시간이 없어졌다.

공략 越来越는 변화를 나타내며 很은 상태를 나타내기에 함께 쓸 수 없다.

어휘 ★苏州 Sūzhōu 고유 쑤저우 | ★著名 zhùmíng 동 유명하다 | ★历史文化名城 lìshǐ wénhuà míngchéng 역사와 문화로 유명한 도시 | ★绵延 miányán 동 이어지다 | ★余 yú 명 남짓 | ★房价 fángjià 명 집값 | ★一座大山 yí zuò dàshān 커다란 산 | ★压 yā 동 누르다 | ★善良 shànliáng 형 선량하다 | ★宽容 kuānróng 형 관대하다 | ★斤斤计较 jīn jīn jì jiào 성 작은 것도 따지다 | ★伤害 shānghài 동 다치게 하다

예제 2

A 电视剧跟小说的艺术表现形式不同，小说有很大的想象空间，电视剧没有。

B 生活中不要过于追求完美，否则会让自己活得很累，也会让身边的人不敢靠近。

C 每个人的生活环境不同，文化层次不同，因而所追求的目标也不一样。

D 你不要再劝我了，他又很矮又很胖，我怎么可能跟他交往呢？

정답&공략

D 你不要再劝我了，他又**很**矮又**很**胖，我怎么可能跟他交往呢？

→ 你不要再劝我了，他又矮又胖，我怎么可能跟他交往呢？

해석 A 연속극은 소설의 예술 표현 형식과는 다르다. 소설은 상상할 수 있는 여지가 크지만 연속극은 없다.

B 생활은 지나치게 완벽함을 추구해서는 안 된다. 그렇지 않으면 자신의 삶이 피곤해지고 주위 사람들이 가까이 갈 수 없게 된다.

C 사람들마다 생활 환경이 다르고 문화적 수준도 다르다. 그래서 추구하는 목표도 다르다.

D 너 더 이상 나를 설득하지 마. 그 사람은 키도 작고 뚱뚱한데, 내가 어떻게 그와 사귈 수 있겠니?

공략 '又……又……' 뒤에 형용사가 이어질 때 형용사 앞에 很을 쓸 수 없다.

어휘 ★电视剧 diànshìjù 몡 연속극 | ★小说 xiǎoshuō 몡 소설 | ★想象空间 xiǎngxiàng kōngjiān 상상할 수 있는 여지 | ★过于 guòyú 뵘 (정도나 수량이) 지나치게 | ★追求完美 zhuīqiú wánměi 완벽함을 추구하다 | ★否则 fǒuzé 젭 그렇지 않으면 | ★不敢 bùgǎn 동 감히 ~하지 않는다 | 靠近 kàojìn 동 ~에 가까이 가다 | 文化层次 wénhuà céngcì 문화적 단계 | ★所追求的目标 suǒ zhuīqiú de mùbiāo 추구하는 목표 | ★劝 quàn 동 권고하다, 설득하다 | ★矮 ǎi 형 (키가) 작다 | ★交往 jiāowǎng 동 사귀다

Tip **否则**

否则는 '그렇지 않으면'의 뜻으로 동의어로는 不然, 要不然이 있다.

① 如果……就……, 否则…… : 만약 ~한다면 곧 ~, 그렇지 않으면

如果你喜欢他，**就**去告诉他，**否则**你以后会后悔的。
네가 그를 좋아하면 그에게 말해. 그렇지 않으면 나중에 후회하게 될 테니까.

② 一定……, 不然…… : 반드시 ~, 그렇지 않으면

你**一定**别忘了给爸爸打电话，**不然**他会失望的。
너는 절대 아빠한테 전화하는 거 잊지 마. 그렇지 않으면 아빠가 실망할 테니까.

第 1-8 题：请选出有语病的一项。

1. **A** 兔子的耳朵起着导热器的作用，不断将它身上的热量排出体外。
   B 头发大量脱落就是一种病态，像伤寒、贫血、糖尿病等都会引起脱发。
   C 尽管他给人的第一印象有点霸道，但不能否认他还是一个很魅力的男性。
   D 世界上曾经生活过350多种野马，可现在只剩一种了。

2. **A** 自春秋时代，骑术就是读书人必备的技术之一。
   B 阳春三月的一天，孩子们十分兴高采烈地跑出去放风筝。
   C 没有人生下来就是大明星，也没有人刚开始工作就能如愿以偿。
   D 在我们每天读的新闻中，总会发现很多"废词"，没有什么营养。

3. **A** 以前的记者等新闻，现在的记者抓新闻，有人就觉得这是多么了不起的事。
   B 地动仪的发明比欧洲早了1700多年，它对地震预测的准确性，在当时来说是十分了不起的。
   C 猜拳是中国民间喝酒时玩的一种游戏，为的是增加喝酒的乐趣。据记载，早在唐代就已经有这种游戏了。
   D 虽然大家都不喜欢"厚脸皮"的人，但当你学外语时，"厚脸皮"有时也是十分需要的。

4. **A** 我正在特别聚精会神地做着一份文件，突然老板神情严肃地让我过去一下儿。
   B 蛇身上有很多寄生虫，这些虫卵和虫体一旦进入体内，危害很大，可使人感染各种疾病，严重时甚至危及生命。
   C 成语"掩耳盗铃"的意思是偷钟怕被别人听到捂住自己的耳朵，比喻自己欺骗自己，意思是自欺欺人。
   D 云南省的昆明冬季温和，夏季凉爽，因此被称为"春城"。

5. **A** 人们对科幻小说再熟悉不过了，世界上第一部科幻小说是1918年出版的《科学怪
人》。

   B 面向新世纪，北京师范大学确立了综合性、有特色的世界高水平大学的奋斗目标。

   C 学生创业可以作为一个很好的尝试，作为一个锻炼机会，但不要有太高的预期。

   D 这里虽说夏天不算太热，但冬天却很冻得要命，有时甚至到了零下30-40度。

6. **A** 现代社会是一个充满竞争的社会，这也是造成某些人自卑的重要原因。

   B 这是一个很美丽而富饶的世外桃源，犯罪率堪称世界最低。

   C 面试时要多说事实，避免笼统、琐碎的词句，应该要尽量具体。

   D 80后的弱点是"以自我为中心、社会经验不足、生活自理能力差、缺乏忍耐"。

7. **A** 结婚几年后，当年的激情已经全无，双方各自的缺点都表现出来。

   B 青少年沉迷于网络游戏，需要全社会的关怀和帮助，更需要父母的教育。

   C 我们常说现代社会人与人之间的关系更冷漠了，但我们为什么又总说现代社会比
以前相当文明呢？

   D 在西藏开车出行时，一定要小心，常常会发生各种意想不到的意外，所以一定要
提前准备好。

8. **A** 牛郎织女结婚后，男耕女织，情义深重，生活得很幸福。

   B 他这次准备得比较非常充分，因此很好地发挥出了自己实力。

   C 精卫那锲而不舍的精神，善良的愿望，宏伟的志向，受到人们的尊敬。

   D 观看月食无须采取减光措施，只要天气晴朗，直接用眼睛观看即可。

20 day 문장 성분의 조건을 알면 답이 보인다

정답_ 해설집 232쪽

학습목표

✓1 문장 성분, 어순, 호응 구조, 논리 관계와 관련된 문제를 파악한다

✓2 오류를 잡아낼 수 있는 어감을 키운다

✓3 작문할 때 오류를 범하지 않도록 주의한다

문장이 비교적 복잡한 경우에는 오류를 찾아내기가 더 어렵다. 긴 문장에 모르는 단어라도 나오면 지레 겁을 먹게 마련이다. 단어 의미보다는 문장 성분 파악, '주어-부사어-술어-관형어-목적어' 어순 배열 파악, 호응 구조와 논리 관계 및 주어와 술어 불일치 등을 체크하면서 오류 찾는 감각을 길러보자.

기초 실력 테스트 TEST

1 빈칸에 들어갈 알맞은 것을 보기에서 고르세요.

보기	而	却	增强	增进

❶ 她很喜欢甜食，_______我_______不喜欢。

❷ 这种聚会可以_______朋友之间的感情。

❸ 游泳能_______体质。

2 다음 문장이 맞으면 O, 틀리면 X를 표시하고, 틀린 문장은 바르게 고치세요.

❶ (　　) 父母要多孩子交流。　→ _______________________

❷ (　　) 这本书很有名的一本书。　→ _______________________

❸ (　　) 她是一个很外向的。　→ _______________________

❹ (　　) 他拥有优秀的人际关系。　→ _______________________

6급 기출문제 맛보기

 맛보기

난이도 上　공략 Key '起……作用'의 호응 구조

A 每个人都有选择自己生活道路、决定自己生活方式的权利。

B 在训练过程中，他为年轻队员们做好了带头作用。

C 他再三叮嘱我要为他保守秘密。

D 每到农历新年时，小孩子们都期盼着得到长辈们给的压岁钱。

정답&공략

B 在训练过程中，他为年轻队员们做好了带头作用。

→ 在训练过程中，他为年轻队员们起到了带头作用。

해석 A 모든 사람은 자신이 살아갈 길을 선택하고 자신의 생활 방식을 결정할 수 있는 권리가 있다.
B 훈련 과정에서 그는 젊은 팀원들을 위해 리더 역할을 했다.
C 그는 여러 차례 내가 그의 비밀을 지켜주길 당부했다.
D 매년 음력설이 되면 어린아이들은 웃어른이 세뱃돈을 주길 기대한다.

공략 作用은 做好와 호응할 수 없기에 동사 起到로 바꿔야 한다.

어휘 生活道路 shēnghuó dàolù 삶의 길 | ★生活方式 shēnghuó fāngshì 생활 방식 | ★权利 quánlì 몡 권리 | ★训练 xùnliàn 통 훈련하다 | ★在……过程中 zài……guòchéng zhōng ~하는 과정 중에 | ★队员 duìyuán 몡 팀원 | ★带头作用 dàitóu zuòyòng 리더 역할 | ★叮嘱 dīngzhǔ 통 당부하다 | ★保守秘密 bǎoshǒu mìmì 비밀을 지키다 | ★农历 nónglì 몡 음력 | 期盼 qīpàn 통 기대하다 | ★长辈 zhǎngbèi 몡 웃어른 | ★压岁钱 yāsuìqián 몡 새뱃돈

 토크토크! 쌤의 한마디~

문장 성분, 어순, 호응 구조, 논리 관계 등과 관련된 문제는 2~3문제 정도 출제되는데요, 논리 관계 파악이나 주어와 술어 불일치 등은 단번에 알아차리기가 어려워요. 틀린 문장과 맞는 문장을 비교해보면서 중국어 특징에 익숙해지는 것이 가장 중요하답니다.

공략 1. 문장 성분의 결격사유와 위치에 민감해져라

1. 주요 문장 성분의 부재 : 일반적으로 문장 성분 중에서 주어, 술어, 목적어가 없는 경우다.

주어가 없음 在他的帮助下，使我获得了很好的成绩。(X) → 他的帮助，使我获得了很好的成绩。(O)
그의 도움으로 나는 좋은 성적을 거두었다.

주어가 없음 在他的帮助下，使我获得了很好的成绩。(X) → 在他的帮助下，我获得了很好的成绩。(O)
그의 도움하에, 나는 좋은 성적을 거두었다.

술어가 없음 她也很漂亮的女孩。(X) → 她也是很漂亮的女孩。(O)
그녀 역시 매우 아름다운 여자아이이다.

목적어가 없음 我有一个性格很好的。(X) → 我有一个性格很好的朋友。(O)
나는 성격이 매우 좋은 친구가 있다.

2. 문장 성분의 중복 : 대부분 두 개의 술어가 있는 경우(동사+동사, 동사+형용사)거나 동일한 의미의 목적어가 두 개 있는 경우다.

老师站上课。(X) → 老师站着上课。(O) 선생님은 서서 수업을 하신다. (술어 중복 : 동사+동사)

今天是很热。(X) → 今天很热。(O) 오늘은 매우 덥다. (술어 중복 : 동사+형용사)

这是我的方法秘诀。(X) → 这是我的方法。(O) 이것은 내 방식이다.

这是我的秘诀。(O) 이것은 나의 비법이다. (목적어 중복)

주의 '是+형용사'는 회화에서 다른 사람이 말하는 것에 동의할 때 쓸 수 있다. 여기서 是는 부사로 '的确(확실히)'의 의미다.

A 这个菜真难吃。 이 음식은 정말 맛없어.

B 嗯，是很难吃。 응, 정말 맛없어.

3. 주어 앞뒤 성분의 위치 오류 : 也, 都, 就, 却, 则, 只好, 反而, 永远은 반드시 주어 뒤에 위치해야 하지만 而, 反之는 주어 앞에도 위치할 수 있다.

一回家就我睡觉了。(X) → 一回家我就睡觉了。(O) 집에 돌아가자마자 나는 잠이 들었다.

他不喜欢，我而喜欢。(X) → 他不喜欢，而我喜欢。(O) 그는 좋아하지 않는데 나는 좋아한다.

4. 어순 배열의 오류 : 부사어는 동사 앞에 위치한다. 비교문에서 부사는 比 앞에 써야 한다.

速度加快明显起来。(X) → 速度明显加快起来。(O) 속도가 눈에 띄게 빨라졌다. (부사어+술어)

他比姚明甚至高。(X) → 他甚至比姚明高。(O) 그는 심지어 야오밍보다 크다. (부사+比)

바로 체크 다음 문장을 바르게 고치세요.

❶ 他写了一本很有意义的。　　　　→ ________________________

❷ 他妹妹是很漂亮。　　　　→ ________________________

❸ 虽然他同意，却我不同意。　　　　→ ________________________

정답 ❶ 他写了一本很有意义的**书**。 ❷ 他妹妹很漂亮。 ❸ 虽然他同意，**我却**不同意。

독해
제1부분

예제

난이도 上　**공략 Key** 则의 위치 파악

A 散文的语言清新明丽，受到了广大文学爱好者的欢迎。

B 敦煌莫高窟是现存世界上规模最大的佛教艺术宝库。

C 懂得快乐、善于快乐是一种智慧、一笔财富，生活中我们要学会快乐。

D 人的精力是有限的，我们应该先做最重要的事，则不太重要的应推后一些时间。

정답&공략

D 人的精力是有限的，我们应该先做最重要的事，则不太重要的应推后一些时间。

→ 人的精力是有限的，我们应该先做最重要的事，不太重要的则应推后一些时间。

해석　A 산문의 언어가 맑고 고와서 많은 문학 애호가들의 사랑을 받았다.

B 둔황 모가오굴은 현존하는 세계 최대 규모의 불교 예술의 보고이다.

C 즐거움을 알고 즐거워할 줄 아는 것도 일종의 지혜이자 부이다. 생활 속에서 우리는 즐거움을 배워야 한다.

D 사람의 힘은 유한하다. 우리는 반드시 가장 중요한 일을 먼저 하고 그다지 중요하지 않는 것은 시간을 조금 뒤로 미뤄야 한다.

공략　则는 반드시 주어 뒤에 위치해야 한다.

어휘　★散文 sǎnwén 몡 산문｜★清新 qīngxīn 혱 산뜻하다｜★明丽 mínglì 혱 맑고 곱다｜★广大 guǎngdà 혱 많다｜★文学爱好者 wénxué àihàozhě 문학 애호가｜★敦煌 Dūnhuáng 고유 둔황｜★莫高窟 Mògāo Kū 고유 모가오굴｜现存 xiàncún 동 현존하다｜★规模 guīmó 몡 규모｜★佛教 fójiào 몡 불교｜宝库 bǎokù 몡 보고｜★善于 shànyú 동 ~을 잘하다｜★智慧 zhìhuì 몡 지혜｜★一笔 yì bǐ 한 몫｜财富 cáifù 몡 가치가 있는 물건 또는 재부｜★精力 jīnglì 몡 힘｜★有限 yǒuxiàn 동 제한적이다｜推后 tuī hòu 뒤로 미루다

Tip　一笔财富

양사 笔는 돈과 관련된 명사를 수식하며 비교적 많은 돈을 가리킨다.

笔 몫, 건	+	钱 돈｜收入 수입｜工资 월급｜报酬 보수｜奖金 상금｜费用 비용｜开支 지출
		财富 부｜财产 재산｜遗产 유산｜债务 채무｜欠款 부채

1. 문장의 논리 관계 파악 : 문장의 논리 관계에 모순이 있는 문제는 접속사를 잘못 사용한 경우나 문장 자체에 의미상 모순이 생긴 경우가 대부분이다.

你能否成功关键在于努力了。(X) → 你**能否**成功关键在于**是否**努力了。(O)

네가 성공하는 관건은 노력 여부에 있다.

这是2000年前新出土的东西。(X) → 这是**新出土的**2000年前的东西。(O)

이것은 새로 출토된 2000년 전의 물건이다.

2. 어휘의 호응 관계 파악 : 고정적으로 호응되는 어휘를 물어보는 문제는 독해 제2부분에서 주로 다루지만 독해 제1부분에서도 매번 한두 문제가 출제되기에 주의해야 한다.

我上高中时善于英语。(X) → 我上高中时**擅长**英语。(O) 나는 고등학교 때 영어를 잘했다.

他给我们提出了昂贵的建议。(X) → 他给我们提出了**宝贵**的建议。(O) 그는 우리들에게 고견을 제시했다.

3. 주어와 목적어의 호응 관계 파악 : 주어와 목적어는 반드시 일치해야 하며 동일한 사물을 설명해야 한다.

他坐在椅子上，是从德国进口的。(X) → 他坐**的**椅子，是从德国进口的。(O)

그가 앉아 있는 의자는 독일에서 수입한 것이다.

这本书是一个很有名的作家。(X) → 这本书是一个很有名的作家**写的**。(O)

이 책은 매우 유명한 작가가 쓴 것이다.

바로 체크 ㅣ **다음 문장을 바르게 고치세요.**

❶ 一定要防止不发生火灾。　　　→ ____________________________

❷ 他是我关系最亲切的朋友。　　→ ____________________________

❸ 这个星期是最有意思的一天。　→ ____________________________

정답 ❶ 一定要防止发生火灾。 ❷ 他是我关系最**亲密**的朋友。 ❸ 这个星期是最有意思的**一个星期**。

예제 ㅣ

난이도 中　공략 Key 提高와 호응할 수 없는 知识

A 实际上，世上没有绝望的处境，只有对处境绝望的人。

B 在李大钊短暂的一生中，其言其行，都饱含着深沉的爱国情怀。

C 多读好书，就像和充满智慧的人聊天一样，可以丰富和提高我们的知识。

D 在标准大气压下，气温低于0℃时，水就会结成冰。

정답&공략

> C 多读好书，就像和充满智慧的人聊天一样，可以丰富和提高我们的知识。
>
> → 多读好书，就像和充满智慧的人聊天一样，可以丰富我们的知识。

해석　A 사실, 세상에는 절망적인 상황은 존재하지 않고 단지 상황을 절망하는 사람만 있다.
　　　　B 리다자오의 짧은 인생에서, 그의 말과 행동에는 모두 깊은 애국심이 담겨 있었다.
　　　　C 좋은 책을 많이 읽는 것은 지혜가 풍부한 사람과 이야기하는 것과 같아서 우리의 지식을 풍부하게 할 수 있다.
　　　　D 표준 대기압에서 기온이 0도보다 낮으면 물은 얼음이 될 수 있다.

공략　知识 앞에는 丰富, 提高가 있는데, 知识는 丰富와는 호응할 수 있지만 提高와는 호응할 수 없다.

어휘　★实际上 shíjìshang 〔부〕 사실 | ★绝望 juéwàng 〔명·동〕 절망(하다) | ★处境 chǔjìng 〔명〕 처지 | 李大钊 Lǐ Dàzhāo 〔고유〕 리다자오 | ★短暂 duǎnzàn 〔형〕 짧다 | 其言其行 qí yán qí xíng 말과 행동 | ★饱含 bǎohán 〔동〕 충만하다, 가득 차다 | ★深沉 shēnchén 〔형〕 심하다, 깊다 | ★爱国情怀 àiguó qínghuái 애국심 | ★智慧 zhìhuì 〔명〕 지혜 | ★聊天 liáotiān 〔동〕 수다 떨다, 이야기하다 | ★标准 biāozhǔn 〔명·형〕 표준(의) | ★气压 qìyā 〔명〕 기압 | ★气温 qìwēn 〔명〕 기온 | ★低于 dīyú 〔동〕 ~을 밑돌다 | 结成冰 jiéchéng bīng 얼음이 되다

예제 2

난이도 中　공략 Key '能否……能否……' 구조 파악

> A 能否保持一颗平常心是考试正常发挥的关键。
>
> B 要想得到别人的尊重，首先要学会尊重别人。
>
> C 所有的人都可能跌倒，但只有坚强的人才会再站起来。
>
> D 您的话费余额已不足10元，为保证您的正常使用，请您及时充值。

정답&공략

> A 能否保持一颗平常心是考试正常发挥的关键。
>
> → 能否保持一颗平常心是考试能否正常发挥的关键。

해석　A 평상심을 유지할 수 있는지가 시험에서 제대로 실력 발휘를 할 수 있는가의 관건이다.
　　　　B 다른 사람으로부터 존중을 받으려면 우선 다른 사람을 존중하는 방법을 배워야 한다.
　　　　C 모든 사람이 넘어질 수 있지만 열심히 하는 사람만이 일어설 수 있다.
　　　　D 당신의 전화비 잔액은 10위안도 안 남았습니다. 정상적으로 사용하려면 제때 충전해야 합니다.

공략　能否를 사용하면 뒤에는 반드시 'A不A' 형식을 쓰거나 '能否' 또는 '是否能'를 써야 한다.

어휘　★保持 bǎochí 〔동〕 유지하다 | ★一颗平常心 yì kē píngchángxīn 평상심 한 가닥 | ★发挥 fāhuī 〔동〕 발휘하다 | ★关键 guānjiàn 〔명〕 관건 | ★尊重 zūnzhòng 〔동〕 존중하다 | ★跌倒 diēdǎo 〔동〕 넘어지다 | ★坚强 jiānqiáng 〔형〕 굳세다, 강경하다 | ★话费 huàfèi 〔명〕 전화비 | ★余额 yú'é 〔명〕 잔액 | ★不足 bùzú 〔형〕 부족하다, 차지 않다 | ★保证 bǎozhèng 〔동〕 보증하다, 장담하다 | ★正常 zhèngcháng 〔형〕 정상적이다 | ★充值 chōngzhí 〔동〕 충전하다

第 1-8 题：请选出有语病的一项。

1. **A** 把名字刻在人们的心中比刻在大理石上保存得更长久。

   B 这个杀毒软件可以从网上免费下载，不过你需要先注册。

   C 学会体谅别人并不困难，只要你愿意站在对方的角度和立场看问题。

   D 在信息时代，一个人是否具有迅速捕捉有效信息，决定他能得到的成就的大小。

2. **A** 千岛湖位于浙江杭州西郊淳安县境内。

   B 他永远看问题的角度跟我们不一样。

   C 好消息不怕迟到，也不怕重复，怕的是不分享。

   D 初春时节，草长莺飞，正是一年当中放风筝的最佳季节。

3. **A** 财富不是你一生的朋友，朋友却是你一生的财富。

   B 金庸的武侠小说构思精奇，开展了武侠萧索的新天地。

   C 梁山伯和祝英台的故事，中国民间有很多不同的版本。

   D 核桃有较多优质蛋白质和脂肪酸，有利于促进脑细胞的生长和发育。

4. **A** 牛奶营养丰富、物美价廉，人称"白色血液"，是最理想的天然食品。

   B "上有天堂，下有苏杭"表达了古往今来人们对苏州、杭州的由衷赞美。

   C 在他的领导下，使我们公司的业务取得了很大的进展，现在公司可以说是蒸蒸日上。

   D 医生的职责是救死扶伤，这是一个高尚的职业。但医生承受的心理压力也比常人大许多。

5.　A 公司采取了这样的方法措施解决这个问题，真是让人失望。

　　B 今年北京降雪较早，这样的气象条件有利于雪场造雪，因此大多数雪场都选择了
　　　提前开放。

　　C 北京等一线城市的房价涨了，势必会影响二三线城市，这就是房价的扩展效应。

　　D 减负是一个科学化的过程，它的主要目的是培养孩子学会真正的学习，并不是人
　　　们想象中的早放学。

6.　A 教训和经验一样宝贵，缺少它的人一样很难成功。

　　B 这件事比我们想的甚至还复杂，大家一定要提高警惕。

　　C 信任是一种弥足珍贵的东西，不可能用金钱买到，更不可能用武力得到。

　　D 打哈欠是人体的保护性警告，当人体睡眠不足或劳累过度时，就会打哈欠。

7.　A 我们生活在地球上，是一个天然的磁体，地球在自转过程中会产生磁场。

　　B 旅行中的翻山越岭、长途跋涉，是对人的意志的磨练，可以激发人们的潜能。

　　C 如果人不到新的环境面临新的挑战，必定会变得见识短浅、思路狭窄。

　　D 网络小说最大的特点是互动性强，作者可以及时参考读者的意见，调整写作内容。

8.　A 油炸食品食用太多会严重影响健康。

　　B 绿茶中含有大量的维生素C，感冒时可以多喝点儿。

　　C 握手时要相互注视，微笑，不要显得心不在焉。

　　D 根据我3000年前的考察，这一带的制陶技术已经相当发达了。

✦정답 및 해설_ 해설집 86쪽

21 day 술어 단어를 유혹하라 I

– 동사

학습목표

✓1 동사를 구분하는 기본적인 방법을 학습한다

✓2 중요한 동사의 호응 구조를 마스터한다

✓3 주요 동사의 핵심 포인트를 파악하여 문제 풀이 능력을 기른다

중국어에는 유사한 동사가 매우 많아 각 동사들의 쓰임을 구분하는 것이 아주 중요하다. HSK 주요 동사를 비교하는 방법과 호응 구조를 마스터하여 고득점의 열쇠를 잡자!

기초 실력 테스트 ^{TEST}

1 알맞은 것끼리 연결하세요.

❶ 适应 ·   · A 当老师

❷ 适合 ·   · B 条件

❸ 符合 ·   · C 环境

❹ 适当 ·   · D 喝酒

2 빈칸에 들어갈 알맞은 것을 고르세요.

❶ 我想找一份＿＿＿＿自己的工作。 （适合 / 合适）

❷ 大部分人对自己的工作不满意，我真不＿＿＿＿他们。 （了解 / 理解）

❸ 运动可以＿＿＿＿身体的免疫力，从而预防感冒。 （增加 / 增强）

❹ 慢慢地，他们俩之间＿＿＿＿了感情。 （产生 / 生产）

＊**정답_** 해설집 232쪽

6급 기출문제 맛보기

 **맛보기**

난이도 **中**   공략 Key '适应……环境' 구조 파악

독해
제2부분

斑马身上漂亮的条纹，具有______环境的保护作用，也是同类之间相互______的主要标记之一。在辽阔的草原上，这种黑白相间的条纹，由于阳光的照射，反射出不同的光线，起着模糊______体型的作用，很难与周围环境______开。

A 适合   分离   它   分辨   B 适当   分别   该   辨别
C 适应   识别   其   区别   D 合适   认识   本   区分

정답&공략

해석

斑马身上漂亮的条纹，具有①**适应**环境的保护作用，也是同类之间相互②**识别**的主要标记之一。在辽阔的草原上，这种黑白相间的条纹，由于阳光的照射，反射出不同的光线，起着模糊③**其**体型的作用，很难与周围环境④**区别**开。

얼룩말의 몸에 있는 예쁜 무늬는 환경에 **적응하는** 보호 작용을 가지고 있을 뿐 아니라 같은 종류끼리 서로 **식별할** 수 있는 중요한 표지 중의 하나가 되기도 한다. 넓은 초원에서 이런 검은색과 흰색이 서로 섞여 있는 줄무늬가 태양이 비춰지면 여러 광선을 반사해내서 **그** 모양을 모호해지게 하는 작용을 하여 주위의 환경과 **구별하기** 어렵다.

A 适合   分离   它   分辨
B 适当   分别   该   辨别
C 适应   识别   其   区别
D 合适   认识   本   区分

A 적합하다 | 분리하다 | 그 | 분별하다
B 적당하다 | 분별하다 | 그 | 변별하다
C 적응하다 | 식별하다 | 그 | 구별하다
D 적합하다 | 인식하다 | 자기 쪽의 | 구분하다

공략   ①번 칸

✗ 适合 적합하다(동사)	**适合**你 너에게 적합하다 | **适合**当老师 선생이 되기에 적합하다
✗ 适当 적당하다(형용사)	**适当**的时间 적당한 시간 | **适当**的地方 적당한 장소 | **适当**的运动 적당한 운동
○ 适应 적응하다(동사)	**适应**环境 환경에 적응하다 | **适应**生活 생활에 적응하다
✗ 合适 적합하다(형용사)	**合适**的衣服 적합한 옷 | **合适**的工作 적합한 일

③번 칸

✗ 它 그	**它**的体型 그것의 체형 *뒤에 명사가 있을 때 반드시 的를 수반함
✗ 该 그, 이	**该**公司 이 회사 | **该**学校 이 학교
○ 其 그, 그녀, 그것	**其**父亲 그 아버지 | **其**体型 그 체형
✗ 本 자기 쪽의	**本**公司 본사, 당사 | **本**学校 본교

어휘   斑马 bānmǎ 몡 얼룩말 | 条纹 tiáowén 몡 줄무늬 | ★标记 biāojì 몡 표지 | 黑白相间 hēibái xiāngjiàn 검은색과 흰색이 서로 섞여 있다 | ★照射 zhàoshè 동 쪼이다 | ★反射 fǎnshè 동 반사하다 | ★模糊 móhu 형 모호하다

6급 **독해 공략** 하기

공략 1. 동사를 비교하는 기본적인 방법을 익혀라

1. 호응 범위에 따른 분류

◇ 引起 | 引发

引起 불러일으키다, 야기하다 ＊전쟁, 질병, 관심 따위 등 호응 하는 범주가 넓음	引起战争 전쟁을 야기하다 | 引起疾病 질병을 야기하다 | 引起关注 관심을 불러일으키다 | 引起兴趣 흥미를 불러일으키다 | 引起重视 주목하다 | 引起注意 주의를 불러일으키다
	环境问题引起了全世界的关注。 환경 문제는 전 세계의 관심을 불러일으켰다.
引发 야기하다, 일으키다 ＊주로 전쟁, 질병에만 쓰임	引发战争 전쟁을 야기하다 | 引发疾病 질병을 야기하다
	这是引发/引起感冒的主要原因之一。 이것이 감기를 유발시키는 주된 원인 중 하나다.

◇ 选择 | 选拔

选择 선택하다, 고르다 ＊인재, 옷, 전공 등 호응 하는 범주가 넓음	选择人才 인재를 고르다 | 选择衣服 옷을 고르다 | 选择礼物 선물을 고르다 | 选择专业 전공을 선택하다 | 选择朋友 친구를 고르다
	我最终选择了中文系。 나는 마침내 중문과를 선택하였다.
选拔 선발하다 ＊주로 인재를 선발할 때만 쓰임	选拔人才 인재를 선발하다
	公司选拔/选择人才时很重视品德。 회사는 인재를 선택할 때 인품을 중시한다.

2. 추상적 의미와 구체적 의미 구분

◇ 产生 | 生产

产生 생기다 ＊호응 대상이 추상적임	产生兴趣 흥미가 생기다 | 产生感情 감정이 생기다 | 产生矛盾 갈등이 생기다 | 产生问题 문제가 생기다 | 产生麻烦 말썽이 생기다
	我们之间产生了一些矛盾。 우리들 사이에 갈등이 생겼다.
生产 생산하다 ＊호응 대상이 구체적임	生产商品 상품을 생산하다 | 生产服装 옷을 생산하다 | 生产饮料 음료수를 생산하다 | 生产手机 휴대 전화를 생산하다
	这家公司只生产女装。 이 회사는 여성복만 생산한다.

◇ 受到 | 收到

受到 받다 ＊호응 대상이 추상적임	受到压力 스트레스를 받다 | 受到表扬 표창을 받다 | 受到批评 비평을 받다 | 受到喜爱 사랑을 받다
	很多白领都受到很大的压力。 많은 화이트칼라 계층은 커다란 스트레스를 받는다.
收到 받다 ＊호응 대상이 구체적임	收到礼物 선물을 받다 | 收到信 편지를 받다 | 收到包裹 소포를 받다 | 收到短信 문자 메시지를 받다
	我昨天收到一封奇怪的电子邮件。 나는 어제 이상한 이메일을 한 통 받았다.

◇ 达到 | 到达

达到 도달하다 *호응 대상이 추상적임	达到水平 수준에 도달하다 | 达到程度 정도에 도달하다 | 达到目的 목적에 도달하다 | 达到目标 목표에 도달하다
	他的汉语已经达到了很高的水平。 그의 중국어는 이미 아주 높은 수준에 도달하였다.
到达 도착하다 *호응 대상이 구체적임	到达地方 장소에 도착하다 | 到达首尔 서울에 도착하다 | 到达上海 상하이에 도착하다
	火车8点到达首尔。 기차는 8시에 서울에 도착한다.

3. 겸어사 : 형태가 비슷한 두 단어 중에서 하나는 두 개의 품사를 가지고 있는 경우다.

◇ 限制 | 控制

限制 제한하다	**명사** 年龄的限制 연령 제한 | 学历的限制 학력 제한 | 身高的限制 신장 제한
	这份工作有身高的限制。 이 일은 신장 제한이 있다.
	동사 限制年龄 연령을 제한하다 | 限制学历 학력을 제한하다 | 限制身高 신장을 제한하다
	这次活动不限制年龄。 이 활동은 연령 제한이 없다.
控制 제어하다, 억누르다	**동사** 控制感情 감정을 억누르다 | 控制情绪 감정을 억누르다 | 控制自己 자신을 억누르다 | 控制物价 물가를 제어하다
	当时我真的控制不住自己，就哭了。 당시에 나는 정말 내 자신을 제어할 수 없어서 울었다.

◇ 轻松 | 放松

轻松 수월하다, 홀가분하다	**형용사** 轻松的音乐 가벼운 음악 | 轻轻松松 가뿐하다
	我喜欢听轻松愉快的音乐。 나는 가볍고 유쾌한 음악을 듣는 것을 좋아한다.
	동사 轻松轻松 좀 쉬다 | 轻松一下 좀 쉬게 하다
	我们去外边轻松轻松吧。 우리 밖에 나가서 기분 전환 좀 하자!
放松 늦추다, 느슨하게 하다	**동사** 放松自己 자기를 느슨하게 하다 | 放松身心 심신을 이완시키다 | 放松放松 편안하게 하다 | 放松一下 긴장을 풀다
	躺在床上，让自己完全放松。 침대에 누우면, 모든 게 다 편안해진다.

◇ 适合 | 合适

适合 적합하다	**동사** 适合自己 자기에게 적합하다 | 适合他 그에게 적합하다 | 适合当老师 선생님이 되기에 적합하다 | 适合做生意 장사하기에 적합하다
	这份工作很适合你。 이 일은 너에게 매우 적합하다.
	형용사 适合的工作 적합한 일 | 适合的衣服 적합한 옷
	找份适合的工作真不容易。 적합한 일을 찾는 것은 정말 어렵다.
合适 적합하다	**형용사** 合适的工作 적합한 일 | 对……很合适 ~에 적합하다
	这件衣服你穿很合适。 이 옷이 너에게 잘 어울린다.

◇ 经历 | 经验

经历 경험, 겪다	동사 **经历**事情 일을 겪다 | **经历**困难 어려움을 겪다 | **经历**磨难 고난을 겪다
	我在中国时**经历**了很多困难。 나는 중국에 있을 때 많은 어려움을 겪었다.
	명사 工作**经历** 근무 경력 | 学习**经历** 학습 경험 | 教学**经历** 수업 경력
	高中时的学习**经历**对一个人来说极为重要。 고등학교 때의 학습 경험은 사람에게 아주 중요하다.
经验 경험	명사 工作**经验** 업무 경험 | 教学**经验** 지도 경험
	他有丰富的教学**经验**。 그는 풍부한 지도 경험을 가지고 있다.

4. **부정적인 의미와 호응하는 단어** : 일부 단어는 뒤에 긍정적인 의미의 단어를 쓸 수 없고 부정을 나타내는 단어만 쓸 수 있다.

◇ 面临 | 遭受 | 造成/导致

面临 ~에 직면하다	**面临**危机 위기에 직면하다 | **面临**危险 위험에 직면하다 | **面临**破产 파산에 직면하다 | **面临**倒闭 도산에 직면하다 | **面临**失业 실업에 직면하다 | **面临**考试 시험에 직면하다
	很多企业正**面临**倒闭。 많은 기업이 파산 위기에 직면해 있다.
遭受 당하다	**遭受**困难 어려움을 당하다 | **遭受**损失 손실을 입다 | **遭受**灾难 재난을 당하다 | **遭受**洪水 홍수를 당하다 | **遭受**暴雨 폭우를 당하다
	该地区**遭受**了至今最大的一次洪水。 그 지역은 지금까지 최대의 홍수를 한차례 맞았다.
造成/导致 초래하다, 야기하다	**造成**后果 결과를 야기하다 | **造成**损失 손실을 초래하다 | **造成**污染 오염을 야기하다 | **造成**死亡 사망을 초래하다 | **造成**破坏 피해를 야기하다
	这会**造成**环境污染。 이는 환경 오염을 조성하였다.

빈칸에 들어갈 알맞은 것을 고르세요.

❶ 这个东西_______了孩子们的兴趣。 （引发 / 引起）

❷ 他还没_______自己的目的。 （到达 / 达到）

❸ 这能达到_______身心的目的。 （放松 / 轻松）

❹ 他不能_______自己的情绪。 （控制 / 限制）

❺ 很多国家正_______经济危机。 （面临 / 面向）

정답 ❶ 引起 ❷ 达到 ❸ 放松 ❹ 控制 ❺ 面临

 **예제**

난이도 **中**　공략 Key 동사 适合에 주의

买车的人越来越多，但是＿＿＿＿新车手续的人却很少。不少车主在为自己的爱车＿＿＿＿保险时一头雾水。面对＿＿＿＿的险种，保费各异的保险公司，＿＿＿＿应该怎样选择最＿＿＿＿自己的车险产品呢？

A	理解	选拔	五花八门	突然	合适
B	熟悉	选择	名目繁多	究竟	适合
C	了解	选取	各种各样	竟然	适当
D	知道	挑选	复杂繁多	毕竟	恰当

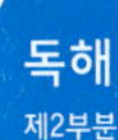

독해
제2부분

정답&공략

해석　买车的人越来越多，但是①**熟悉**新车手续的人却很少。不少车主在为自己的爱车②**选择**保险时一头雾水。面对③**名目繁多**的险种，保费各异的保险公司，④**究竟**应该怎样选择最⑤**适合**自己的车险产品呢？

A	理解	选拔	五花八门	突然	合适
Ⓑ	**熟悉**	**选择**	**名目繁多**	**究竟**	**适合**
C	了解	选取	各种各样	竟然	适当
D	知道	挑选	复杂繁多	毕竟	恰当

차를 사는 사람이 점점 더 많아지고 있다. 그러나 새차 사는 수속에 대해 <u>잘 아는</u> 사람은 매우 적다. 많은 차주들이 자신의 아끼는 차를 위해 보험을 <u>선택할</u> 때 어떨떨해 한다. <u>항목이 많은</u> 보험 종류, 보험료가 각기 다른 보험사를 보고, <u>도대체</u> 자신에게 가장 <u>적합한</u> 차 보험을 어떻게 선택해야 하는가?

A 이해하다 | 선발하다 | 종류가 많다 | 갑자기 | 적합하다

Ⓑ **잘 알다 | 선택하다 | 명목이 많다 | 도대체 | 적합하다**

C 이해하다 | 채택하다 | 각양각색이다 | 뜻밖에 | 적당하다

D 알다 | 고르다 | 복잡하고 많다 | 마침내 | 적당하다

공략　②번 칸 　选拔는 보통 人才와 호응한다.

④번 칸 　究竟은 의문문에 쓸 수 있지만, 毕竟은 의문문에 쓸 수 없다.

⑤번 칸 　适合는 동사이기에 뒤에 명사 自己를 수반할 수 있다.

어휘　★手续 shǒuxù 몡 수속 | ★车主 chēzhǔ 몡 차주 | 爱车 ài chē 아끼는 차, 애마 | ★保险 bǎoxiǎn 몡 보험 | ★一头雾水 yì tóu wù shuǐ 솅 불분명하다, 얼떨떨하다 | ★面对 miànduì 통 직면하다 | 险种 xiǎnzhǒng 몡 보험 종류 | 保费 bǎofèi 몡 보험료 | 各异 gèyì 혱 각기 다르다 | 车险 chēxiǎn 몡 자동차 보험 | ★理解 lǐjiě 통 이해하다 | ★选拔 xuǎnbá 통 선발하다 | ★五花八门 wǔ huā bā mén 솅 종류가 많다 | ★熟悉 shúxī 혱 잘 알다 | ★名目繁多 míngmù fánduō 명목이 많다 | ★了解 liǎojiě 통 이해하다 | ★选取 xuǎnqǔ 통 고르다 | ★竟然 jìngrán 틧 뜻밖에 | ★挑选 tiāoxuǎn 통 선택하다 | ★复杂繁多 fùzá fánduō 복잡하고 다양하다 | ★毕竟 bìjìng 틧 필경 | ★恰当 qiàdàng 혱 적당하다

공략 2. 주요 동사의 호응 구조를 마스터하라

자주 출제되는 동사 및 호응 구조는 다음과 같다. 호응 구조 중 앞의 두 개가 출제 빈도가 가장 높다.

◇ 表明/显示 | 表现 | 表示 | 记载/记录

表明/显示 나타나다	研究**表明/显示** 연구에서 ~가 나타나다 | 调查**表明/显示** 조사에서 ~가 나타나다 | 结果**表明/显示** 결과에서 ~가 나타나다
	研究**表明/显示**，女性一般比男性更长寿。 연구 결과에 따르면 일반적으로 여성이 남성보다 더 장수한다.
表现 표현하다, 드러내다	**表现**能力 능력을 드러내다 | **表现**特长 특기를 보여주다 | **表现**天赋 천부적인 자질을 나타내다 | **表现**才能 재능을 드러내다
	在比赛上，他**表现**出了自己的特长。 시합에서 그는 자신의 특기를 보여주었다.
表示 표시하다, 나타내다	领导**表示** 대표가 ~을 나타내다 | 校长**表示** 교장 선생님이 ~을 나타내다 | 词**表示**意思 단어가 의미를 나타내다
	孙市长**表示**，今年将减少一部分学费。 쑨 시장은 올해 학비 일부분을 낮출 것이라고 밝혔다.
记载/记录 기재하다/기록하다	书中**记载/记录** 책에 ~을 기록하다 | 作品中**记载/记录** 작품에 ~을 기록하다 | 著作中**记载/记录** 저서에 ~을 기록하다
	这本书中**记载**了很多名人故事。 이 책에는 많은 유명 인사의 이야기가 기록되어 있다.

◇ 发表 | 发布 | 宣布 | 公布

发表 발표하다	**发表**文章 글을 발표하다 | **发表**演讲 연설하다 | **发表**作品 작품을 발표하다
	他在报纸上**发表**了一篇文章。 그는 신문에 글을 한 편 발표하였다.
发布 발포하다, 선포하다	**发布**信息 소식을 발표하다
	气象部门刚刚**发布**了最近的气象信息。 기상대는 방금 전에 최근의 기상 소식을 발표하였다.
宣布 선포하다, 발표하다	**宣布**结婚 결혼을 발표하다 | **宣布**去外国 외국으로 가는 것을 발표하다 | **宣布**辞职 퇴임을 발표하다
	他**宣布**明年移民加拿大。 그는 내년에 캐나다로 이민 가게 될 것이라고 발표했다.
公布 공포하다, 공표하다	**公布**成绩 성적을 발표하다 | **公布**结果 결과를 발표하다
	学校下周**公布**考试成绩。 학교는 다음 주에 시험 성적을 발표한다.

◇ 预算 | 预测 | 预计 | 估计

预算 예산하다	财务**预算** 재정 예산 | 生活**预算** 생활비 예산
	公司公布了明年的财务**预算**。 회사는 내년 재정 예산을 발표하였다.
预测 예측하다	**预测**结果 결과를 예측하다 | **预测**后果 결과를 예측하다
	老师能**预测**我们考试的结果。 선생님은 우리의 시험 결과를 예측할 수 있다.
预计 예상하다, 예측하다	**预计**10年后 10년 후를 예측하다 | **预计**未来三天 앞으로 3일을 예측하다 | **预计**本世纪末 금세기 말을 예측하다
	预计明天会有暴雨。 내일은 폭우가 내릴 것이라고 예측된다.
估计 예측하다 *추측할 때 씀	我**估计**他是美国人。 내 추측에 그는 미국인이다.

◇ 创立 | 创办 | 举办 | 举行

创立 설립하다	**创立**公司 회사를 설립하다 | **创立**学校 학교를 설립하다
	这家公司是去年**创立**的。 이 회사는 작년에 설립되었다.
创办 설립하다	**创办**学校 학교를 설립하다 | **创办**公司 회사를 설립하다
	他毕业后**创办**了一所小学。 그는 졸업 후에 초등학교를 한 곳 세웠다.
举办 거행하다, 개최하다 *대규모 행사에 쓰임	**举办**奥运会 올림픽을 개최하다 | **举办**世博会 세계박람회를 개최하다 | **举办**展览会 전람회를 열다
	北京成功**举办**了奥运会。 베이징은 올림픽을 성공적으로 개최하였다.
举行 거행하다 *일반적인 것에 쓰임	**举行**比赛 경기를 열다 | **举行**活动 행사를 열다 | **举行**展览 전시회를 개최하다 | **举行**运动会 운동회를 열다
	明天学校将**举行**运动会。 내일 학교에서 운동회를 열 것이다.

◇ 养成 | 培养 | 培训 | 培育 | 孕育 | 抚养 | 赡养

养成 키우다	**养成**习惯 습관을 기르다
	孩子应该从小就**养成**良好的习惯。 아이는 어릴 적부터 좋은 습관을 길러야 한다.
培养 키우다	**培养**人才 인재를 키우다 | **培养**习惯 습관을 기르다 | **培养**兴趣 흥미를 붙이다
	培养人才是大学的首要任务。 인재를 키우는 것은 대학의 주요 임무다.
培训 훈련시키다	**培训**职员 직원을 훈련시키다 | **培训**员工 직원을 훈련시키다 | **培训**教师 교사를 양성하다
	很多大企业都重视职员的**培训**。 많은 대기업들이 직원 연수를 중시한다.
培育 기르다, 재배하다	**培育**人才 인재를 기르다 | **培育**新品种 신품종을 재배하다 | **培育**花草 화초를 재배하다
	这是科学家**培育**出的西瓜新品种。 이것은 과학자가 길러낸 새로운 수박 품종이다.
孕育 키우다, 배양하다	**孕育**文明 문명을 키우다 | **孕育**艺术 예술을 키우다 | **孕育**文化 문화를 키우다
	黄河**孕育**了中国五千年文明。 황허는 중국 5천 년의 문명을 키워냈다.
抚养 부양하다	**抚养**孩子 아이를 부양하다 | **抚养**子女 자녀를 부양하다
	父母有义务**抚养**自己的孩子。 부모는 자신의 아이를 키워야 할 의무가 있다.
赡养 shànyǎng 먹여 살리다, 봉양하다	**赡养**父母 부모를 봉양하다 | **赡养**老人 노인을 봉양하다
	赡养老人也是子女应尽的义务。 부모를 모시는 것도 자녀들이 다해야 할 의무다.

◇ 保持 | 维持 | 保存 | 保护 | 维护

保持 유지하다	**保持**健康 건강을 유지하다 | **保持**体重 체중을 유지하다 | **保持**身材 몸매를 유지하다 | **保持**卫生 위생을 유지하다 | **保持**形象 이미지를 지키다
	人到中年一定要注意**保持**身材。 사람이 중년이 되면 반드시 몸매 유지에 신경을 써야 한다.
维持 유지하다	**维持**婚姻 결혼을 유지하다 | **维持**秩序 질서를 유지하다 | **维持**生命 생명을 유지하다 | **维持**生活 생활을 유지하다
	他只靠各种药物来**维持**自己的生命。 그는 각종 약물에 의지해서 자신의 생명을 유지한다.
保存 보존하다, 간직하다	**保存**资料 자료를 보존하다 | **保存**礼物 선물을 간직하다 | **保存**照片 사진을 간직하다
	资料都**保存**在电脑里了。 자료를 모두 컴퓨터에 저장했다.
保护 보호하다	**保护**动物 동물을 보호하다 | **保护**孩子 아이를 보호하다 | **保护**环境 환경을 보호하다
	我们一定要**保护**野生动物。 우리는 반드시 야생 동물을 보호해야 한다.

维护 유지하고 보호하다, 지키다	维护机器 기계를 보호하다 | 维护形象 이미지를 유지하다
	这台机器需要好好维护。이 기계는 잘 수리해야 한다.

◇ 解决 \| 解除 \| 消除 \| 解释 \| 解放

解决 해결하다	解决问题 문제를 해결하다 | 解决困难 어려움을 해결하다
	这个问题不容易解决。이 문제는 쉽게 해결할 수 없다.
解除 제거하다	解除压力 스트레스를 제거하다 | 解除合同 계약을 해지하다
	看电影是他解除压力的方法。영화를 보는 것은 그가 스트레스를 푸는 방법이다.
消除 제거하다, 없애다	消除代沟 세대 차를 없애다 | 消除疲劳 피로를 풀다
	只要互相理解，就能消除代沟。서로를 이해해야만 세대 차를 없앨 수 있다.
解释 설명하다	解释意思 의미를 설명하다
	老师，这个词的意思能再解释一下吗？ 선생님, 이 단어의 의미를 다시 설명해줄 수 있습니까?
解放 해방하다	解放思想 사상을 해방시키다 | 解放国家 국가를 해방시키다
	中国1949年后才真正解放。중국은 1949년 이후에야 제대로 해방되었다.

◇ 减弱 \| 减轻 \| 减少 \| 简化

减弱 약화되다, 약해지다	强度减弱 강도가 약해지다 | 雨量减弱 강우량이 약해지다
	暴雨的轻度稍微减弱了一点儿。폭우가 좀 약해졌다.
减轻 경감하다, 감소하다	重量减轻 중량이 감소하다 | 体重减轻 체중이 감소하다
	要减轻体重，就要少吃、多运动。체중을 감소시키려면 적게 먹고 운동을 많이 해야 한다.
减少 감소하다	数量减少 수량이 감소하다 | 人口减少 인구가 감소하다
	最近人口出生率大大减少了。최근에 인구 출생률이 크게 감소하였다.
简化 간소화시키다	简化手续 수속을 간소화시키다
	现在出国手续简化了很多。최근 출국 수속이 많이 간소화되었다.

◇ 抛弃 \| 放弃 \| 废除 \| 取消

抛弃 포기하다	抛弃孩子 아이를 포기하다 | 抛弃宠物 애완동물을 포기하다
	他小的时候被父母抛弃了。그는 어릴 적에 부모로부터 버림을 받았다.
放弃 포기하다	放弃想法 생각을 포기하다 | 放弃计划 계획을 포기하다 | 放弃工作 일을 포기하다
	我放弃了学习，开始创业。나는 학업을 포기하고 창업을 했다.
废除 폐지하다	废除制度 제도를 폐지하다 | 废除法规 법규를 폐지하다
	这一制度太过时，应该废除。이 제도는 너무 시대에 맞지 않으니, 반드시 폐지해야 한다.
取消 취소하다	取消计划 계획을 취소하다 | 取消会议 회의를 취소하다
	原本今天下午举行的会议被取消了。원래 오늘 오후에 하기로 되어 있던 회의가 취소되었다.

◇ 具有 \| 具备 \| 拥有 \| 享有 \| 富有

具有 가지고 있다	具有特点 특징이 있다 | 具有功能 기능이 있다 | 具有作用 작용이 있다 | 具有效果 효과가 있다
	现在的手机都具有上网的功能。현재 가지고 있는 휴대 전화는 인터넷 접속 기능이 있다.

具备 구비하다	具备条件 조건을 갖추다 | 具备能力 능력을 갖추다 | 具备才能 재능을 갖추다
	他具备多方面的才能。 그는 다방면의 재능을 가지고 있다.
拥有 보유하다	拥有金钱 돈을 가지고 있다 | 拥有朋友 친구를 가지고 있다 | 拥有地位 지위를 보유하다 | 拥有健康 건강을 소유하다 | 拥有青春 젊음을 소유하다
	拥有朋友比拥有金钱更有价值。 친구가 있는 게 돈을 가지고 있는 것보다 더 가치가 있다.
享有 누리다, 지니다	享有名誉 명예를 얻다 | 享有名望 명망을 얻다 | 享有声望 명성을 가지고 있다 | 享有威望 명망을 지니고 있다 | 享有威信 위엄을 지니다
	这位学者在中国享有很高的声望。 이 학자는 중국에서 매우 높은 명성을 가지고 있다.
富有 풍부하다	富有特色 특색이 많다 | 富有创造性 창조성이 풍부하다 | 富有活力 생동감이 넘친다
	该地的文化富有特色。 그 지역의 문화는 특색이 많다.

독해
제2부분

◇ 面向 ｜ 面对

面向 ～으로 향하다	面向社会 사회로 향하다 | 面向未来 미래로 향하다 | 面向世界 세계로 향하다 | 面向现代化 현대화로 나아가다
	教育应该面向未来。 교육은 미래 지향적이어야 한다.
面对 직면하다	面对困难 어려움에 직면하다 | 面对问题 문제에 직면하다 | 面对挫折 좌절에 직면하다
	我们要勇敢面对困难。 우리는 용감하게 어려움에 대응해야 한다.

◇ 开发 ｜ 开展 ｜ 发展 ｜ 发扬

开发 개발하다	开发新产品 신제품을 개발하다 | 开发智力 지능을 개발하다
	各个企业都在积极开发新产品。 각 기업들은 모두 적극적으로 신제품을 개발하고 있다.
开展 전개하다	开展活动 활동을 벌이다
	我们大学常常开展各种课外活动。 우리 대학에서는 각종 수업 외 활동을 자주 한다.
发展 발전하다	发展经济 경제를 발전시키다 | 发展城市 도시를 발전시키다
	经济发展对一个国家至关重要。 경제 발전은 한 국가에 있어서 매우 중요하다.
发扬 발양시키다	发扬传统 전통을 발전시키다 | 发扬文化 문화를 드높이다 | 发扬思想 사상을 발전시키다
	我们要积极发扬优秀的传统文化。 우리는 적극적으로 우수한 전통문화를 널리 발전시켜야 한다.

◇ 提高 ｜ 改善 ｜ 促进 ｜ 扩大

提高 제고하다	提高质量 품질을 향상시키다 | 提高水平 수준을 향상시키다
	必须提高产品质量，否则我们没有出路。 제품의 질을 향상시켜야만 한다. 그렇지 않으면 우리는 살 길이 없다.
改善 개선하다	改善生活 생활을 개선하다 | 改善条件 조건을 개선하다 | 改善环境 환경을 개선하다
	如今，人们的生活条件都得到了很大的改善。 현재 사람들의 생활 조건은 크게 개선되었다.
促进 촉진하다	促进交流 교류를 촉진하다 | 促进合作 협력을 촉진하다 | 促进经济发展 경제 발전을 촉진하다
	发展旅游业能促进经济发展。 관광 산업을 발전시키면 경제 발전을 촉진할 수 있다.
扩大 확대하다	扩大范围 범위를 확대하다 | 扩大领域 영역을 확대하다 | 扩大交际圈 교제 범위를 확대하다
	朋友可以扩大我们生活的领域。 친구는 우리들의 생활 영역을 확대시킬 수 있다.

◇ 善于 | 擅长 | 精通

善于 ~에 능숙하다	善于交际 교제에 능숙하다 | 善于观察 관찰력이 좋다 | 善于思考 사고력이 좋다
	他从小就善于思考。 그는 어릴 적부터 사고력이 좋다.
擅长 장기가 있다, 뛰어나다	擅长画画 그림 그리기에 뛰어나다 | 擅长游泳 수영에 뛰어나다 | 擅长英语 영어에 뛰어나다 | 擅长数学 수학에 뛰어나다
	我不擅长画画。 나는 그림을 잘 그리지 못한다.
精通 정통하다	精通多国语言 여러 외국어에 정통하다 | 精通历史 역사에 정통하다
	这位教授精通多门语言。 이 교수는 여러 외국어에 정통했다.

◇ 取得 | 获得 | 得到 | 得

取得 얻다, 획득하다	取得成绩 성적을 얻다 | 取得成就 성과를 얻다
	他每次考试都能取得优秀的成绩。 그는 모든 시험에서 우수한 성적을 얻을 수 있다.
获得 얻다, 획득하다	获得成绩 성적을 얻다 | 获得证书 증명서를 취득하다 | 获得奖励 상을 받다 | 获得金牌 금메달을 따다 | 获得满足 만족감을 얻다
	比赛中，他获得了金牌。 시합에서 그는 금메달을 땄다.
得到 얻다	得到支持 지지를 얻다 | 得到成功 성공하다 | 得到成绩 성적을 얻다 | 得到东西 물건을 얻다
	这件事他得到了父亲的支持。 이 일에서 그는 아버지의 지지를 얻었다.
得 얻다	得感冒 감기에 걸리다 | 得病 병에 걸리다 | 得80分 80점을 받다
	我得了严重的感冒。 나는 감기가 심하게 걸렸다.

◇ 改变 | 改革 | 改善 | 改良 | 改进 | 改造 | 改正

改变 바꾸다	改变习惯 습관을 바꾸다 | 改变态度 태도를 바꾸다 | 改变方法 방법을 바꾸다
	你的学习态度需要改变。 너는 학습 태도를 바꿔야 할 필요가 있다.
改革 개혁하다	社会改革 사회 개혁 | 经济改革 경제 개혁
	经济改革后才能推动社会发展。 경제 개혁 후에야 사회 발전을 추진할 수 있다.
改善 개선하다	改善生活 생활을 개선하다 | 改善条件 조건을 개선하다 | 改善环境 환경을 개선하다
	学校需要改善教学条件。 학교는 교육 환경을 개선할 필요가 있다.
改良 개량하다 *식물 또는 동물에 쓰임	改良品种 품종을 개량하다
	这一品种经过科学家改良后更受欢迎了。 이 품종은 과학자의 개량을 거친 후에 더 많은 환영을 받았다.
改进 개선하다	改进技术 기술을 개선하다 | 改进方法 방법을 개선하다
	多数工厂都渴望改进现有的技术。 많은 공장들은 기존의 기술이 개선되길 갈망한다.
改造 개조하다	改造自然 자연을 개조하다 | 改造环境 환경을 개조하다
	人们在改造自然的同时也破坏了环境。 사람들은 자연을 개조하면서 동시에 환경을 파괴하였다.
改正 바르게 고치다	改正缺点 결점을 고치다 | 改正错误 잘못을 고치다
	有错误就要及时改正。 잘못이 있으면 제때 고쳐야 한다.

◇ 增加 | 增长 | 增强 | 增进 | 增添 | 加强

增加 증가하다	数量增加 수량이 증가하다 | 人口增加 인구가 증가하다 | 学生增加 학생이 증가하다
	以前，人口总是不断增加。 예전에 인구는 항상 끊임없이 증가하였다.
增长 증가하다	经济增长 경제가 성장하다 | 年龄增长 나이가 들다 | 人口增长 인구가 늘어나다 | 身高增长 키가 자라다
	随着年龄的增长，人们的爱好也会发生变化。 나이가 들어가면서 사람들의 취미에도 변화가 발생할 것이다.
增强 강화하다	增强信心 자신감을 높이다 | 增强体质 체질을 강화하다 | 增强免疫力 면역력을 높이다
	打篮球能增强体质。 농구는 체질을 강화시킬 수 있다.
增进 증진하다	增进感情 정을 쌓다 | 增进友谊 우정을 쌓다
	有时喝酒能增进朋友之间的感情。 때로 술을 마시면 친구 사이의 정을 더 쌓을 수 있다.
增添 늘리다	增添色彩 색채를 더하다 | 增添乐趣 재미를 더하다
	孩子能给生活增添乐趣。 아이가 생활의 즐거움을 더해줄 수 있다.
加强 강화하다	加强管理 관리를 강화하다 | 加强练习 연습을 강화하다 | 加强锻炼 단련을 강화하다
	每个公司都要加强管理。 모든 회사는 관리를 강화해야 한다.

독해
제2부분

◇ 传递 | 传播 | 传达

传递 전달하다	传递信息 정보를 전달하다 | 传递消息 소식을 전달하다
	起初人们在墙壁上刻一些符号，以传递各种信息。 각종 정보를 전달하기 위해 처음에 사람들은 벽에 부호를 새겼다.
传播 전파하다	传播思想 사상을 전파하다 | 传播文化 문화를 전파하다
	儒家思想传播到附近很多国家。 유가 사상이 인근의 많은 국가에 전파되었다.
传达 전달하다	传达命令 명령을 전달하다 | 传达决定 결정 사항을 전달하다 | 传达指示 지시를 전달하다
	我来传达一下老板的决定。 제가 사장님이 결정하신 사항을 전달하겠습니다.

◇ 借鉴 | 模仿 | 参考

借鉴 본보기로 삼다	借鉴经验 경험을 본보기로 삼다 | 借鉴技术 기술을 본보기로 삼다 | 借鉴方法 방법을 거울로 삼다
	我们公司借鉴了其他公司的经营方法。 우리 회사는 다른 회사의 경영 방법을 거울로 삼았다.
模仿 모방하다	模仿名人 유명한 사람을 모방하다 | 模仿行动 행동을 모방하다 | 模仿声音 목소리를 모방하다
	他模仿名人模仿得很像。 그는 유명한 사람을 진짜처럼 모방한다.
参考 참고하다	参考资料 자료를 참고하다 | 参考书 참고서 | 参考意见 의견을 참고하다
	图书馆有很多资料我们可以参考。 도서관에는 우리가 참고할 수 있는 자료가 많이 있다.

◇ 消除 | 消失 | 清除 | 解除

消除 없애다, 해소하다	消除疲劳 피로를 풀다 | 消除贫困 빈곤을 퇴치하다 | 消除误会 오해를 없애다
	误会是可以消除的。 오해는 불식시킬 수 있는 것이다.
消失 사라지다 *'消失+명사' 구조는 쓸 수 없음	声音消失 목소리가 사라지다 | 图像消失 화면이 사라지다 | 植物消失 식물이 사라지다
	很多植物已经在地球上消失了。 많은 식물이 이미 지구에서 사라져버렸다.

清除 깨끗이 없애다	清除污渍(wūzì) 기름때를 씻어내다 ｜ 清除脏东西 더러운 것을 씻어내다
	地板上的这些污渍很难清除。 바닥에 있는 이런 땟자국은 쉽게 제거되지 않는다.
解除 없애다, 제거하다	解除压力 스트레스를 풀다 ｜ 解除危机 위기에서 벗어나다 ｜ 解除痛苦 고통을 없애다 ｜ 解除疲劳 피로를 풀다
	解除压力最好的方法是睡觉。 스트레스를 풀 수 있는 제일 좋은 방법은 잠을 자는 것이다.

◇ 创造｜塑造｜捏造

创造 창조하다	创造条件 조건을 만들다 ｜ 创造机会 기회를 만들다 ｜ 创造财富 부를 창조하다 ｜ 发明创造 발명하고 창조하다
	没有机会时，要学会给自己创造一个机会。 기회가 없을 때, 자신을 위해서 기회를 창출하는 것을 배워야 한다.
塑造 만들다	塑造人物 인물을 만들다 ｜ 塑造环境 환경을 만들다 ｜ 塑造艺术形象 예술 형상을 만들다
	这本小说成功地塑造了一个企业家。 이 소설은 기업가를 성공적으로 만들어냈다.
捏造 날조하다	捏造事实 사실을 날조하다 ｜ 捏造证据 증거를 날조하다
	他在法庭上捏造了证据。 그는 법정에서 증거를 날조했다.

◇ 给予｜赋予｜供给｜提供

给予 jǐyǔ 주다	给予帮助 도와주다 ｜ 给予支持 지지해주다 ｜ 给予指导 이끌어주다 ｜ 给予保护 보호해주다 ｜ 给予奖励 칭찬해주다
	他给予我很大的支持。 그는 나에게 커다란 지지를 해주었다.
赋予 부여하다, 주다	赋予活力 활력을 주다 ｜ 赋予意义 의의를 부여하다 ｜ 赋予希望 희망을 부여하다
	这壶水赋予了人们生的希望。 이 주전자 물은 사람들에게 삶의 희망을 부여했다.
供给 gōngjǐ 공급하다	供给食物 음식물을 공급하다 ｜ 供给营养 영양을 공급하다 ｜ 供给水分 수분을 공급하다
	政府一直供给该地区粮食。 정부는 줄곧 이 지역에 식량을 공급하였다.
提供 제공하다	为+명사+提供食物 ~을 위해 음식물을 제공하다 ｜ 为+명사+提供支持 ~을 위해 지지하다 ｜ 为+명사+提供帮助 ~을 위해 도움을 제공하다
	他为我们提供了很多帮助。 그는 우리들을 위해 많은 도움을 제공하였다.

◇ 锻炼｜训练｜磨练

锻炼 단련하다	锻炼身体 신체를 단련하다
	无论春夏秋冬，他都坚持锻炼身体。 봄 여름 가을 겨울을 막론하고, 그는 꾸준히 신체를 단련한다.
训练 훈련하다	训练长跑 장거리 달리기를 훈련시키다 ｜ 训练游泳 수영을 훈련시키다 ｜ 训练舞蹈 춤을 훈련시키다
	为了下次比赛获得金牌，他每天训练8个小时。 다음 시합에서 금메달을 따기 위해, 그는 매일 8시간씩 훈련한다.
磨练 단련하다	磨练意志 의지를 단련하다
	爬山能磨练人的意志。 등산은 사람의 의지를 단련시킬 수 있다.

◇ 展示 ｜ 展出

展示 펼쳐 보이다, 드러내다	**展示**能力 능력을 드러내다 ｜ **展示**才能 재능을 선보이다 ｜ **展示**实力 실력을 드러내다 ｜ **展示**水平 수준을 드러내다 ｜ **展示**天赋 천부적인 재능을 선보이다
	在比赛上，他**展示**出了很高的天赋。 대회에서 그는 매우 높은 천부적인 재능을 선보였다.
展出 전시하다	**展出**书画作品 서화 작품을 전시하다 ｜ **展出**文物 문물을 전시하다
	此次展览将**展出**很多故宫的文物。 이번 전시회에는 많은 고궁의 문물이 전시될 것이다.

독해
제2부분

바로 체크 Check! 빈칸에 들어갈 알맞은 것을 고르세요.

❶ 父母老时，孩子有义务________他们。 （赡养 / 抚养）

❷ 减肥成功后，一定要注意________体重。 （维持 / 保持）

❸ 他们的婚姻只________了三年。 （保持 / 维持）

❹ 对女人来说，购物可以有效地________压力。 （解决 / 解除）

❺ 我结婚后也绝对不会________我的工作。 （放弃 / 抛弃）

❻ 此次比赛中，他________出了很高的天赋。 （展示 / 展出）

❼ 这位专家在我国________很高的声望。 （富有 / 享有）

❽ 你要勇敢地________一切困难。 （面向 / 面对）

❾ 你________了感冒，就在家好好休息吧！ （得到 / 得）

❿ 为了________教学条件，学校投入了大笔资金。 （改正 / 改善）

정답 ❶ 赡养 ❷ 保持 ❸ 维持 ❹ 解除 ❺ 放弃 ❻ 展示 ❼ 享有 ❽ 面对 ❾ 得 ❿ 改善

沈括，是北宋时期著名的科学家，对天文、历法、音乐、医药、数学等都很＿＿＿＿＿＿。在他所著的《梦溪笔谈》一书中，＿＿＿＿＿＿了他的许多研究成果。＿＿＿＿＿＿，书中还记录了当时的许多发明＿＿＿＿＿＿，例如毕升发明的活字印刷术等。

A	擅长	描写	与其	创新	B	突出	登记	因而	体现
C	警惕	宣传	从此	生产	D	精通	记载	此外	创造

정답&공략

해석

沈括，是北宋时期著名的科学家，对天文、历法、音乐、医药、数学等都很①精通。在他所著的《梦溪笔谈》一书中，②记载了他的许多研究成果。③此外，书中还记录了当时的许多发明④创造，例如毕升发明的活字印刷术等。

A 擅长　描写　与其　创新
B 突出　登记　因而　体现
C 警惕　宣传　从此　生产
Ⓓ 精通　记载　此外　创造

심괄(沈括)은 북송 시기의 저명한 과학자다. 천문, 역법, 음악, 의약, 수학 등 모두에 정통했다. 그가 쓴 책『몽계필담』에 그의 많은 연구 성과가 기재되어 있다. 이외에, 책 속에 당시에 발명하고 창조한 것을 기록하였는데, 예를 들자면 필승(畢昇)이 발명한 활자 인쇄술 등이다.

A ～을 잘하다 | 묘사하다 | 차라리 | 창조하다
B 두드러지다 | 등록하다 | 따라서 | 구현하다
C 경각심을 가지다 | 홍보하다 | 이때부터 | 생산하다
Ⓓ ～에 정통하다 | 기재하다 | 이외에 | 창조하다

공략

（①번 칸） 擅长과 精通은 모두 '～에 정통하다'는 의미다.

（②번 칸） '书中记载'는 고정 형식이다.

（③번 칸） 与其는 不如와 호응하여 쓰인다.

（④번 칸） 发明은 创造, 创新과 같이 쓸 수 있다.

어휘　沈括 Shěn Kuò 고유 심괄(沈括) | ★北宋 BěiSòng 명 북송 | ★著名 zhùmíng 통 저명하다 | ★科学家 kēxuéjiā 명 과학자 | ★历法 lìfǎ 명 역법 | ★所著的 suǒ zhù de 저술한 것 | ★研究成果 yánjiū chéngguǒ 연구 성과 | ★记录 jìlù 통 기록하다 | 毕升 Bì Shēng 고유 필승(畢昇) | ★活字印刷术 huózì yìnshuāshù 활자 인쇄술 | ★擅长 shàncháng 통 ～을 잘하다 | ★描写 miáoxiě 통 묘사하다 | ★创新 chuàngxīn 통 창조하다 | ★突出 tūchū 형 두드러지다 | ★登记 dēngjì 통 등록하다 | ★体现 tǐxiàn 통 체현하다 | 警惕 jǐngtì 통 경계하다, 경각심을 가지다 | ★宣传 xuānchuán 통 홍보하다 | 精通 jīngtōng 통 ～에 정통하다 | ★记载 jìzǎi 통 기재하다 | ★此外 cǐwài 명 이외에 | ★创造 chuàngzào 통 창조하다

예제 2

난이도 中　공략 Key '研究显示/表明' 호응 구조

人们常说："三岁看大，七岁看老。"这句话＿＿＿＿毫无根据。一项最新研究结果＿＿＿＿，人的性格在童年时期就已经＿＿＿＿，因此从六七岁孩子身上可以＿＿＿＿出他成年后的一些行为。

A 是非	表示	塑造	预报		B 并非	显示	形成	预测
C 除非	表现	合成	预定		D 无非	表明	组成	预算

독해
제2부분

정답&공략

해석　人们常说："三岁看大，七岁看老。"这句话①并非毫无根据。一项最新研究结果②显示，人的性格在童年时期就已经③形成，因此从六七岁孩子身上可以④预测出他成年后的一些行为。

　사람들은 '세 살에는 컸을 때를 볼 수 있고, 일곱 살에는 늙어서의 모습을 볼 수 있다(될성부른 나무는 떡잎부터 알아본다)'는 말을 자주 한다. 이 말은 결코 근거가 없는 말이 아니다. 최신 연구 결과에서 인간의 성격은 어린 시절에 이미 형성되는 것으로 보여진다. 따라서 6~7세의 아이에게서 성년이 된 후의 일부 행동을 예측할 수 있다.

A	是非	表示	塑造	预报
B	并非	显示	形成	预测
C	除非	表现	合成	预定
D	无非	表明	组成	预算

A 시비 | 나타나다 | 만들다 | 예보하다
B 결코 ~이 아니다 | ~라고 보여진다 | 형성하다 | 예측하다
C 오직 ~해야만 | 표현하다 | 합성하다 | 예정하다
D 단지 ~에 불과하다 | ~라고 보여진다 | 구성하다 | 예산하다

공략　① 번 칸　'결코 근거가 없는 말은 아니다'라는 이중 부정을 통해 강한 긍정을 표현하고자 했기에 적합한 것은 并非밖에 없다.

② 번 칸　'조사나 연구에서 볼 수 있다'는 고정 형식은 '研究显示', '研究表明'을 쓴다. 동사 表明과 显示는 동의어다. 表示(나타내다)와는 다르므로 헷갈리지 않도록 주의해야 한다.

③ 번 칸　'성격, 습관 등 장기간에 걸쳐 만들어진다'는 동사 形成을 쓴다.

④ 번 칸　'이후의 행동을 예측할 수 있다'는 동사 预测만 가능하다.

어휘　★三岁看大，七岁看老 sān suì kàn dà, qī suì kàn lǎo 될성부른 나무는 떡잎부터 알아본다 | ★毫无根据 háowú gēnjù 조금의 근거도 없다 | ★一项研究结果 yí xiàng yánjiū jiéguǒ 한 연구 결과 | ★童年时期 tóngnián shíqī 어린 시절 | 是非 shìfēi 명 시비 | ★塑造 sùzào 동 만들다 | ★预报 yùbào 동 예보하다 | ★并非 bìngfēi 동 결코 ~가 아니다 | ★预测 yùcè 동 예측하다 | ★除非 chúfēi 접 단지 ~해야만 | 合成 héchéng 동 합성하다 | ★预定 yùdìng 동 예정하다 | 无非 wú fēi 단지 ~에 불과하다 | ★预算 yùsuàn 동 예산하다

新HSK **6급 따기**
실전 테스트

第 1-8 题：选词填空。

1. 人之所以会心累，就是因为常常＿＿＿＿在坚持和放弃之间，犹豫不决。生活中总会
   有一些值得我们＿＿＿＿的东西，也有一些必须要放弃的东西。放弃与坚持，是每个
   人都不得不＿＿＿＿的人生难题。

A 盘旋	拥抱	当面		**B** 奔波	占有	推理	
C 缠绕	占领	对付		**D** 徘徊	拥有	面对	

2. 古城苏州，素有"人间天堂"之称，在这优美环境里＿＿＿＿出了苏州刺绣艺术。苏绣
   已有2000余年的历史，早在三国时就有了关于苏绣制作的＿＿＿＿。苏绣具有图案秀
   丽、＿＿＿＿巧妙、绣工细致、针法活泼的＿＿＿＿风格，地方特色＿＿＿＿。

A 孕育	记载	构思	独特	浓郁
B 诞生	记忆	设计	独立	浓厚
C 制造	记录	构成	单独	浓烈
D 发育	标记	设置	特殊	浓重

3. 假笑会导致"微笑抑郁症"，这是一种多发生在都市白领身上的新型抑郁＿＿＿＿。患
   者常常为了＿＿＿＿自己在别人心目中的美好形象，刻意＿＿＿＿自己的情绪，强颜
   ＿＿＿＿。

A 观念	守护	装饰	欢乐		**B** 导向	爱护	掩盖	喜悦
C 倾向	维护	掩饰	欢笑		**D** 概念	维持	掩护	微笑

4. 马头琴，因琴头雕饰着马头而得名。是蒙古民族的代表性乐器，也是＿＿＿＿艺人，
   牧民家中所喜爱的乐器，马头琴所＿＿＿＿的乐曲，具有＿＿＿＿粗犷，激昂的特点，
   ＿＿＿＿了蒙古民族的生产、生活和草原风格。

A 民间	演奏	深沉	体现	**B** 乡镇	扮演	沉闷	发扬
C 主流	展示	沉重	凝聚	**D** 潮流	演绎	深奥	呈现

5. 对员工的赞美是一种有效而又强大的力量。赞美能够使员工对自己更加自信、对工作更加热爱，具有很强的＿＿＿＿＿＿作用，能够确保＿＿＿＿＿＿工作的效率。＿＿＿＿＿＿主管，对于这种不需要＿＿＿＿＿＿而效果明显的"武器"，为什么不经常使用呢？

A 督促	增加	负担	支出	**B** 激发	改进	充当	本事
C 刺激	提高	作为	本钱	**D** 激励	上升	担任	成本

6. 心理学家表示，目标＿＿＿＿＿＿的人更容易成功，他们比别人更能＿＿＿＿＿＿出自己的目标和现实之间的差距，然后制定出实际的计划，这样可以＿＿＿＿＿＿人们充分发挥出自己的全部潜力，并最终＿＿＿＿＿＿自己的目标。

A 确实	测量	推动	抵达	**B** 明确	预测	促使	达到
C 确定	衡量	促进	到达	**D** 制定	觉得	鼓励	实现

7. 打哈欠是人们身体的一种本能反应，不受＿＿＿＿＿＿思想操控。当身体感受到疲劳、睡意等外界＿＿＿＿＿＿时，就会诱发相关分子大量分泌，进而引起"哈欠中枢"兴奋，对身体肌肉群发出指令。而肌肉群严格＿＿＿＿＿＿指令执行，于是一个哈欠就＿＿＿＿＿＿了。

A 自我	影响	遵守	出生	**B** 主观	刺激	遵照	诞生
C 客观	引诱	根据	产生	**D** 自己	引导	照着	生产

8. 丁俊晖虽然是首次参加这种顶级赛事，但他表现得非常＿＿＿＿＿＿，具有非常大的＿＿＿＿＿＿。丁俊晖生于江苏，因父亲＿＿＿＿＿＿台球生意而与这项运动结缘，从9岁开始＿＿＿＿＿＿训练，2002年开始在国际赛场上尽情＿＿＿＿＿＿自己的台球天赋。

A 平静	能力	管理	正式	展开
B 冷静	努力	插足	正统	展出
C 镇定	潜力	经营	正规	展示
D 淡定	效力	处理	正经	展现

술어 단어를 유혹하라 Ⅱ

– 형용사

학습목표

✓1 형용사를 구분하는 기본적인 방법을 학습한다

✓2 중요한 형용사의 호응 구조를 마스터한다

✓3 주요 형용사의 핵심 포인트를 파악하여 문제 풀이 능력을 기른다

중국어에는 형태가 비슷한 형용사가 매우 많다. 주요 형용사를 비교하는 기본적인 방법과 주요 형용사의 호응 구조를 중점적으로 학습해 형용사에 대한 감각을 기르자.

기초 실력 테스트 TEST

1 알맞은 것끼리 연결하세요.

❶ 深刻 ·　　　　　 · A 的意义

❷ 深厚 ·　　　　　 · B 的书

❸ 深远 ·　　　　　 · C 的友谊

❹ 深奥 ·　　　　　 · D 的印象

2 빈칸에 들어갈 알맞은 것을 고르세요.

❶ 你一定要＿＿＿＿发挥出你的能力。　（充足 / 充分）

❷ 家庭＿＿＿＿是最重要的。　（和睦 / 和谐）

❸ 他们俩的关系很＿＿＿＿。　（亲密 / 亲切）

❹ 他是一个性格很＿＿＿＿的人。　（坚定 / 坚强）

6급 기출문제 맛보기

맛보기

난이도 中　**공략 Key** 巨大的贡献 호응 구조

> 话剧是文化艺术中一朵＿＿＿＿的奇葩，上海是话剧的发源地，近100年来话剧＿＿＿＿人才辈出，群星璀璨，＿＿＿＿在话剧界的艺术家们为推动话剧的发展做出了＿＿＿＿的贡献。
>
> | | | | | | | | |
> |---|---|---|---|---|---|---|---|
> | A 艳丽 | 范畴 | 活泼 | 庞大 | B 鲜艳 | 领域 | 活动 | 宏大 |
> | C 耀眼 | 舞台 | 活跃 | 巨大 | D 新鲜 | 工作 | 灵活 | 伟大 |

정답&공략

해석

话剧是文化艺术中一朵①<u>耀眼</u>的奇葩，上海是话剧的发源地，近100年来话剧②<u>舞台</u>人才辈出，群星璀璨，③<u>活跃</u>在话剧界的艺术家们为推动话剧的发展做出了④<u>巨大</u>的贡献。

A 艳丽	范畴	活泼	庞大
B 鲜艳	领域	活动	宏大
C 耀眼	**舞台**	**活跃**	**巨大**
D 新鲜	工作	灵活	伟大

연극은 문화 예술 중 한 송이 <u>눈부신</u> 꽃과 같다. 상하이는 연극의 발상지이며 근 100년간 연극 <u>무대</u>에서 인재가 배출되었고 많은 스타급 인물들이 빛을 발하였다. 연극계에서 <u>활약하고</u> 있는 예술가들은 연극 발전을 위해서 <u>아주 큰</u> 기여를 하였다.

A 아름답다 | 범주 | 활발하다 | 방대하다
B 선명하다 | 영역 | 활동적이다 | 웅대하다
C 눈부시다 | 무대 | 활약하다 | 아주 크다
D 신선하다 | 일 | 융통성 있다 | 위대하다

공략　④번 칸

✗ 庞大 방대하다	庞大的开支 방대한 지출 | 庞大的规模 거대한 규모
✗ 宏大 웅대하다	宏大的规模 웅대한 규모 | 宏大的场面 웅대한 장면
○ 巨大 아주 크다	巨大的贡献 커다란 공헌 | 巨大的变化 거대한 변화 | 巨大的影响 아주 큰 영향 | 巨大的压力 엄청난 스트레스
✗ 伟大 위대하다	伟大的人物 위대한 인물 | 伟大的发明 위대한 발명 | 伟大的作品 위대한 작품

어휘　话剧 huàjù 몡 연극 | 奇葩 qípā 몡 진귀하고 아름다운 꽃 | ★发源地 fāyuándì 몡 발상지 | ★人才辈出 rén cái bèi chū 솅 인재를 배출하다 | 群星璀璨 qúnxīng cuǐcàn 유명인들이 빛을 발하다 | ★话剧界 huàjùjiè 연극계 | ★艺术家 yìshùjiā 몡 예술가 | ★推动 tuīdòng 됭 추진하다 | ★贡献 gòngxiàn 됭 공헌하다 | ★艳丽 yànlì 형 아름답고 곱다 | 范畴 fànchóu 몡 범주 | ★活泼 huópo 형 활발하다 | ★鲜艳 xiānyàn 형 선명하고 아름답다 | ★领域 lǐngyù 몡 영역 | ★耀眼 yàoyǎn 형 눈이 부시다 | ★舞台 wǔtái 몡 무대 | ★活跃 huóyuè 됭 활약하다 | 新鲜 xīnxiān 형 신선하다 | ★灵活 línghuó 형 민첩하다, 융통성이 있다

공략 1. 형용사를 비교하는 기본적인 방법을 익혀라

1. 단어의 호응 범위에 따른 분류

◇ 新鲜 | 清新

新鲜 신선하다 *호응 범주가 넓음	新鲜的空气 신선한 공기 | 新鲜水果 신선한 과일 | 新鲜蔬菜 신선한 채소
	这些蔬菜真新鲜。이 채소들은 정말 신선하다.
清新 신선하다 *호응 범주가 좁음	清新的空气 신선한 공기
	下午她常去空气清新的地方散步。오후에 그녀는 자주 공기가 신선한 곳에 가서 산책한다.

◇ 优秀 | 优异

优秀 우수하다 *호응 범주가 넓음	优秀的成绩 우수한 성적 | 优秀的人才 우수한 인재 | 优秀的表现 뛰어난 표현
	成绩高不一定就是优秀的人才。성적이 높다고 해서 반드시 우수한 인재는 아니다.
优异 우월하다 *호응 범주가 좁음	优异的成绩 우수한 성적
	他上次考试取得了优异的成绩。그는 지난번 시험에서 우수한 성적을 거두었다.

2. 감정적인 색채에 따른 분류

◇ 自信 | 自负

自信 자신 있다(긍정 의미)	他对这次面试充满了自信。그는 이번 면접에 아주 자신 있다.
自负 자부하다(부정 의미)	他太自负了，看不起对手，当然会失败。 그는 너무 자신만만해서 적수를 무시했기에 당연히 실패할 것이다.

◇ 果断 | 武断

果断 결단성이 있다(긍정 의미)	作为老板，做事应该果断。사장님으로서 일을 과감하게 해야 한다.
武断 독단적이다(부정 의미)	别这么武断地做出决定，再好好想想。이렇게 독단적으로 결정하지 말고 다시 잘 생각해봐라!

◇ 聪明 | 狡猾

聪明 총명하다(긍정 의미)	这个孩子又聪明又懂事。이 아이는 총명하기도 하고 철도 들었다.
狡猾 교활하다(부정 의미)	南方的商人太狡猾了，跟他们做生意要小心。 남부 지역 장사꾼들은 너무 교활해서 그들과 장사할 때는 주의해야 한다.

◇ 执着 | 固执

执着 끈기 있다, 고집스럽다 (긍정 의미)	他成功的秘诀就是**执着**的信念。 그가 성공한 비결은 바로 끈기 있는 믿음이다.
固执 고집스럽다(부정 의미)	他从来不听别人的意见，太**固执**了。 그는 여태껏 다른 사람의 의견을 듣지 않았다. 너무 고집쟁이다.

3. 의미의 강약에 따른 분류 : 단어의 형태는 비슷하지만, 나타내는 의미의 정도가 차이 나는 경우다.

◇ 安静 | 寂静

安静 조용하다 *의미가 약함	他喜欢在**安静**的咖啡厅里看书。 그는 조용한 커피숍에서 책 보는 걸 좋아한다.
寂静 적막하다 *의미가 강함	已经深夜了，公园里非常**寂静**。 이미 밤이 깊어서 공원 안은 매우 적막하다.

◇ 失望 | 绝望

失望 실망하다 *의미가 약함	我对他很**失望**。 나는 그에게 매우 실망했다.
绝望 절망하다 *의미가 강함	失败了10次后，他已经**绝望**了。 10번 실패한 후에, 그는 이미 절망했다.

4. 형용사와 심리동사의 구분 : 일부 형용사는 심리동사와 비슷한 것 같지만 용법은 다르다.

◇ 可怕 | 害怕

可怕 무섭다(형용사)	她想起那个**可怕**的夜晚，就忍不住会哭。 그녀는 그 무서운 밤이 떠올라 자기도 모르게 울었다.
害怕 무서워하다(심리동사)	我很**害怕**爸爸。 나는 아빠를 매우 무서워한다.

◇ 感人 | 感动

感人 감동 받다(형용사)	这部电影很**感人**。 이 영화는 매우 감동적이다.
感动 감동시키다(심리동사)	她看电影时，**感动**得哭了。 그녀는 영화를 보고 감동해서 울었다.

 **바로 체크** 빈칸에 들어갈 알맞은 것을 고르세요.

---

❶ 我们公司今年一定要招聘一些_______的人才。 (优秀 / 优异)

❷ 他唯一的缺点是_______。 (自负 / 自信)

❸ 有时爸爸太_______，让人受不了。 (执着 / 固执)

❹ 她的故事很_______。 (感动 / 感人)

❺ 我觉得蛇是最_______的动物。 (害怕 / 可怕)

정답 ❶ 优秀 ❷ 自负 ❸ 固执 ❹ 感人 ❺ 可怕

예제

난이도 中 | 공략 Key 부정적 의미의 固执

> 做生意时总会有一些企业或个人只知道坚持自己的立场，_______制定了基本方针，就一步都不打算_______。这样的公司及个人由于太_______，很难有大的发展。

A 万一	协商	仁慈	
B 一旦	妥协	固执	
C 倘若	撤退	执着	
D 假如	让步	顽强	

정답&공략

해석　　做生意时总会有一些企业或个人只知道坚持自己的立场，①一旦制定了基本方针，就一步都不打算②妥协。这样的公司及个人由于太③固执，很难有大的发展。

사업할 때 일부 기업과 사람들은 자신의 입장을 고집할 줄만 안다. 일단 기본적인 방침이 세워지기만 하면 한 치도 타협하지 않는다. 이런 회사와 개인은 너무 고집스러워서 크게 발전하기 어렵다.

A 万一　　协商　　仁慈
B 一旦　　妥协　　固执
C 倘若　　撤退　　执着
D 假如　　让步　　顽强

A 만일 | 협상하다 | 인자하다
B 일단 ~한다면 | 타협하다 | 고집스럽다
C 만약 ~한다면 | 철수하다 | 고수하다
D 만약 ~한다면 | 양보하다 | 꿋꿋하다

공략　②번 칸 妥协와 让步는 비슷한 의미로 모두 쓸 수 있다.

③번 칸 固执는 부정적인 의미의 '고집스러움'을 나타내지만 다른 단어들은 긍정적인 의미를 나타낸다.

어휘　★做生意 zuò shēngyi 图 장사를 하다 | ★企业 qǐyè 圏 기업 | ★坚持立场 jiānchí lìchǎng 입장을 고수하다 | ★制定方针 zhìdìng fāngzhēn 방침을 제정하다 | ★一步 yí bù 한 걸음 | ★万一 wànyī 图図 만약 | ★协商 xiéshāng 图 협상하다 | ★仁慈 réncí 圏 인자하다 | ★一旦 yídàn 图 일단 ~한다면 | ★妥协 tuǒxié 图 타협하다 | ★固执 gùzhí 圏 고집스럽다 | ★倘若 tǎngruò 図 만일 ~한다면 | ★撤退 chètuì 图 철수하다 | ★执着 zhízhuó 圏 집착하다, 고집스럽다 | ★假如 jiǎrú 図 만약 | ★让步 ràngbù 图 양보하다 | ★顽强 wánqiáng 圏 완강하다, 꿋꿋하다

공략 2. 주요 형용사의 호응 구조를 마스터하라

자주 출제되는 형용사 및 호응 구조는 다음과 같다. 호응 구조 중 앞의 두 개가 출제 빈도가 가장 높다.

◇ 充分 | 充足 | 充实 | 充满 | 充沛/旺盛

充分 충분하다, 최대한	理由**充分** 이유가 충분하다 | 时间**充分** 시간이 충분하다 | **充分**准备 충분히 준비하다 | **充分**发挥 최대한 발휘하다
	面试时，他没**充分**发挥出自己的才能。면접 때 그는 자신의 재능을 충분히 펼쳐 보이지 못했다.
充足 충족하다, 충분하다	睡眠**充足** 잠이 충분하다 | 资源**充足** 자원이 충분하다 | 营养**充足** 영양이 충분하다
	睡眠**充足**才能保证工作效率。충분한 수면을 취해야만 업무 효율을 보장할 수 있다.
充实 충실하다	生活**充实** 생활이 충실하다 | **充实**自己 자신에게 충실하다 | **充实**人生 삶에 충실하다
	他至今还在不断学习新知识，**充实**自己。 그는 지금까지 부단히 새로운 지식을 배우며 내적인 기실을 구하고 있다.
充满 가득 차다(동사)	**充满**热情 열정이 충만하다 | **充满**活力 활기가 가득 차다 | **充满**期待 기대에 부풀다
	所有人都对这位选手**充满**了期待。모든 사람들이 이 선수한테 기대를 하고 있다.
充沛/旺盛 넘치다/왕성하다	精力**充沛** 기운이 넘치다 | 精神**充沛** 활력이 넘치다
	为了保持**充沛**的精力，他每天运动30分钟。 기운이 넘치도록 하기 위해서, 그는 매일 30분 동안 운동을 한다.

◇ 和谐 | 和睦 | 和蔼 | 和气 | 和好

和谐 화합하다	社会**和谐** 사회가 화합하다 | 人类与自然**和谐**相处 인류가 자연과 서로 화합하며 지내다
	我们人类应该与大自然**和谐**相处。인류는 반드시 대자연과 조화를 이루어야 한다.
和睦 화목하다	家庭**和睦** 가정이 화목하다 | 与家人**和睦**相处 가족과 화목하게 지내다
	别人都羡慕他有一个**和睦**的家庭。다른 사람들은 그가 화목한 가정을 꾸리고 있어서 부러워한다.
和蔼 상냥하다, 부드럽다 *연장자에 씀	教授**和蔼** 교수님은 상냥하다 | 专家**和蔼** 전문가는 상냥하다 | 校长**和蔼** 교장 선생님은 친절하다
	这位教授非常**和蔼**。이 교수는 매우 친절하다.
和气 부드럽다, 온화하다	老板**和气** 사장님은 부드럽다 | 售货员**和气** 점원이 친절하다 | 服务员**和气** 종업원이 친절하다
	这家商店的老板和售货员都很**和气**。이 상점의 사장과 점원은 모두 매우 친절하다.
和好 화해하다(동사)	他们每次吵架后第二天就会**和好**。그들은 매번 싸우고 난 후에 그 다음날이면 좋아진다.

◇ 宝贵 | 昂贵 | 名贵 | 珍贵

宝贵 소중하다	**宝贵**的时间 소중한 시간 | **宝贵**的意见 소중한 의견 | **宝贵**的建议 소중한 건의 | **宝贵**的经验 소중한 경험
	非常感谢您给我们提的**宝贵**的意见。당신이 저희에게 내주신 소중한 의견에 매우 감사드립니다.
昂贵 비싸다	价格**昂贵** 가격이 비싸다 | 成本**昂贵** 원가가 비싸다 | 费用**昂贵** 비용이 비싸다 | 学费**昂贵** 학비가 비싸다
	有的国家大学学费极为**昂贵**。어떤 국가의 대학 학비는 매우 비싸다.
名贵 진귀하다	**名贵**品种 진귀한 품종
	这只狗是**名贵**品种。이 개는 비싼 종이다.

| 珍贵
귀중하게 여기다 | 珍贵的礼物 진귀한 선물 \| 珍贵的照片 진귀한 사진 \| 弥足珍贵 아주 귀하다 |
| | 这本书对我来说弥足珍贵。 이 책은 나한테 더욱 소중한 것이다. |

◇ 亲密 \| 亲切 \| 密切/紧密

亲密 친밀하다	朋友之间关系亲密 친구 사이의 관계가 친밀하다
	这位就是跟他关系最亲密的朋友。 이 분이 바로 그와 관계가 가장 친밀한 친구다.
亲切 친절하다	态度亲切 태도가 친절하다
	他对每个人都很亲切。 그는 모든 사람들에게 매우 친절하다.
密切/紧密 밀접하다/긴밀하다	密切相关 밀접하게 관련되다 | 密切联系 밀접하게 연관되다
	这两国之间的经济情况密切相关。 이 두 나라의 경제 상황은 매우 밀접하게 연관되어 있다.

◇ 深刻 \| 深厚 \| 深远 \| 深奥

深刻 깊다	印象深刻 인상이 깊다 | 影响深刻 영향력이 깊다
	这个人给我留下了深刻的印象。 이 사람은 나에게 깊은 인상을 남겼다.
深厚 깊고 두텁다	深厚的友谊 두터운 우정 | 深厚的感情 깊은 감정
	他对自己的故乡有着深厚的感情。 그는 자신의 고향에 대해 깊은 감정을 가지고 있다.
深远 깊고 거대하다	深远的意义 깊은 의미 | 深远的影响 깊은 영향
	这一活动的举办意义深远。 이번 행사를 주최한 의미가 매우 깊다.
深奥 심오하다	深奥的书 심오한 책 | 深奥的道理 심오한 도리 | 深奥的话 심오한 말
	这本书太深奥了，我看不懂。 이 책은 아주 심오해서 나는 이해할 수 없다.

◇ 冷静 \| 平静

冷静 냉정하다, 침착하다	冷静地思考 냉정하게 생각하다 | 冷静地考虑 냉정하게 고려하다 | 冷静地想一想 냉정하게 생각해보다
	别着急，先冷静地想一想。 조급해 하지 말고 우선은 냉정하게 생각 좀 해라!
平静 평온하다, 차분하다	心情平静 마음이 평온하다
	她平静地听完我的话，没有表现出任何表情。 그녀는 침착하게 나의 말을 듣고는 어떤 표정도 짓지 않았다.

◇ 主动 \| 自动 \| 自觉 \| 自发 \| 自满

主动 주동적이다 *대상은 사람임	主动学习 주동적으로 공부하다 | 主动做 주동적으로 하다
	学生要积极主动地学习。 학생은 적극적이고 주동적으로 공부를 해야 한다.
自动 자동적인 *대상은 기계임	自动打开 자동으로 열리다 | 自动播放音乐 자동으로 음악을 틀다
	这种门能自动打开。 이런 문은 자동으로 열 수 있다.
自觉 스스로 느끼다, 자발적인	自觉遵守交通规则 자발적으로 교통 규칙을 준수하다
	每个人都要自觉遵守交通规则。 모든 사람은 자발적으로 교통 규칙을 준수해야 한다.
自发 자발적인	自发组织 자발적으로 조직하다 | 自发形成 자발적으로 형성하다
	这次活动是大家自发组织起来的。 이번 행사는 모두가 자발적으로 조직한 것이다.

| 自满
자신만만 | 骄傲自满 거만하고 자만하다 |
| | 他得了第一名后，就骄傲自满起来了。 그는 일등을 한 후에 거만하고 자만해졌다. |

◇ 新颖 | 清澈

新颖 참신하다	新颖的思想 참신한 사상	新颖的想法 참신한 생각	新颖的设计 참신한 디자인
	这款手机新颖的设计吸引了很多人。 이 스타일의 휴대 전화는 참신한 디자인 때문에 많은 사람들을 매료시켰다.
清澈 물이 맑다	清澈的河流 맑은 하천	清澈的泉水 맑은 샘물
	九寨沟那清澈的河流太迷人了。 주자이거우의 맑은 하천은 사람을 매혹시킨다.

◇ 优越 | 优良 | 优美

优越 뛰어나다	优越的生活 우월한 생활	优越的条件 뛰어난 조건
	这个孩子从小生活条件优越，没吃过苦。 이 아이는 어릴 적부터 생활 조건이 좋아서 고생을 해본 적이 없다.
优良 훌륭하다	优良的传统 우수한 전통	优良的品种 우량 품종
	这种优良的传统一直流传至今。 이런 우수한 전통은 줄곧 지금까지 전해지고 있다.
优美 우아하고 아름답다	优美的环境 좋은 환경	优美的音乐 아름다운 음악
	去优美的环境散步有助于保持健康。 좋은 환경에서 산책하면 건강 유지에 이롭다.

◇ 巨大 | 庞大 | 宏大 | 广大

巨大 거대하다	巨大的压力 엄청난 스트레스	巨大的变化 거대한 변화	巨大的影响 아주 큰 영향
	很多高中生承受着巨大的压力。 많은 고등학생들이 엄청난 스트레스를 받고 있다.
庞大 방대하다	庞大的开支 방대한 지출	庞大的费用 방대한 비용	庞大的规模 거대한 규모
	每个月庞大的开支让很多人身心疲惫。 매월 방대한 지출은 많은 사람들의 심신을 피곤하게 한다.
宏大 웅대하다	规模宏大 규모가 거대하다	宏大的场面 웅대한 장면	宏大的气势 웅대한 기세
	故宫规模宏大。 고궁은 규모가 거대하다.
广大 크고 넓다	广大的观众 많은 관중	广大的听众 많은 청중	广大的家长 많은 부모	广大的学生 많은 학생
	这次招聘会也引起了广大家长们的关注。 이번 채용 박람회는 많은 부모들의 관심을 불러일으켰다.

◇ 坚强 | 顽强 | 坚定 | 坚决

坚强 굳고 강하다	性格坚强 성격이 강하다
	他是一个性格极为坚强的人。 그는 성격이 매우 강한 사람이다.
顽强 완강하다	顽强的生命力 강한 생명력
	仙人掌具有顽强的生命力。 선인장은 강한 생명력을 가지고 있다.
坚定 확고하다	意志坚定 의지가 강하다
	尽管她看起来柔弱，但其实是个意志坚定的人。 그녀는 약해 보이지만 사실은 의지가 강한 사람이다.

| 坚决
단호하다 | 态度坚决 태도가 단호하다 \| 坚决反对 강하게 반대하다 |
| | 父母坚决反对我们交往。 부모는 우리가 교제하는 것을 강하게 반대했다. |

◇ 含糊 | 模糊 | 混乱 | 混浊

含糊 모호하다	含糊不清 (말이) 모호하다
	他说话含糊不清。 그의 말은 모호하다.
模糊 모호하다	模糊不清 (사물이) 모호하다
	今天我的眼睛不太舒服，看什么都模糊不清。 오늘 나는 눈이 불편해서 뭘 봐도 침침하다.
混乱 혼란스럽다	社会混乱 사회가 혼란스럽다 | 国家混乱 국가가 혼란스럽다 | 交通混乱 교통이 혼란스럽다
	这次金融危机让国家陷入了混乱。 이번 금융 위기가 국가를 혼란에 빠트렸다.
混浊 혼탁하다	空气混浊 공기가 혼탁하다 | 河水混浊 강물이 혼탁하다
	很多办公室里空气混浊，人也就更没有精神。 많은 사무실이 공기가 혼탁해서 사람들이 더 넋빠지게 된다.

◇ 精心 | 精湛 | 精密 | 精细 | 精美 | 精致

精心 공을 들이다	精心准备 정성껏 준비하다 | 精心挑选 공을 들여 고르다 | 精心计划 정성껏 계획하다 | 精心设计 공을 들여 디자인하다
	这是我为他精心准备的礼物。 이것은 내가 그를 위해 정성껏 준비한 선물이다.
精湛 정밀하고 깊다	精湛的技术 정교한 기술 | 精湛的手艺 뛰어난 솜씨 | 精湛的工艺 뛰어난 공예 | 精湛的医术 뛰어난 의술
	这个年轻人精湛的技术令人称奇。 이 젊은이의 정교한 기술에 사람들은 칭찬이 자자하다.
精密 정밀하다	精密的计算 정밀한 계산 | 精密的手术 정밀한 수술 | 精密的仪器 정밀한 기계
	他们从国外购买了一套精密的仪器。 그들은 외국에서 정밀한 기계를 구매했다.
精细 정교하고 세밀하다	做工精细 솜씨가 정교하다 | 制作精细 제작이 정교하다 | 雕刻精细 조각이 정교하다
	这件衣服做工精细。 이 옷은 매우 꼼꼼하게 만들어졌다.
精美 정밀하고 아름답다	精美的纪念品 예쁜 기념품 | 精美的包装 정교한 포장
	每次旅游回来，他都会带一些精美的纪念品。 매번 여행에서 돌아오면, 그는 예쁜 기념품을 사서 온다.
精致 정교하다	精致的礼物 정교한 선물 | 精致的咖啡厅 정교한 커피숍 | 精致的工艺品 정교한 공예품
	这家咖啡厅虽然不大，但很精致。 이 커피숍은 크지 않은데 매우 정교하게 만들어졌다.

◇ 可观 | 壮观 | 美观 | 宏观

可观 대단하다, 굉장하다	收入可观 수입이 상당하다 | 待遇可观 대우가 훌륭하다 | 工资可观 월급이 상당하다
	他刚开始工作时，收入很可观。 그가 처음 일을 시작할 때는 수입이 상당했다.
壮观 장관이다	壮观的河流 장관인 하천 | 壮观的瀑布 장관인 폭포 | 壮观的场面 장관인 장면 | 壮观的现象 장관인 현상 | 壮观的景色 장관인 경치
	那时的场面太壮观了。 그때의 장면은 아주 장관이었다.
美观 아름답다	颜色美观 색이 아름답다 | 造型美观 조형이 아름답다 | 款式美观 스타일이 보기 좋다
	这种家具造型美观、价格实惠。 이 가구는 예쁘게 만들어지기도 했고 가격도 적합하다.

宏观 거시적이다	宏观目标 거시적인 목표 | 宏观经济调整 거시적인 경제 조정
	政府刚制定了宏观经济目标。 정부는 거시적인 경제 목표를 제정하였다.

◇ 休闲 \| 舒畅

休闲 여가 활동을 하다	休闲方式 여가 방식 | 休闲娱乐 여가 산업 | 休闲度假 휴가를 보내다
	春节时，旅游成了人们的首选休闲方式。 춘절 때 여행은 사람들이 최우선으로 고르는 여가 방식이다.
舒畅 상쾌하다	心情舒畅 마음이 상쾌하다
	站在山顶上，优美的风景让人心情舒畅。 산 정상에 서 있을 때 아름다운 풍경은 사람 마음을 상쾌하게 해준다.

◇ 华丽 \| 繁华 \| 豪华

华丽 화려하다	华丽的衣服 화려한 옷 | 华丽的首饰 화려한 액세서리
	她穿着一身华丽的衣服去参加晚会了。 그녀는 화려한 옷을 입고 이브닝 파티에 갔다.
繁华 번화하다	繁华的城市 번화한 도시 | 繁华的街道 번화한 거리
	上海的南京路是一条很繁华的街道。 상하이 난징로는 번화한 거리이다.
豪华 호화스럽다	豪华的汽车 호화로운 차 | 豪华的房子 호화로운 집
	人人都想得到豪华的车子、房子。 사람들은 호화로운 차나 집을 가지고 싶어 한다.

 빈칸에 들어갈 알맞은 것을 고르세요.

❶ 他对什么都________了好奇。 （充分 / 充满）

❷ 时间很________，千万不能浪费。 （珍贵 / 宝贵）

❸ 尽管是很大的比赛，但他表现得很________。 （冷静 / 平静）

❹ 这一活动影响________。 （深远 / 深厚）

❺ 他为我国做出了________的贡献。 （庞大 / 巨大）

❻ 我________反对早期留学。 （坚定 / 坚决）

❼ 这是她________挑选的礼物。 （精美 / 精心）

❽ 那家公司职员的收入都很________。 （美观 / 可观）

❾ 突然停电让全国陷入了________。 （混乱 / 浑浊）

❿ 这种想法很________，我们可以试一试。 （新颖 / 清澈）

정답 ❶ 充满 ❷ 宝贵 ❸ 冷静 ❹ 深远 ❺ 巨大 ❻ 坚决 ❼ 精心 ❽ 可观 ❾ 混乱 ❿ 新颖

예제 1

文化遗产包括物质文化遗产和非物质文化遗产。物质文化遗产主要是具有历史、艺术和科学价值的______，非物质文化遗产是指各种以非物质形式______的，与人民生活______相关、世代相传的各种______文化表现形式。

A 文艺	生存	严密	古典	B 文献	储存	亲密	统一
C 文物	存在	密切	传统	D 古物	存有	精密	经典

정답&공략

해석

文化遗产包括物质文化遗产和非物质文化遗产。物质文化遗产主要是具有历史、艺术和科学价值的①<u>文物</u>，非物质文化遗产是指各种以非物质形式②<u>存在</u>的，与人民生活③<u>密切</u>相关、世代相传的各种④<u>传统</u>文化表现形式。

문화유산은 유형 문화유산과 무형 문화유산을 포함한다. 유형 문화유산은 주로 역사와 예술, 과학적 가치가 있는 <u>문물</u>이다. 무형 문화유산은 각종 비물질 형식으로 <u>존재하는</u> 것으로 대중 생활과 <u>밀접하게</u> 관련되어 있으며 대대로 전해오는 각종 <u>전통</u>문화의 표현 형식이다.

A 文艺	生存	严密	古典
B 文献	储存	亲密	统一
C 文物	**存在**	**密切**	**传统**
D 古物	存有	精密	经典

A 문예 | 생존하다 | 빈틈없다 | 고전적이다
B 문헌 | 저장하다 | 친밀하다 | 통일하다
C 문물 | 존재하다 | 밀접하다 | 전통적이다
D 옛 물건 | 가지다 | 정밀하다 | 권위 있는

공략

①번칸 가치 있는 역사적 유물을 나타내는 文物와 古物 모두 가능하다.

②번칸 存在와 存有는 가능하지만 生存은 동물에만 쓰기에 불가능하다.

③번칸 'A与B密切相关' 호응 구조가 답을 찾는 관건이다.

④번칸 古典, 传统, 经典 모두 가능하다.

어휘 ★文化遗产 wénhuà yíchǎn 명 문화유산 | ★物质文化遗产 wùzhì wénhuà yíchǎn 유형 문화유산 | ★非物质文化遗产 fēiwùzhì wénhuà yíchǎn 무형 문화유산 | ★具有价值 jùyǒu jiàzhí 가치를 가지고 있다 | ★以……形式存在 yǐ……xíngshì cúnzài ~의 형식으로 존재하다 | ★世代相传 shì dài xiāng chuán 성 대대로 전해 내려오다 | ★表现形式 biǎoxiàn xíngshì 표현 형식 | 文艺 wényì 명 문학과 예술 | ★生存 shēngcún 명동 생존(하다) | ★严密 yánmì 형 빈틈없다 | ★古典 gǔdiǎn 형 고전적이다 | ★文献 wénxiàn 명 문헌 | ★储存 chǔcún 동 저장하다 | ★亲密 qīnmì 형 관계가 좋다, 친밀하다 | 统一 tǒngyī 동 통일하다 | ★文物 wénwù 명 문물 | ★存在 cúnzài 동 존재하다 | ★密切 mìqiè 형 밀접하다 | ★传统 chuántǒng 형 전통적이다 | 古物 gǔwù 옛 물건 | 存有 cúnyǒu 동 가지다, 있다 | ★精密 jīngmì 형 정밀하다 | ★经典 jīngdiǎn 명형 경전; 권위 있는

예제 2

난이도 中　공략 Key 弥足珍贵 호응 구조

　　男人哭泣比女人更容易让人觉得真诚，更容易获得积极的______。俗话说"男儿膝下有黄金""男儿有泪不轻弹"。一般情况下，男人不会轻易落泪。______男人落泪，人们就会觉得更真实，认为这样的感情弥足______，更让人感动。

A 反应　　　一旦　　　珍贵　　　　　B 反射　　　一度　　　宝贵

C 反驳　　　万一　　　昂贵　　　　　D 反思　　　一贯　　　可贵

독해
제2부분

정답&공략

해석　男人哭泣比女人更容易让人觉得真诚，更容易获得积极的①反应。俗话说"男儿膝下有黄金""男儿有泪不轻弹"。一般情况下，男人不会轻易落泪。②一旦男人落泪，人们就会觉得更真实，认为这样的感情弥足③珍贵，更让人感动。

　　남자의 눈물은 여자보다 사람들에게 더 진실하게 느끼게 할 수 있으므로 긍정적인 **반응**을 얻기 쉽다. 속담에 '사내대장부는 쉽게 무릎을 꿇지 않는다', '사내대장부는 쉽게 눈물을 흘리지 않는다'는 말이 있다. 일반적인 상황에서 남자들은 쉽게 눈물을 흘리지 않는다. **일단** 남자가 눈물을 흘리**면** 사람들은 더욱 진실하다고 생각하고, 이런 감정은 더욱 **진귀한** 것이라 여겨져 사람들을 더욱 감동시킬 것이다.

Ⓐ 反应　　　一旦　　　珍贵
B 反射　　　一度　　　宝贵
C 反驳　　　万一　　　昂贵
D 反思　　　一贯　　　可贵

Ⓐ 반응하다 | 일단 ~한다면 | 진귀하다
B 반사하다 | 한차례 | 소중하다
C 반박하다 | 만일 ~한다면 | 비싸다
D 반성하다 | 일관되다 | 귀중하다

공략　(①번 칸) 反应만 가능하다.

　　(②번 칸) 一旦만 가능하다.

　　(③번 칸) '弥足珍贵'는 '더욱 진귀하다'는 뜻으로 고정적으로 호응하는 표현이다.

어휘　★哭泣 kūqì 동 작게 소리 내어 울다 | ★真诚 zhēnchéng 형 진실하다 | ★俗话 súhuà 명 속담 | ★男儿膝下有黄金 nán'ér xī xià yǒu huángjīn 사내대장부는 쉽게 무릎을 꿇지 않는다 | ★男儿有泪不轻弹 nán'ér yǒu lèi bù qīng tán 사내대장부는 쉽게 눈물을 흘리지 않는다 | ★一般情况下 yìbān qíngkuàng xià 일반적인 상황에서 | ★轻易 qīngyì 형 쉽다, 제멋대로다 | ★落泪 luòlèi 동 눈물을 흘리다 | ★真实 zhēnshí 형 진실하다 | ★弥足珍贵 mízú zhēnguì 더욱 진귀하다 | ★反应 fǎnyìng 명 반응 | ★一旦 yídàn 명부 하루아침; 일단 ~한다면 | ★珍贵 zhēnguì 형 진귀하다, 소중하다 | ★反射 fǎnshè 동 반사하다 | 一度 yídù 명 한 번, 한차례 | ★宝贵 bǎoguì 형 소중하다 | ★反驳 fǎnbó 동 반박하다 | ★万一 wànyī 부 만일에 | ★昂贵 ángguì 형 비싸다 | ★反思 fǎnsī 동 반성하다 | ★一贯 yíguàn 형 일관되다, 한결같다 | ★可贵 kěguì 형 귀중하다

第 1-8 题：选词填空。

1. 著名画家徐悲鸿有一句名言"傲气不可有，傲骨不可无"。这句名言说明了一个做人的简单______：不要在成绩面前骄傲______，不要狂妄自大，目中无人，但也不能______气节一味地讨好别人，______。

   A 理论　　自发　　损失　　半途而废　　B 原理　　自主　　迷失　　讨价还价
   C 道理　　自满　　丧失　　卑躬屈膝　　D 原则　　满足　　消失　　咬牙切齿

2. 下雨天，人们的______会受到影响，特别是下暴雨时雨刷器不能有效地去除挡风玻璃上的雨水，令驾驶者眼前______不清。同时，由于气温降低，前后挡风都会有雾气，______，这时应该打开冷气和后挡风玻璃加热器尽快______雾气。

   A 视力　　含糊　　但是　　消化　　B 视线　　模糊　　因此　　消除
   C 视野　　混乱　　所以　　消失　　D 思维　　浑浊　　于是　　排除

3. 道具不仅是舞台艺术的组成部分，它在______典型环境、反映时代______、烘托演员的表演、增强其表现力等方面，也起着重要的作用。因此，在舞台上，对每一件道具的运用和处理，我们都要______思考，______设计，使其在整个演出中与表演有机地结合起来。

   A 创造　　气氛　　重新　　精密　　B 捏造　　感觉　　复习　　精致
   C 造成　　空气　　重复　　精细　　D 塑造　　气息　　反复　　精心

4. 九寨沟是水的世界。九寨沟的水是世间最______的，无论是平静的湖泊，还是飞泻的瀑布，都那么美妙迷人，让人______。水构成了九寨沟最富有魅力的景色，也是九寨沟的______。

   A 清新　　络绎不绝　　精神　　B 清洁　　目不转睛　　核心
   C 清澈　　流连忘返　　灵魂　　D 透明　　川流不息　　基础

5. 晚上走夜路要小心谨慎，但不要______，即使遇上了意外也不要______，要______
   地想办法。

   A 恐惧　　手忙脚乱　　谨慎　　　　**B** 惊慌　　手舞足蹈　　安静

   C 可怕　　手疾眼快　　平静　　　　**D** 害怕　　手足无措　　冷静

6. 许多有抱负的人都不够重视积少成多的道理，一心只想______而不去努力耕耘，当
   他发现比他开始晚的人都有了______的收入，而自己依然是______时，才想到自己
   没______，只有付出才会有收获。

   A 一鸣惊人　　可观　　一无所有　　播种

   B 一丝不苟　　宏观　　半途而废　　培育

   C 一如既往　　壮观　　有条不紊　　照料

   D 一帆风顺　　美观　　众所周知　　酝酿

7. 甜食对治疗抑郁、______心情很有奇效。许多人在______自己的时候喜欢来一点儿
   甜的，忘却减肥、忘却塑身、忘却那些紧身的______的衣服。一般来说，喜爱甜食
   的人，______都很好，他们的坏心情可以用巧克力、蛋糕、布丁、奶酪等甜美的食
   物来______。

   A 解放　　奖励　　完美　　气氛　　消失

   B 放松　　犒劳　　华丽　　脾气　　消除

   C 解放　　奖赏　　繁华　　胃口　　消灭

   D 缓解　　欣赏　　豪华　　语气　　取消

8. 现代社会的竞争日益激烈，人们为了工作和生活______，很多人都处在亚健康状
   态。这时适当地锻炼，会让你保持______的精力。如果你觉得______，那就暂时
   ______工作，运动一下让你的血液加速吧。

   A 风尘仆仆　　强盛　　眼花缭乱　　中断

   B 废寝忘食　　充足　　头昏脑胀　　中止

   C 疲于奔命　　旺盛　　昏昏欲睡　　停止

   D 夜以继日　　充分　　筋疲力尽　　抛弃

✦정답 및 해설_ 해설집 94쪽

23 day

사물의 의미를 기억하라
– 명사

명사끼리 비교하는 문제는 동사와 형용사보다 상대적으로 적게 출제되지만 결코 소홀히 해서는 안 된다. 제시된 보기 중에서 동사와 형용사의 쓰임을 정확하게 구분할 수 없다고 판단되면 의미가 비교적 명확하게 구분되는 명사에서 그 실마리를 찾아보자.

기초 실력 테스트 TEST

1 알맞은 것끼리 연결하세요.

❶ 自然　　　·　　　　　　·　A 规定

❷ 严格的　·　　　　　　·　B 规律

❸ 庞大的　·　　　　　　·　C 规则

❹ 交通　　·　　　　　　·　D 规模

2 빈칸에 들어갈 알맞은 것을 고르세요.

❶ 他今天＿＿＿＿不太好。　（心情 / 气氛）

❷ 我们一定要提高工作＿＿＿＿。　（效果 / 效率）

❸ 旅游可以开阔＿＿＿＿。　（视线 / 视野）

❹ 他的学习＿＿＿＿很好。　（成绩 / 成就）

6급 기출문제 맛보기

맛보기

난이도 中　공략 Key 规模扩大 호응 구조

唐朝是丝绸生产的鼎盛______，丝绸的生产______较前代扩大了。同时，丝绸的对外贸易也得到巨大的发展，不但"丝绸之路"的通道增加到了三条，而且贸易的频繁程度也______高涨。丝绸的生产和贸易为唐代的______做出了巨大的贡献。

A 年代　　规定　　持久　　兴隆　　　B 朝代　　规律　　持续　　兴旺
C 时期　　规模　　空前　　繁荣　　　D 时刻　　规则　　再三　　昌盛

정답&공략

해석　唐朝是丝绸生产的鼎盛①时期，丝绸的生产②规模较前代扩大了。同时，丝绸的对外贸易也得到巨大的发展，不但"丝绸之路"的通道增加到了三条，而且贸易的频繁程度也③空前高涨。丝绸的生产和贸易为唐代的④繁荣做出了巨大的贡献。

당나라는 비단을 생산하는 번성 **시기**로 비단의 생산 **규모**가 전 왕조에 비해 확대되었다. 아울러 비단으로 대외 무역에서도 커다란 발전을 거두었다. 비단길의 통로가 3개로 늘어났을 뿐 아니라 무역의 왕래도 **전례 없이** 증가하였다. 비단의 생산과 무역은 당나라 **번영**에 커다란 기여를 하였다.

A 年代　　规定　　持久　　兴隆
B 朝代　　规律　　持续　　兴旺
C 时期　　规模　　空前　　繁荣
D 时刻　　规则　　再三　　昌盛

A 연대 | 규정 | 영구적이다 | 번성하다
B 왕조 | 규율 | 지속되다 | 번창하다
C 시기 | 규모 | 전례 없는 | 번영하다
D 때 | 규칙 | 여러 차례 | 번창하다

공략　②번 칸

✗ 规定 규정	公司的**规定** 회사 규정 | 学校的**规定** 학교 규정	
✗ 规律 규율	自然**规律** 자연 법칙 | 生活**规律** 생활 규칙	
○ 规模 규모	扩大**规模** 규모를 넓히다 | 学校的**规模** 학교 규모 | 工厂的**规模** 공장 규모	
✗ 规则 규칙	交通**规则** 교통 규칙	

어휘　★丝绸 sīchóu 명 비단 | ★鼎盛 dǐngshèng 형 번성하다 | ★扩大 kuòdà 동 확대하다, 넓히다 | ★对外贸易 duìwài màoyì 대외 무역 | ★巨大的发展 jùdà de fāzhǎn 거대한 발전 | 通道 tōngdào 명 통로 | ★频繁 pínfán 형 잦다 | ★高涨 gāozhǎng 동 고조하다, 급증하다 | ★巨大的贡献 jùdà de gòngxiàn 거대한 공헌 | ★年代 niándài 명 연대 | ★持久 chíjiǔ 동 오래 유지되다 | ★兴隆 xīnglóng 형 흥성하다 | ★朝代 cháodài 명 왕조 | ★持续 chíxù 동 지속하다 | ★兴旺 xīngwàng 형 흥성하다 | ★空前 kōngqián 형 공전의, 전례 없는 | ★繁荣 fánróng 형 번영하다 | ★时刻 shíkè 명부 때; 시시각각 | ★再三 zàisān 부 재삼, 여러 차례 | ★昌盛 chāngshèng 형 번창하다

공략 1. 명사를 비교하는 기본적인 방법을 익혀라

1. 단어의 의미 범위에 따른 분류

◇ **方法 | 措施 | 秘诀**

方法 방법	모든 방법을 말함
	做这个菜的**方法**很容易。 이 요리를 만드는 방법은 매우 간단하다.
措施 조치	일로 인해 생긴 문제를 해결하는 방법을 말함
	公司采取有效**措施**解决了这一问题。 회사는 효과적인 조치를 취해서 이 문제를 해결하였다.
秘诀 비결	비밀스럽고 효과적인 방법을 말함
	你得高分的**秘诀**是什么？ 네가 높은 점수를 얻는 비결이 뭐니?

◇ **作用 | 功能**

作用 작용	모든 작용을 말함
	咖啡有醒脑的**作用**。 커피는 각성 작용이 있다.
功能 기능	기계의 작용을 말함
	智能手机有很多**功能**。 스마트폰은 여러 가지 기능이 있다.

2. 감정적인 색채에 따른 분류

◇ **结果 | 后果**

结果 결과	좋은 결과 또는 나쁜 결과 모두를 나타내는 중성 단어임
	他这次考试的**结果**还不错。 그는 이번 시험 결과가 그럭저럭 괜찮다.
后果 결과, 뒤탈	나쁜 결과를 나타냄
	你这样做会造成严重的**后果**。 네가 이렇게 하면 심각한 결과를 초래하게 될 것이다.

◇ **爱好 | 嗜好**

爱好 취미	좋은 취미 또는 나쁜 취미를 모두 나타내는 중성 단어임
	他最大的**爱好**是看电影。 영화 보는 것은 그가 제일 좋아하는 취미다.
嗜好 기호	나쁜 기호를 가리킴
	他唯一的**嗜好**是抽烟。 그의 유일한 기호는 담배를 피우는 것이다.

3. 의미가 비슷한 경우 : 의미가 같으며 용법에도 그다지 차이가 없는 경우다.

眼泪 눈물	听着听着，她的**眼泪/泪水**不知不觉流了出来。
泪水 눈물	듣다 보니, 그녀는 자기도 모르는 사이에 눈물이 흘러내렸다.
公司 회사	目前正是各大**企业/公司**招聘的旺季。
企业 기업	지금은 각 대기업이 인력을 채용하는 성수기다.
薪水 급료	他们夫妻俩的**薪水/工资**差不多。
工资 임금	그들 부부의 월급은 비슷하다.
患者 환자	最近得流感的**患者/病人**不断增加。
病人 환자	최근 유행성 독감 환자가 부단히 증가하고 있다.
能力 능력	他在外语方面的**能力/才能**无人能比。
才能 재능	그는 외국어 능력이 남다르게 뛰어나다.

바로 체크 (Check!) 빈칸에 들어갈 알맞은 것을 고르세요.

❶ 你到底想出做这个题的＿＿＿＿了吗? 　（方法 / 措施）

❷ 他成功的＿＿＿＿就是勤奋。（措施 / 秘诀）

❸ 你不要这样做，否则＿＿＿＿自负。（结果 / 后果）

❹ 这种手机有没有手写＿＿＿＿。（功能 / 效果）

정답 ❶ 方法　❷ 秘诀　❸ 后果　❹ 功能

예제

난이도 中　공략 Key 采取措施 호응 구조

噪声是＿＿＿＿人的听力减退＿＿＿＿耳聋的一个重要原因。噪声虽然有害，但可以采取＿＿＿＿消除或减轻它的危害。一个噪声系统有声源、传递途经、听者三个环节。只要声源停止发声，噪声就会＿＿＿＿。

A 造成	或者	效果	中止	B 制造	特别	方法	消失
C 导致	甚至	措施	停止	D 致使	还是	办法	消除

해석　噪声是①<u>导致</u>人的听力减退②<u>甚至</u>耳聋的一个重要原因。噪声虽然有害，但可以采取③<u>措施</u>消除或减轻它的危害。一个噪声系统有声源、传递途经、听者三个环节。只要声源停止发声，噪声就会④<u>停止</u>。

잡음은 사람의 청력 감퇴를 <u>초래하거나</u> <u>심지어는</u> 귀를 먹게 만드는 중요한 원인이다. 소음은 비록 유해하지만 <u>조치</u>를 취해 그것의 피해를 없애거나 줄일 수 있다. 소음 체계에는 소리체, 전달 경로, 청자 세 가지 고리가 있다. 소리체가 발성을 중지하면 소음은 <u>멈출</u> 것이다.

A	造成	或者	效果	中止	A	발생시키다	혹은	효과	중지하다
B	制造	特别	方法	消失	B	조장하다	특히	방법	사라지다
C	导致	甚至	措施	停止	C	초래하다	심지어	조치	멈추다
D	致使	还是	办法	消除	D	초래하다	아니면	방법	제거하다

공략　（①번칸）造成, 导致, 致使 모두 가능하다.

（②번칸）或者, 甚至 모두 가능하지만 뒤의 결과가 더욱 심각하기에 점진의 의미가 있는 甚至가 더 적절하다.

（③번칸）'조치를 취하다'의 '采取措施'는 고정 형식이다.

어휘　★噪声 zàoshēng 몡 소음 | ★听力减退 tīnglì jiǎntuì 청력 감퇴 | ★耳聋 ěrlóng 혱 귀가 들리지 않다 | ★有害 yǒuhài 동 유해하다 | ★采取 cǎiqǔ 동 강구하다, 취하다 | ★消除 xiāochú 동 없애다 | ★危害 wēihài 동 손상시키다 | 声源 shēngyuán 몡 발음체 | ★传递 chuándì 동 전달하다 | ★途径 tújìng 몡 경로 | ★听者 tīngzhě 청취자 | ★环节 huánjié 몡 일환 | 发声 fāshēng 동 발성하다

공략 2. 주요 명사의 호응 구조를 마스터하라

◇ 风气 | 气氛 | 气息 | 氛围

风气 풍조, 풍토	社会**风气** 사회 풍토
	这有利于形成良好的社会**风气**。이것은 좋은 사회 풍토를 만드는 데 도움이 된다.
气氛 분위기	喝酒的**气氛** 술 마시는 분위기 | 课堂**气氛** 교실 분위기 | 我们班**气氛** 우리 반 분위기
	我们班的课堂**气氛**很好。우리 반의 수업 분위기는 매우 좋다.
气息 숨, 숨결	时代的**气息** 시대의 정취 | 生活的**气息** 생활의 정취 | 艺术的**气息** 예술적인 분위기 | 春天的**气息** 봄의 정취
	这个城市充满了艺术**气息**。이 도시는 예술적인 분위기로 가득차 있다.
氛围 분위기	艺术**氛围** 예술적 분위기 | 社会**氛围** 사회 분위기 | 文化**氛围** 문화적 분위기 | 家庭**氛围** 가정의 분위기
	让这些孩子体验一下外国的家庭**氛围**。이 아이들에게 외국 가정의 분위기를 체험하게 하자.

◇ 风俗/习俗 | 习惯

风俗/习俗 풍습	节日**习俗** 명절 풍속 | 民族**习俗** 민족 풍습 | 文化**习俗** 문화 풍속 | 传统**习俗** 전통 풍습
	拜年是春节时重要的**习俗**之一。세배는 춘절 때 하는 중요한 풍습 중 하나다.

习惯 습관	个人**习惯** 개인적인 습관 | 不良**习惯** 나쁜 버릇
	要养成良好的个人**习惯**。 좋은 개인적인 습관을 키워야 한다.

◇ 时代 \| 时期 \| 年代 \| 当代 \| 期间

时代 시대	旧**时代** 구시대 | 新**时代** 신시대 | 青铜器**时代** 청동기 시대 | 远古**时代** 상고 시대 | 青年**时代** 청년 시절 | **时代**的要求 시대적 요구 | **时代**的特点 시대적 특징
	远古**时代**，人们就懂得了使用火。 오랜 옛날에 사람들은 불을 사용하는 법을 알았다.
时期 시기	青年**时期** 청년기 | 少年**时期** 소년기 | 战争**时期** 전쟁 시기 | 和平**时期** 평화기
	青年**时期**要注意知识的积累。 청년기에는 지식 쌓기에 치중해야 한다.
年代 연대	三四十**年代** 30~40년대 | 九十**年代** 90년대
	九十**年代**出生的孩子们比较自我。 90년대에 출생한 아이들은 비교적 자아가 강하다.
当代 당대	단독으로 쓰이며 이 시대를 가리킴
	他是**当代**最著名的作家之一。 그는 당대의 가장 유명한 작가 중 한 명이다.
期间 기간	放假**期间** 방학 기간 | 比赛**期间** 시합 기간 | 会议**期间** 회의 기간
	放假**期间**，他打算去国外旅游。 방학 기간에 그는 외국으로 여행을 갈 계획이다.

◇ 教养 \| 修养

教养 교양	有**教养** 교양이 있다 | 没(有)**教养** 교양이 없다
	这个孩子真没**教养**！ 이 아이는 정말 예의가 없다.
修养 수양	**修养**文学 문학에 대한 교양을 쌓다 | **修养**文化 문화에 대한 교양을 쌓다 | **修养**道德 도덕적 수양을 쌓다 | **修养**艺术 예술적 교양을 쌓다 | 有**修养** 교양이 있다
	他有很高的文学**修养**。 그는 문학적 소양이 매우 높다.

◇ 功能 \| 效果 \| 效益 \| 效率

功能 기능	手机的**功能** 휴대 전화의 기능 | 机器的**功能** 기계의 기능
	这个电子词典**功能**太少了。 이 전자사전은 기능이 매우 적다.
效果 효과	药品的**效果** 약품의 효과 | 教学的**效果** 교육의 효과 | 运动的**效果** 운동의 효과
	这种药对减肥没有什么**效果**。 이런 약은 다이어트에 아무런 효과가 없다.
效益 효익	经济**效益** 경제 수익 | 环境**效益** 환경 효과 | 公司**效益** 회사 수익
	这一政策提高了经济**效益**。 이 정책은 경제 수익을 높였다.
效率 효율	工作**效率** 업무 효율 | 学习**效率** 학습 효율
	提高工作**效率**是公司目前最关心的问题。 업무 효율을 높이는 것은 회사가 최근에 제일 관심을 갖은 문제다.

◇ 义务 \| 责任 \| 负责

义务 의무	履行**义务** 의무를 이행하다
	韩国男人要履行当兵的**义务**。 한국 남자는 병역의 의무를 이행해야 한다.
责任 책임	承担**责任** 책임을 지다 | 应尽的**责任** 반드시 해야 할 책임
	这是我应尽的**责任**。 이것은 내가 반드시 해야 할 책임이다.

| 负责
책임을 지다 | 负责这项工作 이 일을 책임 지다 \| 负责招生 신입생 모집을 책임 지다 |
| | 他专门负责招聘人才。 그는 전문적으로 인재를 모집하는 일을 맡고 있다. |

◇ 象征｜征兆｜标志

象征 상징(하다)	명사 幸福的象征 행복의 상징 | 权利的象征 권리의 상징 | 纯洁的象征 순결의 상징 동사 象征幸福 행복을 상징하다
	鸽子是和平的象征。 비둘기는 평화의 상징이다.
征兆 징조	心脏病的征兆 심장병의 징조 | 地震的征兆 지진의 징조 | 怀孕的征兆 임신의 징조
	一些动物的异常举动可能是地震的征兆。 일부 동물의 이상 행동은 아마도 지진의 징조일 것이다.
标志 상징(하다), 명시하다	명사 交通的标志 교통 표지 | 国家的标志 국가의 상징 | 城市的标志 도시의 상징 동사 标志着……结束 ~의 결과를 상징하다 | 标志着……开始 ~의 시작을 상징하다 | 标志着……到来 ~의 도래를 상징하다
	开车出行时，一定要注意交通标志。 운전해서 나갈 때는 교통 표지판을 유의해야 한다.

◇ 目光｜眼光

目光 눈빛	热情的目光 열정의 눈빛 | 羡慕的目光 선망의 눈빛 | 奇怪的目光 이상한 눈빛
	我觉得他今天看我的目光很奇怪。 나는 오늘 그가 나를 바라보는 눈빛이 이상하다는 것을 느꼈다.
眼光 안목	有眼光 안목이 있다 | 没有眼光 안목이 없다 | 眼光很高 안목이 높다
	她很有眼光，买的衣服都很漂亮。 그녀는 매우 안목이 있어서 사는 옷마다 다 예쁘다.

◇ 成绩｜成就｜成果

成绩 성적	学习成绩 학습 성적
	他的学习成绩一直名列前茅。 그의 학습 성적은 줄곧 선두를 달린다.
成就 (일이나 사업에서 얻은) 성과, 성취	很高的成就 아주 높은 성과
	他终于取得了令人瞩目的成就。 그는 마침내 사람들이 주목할 만한 성과를 거두었다.
成果 성과	研究成果 연구 성과 | 工作成果 업무 성과 | 学习成果 학습 성과
	这就是我们大家一年的研究成果。 이것이 바로 우리의 일 년간 연구 성과다.

◇ 根源｜来源｜基础

根源 근원	经济危机的根源 경제 위기의 근원 | 战争的根源 전쟁의 근원 | 致病的根源 병을 일으키는 원인
	专家们终于找到了致病的根源。 전문가들은 마침내 병을 일으키는 원인을 찾아냈다.
来源 근원	生活来源 생활의 근원 | 收入来源 수입원 | 污染来源 오염의 근원
	这些老人没有任何收入来源。 이 노인들은 아무런 수입원이 없다.
基础 기초	基础知识 기초 지식 | 基础阶段 기초 단계 | 打下基础 기초를 다지다 | 奠定基础 기초를 다지다 | 扎实的基础 견고한 기초 | 稳固的基础 튼튼한 기초 | 在此基础上 이 기초 위에
	不管学什么，都要打下坚实的基础。 뭘 배우든 간에 탄탄한 기초를 닦아야 한다.

◇ 兴趣 | 乐趣

兴趣 흥미	对……有**兴趣** ~에 흥미가 있다 | 感**兴趣** 관심이 있다
	我对政治一点**兴趣**也没有。 나는 정치에 아무런 관심도 없다.
乐趣 즐거움	读书的**乐趣** 책 읽는 즐거움 | 旅游的**乐趣** 여행의 즐거움 | 读书人的**乐趣** 학자의 즐거움 | 旅行者的**乐趣** 여행가의 즐거움
	那时我才真正享受到了打篮球的**乐趣**。 그때서야 나는 진정으로 농구의 즐거움을 느꼈다.

◇ 情况 | 情节 | 情景

독해
제2부분

情况 상황	工作**情况** 업무 상황 | 生活**情况** 생활 상황 | 学习**情况** 학습 상황
	他在电话中简单地对父母说了一下自己的生活**情况**。 그는 전화로 부모에게 자신의 생활 상황을 간단하게 말했다.
情节 줄거리	电影**情节** 영화 줄거리 | 故事**情节** 이야기의 줄거리 | 小说**情节** 소설 줄거리
	这部电影**情节**很吸引人。 이 영화의 줄거리는 사람을 매료시킨다.
情景 장면	恐怖的**情景** 무서운 장면 | 感人的**情景** 감동적인 장면 | 真实的**情景** 진실한 장면
	这部电影中有很多感人的**情景**。 이 영화에는 감동적인 장면이 많이 있다.

◇ 原料 | 资料

原料 원료	工业**原料** 공업 원료 | 啤酒**原料** 맥주 원료 | 造纸**原料** 종이를 만드는 원료
	新疆葡萄是制葡萄干的上等**原料**。 신장 포도는 건포도로 만들기에 제일 좋은 원료다.
资料 자료	学习**资料** 학습 자료 | 研究**资料** 연구 자료 | 复习**资料** 복습 자료
	这个图书馆中有大量的研究**资料**。 이 도서관에는 많은 연구 자료가 있다.

◇ 人士 | 人员 | 人物

人士 인사	爱国**人士** 애국 인사 | 政界**人士** 정계 인사 | 商界**人士** 사업가 | 民间**人士** 민간 인사
	这次活动是很多民间**人士**组织起来的。 이 행사는 많은 민간 인사들이 만든 것이다.
人员 인원	工作**人员** 직원 | 设计**人员** 디자이너 | 失业**人员** 실업자 | 研究**人员** 연구원
	今年失业**人员**大量增加。 올해 실업자는 대량 증가하였다.
人物 인물	知名**人物** 유명 인사 | 公众**人物** 공인 | 成功**人物** 성공한 인물 | 风云**人物** 풍운아
	他是我们学校的知名**人物**。 그는 우리 학교의 유명 인사다.

◇ 理想 | 梦想 | 幻想

理想 이상; 이상적이다	**理想**的工作 이상적인 업무 | **理想**的女性 이상적인 여성
	我的**理想**是大学毕业后当一名老师。 나의 이상은 대학 졸업 후에 선생님이 되는 것이다.
梦想 꿈; 갈망하다	단독으로 쓰임
	当总统是他的**梦想**。 대통령이 되는 것은 그의 꿈이다.
幻想 환상; 환상을 가지다	단독으로 쓰임
	他**幻想**有一天能见到外星人。 그는 언젠가 외계인을 만날 수 있을 것이라는 환상을 가지고 있다.

빈칸에 들어갈 알맞은 것을 고르세요.

1. 我很喜欢那家咖啡厅的________。 (气氛 / 风气)
2. 他很有艺术________。 (教养 / 修养)
3. 吃粽子是端午节重要的________。 (习俗 / 习惯)
4. 暑假________，我得打工。 (时期 / 期间)
5. 今年公司的________不太好。 (效率 / 效益)
6. 喜鹊是好运的________。 (象征 / 征兆)
7. 她的________太高了，至今没有男朋友。 (眼光 / 目光)
8. 作为一名成功________，他一点儿也不骄傲。 (人物 / 人员)

정답 ❶ 气氛 ❷ 修养 ❸ 习俗 ❹ 期间 ❺ 效益 ❻ 象征 ❼ 眼光 ❽ 人物

예제 1

　　谁都不喜欢和不快乐的人在一起，这主要是因为在现在这个________，每个人都________着各种各样的生活问题，他没有时间更没有精力来________你的烦恼。你逞一时之快希望他(她)变成你________烦恼的接收站，你轻松了，但时间久了，便会让他(她)对你敬而远之了。

A 时代	面临	倾听	情绪	B 期间	经历	解决	心理
C 时机	接受	处理	内心	D 当代	积压	帮助	所有

해석

谁都不喜欢和不快乐的人在一起，这主要是因为在现在这个①**时代**，每个人都②**面临**着各种各样的生活问题，他没有时间更没有精力来③**倾听**你的烦恼。你逞一时之快希望他(她)变成你④**情绪**烦恼的接收站，你轻松了，但时间久了，便会让他(她)对你敬而远之了。

누구도 즐거워하지 않는 사람과 함께 있는 것을 좋아하지 않는다. 왜냐하면 지금 이 **시대**에 사람들은 다양한 생활 문제에 **직면해** 있기에 남의 번뇌를 **경청할** 시간이 없으며 힘은 더 없다. 당신은 한때의 즐거움을 위해 그(그녀)가 당신의 **기분**과 고민을 들어주는 곳으로 변하길 희망한다. 당신은 기분이 홀가분해지겠지만 시간이 오래되면 그(그녀)는 당신을 멀리하려 할 것이다.

Ⓐ **时代**　　**面临**　　**倾听**　　**情绪**
B 期间　　经历　　解决　　心理
C 时机　　接受　　处理　　内心
D 当代　　积压　　帮助　　所有

Ⓐ **시대 | 직면하다 | 경청하다 | 기분**
B 시간 | 겪다 | 해결하다 | 심리
C 시기 | 받아들이다 | 처리하다 | 내심
D 당대 | 쌓아두다 | 도와주다 | 모든

공략

> **①번 칸** '这个时代'만 가능하다. 当代도 '당대, 그 시대'라는 의미가 있지만 '这个'의 수식을 받을 수 없다.

> **②번 칸** '面临问题(문제에 직면하다)' 호응 구조를 기억하자.

> **③번 칸** '倾听烦恼(고민을 들어주다)' 호응 구조를 기억하자.

어휘　★各种各样 gè zhǒng gè yàng 웹 각양각색 | ★精力 jīnglì 웹 정력 | ★烦恼 fánnǎo 图 걱정하다 | 逞一时之快 chěng yìshí zhī kuài 일시적인 즐거움을 위해 | 接收站 jiēshōuzhàn 받아들이는 곳 | ★时间久了 shíjiān jiǔ le 시간이 오래되다 | ★敬而远之 jìng ér yuǎn zhī 웹 공경하는 듯하지만 실제로는 꺼리어 멀리하다 | ★面临 miànlín 图 직면하다 | ★倾听 qīngtīng 图 경청하다 | ★时机 shíjī 웹 시기 | ★当代 dāngdài 웹 당대 | ★积压 jīyā 图 쌓아두다, 묵혀두다

독해
제2부분

예제 2

난이도 中　**공략 Key** 理想의 용법 파악

> 考试是一种再学习以及汲取新知识的＿＿＿＿，是检验学习＿＿＿＿的一种手段。＿＿＿＿被认为难上加难的高考是一次极其重要的考试，它可能会决定我们能否就读于＿＿＿＿的学校，不过它却不能决定我们的一生。
>
> A 手段　　效果　　本来　　想象　　　B 方法　　成就　　从来　　梦想
> C 方式　　成绩　　原来　　幻想　　　D 途径　　成果　　历来　　理想

정답&공략

해석　考试是一种再学习以及汲取新知识的①<u>途径</u>，是检验学习②<u>成果</u>的一种手段。③<u>历来</u>被认为难上加难的高考是一次极其重要的考试，它可能会决定我们能否就读于④<u>理想</u>的学校，不过它却不能决定我们的一生。

　시험은 다시 배우고 새 지식을 흡수하는 <u>과정</u>이며 학습 <u>성과</u>를 점검하는 수단이다. <u>예로부터</u> 어렵고도 어렵다고 생각하는 대학 입학 시험은 매우 중요한 시험으로 인식되었다. 그것은 우리가 <u>이상적인</u> 학교에서 공부할 수 있는지를 좌우할 수는 있겠지만, 우리의 일생을 결정하지는 못한다.

A 手段　　效果　　本来　　想象
B 方法　　成就　　从来　　梦想
C 方式　　成绩　　原来　　幻想
Ⓓ 途径　　成果　　历来　　理想

A 수단 | 효과 | 본래의 | 상상하다
B 방법 | 성취 | 지금까지 | 갈망하다
C 방식 | 성적 | 원래의 | 환상을 가지다
Ⓓ 과정 | 성과 | 예로부터 | 이상적이다

공략

> **①번 칸** 모두 가능하다.

> **②번 칸** 사업 성과를 지칭하는 成就만 빼놓고 모두 가능하다.

> **③번 칸** 从来 뒤에는 일반적으로 부정을 나타내는 부사가 수반되기에 여기에서는 쓸 수 없다.

> **④번 칸** 理想은 명사와 형용사로 쓰이지만 다른 어휘들은 형용사 용법이 없다.

어휘　★考试 kǎoshì 图 시험을 치다 | ★汲取 jíqǔ 图 흡수하다 | ★检验 jiǎnyàn 图 검증하다 | ★手段 shǒuduàn 웹 수단 | ★被认为 bèi rènwéi ～라고 여겨지다 | ★难上加难 nán shàng jiā nán 웹 설상가상이다 | ★能否 néngfǒu 여부; ～할 수 있는가 | ★幻想 huànxiǎng 图 환상을 가지다 | ★途径 tújìng 웹 경로 | ★历来 lìlái 변 줄곧 | ★理想 lǐxiǎng 웹웹 이상; 이상적이다

第 1-8 题：选词填空。

1. 饥饿的人追求温饱；______的人追求富有；处于动乱的人追求______。人人都有自己的追求，这些追求往往折射出人生的思考，______的特点。

   A 贫穷　　安定　　时代　　　　　　B 贫困　　稳定　　时期
   C 朴实　　安详　　时刻　　　　　　D 空虚　　平安　　时光

2. 出租车在什么时候最危险？答案是没有乘客时。因为有乘客时，司机有______，他会______于驾驶，______尽快到达目的地；而没有乘客时，他是______的，走到十字路口往往左转右转犹豫不定，______就被分散了。

   A 标志　　迫不及待　　齐心协力　　茫然　　意识
   B 焦点　　聚精会神　　千方百计　　急躁　　意志
   C 对象　　专心致志　　小心翼翼　　冲动　　活力
   D 目标　　全神贯注　　想方设法　　盲目　　精力

3. 乘坐热气球的操作员，能做的只是调整气球的高度以______不同的风向，而气球的______航线和落点，就只能听天由命了。这正是乘坐热气球的魅力所在，既有控制的可能性，又保留了不确定性，所以比任何精确设定的飞行都来得______。其实，人生的______也是如此。

   A 把握　　准确　　兴奋　　快乐　　　　B 捕捉　　具体　　刺激　　乐趣
   C 逮捕　　全面　　激烈　　娱乐　　　　D 掌握　　稳定　　热烈　　愉快

4. 发表演说时，好的开场白可以使你成为众多观众的______，活跃整个会场的______，激发起观众聆听和______的热情。所以好的开场白对一篇演讲意义重大，它可以使你要演讲的内容和______很好地传达出去。

   A 注意　　风气　　加强　　消息　　　　B 关注　　风俗　　加入　　报道
   C 中心　　气氛　　参与　　信息　　　　D 焦点　　气息　　参加　　报告

5. 如果你与他人发生争吵，你最应该做的不是用______和态度的强硬来压倒对方，即使______都在你这边，也要耐心地听完对方的话，不要只会用强硬的______来压对方。因为，你越强迫对方，对方______越大。

A 气势　　理由　　脸色　　抗议　　　　B 声势　　理论　　态度　　对抗
C 语调　　原因　　声音　　抗争　　　　D 语气　　道理　　声调　　反抗

6. 元宵节是我国的传统节日，全国各处的______都差不多，元宵节为尚未成亲的男女青年______了见面的机会。古时候是不允许女子外出______活动的，但是过节的时候却可以结伴一起去玩，元宵节闹灯会是男女青年与有情人相会的______。

A 习俗　　提供　　自由　　时机　　　　B 风俗　　造成　　自己　　期间
C 制度　　制作　　随意　　时候　　　　D 习惯　　制造　　自然　　机遇

7. 植物净化室内环境与植物的叶面大小有直接______，所以，植物的高矮、冠径的大小、绿叶的表面积都会影响到净化______。一般情况下，10平米左右的房间，放两盆1.5米高的植物比较______。

A 关系　　效果　　合适　　　　　　　　B 联系　　结果　　合理
C 相关　　后果　　正常　　　　　　　　D 有关　　作用　　适合

8. 是不是所有的人都做梦？绝大部分科学家______，所有人都做梦。有的人觉得自己没有做梦，因为醒来时梦中的______都不记得了。有研究表明，无梦睡眠不仅______不好，而且还是大脑受到______和有病的一种征兆。

A 相信　　情形　　质量　　损害　　　　B 以为　　情景　　效率　　迫害
C 确定　　情况　　品质　　伤害　　　　D 反应　　情节　　效果　　侵害

24 day
명사를 이끄는 천군만마
— 개사

✓1 개사를 구분하는 기본적인 방법을 학습한다

✓2 중요한 개사의 호응 구조를 마스터한다

✓3 주요 개사의 핵심 포인트를 파악하여 문제 풀이 능력을 기른다

개사를 구분하는 문제는 출제 빈도율이 낮다. 하지만 동일한 의미를 나타내거나 비슷한 형태를 띠고 있다고 해서 용법이 같다고 생각하면 오류를 범하기 쉽다. 개사를 구분하는 방법과 특정 개사와 자주 결합하는 단어를 익혀보자.

기초 실력 테스트 TEST

1 알맞은 것끼리 연결하세요.

❶ 按照 ·　　　　　　　· A 努力

❷ 经过 ·　　　　　　　· B 报道

❸ 据 ·　　　　　　　· C 规定

❹ 沿着 ·　　　　　　　· D 这条路

2 빈칸에 들어갈 알맞은 것을 고르세요.

❶ 他想________这种手段来达到自己的目的。　（经过 / 通过）

❷ 那个人_____我走来。　（朝 / 对）

❸ 他_____北京生活了10年。　（从 / 在）

❹ 他_____我一样高。　（跟 / 比）

6급 기출문제 맛보기

 **맛보기**

난이도 下　공략 Key '与……相比' 호응 구조

> 雏菊是一种不起眼的野菊花，静静地＿＿＿在山林中，将山林＿＿＿得更加美丽。平常很少有人关注它，可天气转寒，漫山遍野的小雏菊便竞相开放，鲜艳而且生机盎然。＿＿＿周边枯黄暗淡的野草相比，它们简直成为了冬季的＿＿＿主角。
>
> A 开放　　掩饰　　以　　任意　　　　B 绽放　　点缀　　与　　唯一
> C 释放　　蔓延　　比　　孤独　　　　D 放射　　装饰　　对　　特定

정답&공략

해석　雏菊是一种不起眼的野菊花，静静地①绽放在山林中，将山林②点缀得更加美丽。平常很少有人关注它，可天气转寒，漫山遍野的小雏菊便竞相开放，鲜艳而且生机盎然。③与周边枯黄暗淡的野草相比，它们简直成为了冬季的④唯一主角。

데이지는 눈에 확 들어오지 않는 들국화다. 조용히 산속에 피어서 숲을 더욱 아름답게 장식한다. 평상시 그것을 주의 깊게 보는 사람은 없지만, 날씨가 추워지면 산과 들에 데이지가 더욱 만발하는데, 꽃이 화려하고 생기가 넘쳐난다. 주변의 누렇게 시들고 어두운 들풀과 비교해보니, 데이지는 그야말로 겨울철의 유일한 주인공이 되었다.

A 开放	掩饰	以	任意
Ⓑ 绽放	点缀	与	唯一
C 释放	蔓延	比	孤独
D 放射	装饰	对	特定

A 개방적이다 | 감추다 | ~로 | 제멋대로
Ⓑ 피다 | 장식하다 | ~와 | 유일한
C 내보내다 | 만연하다 | ~보다 | 고독하다
D 방출하다 | 장식하다 | ~에 대하여 | 특정한

공략　①번 칸　'꽃이 피다'는 의미의 开放, 绽放 모두 가능하다.

②번 칸　'掩饰感情', '疾病蔓延', '装饰房间' 형태로 자주 호응한다.

③번 칸　'A与B相比'는 고정 형식이다.

어휘　★雏菊 chújú 명 데이지 | ★不起眼 bùqǐyǎn 볼품없다 | ★野菊花 yějúhuā 명 들국화 | ★静静 jìngjìng 형 조용하다 | ★山林 shānlín 명 산림 | ★关注 guānzhù 동 관심을 가지다 | ★天气转寒 tiānqì zhuǎn hán 날씨가 추워지다 | ★漫山遍野 màn shān biàn yě 성 온 산천에 가득하다 | 竞相开放 jìngxiāng kāifàng 서로 경쟁하듯 꽃이 피다 | ★鲜艳 xiānyàn 형 화려하다 | ★生机盎然 shēngjī àngrán 생기가 넘치다 | ★枯黄 kūhuáng 형 시들어 누렇게 되다 | 暗淡 àndàn 형 어둡고 희미하다 | ★野草 yěcǎo 명 들풀 | ★简直 jiǎnzhí 부 그야말로 | ★开放 kāifàng 동 피다 | ★掩饰 yǎnshì 동 감추다 | ★任意 rènyì 부 제멋대로 | ★绽放 zhànfàng 동 방출하다 | ★点缀 diǎnzhuì 동 아름답게 장식하다 | ★唯一 wéiyī 형 유일한 | 释放 shìfàng 동 방출하다, 내보내다 | ★蔓延 mànyán 동 만연하다 | ★孤独 gūdú 형 고독하다 | 放射 fàngshè 동 뿜어내다 | ★装饰 zhuāngshì 동 장식하다 | ★特定 tèdìng 형 특정한

공략 1. 개사를 비교하는 기본적인 방법을 익혀라

1. 회화체와 문어체에 따른 분류

◇ 从 | 自/自从

从 ~부터, ~에서(회화체)	从今天开始 오늘부터 시작하다 | 从北京出发 베이징에서 출발하다 从今天开始，她要减肥。오늘부터 그녀는 다이어트를 하려고 한다.
自/自从 ~에서부터/~에서(문어체)	自/自从今天开始 오늘부터 시작하다 | 自/自从毕业后 졸업한 후부터 自从离开中国后，我一直不放心他。중국을 떠난 후에, 나는 줄곧 그가 안심이 되지 않았다.

◇ 和 | 与

和 ~와(회화체)	和……一起 ~와 함께 | 和……聊天 ~와 이야기하다 | 和……吵架 ~와 말다툼하다 他常和妹妹吵架。그는 늘상 여동생과 말다툼한다.
与 ~와(문어체)	与……不同 ~와 다르다 | 与……相似 ~와 비슷하다 | 与……有关 ~와 연관이 있다 这件事与我无关。이 일은 나와 무관하다.

2. 단음절과 이음절에 따른 분류 : 두 개사는 의미와 용법이 비슷해 서로 호환해도 별 무리가 없다.

◇ 根据 | 据

根据 ~에 따르면	根据情况 상황에 따르면 | 根据习惯 습관에 따르면 | 根据经验 경험에 따르면 | 根据习俗 풍습에 따르면 根据当地的习俗，结婚时女人不能哭。현지 풍습에 따르면 결혼할 때 여자는 울면 안 된다.
据 ~에 따르면	据报道 보도에 따르면 | 据调查 조사에 따르면 | 据研究 연구에 따르면 | 据统计 통계에 따르면 据报道，大城市中得抑郁症的人日益增加。 보도에 따르면, 대도시에 우울증을 앓고 있는 사람이 나날이 증가하고 있다.

◇ 按照 | 按 | 照

按照 ~에 따라	按照意见 의견에 따라 | 按照要求 요구에 따라 | 按照规定 규정에 따라 | 按照说法 말에 따라 按照他的说法，那个女孩漂亮极了。그의 말처럼 그 여자는 매우 예쁘다.
按 ~에 따라	按计划 계획에 따라 | 按比例 비율에 따라 | 按原则 원칙에 따라 | 按规定 규정에 따라 | 按理说 원칙대로 말하면 我们还是按原计划来做吧。우리는 그래도 원래 계획대로 하는 게 낫겠다.
照 ~에 근거하여	照这样 이대로 | 照速度 속도대로 | 照意见 의견에 근거해서 | 照说法 말에 근거해서 照这样下去，你一定会成功的。이렇게 하면 너는 반드시 성공할 것이다.

3. 개사 于와 호응하는 어휘

等于 ~와 같다	尊重别人就**等于**尊重自己。남을 존중하는 것은 자신을 존중하는 것과 같다.
相当于 ~와 비슷하다	人民币60元大概**相当于**一万韩币。인민폐 60위안은 대략 한국 돈 만 원이다.
不同于 ~와 다르다	中国的情况**不同于**美国。중국의 상황은 미국과 다르다.
敢于/勇于 대담하게 ~하다/ 용감하게 ~하다	**敢于**挑战 대담하게 도전하다 | **勇于**冒险 용감하게 모험하다 年轻人要**敢于**冒险。젊은이들은 대담하게 모험을 하려고 한다.
倾向于 더 ~하는 편이다	**倾向于**意见 의견을 더 듣는 편이다 | **倾向于**选择 선택에 치중하는 편이다 我更**倾向于**他的意见。나는 그의 의견을 더 잘 듣는 편이다.
毕业于 ~을 졸업하다	**毕业于**清华 칭화대학을 졸업하다 | **毕业于**2010年 2010년에 졸업하다 他**毕业于**北大。그는 베이징대학을 졸업했다.
出生于 ~에서 출생하다	**出生于**北京 베이징에서 태어나다 | **出生于**1995年 1995년에 태어나다 这位作家**出生于**战争年代。이 작가는 전쟁 때 태어났다.
就职于 ~에서 일하다	**就职于**三星 삼성에서 일하다 他**就职于**美国最大的贸易公司。그는 미국에서 제일 큰 무역 회사에서 일한다.
急于 매우 급하다, ~에 급급하다	**急于**成功 성공하는 데 급급하다 | **急于**得好成绩 좋은 성적을 얻는 데 급급하다 不要**急于**成功，慢慢来。급히 성공하려 하지 말고 천천히 해라.
精于 ~에 정통하다	**精于**历史 역사에 정통하다 | **精于**古文 고문에 정통하다 他**精于**清朝历史的研究。그는 청나라 역사 연구에 정통하다.
便于 ~하기 편하다	**便于**携带 휴대하기 편하다 | **便于**爬山 등산하기 편하다 | **便于**记忆 기억하기 편하다 为了**便于**携带，我把所有东西都放在一个包里了。 휴대하기 편하게 나는 모든 물건을 가방에 넣어둔다.
善于 ~을 잘하다	**善于**写作 글쓰기에 능하다 | **善于**观察 관찰력이 뛰어나다 | **善于**学习 공부를 잘하다 作为科学家，要**善于**观察。과학자는 관찰을 잘해야 한다.

바로 체크 Check! 빈칸에 들어갈 알맞은 것을 고르세요.

❶ ______下个月起，我天天要早起。 （向 / 自）

❷ ______统计，中国人口已超过13亿。 （据 / 照）

❸ ________理说，他不会这样做。 （照 / 按照）

❹ 他这人很善______观察。 （以 / 于）

정답 ❶ 自 ❷ 据 ❸ 照 ❹ 于

> 森林中厚厚的落叶层，以及＿＿＿＿的植物根系，组成了巨大的吸水＿＿＿＿，它能够储蓄雨水，调节气候。＿＿＿＿研究，在雨季中，有森林的地区的地下蓄水量要比无森林地区多80倍!
>
> A 层出不穷　　体系　　照　　　　B 欣欣向荣　　程序　　按
> C 错综复杂　　网络　　据　　　　D 川流不息　　框架　　依

정답&공략

해석　森林中厚厚的落叶层，以及①错综复杂的植物根系，组成了巨大的吸水②网络，它能够储蓄雨水，调节气候。③据研究，在雨季中，有森林的地区的地下蓄水量要比无森林地区多80倍!

숲 속의 두꺼운 낙엽층과 복잡한 식물 뿌리는 거대한 흡수 네트워크를 형성한다. 이것은 빗물을 저장할 수 있으며 기후도 조절할 수 있다. 연구에 따르면 우계에 산림 지대 지하에 저장되어 있는 물의 양은 비산림 지대보다 80배가 더 많다고 한다.

A 层出不穷　　体系　　照
B 欣欣向荣　　程序　　按
C 错综复杂　　网络　　据
D 川流不息　　框架　　依

A 끊임없이 출현하다 | 시스템 | ～에 근거하여
B 무성하게 발전하다 | 절차 | ～에 따라
C 복잡하다 | 네트워크 | ～에 따라
D 끊임없이 오가다 | 구조 | ～에 따라

공략　(①번 칸) 낙엽층이나 뿌리가 서로 얽혀 있는 것을 설명하기에 错综复杂의 수식만 받을 수 있다. 层出不穷은 새로운 사물이 계속 출현하는 것을 의미하며, 欣欣向荣은 나무가 잘 자라는 것을 의미하기에 부적절하다. 川流不息는 사람이나 차가 많은 것을 나타낸다.

(③번 칸) 조사나 연구에 따른 결과를 설명할 때 '据研究, 据调查, 据统计'와 같은 표현을 쓴다.

어휘　★森林 sēnlín 몡 삼림 | 落叶层 luòyècéng 낙엽이 쌓여 있는 것 | ★以及 yǐjí 젭 및 | ★根系 gēnxì 몡 뿌리 | ★吸水 xīshuǐ 동 흡수하다 | ★储蓄 chǔxù 동 저축하다 | ★调节 tiáojié 동 조절하다 | ★雨季 yǔjì 몡 우계 | ★地下蓄水 dìxià xùshuǐ 지하에 물을 저장하다 | ★倍 bèi 동 배수(갑절)로 늘다 | ★层出不穷 céng chū bù qióng 솅 끊임없이 출현하다 | 体系 tǐxì 몡 체계 | ★欣欣向荣 xīn xīn xiàng róng 솅 무성하게 발전하다 | ★程序 chéngxù 몡 절차, 프로그램 | ★错综复杂 cuò zōng fù zá 솅 마구 뒤엉켜 있다, 상황이 복잡하다 | ★网络 wǎngluò 몡 망, 네트워크 | ★川流不息 chuān liú bù xī 솅 냇물처럼 끊임없이 오가다 | 框架 kuàngjià 몡 틀, 구조 | ★依 yī 깨 ～에 따라

공략 2. 주요 개사의 호응 구조를 마스터하라

◇ 关于 | 对于 | 有关/相关

关于 ~에 관하여	关于汉语的课 중국어와 관련된 수업 | 关于爱情的电影 사랑과 관련된 영화
	我喜欢看关于战争的影片。 나는 전쟁과 관련된 영화 보는 것을 좋아한다.
对于 ~에 대하여	对于人才的需求 인재에 대한 요구 | 对于……, ＋태도 관련 내용 제시 ~에 대하여, ~
	公司对于我们的要求很高。 회사는 우리들에게 요구하는 바가 높다. 对于这件事，爸爸很生气。 이 일에 대해 아빠는 매우 화가 났다.
有关/相关 ~와 관련이 있다/ ~와 상관이 있다	有关/相关人员 관계자 | 有关/相关单位 관련 기관 | 有关/相关情况 관련 상황
	请有关/相关人员都到一层开会。 관계자는 1층으로 회의하러 오시기 바랍니다.

◇ 通过 | 经过

通过 ~을 통하여	通过大楼 빌딩을 통해 | 通过努力 노력을 통해 | 通过手段 수단을 통해 | 通过方法 방법을 통해
	他通过这一方法找到了客户。 그는 이 방법을 통해 고객을 찾았다.
经过 ~을 거쳐	经过大楼 빌딩을 거쳐 | 经过努力 노력을 통해
	经过努力，我终于考上了大学。 노력해서 나는 마침내 대학에 합격했다.

◇ 以 | 靠 | 依 | 凭

以 ~로써	以……为目的 ~을 목적으로 삼다 | 以……为目标 ~을 목표로 삼다 | 以……为中心 ~을 중심으로 하다 | 以优秀的成绩毕业 우수한 성적으로 졸업하다 | 以……著称 ~으로 유명하다
	他以优秀的成绩从北大毕业。 그는 우수한 성적으로 베이징대학을 졸업했다.
靠 ~에 의지하여	靠父母 부모에게 기대다 | 靠朋友 친구에게 기대다 | 靠自己 자신에게 기대다 | 靠卖报纸 신문 팔이에 기대어 살다 | 靠打工生活 아르바이트로 생활하다
	发生事故后，他只能靠送牛奶生活。 사고가 발생한 후에, 그는 우유 배달로 생활했다.
依 ~에 의거하여	依我看 내가 보건데 | 依我说 내가 말하건데
	依我看，这件事是他错了。 내가 보건데, 이 일은 그가 잘못했다.
凭 ~에 의지하여, ~에 따라	凭本事 능력에 따라 | 凭能力 능력에 따라 | 凭票入场 표에 따라 입장하다
	我们公司不看学历，只凭本事。 우리 회사는 학력을 보지 않고 능력만 본다.

◇ 沿着/顺着 | 随着

沿着/顺着 ~을 따라서	沿着/顺着路 길을 따라서 | 沿着/顺着河边 강가를 따라서 | 沿着/顺着线 선을 따라서
	沿着/顺着这条路一直走就到了。 이 길을 따라 쭉 가면 도착한다.
随着 ~함에 따라서	随着经济的发展 경제가 발전함에 따라서 | 随着手机的普及 휴대 전화가 보편화되면서 | 随着水平的提高 수준이 높아지면서 | 随着年龄的增长 연령이 높아지면서
	随着生活水平的提高，胖人越来越多了。 생활 수준이 높아지면서 비만인 사람이 점점 증가하였다. 随着年龄的增长，我的记忆力越来越差。 나이가 들면서, 내 기억력이 점점 감퇴한다.

除了 ~을 제외하고	除了……以外，也(都)　~을 제외하고, 또(모두) ~
	除了他以外，我们都不喜欢那个明星。 그를 제외하고 우리 모두 그 스타를 싫어한다.
除非 오직 ~하여야	除非……，不(否则)…… 오직 ~하여야, 그렇지 않으면 ~
	除非你有HSK6级，否则不能申请我们大学。 당신은 HSK 6급이 있어야 합니다. 그렇지 않으면 우리 대학에 신청할 수 없습니다.

바로 체크 Check! 빈칸에 들어갈 알맞은 것을 고르세요.

❶ 这件事发生后，________负责人都被炒了鱿鱼。　（相关 / 关于）

❷ 他________打工来支付自己的学费。　（通过 / 经过）

❸ 我不想再_____自己的父母生活。　（靠 / 以）

❹ ________经济的发展，人们的压力也更大了。　（顺着 / 随着）

❺ 我不想在这儿工作了，________他们给我涨工资。　（除了 / 除非）

정답 ❶ 相关 ❷ 通过 ❸ 靠 ❹ 随着 ❺ 除非

예제

난이도 中　공략 Key 用의 의미를 나타내는 以

《清明上河图》是由北宋画家张择端绘制的，________精致的工笔记录了北宋徽宗时代首都汴京郊区和城内汴河两岸的建筑和民生，这幅画________了清明时节北宋汴梁以及汴河两岸的繁华景象和自然风光，是汴京当年________的见证，也是北宋城市经济______的写照。

A 以	描绘	繁荣	状况		B 靠	赞美	奢侈	形态
C 由	书写	华丽	形状		D 自	叙述	繁华	情况

정답&공략

해석　《清明上河图》由北宋画家张择端绘制的，①以精致的工笔记录了北宋徽宗时代首都汴京郊区和城内汴河两岸的建筑和民生，这幅画②描绘了清明时节北宋汴梁以及汴河两岸的繁华景象和自然风光，是汴京当年③繁荣的见证，也是北宋城市经济④状况的写照。

「청명상하도」는 북송 화가 장택단(張擇端)이 그린 것이다. 세밀화 화법으로 북송 휘종(徽宗) 시대의 수도 변경(汴京)의 교외 지역과 성 안의 변강 양안의 건축과 민생을 기록하였다. 이 그림은 청명 시기의 북송 변량(汴梁)과 변강 양안의 번화한 모습과 자연 풍경을 묘사한 것으로 그해 변경의 번영한 모습을 증명하고 있으며 북송 도시의 경제 상황을 그려내고 있다.

	Ⓐ 以	描绘	繁荣	状况
B	靠	赞美	奢侈	形态
C	由	书写	华丽	形状
D	自	叙述	繁华	情况

	Ⓐ ~로써 | 묘사하다 | 번영하다 | 상황
B	~에 기대다 | 찬미하다 | 사치스럽다 | 형태
C	~로부터 | 쓰다 | 화려하다 | 겉모양
D	~로부터 | 서술하다 | 번화하다 | 상황

공략

(①번 칸) 세밀화 화법으로 묘사를 했기에 用의 의미를 가지고 있는 以가 의미상 부합된다.

(②번 칸) 画와 호응하는 것은 描绘만 가능하다.

(③번 칸) 繁荣, 繁华 모두 城市와 호응한다. 华丽는 옷을, 奢侈는 생활이 사치스러운 것을 나타낸다.

(④번 칸) 经济는 状况, 情况 모두 수식할 수 있다.

어휘　清明上河图 Qīngmíng shànghé tú 청명상하도[북송 시기의 풍속화로 청명절의 풍습과 마을의 모습을 그린 그림] | ★绘制 huìzhì 图 (도면·도표 등을) 제작하다 | ★精致 jīngzhì 图 섬세하다 | 工笔 gōngbǐ 圀 세밀화의 화법 | ★记录 jìlù 图 기록하다 | 徽宗 Huīzōng 고유 휘종 | ★首都 shǒudū 圀 수도 | 汴京 Biànjīng 고유 변경[현재 개봉(開封)의 옛 이름으로, 북송의 수도로 汴梁, 东京이라고도 했음] | ★建筑 jiànzhù 图 건축하다 | ★民生 mínshēng 圀 민생 | 汴梁 Biànliáng 고유 변량 | ★两岸 liǎng'àn 圀 강이나 해협의 양안 | ★繁华 fánhuá 图 번화하다 | ★见证 jiànzhèng 图 증명하다 | ★写照 xiězhào 圀 모습 | ★描绘 miáohuì 图 생생하게 묘사하다 | ★赞美 zànměi 图 찬미하다 | ★奢侈 shēchǐ 图 사치하다 | ★书写 shūxiě 图 쓰다 | ★华丽 huálì 图 화려하다 | ★叙述 xùshù 图 서술하다 | ★繁华 fánhuá 图 번화하다

第 1-8 题：选词填空。

1. 人都有一种倾向：喜欢______别人对自己的期待去生活。______有人以对待成功人
   士的态度去对待一个人，那么这个人将会______出与成功者一样的能力。

   A 仿照　　设想　　表示　　　　　B 据　　一旦　　展示
   C 按照　　假设　　表现　　　　　D 按　　假使　　表明

2. 我们看到星星闪闪，这不是因为星星______的光度出现变化，而是与大气的密度
   ______。大气隔在我们与星星之间，当星光通过大气层时，会受到大气的______。
   大气不是绝对的透明，而是根据密度的不同而产生变化。所以我们在地面透过它来看
   星星，就会看到星星好像在______的样子了。

   A 自身　　关系　　遮掩　　闪动　　　B 自己　　对于　　阻挡　　闪亮
   C 本体　　关于　　遮盖　　闪耀　　　D 本身　　有关　　遮挡　　闪烁

3. 他像是飘在大地上的风一样，随意地往前走。他______无数村庄与集镇，尽管有着
   百般______，然而却______同样颜色的树木，同样______的房屋组成，同样的街
   道上走着同样的人。

   A 经过　　姿态　　由　　形状　　　B 通过　　形态　　自　　模样
   C 过去　　姿势　　以　　外形　　　D 走过　　形势　　从　　外貌

4. 事实表明，"淘气"的孩子常常______"老实"的孩子具有更好的认识和观察事物的能
   力。因为淘气的孩子接触面广，大脑受到的______多，这样可以激发孩子的______，
   因为观察需要适当的时间和空间，家长应该给孩子足够的时间和空间，让他们"淘
   气"一点，让他们______地去遐想、去观察、去活动。

   A 比　　刺激　　兴趣　　自由　　　B 和　　激励　　智商　　放心
   C 同　　鼓励　　潜能　　快乐　　　D 对　　支持　　智慧　　自在

5. 挺胸可以使肺活量提升20%左右。从而有利______新陈代谢。肺活量提升了，身体的各______得到的氧气便增加了，人就不容易______。

A 自　　　地方　　　压抑　　　　　　　B 于　　　　部位　　　疲劳
C 在　　　位置　　　烦躁　　　　　　　D 从　　　　部分　　　疲惫

6. 电影和城市有紧密的依存关系：城市为电影提供经济支撑和场地______，电影对城市的景观起到有效的______作用。用电影引领城市，营造______的城市文化氛围，提高城市的知名度和美誉度，从而增强城市综合竞争力，这已______众多城市所认可。

A 根源　　　介绍　　　和蔼　　　使　　　　　B 基础　　　宣布　　　和睦　　　令
C 根据　　　传达　　　和平　　　将　　　　　D 来源　　　宣传　　　和谐　　　被

7. 花样游泳是专______女子设置的体育项目，原来是比赛间歇休息时的表演项目，是游泳、舞蹈与音乐的完美______，素有"水中芭蕾"的美称，它是一项具有艺术性的______的体育项目，但也需要力量和______，需要经过很长时间的______。

A 因　　　融合　　　美丽　　　实力　　　锻炼
B 为　　　结合　　　优雅　　　技巧　　　训练
C 对　　　合作　　　美妙　　　技术　　　培养
D 向　　　协作　　　优美　　　技能　　　培训

8. 轿子本是______车子去掉轮子改装而成，以供帝王和______的大臣代步。这种交通工具汉代就有，唐代朝廷规定，______生病文武百官都应骑马，轿子也就少了。到了宋代又多起来，人们还把轿子______成花轿供嫁娶时用。

A 把　　　德高望重　　　消除　　　打扮
B 用　　　容颜已改　　　去除　　　装修
C 被　　　年老体衰　　　开除　　　改装
D 将　　　年老体弱　　　除非　　　装饰

✦정답 및 해설_ 해설집 103쪽

25 day 꾸미는 말의 모든 것
– 부사

✓ 1 부사를 구분하는 기본적인 방법을 학습한다

✓ 2 주요 부사의 용법을 익힌다

✓ 3 주요 부사의 핵심 포인트를 파악하여 문제 풀이 능력을 기른다

부사는 종류가 아주 다양하다. '종종'이라는 의미를 나타내는 부사는 여러 개지만 모든 상황에서 동일하게 쓸 수는 없다. 부사의 기본적인 용법과 각각의 부사를 구분하는 방법까지 제대로 파악하여 시험에 완벽하게 대비하자!

기초 실력 테스트 TEST

1 알맞은 것끼리 연결하세요.

❶ 偶然 ·　　　　　　　· A 喝一次酒

❷ 偶尔 ·　　　　　　　· B 遇到了一个朋友

❸ 后来 ·　　　　　　　· C 考上了大学

❹ 以后 ·　　　　　　　· D 会考上大学的

2 빈칸에 들어갈 알맞은 것을 고르세요.

❶ 我＿＿＿＿＿＿从大学毕业。 （刚 / 刚才）

❷ ＿＿＿＿＿＿你不喜欢他吗？ （果然 / 难道）

❸ 没想到他＿＿＿＿＿＿是外国人。 （竟然 / 突然）

❹ 她＿＿＿漂亮了。 （可 / 很）

✦ **정답**_ 해설집 232쪽

6급 **기출문제** 맛보기

맛보기

난이도 下　공략 Key 都의 의미를 가지는 均

天津剪纸艺术______于清朝光绪末年。在吸取和______中国传统剪纸文化的基础上发展至今，天津剪纸在创作工艺和制作手法上______有独到之处，______了瓷器、木雕等图案的设计，注重刻画形象，具有非常高的艺术价值。

| A 兴建 | 吸收 | 大 | 参考 | B 兴起 | 发扬 | 均 | 借鉴 |
| C 起源 | 发展 | 只 | 鉴赏 | D 建设 | 弘扬 | 都 | 模仿 |

정답&공략

해석　天津剪纸艺术①<u>兴起</u>于清朝光绪末年。在吸取和②<u>发扬</u>中国传统剪纸文化的基础上发展至今，天津剪纸在创作工艺和制作手法上③<u>均</u>有独到之处，④<u>借鉴</u>了瓷器、木雕等图案的设计，注重刻画形象，具有非常高的艺术价值。

톈진의 전지(剪纸) 예술은 청나라 광서 말년에 <u>흥기하였고</u> 중국 전통 전지 문화를 흡수하고 <u>선양하는</u> 기초 아래 오늘까지 발전하였다. 톈진 전지는 창작 기술과 제작 방법상 <u>모두</u> 뛰어난 데가 있는데, 자기와 목조 등 도안의 설계를 <u>거울로 삼았고</u> 조각 형상을 중시하여 매우 높은 예술적 가치를 가지고 있다.

A 兴建　　吸收　　大　　参考
Ⓑ **兴起**　　**发扬**　　**均**　　**借鉴**
C 起源　　发展　　只　　鉴赏
D 建设　　弘扬　　都　　模仿

A 창설하다 | 흡수하다 | 크게 | 참고하다
Ⓑ **흥기하다 | 선양하다 | 모두 | 거울로 삼다**
C 기원하다 | 발전하다 | 단지 | 감상하다
D 건설하다 | 선양하다 | 모두 | 모방하다

공략　①번 칸 兴建과 建设는 건축물이 세워졌을 때 쓰는 표현이기에 의미상 부적절하다.

②번 칸 문화를 널리 알리는 의미로 发扬, 弘扬 두 동사가 가능하다.

③번 칸 창작 기술과 제작 기법 두 방면에 모두 독특한 점이 있다고 했기에 범위 부사 均, 都가 가능하다.

④번 칸 자기나 목조의 도안 설계를 전지하는 데 참고하거나 본보기로 삼았기에 参考, 借鉴이 가능하다.

어휘　天津 Tiānjīn 고유 톈진 | ★剪纸 jiǎnzhǐ 명 전지[미술 종이를 오려 여러 가지 형상이나 모양을 만드는 종이 공예] | ★清朝 Qīngcháo 명 청나라 | 光绪 Guāngxù 고유 광서[청(清) 덕종(德宗)의 연호(1875~1908)] | ★吸取 xīqǔ 동 받아들이다 | ★在……基础上 zài……jīchǔ shang ~의 토대로 | ★至今 zhìjīn 부 지금까지 | ★创作工艺 chuàngzuò gōngyì 창작 기술 | ★制作手法 zhìzuò shǒufǎ 제작 기교 | ★独到之处 dú dào zhī chù 성 남다른 점 | ★瓷器 cíqì 명 자기 | ★木雕 mùdiāo 명 목조 | ★图案 tú'àn 명 도안 | ★注重 zhùzhòng 동 중시하다 | 刻画 kèhuà 동 새기거나 그리다 | ★艺术价值 yìshù jiàzhí 예술 가치 | ★兴建 xīngjiàn 동 건물을 짓다 | ★参考 cānkǎo 동 참고하다 | ★兴起 xīngqǐ 동 흥기하다 | ★均 jūn 부 모두 | ★借鉴 jièjiàn 동 참고로 하다 | ★起源 qǐyuán 동 기원하다 | ★鉴赏 jiànshǎng 동 감상하다 | 建设 jiànshè 동 건설하다 | ★弘扬 hóngyáng 동 선양하다 | ★模仿 mófǎng 동 모방하다

공략 1. 부사를 비교하는 기본적인 방법을 익혀라

1. 과거 또는 미래에 쓰이는 경우 : 의미는 비슷하지만 나타내는 시제가 다르며, 때로는 과거와 미래를 모두 나타내는 경우도 있다.

◇ 常常 | 往往

常常 자주, 항상	과거와 미래에 모두 쓰임 他以前常常去那家饭店，以后也会常常去。 그는 이전에 자주 그 음식점에 갔었고 앞으로도 자주 갈 것이다.
往往 자주, 종종	과거에만 쓰임 星期天，他往往会睡到12点。 일요일에 그는 종종 12시까지 잠을 잔다.

◇ 最终 | 终于

最终 최종	과거와 미래에 모두 쓰임 他每天工作时打不起精神，最终会被炒鱿鱼的。 그는 매일 일할 때 정신을 차리지 않아서 마침내 회사에서 해고를 당했다.
终于 마침내	과거에 쓰이며 일반적으로 좋은 일만 나타냄 他终于进了自己理想的企业。 그는 마침내 자신이 원하던 기업에 들어갔다.

◇ 后来 | 以后

后来 이후에	과거에 쓰임 他们俩每天吵架，后来分手了。 그들 둘은 매일 싸워서 후에 헤어졌다.
以后 이후에	미래에 쓰임 他们俩每天吵架，以后一定会分手的。 그들 둘은 매일 싸우는데 이후에 반드시 헤어질 것이다.

2. 호응하는 조사가 다른 경우 : 의미가 비슷한 부사지만 뒤에 오는 조사가 다른 경우다. 조사는 주로 了, 过, 的가 쓰인다.

◇ 挺 | 太 | 可

挺 매우	挺……的 매우 ~하다 一个人在外国生活挺不容易的。 혼자서 외국에서 생활하는 것은 정말 쉽지 않은 일이다.
太 너무	太……了 너무 ~하다 这两天太热了，真受不了。 요즘 너무 더워서 정말 견딜 수 없다.
可 정말	可……了 정말 ~하다 那儿的蛋糕可好吃了。 거기 케이크는 정말 맛있다.

◇ 已经 | 曾经

已经 이미 *완료를 나타냄	已经……了 이미 ~했다
	那家公司已经倒闭了。그 회사는 이미 도산했다.
曾经 이전에 *경험을 나타냄	曾经……过 이전에 ~한 적이 있다
	我曾经去过很多国家。나는 이전에 많은 국가를 갔었다.

3. 어투에 따른 분류 : 의미와 용법이 모두 비슷하며 사용 빈도만 차이가 나는 경우다.

◇ 都/均 | 居然/竟然 | 仍然/依然 | 的确/确实 | 只/仅/光/单/就 | 大概/也许/可能

都/均 모두	这两个城市均/都属于广东省。이 두 도시는 모두 광둥성에 속한다.
居然/竟然 뜻밖에	他在中国两年，居然/竟然一句汉语也不会。 그는 중국에 2년 동안 있었는데, 뜻밖에도 중국어를 한마디도 못했다.
仍然/依然 여전히	我到现在也仍然/依然忘不了他。나는 지금까지도 여전히 그를 잊을 수 없다.
的确/确实 확실히 *긍정의 어기 강조	这部电影的确/确实很值得看。이 영화는 분명히 볼 만하다.
只/仅/光/单/就 단지	他们都走了，只/仅/光/单/就剩我一个人。그들 모두 가버려서, 단지 나 혼자만 남아 있다.
大概/也许/可能 아마도	他大概/也许/可能今天不会来了。그는 아마도 오늘 오지 않을 것이다.

4. 겸어류의 단음절 부사

◇ 白 | 老 | 净 | 怪

白	부사 헛되이	我上周写的报告都白写了，老板根本没看。 내가 지난주에 보고서를 썼는데 헛수고했어. 사장님은 전혀 보시지 않으셨어.
	형용사 희다	下雪后，外面一片白色。눈이 내린 후에 밖은 온통 흰색이다.
老	부사 자주, 늘	他最近老迟到。그는 최근에 늘 지각한다.
	형용사 나이가 많다	看起来你一点儿也不老。보기에 너는 조금도 늙어 보이지 않는다.
净	부사 단지(범위)	这个地方净是垃圾。이곳은 온통 쓰레기다.
	형용사 깨끗하다	桌子擦净了吗？탁자를 깨끗이 닦았니?
怪	부사 매우	好久不见了，怪想他们的。오랜만이네. 그들이 너무 보고 싶었어.
	형용사 이상하다	他今天怪怪的。그는 오늘 아주 이상하다.

① 他天天不努力学习，________没考上大学。（后来 / 以后）

② 他________担任过这家公司的总裁。（已经 / 曾经）

③ 没想到他________失败了。（最终 / 终于）

④ 我觉得自己的汉语____学了。（没 / 白）

정답 ❶ 后来 ❷ 曾经 ❸ 最终 ❹ 白

예제

난이도 中　공략 Key 과거를 나타내는 后来

________一番努力，________，我总算找到了一份比较适合自己的工作——推销啤酒。经过简单的________、培训，我很快成了一名啤酒推销小姐，工作做得还算________，领导也很满意。

A 经过	后来	考核	出色	B 通过	以后	考察	优秀
C 经历	今后	观察	优异	D 过去	过去	查看	良好

정답&공략

해석

①经过一番努力，②后来，我总算找到了一份比较适合自己的工作——推销啤酒。经过简单的③考核、培训，我很快成了一名啤酒推销小姐，工作做得还算④出色，领导也很满意。

노력을 거쳐, 후에 나는 마침내 맥주 판매라는 비교적 적성에 맞는 일자리를 찾았다. 간단한 심사와 연수를 거쳐, 나는 바로 맥주를 판매하는 여사원이 되었고 업무도 뛰어난 편이라 사장님도 맘에 들어 하셨다.

Ⓐ 经过　后来　考核　出色
B 通过　以后　考察　优秀
C 经历　今后　观察　优异
D 过去　过去　查看　良好

Ⓐ ~을 거쳐 | 후에 | 심사하다 | 뛰어나다
B ~을 통해 | 이후에 | 고찰하다 | 우수하다
C 경험하다 | 이후 | 관찰하다 | 특히 우수하다
D 지나가다 | 과거 | 점검하다 | 좋다

공략

（①번칸）努力는 과정과 수단의 의미를 다 가질 수 있기에 经过, 通过 모두 가능하다.

（②번칸）后来는 과거의 사실을 나타내기에 뒤에 이어지는 '마침내 ~하게 되다'는 总算과 어울린다.

（③번칸）考核, 考察 모두 가능하다.

（④번칸）'일을 잘하다'는 의미로 出色, 优秀가 가능하다. 优异는 成绩와, 良好는 人际关系와 함께 쓰인다.

어휘 ★一番努力 yìfān nǔlì 한바탕 열심히 하다 | ★总算 zǒngsuàn 🖫 마침내 | ★一份工作 yí fèn gōngzuò 일 한 가지 | ★推销 tuīxiāo 🖲 판로를 확장하다 | ★啤酒 píjiǔ 🖲 맥주 | ★培训 péixùn 🖲 양성하다 | ★还算 hái suàn 또한 ~인 셈이다 | ★领导 lǐngdǎo 🖲 지도자 | ★考核 kǎohé 🖲 대조하다 | ★出色 chūsè 🖲 뛰어나다 | ★考察 kǎochá 🖲 고찰하다 | ★优秀 yōuxiù 🖲 아주 뛰어나다, 우수하다 | ★观察 guānchá 🖲 관찰하다 | ★优异 yōuyì 🖲 특히 우수하다 | ★查看 chákàn 🖲 점검하다 | ★良好 liánghǎo 🖲 양호하다

공략 2. 주요 부사의 용법을 마스터하라

독해
제2부분

◇ 忽然 | 突然 | 猛然

忽然 갑자기	부사 **忽然**开始下雨 갑자기 비가 내리기 시작하다 ｜**忽然**哭了 갑자기 울었다 ｜**忽然**忘了 갑자기 잊어버렸다 她**忽然**放声大哭，让周围的人都很吃惊。 그녀가 갑자기 큰 소리로 대성통곡을 하자 주위 사람이 모두 놀랐다.
突然 갑자기, 갑작스럽다	부사 **突然**开始下雨 갑자기 비가 내리기 시작하다 ｜**突然**哭了 갑자기 울었다 ｜**突然**忘了 갑자기 잊어버렸다 형용사 很**突然** 매우 갑작스럽다 刚才天还很好，**突然**就下起雨来了。 방금 전까지만 해도 날씨가 좋았는데, 갑자기 비가 내렸다. 这件事发生得太**突然**了。 이 일은 너무 갑작스럽게 일어났다.
猛然 갑자기	부사 **猛然**想起来 갑자기 생각나다 ｜**猛然**一抬头 갑자기 고개를 들다 ｜**猛然**发现 갑자기 발견하다 ｜**猛然**听见 갑자기 듣다 我刚躺在床上，**猛然**想起来一件事。 나는 방금 전에 침대에 누워 있었는데 갑자기 일이 한 가지 떠올랐다.

◇ 连续 | 继续 | 陆续 | 延续 | 持续

连续 계속하다	부사 **连续**工作了十个小时 계속해서 10시간 일했다 ｜**连续**下了三天雨 3일 내내 비가 내렸다 ＊뒤에 수량을 수반함 我昨天**连续**开了10个小时车，累死了。 나는 어제 10시간 동안 내내 운전을 했더니 피곤해 죽겠다.
继续 계속하다	동사 **继续**说 계속해서 말하다 ｜**继续**学习 계속해서 공부하다 ｜**继续**工作 계속해서 일하다 ＊상황이 멈췄다 계속 이어질 수도 있음 这个学期结束后，我还要**继续**留在中国。 이번 학기가 끝난 후에, 나는 계속 중국에 머무르려고 한다.
陆续 끊임없이, 연이어	부사 **陆续**进来 연이어 들어오다 ｜**陆续**移居 연이어 이사하다 ｜**陆续**成立 연이어 설립하다 下课后，同学们**陆续**走出了教室。 수업이 끝난 후에 친구들은 연이어 교실을 나갔다.
延续 계속하다	동사 **延续**了3000年 3000년 동안 계속되었다 　＊오랜 시간 동안 이어지는 것을 나타냄 这儿的文化已经**延续**了2000多年。 이곳의 문화는 이미 2000여 년 동안 이어졌다.
持续 지속하다	부사 **持续**上涨 지속적으로 오르다 ｜**持续**下跌 지속적으로 하락하다 　＊변화를 나타내는 어휘와 결합함 동사 **持续**了三天 3일 동안 지속되었다 ｜**持续**了一个月 한 달 동안 지속되었다 　＊뒤에 수량을 수반함 北京的房价**持续**上涨。 베이징 집값은 계속 올라간다. 这场雨已经**持续**了一个星期。 이 비는 이미 일주일 동안 지속되고 있다.

◇ 大约 | 大概/也许/可能

大约 대략	뒤에 수량을 수반함 那次地震中，死亡人数**大约**200人。 그때 지진으로 인한 사망자 수가 거의 200명이다.
大概/也许/可能 아마도	수량 유무에 상관 없이 사용 가능함 他**大概**还不习惯这儿的文化。 그는 아마도 아직 이곳의 문화에 익숙하지 않을 것이다.

◇ 没/没有 | 不

没/没有 ~하지 않다	뒤에 동사가 오며 과거를 나타냄
	他昨天没给我打电话。 그는 어제 나에게 전화를 하지 않았다.
不 ~아니다	뒤에 동사나 형용사가 오며 과거 또는 미래를 나타냄
	他不会给你打电话的。 그는 너에게 전화를 안 할 것이다. 今天不热。 오늘은 덥지 않다.

◇ 亲自 | 亲眼 | 亲手 | 亲耳 | 亲口

亲自 직접	亲自去 직접 가다 | 亲自做 직접 하다 | 亲自参加 직접 참가하다 | 亲自检查 직접 검사하다
	这份报告老板要亲自查看。 이 보고서를 사장님께서 직접 보시려고 하신다.
亲眼 직접, 제 눈으로	亲眼看 직접 보다 | 亲眼见 직접 보다 | 亲眼目睹 직접 보다
	那天他亲眼目睹了一场车祸的发生。 그날 그는 차 사고가 발생하는 것을 직접 보았다.
亲手 손수	亲手做 손수 하다 | 亲手制作 손수 만들다 | 亲手创办 손수 세우다
	这件艺术品是我亲手制作的。 이 예술품은 내가 손수 만든 것이다.
亲耳 직접, 자신의 귀로	亲耳听 직접 듣다 | 亲耳聆听 직접 경청하다 | 亲耳所闻 직접 자신의 귀로 들은 바
	这是我亲耳听到的，肯定错不了。 이것은 내가 직접 들은 것이니 분명 틀림이 없을 것이다.
亲口 직접, 자신의 입으로	亲口说 직접 말하다 | 亲口告诉 직접 알리다 | 亲口尝尝 직접 맛보다
	他要亲口告诉记者这件事的真相。 그는 자기 입으로 이 일의 진상을 기자에게 직접 알려주려고 한다.

◇ 到处 | 处处

到处 도처에	구체적인 장소에 쓰임
	这个城市到处都是咖啡馆。 이 도시는 도처가 커피숍이다.
处处 도처에	구체적인 장소나 추상적인 장소에 모두 쓰임
	我觉得自己处处不如别人。 나는 여러 가지 면에서 남들보다 못하다고 생각한다.

◇ 偶然 | 偶尔

偶然 우연히	偶然碰到 우연히 만나다 | 偶然遇到 우연히 만나다 | 偶然见到 우연히 만나다
	今天上班时偶然遇到了前女友。 오늘 출근할 때 우연히 옛날 여자 친구를 만났다.
偶尔 가끔	偶尔吵架 가끔 말다툼하다 | 偶尔喝一次酒 가끔 술 한 번 마시다 | 偶尔迟到 가끔 지각하다
	他偶尔会迟到一次。 그는 가끔 한 번씩 지각할 것이다.

◇ 况且 | 何况

况且 게다가	여러 가지 원인을 나타냄
	今天我不想出去，身体不太舒服，况且/何况还正下雨。 오늘 몸도 불편하고 게다가 비까지 내리고 있어서 나는 나가고 싶지 않다. / 오늘 나는 나가고 싶지 않다. 몸도 불편하고 하물며 비까지 내리고 있다.
何况 하물며	반어문에서 점진의 의미를 나타내며 '(更)何况……呢'의 호응 관계를 이루기도 함
	这个汉字中国人也不认识，何况我呢？ 이 한자는 중국인도 모르는데 하물며 내가 알겠니?

◇ **再三 | 一再**

再三 재삼, 여러 번	**再三**嘱咐 여러 번 당부하다 | **再三**叮嘱 재삼 신신당부하다 | **再三**劝告 여러 번 충고하다 | **再三**考虑 재삼 고려하다 | **再三**思考 여러 번 생각하다 | 考虑**再三** 심사 숙고하다 | 叮嘱**再三** 재삼 신신당부하다　*부사로 동사 앞에 쓰이지만 동량사로 동사 뒤에도 쓰임
	妈妈**一再/再三**嘱咐我别一直玩电脑。 엄마는 여러 차례 나에게 컴퓨터를 하지 말라고 당부했다. 这件事我考虑**再三**，还是放弃好。 이 일을 나는 여러 번 고민했는데 포기하는 게 좋겠다.
一再 거듭	**一再**嘱咐 거듭 당부하다 | **一再**叮嘱 거듭 신신당부하다 | **一再**劝告 거듭 충고하다 *동사 앞에서만 쓸 수 있으며 사용 범위가 넓지 않음
	她**一再**劝告我别喝那么多酒。 그녀는 술을 많이 마시지 말라고 나에게 여러 번 충고했다.

독해
제2부분

바로 체크 Check! 빈칸에 들어갈 알맞은 것을 고르세요.

❶ 这件事来得太________了。 （突然 / 忽然）

❷ 早上商店________开了门。 （陆续 / 连续）

❸ 明天________不会下雨。 （大概 / 大约）

❹ 你明天_____来了吗? （不 / 没）

❺ 他这个人________为别人着想。 （处处 / 到处）

정답 ❶ 突然　❷ 陆续　❸ 大概　❹ 不　❺ 处处

西周最后一个王是周幽王，他宠爱妃子褒姒，废掉申后，______申后父亲申侯的不满。没过多久，周王室的王权逐渐______，各诸侯国乘机争霸、兼并，先后______了春秋战国时期。到公元前256年，______了800年的周王朝终于被秦国所灭。

A 引发	衰弱	经历	陆续	B 激起	衰微	进去	持续
C 引起	衰落	进入	延续	D 刺激	衰老	经过	继续

정답&공략

해석

西周最后一个王是周幽王，他宠爱妃子褒姒，废掉申后，①引起申后父亲申侯的不满。没过多久，周王室的王权逐渐②衰落，各诸侯国乘机争霸、兼并，先后③进入了春秋战国时期。到公元前256年，④延续了800年的周王朝终于被秦国所灭。

서주(西周)의 마지막 왕은 주(周)나라 유왕(幽王)이다. 그는 후궁 포사(褒姒)를 특히 예뻐했기에 신(申) 황후를 폐위시켜 신후의 부친 신(申) 제후의 불만을 야기시켰다. 얼마 되지 않아서 주나라 왕실의 정권이 점점 쇠락했고 각 제후들은 기회를 틈타 패권을 다투고 병탄하여, 뒤이어 춘추 전국 시대로 들어갔다. 기원 전 256년, 800년을 이어온 주나라 왕조는 마침내 진나라에 의해 멸망했다.

A 引发	衰弱	经历	陆续
B 激起	衰微	进去	持续
C 引起	**衰落**	**进入**	**延续**
D 刺激	衰老	经过	继续

A 유발되다 | 쇠약해지다 | 겪다 | 연달아
B 야기하다 | 쇠락하다 | 들어가다 | 지속하다
C 야기시키다 | 쇠락하다 | 들어가다 | 연속하다
D 자극하다 | 노쇠하다 | 거치다 | 계속하다

공략

①번 칸 '불만을 야기하다'는 의미에는 刺激를 제외하고 모두 가능하다.

②번 칸 衰老는 사람에게만 쓰는 표현이기에 불가능하다.

③번 칸 进去 뒤에는 명사를 수반할 수 없기에 적합하지 않다.

④번 칸 延续 뒤에는 장시간을 의미하는 시량사가 수반되며 持续도 마찬가지다. 陆续는 연달아 동작이 일어나는 것을 나타내기에 '陆续来(去)'와 같은 형태로 쓰이며, 继续는 뒤에 동사를 수반하여 동작이 계속 이어짐을 나타낸다.

어휘 西周 XīZhōu 고유 서주(西周) | 周幽王 Zhōu Yōuwáng 주(周)나라 유왕(幽王)[서주의 마지막 왕, 기원전 782년~771년] | ★宠爱 chǒng'ài 통 총애하다 | 妃子 fēizi 명 후궁 | 褒姒 Bāosì 고유 포사 | ★废掉 fèidiào 폐위시키다 | 后 hòu 명 황후 | 不满 bùmǎn 명형 불만(이다) | ★没过多久 méi guò duōjiǔ 얼마 지나지 않아서 | ★王室 wángshì 명 왕실 | ★王权 wángquán 명 왕권 | ★逐渐 zhújiàn 부 점점 | 诸侯国 zhūhóuguó 명 제후국 | ★乘机 chéngjī 통 기회를 틈타다 | 争霸 zhēngbà 통 패권 싸움을 하다 | ★兼并 jiānbìng 통 병탄하다 | ★春秋战国时期 Chūnqiū Zhànguó shíqī 춘추 전국 시대 | ★公元前 gōngyuán qián 기원 전 | ★被……所灭 bèi……suǒ miè ~에 의해 멸망하다 | ★引发 yǐnfā 통 유발되다 | ★衰弱 shuāiruò 형 쇠약해지다 | ★陆续 lùxù 부 끊임없이 | ★激起 jīqǐ 통 일어나게 하다, 야기하다 | ★衰微 shuāiwēi 형 쇠락하다 | ★持续 chíxù 통 지속하다 | ★引起 yǐnqǐ 통 야기시키다 | ★衰落 shuāiluò 통 쇠락하다 | ★延续 yánxù 통 연속하다 | ★刺激 cìjī 통 자극하다 | ★衰老 shuāilǎo 형 노쇠하다 | ★继续 jìxù 통 계속하다

 **예제 2**

난이도 中　공략 Key 빈도 부사 偶尔

> 晓军是个很＿＿＿＿的人，而我是个爱说爱笑的活泼性子，我在滔滔不绝地说，他在一边旁听。＿＿＿＿插一两句话，却恰到好处，我们谈得很＿＿＿＿。那天我们一直很开心，可是当我问到他的摄影棚为什么那么冷的时候，他却＿＿＿＿下来。
>
> A 沉着　　总是　　开心　　稳定　　　　B 稳重　　常常　　温暖　　沉闷
> C 沉稳　　偶尔　　投机　　沉默　　　　D 深沉　　偶然　　默契　　沉重

정답&공략

해석

晓军是个很①<u>沉稳</u>的人，而我是个爱说爱笑的活泼性子，我在滔滔不绝地说，他在一边旁听。②<u>偶尔</u>插一两句话，却恰到好处，我们谈得很③<u>投机</u>。那天我们一直很开心，可是当我问到他的摄影棚为什么那么冷的时候，他却④<u>沉默</u>下来。

A 沉着　　总是　　开心　　稳定
B 稳重　　常常　　温暖　　沉闷
Ⓒ 沉稳　　偶尔　　投机　　沉默
D 深沉　　偶然　　默契　　沉重

샤오쥔은 매우 <u>침착한</u> 사람이다. 그러나 나는 말하기 좋아하고 잘 웃는 활발한 성격으로 끊임없이 말을 하는데, 그는 곁에서 듣고만 있다. <u>가끔</u> 몇 마디 끼어들지만 말이 들어맞으면 우리는 <u>의기 투합한다</u>. 그날도 우리는 줄곧 즐거웠다. 하지만 그의 스튜디오가 왜 그렇게 춥냐고 물었을 때 그는 <u>침묵했다</u>.

A 침착하다 | 늘상 | 즐겁다 | 안정적이다
B 점잖다 | 자주 | 따뜻하다 | 찌무룩하다
Ⓒ 침착하다 | 가끔 | 의기 투합하다 | 침묵하다
D 침착하고 신중하다 | 우연히 | 마음이 통하다 | 심각하다

공략

〔①번 칸〕 성격적으로 말수가 적고 점잖다는 의미이기에 네 개 보기 모두 가능하다.

〔②번 칸〕 앞에서 말하고 있는 '他在一边旁听'은 '이따금씩 말을 한다'는 의미이므로 偶尔이 적합하다. 偶然과 偶尔은 헷갈리기 쉽다. 偶然은 '우연히', 偶尔은 '이따금'의 뜻이니 쓰임에 유의하자.

〔③번 칸〕 投机, 默契는 '의기 투합이 잘되다'라는 의미의 동의어로 사용 가능하며, 开心도 쓸 수 있다.

〔④번 칸〕 沉默下来는 '침묵하다, 조용해지다'의 의미다.

어휘 ★爱说爱笑 ài shuō ài xiào 성 웃고 이야기하는 것을 좋아하다 | ★性子 xìngzi 명 성격 | ★滔滔不绝 tāo tāo bù jué 성 말이 끊임없이 이어지다 | ★旁听 pángtīng 동 방청하다 | ★插话 chāhuà 동 말참견하다 | ★恰到好处 qià dào hǎo chù 성 꼭 알맞다 | ★摄影棚 shèyǐngpéng 명 영화 스튜디오 | ★沉着 chénzhuó 형 침착하다 | ★稳定 wěndìng 형 안정적이다 | ★稳重 wěnzhòng 형 신중하다, 점잖다 | ★温暖 wēnnuǎn 형 따뜻하다 | ★沉闷 chénmèn 형 찌무룩하다, 침울하다 | ★沉稳 chénwěn 형 침착하다 | ★偶尔 ǒu'ěr 부 간혹 | ★投机 tóujī 형 의기 투합하다 | ★沉默 chénmò 형동 과묵하다; 침묵하다 | ★深沉 shēnchén 형 침착하고 신중하다 | ★偶然 ǒurán 부 우연히 | ★默契 mòqì 형 마음이 잘 통하다 | ★沉重 chénzhòng 형 심각하다

第 1-8 题：选词填空。

1. 眼见为实，我们通常只相信自己＿＿＿＿所见的东西。认为只有自己看到的，才是真实＿＿＿＿的。然而有时我们亲眼看见的却常常与真实相悖。视觉上的错觉常常会欺骗许多＿＿＿＿的头脑。

   A 亲眼　　可靠　　自以为是　　　　　**B** 亲自　　依赖　　沉默寡言
   C 亲耳　　可信　　心直口快　　　　　**D** 亲口　　相信　　自高自大

2. 有人总是抱怨自己的环境，有人知道先适应环境，然后＿＿＿＿环境。＿＿＿＿不能改变环境，心态也是很重要的。＿＿＿＿，环境改变人的心态，人的心态改变人的＿＿＿＿。

   A 改善　　与其　　明确　　心情　　　**B** 改造　　即便　　的确　　人生
   C 包装　　即使　　确实　　生活　　　**D** 改变　　哪怕　　确切　　命运

3. ＿＿＿＿婚纱摄影从实质内容上看，与普通摄影没什么太大的区别，但是，您别忘了，对一般人来说，在设备条件＿＿＿＿的环境下拍照与舒适＿＿＿＿的环境下拍照也不是相同的感觉，更＿＿＿＿是新婚夫妇呢？

   A 无论　　优秀　　温柔　　并且　　　**B** 虽然　　不良　　柔和　　况且
   C 不管　　简单　　自在　　而且　　　**D** 尽管　　简陋　　温馨　　何况

4. 东晋以后，北方的一些士族及＿＿＿＿流民＿＿＿＿移居江南，于是政府划出一些＿＿＿＿的区域安置这些人，但仍用北方的地名＿＿＿＿这些新设置的州、郡、县，它们便是侨州郡县。

   A 多数　　延续　　特别　　称号　　　**B** 大量　　连续　　特殊　　称为
   C 大批　　陆续　　特定　　称呼　　　**D** 部分　　持续　　独特　　名称

5. 骄傲使人______自满，固步自封，自高自大，______群众，堵塞进步与成功的道路。谦虚绝不是自卑。自卑是______地过低估计自己，觉得自己______不如别人，对事业灰心丧气，这往往导致无所作为。

    A 盲目   脱离   不切实际   处处   **B** 产生   离开   不分是非   每每
    C 容易   摆脱   实事求是   各处   **D** 目的   消除   不符实际   到处

6. 托尔斯泰平时就很______体育锻炼，他经常骑马、游泳、打球，又非常勇敢，曾和大黑熊斗过。他完成长篇______《战争与和平》之后，想休息一段时间，经过______考虑后，便由大儿子______，一起来到草原上。

    A 注重   作品   一再   陪伴   **B** 重视   巨著   再三   陪同
    C 看重   著作   再次   相伴   **D** 关心   小说   每次   带领

7. 很久以来，人们一直在想：太阳是不是也会因燃料______而熄灭？天文学家经过长期______地研究，已经有肯定而令人______的回答：太阳______是会熄灭的。

    A 干涸   精致   吃惊   终于   **B** 萎缩   辛苦   奇怪   已经
    C 枯萎   努力   惊讶   曾经   **D** 枯竭   精心   惊奇   最终

8. ______成为模特后，为了不______赵总对我的期望，我拼了命地干，我什么活都接，想为公司、为自己多挣点钱。我从不挑______、挑品牌，不______是为了收入，我还要给所有和我接触过的人一个好印象。

    A 正式   辜负   客户   单   **B** 正规   无辜   顾客   总
    C 正常   打破   客人   只   **D** 终于   破坏   主顾   也

26 day

하나 둘 셋, 세는 데도 법칙이 있다 – 양사

✔1 주요 양사의 용법을 학습한다

✔2 중요한 양사의 호응 구조를 마스터한다

✔3 주요 양사의 핵심 포인트를 파악하여 문제 풀이 능력을 기른다

양사가 없는 언어가 있는 반면에 양사가 발달한 언어도 있다. 중국어가 바로 양사가 두드러지게 발달한 언어다. 중국어는 양사의 종류가 매우 다양한데, 일부 명사는 쓸 수 있는 양사가 한 개만 있어서 다른 양사로 대체할 수 없다. 따라서 양사 문제는 호응하는 명사를 중심으로 꼼꼼하게 외워두어야 한다.

기초 실력 테스트 TEST

1 알맞은 것끼리 연결하세요.

❶ 一份 ·   · A 草原

❷ 一条 ·   · B 钥匙

❸ 一片 ·   · C 礼物

❹ 一把 ·   · D 信息

2 빈칸에 들어갈 알맞은 것을 고르세요.

❶ 这＿＿＿大学很有名。 （家 / 所）

❷ 真是一＿＿＿美丽的城市！ （座 / 间）

❸ 这是我最喜欢的一＿＿＿电影。 （片 / 部）

❹ 他写了一＿＿＿很有趣的文章。 （篇 / 遍）

정답_ 해설집 233쪽

6급 기출문제 맛보기

 맛보기

난이도 中　　공략 Key 一副对联 호응 구조

　　每到年末，王羲之便会写一______对联，让他的家人______在大门两侧。可因为他的书法为世人所敬仰，所以对联总是被人偷走。于是，王羲之想了一个办法，他写了一个"福无双至，祸不单行"的对联。由于此联写得太不______，所以没有人偷。第二天，王羲之又______上几个字，对联变成："福无双至今朝至，祸不单行昨夜行。"众人看了，齐声喝彩。

A 幅　　粘　　幸运　　加　　　　　B 本　　糊　　吉祥　　拿
C 副　　贴　　吉利　　添　　　　　D 套　　放　　侥幸　　挪

독해
제2부분

정답&공략

해석　　每到年末，王羲之便会写一①副对联，让他的家人②贴在大门两侧。可因为他的书法为世人所敬仰，所以对联总是被人偷走。于是，王羲之想了一个办法，他写了一个"福无双至，祸不单行"的对联。由于此联写得太不③吉利，所以没有人偷。第二天，王羲之又④添上几个字，对联变成："福无双至今朝至，祸不单行昨夜行。"众人看了，齐声喝彩。

　　매년 연말이 되면 왕희지는 대련 한 **쌍**을 써서 집안 사람들에게 대문의 양쪽에 **붙이게** 한다. 그의 서예는 세인의 추대를 받았기에 늘상 사람들이 대련을 훔쳐 갔다. 그래서 왕희지는 방법을 하나 생각해냈는데, '복은 같이 오지 않고, 화는 홀로 가지 않는다'라는 대련을 쓰는 것이었다. 이 대련은 너무 **길하지** 않아서 아무도 훔쳐 가지 않았다. 그 다음날 왕희지는 또 몇 글자를 **보태어**, 대련은 '복은 같이 오지 않는데 오늘 아침에 왔고, 화는 홀로 가지 않는데 어젯밤에 갔다'로 바뀌었다. 사람들이 보고서는 일제히 갈채를 보냈다.

A 幅　　粘　　幸运　　加　　　　A 폭 | 풀로 붙이다 | 행운이다 | 더하다
B 本　　糊　　吉祥　　拿　　　　B 권 | 풀로 바르다 | 운수가 좋다 | 들다
Ⓒ 副　　贴　　吉利　　添　　　　Ⓒ 쌍 | 붙이다 | 길하다 | 보태다
D 套　　放　　侥幸　　挪　　　　D 세트 | 놓다 | 요행스럽다 | 옮기다

공략　　[①번 칸] 대련은 한 쌍으로 붙이며 양사는 副를 쓰는데, 때로는 对를 쓰기도 한다.

✗ 幅 폭	결합 명사 画 그림 | 图 그림
✗ 本 권	결합 명사 书 책 | 杂志 잡지
○ 副 쌍	결합 명사 对联 대련 | 手套 장갑 | 眼镜 안경 | 耳环 귀고리 | 手镯 팔찌 | 样子 모양
✗ 套 세트	결합 명사 西服 양복 | 裙子 치마 | 沙发 소파 | 餐具 식기 | 家具 가구

어휘　★王羲之 Wáng Xīzhī 고유 왕희지 | ★对联 duìlián 명 대련 | 福无双至 fú wú shuāng zhì 성 복은 겹쳐서 오지 않는다 | ★祸不单行 huò bù dān xíng 성 설상가상, 재앙은 항상 겹쳐 오게 마련이다 | ★齐声喝彩 qíshēng hècǎi 일제히 갈채를 보내다 | ★粘 zhān 동 풀을 붙이다 | 糊 hú 풀로 바르다 | 吉祥 jíxiáng 형 길하다 | ★贴 tiē 동 붙이다 | ★侥幸 jiǎoxìng 형 요행하다 | ★挪 nuó 동 옮기다

공략 1. 특수 양사의 쓰임만 알아도 충분하다

1. 구체적인 것과 추상적인 것 모두를 나타내는 양사 : 양사 중에는 구체적인 것과 추상적인 것을 다
수식할 수 있는 양사가 있으며, 추상적인 것을 수식하는 경우에는 보통 수사 一만 쓸 수 있다.

副 쌍, 켤레	**구체적인 것** 一副手套 장갑 한 켤레 | 一副眼镜 안경 하나 | 一副耳环 귀고리 한 쌍 | 一副对联 대련 한 쌍
	他刚配了一副眼镜。 그는 막 안경을 맞췄다.
	추상적인 것 一副样子 모습 | 一副热心肠 따뜻한 마음씨 | 一副模样 모양
	他表现出一副很有自信的样子。 그는 매우 자신감 있는 모습을 했다.
片 조각	**구체적인 것** 一片草原 온통 초원 | 一片大海 망망대해 | 一片哭声 온통 울음소리 | 一片笑声 온통 웃음소리 | 一片白色 온통 흰색 | 一片红色 온통 빨간색 | 一片面包 빵 한 조각 | 一片土豆 감자 한 조각 | 一片药 약 한 알
	那儿是一片茫茫的大海。 거기는 망망대해다. 今天早上我只吃了一片面包。 오늘 아침에 나는 빵 한 조각만 먹었다.
	추상적인 것 一片爱心 사랑하는 마음 | 一片痴情 열렬한 사랑
	他对那个女孩一片痴情。 그는 그 여자를 깊이 사랑한다.
条 개, 갈래, 항목	**구체적인 것** 一条裤子 바지 하나 | 一条裙子 치마 하나 | 一条领带 넥타이 하나 | 一条路 한 갈래의 길 | 一条河 강 한 줄기 | 一条街 (주로 한 업종만 죽 들어선) 거리
	过了那条街就是我家。 그 길을 지나면 바로 우리 집이다.
	추상적인 것 一条信息 정보 하나 | 一条消息 소식 하나 | 一条短信 문자 메시지 한 통
	我昨天收到一条奇怪的短信。 나는 어제 이상한 문자 메시지를 받았다.
把 자루, 묶음, 움쿰	**구체적인 것** 一把刀 칼 한 자루 | 一把钥匙 열쇠 하나 | 一把扇子 부채 하나 | 一把勺子 국자 한 개 | 一把米 쌀 한 움쿰 | 一把豆 콩 한 줌 | 一把花生 땅콩 한 줌
	我昨天丢了家里唯一一把钥匙。 나는 어제 집에 유일한 열쇠를 하나 잃어버렸다.
	추상적인 것 一把年纪 많은 나이 | 一把好手 능력 있는 사람
	他在开车方面真是一把好手。 그는 운전에 있어서는 정말 베테랑이다.
场 회, 차례	**구체적인 것** 一场风 한바탕 바람 | 一场雨 한 차례 비 | 一场雪 한 차례 눈 | 一场比赛 한 번의 경기 | 一场电影 영화 한 편 | 一场战争 한 번의 전쟁
	昨天看了一场精彩的比赛。 어제 멋진 경기를 보았다.
	추상적인 것 一场危机 한 번의 위기 | 一场梦 한바탕의 꿈
	人生就是一场梦。 인생은 한바탕의 꿈과 같다.

份 부, 통	구체적인 것 一份材料 자료 한 부 ｜ 一份报纸 신문 한 부 ｜ 一份简历 이력서 한 통 ｜ 一份礼物 선물 하나
	这份简历设计得很特别。 이 이력서는 정말 특별하게 디자인이 되었다.
	추상적인 것 一份感情 감정 ｜ 一份真心 진심 ｜ 一份爱心 사랑하는 마음 ｜ 一份关心 관심 ｜ 一份关怀 배려 ｜ 一份淳朴 순박함
	这是我对灾区孩子的一份爱心。 이것은 내가 재난 지역 아이들에게 주는 사랑의 마음이다.

2. 동량사 : 양사는 명사를 수식하는 수량사와 동사 뒤에서 동사의 의미를 보충해주는 동량사로 구분된다.

趟 번, 차례	去了一趟 한 번 갔다 ｜ 跑了一趟 한 번 갔다 ｜ 走了一趟 한 번 갔다 *왕복한 횟수를 세는 데 쓰임
	我前两天去了一趟上海。 나는 며칠 전에 상하이에 한 번 갔다.
次/回 번, 차례	去过一次/回 한 번 갔었다 ｜ 来过一次/回 한 번 왔었다 ｜ 吃过一次/回 한 번 먹어본 적이 있다 ｜ 看过一次/回 한 번 본 적이 있다
	我只去过一次北京。 나는 베이징에 한 번만 갔었다.
遍 번	读了一遍 한 번 읽었다 ｜ 看了一遍 한 번 보았다 ｜ 听了一遍 한 번 들었다 ｜ 写了一遍 한 번 썼다
	这本书我读了三遍了。 나는 이 책을 세 번 읽었다.
顿 끼니, 차례	批评了一顿 한바탕 꾸짖었다 ｜ 打了一顿 한차례 때렸다 ｜ 骂了一顿 한차례 꾸짖었다 ｜ 吃了一顿 한 끼를 먹었다 ｜ 喝了一顿 한 번 마셨다
	昨天我被老师批评了一顿。 어제 나는 선생님께 한바탕 꾸중을 들었다.
下 번, 회	尝一下 한번 맛보다 ｜ 等一下 잠시 기다리다 ｜ 想一下 좀 생각하다 ｜ 看一下 좀 보다
	这个菜味道很特别，你尝一下。 이 음식은 맛이 특별하니 맛 좀 봐봐.
番 번	讨论一番 한 번 토론하다 ｜ 商量一番 한 번 상의하다 ｜ 打扮一番 화장을 좀 하다 ｜ 整理一番 한 차례 정리하다
	我打扮了一番就出门了。 나는 화장을 좀 하고 나갔다.

3. 차량사 : 고정적인 양사가 아닌 명사를 써서 나타내는 경우다.

巴掌 대, 차례	打了一巴掌 따귀를 한 대 때렸다 ｜ 扇了一巴掌 뺨 한 대를 때렸다
	昨天他被老板扇了一巴掌。 어제 그는 사장한테 뺨 한 대를 맞았다.
脚 발	踢了一脚 발로 걷어찼다 ｜ 踩了一脚 발을 밟았다
	我不小心踩了他一脚。 나는 부주의로 그의 발을 밟았다.
屋子 방	一屋子书 한방 가득한 책 ｜ 一屋子衣服 한방 가득한 옷 ｜ 一屋子垃圾 한방 가득한 쓰레기
	他的家里一屋子的书。 그의 집 안은 온통 책이다.
桌子 탁자	一桌子菜 한상 가득한 음식 ｜ 一桌子书 한 탁자 가득한 책
	今天妈妈做了一桌子菜。 오늘 엄마가 음식을 한상 차리셨다.
瓶 병	一瓶水 물 한 병 ｜ 一瓶酒 술 한 병 ｜ 一瓶油 기름 한 병
	我去买了两瓶啤酒。 나는 가서 맥주 두 병을 샀다.

碗	一**碗**米饭 쌀 한 그릇 ㅣ 一**碗**汤 탕 한 그릇 ㅣ 一**碗**粥 죽 한 그릇
그릇	我一整天只喝了一**碗**粥。나는 하루 종일 죽 한 그릇을 먹었다.

4. 양사의 중첩 : 양사의 중첩 형식은 '一AA'로 '모두'라는 의미를 나타낸다. 구체적인 것을 수식하는 대부분의 양사와 동량사는 중첩할 수 있다.

一个个 낱낱이	一**个个**孩子 모든 아이들 ㅣ 一**个个**节目 모든 프로그램 ㅣ 一**个个**东西 모든 물건
	孩子们一**个个**高兴地跑出来。아이들은 모두 기뻐서 뛰어나왔다.
一件件 건건이	一**件件**事情 일 하나하나 ㅣ 一**件件**工艺品 공예품 하나하나 ㅣ 一**件件**服装 옷 한 벌 한 벌
	这一**件件**工艺品都是战争时留下来的。이 공예품 하나하나는 모두 전쟁 때 남겨진 것이다.
一次次 번번이	一**次次**告诉 번번이 알리다 ㅣ 一**次次**想 하나하나 생각하다 ㅣ 一**次次**修改 하나하나 수정하다
	他的书经过一**次次**修改，终于出版了。그의 책은 계속 수정되어서 마침내 출판되었다.
一遍遍 번번이	一**遍遍**写 하나하나 쓰다 ㅣ 一**遍遍**说 하나하나 말하다 ㅣ 一**遍遍**改 번번이 고치다 ㅣ 一**遍遍**重复 번번이 반복하다
	他一**遍遍**地说：“不要放弃。”그는 계속해서 '포기하지 마'라고 말했다.

바로 체크 빈칸에 들어갈 알맞은 것을 고르세요.

❶ 这______耳环是我昨天刚买的。 （副 / 幅）

❷ 我要送给他一______精美的礼物。 （份 / 分）

❸ 我昨天被妈妈骂了一______。 （顿 / 下）

❹ 他竟然打了我一______。 （巴掌 / 手掌）

정답 ❶ 副 ❷ 份 ❸ 顿 ❹ 巴掌

예제

난이도 中 　공략 Key 一场危机 호응 구조

　　正因为我们不能以很______、很正常的心态去对对方，所以婚姻家庭生活当中的那些不和谐和______就接踵而至，有可能最后演变成一______危机，所以我在结束我今天讲的内容之前，我希望大家能够有健康的婚姻观和______的心理。

A 温和	郁闷	遍	主动	B 暖和	痛苦	个	积极
C 平和	苦恼	场	健康	D 和平	烦恼	段	健全

정답&공략

해석

正因为我们不能以很①<u>平和</u>、很正常的心态去对对方，所以婚姻家庭生活当中的那些不和谐和②<u>苦恼</u>就接踵而至，有可能最后演变成一③<u>场</u>危机，所以我在结束我今天讲的内容之前，我希望大家能够有健康的婚姻观和④<u>健康</u>的心理。

A	温和	郁闷	遍	主动
B	暖和	痛苦	个	积极
C	**平和**	**苦恼**	**场**	**健康**
D	和平	烦恼	段	健全

우리가 <u>온화하고</u> 정상적인 마음가짐으로 상대방을 대할 수 없기 때문에 결혼 생활 속에서 화합하지 못하고 <u>괴로운</u> 일들이 연이어 오며, 마지막에는 한 <u>바탕</u> 위기가 될 수 있다. 그래서 나는 오늘 내 이야기를 마치기 전에 모두가 건강한 결혼관과 <u>건강한</u> 마음가짐을 가질 수 있기를 희망한다.

A 온화하다 | 우울하고 답답하다 | 번 | 주동적이다
B 따뜻하다 | 괴롭다 | 개 | 적극적이다
C 온화하다 | 괴롭다 | 바탕 | 건강하다
D 온화하다 | 걱정하다 | 단락 | 건전하다

공략

　①번 칸　모두 온화하고 평화로움을 나타내지만 수식하는 대상이 다르다. 平和는 성격이나 언행이 온화한 것으로 心态를 수식할 수 있다. 温和는 '성품 또는 태도가 부드럽다'는 의미이고, 暖和는 '날씨가 온화하다'는 의미이며, 和平은 전쟁이 없는 평화로운 시대를 의미한다.

　③번 칸　危机는 일이 경과한 횟수를 나타내는 양사 场의 수식만 받을 수 있다. 遍은 동량사로 读, 看, 写와 같은 동사 뒤에 쓰이며, 段은 '一段时间, 一段婚姻'처럼 시간이나 길의 일정한 거리, 구간을 나타낸다.

어휘　★正因为 zhèng yīnwèi 바로 ~때문에 | ★心态 xīntài 몡 심리 상태 | ★对方 duìfāng 몡 상대방 | ★婚姻 hūnyīn 몡 혼인, 결혼 | ★和谐 héxié 혱 잘 어울리다 | ★接踵而至 jiē zhǒng ér zhì 잇달아오다 | ★演变 yǎnbiàn 됭 변화 발전하다 | ★危机 wēijī 몡 위기 | ★结束 jiéshù 됭 끝나다 | 婚姻观 hūnyīnguān 결혼관 | ★温和 wēnhé 혱 온화하다 | ★郁闷 yùmèn 혱 답답하고 괴롭다 | ★主动 zhǔdòng 혱 주동적이다 | ★暖和 nuǎnhuo 혱 따뜻하다 | ★平和 pínghé 혱 온화하다 | ★苦恼 kǔnǎo 혱 몹시 괴롭다 | ★和平 hépíng 혱 온화하다 | ★烦恼 fánnǎo 혱 걱정하다 | ★健全 jiànquán 혱 건강하고 온전하다

1. 사람을 나타내는 양사

位 분	一**位**老人 노인 한 분 ┃ 一**位**女士 여성 한 분 ┃ 一**位**先生 선생 한 분
	那**位**老人带我去了他的家。 그 노인이 나를 데리고 그의 집에 갔다.
名 명	一**名**医生 의사 선생님 한 명 ┃ 一**名**学生 학생 한 명 ┃ 一**名**警察 경찰 한 명
	他是一**名**受人尊敬的医生。 그는 사람들의 존경을 받는 의사 선생님이다.

2. 동물을 나타내는 양사

只 마리	一**只**小狗 강아지 한 마리 ┃ 一**只**猫 고양이 한 마리 ┃ 一**只**兔子 토끼 한 마리 ┃ 一**只**老鼠 쥐 한 마리
	昨天他买了一**只**小狗。 어제 그는 강아지 한 마리를 샀다.
匹 필	一**匹**马 말 한 필 ┃ 一**匹**骆驼 낙타 한 마리
	那**匹**马看起来受了严重的伤。 그 말은 매우 심하게 상처를 입은 것 같다.
条 마리, 개	一**条**鱼 물고기 한 마리 ┃ 一**条**蛇 뱀 한 마리 ┃ 一**条**大狗 개 한 마리
	他不但一点儿也不害怕那**条**蛇，反而向它走去。 그는 그 뱀을 조금도 무서워하지 않을 뿐 아니라 오히려 그쪽으로 걸어갔다.
尾 마리	一**尾**鱼 물고기 한 마리
	鱼缸里一共有六**尾**金鱼。 어항 안에는 모두 금붕어 여섯 마리가 있다.
头 마리, 필	一**头**猪 돼지 한 마리 ┃ 一**头**牛 소 한 마리 ┃ 一**头**驴 당나귀 한 마리
	他在老家养了5000**头**猪。 그는 고향에서 돼지 5000마리를 키웠다.
枚/颗 개/알	一**枚**鸡蛋 달걀 한 개 ┃ 一**枚**鱼卵 어란 한 개 ┃ 一**枚**虫卵 벌레알 한 개
	一条鱼一次可产成千上万**枚**卵。 물고기는 한번에 수천수만 개의 알을 낳을 수 있다.

3. 식물을 나타내는 양사

棵 그루, 포기	一**棵**树 나무 한 그루 ┃ 一**棵**树苗 묘목 한 그루 ┃ 一**棵**草 풀 한 포기
	一**颗**银杏树的寿命有几百、上千年。 은행나무 한 그루의 수명은 몇 백, 수천 년이다.
株 그루	一**株**树 나무 한 그루 ┃ 一**株**花 꽃나무 한 그루 *뿌리, 가지, 꽃을 포함함
	那**株**向日葵竟然长出了那么多花盘。 그 해바라기는 뜻밖에도 이렇게나 많은 꽃이 피었다.
枝 송이	一**枝**玫瑰 장미 한 송이 ┃ 一**枝**花 꽃 한 송이 *가지, 꽃을 포함함
	他送给那个女孩999**枝**玫瑰。 그는 그 여자아이에게 장미 999송이를 보냈다.
朵 송이	一**朵**花 꽃 한 송이 *꽃만 포함함
	每一**朵**菊花都那么可爱。 국화가 모두 너무 귀엽다.
片 조각	一**片**树叶 나뭇잎 하나
	一**片片**树叶从树上落下来。 나뭇잎들이 나무에서 하나하나씩 떨어졌다.

颗 알	一颗种子 씨앗 하나 ｜ 一颗花生 땅콩 한 알 ｜ 一颗豆 콩 한 알
	不是每一颗种子都能长成参天大树。 모든 씨앗이 크고 높은 커다란 나무로 자라는 것은 아니다.
粒 알, 발	一粒种子 씨앗 하나 ｜ 一粒米 쌀 한 톨
	每一粒米都不能浪费。 쌀 한 톨도 낭비해서는 안 된다.
根 개, 가닥	一根木头 나무 조각 한 개 ｜ 一根棍子 몽둥이 한 개
	他拿起一根棍子跑出去了。 그는 몽둥이를 들고 뛰어나갔다.

4. 생활용품을 나타내는 양사

台 대	一台电视 텔레비전 한 대 ｜ 一台冰箱 냉장고 한 대 ｜ 一台洗衣机 세탁기 한 대 ｜ 一台电脑 컴퓨터 한 대
	那台冰箱已经买了十年了。 그 냉장고는 산 지 이미 10년이 되었다.
张 개	一张桌子 책상 하나 ｜ 一张床 침대 하나
	屋子里除了一张床，什么都没有。 방 안에는 침대 외에는 아무것도 없다.
把 개	一把勺子 국자 하나 ｜ 一把钥匙 열쇠 한 개 ｜ 一把雨伞 우산 하나
	他把那把雨伞递过去就走了。 그는 그 우산을 건네주고 바로 가버렸다.
盘 개, 판	一盘磁带 테이프 한 개
	我亲自录了一盘磁带交给他。 나는 직접 테잎을 녹음해서 그에게 주었다.
块 조각, 덩이	一块手表 시계 한 개 ｜ 一块香皂 비누 한 개
	那块手表很名贵。 그 시계는 매우 비싸다.
盏 개	一盏灯 등 하나
	那时家里连一盏灯也没有。 그때 집 안에는 등 하나도 없었다.
双 쌍, 짝	一双筷子 젓가락 한 짝
	他拿起一双筷子准备吃饭。 그는 젓가락을 들고 밥을 먹으려고 했다.
面 개	一面镜子 거울 한 개
	门后有一面很大的镜子。 문 뒤에는 커다란 거울이 하나 있다.
架 대	一架钢琴 피아노 한 대 ｜ 一架照相机 카메라 한 대
	他为女儿买了一架崭新的钢琴。 그는 딸을 위해서 새로운 피아노를 한 대 샀다.

5. 교통수단을 나타내는 양사

辆 대	一辆汽车 자동차 한 대 ｜ 一辆自行车 자전거 한 대 ｜ 一辆出租车 택시 한 대
	从那儿开出一辆红色轿车。 그쪽에서 빨간색 승용차 한 대가 달려왔다.
架 대	一架飞机 비행기 한 대
	世界上第一架航天飞机就是他设计的。 세계에서 처음으로 만들어진 우주선은 그가 설계한 것이다.
艘 척	一艘轮船 선박 한 척 ｜ 一艘客船 여객선 한 척 ＊큰 배를 세는 데 쓰임
	一艘巨大的客船从海洋对岸驶来。 거대한 여객선이 바다 맞은편에서 다가왔다.

只 척	一只小船 작은 배 한 척 *작은 배를 세는 데 쓰임
	他们划着一只小船来到湖中间。 그들은 작은 배를 몰고 호수 중간에 왔다.
列 열, 줄	一列火车 기차 한 대 | 一列动车 고속철 한 대 | 一列地铁 지하철 한 대
	那列火车不幸与前面的火车撞到了一起。 그 열차는 불행하게도 앞에 있는 기차와 부딪쳤다.

6. 건축물을 나타내는 양사

座 동, 채	一座山 산 하나 | 一座桥 다리 하나 | 一座楼 건물 한 동 | 一座城市 도시 하나
	这是一座美丽而神秘的城市。 이곳은 아름답고 신비한 도시다.
幢/栋 동, 채	一幢/栋房子 집 한 채 | 一幢/栋别墅 별장 한 채 | 一幢/栋大楼 빌딩 한 동
	他在郊区有一栋很漂亮的别墅。 그는 교외에 아름다운 별장을 한 채 가지고 있다.
面 개, 폭	一面墙 벽 하나
	那面墙上写着一首诗。 그쪽 벽에 시 한 편이 쓰여 있다.
扇 짝, 틀	一扇门 문 한 짝 | 一扇窗 창문 한 짝
	二楼朝南的一扇窗户半开着。 2층에 있는 남향 창문 한 짝이 반쯤 열려 있다.
间 칸	一间卧室 침실 한 칸 | 一间客厅 거실 한 칸 | 一间书房 서재 한 칸
	他住的是单人间，只有一间卧室。 그가 묵는 곳은 일인실이고 침실이 하나밖에 없다.
套 세트	一套房子 집 한 채 | 一套公寓 아파트 한 채
	他的梦想就是买上很多很多套房子。 그의 꿈은 아주 많은 집을 사는 것이다.

7. 장신구를 나타내는 양사

件 벌	一件衣服 옷 한 벌 | 一件衬衣 셔츠 한 벌 | 一件外套 외투 한 벌 | 一件大衣 외투 한 벌
	那件外套很适合她。 그 외투가 그녀에게 매우 잘 어울린다.
条 개	一条裤子 바지 하나 | 一条裙子 치마 하나 | 一条围巾 스카프(목도리) 한 장
	他围了一条白色的围巾。 그는 흰색 목도리를 둘렀다.
套 벌	一套西服 양복 한 벌 | 一套裙子 치마 하나 | 一套正装 정장 한 벌
	为了面试，他准备了一套很正式的西服。 면접을 위해 그는 정장 한 벌을 준비했다.
顶 개	一顶帽子 모자 한 개
	这顶帽子是叔叔给我买的。 이 모자는 삼촌이 나에게 사준 것이다.
副 쌍, 켤레	一副眼镜 안경 하나 | 一副耳环 귀고리 한 쌍 | 一副耳坠 귀고리 한 쌍 | 一副手套 장갑 한 켤레
	那位教师戴着一副黑框眼镜。 그 선생님은 검은테 안경을 쓰고 있다.
双 켤레, 쌍	一双袜子 양말 한 켤레
	这些钱连一双袜子也买不到。 이 돈 가지고는 양말 한 켤레도 살 수 없다.
枚 매, 장	一枚扣子 단추 한 개 | 一枚戒指 반지 하나
	他用所有的钱换回了一枚戒指。 그는 모든 돈을 다 들여서 반지로 바꿔왔다.

8. 문예, 창작 등을 나타내는 양사

篇 편, 장	一篇文章 글 한 편｜一篇作文 작문 한 편｜一篇报道 보도 한 편
	她写了一篇关于官员腐败的报道。 그녀는 관리 부패와 관련된 보도를 한 편 썼다.
则 조항, 편, 토막	一则新闻 뉴스 한 토막｜一则故事 이야기 한 토막｜一则报道 보도 한 편
	这则新闻引起了很大的轰动。 이 뉴스는 많은 파문을 일으켰다.
封 통	一封信 편지 한 통｜一封邮件 우편물 한 통
	他写了一封信，却没有寄出去。 그는 편지 한 통을 썼지만 부치지 않았다.
首 수	一首诗 시 한 수｜一首歌 노래 한 곡｜一首词 사 한 수
	这首歌是目前最为流行的。 이 노래는 최근에 가장 유행하는 것이다.
道 개	一道命令 명령 하나｜一道指令 지시 하나｜一道题 문제 한 개
	将军给我下了一道命令后就去世了。 장군은 나에게 명령을 내린 후 죽었다.

9. 기타 양사

线 가닥, 줄기	一线希望 한 가닥 희망｜一线生机 한 가닥 생존의 기회
	哪怕只有一线希望，我们也要试试。 설사 한 가닥의 희망이라도 우리는 시도해봐야 한다.
缕 가닥, 줄기	一缕炊烟 한 줄기 밥 짓는 연기｜一缕笛声 한 가닥 피리소리｜一缕阳光 한 줄기 빛｜一缕头发 머리카락 한 가닥｜一缕清风 한 줄기 선선한 바람
	中午，一缕阳光照进了那间病房。 정오에 한 줄기 빛이 그 병실로 들어왔다.
丝 가닥, 오라기	一丝微笑 한 가닥의 미소｜一丝温暖 한 줄기의 따사로움｜一丝安慰 한 가닥의 위로｜一丝感动 한 가닥의 감동
	听后他的脸上露出一丝微笑。 듣고 난 후에 그의 얼굴에 한 가닥 미소가 배어나왔다.
弯 개	一弯新月 초승달 하나　*굽은 모양으로 된 것을 세는 데 쓰임
	月牙泉的形状就如同一弯新月。 웨아취안의 모습은 마치 초승달과 같다.
叶 잎	一叶扁舟 일엽편주
	他与妻子乘一叶扁舟，去了遥远的地方。 그와 부인은 일엽편주를 타고 먼 곳으로 갔다.
番 번, 바탕	一番统计 한차례의 통계｜一番事业 하나의 사업｜一番话 한 차례의 말｜一番情趣 정취｜一番风味 풍미｜一番努力 노력
	经过一番努力，他终于成为了一名律师。 노력을 해서 그는 마침내 변호사가 되었다.

바로 체크 빈칸에 들어갈 알맞은 것을 보기에서 고르세요.

❶ 那位农民丢了一_____牛。 （头 / 条）

❷ 这_____香皂快用完了。 （张 / 块）

❸ 他拿起一_____勺子开始喝粥。 （把 / 面）

❹ 这＿＿＿飞机是目前世界上最先进的。 （架 / 台）

❺ 他为自己的孩子写了一＿＿＿诗。 （篇 / 首）

❻ 他的话让我们感觉到一＿＿＿安慰。 （丝 / 个）

정답 ❶头 ❷块 ❸把 ❹架 ❺首 ❻丝

예제 1

白水煮青菜的营养价值很高，但是整＿＿＿煮对健康更好。这是因为这样可以＿＿＿蔬菜本身营养成分，而且味道更＿＿＿。相反，如果把蔬菜切成小块，如胡萝卜、土豆，那样的话，这些蔬菜中的营养成分像钾、锌——超过50%的营养成分就会＿＿＿到水中。

A 颗	保管	美味	投入		B 棵	保留	可口	流失
C 克	保存	美妙	扩散		D 条	保障	独特	遗失

정답&공략

해석　白水煮青菜的营养价值很高，但是整①棵煮对健康更好。这是因为这样可以②保留蔬菜本身的营养成分，而且味道更③可口。相反，如果把蔬菜切成小块，如胡萝卜、土豆，那样的话，这些蔬菜中的营养成分像钾、锌——超过50%的营养成分就会④流失到水中。

맑은배추국(白水煮青菜)의 영양 가치는 매우 높다. 하지만 전체 포기를 익히는 것이 건강에 더 좋다. 이것은 채소 자체의 영양 성분을 유지할 수 있으며 게다가 맛이 더 좋다. 반대로 예를 들어 당근, 감자와 같은 채소를 작게 썰면 채소 속의 칼륨, 아연과 같은 영양 성분 중 50% 이상이 물속으로 빠져나갈 것이다.

A 颗	保管	美味	投入		A 방울 | 보관하다 | 맛있다 | 넣다
B 棵	**保留**	**可口**	**流失**		**B 포기 | 유지하다 | 맛이 좋다 | 빠져나가다**
C 克	保存	美妙	扩散		C 그램 | 보존하다 | 아름답다 | 확산하다
D 条	保障	独特	遗失		D 줄기 | 보장하다 | 독특하다 | 분실하다

공략　①번칸 배추는 棵의 수식을 받을 수 있다. 颗는 둥글한 알을 나타내기에 花生과 같은 명사를 수식한다.

②번칸 营养成分을 수식하는 말로는 保留가 제일 적합하다.

③번칸 '맛있고 입에 맞다'는 말로는 美味, 可口가 가능하다.

④번칸 의미상 분실의 의미를 가지는 遗失가 제일 어울린다.

어휘　★白水 báishuǐ 몡 끓인 맹물 ｜ ★煮 zhǔ 동 삶다 ｜ ★青菜 qīngcài 몡 야채 ｜ ★营养价值 yíngyǎng jiàzhí 몡 영양 가치, 영양가 ｜ ★本身 běnshēn 몡 그 자신 ｜ ★营养成分 yíngyǎng chéngfèn 영양 성분 ｜ ★把……切成 bǎ……qiēchéng ~을 ~로 썰다 ｜ ★胡萝卜 húluóbo 몡 당근 ｜ ★土豆 tǔdòu 몡 감자 ｜ ★蔬菜 shūcài 몡 채소 ｜ ★钾 jiǎ 몡 칼륨 ｜ ★锌 xīn 몡 아연 ｜ ★保管 bǎoguǎn 동 보관하다 ｜ ★投入 tóurù 동 넣다 ｜ ★可口 kěkǒu 혱 입에 맞다, 맛있다 ｜ ★流失 liúshī 동 빠져나가다 ｜ ★美妙 měimiào 혱 아름답다 ｜ ★扩散 kuòsàn 동 확산하다 ｜ ★保障 bǎozhàng 동 보장하다 ｜ ★遗失 yíshī 동 분실하다

예제 2

난이도 中　공략 Key 一丝安慰 호응 구조

一个精神世界丰富的人一定是一个阅读很多的人。阅读不是讲大______，而是一种精神______。一个人喜欢阅读，就能在困难时从阅读中得到一______安慰。相反，一个不爱读书，在挫折面前就会缺少______。

A 道理　　熏陶　　丝　　智慧　　　　B 理论　　影响　　线　　勇气
C 规定　　刺激　　缕　　精明　　　　D 章程　　寄托　　片　　聪明

독해
제2부분

정답&공략

해석　一个精神世界丰富的人一定是一个阅读很多的人。阅读不是讲大①道理，而是一种精神②熏陶。一个人喜欢阅读，就能在困难时从阅读中得到一③丝安慰。相反，一个不爱读书，在挫折面前就会缺少④智慧。

정신 세계가 풍부한 사람은 반드시 책을 많이 읽은 사람이다. 독서는 큰 이치를 말해주는 것이 아니라 정신적인 훈도를 주는 것이다. 책 읽는 것을 좋아하는 사람은 힘들 때 독서를 통해 한 가닥의 위로를 얻을 수 있다. 반대로 책 읽는 것을 싫어하는 사람은 좌절 앞에서 지혜를 잃어버리게 된다.

Ⓐ 道理　　熏陶　　丝　　智慧
B 理论　　影响　　线　　勇气
C 规定　　刺激　　缕　　精明
D 章程　　寄托　　片　　聪明

Ⓐ 이치 | 훈도 | 가닥 | 지혜
B 이론 | 영향 | 가닥 | 용기
C 규정 | 자극 | 가닥 | 총명하다
D 장정 | 기탁하다 | 조각 | 총명하다

공략　①번 칸 道理가 의미상 제일 적절하다.

②번 칸 熏陶, 寄托가 가능하다.

③번 칸 安慰의 양사는 丝만 가능하다. 线은 希望의 양사로 쓰이며, 缕는 실이나 연기, 빛에 쓸 수 있는 양사이며, 片은 마음의 양사로 쓰인다.

④번 칸 형태상 명사 자리인데, 精明과 聪明은 형용사이기에 불가능하다.

어휘　★精神世界 jīngshén shìjiè 정신 세계 | ★丰富 fēngfù 휑 풍부하다 | ★安慰 ānwèi 휑 위로가 되다 | ★挫折 cuòzhé 동 좌절하다 | ★道理 dàolǐ 명 이치, 일리 | ★熏陶 xūntáo 명동 훈도(하다), 영향(을 끼치다) | ★智慧 zhìhuì 명 지혜 | ★理论 lǐlùn 명 이론 | ★勇气 yǒngqì 명 용기 | ★规定 guīdìng 명동 규정(하다) | ★刺激 cìjī 명동 자극(하다) | ★精明 jīngmíng 휑 총명하다 | ★章程 zhāngchéng 명 장정, 규정 | ★寄托 jìtuō 동 맡기다, 기탁하다

第 1-8 题：选词填空。

1. 为了保证种族不被灭绝，在长期自然选择的_______过程中，海参拥有了超强的繁殖能力。一只成年海参，一次可排卵约500万_______。即便只有万分之一的成活率，也可以保证种族的_______。

   A 进展　　副　　持续　　　　　　　**B** 转变　　棵　　蔓延
   C 演化　　支　　延伸　　　　　　　**D** 进化　　枚　　延续

2. 过去的一年中，我搬了新房子，却一下子拿不出钱来______装修；看中了一台大______彩电，可银行里的存款还没到期；给孩子买了一______钢琴，买电脑的钱就不够了……这里所说的手头拮据，不是过去那种没钱吃饭的拮据，而是人们经济收入增加后，______不了太多欲望的拮据。

   A 弄　　银幕　　座　　满意　　　　　**B** 搞　　屏幕　　架　　满足
   C 做　　镜片　　辆　　充足　　　　　**D** 干　　尺寸　　个　　满足

3. 站在高楼______、车水马龙的大都市，我______举目无亲，却踌躇满志，梦想着在这里______些什么，留下点什么，表达些什么。那一______年轻人的淳朴和热情，和沈从文先生第一次来到北京时一样。

   A 林立　　虽然　　创造　　份　　　　**B** 众多　　尽管　　开创　　道
   C 森严　　虽说　　造成　　丝　　　　**D** 拥挤　　不管　　制造　　些

4. 胡老师遥遥地______着柏老。他看着这个渐渐有了一______年纪的人，目光里______了同情。除了胡老师，还有多少人明白这些呢？时光飞快逝去，时光可以像硫酸一样______记忆之弦。

   A 关注　　双　　充满　　腐败　　　　**B** 凝视　　份　　充沛　　危害
   C 注视　　把　　充满　　腐蚀　　　　**D** 注目　　张　　充分　　侵蚀

5. 别____着他们看，更别去多管闲事，充当什么英雄好汉，要权当没看到眼前发生的一切，______会引火烧身，被他们打一______那可划不来。看着被调戏的两个女孩吓得要死的样子，我真想走过去管一回闲事，可经谢云这么一吓唬，又有些______。

A 瞧	不然	趟	担心		**B** 瞪	要不	场	害怕
C 瞅	那么	次	胆小		**D** 盯	否则	顿	胆怯

6. 英国的《新科学家》杂志1983年4月号，爆出了一______引人注目的科学新闻：英国科学家用公牛身上的细胞跟西红柿的体细胞______，形成的杂种细胞分化后长成一______外形很像西红柿，结的果实______动物性蛋白，并有牛肉味道的特殊西红柿，称为"牛柿"。

A 道	交往	棵	拥有		**B** 则	杂交	株	含有
C 遍	合成	根	富含		**D** 篇	合作	条	具有

7. 我______呼吸，早已忘了银幕外的世界。接着，______无比的场面令人叹为观止地呈现出来。阴影所到之处一______摩天大楼纷纷倒塌，火光熊熊，漫天飞舞的是______着的汽车碎片，一座城市很快被夷为平地。

A 屏住	雄伟	幢幢	燃烧		**B** 停止	宏伟	间间	燃料
C 屏住	宏大	条条	灼烧		**D** 中止	庞大	块块	烧毁

8. 海滨有洁白平整的沙滩，沙滩上搭着一座座茅草凉棚，供______们乘凉、歇息。这里远离______的大城市，显得十分恬静、安适，别有一______情趣。

A 旅客	热闹	把		**B** 客人	繁华	些
C 游客	喧闹	番		**D** 顾客	吵闹	丝

27 day 단어 속에 숨은 뜻을 밝혀라
– 성어

학습목표

✓ 1 주요 성어의 용법을 학습한다

✓ 2 자주 출제되는 성어를 마스터한다

✓ 3 주요 성어의 핵심 포인트를 파악하여 문제 풀이 능력을 기른다

성어는 독해 제2부분에서 2, 3문제가 출제되는 중요한 부분이다. 아울러 작문할 때 고득점을 얻을 수 있는 비법이 될 수 있기에 적정량의 성어를 외워두어야 한다. 성어의 다양한 형식과 의미에 따른 성어 분류법을 학습해보자.

기초 실력 테스트 TEST

1 알맞은 것끼리 연결하세요.

❶ 无微不至 ·   · A 的人才

❷ 聚精会神 ·   · B 地读书

❸ 出类拔萃 ·   · C 的生活

❹ 丰富多彩 ·   · D 地照顾

2 빈칸에 들어갈 알맞은 단어를 쓰세요.

❶ 众多______知，北京是中国的首都。

❷ 这首歌在韩国家喻户________。

❸ 做什么事都不能半______而废。

❹ 这儿的风景太美了，让人流连忘_______。

정답_ 해설집 233쪽

6급 기출문제 맛보기

 **맛보기**

난이도 上   공략 Key 持之以恒의 의미 파악

독해 제2부분

滴水之所以能够穿石，原因起码有二：一是在于它们______专一，每一滴水都朝着同一方向，落在一个定点上；二是在于它们______，在______的岁月中，它们从未间断过这种努力。由此及彼，我们可以想到古今中外有成就的学者。

A 语言   络绎不绝   艰难   B 目标   持之以恒   漫长
C 信仰   全力以赴   辉煌   D 目光   一如既往   和谐

정답&공략

해석   滴水之所以能够穿石，原因起码有二：一是在于它们①**目标**专一，每一滴水都朝着同一方向，落在一个定点上；二是在于它们②**持之以恒**，在③**漫长**的岁月中，它们从未间断过这种努力。由此及彼，我们可以想到古今中外有成就的学者。

낙숫물이 댓돌을 뚫을 수 있는 것은 적어도 두 가지 원인이 있다. 첫째, **목표**가 하나이기에 모든 물방울이 동일한 방향을 향해 정해진 장소로 떨어지기 때문이다. 둘째, **오랫동안 꾸준히 긴** 세월 속에서 물방울이 쉼 없이 노력을 했기 때문이다. 이로부터 우리는 동서고금의 업적을 남긴 학자들을 떠올릴 수 있다.

A 语言   络绎不绝   艰难
Ⓑ **目标**   **持之以恒**   **漫长**
C 信仰   全力以赴   辉煌
D 目光   一如既往   和谐

A 언어 | 끊임없이 이어지다 | 어렵다
Ⓑ **목표 | 오랫동안 꾸준히 하다 | 길다**
C 신앙 | 전력을 다하다 | 휘황찬란하다
D 눈빛 | 지난날과 같다 | 화합하다

공략   ③번 칸

✗ 络绎不绝 끊임없이 이어지다	这家饭馆生意很好，客人络绎不绝。 이 음식점은 장사가 매우 잘 되어서 손님이 끊임없이 이어진다.
○ 持之以恒 오랫동안 꾸준히 하다	只有持之以恒，才能成功。 끝까지 해야만 성공할 수 있다.
✗ 全力以赴 전력을 다하다	这次考试，我一定全力以赴。 이번 시험에 나는 반드시 최선을 다할 것이다.
✗ 一如既往 지난날과 같다	尽管分手了，但我一如既往地爱她。 비록 헤어졌지만 나는 예전처럼 그녀를 사랑한다.

어휘   穿石 chuān shí 돌을 뚫다 | ★起码 qǐmǎ 형·부 최소한의; 적어도 | ★专一 zhuānyī 형 전일하다, 한결같다 | 定点 dìngdiǎn 통 거점을 정하다 | ★间断 jiànduàn 통 멈추다 | ★由此及彼 yóu cǐ jí bǐ 성 여기서 저기까지 | ★古今中外 gǔ jīn zhōng wài 성 동서고금 | ★有成就 yǒu chéngjiù 성취가 있다 | 络绎不绝 luò yì bù jué 성 (차나 손님의 왕래가) 끊임없이 이어지다 | ★艰难 jiānnán 형 곤란하다 | ★持之以恒 chí zhī yǐ héng 성 오랫동안 꾸준히 하다 | ★漫长 màncháng 형 길다, 멀다 | ★辉煌 huīhuáng 형 휘황찬란하다 | ★一如既往 yì rú jì wǎng 성 지난날과 같다 | ★和谐 héxié 형 잘 어울리다

공략 1. 특별한 성어의 쓰임에 주목하라

1. 고사가 있는 성어 : 성어 중에 이야기 배경이 있는 성어를 말한다.

守株待兔 shǒu zhū dài tù	나무 그루터기를 지키며 토끼를 기다리다, 요행만을 바라고 일을 주동적으로 하지 않다
	找工作时一定要主动，不能守株待兔。 일자리를 찾을 때는 요행을 바라지 말고 주동적으로 해야 한다.
画蛇添足 huà shé tiān zú	뱀을 그리는데 다리를 그려 넣다, 쓸데없는 짓을 하다, 사족을 가하다
	这份报告已经写得很好了，不要画蛇添足。 이 보고서는 이미 잘 썼으니 괜히 더 추가하지 마라!
亡羊补牢 wáng yáng bǔ láo	소 잃고 외양간 고치다 → 이미 실패나 손실을 당한 뒤에 대책을 강구하는 것도 차후의 재난에 대비할 수 있다는 뜻임
	既然已经出了问题，我们要赶快补救，亡羊补牢，还不算晚。 기왕지사 문제가 생겼으니 빨리 해결해야 한다. 차후에 대책을 마련하기만 한다면 늦은 것은 아니니까.
三顾茅庐 sān gù máo lú	삼고초려(三顧草廬) → 유비가 제갈량 집에 가서 세 번 부탁했다는 의미로 예를 극진히 하여 초빙하다, 간절히 거듭 요청한다는 뜻임
	他可是我们老板三顾茅庐请来的。 그는 우리 사장님이 삼고초려해서 모신 분이다.
拔苗助长 bá miáo zhù zhǎng	(모가 늦게 자란다고 하여) 모를 뽑아 자라게 하다, 급하게 일을 서두르다 오히려 그르치다
	你让孩子一下子学习这么多东西，这是拔苗助长。 아이에게 이렇게 많은 것을 배우라고 하는 것은 너무 서두르는 것이다.
滥竽充数 làn yú chōng shù	재능이 없으면서 끼어들어 머릿수만 채우다
	每次开会他都去滥竽充数，其实他什么都不懂。 매번 회의할 때 그는 가서 머릿수만 채우는 거라, 사실은 아무것도 모른다.

2. 중첩 형식 : 성어 구성상의 중첩 형식에는 AABB형, AABC형, ABCC형이 있다.

◇ **AABB형**

堂堂正正 táng táng zhèng zhèng	공명정대하다, 정정당당하다
	我做事向来堂堂正正，不怕别人说闲话。 나는 일할 때 항상 공명정대하고 다른 사람이 말하는 것을 두려워하지 않는다.
熙熙攘攘 xī xī rǎng rǎng	왕래가 빈번하고 번화하다
	熙熙攘攘的茶馆中，有一个人引起了我的注意。 번잡한 찻집에서 한 사람이 나의 주의를 끌었다.
鬼鬼祟祟 guǐ guǐ suì suì	남몰래 숨어서 못된 짓을 하다
	你干么鬼鬼祟祟的？要做什么坏事？ 너는 왜 몰래 숨어서 딴 짓을 하니? 무슨 나쁜 일을 하는 건데?

风风雨雨 fēng feng yǔ yǔ	간난신고, 반복되는 곤경
	经历了人生的**风风雨雨**后，他成熟多了。 인생의 풍파를 겪은 후에 그는 많이 성숙해졌다.
风风火火 fēng feng huǒ huǒ	당황하여 어쩔 줄 모르는 모습
	他**风风火火**地跑回家去。 그는 당황하여 집으로 뛰어갔다.
马马虎虎 mǎ mǎ hū hū	부주의하다
	你总是**马马虎虎**的，怎么能不犯错呢？ 너는 늘 부주의한데 어떻게 잘못을 안 저지르겠니?

◇ AABC형

津津有味 jīn jīn yǒu wèi	흥미진진하다, 감칠맛 나다 → 맛이 있거나 볼 것이나 말한 것이 흥미진진해서 재미있을 때 쓰는 표현
	他们俩谈旅行的事情正谈得**津津有味**，突然门开了。 그들 둘은 여행 이야기를 흥미진진하게 하고 있는데 갑자기 문이 열렸다.
彬彬有礼 bīn bīn yǒu lǐ	예의가 바르다
	面试时一定要**彬彬有礼**。 면접할 때는 예의를 갖추어야 한다.
息息相关 xī xī xiāng guān	서로 관계가 친밀하다
	一个国家的安全和每个国民都**息息相关**。 한 국가의 안전은 모든 국민과 밀접한 관계를 가지고 있다.
滔滔不绝 tāo tāo bù jué	말을 끊임없이 하다
	他一直**滔滔不绝**地说，我都快睡着了。 그는 줄곧 끊임없이 말을 하는데 나는 잠들어버렸다.
念念不忘 niàn niàn bú wàng	줄곧 잊지 못하다
	这件事已经过去了十年，但他一直**念念不忘**。 이 일은 이미 10년이 지났지만, 그는 계속 잊지 못하고 있다.
跃跃欲试 yuè yuè yù shì	매우 절실히 해보고 싶어 하다
	听说这次比赛有很高的奖金，大家都**跃跃欲试**。 듣자 하니 이번 시합에는 많은 상금이 걸려 있어서 모두들 해보고 싶어 한다.
欣欣向荣 xīn xīn xiàng róng	초목이 무성하게 자라듯 활기차게 발전하다
	那时该国的经济**欣欣向荣**。 그때 그 나라의 경제는 매우 발전하였다.
蒸蒸日上 zhēng zhēng rì shàng	날로 진보하다
	他公司的事业**蒸蒸日上**。 그 사람 회사는 사업이 날로 번창하고 있다.
默默无语 mò mò wú yǔ	묵묵히 말이 없다
	听了老板的话，他**默默无语**，低下了头。 사장님의 말을 듣고 그는 묵묵히 말 없이 고개를 숙이고 있었다.
昏昏欲睡 hūn hūn yù shuì	몽롱하고 졸리다
	熬了一晚上，第二天一直**昏昏欲睡**。 하룻밤을 새우자 그 다음날 졸음이 밀려왔다.

◇ ABCC형

千里迢迢 qiān lǐ tiáo tiáo	먼 길을 마다하지 않다
	我**千里迢迢**从故乡去看他，他却不理我。 머나먼 고향에서 그를 보러 갔는데 그는 나를 거들떠보지도 않는다.

得意洋洋 dé yì yáng yáng	득의양양하다
	我真不喜欢他那**得意洋洋**的样子。 나는 그가 우쭐해 하는 모습이 정말 싫다.
兴致勃勃 xìng zhì bó bó	매우 즐거워하는 모양
	他**兴致勃勃**地跟我说起了自己的初恋。 그는 흥에 겨워 나에게 자신의 첫사랑을 이야기해주었다.
人才济济 rén cái jì jì	인재가 많다
	那时的北大真是**人才济济**。 그때 베이징대학에는 정말 인재가 많았다.
生机勃勃 shēng jī bó bó	생기발랄하다
	看那春天的田野，一派**生机勃勃**的景象。 봄날 들에 생기가 넘쳐나는 경치를 보라.
忧心忡忡 yōu xīn chōng chōng	매우 근심하다
	因为妈妈的病，他最近总是**忧心忡忡**的。 엄마의 병 때문에 그는 요즘 늘 근심이 가득하다.
议论纷纷 yì lùn fēn fēn	의론이 분분하다
	究竟怎么能学好外语，大家**议论纷纷**。 어떻게 하면 외국어를 잘 배울 수 있는지 모두가 의론이 분분하다.
小心翼翼 xiǎo xīn yì yì	매우 조심스럽다
	我**小心翼翼**地把花瓶放在桌子上。 나는 조심스럽게 꽃병을 테이블 위에 올려놓았다.

3. **4자 이외의 성어** : 성어는 대부분 네 자이지만 세 자 혹은 다섯 자, 여섯 자로 된 것도 있다.

◇ **3자로 된 것**

拍马屁 pāi mǎpì	아부해서 다른 사람의 환심을 사다
	他总爱**拍**老板的**马屁**。 그는 늘 사장님에게 아부하는 것을 좋아한다.
炒鱿鱼 chǎo yóuyú	해고하다
	小心被老板**炒**了**鱿鱼**。 사장님한테 해고될 수 있으니 조심해라.
丢饭碗 diū fànwǎn	일자리를 잃다
	为了不**丢**掉**饭碗**，他赶快改正了错误。 밥그릇을 잃지 않으려고 그는 재빨리 잘못을 고쳤다.
吹牛皮 chuī niúpí	허풍을 떨다
	你不要**吹牛皮**了，你怎么可能上过电视? 너 허풍 떨지 마라. 네가 어떻게 텔레비전에 출현할 수 있었겠니?
耳边风 ěrbiānfēng	마이동풍, 남의 말을 귀담아 듣지 않다
	他总是把妈妈的话当做**耳边风**。 그는 늘상 엄마가 하는 말을 한 귀로 듣고 한 귀로 흘린다.
铁公鸡 tiěgōngjī	구두쇠
	他就是个**铁公鸡**，从来不请客。 그는 구두쇠라 한 번도 밥을 산 적이 없다.
守财奴 shǒucáinú	구두쇠
	他很有钱，但是个**守财奴**，从来舍不得花。 그는 돈이 많지만 수전노여서 돈 쓰는 것을 아까워한다.
忘年交 wàngniánjiāo	나이에 상관없이 맺어진 친구 관계
	他们俩是**忘年交**，年龄差了40岁呢。 그들 둘은 나이를 뛰어넘은 친구로, 나이 차가 마흔이 넘는다.

◇ 5자로 된 것

习惯成自然 xíguàn chéng zìrán	습관이 되면 자연스럽다
	刚来的时候受不了这种风俗，可现在习惯成自然了。 막 왔을 때는 이곳의 풍습을 견디기 어려웠으나 지금은 자연스럽게 익숙해졌다.
水火不相容 shuǐhuǒ bù xiāngróng	물과 불처럼 서로 맞지 않다
	他跟他的老板真是水火不相容。그는 그의 사장과 물과 불처럼 사이가 정말 안 좋다.
恨铁不成钢 hèn tiě bù chéng gāng	무쇠가 강철로 되지 못함을 안타까워하다, 훌륭한 사람이 되지 못함을 한스러워하다
	每个父母都有恨铁不成钢的心态。 모든 부모는 훌륭한 사람이 되지 못한 것을 안타까워하는 마음을 가지고 있다.
桃李满天下 táolǐ mǎn tiānxià	천하에 제자가 가득하다
	这位老师桃李满天下。이 선생님은 제자가 많다.
三思而后行 sān sī ér hòu xíng	여러 번 고민한 후에 행동으로 옮기다
	做事别冲动，三思而后行。일을 충동적으로 하지 말고 여러 번 생각한 다음에 해라!
欲速则不达 yù sù zé bù dá	일을 너무 서두르면 목적에 도달할 수 없다
	慢慢来，欲速则不达。천천히 해라, 너무 서두르면 제대로 목적을 달성할 수 없다.
家丑不外扬 jiā chǒu bú wài yáng	집안의 나쁜 일을 밖으로 퍼트리지 않는다
	别说了，家丑不外扬。조용히 해라, 집안의 나쁜 일은 밖으로 퍼뜨리지 말라고 했다.
独木不成林 dú mù bù chéng lín	한 그루의 나무로는 숲을 이룰 수 없다, 혼자 힘으로는 큰일을 이룰 수 없다
	你一定要学会合作，独木不成林。너는 반드시 협력을 해야지, 혼자 힘으로는 다 해낼 수 없다.

독해
제2부분

◇ 6자로 된 것

一步一个脚印 yí bù yí ge jiǎoyìn	일을 착실하게 하다
	学习一定要踏踏实实，一步一个脚印。 공부를 하려면 반드시 착실하고 빈틈없이 꼼꼼하게 해야 한다.
九牛二虎之力 jiǔ niú èr hǔ zhī lì	굉장히 큰 힘, 엄청난 노력
	我费了九牛二虎之力才爬到了山顶。나는 어렵사리 산 정상에 올랐다.
高不成低不就 gāo bù chéng dī bú jiù	(지위·배역 등이) 높아서 마음에 맞으면 이룰 수 없고, 낮으면 하려 하지 않다 → 결혼이나 구직 때의 어려운 상황을 나타냄
	很多大学毕业生找工作时，高不成低不就。 많은 대학 졸업생들이 일자리를 찾을 때 눈높이를 맞추기 어렵다.
心有余力不足 xīn yǒu yúlì bùzú	마음은 있지만 힘이 모자라다
	我很想帮你，但心有余力不足。나는 너를 도와주고 싶은데 여력이 되질 않는다.
远亲不如近邻 yuǎnqīn bùrú jìnlín	먼 친척은 가까운 이웃만 못하다
	以前邻居之间的关系很重要，因此有"远亲不如近邻"的说法。 예전에는 이웃지간의 관계가 매우 중요해서 '먼 친척이 가까운 이웃만 못하다'는 말이 있었다.

빈칸에 들어갈 알맞은 단어를 쓰세요.

❶ 他昨天风风________地来找我借钱。

❷ 他昨天被炒了________鱼。

❸ 你真是一个________公鸡!

❹ 亡羊补________，也还不晚。

정답 ❶ 火火 ❷ 鱿 ❸ 铁 ❹ 牢

예제

周文王去________，来到渭河岸，看到一位老翁正在钓鱼，从那个老人________的议论和他对治国安邦一套精辟的见解，感觉到他是一个________的人才，于是就选他当了宰相，这个人就是具有传奇________的人物——姜子牙。

A 游玩	娓娓而谈	骨瘦如柴	特色
B 出游	侃侃而谈	一无是处	风格
C 打猎	滔滔不绝	出类拔萃	色彩
D 散心	夸夸其谈	马马虎虎	色调

정답&공략

해석　周文王去①打猎，来到渭河岸，看到一位老翁正在钓鱼，从那个老人②滔滔不绝的议论和他对治国安邦一套精辟的见解，感觉到他是一个③出类拔萃的人才，于是就选他当了宰相，这个人就是具有传奇④色彩的人物——姜子牙。

주문왕이 사냥하러 위하(渭河) 기슭에 도착했을 때 한 노인이 낚시를 하고 있는 것을 보았다. 그 노인의 끊임없이 말하는 의론과 나라를 다스릴 수 있는 깊고 예리한 견해에서 그가 출중한 인재임을 느꼈다. 그래서 그를 재상으로 발탁했는데, 이 사람이 바로 전기적인 색채를 가지고 있는 인물 강태공(姜太公)이다.

A 游玩　娓娓而谈　骨瘦如柴　特色
B 出游　侃侃而谈　一无是处　风格
Ⓒ 打猎　滔滔不绝　出类拔萃　色彩
D 散心　夸夸其谈　马马虎虎　色调

A 돌아다니며 놀다 | 흥미진진하게 이야기하다 | 피골이 상접하다 | 특색
B 두루 돌아다니다 | 당당하고 차분하게 말하다 | 하나도 맞는 것이 없다 | 스타일
Ⓒ 사냥하다 | 끊임없이 말하다 | 출중하다 | 색채
D 기분 전환을 하다 | 큰소리치다 | 대충하다 | 색조

공략　②번칸　'말하다'는 의미는 비슷하지만 滔滔不绝가 자주 쓰이는 표현이며, 夸夸其谈은 '큰소리치다'는 의미이기에 부정적인 상황에 쓰인다.

③번칸　出类拔萃는 人才와 호응할 수 있지만 다른 성어는 불가능하다.

④번칸　具有와 色彩가 서로 호응하여 그 인물이 남다른 면을 가지고 있다는 의미를 부각시킨다.

어휘　★岸 àn 명 해안 | ★老翁 lǎowēng 명 늙은이 | ★钓鱼 diàoyú 통 낚시하다 | ★议论 yìlùn 통 의논하다 | ★治国安邦

zhì guó ān bāng 편안하고 안정된 나라로 다스리다 | ★精辟 jīngpì 휑 통찰력이 있다 | ★见解 jiànjiě 몡 견해 | ★宰相 zǎixiàng 몡 재상 | ★传奇 chuánqí 몡 전기(傳奇) | ★人物 rénwù 몡 인물 | ★游玩 yóuwán 동 뛰놀다 | ★骨瘦如柴 gǔ shòu rú chái 솅 장작개비처럼 마르다 | ★娓娓而谈 wěi wěi ér tán 흥미진진하게 이야기하다 | ★特色 tèsè 몡 특색 | ★出游 chūyóu 동 놀러가다 | ★侃侃而谈 kǎn kǎn ér tán 솅 당당하고 차분하게 이야기하다 | ★一无是处 yì wú shì chù 솅 하나도 취할 만한 게 없다 | ★风格 fēnggé 몡 풍격 | ★打猎 dǎliè 동 사냥하다 | ★滔滔不绝 tāo tāo bù jué 솅 말이 많다 | ★出类拔萃 chū lèi bá cuì 솅 뭇사람보다 뛰어나다 | ★色彩 sècǎi 몡 색채 | ★散心 sànxīn 동 기분을 풀다 | ★夸夸其谈 kuā kuā qí tán 솅 터무니없이 과장하다 | 色调 sèdiào 몡 색조

공략 2. 중요한 성어를 의미에 따라 분류하라

1. 사람과 관련된 성어

一丝不苟 yì sī bù gǒu	조금도 소홀히 하지 않다
	他工作时一丝不苟，从来不出错。 그는 일할 때 조금도 소홀함이 없기에 여태껏 잘못을 한 적이 없다.
聚精会神 jù jīng huì shén	정신을 집중하다
	我正聚精会神地读书，突然妈妈叫我。 나는 집중해서 책을 읽고 있는데 갑자기 엄마가 나를 불렀다.
出类拔萃 chū lèi bá cuì	같은 무리보다 뛰어나다
	他是我们班里出类拔萃的学生。 그는 우리 반에서 뛰어난 학생이다.
废寝忘食 fèi qǐn wàng shí	어떤 일에 전심전력하다
	很多高三学生废寝忘食地学习。 많은 고3 학생들은 전심전력을 다해서 공부한다.
无微不至 wú wēi bú zhì	매우 세밀하고 두루 미치다
	妈妈总是无微不至地照顾我们。 엄마는 늘상 세심하게 우리들을 보살핀다.
血浓于水 xuè nóng yú shuǐ	피는 물보다 진하다
	你别和弟弟吵架了，毕竟血浓于水。 너 남동생과 싸우지 마라, 결국 피는 물보다 강한 법이니.
垂头丧气/无精打采 chuí tóu sàng qì/ wú jīng dǎ cǎi	의기소침하다
	比赛失败后，大家垂头丧气地回家了。 시합에서 진 후에 모두들 의기소침해서 집으로 돌아갔다.
无动于衷 wú dòng yú zhōng	조금도 동요하지 않다, 무관심하다
	别人都感动得哭了，他却无动于衷。 다른 사람은 감동을 받아서 눈물을 흘리는데, 그는 아무런 동요가 없다.
兴高采烈 xìng gāo cǎi liè	매우 신바람 나다　＊'兴高采烈地+동사' 형태로 쓰임
	孩子们兴高采烈地出去了。 아이들은 신바람이 나서 나갔다.
手舞足蹈 shǒu wǔ zú dǎo	기뻐서 덩실덩실 춤을 추다　＊'高兴得手舞足蹈' 형태로 많이 쓰임
	听到那个好消息，他高兴得手舞足蹈。 그 좋은 소식을 듣고, 그는 기뻐서 덩실덩실 춤을 추었다.

不知所措/惊慌失措/ 手足无措 bù zhī suǒ cuò/jīng huāng shī cuò/shǒu zú wú cuò	긴장되거나 두려워서 어찌할 바를 모르다
	做错事的孩子，在爸爸面前**不知所措**。 잘못을 저지른 아이는 아빠 앞에서 어찌할 바를 몰라 했다.
心慌意乱 xīn huāng yì luàn	마음이 긴장되고 당황하여 어찌할 바를 모르다
	面试时，我总是**心慌意乱**。 면접 때 나는 늘상 긴장되어 어찌할 바를 모르겠다.
泪流满面 lèi liú mǎn miàn	심하게 울다
	听到那个消息后，她**泪流满面**。 그 소식을 듣고 난 후에 그녀는 심하게 울었다.
目不转睛 mù bù zhuǎn jīng	눈 한 번 깜박이지 않고 주시하여 보다
	我**目不转睛**地看着窗外。 나는 시선을 고정하고 창 밖을 바라보았다.
目瞪口呆 mù dèng kǒu dāi	너무 놀라 입을 크게 벌리고 눈을 크게 뜨다
	我一看他的样子就惊得**目瞪口呆**。 나는 그의 모습을 보자마자 어안이 벙벙해졌다.
愁眉苦脸 chóu méi kǔ liǎn	찡그린 눈썹과 고통스러운 얼굴 → 수심이 가득한 모양
	别**愁眉苦脸**的了，我们出去玩吧。 수심이 가득 찬 찡그린 얼굴을 하지 말고, 우리 나가서 놀자!
国色天香/倾国倾城 guó sè tiān xiāng/ qīng guó qīng chéng	절세미인
	虽说她算不上**国色天香**，但也很漂亮。 그녀는 빼어난 미모는 아니지만 그래도 예쁘다.
弱不禁风 ruò bú jìn fēng	약하여 바람에 견딜 수 없다
	他生病后，身体**弱不禁风**。 그는 병이 난 후에 바람이 불면 날아갈 듯 몸이 약해졌다.
自高自大/自以为是 zì gāo zì dà/zì yǐ wéi shì	스스로 옳다고 여기는 거만한 모습
	他什么都好，就是有点**自高自大**。 그는 다 좋은데 좀 거만한 면이 있다.
骨瘦如柴 gǔ shòu rú chái	피골이 상접하다
	过去，很多人饿得**骨瘦如柴**。 과거에 많은 사람들이 배가 고파 피골이 상접했다.
一无是处 yì wú shì chù	능력이 없어서 아무것도 할 줄 모르다
	他这个人**一无是处**，干什么都出问题。 그 사람은 아무것도 잘하는 게 없어서 뭘 해도 문제가 생긴다.
一无所有 yì wú suǒ yǒu	아무것도 없다
	他丢了工作，现在**一无所有**了。 그는 일자리를 잃어서 지금은 아무것도 없다.

2. 도리를 나타내는 성어

持之以恒/ 坚持到底/坚持不懈 chí zhī yǐ héng/jiān chí dào dǐ/jiān chí bú xiè	끈기를 가지고 지속하다
	做什么事都要**持之以恒**。 무슨 일을 하든 끝까지 해야 한다. 只有**坚持到底**，才能取得成功。 끝까지 해야만 성공할 수 있다.
半途而废 bàn tú ér fèi	하던 일을 도중에 그만두다
	你总是这样**半途而废**，怎么能成功? 너는 늘 이렇게 도중에 그만두는데, 어떻게 성공할 수 있겠니?

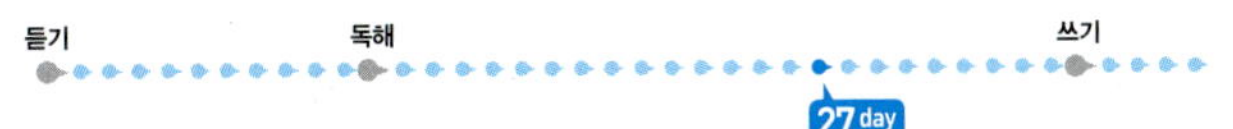

滴水石穿 dī shuǐ shí chuān	물방울이 모여 돌을 뚫는다, 끈기를 가지고 하다
	别着急，慢慢来，**滴水石穿**嘛。 조급해 하지 말고 천천히 해, 끈기를 가지고 하면 되는거야.
日积月累 rì jī yuè lěi	날을 거듭하다, 세월이 쌓이다
	每天背诵10个生词，**日积月累**，就能记住大量生词了。 매일 새 단어를 10개 외워 그게 쌓이면 많은 새 단어를 기억할 수 있다.
学无止境/ 学海无涯 xué wú zhǐ jìng/ xué hǎi wú yá	배움은 끝이 없다
	即使大学毕业了，也要继续学习，**学无止境**。 설사 대학을 졸업했다 할지라도 계속 공부해야 한다. 배움에는 끝이 없다.
笨鸟先飞 bèn niǎo xiān fēi	둔한 새가 먼저 날다 → 능력이 모자란 사람이 남보다 뒤질까 봐 먼저 일이나 행동을 하는 것을 말함
	只要懂得了**笨鸟先飞**的道理，努力去做就会得到好结果。 능력이 모자란 사람이 남보다 뒤질까 먼저 행동하는 이치를 알고 열심히 노력한다면 좋은 결과를 얻을 수 있다.
开卷有益 kāi juàn yǒu yì	책 속에 뜻이 있다
	古人说"**开卷有益**"，多读书大有好处。 고대 사람들이 '책 속에 길이 있다'고 말했듯이 책을 많이 읽으면 많은 장점이 있다.
循序渐进 xún xù jiàn jìn	차례대로 한걸음 한걸음 앞으로 나아가다, (학습·업무를) 점차적으로 심화시키다
	学外语一定要**循序渐进**。외국어 공부는 반드시 차근차근 해야 한다.
自强不息 zì qiáng bù xī	스스로 노력하여 게을리 하지 않다
	年轻人都应该**自强不息**。젊은이들은 공부하는 데 게을리 해서는 안 된다.

3. 자연과 경치를 나타내는 성어

流连忘返 liú lián wàng fǎn	놀이에 빠져 집에 돌아가는 것을 잊다, 어떤 일에 미련을 두어 떠나지 못하다 ＊주로 '让人流连忘返'의 형태로 쓰임
	海南岛风景优美，让人**流连忘返**。 하이난섬은 경치가 아름다워서 사람들이 돌아가기 아쉬워한다.
地大物博 dì dà wù bó	땅이 넓고 자원이 풍부하다
	中国**地大物博**。중국은 땅이 넓고 자원이 풍부하다.
得天独厚 dé tiān dú hòu	하늘로부터 품부받은 것이 홀로 두텁다, 특별히 좋은 조건을 갖추다
	这儿具有发展旅游业**得天独厚**的条件。 여기는 관광 산업이 발전할 수 있는 천혜적인 조건을 가지고 있다.
秋高气爽 qiū gāo qì shuǎng	가을 날씨가 청명하고 맑다
	那时**秋高气爽**，我们一起在外面骑车。 날씨 좋은 가을날에 우리 함께 밖에서 자전거 타자!
富丽堂皇/金碧辉煌 fù lì táng huáng/ jīn bì huī huáng	건축물이나 궁전이 눈부시게 화려하고 아름답다
	她毫不羡慕那**富丽堂皇**的宫殿。 그녀는 화려하고 아름다운 궁전을 조금도 부러워하지 않는다.
美不胜收 měi bú shèng shōu	훌륭한 것이 너무 많아서 헤아릴 수 없다 → 경치가 아름다운 것을 묘사함
	这儿的风景真是**美不胜收**。이곳의 경치는 정말 헤아릴 수 없을 정도로 아름답다.

| 春光明媚
chūn guāng míng mèi | 봄 경치가 아름답다 |
| | 春光明媚的日子，人们的心情也好了起来。
빛이 좋은 봄날은 사람들 기분도 좋게 만든다. |

4. 양이 적거나 규모가 작은 것을 나타내는 성어

寥寥无几 liáo liáo wú jǐ	매우 드물다
	那时会外语的人还寥寥无几。그때는 외국어를 하는 사람이 여전히 매우 드물었다.
屈指可数 qū zhǐ kě shù	손꼽을 정도다
	在我国，像他一样的科学家屈指可数。 우리나라에서 그 같은 과학자는 손꼽을 정도다.
三三两两 sān sān liǎng liǎng	삼삼오오
	路上三三两两的行人匆匆走着。길에 삼삼오오 다니는 사람들이 바삐 걷고 있다.
前所未有 qián suǒ wèi yǒu	전대미문
	现代社会正以前所未有的速度发展。현대 사회는 전대미문의 속도로 발전하고 있다.
微乎其微 wēi hū qí wēi	매우 적다
	这种药对身体的副作用微乎其微。이런.종류의 약은 몸에 부작용이 거의 없다.
微不足道 wēi bù zú dào	하찮아서 말할 가치가 없다
	这件事微不足道，别提了。이 일은 하찮은 것이라 말할 필요가 없다.
空前绝后/绝无仅有 kōng qián jué hòu/ jué wú jǐn yǒu	전무후무하다
	《红楼梦》这本书可谓空前绝后。『홍루몽』은 전무후무한 책이라고 할 수 있다.
九牛一毛 jiǔ niú yì máo	많은 가운데 지극히 적은 부분
	这些钱对他来说九牛一毛。이 돈은 그에게 아주 보잘것없는 돈이다.
百年一遇 bǎi nián yí yù	천재일우
	这次地震真是百年一遇。이번 지진은 백 년에 한 번 올까 하는 규모의 지진이다.
沧海一粟 cāng hǎi yí sù	광대한 것 속의 지극히 작은 것
	我做的这点事，对整个国家来说，就是沧海一粟。 내가 한 이 일은 국가적으로는 지극히 작은 것에 불과하다.
百里挑一 bǎi lǐ tiāo yī	백에서 하나 고를 정도로 출중하다
	他可是百里挑一的好男人。그는 백에 하나 나올 법한 좋은 남자다.

5. 양이 많거나 규모가 큰 것을 나타내는 성어

人山人海 rén shān rén hǎi	인산인해
	北京的故宫每天都人山人海的。베이징의 고궁은 매일 인산인해다.
络绎不绝 luò yì bù jué	사람이나 차가 끊임없이 이어지다
	那个商店的客人络绎不绝。그 상점의 손님은 넘쳐난다.

川流不息 chuān liú bù xī	사람이나 차량이 끊임없이 오가다
	站在路边，看着川流不息的人群，真想家。 길가에 서서 끊임없이 오가는 사람들을 보고 있으면 정말 집이 그리워진다.
滔滔不绝 tāo tāo bù jué	끊임없이 말을 하다
	他滔滔不绝地一直说，可我一点儿也没听进去。 그는 끊임없이 말을 하지만 나는 조금도 귀담아 듣지 않았다.
应有尽有 yīng yǒu jìn yǒu	없는 것 없이 다 있다
	这家便利店虽然不大，但东西应有尽有。 이 편의점은 규모가 크지는 않지만 있을 건 다 있다.
五花八门 wǔ huā bā mén	종류가 많다
	说起小说的种类来，可真是五花八门。소설의 종류에 대해 말하자면 정말 다양하다.
数不胜数/不计其数 shù bú shèng shù/ bú jì qí shù	수량이 많아서 일일이 다 셀 수 없다
	每天从这儿经过的孩子数不胜数。매일 이곳을 지나가는 아이는 셀 수 없이 많다.
举不胜举 jǔ bú shèng jǔ	너무 많아 다 셀 수 없다
	像这样的例子举不胜举。이런 예는 부지기수다.
层出不穷 céng chū bù qióng	끝도 없이 출현하다
	现代社会，新产品可谓层出不穷。 현대 사회에서 새로운 상품은 끊임없이 출현하고 있다고 할 수 있다.
比比皆是 bǐ bǐ jiē shì	도처에 많아서 자주 볼 수 있다
	路上抽烟的人比比皆是。길거리에서 담배를 피는 사람은 자주 볼 수 있다.
丰富多彩 fēng fù duō cǎi	내용이 풍부하다
	人们的生活日益丰富多彩。사람들의 생활은 나날이 풍부하고 다채로워지고 있다.
眼花缭乱 yǎn huā liáo luàn	종류가 많아서 다 볼 수 없다
	那条街上商店很多，让人眼花缭乱。 그 거리에는 셀 수 없을 정도로 어지럽게 상점이 매우 많다.
无穷无尽 wú qióng wú jìn	무궁무진하다
	他好像有无穷无尽的力量。그는 무궁무진한 힘을 가지고 있는 것 같다.
浩如烟海 hào rú yān hǎi	헤아릴 수 없을 정도로 많다
	这里的学习资料浩如烟海，一辈子也看不完。 여기는 학습 자료가 헤아릴 수 없을 정도로 많아서 한평생을 봐도 다 볼 수 없을 것 같다.
门庭若市 mén tíng ruò shì	방문객이 많아 문전성시를 이루다
	他退休前家里门庭若市，但现在却没人来了。 그가 퇴직하기 전에는 문전성시를 이루었지만 지금은 오는 사람이 없다.
高楼林立 gāo lóu lín lì	빌딩이 즐비하다
	生活在高楼林立的都市中，很难看到这样的绿色。 고층 빌딩이 즐비한 도시에서 생활하면 이런 푸른 경치를 보기 어렵다.
庞然大物 páng rán dà wù	대단히 거대한 물건
	看到黑熊那样的庞然大物，谁都会害怕。흑곰처럼 커다란 것을 보면 정말 무섭다.

庞大无比 páng dà wú bǐ	견줄 것이 없을 정도로 크다
	别看它**庞大无比**，其实很温柔。그것을 크다고만 생각하지 마라, 사실은 매우 부드럽다.
长盛不衰 cháng shèng bù shuāi	오래도록 흥성하고 쇠미해지지 않는다
	这一习俗至今**长盛不衰**。이런 풍습은 지금까지 사라지지 않고 성행하고 있다.

6. 명성을 나타내는 성어

众所周知 zhòng suǒ zhōu zhī	모두가 다 알다 *주로 문두에 쓰임
	众所周知，运动有助于减肥。모두가 알다시피 운동은 다이어트에 도움이 된다.
家喻户晓 jiā yù hù xiǎo	모두가 다 알다
	这本书在中国**家喻户晓**。이 책은 중국에서 모두가 다 안다.
举世瞩目 jǔ shì zhǔ mù	세인의 주목을 끌다
	本届奥运会**举世瞩目**。이번 올림픽은 세계의 주목을 끌었다.
妇孺皆知 fù rú jiē zhī	부녀자와 어린아이조차 알고 있다, 모두가 다 알다
	这位运动员的名字**妇孺皆知**。이 운동선수의 이름은 모두가 다 안다.
闻名遐迩 wén míng xiá ěr	이름이 널리 알려지다
	他做菜的技术**闻名遐迩**。그의 요리 솜씨는 널리 알려져 있다.
声名远播 shēng míng yuǎn bō	명성이 널리 알려지다
	这家小公司现在却**声名远播**。작은 회사지만 지금 명성이 널리 알려져 있다.
赫赫有名 hè hè yǒu míng	명성이 자자하다
	这就是**赫赫有名**的成龙。이분이 바로 명성이 자자한 청룽이다.
举世闻名 jǔ shì wén míng	전 세계적으로 유명하다
	举世闻名的长城很多地方都已被破坏。 세계적으로 유명한 만리장성은 손상된 곳이 많다.
大名鼎鼎 dà míng dǐng dǐng	이름이 높이 나다, 명성이 높다
	他可是**大名鼎鼎**的作家。그는 명성이 널리 나 있는 작가다.

빈칸에 들어갈 알맞은 단어를 쓰세요.

❶ 众所_____知，中国人喜欢喝茶。　　❷ 他准备了很多东西，应有_____有。

❸ 学习一定要_____序渐进。　　❹ 同学们都在_____精会神地听课。

❺ 听到这首歌，我惊得目_____口呆。　　❻ 他目不_____睛地看着我。

정답 ❶ 周　❷ 尽　❸ 循　❹ 聚　❺ 瞪　❻ 转

예제

난이도 中　공략 Key 家喻户晓의 의미 파악

女娲补天的故事＿＿＿＿＿＿，但有关女娲文化的发源地却众说纷纭。最近陕西省文物工作者在对女娲庙进行修整的过程中，发现了与女娲＿＿＿＿＿＿的三块石碑，这三块石碑与各种古资料相印证，＿＿＿＿＿＿了女娲的发源地是山西省平利县。

A 百里挑一　　关系　　证据　　　　　B 无动于衷　　关联　　证明
C 丰富多彩　　相关　　发明　　　　　D 家喻户晓　　有关　　证实

독해
제2부분

정답&공략

해석　女娲补天的故事①家喻户晓，但有关女娲文化的发源地却众说纷纭。最近陕西省文物工作者在对女娲庙进行修整的过程中，发现了与女娲②有关的三块石碑，这三块石碑与各种古资料相印证，③证实了女娲的发源地是山西省平利县。

A 百里挑一　　关系　　证据
B 无动于衷　　关联　　证明
C 丰富多彩　　相关　　发明
Ⓓ 家喻户晓　　有关　　证实

여와(女娲)가 돌로 하늘을 메웠다는 이야기는 모두가 다 알고 있지만 여와 문화와 관련된 발원지는 오히려 의견이 분분하다. 최근 산시성 문물 관리자가 여와사당에 보수 공사를 하는 과정에서 여와와 관련된 세 개의 돌비석을 발견하였다. 이 세 개의 돌비석을 각종 옛 자료와 서로 검증하여 여와의 발원지가 산시성 펑리현인 사실을 증명하였다.

A 매우 출중하다 | 관계 | 증거
B 조금도 동요하지 않다 | 관련되다 | 증명하다
C 풍부하고 다채롭다 | 상관있다 | 발명하다
Ⓓ 모두가 다 알다 | 관련되다 | 증명하다

공략　①번 칸 家喻户晓는 '모든 집에서 다 안다'는 의미로 매우 유명하다는 뜻을 나타낸다.

②번 칸 개사 与는 有关, 相关과 호응하여 'A与B有关/相关' 구조로 쓰여 'A와 B가 관련이 있다'는 의미를 나타낸다.

③번 칸 '사실을 입증하다'는 의미로 证明, 证实 두 동사가 가능하다. 证据는 범죄의 증거를 가리키며, 发明은 전에 없던 새로운 것을 창조해내는 것을 가리킨다.

어휘　★女娲补天 Nǚwā bǔtiān 여와가 오색돌로 하늘을 막다 | ★发源地 fāyuándì 圐 발원지 | ★众说纷纭 zhòng shuō fēn yún 圐 여러 사람의 의견이 분분하다 | 陕西 Shǎnxī 고유 산시성 | ★文物 wénwù 圐 문물 | ★庙 miào 圐 종묘 | 修整 xiūzhěng 圐 보수 공사하다 | 石碑 shíbēi 圐 석비 | 印证 yìnzhèng 圐 검증하다 | ★县 xiàn 圐 현[중국의 행정 구획] | ★百里挑一 bǎi lǐ tiāo yī 圐 매우 출중하다 | ★关系 guānxi 圐 관계 | ★证据 zhèngjù 圐 증거 | ★无动于衷 wú dòng yú zhōng 圐 조금도 동요하지 않다 | ★证明 zhèngmíng 圐 증명하다 | ★丰富多彩 fēng fù duō cǎi 圐 풍부하고 다채롭다 | ★相关 xiāngguān 圐 상관이 있다 | ★发明 fāmíng 圐 발명하다 | 家喻户晓 jiā yù hù xiǎo 圐 집집마다 다 안다 | ★证实 zhèngshí 圐 증명하다

第 1-8 题：选词填空。

1. 过多地反省自己，很容易让人产生自己＿＿＿＿＿的错觉。反省的目的应该让自己更好，而不是变得更糟，经常认为"事情没有＿＿＿＿＿好都是我的错"，只会让你更缩手缩脚，而不会让你在处事上变得更有信心，被人误会。有错误，我们就要虚心＿＿＿＿＿，让未来更好。

   A 一无是处　　处理　　检讨　　　　**B** 无可奈何　　运行　　解剖
   C 无能为力　　进展　　借鉴　　　　**D** 一无所有　　解决　　纠正

2. 景德镇的瓷器从五代到清代＿＿＿＿＿，这在世界陶瓷艺术史上是＿＿＿＿＿的。景德镇瓷器＿＿＿＿＿各地瓷器技艺于一身，以其精湛的技艺，被称为中国瓷器的＿＿＿＿＿代表。

   A 长盛不衰　　绝无仅有　　集　　杰出　　**B** 众所周知　　空前绝后　　聚　　出色
   C 默默无闻　　出类拔萃　　集　　优秀　　**D** 人才辈出　　闻名于世　　合　　优越

3. 我在街上有几次见到她，她总是＿＿＿＿＿呆呆的、＿＿＿＿＿地独自走着，我＿＿＿＿＿她迎面走来，她也看不见，走到＿＿＿＿＿和她打个招呼，她猛吃一惊，"啊，老沈，原来是你。"

   A 眼睛　　无所不有　　从　　面对　　　**B** 眼光　　无能为力　　朝　　对面
   C 目光　　绝无仅有　　向　　前面　　　**D** 眼神　　无精打采　　冲　　面前

4. 房的平均＿＿＿＿＿价格同比上涨11.7%。房价的不断＿＿＿＿＿，让消费者＿＿＿＿＿，人们在为房地产市场的繁荣欢欣鼓舞的同时，也为其过热而引发的种种风险＿＿＿＿＿。

   A 出售　　上涨　　想方设法　　愁眉苦脸
   B 售出　　上升　　自以为是　　不以为然
   C 销售　　攀升　　不知所措　　忧心忡忡
   D 预售　　攀登　　弱不禁风　　无忧无虑

5. 她说，作为唯一的孩子，从小就享受到父母＿＿＿＿＿＿的关爱，现在，她也希望能在病床前尽孝，回报父母，但现实不＿＿＿＿＿＿。小的时候，父母就对她寄予厚望，现在，每当她在工作中＿＿＿＿＿＿进步，父母都会急着告诉亲戚朋友，她成了父母最大的＿＿＿＿＿＿。

    A 层出不穷　　同意　　获得　　自大　　　　**B** 无微不至　　允许　　取得　　骄傲
    C 日积月累　　批准　　得到　　宝贝　　　　**D** 微不足道　　允许　　收到　　骄傲

6. 成长能令一个人的思想更成熟，使人凡事都懂得要＿＿＿＿＿＿，成长能使一个人更明白事理，＿＿＿＿＿＿是非，懂得如何在别人危急的时刻，施以援手。若你思想＿＿＿＿＿＿，对任何事都先想一想，凡事替别人想一想的话，必能培养出一份细密的心思和＿＿＿＿＿＿的胸怀，谁说成长不是一种美？

    A 欲速则不达　　分辨　　成熟　　宽容　　　　**B** 水火不相容　　辨明　　缜密　　大气
    C 桃李满天下　　分别　　成长　　宽阔　　　　**D** 三思而后行　　辨别　　成熟　　宽大

7. 专业＿＿＿＿＿＿招聘网连续多次＿＿＿＿＿＿招聘宠物美容师的信息，而应聘者始终＿＿＿＿＿＿，专业的宠物美容师将是各家专业宠物美容机构"打着灯笼也难找"的＿＿＿＿＿＿。

    A 人士　　公布　　彬彬有礼　　目的
    B 人员　　发布　　寥寥无几　　目标
    C 人物　　发出　　千里迢迢　　人物
    D 职员　　发表　　跃跃欲试　　人才

8. 自驾车旅游自上世纪90年代中期开始在北京、上海、广州等大城市的白领＿＿＿＿＿＿中流行后，拥有＿＿＿＿＿＿的旅游条件和＿＿＿＿＿＿交通条件的海南省，就成为自驾车旅游爱好者的主要旅游目的地。

    A 阶层　　得天独厚　　便利　　　　　**B** 阶段　　丰富多彩　　方便
    C 阶级　　地大物博　　快捷　　　　　**D** 阶层　　富丽堂皇　　便捷

+ **정답 및 해설**_ 해설집 118쪽

28 day 답을 꿰뚫는 날카로운 눈
— 특수 문형·상반 구조

* **정답_** 해설집 233쪽

학습목표

1 특수 문형의 용법을 학습한다

2 반의어, 상반 구조를 마스터한다

3 특수 문형이나 반어문의 핵심 포인트를 파악하여 문제 풀이 능력을 기른다

독해 제2부분은 주요 호응하는 어휘 외에도 특수 문형, 반의어, 반어문 등이 중요하다. 이런 표현들을 알아두면 더 빠르고 정확하게 문제를 풀 수 있다. 특히 2음절 반의어는 시험에 자주 출제되니 반드시 알아두자.

기초 실력 테스트 TEST

1 알맞은 것끼리 연결하세요.

❶ 所 ·　　　　　　　　· A 贵也要买

❷ 让 ·　　　　　　　　· B 他别走了

❸ 一 ·　　　　　　　　· C 读的书

❹ 再 ·　　　　　　　　· D 睡就是一天

2 빈칸에 들어갈 알맞은 것을 고르세요.

❶ 他一看书________五六个小时。（就是 / 就）

❷ 她看起来很强，其实________里很温柔。（骨头 / 骨子）

❸ ________上，我不太喜欢这儿。（实际 / 现实）

❹ 你_____忙也要给她写信。（又 / 再）

6급 기출문제 맛보기

 맛보기

난이도 中　공략 Key 缺点과 优点 구분

독해
제2부분

> 　　如果你真爱一个人，就要爱他＿＿＿＿的样子，爱他的好，也爱他的坏，爱他的优点，也爱他的＿＿＿＿。绝不能因为爱他，就希望他变成自己所＿＿＿＿的样子。
>
> A　本来　　　缺少　　　想要　　　　　　B　原先　　　欠缺　　　愿望
> C　原来　　　缺点　　　希望　　　　　　D　原本　　　缺陷　　　意愿

정답&공략

해석　　如果你真爱一个人，就要爱他①**原来**的样子，爱他的好，也爱他的坏，爱他的优点，也爱他的②**缺点**。绝不能因为爱他，就希望他变成自己所③**希望**的样子。

　　만약에 한 사람을 진심으로 사랑한다면 그의 <u>원래</u> 모습을 사랑해야 한다. 그의 좋은 점도 사랑하고, 그의 나쁜 점도 사랑하고, 그의 장점도 사랑하고, 그의 <u>결점</u>까지도 사랑해야 한다. 절대 그를 사랑하기 때문에 그가 자신이 <u>희망하는</u> 모습으로 변하기를 바라면 안 된다.

A　本来　　　缺少　　　想要　　　　　　A　본래 | 부족하다 | ~하려고 하다
B　原先　　　欠缺　　　愿望　　　　　　B　원래 | 부족하다 | 바람
C　**原来**　　**缺点**　　**希望**　　　　　　C　**원래 | 결점 | 희망하다**
D　原本　　　缺陷　　　意愿　　　　　　D　원본 | 결함 | 염원

공략　　(①번 칸) '원래'의 의미로 모두 가능하다.

　　　　　(②번 칸) 优点의 반의어는 缺点이다.

　　　　　(③번 칸) 구조조사 所의 수식을 받는 것은 동사이기에 想要, 希望이 가능하다.

어휘　★坏 huài 혱 나쁘다 | ★优点 yōudiǎn 몡 장점 | ★绝不能 jué bùnéng 절대 불가능하다 | ★本来 běnlái 閚 본래 | ★缺少 quēshǎo 혱 부족하다 | ★原先 yuánxiān 몡 원래 | ★欠缺 qiànquē 혱 모자라다 | ★愿望 yuànwàng 몡 희망 | ★原来 yuánlái 閚 원래 | ★希望 xīwàng 됭 희망하다 | ★原本 yuánběn 몡 원본 | ★缺陷 quēxiàn 몡 결함 | ★意愿 yìyuàn 몡 염원

토크토크!
쌤의 한마디~

독해 제2부분에서 답을 유추하는 데 주의해야 할 것들이 있는데요, 바로 반의어예요. 본문의 내용을 파악하기 어렵거나 답을 짐작할 수 없을 때는 빈칸 앞뒤의 단어를 살펴보고 보기에서 그 단어와 상반되는 의미가 있는지 살펴보세요.

공략 1. 주요 특수 문형에 대한 감각을 키워라

1. **再+형용사/심리동사+也** : '아무리 ~한다고 할지라도'의 의미로 '即使……也' 표현과 의미가 같다.

这个手机**再**贵我**也**要买。 이 휴대 전화가 아무리 비싸도 나는 사려고 한다.
你**再**讨厌他，**也**不能表现出来。 네가 아무리 그를 미워해도 겉으로 표현해서는 안 된다.

2. **一……就是……** : '~하면 ~이다'의 의미로 두 동작이 연이어 발생하는 '一……就……'와 달리 뒤에 수량사, 시간명사가 오며 시간이 길고 수량이 많은 것을 나타낸다.

他在图书馆**一**待**就是**一下午。 그는 도서관에 있으면 반나절이다. (→ 시간이 김)
她买衣服**一**买**就是**十几件。 그녀는 옷을 샀다 하면 열 몇 벌이다. (→ 수량이 많음)

3. **所자문** : 명사 구문이다. 所는 조사로 실질적인 의미 없이 단지 구조를 만드는 것뿐이므로 생략이 가능하다.

> 所 + 동사 + 的 + 명사

他**所**追求**的**目标很多人都不能理解。 그가 추구하는 목표는 많은 사람들이 이해할 수 없다.
我把自己**所**知道**的**都告诉你了。 나는 내가 알고 있는 것을 너에게 알려준 것이다. (명사 事情이 생략됨)

4. **让자문**

> 사람 + 让 + 사람 + 동작

爸爸**让**他去中国留学。 아빠는 그에게 중국으로 유학을 가라고 한다. (= 叫)

> 사물/사람 + 让 + 사람 + 성어

这件事**让**他心烦意乱。 이 일은 그 사람의 마음을 심난하게 했다. (= 使, 令, 叫)

> 사물 + 让 + 사람 + 동사

我的手机**让**妹妹拿走了。 내 휴대 전화는 여동생이 가져갔다. (= 被, 叫)

5. **기타**

❶ 集……于一身 : 여러 가지 기능을 하나로 모으다

这个公园**集**教育、娱乐、休闲、度假**于一身**。 이 공원은 교육, 오락, 레저, 바캉스를 하나로 모았다.

❷ 堪称 : ~라고 불릴 만하다

这个艺术品**堪称**世界之最。 이 예술품은 세계 최고라고 불릴 만하다.

❸ 本质上 : 본질적으로

这两种思想**本质上**并没有区别。 이 두 사상은 본질적으로 아무런 차이가 없다.

❹ 所谓 : '소위, ~라는 것은'의 의미로 뒤에는 명사가 온다.

所谓丁克族，是指结婚后不要孩子的一群人。
소위 말하는 딩크족은 결혼 후에 아이를 가지지 않는 사람들을 가리킨다.

❺ 只不过/只是……罢了/而已 : '단지 ~일 따름이다'의 의미로 별로 대수롭지 않음을 나타낸다.

他**只不过**是一个司机**罢了**。 그는 운전기사일 따름이다.

❻ 非+동사(+不可) : '반드시 ~해야 한다'의 의미로 不可는 생략이 가능하다.

他**非**要学开车**不可**。 그는 운전을 배워야 한다.

❼ 意味着 : ~을 의미하다

很多人认为，学习好就**意味着**能成功。 많은 사람들은 공부를 잘하는 것이 성공하는 것을 의미한다고 생각한다.

❽ 不见得 : 반드시 ~라고 볼 수 없다

有钱**不见得**幸福。 돈이 있다고 반드시 행복한 것이라고는 볼 수 없다.

❾ 恨不得 : 간절히 바라다

听到她病的消息，我**恨不得**马上回去陪她。
그녀가 병에 걸렸다는 소식을 듣고 나는 곧바로 돌아가서 그녀를 도와주고 싶었다.

❿ 不由得 : 저절로

听完这个故事，我**不由得**哭了。 이 이야기를 듣고 저절로 눈물이 나왔다.

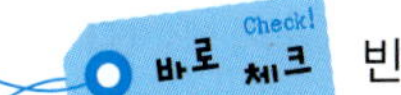

빈칸에 들어갈 알맞은 단어를 쓰세요.

❶ 一个国家_____穷也不能忽视教育。

❷ 老板_____我去打印这份文件。

❸ 中国画_____诗、书、画、印于一身。

❹ 这幅画_____称世界第一。

정답 ❶ 再 ❷ 让 ❸ 集 ❹ 堪

예제

中国人自古就推崇以和为贵，真正的"和"是什么？就是在______他人不同的态度和观点的前提下，对他人的一种______，一种吸纳。这就是______的君子之道。

A 承认　　宽容　　所谓　　　　　　B 许可　　包含　　堪称
C 认同　　容纳　　所以　　　　　　D 承担　　包容　　赞扬

정답&공략

해석　中国人自古就推崇以和为贵，真正的"和"是什么？就是在①承认他人不同的态度和观点的前提下，对他人的一种②宽容，一种吸纳。这就是③所谓的君子之道。

중국인은 옛부터 조화로운 것을 소중히 여기었다. 진정한 '조화로움'은 무엇인가? 바로 타인의 여러 가지 태도와 관점을 인정하는 전제하에서 다른 사람에 대한 관용과 수용이다. 이것이 바로 소위 말하는 군자의 도이다.

Ⓐ 承认　　宽容　　所谓
B 许可　　包含　　堪称
C 认同　　容纳　　所以
D 承担　　包容　　赞扬

Ⓐ 인정하다 | 관용적이다 | 소위 말하는
B 허가하다 | 포함하다 | ~라고 불릴 만하다
C 인정하다 | 용납하다 | 그래서
D 맡다 | 포용하다 | 찬사하다

공략　①번 칸　'인정하다'는 承认, 认同 모두 가능하다. 许可는 허가나 승락의 의미고, 承担은 책임이나 의무를 진다는 의미다.

②번 칸　宽容, 包容은 '너그러이 받아들이다'는 뜻으로 의미상 적합하다. 包含은 의미를 내포하다. 容纳는 인원을 수용할 수 있다는 뜻으로 여기에서는 부적절하다.

③번 칸　설명할 필요가 있는 단어를 제시할 때 '所谓的+명사' 구조를 쓴다. 여기서는 군자의 도를 앞에서 설명하고 뒤에 개괄할 수 있는 단어 '군자의 도'를 제시했다.

어휘　自古 zìgǔ 📖 자고로 | ★推崇 tuīchóng 통 추앙하다 | ★以和为贵 yǐ hé wéi guì 같이 있는 것을 소중하게 생각하다 | ★在……前提下 zài……qiántí xià ~의 전제하에 | ★吸纳 xīnà 통 받아들이다 | ★君子之道 jūnzǐ zhī dào 군자의 도 | ★承认 chéngrèn 통 승인하다, 인정하다 | ★宽容 kuānróng 혱 너그럽다 | ★所谓 suǒwèi 혱 ~라는 것은 | ★许可 xǔkě 통 허가하다 | ★包含 bāohán 통 포함하다 | ★认同 rèntóng 통 인정하다 | ★容纳 róngnà 통 용납하다 | ★承担 chéngdān 통 담당하다 | ★包容 bāoróng 통 너그럽게 감싸다, 포용하다 | ★赞扬 zànyáng 통 찬양하다

공략 2. 반의어, 정반 의미, 반어문 형식을 익히자

1. 반의어 : 문장 전후에서 반대되는 단어를 찾을 수 있다. 서로 상반되는 의미를 가지는 단어는 매우 많은데 그중에서 2음절로 된 단어가 자주 출제된다.

正常 ⟷ 异常　　非凡 ⟷ 平凡　　特别 ⟷ 一般　　违背 ⟷ 遵循　　怀疑 ⟷ 相信

正常 zhèngcháng 정상적이다 ⟷ 异常 yìcháng 이상하다
非凡 fēifán 뛰어나다 ⟷ 平凡 píngfán 평범하다
特别 tèbié 특별하다 ⟷ 一般 yìbān 보통이다
违背 wéibèi 위반하다 ⟷ 遵循 zūnxún 따르다
怀疑 huáiyí 의심하다 ⟷ 相信 xiāngxìn 믿다

强盛 ⟷ 衰败　　权利 ⟷ 义务　　美丽 ⟷ 丑陋　　消极 ⟷ 积极　　退化 ⟷ 进化

强盛 qiángshèng 강성하다 ⟷ 衰败 shuāibài 쇠락하다
权利 quánlì 권리 ⟷ 义务 yìwù 의무
美丽 měilì 아름답다 ⟷ 丑陋 chǒulòu 추하다
消极 xiāojí 소극적이다 ⟷ 积极 jījí 긍정적이다
退化 tuìhuà 퇴화하다 ⟷ 进化 jìnhuà 진화하다

伟大 ⟷ 渺小　　团体 ⟷ 单独　　增添 ⟷ 减少　　外在 ⟷ 内在　　鲜艳 ⟷ 暗淡

伟大 wěidà 위대하다 ⟷ 渺小 miǎoxiǎo 매우 작다
团体 tuántǐ 단체 ⟷ 单独 dāndú 단독으로
增添 zēngtiān 더하다 ⟷ 减少 jiǎnshǎo 줄이다
外在 wàizài 외재적인 ⟷ 内在 nèizài 내재적인
鲜艳 xiānyàn 화려하다 ⟷ 暗淡 àndàn 어둡고 희미하다

严寒 ⟷ 酷暑　　温暖 ⟷ 凉爽　　拒绝 ⟷ 同意　　清醒 ⟷ 糊涂　　坚强 ⟷ 软弱

严寒 yánhán 혹한 ⟷ 酷暑 kùshǔ 혹서
温暖 wēnnuǎn 따뜻하다 ⟷ 凉爽 liángshuǎng 시원하고 서늘하다
拒绝 jùjué 거부하다 ⟷ 同意 tóngyì 동의하다
清醒 qīngxǐng 정신이 들다 ⟷ 糊涂 hútu 멍청하다
坚强 jiānqiáng 굳세다 ⟷ 软弱 ruǎnruò 연약하다

陌生 ⟷ 熟悉　　平坦 ⟷ 崎岖　　光滑 ⟷ 粗糙　　慎重 ⟷ 随便　　喜欢 ⟷ 讨厌

陌生 mòshēng 생소하다 ⟷ 熟悉 shúxī 분명하게 잘 알다
平坦 píngtǎn 평평하다 ⟷ 崎岖 qíqū 험난하다
光滑 guānghuá 매끌매끌하다 ⟷ 粗糙 cūcāo 거칠다
慎重 shènzhòng 신중하다 ⟷ 随便 suíbiàn 마음대로 하다
喜欢 xǐhuan 좋아하다 ⟷ 讨厌 tǎoyàn 싫어하다

崎岖 ⬌ 平坦　　刚强 ⬌ 软弱　　镇定 ⬌ 慌张　　团结 ⬌ 分裂　　羞涩 ⬌ 大方

崎岖 qíqū 험난하다 ↔ 平坦 píngtǎn 평평하다
刚强 gāngqiáng 꿋꿋하다 ↔ 软弱 ruǎnruò 연약하다
镇定 zhèndìng 침착하다 ↔ 慌张 huāngzhāng 당황하다
团结 tuánjié 단결하다 ↔ 分裂 fēnliè 분열하다
羞涩 xiūsè 겸연쩍다 ↔ 大方 dàfang 시원시원하다

清澈 ⬌ 浑浊　　脆弱 ⬌ 坚强　　犹豫 ⬌ 坚定　　复杂 ⬌ 简单

清澈 qīngchè 맑고 투명하다 ↔ 浑浊 húnzhuó 혼탁하다
脆弱 cuìruò 연약하다 ↔ 坚强 jiānqiáng 굳세다
犹豫 yóuyù 머뭇거리다 ↔ 坚定 jiāndìng 확고하다
复杂 fùzá 복잡하다 ↔ 简单 jiǎndān 간단하다

自在 ⬌ 拘束　　勤劳 ⬌ 懒惰　　密集 ⬌ 稀疏　　胜利 ⬌ 失败　　宽敞 ⬌ 狭窄

自在 zìzài 자유롭다 ↔ 拘束 jūshù 구속하다
勤劳 qínláo 열심히 일하다 ↔ 懒惰 lǎnduò 게으르다
密集 mìjí 밀집하다 ↔ 稀疏 xīshū 드물다
胜利 shènglì 승리하다 ↔ 失败 shībài 패배하다
宽敞 kuānchang 널찍하다 ↔ 狭窄 xiázhǎi 비좁다

熟悉 ⬌ 陌生　　有趣 ⬌ 乏味　　舒畅 ⬌ 苦闷　　结束 ⬌ 开始

熟悉 shúxī 분명하게 이해하다 ↔ 陌生 mòshēng 생소하다
有趣 yǒuqù 재미있다 ↔ 乏味 fáwèi 재미없다
舒畅 shūchàng 상쾌하다 ↔ 苦闷 kǔmèn 의기소침하다
结束 jiéshù 끝나다 ↔ 开始 kāishǐ 시작하다

撒谎 ⬌ 诚实　　可爱 ⬌ 可恶　　紧张 ⬌ 轻松　　细心 ⬌ 粗心

撒谎 sāhuǎng 거짓말을 하다 ↔ 诚实 chéngshí 성실하다
可爱 kě'ài 사랑스럽다 ↔ 可恶 kěwù 밉살스럽다
紧张 jǐnzhāng 긴장하다 ↔ 轻松 qīngsōng 수월하다
细心 xìxīn 세심하다 ↔ 粗心 cūxīn 세심하지 못하다

赞许 ⬌ 反对　　高兴 ⬌ 难过　　飞快 ⬌ 缓慢　　精彩 ⬌ 平淡　　笨重 ⬌ 轻便

赞许 zànxǔ 칭찬하다 ↔ 反对 fǎnduì 반대하다
高兴 gāoxìng 기쁘다 ↔ 难过 nánguò 지내기 어렵다
飞快 fēikuài 재빠르다 ↔ 缓慢 huǎnmàn 느리다
精彩 jīngcǎi 뛰어나다 ↔ 平淡 píngdàn 보통이다
笨重 bènzhòng 육중하다 ↔ 轻便 qīngbiàn 간편하다

誠实 ↔ 虚伪　　承认 ↔ 否认　　简单 ↔ 复杂　　容易 ↔ 困难　　准确 ↔ 错误

诚实 chéngshí 성실하다 ↔ 虚伪 xūwěi 위선이다
承认 chéngrèn 인정하다 ↔ 否认 fǒurèn 부인하다
简单 jiǎndān 간단하다 ↔ 复杂 fùzá 복잡하다
容易 róngyì 쉽다 ↔ 困难 kùnnan 곤란하다
准确 zhǔnquè 확실하다 ↔ 错误 cuòwù 잘못되다

독해 제2부분

温和 ↔ 严厉　　宽阔 ↔ 狭窄　　敏捷 ↔ 迟钝　　危险 ↔ 安全

温和 wēnhé 따뜻하다 ↔ 严厉 yánlì 매섭다
宽阔 kuānkuò 드넓다 ↔ 狭窄 xiázhǎi 비좁다
敏捷 mǐnjié 빠르다 ↔ 迟钝 chídùn 둔하다
危险 wēixiǎn 위험하다 ↔ 安全 ānquán 안전하다

常常 ↔ 偶尔　　幼稚 ↔ 老练　　含糊 ↔ 清楚　　茂密 ↔ 稀疏　　光明 ↔ 黑暗

常常 chángcháng 항상 ↔ 偶尔 ǒu'ěr 간혹
幼稚 yòuzhì 어리다 ↔ 老练 lǎoliàn 노련하다
含糊 hánhu 모호하다 ↔ 清楚 qīngchu 분명하다
茂密 màomì 빽빽이 무성하다 ↔ 稀疏 xīshū 드물다
光明 guāngmíng 환하다 ↔ 黑暗 hēi'àn 캄캄하다

简陋 ↔ 豪华　　拒绝 ↔ 接受　　惩罚 ↔ 奖励　　迟延 ↔ 提前　　炎热 ↔ 寒冷

简陋 jiǎnlòu 조촐하다 ↔ 豪华 háohuá 호화스럽다
拒绝 jùjué 거부하다 ↔ 接受 jiēshòu 받아들이다
惩罚 chéngfá 징벌하다 ↔ 奖励 jiǎnglì 장려하다
迟延 chíyán 지체하다 ↔ 提前 tíqián 앞당기다
炎热 yánrè 무덥다 ↔ 寒冷 hánlěng 한랭하다

仔细 ↔ 马虎　　聪明 ↔ 愚笨　　空虚 ↔ 充实　　狭窄 ↔ 宽阔　　勇敢 ↔ 懦弱

仔细 zǐxì 세심하다 ↔ 马虎 mǎhu 적당히 하다
聪明 cōngming 똑똑하다 ↔ 愚笨 yúbèn 우둔하다
空虚 kōngxū 공허하다 ↔ 充实 chōngshí 충실하게 하다
狭窄 xiázhǎi 비좁다 ↔ 宽阔 kuānkuò 드넓다
勇敢 yǒnggǎn 용감하다 ↔ 懦弱 nuòruò 나약하다

表扬 ↔ 批评　　穷苦 ↔ 富裕　　健康 ↔ 虚弱　　潮湿 ↔ 干燥

表扬 biǎoyáng 칭찬하다 ↔ 批评 pīpíng 비판하다
穷苦 qióngkǔ 가난하고 고되다 ↔ 富裕 fùyù 부유하다

健康 jiànkāng 건강하다 ↔ 虚弱 xūruò 허약하다
潮湿 cháoshī 습하다 ↔ 干燥 gānzào 건조하다

奴隶 ↔ 主人　　乐观 ↔ 悲观　　统一 ↔ 分裂　　精致 ↔ 粗糙

奴隶 núlì 노예 ↔ 主人 zhǔrén 주인
乐观 lèguān 낙관적이다 ↔ 悲观 bēiguān 비관적이다
统一 tǒngyī 통일하다 ↔ 分裂 fēnliè 분열하다
精致 jīngzhì 섬세하다 ↔ 粗糙 cūcāo 거칠다

2. 기타 반의를 나타내는 표현

❶ 表面上……实际上…… : 겉으로 보기에는 ~하지만 사실은 ~하다

这个问题**表面上**看起来很简单，**实际上**很复杂。이 문제는 겉으로 보기에는 매우 간단하지만 사실은 매우 복잡하다.

❷ 外表……骨子里…… : 겉으로는 ~해 보이지만 속은 ~하다

她**外表**好像很野蛮，但**骨子里**很温柔。그녀는 외모가 매우 거칠게는 보이지만 속은 매우 부드럽다.

❸ 非+명사/형용사 : 비~/~이 아니다

正式 공식 ↔ **非**正式 비공식　　金属 금속 ↔ **非**金属 비금속

❹ 未+동사/형용사 : ~하지 않았다

我还**未**参加过这样的考试。나는 아직 이런 시험에 참가해본 적이 없다.

3. 반어문 : 반어의 형식을 써서 강한 어기를 나타낸다. 긍정형은 부정의 의미를 나타내고, 부정형은 긍정의 의미를 나타낸다.

❶ 难道……吗 : 설마 ~이겠는가?

这件事**难道**你不知道**吗**？이 일을 설마 네가 모르겠어? (→ 당연히 안다)

❷ 怎么……呢 : 어찌 ~할 수 있겠는가?

你**怎么**能天天迟到**呢**？너는 어떻게 매일 지각할 수 있니? (→ 매일 지각하면 안 된다)

❸ 何曾 : 언제 ~한 적이 있는가?

我**何曾**得过倒数第一？내가 언제 뒤에서 일등을 한 적이 있나? (→ 여태껏 한 적이 없다)

❹ 何止 : 어찌 ~에 그치겠는가?

他不认识的明星**何止**一两个？그가 모르는 연예인이 한둘이겠어? (→ 하나둘에 그치지 않고 많다)

❺ 何况……呢 : 하물며 ~하겠는가?

这个字中国人也不认识，**何况**外国人**呢**？
이 글자는 중국인도 모르는데 하물며 외국인이 알겠어? (→ 당연히 모른다)

바로 체크 Check! 빈칸에 들어갈 알맞은 단어를 쓰세요.

❶ 你不要＿＿＿＿我，一定要相信我。

❷ 他太＿＿＿＿了，不够细心。

❸ 聪明的人可能一事无成，＿＿＿＿的人可能飞黄腾达。

❹ 现在你是＿＿＿＿正式职员，跟正式职员是不同的。

정답 ❶ 怀疑 ❷ 粗心 ❸ 愚笨 ❹ 非

독해
제2부분

예제

난이도 中　공략 Key '难道……吗'의 의미 파악

中国菜讲究色香味俱全，倘若再起个好听的名字，＿＿＿＿不就更完美了吗？所以有＿＿＿＿的烹饪大师，给自己研发出的菜起名字时，会格外注重它们的＿＿＿＿。

A 难道　　修养　　内涵　　　　　　B 也许　　知识　　思想

C 无疑　　教养　　品质　　　　　　D 确实　　学问　　内容

정답&공략

해석

中国菜讲究色香味俱全，倘若再起个好听的名字，①<u>难道</u>不就更完美了吗？ 所以有②<u>修养</u>的烹饪大师，给自己研发出的菜起名字时，会格外注重它们的③<u>内涵</u>。

중국 음식은 색, 향, 맛을 모두 갖추는 것을 중시하기에 듣기 좋은 이름을 지어준다면 <u>설마</u> 더 완벽해지<u>지 않겠는가</u>? 그래서 <u>수련한</u> 어떤 요리 대가는 자신이 연구 개발한 음식에 이름을 지을 때 특히 <u>의미</u>를 중시한다.

Ⓐ 难道　　修养　　内涵
B 也许　　知识　　思想
C 无疑　　教养　　品质
D 确实　　学问　　内容

Ⓐ 설마 ~하겠는가 | 수련하다 | 의미
B 아마도 | 지식 | 사상
C 틀림이 없다 | 교양 | 품질
D 확실히 | 학문 | 내용

공략

① 번칸 '难道……吗'는 반어 표현으로, 결과적으로 당연히 '더욱 훌륭해지겠다'는 의미를 나타낸다.

② 번칸 어법적으로 네 개 모두 가능하지만 의미적으로 修养, 学问이 제일 적절하다.

③ 번칸 이름을 지을 때는 음식과 어울리는 것으로 짓기에 의미에 치중한다고 하는 것이 어울린다. 따라서 内涵이 문맥상 제일 적절하다.

어휘 ★讲究 jiǎngjiu 동 중요시하다 | ★倘若 tǎngruò 접 만일 ~한다면 | ★起名字 qǐ míngzi 이름을 짓다 | ★烹饪 pēngrèn 동 요리하다 | ★大师 dàshī 명 대가 | ★研发 yánfā 동 연구 개발하다 | ★格外 géwài 부 따로, 각별히 | ★注重 zhùzhòng 동 중시하다 | ★修养 xiūyǎng 명동 수련(하다) | ★内涵 nèihán 명 내포되어 있는 의미 | ★无疑 wúyí 형 틀림이 없다 | ★教养 jiàoyǎng 명 교양 | ★品质 pǐnzhì 명 품질

第 1-8 题：选词填空。

1. "向日葵法"是一种财产配置方法，有助于家庭和个人理财得到更好的＿＿＿＿，"花心"是核心投资，也就是那些收益＿＿＿＿、危险性不大的投资；而"花瓣"则是＿＿＿＿核心投资，也就是潜在收益极大，＿＿＿＿也很大的投资。

   A 收益　　确定　　不　　险情　　　　B 利润　　丰厚　　颇　　危机
   C 回报　　稳定　　非　　风险　　　　D 亏本　　固定　　借　　危险

2. "团购"就是团体购物，指的是认识的或者不认识的消费者＿＿＿＿起来，来提升买家与商家的议价能力，以求得最优价格的一种购物＿＿＿＿。根据薄利多销、最大优价的＿＿＿＿，商家可以给出低于零售价格的团购折扣，并提供＿＿＿＿购买得不到的优质服务。

   A 联络　　手段　　观念　　独特　　　　B 结合　　渠道　　原理　　孤独
   C 合并　　途径　　理论　　特殊　　　　D 联合　　方式　　道理　　单独

3. "华谊兄弟"＿＿＿＿，拟在上海建立"华谊兄弟文化城"。这是"华谊兄弟"首个文化旅游项目，＿＿＿＿公司正式进军文化旅游市场。该项目规划占地1000亩，主要用于建设影视＿＿＿＿，包括摄影棚和其他配套＿＿＿＿。

   A 宣布　　意味着　　基地　　设施　　　　B 宣扬　　不见得　　建筑　　机构
   C 公布　　恨不得　　大夏　　设备　　　　D 声明　　忍不住　　区域　　集团

4. 法律是外在的、强制的，是一种刚性＿＿＿＿，而道德是＿＿＿＿的、自觉的，是一种柔性＿＿＿＿。但另一方面，法律却是低调的、＿＿＿＿的，它仅仅是不允许做什么，而道德却是高调的、积极的，它要求的是应当做什么。

   A 道理　　封闭　　制约　　封建　　　　B 制度　　内在　　约束　　消极
   C 秩序　　保守　　束缚　　消失　　　　D 政策　　潜在　　控制　　落后

5. 遇事不要急于下结论，＿＿＿＿有了答案也要等等，也许有更好的解决＿＿＿＿，站在不同的角度就有不同答案，要学会换位＿＿＿＿，特别是在遇到麻烦的时候，千万要学会等一等，过于着急＿＿＿＿会有好结果。

A 即使　　程序　　思索　　忍不住　　　　B 假设　　渠道　　推理　　恨不得
C 况且　　方案　　考察　　不由得　　　　D 即便　　方式　　思考　　不见得

6. 来到天坛，＿＿＿＿高一望，满眼绿林，可以看得很远很远，在这＿＿＿＿和远大之中，忽然感到人的渺小。其实，天坛并不是在证明天的＿＿＿＿和人的渺小，更不是让人匍匐在苍天之下，诚惶诚恐，而是让你＿＿＿＿到融入天地中的乐趣。

A 迈　　宏伟　　伟人　　体会　　　　B 登　　雄伟　　伟大　　感受
C 踩　　雄厚　　宽阔　　体验　　　　D 跨　　宏观　　宽大　　感染

7. 胡河清与鲁迅＿＿＿＿相近，"鲁迅者，刑天也"。胡河清外表儒雅，＿＿＿＿里却猛志常在。而且不怒则已，一怒便触不周之山，不是选择安眠药所致的＿＿＿＿，而是走向＿＿＿＿大雨中如李尔王那样洒脱。

A 甚为　　骨子　　宁静　　滂沱　　　　B 极为　　骨头　　安静　　倾盆
C 特别　　内心　　平静　　瓢泼　　　　D 格外　　血液　　冷静　　倾斜

8. 每次潮汐，海水会对地面＿＿＿＿摩擦作用，这种摩擦会给自转着的地球带来一些＿＿＿＿，使得地球的自转速度逐渐慢下来。而我们一天时间的长短，恰恰是根据地球自转一周来规定的。因此，随着地球自转速度的＿＿＿＿，我们的每一天在变得长起来，只不过这种变化很微小，人们很难察觉＿＿＿＿。

A 产生　　阻挡　　放缓　　行了　　　　B 出现　　妨碍　　减少　　完了
C 产生　　阻碍　　减慢　　罢了　　　　D 生产　　防止　　减轻　　好了

✦ 정답 및 해설_ 해설집 123쪽

29 day
핵심 키워드에 초점을 맞춰라

✓1 어휘의 연관 관계를 이용해 문제를 푸는 비법을 마스터한다

✓2 주요 어휘와 구조를 암기한다

✓3 문장을 많이 읽어 어감을 키운다

독해 제3부분을 해결하는 방법은 여러 가지가 있는데, 전후 문장의 어휘 관계를 파악하여 판단하는 것이 가장 보편적인 비법이다. 동의어, 반의어, 대사가 있다면 문제를 풀 수 있는 좋은 실마리를 찾은 것이니 놓치지 말고 꼭 기억하자.

기초 실력 테스트 TEST

* 빈칸에 들어갈 알맞은 것을 보기에서 고르세요.

1 你不要这么不自信，________________。

  A 那儿给我留下了深刻的印象
  B 不努力怎么行呢
  C 信心是成功的钥匙

2 每个人都喜欢跟乐观的人交往，________________。

  A 不行的事终于发生了
  B 不喜欢整天愁眉苦脸的人
  C 我非常珍惜这次难得的机会

3 他拿着一把刀，________________。

  A 却不知道从哪儿切下去
  B 一分耕耘一分收获
  C 花了很多钱买了一张画

✦ **정답_** 해설집 233쪽

6급 기출문제 맛보기

맛보기

推销员在推销商品时，并不是直接提出让你买他的商品，而是先提出试用化妆品、试穿衣服的请求，(1)______________________，才提出购买请求。心理学家认为，直接向别人提出一个较大的要求，人们一般很难接受。但是逐步提出要求，不断缩小差距，(2)____________________。这主要是因为人们在不断满足小要求的过程中已经逐渐适应，意识不到逐渐升高的要求已经大大远离了自己的初衷。

人们都希望在他人面前保持一个比较一致的形象，(3)__________________。因此，在接受了别人的要求，或对别人提供帮助之后，再拒绝别人就变得比较困难了。如果这种要求给自己带来的损失并不大的话，人们往往会有一种反正都已经帮了，(4)____________________。

在人际交往中，想要请求某人做某件较大的事情，又担心他不愿意做时，可以先向他提出做一件类似的、较小的事情。

在教育教学管理中，我们也可以运用这种心理。对教师、学生先提出较低的要求，等他们按照要求做了，(5)____________________，然后逐渐提出更高的要求，使每个人都乐于无休止地积极奋发向上。尤其是对年龄较小的孩子的教育引导，使用目标分解法，遵循循序渐进原则，会更有效。

A 不希望别人把自己看做"喜怒无常"的人

B 当这些请求实现之后

C 人们就比较容易接受

D 再帮一次又何妨的心理

E 予以肯定、表扬乃至奖励

推销员在推销商品时，并不是直接提出让你买他的商品，而是先提出试用化妆品、试穿衣服的请求，(1) B<u>当这些请求实现之后</u>，才提出购买请求。心理学家认为，直接向别人提出一个较大的要求，人们一般很难接受。但是逐步提出要求，不断缩小差距，(2) C<u>人们就比较容易接受</u>。这主要是因为人们在不断满足小要求的过程中已经逐渐适应，意识不到逐渐升高的要求已经大大远离了自己的初衷。

人们都希望在他人面前保持一个比较一致的形象，(3) A<u>不希望别人把自己看做"喜怒无常"的人</u>。因此，在接受了别人的要求，或对别人提供帮助之后，再拒绝别人就变得比较困难了。如果这种要求给自己带来的损失并不大的话，人们往往会有一种反正都已经帮了，(4) D<u>再帮一次又何妨的心理</u>。

在人际交往中，想要请求某人做某件较大的事情，又担心他不愿意做时，可以先向他提出做一件类似的、较小的事情。

在教育教学管理中，我们也可以运用这种心理。对教师、学生先提出较低的要求，等他们按照要求做了，(5) E<u>予以肯定、表扬乃至奖励</u>，然后逐渐提出更高的要求，使每个人都乐于无休止地积极奋发向上。尤其是对年龄较小的孩子的教育引导，使用目标分解法，遵循循序渐进原则，会更有效。

A 不希望别人把自己看做"喜怒无常"的人
B 当这些请求实现之后
C 人们就比较容易接受
D 再帮一次又何妨的心理
E 予以肯定、表扬乃至奖励

세일즈맨은 상품을 판매할 때 결코 직접적으로 당신에게 상품을 사도록 하지 않고 먼저 화장품을 한번 써보고 옷을 입어보라고 한 다음 <u>이러한 요구가 실현된 이후에서야</u> 비로소 살 것을 제의한다. 심리학자는 직접적으로 다른 사람에게 비교적 높은 요구를 하면 사람들은 일반적으로 받아들이기가 어렵다고 한다. 하지만 한 걸음 한 걸음 요구를 하고 끊임없이 거리를 좁히면 <u>사람들은 비교적 쉽게 받아들인다</u>. 이는 주로 작은 요구 사항이 끊임없이 만족되는 과정 속에서 이미 조금씩 적응되어 점점 높아지는 요구에도 자신의 최초 바람과 크게 멀어졌다는 것을 의식하지 못하게 되기 때문이다.

사람들은 다른 사람 앞에서 비교적 일치되는 이미지로 유지되길 희망하고, <u>다른 사람이 자신을 '변덕스러운' 사람으로 여기는 것을 바라지 않는다</u>. 이 때문에 다른 사람의 요구를 받아들이거나 혹은 다른 사람에게 도움을 주고 나서 또다시 다른 사람의 요구를 거절하기가 상대적으로 어렵게 된다. 만약 이런 요구가 자신에게 주는 손실이 결코 크지 않다면 사람들은 종종 '어쨌든 이미 도와주었고, <u>또 한 번 더 돕는 것이 무슨 상관이 있겠는가'라는 심리</u>가 생긴다.

사람들과의 교제 중에, 누군가에게 비교적 큰일을 요구하고 싶고 또 원하지 않을까 걱정될 때, 먼저 그에게 비슷한 종류의 비교적 작은 일을 제기하면 된다.

교육 학습 관리에서 우리는 이 심리를 활용할 수 있다. 교사와 학생에게 먼저 비교적 낮은 요구를 제기하고 그들이 요구대로 하기를 기다렸다가 <u>긍정하고 칭찬하며 더 나아가서는 표창을 해준다</u>. 그런 후에 점차적으로 더 높은 요구를 제기하면 사람들이 즐거워하며 쉬지 않고 적극적으로 분발하여 더 나은 방향으로 나아간다. 특히 연령이 비교적 낮은 아이들을 교육 지도할 때 목표 분산법을 사용하여 순서에 따라 원칙대로 진행하면 더욱더 효과를 볼 수 있다.

A 다른 사람이 자신을 '변덕스러운' 사람으로 여기는 것을 바라지 않는다
B 이러한 요구가 실현된 이후에서야
C 사람들은 비교적 쉽게 받아들인다
D '또 한 번 더 돕는 것이 무슨 상관이 있겠는가'라는 심리
E 긍정하고 칭찬하며 더 나아가서는 표창을 해준다

어휘　★推销员 tuīxiāoyuán 몡 판매원, 외판원 | ★推销 tuīxiāo 통 판로를 확장하다 | ★商品 shāngpǐn 몡 상품 | ★提出请求 tíchū qǐngqiú 요청을 제기하다 | ★试用 shìyòng 통 시용하다 | ★试穿 shìchuān 통 입어보다 | ★购买 gòumǎi 통 구매하다 | ★心理学家 xīnlǐ xuéjiā 몡 심리학자 | ★逐步 zhúbù 뮈 한 걸음 한 걸음 | ★不断 búduàn

⑧⑨ 끊임없이; 계속해서 | ★缩小 suōxiǎo ⑧ 축소하다 | ★差距 chājù ⑲ 차이 | ★满足要求 mǎnzú yāoqiú 요구를 만족시키다 | ★逐渐 zhújiàn ⑨ 점점 | ★适应 shìyìng ⑧ 적응하다 | ★升高 shēnggāo ⑧ 높이 오르다 | ★大大远离 dàdà yuǎnlí 저 멀리 떠나다 | ★初衷 chūzhōng ⑲ 최초의 바람 | ★保持形象 bǎochí xíngxiàng 이미지를 유지하다 | ★一致 yízhì ⑱ 일치하다 | ★提供 tígōng ⑧ 제공하다 | ★损失 sǔnshī ⑧ 손실을 입다 | ★反正 fǎnzhèng ⑨ 어쨌든 | ★类似 lèisì ⑱ 유사하다 | ★管理 guǎnlǐ ⑧ 관리하다 | ★运用 yùnyòng ⑧ 운용하다 | ★按照要求 ànzhào yāoqiú 요구에 따라 | ★乐于 lèyú ⑧ 기꺼이 하다 | ★无休止 wúxiūzhǐ ⑧ 계속 끊이지 않는다 | ★积极 jījí ⑱ 긍정적이다 | ★奋发向上 fènfā xiàngshàng 분발하여 앞으로 나아가다 | ★尤其 yóuqí ⑨ 더욱이 | ★引导 yǐndǎo ⑧ 인도하다 | ★分解 fēnjiě ⑧ 분해하다 | ★遵循 zūnxún ⑧ 따르다 | ★循序渐进 xún xù jiàn jìn ⑳ 순서에 따라 점진적으로 하다 | ★原则 yuánzé ⑲ 원칙 | ★有效 yǒuxiào ⑱ 유효하다 | ★把……看做 bǎ……kànzuò ～을 ～로 간주하다 | ★喜怒无常 xǐ nù wú cháng ⑳ 기쁨과 노여움이 일정치 않다 | ★实现 shíxiàn ⑧ 실현하다 | ★何妨 héfáng ⑧ 무슨 상관이 있겠는가 | ★予以 yǔyǐ ⑧ ～을 주다 | ★肯定 kěndìng ⑧⑱ 긍정하다; 긍정적이다 | ★表扬 biǎoyáng ⑧ 칭찬하다 | ★乃至 nǎizhì ⑳ 더 나아가서 | ★奖励 jiǎnglì 장려하다, 표창하다

독해
제3부분

난이도 中　공략 Key 동일한 어휘 请求

1　B 当这些请求实现之后　|　B 이러한 요구가 실현된 이후에서야

공략　보기 B '这些请求'에서 앞의 내용을 받는 지시대사 这些와 동일한 어휘 请求가 바로 앞부분에 제시되어 있다.

난이도 中　공략 Key 반의어 很难과 容易

2　C 人们就比较容易接受　|　C 사람들은 비교적 쉽게 받아들인다

공략　앞부분에서는 '很难接受'라는 표현을 썼다. 그러나 접속사 但是 뒷부분은 내용이 전환되기 때문에 앞의 내용과는 반대되는 내용이 들어간다. 따라서 '容易接受'가 있는 C가 의미상 적절하다.

난이도 下　공략 Key 반의어 希望과 不希望

3　A 不希望别人把自己看做"喜怒无常"的人　|　A 다른 사람이 자신을 '변덕스러운' 사람으로 여기는 것을 바라지 않는다

공략　앞부분의 '人们都希望在他人面前保持一个比较一致的形象'은 사람들이 원하는 이상이다. 뒷부분은 이와 반대되는 내용이 제시되어야 하는데, 보기 A는 不希望을 써서 앞절과는 상반된 구조의 복문으로 구성되어 있다.

난이도 上　공략 Key 동일한 어휘 帮

4　D 再帮一次又何妨的心理　|　D '또 한 번 더 돕는 것이 무슨 상관이 있겠는가'라는 심리

공략　앞부분 '反正都已经帮了'는 돕는 동작이 이미 완료된 것을 나타낸다. 동일한 동사 帮이 보기 D에 제시되어 있으며 부사 再를 통해 돕는 행위가 또 일어날 수 있다는 미래적인 의미가 들어가 시간적인 모순도 발생하지 않는다. 동일한 동사가 이어지는 것이 답을 찾는 포인트다.

난이도 上　공략 Key 문장 전후의 의미 파악

5　E 予以肯定、表扬乃至奖励　|　E 긍정하고 칭찬하며 더 나아가서는 표창을 해준다

공략　앞부분의 '等他们按照要求做了'의 결과가 들어가는 문장이 와야 하므로 보기 E가 적절하다.

공략 1. 보기와 동일한 어휘나 반의어를 문장 전후에서 찾아라

1. 동일한 어휘나 형태가 다르지만 유사한 어휘가 반복해서 제시되는 경우

> **예**
>
> 　此外，还有一件事使小司马光声名远播。有一次，他跟小朋友们在后院里玩耍，____________________，有个小孩爬到缸沿上玩，一不小心，失足掉进缸里。
>
> A 小司马光遇事沉着冷静
>
> B 从地上捡起一块大石头
>
> C 司马光喜欢读《左传》
>
> D 这件偶然的事情让司马光出了名
>
> E 院子里有一口大水缸

해석　이외에, 어린 사마광의 명성이 널리 퍼진 사건이 있었다. 한번은 그가 친구들과 뒤뜰에서 놀고 있었다. <u>뜰에는 커다란 물 항아리가 있었는데</u> 어린아이가 항아리 주변에서 놀다가 아차 하면서 발을 헛디뎌서 항아리에 빠졌다.

A 어린 사마광은 일할 때 침착하고 냉정했다

B 땅에서 커다란 돌 하나를 주웠다

C 사마광은 『좌전』을 즐겨 읽었다

D 이 우연한 일로 사마광은 유명해졌다

Ⓔ **뜰에는 커다란 물 항아리가 있었다**

공략　他跟小朋友们在后院里玩耍，【Ⓔ 院子里有一口大水缸】，有个小孩爬到缸沿上玩……

　　　　　　　　동일한 의미　　　　　　　　　　　　　　　　동일한 의미

　🔵 앞에는 院子와 동일한 의미의 后院이 있고, 뒤에는 缸이 들어간 缸沿이 있다.

어휘　★此外 cǐwài 圈 이외에 | 司马光 Sīmǎ Guāng [고유] 사마광 | ★声名远播 shēngmíng yuǎnbō 명성이 널리 퍼지다 | ★后院 hòuyuàn 圈 뒷마당 | ★缸沿 gāngyán 항아리 가장자리 | ★失足 shīzú 통 발을 헛디디다 | ★掉进……里 diàojìn……li ～안으로 빠지다 | ★沉着冷静 chénzhuó lěngjìng 침착하고 냉정하다 | ★捡起 jiǎnqǐ 집어 올리다 | ★左传 Zuǒzhuàn 圈 좌전[주대(周代)의 좌구명(左丘明)이 지은 것으로, 원명은 좌씨춘추(左氏春秋)임] | ★偶然 ǒurán 囝 우연히

2. 반의어나 부정부사(不, 没, 非, 未)로 판단할 수 있는 경우

예

每个人都愿意得到别人的肯定、赞扬，＿＿＿＿＿＿＿＿＿＿＿＿＿。

A　不愿意处处受到排斥
B　人类应该虚心向动植物学习
C　他们的要求就会得到满足
D　这是成功者应该具备的素质
E　要把眼光放得长远一些

독해
제3부분

해석　모든 사람은 다른 사람의 인정과 칭찬을 받기를 원하고 <u>모든 면에서 배척을 받고 싶어 하지 않는다</u>.

Ⓐ 모든 면에서 배척을 받고 싶어 하지 않는다
B 인류는 반드시 겸손한 마음으로 동식물에게서 배워야 한다
C 그들의 요구는 충족될 수 있을 것이다
D 이것은 성공한 사람이 반드시 갖춰야 할 자질이다
E 안목을 좀 더 멀리 두어야 한다

공략　每个人都愿意得到别人的肯定、赞扬，【 Ⓐ 不愿意处处受到排斥 】。

상반된 어휘

▷ 앞에 동사 愿意가 있는데, 보기 A에 형태는 똑같지만 부정부사가 들어간 不愿意가 있고 부정의 의미가 들어 있다.

어휘　★肯定 kěndìng 图 긍정하다 | ★赞扬 zànyáng 图 찬양하다 | ★处处 chùchù 閃 도처에 | ★受排斥 shòu páichì 배척을 당하다 | ★虚心 xūxīn 阌 겸손하다 | ★向……学习 xiàng……xuéxí ~에게 배우다 | ★具备 jùbèi 图 갖추다 | ★素质 sùzhì 閃 소질 | ★眼光 yǎnguāng 閃 시선, 안목 | ★长远 chángyuǎn 阌 길다, 멀다

🏷 바로 체크 Check!　알맞은 것끼리 연결하세요.

❶ 朋友之间不能太远 ・　　　　　・ A 不喜欢油腻的
❷ 他喜欢清淡的菜 ・　　　　　・ B 朋友之间也不能太近
❸ 正式的职员 ・　　　　　・ C 不同于非正式的职员

정답 ❶ B ❷ A ❸ C

因为只有一发子弹可以发射，只有一次机会，所以他训练起来变得格外认真，______________________。训练了一段时间后，他的射击成绩突飞猛进。

A 再也不敢丝毫马虎

B 在判断你的答案是否正确前

C 谁更有可能把握机会呢

D 可他训练起来漫不经心

E 有人最终失去了全部

정답&공략

해석　因为只有一发子弹可以发射，只有一次机会，所以他训练起来变得格外认真，**再也不敢丝毫马虎**。训练了一段时间后，他的射击成绩突飞猛进。

오로지 총알 한 발만 쏠 수 있고 한 번의 기회밖에 없기 때문에 그는 훈련할 때 유달리 진지하게 변했고 **더 이상 감히 대충하지 못하였다**. 일정 기간 훈련을 마친 후, 그의 사격 성적은 크게 향상되었다.

Ⓐ 再也不敢丝毫马虎
B 在判断你的答案是否正确前
C 谁更有可能把握机会呢
D 可他训练起来漫不经心
E 有人最终失去了全部

Ⓐ 더 이상 감히 대충하지 못하다
B 당신의 답안이 정확한지 판단하기 전에
C 누가 더 기회를 잡을 가능성이 있겠는가
D 하지만 그는 훈련을 소홀히 하였다
E 어떤 사람은 결국 모든 것을 잃었다

공략　앞부분에 있는 '진지하다'의 认真은 马虎의 반의어다. 보기 A는 부정형으로 제시되어 있기에 결국에는 '진지해지다'는 의미와 동일하다.

어휘　★一发 yì fā 한 발 | ★子弹 zǐdàn 명 탄알 | ★训练 xùnliàn 통 훈련하다 | ★格外 géwài 부 각별히 | ★一段时间 yí duàn shíjiān 얼마 기간 동안 | ★射击 shèjī 통 사격하다 | ★突飞猛进 tū fēi měng jìn 성 비약적으로 발전하다 | ★再也 zài yě 더 이상 | ★不敢 bùgǎn 통 감히 ~하지 못하다 | ★丝毫 sīháo 부 추호도, 조금도 | ★马虎 mǎhu 형 대충하다 | ★判断 pànduàn 통 판단하다 | ★答案 dá'àn 명 답안 | ★把握 bǎwò 통 쥐다, 파악하다 | ★漫不经心 màn bù jīng xīn 성 전혀 마음에 두지 않다 | ★最终 zuìzhōng 명·형 최후(의) | ★失去 shīqù 통 잃다

공략 2. 포인트가 되는 어휘를 탐색하라

1. 대사 탐색 : 他, 她, 它, 他, 她, 它们, 这样, 那样, 这, 那와 같은 대사가 문장 속에 있다면 분명 앞의 말을 이어받는 것이다. 따라서 이 대사가 무엇을 가리키는지 앞에서 찾으면 된다.

> **예**
>
> 　　　鲁肃见了诸葛亮。诸葛亮说："有一件事要请你帮我的忙。希望你能借给我20只船，每只船上30个军士，船要用青布幔子遮起来，还要一千多个草把子，排在船两边。不过，＿＿＿＿＿＿＿＿＿＿＿。"
>
> A 完不成任务甘受处罚
>
> B 叫士兵擂鼓呐喊
>
> C 这件事千万不能让周瑜知道
>
> D 诸葛亮令船赶紧往回开
>
> E 让另一面受箭

해석　　노숙(鲁肃)이 제갈량(諸葛亮)을 만났다. 제갈량은 "한 가지 좀 도와주십시오. 모든 배에 30명의 군사를 태운 20척의 배를 마련해주시고, 배를 청색 천으로 덮고 천여 개의 짚 더미를 배 가장자리에 양쪽으로 놓아주십시오. 하지만, **이 일을 절대 주유(周瑜)가 알게 해서는 안 됩니다**"라고 말했다.

A 임무를 완성하지 못하면 달게 벌을 받겠다
B 사병들에게 북과 장구를 치고 고함치도록 하다
Ⓒ **이 일을 절대 주유가 알게 해서는 안 된다**
D 제갈량은 배를 재빨리 돌리도록 명령하였다
E 다른 한쪽으로 화살을 받도록 하였다

공략　　有一件事要请你帮我的忙……不过，【 Ⓒ 这件事千万不能让周瑜知道 】。
　　　　　　　　　这件事는 一件事를 가리킴

　　🔾 앞부분에 '一件事'가 언급되었기에 지시대사가 들어간 '这件事'는 분명 앞에 있는 말을 받는다.

어휘　　鲁肃 Lǔ Sù 고유 노숙(鲁肃) | ★诸葛亮 Zhūgě Liàng 고유 제갈량(諸葛亮) | ★帮我的忙 bāng wǒ de máng 나의 일을 돕다 | ★借给 jiègěi ～에게 빌려주다 | ★军士 jūnshì 명 군사 | ★青布 qīngbù 푸른 천 | 幔子 mànzi 명 천막 | ★遮 zhē 통 막다 | ★草把子 cǎobǎzi 짚 더미 | 甘受 gānshòu 통 달게 받다 | ★处罚 chǔfá 명동 처벌(하다) | ★擂鼓 lèi gǔ 북을 두드리다 | ★呐喊 nàhǎn 통 고함치다 | ★千万 qiānwàn 부 제발, 절대로 | ★令 lìng 통 ～하게 하다 | ★赶紧 gǎnjǐn 부 얼른, 재빨리 | ★往回开 wǎng huí kāi 돌아가다 | ★箭 jiàn 명 화살

2. 연관 어휘 탐색 : '刀—切', '石头—砸', '生病—医生' 등과 같이 의미적으로 연관이 있는 어휘가 답을 찾는 열쇠다.

> **예**
>
> 司马光却急中生智，＿＿＿＿＿＿＿＿＿＿＿＿，用力向水缸砸去，"砰!"水缸破了，缸里的水流了出来，掉进缸里的小孩也得救了。
>
> A 小司马光遇事沉着冷静
>
> B 从地上捡起一块大石头
>
> C 司马光喜欢读《左传》
>
> D 这件偶然的事情让司马光出了名
>
> E 院子里有一口大水缸

해석   사마광은 오히려 다급한 가운데 좋은 생각이 떠올라 <u>땅에서 커다란 돌 하나를 주워서</u> 힘을 다해 물 항아리를 깼다. "펑!" 하고 물 항아리가 깨졌고 항아리 안의 물이 흘러나와 항아리에 빠진 아이도 구조되었다.

A 어린 사마광은 일할 때 침착하고 냉정했다
Ⓑ **땅에서 커다란 돌 하나를 주웠다**
C 사마광은 『좌전』을 즐겨 읽었다
D 이 우연한 일로 사마광은 유명해졌다
E 뜰에는 커다란 물 항아리가 있었다

공략   司马光却急中生智，【 Ⓑ 从地上捡起一块大石头 】，用力向水缸砸去……

도구와 동작 관계

➡ 石头는 도구이고, 이 도구의 동작은 砸이다. 따라서 의미적으로 서로 연관되는 단어가 이어져야 한다.

어휘   ★急中生智 jí zhōng shēng zhì 성 다급한 때에 좋은 생각이 떠오르다 ｜ ★水缸 shuǐgāng 명 물 항아리 ｜ ★砸 zá 동 깨뜨리다 ｜ ★砰 pēng 의성 펑 ｜ ★破 pò 동 파손되다 ｜ ★流出来 liú chūlai 흘러나오다 ｜ ★掉进 diàojìn ~에 빠지다 ｜ 得救 déjiù 동 위험에서 벗어나다 ｜ ★一块石头 yí kuài shítou 돌 한 개 ｜ ★出名 chūmíng 형동 이름이 나다; 유명해지다

바로 체크   알맞은 것끼리 연결하세요.

❶ 以前我们去过一家餐厅 ·   · A 快去医院看看吧

❷ 他的病又严重了 ·   · B 随便拍了一些照片

❸ 我拿着照相机 ·   · C 那家餐厅里没有桌子

정답 ❶ C ❷ A ❸ B

 **예제**

난이도 **中**　공략 Key 疫病과 호응하는 医生

　　但没想到的是，过了不久，羊群开始流行疫病，羊大批地死掉，甚至比遭受狼患的损失还大得多。＿＿＿＿＿＿＿＿＿＿＿。但是，不知为什么，疫病还是不断发生。

A 羊群就面临着灾难

B 是对手唤起我们挑战的冲动和欲望

C 牧场主又请来医生对羊群进行诊治

D 羊群因而格外健壮

E 放回到附近的山里去

독해
제3부분

정답&공략

해석　　但没想到的是，过了不久，羊群开始流行疫病，羊大批地死掉，甚至比遭受狼患的损失还大得多。<u>牧场主又请来医生对羊群进行诊治</u>。但是，不知为什么，疫病还是不断发生。

A 羊群就面临着灾难
B 是对手唤起我们挑战的冲动和欲望
Ⓒ 牧场主又请来医生对羊群进行诊治
D 羊群因而格外健壮
E 放回到附近的山里去

　　하지만 생각지도 못한 것은 얼마 지나지 않아 양 떼에 전염병이 유행하기 시작해 양이 대량으로 죽어 버렸는데 심지어 늑대로 인한 손실보다 훨씬 더 컸다. <u>목장 주인은 또 의사를 모셔와 양 떼에게 전염병을 치료하도록 하였다</u>. 하지만 왜 그런지 전염병은 여전히 끊임없이 발생하였다.

A 양 떼가 재난에 직면해 있다
B 적수가 우리에게 도전하고 싶은 충동과 욕구를 불러일으킨다
Ⓒ 목장 주인은 또 의사를 모셔와 양 떼에게 전염병을 치료하도록 하였다
D 때문에 양 떼가 매우 건강해졌다
E 근처 산으로 놓아주었다

공략　앞부분에 전염병이 돈다는 '流行疫病'이라는 표현이 있다. 그러면 당연히 병을 치료할 의사를 부르게 될 것이므로 医生이 들어간 보기 C가 의미적으로 인과 관계에 부합된다.

어휘　★过了不久 guò le bùjiǔ 오래되지 않아 | ★羊群 yángqún 몡 양 떼 | ★流行 liúxíng 통 유행하다 | ★疫病 yìbìng 몡 유행성 전염병, 역병 | ★大批 dàpī 혱 대량의 | ★遭受 zāoshòu 통 입다, 당하다 | ★狼 láng 몡 늑대 | ★患 huàn 몡통 재난; 병이 나다 | ★损失 sǔnshī 통 손실을 입다 | ★面临 miànlín 통 직면하다 | ★灾难 zāinàn 몡 재난 | ★对手 duìshǒu 몡 상대 | ★唤起 huànqǐ 통 불러일으키다 | ★冲动 chōngdòng 통 충동하다 | ★欲望 yùwàng 몡 욕망 | ★牧场主 mùchǎngzhǔ 몡 목장 주인 | ★诊治 zhěnzhì 통 진료하다 | ★健壮 jiànzhuàng 혱 건장하다

第 1-10 题：选句填空。

1–5.

　　新疆有两种著名的树，一是白杨，一是胡杨。白杨的美在于挺拔，而胡杨之美在于顽强的生命力和醉人的金黄色，因此更令人神往。

　　据说，(1)________________，是一种古老的树。随着时间的推移，胡杨逐渐演变成沙漠河流沿岸最主要的树种。为了能在缺水的环境中生存，胡杨的根系非常发达，它们的根可以扎到地下几十米去吸取水分。

　　每年4月，胡杨开花结果，(2)________________，如同一小段一小段绿色的鞭炮，挂满枝头。这些果实其实是花苞，花苞会慢慢地从绿色变成淡红色，六七月份的时候，花苞就炸开了。风一吹，成熟了的种子随风飘浮，(3)________________，成长为一颗顶天立地的胡杨树。

　　每年10月，秋天的胡杨就穿上金黄色的礼服，(4)________________。远观胡杨，层林尽染，一片金色的海洋。近观胡杨，每一片叶子的叶脉都清晰可见，透明的叶片相互映衬，散射出黄色的光晕。

　　在新疆塔里木河两岸生长着的那些或高或低、错落有致的胡杨，每年都吸引着许多游客来到这里。有人说，正是有了这片胡杨林，(5)________________。所以，当地人视胡杨为"英雄树"，还有人赞美它是"沙漠的脊梁"。

A 一串一串菱形的果实

B 天山南麓的大片绿洲才免遭沙漠的吞噬

C 迎接四面八方的宾客

D 如能找到一个湿润的地方就会扎根发芽

E 胡杨几千万年前就在地球上生存了

6-10.

　　人生来就会笑，但很少有人知道，笑也是一种很好的健身运动。每笑一声，从面部到腹部约有80块肌肉参与运动。(6)________________，相当于划10分钟船的运动效果。

　　只要发笑，嘴角和颧骨部位的肌肉便跟着运动，(7)____________________。这种面部按摩，可以阻止面部线条下坠。笑，也是一种保持青春的美容操。因为笑的时候，脸部肌肉收缩，会使脸部更有弹性。笑可以使人减慢衰老。俗话说的好："笑一笑，十年少。"当你笑的时候，大脑神经会放松一会儿，从而使大脑有更多的休息时间。

　　笑，可使一些部位的肌肉收缩，另一些部位的肌肉放松，一张一弛，(8)________________________，实在是一种缓解痉挛性疼痛的妙法。有这种职业性肌肉劳损的人只要笑口常开，无疑会从这种特殊的运动中大大获益。

　　笑作为一种有效的深呼吸运动，(9)________________。人笑伴随的腹部肌群的起伏，又是一种极好的腹肌运动。腹肌在大笑中强烈的收缩和震荡，有助于把血液挤入胸腔静脉。

　　可惜，人到成年，(10)________________，比孩提时代每天笑400次左右少多了。对健康来说，这实在是令人遗憾的损失。

A 每人每天平均只笑15次

B 已被越来越多的人们所认识

C 使劳累的肌肉在运动中得以放松

D 要是笑100次，对心脏的血液循环和肺功能的锻炼

E 将嘴和两眼向上提拉

✦ **정답 및 해설_** 해설집 128쪽

문장 구조의 조건을 살펴라

+ **정답_** 해설집 233쪽

학습목표

✔ **1** 문장 구조를 이용해 문제를 푸는 비법을 마스터한다

✔ **2** 접속사 구문을 파악하는 능력을 키운다

✔ **3** 주요 어휘와 구조를 암기한다

문장 구조는 문제를 푸는 단서가 될 수 있다. 특히 복문 문장 전후에 접속사가 있으면 우선 접속사를 유의해서 보아야 한다. 이외에도 병렬 구조, 명사구, 동사구도 신속하게 답을 찾을 수 있는 중요한 키워드이므로 지문을 읽을 때 이 점을 꼭 기억하자!

기초 실력 테스트 TEST

＊ 빈칸에 들어갈 알맞은 것을 보기에서 고르세요.

1 这既是我的意见，_________________________。

   A 总比没有朋友好
   B 也是大家的意见
   C 他是个出了名的吝啬鬼

2 爱，是一缕阳光，_________________________。

   A 别忘了把窗户关上
   B 不同年龄的人爱好也不同
   C 是一片绿荫

3 _________________________，让人们的生活更方便了。

   A 科技的进步
   B 这件事我永远不会忘记
   C 别再浪费时间了

6급 기출문제 맛보기

 맛보기

　　早在解放前，徐悲鸿刚到北平时，常去琉璃厂的字画店里观赏，以搜集古今的优秀字画。碰到他所喜爱的，就会情不自禁地说："这是一张好画!"，"这是难得的精品!"等等。说得站在一旁的画商眉开眼笑，(1)＿＿＿＿＿＿＿＿＿＿＿＿＿＿，现在却向徐悲鸿要出了高价。而徐悲鸿一旦看中，(2)＿＿＿＿＿＿＿＿＿＿＿＿＿。

　　他的妻子廖静文有时埋怨他说："你怎么可以在画商面前表现出你那样喜爱这张画呢？你不能冷静一些吗？(3)＿＿＿＿＿＿＿＿＿＿＿＿＿，结果你本来可以少出一些钱就能买到的画，也被人家要了高价。"

　　徐悲鸿温和地点头笑了，(4)＿＿＿＿＿＿＿＿＿＿＿＿＿。但是，等到再有画商送来好画时，他还是情不自禁地夸赞不止。(5)＿＿＿＿＿＿＿＿＿＿＿＿＿，那么他就不是画家徐悲鸿了。

　　A 假如他对一幅真正的好画能装出无动于衷的样子

　　B 承认她的话很有道理

　　C 本来没有打算要高价的

　　D 便不再计较价钱

　　E 你总是让人家看出你非买不可

정답&공략

　　早在解放前，徐悲鸿刚到北平时，常去琉璃厂的字画店里观赏，以搜集古今的优秀字画。碰到他所喜爱的，就会情不自禁地说："这是一张好画!"，"这是难得的精品!"等等。说得站在一旁的画商眉开眼笑，(1)C本来没有打算要高价的，现在却向徐悲鸿要出了高价。而徐悲鸿一旦看中，(2)D便不再计较价钱。

　　일찍이 해방 전, 쉬베이홍이 막 베이징에 왔을 때, 고금의 우수한 서화를 수집하기 위해 류리창의 서화 가게에 자주 가서 감상했다. 그는 좋아하는 것을 보면 감정을 억제하지 못하고 말한다. "좋은 그림이네!" "보기 드문 명품이야." 옆에 서 있는 서화 가게 주인은 싱글벙글해져서 <u>원래는 높은 가격을 부를 계획이 없었는데도</u> 오히려 쉬베이홍에게 높은 가격을 요구한다. 하지만 쉬베이홍은 일단 마음에 들기만 하면 <u>더 이상 가격을 따지지 않는다</u>.

他的妻子廖静文有时埋怨他说："你怎么可以在画商面前表现出你那样喜爱这张画呢？你不能冷静一些吗？ (3) E你总是让人家看出你非买不可，结果你本来可以少出一些钱就能买到的画，也被人家要了高价。"

徐悲鸿温和地点头笑了，(4) B承认她的话很有道理。但是，等到再有画商送来好画时，他还是情不自禁地夸赞不止。(5) A假如他对一幅真正的好画能装出无动于衷的样子，那么他就不是画家徐悲鸿了。

A 假如他对一幅真正的好画能装出无动于衷的样子
B 承认她的话很有道理
C 本来没有打算要高价的
D 便不再计较价钱
E 你总是让人家看出你非买不可

그의 아내 랴오징원은 때때로 그를 탓하며 "당신은 어떻게 서화 가게 주인 앞에서 당신이 이 그림을 좋아한다는 것을 그렇게 티를 내나요? 좀 침착해질 수 없어요? 당신은 항상 사람들에게 꼭 살 것이라는 모습이 간파되어 원래 돈을 좀 적게 주고 살 수 있는 그림도 높은 가격으로 매겨지잖아요"라고 말했다.

쉬베이홍은 온화하고 따뜻하게 고개를 끄덕이며 웃었고 그녀의 말에 일리가 있다고 인정하였다. 그러나 서화 가게 주인이 다시 좋은 그림을 가지고 왔을 때는 여전히 감정을 억제하지 못하고 끊임없이 칭찬하였다. 만약 그가 진정으로 좋은 그림에 대해 전혀 무관심한 모습을 한다면 그는 화가 쉬베이홍이 아니다.

A 만약 그가 진정으로 좋은 그림에 대해 전혀 무관심한 모습을 한다면
B 그녀의 말에 일리가 있다고 인정하였다
C 원래는 높은 가격을 부를 계획이 없었다
D 더 이상 가격을 따지지 않는다
E 당신은 항상 사람들에게 꼭 살 것이라는 모습이 간파된다

어휘 解放 jiěfàng 통 해방하다 | 徐悲鸿 Xú Bēihóng 고유 쉬베이홍 | 北平 Běipíng 고유 베이징의 옛날 이름 | ★琉璃厂 Liúlíchǎng 고유 류리창[베이징의 유명한 문화의 거리] | ★字画店 zìhuàdiàn 서화 가게 | ★观赏 guānshǎng 통 감상하다 | ★搜集 sōují 통 수집하다 | ★碰到 pèngdào 통 만나다 | ★情不自禁 qíng bù zì jīn 성 감정을 억제할 수 없다, 저절로 | ★难得 nándé 형 얻기 어렵다 | ★精品 jīngpǐn 명 우수한 작품 | ★画商 huàshāng 명 그림 파는 사람 | ★眉开眼笑 méi kāi yǎn xiào 성 싱글벙글하다, 몹시 좋아하다 | ★却 què 부 오히려 | ★高价 gāojià 명 고가 | ★一旦 yídàn 부 일단 ~하기만 하면 | ★看中 kànzhòng 통 마음에 들다 | 廖静文 Liào Jìngwén 고유 랴오징원 | ★埋怨 mányuàn 통 불평하다 | ★冷静 lěngjìng 형 침착하다, 냉정하다 | ★少出钱 shǎo chūqián 돈을 적게 내다 | ★温和 wēnhé 형 따뜻하다 | ★点头 diǎntóu 통 고개를 끄덕이다 | ★夸赞不止 kuāzàn bùzhǐ 끊임없이 과찬하다 | ★假如 jiǎrú 접 만약 | ★一幅好画 yì fú hǎo huà 좋은 그림 한 폭 | ★装出 zhuāngchū ~인 체하다 | ★无动于衷 wú dòng yú zhōng 성 아무런 동요가 없다 | ★承认 chéngrèn 통 인정하다 | ★有道理 yǒu dàolǐ 일리가 있다 | ★本来 běnlái 부 본래 | ★便 biàn 부 곧 | ★计较 jìjiào 통 따지다 | ★看出 kànchū 통 알아차리다 | ★非……不可 fēi……bùkě ~하지 않으면 안 된다

난이도 中 | 공략 Key 핵심어 却

1 C 本来没有打算要高价的 | C 원래는 높은 가격을 부를 계획이 없었다

공략 뒷부분 '现在却向徐悲鸿要出了高价'에서 却는 전환을 의미하기에 이전과 현재의 결과가 다름을 나타낼 수 있는 本来가 들어간 보기 C가 적절하다.

난이도 中 | 공략 Key '一旦……便……' 구조

2 D 便不再计较价钱 | D 더 이상 가격을 따지지 않는다

공략 앞 문장 '而徐悲鸿一旦看中'을 통해 가정을 나타내는 문장 뒷부분에 들어갈 수 있는 便(就)이 있는 보기 D가 적절하다.

난이도 上　공략 Key 병렬 구조 파악

3 E 你总是让人家看出你非买不可 ｜ E 당신은 항상 사람들에게 꼭 살 것이라는 모습이 간파된다

공략 앞부분은 직접 화법이 있는 절로 주어가 대사 你다. 내용상 아직 끝나지 않은 상황이 병렬된 문장이므로 주어가 동일할 것이다.

난이도 中　공략 Key 点头와 承认의 의미 연관성 파악

4 B 承认她的话很有道理 ｜ B 그녀의 말에 일리가 있다고 인정하였다

공략 앞부분에서 쉬베이홍이 고개를 끄덕여(点头) 신체 언어로 긍정이나 인정을 나타내었다. 따라서 의미상 연관성이 있는 承认이 들어간 보기 B가 가장 적합하다.

난이도 中　공략 Key '假如……那么……' 구조

5 A 假如他对一幅真正的好画能装出无动于衷的样子 ｜ A 만약 그가 진정으로 좋은 그림에 대해 전혀 무관심한 모습을 한다면

공략 보기 A는 가정을 나타내는 假如가 있는 복문으로 뒷부분에서 '那么……就'가 호응할 수 있다.

독해
제3부분

토크토크!
쌤의 한마디~

독해 제3부분은 문장 구조를 파악하는 능력이 있으면 좀 더 쉽게 답을 찾을 수 있어요. 문장 구조를 읽는 힘인 접속사 학습이 중요하죠. 접속사는 다른 단어와 호응해서 쓰이기도 하지만 단독으로 쓰이기도 해요. 접속사 쓰임에 유의하세요.

공략 1. 접속사 구문과 병렬 구조 파악에 충실하라

복문 구조라면 문장 전후에 호응하는 접속사가 있는 경우, 동일한 구조의 문장이 출현하는 경우 등이 있다. 접속사와 열거형 문장의 흐름을 파악하는 키워드를 잡자.

1. **접속사 구문** : '不但……而且……', '尽管……但是……', '即使……也……', '既然……就……', '不管……都……', '既……也(又)……'와 같이 호응하는 접속사가 있는 경우나 却, 而, 就, 也, 还와 같이 단독으로 쓰이는 경우가 있다.

예

> 老天的脸"难琢磨"。实际上，天气预报准确与否是一个相对的概念，这个相对概念中既体现了公众对预报的理解和认知程度，＿＿＿＿＿＿＿＿＿＿＿＿＿＿。
>
> A 围绕地球的这层厚厚的大气是流体
>
> B 基于现代科学基础上的天气预报历史相对较短
>
> C 可是有一次暴雨没报出来
>
> D 也与目前技术能力和水平能够达到什么程度密切相关
>
> E 这对身处不同地区的人来说

해석 하나님의 얼굴은 '예측하기 어렵다'. 사실, 일기 예보가 정확한지는 상대적인 개념이다. 이 상대적인 개념은 예보에 대한 대중의 이해와 인지 정도를 보여줄 뿐 아니라 <u>현재의 기술력과 수준이 어느 정도까지 이르렀는지와 밀접한 관계가 있다</u>.

A 지구를 에워싸고 있는 이 두꺼운 대기는 유동체다
B 현대 과학 기초를 기반으로 한 일기 예보의 역사는 상대적으로 비교적 짧다
C 그러나 한 번 폭우를 예보하지 못했다
Ⓓ **현재의 기술력과 수준이 어느 정도까지 이르렀는지와 밀접한 관계가 있다**
E 이 점은 다른 지역에 위치하고 있는 사람들에게는

공략 这个相对概念中既体现了公众对预报的理解和认知程度，【 Ⓓ 也与目前技术能力和水平能够达到什么程度密切相关】。

'既……也……' 구조 파악

▶ '既……也……'의 복문 구조로 앞에 있는 既를 보고 이어지는 병렬 호응 구조를 찾아낼 수 있다.

어휘 ★脸 liǎn 몡 얼굴 | ★琢磨 zhuómo 통 깊이 생각하다 | ★准确 zhǔnquè 혱 확실하다 | ★与否 yǔfǒu 몡 여부 | ★相对概念 xiāngduì gàiniàn 상대적인 개념 | ★既 jì 젭 ~할 뿐 아니라 | ★体现 tǐxiàn 통 구현하다, 체현하다 | ★公众 gōngzhòng 몡 대중 | ★认知 rènzhī 통 인식하다 | ★围绕 wéirào 통 주위를 에워싸다 | ★层 céng 몡 층, 겹 | ★厚厚的 hòuhòu de 두꺼운 | ★流体 liútǐ 몡 유체, 유동체 | ★基于 jīyú ~에 기초하여 | ★相对 xiāngduì 혱

상대적으로 | ★暴雨 bàoyǔ 囤 폭우, 소나기 | ★目前 mùqián 囤 현재 | ★程度 chéngdù 囤 정도, 수준 | ★密切相关 mìqiè xiāngguān 밀접하게 관련되다 | ★身处 shēn chǔ ~에 처하다

2. 열거형 : 접속사는 없지만 구조적으로 동일한 형태를 이루는 경우다.

印刷术的发明对人类政治、经济、文化等诸多方面产生了重要影响，________

____________。

A 为世界文明的传播与发展做出了巨大贡献

B 实现了造纸技术史上的重要突破

C 纸终于成为主要的书写材料

D 中国早期就已经开始使用墨

E 带来了书写材料的根本性变革

해석　인쇄술의 발명은 인류의 정치, 경제, 문화 등 다양한 방면에서 중요한 영향을 끼쳤으며 <u>세계 문명의 전파와 발전을 위해 커다란 공헌을 하였다</u>.

Ⓐ 세계 문명의 전파와 발전을 위해 커다란 공헌을 하였다
B 제지 기술 역사상 중요한 돌파를 마련하였다
C 종이는 마침내 주요 필기 재료가 되었다
D 중국은 일찍이 먹을 사용하기 시작했다
E 필기 재료의 근본적인 변혁을 가져다주었다

공략　印刷术的发明对人类……产生了重要影响，【Ⓐ 为世界……做出了巨大贡献】。
구조 동일　　　　구조 동일

○ 앞에서 인쇄술의 발명이 인류에게 미친 영향에 대해 언급하고 있다. 따라서 인쇄술이 범세계적으로 영향을 끼쳤다는 의미가 뒤에 열거되는 것이 적절하다.

어휘　★印刷术 yìnshuāshù 囤 인쇄술 | ★政治 zhèngzhì 囤 정치 | ★经济 jīngjì 囤 경제 | ★文化 wénhuà 囤 문화 | ★诸多 zhūduō 囵 많은 | ★产生影响 chǎnshēng yǐngxiǎng 영향력이 생기다 | ★世界文明 shìjiè wénmíng 세계 문명 | ★传播 chuánbō 囲 전파하다

바로 체크 Check! 알맞은 것끼리 연결하세요.

❶ 这既是我的理想 　·　　　·　A 也是妈妈的理想

❷ 不管成功与否 　　·　　　·　B 为我准备了很多吃的

❸ 他给我找了住的地方 ·　　　·　C 都要坚持下去

정답 ❶ A ❷ C ❸ B

　　事实上，人生从来没有真正的绝境。无论遭受多少艰辛，________________，只要一个人的心中还怀着一粒信念的种子，那么总有一天，他就能走出困境，让生命重新开花结果。

A　又哪里是那一壶沙子

B　无论经历多少苦

C　探险队顽强地走出了沙漠

D　在茫茫的沙海里跋涉

E　却是满满的一壶沙子

정답&공략

해석　事实上，人生从来没有真正的绝境。无论遭受多少艰辛，<u>无论经历多少苦</u>，只要一个人的心中还怀着一粒信念的种子，那么总有一天，他就能走出困境，让生命重新开花结果。

A　又哪里是那一壶沙子

Ⓑ　无论经历多少苦

C　探险队顽强地走出了沙漠

D　在茫茫的沙海里跋涉

E　却是满满的一壶沙子

　　사실, 인생에서 여태껏 진정한 절망은 없었다. 많은 고난을 당하고 <u>많은 어려움을 겪었지만</u> 사람이 마음속에 신념의 씨앗만 품고 있다면 언젠가는 곤경에서 벗어날 수 있으며 생명은 다시 꽃을 피우고 열매를 맺게 될 것이다.

A　어찌 모래 주전자이겠는가

Ⓑ　많은 어려움을 겪었지만

C　탐험대는 꿋꿋이 사막을 벗어났다

D　끝없이 펼쳐지는 사막을 건너간다

E　주전자 안이 온통 모래였다

공략　앞부분에 无论의 조건절이 있다. 연이어지는 내용은 조건에 따른 결과를 나타내기에 밑줄 친 부분에는 앞부분과 동일한 형태의 문장이 들어가야 한다. 따라서 동일한 접속사를 가진 복문을 선택하면 된다.

어휘　★事实上 shìshíshang 图 사실상 | ★绝境 juéjìng 图 절망적인 상태 | ★无论 wúlùn 젭 ~을 막론하고 | ★遭受 zāoshòu 图 입다, 당하다 | ★艰辛 jiānxīn 图 고생스럽다 | ★怀着 huáizhe ~을 품고 있다 | ★信念 xìnniàn 图 신념 | ★总有一天 zǒng yǒu yì tiān 언젠가는 | ★困境 kùnjìng 图 곤경 | ★重新 chóngxīn 图 다시, 새로 | ★开花结果 kāihuā jiéguǒ 꽃을 피우고 열매를 맺다 | ★一壶沙子 yì hú shāzi 모래 한 주전자 | ★经历 jīnglì 图 체험하다 | ★苦 kǔ 图 힘들다 | ★探险队 tànxiǎnduì 图 탐험대 | ★顽强 wánqiáng 图 강하다 | ★沙漠 shāmò 图 사막 | ★茫茫 mángmáng 图 망망하다 | ★沙海 shāhǎi 图 모래 바다 | ★跋涉 báshè 图 산 넘고 물을 건너다

공략 2. 불완전한 보기를 찾아라

일부 보기들은 매우 길어 보이지만 완전한 문장이 아니다. 단지 명사구나 술어 구조일 뿐이다. 이러한 구조를 잘 파악하면 문제의 답을 쉽게 찾을 수 있다.

1. 보기가 명사성 구조인 경우 : 명사구는 '……的+명사'와 '명사+的+동사'의 구조로 되어 있다. 예를 들면 '一个成功的毫不畏惧的女性(두려움이 없는 성공한 여자)', '经济的发展(경제의 발전), 手机的普及(휴대 전화의 보급), 科技的进步(과학 기술의 발전)' 등과 같은 형식으로 명사성 구조는 주어나 목적어 자리에 위치할 수 있다.

독해
제3부분

예

____________________________也为1981年墨西哥奥运会连破多项世界纪录这一奇迹给出了答案。

   A　地球重力的地区差异

   B　比一般城市远离地心1500米以上

   C　归途上平平安安

   D　地球的重力值也随之减少

   E　原来这是地球重力"偷"走了鱼的重量

해석　<u>지구 중력의 지역적 차이</u>는 1981년 멕시코올림픽에서 연이어진 세계 신기록을 돌파한 이 기적에서 답을 찾을 수 있다.

   Ⓐ 지구 중력의 지역적 차이
   B　일반 도시보다 지구 중심에서 1500미터 이상 떨어져 있다
   C　돌아오는 길이 평안했다
   D　지구의 중력치도 이로 인해 감소하였다
   E　알고 보니 이것은 지구 중력이 물고기의 무게를 훔쳐간 것이었다

공략　술어와 목적어는 있지만 주어가 없는 문장이다. 그래서 일반적으로 주어 자리에 올 수 있는 명사구를 찾아야 한다. 보기 A는 '……的+명사' 구조로 주어의 자격을 갖추고 있다.

어휘　★为……给出了答案 wèi……gěichū le dá'àn ~을 위해 답변을 주었다 | ★墨西哥 Mòxīgē 고유 멕시코 | ★破纪录 pò jìlù 기록을 깨다 | ★奇迹 qíjì 명 기적 | ★重力 zhònglì 명 중력 | ★差异 chāyì 명 차이 | ★远离 yuǎnlí 동 멀리 떨어지다 | 地心 dìxīn 명 지구의 중심 | ★归途 guītú 명 돌아가는 길 | 重力值 zhònglìzhí 명 중력치 | ★随之减少 suí zhī jiǎnshǎo 그에 따라서 감소하다 | ★偷走 tōuzǒu 훔쳐 달아나다 | ★重量 zhòngliàng 명 중량

2. 보기가 술어성 구조인 경우 : 술어형은 동사구, 형용사구, 기타 고정 형식 등이 있다. 일반적으로 보기에 술어형이 있다면 앞에는 반드시 주어가 있을 것이다.

예

造纸术的发明，＿＿＿＿＿＿＿＿＿＿＿＿，各种社会生活信息以纸为媒介而得到迅速传播；传统的书法绘画艺术也以纸为载体而得以流传和发展，散发出独特的艺术魅力。

A 印刷术造就了新的传播媒介

B 造纸原料取材范围不断扩大

C 纸终于成为主要的书写材料

D 中国早期就已经开始使用墨

E 带来了书写材料的根本性变革

해석 제지술의 발명은 <u>필기 재료의 근본적인 변혁을 가져다주었다</u>. 각종 사회 생활 속 정보는 종이를 매개체로 해서 신속하게 전파되었다. 전통적인 서예와 회화 예술도 종이를 운반체로 해서 전해지고 발전되었으며 독특한 예술적인 매력을 널리 발산했다.

A 인쇄술은 새로운 전파 매개체를 만들었다
B 제지 원료의 재료 선택 범위가 부단히 확대되었다
C 종이는 마침내 주요 필기 재료가 되었다
D 중국은 일찍이 먹을 사용하기 시작했다
🅔 필기 재료의 근본적인 변혁을 가져다주었다

공략 造纸<u>术的</u>发明，【 🅔 <u>带来了</u>书写材料的根本性变革 】，……
　　　　　주어　　　　　　　　　동사성 구조

➡ 앞부분에 주어만 있고 술어가 없다. 따라서 보기 중에서 술어가 될 수 있는 형태를 찾아야 한다. '带来了……'의 동사구 형태가 조건에 부합된다.

어휘 ★造纸术 zàozhǐshù 몡 제지술 | ★以纸为媒介 yǐ zhǐ wéi méijiè 종이를 매개체로 하다 | ★迅速 xùnsù 혱 신속하다 | ★绘画 huìhuà 몡동 회화; 그림을 그리다 | ★载体 zàitǐ 몡 운반체 | ★流传 liúchuán 동 유전되다 | ★散发 sànfā 동 퍼지다, 발산하다 | ★独特 dútè 혱 독특하다 | ★魅力 mèilì 몡 매력 | ★印刷术 yìnshuāshù 몡 인쇄술 | ★原料 yuánliào 몡 원료 | ★取材 qǔcái 동 제재를 고르다 | ★范围 fànwéi 몡 범위 | ★扩大 kuòdà 동 넓히다

바로 체크 Check! 알맞은 것끼리 연결하세요.

❶ 手机的普及　　・　　　　　　　・ A 一台笔记本电脑

❷ 我带来了　　　・　　　　　　　・ B 使人们之间的距离更短了

❸ 他送给我一份　・　　　　　　　・ C 包装精美的礼物

정답 ❶ B ❷ A ❸ C

예제

난이도 中　공략 Key '……的+명사' 구조 파악

독해
제3부분

一壶水，成了穿越沙漠的信念之源，成了求生的寄托目标。水壶在队员手中传递，＿＿＿＿＿＿＿＿＿＿使队员们濒临绝望的脸上，又露出坚定的神色。

A 人生从来没有绝境

B 只要种子还在，希望就在

C 那沉甸甸的感觉

D 谁也不能喝那壶水

E 炎炎烈日下，茫茫沙漠里

정답&공략

해석　一壶水，成了穿越沙漠的信念之源，成了求生的寄托目标。水壶在队员手中传递，<u>那沉甸甸的感觉</u>使队员们濒临绝望的脸上，又露出坚定的神色。

A 人生从来没有绝境
B 只要种子还在，希望就在
C 那沉甸甸的感觉
D 谁也不能喝那壶水
E 炎炎烈日下，茫茫沙漠里

한 주전자의 물이 사막을 넘는 신념의 근원이 되었고 생을 구하는 기대 목표가 되었다. 물 주전자는 대원들의 손에서 전달되었다. <u>묵중한 느낌</u>은 대원들의 절망에 가까운 얼굴에 의지의 안색이 드러나게 했다.

A 인생에는 여태껏 절망이 없었다
B 씨앗이 있기만 하면 희망이 존재한다
C 묵중한 느낌
D 누구도 그 주전자의 물을 마실 수 없었다
E 타오르는 태양 아래 끝없는 사막에서

공략　뒷부분 사역동사 使의 주어가 없다. 따라서 주어에 놓일 수 있는 것을 찾아야 한다. 수식어가 있으면 종종 주어를 찾지 못하는 경우가 있다. 따라서 구조조사 的가 있는 수식 구조를 잘 살펴야 한다.

어휘　★一壶水 yì hú shuǐ 물 한 주전자 | ★穿越 chuānyuè 图 넘다 | ★沙漠 shāmò 图 사막 | ★信念 xìnniàn 图 신념 | 之源 zhī yuán ~의 근원 | ★求生 qiúshēng 图 활로를 모색하다 | ★寄托 jìtuō 图 맡기다, 기탁하다 | ★队员 duìyuán 图 대원 | ★传递 chuándì 图 전달하다 | ★濒临 bīnlín 图 인접하다 | ★绝望 juéwàng 图 절망하다 | ★露出 lùchū 图 드러내다 | ★坚定 jiāndìng 图 확고히 하다 | ★神色 shénsè 图 표정 | ★绝境 juéjìng 图 절망의 상태 | ★沉甸甸 chéndiàndiàn 图 묵중하다 | ★炎炎烈日 yányán lièrì 강하게 내리쬐는 태양 | ★茫茫沙漠 mángmáng shāmò 망망한 모래 바다

第 1-10 题：选句填空。

1–5.

我常想读书人是世间幸福人，因为他除了拥有现实的世界之外，还拥有另一个更为浩瀚也更为丰富的世界。(1)____________________，而后一个世界却为读书人所独有。由此我又想，那些失去或不能阅读的人是多么的不幸，(2)________________。世间有诸多的不平等，如财富的不平等，权力的不平等，而阅读能力的拥有或丧失却体现为精神的不平等。

一个人的一生，只能经历自己拥有的那一份欣悦，那一份苦难，也许再加上他亲自闻知的那一些关于自身以外的经历和经验。然而，人们通过阅读，却能进入不同时空的诸多他人的世界。这样，(3)________________，无形间获得了超越有限生命的无限可能性。阅读不仅使他多识了草木虫鱼之名，(4)________________，饱览存在的与非存在的奇风异俗。

更为重要的是，(5)________________，同时也有精神的感化与陶冶。人们从读书学做人，从那些往哲先贤以及当代才俊的著述中学得他们的人格。

A 他们的损失是不可补偿的

B 具有阅读能力的人

C 读书带给人们的既有知识的增加

D 现实世界是人人都有的

E 而且可以上至远古下及未来

6–10.

中国古代有一位个性爽朗、性情善良的好女孩儿，名叫花木兰。

花木兰是河南商丘人，从小跟着父亲读书写字，平日料理家务。她还喜欢骑马射箭，练得一身好武艺。有一天，衙门里的差役送来了征兵的通知，要征木兰的父亲去当兵。但父亲年纪老迈，又怎能参军打仗呢？木兰没有哥哥，弟弟又太小，她不忍心让年老的父亲去受苦，(6)＿＿＿＿＿＿＿＿＿＿。木兰父母虽不舍得女儿出征，但又无他法，只好同意她去了。

木兰随着队伍，到了北方边境。(7)＿＿＿＿＿＿＿＿＿，故此处处加倍小心。白天行军，木兰紧紧地跟上队伍，从不敢掉队。夜晚宿营，她从来不敢脱衣服。作战的时候，她凭着一身好武艺，总是冲杀在前。从军十二年，木兰屡建奇功，(8)＿＿＿＿＿＿＿，赞扬她是个勇敢的好男儿。

战争结束了，皇帝召见有功的将士，论功行赏。但木兰既不想做官，也不想要财物，她只希望得到一匹快马，好让她立刻回家。皇帝欣然答应，(9)＿＿＿＿＿＿＿＿。

木兰的父母听说木兰回来，非常欢喜，立刻赶到城外去迎接。木兰回家后，脱下战袍，换上女装，梳好头发，出来向护送她回家的同伴们道谢。同伴们见木兰原是女儿身，(10)＿＿＿＿＿＿＿＿，没想到共同战斗十二年的战友竟是一位漂亮的女子。

A 于是决定女扮男装，代父从军

B 派使者护送她回去

C 都十分惊奇

D 同伴们对她敬佩

E 她担心自己女扮男装的秘密被人发现

31 day 독해

글의 흐름, 성어와 문장 부호로 간파하라

✓1 성어와 의미 관계를 이용해 문제를 푸는 비법을 마스터한다

✓2 문장 부호를 파악해 문제를 해결한다

✓3 주요 어휘와 문장 구조를 암기한다

新HSK에서는 성어 이야기도 자주 출제되므로 사전에 성어와 관련된 이야기를 알고 있다면 문제를 풀기가 훨씬 수월하다. 또한 문장 부호도 독해력을 높일 수 있는 방법이므로 쓰임을 잘 기억해두자.

기초 실력 테스트 TEST

* 빈칸에 들어갈 알맞은 것을 보기에서 고르세요.

1 他很固执，＿＿＿＿＿＿＿＿＿＿＿＿＿＿＿。

A 从来不听别人的意见

B 这是一项艰难的任务

C 这不是我的笔记本电脑

2 再见，＿＿＿＿＿＿＿＿＿＿＿＿＿＿＿。

A 狂风把树连根拔起

B 我复印了三份材料

C 以后常联系

3 ＿＿＿＿＿＿＿＿＿＿＿＿＿＿＿＿＿，你一定要好好保存呀。

A 他教了我很多有用的知识

B 我把这支笔送给你

C 最近那儿的环境好多了

* 정답_ 해설집 233쪽

6급 기출문제 맛보기

맛보기

宋国有一个农民，每天在田地里劳动。

有一天，这个农夫正在地里干活，(1)＿＿＿＿＿＿＿＿。野兔因见到有人而受了惊吓。它拼命地奔跑，不料一下子撞到农夫地头的一截树根上，折断脖子死了。(2)＿＿＿＿＿＿

＿＿＿＿＿，走过去捡起死兔子，他非常庆幸自己的好运气。

晚上回到家，农夫把死兔交给妻子。

第二天，农夫照旧到地里干活，(3)＿＿＿＿＿＿＿＿＿＿。

他干一会儿就朝草丛里瞄一瞄、听一听，(4)＿＿＿＿＿＿＿＿＿＿。

后来，农夫每天就这样守在树桩边，希望再捡到兔子，然而他始终没有再得到。但农田里的苗因他而枯萎了。(5)＿＿＿＿＿＿＿＿＿＿。

A 可是他再不像以往那么专心了

B 突然一只野兔从草丛中窜出来

C 希望再有一只兔子窜出来撞在树桩上

D 农夫便放下手中的农活

E 农夫因此成了宋国人议论的笑柄

정답&공략

宋国有一个农民，每天在田地里劳动。

有一天，这个农夫正在地里干活，(1) B **突然一只野兔从草丛中窜出来**。野兔因见到有人而受了惊吓。它拼命地奔跑，不料一下子撞到农夫地头的一截树根上，折断脖子死了。(2) D **农夫便放下手中的农活**，走过去捡起死兔子，他非常庆幸自己的好运气。

晚上回到家，农夫把死兔交给妻子。

第二天，农夫照旧到地里干活，(3) A **可是他再不像以往那么专心了**。

他干一会儿就朝草丛里瞄一瞄、听一听，(4) C **希望再有一只兔子窜出来撞在树桩上**。

송나라에 농민이 있었는데 매일 밭에서 일을 했다.

하루는 이 농부가 밭에서 일을 하는데 <u>갑자기 산토끼 한 마리가 숲에서 뛰어나왔다</u>. 산토끼는 사람을 보고서 놀랐다. 토끼는 죽을 힘을 다해 뛰었고 생각치 못하게 농부의 밭에 있는 잘려진 나무 뿌리에 부딪혀 목이 부러져 죽었다. <u>농부는 수중에 하던 농사일을 잠시 내려놓고</u> 가서 죽은 토끼를 주웠다. 그는 자신이 매우 운이 좋다고 기뻐했다.

저녁에 집으로 돌아온 후에 농부는 죽은 토끼를 부인에게 주었다.

그 다음날 농부는 평소처럼 밭에서 일을 했다. <u>그러나 그는 이전처럼 그렇게 열심히 하지 않았다</u>.

그는 잠시 동안 일을 하고는 숲 속을 뚫어지게 바라보고 들어보면서 <u>다시 토끼가 달아나다가 나무 그루터기에 부딪치기를 바랐다</u>.

后来，农夫每天就这样守在树桩边，希望再捡到兔子，然而他始终没有再得到。但农田里的苗因他而枯萎了。(5)E<u>农夫因此成了宋国人议论的笑柄</u>。

A 可是他再不像以往那么专心了
B 突然一只野兔从草丛中窜出来
C 希望再有一只兔子窜出来撞在树桩上
D 农夫便放下手中的农活
E 农夫因此成了宋国人议论的笑柄

후에 농부는 매일 그렇게 나무 그루터기를 지키면서 토끼를 또 줍기를 바랐다. 하지만 그는 줄곧 다시는 얻을 수 없었고 밭에 자라던 싹들은 그 때문에 말라버렸다. <u>농부는 이 때문에 송나라 사람들이 수근거리는 웃음거리가 되었다</u>.

A 그러나 그는 이전처럼 그렇게 열심히 하지 않았다
B 갑자기 산토끼 한 마리가 숲에서 뛰어나왔다
C 다시 토끼가 달아나다가 나무 그루터기에 부딪치기를 바랐다
D 농부는 수중에 하던 농사일을 잠시 내려놓았다
E 농부는 이 때문에 송나라 사람들이 수근거리는 웃음거리가 되었다

어휘 ★田地 tiándì 몡 논밭 | ★干活 gànhuó 통 노동을 하다 | ★野兔 yětù 몡 산토끼 | ★受惊吓 shòu jīngxià 깜짝 놀라다 | ★拼命 pīnmìng 통 죽을 힘을 다하다 | ★奔跑 bēnpǎo 통 내달리다 | ★不料 búliào 甼 의외에 | ★地头 dìtóu 몡 논밭의 가장자리 | ★折断 zhéduàn 통 꺾다 | ★庆幸 qìngxìng 통 축하할 만하다 | ★照旧 zhàojiù 통 예전대로 따르다 | ★草丛 cǎocóng 몡 무성한 수풀 | ★瞄 miáo 통 노려보다 | ★树桩 shùzhuāng 몡 나무의 그루터기 | ★枯萎 kūwěi 혱 마르고 시들다 | ★窜出来 cuàn chūlai 도망쳐 나오다 | ★议论 yìlùn 통 의논하다 | ★笑柄 xiàobǐng 몡 웃음거리

난이도 **中** 공략 Key '正在……突然' 호응 구조

1 B 突然一只野兔从草丛中窜出来　　　　B 갑자기 산토끼 한 마리가 숲에서 뛰어나왔다

공략 진행을 나타내는 正在는 뒤에 갑작스런 변화를 나타내는 突然과 자주 호응한다.

난이도 **中** 공략 Key 의미 파악

2 D 农夫便放下手中的农活　　　　D 농부는 수중에 하던 농사일을 잠시 내려놓았다

공략 '放下农活'에서 하던 일을 잠시 손에서 내려놓았기에 뒷부분에는 다른 동작이 나와야 한다.

난이도 **上** 공략 Key 의미 파악

3 A 可是他再不像以往那么专心了　　　　A 그러나 그는 이전처럼 그렇게 열심히 하지 않았다

공략 第二天은 그 다음날, 즉 미래의 이야기이며, 以往은 과거를 나타내는 시간사다. 접속사 可是를 통해 의미가 전환되어 과거와 미래의 변화를 비교하고 있다.

난이도 **中** 공략 Key 의미 파악

4 C 希望再有一只兔子窜出来撞在树桩上　　　　C 다시 토끼가 달아나다가 나무 그루터기에 부딪치기를 바랐다

공략 '瞄一瞄、听一听'의 바라보거나 듣는 행동은 토끼가 또 나타나길 바라는 마음이라고 할 수 있다.

난이도 **中** 공략 Key 접속사 因此

5 E 农夫因此成了宋国人议论的笑柄　　　　E 농부는 이 때문에 송나라 사람들이 수근거리는 웃음거리가 되었다

공략 접속사 因此를 통해서 결과를 나타낸 문장이다. 그리고 글의 마지막 부분으로 앞의 내용에 근거한다면 이 사람은 어리석기에 사람들의 웃음거리가 되었다는 주제가 제시되는 것이 적절하다.

6급 독해 공략 하기

공략 1. 이야기형 글의 흐름을 꿰뚫어라

이야기형 글은 일반적으로 이야기의 대략적인 내용을 소개한다. 주로 성어와 관련된 배경이나 명인의 이야기, 철학 관련 내용이 제시된다.

1. 이야기에 근거한 판단 : 성어 이야기, 명인과 관련된 고사를 익히자. 이미 알고 있는 이야기가 나온다면 더할 나위 없이 금상첨화일 것이다. 그래서 평상시에 관련 지식을 많이 알고 있어야 하며 특히 성어와 관련된 고사는 줄거리를 기억해두어야 한다.

예

从前，有人养了一圈羊。一天早晨，他发现少了一只羊，仔细一查，原来羊圈破了个窟窿，＿＿＿＿＿＿＿＿＿＿＿。邻居劝他赶快把羊圈修一修。那个人却回答说："羊已经丢了，还修羊圈干什么？"第二天早上，他发现羊又少了一只。原来，狼又从窟窿钻进来，叼走了一只羊。他很后悔，于是便赶快堵上窟窿，修好了羊圈。从此，狼再也不能钻进羊圈叼羊了。

A　赶快看一看羊少了几只吧

B　夜间狼钻进来把羊叼走了一只

C　他却还是不听邻居的劝告

D　做错了事要赶紧补救

E　从此这样的事情再也没发生过

해석　이전에 어떤 이가 양을 키웠다. 어느날 아침, 그는 양 한 마리가 없어진 것을 발견하였다. 자세히 살펴보니 양 우리에 구멍이 나 <u>밤에 늑대가 비집고 들어와 양 한 마리를 물고 가버린 것이었다.</u> 이웃들은 그에게 빨리 양 우리를 수리하라고 충고했다. 그 사람은 "양은 이미 잃어버렸는데 우리를 수리해서 뭐합니까?"라고 대답했다. 그 다음날 아침, 그는 양 한 마리가 또 없어진 것을 발견하였다. 알고 보니 늑대가 또 굴을 비집고 들어가 양 한 마리를 물고 간 것이었다. 그는 매우 후회하였다. 그래서 재빨리 구멍을 막고 양 우리를 수리했다. 이때부터 늑대는 더 이상 양 우리에서 양을 물고 가지 않았다.

A　재빨리 양이 몇 마리 줄었는지 봐라
Ⓑ　**밤에 늑대는 비집고 들어와 양 한 마리를 물고 가버렸다**
C　그는 오히려 이웃의 충고를 여전히 듣지 않았다
D　잘못을 하면 재빨리 고쳐야 한다
E　이때부터 이런 일은 다시 발생하지 않았다

의미상 연결

🔸 '소 잃고 외양간 고치다, 일이 발생한 후에 대책을 마련하다'는 뜻의 성어 亡羊补牢의 이야기를 알면 좀 더 쉽게 풀 수 있다. 그리고 모르더라도 전후 문장의 의미적인 연결 고리를 찾아보면 窟窿과 钻进来가 의미상 서로 호응하는 것을 알 수 있다.

어휘　★一圈羊 yí juàn yáng 한 우리의 양 ┃ ★窟窿 kūlóng 몡 동굴 ┃ ★劝 quàn 통 충고하다, 권하다 ┃ ★赶快 gǎnkuài 뿐 재빨리 ┃ ★羊圈 yángjuàn 몡 양 우리 ┃ ★钻进来 zuān jìnlai 뚫고 들어오다 ┃ ★叼 diāo 통 입에 물다 ┃ ★便 biàn 뿐 곧 ┃ ★从此 cóngcǐ 뿐 이때부터 ┃ ★夜间 yèjiān 몡 야간 ┃ ★劝告 quàngào 통 권고하다, 충고하다 ┃ ★赶紧 gǎnjǐn 뿐 얼른

2. 의미에 근거한 판단 : 성어의 고사를 모르는 경우에는 문장 전후의 의미를 통해 판단해야 한다.

예

汉末，黄巾事起，天下大乱，曹操坐据朝廷，孙权拥兵东吴，汉宗室豫州牧刘备听徐庶和司马徽说诸葛亮很有学识，又有才能，＿＿＿＿＿＿＿＿＿＿请诸葛亮出山辅佐他。

A 深为刘备的诚意所打动

B 诸葛亮一点动静也没有

C 就和关羽、张飞带着礼物到隆中卧龙岗

D 刘备只得留下一封信

E 一直站到诸葛亮自己醒来

해석　　한나라 말기에 항건의 난이 일어나서 천하가 어지러웠다. 조조는 정권을 잡았고 손권은 동오(東吳)의 병사를 가지고 있었다. 한나라 왕실의 예주(豫州) 자사 유비는 서서(徐庶)와 사마휘(司馬徽)에게서 제갈량이 학식이 있고 재능도 있다는 이야기를 들어 <u>관우, 장비와 선물을 가지고 융중 와룡강에 가</u> 제갈량에게 벼슬에 올라 그를 보좌해줄 것을 부탁했다.

A 유비의 성의에 깊은 감동을 받았다
B 제갈량은 아무런 미동도 없었다
Ⓒ 관우, 장비와 선물을 가지고 융중 와룡강에 갔다
D 유비는 어쩔 수 없이 편지 한 통을 남겼다
E 제갈량이 스스로 깨어날 때까지 서 있었다

공략　앞에서 유비가 제갈량이 학식 있고 재능도 있다는 이야기를 들었기 때문에 뒤이어 취할 수 있는 행동은 도움을 청하는 것이므로 의미상 보기 C가 적절하다.

어휘　黄巾 huángjīn 황건, 황건적 ┃ ★天下大乱 tiānxià dàluàn 천하가 어지럽다 ┃ ★曹操 Cáo Cāo 고유 조조(曹操) ┃ 坐据朝廷 zuò jù cháotíng 조정을 차지하다 ┃ ★孙权 Sūn Quán 고유 손권(孫權) ┃ 拥兵东吴 yōng bīng DōngWú 동오의 병사를 가지고 있다 ┃ 宗室 zōngshì 몡 종실 ┃ 豫州牧 Yùzhōu mù 예주(豫州) 지역의 자사 ┃ ★刘备 Liú Bèi 고유 유비(劉備) ┃ 徐庶 Xú Shù 고유 서서(徐庶) ┃ 司马徽 Sīmǎ Huī 고유 사마휘(司馬徽) ┃ ★有学识 yǒu xuéshí 학식이 있다 ┃ ★出山 chūshān 통 벼슬에 나오다 ┃ ★辅佐 fǔzuǒ 통 보좌하다 ┃ ★为……所感动 wèi……gǎndòng ～에 의해 감동을 받다 ┃ ★动静 dòngjing 몡 인기척 ┃ ★关羽 Guān Yǔ 고유 관우(關羽) ┃ ★张飞 Zhāng Fēi 고유 장비(張飛) ┃ 隆中卧龙岗 Lóngzhōng Wòlónggāng 고유 융중 와룡강[제갈량이 은둔했던 지역] ┃ ★只得 zhǐdé 뿐 부득이

 **예제**

난이도 中　공략 Key 拔苗助长의 고사 파악

　　古时候有个农夫，种了稻苗后，便希望能早早收成。某天他到稻田时，发觉那些稻苗长得非常慢。他等得不耐烦，心想：怎么样才能使稻苗长得高，长很快呢？想了又想，他终了想到一个"最佳方法"，＿＿＿＿＿＿＿＿＿＿＿＿。经过一番辛劳后，他满意地扛着锄头回家休息。他儿子跑到地里去一看，禾苗全都枯死了。

　A　劳动了一天，他身心疲惫
　B　最终稻苗获得了大丰收
　C　他的妻子跟他大吵了一架
　D　就在他对自己毫无信心时
　E　就是将稻苗拔高几分

독해
제3부분

정답&공략

해석　　　古时候有个农夫，种了稻苗后，便希望能早早收成。某天他到稻田时，发觉那些稻苗长得非常慢。他等得不耐烦，心想：怎么样才能使稻苗长得高，长很快呢？想了又想，他终于想到一个"最佳方法"，<u>就是将稻苗拔高几分</u>。经过一番辛劳后，他满意地扛着锄头回家休息。他儿子跑到地里去一看，禾苗全都枯死了。

　A　劳动了一天，他身心疲惫
　B　最终稻苗获得了大丰收
　C　他的妻子跟他大吵了一架
　D　就在他对自己毫无信心时
　Ⓔ　就是将稻苗拔高几分

　　옛날에 한 농부가 볏모를 심고 나서는 빨리 수확을 거두고 싶었다. 어느 날 논에 갔을 때 볏모가 매우 더디게 자라는 것처럼 느껴졌다. 그는 참지 못하고 마음속으로 생각했다. 어떻게 해야지 볏모를 높고도 빨리 자라게 할 수 있지? 생각하고 또 생각한 끝에 그는 마침내 제일 좋은 방법을 생각했다. 바로 <u>볏모를 약간 위로 뽑아 올리는 것이다</u>. 열심히 일한 후에 그는 기분 좋은 듯 호미를 들고 집으로 쉬러 갔다. 아들이 논으로 뛰어 가보니 볏모는 모두 말라 죽어 있었다.

　A　하루 일하고 그는 심신이 피곤해졌다
　B　마침내 볏모는 큰 수확을 거두었다
　C　그의 부인은 그와 크게 말싸움을 했다
　D　그가 자신에 대해서 전혀 자신감이 없었을 때
　Ⓔ　바로 볏모를 약간 위로 뽑아 올리는 것이다

공략　성어 拔苗助长의 의미를 안다면 쉽게 풀 수도 있겠지만 모를 경우에는 전후의 의미로 판단해야 한다. 앞에서 '想到……方法'라고 언급했기에 이 방법을 직접적으로 설명한 就是가 답을 고르는 힌트가 된다.

어휘　★稻苗 dàomiáo 몡 볏모 | ★早早 zǎozǎo 일찍이 | ★收成 shōucheng 몡 수확 | ★稻田 dàotián 몡 논 | ★发觉 fājué 통 알아차리다 | ★等得不耐烦 děng de búnàifán 기다리는 것을 참을 수 없다 | ★心想 xīnxiǎng 통 마음속으로 생각하다 | ★经过一番辛劳后 jīngguò yì fān xīnláo hòu 열심히 일을 한 후에 | ★扛 káng 통 어깨에 메다 | ★锄头 chútou 몡 괭이형 호미 | ★枯死了 kūsǐ le 말라 죽었다 | ★身心疲惫 shēnxīn píbèi 몸과 마음이 대단히 피곤하다 | ★最终 zuìzhōng 혱 최후의 | ★丰收 fēngshōu 통 풍년이 들다 | ★大吵了一架 dà chǎo le yí jià 대판 싸우다 | ★毫无信心 háowú xìnxīn 전혀 자신이 없다

1. 물음표(问号 wènhào [?]) : 빈 공란 뒤에 물음표가 있다면 답 중에 의문대사나 의문문 형태로 되어 있는 보기를 찾으면 된다.

예

如果给甲1个机会，给乙300个机会，那么，＿＿＿＿＿＿＿＿＿＿＿＿？ 如果让你作答，你会选谁呢?

   A 再也不敢丝毫马虎

   B 在判断你的答案是否正确前

   C 谁更有可能把握机会呢

   D 可他训练起来漫不经心

   E 有人最终失去了全部

해석 만약에 갑에게 한 번의 기회를 주고 을에게 300번의 기회를 준다면 그럼 **누가 기회를 잡을 가능성이 더 있나요**? 당신에게 답변하라고 한다면 당신은 누구를 선택할 건가요?

A 더 이상은 대강 하려 하지 않는다
B 당신의 답이 정확한지를 판단하기 전에
C 누가 기회를 잡을 가능성이 더 있나요
D 그러나 그는 훈련을 하면 전혀 신경 쓰지 않는다
E 사람은 마침내 모두를 잃어버린다

공략 뒤에 물음표가 있으면 의문문이 되는 조건을 파악하면 된다. 보기 C에서 의문대사 谁가 답을 찾는 관건이다.

어휘 ★甲 jiǎ 명 갑 | ★乙 yǐ 명 을 | ★作答 zuòdá 통 대답하다 | ★不敢 bùgǎn 통 감히 ~하지 못하다 | ★丝毫 sīháo 부 추호도, 조금도 | ★马虎 mǎhu 형 적당히 하다 | ★判断 pànduàn 통 판단하다 | ★把握机会 bǎwò jīhuì 기회를 잡다 | ★漫不经心 màn bù jīng xīn 성 전혀 아랑곳하지 않는다 | ★最终 zuìzhōng 형 최후의 | ★失去 shīqù 통 잃다

2. 말바꿈표(破折号 pòzhéhào [——]) : 말바꿈표는 전후 문장의 의미가 동일한 것임을 나타낸다.

예

＿＿＿＿＿＿＿＿＿＿＿＿——喜马拉雅山，但那儿天气条件相当恶劣，最近试图从南坡登上珠穆朗玛峰的13支登山队全部推迟了登顶计划。

   A 亚洲有全世界最高的山脉

   B 近两天一直风雪不止

   C 登山队员们不得不改变登山计划

   D 只要所有人能团结一致

   E 我们将来还有很长的路要走

해석　아시아에는 전 세계에서 최고로 높은 산맥인 히말라야가 있다. 그러나 그곳의 기후 조건은 상당히 열악해서 최근에 남쪽에서 에베레스트산으로 간 13대 등산 대원들은 등반 일정을 모두 취소하였다.

Ⓐ 아시아에는 전 세계에서 최고로 높은 산맥이 있다
B 최근 며칠 동안 줄곧 눈보라가 그치지 않았다
C 등산 대원들은 어쩔 수 없이 등산 일정을 수정하였다
D 모든 사람들이 하나로 단결하기만 한다면
E 우리는 앞으로 가야할 길이 아주 멀다

공략　말바꿈표를 통해 빈칸의 내용이 히말라야산과 동일한 의미가 제시되어야 함을 파악할 수 있다.

독해
제3부분

어휘　★喜马拉雅山 Xǐmǎlāyǎshān 고유 히말라야 산맥 | ★恶劣 èliè 형 열악하다 | ★试图 shìtú 동 시도하다 | ★珠穆朗玛峰 Zhūmùlǎngmǎfēng 고유 에베레스트산 | ★支 zhī 양 일대, 팀 | ★登山队 dēngshānduì 등산팀 | ★登顶 dēngdǐng 명 산의 정상 | ★山脉 shānmài 명 산맥 | ★风雪不止 fēngxuě bùzhǐ 눈보라가 멈추지 않다

예제

난이도 中　공략 Key 말바꿈표 확인

________________——水星、金星、地球、火星、木星、土星、天王星、海王星，40个卫星以及为数众多的小行星、彗星和流星体等也都不可忽视。

A 地球只是太阳系中一颗普通的行星

B 现代天文观测表明

C 在茫茫的宇宙海洋中

D 太阳系除了八个大行星

E 恒星是宇宙中最基本的成员

정답&공략

해석　<u>太阳系除了八个大行星</u>——水星、金星、地球、火星、木星、土星、天王星、海王星，40个卫星以及为数众多的小行星、彗星和流星体等也都不可忽视。

A 地球只是太阳系中一颗普通的行星
B 现代天文观测表明
C 在茫茫的宇宙海洋中
Ⓓ 太阳系除了八个大行星
E 恒星是宇宙中最基本的成员

<u>태양계에서</u> 수성, 금성, 지구, 화성, 목성, 토성, 천왕성, 해왕성 <u>8개의 큰 행성 외에</u> 40개의 위성과 많은 소행성, 혜성, 유성 등 모두 등한시할 수 없다.

A 지구는 단지 태양계 속의 보통 행성일 따름이다
B 현대 천문 관측에서 밝혀졌다
C 드넓은 우주 바다 속에서
Ⓓ 태양계에서 8개의 큰 행성 외에
E 항성은 우주 속의 가장 기본이 되는 구성원이다

공략　뒤에 말바꿈표가 있다. 따라서 뒷부분에 구체적으로 나열되어 있는 큰 행성과 동일한 의미의 것을 찾으면 된다.

어휘　★地球 dìqiú 명 지구 | 天王星 tiānwángxīng 명 천왕성 | 海王星 hǎiwángxīng 명 해왕성 | ★卫星 wèixīng 명 위성 | ★为数众多 wéishù zhòngduō 수많은 | ★小行星 xiǎoxíngxīng 명 소행성 | ★彗星 huìxīng 명 혜성 | ★流星体 liúxīngtǐ 명 유성 | ★不可忽视 bùkě hūshì 등한시 할 수 없다 | ★太阳系 tàiyángxì 명 태양계 | ★观测 guāncè 동 관측하다 | ★茫茫 mángmáng 형 망망하다 | ★宇宙 yǔzhòu 명 우주 | ★恒星 héngxīng 명 항성

第 1-10 题：选句填空。

1-5.

　　齐国的大将田忌，很喜欢赛马，有一回，他和齐威王约定，要进行一场比赛。(1)＿＿＿＿＿＿＿＿＿，比赛的时候，上马对上马，中马对中马，下马对下马。由于齐威王每个等级的马都比田忌的马强得多，所以比赛了几次，田忌都失败了。

　　田忌觉得很扫兴，比赛还没有结束，(2)＿＿＿＿＿＿＿＿＿，这时，他的好朋友孙膑走了过来，拍着他的肩膀说："下次比赛，你按照我说的做，保证你能赢。"

　　于是他们两个来到齐威王面前要求再比一次。齐威王心里暗暗觉得好笑，于是吩咐手下，把前几次赢得的银钱全部抬来，(3)＿＿＿＿＿＿＿＿＿，也放在桌子上。

　　比赛开始了。孙膑先以下等马对齐威王的上等马，第一局输了。齐威王站起来说："(4)＿＿＿＿＿＿＿＿＿，竟然想出这样拙劣的对策。"孙膑不去理他。接着进行第二场比赛。孙膑拿上等马对齐威王的中等马，获胜了一局。

　　齐威王有点心慌意乱了。

　　第三局比赛，孙膑拿中等马对齐威王的下等马，又战胜了一局。这下，齐威王目瞪口呆。比赛的结果是三局两胜——(5)＿＿＿＿＿＿＿＿＿。还是同样的马匹，由于调换一下比赛的出场顺序，就得到转败为胜的结果。

　　A 就垂头丧气地离开赛马场

　　B 想不到赫赫有名的孙膑先生

　　C 他们把各自的马分成上、中、下三等

　　D 田忌赢了齐威王

　　E 另外又加了一千两黄金

6–10.

　　从前，一个富商花费巨资收藏了许多珍贵的古董和字画，还有各种珍珠翡翠，为防止失窃，他安装了严密的保安系统。(6)________________，只是把它当成个人财富的一部分，用以向别人炫耀。

　　有一天，富商忽然心血来潮，决定让大厦的清洁工进去大开眼界。清洁工进去后，(7)________________，只是慢慢地逐一浏览。富商忍不住炫耀地说："怎么样，看了这么多好东西，不枉此生了吧！"

　　清洁工静静地说："是啊，我现在自觉与你一样富有，而且比你更快乐。"(8)________________。"你所有的宝物我都看过了，不就与你一样富有了吗？而且我不必为这些东西担心这担心那，岂不比你更快乐。"

　　能够欣赏，常常比拥有更快乐。(9)________________，你自私时，它便已经停止流动了。你关上门，使快乐无法流向你，困守在自设的真空中不肯接受也不愿意付出，结果很可能窒息。而当你敞开心胸，乐于付出的同时，(10)________________。

A　快乐是一种流动的空气

B　并未流露出艳羡之色

C　快乐和富裕以及真正的自由就会进入你的心中

D　并且严格限制家人和自己进入欣赏

E　那富商大惑不解，面露不悦

보기의 내용을 먼저 꿰뚫어라

학습목표

1 키워드 찾는 방법을 학습한다

2 일반적인 보기의 문제 푸는 비법을 마스터한다

3 중요한 어휘와 구조를 암기한다

독해 제4부분은 문제를 읽고 난 후에 답을 찾는 것이 기본적인 방법이다. 일반적인 보기가 주어지는 문제는 읽은 후에 보기 중에서 키워드를 찾고 문장 속에서 관련된 어휘를 찾으면 된다. 그러나 키워드를 찾을 수 없는 일부 문제는 본문의 내용을 이해한 후에만 문제를 풀 수 있다.

기초 실력 테스트 TEST

* 다음 문장을 읽고 내용이 맞으면 O, 틀리면 X를 표시하세요.

> 西安，古称"长安"、"京兆"。是举世闻名的世界四大古都之一，是中国历史上建都时间最长、影响力最大的都城，是中华民族的摇篮、中华文明的发祥地、中华文化的代表，有着"天然历史博物馆"的美誉。

1 西安，现在也叫"长安"。　　　　　　　　（　　　）

2 西安是世界四大古都之一。　　　　　　　（　　　）

3 西安的博物馆很有名。　　　　　　　　　（　　　）

4 西安是中华文化的代表。　　　　　　　　（　　　）

◆ **정답**_ 해설집 233쪽

6급 기출문제 맛보기

맛보기

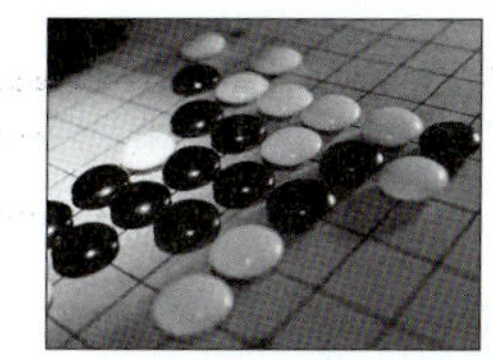

围棋起源于四千年前尧的时代，春秋时期已经很普及。围棋是怎么发明的呢？相传跟八卦、周易有关系。吴清源先生说，围棋最早是占卜的工具，这个说法也有道理。传说尧就是用占卜的工具发明了围棋。

中国的传统文化中阴阳是很重要的内容，围棋是"棋有白黑，阴阳分也"，里面充满了对立统一、阴阳调和的内容。所以围棋是古代人们对自然界阴阳之理、变化之道的一个抽象反映，是古代人们对自然、对社会的一种理解模式。

围棋的棋子、棋盘含有"天圆地方"的思想。棋子是圆的，所谓"天圆而动"；棋盘是方的，所谓"地方而静"。围棋棋盘有361个交叉点，表示农历的361天。棋盘的中央是太极，棋子的黑白两色表示阴阳。围棋的这些形式都有非常丰富的中国文化内涵。

现在围棋选手根据棋力的高低分为九段，其实早在隋唐时期就定了类似的九品：一品叫入神，二品叫坐照，三品叫具体，四品叫通幽，五品叫用智，六品叫小巧，七品叫斗力，八品叫若愚，九品叫守拙。这些名称也反映出中国的文化。

围棋的胜负也体现了中国文化。其他棋类的胜负都是斩尽杀绝，把"老将"杀死，把"帝王"抓走才算胜。但围棋赢一目也是赢，赢半目也是赢，不是斩尽杀绝，甚至能和平共处。这体现了一种和谐、中庸的思想。中国唐代把琴棋书画看作"四艺"，围棋作为精神层面的艺术，必然有虚幻、模糊、抽象的内容，体现出中国的审美。有的画家说围棋的黑白交融就像一幅水墨画。

1. 围棋的来源是什么？

 A 占卜算卦   B 弈秋发明的

 C 古代君王议政所用   D 尧偶然发现

2. 围棋的颜色代表什么？

 A 天圆地方   B 阴阳调和

 C 四季变化   D 节气转换

3. 围棋的胜负说明什么?

    A 自然规律   B 斗智斗勇

    C 斩尽杀绝   D 和谐共处

4. 本文主要讲了围棋的什么内容?

    A 来源   B 发展的历史过程

    C 所包含的中国文化   D 游戏规则

围棋起源于四千年前尧的时代，春秋时期已经很普及。围棋是怎么发明的呢? 相传跟八卦、周易有关系。吴清源先生说，<u>1围棋最早是占卜的工具，这个说法也有道理。传说尧就是用占卜的工具发明了围棋。</u>

中国的传统文化中阴阳是很重要的内容，围棋是"棋有白黑，阴阳分也"，里面充满了对立统一、阴阳调和的内容。所以围棋是古代人们对自然界阴阳之理、变化之道的一个抽象反映，是古代人们对自然、对社会的一种理解模式。

围棋的棋子、棋盘含有"天圆地方"的思想。棋子是圆的，所谓"天圆而动"；棋盘是方的，所谓"地方而静"。围棋棋盘有361个交叉点，表示农历的361天。棋盘的中央是太极，<u>2棋子的黑白两色表示阴阳。</u><u>4围棋的这些形式都有非常丰富的中国文化内涵。</u>

现在围棋选手根据棋力的高低分为九段，其实早在隋唐时期就定了类似的九品：一品叫入神，二品叫坐照，三品叫具体，四品叫通幽，五品叫用智，六品叫小巧，七品叫斗力，八品叫若愚，九品叫守拙。<u>4这些名称也反映出中国的文化。</u>

<u>4围棋的胜负也体现了中国文化。</u>其他棋类的胜负都是斩尽杀绝，把"老将"杀死，把"帝王"抓走才算胜。<u>3但围棋赢一目也是赢，赢半目也是赢，不是斩尽杀绝，甚至能和平共处。</u>这体现了一种和谐、中庸的思想。中国唐代把琴棋书画看作"四艺"，围棋作为精神层面的艺术，必然有虚幻、模糊、抽象的内容，体现出中国的审美。有的画家说围棋的黑白交融就像一幅水墨画。

바둑은 4천년 전 요(堯) 시기 때 기원하여 춘추 시기에 널리 보급되었다. 바둑은 어떻게 발명되었는가? 전하는 바에 따르면 팔괘와 주역과 관계있다고 한다. 우칭위안 선생은 <u>1'최초에 바둑은 점을 치는 도구였다'라고 말했다. 이런 견해도 일리가 있다. 요나라는 점을 치는 도구로 바둑을 발명하였다고 전해진다.</u>

중국의 전통문화 중 음양은 아주 중요한 내용이다. 바둑은 흑과 백이 있고 음과 양으로 분리되어 있어 대립과 통일, 음양 조화의 내용이 그 안에 가득 담겨 있다. 때문에 바둑은 자연계의 음양 이치, 변화 이치에 대한 고대 사람들의 추상적인 반영이며 자연과 사회에 대한 고대 사람들의 일종의 인식 모델이기도 하다.

바둑의 바둑돌과 바둑판은 '하늘은 둥글고 땅은 네모나다'는 사상을 포함하고 있다. 바둑돌은 동그란데 소위 말하는 '하늘은 둥그렇고 움직인다'는 것을 이른다. 바둑판은 정방형이므로 소위 말하는 '땅은 네모나고 조용하다'는 것을 이른다. 바둑판에 361개 교차점이 있어 음력의 361일을 나타낸다. 바둑판의 중앙은 태극이며 <u>2바둑돌은 흑백 두 색으로 음과 양을 표시한다.</u> <u>4바둑의 이런 형식에는 모두 아주 풍부한 중국 문화적 함의가 내재되어 있다.</u>

현재 바둑 선수는 실력이 높고 낮음에 따라 9단으로 나뉘는데, 일찍이 수당(隋唐) 시기 때 이와 비슷한 9품을 정하였다. 1품은 입신(入神), 2품은 좌조(坐照), 3품은 구체(具體), 4품은 통유(通幽), 5품은 용지(用智), 6품은 소교(小巧), 7품은 투력(鬪力), 8품은 약우(若愚), 9품은 수졸(守拙)이라고 하였다. <u>4이런 명칭도 중국의 문화를 반영하였다.</u>

<u>4바둑의 승부도 중국의 문화를 체현하였다.</u> 다른 바둑류의 승부는 모두 깡그리 죽는 것으로 '장수'를 죽이고 '왕'을 잡아야 이기는 것이지만, <u>3바둑은 한 집을 이겨도 이기는 것이고 반 집을 이겨도 이기는 것이다. 모두 죽이는게 아니라 심지어 평화롭게 공존할 수도 있</u>

다. 이것은 일종의 조화와 중용의 사상을 보여준다. 중국 당나라 때 '금기서화(거문고 타고, 바둑 두고, 글 쓰고, 그림 그리는 것)'를 '사예(四藝)'라고 불렀는데 바둑은 정신적인 차원의 예술로서 비현실적이고 모호하며 추상적인 것을 내용으로 삼아 중국의 심미를 표현했다. 어떤 화가는 바둑의 흑백이 한데 융합하는 것은 한 폭의 수묵화와 같다고 하였다.

어휘　★围棋 wéiqí 몡 바둑 | ★起源于 qǐyuán yú ~에서 기원하다 | ★尧 Yáo 고유 요임금 | ★普及 pǔjí 동 보급되다 | ★发明 fāmíng 동 발명하다 | ★相传 xiāngchuán 동 ~라고 전해지다 | ★八卦 bāguà 몡 팔괘 | 周易 Zhōuyì 몡 주역 | ★占卜 zhānbǔ 동 점치다 | ★有道理 yǒu dàolǐ 일리가 있다 | 传说 chuánshuō 몡 전설 | ★阴阳 yīnyáng 몡 음양 | ★充满 chōngmǎn 혱 가득하다 | ★对立统一 duìlì tǒngyī 대립과 통일 | ★阴阳调和 yīnyáng tiáohé 음양이 조화를 이루다 | ★自然界 zìránjiè 몡 자연계 | ★变化之道 biànhuà zhī dào 변화의 이치 | ★抽象 chōuxiàng 혱 추상적이다 | ★反映 fǎnyìng 동 반영하다 | ★模式 móshì 몡 모식, 모델 | ★棋子 qízǐ 몡 바둑돌 | ★棋盘 qípán 몡 바둑판 | ★天圆地方 tiān yuán dì fāng 하늘은 둥그렇고 땅은 네모나다 | ★所谓 suǒwèi 혱 소위 말하는 ~라는 것은 | ★交叉点 jiāochādiǎn 몡 교차점 | ★农历 nónglì 몡 음력 | ★中央 zhōngyāng 몡 중앙 | ★太极 tàijí 몡 태극 | ★文化内涵 wénhuà nèihán 문화적인 내포 | ★选手 xuǎnshǒu 몡 선수 | 棋力 qílì 기력[바둑이나 장기 실력] | ★九段 jiǔ duàn 9단 | ★隋唐 Suí Táng 수(隋)나라와 당(唐)나라 | ★类似 lèisì 혱 유사하다 | 九品 jiǔ pǐn 9품 | 入神 rùshén 입신[바둑에서 신과 같은 경지에 이르렀다는 뜻으로 9단을 이름] | 坐照 zuòzhào 좌조[바둑에서 조용히 앉아서 조감할 줄 알게 되었다는 뜻으로 8단을 이름] | ★具体 jùtǐ 구체[바둑에서 체용(體用)을 갖추었다는 뜻으로 7단을 이름] | 通幽 tōngyōu 통유[바둑에서 유현(幽玄)의 경지를 지났다는 뜻으로 6단을 이름] | 用智 yòngzhì 용지[바둑에서 지혜를 운용할 줄 안다는 뜻으로 5단을 이름] | 小巧 xiǎoqiǎo 소교[바둑에서 재주를 조금 부릴 줄 안다는 뜻으로 4단을 이름] | 斗力 dòulì 투력[바둑에서 싸움질을 할 줄 안다는 뜻으로 3단을 이름] | 若愚 ruòyú 약우[바둑에서 아직 젊고 어리석은 경지에 있다는 뜻으로 2단을 이름] | 守拙 shǒuzhuō 수졸[바둑에서 겨우 자신의 집이나 지킬 정도라는 뜻으로 초단을 이름] | ★反映 fǎnyìng 동 반영하다 | ★胜负 shèngfù 몡 승부 | ★棋类 qílèi 몡 바둑·장기 등의 총칭 | ★斩尽杀绝 zhǎn jìn shā jué 성 깡그리 죽이다, 몰살시키다 | ★老将 lǎojiàng 몡 백전노장 | ★帝王 dìwáng 몡 제왕 | ★抓走 zhuāzǒu 잡아가다 | ★赢 yíng 동 이기다 | 目 mù 몡 (바둑의) 집 | ★和平共处 hé píng gòng chǔ 성 평화공존하다 | ★和谐 héxié 혱 잘 어울리다 | ★中庸 zhōngyōng 몡 중용 | ★琴棋书画 qín qí shū huà 성 거문고를 타고 바둑을 두며, 글씨를 쓰고 그림을 그리는 따위의 문인(文人)의 고상한 도락(道樂) | ★四艺 sìyì 사예 | ★作为 zuòwéi 동 ~로 삼다 | ★精神层面 jīngshen céngmiàn 정신적인 측면 | ★必然 bìrán 혱 필연적이다 | ★虚幻 xūhuàn 혱 비현실적이다 | ★模糊 móhu 혱 모호하다 | ★抽象 chōuxiàng 혱 추상적이다 | ★审美 shěnměi 동 아름다움을 추구하다 | ★交融 jiāoróng 동 한데 융합하다 | ★水墨画 shuǐmòhuà 몡 수묵화

난이도 中　**공략 Key** 키워드 最早 찾기

1　围棋的来源是什么?　　　바둑의 유래는 무엇인가?

Ⓐ **占卜算卦**　　　　　　　Ⓐ 괘로 점을 치다
B　弈秋发明的　　　　　　　B　혁추가 발명하였다
C　古代君王议政所用　　　　C　고대 군왕이 정사를 논하는 데 사용하였다
D　尧偶然发现　　　　　　　D　요임금이 우연히 발견하였다

공략　来源은 기원을 물어보는 것이다. 最早는 최초의 상황을 설명하는 것으로 물음에 대한 답이 될 수 있다. 占卜, 算卦는 모두 '점을 친다'는 의미다.

어휘　奕秋 Yì Qiū 고유 혁추 | ★议政 yìzhèng 동 정무를 상의하다 | ★偶然 ǒurán 혱부 우연하다; 우연히

2 围棋的颜色代表什么? | 바둑의 색깔은 무엇을 대표하는가?

A 天圆地方　　　　　　　　　　　A 하늘은 둥그렇고 땅은 네모나다
B 阴阳调和　　　　　　　　　　　B 음양의 조화
C 四季变化　　　　　　　　　　　C 사계절의 변화
D 节气转换　　　　　　　　　　　D 절기의 전환

공략 키워드는 '색깔(颜色)'이다. 세 번째 단락에서 '색깔'에 대해 언급하고 있는 부분을 찾으면 음양을 나타낸다는 사실을 알 수 있다.

어휘 ★节气 jiéqi 명 절기

3 围棋的胜负说明什么? | 바둑의 승부는 무엇을 설명하는가?

A 自然规律　　　　　　　　　　　A 자연 규칙
B 斗智斗勇　　　　　　　　　　　B 지혜와 용기를 겨루는 것
C 斩尽杀绝　　　　　　　　　　　C 몰살시키는 것
D 和谐共处　　　　　　　　　　　D 조화롭게 공존하는 것

공략 승부는 胜负, 赢, 输 등의 어휘로 표현할 수 있다. 마지막 단락에서 대조를 통해 바둑은 '和平共处(평화 공존)' 한다고 직접적으로 언급하고 있다.

어휘 ★自然规律 zìrán guīlù 자연 규칙 | 斗智斗勇 dòuzhì dòuyǒng 지혜와 용기를 겨루다

4 本文主要讲了围棋的什么内容? | 이 글은 주로 바둑의 어떤 내용에 대하여 말하였는가?

A 来源　　　　　　　　　　　　　A 유래
B 发展的历史过程　　　　　　　　B 발전의 역사 과정
C 所包含的中国文化　　　　　　　C 내포되어 있는 중국 문화
D 游戏规则　　　　　　　　　　　D 게임 규칙

공략 주제를 물어보는 문제다. 바둑의 기원, 바둑판, 바둑돌 색깔이 가지고 있는 의미, 승부를 판가름 짓는 방식에 대해 설명하고 마지막 단락에서 이것은 중국 문화를 나타낸다고 말하고 있다. 体现은 정신이나 관념, 생각을 '구현하다, 체현하다, 구체적으로 드러내다'는 의미로 바둑이 내포하고 있는 의미를 설명했다고 할 수 있다.

어휘 ★游戏规则 yóuxì guīzé 게임 규칙

토크토크! 쌤의 한마디~

독해 제4부분은 본문에서 보기와 관련된 부분을 하나하나씩 찾는 게 아니라 키워드가 제시된 부분을 위주로 범위를 제한해서 문제를 풀어야 해요. 키워드가 있는 곳을 찾아 꼼꼼히 풀면 정확도도 높이고 시간도 절약할 수 있답니다.

6급 독해 공략 하기

공략 1. 동일한 키워드를 읽어라

키워드란 빠른 속도로 답을 찾는 열쇠와도 같다. 보기마다 모두 키워드가 있는 것은 아니다. 하지만 대부분 的 뒤에 있는 명사, 동사구, 시간사 등을 유의해서 본다면 답을 찾는 데 도움이 된다.

1. 본문에서 키워드와 동일한 단어 찾기 : 문제를 읽고 키워드를 찾은 후에 본문에서 빠른 속도로 동일한 단어를 찾아야 한다.

> 예
>
> 据《本草纲目》记载，跳舞草还具有药用保健价值，全株均可入药，具有舒筋活络之功效，用叶片、枝茎阴干泡酒，早晚各服一杯，可治疗坐骨神经痛、风湿病等顽疾；为人类健康服务，此外，用鲜叶片泡水洗脸，可使皮肤光滑白嫩。
>
> 跳舞草的药用价值是什么?
>
> A 舒筋活络　　　　　　　　　B 治疗感冒
>
> C 可以泡茶　　　　　　　　　D 老叶可洗脸

해석　　『본초강목』에 의하면, 도무초는 약용과 건강 보호로서의 가치가 있는데, 줄기 전부를 약으로 쓸 수 있으며 근육을 풀어주고 부드럽게 하는 효능이 있다. 잎사귀와 가지를 응달에 말렸다가 술을 담은 후 아침저녁으로 한 잔씩 마시면 좌골신경통, 류머티즘 등 고질병을 치료할 수 있다. 건강상의 도움 외에도 신선한 잎사귀를 우려 낸 물로 세수를 하면 피부를 하얗고 부드럽게 해준다.

도무초의 약용 가치는 무엇인가?

Ⓐ 근육을 풀어주고 부드럽게 한다
B 감기를 치료한다
C 차로 마실 수 있다
D 오래된 잎으로 세수를 할 수 있다

공략　　跳舞草还具有药用保健价值，全株均可入药，具有舒筋活络之功效，……
　　　　　　　　　　　　　　키워드　　　　　　　　　　　　　　정답

　　❿ 질문의 키워드 药用价值와 일맥상통하는 것을 찾으면 이어지는 내용에 '具有……功效'라고 제시되어 있다.

어휘　　★据记载 jù jìzǎi 기록에 따르면 │ ★本草纲目 Běncǎo Gāngmù 몡 본초강목[명(明) 나라의 이시진(李時珍)이 지은 본초학 연구서] │ 跳舞草 tiàowǔcǎo 몡 춤추는 풀, 도무초 │ ★具有价值 jùyǒu jiàzhí 가치를 가지고 있다 │ ★药用保健 yàoyòng bǎojiàn 약용과 건강 보호 │ ★全株 quánzhū 전체 그루 │ ★均 jūn 閉 모두 │ ★入药 rùyào 통 약을 복용하다 │ ★舒筋活络 shūjīn huóluò 근육과 경락을 이완시키다 │ ★功效 gōngxiào 몡 효과 │ ★叶片 yèpiàn 몡 엽편 │ ★枝茎 zhījīng 몡 식물의 줄기 │ ★阴干 yīngān 통 그늘에서 말리다 │ ★泡酒 pào jiǔ 술에 담그다 │ ★服 fú 통

복용하다 | ★治疗 zhìliáo 통 치료하다 | 坐骨神经痛 zuògǔ shénjīngtòng 명 좌골신경통 | ★风湿病 fēngshībìng 명 류머티즘 | ★顽疾 wánjí 명 고질병 | ★此外 cǐwài 명 이외에 | ★泡水 pào shuǐ 물에 담그다 | ★皮肤 pífū 명 피부 | ★光滑白嫩 guānghuá báinèn 매끌매끌하고 희고 보드랍다 | ★感冒 gǎnmào 명통 감기(에 걸리다) | ★泡茶 pàochá 통 차를 달이다

2. **본문에서 키워드와 유사한 동의어 찾기** : 문제에 있는 키워드를 찾은 후에 본문을 보면 동일한 형태는 아닐지라도 유사한 형태의 동의어가 있는 경우다.

예

誤区一、"天凉了，加件衣服，否则会感冒的。"这是人们对感冒最普遍的认识。但英国感冒研究所的科学家提出了不同的看法。他们通过多次不同的实验后得出结论：寒冷或潮湿并不是引起感冒的主要原因。最容易导致感冒的是应激状态，也就是紧张和抑郁，或者说心情不舒畅。

人们常认为感冒是怎么出现的?

A 细菌传染

B 因着凉而引起的

C 心情不好引起的

D 被其他人传染

해석
잘못된 오류 첫 번째는 '날씨가 추워졌으니 옷을 더 입어야지 그렇지 않으면 감기에 걸릴 것이다'이다. 이것은 감기에 대한 사람들의 보편적인 생각이다. 하지만 영국 감기연구소의 과학자들은 다른 견해를 제기했다. 그들은 여러 차례 서로 다른 실험을 통해 '춥고 습한 게 감기를 유발시키는 주요 원인이 결코 아니다'라는 결론을 내렸다. 가장 쉽게 감기를 유발시키는 것은 자극 상태인데, 즉 긴장과 우울 혹은 상쾌하지 않는 기분이다.

사람들이 일반적으로 생각하는 감기는 어떻게 걸리는가?

A 세균 감염

Ⓑ 추워서 걸리는 것이다

C 기분이 좋지 않아서

D 다른 사람에게 전염되어서

공략
"天凉了，加件衣服，否则会感冒的。"这是人们对感冒最普遍的认识。
　　　　정답　　　　　　　　　　　　　　　　　　키워드

▶ 키워드가 '人们常认为'인데 본문에는 동일하지는 않지만 비슷한 의미로 표현하였다.

어휘
★误区 wùqū 명 잘못된 방법, 오류 | ★加 jiā 통 더하다 | ★否则 fǒuzé 접 만약 그렇지 않으면 | ★英国 Yīngguó 고유 영국 | ★研究所 yánjiūsuǒ 명 연구소 | ★科学家 kēxuéjiā 명 과학자 | ★提出看法 tíchū kànfǎ 견해를 제시하다 | ★实验 shíyàn 통 실험하다 | ★得出结论 déchū jiélùn 결론을 내리다 | ★寒冷 hánlěng 형 한랭하다 | ★潮湿 cháoshī 형 습하다 | ★引起 yǐnqǐ 통 불러일으키다 | ★导致 dǎozhì 통 초래하다 | ★应激状态 yìngjī zhuàngtài 스트레스 상태 | ★紧张 jǐnzhāng 형 긴장하다 | ★抑郁 yìyù 형 우울하다 | ★心情舒畅 xīnqíng shūchàng 마음이 편안하다 | ★细菌 xìjūn 명 세균 | ★传染 chuánrǎn 통 전염하다 | ★着凉 zháoliáng 통 감기에 걸리다 | ★被传染 bèi chuánrǎn 감염되다, 전염되다

예제 1

난이도 中   공략 Key 补血 찾기

一般认为，老人膳食中优质蛋白质应占蛋白质总量的50%左右，每日每千克体重需要蛋白质1–1.2克。猪血中含有人体所需8种氨基酸，是老年人的理想食品。猪血含有丰富的铁质，是造血系统不可缺少的成分，对老年人容易发生的缺铁性贫血可起到"补血"作用。猪血所含的锌、铜等微量元素，具有提高免疫功能及抗衰老的作用。

为什么猪血可以起到"补血"的作用？

A 含有8种氨基酸   B 能提高人体免疫力

C 含有丰富的铁   D 能抗衰老

독해
제4부분

정답&공략

해석 一般认为，老人膳食中优质蛋白质应占蛋白质总量的50%左右，每日每千克体重需要蛋白质1–1.2克。猪血中含有人体所需8种氨基酸，是老年人的理想食品。<u>猪血含有丰富的铁质</u>，是造血系统不可缺少的成分，对老年人容易发生的缺铁性贫血可起到"补血"作用。猪血所含的锌、铜等微量元素，具有提高免疫功能及抗衰老的作用。

为什么猪血可以起到"补血"的作用？

A 含有8种氨基酸
B 能提高人体免疫力
Ⓒ 含有丰富的铁
D 能抗衰老

일반적으로 노인들이 먹는 음식 중에서 좋은 단백질이 총 단백질 양의 50% 정도를 차지하여 체중 1kg당 1~1.2g의 단백질이 필요하다고 생각한다. 돼지 피에는 인체에 필요한 8가지의 아미노산이 함유되어 있으며 노인들에게는 아주 좋은 음식이다. <u>돼지 피는 풍부한 철분이 함유되어 있어</u> 조혈 시스템에서 필수 불가결한 성분이다. 노인들에게 잘 발생하는 철분 부족으로 인한 빈혈을 위해 조혈 작용을 할 수 있다. 돼지 피에 함유되어 있는 아연, 구리 등의 미량 영양소는 면역 기능을 제고시키고 노화를 방지해주는 작용이 있다.

돼지 피가 어떻게 조혈 작용을 할 수 있는가？

A 8가지 아미노산을 함유하고 있어서
B 사람의 면역력을 높일 수 있어서
Ⓒ 풍부한 철을 함유하고 있어서
D 노화를 방지할 수 있어서

공략 키워드 补血가 있는 곳을 찾으면 풍부한 철분이 함유되어 있다는 문장을 쉽게 찾을 수 있다.

어휘 ★一般认为 yìbān rènwéi 일반적으로 ~라고 여기다 | ★膳食 shànshí 뎽 음식, 식사 | ★优质 yōuzhì 혱 질이 우수하다 | ★蛋白质 dànbáizhì 뎽 단백질 | ★总量 zǒngliàng 뎽 총량 | ★左右 zuǒyòu 뎽 정도 | ★千克 qiānkè 똉 킬로그램 | ★体重 tǐzhòng 뎽 체중 | ★克 kè 똉 그램 | ★猪血 zhūxuè 돼지 피 | ★氨基酸 ānjīsuān 뎽 아미노산 | ★理想食品 lǐxiǎng shípǐn 이상적인 음식 | ★铁质 tiězhì 뎽 철분 | ★造血系统 zàoxiě xìtǒng 조혈 시스템 | ★不可缺少 bùkě quēshǎo 필수 불가결이다 | ★成分 chéngfèn 뎽 성분 | ★缺铁性 quētiěxìng 철분 부족형 | ★贫血 pínxuè 뎽 빈혈 | ★起作用 qǐ zuòyòng 작용을 일으키다 | ★补血 bǔxuè 통 조혈 작용을 하다 | ★锌 xīn 뎽 아연 | ★铜 tóng 뎽 구리, 동 | ★微量元素 wēiliàng yuánsù 뎽 미량 영양소 | ★免疫功能 miǎnyì gōngnéng 면역 기능 | ★抗衰老 kàng shuāilǎo 노화를 방지하다 | ★免疫力 miǎnyìlì 뎽 면역력

　　在经过榨汁和橡木桶的醇化等一系列酿酒流程后，葡萄酒会得到酿酒师赋予的提升，这好比人类的学生阶段。然后装瓶，这时候葡萄酒会进入休眠期，需要有合适的储藏环境，再经过陈年后品质才会有第二次提升，这好比从大学走向社会的成熟过程。经过陈年后进入成熟期的葡萄其优秀的品质会持续释放一段时间，最后进入衰老期。

葡萄酒的哪个阶段相当于人大学毕业的阶段？

A　衰老期　　　　　　　　　　　　B　第一次提升
C　第二次提升　　　　　　　　　　D　幼儿期

정답&공략

해석　　在经过榨汁和橡木桶的醇化等一系列酿酒流程后，葡萄酒会得到酿酒师赋予的提升，这好比人类的学生阶段。然后装瓶，这时候葡萄酒会进入休眠期，需要有合适的储藏环境，<u>再经过陈年后品质才会有第二次提升，这好比从大学走向社会的成熟过程</u>。经过陈年后进入成熟期的葡萄其优秀的品质会持续释放一段时间，最后进入衰老期。

葡萄酒的哪个阶段相当于人大学毕业的阶段？

A　衰老期
B　第一次提升
Ⓒ　第二次提升
D　幼儿期

착즙과 고무통의 알코올화 등 일련의 양조 과정을 거친 후에 양조사는 포도주의 격을 올려줄 것이다. 이는 인류의 학창 시절과 같다. 후에 병에 담기면 이때 포도주는 수면 상태에 들어가게 되고 저장할 수 있는 적절한 환경이 필요하게 된다. <u>다시 오랜 시일을 거친 후에 제2단계 업그레이드가 되는데, 이때는 대학에서 사회로 진출하는 성숙 과정과 같다</u>. 오랜 세월을 거친 후에 성숙기에 들어간 포도는 좋은 품질이 일정 기간 지속된 다음에 마침내 쇠퇴기에 들어간다.

포도주의 어느 단계가 대학생이 졸업하는 단계와 같은가?

A　쇠퇴기
B　제1차 업그레이드
Ⓒ　제2차 업그레이드
D　유아기

공략　키워드 '大学毕业'가 본문에서는 약간 형태를 달리했지만 '从大学走向社会'라고 표현되었다.

어휘　★榨汁 zhàzhī 명 착즙 | 橡木桶 xiàngmùtǒng 명 고무통 | 醇化 chúnhuà 동 알코올화되다 | ★一系列 yíxìliè 형 일련의 | ★酿酒 niàngjiǔ 동 양조하다, 술을 담그다 | ★流程 liúchéng 명 공정 | ★葡萄酒 pútáojiǔ 명 포도주 | ★酿酒师 niàngjiǔshī 명 양조사 | ★赋予 fùyǔ 동 부여하다 | ★提升 tíshēng 동 진급하다 | ★好比 hǎobǐ 동 마치 ~와 같다 | ★学生阶段 xuésheng jiēduàn 학창 시기 | ★装瓶 zhuāngpíng 동 병에 담다 | ★休眠期 xiūmiánqī 명 휴면기 | ★储藏 chǔcáng 동 보관하다 | 陈年 chénnián 형 여러 해 묵은 | ★品质 pǐnzhì 명 품질, 품성 | ★走向社会 zǒuxiàng shèhuì 사회에 진출하다 | ★成熟 chéngshú 형 여물다, 성숙하다 | 成熟期 chéngshúqī 명 성숙기 | ★优秀 yōuxiù 형 아주 뛰어나다 | ★持续 chíxù 동 지속하다 | ★释放 shìfàng 동 방출하다, 석방하다 | ★一段时间 yíduàn shíjiān 일정 기간 | ★衰老期 shuāilǎoqī 명 쇠퇴기 | ★相当于 xiāngdāng yú ~와 같다

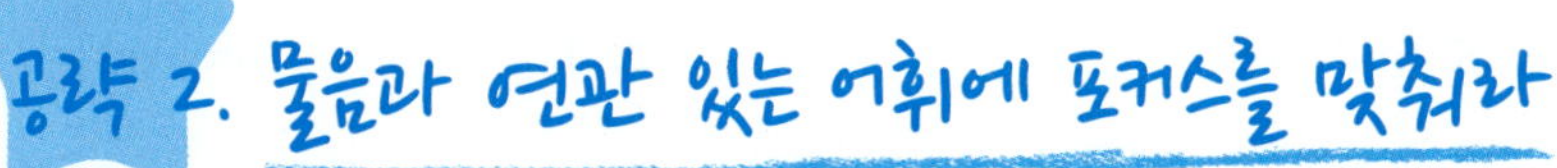

질문에서 핵심이 되는 키워드를 찾지 못할 경우에는 原因, 目的와 같이 물음에 관한 어휘에서 힌트를 얻을 수 있다.

1. 질문과 관련된 어휘 : 原因, 因为, 由于, 目的, 为了, 关键, 方法

예

据科学研究看，跳舞草起舞的原因主要与温度、阳光和一定节奏、节律、强度下的声波感应有关，即在会跳舞的小叶片的叶柄处，细胞里有一种海绵体，这种海绵体对中低频率有共振作用。这一奇特现象堪称世界一绝，中外奇观。利用跳舞草这种自身运行的特异功能，制成盆景可供人们观赏。

跳舞草为什么会跳舞?

A 声波感应 　　　　　　　　　　　B 共振作用

C 自然现象 　　　　　　　　　　　D 细胞结构

독해
제4부분

해석　　과학 연구에 따르면 <u>도무초가 춤을 추는 것은 주로 온도와 햇빛이 일정한 리듬과 박자, 강도에서 음파와 반응하는 것과 관련이 있다.</u> 즉 춤을 출 수 있는 작은 잎사귀의 잎자루에, 세포 안에는 일종의 해면체가 존재하는데, 이런 해면체가 중저 빈도로 공진 작용을 한다는 것이다. 이렇게 특이한 현상은 세계 어디서도 찾아볼 수 없는 기이한 현상이다. 이렇게 스스로 움직일 수 있는 도무초의 특이한 기능을 이용해 분재로 만들어 감상할 수 있다.

도무초는 왜 춤출 수 있는가?

Ⓐ 음파 반응 　　　　　　　　　　　B 공진 작용
C 자연 현상 　　　　　　　　　　　D 세포 구조

공략　　원인을 묻는 문제다. 따라서 본문 중에 있는 原因이 답을 찾는 키워드다.

어휘　　★科学研究 kēxué yánjiū 과학 연구 | ★起舞 qǐwǔ 통 춤을 추기 시작하다 | ★与……有关 yǔ……yǒuguān ～와 관련이 있다 | ★温度 wēndù 명 온도 | ★节奏 jiézòu 명 리듬 | ★节律 jiélǜ 명 리듬과 법칙 | ★声波感应 shēngbō gǎnyìng 음파 반응 | ★即 jí 부 즉 | 叶柄 yèbǐng 명 잎자루 | ★细胞 xìbāo 명 세포 | 海绵体 hǎimiántǐ 명 해면체 | ★频率 pínlǜ 명 주파수, 빈도 | ★共振作用 gòngzhèn zuòyòng 공진 작용 | ★奇特现象 qítè xiànxiàng 독특한 현상 | ★堪称 kānchēng 통 ～라고 할 만하다 | ★世界一绝 shìjiè yì jué 세계 제일이다 | ★中外奇观 Zhōngwài qíguān 중국과 외국의 기이한 현상 | ★特异功能 tèyì gōngnéng 특이한 기능 | ★盆景 pénjǐng 명 분재

2. 의미 파악 문제 : 키워드도 없고 특별한 힌트가 없을 경우 문장의 의미를 이해해서 풀어야 한다.

> 误区二、"离感冒的人远一点，咳嗽、喷嚏和唾液中有大量的感冒病毒，容易被传染"。事实上也并非如此。美国几位科学家所做的研究表明，唾沫中所含感冒病毒的浓度很低，通常不足以传播感冒。和感冒的人最危险的接触是握手。因为他们的手经常擤鼻子和摸鼻子，就会沾上大量的病毒。此外，患者触碰过的门把手、电话等公共设施上，也会留有大量的感冒病毒。
>
> 感冒的传播途径是什么？
>
> A 着凉后的人　　　　　　　　B 缺少维生素
>
> C 不讲究卫生　　　　　　　　D 与感冒患者握手

해석　오류 잡기 두 번째는 '기침, 재채기 그리고 타액에 상당한 양의 감기 바이러스가 있어 쉽게 전염될 수 있으니 감기 걸린 사람과 멀리 해야 한다'이다. 사실상 결코 그렇지 않다. 미국의 몇몇 과학자들이 실험한 연구에서 타액에 함유된 감기 바이러스는 농도가 매우 낮고 통상적으로 감기를 전염시키기에는 부족하다는 것이 밝혀졌다. <u>감기 걸린 사람과 가장 위험한 접촉은 악수다</u>. 왜냐하면 그들의 손은 자주 코를 비비고 만져서 많은 양의 바이러스가 붙어 있을 수 있기 때문이다. 이외에, 환자가 만진 적이 있는 손잡이, 전화 등 공공시설에 대량의 감기 바이러스가 남겨져 있을 수 있다.

감기의 전염 경로는 무엇인가?

A 감기 걸린 사람　　　　　　　　B 비타민 부족
C 청결 부주의　　　　　　　　　　**D** 감기 환자와의 악수

공략　문제의 키워드는 '传播途径'인데 본문에 직접적으로 언급되어 있지 않다. 하지만 유사한 의미로 이해될 수 있는 '最危险的接触'가 질문과 같은 의미로 파악될 수 있다.

어휘　★咳嗽 késou 图 기침하다 ｜ ★喷嚏 pēntì 图 재채기하다 ｜ ★唾液 tuòyè 图 침, 타액 ｜ ★病毒 bìngdú 图 병균, 바이러스 ｜ ★并非如此 bìngfēi rúcǐ 결코 이러지 않다 ｜ ★研究表明 yánjiū biǎomíng 연구에서 분명히 밝혀지다 ｜ ★唾沫 tuòmò 图 침 ｜ ★浓度 nóngdù 图 농도 ｜ ★通常 tōngcháng 图图 평상시; 일반적이다 ｜ ★不足以 bù zúyǐ ~하기에 족지지 않다 ｜ ★传播 chuánbō 图 전파하다 ｜ ★危险 wēixiǎn 图 위험하다 ｜ ★接触 jiēchù 图 접촉하다 ｜ ★握手 wòshǒu 图 악수하다 ｜ ★擤鼻子 xǐng bízi 코를 풀다 ｜ ★摸 mō 图 짚어보다, 더듬다 ｜ ★沾上 zhānshàng 묻다 ｜ ★患者 huànzhě 图 환자 ｜ ★触碰 chùpèng 건드리다 ｜ ★门把手 ménbǎshǒu 图 손잡이 ｜ ★公共设施 gōnggòng shèshī 공공시설 ｜ ★留有 liúyǒu 图 남겨두다, 간직하다

 **예제**

난이도 上　공략 Key 装饰性的点缀의 의미 파악

독해
제4부분

　　传统京剧舞台上的道具，不受时代、地区的制约。不论是表现什么朝代、什么地区，都可以使用。其概括的能力非常之大，应用的范围也非常之广。它只受角色的身份、行当的限制。此外，京剧的服装还不受季节的影响。通常情况下，不分纱、丝绸、皮等等。除非剧情有特殊的需求，一定要表明季节，才根据剧情稍稍添加少许装饰性的点缀。

传统京剧的道具特点是：

A 道具很简单　　　　　　　B 比现代京剧复杂

C 只有一种道具　　　　　　D 能清楚地表明四季

정답&공략

해석　　　传统京剧舞台上的道具，不受时代、地区的制约。不论是表现什么朝代、什么地区，都可以使用。其概括的能力非常之大，应用的范围也非常之广。它只受角色的身份、行当的限制。此外，京剧的服装还不受季节的影响。通常情况下，不分纱、丝绸、皮等等。<u>除非剧情有特殊的需求，一定要表明季节，才根据剧情稍稍添加少许装饰性的点缀。</u>

传统京剧的道具特点是：

Ⓐ 道具很简单
B 比现代京剧复杂
C 只有一种道具
D 能清楚地表明四季

　　전통적인 경극 무대에서 도구는 시대와 지역의 제한을 받지 않으며 어떠한 왕조, 어떠한 지역에서도 모두 사용할 수 있었다. 개괄할 수 있는 부분이 아주 크고 사용 범위도 광범위하다. 오직 캐릭터의 신분과 직책의 제약만 받는다. 이외에 경극의 복장은 계절의 영향을 받지 않는다. 일반적으로 면사, 실크, 가죽 등의 구분이 없다. <u>단지 극 속의 특수한 상황에만 계절을 표시하고 극의 내용에 따라 조금씩 장식한다.</u>

전통 경극에 사용되는 소품의 특징은?

Ⓐ 소품이 아주 간단하다
B 현대 경극보다 복잡하다
C 도구가 하나밖에 없다
D 명확하게 사계절을 표시할 수 있다

공략　질문의 키워드 '道具特点'과 관련된 단어가 직접적으로 언급되어 있지 않아 의미적인 접근이 필요하다. '稍稍添加少许装饰性的点缀'에서 특수한 경우에 장식을 첨가하는 것을 제외하고는 소품이 간단함을 알 수 있다.

어휘　★传统 chuántǒng 몡 전통 | ★京剧 jīngjù 몡 경극 | ★舞台 wǔtái 몡 무대 | ★道具 dàojù 몡 공연 도구 | ★受制约 shòu zhìyuē 제약을 받다 | ★不论 búlùn 젭 ~을 막론하고 | ★朝代 cháodài 몡 왕조의 연대 | ★概括 gàikuò 동 개괄하다 | ★应用范围 yìngyòng fànwéi 응용 범주 | ★角色 juésè 몡 역할 | ★身份 shēnfen 몡 신분 | ★行当 hángdang 몡 직종, 배역 | ★限制 xiànzhì 동 제한하다 | ★服装 fúzhuāng 몡 복장 | ★纱 shā 몡 방직용 가는 실 | ★丝绸 sīchóu 몡 비단 | ★除非 chúfēi 젭 오직 ~하여야만 | ★剧情 jùqíng 몡 연극 줄거리 | ★特殊 tèshū 톙 특수하다 | ★稍稍 shāoshāo 뷔 잠시 | ★添加 tiānjiā 동 보태다 | ★少许 shǎoxǔ 톙 약간의 | ★装饰性 zhuāngshìxìng 장식적인 | ★点缀 diǎnzhuì 동 아름답게 치장하다

第 1-8 题：请选出正确答案。

1-4.

据史书记载，公元前135年，汉武帝令唐蒙出使南越，唐蒙饮到南越国所产的构酱酒后，将此酒带回长安，受到汉武帝的称赞，并留了"唐蒙饮构酱而使夜郎"的传说。1843年，清代诗人郑珍咏赞茅台"酒冠黔人国"。1949年前，茅台酒生产凋敝，仅有三家酒坊，1704年，"偈盛烧房"将其产酒正式定名为茅台酒。

茅台酒，被尊称为"国酒"。它具有色清透明、醇香馥郁、入口柔绵、清冽甘爽、回香持久的特点，人们把茅台酒独有的香味称为"茅香"，是我国酱香型风格最完美的典型。

1915年，美国旧金山巴拿马万国博览会，中国参展代表掷茅台酒酒瓶振国威，茅台酒一举夺得金奖，从此跻身世界三大名酒行列，成为中华民族工商业率先走向世界的杰出代表。

茅台酒以优质高粱为原料，用小麦制成高温曲，而用曲量多于原料。用曲多，发酵期长，多次发酵，多次取酒等独特工艺，这是茅台酒风格独特、品质优异的重要原因。酿制茅台酒要经过两次加生沙(生粮)、八次发酵、九次蒸馏，生产周期长达八九个月，再陈贮三年以上，勾兑调配，然后再贮存一年，使酒质更加和谐醇香，绵软柔和，方准装瓶出厂，全部生产过程近五年之久。

茅台酒一直享有外交酒、友谊酒等美誉。1975年，时任国务院副总理的王震在一次全国性会议上正式宣布：贵州茅台酒是我国(中国)国酒。

1. 茅台酒的正式命名是在什么时候？
   A 1915年　　　　**B** 1949年　　　　**C** 1704年　　　　**D** 1843年

2. 茅台酒的特点不包括：
   A 入口柔绵　　　**B** 颜色浑浊　　　**C** 清冽甘爽　　　**D** 回香持久

3. 茅台酒的品质为什么独特？
   A 酒精度高　　　**B** 香气持久　　　**C** 选用上等原料　　**D** 工艺特殊

4. 茅台酒在蒸馏出来后还需要储存多长时间？
   A 四年　　　　　**B** 一年　　　　　**C** 三年　　　　　**D** 五年

5-8.

　　西安古称"长安"，是世界四大历史古都之一，深邃的历史文化和举世闻名的文物古迹，使西安在国内外享有盛誉，每年都能吸引数十万海外游客来此观光。西安，建成于公元前12世纪，先后有21个王朝和政权建都于此。1981年，联合国教科文组织把西安确定为"世界历史名城。"

　　西安是中华文明历史上最富盛名的都城，是令外国人心怀景仰而来顶礼膜拜的伟大城市。西安建城史已有3100多年，建都时间超过1200年，汉唐时期，西安是中国对外交流的中心，是当时最早超过百万人口的国际大都市，在其发展的极盛阶段，一直充当着世界中心的地位，吸引了大批的外国使节与朝拜者的到来，"西方罗马，东方长安"是其在世界历史地位中的写照。西安向世界展现了文明中国拥有的自信、开放、大气、包容、向上的民族精神，铸造了炎黄子孙永远为之自豪的文化高地。著名的丝绸之路以西安为起点；"世界八大奇迹"之一的秦始皇陵兵马俑则展示了这座城市雄浑、厚重的历史文化底蕴。"一座城市的历史就是一个民族的历史"，西安，这座中国历史文化的首善之都，以世代传承的雍容儒雅，满腹经纶，博学智慧，大气恢弘，成为中国历史的光荣。

　　当今的西安是中华人民共和国陕西省的省会，是中国重点高等院校最为集中的城市之一，科技实力雄厚。西安还是中国西部地区最大最重要的科研基地。

5. 西安在汉唐时期怎样？
 A 政治斗争激烈   **B** 人口超过百万
 C 是中国的中心   **D** 是陕西省省会

6. 关于西安，可以知道什么？
 A 是世界经济中心   **B** 建成于公元12世纪
 C 是中国最古老的城市   **D** 是四大文明古都之一

7. 下列哪项是"世界八大奇迹"之一？
 A 丝绸之路   **B** 西方罗马，东方长安
 C 西安古城   **D** 秦始皇兵马俑

8. 根据上文，当今的西安哪方面实力雄厚？
 A 农业   **B** 科技   **C** 资源   **D** 文化

✚**정답 및 해설_** 해설집 140쪽

옳고 그름을 판단하라

1. 답이 되는 것과 안 되는 것을 변별하는 방법을 학습한다
2. 주요 어휘와 구조를 암기한다
3. 연습을 통해 문제 해결 속도를 향상시킨다

옳고 그름을 판단해 문제를 해결하는 유형은 시간이 다소 많이 필요하기게 만약 답이라고 생각되는 보기를 찾았으면 다른 보기는 놔두고 문제를 풀어야 한다. OX여부를 다 확인하기에는 시간이 턱없이 부족하기 때문에 먼저 문제를 다 풀고 나중에 시간이 주어졌을 때 검토하는 편이 좋다.

기초 실력 테스트 TEST

* 다음 문장을 읽고 내용이 맞으면 O, 틀리면 X를 표시하세요.

> 京剧脸谱是在十八世纪末和十九世纪初形成的。脸谱用不同的色彩、图案来表现角色的性格、品质、身体、特长、相貌等等。脸谱一般都是演员自己对着镜子用毛笔勾画出来的，这是作为一个京剧演员必须掌握的基本功之一。

1　脸谱形成于十九世纪末。　　　　　　　　　(　　)

2　脸谱用颜色图案来表现性格。　　　　　　(　　)

3　脸谱是专门的化妆师化的。　　　　　　　(　　)

4　京剧演员一定要会画脸谱。　　　　　　　(　　)

정답_ 해설집 233쪽

6급 기출문제 맛보기

맛보기

　　提起生物进化，映入人们脑海的多半是"物竞天择，适者生存"这八个字。在漫长的进化历史过程中，唯有战胜对手的幸运儿才能赢得大自然的青睐，拿到参加下一场物种角力的入场券。然而，大自然并不只是沿着单一的路线前行，"合则双赢，争则俱败"，体现互助与合作精神的共生或许是影响历史进程的另一重大因素。

　　从表面上看，共生关系只是存在于残酷竞争中的权宜之计，是在特定条件下的偶合而已。然而生物学的研究成果却发现，这种生存战略同样是大自然的选择，是另一条进化道路——共生进化的产物。它提供了共生双方的任何一方不能产生的物质，带来了任何一方都不能产生的效率。

　　共生的形态多种多样，不拘一格。它存在于各层次、各种类生物的互动之中。海葵虾，顾名思义，对美丽的海葵(腔肠动物)情有独钟，它总是夹着海葵浪迹于海底世界。一遇危险，自有长着含毒触角的海葵出面摆平。这样一来，海葵虾可以放心觅食，不必为安全多费心机；而生性慵懒、喜静不喜动的海葵只要从共生伙伴的食物中分一杯羹就足以果腹。

　　动物之间的共生的现象是这样，植物与动物共生的现象也不少见。生活在墨西哥的一种蚂蚁把巢筑在刺槐中空的树干中，享用刺槐叶柄部位分泌的富含糖分的汁液。作为回报，蚂蚁则负责植物的安全工作，一旦刺槐的敌人——食叶昆虫及其幼虫、草食动物——靠近时，盛怒的蚁群就会蜂拥而出，与入侵者做殊死搏斗，直到把它们赶走。除此之外，蚂蚁还可以清除对刺槐造成威胁的寄生植物。当这些植物靠近时，蚂蚁就会毫不客气地上前啃掉它们的藤条和嫩芽。

　　高等植物与真菌的共生早已为人类所熟知。在这种共生关系中，真菌的菌丝体长在植物的根部，吸收植物光合作用的产物，而植物则可以从真菌的分解物中吸取养料。

　　其实，在生物界发展的初期，不确定和不平衡因素充斥于物种之间，它们的关系表现出高度的对抗性。对抗越激烈，对自身乃至生物界造成的破坏就越大。这不仅破坏了生物之间的平衡，而且对生态发展造成灾害。要保持生态平衡，就要依靠生物共生所带来的正面作用。

1. 关于"生物进化"，下列哪项正确？

　　A　合则双赢　　　　　　　　B　只能通过竞争

　　C　没有胜者　　　　　　　　D　沿单一路线前行

정답&공략

提起生物进化，映入人们脑海的多半是"物竞天择，适者生存"这八个字。在漫长的进化历史过程中，唯有战胜对手的幸运儿才能赢得大自然的青睐，拿到参加下一场物种角力的入场券。然而，大自然并不只是沿着单一的路线前行，"1合则双赢，争则俱败"，体现互助与合作精神的共生或许是影响历史进程的另一重大因素。

从表面上看，共生关系只是存在于残酷竞争中的权宜之计，是在特定条件下的偶合而已。然而生物学的研究成果却发现，这种生存战略同样是大自然的选择，是另一条进化道路——共生进化的产物。它提供了共生双方的任何一方不能产生的物质，带来了任何一方都不能产生的效率。

共生的形态多种多样，不拘一格。它存在于各层次、各种类生物的互动之中。海葵虾，顾名思义，对美丽的海葵(腔肠动物)情有独钟，它总是夹着海葵浪迹于海底世界。2一遇危险，自有长着含毒触角的海葵出面摆平。这样一来，海葵虾可以放心觅食，不必为安全多费心机；而生性慵懒、喜静不喜动的海葵只要从共生伙伴的食物中分一杯羹就足以果腹。

생물 진화에 대해 말하자면, 사람들 머리에는 대부분 '경쟁에서 이긴 자만이 살아남고, 적자생존한다'라는 말이 떠오를 것이다. 기나긴 진화 역사 속에서 유일하게 적수를 이긴 행운아만이 대자연의 환영을 받았고 종간의 싸움에 참가할 수 있는 티켓을 얻을 수 있었다. 그러나 대자연은 한쪽 방향으로만 가고 있지 않다. '1뭉치면 둘 다 이기고 싸우면 둘 다 죽는다'처럼 서로 돕고 협동 정신으로 구현된 공생도 아마도 역사 발전에 영향을 준 또 다른 중요한 요소일 것이다.

표면적으로 공생 관계는 단지 잔혹한 경쟁 속에서 임시적인 방편이고 특정 조건하에서 우연히 들어맞은 것처럼 보인다. 그러나 생물학 연구 성과에서 이런 생존 전략은 마찬가지로 대자연의 선택이며 또 다른 진화의 길, 즉 공생 진화의 산물이라는 것이 밝혀졌다. 이는 공생하는 쌍방 어느 누구도 생성하지 못하는 물질을 제공해주었고, 어느 쪽도 만들지 못하는 효과를 가져다주었다.

공생의 형태는 다양하며 한 가지 방법에만 구애 받지 않는다. 이는 각층에 존재하며 여러 생물 간의 상호 움직임 속에 존재한다. '말미잘 새우'는 이름에서 알 수 있듯이 예쁜 말미잘(강장동물)을 좋아해서 늘 말미잘에 끼어서 바다 세계를 유랑한다. 2그러다 위험이라도 만나면 독이 있는 촉각을 가진 말미잘이 나서서 수습해준다. 이렇게 말미잘 새우는 안심하고 먹이를 찾을 수 있고 안전 때문에 고심할 필요도 없다. 게다가 선천적으로 게으르고 조용하며 움직이는 것을 싫어하는 말미잘은 공생하고 있는 파트너에게서 먹이를 나눠받아 먹으면서 배를 채운다.

독해 제4부분

动物之间的共生的现象是这样，**3A**植物与动物共生的现象也不少见。生活在墨西哥的一种蚂蚁把巢筑在刺槐中空的树干中，享用刺槐叶柄部位分泌的富含糖分的汁液。作为回报，蚂蚁则负责植物的安全工作，一旦刺槐的敌人——食叶昆虫及其幼虫、草食动物——靠近时，**3B**盛怒的蚁群就会蜂拥而出，与入侵者做殊死搏斗，直到把它们赶走。除此之外，蚂蚁还可以清除对刺槐造成威胁的寄生植物。当这些植物靠近时，蚂蚁就会毫不客气地上前啃掉它们的藤条和嫩芽。

高等植物与真菌的共生早已为人类所熟知。在这种共生关系中，真菌的菌丝体长在植物的根部，吸收植物光合作用的产物，而植物则可以从真菌的分解物中吸取养料。

其实，在生物界发展的初期，不确定和不平衡因素充斥于物种之间，它们的关系表现出高度的对抗性。对抗越激烈，对自身乃至生物界造成的破坏就越大。这不仅破坏了生物之间的平衡，而且对生态发展造成灾害。**4**要保持生态平衡，就要依靠生物共生所带来的正面作用。

동물들 사이에 공생하는 현상은 이와 같고 **3A**식물도 동물과 공생하는 현상을 많이 볼 수 있다. 멕시코에 사는 개미는 집을 아카시아 나무의 빈 나무 줄기에 만들어 아카시아 나무 잎 부분에서 분비되는 당즙을 먹는다. 보답으로 개미는 나무의 안전을 책임진다. 일단 잎을 먹고 사는 곤충이나 유충, 초식 동물과 같은 아카시아 나무의 적이 다가오면 **3B**화가 난 개미 떼들이 벌 떼처럼 나와 도망갈 때까지 침입자와 사투를 벌인다. 이 외에 개미는 아카시아 나무를 위협하는 기생 식물을 제거해줄 수 있다. 이런 식물들이 가까이 오면 아무런 거리낌 없이 등나무 줄기나 어린 잎을 갉아먹어버린다.

고등 식물과 곰팡이의 공생은 일찍부터 인류가 알고 있다. 이 공생 관계에서 곰팡이 균사체는 식물의 뿌리 부분에서 자라고 있으며 식물이 광합성 작용으로 만들어낸 산물을 흡수한다. 식물은 균사체의 분해물에서 양분을 흡수할 수 있다.

사실 생물계 발전 초기에 불확실하고 불평등한 요소들이 생물의 종들 사이에 넘쳐났고 그들 관계는 강한 적대감을 보였다. 그리고 대항이 심해질수록 자신과 생물계에 주는 파괴력이 더 커져갔다. 이는 생태계 균형을 파괴했을 뿐 아니라 생태계 발전에 재난을 가져다주었다. **4**생태계가 균형을 유지하려면 생물들의 공생이 주는 긍정적인 작용에 의지해야 한다.

어휘 ★生物进化 shēngwù jìnhuà 생물 진화 | ★脑海 nǎohǎi 명 뇌리 | ★多半 duōbàn 수부 대다수; 아마 | ★物竞天择 wù jìng tiān zé 성 생존 경쟁을 하여 자연에 적응한 것만 선택되어 살아남다 | ★适者生存 shìzhě shēngcún 명 적자생존 | ★漫长 màncháng 형 길다 | ★唯有 wéiyǒu 부 다만, 오직 | ★战胜 zhànshèng 동 전승하다 | ★对手 duìshǒu 명 상대, 호적수 | ★幸运儿 xìngyùn'ér 명 행운아 | ★赢得 yíngdé 동 얻다 | ★青睐 qīnglài 명 총애 | ★物种 wùzhǒng 명 (생물의) 종(種) | 角力 juélì 동 힘을 겨루다 | ★入场券 rùchǎngquàn 명 입장권 | ★沿着 yánzhe 개 ~을 따라서 | ★单一路线 dānyī lùxiàn 단일 노선 | ★前行 qiánxíng 동 앞으로 나가다 | ★合则双赢 hé zé shuāng yíng 합하면 양측 모두 이익을 얻는다 | ★共生 gòngshēng 동 공생하다 | ★或许 huòxǔ 부 어쩌면 | ★残酷 cánkù 형 잔혹하다 | ★竞争 jìngzhēng 동 경쟁하다 | ★权宜之计 quán yí zhī jì 성 임시방편 | 偶合 ǒuhé 동 우연히 들어맞다 | ★战略 zhànlüè 명 전략 | ★产物 chǎnwù 명 산물 | ★效率 xiàolǜ 명 능률, 효율 | ★多种多样 duō zhǒng duō yàng 성 다양하다 | ★不拘一格 bù jū yì gé 성 한 가지 방법에만 구애 받지 않다 | ★互动 hùdòng 동 상호 작용을 하다 | 海葵虾 hǎikuíxiā 명 말미잘 새우 | ★顾名思义 gù míng sī yì 성 명칭을 보면 그 뜻을 안다 | 海葵 hǎikuí 명 말미잘 | 浪迹于 làngjì yú ~에 정처 없이 다니다 | ★海底世界 hǎidǐ shìjiè 해저 세계 | ★摆平 bǎipíng 동 바로 놓다 | ★觅食 mìshí 동 먹이를 찾다 | ★多费心机 duō fèi xīnjī 마음을 많이 쓰다 | ★生性慵懒 shēngxìng yōnglǎn 선천적으로 게으르다 | ★分一杯羹 fēn yì bēi gēng 수프를 나누다, 이익을 나누다 | 果腹 guǒfù 동 배부르다 | ★蚂蚁 mǎyǐ 명 개미 | ★巢 cháo 명 새 둥지 | ★筑 zhù 동 짓다 | 刺槐 cìhuái 명 아카시아 나무 | ★树干 shùgàn 명 나무 줄기 | 叶柄 yèbǐng 명 잎자루 | ★分泌 fēnmì 동 분비하다 | ★富含 fùhán 동 대량으로 함유하다 | ★糖分 tángfèn 명 당분 | ★汁液 zhīyè 명 즙액 | ★回报 huíbào 동 보고하다, 보답하다 | ★一旦 yídàn 부 일단 ~하기만 하면 | ★敌人 dírén 명 적군 | 食叶昆虫 shí yè kūnchóng 잎을 먹는 곤충 | ★幼虫 yòuchóng 명 유생, 유충 | ★草食动物 cǎoshí dòngwù 명 초식 동물 | ★盛怒 shèngnù 동 격노하다 | ★蜂拥而出 fēng yōng ér chū 한꺼번에 밀려 나오다 | ★入侵者 rùqīnzhě 명 침입자 | ★殊死搏斗 shūsǐ bódòu 목숨 걸고 싸우다 | ★赶走 gǎnzǒu 동 쫓아내다 | ★清除 qīngchú 동 깨끗이 없애다 | ★威胁 wēixié 동 위협하다 | ★寄生植物 jìshēng zhíwù 기생 식물 | ★毫不客气 háobù kèqi 조금도 쑥스러움 없이 | ★啃掉 kěndiào 물어버리다 | 藤条 téngtiáo 명 등나무 덩굴 | ★嫩芽 nènyá 명 새싹 | ★高等植物 gāoděng zhíwù 명 고등 식물 | ★真菌 zhēnjūn 명 진균류 | ★为……所熟知

wèi……suǒ shúzhī ~에 의해 알려지다 | 菌丝体 jūnsītǐ 명 균사체 | ★光合作用 guānghé zuòyòng 명 광합성 작용 | 分解物 fēnjiěwù 명 분해물 | ★养料 yǎngliào 명 자양분 | ★充斥于 chōngchì yú ~에 넘쳐나다 | 对抗性 duìkàngxìng 적대성 | ★生态平衡 shēngtài pínghéng 명 생태계 균형 | ★正面 zhèngmiàn 명 정면

난이도 下　공략 Key 生物进化 찾기

1 关于"生物进化"，下列哪项正确?

Ⓐ 合则双赢
B 只能通过竞争
C 没有胜者
D 沿单一路线前行

'생물 진화'와 관련해서 다음 중 옳은 것은?

Ⓐ 모이면 서로 이긴다
B 경쟁을 통해서만 할 수 있다
C 승자는 없다
D 단일 노선으로 나아간다

공략 '生物进化'가 키워드이며 첫 번째 단락에서 보기 A와 동일한 내용을 찾을 수 있다.

난이도 上　공략 Key 소거법 적용

2 关于"海葵虾"，下列哪项正确?

A 长着有毒的触角
B 保护着海葵的食物
C 生性懒惰
Ⓓ 海葵一直保护着它们

말미잘 새우에 관하여 다음 중 옳은 것은?

A 독이 있는 촉각이 있다
B 말미잘의 먹이를 보호해준다
C 타고난 성격이 게으르다
Ⓓ 말미잘이 줄곧 그것을 보호해준다

공략 키워드 海葵虾와 관련된 내용은 세 번째 단락에서 찾을 수 있다. 소거법을 사용해서 보기 순서대로 정답 여부를 확인한다. 말미잘 새우가 먹이를 찾을 수 있도록 도와준다고 했기에 말미잘의 보호를 받고 있음을 알 수 있다. 보기 A와 동일한 내용을 찾을 수 있으나 그 주체는 말미잘이지 말미잘 새우가 아니다.

난이도 上　공략 Key 긴 문장의 키워드 파악

3 根据本文，下列正确的是:

A 动植物间的共生现象不多见
Ⓑ 蚂蚁赶走刺槐的敌人
C 刺槐靠蚂蚁生活
D 蚂蚁生活在刺槐树上

본문에 근거해서 다음 중 옳은 것은?

A 동식물 사이의 공생 현상은 많이 보이지 않는다
Ⓑ 개미는 아카시아 나무의 적을 쫓아낸다
C 아카시아 나무는 개미에 의지해 생활한다
D 개미는 아카시아 나무 위에서 생활한다

공략 보기 A는 동식물 사이에도 공생 관계에 있다고 했기에 부적합하고, 아카시아 나무의 적과 관련된 내용을 근거로 하면 개미가 적을 끝까지 쫓아낸다고 했기에 B가 답이 된다.

난이도 中　공략 Key 전체 내용 파악

4 这篇文章标题是:

Ⓐ 生物界的共生现象
B 动植物的生存关系
C 保持生态环境的重要性
D 物竞天择，适者生存

글의 제목은?

Ⓐ 생물계의 공생 현상
B 동식물의 생존 관계
C 생태 환경 유지의 중요성
D 경쟁에서 이긴 자만이 살아남고 적자생존한다

공략 마지막 단락에서 생태계 균형을 유지하려면 공생 관계가 주는 긍정적인 작용에 의지해야 한다고 했다.

6급 독해 공략 하기

공략 1. 먼저 핵심어를 찾고 보기를 봐라

일반적으로 본문의 내용과 부합되는 답을 찾는 문제는 '关于……'의 형태로 제시되어 있는 경우가 많다. 따라서 개사 뒤의 명사가 있는 곳을 먼저 찾으면 답을 찾을 수 있는 범위를 확정할 수 있다.

예

　　猪血的营养十分丰富，素有"液态肉"之称。据测定，每100克猪血含蛋白质19克，高于牛肉、瘦猪肉和鸡蛋的含量；脂肪含量极少，每100克仅含0.4克。所以猪血属低热量、低脂肪、高蛋白质食品。另外，猪血中含有人体必需的无机盐，如钙、磷、钾、钠等，以及微量元素铁、锌、铜、锰等。

关于猪血，下列说法正确的是：

A 脂肪含量很多　　　　　　　　B 热量不高

C 不含无机盐　　　　　　　　　D 尤其适合年轻人

해석　　돼지 피는 영양이 매우 풍부해 '액상 고기'라는 명칭을 오래 전부터 가지고 있다. 측정한 바로는 돼지 피 100g당 단백질이 19g 들어 있고, 쇠고기, 비계가 없는 살코기 돼지고기와 계란의 함량보다 높다. **A**지방 함량은 매우 적어서 100g에 0.4g밖에 안 된다. **B**그래서 돼지 피는 저열량에 속하며 저지방, 고단백질 식품이다. 그 외에, **C**돼지 피는 인체에 필요한 칼슘, 인, 칼륨, 나트륨 등과 같은 무기염, 철, 아연, 구리, 망간 등과 같은 미량 영양소가 함유되어 있다.

돼지 피에 관하여 다음 중 옳은 것은?

A 지방 함량이 매우 높다
Ⓑ 열량이 높지 않다
C 무기염이 포함되어 있지 않다
D 젊은이들에게 더 적합하다

공략　猪血가 있는 단락을 찾아서 앞뒤 문장 위주로 보기의 내용과 맞는지 여부를 확인하면 된다.

어휘　★猪血 zhūxuè 돼지 피 | ★营养 yíngyǎng 몡 영양 | ★丰富 fēngfù 휑 풍부하다 | ★素有……之称 sùyǒu…… zhī chēng 원래부터 ~라고 불리었다 | 液态 yètài 몡 액태 | ★据测定 jù cèdìng 측정한 바에 따르면 | ★克 kè 얭 그램 | ★蛋白质 dànbáizhì 몡 단백질 | ★高于 gāoyú 휑 ~보다 높다 | ★牛肉 niúròu 몡 쇠고기 | ★瘦猪肉 shòu zhūròu 비계가 없는 살코기 | ★鸡蛋 jīdàn 몡 계란 | ★含量 hánliàng 몡 함량 | ★脂肪 zhīfáng 몡 지방 | ★仅 jǐn 円 다만, 거의 | ★另外 lìngwài 줩 그 외에 | ★无机盐 wújīyán 몡 무기 염류 | ★钙 gài 몡 칼슘 | ★磷 lín 몡 인[화학] | ★钾 jiǎ 몡 칼륨 | ★钠 nà 몡 나트륨 | ★微量元素 wēiliàng yuánsù 몡 미량 영양소 | ★铁 tiě 몡 철 | ★锌 xīn 몡 아연 | ★铜 tóng 몡 구리, 동 | 锰 měng 몡 망간 | ★尤其 yóuqí 円 더욱이

向日葵花盘的转动并不是因为光线的直接照射影响，而是由于阳光把向日葵花盘中的管状小花晒热了，基部的纤维会发生收缩，这一收缩就使花盘能主动变换方向来接受阳光。

向日葵具有明显趋光性，正面向太阳。所以花形好的一面往往是顺光，而侧光或者逆光部分的花朵往往因为花瓣折射的原因，花蕾内部呈现出橙红色的暖调，再加上黄白色花蕊，显得色彩和谐而又富于生命力。

关于向日葵，下列哪项正确？

A 光线照射使花盘转动   B 背面向着太阳

C 花形好的一面常是逆光   D 向日葵花盘中有管状花朵

정답&공략

해석 A向日葵花盘的转动并不是因为光线的直接照射影响，D而是由于阳光把向日葵花盘中的管状小花晒热了，基部的纤维会发生收缩，这一收缩就使花盘能主动变换方向来接受阳光。

向日葵具有明显趋光性，B正面向太阳。C所以花形好的一面往往是顺光，而侧光或者逆光部分的花朵往往因为花瓣折射的原因，花蕾内部呈现出橙红色的暖调，再加上黄白色花蕊，显得色彩和谐而又富于生命力。

关于向日葵，下列哪项正确？

A 光线照射使花盘转动
B 背面向着太阳
C 花形好的一面常是逆光
D 向日葵花盘中有管状花朵

A해바라기 꽃받침의 회전은 광선이 직접적으로 비추는 영향 때문이 아니라, D태양이 해바라기의 꽃받침 속 관상형 작은 꽃에 햇빛을 내리쬐어 식물 줄기의 섬유소에 수축을 발생시키는데, 이 수축이 꽃받침으로 하여금 주동적으로 방향을 바꾸어 햇살을 받도록 하는 것이다.

해바라기는 뚜렷한 추광성을 갖고 있으며 B정면으로 태양을 향한다. C그래서 꽃 모양이 좋은 쪽은 종종 태양의 방향으로 향하지만, 측광 혹은 역광 부분의 꽃잎은 종종 꽃잎의 굴절 때문에 꽃봉오리 내부에 진홍색이 나타나고 거기다 황백색의 꽃술은 색채가 조화롭고 생명력이 풍부한 것처럼 보인다.

해바라기에 관해서 다음 중 옳은 것은?

A 빛이 비춰 꽃받침을 회전하게 한다
B 뒷면이 태양 쪽을 향한다
C 꽃 모양이 좋은 쪽은 늘 역광이다
D 해바라기 꽃받침 속에는 관상형 꽃잎이 있다

공략 키워드 向日葵가 있는 단락을 먼저 찾은 후 보기와 비교해서 옳고 그름을 확인한다.

어휘 ★向日葵 xiàngrìkuí 몡 해바라기 | ★花盘 huāpán 몡 꽃받침 | ★转动 zhuǎndòng 동 돌다 | ★光线 guāngxiàn 몡 광선 | ★照射 zhàoshè 동 비치다 | ★管状 guǎnzhuàng 관상형 | ★晒热 shàirè 햇볕을 쬐어 더워지다 | 基部 jībù 몡 기부, 기초 부분 | ★纤维 xiānwéi 몡 섬유 | ★收缩 shōusuō 동 수축하다 | ★主动 zhǔdòng 혱 자발적인 | ★变换 biànhuàn 동 변환하다 | ★明显 míngxiǎn 혱 뚜렷하다 | 趋光性 qūguāngxìng 몡 주광성(走光性) | ★正面 zhèngmiàn 몡 정면 | 花形 huāxíng 몡 꽃 모양 | ★顺光 shùnguāng 몡 순광 | ★侧光 cèguāng 몡 측광 | ★逆光 nìguāng 몡 역광 | ★花朵 huāduǒ 몡 꽃, 어린아이 | ★花瓣 huābàn 몡 꽃잎 | ★折射 zhéshè 동 굴절하다 | ★花蕾

huālěi 몡 꽃봉오리 | ★橙红色 chénghóngsè 몡 오렌지색 | ★暖调 nuǎntiáo 온도 조절 | ★再加上 zài jiāshàng 게다가 | ★黄白色 huángbáisè 몡 황백색 | ★显得 xiǎnde 됭 드러나다 | ★色彩 sècǎi 몡 색채, 정서 | ★和谐 héxié 혱 잘 어울리다 | ★富于 fùyú 됭 ~이 풍부하다 | ★生命力 shēngmìnglì 몡 생명력

공략 2. 직접적으로 보기를 탐색하라

독해
제4부분

'根据本文，下列说法正确的是' 등과 같은 문제는 키워드가 제시되어 있지 않다. 이 경우에는 보기를 보고 답을 찾아야 하며 답을 찾으면 더 이상 다른 보기를 확인할 필요가 없다. 독해 문제를 풀 때는 시간이 부족하다는 점을 항상 염두해두어야 한다.

예

> 　　同样，对于人类来说，压力也有最佳水平。适当的压力不仅能成为我们前进的动力，还会促使我们在工作中发挥出最佳水平。过高或过低的压力则不利于人的健康与发展。
>
> 　　过高的心理压力会令人十分不悦。那是不是存在没有压力的极乐世界呢？实际上，完全没有心理压力的情形是不存在的。我们假设存在着这样的情形，那它一定比有巨大心理压力的情景更恐怖。因为，没有压力本身就是一种压力，它的名字叫做"空虚"。历史上，曾有许多文学艺术作品描述过这种空虚感，那是一种比死亡更没有生机的状况，一种活着却感觉不到自己存在的巨大悲哀。为了消除这种空虚感，人们会付出种种的努力。
>
> 根据上文，下列哪项正确？
>
> A 压力就是"空虚"　　　　　　B 压力越小越好
>
> C 压力能产生动力　　　　　　D 压力越大越好

해석　　마찬가지로 인간에게도 적정 수준의 스트레스가 있다. C적당한 스트레스는 우리가 앞으로 나아가는 원동력이 될 수 있을 뿐만 아니라, 일하는 중에 최고의 수준을 발휘할 수 있도록 해준다. B,D과도하게 높거나 낮은 스트레스는 사람의 건강과 발전에 오히려 불리하다.

과도하게 심한 심리적 스트레스는 사람을 굉장히 불쾌하게 만들 수 있다. 그렇다면 스트레스가 없는 극락세계는 존재하는가? 실제로 심리적 스트레스가 전혀 없는 상황은 존재하지 않는다. 우리가 이러한 상황이 존재한다고 가설한다면 그건 분명 커다란 심리적 스트레스가 있는 상황보다 더 공포스러울 것이다. A왜냐하면 스트레스가 없다는 것 자체가 일종의 스트레스이기 때문에 그것의 이름을 '공허'라고 부른다. 역사적으로 일찍이 많은 문학 예술 작품에서 이러한 공허함을 묘사한 적이 있는데, 그것은 일종의 죽음보다 더 생기가 없는 상황이며, 살아 있지만 자신이 존재한다는 것을 느끼지 못하는 큰 슬픔이다. 이러한 공허함을 없애기 위해서 사람들은 여러 가지 다양한 노력을 할 것이다.

윗글에 근거해서 다음 중 옳은 것은?

A 스트레스는 공허한 것이다
B 스트레스는 작을수록 좋다
Ⓒ 스트레스는 원동력을 생기게 한다
D 스트레스는 클수록 좋다

공략 키워드가 없기에 보기에 순서대로 내용을 본문에서 직접 찾아야 한다.

어휘 ★最佳水平 zuìjiā shuǐpíng 최고의 수준 | ★适当 shìdàng 혱 적절하다 | ★动力 dònglì 몡 동력, 원동력 | ★促使 cùshǐ 동 ～하도록 하게 하다 | ★发挥 fāhuī 동 발휘하다 | ★过高 guògāo 혱 너무 높다 | ★过低 guòdī 혱 너무 낮다 | ★不利于 bú lìyú ～에 이롭지 않다 | ★极乐世界 jílè shìjiè 몡 극락세계 | ★情形 qíngxíng 몡 정황, 상황 | ★假设 jiǎshè 동 가정하다 | ★巨大 jùdà 혱 아주 크다 | ★情景 qíngjǐng 몡 광경, 정경 | ★空虚 kōngxū 혱 공허하다 | ★描述 miáoshù 동 묘사하다 | ★死亡 sǐwáng 동 죽다 | ★生机 shēngjī 생존의 기회 | ★状况 zhuàngkuàng 몡 상황 | ★悲哀 bēi'āi 혱 슬프고 애통하다 | ★消除 xiāochú 동 없애다 | ★付出努力 fùchū nǔlì 노력을 하다

예제

　　小丑鱼之所以不怕海葵触手的毒，完全是因为海葵的无私帮助。海葵成百上千的触手一起随波飘荡，难免相互接触。为避免毒刺误伤朋友，海葵的身体表面便分泌一种黏液向刺细胞传达指令：只要是有这种黏液的都是自己人，不要"开火"。

　　春潮水暖，暗礁上迎来了生育的时节。海葵和小丑鱼父母一起迎接着新一批宝宝的到来。海葵保护着小丑鱼妈妈产下的成千上万的卵，这样无欲无求，一代又一代地辛勤工作着，担负起保护刚孵化出来的小丑鱼的责任。

根据上文，下列哪项正确?

A 小丑鱼会分泌黏液　　　　　　　B 小丑鱼比蝶鱼个头大

C 海葵保护了小丑鱼的卵　　　　　D 小丑鱼对海葵没有帮助

정답&공략

해석　　小丑鱼之所以不怕海葵触手的毒，完全是因为海葵的无私帮助。海葵成百上千的触手一起随波飘荡，难免相互接触。为避免毒刺误伤朋友，A海葵的身体表面便分泌一种黏液向刺细胞传达指令：只要是有这种黏液的都是自己人，不要"开火"。

전적으로 말미잘의 사심 없는 도움 때문에 소축어는 말미잘 촉수의 독을 두려워하지 않는다. 말미잘의 수많은 촉수는 바람이 불면 춤을 추기에 서로 부딪칠 수밖에 없다. 독침이 친구를 다치게 하는 것을 막기 위해서 A말미잘 몸 표면에서 분비되는 일종의 점액이 자세포에 명령을 전달한다. 이런 점액이 있는 것은 모두 자신이라고 생각해서 공격하지 않는다.

春潮水暖，暗礁上迎来了生育的时节。海葵和小丑鱼父母一起迎接着新一批宝宝的到来。**C**海葵保护着小丑鱼妈妈产下的成千上万的卵，这样无欲无求，一代又一代地辛勤工作着，担负起保护刚孵化出来的小丑鱼的责任。

根据上文，下列哪项正确？

A　小丑鱼会分泌黏液
B　小丑鱼比蝶鱼个头大
C　海葵保护了小丑鱼的卵
D　小丑鱼对海葵没有帮助

봄에 물이 따뜻해지면 암초 위는 출산의 시기를 맞이한다. 말미잘과 소축어 부모는 함께 새로운 새끼들을 맞이할 준비를 한다. **C**말미잘은 소축어 어미가 낳은 수천만 개의 알을 보호하는데, 이렇게 아무것도 바라지 않으면서 자손대대로 열심히 일하며 막 부화되어 나온 소축어를 보호하는 책임을 진다.

윗글에 근거해서 다음 중 옳은 것은?

A　소축어는 점액을 분비할 것이다
B　소축어는 가자미보다 크다
C　말미잘은 소축어의 알을 보호한다
D　소축어는 말미잘에 도움을 주지 않는다

공략　보기의 내용이 있는 단락을 찾아 소거법을 쓰면 답을 찾기가 수월하다.

어휘　小丑鱼 xiǎochǒuyú 몡 소축어 | ★之所以……是因为…… zhīsuǒyǐ……shì yīnwèi…… ~인 까닭은 ~때문이다 | 海葵 hǎikuí 몡 말미잘 | ★触手 chùshǒu 몡 촉수 | ★毒 dú 몡 독 | ★无私 wúsī 혱 사심이 없다 | ★成百上千 chéng bǎi shàng qiān 셩 수백 수천에 달하다 | ★随波飘荡 suí bō piāodàng 물결 따라 나부끼다 | ★难免 nánmiǎn 통 면하기 어렵다 | ★接触 jiēchù 통 접촉하다 | ★避免 bìmiǎn 통 피하다 | ★误伤 wùshāng 통 실수로 다치게 하다 | ★分泌 fēnmì 통 분비하다 | 黏液 niányè 몡 점액 | 刺细胞 cìxìbāo 몡 자세포 | ★传达 chuándá 통 전달하다 | ★指令 zhǐlìng 통 지령하다 | 开火 kāihuǒ 통 발포하다 | 春潮 chūncháo 몡 봄날의 조수 | ★暗礁 ànjiāo 몡 암초 | ★生育 shēngyù 통 아이를 낳다 | ★时节 shíjié 몡 계절, 때 | ★迎接 yíngjiē 통 영접하다 | ★一批 yì pī 한 더미, 한 다발 | ★宝宝 bǎobǎo 몡 귀염둥이 | ★成千上万 chéng qiān shàng wàn 셩 수천수만, 대단히 많다 | ★卵 luǎn 몡 알, 수정란 | ★无欲无求 wú yù wú qiú 아무것도 바라는 게 없다 | ★一代又一代 yí dài yòu yí dài 대대로 | ★辛勤 xīnqín 혱 부지런하다 | ★担负 dānfù 통 부담하다 | ★孵化 fūhuà 통 부화하다 | 蝶鱼 diéyú 몡 가자미

第 1-8 题：请选出正确答案。

1-4.

　　空难事故发生后，飞机往往解体，甚至被烈火烧毁。人们到现场救援的时候，总是会寻找一个东西，它的名字大家已经耳熟能详了，对了，这就是被誉为空难"见证人"的"黑匣子"。它可以给调查人员提供证据，帮助他们了解事故的真相。

　　实际上，黑匣子是飞机上的记录仪器，是一种飞行数据记录仪。它能将飞机的高度、速度、航向、爬升率、下降率、加速情况、耗油量、起落架放收、格林尼治时间，还有飞机系统工作状况和发动机工作参数等飞行参数都记录下来。另一种是"座舱话音记录仪"。它实际上就是一个无线电通话记录器，可以记录飞机上的各种通话。这一仪器上有4条音轨，分别记录飞行员与地面指挥机构的通话，正、副驾驶员之间的对话，机长、空中小姐对乘客的讲话，威胁、爆炸、发动机声音异常，以及驾驶舱内各种声音。黑匣子能够向调查者提供飞机出事故前各系统的运转情况。因为空难发生在短暂的瞬间，有时飞行员和全部乘务员同时遇难，调查事故的原因会有很大困难，而飞行数据记录仪可以向人们提供飞机失事瞬间和失事前一段时间里，飞机的飞行状况、机上设备的工作情况等。而座舱语言记录仪能帮助人们根据机上人员的各种对话分析事故原因，以便对事故作出正确的结论。

　　为了承受飞机坠毁时的猛烈撞击和高温烈焰，黑匣子的外壳具有很厚的钢板和许多层绝热防冲击保护材料。而且为了尽可能的安全，黑匣子通常安装在飞机尾部最安全的部位，也就是失事时最不易损坏的部位，在飞机坠毁时，黑匣子在1100℃的火焰中能经受30分钟的烧烤，能承受2吨重的物体挤压5分钟，能够在汽油、机油、油精、电池、酸液、海水中浸泡几个月，总之，它能在许多恶劣的条件下安然无恙。就算这样的保护，仍然在有些空难中黑匣子遭到了损坏，所以国际航空机构又规定了更加严格的标准，而且记录介质也从磁带式改进成为能承受更大冲击的静态存储记录仪，类似于计算机里的存储芯片。

1. 关于"黑匣子"，下面哪项正确?

　　A 会被烈火烧毁　　　　　　　　　**B** 有了它飞机就不会出事

　　C 只在飞机里有　　　　　　　　　**D** 名字被人们熟知

2. 关于"座舱话音记录仪"，正确的是：

　　A 有4条音轨　　　　　　　　　　**B** 可以记录飞行数据

　　C 可以记录飞机外部的声音　　　　**D** 可以瞬间记下很多资料

3. 根据本文，下列不正确的是：

　　A 黑匣子能承受高温　　　　　　　**B** 黑匣子能承受猛烈撞击

　　C 可以在液体中浸泡一年　　　　　**D** 有很厚的金属保护层

4. "黑匣子"一般放在什么地方?
   A 飞机座舱里 　　　　　　　　 **B** 飞机驾驶舱里
   C 飞机的尾部 　　　　　　　　 **D** 装在机翼上

5–8.
　　花园里并排生长着两棵柠檬树。其中一棵长得颀长，另一棵却很矮小。花园的主人看好长得高大的那棵树，天天精心照料它，它自然长得也更好。每次浇完水，主人会大大赞美那棵大树一番。身材矮小的那棵树被冷落在花园的一角。

　　有一天，一阵大风把几粒高山雪莲的种子吹到了花园里。花园里其他的地面都被水泥硬化了，只有两棵柠檬树下有点儿土壤。种子们找到大树请求给它们一个容身之所。大树高傲地说："这是不可能的事儿，这是我的地盘。"其实大树有自己的想法，它怕那些种子突然有一天会开出鲜艳的花朵，抢走它的风头。看着大树强硬的态度，种子们只能去找那棵矮树商量。矮树满口答应，说："和你们相处是我的荣幸，你们过来吧!"就这样，那些雪莲的种子在矮树下扎下根来。

　　过了几个星期，种子们破土而出，开出了美丽的花朵。花香能飘到几公里外的地方。有一天花园的主人闻香而来，发现了那几朵雪莲。他欣喜若狂，拿出最好的肥料施给那些花，到几公里外的地方取泉水浇灌它们。渐渐地，矮树也从中得益，长得越来越高，有一天超过了那颗大树。再看看那棵大树，虽然是盛夏季节，却因缺少呵护，只剩下歪歪曲曲的枯枝，因为没有人照料，它快要枯死了。

5. 关于"那个小园"，下列哪项不正确?
   A 并排长着两棵树 　　　　　　 **B** 全部都是泥土地面
   C 主人天天去 　　　　　　　　 **D** 矮树受到冷落

6. 关于矮树，下列哪项正确?
   A 根系发达 　　　　　　　　　 **B** 叶子枯黄
   C 变得傲慢无礼 　　　　　　　 **D** 最后小树超过了大树

7. 高树为什么没接受雪莲种子的请求?
   A 担心主人的责骂 　　　　　　 **B** 对自己没有礼貌
   C 希望它们有更好的发展 　　　 **D** 生怕雪莲抢了他的风头

8. 根据本文，下列正确的是:
   A 方便他人，自己方便 　　　　 **B** 要有自己的想法
   C 每个人都有自己的长处 　　　 **D** 一分耕耘，一分收获

어휘의 의미를 낱낱이 파헤쳐라

의미를 묻는 문제는 난이도가 비교적 높은 유형으로, 어휘의 의미를 물어보는 경우와 문장의 의미를 물어보는 경우가 있다. 때로는 문장 전후를 보고 의미를 유추할 수 있지만 원래의 의미를 알지 못하면 풀기 어려운 경우도 있다. 때문에 평소에 많은 성어나 어휘, 관용어를 알고 있어야 한다.

기초 실력 테스트 TEST

1 알맞은 것끼리 연결하세요.

❶ 而立之年 ·   · A 地理知识丰富的人

❷ 活地图 ·   · B 30岁

❸ 过犹不及 ·   · C 速度太快，反而达不到目的

❹ 欲速则不达 ·   · D 做事要适当，不要太多，不要太少

2 단어와 뜻을 바르게 연결하세요.

❶ 甲天下 ·   · A 보자기

❷ 包袱 ·   · B 마찰

❸ 独木桥 ·   · C 천하제일이다

❹ 摩擦 ·   · D 외나무다리

정답_ 해설집 233쪽

6급 기출문제 맛보기

맛보기

　　一个年轻人与一个老人同在岸边钓鱼。两人坐得很近。奇怪的是，老人家不停有鱼上钩，而年轻人一整天都没有收获。年轻人终于<u>沉不住气了</u>，问老人："我们两人的钓饵相同，钓鱼的地方也一样，为什么你就能轻易钓到鱼，而我却一无所获呢?"

　　老人从容答道："我钓鱼的时候，只知道有我，不知道有鱼；我不但手不动，眼不眨，<u>连心也似乎静得没有跳动</u>，于是，鱼便不知道我的存在，所以，它们咬我的鱼饵；而你心里只想着鱼吃你的饵没有，眼睛也不停地盯着鱼，见有鱼来咬钩，心就急躁，情绪不断变化，心情烦乱不安，鱼不让你吓走才怪，又怎会钓到鱼呢?"

　　做任何事都要耐得住性子，对于投资者来说更是如此。有些投资者听见风就是雨，心太过于急躁，结果总是做出一些让自己"追悔莫及"的事来。

　　一个成功的投资者一定要有"泰山崩于前而面不改色"的沉着，一定要有在万千现象中抓住要害的智慧。只有这样，才能应对瞬息万变的当今社会，才能在发生紧急情况时保持冷静、做出正确的判断。

1. 与"沉不住气"意思相近的是：
　　A 不会游泳　　　　　　　　　　B 性格急躁
　　C 不能呼吸　　　　　　　　　　D 走路不稳

2. "连心也似乎静得没有跳动"的意思是：
　　A 静气凝神　　　　　　　　　　B 认为自己不存在
　　C 身体不动　　　　　　　　　　D 鱼儿看不见

3. 让投资者"追悔莫及"的是：
　　A 做事太犹豫，不果断　　　　　B 投资的生意失败了
　　C 对时间掌握得不太好　　　　　D 由于性急而导致失败

4. 全文讲的主要内容是：
　　A 投资者应该具备的基本素质　　B 钓鱼的几种办法
　　C 应该如何学习钓鱼　　　　　　D 一个年轻人和一个老人

一个年轻人与一个老人同在岸边钓鱼。两人坐得很近。奇怪的是，老人家不停有鱼上钩，而年轻人一整天都没有收获。年轻人终于<u>沉不住气</u>了，问老人："我们两人的钓饵相同，钓鱼的地方也一样，为什么你就能轻易钓到鱼，而我却一无所获呢？"

老人从容答道："我钓鱼的时候，只知道有我，不知道有鱼；我不但手不动，眼不眨，<u>连心也似乎静得没有跳动</u>，于是，鱼便不知道我的存在，所以，它们咬我的鱼饵；而你心里只想着鱼吃你的饵没有，眼睛也不停地盯着鱼，见有鱼来咬钩，心就急躁，情绪不断变化，心情烦乱不安，鱼不让你吓走才怪，又怎会钓到鱼呢？"

做任何事都要耐得住性子，对于投资者来说更是如此。**3**<u>有些投资者听见风就是雨，心太过于急躁</u>，结果总是做出一些让自己"追悔莫及"的事来。

一个成功的投资者一定要有"泰山崩于前而面不改色"的沉着，一定要有在万千现象中抓住要害的智慧。只有这样，才能应对瞬息万变的当今社会，才能在发生紧急情况时保持冷静、做出正确的判断。

한 젊은이는 한 노인과 함께 강 기슭에서 낚시를 하고 있었다. 두 사람은 가까이에 앉아 있었는데, 이상하게도 노인은 끊임없이 고기를 낚아 올리는데 젊은이는 하루 종일 아무런 수확이 없었다. 젊은이는 마침내 <u>화를 참지 못하고</u> 노인에게 물었다. "우리 두 사람은 쓰는 미끼도 같고 같은 곳에서 낚시하는데 왜 어르신은 쉽게 물고기를 낚고 저는 한 마리도 낚지 못하는 걸까요?"

노인은 태연하게 대답했다. "낚시할 때는 나만 알지 물고기에게 내가 있다는 것은 모르게 하지. 나는 손도 움직이지 않고 눈도 깜박거리지 않고 <u>심장 박동조차도 뛰지 않는 것처럼 하지</u>. 그래서 물고기는 나의 존재를 모르고 내 미끼를 무는 거지. 자네는 마음속으로는 물고기가 자네의 먹이만 물어주기를 바라고 눈은 끊임없이 물고기를 주시하며 물고기가 와서 낚싯밥 물기만을 바라보고 있기에 심장이 빠르게 뛰고 감정도 끊임없이 변화하고 마음도 심란하고 불안하니 물고기가 놀라 도망가지 않는 게 이상하지. 어떻게 물고기를 잡을 수 있겠나?"

어떤 일을 하든지 인내심을 가지고 참아내는 성격이 되어야 하는데, 투자하는 사람은 더욱 그렇다. **3**<u>어떤 투자자들은 바람소리를 듣고 비인 줄 알듯이 마음이 지나치게 조급해져</u> 결과적으로 늘 후회해도 소용없는 일들을 만들어낸다.

성공한 투자자는 태산이 무너져도 눈 깜짝하지 않을 정도로 침착해야 하고 많은 현상들 속에서 요점을 잡는 지혜가 있어야 한다. 이렇게만 할 수 있다면 순식간에 변하는 현 사회에 대응할 수 있고 위급한 상황에서도 냉정을 유지하고 정확한 판단을 할 수 있다.

어휘 ★岸边 ànbiān 圐 기슭 | ★上钩 shànggōu 圐 낚싯바늘에 걸리다 | ★沉不住气 chén bu zhù qì 감정을 억누르지 못하다 | ★钓饵 diào'ěr 圐 미끼, 낚싯밥 | ★一无所获 yì wú suǒ huò 圐 아무것도 얻은 게 없다 | ★从容 cóngróng 圐 침착하다 | ★答道 dádào 圐 대답하여 말하다 | ★眨眼 zhǎyǎn 圐 눈을 깜박거리다 | ★跳动 tiàodòng 圐 뛰다 | ★便 biàn 圐 곧 | ★咬 yǎo 圐 물다 | ★鱼饵 yú'ěr 圐 미끼 | ★盯 dīng 圐 시선을 한곳에 응시하다 | 咬钩 yǎo gōu 갈고리를 물다 | ★急躁 jízào 圐 조급하게 서두르다 | ★烦乱不安 fánluàn bù'ān 심란하고 불안하다 | ★才怪 cái guài ~한 것이 이상하다 | ★耐得住性子 nài de zhù xìngzi 성격을 참아내다 | ★投资者 tóuzīzhě 圐 투자자 | ★如此 rúcǐ 圐 이러하다 | ★听见风就是雨 tīngjiàn fēng jiùshì yǔ 바람소리를 듣고 빗소리인 줄 알다, 조금의 소리에도 부화뇌동하다 | ★过于 guòyú 圐 지나치게 | ★追悔莫及 zhuī huǐ mò jí 후회해도 소용없다 | ★泰山崩于前而面不改色 Tàishān bēng yú qián ér miàn bù gǎi sè 태산이 무너져도 얼굴 표정이 안 바뀌다, 침착하다 | ★沉着 chénzhuó 圐 침착하다 | 万千 wànqiān 圐 수가 대단히 많다 | ★抓住要害 zhuāzhù yàohài 요점을 잡다 | ★瞬息万变 shùn xī wàn biàn 圐 순식간에 많은 것이 변화하다 | ★紧急情况 jǐnjí qíngkuàng 비상 상황 | ★静气凝神 jìng qì níngshén 숨을 죽이고 정신을 집중하다

난이도 **中**   공략 Key 沉不住气의 의미 파악

1 与 "沉不住气" 意思相近的是：

A 不会游泳
B 性格急躁
C 不能呼吸
D 走路不稳

'沉不住气'와 의미적으로 유사한 것은?

A 수영을 할 줄 모른다
B 성격이 급하다
C 호흡을 할 수 없다
D 걷는 게 불안하다

공략 '沉不住气'는 '인내심이 부족하고 감정을 조절하지 못하는 것'으로 단어의 의미를 일차적으로 알고 있으면 보기에서 '急躁(급하다)'를 찾을 수 있다.

난이도 **中**   공략 Key 静의 의미 파악

2 "连心也似乎静得没有跳动" 的意思是：

A 静气凝神
B 认为自己不存在
C 身体不动
D 鱼儿看不见

'连心也似乎静得没有跳动'의 의미는?

A 숨을 죽이고 정신을 집중하다
B 자기가 존재하지 않는다고 생각하다
C 몸이 움직여지지 않는다
D 물고기를 볼 수 없다

공략 '连……也'는 강조의 의미로 정말로 심장이 뛰지 않는다는 의미가 아니라 그만큼 숨을 죽이고 정신을 집중한다는 의미다.

난이도 **中**   공략 Key 悔, 急의 의미 파악

3 让投资者 "追悔莫及" 的是：

A 做事太犹豫，不果断
B 投资的生意失败了
C 对时间掌握得不太好
D 由于性急而导致失败

투자자가 후회해도 소용없게 하는 것은?

A 일할 때 너무 주저하고 결단성이 부족한 것
B 투자한 사업이 실패한 것
C 시기를 잘 잡지 못하는 것
D 성격이 급해서 실패를 초래하는 것

공략 '追悔莫及'는 후회해도 이미 늦었음을 의미한다. 첫머리에 이미 인내할 줄 알아야 한다고 했으며 '过于急躁'에서 성격이 급해서 생기는 결과로 추측할 수 있다.

어휘 ★犹豫 yóuyù 동 주저하다 | ★果断 guǒduàn 형 과단성이 있다 | ★导致 dǎozhì 동 초래하다

난이도 **上**   공략 Key 전체 내용 파악

4 全文讲的主要内容是：

A 投资者应该具备的基本素质
B 钓鱼的几种办法
C 应该如何学习钓鱼
D 一个年轻人和一个老人

이 글의 주요 내용은?

A 투자자가 반드시 가져야 할 기본적인 자질
B 낚시하는 몇 가지 방법
C 낚시하는 기술을 어떻게 배워야 하는가
D 한 젊은이와 노인

공략 앞의 두 단락은 낚시에 관한 이야기처럼 느껴지지만 이 이야기는 비유이고 실제로 말하고자 하는 주요 내용은 투자자가 갖춰야 할 자질에 대한 부분이다.

독해
제4부분

공략 1. 어휘의 숨은 의미를 파헤쳐라

어휘의 의미를 묻는 문제는 우선 본래의 의미를 알고 있는 경우가 가장 좋다. 어휘의 본 의미를 모르더라도 문장 전후를 보고 문장 속에서의 의미를 판단하면 된다. 주로 명사, 성어, 관용어가 비유하는 의미를 묻는 문제가 자주 출제된다.

어휘	본 의미	비유 의미	예문
包袱	보자기	부담, 스트레스	考试前，你要丢掉所有的包袱，什么都别想。 시험 전에는 모든 부담을 벗어 던져야 하고 아무것도 생각하지 말아야 한다.
门槛	문턱	기준, 한계	最近考大学的门槛越来越低了。 최근에 대학에 들어가는 문이 점점 낮아지고 있다.
摩擦	마찰	모순, 충돌	夫妻之间难免产生摩擦。 부부 간에 마찰이 생기는 것은 피할 수 없다.
手足	손과 발	형제, 좋은 친구	他们俩手足情深。그들 두 형제는 감정이 깊다.
独木桥	외나무다리	어려운 노정	能通过独木桥达到成功的人还是少数。 어렵고 힘든 과정을 거쳐서 성공하는 사람은 여전히 소수이다.
试金石	시금석(황금인지를 시험해보는 돌)	정확성 여부를 점검하는 방법	市场是产品的试金石。시장은 생산품의 시금석이다.
元凶	원흉, 주모자	나쁜 영향을 주는 물건이나 동물	这种物质是导致肝癌的元凶。 이런 물질은 간암을 일으키는 주범이다.
法宝	도교 신화에서 나오는 요귀를 제압하거나 죽일 수 있는 신기한 보물	효과적인 도구나 방법	顽强的毅力就是他成功的法宝。 강한 의지가 바로 그가 성공한 비법이다.

예

　　对于老鼠来说，这半缸米是一块试金石。如果它想将其全部据为己有，其代价就是自己的性命。因此，管理学家把老鼠跳出缸外的高度称为"生命的高度"。而这高度则掌控在老鼠的手里，它多留恋一天，多贪吃一粒，就离死亡近了一步。

上文中"试金石"的意思是：

A 一种石头　　　　　　　　　　　　B 可靠的检验方法

C 用石头做的尖锐东西　　　　　　　　D 危机

해석　생쥐에 대해 말하자면, 이 절반이 차 있는 쌀독은 시금석이다. 만약 생쥐가 그것을 모두 자신의 것으로 만들고 싶다면 그 대가는 바로 자신의 생명이다. 이 때문에 관리학자는 생쥐가 쌀독 밖으로 뛰어나가는 높이를 '생명의 높이'라고 부른다. 그리고 이 높이는 생쥐 손에 달려 있으며 하루 더 있고 싶고 쌀 한 톨 더 탐낼수록 죽음에 한 걸음 더 가까워지는 것이다.

윗글에서 '试金石'의 뜻은?

A　일종의 돌
B　믿을 만한 검증 방법
C　돌로 만든 날카로운 물건
D　위기

독해
제4부분

공략　시금석의 원래 의미는 황금인지를 판별하는 돌이다. 하지만 비유 의미로 정확한 검증 방법을 나타낸다. '시험해 보다'는 试에서 检验과 유사한 의미를 판단할 수 있다.

어휘　★老鼠 lǎoshǔ 몡 쥐 | ★半缸米 bàn gāng mǐ 독에 반만큼 찬 쌀 | ★试金石 shìjīnshí 몡 시금석 | ★据为己有 jù wéi jǐ yǒu 셍 자기의 소유로 만들다 | ★代价 dàijià 몡 대가 | ★性命 xìngmìng 몡 목숨 | ★管理学家 guǎnlǐxuéjiā 몡 관리학자 | ★高度 gāodù 몡 고도 | ★掌控 zhǎngkòng 동 조종하다 | ★留恋 liúliàn 동 미련을 가지다 | ★贪吃 tānchī 동 게걸스럽게 먹다 | ★死亡 sǐwáng 몡동 사망; 죽다 | ★检验 jiǎnyàn 동 점검하다, 검사하다 | ★尖锐 jiānruì 형 예리하다

예제

난이도 中　공략 Key 장문 구조 분석

　　有一天，鲁班到山上去砍柴，一不注意，被丝茅草划破了手。他觉得很奇怪，一棵小草怎么会这么厉害呢？他放下手里的活儿，认真地观察起来。最终，他发现丝茅草叶子边缘上的许多锋利细齿是划破手的"元凶"。鲁班因此受到启发，发明了木工用的锯子。

　　这里的"元凶"指的是什么？

　　A 小草　　　　B 凶手　　　　C 锯子　　　　D 细齿

정답&공략

해석　有一天，鲁班到山上去砍柴，一不注意，被丝茅草划破了手。他觉得很奇怪，一棵小草怎么会这么厉害呢？他放下手里的活儿，认真地观察起来。最终，他发现丝茅草叶子边缘上的许多锋利细齿是划破手的"元凶"。鲁班因此受到启发，发明了木工用的锯子。

这里的"元凶"指的是什么？

A 小草　B 凶手　C 锯子　**D 细齿**

어느 날, 노반(鲁班)이 산에 뗄감을 하러 갔는데 조심하지 못하고 백모초에 손을 베었다. 그는 조그마한 잡초가 어떻게 이렇게 대단할 수가 있지 하며 이상하게 생각하였다. 그는 수중의 일을 내려놓고 진지하게 관찰하기 시작했다. 결국, 그는 백모초 잎 가장자리 부분의 수많은 날카로운 톱니가 손을 베게 한 장본인임을 발견했다. 노반은 여기에서 영감을 얻어 목공용 톱을 발명하였다.

여기서 '元凶'은 무엇을 가리키는가?

A 어린 풀　B 살인자　C 톱　**D 톱니**

공략　他发现丝茅草叶子边缘上的许多锋利细齿是划破手的"元凶"。
　　　　　　　　　　　　　　　　　　주어　동사

　　⭕ 元凶의 원래 의미는 범죄를 저지른 사람이다. 문장 속 'A是B'의 구조에서 元凶을 분석해보면 주어는 细齿
　　　가 된다.

어휘　鲁班 Lǔ Bān [고유] 노반(鲁班) | ★砍柴 kǎn chái 장작을 패다 | 丝茅草 sīmáocǎo [명] 백모초 | ★划破 huápò 베이다 |
　　　★边缘 biānyuán [명] 가장자리 | ★锋利 fēnglì [형] 날카롭다 | ★细齿 xìchǐ 톱니 모양 | ★元凶 yuánxiōng [명] 원흉 |
　　　★受到启发 shòudào qǐfā 가르침을 얻다 | ★木工 mùgōng [명] 목수 | ★锯子 jùzi [명] 톱

⭐ 공략 2. 문장의 의미를 이해하라

문장의 의미를 물어보는 문제는 일반적으로 성어나 관용어, 문장 자체가 속담인 경우다.

> 예
>
> 　　四川人也讲究饮茶，说一句"四川茶馆甲天下"并不过分。川人尤喜"摆龙门阵"，即在熙熙攘攘的茶馆之中，一边品饮盖碗茶，一边天南海北，谈笑风生。再叫上几样茶点小吃，一边欣赏着曲艺表演，实为人生一大乐事。
>
> 　　上文中划线句子是什么意思？
> A 四川人喜欢边喝茶边聊天　　　　　　　B 四川茶馆布置讲究
> C 四川人对茶有感情　　　　　　　　　　D 四川的茶馆最有名

해석　쓰촨 사람 역시 차 마시는 것을 중시하여, '쓰촨 찻집이 천하 제일이다'라는 말이 결코 지나치지 않다. 쓰촨 사람은 '한담하는 것'을 특히 좋아한다. 즉 시끌벅적한 찻집에서 뚜껑 있는 찻잔에다 차를 맛보면서 이곳저곳에서 이야기꽃을 피운다. 거기다 간식거리를 몇 가지 더 시켜서 설창 공연을 감상하면 실로 인생에서 가장 큰 즐거운 일이다.

윗글에서 밑줄 친 문장의 의미는 무엇인가?

A 쓰촨 사람들은 차를 마시면서 이야기하는 것을 좋아한다
B 쓰촨 찻집은 인테리어를 중시한다
C 쓰촨 사람은 차에 애정이 있다
Ⓓ 쓰촨 찻집이 제일 유명하다

공략　'甲天下'는 '천하제일'이라는 의미로 '제일 유명하다'는 뜻이다.

어휘　★四川 Sìchuān [고유] 쓰촨 | ★讲究 jiǎngjiu [동] 중요시하다 | ★饮茶 yǐnchá [동] 차를 마시다 | ★茶馆 cháguǎn [명] 찻집 | ★甲天下 jiǎ tiānxià 천하에 으뜸이다 | ★过分 guòfèn [동] 지나치다 | 摆龙门阵 bǎi lóng mén zhèn [동] 한가하게 이야기를 나누다 | ★熙熙攘攘 xī xī rǎng rǎng [성] 흥이 나다 | ★盖碗茶 gàiwǎnchá 개완으로 우려 마시는 차 | ★天南海北 tiān nán hǎi běi 아득히 멀리 떨어져 있다, 거리가 아주 멀다 | ★谈笑风生 tán xiào fēng shēng [성] 이야기꽃을 피우다 | ★茶点 chádiǎn [명] 차와 과자 | ★小吃 xiǎochī [명] 간단한 음식 | ★欣赏 xīnshǎng [동] 감상하다 | ★曲艺表演 qǔyì biǎoyǎn 각종 설창 예술 공연 | ★实为 shíwéi 실로 ~이 되다 | ★乐事 lèshì [명] 기쁜 일 | ★布置 bùzhì [동] 장식하다

예제

난이도 中　공략 Key 吸收垃圾의 의미 파악

　　现代医学的研究发现，猪血在体内有吸收"垃圾"的作用。猪血的血浆蛋白经人的胃酸和消化酶分解后，会产生一种可解毒、滑肠的物质。这种物质能与侵入人体的粉尘、有害金属微粒产生化学反应，变成一种不易被人体吸收的废物，然后从消化道排出体外。现在环境污染已成为全球公害，不仅教师、矿工、清洁工等受到粉尘的严重污染，而且几乎所有的城市居民也都受到灰尘的侵害。因此，常吃猪血既能增加营养，又能排出体内的有害废物，是一种理想的保健食品。

독해
제4부분

上文划线句子的意思是猪血：

A 能分泌胃酸　　　　　　　　　B 有助于消化

C 能排出体内的有害废物　　　　D 是一种保健品

정답&공략

해석　　现代医学的研究发现，猪血在体内有吸收"垃圾"的作用。猪血的血浆蛋白经人的胃酸和消化酶分解后，会产生一种可解毒、滑肠的物质。这种物质能与侵入人体的粉尘、有害金属微粒产生化学反应，变成一种不易被人体吸收的废物，然后从消化道排出体外。现在环境污染已成为全球公害，不仅教师、矿工、清洁工等受到粉尘的严重污染，而且几乎所有的城市居民也都受到灰尘的侵害。因此，常吃猪血既能增加营养，又能排出体内的有害废物，是一种理想的保健食品。

현대 의학 연구에서 돼지 피는 체내에 있는 노폐물을 흡수하는 작용을 가지고 있다는 것을 발견하였다. 돼지 피의 혈장 단백질은 사람의 위산과 소화효소에 의해 분해가 된 후에 해독이나 장을 원활하게 할 수 있는 물질을 생성할 수 있다. 이런 물질은 인체에 침입한 먼지, 유해 금속 미립자와 화학 반응을 일으켜서 인체에 흡수가 잘 안 되는 노폐물로 변하게 된다. 그러고 난 후에는 소화관을 거쳐 몸 밖으로 배출된다. 현재 환경 오염이 전 세계적으로 공해가 되었기에 교사, 광부, 환경미화원 등과 같은 사람은 먼지와 같은 물질에 심각하게 오염되고 있으며 대부분의 도시 사람들도 먼지의 피해를 받고 있다. 따라서 돼지 피를 자주 먹으면 영양 성분이 보충될 뿐 아니라 체내의 유해 물질을 배출시킬 수 있어, 이상적인 건강식품이다.

上文划线句子的意思是猪血：

A 能分泌胃酸
B 有助于消化
C 能排出体内的有害废物
D 是一种保健品

윗글에서 밑줄 친 문장에 따르면 돼지 피는?

A 위산을 분비할 수 있다
B 소화를 도와준다
C 체내의 유해 노폐물을 배출할 수 있게 한다
D 일종의 건강식품이다

공략　垃圾는 일차적으로 '쓸모없는 것'으로 이해할 수 있다. 따라서 보기 C의 废物와 동일한 의미다.

어휘　★血浆 xuèjiāng 몡 혈장 ｜ ★胃酸 wèisuān 몡 위산 ｜ 消化酶 xiāohuàméi 몡 소화 효소 ｜ ★分解 fēnjiě 동 분해하다 ｜ ★解毒 jiědú 동 해독하다 ｜ ★侵入 qīnrù 동 침입하다 ｜ ★粉尘 fěnchén 몡 분진 ｜ ★金属微粒 jīnshǔ wēilì 금속 미립자 ｜ ★化学反应 huàxué fǎnyìng 화학 반응 ｜ ★废物 fèiwù 몡 폐기물, 폐품 ｜ ★消化道 xiāohuàdào 몡 소화관 ｜ ★排出 páichū 동 배출하다 ｜ ★矿工 kuànggōng 몡 광부 ｜ ★清洁工 qīngjiégōng 몡 환경미화권 ｜ ★分泌 fēnmì 동 분비하다

第 1-8 题：请选出正确答案。

1-4.

　　明朝出了一位伟大的医学家和药物学家——李时珍，湖北蕲春人。

　　李时珍家世代行医。他的父亲医术很高，给穷人看病常常不收诊费，但自己的儿子当医生却不合他的意；因为那时候，行医是被人看不起的职业。李时珍可不这样想。他看到医生能救死扶伤，解除病人的痛苦，就从小立下志愿，要像父亲一样为穷人看病。

　　李时珍处处留心向父亲学习，暗自记下了不少药方。有一回，父亲遇到了疑难病症，一时想不出有效的药方。李时珍凑到父亲耳边，轻轻地说了一个古方。父亲一听他说的药方正对症，才同意他学医。

　　李时珍22岁开始给人看病，一面行医，一面研究药物。他发现旧的药物书有不少缺点：许多有用的药物没有记载；有些药物只记了个名称，没有说明形状和生长情况；还有一些药物记错了药性和药效。他想："病人吃错了药，那多危险啊，我何不自己编写一部完善的药物书呢？"

　　为了写这部药物书，李时珍不但在治病的时候注意积累经验，还亲自到各地去采药。他不怕山高路远，不怕严寒酷暑，走遍了出产药材的名山。他有时好几天不下山，饿了吃些干粮，天黑了就在山上过夜。他走了上万里路，拜访了千百个医生、老农、渔民和猎人，向他们学到了许多书本上没有的知识。他还亲口品尝了许多药材，判断药性和药效。

　　几年以后，他回到蕲春老家，开始写书。花了整整27年，他终于编写成了一部空前绝后的药物书，就是著名的《本草纲目》。

　　1593年，李时珍逝世，很可惜他没有能目睹自己呕心沥血编写的《本草纲目》的问世，因为该书的印刷本当时还在雕刻。三年后，《本草纲目》在南京全部出版，史称金陵版。目前该版本已成为世界珍宝。

1. 第二段划线句子的意思是：
   A 儿子不听他的话　　　　　　　　B 他不希望儿子当医生
   C 行医非常辛苦且收入不多　　　　D 行医在当时的社会地位很低

2. 第四段划线句子的意思是：
   A 我不想自己编药物书　　　　　　B 编药物书很有前途
   C 编药物书并不容易　　　　　　　D 我要自己编药物书

3. 关于《本草纲目》，下列哪项正确？
   A 1593年出版　　　　　　　　　　B 一本伟大的药物学著作
   C 编写了30年　　　　　　　　　　D 是由李时珍和其弟子共同编写的书

4. 与最后一段中"呕心沥血"的词义相近的词汇是：
    A 焕然一新   B 精神集中
    C 竭尽全力   D 患得患失

5 – 8.

　　著名画家张大千长着飘逸的白胡子，看上去颇有点仙风道骨的气质。一个朋友见到大师，好奇地问道："张先生，你睡觉时，胡子是放在被子上面，还是搁在里头？"张大千每天上床睡觉，从来没注意过自己的胡子，故而据实道来说："这……我也不清楚。是啊，我怎么没在意这个呢？这样吧，明天再告诉你。"

　　这天晚上，张大千躺在床上，将胡子放在被子上面，觉得好像有点不太对劲，把它搁到被子里头，也感到不像是那么回事。真可谓，里也不是，外也不是，怎么折腾都觉得不妥。大师不由得感到纳闷："以前这根本就不算是什么事，现在怎么成了头痛的问题呢？"

　　心理学家做过一项实验，人们纫针的时候，神情越是专注，越是不容易穿进去。他们称这种现象为"目的颤抖"，也就是人们通常所说"穿针心理"。有时事情就是这样，你目的性越强，越容易把事情搞糟。你越是特别在意什么，它给你带来的困扰就越大。打个比方说，噪声达到同样的分贝，有的人感觉要强烈一些，有的人感觉就没那么明显。只缘前者更在意噪声，所受的影响和危害也就更大。即使是同一个人，听到同样分贝的噪声，当他心不在焉的时候，就不会觉得噪声有多么严重；当他被噪声牵制了注意力，搞得心神不宁的时候，就会感到噪声大得难以容忍。

　　有时与受伤俱来的疼痛，也与人的注意力有关。一个人精力高度集中时意外受伤，往往感觉不到疼痛，也不知道自己受伤。一旦看到伤口在流血，他就会慢慢恢复痛感。很多人都有过这样的体验，其实受伤时疼痛已经造成，只是人全神贯注于别的地方，感觉都倾注到了别的因素上，所以掩盖了本身的痛觉。

5. 第二段中"里也不是，外也不是"是什么意思？
    A 胡子放在哪儿都不舒服   B 不想在房间里面
    C 不理解怎么回事   D 怎么也睡不着

6. 第三段中"穿针心理"是指什么？
    A 做事应该关注   B 目的决定了成功
    C 注意不影响做事   D 过于关注无助于解决问题

7. 为什么同样分贝的噪音，不同的人感觉都不一样？
    A 不同的人容忍程度不一样   B 噪声对身体有害
    C 不同的人关注程度不一样   D 人们的目的不同

8. 最后一段"全神贯注"的意思是：
    A 专心致志   B 心不在焉
    C 漫不经心   D 全力以赴

＋ 정답 및 해설_ 해설집 150쪽

35 day 단락별 내용에 총력을 기울여라

✦ 정답_ 해설집 233쪽

학습목표

✓1 주제를 찾는 비법을 마스터한다

✓2 단락별 내용을 개괄하는 스킬을 연습한다

✓3 주요 어휘와 구조를 암기한다

주제를 찾는 문제도 답을 찾는 데 비교적 시간이 걸린다. 대부분의 학습자들이 주제를 물어보는 문제는 습관적으로 첫 번째 단락이나 마지막 단락에서 답을 찾는데, 이것도 한 방법이다. 하지만 단락이나 문장의 구조를 파악하는 것이 우선시되어야 하며 단락별 내용을 통해 문장 전체의 내용을 파악하여 문제를 푸는 것이 만에 하나 실수를 줄일 수 있는 방법이다.

기초 실력 테스트 TEST

* 다음 글을 읽고 주제를 한국어로 간단히 쓰세요.

1

蝗虫基本上分为两大类：一类是能远距离迁飞的，叫飞蝗；另一类是短距离飞行的，也就是土生土长的，称为土蝗。

→ ________________________________

2

有一种本来很暗或根本看不见的恒星，在某种条件下亮度会一下子提高17个星等以上，成为一颗亮星，这就是超新星。

→ ________________________________

3

我们老板在短短几年内一下子就富起来了，一方面是因为他不懈的努力，另一方面也与当时的社会条件不无关系。

→ ________________________________

6급 기출문제 맛보기

맛보기

　　素食主义者，俗称"吃素的"，即只吃蔬菜而不吃荤菜的人。素食主义是一种饮食文化，实践这种饮食文化的人被称为素食主义者。他们不食用一切有生命和感情的动物之肉，包括家畜、野兽、飞禽、鱼类、海鲜等，但一般可以食用蛋、奶、黄油、奶酪等奶制品。

　　1. 吃出健康来。素食的饱和脂肪含量低，可降低血压和胆固醇含量。德国做过一次研究，素食者得心脏病的概率是一般人的三分之一，癌症的罹患率是一般人的一半。而且，素食还能起到食疗的功效。

　　2. 吃出美丽来。用素食方法来减肥相当有效，素食能使血液变为微碱性，促进新陈代谢活动，从而把蓄积体内的脂肪及糖分燃烧掉，达到自然减肥的目的。素食者往往全身充满生气，脏腑器官功能活泼，皮肤显得柔嫩、光滑、红润，吃素堪称是种由内而外的美容法。

　　3. 吃出聪明来。食素者自我感觉往往很清爽，似乎人也变得更聪明了。事实，这并非只是心理暗示的结果，而是有科学根据的。因为让大脑细胞活跃起来的养分主要是麸酸，其次是维生素B，而谷类、豆类等素菜是麸酸和维生素B的"富矿"，一日三餐从"富矿"里汲取能量，可以增强人的智慧和判断力，使人容易放松及提高专注力。

　　4. 吃出文化来。素食，表现出了回归自然、回归健康和保护地球生态环境的返朴归真的文化理念。吃素，除了能获取天然纯净的均衡营养外，还能额外地体验到摆脱了都市的喧嚣和欲望的愉悦。

　　5. 吃出经济效率来。通常情况下，素食要比荤食便宜得多，也很少有用素食做成的"大菜"。所以，食素就不必为生猛"大菜"而买单，<u>为钱包减负</u>，食素不亦乐乎。

1. 根据本文，下面哪项正确？
　　A 素食者不吃奶制品　　　　　　　B 素食者可以吃海鲜
　　C 素食者都很爱好和平　　　　　　D 素食者患癌症的概率更低

2. 第三段的主要内容是：
　　A 素食不会让人变胖　　　　　　　B 吃素可减肥美容
　　C 素食中包含着文化　　　　　　　D 多吃蔬菜少吃肉

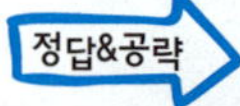

素食主义者，俗称"吃素的"，即只吃蔬菜而不吃荤菜的人。素食主义是一种饮食文化，实践这种饮食文化的人被称为素食主义者。**1B**他们不食用一切有生命和感情的动物之肉，包括家畜、野兽、飞禽、鱼类、海鲜等，**1A**但一般可以食用蛋、奶、黄油、奶酪等奶制品。

1. 吃出健康来。素食的饱和脂肪含量低，可降低血压和胆固醇含量。德国做过一次研究，素食者得心脏病的概率是一般人的三分之一，**1D**癌症的罹患率是一般人的一半。而且，素食还能起到食疗的功效。

2. 吃出美丽来。**2**用素食方法来减肥相当有效，素食能使血液变为微碱性，促进新陈代谢活动，从而把蓄积体内的脂肪及糖分燃烧掉，达到自然减肥的目的。素食者往往全身充满生气，脏腑器官功能活泼，皮肤显得柔嫩、光滑、红润，**2**吃素堪称是种由内而外的美容法。

3. 吃出聪明来。食素者自我感觉往往很清爽，似乎人也变得更聪明了。事实，这并非只是心理暗示的结果，而是有科学根据的。因为让大脑细胞活跃起来的养分主要是麸酸，其次是维生素B，而谷类、豆类等素菜是麸酸和维生素B的"富矿"，一日三餐从"富矿"里汲取能量，可以增强人的智慧和判断力，使人容易放松及提高专注力。

채식주의자는 통속적으로 '채소를 먹는 사람'이라 불린다. 즉 채소만 먹고 고기는 먹지 않는 사람이다. 채식주의는 일종의 음식 문화로, 이 음식 문화를 실천으로 옮기는 사람을 '채식주의자'라고 부른다. **1B**그들은 가축, 야생 동물, 조류, 생선류, 해산물 등을 포함한 생명과 감정이 있는 모든 동물의 고기를 먹지 않지만 **1A**보통 계란, 우유, 버터, 치즈 등 유제품은 먹는다.

1. 먹으면 건강해진다. 채소의 포화 지방 함량이 낮아서 혈압과 콜레스테롤 함량을 낮춰준다. 독일에서 연구한 적이 있는데, 채식주의자는 심장병 발병률이 일반인의 3분의 1이고 **1D**암에 걸릴 확률은 일반인의 절반이라고 한다. 게다가 채소는 식이 요법의 효과를 낼 수 있다.

2. 먹으면 아름다워진다. **2**채식의 방법으로 다이어트를 하면 상당히 효과가 있다. 채소는 혈액을 약알칼리성으로 변화시켜 신진대사 활동을 촉진시킨다. 그래서 체내에 축적된 지방과 당분을 연소시켜 자연스럽게 다이어트 목적에 도달할 수 있다. 채식주의자는 종종 몸에 생기가 가득하고 장기의 기능이 활발하며 피부가 부드럽고 매끄러우며 혈색이 좋고 윤기가 난다. **2**채식은 몸속을 바꿔 몸 밖으로 효과가 나게 하는 미용법이라고 할 만하다.

3. 먹으면 똑똑해진다. 채식주의자는 스스로 항상 상쾌하게 느껴져 똑똑해진 것처럼 보여진다. 사실 이것은 심리적 암시의 결과가 아니라 과학적인 근거가 있다. 대뇌 세포를 활발하게 하는 영양 성분은 주로 글루타민산이며 그다음은 비타민 B이다. 그리고 곡류, 콩류 등의 채소는 노다지처럼 글루타민산과 비타민 B가 가득 담겨 있다. 하루 세 끼를 금광처럼 영양소가 풍부한 채소에서 열량을 섭취하면 사람의 지혜와 판단력을 강화시킬 수 있고 긴장을 풀고 집중력을 향상시킬 수 있다.

4. 吃出文化来。素食，表现出了回归自然、回归健康和保护地球生态环境的返朴归真的文化理念。吃素，除了能获取天然纯净的均衡营养外，还能额外地体验到摆脱了都市的喧嚣和欲望的愉悦。

5. 吃出经济效率来。通常情况下，素食要比荤食便宜得多，也很少有用素食做成的"大菜"。所以，食素就不必为生猛"大菜"而买单，为钱包减负，食素不亦乐乎。

4. 먹으면 교양이 쌓인다. 채식은 자연으로 돌아가고, 건강과 지구 생태 환경을 보호해 원래 모습으로 회귀하려는 문화적 이념을 보여준다. 채식은 천연의 균형적인 영양을 섭취할 수 있게 해주는 것 외에도 추가로 도시의 소음과 욕망의 즐거움에서 벗어나는 것을 체험할 수 있게 해준다.

5. 먹으면 경제적 효과가 생긴다. 통상적으로 채식은 육식보다 훨씬 저렴하고 채소로 만든 '주 요리'는 아주 적다. 그래서 채식은 풍성한 '주 요리' 때문에 돈을 지불할 필요도 없고 금전적인 부담을 줄일 수 있으니 채식이 어찌 즐겁지 않겠는가!

어휘　★素食主义者 sùshí zhǔyìzhě 채식주의자 | ★俗称 súchēng 몡툉 속칭(하다) | ★蔬菜 shūcài 몡 채소 | ★荤菜 hūncài 몡 고기 요리 | ★饮食文化 yǐnshí wénhuà 음식 문화 | ★实践 shíjiàn 툉 실천하다 | ★食用 shíyòng 툉 식용하다 | ★家畜 jiāchù 몡 가축 | ★野兽 yěshòu 몡 야수 | ★飞禽 fēiqín 몡 날짐승, 조류 | ★鱼类 yúlèi 몡 어류 | ★海鲜 hǎixiān 몡 해산물 | ★黄油 huángyóu 몡 버터 | 奶酪 nǎilào 몡 치즈 | ★奶制品 nǎizhìpǐn 몡 유제품 | ★饱和 bǎohé 몡툉 포화; 포화 상태에 이르다 | ★脂肪 zhīfáng 몡 지방 | ★含量 hánliàng 몡 함량 | ★血压 xuèyā 몡 혈압 | ★胆固醇 dǎngùchún 몡 콜레스테롤 | ★偶尔 ǒu'ěr 뷔 간혹, 때때로 | ★心脏病 xīnzàngbìng 몡 심장병 | ★概率 gàilǜ 몡 확률 | ★癌症 áizhèng 몡 암의 통칭 | ★罹患率 líhuànlǜ 병에 걸릴 확률 | ★食疗 shíliáo 몡 식이요법 | ★功效 gōngxiào 몡 효과 | ★减肥 jiǎnféi 툉 살을 빼다 | ★有效 yǒuxiào 혱 유효하다 | ★血液 xuèyè 몡 혈액 | 微碱性 wēijiǎnxìng 몡 약알칼리성 | ★促进 cùjìn 툉 촉진시키다 | ★新陈代谢 xīnchén dàixiè 몡 신진대사 | 蓄积 xùjī 툉 축적하다 | ★燃烧 ránshāo 툉 연소하다 | ★脏腑 zàngfǔ 몡 오장육부 | ★柔嫩 róunèn 혱 여리다 | ★光滑 guānghuá 혱 매끌매끌하다 | ★红润 hóngrùn 혱 불그스름하다 | ★堪称 kānchēng 툉 ~라고 할 만하다 | ★由内而外 yóu nèi ér wài 안에서 밖까지 | ★美容法 měiróngfǎ 몡 미용법 | ★自我感觉 zìwǒ gǎnjué 스스로 ~라고 느끼다 | ★清爽 qīngshuǎng 혱 맑고 상쾌하다 | ★心理暗示 xīnlǐ ànshì 심리적인 암시 | ★细胞 xìbāo 몡 세포 | ★活跃 huóyuè 혱 활기차다 | 麸酸 fūsuān 몡 글루타민산 | ★维生素 wéishēngsù 몡 비타민 | ★谷类 gǔlèi 몡 곡류 | 富矿 fùkuàng 몡 품질이 좋은 광석 | ★一日三餐 yí rì sān cān 하루 세 끼 | ★汲取 jíqǔ 툉 얻다 | ★智慧 zhìhuì 몡 지혜 | ★判断力 pànduànlì 몡 판단력 | ★专注力 zhuānzhùlì 몡 집중력 | ★回归自然 huíguī zìrán 자연으로 돌아가다 | ★生态环境 shēngtài huánjìng 몡 생태 환경 | ★返朴归真 fǎn pǔ guī zhēn 애초의 순박함과 진실로 돌아가다 | ★天然 tiānrán 혱 자연의 | ★均衡 jūnhéng 혱 고르다 | ★额外 éwài 정액 외의 | ★摆脱 bǎituō 툉 벗어나다 | ★喧嚣 xuānxiāo 혱 시끄럽다 | ★欲望 yùwàng 몡 욕망 | ★愉悦 yúyuè 혱 기쁘다 | ★经济效率 jīngjì xiàolǜ 경제 효율 | ★生猛 shēngměng 혱 용맹스럽다 | ★买单 mǎidān 몡툉 계산서; 계산하다 | ★减负 jiǎnfù 툉 과중한 부담을 줄이다 | ★不亦乐乎 bú yì lè hū 셍 어찌 즐겁지 않겠는가?

난이도 中　공략 Key 소거법 사용

1 根据本文，下面哪项正确？

A 素食者不吃奶制品
B 素食者可以吃海鲜
C 素食者都很爱好和平
Ⓓ 素食者患癌症的概率更低

본문에 근거해서 다음 중 옳은 것은?

A 채식주의자는 유제품을 먹지 않는다
B 채식주의자는 해산물을 먹을 수 있다
C 채식주의자는 모두 평화를 사랑한다
Ⓓ 채식주의자가 암에 걸릴 확률이 더 낮다

공략　A, B는 본문 내용에 부합되지 않고, C는 언급되지 않았다. 두 번째 단락에서 채식주의자가 암에 걸린 확률은 일반인의 절반이라고 했다. 罹患率는 '患病的概率'와 같은 의미이다.

2 第三段的主要内容是：

　A　素食不会让人变胖
　B　吃素可减肥美容
　C　素食中包含着文化
　D　多吃蔬菜少吃肉

세 번째 단락의 주요 내용은?

　A　채식은 사람을 뚱뚱하게 하지 않을 것이다
　B　채식을 하면 미용과 다이어트를 할 수 있다
　C　채식주의에는 문화가 담겨 있다
　D　채소를 많이 먹고 고기를 적게 먹어야 한다

공략　세 번째 단락의 주요 내용을 정리해보면, 채식을 할 경우 다이어트도 할 수 있고 미용에도 도움이 된다는 사실을 알 수 있다.

3 最后一段，划线部分的内容是：

　A　节省金钱
　B　勤俭节约
　C　小心谨慎
　D　减轻负担

마지막 단락에 밑줄 친 부분의 내용은?

　A　돈을 아낄 수 있다
　B　근검절약할 수 있다
　C　조심스럽고 신중하다
　D　부담을 줄여준다

공략　'为钱包减负'에서 减负는 '부담을 줄이다'의 의미다. 따라서 '지갑을 가볍게 해준다'는 것은 금전적인 것을 의미한다.

어휘　★勤俭节约 qínjiǎn jiéyuē 근검절약하다 | ★小心谨慎 xiǎo xīn jǐn shèn ⑱ 매우 조심스럽고 신중하다

4 这篇文章的标题是什么？

　A　素食与荤食
　B　素食与健康
　C　素食可以省钱
　D　素食不亦乐乎

이 글의 제목은 무엇인가?

　A　채식과 고기
　B　채식과 건강
　C　채식은 돈을 절약할 수 있다
　D　채식을 하면 어찌 기쁘지 않겠는가

공략　단락마다 첫 문장에 모두 채식의 장점에 대해서 설명하고 있다. B, C는 채식의 장점 중 한 부분이고, 이것을 다 포괄할 수 있는 것은 D다.

어휘　★省钱 shěngqián ⑧ 돈을 절약하다

주제를 묻는 문제를 풀 때는 첫 단락 혹은 마지막 단락만 읽는 경향이 있죠. 하지만 주제의 위치가 모두 문두나 문미에만 있는 것은 아니에요. 단락마다 첫 문장을 대략 훑어보는 것이 함정에 빠지는 리스크를 줄일 수 있는 방법이랍니다.

6급 독해 공략 하기

공략 1. 단락마다 주제를 찾아라

한 단락의 주제를 찾을 때 우선 단락의 구조를 알아야 문제를 푸는 데 도움이 된다. 다음은 자주 볼 수 있는 단락의 형태로, 단락의 스타일을 알면 이해하기 어려운 글이라도 주제를 쉽게 파악할 수 있다.

1. 두괄식 : 첫 문장에 주제를 언급하고 나서 그 주제를 설명한다. 때로는 첫 번째 문장이 질문형인 경우가 있는데, 이어지는 물음에 대한 답이 바로 글의 주제가 된다.

주제 森林又叫弹性水库的原因 (숲을 또 '탄력적 댐'이라고 부르는 원인)

为什么把森林叫做"弹性水库"呢？因为一棵树不仅是一台"吸水器"，还是一台"降雨机"。植物的内部，90%以上是水。天旱时，植物的叶子向大气蒸腾水分，甚至能够把它所吸收的99%的水分放出去。如此一来，依靠茂密的森林，可以使干燥的空气变得湿润，从而使旱情得以减轻。它雨季能蓄，旱季能吐，完全依据外界环境的改变而自动变化，无需人工操纵。

왜 숲을 '탄력적 댐'이라고 부르는가? 왜냐하면 나무 한 그루는 '흡수기'일 뿐 아니라 '강우기'이기도 하기 때문이다. 식물의 내부는 90% 이상이 수분이다. 날씨가 건조할 때 식물의 잎은 대기 중으로 수분을 증발하는데 심지어 식물이 흡수한 99%의 수분을 방출할 수도 있다. 이렇게 무성한 숲에 의지하면 건조한 공기를 촉촉하게 만들 수 있고 따라서 건조한 상황이 줄어들 수 있다. 숲은 우기에는 (물을) 저장할 수 있고, 건조한 계절에는 (물을) 뿜어낼 수 있다. 완전히 외부 환경의 변화에 의해서 자동적으로 변화하고 인공적인 조작이 필요 없다.

2. 미괄식 : 앞에서 상세하게 내용을 서술하고 마지막에 주제를 개괄하는 경우로 마지막 문장에 주제가 제시된다.

沿着悬空寺内窄小的楼梯直上，没想到还有一间半石窟式的佛堂。这座寺庙因地制宜，扬长避短，虚实结合，整体建筑有山门、钟楼二楼，大殿，配殿，杂殿等应有尽有，仅限的空间小巧玲珑，具有一般寺庙的形制和规模，可以说是"麻雀虽小，五脏俱全"。

현공사 안의 좁고 작은 계단을 따라 오르다 보면 반 석굴 형태의 불당이 있다는 것은 상상하지 못할 것이다. 이 절은 상황에 맞게 적절히 대책을 세워 장점은 살리고 단점은 피하여 허실이 결합되어 있다. 절의 대문, 이층 시계탑, 대전, 곁채, 잡전 등 없는 것이 없다. 한정된 공간이 작고 영롱하며 일반적인 사찰의 형태와 규모를 갖추고 있어 '참새는 비록 작지만 오장육부를 다 갖추고 있다'라고 말할 수 있다.

주제 悬空寺虽不大，但设施齐全 (현공사는 비록 크지 않지만 시설은 다 갖추고 있다)

3. 시간 순서에 따른 서술 : 설명문은 시간의 순서에 따라 과거에서 지금까지 또는 현재부터 과거의 내용으로 거슬러올라가는 식으로 서술하기도 한다. 대부분 어떤 사물의 변화 발전 과정을 소개하는 것이 주제이다.

仔细品味一下，我们可以发现，<u>从旧石器时代出现洞窟壁画、彩陶纹等以来，艺术形式往往以纯感性的形象出现，模糊而又简单是这一时期艺术的特点。随着生产力的提高，绘画逐渐从生产劳动中分离开来，人们开始有了理性的认识，有了独立的理论，在审美标准上要求做到形似，逐渐要求描绘形象"逼真、明晰"，也就是说要"精确"不要"模糊"。到了宋徽宗时代</u>，因宋徽宗崇尚形似，追求细节的真实，所谓院体画的状形之风甚盛。而<u>从南宋开始</u>，这种时尚渐渐退去，取而代之的是一种诗情画意的描绘，画幅虽小却富有诗意，如南宋四大家之一马远的作品《寒江独钓图》。

주제 **绘画的发展演变** (회화의 발전 변화)

자세히 감상해보면, <u>구석기 시대</u> 동굴 벽화, 채문 도기 등 이후 예술은 순수 감성주의 형상으로 표현되었기에 모호함과 단순함이 이 시기 예술의 특징임을 알 수 있다. <u>생산력이 향상되면서</u> 회화는 점차 생산 노동에서 분리되었고 사람들은 이성적으로 인식하고 독립적인 이론을 갖기 시작했다. 심미 기준도 형상을 유사하게 그려내는 것을 원하게 되면서 점차 형상이 '사실과 닮고 명백하고 뚜렷하게 하는 것'을 요구하게 되었다. 즉 '정확'해야 하며 '모호'해서는 안 되었다. <u>송나라 휘종 시대에 이르러</u> 휘종은 모양이 유사한 것을 숭상했기에 세부적인 것도 사실적으로 그리는 것을 추구했다. 그래서 소위 말하는 원체 화풍이 매우 성행했다. <u>남송부터는</u> 이러한 유행이 점차 사라지기 시작했고 시와 그림처럼 아름답게 묘사하는 형식으로 대체되었다. 화폭은 작지만 시적 의미가 풍부한 것으로, 예를 들면 남송 4대 화가 중의 한 명인 마원(馬遠)의 작품 『한강독조도(차가운 강가에서 홀로 낚시하다)』가 있다.

4. 공간 순서에 따른 서술 : 공간 순서에 따라 사물을 설명하기에 건축물의 구조적인 특징을 설명하는 글이 대부분이다.

北京四合院，出入只有一个<u>院门</u>，大都采用木板大门。厚厚的木板制成的大门一端，上下都放在轴心里，左右旋转，可以关开闭合，安全、可靠。四合院中，有<u>正房</u>，即北房。这是院中的主房，而且，一般四合院的走向也是坐北向南的。东西两侧，为东西厢房。<u>东西厢房</u>，一般都比较对称，建筑格式也大体相似或相同。南面建有<u>南房</u>，与北房相对应。整个四合院，大都按照中国传统的习惯，采用对称的办法建成。当然，在南北、东西房形成的角落中，也有耳房。这种耳房，有的用来储存粮食，成为粮库及其它库房，也有的做厨房。

주제 **四合院的构造特点** (사합원의 구조적인 특징)

베이징 사합원은 출입하는 곳에 <u>정문</u>이 하나밖에 없다. 대부분 목판 대문을 사용한다. 두꺼운 목판으로 만들어진 대문의 한쪽 끝은 위아래 모두 바퀴축 안에 놓여 있고 좌우로 회전하며 개폐가 가능하고 안전하며 믿을 만하다. 사합원에는 '정방'이 있는데 즉 북방이다. 이는 사합원의 본체. 또한 일반적으로 사합원의 주향은 남향이고 동서 양측에는 곁채가 있다. <u>동서 곁채</u>는 일반적으로 대칭형으로 되어 있으며 건축 양식도 대체로 비슷하거나 같다. 남쪽에는 '<u>남방</u>'이 있으며 '북방'과 마주보고 있다. 사합원 대부분은 중국의 전통적인 습관에 따라 대칭 방식으로 지어졌다. 물론 남북과 동서에 방이 있는 모퉁이에는 사랑채가 있다. 이 사랑채 중에는 곡식을 저장하는 용도로 쓰이는 것도 있는데, 곡식 창고나 기타 물품 창고로 쓰이기도 하고 주방으로 만들기도 한다.

 **예제**

난이도 中　공략 Key 두괄식 문단

독해
제4부분

　　过高或过低的心理压力水平都不可取。那么，什么样的压力水平对人的发展最为有利呢？心理学研究表明，一个人的压力水平与活动绩效的关系呈倒U型，即中等强度的压力水平绩效最高，而压力水平过低与过高，都会导致活动绩效水平下降。比如，对自己期望水平过低、压力不足的学生，会表现为学习动力不足，不努力学习，从而抑制了他们潜能的发掘。而对自己期望过高、压力过高的学生，他们的大脑活动能力也会受到抑制，影响正常能力的发挥。这类学生需要调节自己的压力水平，减轻心理压力。

　　上一段的主要内容是：

A 压力过高为什么不好　　　　　B 什么是最适当的压力水平

C 如何调节自己的压力　　　　　D 压力水平与学习

정답&공략

해석　过高或过低的心理压力水平都不可取。那么，什么样的压力水平对人的发展最为有利呢？心理学研究表明，一个人的压力水平与活动绩效的关系呈倒U型，即中等强度的压力水平绩效最高，而压力水平过低与过高，都会导致活动绩效水平下降。比如，对自己期望水平过低、压力不足的学生，会表现为学习动力不足，不努力学习，从而抑制了他们潜能的发掘。而对自己期望过高、压力过高的学生，他们的大脑活动能力也会受到抑制，影响正常能力的发挥。这类学生需要调节自己的压力水平，减轻心理压力。

지나치게 높거나 지나치게 낮은 심리적 스트레스는 모두 바람직하지 않다. 그렇다면 어떠한 정도의 스트레스가 사람을 발전시키는 데 가장 유리한가? 심리학 연구에서 사람의 스트레스와 활동 업적은 뒤집힌 U자형 곡선 관계를 보이는데, 적절한 스트레스가 있을 때 성적이 제일 높고 스트레스가 지나치게 높거나 낮은 경우에는 모두 성적이 떨어진다고 밝혀졌다. 예를 들면, 자신에 대한 기대치가 너무 낮고 스트레스가 부족한 학생은 학습 원동력이 부족하며 열심히 공부하지 않기에 그들의 잠재력 발굴을 억제시킨다. 그리고 자신에 대한 기대치가 과도하게 높고 스트레스가 심한 학생들은 그들의 대뇌 활동 능력 역시 억제될 수 있기 때문에 정상적인 능력을 발휘하는 데 영향을 미칠 수 있다. 이런 유형의 학생은 자신의 스트레스 수위를 조절하고 심리적 스트레스를 줄일 필요가 있다.

上一段的主要内容是：

A 压力过高为什么不好

Ⓑ 什么是最适当的压力水平

C 如何调节自己的压力

D 压力水平与学习

윗글의 주요 내용은?

A 스트레스가 너무 높으면 왜 좋지 않은가

Ⓑ **가장 적당한 스트레스 수준은 무엇인가**

C 어떻게 자신의 스트레스를 조절할 수 있는가

D 스트레스 수준과 학습

공략　문두에 '那么，什么样的压力水平对人的发展最为有利呢?'라고 물음을 던지고 답을 이어서 제시했다.

어휘　★心理压力 xīnlǐ yālì 심리적인 스트레스 | ★活动绩效 huódòng jìxiào 활동 성과 | ★倒U型 dǎo U xíng 뒤집힌 U자형 | ★导致 dǎozhì 동 초래하다 | ★期望 qīwàng 동 기대하다 | ★动力 dònglì 명 동력, 원동력 | ★抑制 yìzhì 동 반응을 억제하다 | ★潜能 qiánnéng 명 잠재력 | ★发掘 fājué 동 발굴하다 | ★发挥 fāhuī 동 발휘하다 | ★调节 tiáojié 동 조절하다

단락마다의 주제를 찾다보면 문장 전체의 주제를 찾아낼 수 있다. 어떤 글은 앞부분에 이야기나 동물, 식물, 이치 등을 제시하여 비유 방식으로 서술한다. 하지만 이것이 글의 주제는 아니다. 화자는 이야기나 이치를 활용해 현실 속의 현상을 설명하고자 한 것이다. 따라서 주제는 뒤에 제시되게 마련이다.

예제

난이도 中　공략 Key 식물과 관련된 이야기를 통한 비유

有一天，鲁班到山上去砍柴，一不注意，被丝茅草划破了手。他觉得很奇怪，一棵小草怎么会这么厉害呢？他放下手里的活儿，认真地观察起来。最终，他发现丝茅草叶子边缘上的许多锋利细齿是划破手的"元凶"。鲁班因此受到启发，发明了木工用的锯子。

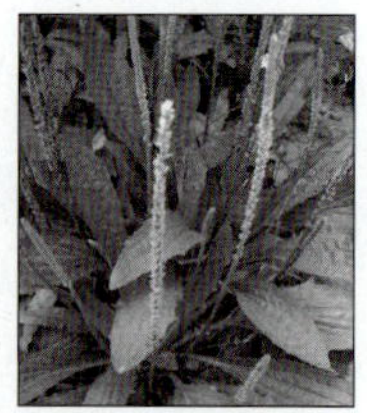

车前草本来只是一种路边草地上常见的小草，近年来却名声大振。原来，建筑师从它身上发现了一个秘密：它的叶子按螺旋形排列，每两片叶子的夹角都是137° 30′，这种构造使所有的叶子都能接收到充足的阳光。一般的人类住房，总是有的房间阳光多些，有的房间阳光少些。人们依据车前草叶子的排列特点，设计建造了一幢螺旋形的13层大楼，使得一年四季，阳光都能照到每一个房间里。这对人的健康是多么有利啊。

人是地球上最有智慧的动物，靠着聪慧的头脑和灵巧的双手，创造出种种工具，使自己对世界的征服与改造步步深入，成为万物之灵。但大自然虽然默默无语，却也蕴藏着无穷无尽的智慧。人再聪明，与动植物身体的巧妙构造比起来，仍有许多望尘莫及之处。因此，人类就应该像木工的祖师爷鲁班那样，虚心向动植物学习，从生物界这个庞大的博物馆中探寻几乎是无所不有的技术设计蓝图。

全文的主要内容是什么？

A 植物的构造

B 大自然的奥秘

C 人类要向大自然学习

D 人类是最聪明的

정답&공략

해석

有一天，鲁班到山上去砍柴，一不注意，被丝茅草划破了手。他觉得很奇怪，一棵小草怎么会这么厉害呢？他放下手里的活儿，认真地观察起来。最终，他发现丝茅草叶子边缘上的许多锋利细齿是划破手的"元凶"。鲁班因此受到启发，发明了木工用的锯子。

어느 날, 노반(鲁班)이 산에 땔감을 하러 갔는데 조심하지 못하고 백모초에 손을 베었다. 그는 조그마한 잡초가 어떻게 이렇게 대단할 수가 있지 하며 이상하게 생각하였다. 그는 수중의 일을 내려놓고 진지하게 관찰하기 시작했다. 결국, 그는 백모초 잎 가장자리 부분의 수많은 날카로운 톱니가 손을 베게 한 장본인임을 발견했다. 노반은 여기에서 영감을 얻어 목공용 톱을 발명하였다.

车前草本来只是一种路边草地上常见的小草，近年来却名声大振。原来，建筑师从它身上发现了一个秘密：它的叶子按螺旋形排列，每两片叶子的夹角都是137° 30′，这种构造使所有的叶子都能接收到充足的阳光。一般的人类住房，总是有的房间阳光多些，有的房间阳光少些。人们依据车前草叶子的排列特点，设计建造了一幢螺旋形的13层大楼，使得一年四季，阳光都能照到每一个房间里。这对人的健康是多么有利啊。

人是地球上最有智慧的动物，靠着聪慧的头脑和灵巧的双手，创造出种种工具，使自己对世界的征服与改造步步深入，成为万物之灵。但大自然虽然默默无语，却也蕴藏着无穷无尽的智慧。人再聪明，与动植物身体的巧妙构造比起来，仍有许多望尘莫及之处。因此，人类就应该像木工的祖师爷鲁班那样，虚心向动植物学习，从生物界这个庞大的博物馆中探寻几乎是无所不有的技术设计蓝图。

차전초(車前草)는 원래 길가 풀밭에서 흔히 볼 수 있는 작은 잡초일 뿐인데 최근에 와서 명성을 떨치기 시작했다. 알고 보니, 건축가가 그것에서 한 가지 비밀을 발견하였다. 이 풀은 잎이 나선형을 따라 배열되어 있고 두 잎마다 협각은 137°30′이다. 이러한 구조가 모든 잎으로 하여금 충분한 햇빛을 받게 한다. 일반적인 주택은 항상 어떤 방은 햇빛을 많이 받고, 어떤 방은 햇빛을 적게 받는다. 사람들은 차전초 잎의 배열 특징에 따라 나선형의 13층 빌딩을 건설하여 일 년 사계절 모두 햇빛이 모든 방에 비출 수 있도록 하였다. 사람의 건강에 얼마나 이로운가!

인간은 지구에서 가장 지혜로운 동물이며 명석한 두뇌와 민첩한 두 손으로 각종 도구를 만들었고 세상에 대한 인류의 정복과 개조가 점차 깊이 들어가 만물의 영장이 되었다. 대자연은 비록 묵묵히 아무런 말이 없지만 오히려 무궁무진한 지혜가 잠재되어 있다. 인간이 아무리 똑똑해도 동식물 신체의 교묘한 구조와 비교하면 여전히 발끝에도 미치지 못하는 점이 많다. 그래서 인류는 목공의 조상 노반과 같이 겸허하게 동식물에게서 배워야 하며 생물계라는 이 거대한 박물관으로부터 없는 것 없이 다 있는 기술 설계 구상을 탐구해야 한다.

독해
제4부분

全文的主要内容是什么?

A 植物的构造
B 大自然的奥秘
Ⓒ 人类要向大自然学习
D 人类是最聪明的

글 전체의 주요 내용은 무엇인가?

A 식물의 구조
B 대자연의 신비
Ⓒ 인류는 대자연에게 배워야 한다
D 인류가 가장 똑똑하다

공략 첫 번째 단락은 노반이 백모초를 보고 톱을 발명한 내용, 두 번째 단락은 건축가가 차전초를 보고 나선형 빌딩을 만든 내용을 제시했다. 글의 주된 목적은 인류가 자연에서 배워야 한다는 사실을 설명하는 데 있다.

어휘 ★车前草 chēqiáncǎo 몡 차전초(車前草) | ★名声大振 míngshēng dàzhèn 명성을 크게 떨치다 | ★螺旋形 luóxuánxíng 몡 나선형 | ★夹角 jiājiǎo 몡 협각 | ★依据 yījù 몡동 근거; 의거하다 | ★灵巧 língqiǎo 혱 솜씨가 좋다 | ★步步深入 bùbù shēnrù 점차 깊이 들어가다 | ★万物之灵 wànwù zhī líng 만물의 영장 | ★默默无语 mòmò wú yǔ 묵묵히 말이 없다 | ★蕴藏 yùncáng 동 내포되어 있다. 잠재하다 | ★无穷无尽 wú qióng wú jìn 셩 무궁무진하다 | ★巧妙 qiǎomiào 혱 교묘하다 | ★望尘莫及 wàng chén mò jí 셩 앞사람이 일으키는 먼지만 바라볼 뿐 따라가지 못하다, 발밑에도 미치지 못하다 | ★祖师爷 zǔshīyé 몡 창시자 | ★庞大 pángdà 혱 매우 크다 | ★探寻 tànxún 동 탐구하다 | ★无所不有 wú suǒ bù yǒu 셩 없는 것 없이 다 있다 | ★蓝图 lántú 몡 청사진 | ★奥秘 àomì 몡 매우 깊은 뜻

第 1-8 题：请选出正确答案。

1-4.

　　逆商是人们面对逆境，在逆境中的成长能力的商数，用来测量每个人面对逆境时的应变和适应能力的大小。逆商高的人在面对困难时往往表现出非凡的勇气和毅力，锲而不舍地将自己塑造成一个成功的人；相反，那些逆商低的人则常常畏畏缩缩、半途而废，最终一败涂地。

　　从某种程度上说，逆商对政治人物比情商和智商更为重要。因为政治斗争历来是激烈程度最高的斗争，失败和挫折像家常便饭一样，会时有发生。如果碰上精英云集的三国时代，失败就更加司空见惯了。

　　这里不能不提曹操和刘备两位三国巨头。曹操一生赢过很多次，重大的如官渡之战；也输过很多次，著名的如赤壁之战。可他老人家心理素质极好，尤其是逆商极高，不论面对多大的风浪，总能毫不气馁，坦然处之，然后从头再来。所以，他的成就也就最大。就拿赤壁之战来说，曹操的战舰和军营全部着火，二十万大军死的死，伤的伤，败得一塌糊涂，不仅统一江南已是不可能，就连保住性命都很难说。这种事搁在袁绍身上，早气死多少回了。可曹操到底是曹操，虽然这次败得彻彻底底，损失了面子不说，还损失了永远统一中国的机会，但依然不减英雄气度，当时曹操是五十四岁，其间还风风火火地三次南征孙权。

　　反过来再看刘备。章武二年，刘备于夷陵之战中大败于孙权之手，被火烧七百里连营，败得不可谓不惨。但刘备总共的兵力才四万，就算全军覆没，比起当年赤壁之战曹操的损失要小得多了。而且，自己还有整个富饶的益州作为后盾，假以时日，稍加休养，完全可以重振雄风，这可以在诸葛亮后来的六次北伐中完全得到验证。可这位刘皇叔的逆商太低，面对挫折，心力交瘁，竟然一病不起，完全是一副输不起的样子。他好容易挺到次年的四月二十四日就去世了，留下一个本事平平的儿子刘禅，由诸葛亮拉扯成人。

　　因此，刘备和曹操最大的差距是逆商，而不是通常人们所认为的智商，因为作为一个政治领袖，他们的智力缺失可以由大臣弥补，但逆商却是任何人也弥补不了的。

1. 逆商是指什么？
　A　在顺境中的适应能力　　　　　　　B　只对政治人物重要
　C　影响一个人的成败　　　　　　　　D　也称逆境

2. 第二段主要告诉我们什么？
　A　智商不是那么重要　　　　　　　　B　三国人物都是精英
　C　政治人物逆商都很高　　　　　　　D　逆商对政治人物重要

3. 关于刘备，正确的是：
　A　夷陵之战大败于孙权　　　　　　　B　进行六次北伐
　C　逆商很高　　　　　　　　　　　　D　统一了中原

4. 本文告诉我们什么?
   A 曹操与刘备之差   **B** 面向逆境你准备好了吗
   C 逆水行舟，不进则退   **D** 政治人物应有的素质

5－8.

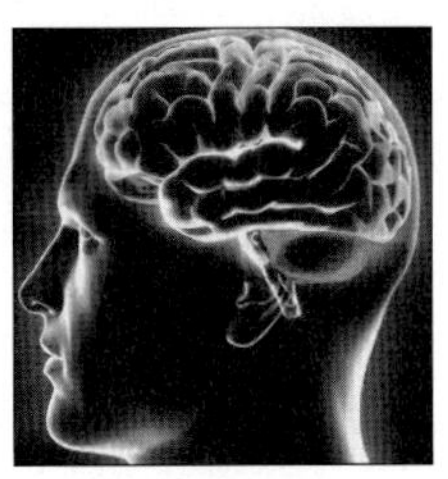

    许多人都有过无法集中注意力的苦恼，一件两三个钟头就能搞定的工作偏偏耗费了一整天都无法专注。那么，怎样才能保持较高的注意力水平呢？科学研究发现，当大脑的前额叶皮层被合适的化学物质刺激时，集中注意力的行为就产生了。尤其是多巴胺这类"愉悦性化学物质"的水平升高，更能促使注意力集中。当多巴胺水平升高时，你的潜意识就会希望获得更多的它带来的美妙感觉，这促使你更专注于正在做的事情。

    所有人都会在某些因素影响下发生注意力减退，这包括疲劳、压力、生气等内部因素和电视、电脑等外界诱惑。其中，睡眠不足是最为普遍的因素之一。因为睡眠不足时人体内的供氧会受到影响，而氧气是制造那些化学物质的必需品。

    为了赢回你的注意力，除了关掉闹钟，睡到自然醒以外，科学家们还发现了另外一招——吃零食。

    如果你正在赶着去参加一个长时间的会议，那么，吃一点苹果、蛋糕之类的零食吧。这些食物会帮助你集中注意力，喝两口浓缩咖啡也是不错的选择。但是当心，过量的咖啡会过度刺激神经，从而减弱你的注意力。

    然而当注意力减退是由压力或生气引起时，吃零食可能就没那么有效果了。要应对这类的注意力分散，最好的办法也许是马上开始有氧运动，滑冰或仅仅轻快地走上两圈都行。任何运动都比坐在办公桌前拼命想着集中注意力效果更好，如果不具备运动的条件，那么就推开椅子站起来——这个简单的动作也会告诉你的大脑是时候清醒并警觉一下了。

5. 根据上文，注意力集中的原因是：
   A 产生饥饿感   **B** 受到外界诱惑
   C 多巴胺水平降低   **D** 大脑被某些化学物质刺激

6. 第二段介绍了什么主题?
   A 睡眠不足的坏处   **B** 如何防止注意力减退
   C 引起注意力减退的因素   **D** 要抵制外界诱惑

7. 根据上文，对付因压力引起注意力减退的办法是：
   A 有氧运动   **B** 保证睡眠
   C 安静地思考   **D** 吃苹果等零食

8. 最适合做上文标题的是：
   A 消除你的苦恼   **B** 赢回你的注意力
   C 培养你的好习惯   **D** 提高你的工作效率

✦ **정답 및 해설_** 해설집 155쪽

쓰기

36day
기본적인 쓰기
테크닉을
마스터하라

37day
고득점을
얻는 스킬에
올인하라

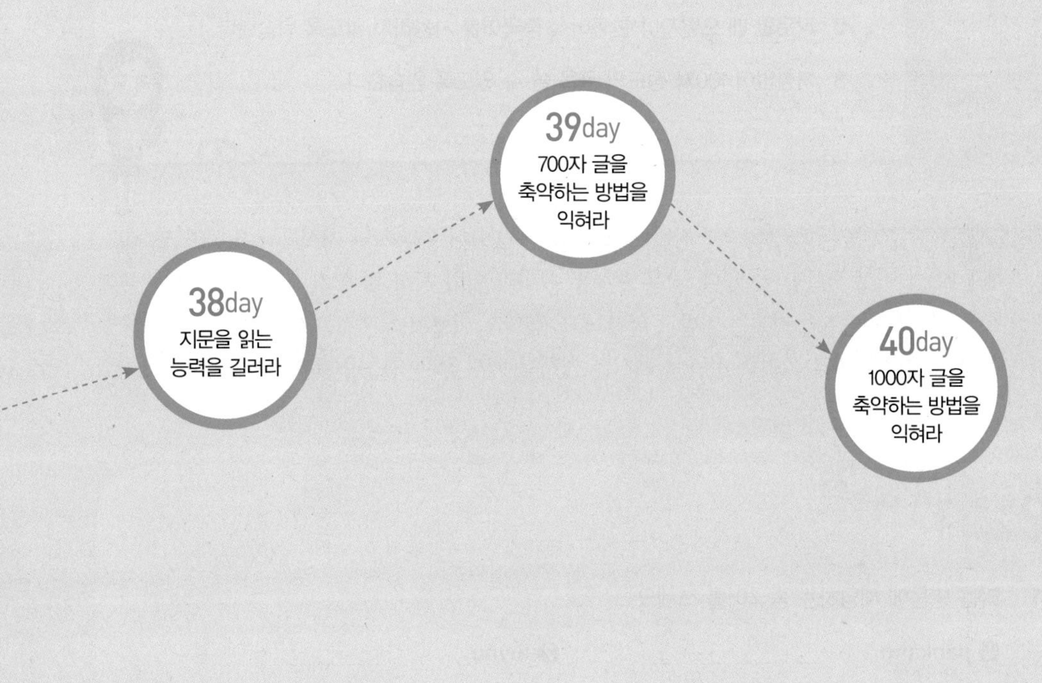

38day
지문을 읽는
능력을 길러라

39day
700자 글을
축약하는 방법을
익혀라

40day
1000자 글을
축약하는 방법을
익혀라

36 day

기본적인 쓰기 테크닉을 마스터하라

학습목표

1 작문할 때 기본적으로 알아야 할 형식을 마스터한다

2 작문할 때 오탈자나 한국어식 중국어를 사용하지 않도록 학습한다

3 거침없이 100자 정도의 글을 쓸 수 있도록 연습한다

100자 정도의 글을 축약하는 스킬을 마스터한다. 작문할 때 필요한 기본적인 지식을 숙지하고 있다면 쓰기 영역에서 60점 이상 획득할 수 있다. 작문 형식뿐 아니라 어법 지식 및 한자 쓰기도 작문의 기본적인 지식에 포함된다. 학습자들에게는 어법과 한자 쓰기가 다소 어렵게 느껴지는데, 어법은 독해 영역의 공략을 통해 학습하고 한자 쓰기는 공략에 제시된 예제를 베껴 쓰는 연습을 통해 능력을 키우자.

기초 실력 테스트 TEST

1 다음 병음에 해당하는 중국어를 쓰세요.

❶ jiànkāng ___________________   ❷ lǚyóu ___________________

❸ qiānxū ___________________   ❹ kùzi ___________________

❺ zhǎngbèi ___________________   ❻ xìngfú ___________________

❼ píláo ___________________   ❽ mòshēng ___________________

❾ guīmó ___________________   ❿ tuìxiū ___________________

2 다음 뜻에 해당하는 중국어를 쓰세요.

❶ 번역하다 ___________________   ❷ 영향을 주다 ___________________

❸ 방해하다 ___________________   ❹ 돌보다 ___________________

❺ 초순 ___________________   ❻ 질병 ___________________

정답_ 해설집 233쪽

6급 기출문제 맛보기

맛보기　● 다음 글을 줄여쓰세요.

난이도 中 (150자)

坐在咖啡厅里，他和她之间有些尴尬，没有什么共同话题。突然，他让服务员拿点盐来放进咖啡里，因为这会让他想起海边的故乡。她感动了，认为他是一个爱家的男人。后来他们结婚了，过着幸福的生活。可没想到他去世前留了一封遗书：其实我并不喜欢加盐的咖啡，可为了你喝了一辈子这样的咖啡。她又被感动了，因为这一生的欺骗。

쓰기

정답&공략

坐在咖啡厅里，他和她之间有些尴尬，没有什么共同话题。突然，他让服务员拿点盐来放进咖啡里，因为这会让他想起海边的故乡。她感动了，认为他是一个爱家的男人。后来他们结婚了，过着幸福的生活。可没想到他去世前留了一封遗书：其实我并不喜欢加盐的咖啡，可为了你喝了一辈子这样的咖啡。她又被感动了，因为这一生的欺骗。

커피숍에 앉아 있는 그와 그녀 사이는 다소 서먹했고 별다른 공통 화젯거리도 없었다. 갑자기 그는 종업원에게 커피에 넣게 소금을 가져오라고 했다. 이렇게 하면 바닷가에 있는 고향이 떠오르기 때문이라고 했다. 그녀는 그가 가정을 아낄 줄 아는 남자라는 생각이 들어 감동을 받았고, 후에 그들은 결혼을 해서 행복한 생활을 보냈다. 그러나 남편은 죽기 전에 생각지도 못했던 유서 한 통을 남겼다. '사실 나는 소금을 넣은 커피를 좋아하지 않지만 당신을 위해서 한평생 그런 커피를 마셨소.' 그녀는 한평생 속인 것에 대해 또 감동을 받았다.

어휘　★尴尬 gāngà 형 입장이 곤란하다 | ★共同话题 gòngtóng huàtí 공통의 화제 | ★盐 yán 명 소금, 식염 | ★海边 hǎibian 명 해변, 해안 | ★故乡 gùxiāng 명 고향 | ★感动 gǎndòng 동 감동하다 | 爱家 ài jiā 집을 아끼다 | ★幸福 xìngfú 형 행복하다 | ★去世 qùshì 동 세상을 뜨다 | ★留 liú 동 남기다, 보관하다 | ★遗书 yíshū 명 유서 | ★一辈子 yíbèizi 명 한평생, 일생 | ★欺骗 qīpiàn 동 속이다

　　一生的欺骗

　他们并非一见钟情。第一次见面为了缓和
气氛，他撒了一个谎，说自己爱喝加盐的咖啡，
以寄托对家乡的思念。这打动了她，于是两人
步入了婚姻的殿堂。他去世前，她知道了真相，
同时觉得自己真是幸福……

일생의 거짓말

　그들은 결코 한눈에 반하지 않았다. 처음 만났을 때 분위기를 완화하기 위해서 그는 고향에 대한 그리움 때문에 소금을 넣은 커피 마시기를 좋아한다고 거짓말을 했다. 이것은 그녀를 감동시켰고, 그래서 두 사람은 결혼의 전당에 발을 내딛었다. 그가 죽기 전에 그녀는 진상을 알게 된 동시에 자신이 정말 행복하다는 것을 느끼게 되었다.

어휘 ★并非 bìngfēi 통 결코 ~하지 않다 | ★一见钟情 yí jiàn zhōng qíng 성 첫눈에 반하다 | ★缓和 huǎnhé 형 느슨해지다, 완화하다 | ★气氛 qìfēn 명 분위기 | ★撒谎 sāhuǎng 통 거짓말을 하다 | ★寄托 jìtuō 통 맡기다 | ★思念 sīniàn 통 그리워하다 | ★打动 dǎdòng 통 감동시키다 | ★步入 bùrù 통 걸어 들어가다 | ★殿堂 diàntáng 명 전당 | ★真相 zhēnxiàng 명 진상 | ★同时 tóngshí 부 동시에

6급 **쓰기 공략** 하기

공략 1. 원고지 작성법과 기본적인 쓰기 테크닉을 익혀라

원고지를 잘 작성하지 못할 경우 감점을 당할 수 있다. 그리고 축약문을 쓸 때는 특히 인칭과 대화 형식의 문장을 전환시키는 것에 주의해야 한다.

1. 제목과 단락

제목은 정해서 첫 줄 중앙에 써야 한다. 제목은 너무 길게 쓰지 말아야 하는데, 간단한 명사나 구의 형태가 적절하며 제목에 [◇], [◈], [?], [。], [; " "]와 같은 문장 부호는 절대 써서는 안 된다. 단락 앞의 두 칸은 띄어서 쓰고 다섯 단락 정도로 작성한다. 요약은 400자 정도로 작성해야 하는데, 이것은 400자의 칸을 채우라는 의미가 아니라, 500자 정도의 칸에 자수가 400자 정도라는 의미이니 주의하자.

愤，朝车夫大声地吼叫，之后两个人都沉默不语了。

③ 네 번째 단락
又走了一段路以后，国王问车夫国家为什么会灭亡。车夫这次只好奉承地说那是因为国王太仁慈贤明了。国王又问为什么仁慈贤明的人还要过这种逃亡的生活呢，车夫说那是因为别的国王都嫉妒他。听了这话后，国王心满意足地躺在车夫腿上睡着了。

④ 네 번째 단락
国王的昏庸无能让车夫彻底清醒了，他把国王的头枕在一块石头上，头也不回地走了。第二天国王就被野兽吃掉了，死在了荒郊野外。

어리석은 왕

다른 사람이 치켜세워주는 것을 좋아하고 반대하는 의견은 들으려 하지 않는 왕이 있었다. 왕 주위에는 아첨하는 소인만 몰려들었고 결국에는 나라가 빠른 속도로 멸망하게 되었다.

나라가 점령되는 날 모든 사람들은 왕의 곁을 떠나갔고 오직 마부만 왕을 모시고 거친 황야로 도망갔다. 왕이 목마르고 배가 고파할 때 마부는 술과 육포 등을 가져다주었다. 왕은 이상한 듯 마부에게 어디서 났냐고 물었다. 마부는 나라가 망할 것이라는 사실을 일찍부터 알고 있었기에 사전에 왕을 위해 준비한 것이라고 했다. 화가 난 왕은 알았으면서도 미리 알려주지 않았다고 마부를 원망했다. 마부는 "왕께서는 아첨하는 말만 좋아하시기에 제가 일찍 아뢰었다면 저는 죽었을 겁니다"라고 말했다. 이 말을 듣고 왕은 더욱 화가 나서 마부를 향해 소리쳤고 그 후 둘은 아무 말도 하지 않았다.

좀 더 길을 가다가 왕이 마부에게 나라가 왜 망하게 되었는지 물었다. 마부는 왕이 너무 어질고 현명해서라고 어쩔 수 없이 듣기 좋게 말했다. 왕은 어질고 현명한 왕이 왜 이렇게 도망가는 생활을 하는 신세가 되었냐고 물었다. 마부는 다른 왕들이 왕을 질투해서라고 했다. 이 말을 들은 왕은 흡족해하면서 마부의 다리에서 잠이 들었다.

왕의 무능함과 평범함은 마부를 완전히 깨닫게 했다. 그는 왕의 머리를 돌 위에 올려놓고 뒤도 돌아보지도 않고 가버렸다. 그 다음날 왕은 야수에 잡아 먹혀 황야에서 죽었다.

2. 특수한 문장 부호

숫자나 영문은 한 칸에 2자를 쓰는데, 만약 3자이면 한 칸에 쓴다. 또 문장 부호가 많을 경우에는 형식도 달라진다. 예를 들어 [,], [。], [?], [!], [:], [,] 부호는 한 칸씩 쓰는 것을 원칙으로 한다. 그러나 원고지 맨 마지막 칸에 부호를 쓸 공란이 없으면 맨 앞줄에 쓰지 않고 앞에 있는 한자 아래에 표기한다. 단, 좌측에 쓰는 인용부호 ["]는 제외된다. 말줄임표 [……]와 말바꿈표 [──]는 두 칸에 쓴다.

		20	08	年	9	月	20	日	–	9	月	25	日			EX	PO		
		他	说	：		"	我	们	一	起	去	爬	山	吧	。	"			
		她	不	停	地	工	作	、	工	作	、	工	作	…	…				
		今	天	我	终	于	到	了	艺	术	之	都	——	巴	黎	。			
		《	狮	子	王	》	这	一	部	电	影	可	以	说	是	家	喻	户	晓。
																	他	说	：
"	自	己	再	也	不	这	样	做	了	。	"									

3. 대화문과 인칭

작문할 때 대화문을 쓸 수는 있지만 너무 많은 대화문을 쓰지 않는 것이 좋으며, 가능한 인칭은 3인칭으로 전달하는 것이 좀 더 짜임새 있게 보일 수 있다. 인칭을 바꿀 때는 원문에 근거해서 바꾸는 것을 기본 원칙으로 한다.

예

躺在手术台上的患者，看着手术前的各种准备，心里觉得非常紧张。就说："大夫，对不起，这是我第一次动手术，所以非常害怕。"大夫拍拍他的肩膀安慰道："我也是一样。"	수술대에 오른 환자는 수술대 앞에서 각종 준비를 하는 것을 보고 있자니 심리적으로 매우 긴장되었다. 그래서 "의사 선생님, 죄송한데요, 제가 수술을 처음 하는 것이라 너무 무서워요"라고 말했다. 그랬더니 의사 선생이 그의 어깨를 두드리며 위로하면서 말했다. "저도 처음입니다."

모범 답안 (58자)

							第	一	次								
		有	一	位	马	上	要	动	手	术	的	患	者	，	心	里	非	常	紧
张	。	就	对	大	夫	说	他	是	第	一	次	动	手	术	，	所	以	很	害
怕	。	但	没	想	到	大	夫	却	对	他	说	"	我	也	是	。	"		

인칭을 원문과 동일하게 처리 / 인칭 전환 / 대화문 직접 인용

처음

곧 수술에 들어가는 환자는 마음이 매우 긴장되었다. 의사에게 그는 처음 수술을 하는 것이라 매우 무섭다고 말했다. 그러나 생각지 못하게 의사가 그에게 "저도 그렇습니다"라고 말했다.

> 　　一个孩子在森林边放羊，村里的人告诉他有危险的时候，就大声喊："救命"，他们就来救他。这个孩子想要戏弄一下村里的人，于是他假装狼来了的样子，拼命跑，大声喊："救命"，人们连续被他骗了两次。有一天，狼真的来了，尽管这个孩子拼命跑、拼命喊，但没有一个人来救他。

정답&공략

　　一个孩子在森林边放羊，村里的人告诉他有危险的时候，就大声喊："救命"，他们就来救他。这个孩子想要戏弄一下村里的人，于是他假装狼来了的样子，拼命跑，大声喊："救命"，人们连续被他骗了两次。有一天，狼真的来了，尽管这个孩子拼命跑、拼命喊，但没有一个人来救他。

한 아이가 숲에서 양을 치고 있었다. 마을 사람들은 그에게 위험한 일이 있을 때 큰 소리로 "구해주세요"라고 외치면 그를 구하러 오겠다고 했다. 아이는 마을 사람들을 놀리고 싶어서 양이 온 것처럼 하고 죽을 힘을 다해 뛰어가서 큰 소리로 "살려주세요"라고 외쳤다. 사람들은 연이어 몇 차례 그에게 속았다. 하루는 늑대가 정말 나타났고 아이가 죽을 힘을 다해 뛰어가 힘껏 소리를 쳤지만 아무도 그를 구하러 오지 않았다.

어휘　★森林 sēnlín 몡 삼림 | ★放羊 fàng yáng 양을 방목하다 | ★危险 wēixiǎn 톙 위험하다 | ★喊 hǎn 통 외치다 | ★救命 jiùmìng 통 목숨을 구하다 | ★救 jiù 통 막다, 구하다 | ★戏弄 xìnòng 통 놀리다 | ★假装 jiǎzhuāng 통 ~인 체하다 | ★拼命 pīnmìng 통 목숨을 내걸다 | ★连续 liánxù 통 연속하다 | ★骗 piàn 통 속이다 | ★尽管 jǐnguǎn 젭 비록 ~라 할지라도

모범 답안　(73자)

| | | | | | 狼 | 来 | 了 | | | | | | | |

중앙에 제목 쓰기

| | 一 | 个 | 放 | 羊 | 的 | 孩 | 子 | 太 | 淘 | 气 | 了 | ， | 为 | 了 | 戏 | 弄 | 一 | 下 |

인칭은 원문과 동일하게 작성

村	里	的	人	，	他	假	装	狼	来	了	的	样	子	，	大	喊	：	"	救
命	"	。	这	样	做	了	两	次	后	，	狼	真	的	来	了	，	可	不	管	他
怎	么	喊	，	也	没	人	来	救	他	了	。								

늑대가 나타났다

　장난이 심한 양치기 소년이 있었다. 마을 사람들을 놀려주려고 그는 늑대가 나타난 것처럼 큰 소리를 "구해주세요"라고 외쳤다. 이렇게 몇 차례 한 뒤에, 늑대가 정말 나타났지만 아이가 아무리 고함을 쳐도 그를 구하러 오는 사람이 없었다.

어휘　★淘气 táoqì 📙 장난이 심하다 | ★不管 bùguǎn 📙 ～을 막론하고

공략 2. 기본적인 오류는 피하라

글을 쓸 때 가장 큰 문제는 기본적인 어법을 틀리는 경우다. 예를 들어 了, 把자문, 정도부사 등을 사용하여 글을 쓸 때 쉽게 오류를 범하게 된다. 아울러 한국 학생들은 종종 한국어식 중국어를 쓰는 경우가 있으니 다음 표현에 주의하자.

1. 한국어식 중국어

한국어 영향을 받아 틀린 문장을 쓰는 경우가 있다. 즉, 중국어에는 없는 문장을 만들어내는 경우인데, 다음 예문을 잘 파악해두자.

① 我的爸爸退职以后一直在家。 우리 아빠는 퇴직 이후에 줄곧 집에 계신다.
　　　　　　退休以后(O)

분석 退职는 '퇴직하다'의 의미로 쓰이지 않는다.

② 那时，我跟爸爸吵架后出家了。 그때, 나는 아빠와 싸운 뒤에 집을 나갔다.
　　　　　　离家出走了(O)

분석 出家는 '절에 들어가 스님이 된다'는 의미다.

③ 我的老乡不在首尔，每年春节坐火车回老乡。 내 고향은 서울이 아니라서 매년 설이 되면 기차를 타고 고향으로 돌아간다.
　　老家(O)　　　　　　　　　老家(O)

분석 老乡은 '고향이 같은 사람'을 나타낸다.

④ 20代的人一般有这样的想法。 20대의 사람들은 일반적으로 이런 생각을 가지고 있다.
　　　　20多岁的人(O)

분석 중국어에는 20대(代)라는 표현이 없다.

⑤ 昨天，我去了朋友的结婚式。 어제 나는 친구 결혼식에 갔었다.
　　　　　去参加了朋友的婚礼(O)

분석 결혼식을 의미하는 중국어는 婚礼이다.

⑥ 平时从早上到晚上继续工作。평상시에 아침부터 저녁까지 줄곧 일한다.
　　　　　↳一直(O)

분석 继续는 '끊어졌다 지속된다'는 의미다. '从……到' 뒤에 '줄곧'의 의미를 나타내기 위해서는 부사 一直로 바꿔야 한다.

⑦ 有的时，我不喜欢我的工作。때로는 나는 내 일을 좋아하지 않는다.
　　↳有的时候/有时(O)

분석 有的时라는 표현은 없다.

⑧ 我的意见跟他反对。내 의견은 그와 반대다.
　　　　　↳相反(O)

분석 反对는 '의견에 반대한다'는 의미로 跟과 함께 쓰일 수 없다.

⑨ 要找到理想的工作，需要充足很多条件。원하는 일자리를 찾으려면 여러 조건이 충족되어야 한다.
　　　　　↳满足(O)

분석 充足는 형용사로 목적어가 올 수 없으며 '睡眠充足' 형식으로 쓰인다.

⑩ 高中学的时候，我是班长。고등학교 때 나는 반장이었다.
　　　↳上高中的时候/上高中时(O)

분석 학창 시절을 말할 때 高中学라는 표현은 없다. '고등학교에 올라갔을 때'를 표현하고 싶다면 '上高中时, 上高中的时候'로 바꿔야 한다.

⑪ 他孩子的时候很懂事。그는 어릴 적에 매우 철이 들었었다.
　　　↳小的时候/小时(O)

분석 '어릴 적'이라는 표현은 '孩子的时候'라고 쓸 수 없다.

⑫ 抽烟可以中毒，所以想戒烟很难。흡연은 쉽게 중독되기 때문에 담배를 끊기가 어렵다.
　　　↳容易使人上瘾(O)

분석 中毒는 '煤气(가스)', '食物(음식물)'와 같은 대상에만 쓸 수 있다.

⑬ 我在中国住在的时间比较长。나는 중국에서 산 기간이 비교적 길다.
　　　↳住的时间(O)

분석 住在 뒤에는 반드시 장소를 나타내는 표현이 와야 한다.

⑭ 有一次我在地铁站的阶段上摔到了。한번은 나는 지하철역 계단에서 넘어졌다.
　　　↳台阶(O)

분석 阶段은 구체적인 의미의 '계단'이 아니라 '初级阶段(초급 단계)'과 같이 시간적인 의미를 나타내는 데 쓰인다.

2. 혼동하기 쉬운 한자

중국어를 듣고 말하고 보고 이해할 수는 있으나 쓸 줄은 모르는 경우가 있다. 비슷한 한자들이 많아 간혹 헷갈리기도 한다. 쓰기 영역에서 한자는 중요한 부분이니, 쉽게 틀릴 수 있는 다음 한자를 기억해두자.

健/建/键	健康 jiànkāng 건강하다 ǀ 健全 jiànquán 건전하다 ● 建立 jiànlì 건립하다 ǀ 建设 jiànshè 건설하다 ● 关键 guānjiàn 관건
择/译/绎	选择 xuǎnzé 고르다, 선택하다 ● 翻译 fānyì 번역하다 ● 络绎不绝 luò yì bù jué 왕래가 끊이지 않다

历/厉/励	历史 lìshǐ 역사, 과거 | 经历 jīnglì 체험하다 | 简历 jiǎnlì 약력 ● 严厉 yánlì 매섭다 | 厉害 lìhai 무섭다 ● 鼓励 gǔlì 북돋우다 | 勉励 miǎnlì 격려하다 | 激励 jīlì 북돋워주다
绩/责/债	成绩 chéngjì 성적 ● 负责 fùzé 책임지다 ● 负债 fùzhài 빚을 지다
挥/军/荤	发挥 fāhuī 발휘하다 ● 军队 jūnduì 군대 ● 荤菜 hūncài 고기 요리
需/须	需要 xūyào 필요하다 | 必需品 bìxūpǐn 필수품 ● 必须 bìxū 반드시 ~해야 한다
泛/乏/芝/眨	广泛 guǎngfàn 광범하다 ● 缺乏 quēfá 결핍되다 ● 芝麻大的事 zhīma dà de dài 사소한 일 ● 眨眼 zhǎyǎn 눈을 깜박거리다
奏/凑/泰/秦	节奏 jiézòu 리듬 ● 凑钱 còuqián 돈을 모으다 | 凑在一起 한데 모이다 ● 泰山 Tài Shān 태산 ● 秦始皇 Qínshǐhuáng 진시황
怀/杯/坏/还	怀孕 huáiyùn 임신하다 ● 杯子 bēizi 잔, 컵 ● 破坏 pòhuài 파괴하다 ● 还钱 huánqián 빚을 갚다
陪/培/倍/部	陪伴 péibàn 동무가 되다 ● 培养 péiyǎng 배양하다 ● 两倍 liǎng bèi 두 배 ● 部门 bùmén 부문
议/意/荐	建议 jiànyì 제안하다 ● 意见 yìjiàn 견해, 불만 ● 推荐 tuījiàn 추천하다
避/辟/疲/僻/譬	避免 bìmiǎn 피하다 ● 开辟 kāipì 개척하다 ● 疲劳 píláo 피곤하다 ● 偏僻 piānpì 외지다 | 孤僻 gūpì 괴팍하다 ● 譬如 pìrú 예를 들다
脾/啤/碑	脾气 píqi 성격 ● 啤酒 píjiǔ 맥주 ● 墓碑 mùbēi 묘비
陌/迫/百/白	陌生 mòshēng 생소하다 ● 被迫 bèipò 외부의 핍박 | 迫切 pòqiè 절박하다 ● 老百姓 lǎobǎixìng 백성 ● 白费力气 báifèi lìqi 힘을 헛되이 낭비하다
懒/赖/睐	懒惰 lǎnduò 게으르다 | 睡懒觉 shuìlǎnjiào 늦잠을 자다 ● 依赖 yīlài 의지하다 ● 青睐 qīnglài 총애
临/监/滥/篮/蓝	面临 miànlín 직면하다 ● 监督 jiāndū 감독하다 ● 泛滥 fànlàn 범람하다 ● 篮球 lánqiú 농구, 농구공 ● 蓝天 lántiān 푸른 하늘
泼/拔/拨	活泼 huópo 활발하다 ● 海拔 hǎibá 해발 | 选拔 xuǎnbá 선발하다 ● 拨打 bōdǎ 전화를 걸다
激/邀/籍/辑	激烈 jīliè 격렬하다 | 激动 jīdòng 흥분하다, 감동하다 ● 邀请 yāoqǐng 초청하다 ● 国籍 guójí 국적 ● 编辑 biānjí 편집하다
即/既/技/支/疾	即使 jíshǐ 설령 ~할지라도 ● 既然 jìrán ~된 바에야 ● 技术 jìshù 기술 ● 支持 zhīchí 견디다, 지지하다 ● 疾病 jíbìng 질병
尊/遵	尊重 zūnzhòng 존중하다 ● 遵守 zūnshǒu 준수하다
雇/顾/故/股	雇用 gùyòng 고용하다 ● 照顾 zhàogù 고려하다, 돌보다 ● 故意 gùyì 고의로 | 故事 gùshì 이야기 ● 股票 gǔpiào 증권
孤/弧/瓜/爪/抓	孤独 gūdú 고독하다 ● 弧形 húxíng 호형 ● 西瓜 xīguā 수박 ● 爪子 zhuǎzi 짐승의 발 ● 抓住 zhuāzhù (손으로) 잡다
碍/景/影	障碍 zhàng'ài 장애물 | 阻碍 zǔ'ài 가로막다 | 妨碍 fáng'ài 방해하다 ● 风景 fēngjǐng 경치 ● 电影 diànyǐng 영화 | 影响 yǐngxiǎng 영향을 주다
妨/防/芳/房	妨碍 fáng'ài 방해하다 ● 预防 yùfáng 예방하다 | 防止 fángzhǐ 방지하다 ● 芳香 fāngxiāng 향기 ● 楼房 lóufáng 층집
数/屡/楼	数学 shùxué 수학 ● 屡次 lǚcì 여러 번 ● 楼梯 lóutī 층계
纯/顿/屯	纯粹 chúncuì 순수하다 | 纯洁 chúnjié 순결하다 ● 顿时 dùnshí 바로 ● 屯子 túnzǐ 촌락, 마을
餐/残/灿/惨	就餐 jiùcān 밥 먹으러 가다 ● 残疾 cánjí 장애, 장애인 | 残忍 cánrěn 잔인하다 ● 灿烂 cànlàn 눈부시다 ● 悲惨 bēicǎn 비참하다

炼/练/联/解	锻炼 duànliàn 단련하다 ｜磨炼 móliàn 단련하다 • 练习 liànxí 연습하다 ｜教练 jiàoliàn 코치 • 联系 liánxì 연락하다 • 解冻 jiědòng 해동하다
效/郊/校	效率 xiàolǜ 효율 ｜效果 xiàoguǒ 효과 • 郊区 jiāoqū 변두리 ｜郊游 jiāoyóu 교외로 소풍 가다 • 学校 xuéxiào 학교 ｜校正 jiàozhèng 교정하다
虑/虚/虎	考虑 kǎolǜ 고려하다 • 谦虚 qiānxū 겸손하다 • 老虎 lǎohǔ 호랑이
歉/谦/赚/兼	道歉 dàoqiàn 사과하다 • 谦虚 qiānxū 겸손하다 • 赚钱 zhuànqián 이윤을 남기다 • 兼职 jiānzhí 겸직하다
朗/郎/浪/狼	开朗 kāilǎng 명랑하다 ｜晴朗 qínglǎng 쾌청하다 ｜朗读 lǎngdú 낭독하다 • 新郎 xīnláng 신랑 • 浪费 làngfèi 낭비하다 ｜浪漫 làngmàn 낭만적이다 • 色狼 sèláng 색마(色魔)
观/关	客观 kèguān 객관적인 ｜观众 guānzhòng 관중 ｜观点 guāndiǎn 관점 • 关注 guānzhù 관심을 가지다
例/列/烈/裂	举例 jǔlì 예를 들다 ｜例子 lìzi 예시 ｜例如 lìrú 예를 들면 • 排列 páiliè 배열하다 ｜列举 lièjǔ 열거하다 • 热烈 rèliè 열렬하다 • 裂缝 lièfèng 균열이 가다
贡/供/公/工/场	贡献 gòngxiàn 바치다 • 提供 tígōng 제공하다 • 公共 gōnggòng 공공의 ｜公司 gōngsī 회사 • 工厂 gōngchǎng 공장 ｜工人 gōngrén 노동자 • 场地 chǎngdì 장소 ｜现场 xiànchǎng 현장 ｜场所 chǎngsuǒ 장소
征/证/政/症	象征 xiàngzhēng 상징하다 ｜征服 zhēngfú 정복하다 ｜征婚 zhēnghūn 공개 구혼하다 • 证明 zhèngmíng 증명하다 ｜证件 zhèngjiàn 증명서 • 政府 zhèngfǔ 정부 • 症状 zhèngzhuàng 증상
旅/族/簇	旅游 lǚyóu 여행하다 • 贵族 guìzú 귀족 • 一簇簇 yícùcù 한 무더기
普/晋	普及 pǔjí 보급되다 • 晋升 jìnshēng 승진하다
旬/询/寻/循	上旬 shàngxún 초순 • 咨询 zīxún 자문하다 • 寻找 xúnzhǎo 구하다 • 循环 xúnhuán 순환하다
资/咨	资金 zījīn 자금 ｜资源 zīyuán 자원 • 咨询 zīxún 자문하다

다음 문장을 바르게 고치세요.

❶ 我们两个回家的方向反对。　　　　　→ _______________________

❷ 他玩电脑中毒了。　　　　　→ _______________________

❸ 昨天我部妈妈去看电影了。　　　　　→ _______________________

❹ 简厉是找工作时必不可少的。　　　　　→ _______________________

❺ 我非常喜欢打蓝球。　　　　　→ _______________________

정답 ❶ 我们两个回家的方向相反。❷ 他玩电脑上瘾了。❸ 昨天我陪妈妈去看电影了。
❹ 简历是找工作时必不可少的。❺ 我非常喜欢打篮球。

예제 ● 다음 글을 줄여쓰세요.

난이도 下 (94자)

我想给女朋友打电话，我设想了很多情形。一，她妈妈接电话；二，她爸爸接电话；三，她本人接电话，但父母在身边，说话不方便等。我想了整个下午，想好了各种应对策略，然后拨通了电话，结果，她不在家。

정답&공략

我想给女朋友打电话，我设想了很多情形。一，她妈妈接电话；二，她爸爸接电话；三，她本人接电话，但父母在身边，说话不方便等。我想了整个下午，想好了各种应对策略，然后拨通了电话，结果，她不在家。

나는 여자 친구에게 전화를 걸고 싶어서 여러 가지 상황을 생각해보았다. 첫째, 그녀의 엄마가 전화를 받는다. 둘째, 그녀의 아빠가 전화를 받는다. 셋째, 그녀가 전화를 받지만 옆에 부모가 곁에 있어서 말하기 불편한 경우 등이다. 나는 오후 내내 생각을 해서 여러 가지 대응책을 생각한 후에 전화를 했지만 결과적으로 그녀는 집에 없었다.

어휘 ★设想 shèxiǎng 통 상상하다 | ★整个 zhěnggè 형 온, 완전히 | ★策略 cèlüè 명 책략 | ★拨通 bōtōng 통 전화를 걸다, 전화 통화가 되다

모범 답안 (59자)

							多	余	的	担	心								
我	想	给	女	朋	友	打	电	话	，	我	想	了	很	多	她	在	家
接	电	话	不	方	便	的	情	形	。	想	了	差	不	多	一	个	下	午	，
终	于	拨	通	了	电	话	。	结	果	，	她	出	去	了	。

글자 쓰기에 주의　　　出家로 표현하지 않도록 주의

쓸데없는 걱정

나는 여자 친구에게 전화를 걸고 싶은데, 그녀가 집에서 전화를 받기에 불편한 상황을 여러 가지 생각해보았다. 거의 오후 내내 생각해서 마침내 전화를 했다. 결과적으로 그녀는 나가고 없었다.

第 1-3 题：缩写。

1.　相传秦始皇修长城时，强征天下民夫，青年男女范喜良、孟姜女新婚三天，新郎就被迫出发修筑长城，不久因饥寒劳累而死，尸骨被埋在长城墙下。孟姜女身背寒衣，历尽艰辛，万里寻夫来到长城边，得到的却是丈夫的噩耗。她痛哭城下，三日三夜不止，长城都倒塌了，露出范喜良的，孟姜女也于绝望之中投海而死。

2.　一个人在处世中，拿得起是一种勇气，放得下是一种肚量。对于人生道路上的鲜花、鼓掌，有处世经验的人大都能等闲视之，屡经风雨的人更有自知之明。但对于坎坷与泥泞，能以平常心视之，就非常不易。大的挫折与大的灾难，能不为之所动，能坦然承受，这就是一种肚量。拿得起，实为可贵，放得下，才是人生处世之真谛。

＊**정답 및 해설**_ 해설집 160쪽

3.　"东坡肉"相传是苏东坡在徐州创制的。当时苏轼(字东坡)任徐州知州，黄河决口，他身先士卒，和全城百姓筑堤保城，受到当地百姓的敬重。于是当地百姓杀猪宰羊，上府慰劳，苏轼推辞不掉，便指点家人烧成红烧肉回赠给老百姓，百姓食后，都觉得肥而不腻、酥香味美，这便是后来的"东坡肉"。

37 day 고득점을 얻는 스킬에 올인하라

✚ 정답_ 해설집 233쪽

학습목표

✓ 1 축약문 쓰기에서 고득점을 얻을 수 있는 비법을 마스터한다

✓ 2 좋은 표현이나 핵심이 되는 내용을 인용하는 방법을 학습한다

✓ 3 200자 정도의 글을 순발력 있게 완성하는 실전 연습을 한다

200자 정도의 글을 가지고 축약문 쓰기 연습을 통해 고득점을 얻는 방법을 학습한다. 이 공략을 마스터하면 75점 이상을 얻을 수 있고 많이 연습하고 성어나 난이도가 어려운 단어를 사용할 수 있을 정도가 되면 80~90점 정도 받을 수 있다. 고득점을 얻기 위해서는 한두 개 정도의 좋은 표현을 모방해서 쓸 수 있어야 하며 반드시 많은 연습을 통해 내공을 쌓아야 한다.

기초 실력 테스트 TEST

1 알맞은 것끼리 연결하세요.

❶ 很失望 ・　　　　　　・ A 忧心忡忡

❷ 很害怕 ・　　　　　　・ B 彻底绝望

❸ 很担心 ・　　　　　　・ C 吓得惊慌失措

❹ 很认真 ・　　　　　　・ D 一丝不苟

2 다음 표현의 뜻을 쓰세요.

❶ 美不胜收 _______________________

❷ 炒鱿鱼 _______________________

❸ 出乎意料 _______________________

❹ 毫无 _______________________

6급 기출문제 맛보기

맛보기 ● 다음 글을 줄여쓰세요.

난이도 中 (230자)

정답&공략

东郭先生牵着毛驴在路上走，毛驴背上驮着口袋。忽然，从他的后面跑来一只狼，求他救它。东郭先生见它可怜，便把它装进口袋。猎人追来了，东郭先生对他说没有见到狼。猎人便走了，东郭先生把狼从口袋里放出来。狼一出口袋，非但不感谢东郭先生，反而张开嘴向东郭先生扑来。正在危急时，走来了一个老农。东郭先生和狼都向老农讲理由。老农都不信，要狼重新装进口袋给他看。狼同意了，东

동곽(東郭) 선생은 나귀를 끌고 길을 가고 있었는데 나귀의 등에는 자루가 매달려 있었다. 갑자기 그의 뒤에서 늑대 한 마리가 달려와서 그에게 자신을 구해달라고 했다. 동곽 선생은 가련해 보여서 늑대를 주머니에 넣었다. 사냥꾼이 쫓아왔는데 동곽 선생은 그에게 늑대를 보지 못했다고 말했다. 사냥꾼은 곧 가버렸고 동곽 선생은 자루에서 늑대를 꺼냈다. 늑대는 자루에서 나오자마자 고맙다는 인사도 하지 않고 오히려 동곽 선생에게 입을 벌리고 달려들었다. 위급할 때 나이 든 농부가

郭先生把狼装进了口袋。老农抡起锄头把狼打死了。并对东郭先生说："对狼讲仁慈，你真糊涂，应该记住这个教训。"

지나갔다. 동곽 선생과 늑대는 농부에게 이유를 설명했다. 농부는 믿지 않고 늑대에게 다시 자루에 들어가 자기에게 보여달라고 했다. 늑대는 동의를 했고 동곽 선생은 늑대를 자루에 집어넣었다. 그러자 농부는 호미를 휘둘러 늑대를 때려 죽였다. 그리고 동곽 선생에게 "늑대에게 인자를 논하다니. 정말 어리석군. 이 교훈을 기억해두시오"라고 말했다.

어휘 ★东郭先生 Dōngguō xiānsheng 고유 동곽 선생[사냥꾼에게 쫓기는 늑대를 숨겨두었다가, 오히려 늑대에게 잡혀 먹힐 뻔한 어리석고 인정 많은 이야기 속의 인물. 나쁜 사람들에게 인정을 베풀었다가 도리어 역경에 처하게 되는 어리석은 사람을 가리키는 말로 쓰임] | ★牵 qiān 동 끌다 | ★毛驴 máolǘ 명 당나귀 | ★驮 tuó 동 싣다 | ★口袋 kǒudai 명 부대, 주머니 | ★狼 láng 명 늑대 | ★救 jiù 동 구하다 | ★可怜 kělián 형 동정하다, 가련하다 | ★便 biàn 부 곧 | ★装进 zhuāngjìn ~에 넣다 | ★猎人 lièrén 명 사냥꾼 | ★追来 zhuīlai 쫓아오다 | ★非但不……反而…… fēidàn bù……fǎn'ér…… ~하지 않을 뿐 아니라 반대로 | ★扑来 pūlai 달려들다 | ★危急 wēijí 형 위급하다 | ★老农 lǎonóng 명 늙은 농부 | ★理由 lǐyóu 명 이유 | ★重新 chóngxīn 부 다시, 새로 | ★抡起 lúnqǐ 휘두르다 | ★锄头 chútou 명 호미 | ★仁慈 réncí 형 인자하다 | ★糊涂 hútu 형 멍청하다, 엉망이다 | ★教训 jiàoxùn 동 교훈하다, 훈계하다

[모범 답안] (122자)

					东	郭	先	生	与	狼									
	东	郭	先	生	将	狼	藏	在	口	袋	里	，	骗	了	猎	人	，	从
而	救	了	狼	的	性	命	。	但	出	乎	我	们	意	料	的	是	，	这	只
狼	不	但	不	感	谢	东	郭	先	生	，	反	而	要	吃	了	他	。	正	在
此	时	，	一	位	老	农	走	了	过	来	，	借	故	不	相	信	狼	得	救
的	过	程	，	骗	它	再	次	钻	进	了	口	袋	，	接	着	用	锄	头	将
它	打	死	了	，	并	警	告	东	郭	先	生	要	记	住	教	训	。		

100

동곽 선생과 늑대

　동곽 선생은 늑대를 자루에 숨겨두고 사냥꾼을 속여서 늑대의 생명을 구해주었다. 그러나 생각치 못하게 이 늑대는 동곽 선생에게 고맙다는 말도 안 하고 오히려 그를 잡아 먹으려 했다. 바로 이때 한 나이 든 농부가 걸어왔고 늑대가 목숨을 건진 과정을 빌미로 늑대가 다시 자루로 들어가도록 속였다. 그리고 나서는 호미로 늑대를 때려 죽이고 동곽 선생에게 교훈을 기억하라고 경고했다.

어휘 ★将 jiāng 개 ~로써, ~을 | ★藏 cáng 동 간직하다, 숨다 | ★骗 piàn 동 속이다 | ★从而 cóng'ér 접 따라서 | ★性命 xìngmìng 명 목숨 | ★出乎意料 chū hū yì liào 성 예측을 벗어나다 | ★此时 cǐshí 명 이때 | ★借故 jiègù 동 트집을 잡다 | ★得救 déjiù 동 위험에서 벗어나다, 구조되다 | ★钻进 zuānjìn 파고들다 | ★警告 jǐnggào 동 경고하다

6급 쓰기 공략 하기

공략 1. 좋은 표현을 인용하라

고득점을 얻기 위해서는 어휘가 관건이다. 문어체, 성어, 난이도가 있는 어휘 등 다소 어려운 어휘를 사용할 줄도 알아야 한다.

1. 문어체와 성어

문어체는 고득점을 얻기 위해서는 반드시 알아야 한다. 문어체는 결코 어려운 것이 아닌 상용하는 표현으로, 문장의 격에 상관없이 사용이 가능하다.

◇ **문어체 표현**

일반 어휘	문어체	예문
虽然 비록 ~하지만	尽管 비록 ~하더라도	尽管他相貌平平，却是我们公司数一数二的人才。 비록 그는 외모가 평범하지만, 우리 회사에서 손꼽히는 인재다.
就 곧, 즉시	便 바로	他每天一回家便打开电脑。 그는 매일 집에 돌아가면 바로 컴퓨터를 켠다.
和 ~와	与 ~와	这就是我们与其他公司的不同之处。 이것이 바로 우리와 다른 회사의 차이점이다.
仍然 여전히	依然 여전히	尽管分手了，但我依然忘不了他。 비록 헤어졌지만, 나는 여전히 그를 잊을 수 없다.
到底 도대체	究竟 도대체	减肥究竟有没有必要呢？ 다이어트는 도대체 필요한 것인가?
即使 설령 ~하더라도	即便 설령 ~하더라도	即便他们给我很高的薪水，我也不想去那儿工作。 그들이 나에게 높은 월급을 주었지만, 나는 그곳에서 일하고 싶지 않다.
竟然 뜻밖에도	居然 뜻밖에	他居然不知道自己的父亲是富翁。 그는 뜻밖에도 자신의 아버지가 부자라는 것을 몰랐다.
这个 이, 이것	该 이, 그	这是一个很大的企业，该企业成立于2002年。 이곳은 매우 큰 기업으로, 이 기업은 2002년에 설립되었다.
这时 이때	此时 이때	就在此时，他趁别人不注意跑了出去。 바로 이때, 그는 다른 사람이 부주의한 틈을 타서 뛰어나갔다.
把 ~을 가지고	将 ~을, ~로써	请不要将这件事告诉别人。 이 일을 다른 사람에게 알리지 마세요!

◇ **성어 표현**

일반 표현	성어 표현	예문
很吃惊 매우 놀라다	惊得目瞪口呆 놀라서 어안이 벙벙하다	听到这个消息后，大家都惊得目瞪口呆。 이 소식을 듣고 난 후에, 모두들 어안이 벙벙해졌다.

很高兴 매우 기쁘다	高兴得手舞足蹈 기뻐서 어쩔 줄 모르다	把这个礼物送给女儿后，她**高兴得手舞足蹈**。 이 선물을 딸 아이에게 주자, 그녀는 기뻐서 어쩔 줄 몰랐다.
哭得很厉害 심하게 울다	泪流满面 눈물이 앞을 가리다	她**泪流满面**地对我说："不要离开"。 그녀는 눈물이 뒤범벅이 되어서 나에게 떠나지 말라고 말했다.
没想到 의외로	出乎意料 예측을 벗어나다	他本来觉得没希望了，结果却**出乎意料**，他通过了考试。 그는 원래 희망이 없다고 생각했는데, 결과는 예상 밖으로 그가 시험에 통과했다.

2. 난이도가 높은 어휘

고득점을 얻기 위해서는 상용 어휘만 사용해서는 안 되며 반드시 난이도가 있는 어휘를 사용해야 한다. 소위 말하는 난이도가 높은 어휘란 사용 빈도가 낮거나 글자가 복잡하고 어려운 것을 가리킨다.

일반 어휘	난이도가 있는 어휘	예문
一点也没 조금도 ~하지 않다	毫无 조금도 ~이 없다	这么多年，他的性格**毫无**改变。 여러 해가 되었지만, 그의 성격은 조금도 바뀌지 않았다.
不好意思 겸연쩍다, 난처하다	尴尬 난처하다	当时真的很**尴尬**，因为我说错了他的名字。 내가 그의 이름을 잘못 말해서 당시에 정말 난처했다.
喜欢玩 놀기를 좋아하다	贪玩 지나치게 놀기를 좋아하다	哪个孩子不**贪玩**呢？ 어떤 아이가 놀지 않으려 할까요?
亲切 친절하다	和蔼(老人) (노인에게) 친절하다	对我来说，他既是一位**和蔼**可亲的长辈，也是我的恩师。 나에게 그는 자상하고 친절한 선배이자 은사다.
被开除了 해고를 당하다	被炒了鱿鱼 해고를 당하다	不到半年，他就因酗酒**被炒了鱿鱼**。 반년도 되지 않아서 그는 술을 많이 먹어서 해고를 당했다.
小气 인색하다	吝啬 인색하다	这个人是有名的**吝啬**鬼，一毛不拔。 이 사람은 인색하기 이루 말할 수 없는 유명한 구두쇠다.
挣钱 돈을 벌다	赚钱 돈을 벌다	这个工作虽然**赚**不了多少**钱**，但养家糊口应该没问题。 이 일로 돈을 얼마 벌지는 못했지만, 가족을 먹여 살리는 데는 문제가 없다.

바로 체크 Check! 밑줄 친 표현을 난이도가 있는 다른 표현으로 바꾸세요.

❶ 只要肯下功夫，<u>就</u>一定会有收获。　→ ________________________

❷ 他得了第一名，我们都<u>太吃惊了</u>。　→ ________________________

❸ 我对政治<u>一点儿兴趣也没有</u>。　→ ________________________

❹ 她上周被公司<u>开除了</u>。　→ ________________________

정답 ❶ 只要肯下功夫，**便**一定会有收获。 ❷ 他得了第一名，我们都**惊得目瞪口呆**。
❸ 我对政治**毫无兴趣**。 ❹ 她上周被公司**炒了鱿鱼**。

예제 ● 다음 글을 줄여쓰세요.

난이도 下 (170자)

　　而今的社会，交通日益便利了，外出时选择好乘坐什么样的交通工具也是一门学问。就拿我来说吧，作为一个公司白领，平日里我多是开车上下班，下班后想去哪儿就去哪儿，没有什么约束。出差的时候我经常打车，好处是不用自己操心，即使堵车也无大碍，若是累了还可以在车上小睡片刻。偶尔我也会加班到九点来钟，错过下班的高峰，这时乘坐便宜的公交车就成了我的最佳选择。

정답&공략

　　而今的社会，交通日益便利了，外出时选择好乘坐什么样的交通工具也是一门学问。就拿我来说吧，作为一个公司白领，平日里我多是开车上下班，下班后想去哪儿就去哪儿，没有什么约束。出差的时候我经常打车，好处是不用自己操心，即使堵车也无大碍，若是累了还可以在车上小睡片刻。偶尔我也会加班到九点来钟，错过下班的高峰，这时乘坐便宜的公交车就成了我的最佳选择。

오늘날 사회는 교통이 나날이 편리해져 외출할 때 어떤 교통수단을 타고 갈지 선택하는 것도 하나의 학문이다. 나를 예로 들자면, 화이트칼라로 평상시 나는 운전을 해서 출퇴근하는 경우가 대부분이다. 퇴근 후에는 가고 싶은 데 가고 얽매이는 게 아무것도 없다. 출장을 갈 때는 나는 자주 택시를 탄다. 걱정할 필요가 없는 것이 장점인데, 설사 차가 막힌다 할지라도 별다른 장애가 없다. 만약 피곤하면 차에서 잠깐 자면 된다. 가끔은 9시 넘을 때까지 일을 하면 러시아워를 비껴 갈 수 있기에 이때는 저렴한 버스를 타는 게 나의 가장 좋은 선택이다.

어휘 而今 érjīn 몡 현재 | ★日益 rìyì 뵘 날로 | ★外出 wàichū 됨 외출하다 | ★乘坐 chéngzuò 됨 타다 | ★门 mén 얭 학문을 세는 단위 | ★学问 xuéwen 몡 지식, 학문 | ★作为 zuòwéi 됨 ~로 삼다 | ★白领 báilǐng 몡 화이트칼라 | ★平日里 píngrì li 평소에 | ★约束 yuēshù 됨 구속하다 | ★打车 dǎchē 됨 택시를 타다 | ★操心 cāoxīn 됨 애를 태우다 | ★大碍 dà ài 큰 장애 | ★若是 ruòshì 젭 만일 | ★小睡片刻 xiǎoshuì piànkè 잠시 선잠을 자다 | ★偶尔 ǒu'ěr 뵘 간혹, 이따금 | ★错过高峰 cuòguò gāofēng 러시아워를 비껴가다 | ★最佳选择 zuìjiā xuǎnzé 최고의 선택

我的出行方式

选择好出行方式也是一门学问。平时我一般开车上下班，因为毫无约束；出差时则经常打车，即便堵车了也不用太操心，可以小睡片刻；加班时，错过了下班高峰，我便会选择公交车。

나의 외출 방식

외출 방식을 잘 선택하는 것도 학문이다. 평상시 나는 아무것도 얽매인 게 없기에 일반적으로 운전해서 출퇴근한다. 출장 갈 때는 늘 택시를 타는데, 설사 차가 막혀도 걱정할 필요가 없고 잠깐 눈을 부칠 수 있다. 일을 더 할 때는 퇴근 시간을 비껴가기 때문에 버스를 선택할 수 있다.

어휘 ★出行方式 chūxíng fāngshì 외출 방식 | ★平时 píngshí 명 평소, 평상시 | ★毫无 háowú 동 조금도 ~하지 않다 | ★则 zé 접 ~하자마자 곧 | ★即便 jíbiàn 접 설령 ~하더라도 | ★便 biàn 부 곧

공략 2. 어려운 어휘와 문장 부호를 기억하라

지문을 읽을 때 비교적 어려운 어휘는 기억해두어야 하며 축약할 때 문장 부호도 제대로 사용해야만 좋은 성적을 거둘 수 있다.

1. 어려운 표현을 암기한다

전혀 모르는 어휘가 나왔을 경우, 잘못 외워서 실수를 하느니 아예 외우지 않는 편이 더 낫다. 하지만 평소에 알고 있던 단어이거나 난이도가 있는 표현이라면 잘 활용해서 높은 점수를 획득하자.

2. 문장 부호를 제대로 사용한다

글을 작성할 때 문장 부호를 절대 소홀히 해서는 안 된다. 다음에 제시된 문장 부호는 글을 쓸 때 화룡정점의 역할을 하니 쓰임을 제대로 파악하자.

문장 부호	용법	예문
[;] 分号 fēnhào 세미콜론, 쌍반점	병렬할 때 사용함	这笔钱，如果你想用来做生意，就去开家商店；如果你想用来旅游，就去旅游好了。 이 돈을 가지고 장사를 하려고 하면 가게를 열고, 여행을 하려고 하면 여행을 가라!
[:] 冒号 màohào 콜론, 쌍점	설명할 때 사용함	我们俩约定：一年后的今天在此地相见。 우리 둘은 일 년 후 오늘 여기에서 서로 만나기로 약속했다.
[——] 破折号 pòzhéhào 말바꿈표, 줄표	전후의 내용이 동일함을 나타냄	我想去爸爸最好的朋友——李先生的公司上班。 나는 아빠가 제일 좋아하는 친구인 리 선생님의 회사에 다니고 싶다.
[……] 省略号 shěnglüèhào 말줄임표	말이 아직 끝나지 않고 계속됨을 나타냄	我是个爱好广泛的人，游泳、篮球、爬山……都喜欢。 나는 취미가 다양한 사람이다. 수영, 농구, 등산 등 모두 좋아한다.
[《 》] 书名号 shūmínghào 서명 부호	서명을 나타냄	《三国演义》这本书可谓家喻户晓。 「삼국연의」 이 책은 모두가 다 안다고 할 수 있다.

바로 체크 Check! 빈칸에 알맞은 문장 부호를 쓰세요.

❶ 爬山有很多好处＿＿＿一来可以锻炼身体＿＿＿二来还可以磨练人的意志。

❷ 这本书是我们的国学大师＿＿＿季羡林先生的作品。

❸ 我最喜欢的一本书是鲁迅先生的＿＿＿阿Q正传＿＿＿。

❹ 你每天这样吃了睡，睡了吃＿＿＿，能不胖吗？

정답 ❶ ;　❷ ——　❸ 《 》　❹ ……

东晋时期，有个女孩叫祝英台，美丽聪颖，女扮男装，远去杭州求学。途中，邂逅了赴杭求学的书生梁山伯，一见如故，相读甚欢。二人同来到杭州城的万松书院，拜师入学。从此，同窗共读，形影不离。梁祝同学三年，情深似海。可是梁山伯家贫，祝父不同意自己的女儿嫁给一个穷书生，就把她许配给了别人。此后山伯忧郁成疾，不久身亡。英台被迫出嫁时，绕道去梁山伯墓前祭奠，在祝英台哀恸感应下，风雨雷电大作，坟墓爆裂，英台翩然跃入坟中，梁祝化为蝴蝶，在人间蹁跹飞舞。

정답&공략

东晋时期，有个女孩叫祝英台，美丽聪颖，女扮男装，远去杭州求学。途中，邂逅了赴杭求学的书生梁山伯，一见如故，相读甚欢。二人同来到杭州城的万松书院，拜师入学。从此，同窗共读，形影不离。梁祝同学三年，情深似海。可是梁山伯家贫，祝父不同意自己的女儿嫁给一个穷书生，就把她许配给了别人。此后山伯忧郁成疾，不久身亡。英台被迫出嫁时，绕道去梁山伯墓前祭奠，在祝英台哀恸感应下，风雨雷电大作，坟墓爆裂，英台翩然跃入坟中，梁祝化为蝴蝶，在人间蹁跹飞舞。

동진 시기에 축영대(祝英臺)라고 불리는 예쁘고 똑똑한 여자아이가 있었는데 남장을 하고 멀리 항저우로 공부하러 갔다. 그녀는 도중에 항저우로 공부하러 가는 양산백(梁山伯)을 만났고 오랜 친구처럼 친해져 즐겁게 공부했다. 두 사람은 함께 항저우의 만송서원으로 가서 선생님을 모시고 공부했다. 이때부터 같이 공부하게 되었고 그림자처럼 같이 붙어 다녔다. 둘은 같이 공부한 지 3년이 되자 서로 간의 감정이 깊어졌다. 그러나 양산백의 집은 가난했기에 축영대의 아버지는 자신의 딸을 가난한 서생에게 시집보내는 것을 원치 않았고 다른 사람과 약혼하게 하려고 했다. 이후에 양산백은 근심이 너무 깊어 얼마 되지 않아 죽었다. 축영대가 등에 떠밀려 결혼하게 되었을 때 길을 돌아 양산백의 무덤 앞에서 제사를 지냈다. 축영대가 슬퍼하는 것에 감동을 받아 비바람이 불고 천둥 번개가 크게 쳐서 무덤이 갈라졌고 축영대는 재빠르게 무덤 안으로 뛰어들어 양산백과 축영대는 나비가 되어 세상을 휘돌며 날아다녔다.

어휘 ★东晋 DōngJìn 몡 동진 | ★祝英台 Zhù Yīngtái 고유 축영대 | ★聪颖 cōngyǐng 혱 총명하다 | ★女扮男装 nǚ bàn nán zhuāng 셩 여자가 남장하다 | ★求学 qiúxué 동 학교에서 공부하다 | ★邂逅 xièhòu 동 해후하다 | ★书生 shūshēng 몡 서생 | ★梁山伯 Liáng Shānbó 고유 양산백 | ★一见如故 yí jiàn rú gù 셩 첫 대면에서 옛 친구처럼 친해지다 | 相读甚欢 xiāng dú shèn huān 서로 공부해서 매우 기쁘다 | ★拜师 bàishī 동 스승으로 모시다 | ★同窗共读 tóngchuāng gòng dú 함께 공부하다 | ★形影不离 xíng yǐng bù lí 셩 그림자처럼 따라다니다 | ★情深似海 qíng shēn sì hǎi 셩 정이 바다와 같이 깊다 | 嫁给 jiàgěi ~에게 시집가다 | 许配 xǔpèi 동 딸의 혼인을 허락하다 | ★忧郁成疾 yōuyù chéng jí 우울한 게 병이 되다 | ★身亡 shēnwáng 동 사망하다 | ★被迫 bèipò 동 외부의 핍박을 받다 | ★出嫁 chūjià 동 시집가다 | ★绕道 ràodào 동 우회하다 | ★祭奠 jìdiàn 동 제물로 제사를 지내다 | 哀恸 āitòng 동 몹시 슬퍼하다, 애통하다 | ★风雨雷电 fēngyǔ léidiàn 비바람과 천둥 번개 | ★大作 dàzuò 동 크게 하다 | ★坟墓 fénmù 몡 무덤 | ★爆裂 bàoliè 동 폭발하여 터지다 | 翩然 piānrán 혱 경쾌하고 재빠르다 | ★跃入 yuèrù 뛰어 들어가다 | ★蝴蝶 húdié 몡 나비 | ★蹁跹飞舞 piánxiān fēiwǔ 가뿐하게 춤추며 날아다니다

모범 답안 （126자）

										梁	祝								
	东	晋	时	期	，	有	个	女	孩	—	—	祝	英	台	女	扮	男	装	
外	出	求	学	。	途	中	邂	逅	了	一	个	书	生	—	—	梁	山	伯	，
两	人	一	见	如	故	。	此	后	三	年	两	人	形	影	不	离	、	情	深
似	海	。	但	祝	父	反	对	二	人	成	婚	，	致	使	梁	山	伯	抑	郁
而	终	。	祝	英	台	出	嫁	时	，	去	墓	前	祭	奠	梁	山	伯	，	此
时	，	刮	起	了	大	风	，	坟	墓	裂	开	，	英	台	跃	入	其	中	，
与	山	伯	化	为	蝴	蝶	。												

양축

동진 시기에 축영대라는 여자아이는 남장을 하고 공부를 하러 갔다. 가는 도중에 양산백이라는 서생을 만났고 두 사람은 오래된 친구처럼 친해졌다. 이후에 3년 동안 둘은 그림자처럼 붙어 다녔고 바다와 같이 감정이 깊어졌다. 그러나 축영대의 아버지는 둘의 결혼을 반대했고 양산백은 슬퍼하다 죽음을 맞이했다. 축영대가 시집을 갈 때 무덤 앞에서 양산백에게 제사를 지냈는데, 이때 큰 바람이 불어 무덤이 갈라졌고 축영대는 그 안으로 들어가 양산백과 같이 나비가 되었다.

어휘 ★成婚 chénghūn 동 결혼하다 | ★致使 zhìshǐ 동 ~을 초래하다 | ★抑郁而终 yìyù ér zhōng 우울해서 죽다 | ★此时 cǐshí 몡 이때 | ★刮风 guāfēng 동 바람이 불다 | ★裂开 lièkāi 동 벌어지다

第 1-3 题：缩写。

1.　　人人都爱面子，爱面子到底好不好呢？这一直有争议。一般来说，爱面子的人无非有两种心理，一种是不甘心落在人后，一种是不想在别人面前难堪。其实，这种行为是人人皆有的，不分中外，只要在正常的范围内，就不会有太大妨碍，反而还会促使我们端正自己的行为。当然，如果过于看重面子，就会给自己带来不必要的负担，这就是所谓的"死要面子活受罪"。

2.　　从前有位老人家愚公，已经快九十岁了。他家的住处正对着太行和王屋两座大山，出入的道路十分艰难，于是他决定搬掉这两座山。愚公带着三个子孙开始行动。每年往返一次。邻居的儿子七八岁也去帮忙，可一位叫智叟的老人却嘲笑愚公年纪大，力气小，怎能搬掉这么多的山石土块呢？可愚公却不以为然，说："我虽然会死，可我还有儿子，儿子又生孙子，孙子又生儿子……这样子子孙孙不会断绝，而这两座山又不会增高，还怕挖不平？"山神把这件事禀报天帝。天帝被愚公移山的诚意感动了，就派人把两座大山背走了。

3.　一个农民从洪水中救起了他的妻子，他的孩子却被淹死了。事后，人们议论纷纷。有的说他做得对，因为孩子可以再生一个，妻子却不能死而复活。有的说他做错了，因为妻子可以另娶一个，孩子却不能死而复活。我听了人们的议论，也感到疑惑难决：如果只能救活一人，究竟应该救妻子呢，还是救孩子？于是我去拜访那个农民，问他当时是怎么想的。他说："我什么也没想。洪水袭来，妻子在我身旁，我抓住她就往附近的山坡游。当我返回时，孩子已经被洪水冲走了。"归途上，我琢磨着农民的话，对自己说：所谓人生的抉择不少便是如此。

지문을 읽는 능력을 길러라

＋ 정답_ 해설집 233쪽

학습목표

1 지문을 속독하는 방법을 학습한다

2 주요 내용과 좋은 표현을 기억하는 노하우를 마스터한다

3 스피드 있게 400자 정도의 글을 쓸 수 있도록 연습한다

400자 정도의 글을 가지고 주요 내용을 파악하는 연습을 한다. 짧은 시간에 글을 읽어야 할 때는 대략적인 내용을 기억하면 된다. 그러나 글의 내용을 잘못 이해하지 않도록 주의해야 한다. 또, 기억한 내용을 중국어로 쓰기 위해서는 좋은 표현도 암기하는 습관을 길러야 한다. 예제를 읽은 후 2분 동안 지문의 내용을 기억하고 정리하는 연습을 해보자.

기초 실력 테스트 TEST

＊ 다음 글을 읽고 질문에 답하세요.

> 他是一个拍摄者，名叫乔乔，今年26岁。2005年他和摄制组在黄河沿线花费4年、拍摄了2000多个小时完成了一段4分钟的纪录片。为了拍摄纪录片，乔乔把北京的房和车卖掉，并四处筹钱，至今已经花费了490多万元。而他做这些的目的只有一个，就是拯救我们的地球，保护我们的环境。

1　人物的名字　＿＿＿＿＿＿＿＿＿＿＿＿＿＿＿＿＿＿＿＿＿＿＿＿

2　人物的工作　＿＿＿＿＿＿＿＿＿＿＿＿＿＿＿＿＿＿＿＿＿＿＿＿

3　去的地方　＿＿＿＿＿＿＿＿＿＿＿＿＿＿＿＿＿＿＿＿＿＿＿＿

4　花的时间　＿＿＿＿＿＿＿＿＿＿＿＿＿＿＿＿＿＿＿＿＿＿＿＿

5　完成的作品　＿＿＿＿＿＿＿＿＿＿＿＿＿＿＿＿＿＿＿＿＿＿＿＿

6　行动目的　＿＿＿＿＿＿＿＿＿＿＿＿＿＿＿＿＿＿＿＿＿＿＿＿

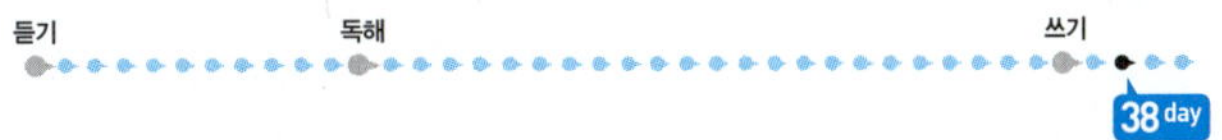

6급 기출문제 맛보기

맛보기　● 다음 글을 줄여쓰세요.

난이도 中 (460자)

쓰기

　　在我的家乡，有一个专营特色小吃的饭馆，名字叫"四个点"，橱窗上的解释是：环境好点、菜好吃点、您常来点、我高兴点。

　　每天，在那里排队的人络绎不绝。很多人都会排不上号，带着遗憾离开。因为这家饭馆有个很奇怪的规定，一天的营业时间只是从上午10点到下午的2点，只有短短的4小时，其他时间一律不开放，而且不许预定。但就是这4小时，每个月小店的收入也不下5万元。

　　谈起成功的秘诀，店主人一语道破天机。

　　他说，做出的菜的味道其实和刚开始开业的时候是一模一样的，什么也没有改变。改变的只是经营的策略。刚开始的营业时间是12个小时，从早上8点到晚上8点。可是生意却不是太好，一来是因为地段有些偏僻，知道它的人很少。二来是因为菜肴的种类很多，反而显得没有了特色。所以他决定忍痛割爱，删掉几个种类，只做几种特色吃食，精益求精。然后在经营时间上做了调整，一天只营业4小时。人们都有好奇心理，越是不容易买到的东西就越想买。果然，这两种办法出台以后，使餐馆的生意节节攀升，收到奇效。很多人为了一饱口福，不得不早早就去那里排号，生怕错过了一次品尝美味的机会。

（300字원고지 공란）

在我的家乡，有一个专营特色小吃的饭馆，名字叫"四个点"，橱窗上的解释是：环境好点、菜好吃点、您常来点、我高兴点。

每天，在那里排队的人络绎不绝。很多人都会排不上号，带着遗憾离开。因为这家饭馆有个很奇怪的规定，一天的营业时间只是从上午10点到下午的2点，只有短短的4小时，其他时间一律不开放，而且不许预订。但就是这4小时，每个月小店的收入也不下5万元。

谈起成功的秘诀，店主人一语道破天机。

他说，做出的菜的味道其实和刚开始开业的时候是一模一样的，什么也没有改变。改变的只是经营的策略。刚开始的营业时间是12个小时，从早上8点到晚上8点。可是生意却不是太好，一来是因为地段有些偏僻，知道它的人很少。二来是因为菜肴的种类很多，反而显得没有了特色。所以他决定忍痛割爱，删掉几个种类，只做几种特色吃食，精益求精。然后在经营时间上做了调整，一天只营业4小时。人们都有好奇心理，越是不容易买到的东西就越想买。果然，这两种办法出台以后，使餐馆的生意节节攀升，收到奇效。很多人为了一饱口福，不得不早早就去那里排号，生怕错过了一次品尝美味的机会。

나의 고향에는 특별한 간식을 전문으로 하는 '네 가지'라는 음식점이 있다. 쇼윈도에는 '환경도 좀 좋고 음식도 좀 맛있으니, 자주 좀 찾아주시면 저는 좀 기쁩니다'라고 설명되어 있었다.

매일 거기에 줄을 서는 사람이 끊임없이 이어졌다. 번호표가 없어서 유감스럽게 돌아가는 사람이 많았다. 이 음식점은 하루 영업 시간이 오전 10시에서 오후 2시까지 단지 4시간이라는 규정이 있다. 다른 시간에는 일절 영업하지 않으며 예약도 받지 않는다. 그러나 4시간 동안 매달 이 작은 음식점에서 벌어들이는 수입이 5만 위안을 밑돌지 않는다.

성공의 비결에 대해서 가게 주인은 한마디로 비밀을 알려주었다.

그는 만든 요리의 맛은 사실 처음 시작했을 때와 동일하고 아무런 변화가 없다고 말했다. 바뀐 것은 단지 경영 전략이라고 했다. 경영 초기에는 영업 시간이 아침 8시에서 저녁 8시까지로 12시간이었다. 그러나 장사는 줄곧 잘 되지 않았다. 첫째는 지역이 좀 외져서 그곳을 아는 사람이 매우 적었다. 둘째는 음식의 종류가 매우 많았지만 특색이 없었다. 그래서 그는 미련을 버리고 음식 종류를 줄이고 특색 있는 음식 몇 가지만 만들어 그것에만 좀 더 공을 들였다. 그런 후에, 영업 시간도 조정해서 하루에 4시간만 영업을 했다. 사람들은 모두 호기심이 있어 얻기 어려운 물건일수록 사고 싶어 한다. 과연 이 두 가지 방법을 선보인 후에 음식점 장사는 점차 잘되어서 예상 밖의 효과를 보게 되었다. 많은 사람들이 먹는 즐거움을 가지기 위해서 어쩔 수 없이 일찍부터 그곳에 가서 순서를 기다리며 맛있는 음식을 먹을 수 있는 기회를 놓칠까 걱정했다.

어휘 ★家乡 jiāxiāng 명 고향 | ★专营 zhuānyíng 동 전문적으로 경영하다 | ★特色小吃 tèsè xiǎochī 특색 있는 간식 | ★橱窗 chúchuāng 명 쇼윈도 | ★解释 jiěshì 동 해석하다, 설명하다 | ★排队 páiduì 동 줄을 서다 | ★络绎不绝 luò yì bù jué 성 왕래가 끊이지 않다 | ★排不上号 pái bu shàng hào 번호 순서가 돌아오지 않다 | ★遗憾 yíhàn 동 유감이다 | ★一律 yílǜ 형 한결같다, 예외 없다 | ★不许 bùxǔ 동 허락하지 않다 | ★预订 yùdìng 동 예약하다 | ★收入 shōurù 명 수입 | ★秘诀 mìjué 명 비결 | ★店主人 diàn zhǔrén 가게 주인 | 一语道破天机 yì yǔ dào pò tiānjī 한마디로 중대 기밀을 밝히다 | ★一模一样 yì mú yí yàng 성 같은 모양 같은 모습이다 | ★策略 cèlüè 명 책략 | ★营业

yíngyè 통 영업하다 | ★地段 dìduàn 명 지역 | ★偏僻 piānpì 형 외지다 | ★菜肴 càiyáo 명 요리 | ★忍痛割爱 rěn tòng gē ài 성 고통을 참아내고 단념하다 | ★删掉 shāndiào 통 삭제하다 | ★精益求精 jīng yì qiú jīng 성 더 잘하려고 하다. 훌륭하지만 더 완벽을 추구하다 | ★调整 tiáozhěng 통 조정하다 | ★好奇 hàoqí 형 궁금하게 생각하다. 호기심을 갖다 | ★出台 chūtái 통 배우가 무대에 등장하다 | ★节节攀升 jiéjié pānshēng 하나하나 오르다 | ★奇效 qíxiào 명 특효 | ★一饱口福 yì bǎo kǒufú 입이 배부르다 | ★排号 páihào 통 순서대로 줄을 서다 | ★生怕 shēngpà 통 매우 걱정하다 | ★错过 cuòguò 통 놓치다 | ★品尝 pǐncháng 통 맛보다

모범 답안　(242자)

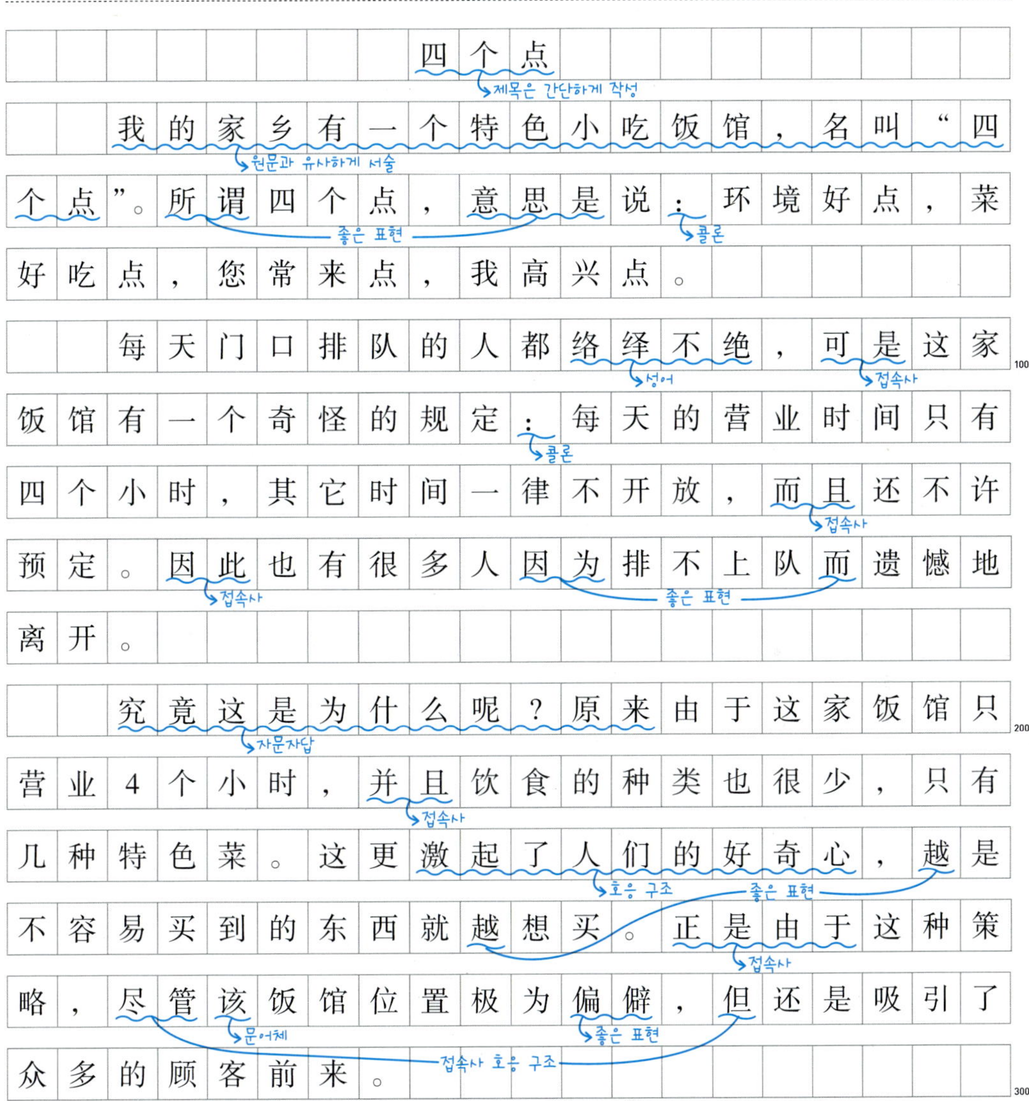

네 가지

　내 고향에는 간식을 파는 '네 가지'라는 특색 있는 음식점이 있다. 소위 말하는 '네 가지'는 '환경도 좀 좋고 음식도 좀 맛있으니, 자주 좀 찾아주시면 저는 좀 기쁩니다'를 가리킨다.

　매일 문 앞에서 줄을 서는 사람이 끊이지 않았지만, 이 음식점에는 이상한 규칙이 하나 있다. 매일 영업 시간이 4시간밖에 안 되고 다른 시간에는 일절 개방하지 않고 예약도 받지 않는다는 것이다. 따라서 많은 사람들은 순서가 돌아오지 않아 유감스러워 하며 돌아갔다.

도대체 왜일까? 알고 보니 이 음식점은 단지 4시간 동안 영업하고, 음식의 종류도 몇 가지밖에 안 될 정도로 적었다. 이것이 사람들의 호기심을 더욱 자극했고 사기 어려운 것일수록 사고 싶어 했다. 이런 책략 때문에 그 음식점은 위치는 외지지만 많은 손님들이 찾게 끌어들였다.

어휘 ★所谓……意思是…… suǒwèi……yìsi shì…… 소위 ~라는 것은 ~라는 의미다 | ★因为……而…… yīnwèi……ér…… ~때문에 그래서 | ★究竟 jiūjìng 뷔 도대체 | ★激起好奇心 jīqǐ hàoqíxīn 호기심이 일어나다 | ★越……越…… yuè……yuè…… ~할수록 ~하다 | ★尽管 jǐnguǎn 쩝 비록 ~지만 | ★极为 jíwéi 뷔 대단히 | ★吸引 xīyǐn 통 흡인하다 | ★顾客 gùkè 뎽 손님 | ★前来 qiánlái 통 이쪽으로 오다

6급 쓰기 공략 하기

공략 1. 문장의 주요 내용을 파악하라

독해 시 문장의 주요 내용을 이해하는 것이 가장 중요하다. 문장과 단어를 이해하지 못해도 문장의 주요 내용을 이해한다면 60점 이상 얻을 가능성이 있다. 주요 내용에는 일반적으로 인물, 시간, 장소, 일의 발생 시작, 발전 과정, 결과 등이 포함된다. 쓰기 시험 시에는 시험지에 필기를 할 수 없으므로 평소에 연습할 때도 원문에 필기하지 않는 습관을 기르는 것이 좋다.

 **예제**　● 다음 글을 읽고 주요 내용을 파악해보세요.　　　난이도 下 (355자)

新学期开始，校长把一位教师叫进办公室，说："你是本校最优秀的老师。因此，我特意挑选了50名全校最聪明的学生让你教。这些学生的智商比其他孩子都高，希望你让他们取得更好的成绩。"这位老师高兴地表示一定尽力。

一年之后，这个班的学生成绩果然排在整个学校的前列，每个学生都是出类拔萃的好学生。

这时，校长告诉了老师真相：这些学生并不是刻意选出来的最优秀的学生，只不过是随机抽出的最普通的学生。老师非常惊讶，但还是认为自己的教学水平确实很高，所以才培养出了如此优秀的学生。这时，校长说出了另一个真相：他也不是被特意挑选出的全校最优秀的教师，也是随机抽调的普通老师罢了。

世上本没有什么天才，成功就是靠自己的努力，发掘出自身内在的潜力，从而改变自己的命运。如果在一个集体中，有人对你寄予更高的期望，可能你就会发挥出更高的能力。

참고 답안

新学期开始，校长把一位教师叫进办公
　시간　　　　　　　　인물 및 행동
室，说："你是本校最优秀的老师。因此，我
　　　　　　우수한 선생님이 우수한 학생을 가르침
特意挑选了50名全校最聪明的学生让你教。这些学生的智商比其他孩子都高，希望你让他们取得更好的成绩。"这位老师高兴地表示一定尽力。

一年之后，这个班的学生成绩果然排在整
　시간의 변화　　　　　　　　　　결과
个学校的前列，每个学生都是出类拔萃的好学生。

새로운 학기가 시작되었을 때 교장 선생님은 선생님 한 분을 교장실로 불렀다. 그러고는 "선생님은 우리 학교에서 가장 우수한 선생님이십니다. 따라서 제가 일부러 전교에서 가장 총명한 학생 50명을 선발했으니 선생님이 가르쳐주십시오. 이 학생들은 아이큐가 다른 학생들보다 높으니 선생님께서는 아이들이 더 좋은 성적을 얻게 해주셨으면 합니다"라고 말했다. 이 선생님은 기뻐하면서 최선을 다할 것이라고 밝혔다.

1년 후에 이 반 학생들 성적은 아니나 다를까 전교에서 선두에 올라섰고 모든 학생들이 우수한 학생이 되었다.

这时，校长告诉了老师**真相**：**这些学生并**
不是刻意选出来的最优秀的学生，只不过是随
机抽出的最普通的学生。老师非常惊讶，但还
是认为自己的教学水平确实很高，所以才培养
出了如此优秀的学生。这时，校长说出了**另一**
个真相：他也**不是被特意挑选出的全校最优秀**
的教师，也是随机抽调的普通老师罢了。
世上本没有什么天才，成功就是靠自己的
努力，发掘出自身内在的潜力，从而改变自己
的命运。如果在一个集体中，有人对你寄予更
高的期望，可能你就会发挥出更高的能力。

이때 교장 선생님이 이 학생들은 고심하여 선발한 가장 우수한 학생이 아니라 무작위로 선발한 아주 평범한 학생에 불과하다는 진실을 알려주었다. 선생님은 매우 놀랐다. 그러나 여전히 자신이 잘 가르쳐서 이처럼 우수한 학생을 키워낸 것이라고 생각했다. 이때 교장 선생님은 선생님도 특별히 선발한 전교에서 가장 우수한 선생님이 아니라 무작위로 선발한 평범한 선생님일 따름이라고 말했다.

세상에 타고난 천재는 없다. 성공은 자신의 노력에 달린 것이며 자신의 내재적인 잠재력을 발굴해내서 자신의 운명을 바꿀 수 있는 것이다. 만약 단체 안에서 누군가가 당신에게 더 높은 기대를 건다면 당신은 더 높은 능력을 발휘하게 될 것이다.

어휘 ★智商 zhìshāng 몡 지능 지수 | ★尽力 jìnlì 통 온 힘을 다하다 | ★出类拔萃 chū lèi bá cuì 셩 같은 무리보다 출중하다 | ★真相 zhēnxiàng 몡 진상 | ★刻意 kèyì 뷔 고심하여 | ★随机 suíjī 뷔 무작위로 | ★抽出 chōuchū 통 빼다 | ★惊讶 jīngyà 혱 의아스럽다 | ★罢了 bàle 단지 ~일 따름이다 | ★发掘 fājué 통 발굴하다, 찾다 | ★期望 qīwàng 통 기대하다

공략 2. 2분 동안 내용을 암기하라

쓰기 시험 때 독해 시간은 10분이다. 10분 후에는 감독관이 문제지를 거두어 간다. 따라서 먼저 속독을 하고 난 후에 2분 정도의 시간을 할애해서 내용을 암기해야 하는데, 첫째는 문장의 주요 내용, 둘째는 성어, 관용어, 복잡한 한자, 시간사와 같은 중요한 표현을 위주로 외워야 한다.

예제 ◉ 공략 1 예제 에 제시된 글을 읽고 주요 내용과 표현을 써본 후 줄여보세요. 난이도 下

참고 답안

표현 把……叫进 / 特意挑选 / 排在整个学校前列 / 出类拔萃 / 随机抽出 / 罢了 / 世上本没有什么天才 / 发掘潜力

내용 最优秀的老师教最聪明的学生——成绩果然很好——学生和老师都只是普通人——成功要发掘潜力

정답&공략

모범 답안 (156자)

　　　　　什么是天才

　　新学期开始，校长将一位老师叫进办公室，并告诉他他是那个学校最优秀的老师，因此特意挑选了最聪明的学生让他教。

　　一年之后，这个班的成绩果然排在全校前列，每个学生都出类拔萃。这时校长却告诉他：这些学生只是随机抽出的普通学生，他也只是随机抽出的普通老师罢了。

　　是啊，世上本没有什么天才，成功就是不断发掘自己的潜力。

천재란?

　신학기가 시작되었을 때 교장 선생님이 한 선생님을 교무실로 불러서는 그에게 선생님이 그 학교에서 제일 우수한 선생님이어서 일부러 가장 총명한 학생을 선발하여 그에게 가르치게 한다고 알렸다.

　1년 후에 이 반 성적은 아니나 다를까 학교에서 선두에 올라섰고 학생들 하나하나 모두 출중했다. 이때 교장 선생님은 그에게 이 학생들은 단지 무작위로 뽑은 평범한 학생이고 선생님 역시 평범한 선생님을 선발했을 뿐이라는 사실을 알려주었다.

　맞다, 세상에 타고난 천재는 없다. 성공은 부단하게 자신의 잠재력을 발굴하는 것이다.

第 1-2 题：缩写。

1.　　一个幼儿园老师让孩子们玩儿一个游戏，每人带一个口袋，里面装上土豆。每个土豆上写上自己讨厌的同学的名字，讨厌的人越多土豆的数量也就越多。

　　第二天，每个孩子都特地带来了一些土豆。有的是两个，有的是三个，最多的是五个。老师告诉孩子们，无论到什么地方都要带着袋子。孩子们觉得游戏很有趣，大家都很高兴。

　　一个星期后，孩子们开始抱怨，因为发霉的土豆散发出难闻的气味。它们不愿意再随身带着沉重的袋子，都想扔掉这又难闻又沉重的袋子。

　　老师问他们："在这一周里，你们对随身带着土豆有什么感觉？"孩子们纷纷沮丧地表示，带着土豆袋子行动不方便，土豆发霉后的气味很难闻等等。

　　老师说："这些发霉的土豆就是你们心里痛恨的人。如果无论到什么地方都要带着它们，你们的一生将会变得非常痛苦。"

2.　　国王决定从他的十位王子中选出一位做继承人。他吩咐一位大臣在一条两旁临水的大道上放置了一块"巨石"，任何人想要通过这条路，只能把它推开或绕过去。国王让王子们通过那条大路，把一封信送到一个将军手里。王子们很快完成了任务。国王问："你们是怎么把信送到的？"

　　一个说："我是划船过去的，我在附近找了一条小船就划过去了。"另一个说："我是从水里游过去的，只花了10多分钟就游到了对岸。"小王子说："我是从大路上走过去的。我用手使劲一推那块石头，它就滚到河里去了。"

　　"这么大的石头，你怎么想到用手去推呢？"国王问他。"我不过试了试，"小王子说，"谁知我一推，它就动了。"

　　原来，那块所谓的"巨石"是国王和大臣用很轻的材料做成的。自然，这位善于尝试的小王子继承了王位。

39 day
700자 글을 축약하는 방법을 익혀라

* 정답_ 해설집 234쪽

학습목표

✓1 700자 정도의 문장을 속독하는 방법을 학습한다

✓2 독해를 한 후에 주요 내용과 표현을 메모리하는 방법을 익힌다

✓3 700자 정도의 문장을 순발력 있게 축약하는 노하우를 마스터한다

700자 정도의 비교적 긴 글을 가지고 축약하는 연습을 한다. 먼저 여러 편의 글로 기본적인 쓰기 스킬을 마스터하면서 실력을 차근차근 쌓아나간다면 1000자 정도의 글도 자신 있게 축약할 수 있을 것이다.

기초 실력 테스트 TEST

* 다음 글을 읽고 중요한 표현 6가지를 써보세요.

老王是某大学的足球教练。最近这个赛季，他的球队表现得相当不错。一天早上，老王还在洗手间刮胡子，电话响了，妻子接完电话，激动地告诉他："老王，快来接电话!《天天体育》杂志社的人想找你谈谈!"王教练也很激动，能够上这本著名的体育杂志，他的球队显然是会在全国出名了。太过激动的老王不顾满脸的泡沫直奔电话，气喘吁吁地问："喂，哪位?"电话那头问道："请问，你是王教练吗?""是啊，是啊!"他激动地回答："王教练，我们针对您这样的体育工作者制定了特别优惠的订阅计划，只要您订全年的《天天体育》杂志，就能打9折。"

6급 기출문제 맛보기

 **맛보기** ● 다음 글을 300자 내외로 줄여쓰세요.

난이도 中 (687자)

쓰기

　　小鸟和老鹰是好朋友，它们都有远大的生活抱负。在太平洋东岸生活久了，它们决定飞往太平洋西岸开拓一个新的天地。主意一定，它们开始做准备，采取分头行动的办法，看谁先到达目的地。从太平洋东岸飞到西岸需半个月时间，在路上需多次休息、吃饭、睡觉，没有充分准备是不行的。

　　老鹰准备了四件东西：有一个大包裹，里面装满半个月的口粮；有一个大水壶，里面装满水；有一个小木筏，是用来休息的；有一个急救包，里面装有各种药品，用于不时之需。老鹰对这些东西很满意，它觉得这样飞越太平洋会万无一失。

　　当它背起这些东西试飞的时候，出乎意料的事发生了：这些东西压得它气喘吁吁，无论如何也飞不起来。老鹰想扔掉一些东西。但在它看来，哪一件东西都非常重要，非带不可。而带着这些东西却飞不起来，它陷入一种深深的矛盾中不能自拔，心情烦躁，不知如何是好。

　　这时，小鸟却早已上路了，它只带了一件物品，那就是一根小树枝。飞得累了，它就把树枝放在海面上，站在上面休息；饿了，就放下树枝站在上面去捉鱼；困了，就放下树枝站在上面睡觉。半个月过去了，小鸟如愿以偿地飞到了太平洋西岸，那里的大好风景尽收眼底，它如愿以偿地获得了一片新天地。简单让小鸟获得了成功，而老鹰却不懂得这个道理，它永远在东岸患得患失，想得越多离成功越远。

　　我们的生活日益丰富多彩，生活中值得关注的东西很多，让我们放不下的东西也很多，但是，正是它们使我们的生活变得复杂而沉重。我们离成功越来越远，不是我们不努力，而是身上所负荷的东西太沉重了，使我们不能轻松前进。要取得事业的成功，最有效的办法就是使我们自己简单一点，专心一点。该放下的放下，该舍弃的舍弃，简单往往有效。

　　小鸟和老鹰是好朋友，它们都有远大的生活抱负。在太平洋东岸生活久了，它们决定飞往太平洋西岸开拓一个新的天地。主意一定，它们开始做准备，采取分头行动的办法，看谁先到达目的地。从太平洋东岸飞到西岸需半个月时间，在路上需多次休息、吃饭、睡觉，没有充分准备是不行的。

　　老鹰准备了四件东西：有一个大包裹，里面装满半个月的口粮；有一个大水壶，里面装满水；有一个小木筏，是用来休息的；有一个急救包，里面装有各种药品，用于不时之需。老鹰对这些东西很满意，它觉得这样飞越太平洋会万无一失。

작은 새와 매는 친한 친구 사이로, 그들은 원대한 생활에 대한 포부를 가지고 있다. 태평양 동쪽 해안에서 생활을 오래했기에, 그들은 태평양 서쪽 해안으로 날아가 새로운 세상을 개척하기로 결정했다. 생각이 정해지자 그들은 준비를 하고 각자 행동하는 방법을 택해 누가 먼저 목적지에 도착하는지 보기로 했다. 태평양 동쪽 해안에서 서쪽 해안까지 날아가는 데는 반달이 걸린다. 길에서 여러 번 쉬고, 먹고, 자야 해서 준비를 충분히 하지 않으면 안 되었다.

매는 네 가지 물건을 준비했다. 커다란 가방을 준비해서 그 안에 반달치 식량을 담았다. 커다란 주전자를 준비해서는 그 안에 물을 채웠다. 그리고 쉴 때 쓰려고 작은 뗏목을 준비했다. 구급 가방에는 급할 때 쓰려고 다양한 약을 준비했다. 매는 이런 것들이 매우 만족스러웠고 이렇게 태평양을 날아서 지나가면 한 치의 착오도 없을 것이라고 생각했다.

当它背起这些东西试飞的时候，出乎意料的事发生了：这些东西压得它气喘吁吁，无论如何也飞不起来。老鹰想扔掉一些东西。但在它看来，哪一件东西都非常重要，非带不可。而带着这些东西却飞不起来，它陷入一种深深的矛盾中不能自拔，心情烦躁，不知如何是好。

这时，小鸟却早已上路了，它只带了一件物品，那就是一根小树枝。飞得累了，它就把树枝放在海面上，站在上面休息；饿了，就放下树枝站在上面去捉鱼；困了，就放下树枝站在上面睡觉。半个月过去了，小鸟如愿以偿地飞到了太平洋西岸，那里的大好风景尽收眼底，它如愿以偿地获得了一片新天地。简单让小鸟获得了成功，而老鹰却不懂得这个道理，它永远在东岸患得患失，想得越多离成功越远。

我们的生活日益丰富多彩，生活中值得关注的东西很多，让我们放不下的东西也很多，但是，正是它们使我们的生活变得复杂而沉重。我们离成功越来越远，不是我们不努力，而是身上所负荷的东西太沉重了，使我们不能轻松前进。要取得事业的成功，最有效的办法就是使我们自己简单一点，专心一点。该放下的放下，该舍弃的舍弃，简单往往有效。

매가 등에 이 짐들을 올려놓고 날려고 할 때 생각치 못한 일이 발생했다. 물건이 너무 무거워서 숨을 헐떡였고 아무리 날려고 해도 날 수가 없었다. 매는 물건을 좀 버리고 싶었지만 다 중요해 보였기에 모두 가져가야만 했다. 그러나 이것들을 가지고는 날 수 없어 깊은 모순에 빠졌고 스스로 헤어나지 못해 마음이 조급해져 어찌해야 좋을지 몰랐다.

이때 작은 새는 이미 길을 떠났고 물건을 하나만 가져갔는데, 그것은 바로 작은 나뭇가지였다. 날다가 피곤하면 나뭇가지를 물 위에 올려놓고 그 위에서 쉴 수 있었다. 배가 고프면 나뭇가지를 내려놓고 그 위에서 물고기를 잡았다. 졸리면 나뭇가지를 내려놓고 그 위에서 잠을 잤다. 반달이 지나 작은 새는 원하는 대로 태평양 서쪽 해안으로 날아갔다. 그곳의 좋은 경관이 한눈에 들어왔고 원하는 대로 신천지를 얻었다. 작은 새는 수월하게 성공을 했지만 매는 이 이치를 몰랐기에 영원히 동쪽 해안에 머무르며 노심초사했고 생각을 많이 하면 할수록 성공과는 멀어졌다.

우리의 생활은 나날이 풍부하고 다채로워져 생활 속에서 관심을 가질 만한 것도 매우 많지만, 우리가 내려놓을 수 없는 것도 매우 많다. 하지만 이것은 우리의 생활을 복잡하고 무겁게 만든다. 우리가 성공으로부터 더 멀어지는 것은 우리가 노력하지 않아서가 아니라 짊어지고 있는 짐이 너무 무거워 가볍게 앞으로 나아갈 수 없기 때문이다. 일할 때 성공하려면 자신을 단순하게 만들고 전심을 다하는 것이 가장 효과적인 방법이다. 내려놓아야 할 것은 내려놓아야 하고 버릴 것은 버려야 한다. 단순한 것이 때로는 효과가 있는 법이다.

쓰기

어휘　★小鸟 xiǎoniǎo 작은 새 | ★老鹰 lǎoyīng 몡 매 | ★远大 yuǎndà 혱 원대하다 | ★抱负 bàofù 몡 포부 | ★太平洋 Tàipíngyáng 몡 태평양 | ★东岸 dōng'àn 동쪽 해안 | ★飞往 fēiwǎng 통 ~로 향해 날아가다 | ★开拓 kāituò 통 개척하다 | 天地 tiāndì 몡 천지, 세상 | ★主意 zhǔyi 몡 생각, 방법 | ★采取 cǎiqǔ 통 채택하다 | ★分头行动 fēntóu xíngdòng 나누어 각자 행동하다 | ★目的地 mùdìdì 몡 목적지 | ★充分准备 chōngfèn zhǔnbèi 최대한 준비를 하다 | ★大包裹 dà bāoguǒ 커다란 가방 | ★装满 zhuāngmǎn 통 가득 채우다 | 口粮 kǒuliáng 명 식량 | ★水壶 shuǐhú 몡 물 주전자 | 木筏 mùfá 뗏목 | ★急救包 jíjiùbāo 몡 구급 가방 | ★药品 yàopǐn 몡 약품 | ★不时之需 bù shí zhī xū 셩 불시에 필요하다 | ★万无一失 wàn wú yì shī 셩 만에 하나의 실수도 없다 | ★背起 bēiqǐ (등에) 짊어지다 | ★试飞 shìfēi 통 시험 비행하다 | ★出乎意料 chū hū yì liào 셩 의외로, 예상 밖에 | 气喘吁吁 qì chuǎn xū xū 셩 숨을 헐떡거리다 | ★扔掉 rēngdiào 통 버리다 | ★在……看来 zài……kànlai ~에서 본다면 | ★非……不可 fēi…… bùkě ~하지 않으면 안 되다 | ★陷入 xiànrù 통 ~에 빠지다 | ★矛盾 máodùn 몡 모순 | ★不能自拔 bù néng zì bá 스스로 빠져 나오지 못하다 | ★烦躁 fánzào 혱 초조하다 | ★早已 zǎoyǐ 뷔 일찌감치 | ★树枝 shùzhī 몡 나뭇가지 | ★捉鱼 zhuō yú 물고기를 잡다 | ★如愿以偿 rú yuàn yǐ cháng 셩 원하는 대로 되다 | ★大好风景 dàhǎo fēngjǐng 좋은 경치 | ★尽收眼底 jìn shōu yǎn dǐ 셩 한눈에 다 들어오다 | 新天地 xīntiāndì 몡 신천지 | ★患得患失 huàn dé huàn shī 셩 얻기 전에는 얻으려 하고 얻으면 잃어버릴까 걱정한다 | ★丰富多彩 fēng fù duō cǎi 셩 풍부하고 다채롭다 | ★值得关注 zhídé guānzhù 관심 가질 만하다 | ★复杂而沉重 fùzá ér chénzhòng 복잡하고 무겁다 | ★负荷 fùhè 몡 부담 | ★轻松 qīngsōng 혱 가볍다 | ★有效 yǒuxiào 혱 효과적이다 | ★专心 zhuānxīn 혱 몰두하다 | ★舍弃 shěqì 통 버리다

简单

小鸟和老鹰是好朋友，他们都想到太平洋西岸去生活，于是他们约定：各自分别行动，看谁能先到达目的地。

老鹰为此做了充分的准备，粮食、水、急救包等等应有尽有。可是当它试飞时，出乎意料的事发生了：因为东西过重，它怎么也飞不起来。

而小鸟呢？它只带了一件物品——小树枝用来休息。饿了，就放下树枝去捉鱼；累了，就站在树枝上休息。半个月过去了，小鸟如愿以偿地飞到了目的地。

其实，很多东西让我们的生活变得复杂沉重，使我们离成功越来越远。不如让自己简单一点、专心一点，该放下的放下。简单往往有效。

단순해져라

작은 새와 매는 친한 친구 사이다. 그들은 늘 태평양 서쪽 해안에 가서 생활하고 싶다고 생각했다. 그래서 그들은 각자 출발해서 누가 먼저 목적지에 도착하는지 보기로 약속했다.

매는 이를 위해서 준비를 제대로 했는데, 식량, 물, 구급 가방 등 없는 게 없었다. 그러나 매가 날려고 할 때 생각치 못한 일이 발생했다. 짐이 너무 무거워서 아무리 날려고 해도 날 수가 없었다.

그럼 작은 새는? 쉴 때 쓰려고 나뭇가지 하나만 가지고 갔다. 배고프면 나뭇가지를 내려놓고 물고기를 잡고 피곤하면 나뭇가지에 서서 휴식을 취했다. 반달이 지나 작은 새는 자신이 원하는 대로 목적지에 도착했다.

사실 많은 것들이 우리 생활을 복잡하고 무겁게 만들고 우리를 성공에서 점점 멀어지게 한다. 그래서 자신을 단순하게 하고 전심을 다하며 내려놓을 수 있는 것은 내려놓는 것이 더 낫다.

단순한 것이 때로는 효과가 있다.

어휘　★约定 yuēdìng 图 약속하다 | ★各自 gèzì 데 각자 | ★分别 fēnbié 图 각각 | ★为此 wèicǐ 젤 이를 위해 | ★粮食 liángshi 명 식량 | ★应有尽有 yīng yǒu jìn yǒu 성 있을 건 다 있다 | ★过重 guòzhòng 图 중량을 초과하다 | ★不如 bùrú 图 ~만 같지 못하다

지문을 절대로 눈으로만 보지 말고 먼저 독해를 한 후에 반드시 자기 글로 써봐야 해요. 모범 답안과 비교해 차이점을 찾고 원문과 모범 답안에서 중요한 표현이나 성어, 호응 구조를 암기해야만 쓰기 실력이 향상된답니다.

공략 1. '4+2+2' 법칙을 따르라

1000자 지문을 10분 안에 읽어야 한다면 700자 정도의 지문은 8분 정도에 속독할 수 있어야 한다. 8분은 독해하는 데만 쓰는 것이 아니라, 4분 안에 독해를 마치고 대략적인 의미를 파악한 후, 2분 동안 에는 중요한 내용이 무엇인지 추려내고, 마지막 2분은 주요 내용과 중요한 표현을 암기하는 것이 가장 좋다.

$$8분 = \underset{\text{독해}}{4분} + \underset{\text{핵심 파악}}{2분} + \underset{\text{주요 내용과 중요한 표현 암기}}{2분}$$

예제 ● '4+2+2'의 시간 배분 원칙에 따라 읽은 후 암기한 좋은 표현이나 내용을 쓰세요. **난이도** 中 (699자)

　　一个男孩在求学路上屡遭失败和打击。在确认他不适合在校读书后，他母亲很伤心。她将孩子领回家，准备靠自己的力量把孩子培养成才。可是这孩子无论如何都记不住那些需要记忆的知识。在妈妈眼中，这男孩是一个不长进的孩子，怎么教他，他都学不会。

　　母亲彻底失望了，因为他高考了几次都失败了，他没能走进大学校门。

　　男孩知道他在母亲的眼里是一个失败者。母亲悲伤无奈地说：“朽木不可雕也，你原本是块朽木，怎么雕都不会成器。”男孩很难过，他决定远走他乡去寻找自己的事业。

　　许多年以后，当年的男孩突然回来了，他已长成了一个成熟的男人。

　　有一天，他希望母亲同他去参加一个名厨大赛，在名厨大赛上，这个男人表现出多种厨师技艺，他做出的每一道菜都是色香味俱佳，最终，在专家的评选结果中，他取得了名厨大赛的冠军。

　　在一片热烈的掌声中，他走上领奖台，激动地说：“我想把名厨大赛的冠军杯献给我的母亲，因为我读书时没有获得她期望中的成功。她曾极度失望地认为我是朽木，现在我要告诉她，妈妈，我不是朽木，大学里没有我的位置，我总是拿不到考入大学的钥匙，但在生活中总会有一个位置是属于我的，而且是成功的位置，妈妈，总会有一把钥匙是属于我的，总会有一扇门是为我打开的。”

　　台下那位陪儿子一起来观看名厨大赛的母亲，万万没有想到，最终成为名厨冠军的获胜者居然是自己认为不成器的儿子。她流下了激动的泪水，深情地对儿子说：“孩子，你不再是朽木，你是妈妈的骄傲！”

　　　许多人都在生活中苦苦寻觅着自己的位置，遇到打击和失败都是正常的，但是不能灰心，条条大路通罗马，成功的答案不只一个。失之东隅，收之桑榆。天生我才必有用，只要你努力进取，总有一扇门是为你打开的，总有一把钥匙属于你自己！

참고 답안

표현　求学路上／屡遭失败／把孩子培养成才／在……眼中／朽木／名厨大赛／色香味俱佳／一把钥匙／灰心／条条大路通罗马

내용　学习上不成器的男孩—几年后获得名厨大赛的冠军—条条大路通罗马—每个人都有属于自己的位置

해석　　　一个男孩在求学路上屡遭失败和打击。在确认他不适合在校读书后，他母亲很伤心。她将孩子领回家，准备靠自己的力量把孩子培养成才。可是这孩子无论如何都记不住那些需要记忆的知识。在妈妈眼中，这男孩是一个不长进的孩子，怎么教他，他都学不会。

　　母亲彻底失望了，因为他高考了几次都失败了，他没能走进大学校门。

　　男孩知道他在母亲的眼里是一个失败者。母亲悲伤无奈地说："朽木不可雕也，你原本是块朽木，怎么雕都不会成器。"男孩很难过,他决定远走他乡去寻找自己的事业。

　　许多年以后，当年的男孩突然回来了，他已长成了一个成熟的男人。

　　有一天，他希望母亲同他去参加一个名厨大赛，在名厨大赛上，这个男人表现出多种厨师技艺，他做出的每一道菜都是色香味俱佳，最终，在专家的评选结果中，他取得了名厨大赛的冠军。

　　在一片热烈的掌声中，他走上领奖台，激动地说："我想把名厨大赛的冠军杯献给我的母亲，因为我读书时没有获得她期望中的成功。她曾极度失望地认为我是朽木，现在我要告诉她，妈妈，我不是朽木，大学里没有我的位置，我总是拿不到考入大学的

　　한 남자아이가 학업 중에 여러 차례 실패와 좌절을 겪었다. 아이가 학교에서 공부하는 건 안 맞는다는 것을 확인한 후 엄마는 매우 상심했다. 엄마는 아이를 데리고 집으로 와서 자신의 힘으로 아이를 인재로 키우려고 했다. 그러나 이 아이는 여하튼 외워야 할 것을 외우지 못했다. 엄마의 눈 속에 이 아이는 발전할 가능성이 없는 아무리 가르쳐도 안 되는 아이였다.

　엄마는 완전히 실망했다. 아이는 대학 입시에서 몇 차례 실패해서 대학 문 근처에도 갈 수 없었다.

　남자아이는 엄마의 눈 속에 자신이 실패자라는 것을 알고 있었다. 엄마는 마음이 아파서 어쩔 줄 몰라 하며 말했다. "썩은 나무는 깎을 수 없지. 네가 본디 썩은 나무인데, 깎는다고 그릇이 되겠니." 아이는 매우 난처했다. 아이는 멀리 타향으로 가서 자신이 할 일을 찾기로 결심했다.

　여러 해가 지난 후에 아이가 어느날 갑자기 돌아왔다. 아이는 이미 성숙한 남자로 성장했다.

　하루는 아들이 엄마에게 유명한 요리 대회에 같이 가자고 했다. 이 대회에서 아들은 여러 가지 요리 기술을 선보였다. 그가 만든 요리는 하나같이 맛, 색, 향 모두 다 훌륭했다. 최종적으로 전문가의 평가 결과가 나왔고 그는 대회에서 일등을 했다.

　그는 뜨거운 박수를 받으며 시상대에 올라가 감격해서 말했다. "저는 오늘 요리 대회의 일등 트로피를 저희 어머니에게 돌리겠습니다. 제가 공부할 때는 엄마가 기대했던 성공을 하지 못했거든요. 엄

钥匙，但在生活中总会有一个位置是属于我的，而且是成功的位置，妈妈，总会有一把钥匙是属于我的，总会有一扇门是为我打开的。"

　　台下那位陪儿子一起来观看名厨大赛的母亲，万万没有想到，最终成为名厨冠军的获胜者居然是自己认为不成器的儿子。她流下了激动的泪水，深情地对儿了说："孩子，你不再是朽木，你是妈妈的骄傲!"

　　许多人都在生活中苦苦寻觅着自己的位置，遇到打击和失败都是正常的，但是不能灰心，条条大路通罗马，成功的答案不只一个。失之东隅，收之桑榆。天生我才必有用，只要你努力进取，总有一扇门是为你打开的，总有一把钥匙属于你自己!

마는 제가 썩은 나무같은 녀석이라고 아주 많이 실망을 하셨어요. 엄마, 이제 저는 썩은 나무가 아니에요. 대학에서는 제자리가 없었고 대학에 들어가는 열쇠는 쥐지 못했지만 생활에서는 저만의 자리가 생기게 되었고 게다가 성공의 자리예요. 엄마, 마침내 저에게도 열쇠가 쥐어졌어요. 이제 이 문은 저에게 열려있는 거예요."

무대 아래에 있던 아들과 같이 온 엄마는 유명한 요리 대회에서 일등을 한 사람이 별 볼일 없던 자신의 아들이라는 사실을 전혀 생각치 못했다. 그녀는 감동의 눈물을 흘리며 다정하게 아들에게 말했다. "애야, 너는 더 이상 썩은 나무가 아니라 나의 자랑이다."

많은 사람들이 생활 속에서 자신의 위치를 어렵게 찾고 있다. 그러다 보면 충격이나 실패를 겪는 것은 정상적이다. 그러나 절대 상심하지 마라. 여러 가지 방법이 있다. 성공의 해답이 오직 한 가지만 있는 건 아니다. 잃는 게 있으면 얻는 것도 있다. 누구나 한 가지 장점은 가지고 태어나는 법이니, 노력하기만 하면 언젠가는 당신에게 문이 열릴 것이다. 그리고 그 열쇠는 바로 당신의 것이다.

어휘　★求学路上 qiúxué lùshang 학업 중에 | ★屡遭 lǚzāo 통 여러 번 당하다 | ★打击 dǎjī 통 타격을 주다 | ★确认 quèrèn 통 명확히 인정하다 | ★伤心 shāngxīn 통 상심하다 | ★将……领回家 jiāng……lǐng huíjiā ~을 데리고 집으로 돌아오다 | ★靠 kào 통 기대다, 접근하다 | ★把……培养成才 bǎ……péiyǎng chéngcái ~을 인재로 키우다 | ★在……眼中 zài……yǎnzhōng 안중에 | ★不长进 bù zhǎngjìn 발전하지 않다 | ★彻底 chèdǐ 형 철저하다 | ★失望 shīwàng 통 낙담하다 | ★高考 gāokǎo 명 대학 입학 시험 | ★悲伤 bēishāng 형 몹시 슬퍼하다 | ★无奈 wúnài 접 하는 수 없이 | ★朽木不可雕也 xiǔmù bùkě diāo yě 썩은 나무는 깎을 수 없다 | ★朽木 xiǔmù 명 썩은 나무, 쓸모없는 사람 | ★成器 chéngqì 통 그릇이 되다 | ★远走他乡 yuǎn zǒu tāxiāng 멀리 타향으로 떠나다 | 成熟 chéngshú 형 여물다, 성숙하다 | ★名厨大赛 míngchú dàsài 유명 요리 대회 | ★厨师 chúshī 명 요리사 | ★技艺 jìyì 명 기예 | ★色香味俱佳 sè xiāng wèi jù jiā 색, 향, 맛을 모두 갖추다 | ★评选 píngxuǎn 통 선정하다 | ★冠军 guànjūn 명 우승 | ★领奖台 lǐngjiǎngtái 명 시상대 | ★激动 jīdòng 통 흥분하다 | ★献给 xiàngěi 통 바치다 | ★期望 qīwàng 통 기대하다 | ★极度失望 jídù shīwàng 매우 실망하다 | ★钥匙 yàoshi 명 열쇠 | ★一扇门 yì shān mén 문 한 짝 | ★万万没有想到 wànwàn méiyǒu xiǎngdào 전혀 생각치 못하다 | ★获胜者 huòshèngzhě 명 우승자 | ★深情 shēnqíng 명형 깊은 정; 정이 두텁다 | ★骄傲 jiāo'ào 형 거만하다 | 苦苦寻觅 kǔkǔ xúnmì 열심히 찾다 | ★灰心 huīxīn 통 낙심하다 | ★条条大路通罗马 tiáotiáo dàlù tōng Luómǎ 목적을 달성하기 위해 여러 가지 방법이 있다, 모든 길은 로마로 통한다 | ★不只一个 bù zhǐ yí ge 한 개뿐만이 아니라 | ★失之东隅，收之桑榆 shī zhī dōngyú, shōu zhī sāngyú 성 아침에 잃어버리고 저녁에 얻다, 잃는 게 있으면 얻는 것도 있다 | ★天生我才必有用 tiān shēng wǒ cái bì yǒuyòng 사람은 태어나면서 한 가지 장점을 가지고 태어난다 | ★属于 shǔyú 통 ~에 속하다

공략 2. 300자 정도의 글로 축약하라

8분 동안 독해한 후 주요 내용과 표현을 원고지 여백에 쓰고 나서 본격적으로 쓴다. 글을 쓸 때 제목은 자기가 정해야 하는데, 너무 길게 쓰지 말고 간단한 명사구 정도로 쓴다. 제목을 정한 후에는 5단락 정도로 나누어 쓴다.

예제 ◉ 공략 1 예제 를 300자 내외로 줄여쓰세요.　　　난이도 中

모범 답안 (300자)

　　　　　　　属于自己的钥匙

　　一个男孩在求学路上屡遭失败和打击，母
亲在无奈之下，决定自己来培养他。可令人失
望的是他无论如何也学不好，在母亲看来，这
个男孩就是块朽木，已经无药可救了。

　　经历了几次失败的高考后，他决定远走他
乡去寻找自己的天地。

　　转眼几年过去了，当年不成器的小男孩已
长成了一个成熟的男子汉。在一次名厨大赛上，
他竟以优异的成绩取得了冠军。站在领奖台上，
他激动地对台下的母亲说："妈妈，我不是朽
木，尽管拿不到考入大学的钥匙，但我找到了
生活中属于我的钥匙。"

　　台下的母亲泪流满面，深情地对儿子说：
"你不是朽木，你是妈妈的骄傲。"

　　生活中总会遇到这样那样的打击和失败，
但不要灰心，相信条条大路通罗马，总有一把
钥匙是属于自己的。

내 열쇠

　한 남자아이가 공부로는 늘상 실패와 좌절을 겪었다. 엄마는 어쩔 수 없이 자신이 그를 가르치기로 결정했다. 그러나 아이에게 어떤 방법을 써도 공부를 못하자 실망스러웠다. 엄마가 보기에 이 아이는 썩은 나무처럼 대책이 더는 없었다.

　대학 입시에서 몇 번의 실패를 겪은 후, 그는 타향으로 가서 자신의 세상을 찾기로 결정했다.

　눈 깜짝할 사이에 몇 년이 지나가버렸다. 당시에 쓸모 있는 재목이 되지 못할 것이라고 생각했던 아이가 성숙한 사내대장부로 성장했다. 유명한 요리 대회에서 그는 우수한 성적으로 일등을 차지했다. 수상대에 서서 그는 무대 아래에 있는 엄마에게 흥분해서 말했다. "엄마, 저는 썩은 나무가 아니에요. 비록 대학에 들어가는 열쇠는 쥐지 못했지만 생활 속에서 저의 열쇠를 찾았어요."

　무대 아래에 있던 엄마는 온 얼굴이 눈물로 젖은 채 "너는 썩은 나무가 아니라 엄마의 자랑거리야"라고 다정하게 아들에게 말했다.

　생활에서 이런저런 충격과 실패에 맞닥뜨린다. 하지만 상심하지 마라. 방법은 여러 가지가 있고 언젠가는 열쇠가 자신의 것이 될 것이라고 믿는다.

쓰기

어휘　★在无奈之下 zài wúnài zhī xià 어쩔 수 없는 상황에서 | ★无论如何 wúlùn rúhé 어찌되던 간에 | ★无药可救 wú yào kě jiù 해결 방법이 없다 | ★天地 tiāndì 몡 천지, 세상 | ★转眼 zhuǎnyǎn 동 눈 깜짝하다 | ★当年 dāngnián 몡 그때 | ★男子汉 nánzǐhàn 몡 사내대장부 | ★尽管 jǐnguǎn 접 비록 ～라 할지라도 | ★这样那样 zhèyàng nàyàng 대 이래저래서

第 1 题：缩写。

　　这是一家刚成立的广告公司，规模小得可怜。创业初期，老板没有很多的钱去争取在闹市区的漂亮广告位，只剩下一些不显眼的地方供他斟酌。而对于这些位置，他的员工凭着职业习惯就全部否定了。

　　他笑笑说，我还是把它拿下吧。就在他买下那些不显眼的广告位之后，圈内一片哗然。

　　很快他们要着手联系一些广告业务了，虽然员工们都很勤奋，却丝毫没有进展。无奈之下，他只好亲自上阵。

　　那天，他去这个城市最大的一家啤酒公司联系业务。他介绍了自己广告位的情况后，那位经理一听便没了兴趣：“说实话，我对你的广告位根本没有兴趣，别说是20万元，就是两块钱我也没兴趣。”

　　他显然有些尴尬，但还是执著地说：“那么说，一块钱你就有兴趣了？”

　　那位经理笑了：“一块钱我当然有兴趣了，但你也不可能给我呀！”

　　这时，意外的事情发生了，他掏出合同，对那位经理说：“好！我就一块钱租给你一个月！”于是，在那位广告经理的错愕未消之前，他们的合同订了下来。

　　回到公司，他马上安排人员将一面广告牌挂到了那些广告位上，上面只写着几个大字：此广告位一元出租！

　　这些广告牌在一夜之间一下子成为这个城市关注的焦点。在人们的议论纷纷中，这些广告牌获得了极高的浏览率。

　　而半个月之后，那个著名的啤酒公司的广告登了上去，那位经理亲口告诉记者这一切都是真实的，他们只付了一块钱。人们惊讶不已。

　　就这样仿佛传奇般的经历，以极快的速度，让一个小小的广告公司一跃成为全城知名品牌，而那些广告牌也成了这座城市高价竞争的牌位。

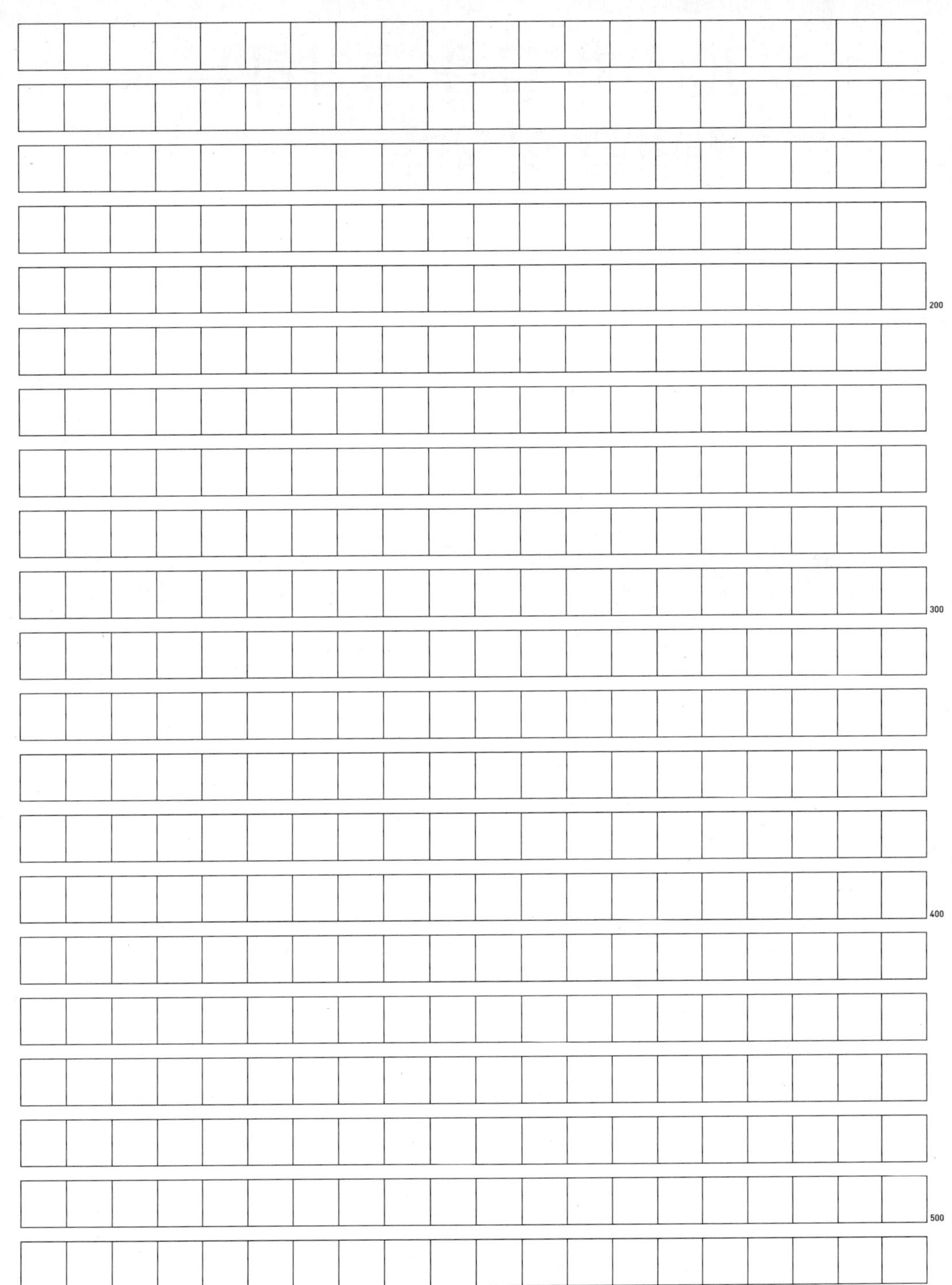

◆정답 및 해설_ 해설집 169쪽

1000자 글을 축약하는 방법을 익혀라

학습목표

✓ 1 1000자 문장을 속독하는 방법을 학습한다

✓ 2 글을 쓸 때 유용한 좋은 표현이나 성어를 암기한다

✓ 3 1000자 정도의 문장을 축약하는 노하우를 마스터한다

1000자 정도의 글을 가지고 축약하는 연습을 한다. 10분 동안 1000자 정도의 글을 읽은 후 35분 동안 400자 정도의 글로 축약한다. 이전까지 학습한 공략법을 바탕으로 쓰기 실력을 테스트해보자.

기초 실력 테스트 TEST

* 다음 글을 읽고 중요한 표현 6가지를 써보세요.

> 一家大型化妆品公司接到了以为顾客的投诉，说他买的一盒肥皂是空的。于是，这家公司立刻停止了生产，从包装部门一直调查到销售部门，直到找出肥皂到底是哪一环节遗失的。
>
> 很快，工程师设计了一个X光设备，它需要两个人来监控通过生产线的肥皂盒，以保证其中没有空盒。他们很成功，但也很辛苦。
>
> 一家小型化妆品公司也遇到了同样的情况，但是一名普通雇员用另一种方法解决了这个问题。他没有使用X光监视器，也没有使用其他昂贵的设备，而是买了一个大功率的风扇。他把风扇摆在生产线旁，肥皂盒一个个在风扇前通过，只要有空盒子便会被吹离生产线。
>
> 显然，工程师很努力，但是小公司雇员的方法更巧妙。

✦ **정답**_ 해설집 234쪽

6급 기출문제 맛보기

맛보기 　⦿ 다음 글을 400자 내외로 줄여쓰세요.

난이도 中 (994자)

　　有一位医生，虽然年纪大了，但医术非常高明，许多年轻人都愿意拜他为师。老医生最终选了其中的一位年轻人，让他帮忙看病。看病时，年轻医生成为得力助手，老医生理所当然是年轻医生的导师。由于两人合作无间，医院的患者与日俱增。为了分担看病时越来越多的工作量，避免患者等得太久，老医生决定分开看病，当然让年轻医生在一间独立的地方看病人。

　　年轻医生看病情比较轻微的患者，病情较严重的，由老医生出马。实行一段时间之后，指明挂号给年轻医生看诊的病人比例明显增加。

　　起初，老医生不觉得奇怪，心中却很高兴："小病都医好了，当然不会拖延成为大病，病患减少，我倒乐得轻松。"

　　直到有一天，老医生发现，有几位病人的病情更严重，但仍然坚持要让年轻医生看病，老医生对此现象百思不得其解。他心想："刚刚得到一项由医学会颁赠的大奖，这事刊登在新闻报纸的头版上，很多人肯定会看到的。"

　　还好，老医生和年轻医生两人彼此信赖，相处时没有心结，所以老医生并没有往坏处想，也就不至于怀疑年轻医生从中搞鬼，故意抢病人的地步。

　　有一天，老医生的妻子感冒了。妻子决定以普通人的身份，到那家医院去看病，顺便看看问题出在哪里，解开丈夫心中的疑惑。在医院里，负责挂号的护士很客气，并没有刻意暗示病人要挂哪一位医生的号。在介绍老医生和年轻医生时，也没有什么意外的地方。妻子环顾四周，仔细观察后发现，年轻医生的门诊挂号人数偏多，等候时间自然较长。所以有些病人在等候区聊起天来，交换彼此的看诊经验。妻子坐在他们之间，听了听他们对两位医生的看法。

　　有趣的发现是，年轻医生的经验虽然不够丰富，但就是因为他有自知之明，所以问诊时非常仔细，慢慢研究推敲，跟病人交流较多，也较深入。而且，他很亲切，客气，也常给病人加油打气："不用担心啦！回去多喝开水，睡眠要充足，很快就会好起来的。"类似的心灵鼓励，让他开出的药方更有加倍的效果。

　　回过来看看，妻子则发现，老医生这边的情况正好相反。经验丰富的他，看病速度很快。往往患者无需开口多说，他就知道问题出在哪里，资深加上专业，使得他的表情显得冷淡，仿佛他对病人的苦痛渐渐麻痹，缺少同情心。整个看病的过程，明明是很专业认真的，却容易使病人产生"漫不经心、草草了事"的误会，甚至让他们认为，他们的病好像与他无关。妻子回家后，告诉丈夫在医院里所经历的事情。老医生听了妻子的话后惊讶地张大了嘴巴。"嘿，有这么个道理啊？"说完，他就默默无言，并陷入了深思。

전공략 新HSK 두달에 6급 따기

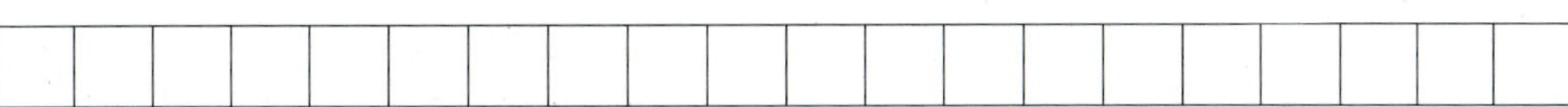

<table>
<tr><td></td><td></td><td></td><td></td><td></td><td></td><td></td><td></td><td></td><td></td><td></td><td></td><td></td><td></td><td></td><td></td><td></td><td></td></tr>
</table>

有一位医生，虽然年纪大了，但医术非常高明，许多年轻人都愿意拜他为师。老医生最终选了其中的一位年轻人，让他帮忙看病。看病时，年轻医生成为得力助手，老医生理所当然是年轻医生的导师。由于两人合作无间，医院的患者与日俱增。为了分担看病时越来越多的工作量，避免患者等得太久，老医生决定分开看病，当然让年轻医生在一间独立的地方看病人。

年轻医生看病情比较轻微的患者，病情较严重的，由老医生出马。实行一段时间之后，指明挂号给年轻医生看诊的病人比例明显增加。

起初，老医生不觉得奇怪，心中却很高兴："小病都医好了，当然不会拖延成为大病，病患减少，我倒乐得轻松。"

直到有一天，老医生发现，有几位病人的病情更严重，但仍然坚持要让年轻医生看病，老医生对此现象百思不得其解。他心想："刚刚得到一项由医学会颁赠的大奖，这事刊登在新闻报纸的头版上，很多人肯定会看到的。"

还好，老医生和年轻医生两人彼此信赖，相处时没有心结，所以老医生并没有往坏处想，也就不至于怀疑年轻医生从中搞鬼，故意抢病人的地步。

有一天，老医生的妻子感冒了。妻子决定以普通人的身份，到那家医院去看病，顺便看看问题出在哪里，解开丈夫心中的疑惑。在医院里，负责挂号的护士很客气，并没有刻意暗示病人要挂哪一位医生的号。在介绍老医生和年轻医生时，也没有什么意外的地方。妻子环顾四周，仔细观察后发现，年轻医生的门诊挂号人数偏多，等候时间自然较长。所以有些病人在等候区聊起天来，交换彼此的看诊经验。妻子坐在他们之间，听了听他们对两位医生的看法。

한 의사가 있었는데 나이는 많지만 의술이 매우 뛰어나 많은 젊은이들이 그를 스승으로 모시고 싶어 했다. 노의사는 최종적으로 그중 한 젊은이를 선택했고 그가 진찰을 도와주게 했다. 진찰할 때 젊은 의사는 유능한 조수가 되었고 노의사는 당연히 젊은 의사의 선생이었다. 두 사람은 팀워크가 좋아 병원을 찾는 환자도 날이 갈수록 증가했다. 그래서 진찰할 때 갈수록 많아지는 업무량을 분담하고 환자가 오래 기다리지 않도록 하기 위해 노의사는 나누어 진찰하기로 결정했다. 당연히 젊은 의사에게 개별적인 장소에서 환자를 보도록 했다.

젊은 의사는 병세가 비교적 경미한 환자를 진찰하고 병세가 심한 환자는 노의사가 나서서 맡았다. 이렇게 한 지 얼마 지난 후, 젊은 의사에게 진찰을 받는 환자의 비율이 두드러지게 증가했다.

처음에 노의사는 이상하게 여기지 않았고 오히려 마음속으로 '작은 병을 잘 고치면 당연히 큰 병이 되지도 않을 것이고, 질병이 줄어들면 나는 오히려 수월해지겠지' 하며 매우 기뻐했다.

어느 날 노의사는 환자 몇 명이 병세가 심하지만 여전히 젊은 의사에게 진찰을 받으려고 하는 것을 발견했다. 노의사는 이 현상을 도무지 이해할 수 없었지만 마음속으로 '의학계에서 수여한 큰 상을 얼마 전에 받아서 이 일이 뉴스와 신문 1면에 게재되면 많은 사람들이 분명히 보게 될 거야'라고 생각했다.

그래도 괜찮은 것이 노의사와 젊은 의사는 서로 믿고 지내면서 별 나쁜 감정이 없었기 때문에 노의사는 결코 나쁜 방향으로 생각하지 않았다. 즉 젊은 의사가 가운데서 음모를 꾸며 고의로 환자를 빼앗아간다고는 생각하지 않았다.

어느 날 노의사의 아내가 감기에 걸렸다. 아내는 일반인의 신분으로 그 병원에 진찰을 받으러 가서, 간 김에 문제가 어디에 있는지 살펴보고 남편 마음속에 있는 의혹을 풀기로 결정했다. 병원에서 접수를 담당하는 간호사는 매우 예의 바르고 결코 고의적으로 환자를 어느 의사에게 접수하도록 암시하지 않았다. 노의사와 젊은 의사를 소개할 때도 의외의 것은 없었다. 아내는 여러 방면으로 생각하고 자세히 관찰한 결과, 젊은 의사가 진료하는 곳에 접수하는 사람 수가 유독 많았고 기다리는 시간은 저절로 길어질 수밖에 없다는 것을 발견했다. 그래서 어떤 환자들이 대기실에서 서로 진찰했던 경험을 이야기했다. 아내는 그들 사이에 앉아서 그들이 가지고 있는 두 의사에 대한 생각을 들었다.

有趣的发现是，年轻医生的经验虽然不够丰富，但就是因为他有自知之明，所以问诊时非常仔细，慢慢研究推敲，跟病人交流较多，也较深入。而且，他很亲切，客气，也常给病人加油打气："不用担心啦！回去多喝开水，睡眠要充足，很快就会好起来的。"类似的心灵鼓励，让他开出的药方更有加倍的效果。

回过来看看，妻子则发现，老医生这边的情况正好相反。经验丰富的他，看病速度很快。往往患者无需开口多说，他就知道问题出在哪里，资深加上专业，使得他的表情显得冷淡，仿佛他对病人的苦痛渐渐麻痹，缺少同情心。整个看病的过程，明明是很专业认真的，却容易使病人产生"漫不经心、草草了事"的误会，甚至让他们认为，他们的病好像与他无关。妻子回家后，告诉丈夫在医院里所经历的事情。老医生听了妻子的话后惊讶地张大了嘴巴。"嘿，有这么个道理啊？"说完，他就默默无言，并陷入了深思。

젊은 의사는 경험이 풍부하지는 않지만, 자신의 결점을 알고 있기 때문에 진찰할 때 굉장히 꼼꼼하고 곰곰이 연구하고 생각하며 환자와의 교류가 비교적 많고 깊다는 점이 흥미로웠다. 게다가 그는 매우 친절하고 예의 바르며 항상 환자에게 힘을 주며 "걱정하지 마세요, 집에 가서 따뜻한 물을 많이 드시고 푹 주무시면 빨리 좋아지실 거예요"와 같은 재치 있는 격려를 해주기 때문에 그가 내려주는 처방전은 배의 효과가 있었다.

돌아와 생각해보니 아내는 노의사의 상황은 정반대임을 발견했다. 경험이 풍부한 그는 진찰 속도가 매우 빠르다. 종종 환자가 말할 필요도 없이 그는 문제가 어디에 있는지 알았고 베테랑에다가 전문의라는 이유로 표정을 더욱더 냉담해 보이게 만들었다. 마치 환자의 고통에 대해서는 점점 무디어져 동정심이 부족한 것처럼 보였다. 모든 진찰 과정은 분명 매우 전문적이고 성의껏 하지만 환자들의 마음에는 '전혀 아랑곳하지 않고, 대충대충 한다'는 오해가 생기게 했다. 심지어 환자들에게 자신들의 병은 마치 의사와 무관하다고 느끼게 했다. 아내가 집으로 돌아와 남편에게 병원에서 겪었던 일을 들려주었다. 노의사는 아내의 말을 듣고 놀라 입을 크게 벌리고 "아, 이런 이치가 있었군" 하고 말한 뒤 묵묵히 깊은 생각에 빠졌다.

어휘　★医术高明 yīshù gāomíng 의술이 뛰어나다 | ★拜他为师 bài tā wéi shī 그를 스승으로 모시다 | ★得力 délì 图 도움을 받다 | ★助手 zhùshǒu 圆 조수 | ★理所当然 lǐ suǒ dāng rán 웹 도리적으로 당연하다 | ★合作无间 hézuò wújiàn 팀워크가 잘 되다 | ★患者 huànzhě 圆 환자 | ★与日俱增 yǔ rì jù zēng 셉 날이 갈수록 증가하다 | ★分担 fēndān 图 분담하다 | ★工作量 gōngzuòliàng 圆 작업량 | ★避免 bìmiǎn 图 피하다 | ★独立 dúlì 图 독립하다, 홀로 서다 | ★病情 bìngqíng 圆 병세 | ★轻微 qīngwēi 웹 약하다 | ★严重 yánzhòng 웹 위급하다 | ★由……出马 yóu……chūmǎ ~가 일을 도맡다 | ★挂号 guàhào 图 접수시키다 | ★看诊 kànzhěn 图 진찰하다 | ★比例 bǐlì 圆 비율 | ★明显增加 míngxiǎn zēngjiā 눈에 띄게 증가하다 | ★拖延 tuōyán 图 지연하다 | ★病患 bìnghuàn 圆 질병 | ★百思不得其解 bǎisī bùdé qí jiě 아무리 생각해도 납득이 되지 않다 | ★大奖 dàjiǎng 圆 대상 | ★颁赠 bānzèng 图 주다 | ★刊登 kāndēng 图 게재하다 | ★头版 tóubǎn 圆 제1면 | ★彼此信赖 bǐcǐ xìnlài 서로 신뢰하다 | ★往坏处想 wǎng huàichu xiǎng 나쁜 쪽으로 생각하다 | ★怀疑 huáiyí 图 의심하다 | ★搞鬼 gǎoguǐ 图 수작을 부리다 | ★故意 gùyì 图 고의로 | ★抢病人 qiǎng bìngrén 환자를 빼앗아가다 | ★顺便 shùnbiàn 图 겸사겸사, ~하는 김에 | ★解开 jiěkāi 图 열다, 답을 풀다 | ★疑惑 yíhuò 图 의심하다 | ★负责 fùzé 图 책임지다 | ★刻意 kèyì 图 고심하여 | ★暗示 ànshì 图 암시하다 | ★意外 yìwài 웹 뜻밖의 | ★环顾四周 huángù sìzhōu 주위를 둘러보다 | ★门诊 ménzhěn 圆 외래 진찰 | ★偏多 piān duō 지나치게 많다 | ★等候 děnghòu 图 기다리다 | ★等候区 děnghòuqū 圆 대기실 | ★自知之明 zì zhī zhī míng 웹 자신을 정확히 알다 | ★推敲 tuīqiāo 图 자구를 다듬다, 헤아리다 | ★深入 shēnrù 깊이 들어가다 | ★亲切 qīnqiè 웹 친절하다 | ★加油 jiāyóu 파이팅, 힘을 내다 | ★打气 dǎqì 图 바람을 넣다, 격려하다 | ★睡眠充足 shuìmián chōngzú 수면이 충분하다 | ★鼓励 gǔlì 图 북돋우다 | ★药方 yàofāng 圆 처방 | ★加倍 jiābèi 图 배가 되다 | ★相反 xiāngfǎn 图 상반되다 | ★无需 wúxū 图 ~할 필요가 없다 | ★资深 zīshēn 웹 경력이 오랜, 베테랑의 | ★冷淡 lěngdàn 웹 쌀쌀하다, 냉정하다 | ★苦痛 kǔtòng 圆 고통 | ★麻痹 mábì 图 둔감하게 하다 | ★漫不经心 màn bù jīng xīn 웹 전혀 신경을 쓰지 않다 | ★草草了事 cǎo cǎo liǎo shì 웹 일을 대충하고 끝내다 | ★张大嘴巴 zhāngdà zuǐba 입을 크게 벌리다 | ★默默无言 mò mò wú yán 웹 아무런 말이 없다 | ★陷入深思 xiànrù shēnsī 깊은 생각에 빠지다

모범 답안 (414자)

　　　　　老医生与小医生
（주요 인물）

　　有一位老医生，医术非常高明。他有一位
年轻的助手，工作也相当出色。由于医院的患
者与日俱增，所以老医生决定让这位助手独立
（성어）
看病。

　　年轻医生看病情轻微的病人，而病情严重
（而를 통해 두 명의 의사 대비）
的则由老医生负责。一段时间过去后，找年轻
（由……负责의 고정 형식）　　（过时间后로 표현하지 말 것）
医生看病的人越来越多，起初老医生很高兴。
　　　　　　　　　　　　　　（刚开始의 문어체）
直到有一天，他看到几位病情很严重的病人也
排队等年轻医生看病，这让他百思不得其解。
　　　　　　　　　　　　　　　（성어）
　　有一天，老医生的妻子感冒了。她决定以
普通人的身份去看病，顺便看看年轻医生究竟
（以자 구문）　　　　　　　　　　　（到底보다 좋은 표현）
怎么回事？就在她排队等待时，听到了旁边一
些病人的聊天。也终于知道了年轻医生受欢迎
的原因究竟是什么？

　　原来，尽管年轻医生经验不够丰富，但他
（앞에 있는 물음에 대한 대답）
态度非常和气，总是仔细地询问病人的情况，
并对他们说一些鼓励的话。比如："不用担心
多喝开水！睡眠要充足等等。"

　　而老医生呢？因为他经验丰富，医术高超
（질문을 던지고 물음에 대한 답 제시）
往往不用患者开口，他就知道问题在哪里。所

以 让 病 人 感 觉 他 太 冷 淡 了 ， 不 够 热 情 。

妻 子 回 家 后 ， 将 在 医 院 的 经 历 告 诉 了 丈 夫，

老 医 生 听 后 默 默 无 语 ， 陷 入 了 深 思 。

（将 → 把의 문어체）
（默默无语 → 성어와 호응 구조）

노의사와 젊은 의사

의술이 빼어난 한 노의사가 있었다. 그에게는 젊은 조수가 있는데, 일을 상당히 잘했다. 병원의 환자가 나날이 증가하자, 노의사는 그 조수에게 단독으로 환자를 진찰하게 했다.

젊은 의사에게는 병세가 경미한 환자를 보게 했고, 병세가 심한 사람은 노의사가 담당했다. 얼마 지난 후에 젊은 의사에게 진찰 받으려는 사람이 나날이 증가했다. 처음에 노의사는 매우 기뻤다. 어느 날 그는 병세가 심각한 사람 몇 명도 줄을 서서 젊은 의사에게 진찰을 받으려고 하는 것을 보았는데, 그는 아무리 생각해도 이해할 수 없었다.

하루는 노의사의 부인이 감기에 걸렸다. 그녀는 일반인 신분으로 진찰을 받으러 가는 김에 젊은 의사가 도대체 어찌된 일인지 보려고 했다. 그녀가 기다리고 있을 때 옆에 있는 환자들이 이야기하는 것을 들었다. 그리고 젊은 의사가 환영을 받는 이유가 뭔지를 알게 되었다.

알고 보니, 젊은 의사는 경험이 풍부하지는 않지만 태도가 매우 온화하고 늘 꼼꼼하게 환자의 상황을 물어보았고, 예를 들어 '걱정 마시고 따뜻한 물을 많이 마시세요! 잠은 충분히 주무세요' 등 그들에게 격려의 말을 했다.

그럼 노의사는? 그는 경험이 풍부하고 의술이 뛰어나기에 환자들이 종종 말을 하지 않아도 문제가 어디에 있는지 알았다. 그래서 환자들은 그가 너무 냉담하고 친절하지 않다고 느꼈다.

부인이 집으로 돌아온 이후에 병원에서의 경험을 남편에게 말해주었다. 노의사는 듣고 난 이후에 묵묵히 깊은 생각에 빠졌다.

어휘 ★出色 chūsè 〔형〕 대단히 뛰어나다 | ★究竟 jiūjìng 〔부〕 도대체 | ★询问 xúnwèn 〔동〕 알아보다 | ★开口 kāikǒu 〔동〕 입을 열다

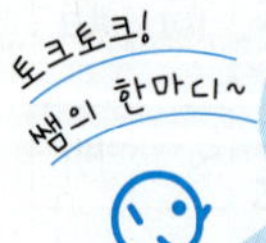

지금까지 학습한 공략을 바탕으로 축약 연습을 해보세요. 반드시 자신이 직접 써보고 모범 답안과 비교해본 후 원문과 모범 답안에 제시된 좋은 표현이나 성어, 중요한 구조 등은 꼭 외워두세요.

6급 쓰기 공략 하기

공략 1. '6+2+2' 법칙을 따르라

쓰기 영역에서는 10분 동안 독해를 해야 하는데, 10분은 독해에만 할애할 수 있는 시간이 아니다. 6분 정도는 대략적인 의미를 이해하고, 2분 동안은 주요 핵심 내용을 파악해 옥석을 구분하고, 마지막 2분은 주요 내용과 표현법을 암기해야 한다.

10분 ＝ 6분(독해) ＋ 2분(핵심 내용 파악) ＋ 2분(주요 내용과 표현 암기)

예제 ● '6+2+2'의 시간 배분 원칙에 따라 읽은 후 암기한 좋은 표현이나 내용을 쓰세요. 난이도 中 (909자)

　　她是一个不幸的女孩。大学刚刚毕业便因一场车祸而双目失明，接着相爱三年的男友也弃她而去，她的世界一下子失去了所有的美好。艰难地走过那段泥泞之后，她决定在生活中求证自己。

　　她摸索着去了许多家公司应聘，可人家一看她黯淡无光的眼睛便婉言把她打发了，经过太多的失败，她原本坚定的心有些动摇了。那天她又去了一家公司，开门见山地对经理说："贵公司所有应聘的条件我都符合，只是我的双眼什么也看不见，如果给我机会我就试试看，如果不能我也没有怨言。"说完她站起身准备向门外走，"等等。"一直沉默的经理叫住了她，说："欢迎你来我们公司就职，只是鉴于你现在的情况，准备先安排你每天接听业务电话，你看可以吗？"她的心一下充满了喜悦，欣然应允了。

　　没几天的时间她便和公司的每个职员都熟悉了，他们都给她尽可能的帮助。一个月过去，她心里有些烦，每天的工作只是守着一部电话，这根本不是她想做的。而且，她似乎总能听见别人在议论她，自从失明以后，她的听觉变得异常灵敏。经理似乎看出了她的异常，对她说："别着急，再过些天就让你正面接触公司的业务！"她心里又升起了希望。

　　然而，时间一天天过去，经理却再也没有提起过这件事。而且这几天公司里的每个人都怪怪的，好像有什么事在隐瞒着她。每个周末下午的娱乐活动也取消了，而改成了加班，每次加班她都可以不来。她忽然冒出一个想法，是不是大家因为讨厌她才把周末的娱乐说成了加班，目的就是不让她参加？她忽然愤怒无比。

又一个周末，经理果然又宣布下午加班，她心里冷笑了一下。到了下午，她出人意料地来到公司，每个部门都没人，她想他们一定在会议室联欢。而当她推开会议室的门，并没有听到欢歌笑语，好像许多人在忙碌着什么。经理吃惊地问："你怎么来了？"她没有回答，反问："你们在加什么班？"经理笑了笑说："好，也不隐瞒你了。为了能让你尽快接手公司业务，我们请了人把公司所有的业务方面的资料都做成了盲文，而我知道你在家是学过盲文的！再有一个周末就会完成了，你就可以开始正常的工作了！"

那一刻，她站在那里无声地哭了，虽然她看不见他们的表情，却能感觉出他们温暖的目光和真诚的心跳！她在生活中的求证成功了，这世上还是好人多，她决定要用自己的努力去回报他们的一片真情！

표현 一场车祸 / 双目失明 / 弃她而去 / 应聘 / 开门见山 / 时间一天天过去 / 心里冷笑了一下 / 盲文 / 一片真情

내용 一个双目失明的女孩好不容易找到了工作——但她觉得公司里的人都怪怪的——最终却发现同事们为了她加班翻译盲文

해석

她是一个不幸的女孩。大学刚刚毕业便因一场车祸而双目失明，接着相爱三年的男友也弃她而去，她的世界一下子失去了所有的美好。艰难地走过那段泥泞之后，她决定在生活中求证自己。

她摸索着去了许多家公司应聘，可人家一看她黯淡无光的眼睛便婉言把她打发了，经过太多的失败，她原本坚定的心有些动摇了。那天她又去了一家公司，开门见山地对经理说："贵公司所有应聘的条件我都符合，只是我的双眼什么也看不见，如果给我机会我就试试看，如果不能我也没有怨言。"说完她站起身准备向门外走，"等等。"一直沉默的经理叫住了她，说："欢迎你来我们公司就职，只是鉴于你现在的情况，准备先安排你每天接听业务电话，你看可以吗？"她的心一下充满了喜悦，欣然应允了。

그녀는 불행한 여자아이이다. 대학을 막 졸업한 후에 자동차 사고로 두 눈을 실명했다. 그러고는 사귄지 3년이 된 남자 친구가 그녀를 버리고 가버렸다. 그녀의 세상은 한순간에 모든 아름다움이 사라져버렸다. 힘들게 진탕에 빠진 시기를 거쳐 그녀는 생활 속에서 자신을 찾기로 결정했다.

그녀는 많은 회사를 찾아가 지원했지만 사람들은 그녀의 안 보이는 눈을 보자마자 완곡하게 그녀를 내쫓았다. 여러 차례 실패를 겪자 원래 굳건했던 그녀의 마음도 조금은 흔들렸다. 그날 그녀는 또 다른 회사를 갔고 단도직입적으로 사장에게 "귀사의 모든 채용 조건에 제가 다 부합되지요. 눈이 안 보인다는 것만 빼고요. 만약 저에게 기회를 주신다면 한번 해보겠어요. 하지만 안 돼도 저도 원망하지 않아요"라고 말했다. 말을 마치고서 그녀는 일어나서 문밖으로 나가려는데, 줄곧 침묵을 지키고 있던 사장이 "잠깐만요" 하고 그녀를 불러 세우면서 말했다. "우리 회사에서 일하게 된 것을 환영합니다. 다만 현재의 상황을 감안한다면 먼저 매일 업무상 걸려오는 전화를 받게 하고 싶은데 가능할가

쓰기

没几天的时间她便和公司的每个职员都熟悉了，他们都给她尽可能的帮助。一个月过去，她心里有些烦，每天的工作只是守着一部电话，这根本不是她想做的。而且，她似乎总能听见别人在议论她，自从失明以后，她的听觉变得异常灵敏。经理似乎看出了她的异常，对她说："别着急，再过些天就让你正面接触公司的业务!"她心里又升起了希望。

然而，时间一天天过去，经理却再也没有提起过这件事。而且这几天公司里的每个人都怪怪的，好像有什么事在隐瞒着她。每个周末下午的娱乐活动也取消了，而改成了加班，每次加班她都可以不来。她忽然冒出一个想法，是不是大家因为讨厌她才把周末的娱乐说成了加班，目的就是不让她参加?她忽然愤怒无比。

又一个周末，经理果然又宣布下午加班，她心里冷笑了一下。到了下午，她出人意料地来到公司，每个部门都没人，她想他们一定在会议室联欢。而当她推开会议室的门，并没有听到欢歌笑语，好像许多人在忙碌着什么。经理吃惊地问："你怎么来了?"她没有回答，反问："你们在加什么班?"经理笑了笑说："好，也不隐瞒你了。为了能让你尽快接手公司业务，我们请了人把公司所有的业务方面的资料都做成了盲文，而我知道你在家是学过盲文的! 再有一个周末就会完成了，你就可以开始正常的工作了!"

那一刻，她站在那里无声地哭了，虽然她看不见他们的表情，却能感觉出他们温暖的目光和真诚的心跳! 她在生活中的求证成功了，这世上还是好人多，她决定要用自己的努力去回报他们的一片真情!

요?" 그녀의 마음은 갑자기 기쁨으로 가득 찼고 흔쾌히 동의했다.

며칠 되지 않아서 그녀는 회사의 모든 직원들과 잘 알게 되었고 그들은 그녀를 힘껏 도와주었다. 한 달이 지난 후에 그녀는 마음속으로 약간 짜증이 났다. 매일 하는 일이 전화만 받는 일인데, 이것은 그녀가 하고 싶었던 일이 전혀 아니다. 게다가 그녀는 늘상 다른 사람들이 그녀한테 이러쿵저러쿵 하는 것처럼 들렸다. 실명한 이후에 그녀는 청각적으로 아주 발달했고 예민해졌다. 사장은 그녀가 좀 심상치 않다는 것을 알아채고 "서두르지 마세요. 며칠 있다가 본격적으로 회사 일을 접할 수 있을 테니"라고 말했다. 그녀의 마음속에 희망이 용솟음쳤다.

그러나 하루하루 시간이 흘러가도 사장님은 다시 이 일을 언급하지 않았고 게다가 회사 사람들은 모두 이상했다. 마치 무슨 일을 그녀에게 속이고 있는 것 같았다. 매주 주말 오후에 하던 오락 행사도 취소하고 추가 근무를 했지만 그녀는 매번 일을 하지 않아도 됐다. 그녀는 갑자기 생각이 났다. 모두들 그녀가 싫어서 주말에 하던 오락 행사도 일로 바꾸고 그녀를 못 오게 하려는 의도가 아닌가? 그녀는 갑자기 미칠 듯이 화가 났다.

또 주말이 되자 사장은 과연 생각대로 오후에 추가 근무를 하라고 했고 그녀는 냉소를 지었다. 오후에 그녀는 갑자기 회사에 왔다. 부서마다 사람들이 없자 그녀는 그들이 회의실에서 놀고 있을 것이라고 생각했다. 그러나 그녀가 회의실 문을 열자 웃음소리는 들리지 않았고 많은 사람들이 마치 바삐 무언가 하고 있는 것 같았다. 사장은 놀라서 물었다. "어쩐 일이지?" 그녀는 대답 없이 반문했다. "지금 추가로 해야 할 일이 있나요?" 사장은 웃으면서 말했다. "자, 이제는 그만 속이겠네. 자네가 빨리 회사 일을 인수 받게 하기 위해서 회사의 모든 자료를 점자로 만들려고 사람들을 불렀어. 자네가 집에서 점자를 배웠다는 걸 알고 있네. 일주일이면 완성될 테니까, 자네는 곧 정상적인 일을 시작할 수 있을 거야!"

그 순간 그녀는 거기에 서서 소리 없이 울었다. 그들의 표정을 볼 수는 없지만 그들의 따스한 눈빛과 진실한 심장소리를 들을 수 있었다. 그녀는 생활 속에서 구하던 성공을 했다. 그리고 이 세상에는 아직도 좋은 사람이 많기에 그녀는 자신의 노력으로 그들의 진심에 보답해야겠다고 마음먹었다.

어휘　★不幸 búxìng 혱 불행하다 | ★便 biàn 뿐 곧 | ★车祸 chēhuò 차 사고 | ★双目失明 shuāngmù shīmíng 두 눈이 실명되다 | ★相爱三年 xiāng'ài sān nián 삼년 동안 서로 사랑하다 | ★弃她而去 qì tā ér qì 그녀를 버리고 떠나가다 | ★艰难 jiānnán 혱 곤란하다 | 泥泞 nínìng 뗑 진창 | 求证 qiúzhèng 통 증거를 찾다, 증명하기를 요구하다 |

★摸索 mōsuǒ 통 모색하다 | ★应聘 yìngpìn 통 지원하다 | 黯淡无光 àndàn wúguāng 빛이 없어서 어둡다 | ★婉言 wǎnyán 명 완곡한 말 | ★打发 dǎfa 통 내쫓다, 해고하다 | ★原本 yuánběn 명 원래 | ★坚定 jiāndìng 형 꿋꿋하다 | ★动摇 dòngyáo 통 흔들리다 | ★开门见山 kāi mén jiàn shān 성 단도직입적으로 본론에 들어가다 | ★符合 fúhé 통 맞다, 부합하다 | ★怨言 yuànyán 명 원망하는 말 | ★沉默 chénmò 통 침묵하다 | ★就职 jiùzhí 통 부임하다 | ★鉴于 jiànyú 통 ~의 점에서, ~에 비추어 보아 | 业务 yèwù 명 업무 | ★充满喜悦 chōngmǎn xǐyuè 기쁨이 가득하다 | ★欣然应允 xīnrán yīngyǔn 흔쾌히 허락하다 | ★守着 shǒuzhe 통 함께 지내다, 옆에서 지키다 | ★异常 yìcháng 형 심상치 않다, 이상하다 | ★灵敏 língmǐn 형 영민하다 | ★正面 zhèngmiàn 명 정면 | ★升起 shēngqǐ 일어나다, 생기다 | ★隐瞒 yǐnmán 통 숨기다, 가리다 | ★娱乐活动 yúlè huódòng 오락 활동 | ★冒出一个想法 màochū yí ge xiǎngfa 생각 하나가 떠오르다 | ★宣布 xuānbù 통 선포하다 | ★冷笑 lěngxiào 통 냉소하다 | ★出人意料 chū rén yì liào 성 예상을 벗어나다 | ★联欢 liánhuān 통 함께 모여 즐기다 | ★欢歌笑语 huān gē xiào yǔ 성 즐겁게 노래하고 재미있는 이야기를 하다 | ★忙碌 mánglù 형 서두르다 | ★反问 fǎnwèn 통 반문하다 | ★盲文 mángwén 명 점자 | ★目光 mùguāng 명 시선, 눈빛 | ★真诚 zhēnchéng 형 진실하다 | ★心跳 xīntiào 통 심장이 뛰다 | 回报 huíbào 통 보고하다 | ★真情 zhēnqíng 명 진심

공략 2. 400자 정도의 글로 축약하라

10분 동안 독해한 후에 주요 내용과 좋은 표현을 외워서 메모한 후, 본격적으로 글을 쓴다.

예제 ● 공략 1 예제 에 제시된 글을 400자 내외로 줄여쓰세요. 난이도 中

쓰기

정답&공략 ➡

모범 답안　(394자)

							温	暖	人	间									

（글의 주제）

| | 她 | 是 | 个 | 不 | 幸 | 的 | 女 | 孩 | ， | 大 | 学 | 刚 | 刚 | 毕 | 业 | 因 | 为 | 一 |

| 场 | 车 | 祸 | 双 | 目 | 失 | 明 | ， | 相 | 恋 | 三 | 年 | 的 | 男 | 友 | 离 | 她 | 而 | 去 | 。 |

（좋은 표현）　　（'离开了她'보다 좋은 표현）

| | 她 | 去 | 应 | 聘 | 了 | 很 | 多 | 公 | 司 | ， | 可 | 都 | 被 | 拒 | 绝 | 了 | 。 | 有 |

| 一 | 天 | ， | 她 | 又 | 去 | 了 | 一 | 家 | 公 | 司 | ， | 一 | 进 | 去 | 便 | 开 | 门 | 见 | 山 |

（就의 문어체）　100

| 地 | 说 | 自 | 己 | 各 | 方 | 面 | 条 | 件 | 都 | 不 | 错 | ， | 只 | 是 | 双 | 眼 | 看 | 不 | 见 | ， |

如果不给她机会的话也无怨言。说完就往外走，
这时沉默已久的老板告诉她她被录取了。
她的工作只是每天守着一部电话机，经理
原本答应很快就会给她安排新的任务，可是日
子一天天过去了，经理却再也没有提起这件事。
最近她觉得公司的同事都怪怪的，加班也
不让她参加，她怀疑公司的同事都讨厌她。有
一天老板又说周末加班时，她不禁在心里冷笑
了一下。于是周末加班时，她出人意料地来到
了公司，发现的结果却令她大吃一惊，原来同
事们为了让她能尽快接手公司业务，利用周末
时间将公司所有材料翻译成盲文。
她的泪不由自主地流了下来。虽然看不见，
但她能感受到每个人温暖的目光和真诚的心跳。
她发誓用自己的努力去回报他们的一片真情。

따뜻한 세상

그녀는 불행한 여자아이다. 대학을 막 졸업했을 때 차 사고로 두 눈이 실명되었고 3년 사귄 남자 친구가 그녀를 떠났다.

그녀는 많은 회사에 응시했지만 모두 거절당했다. 하루는 그녀는 또 다른 회사에 갔다. 들어가자마자 단도직입적으로 자신은 여러 방면에 조건은 갖추었지만 두 눈이 안 보인다고 했다. 그러고는 기회를 주지 않아도 원망하지 않겠다고 말했다. 말을 마친 후 그녀는 밖으로 나갔다. 이때 오랜 시간 침묵하고 있던 사장은 그녀를 채용하겠다고 했다.

그녀가 하는 일은 매일 전화를 지키는 것이다. 원래 사장은 빠른 시일 안에 그녀에게 새로운 일을 주기로 동의했으나 하루하루 시간이 흘러도 사장은 이 일에 대해 언급하지 않았다.

최근 그녀는 회사 동료들이 이상하다는 느낌이 들었다. 자신에게 늦게까지 일하라고 하지도 않자 그녀는 회사 동료들이 모두 그녀를 싫어한다고 의심했다. 하루는 사장님이 또 주말에 일하라고 했을 때 그녀는 마음속으로 자기도 모르게 냉소를 지었다. 그래서 주말에 사람들이 일할 때 그녀는 뜻밖에도 회사에 갔다. 그런데 그녀는 크게 놀랄 만한 일을 발견하게 되었다. 알고 보니 동료들은 그녀가 빨리 업무를 인수 받게 하기 위해서 주말 시간을 이용해서 회사의 모든 자료를 점자로 번역하고 있었던 것이다.

그녀는 자기도 모르게 눈물을 흘렸다. 비록 볼 수는 없지만 그녀는 모든 사람들의 따뜻한 눈빛과 진실한 심장 소리를 느낄 수 있었다. 그녀는 자신이 노력해서 그들의 진심에 보답해야겠다고 맹세했다.

어휘 ★拒绝 jùjué 동 거부하다, 거절하다 | ★沉默已久 chénmò yǐ jiǔ 침묵한 지 이미 오래되었다 | ★不禁 bùjīn 부 자기도 모르게 | ★令她大吃一惊 lìng tā dà chī yì jīng 그녀를 크게 놀라게 하다 | ★尽快 jǐnkuài 부 되도록 빨리 | ★接手业务 jiēshǒu yèwù 일을 인수 받다 | ★不由自主 bù yóu zì zhǔ 성 자신도 모르게 | ★发誓 fāshì 동 맹세하다

第 1 题：缩写。

　　一次和朋友在街上闲逛，路旁有个垃圾堆，清洁工人已经把垃圾都装上了车，可是车却怎么也发动不起来，那个清洁工很着急。朋友忙跑过去，不顾脏乱和难闻的气味，用力地帮他推车。几经努力，车终于启动了。我对朋友说："你也不嫌脏，那味儿多难闻！"朋友看着我，给我讲了一个故事。

　　在他上大学的时候，校园后面的围墙下是一个大垃圾场，学校里每天都有大量的垃圾被堆放到这里。有一个50多岁的老工人开着一辆破旧的车来运垃圾，一车一车，每天不知要跑多少趟。在一次上大课的时候，白发的老教授忽然问了大家一个与课堂内容不相关的问题："你们谁能告诉我每天运走校园垃圾的那个人的名字？"大家一片茫然，老教授又问："那你们谁能给我描述一下那个人的样子？"下面仍然一片寂静。老教授感叹地说："你们不会注意他的！因为他只是一个运垃圾的。谁会想到10年前，他也曾站在这里给学生们讲课！后来他因病告别了讲台，几年后病体恢复，他没有应邀再来授课，而是买了一辆旧货车，每天往城外运送校园里的垃圾，不要一分钱！"学生们都呆了，仿佛在听着一个美丽的童话，可是这是现实，是撞痛人心的现实！

　　老教授接着说："今天早晨我经过那个垃圾堆，他的车陷在泥里，束手无策。当时有很多晨跑的大学生经过他身旁，却看也不看他一眼，是我帮他把车推上来的。一个人应该理解别人的劳动，更应该尊重别人的劳动，关心别人，在别人有困难时主动伸出双手，是做人应具备的最起码的品质。可我们大学生又做了些什么呢？没有一个健全的心灵，有再多的知识又有什么用？"

　　阶梯教室里静得可以听见大家忏悔的心跳，老教授的话像一柄重锤，敲开了每个人心中的一扇门，那一刻，大家仿佛长大了许多。

　　我问："后来呢？"

　　朋友说："有一次在往车上装垃圾时，他的病忽然发作，倒在垃圾堆上，再也没有起来！他的追悼会，几乎所有的学生都参加了！"

　　我默然，为自己刚才的心态而羞愧。很久以后的一个夏天，我和女友一起逛街，路过一个臭味冲天的垃圾场，一群清洁工人正在清理。女友一脸厌烦地掩住鼻子，神情很是不屑。我说："你不该这样看他们，没有他们就没有清洁的城市！"然后我给她讲了朋友说的那个故事。她听完，停住脚步，回头凝视着那一群身影，久久不语。

100

200

300

400

500

+ 정답 및 해설_ 해설집 171쪽

전공략 新HSK

두달에 6급 따기

JRC 중국어연구소 기획
차오진옌 지음
박정순·권연은 번역

40일 6급 공략

해설집

맛있는 books

전공략 新HSK
두달에 6급 따기 해설집

개정판 1쇄 발행 2014년 3월 28일
개정판 4쇄 발행 2018년 1월 15일

저자	차오진옌
번역	박정순 ｜ 권연은
기획	JRC 중국어연구소
발행인	김효정
발행처	맛있는books
등록번호	제300-2002-42호
편집	최정임 ｜ 이소연 ｜ 김소연 ｜ 조해천
디자인	신은지 ｜ 최여랑
제작	박선희
영업	김영한 ｜ 강민호
홍보	이지연
웹마케팅	오준석 ｜ 김희영

주소	서울 강남구 테헤란로 109, 8층
전화	**구입 문의** 02.567.3837, 02.567.3861 ｜ **내용 문의** 02.567.3860
팩스	02.567.2471
홈페이지	www.booksJRC.com

ISBN	978-89-98444-34-1 14720
	978-89-98444-28-0 (세트)
정가	27,000원

이 도서의 국립중앙도서관 출판시도서목록(CIP)은 서지정보유통지원시스템 홈페이지(http://seoji.nl.go.kr)와
국가자료공동목록시스템(http://www.nl.go.kr/kolisnet)에서 이용하실 수 있습니다. (CIP제어번호 : CIP2014007826)

차례

01 day 동의어와 유사 구조에 주의하라

🎧 01-7 **본책_ 43쪽**

정답 1. C   2. B   3. D   4. A   5. C   6. A   7. D   8. B

---

1   난이도 中   공략 Key 前卫의 의미 파악

概念车可以理解为未来汽车，<u>汽车设计师利用概念车向人们展示新颖、独特、超前的构思</u>，反映了人们对先进汽车的梦想与追求。概念车往往只是处在创意、试验阶段，也许永不投产。

A 概念车产量很大
B 概念车只是一种梦想
Ⓒ 概念车设计前卫
D 概念车能节约能源

콘셉트 자동차는 미래형 자동차로 이해할 수 있는데, 자동차 디자이너는 사람들에게 콘셉트 자동차를 이용해 <u>참신하고 독특하며 시대를 앞선 아이디어를 선보여</u>, 사람들이 선진형 자동차에 대해 꿈꾸거나 추구하는 것을 반영한다. 콘셉트 자동차는 종종 그저 창의적인 실험 단계에만 머물러, 영원히 생산에 들어가지 않기도 한다.

A 콘셉트 자동차의 생산량은 아주 많다
B 콘셉트 자동차는 단지 일종의 꿈에 불과하다
Ⓒ 콘셉트 자동차는 디자인이 혁신적이다
D 콘셉트 자동차는 에너지를 절약할 수 있다

공략 보기 C에서 前卫는 바로 본문에서 언급한 新颖, 超前과 같은 의미이며, 주로 '思想前卫(사상이 혁신적이다)'의 형태로 쓰인다. '利用概念车向人们展示新颖、独特、超前的构思'라는 부분에서, 콘셉트 자동차는 사람들에게 참신하고 독특하며 또 시대를 앞선 아이디어를 선보인다는 것을 알 수 있다.

어휘 概念车 gàiniànchē 몡 콘셉트 자동차 | 可以理解为 kěyǐ lǐjiě wéi ~으로 이해되다 | 未来汽车 wèilái qìchē 미래형 자동차 | ★汽车设计师 qìchē shèjìshī 자동차 디자이너 | ★展示 zhǎnshì 동 보이다, 드러내다 | ★新颖 xīnyǐng 혱 참신하다 | ★独特 dútè 혱 독특하다 | 超前 chāoqián 혱 앞서다, 뛰어넘다 | 构思 gòusī 구상, 아이디어 | ★反映 fǎnyìng 동 반영하다 | 永不投产 yǒng bù tóuchǎn 영원히 생산에 들어가지 않다

---

2   난이도 下   공략 Key 동일한 의미의 구문 찾기

<u>明星访谈是指邀请具有一定知名度的人士做嘉宾</u>，通过语言交流的方式来展示其个性、人生历程和态度的<u>谈话节目</u>。由于被访谈对象具有一定知名度和影响力，所以节目更容易受到观众的喜爱和关注。

A 主持人具有知名度
Ⓑ 明星访谈是谈话节目
C 被访谈对象影响力不大
D 节目关注度不高

<u>스타 탐방은</u> 어느 정도 인지도를 갖춘 사회 인사를 게스트로 초대하여, 그 사람의 개성 및 인생과 삶에 대한 태도에 대해 이야기를 나누는 방식으로 펼쳐지는 <u>토크쇼 프로그램이다</u>. 초대되는 게스트가 어느 정도 인지도나 영향력을 가진 분들이어서, 프로그램은 시청자들의 깊은 사랑과 관심을 더욱 쉽게 받게 되었다.

A 사회자는 인지도를 가지고 있다
Ⓑ 스타 탐방은 토크쇼 프로그램이다
C 출연자는 사회적 영향력이 크지 않은 인물이다
D 프로그램에 대한 관심도가 높지 않다

공략 첫 문장 '明星访谈是指邀请具有一定知名度的人士做嘉宾, ……谈话节目'의 시작 부분과 끝 부분이 보기 B와 동일한 의미임을 알 수 있다.

어휘 明星访谈 míngxīng fǎngtán 스타 탐방 | ★具有知名度 jùyǒu zhīmíngdù 인지도를 갖추다 | ★嘉宾 jiābīn 몡 손님, 게스트 | 展示个性 zhǎnshì gèxìng 개성을 드러내다 | 人生历程 rénshēng lìchéng 몡 인생 여정 | 谈话节目 tánhuà jiémù 토크쇼 프로그램 | 被访谈对象 bèi fǎngtán duìxiàng 초대된 손님 | ★影响力 yǐngxiǎnglì 몡 영향력 | ★受到观众的喜爱和关注 shòudào guānzhòng de xǐ'ài hé guānzhù 시청자들의 사랑과 관심을 받다

3

不同的颜色对人的影响也不同，蓝色主要影响视觉，可以减轻身体对糖分的敏感度。手术后伤口正在恢复的患者可以选择蓝色的床单，被罩以及其他家居用品。或者将房间刷成蓝色，这些都对减轻伤口的疼痛有一定的帮助。

A 蓝色能提高视力
B 蓝色家具可治病
C 人对蓝色很敏感
Ⓓ 蓝色能减轻疼痛

각기 다른 색상은 사람에 대해 미치는 영향 또한 각각 다르다. 파란색은 주로 시각에 영향을 미치는데, 인체가 당분에 대해 느끼는 민감도를 줄여준다. 수술 후 상처가 회복 중인 환자가 파란색 침대 시트나 이불 커버 또는 실내 용품을 사용하거나 방을 파란색으로 칠하는 것은 통증을 감소시키는 데 어느 정도 도움이 된다.

A 파란색은 시력을 향상시킨다
B 파란색 가구는 병을 치료할 수 있다
C 사람은 파란색에 대해 매우 민감하다
Ⓓ 파란색은 통증을 감소시킨다

공략 '……蓝色，这些都对减轻伤口的疼痛有一定的帮助'라는 부분과 보기 D는 동일한 의미임을 알 수 있다.

어휘 颜色 yánsè 몡 색상 | 蓝色 lánsè 몡 파란색 | ★视觉 shìjué 몡 시각 | ★减轻 jiǎnqīng 툉 감소시키다 | 糖分 tángfèn 몡 당분 | 对……的敏感度 duì……de mǐngǎndù ~에 대한 민감도 | 手术 shǒushù 몡 수술 | ★恢复 huīfù 툉 회복하다 | ★患者 huànzhě 몡 환자 | ★床单 chuángdān 몡 침대 시트 | ★被罩 bèizhào 몡 이불 커버 | ★以及 yǐjí 젭 그리고, 및 | 家居用品 jiājū yòngpǐn 몡 실내 용품 | 将房间刷成蓝色 jiāng fángjiān shuāchéng lánsè 방을 파란색으로 칠하다 | ★减轻疼痛 jiǎnqīng téngtòng 통증을 줄여주다

4

你爱吃虾皮吗？它可是一个又实惠又好吸收的补钙食品，一勺虾皮的含钙量相当于四杯牛奶。价格却比牛奶便宜得多。在做菜做汤的时候放一些虾皮，就可以很好地起到补钙作用。除了钙以外，虾皮还富含各种海洋矿物质。

Ⓐ 虾皮含钙量高
B 虾皮比牛奶贵
C 虾皮用来做汤最好
D 多吃虾皮无益

당신은 작은 새우(虾皮)를 즐겨 먹는가? 작은 새우는 경제적이면서 인체에 잘 흡수되는 칼슘 보충 식품이라고 할 수 있는데, 작은 새우 한 스푼에 함유된 칼슘의 양은 우유 네 잔에 들어있는 칼슘의 양에 맞먹는다. 그런데 그 가격은 우유에 비해 훨씬 싸다. 요리를 할 때 작은 새우를 조금 넣어 조리하면, 칼슘 섭취에 도움이 된다. 또한 칼슘 외에도, 작은 새우는 각종 해양 광물질을 다량으로 함유하고 있다.

Ⓐ 작은 새우는 칼슘 함유량이 높다
B 작은 새우는 우유보다 비싸다
C 작은 새우는 국으로 끓이기에 가장 좋다
D 작은 새우는 많이 먹어도 아무런 도움이 되지 않는다

공략 '一勺虾皮的含钙量相当于四杯牛奶'라는 부분과 보기 A는 동일한 의미임을 알 수 있다.

어휘 虾皮 xiāpí 몡 쪄서 말린 작은 새우 | ★实惠 shíhuì 혱 경제적이다, 실용적이다 | 好吸收 hǎo xīshōu 흡수가 잘 되다 | ★补钙食品 bǔgài shípǐn 몡 칼슘 보충 식품 | ★一勺 yì sháo 한 스푼 | 含钙量 hángàiliàng 칼슘 함유량 | ★相当于 xiāngdāngyú 툉 ~과 같다, ~에 맞먹다 | ★比……便宜得多 bǐ……piányi de duō ~보다 훨씬 싸다 | 做汤 zuò tāng 국을 끓이다 | ★起作用 qǐ zuòyòng 도움이 되다, 작용을 하다 | ★除了……以外，还…… chúle……yǐwài, hái…… ~ 외에 또 ~ | ★富含 fùhán 툉 풍부하게 함유하다 | 海洋矿物质 hǎiyáng kuàngwùzhì 해양 광물질

5

某杂志进行过一次调查，其结果显示，虽然谦逊是一种美德，但在当今社会并不一定适用于男性。研究人员发现，<u>女性不喜欢太谦逊、羞于在人前展示才气的男性</u>。更青睐自信，甚至有点自傲的男性。

A 男性不需要谦逊
B 谦虚不再是美德了
Ⓒ 女性不喜欢太谦逊的男性
D 过于谦虚就是骄傲

어느 잡지에서 한 차례 조사를 진행했는데 그 결과에 따르면, 비록 겸손이 일종의 미덕이긴 하지만, 요즘 사회에서는 남성에게 반드시 적용되는 것은 아니라고 한다. 연구원이 밝힌 바로는, <u>여성은 지나치게 겸손하거나 사람들 앞에서 자신의 재능을 드러내는 것을 수줍어하는 남성을 좋아하지 않는다고 한다.</u> 자신감이 있는, 심지어는 조금 거만해 보이는 남성에게 더 호감을 느낀다고 한다.

A 남자는 겸손할 필요가 없다
B 겸손은 더 이상 미덕이라고 할 수 없다
Ⓒ 여성은 지나치게 겸손한 남성을 좋아하지 않는다
D 지나친 겸손은 교만이다

공략 '女性不喜欢太谦逊、羞于在人前展示才气的男性'이라는 부분과 보기 C는 동일한 의미임을 알 수 있다.

어휘 ★某 mǒu 때 어느 | ★杂志 zázhì 몡 잡지 | ★结果显示 jiéguǒ xiǎnshì 결과가 나타내다 | ★谦逊 qiānxùn 혱 겸손하다 | 美德 měidé 몡 미덕 | 在当今社会 zài dāngjīn shèhuì 요즘 사회에서 | 并不一定 bìng bù yídìng 반드시 ~한 것은 아니다 | 适用于 shìyòng yú ~에 적용되다 | ★男性 nánxìng 몡 남성 | ★研究人员 yánjiū rényuán 몡 연구원 | 羞于 xiū yú ~하는 데에 수줍어하다 | ★展示才气 zhǎnshì cáiqì 재능을 드러내다 | ★青睐 qīnglài 동 호감을 느끼다, 흥미를 가지다 | ★自信 zìxìn 혱 자신감이 있다 | ★自傲 zì'ào 혱 거만하다, 교만하다

6

研究表明，志愿者活动不仅能给那些需要帮助的人提供帮助，<u>而且也能给志愿者本人带来身体上的健康和心理上的愉悦</u>。有数据显示，那些年龄大的志愿者，比同龄的非志愿者寿命更长。

Ⓐ 志愿者活动有助于身心健康
B 非志愿者寿命更长
C 志愿者都很乐观
D 志愿者都年龄较大

연구가 밝힌 바에 따르면, 자원봉사 활동은 도움을 필요로 하는 사람들에게 도움을 주는 것 외에도, <u>자원봉사자 본인에게 신체상의 건강과 심리상의 즐거움도 가져다준다.</u> 데이터 자료에 따르면, 일부 나이가 많은 자원봉사자들은 같은 연령의 비자원봉사자들보다 수명이 더 길다고 한다.

Ⓐ 자원봉사 활동은 심신 건강에 도움이 된다
B 자원봉사를 하지 않는 사람의 수명이 더 길다
C 자원봉사자들은 모두 낙천적이다
D 자원봉사자들은 모두 나이가 비교적 많다

공략 '能给志愿者本人带来身体上的健康和心理上的愉悦'라는 부분과 보기 A는 동일한 의미임을 알 수 있다.

어휘 ★研究表明 yánjiū biǎomíng 연구가 밝히다 | ★志愿者活动 zhìyuànzhě huódòng 자원봉사 활동 | ★不仅能……而且能…… bùjǐn néng……érqiě néng…… ~할 수 있는 것 외에 ~도 할 수 있다 | ★本人 běnrén 몡 본인 | ★给……带来 gěi……dàilai ~에게 ~을 가져다주다 | 身体上 shēntǐ shang 신체상의 | ★健康 jiànkāng 몡 건강 | 心理上 xīnlǐ shang 심리상의 | 愉悦 yúyuè 혱 즐겁다 | ★数据显示 shùjù xiǎnshì 데이터가 밝히다 | ★年龄 niánlíng 몡 연령 | ★同龄 tónglíng 동 나이가 같다 | 非志愿者 fēi zhìyuànzhě 몡 비자원봉사자 | ★比……更…… bǐ……gèng…… ~보다 더 ~하다

　　而今，票房是电影界最热门的一个话题。票房无疑是这个时代电影最大的神话。<u>谁赢了票房谁就不战自胜</u>，谁就是这个时代当之无愧的文化英雄。但是票房是衡量一部影片的一种尺度，却不是唯一的尺度。

A　票房高电影一定好看
B　票房对电影影响不大
C　电影最重要的是票房
Ⓓ　票房影响电影成败

　　현재 박스오피스는 영화계에서 가장 뜨거운 화제이다. 박스오피스가 이 시대 영화계 최대의 신화라는 것은 의심할 여지가 없다. <u>박스오피스 순위 안에만 들면 그 영화는 흥행불패를 기록하게 되고</u>, 이로써 이 시대의 손색없는 문화 영웅으로 여겨진다. 하지만 박스오피스는 영화를 평가하는 하나의 기준일 뿐 영화를 판단하는 유일한 척도는 아니다.

A　박스오피스 순위가 높은 영화는 재미있는 영화이다
B　박스오피스는 영화에 대해 별 영향을 끼치지 않는다
C　영화에서 가장 중요한 것은 박스오피스 순위이다
Ⓓ　박스오피스는 영화의 성패에 영향을 끼친다

듣기
제1부분

공략　'谁赢了票房谁就不战自胜'이라는 부분과 보기 D는 동일한 의미임을 알 수 있다.

어휘　★票房 piàofáng 몡 박스오피스 | 电影界 diànyǐngjiè 영화계 | ★热门 rèmén 몡 많은 사람들에게 인기 있는 것 | 话题 huàtí 몡 화제 | ★无疑 wúyí 동 의심할 여지가 없다 | 神话 shénhuà 몡 신화 | ★谁……谁就…… shéi……shéi jiù…… ~이 ~하면 그 ~이 바로 ~하다 | 不战自胜 bú zhàn zì shèng 흥행불패 | 当之无愧 dāng zhī wú kuì 셩 그 임무를 맡아도 손색이 없다 | 文化英雄 wénhuà yīngxióng 몡 문화 영웅 | ★衡量 héngliáng 동 평가하다, 따지다 | ★一部影片 yí bù yǐngpiàn 영화 한 편 | ★却 què 뷔 그렇지만, 오히려 | ★唯一 wéiyī 혱 유일하다 | 尺度 chǐdù 몡 기준, 척도

　　有人认为是日新月异的现代医学促使人类个子增高，也有人认为现代营养学的发展使营养学知识变得家喻户晓。人们生活水平提高了，孩子们获得的营养越来越充足。<u>因而一代比一代长得高。</u>

A　现代人营养知识不够
Ⓑ　现代人普遍比古代人高
C　医学使每个人都很高
D　孩子们营养过于充足

　　어떤 이들은 빠르게 발전하는 현대 의학이 사람들의 신장을 커지게 한다고 생각하고, 또 어떤 이들은 현대 영양학의 발전이 모든 사람들에게 영양에 관한 지식들을 알게 해주었기 때문에 사람들의 신장이 커지는 것이라고 생각한다. 사람들의 생활 수준은 예전보다 높아졌고 아이들은 갈수록 충분한 영양을 섭취하게 되었다. <u>그리하여 나날이 신장이 더 커지게 된 것이다.</u>

A　현대인들은 영양에 대한 지식이 부족하다
Ⓑ　현대인들은 보편적으로 고대인들보다 키가 더 크다
C　의학이 사람들의 키를 더 크게 만들었다
D　아이들의 영양 섭취가 과도하게 많다

공략　'因而一代比一代长得高'라는 부분과 보기 B는 동일한 의미임을 알 수 있다.

어휘　★日新月异 rì xīn yuè yì 셩 빠르게 발전하다, 나날이 새롭다 | 现代医学 xiàndài yīxué 몡 현대 의학 | 促使 cùshǐ 동 ~하도록 재촉하다 | ★增高 zēnggāo 동 높아지다, 향상되다 | 营养学 yíngyǎngxué 몡 영양학 | ★变得…… biàn de…… ~하게 변하다 | ★家喻户晓 jiā yù hù xiǎo 셩 누구나 다 알고 있다 | 水平提高 shuǐpíng tígāo 수준이 높아지다 | ★获得营养 huòdé yíngyǎng 영양을 얻다 | ★营养充足 yíngyǎng chōngzú 영양이 충분하다 | ★因而 yīn'ér 젭 따라서, 그리하여 | 一代比一代 yídài bǐ yídài 대가 갈수록 | 长得高 zhǎng de gāo 신장이 크다, 키가 크다

| 정답 | 1. B | 2. A | 3. D | 4. B | 5. A | 6. D | 7. A | 8. C |

1

난이도 中 　공략 Key 동일한 의미의 문장 찾기

退一步并不是怯弱无能，有时恰恰是继续前进的一种策略，退是为了更快更有力的前进。正如跳高、跳远，我们退后的距离也正是我们冲刺的跑道。适当地后退能让我们跳得更远、跃得更高。

A 跳高时后退作用不大
Ⓑ 后退有时是为了前进
C 退就是怯弱无能
D 要前进一定要后退

한 걸음 뒤로 물러서는 것이 결코 겁이 많고 나약하며 무능한 것은 아니다. 때로는 바로 계속 전진하기 위한 일종의 전략으로, 뒤로 물러서는 것은 더 빠른 속도로 더 힘차게 전진하기 위함이다. 예를 들면 높이뛰기나 멀리뛰기에서, 뒷걸음질하는 거리는 바로 막판 역주하는 트랙 거리와 맞먹는다. 적당하게 뒷걸음질하는 것은 우리를 더 멀리 뛰게 해주고 또 더 높이 뛰어오르게 해준다.

A 높이뛰기할 때 뒷걸음질하는 것은 별 효과가 없다
Ⓑ 뒷걸음질하는 것은 때로는 전진하기 위함이다
C 뒤로 물러서는 것은 겁이 많고 나약하며 무능한 것이다
D 전진하려면 반드시 뒷걸음질해야 한다

공략　'有时恰恰是继续前进的一种策略，退是为了更快更有力的前进'이라는 부분과 보기 B는 동일한 의미임을 알 수 있다.

어휘　退一步 tuì yíbù 한 걸음 뒤로 물러서다 | ★并不是 bìng bú shì 결코 ~이 아니다 | 怯弱无能 qièruò wúnéng 겁이 많고 나약하며 무능하다 | 恰恰是 qiàqià shì 바로 ~이다 | ★继续前进 jìxù qiánjìn 계속 전진하다 | ★策略 cèlüè 명 전략, 방책 | 是为了 shì wèile ~은 ~하기 위함이다 | ★跳高 tiàogāo 명 높이뛰기 | ★跳远 tiàoyuǎn 명 멀리뛰기 | ★距离 jùlí 명 거리 | 冲刺 chōngcì 통 막판 역주하다 | ★跑道 pǎodào 명 트랙 | 适当地 shìdàng de 적당하게 | 跃 yuè 통 뛰어오르다. 도약하다

2

난이도 中 　공략 Key 동일한 의미의 문장 찾기

人的心情真的很奇怪，它很容易被某种因素左右，有时候是被环境左右，有时候是被别人左右。而更多时候心情却被我们自己所左右，因此能否保持好的心情，关键还在于我们自己。

Ⓐ 心情是由自己决定的
B 好心情跟环境无关
C 人不可能天天好心情
D 人常因为别人不高兴

사람의 기분이라는 것이 참 이상해서, 어떤 요인들로 인해 쉽게 좌지우지되는데, 때로는 환경에 의해 좌우되기도 하고, 때로는 다른 사람에 의해 좌우되기도 한다. 그렇지만 기분은 오히려 우리 자신에 의해 좌지우지되는 경우가 더 많기 때문에, 좋은 기분을 유지할 수 있느냐 없느냐의 관건은 우리 자신에게 있다.

Ⓐ 기분은 자기 자신에 의해 결정되는 것이다
B 좋은 기분은 환경과 아무런 관계가 없다
C 사람은 매일매일 좋은 기분일 수는 없다
D 사람은 자주 다른 사람 때문에 기분이 좋지 않다

공략　'因此能否保持好的心情，关键还在于我们自己'라는 부분과 보기 A는 동일한 의미임을 알 수 있다.

어휘　★奇怪 qíguài 형 이상하다 | ★容易 róngyì 형 쉽다 | ★被……左右 bèi……zuǒyòu ~에 의해 좌지우지되다 | ★某种因素 mǒu zhǒng yīnsù 어떤 요인 | ★而……却…… ér……què…… 그렇지만 오히려 | ★被……所…… bèi……suǒ…… ~에 의해 ~되다 | ★能否 néngfǒu ~할 수 있는가 없는가 | ★保持好心情 bǎochí hǎo xīnqíng 좋은 기분을 유지하다

3

会说话和说好话并不相同。会说话的人并不会一味地说好话，就像会做人的人并不会一味地当好人。如果只说不得罪人的好话，当不得罪人的好人，<u>就会渐渐变成没有原则的老好人。也失去别人对你的好感和重视</u>。

A 会说话就是说好话
B 好人不得罪人
C 人一定要有原则
Ⓓ 老好人会失去别人的好感

말을 잘하는 것과 좋은 말을 하는 것은 결코 같지 않다. 말을 잘하는 사람이 무턱대고 좋은 말만 하는 것은 아닌데, 이는 마치 처세에 능한 사람이 무턱대고 좋은 사람이 될 수 없는 것과 같다. 만약에 남에게 미움을 사지 않는 좋은 말만 하고 남에게 미움을 사지 않게 그저 좋은 사람이 되려고만 한다면, 점점 원칙 없이 그저 늘 좋기만 한 사람으로 여겨져서, <u>다른 사람들이 당신에 대해 가지고 있던 호감이나 관심을 잃을 수도 있다</u>.

A 말을 잘한다는 것은 바로 좋은 말을 한다는 것이다
B 좋은 사람은 남에게 미움을 사는 일이 없다
C 사람은 반드시 원칙을 가지고 있어야 한다
Ⓓ 항상 좋기만 한 사람은 다른 사람들의 호감을 잃게 될 수도 있다

공략 '……老好人。也失去别人对你的好感和重视'라는 부분과 보기 D는 동일한 의미임을 알 수 있다.

어휘 ★并不相同 bìng bù xiāngtóng 결코 같지 않다 | ★并不会 bìng bú huì 결코 ~일 리가 없다 | ★一味地 yíwèi de 무턱대고, 단순하게 | 就像 jiù xiàng 바로 ~과 같다 | ★会做人 huì zuòrén 처세에 능하다 | 当好人 dāng hǎorén 좋은 사람이 되다 | ★如果……就…… rúguǒ……jiù…… 만약에 ~한다면 ~이다 | 得罪 dézuì 图 미움을 사다 | ★渐渐 jiànjiàn 图 점점 | ★变成 biànchéng ~으로 변하다 | 没有原则 méiyǒu yuánzé 원칙이 없다 | ★老好人 lǎohǎorén 몡 늘 좋기만 한 사람 | ★失去 shīqù 图 잃다 | 对……的好感和重视 duì……de hǎogǎn hé zhòngshì ~에 대한 호감과 관심

4

<u>每个人都会有缺憾</u>，这是免不了的。但正是因为有缺憾人生才有更多的可能性。这何尝不是一件值得高兴的事情呢？与其以悲观的态度来面对这些缺憾，倒不如将它变成一种动力使人生变得更有意义。

A 缺憾会给人带来成功
Ⓑ 人生总会有缺憾
C 缺憾都是高兴的事
D 悲观带来缺憾

모든 사람들은 다 부족한 점이 있고, 이것은 불가피한 것이다. 그렇지만 부족한 점이 있기 때문에 인생을 살아가는 데 있어 더 많은 가능성을 가질 수 있으므로, 이 역시 기뻐할 만한 일이 아니겠는가? 비관적인 태도로 자신의 부족한 점을 대하기보다는 그 부족한 점을 원동력으로 삼아 인생을 더 의미 있게 바꾸어나가는 것이 훨씬 낫다.

A 부족한 점이 성공을 가져다줄 수도 있다
Ⓑ 인생에서는 항상 부족한 점이 있기 마련이다
C 부족한 점은 다 기쁜 일이다
D 비관적인 태도가 부족한 점을 생기게 한다

공략 '每个人都会有缺憾'이라는 부분과 보기 B는 동일한 의미임을 알 수 있다.

어휘 有缺憾 yǒu quēhàn 부족한 점이 있다 | ★免不了 miǎnbuliǎo 图 불가피하다 | ★正是因为……才…… zhèngshì yīnwèi……cái…… 바로 ~ 때문에 비로소 ~이다 | ★何尝不是……呢? hécháng bú shì……ne? ~이 아니겠는가? | 值得高兴 zhídé gāoxìng 기뻐할 만한 가치가 있다 | ★与其……不如…… yǔqí……bùrú…… ~하기보다는 ~하다 | 以……态度来面对…… yǐ……tàidu lái miànduì…… ~한 태도로 ~을 대하다 | ★将……变成…… jiāng……biànchéng…… ~을 ~으로 바꾸다 | ★动力 dònglì 몡 원동력 | ★变得更有意义 biàn de gèng yǒu yìyì 더 의미 있게 바꾸다

듣기 제1부분

許多时候，我们只看到了成功者头上巨大的光环，却往往忽视了这背后流淌过的汗水。如果，你只付出一丁点努力，就不要奢望丰厚的回报。一分耕耘，一分收获，付出多少，就会得到多少。这个世界，就是这么公平。

Ⓐ 有付出才有回报
B 成功者都令人羡慕
C 努力就一定有收获
D 这个世界不太公平

우리는 늘 성공한 사람들의 머리 위에 비치는 거대한 후광만을 보고, 오히려 종종 그 뒤에서 그들이 흘린 땀은 별로 대수롭지 않게 여기는 경우가 있다. 만약 당신이 아주 조금의 노력만을 기울였다면, 그로 인해 큰 보답을 얻으려고 욕심을 부려서는 안 된다. 노력한 만큼 성과를 얻고, 대가를 지불한 그만큼만 얻게 된다. 이 세상은 이렇게 공평한 것이다.

Ⓐ 대가를 지불해야만 보답을 얻을 수 있다
B 성공한 사람들은 모두 다른 사람들의 부러움을 산다
C 노력에는 반드시 성과가 따르기 마련이다
D 이 세상은 그다지 공평하지 않다

공략 '一分耕耘，一分收获，付出多少，就会得到多少'라는 부분과 보기 A는 동일한 의미임을 알 수 있다.

어휘 ★成功者 chénggōngzhě 성공한 사람 | 巨大的光环 jùdà de guānghuán 거대한 후광 | ★往往 wǎngwǎng 🖳 종종 | 忽视 hūshì 🖳 소홀히 하다, 대수롭지 않게 여기다 | ★背后 bèihòu 🖳 뒤쪽, 뒤편 | 流淌的汗水 liútǎng de hànshuǐ 흘린 땀 | ★付出努力 fùchū nǔlì 노력을 기울이다 | ★一丁点 yìdīngdiǎn 🖳 아주 조금 | 奢望 shēwàng 🖳 과욕하다, 지나치게 바라다 | ★丰厚的回报 fēnghòu de huíbào 큰 보답 | ★一分耕耘，一分收获 yì fēn gēngyún, yì fēn shōuhuò 노력한 만큼 성과를 얻다 | 公平 gōngpíng 🖳 공평하다

看别人的生活时，我们总喜欢放大他们的幸福，忽略他们生活中的不幸。而在看待自己的生活时，往往忽略了自己的幸福，夸大了自己的烦恼。所以，我们对自己的生活，总是有太多的不满。

A 正确看待生活中的不幸
B 不要对自己不满
C 人们都有不幸的时候
Ⓓ 人们常会放大别人的幸福

다른 사람들의 삶을 볼 때, 우리는 늘 그들의 행복을 확대 해석하기를 좋아하지만, 그들 삶 중의 불행에 대해서는 대수롭지 않게 여긴다. 반면 자신의 삶을 대할 때, 우리는 종종 자신의 행복에 대해서는 대수롭지 않게 여기고 자신의 괴로움에 대해서는 과장해서 생각한다. 그렇기에 우리는 자신의 삶에 대해 항상 많은 불만을 가지는 것이다.

A 생활 속의 불행에 대해 정확하게 대해야 한다
B 자기 자신에 대해 불만을 가지지 말아야 한다
C 사람들은 누구나 다 불행한 때가 있기 마련이다
Ⓓ 사람들은 자주 다른 이들의 행복을 확대 해석한다

공략 '我们总喜欢放大他们的幸福'라는 부분과 보기 D는 동일한 의미임을 알 수 있다.

어휘 ★放大 fàngdà 🖳 확대하다 | ★忽略 hūlüè 🖳 소홀히 여기다, 대수롭지 않게 여기다 | ★看待 kàndài 🖳 대하다 | 夸大 kuādà 🖳 과장하다 | ★烦恼 fánnǎo 🖳 괴로움, 걱정 | ★对……有不满 duì……yǒu bùmǎn ~에 대해 불만이 있다

7

同一枝玫瑰，悲观者看到的是刺，乐观者看到的是花。**不同的心态与思维方式，会导致不同的结果与命运。**绝大部分成功者的心态是积极的，哪怕只有一线希望，也会全力以赴去争取。

Ⓐ 心态影响成败
B 悲观者不能成功
C 成功的人都乐观
D 努力就一定成功

같은 장미 한 송이를 두고 비관론자가 보는 것은 가시이고 낙관론자가 보는 것은 꽃이라고 한다. <u>서로 다른 심리 상태와 사고방식이, 각기 다른 결과와 운명을 만들어낼 수 있다.</u> 대다수 성공한 사람들의 심리 상태는 적극적이며, 그들은 설령 한 가닥의 희망뿐이라 해도 온 힘을 기울여 해내려고 노력한다.

Ⓐ 심리 상태가 성공과 실패에 영향을 끼친다
B 비관론자는 성공할 수 없다
C 성공한 사람들은 모두 다 낙관적이다
D 노력을 하면 반드시 성공한다

공략 '不同的心态……，会导致不同的结果与命运'이라는 부분과 보기 A는 동일한 의미임을 알 수 있다.

어휘 ★一枝玫瑰 yì zhī méigui 장미 한 송이 | ★悲观者 bēiguānzhě 비관론자 | ★乐观者 lèguānzhě 낙관론자 | 看到的 kàndào de 보는 것 | ★心态 xīntài 몡 심리 상태 | ★思维方式 sīwéi fāngshì 몡 사고방식 | ★导致 dǎozhì 동 일으키다, 야기하다 | 命运 mìngyùn 몡 운명 | ★绝大部分 jué dà bùfen 대부분 | ★积极 jījí 혱 적극적이다 | ★哪怕……也…… nǎpà……yě…… 설령 ~하더라도 ~하다 | ★一线希望 yíxiàn xīwàng 한 가닥의 희망 | ★全力以赴 quán lì yǐ fù 셩 온 힘을 다 기울이다 | 争取 zhēngqǔ 동 해내다, 얻어내다

8

一个人的身体健康是"1"，而财富、感情、事业、家庭等都是"1"后边的"0"。只有前面有了"1"，后边的"0"才有意义。如果没有了这个"1"，一切都将不存在。因此，对一个人来说，**最重要的就是要有一个健康的身体。**

A 事业和家庭不能忽视
B 财富比健康重要
Ⓒ 身体健康最重要
D 没有"1"就没有"0"

사람의 건강은 1이고 재산, 사랑, 사업, 가정 등은 모두 1 뒤의 0이다. 오직 앞의 1이 있어야만 뒤의 0이 비로소 의미가 있듯 만약 앞의 1이 없다면 모든 것은 존재하지 않게 된다. 따라서 사람에게 있어 <u>가장 중요한 것은 바로 건강한 신체이다.</u>

A 사업과 가정은 소홀히 해서는 안 된다
B 재산이 건강보다 중요하다
Ⓒ 건강이 가장 중요하다
D 1이 없으면 0도 없다

공략 마지막 부분인 '最重要的就是要有一个健康的身体'와 보기 C는 동일한 의미임을 알 수 있다.

어휘 ★身体健康 shēntǐ jiànkāng 몸이 건강하다 | ★财富 cáifù 몡 재산, 재물 | ★感情 gǎnqíng 몡 감정, 사랑 | ★事业 shìyè 몡 사업 | ★家庭 jiātíng 몡 가정 | ★只有……才…… zhǐyǒu……cái…… 오직 ~해야만 비로소 ~이다 | ★有意义 yǒu yìyì 의미가 있다 | ★一切 yíqiè 때 모든 것 | 将 jiāng 부 곧 | 不存在 bù cúnzài 존재하지 않다 | 因此 yīncǐ 젭 따라서 | ★对一个人来说 duì yí ge rén láishuō 사람에게 있어서 | ★最重要的就是 zuì zhòngyào de jiùshì 가장 중요한 것은 바로 ~이다

🎧 03-7 **본책_ 63쪽**

| 정답 | **1.** A | **2.** B | **3.** B | **4.** C | **5.** D | **6.** C | **7.** B | **8.** D |

1

난이도 上 공략 Key **方法를 통한 의미 파악**

中国有句老话，叫：授人以鱼，不如授人以渔。第一个"鱼"，是名词，指水里的鱼。第二个"渔"，是动词，指如何捕鱼。这句话指的是，如果想永远有鱼吃，就不能只想要一条鱼，<u>而是要懂得去要一个方法</u>。

Ⓐ 做事情方法最重要
B 第一个"鱼"是动词
C 这句话告诉我们如何捕鱼
D 做事情一定要坚持

중국에는 '사람에게 물고기(鱼)를 주는 것은 그에게 물고기 잡는 방법(渔)을 가르쳐주는 것만 못하'라는 속담이 있다. 첫 번째 '위(鱼)'는 명사로, 물속에 사는 물고기를 뜻한다. 두 번째 '위(渔)'는 동사로, 어떻게 물고기를 잡는지를 뜻한다. 이 문장이 의미하는 것은, 만약 물고기를 언제든 먹고 싶다면, 단지 물고기를 얻으려고만 할 것이 아니라 <u>(물고기를 잡는) 방법을 익혀야 한다는 것이다</u>.

Ⓐ 일을 할 때 방법이 가장 중요하다
B 첫 번째의 '위(鱼)'는 동사이다
C 이 문장은 우리에게 어떻게 물고기를 잡는지를 알려준다
D 일을 할 때는 반드시 꾸준히 해야만 한다

공략 마지막 문장 '而是要懂得去要一个方法'와 보기 A는 동일한 의미임을 알 수 있다.

어휘 ★老话 lǎohuà 몡 속담 | 授人以鱼，不如授人以渔 shòu rén yǐ yú, bùrú shòu rén yǐ yú 사람에게 물고기를 주는 것은 그에게 물고기 잡는 방법을 가르쳐주는 것만 못하다 | ★指 zhǐ 동 의미하다, 가리키다 | 捕鱼 bǔyú 동 물고기를 잡다 | ★懂得 dǒngde 동 알다, 이해하다

2

난이도 上 공략 Key **努力를 통한 의미 파악**

"笨鸟先飞"这个成语的意思是：笨拙的人应当早做准备，及早把想法付诸实践，这会比那些自认为聪明的人先达成目标。一个人先天条件有限，<u>但是只要后天肯努力，仍然可以达到预定的目的</u>。

A 不要自认为聪明
Ⓑ 努力能弥补笨拙
C 先天条件更重要
D 机会只喜欢有准备的人

'어리석은 새가 먼저 난다'라는 고사성어의 의미는, 능력이 다소 떨어지는 사람은 분명 남들보다 먼저 준비하고 또 남보다 먼저 자기 생각을 실천에 옮기므로, 이런 사람은 본인 스스로가 똑똑하고 잘났다고 여기는 그런 사람들보다 먼저 목표에 다다른다는 것이다. 사람은 선천적 조건은 제한적이지만, <u>후천적인 노력을 기울이기만 한다면 기대하는 목표에 도달할 수 있다</u>.

A 스스로 똑똑하다고 생각해서는 안 된다
Ⓑ 노력하면 자신의 서툰 면을 보완할 수 있다
C 선천적인 조건이 더 중요하다
D 기회는 오직 미리 준비하는 사람에게만 있다

공략 마지막 문장 '……努力，仍然可以达到预定的目的'는 노력하기만 하면 어리석은 사람도 성공할 수 있다는 내용이므로 보기 B와 동일한 의미임을 알 수 있다.

어휘 ★笨鸟先飞 bèn niǎo xiān fēi 솅 둔한 새가 먼저 난다, 부지런함으로 능력이 모자란 것을 메우다 | ★成语 chéngyǔ 몡 고사성어, 사자성어 | 笨拙 bènzhuō 혱 어리석다, 둔하다 | 及早 jízǎo 뷔 서둘러, 일찌감치 | ★把想法付诸实践 bǎ xiǎngfa fùzhū shíjiàn 생각을 실천에 옮기다 | ★自认为聪明 zì rènwéi cōngming 스스로 똑똑하다고 여기다 | ★达成目标 dáchéng mùbiāo 목표에 도달하다 | ★先天 xiāntiān 몡 선천(적) | ★后天 hòutiān 몡 후천(적) | ★肯 kěn 조동 기꺼이 ~하다 | ★达到目的 dádào mùdì 목표에 도달하다 | ★预定 yùdìng 동 예약하다, 예정하다

3

男人的钱包，女人的年龄被人们看作现代职场中的两大秘密。但是在网络上，许多人却热衷于把自己的详细收入，甚至日常开支都展示出来。网民们给它起了个形象的名字，叫"晒工资"。

A　女人的钱包是秘密
Ⓑ　**许多人在网上展示自己的收入**
C　网民们都喜欢晒工资
D　网民的收入一般不多

남자의 지갑과 여자의 나이는 사람들에게 현대 직장에서의 두 가지 큰 비밀로 여겨진다. 그런데 인터넷상에서는 많은 사람들이 자신의 상세한 수입, 심지어는 일상적인 지출 내역까지 열을 올려 공개하고 있다. 네티즌들이 이러한 현상에 생동감 있는 이름을 지어주었는데, 그것은 바로 '월급 공유'이다.

A　여성의 지갑은 비밀이다
Ⓑ　**많은 사람들이 인터넷에 자신의 수입을 드러낸다**
C　네티즌들은 모두 다 월급을 공유한다
D　네티즌들의 수입은 일반적으로 많지 않다

공략　'但是在网络上，许多人却热衷于把自己的详细收入，……展示出来'와 보기 B는 동일한 의미임을 알 수 있다.

어휘　★钱包 qiánbāo 몡 지갑 | ★看作 kànzuò 동 ~으로 여겨지다 | ★现代职场中 xiàndài zhíchǎng zhōng 현대 직장에서 | ★两大秘密 liǎng dà mìmì 두 가지 큰 비밀 | ★在网络上 zài wǎngluò shang 인터넷상에서 | 热衷于 rèzhōng yú ~에 열중하다 | ★把……展示出来 bǎ……zhǎnshì chūlai ~을 드러내다, ~을 보이다 | 详细收入 xiángxì shōurù 상세한 수입 | ★日常开支 rìcháng kāizhī 일상적인 지출 | ★网民 wǎngmín 몡 네티즌 | ★起名字 qǐ míngzi 이름을 짓다 | 形象的名字 xíngxiàng de míngzi 생동감 있는 이름 | ★晒工资 shài gōngzī 월급을 공유하다(晒는 영어 'share'를 한자로 음역한 것)

4

"月光族"意思是将每月赚的钱全部花光的一群人。大多都是年轻一代，他们喜欢追逐新潮，只要吃得开心、穿得漂亮，想买就买，根本不在乎钱财。这与父辈勤俭节约的消费观念截然不同。

A　"月光族"很有钱
B　老人不喜欢"月光族"
Ⓒ　**"月光族"喜欢追新潮**
D　"月光族"每天都开心

'월광족'이란 그 달에 번 돈을 그 달에 다 써버리는 사람들을 일컫는다. 대부분은 젊은 층인데 그들은 유행을 따르기를 좋아하며 즐겁게 먹고, 예쁘게 차려 입고, 사고 싶은 것은 사는데, 금전적인 문제는 전혀 개의치 않는다. 이는 아버지 세대의 근검 절약하는 소비 관념과는 완전히 다르다.

A　월광족은 돈이 매우 많다
B　노인들은 월광족을 좋아하지 않는다
Ⓒ　**월광족은 유행을 따르기를 좋아한다**
D　월광족은 매일 즐겁다

공략　'他们喜欢追逐新潮'라는 부분과 보기 C는 동일한 의미임을 알 수 있다.

어휘　★月光族 yuèguāngzú 몡 월광족 | ★赚钱 zhuànqián 동 돈을 벌다 | ★花光 huāguāng 다 써버리다 | ★追逐新潮 zhuīzhú xīncháo 유행을 따르다 | 吃得开心 chī de kāixīn 즐겁게 먹다 | ★穿得漂亮 chuān de piàoliang 예쁘게 입다 | ★想……就…… xiǎng……jiù…… ~하고 싶으면 ~하다 | ★不在乎 búzàihu 동 개의치 않다 | 钱财 qiáncái 몡 금전, 돈 | ★父辈 fùbèi 몡 아버지 세대 | ★勤俭节约 qínjiǎn jiéyuē 근검 절약하다 | ★截然 jiérán 녠 뚜렷이, 분명하게

5

一位太太带着她的四个孩子上了火车，孩子们在车上又蹦又跳，又吵又闹。旁边一位乘客不耐烦地说："出门旅行，不应该把孩子都带出来，至少应该留一半在家里。"那位太太忙解释说："先生，我们正是这样做的。"

한 아주머니가 네 명의 아이들을 데리고 기차를 탔는데, 아이들이 기차에서 이리저리 뛰어다니고 시끄럽게 소란을 피웠다. 옆에 있던 한 승객이 참지 못하고 "여행을 다닐 때는 아이들을 전부 다 데리고 나오지 말고, 적어도 반은 집에 남겨둬야죠"라고 아주머니에게 얘기했다. 그러자 그 아주머니는 서둘러 "아저씨, 우리는 바로 그렇게 한 것이랍니다"라고 대답했다.

A 孩子们很安静
B 乘客很热情
C 那位太太在飞机上
Ⓓ 那位太太有8个孩子

A 아이들은 매우 조용하다
B 승객은 아주 친절하다
C 그 아주머니는 비행기를 타고 있다
Ⓓ 그 아주머니는 8명의 아이들이 있다

공략 이야기의 전체 내용을 이해해야 하는 문제인데, '一位太太带着她的四个孩子上了火车……至少应该留一半在家里……我们正是这样做的'라는 부분을 통해, 이 아주머니에게 원래는 여덟 명의 아이가 있음을 알 수 있다.

어휘 太太 tàitai 몡 아주머니, 부인 | ★带着孩子 dàizhe háizi 아이를 데리고 | 上火车 shàng huǒchē 기차를 타다 | ★又蹦又跳 yòu bèng yòu tiào 이리저리 깡충깡충 뛰다 | ★又吵又闹 yòu chǎo yòu nào 시끄럽게 소란을 피우다 | ★乘客 chéngkè 몡 승객 | ★不耐烦 búnàifán 톙 참지 못하다 | ★出门旅行 chūmén lǚxíng 여행하다 | ★把孩子带出来 bǎ háizi dài chūlai 아이를 데리고 나오다 | ★至少 zhìshǎo 뷔 적어도 | ★留一半 liú yíbàn 반을 남겨두다 | ★解释 jiěshì 동 설명하다

---

6   난이도 **中**   공략 Key 동일한 의미의 小气와 吝啬

　　李先生为人吝啬。一天，他的两个朋友约他星期天聚会。一个朋友说，我带面包和牛奶。另一个朋友说，我带一箱啤酒去。李先生说，那我带我弟弟。

　　리 선생은 사람 됨됨이가 인색하다. 하루는 그의 두 친구가 그와 일요일에 모임을 갖기로 했다. 한 친구는 빵과 우유를 가지고 가겠다고 하고 다른 한 친구는 맥주 한 상자를 가지고 가겠다고 하자, 리 선생은 그러면 자신은 자기의 남동생을 데리고 가겠다고 했다.

A 李先生带啤酒去
B 他的朋友很热情
Ⓒ 李先生很小气
D 李先生跟弟弟关系好

A 리 선생은 맥주를 가지고 간다
B 그의 친구는 아주 친절하다
Ⓒ 리 선생은 아주 인색하다
D 리 선생은 남동생과 관계가 좋다

공략 보기 C의 小气와 吝啬가 동의어이므로 정답은 C이다.

어휘 ★为人 wéirén 몡 사람 됨됨이, 인품 | ★吝啬 lìnsè 톙 인색하다 | ★约+사람+做什么 yuē……zuò shénme ~와 ~을 하기로 약속하다 | 星期天 xīngqītiān 몡 일요일 | ★聚会 jùhuì 몡 모임 | ★面包 miànbāo 몡 빵 | 牛奶 niúnǎi 몡 우유 | ★另一个 lìng yí ge 또 다른 하나 | ★一箱啤酒 yì xiāng píjiǔ 맥주 한 상자 | ★带……去 dài……qù ~을 가지고 가다

---

7   난이도 **中**   공략 Key 동일한 의미의 문장 찾기

　　父子二人路过五星级饭店门口，看到一辆十分豪华的汽车。儿子不屑地对父亲说："开这种车的人，肚子里肯定没有学问。"父亲则轻描淡写地回答："说这种话的人，口袋里肯定没有钱。"

　　부자지간인 두 사람이 5성급 호텔 입구를 지나면서 아주 고급스러운 승용차 한 대를 보았다. 아들이 그것을 보고 경멸하듯 아버지에게 "저런 차를 타는 사람은 분명 못 배운 사람일 거예요"라고 말하자, 아버지는 오히려 무심하게 "그런 말을 하는 사람은 분명 주머니에 돈이 없는 사람일 거다"라고 대답했다.

A 父子住在五星级饭店
Ⓑ 儿子不富裕
C 儿子喜欢豪华车
D 有钱人没有学问

A 아버지와 아들은 5성급 호텔에 묵고 있다
Ⓑ 아들은 부유하지 않다
C 아들은 고급 승용차를 좋아한다
D 돈이 있는 사람은 무식하다

공략 '说这种话的人，口袋里肯定没有钱'에서 문맥상 '说这种话的人'이 가리키는 사람은 아들이며, '口袋里没有钱'은 '돈이 없다, 부유하지 않다'라는 의미이므로 정답이 B임을 알 수 있다.

어휘 ★父子二人 fùzǐ èr rén 부자지간인 두 사람 | ★路过 lùguò 동 지나다 | ★五星级饭店 wǔ xīngjí fàndiàn 5성급 호텔 | ★豪华 háohuá 톙 호화스럽다 | 不屑地说 búxiè de shuō 경멸하듯 말하다 | ★肚子 dùzi 몡 배 | ★没有学问 méiyǒu xuéwen 지식이 없다 | ★则 zé 젭 그런데, 오히려 | 轻描淡写 qīng miáo dàn xiě 톙 (가볍게) 서술하다 | ★口袋 kǒudai 몡 주머니 | ★肯定 kěndìng 뷔 분명히

8   난이도 **中**   공략 Key 동일한 의미의 문장 찾기

一天，女儿在妈妈的梳妆台上发现了几根白头发，急切地问：“妈妈，您头上为什么长出了白头发？”妈妈说：“女儿不听话，妈妈的头上就会长出白发。”女儿恍然大悟地说：“我明白为什么姥姥的头发全白了。”

A 女儿不听妈妈的话
B 姥姥没有白头发
C 妈妈不听姥姥的话
Ⓓ 妈妈长白头发了

하루는 딸아이가 엄마의 화장대에서 몇 가닥의 흰 머리카락을 발견하고는 얼른 엄마에게 물었다. “엄마, 엄마 머리에는 왜 흰머리가 나요?” 엄마가 대답했다. “딸이 말을 안 들으면 엄마 머리에는 흰머리가 나는 거란다.” 그러자 딸아이가 무언가 문득 깨달은 듯이 말했다. “저 이제야 알겠어요, 외할머니 머리카락이 왜 그렇게 다 흰지를요.”

A 딸은 엄마의 말을 듣지 않는다
B 외할머니는 흰 머리카락이 없다
C 엄마는 외할머니의 말을 듣지 않는다
Ⓓ 엄마는 흰 머리카락이 났다

공략 '妈妈，您头上为什么长出了白头发?'라는 부분과 보기 D는 동일한 의미임을 알 수 있다.

어휘 ★梳妆台 shūzhuāngtái 명 화장대 | ★几根白头发 jǐ gēn bái tóufa 흰 머리카락 몇 가닥 | 急切地问 jíqiè de wèn 얼른 물어보다 | 长出 zhǎngchū 자라다, 나다 | ★不听话 bù tīnghuà 말을 듣지 않다 | 恍然大悟 huǎng rán dà wù 성 문득 크게 깨닫다 | ★姥姥 lǎolao 명 외할머니 | 全白了 quán bái le 전부 다 하얗다

📅 04 day 상식에 근거하지 말고 또 숫자 전후의 어휘에 민감해져라

🎧 04-7 **본책_ 73쪽**

정답   **1.** B   **2.** C   **3.** A   **4.** D   **5.** A   **6.** D   **7.** B   **8.** A

1   난이도 **中**   공략 Key 红楼梦의 다른 이름 파악

《红楼梦》成书于1784年，原名《石头记》，是中国古代四大名著之一。代表了中国古典长篇小说的最高艺术成就，它汇集了众多百科知识，在中国古代民族、建筑、医学等领域均有不可替代的研究价值。

A 《红楼梦》写于1874年
Ⓑ 《石头记》是长篇小说
C 《红楼梦》是百科全书
D 四大名著价值都很高

『홍루몽』은 1784년에 쓰였고, 원제는 『석두기』로, 중국 고대 4대 명작 중의 하나이다. 이것은 중국 고전 장편 소설의 높은 예술적 성과를 대표하는 작품으로, 여러 학문의 수많은 지식을 한데 모아 놓았으며, 중국 고대 민족, 건축, 의학 등의 분야에서 모두 다른 것으로 대체할 수 없는 연구적 가치를 지니고 있다.

A 『홍루몽』은 1874년에 쓰였다
Ⓑ 『석두기』는 장편 소설이다
C 『홍루몽』은 백과사전이다
D 4대 명작은 모두 다 높은 가치를 지니고 있다

공략 '《红楼梦》成书于1784年，原名《石头记》……代表了中国古典长篇小说的最高艺术成就'라는 부분과 보기 B는 동일한 의미임을 알 수 있다.

어휘 ★红楼梦 Hónglóumèng 명 홍루몽[중국 청나라 때의 장편 통속 소설] | ★成书于 chéngshū yú (책이) ~에 출판되다 | ★原名 yuánmíng 명 원래 명칭 | 四大名著 sìdà míngzhù 명 4대 명작 | ★长篇小说 chángpiān xiǎoshuō 명 장편 소설 | ★艺术成就 yìshù chéngjiù 명 예술적 성과 | 汇集 huìjí 동 모으다 | ★百科知识 bǎikē zhīshi 여러 학문의 지식 | ★民族 mínzú 명 민족 | ★建筑 jiànzhù 명 건축 | ★领域 lǐngyù 명 분야, 영역 | ★不可替代 bùkě tìdài 대체할 수 없다

很难想象，没有书本知识将如何传播。仅仅是口耳相传，传播的力度实在太有限了。书本通过印刷，可以大量的复制，这便有了知识的传播和思想交流。有人说，印刷术是文明之母，这是一点儿也不过分的。

A 口耳相传效果好
B 没有印刷术知识不能传播
C 书本对知识的传播作用巨大
D 印刷术是科技之母

책이 없다면 지식이 어떻게 전해질지 상상하기 어렵다. 단지 사람의 입과 귀를 통해서만 전해진다면, 그 전파력은 실로 제한적이다. 책이 인쇄되어 대량으로 복제될 수 있고, 이로 인해 바로 지식의 전파와 사상의 교류가 있게 되었다. 어떤 이들은 인쇄술이 문명의 어머니라고 말하는데 이는 조금도 지나침이 없다.

A 입과 귀로 전해지는 것은 효과가 좋다
B 인쇄술과 관련한 지식이 없으면 널리 알릴 수 없다
C 책은 지식을 널리 알리는 데 있어 효과가 크다
D 인쇄술은 과학 기술의 어머니이다

공략　첫 문장 '很难想象，没有书本知识将如何传播'와 보기 C는 동일한 의미임을 알 수 있다.

어휘　★很难想象 hěn nán xiǎngxiàng 상상하기 어렵다 | ★传播 chuánbō 통 전하다, 알리다 | ★仅仅是 jǐnjǐn shì 단지 ~이다 | 力度 lìdù 명 역량, 힘 | ★有限 yǒuxiàn 형 한계가 있다 | ★印刷 yìnshuā 통 인쇄하다 | ★复制 fùzhì 통 복제하다 | ★思想交流 sīxiǎng jiāoliú 사상 교류 | 印刷术 yìnshuāshù 명 인쇄술 | 文明之母 wénmíng zhī mǔ 문명의 어머니 | ★不过分 bú guòfèn 지나치지 않다

每年农历8月15是中国传统的中秋佳节，这时正好处于秋季的中期，所以被称为"中秋"。中秋节又称团圆节，这一天，人们观赏明月，期盼一家团圆，远在外地的游子也借此寄托对故乡和亲人的思念之情。

A 团圆节是农历8月15
B 中秋节月亮最圆
C 中秋时外地的人都回故乡
D 中秋节又称七夕

매년 음력 8월 15일은 중국 전통의 중추명절로, 이때가 바로 한 해 가을철의 중간 시기이기 때문에 '중추(中秋)'라고 불린다. 중추절(中秋節)은 또 단원절(團圓節)이라고도 부르며, 이날 사람들은 밝은 달을 바라보면서 온 가족이 함께 모이기를 소망하는데, 멀리 타지에 있는 나그네도 이것으로 고향과 가족에 대한 그리움을 마음에 품는다.

A 단원절은 음력 8월 15일이다
B 중추절에는 달이 가장 둥글다
C 중추절에는 타지에 있는 사람들이 모두 고향으로 간다
D 중추절은 칠석이라고 부르기도 한다

공략　'每年农历8月15是……中秋佳节'와 '中秋节又称团圆节'라는 부분을 통해 정답이 A임을 알 수 있다.

어휘　★传统 chuántǒng 명 형 전통(적이다) | 中秋佳节 Zhōngqiū jiājié 중추절, 중추가절 | ★正好 zhènghǎo 부 바로, 마침 | ★处于 chǔyú 통 ~에 있다, ~에 처하다 | 秋季中期 qiūjì zhōngqī 가을철 중기 | ★被称为 bèi chēngwéi ~으로 불리다 | 又称 yòu chēng 또 ~으로 부르다 | ★团圆节 Tuányuánjié 명 단원절 | ★观赏明月 guānshǎng míngyuè 밝은 달을 구경하고 감상하다 | 期盼 qīpàn 통 바라다, 소망하다 | ★外地 wàidì 명 외지, 타지 | 游子 yóuzi 명 나그네, 행객 | 寄托……思念之情 jìtuō……sīniàn zhī qíng 그리움을 마음에 품다

"中华老字号"是指一些历史非常悠久的店铺。在中国老字号这三个字可以显著地提高商标的价值。即使是同样的商品，只要有了老字号的称号，就会获得更多人的认可。当然，老字号在现代竞争中能否取胜，关键还是看他们的经营策略如何。

'중화 노자호'는 역사가 아주 오래된 몇몇 가게들을 일컫는다. 중국에서 '노자호' 이 세 글자는 상표의 가치를 눈에 띄게 끌어올린다고 할 수 있다. 설령 똑같은 상품이라 하더라도, '노자호'라는 타이틀이 붙게 되면 더 많은 사람들의 인정을 받는다. 물론 이 오래된 전통 가게가 현대 경쟁에서 성공을 하느냐 마느냐의 관건은 그들의 경영 전략이 어떠한지에 달려있다.

A 老字号历史不长

B 老字号都受欢迎

C 老字号经营策略都好

Ⓓ 老字号可以提高商标的价值

A 노자호는 역사가 길지 않다

B 노자호는 인기가 많다

C 노자호는 경영 전략이 모두 다 좋다

Ⓓ 노자호는 상표의 가치를 높일 수 있다

공략 '老字号……可以……提高商标的价值'라는 부분과 보기 D는 동일한 의미임을 알 수 있다.

어휘 ★中华老字号 zhōnghuá lǎozìhào 명 중화 노자호[대대로 내려온 전통이 있는 가게] | ★历史悠久 lìshǐ yōujiǔ 역사가 오래되다 | ★店铺 diànpù 명 가게, 점포 | 显著 xiǎnzhù 형 현저하다 | ★价值 jiàzhí 명 가치 | ★即使 jíshǐ 접 설령 ~이라 하더라도 | 称号 chēnghào 칭호, 타이틀 | ★获得认可 huòdé rènkě 인정을 받다 | ★在现代竞争中 zài xiàndài jìngzhēng zhōng 현대 경쟁에서 | 取胜 qǔshèng 동 이기다, 승리를 얻다 | ★经营策略 jīngyíng cèlüè 경영 전략

---

5   난이도 下   공략 Key 동일한 의미의 문장 찾기

　　滴水观音是一种生长在热带雨林的植物，具有药用价值。在温暖潮湿、土壤水分充足的条件下，便会从叶子边缘向下滴水，而且开的花很像观音，因此就称为滴水观音。

Ⓐ 滴水观音具有药用价值

B 滴水观音喜欢干燥的环境

C 滴水观音随时随地滴水

D 滴水观音的叶子像观音

　　적수관음은 열대 우림에서 생장하는 일종의 식물로, 약용 가치를 지니고 있다. 따뜻하고 습한 기후에 수분을 다량으로 함유한 토양 조건에서, 잎의 가장자리 부분에서 아래로 물을 떨어뜨리고, 피어나는 꽃이 마치 관세음보살처럼 생겼는데 이 때문에 적수관음이라고 부른다.

Ⓐ 적수관음은 약용 가치를 지니고 있다

B 적수관음은 건조한 환경을 좋아한다

C 적수관음은 언제 어디서든 물을 떨어뜨린다

D 적수관음의 잎은 관세음보살처럼 생겼다

공략 '滴水观音……具有药用价值'라는 부분과 보기 A는 동일한 의미임을 알 수 있다.

어휘 滴水观音 dīshuǐguānyīn 명 적수관음[식물 이름] | ★生长 shēngzhǎng 동 생장하다 | ★热带雨林 rèdài yǔlín 명 열대 우림 | ★植物 zhíwù 명 식물 | ★具有药用价值 jùyǒu yàoyòng jiàzhí 약용 가치를 지니고 있다 | ★温暖潮湿 wēnnuǎn cháoshī 따뜻하고 습하다 | 土壤 tǔrǎng 명 토양 | ★水分充足 shuǐfèn chōngzú 수분이 충분하다 | ★在……的条件下 zài……de tiáojiàn xià ~한 조건에서 | 边缘 biānyuán 명 끝, 가장자리 | 向下滴水 xiàng xià dīshuǐ 아래로 물이 떨어지다

---

6   난이도 下   공략 Key 极富盛名을 통한 의미 파악

　　承德避暑山庄是名副其实的避暑胜地，山庄里的温度一般要比庄外低三到五度。所以每年夏天，都会有大量的游客前往避暑山庄。山庄内的荷花也极富盛名。七八月份，荷花开满池塘，花期要一直持续到九月末。

A 避暑山庄内很冷

B 荷花花期到九月初

C 春天游客最多

Ⓓ 避暑山庄荷花很有名

　　청더 피서 산장은 명실상부한 피서 명소인데, 산장 내부의 온도는 일반적으로 바깥의 기온보다 3~5도 정도 낮다. 따라서 매년 여름이면 수많은 여행객들이 이 피서 산장을 찾는다. 산장 안에 있는 연꽃도 명성이 아주 자자하다. 7, 8월이 되면, 연꽃이 온 연못에 가득 피는데, 꽃이 피어있는 시기는 9월 말까지 지속된다.

A 피서 산장 내부는 매우 춥다

B 연꽃이 피는 시기는 9월 초까지이다

C 봄에 여행객들이 가장 많다

Ⓓ 피서 산장의 연꽃은 매우 유명하다

공략 '山庄内的荷花也极富盛名'이라는 부분과 보기 D는 동일한 의미임을 알 수 있다.

어휘 ★承德 Chéngdé 고유 청더 | ★避暑山庄 bìshǔ shānzhuāng 피서 산장 | ★名副其实 míng fù qí shí 성 명실상부하다 | 避暑胜地 bìshǔ shèngdì 피서 명승지 | ★温度 wēndù 명 온도 | 夏天 xiàtiān 명 여름 | ★游客 yóukè 명 여행객 | ★前往 qiánwǎng 동 ~으로 향하다 | ★荷花 héhuā 명 연꽃 | ★极富盛名 jí fù shèngmíng 명성이 대단하다, 아주 유명하다 | 开满池塘 kāimǎn chítáng 연못에 가득 피다 | 花期 huāqī 명 꽃 피는 시기 | ★持续到 chíxù dào ~까지 지속되다

　　风遇到防护林时，速度会减小百分之七十到八十。等穿过防护林，到距离防护林林木高度约二十倍的地方时，风会恢复到原来的速度。所以，防护林必须是平行排列的许多林带，两排间距不要超过林木高度的二十倍。

A　风会被防护林完全挡住
Ⓑ　防护林会减小风速
C　防护林间距要远一些
D　平行的树林都是防护林

　　바람이 방풍림을 만나게 되면 그 속도는 70~80%로 감소한다. 방풍림을 다 관통한 후, 방풍림과의 거리가 방풍림 나무 높이의 약 20배에 이르는 지점에 도달했을 때 바람은 비로소 원래의 속도로 돌아간다. 따라서 방풍림은 반드시 평행으로 배열된 숲 지대여야 하고, 두 방풍림 간의 거리가 나무 높이의 20배를 초과해서는 안 된다.

A　방풍림은 바람을 완전히 막아준다
Ⓑ　방풍림이 바람의 세기를 약하게 만든다
C　방풍림과 방풍림 간의 거리는 조금 멀어야 한다
D　평행으로 되어있는 숲은 모두 다 방풍림이다

공략　'风遇到防护林时，速度会减小百分之七十到八十'라는 부분과 보기 B는 동일한 의미임을 알 수 있다.

어휘　★遇到 yùdào 图 (우연히) 만나다 ｜ ★防护林 fánghùlín 圀 방풍림 ｜ 百分之七十 bǎifēnzhī qīshí 70% ｜ 穿过 chuānguò 图 빠져나가다, 관통하다 ｜ ★距离 jùlí 圀图 거리; (~으로부터) 사이를 두다, 떨어지다 ｜ 林木高度 línmù gāodù 임목의 높이 ｜ ★二十倍 èrshí bèi 20배 ｜ ★恢复 huīfù 图 회복하다, 회복되다 ｜ ★平行 píngxíng 圀图 평행의; 평행하다 ｜ 排列 páiliè 图 배열하다 ｜ 间距 jiānjù 圀 (두 물체 사이의) 거리, 간격

　　大多数鲸鱼生活在海洋中，只有少部分栖息在洞穴里。通常可将它们分为两类：一类口中有须有齿，称须鲸。另一类口中无齿无须，叫雪鲸。鲸鱼眼睛都很小，视力不好。

Ⓐ　鲸鱼眼睛都不大
B　鲸鱼都生活在海洋中
C　须鲸没有牙齿
D　雪鲸有胡须

　　대다수의 고래는 바다에서 생활을 하고 일부 고래들만 동굴에서 서식한다. 일반적으로 이런 고래를 두 부류로 나눌 수 있는데, 첫 번째 종류는 수염이 있고 치아가 있는 것들로 수염 고래라고 부른다. 또 다른 종류는 치아가 없고 수염도 없는 것들로 눈 고래라고 부른다. 고래의 눈은 모두 다 작고 시력이 좋지 않다.

Ⓐ　고래의 눈은 모두 다 크지 않다
B　고래는 모두 바다에서 생활한다
C　수염 고래는 치아가 없다
D　눈 고래는 수염이 있다

공략　'鲸鱼眼睛都很小'라는 부분과 보기 A는 동일한 의미임을 알 수 있다.

어휘　★鲸鱼 jīngyú 圀 고래 ｜ ★生活在海洋中 shēnghuó zài hǎiyáng zhōng 바다에서 생활하다 ｜ ★少部分 shǎo bùfen 일부분 ｜ ★栖息 qīxī 图 서식하다 ｜ 洞穴 dòngxué 圀 동굴 ｜ ★通常 tōngcháng 圀圀 평상시; 보통이다, 일반적이다 ｜ ★将……分为两类 jiāng……fēnwéi liǎng lèi ~을 두 부류로 나누다 ｜ 有须有齿 yǒu xū yǒu chǐ 수염이 있고 치아가 있다 ｜ ★称 chēng 图 ~으로 부르다 ｜ ★视力 shìlì 圀 시력

🗓 05 day 문답과 순서에 촉각을 곤두세워라

🎧 05-6 **본책_** 87쪽

정답 1. C   2. A   3. B   4. D   5. A   6. A   7. C   8. D   9. A   10. B

듣기
제2부분

1-5

女: 您现在同时做着两样节目：《电影传奇》和《小催说事》，您最喜欢哪个？

男: **1** 当然是《电影传奇》。我现在把95%的精力都放在这个节目上，只有5%的精力放在《小催说事》上，我在《小催说事》里只是起串访的作用。

女: 对于《电影传奇》，你打算做多少集？

男: 计划是做208集吧！**2** 现在已经录好了两年的，共104集。我们最少重新演绎500个人物，600个经典场景。

女: 在新的一年里，您的主要工作是什么？

男: **5** 三月份我们要去印度做外国电影的部分，接下来要去南斯拉夫，《桥》、《流浪者》、《独立》、《大篷车》。虽然是外国电影，但对我们的影响很大。里面的人物又说的是中国话，很多人都拿它们当中国电影来看待。这些外国电影在《电影传奇》的总数里占得不多，不超过30集吧！

女: 做《电影传奇》遇到困难了吗？

男: 那部影片到底是谁创作的？那个主意到底是谁想出来的？**3** 现在这些史实问题都摆在我面前，所以觉得特别困难。以前觉得做得好看就行了，现在一些老电影艺术家们也特别关注这些事情。他们盯着那个史实告诉我们应该这样说，不应该那样说。他们重视的程度让我感觉是在做中国电影史，我觉得我没这个本领，积淀也不够。到目前，多多少少在朝这个方向发展，所以压力特别大。

女: 您在《电影传奇》中重现过许多经典的电影场景，您是怎么考虑的？

男: **4** 《电影传奇》也在调整。一开始我们用重现的方式来再现老电影，我也演了许多角色。后来我发现这种方式不太恰当，意义也不大，总觉得不对劲儿，再

여: 당신은 지금 「영화전기」와 「샤오추이 토크쇼」라는 전혀 다른 두 프로그램을 하고 계신데, 어느 프로그램을 더 좋아하시나요?

남: **1** 물론 「영화전기」입니다. 저는 지금 제가 가진 에너지의 95%를 이 프로그램에 쏟고 있고, 단지 5%의 에너지만 「샤오추이 토크쇼」에 기울이고 있습니다. 「샤오추이 토크쇼」는 제가 그저 한번씩 들러보는 정도지요.

여: 그럼 「영화전기」는 몇 회까지 제작하실 생각이신가요?

남: 계획하기로는 208회까지 제작하려고 합니다. **2** 현재 이미 2년 동안의 104회는 녹화를 다 마쳤고요, 앞으로 적어도 500개의 인물과 600개의 명장면들을 더 만들어내야 합니다.

여: 그럼 새해에 당신의 주된 일은 무엇인가요?

남: **5** 3월에 저희는 인도로 가서 외국 영화 부분을 제작하고, 이어서 유고슬라비아로 가려 합니다. 「다리」, 「유랑자」, 「독립」, 「화물 트럭」 등이 비록 외국 영화이기는 하지만 우리에게 미치는 영향은 매우 큽니다. 그 속의 인물들이 중국어로 말을 하고 또 많은 사람들이 이 작품들을 중국 영화로 여기기 때문이지요. 이런 외국 영화들이 「영화전기」 속의 전체 영화 중 30편을 넘지는 않아 차지하는 비율은 그리 높지 않습니다.

여: 「영화전기」를 제작하면서 힘들었던 점이 있으셨나요?

남: 그 영화를 대체 누가 만들어냈는지, 그 아이디어는 대체 누가 생각해냈는지, **3** 현재 이런 역사적 사실과 관련된 문제들이 제 앞에 놓여있어서 아주 힘듭니다. 예전에는 그저 프로그램을 재미있게만 만들면 된다고 생각했는데, 지금은 일부 원로 영화 예술가들까지도 이 일에 아주 관심을 기울이고 또 그들이 그런 역사적 사실을 주시하며 우리에게 반드시 이렇게 해야 한다든지 아니면 그렇게 하면 안 된다고 알려주고 있으니까요. 그들이 중요시하는 정도가 제가 느끼기에는 제가 중국 영화의 역사를 만들어내는 걸로 생각하는 정도인데, 제 생각에 저는 그런 능력도 없고 경험도 부족합니다. 지금까지 어느 정도 그 방향으로 진행이 되고 있기는 한데 그래서 제가 받는 스트레스가 아주 크답니다.

여: 「영화전기」에서 영화의 수많은 명장면들을 재현해냈는데요, 당신은 어떻게 생각하고 계신가요?

남: **4** 「영화전기」도 조정 중입니다. 처음에 우리는 재현하는 방식으로 옛날 영화들을 다시 찍었고, 저 또한 많은 배역들을 맡았는데요, 후에 이런 방식이 그다지 적합하지 않고 별 의미도 없고 늘 어딘가 잘 되어가지 않는 것 같고, 또 아무리 비슷하게 찍어도 원래 작품만

어휘

★把精力放在……上 bǎ jīnglì fàngzài……shang 에너지를 ~에 쏟다 | ★起作用 qǐ zuòyòng 작용을 하다, 효과를 미치다 | 串访 chuànfǎng 图 들르다, 방문하다 | ★集 jí 窗 회 | 演绎 yǎnyì 图 드러내다, 나타내다 | ★经典场景 jīngdiǎn chǎngjǐng 명장면 | ★在新的一年里 zài xīn de yì nián li 새해에 | 印度 Yìndù 교유 인도 | ★接下来 jiēxiàlai 이어서 | 南斯拉夫 Nánsīlāfū 교유 유고슬라비아 | ★当……来看待 dāng……lái kàndài ~으로 여기다, ~으로 간주하다 | 总数 zǒngshù 명 총수 | ★遇到困难 yùdào kùnnan 어려움을 겪다 | 史实 shǐshí 명 역사적 사실 | 摆在面前 bǎi zài miànqián 앞에 놓여있다 | ★电影艺术家 diànyǐng yìshùjiā 영화 예술가 | ★关注 guānzhù 图 관심을 가지다 | ★盯着 dīngzhe 주시하고 있다 | 电影史 diànyǐngshǐ 영화사 | ★本领 běnlǐng 명 능력 | 积淀 jīdiàn 명 오랫동안 축적된 것[주로 지식이나 경험을 가리킴] | ★多多少少 duōduōshǎoshǎo 뷔 어느 정도, 얼마쯤 | 朝这个方向 cháo zhège fāngxiàng 이 방향으로 | ★压力 yālì 명 스트레스 | ★重现 chóngxiàn 图 다시 나타나다, 재현하다 | ★场景 chǎngjǐng 명 장면 | ★调整 tiáozhěng 图 조정하다 | 再现 zàixiàn 图 재현하다 | ★老电影 lǎo diànyǐng 옛날 영화 | ★角色 juésè 명 배역 | ★恰当 qiàdàng 휑 적당하다, 알맞다 | ★不对劲儿 búduìjìnr 잘되어가지 않다, 문제가 있다 | ★再……也…… zài……yě…… 아무리 ~도 ~하다 | ★幕后故事 mùhòu gùshi 엔딩 후 이야기 | ★创作过程 chuàngzuò guòchéng 창작 과정 | ★争论 zhēnglùn 图 논쟁하다 | 拍出来 pāi chūlai 촬영해내다 | ★播出 bōchū 图 방송하다 | ★认可 rènkě 图 인정하다, 허가하다

---

1   난이도 下   공략 Key 동일한 어휘 찾기 및 키워드 95% 파악

男的现在把主要精力放在了哪儿？ A 《小崔说事》 B 《流浪者》 **C 《电影传奇》** D 《独立》	남자는 현재 어디에 주로 힘을 기울이고 있는가? A 「샤오추이 토크쇼」 B 「유랑자」 **C 「영화전기」** D 「독립」

공략   '当然是《电影传奇》。我现在把95%的精力都放在这个节目上'이라는 부분에서, 보기 C의 电影传奇와 동일한 어휘를 듣고 '대부분'을 의미하는 핵심어 '95%'를 통해 정답이 C임을 알 수 있다.

---

2   난이도 中   공략 Key 숫자 관련 내용 구별

《电影传奇》已经录好了多少集？ **A 104** B 208 C 140 D 30	「영화전기」는 이미 몇 회분을 녹화하였는가？ **A 104** B 208 C 140 D 30

공략   208이라는 숫자를 듣고 '계획하기로는 208회를 제작하려고 한다'는 내용을 기억하고, 104라는 숫자를 듣고 '이미 녹화를 다 마쳤다'라는 내용을 기억하고, 30이라는 숫자를 듣고 '외국 영화'라는 단어를 기억해야 한다. 문제에서 이미 몇 회분을 녹화하였는지를 묻고 있으므로 정답은 A임을 알 수 있다.

《电影传奇》遇到了什么困难?

A 资金不足
B 不容易抓住历史史实
C 老艺术家们不满意
D 自己能力不够

「영화전기」는 어떤 어려움에 처해있는가?

A 자금이 부족하다
B 역사적 사실을 잡아내기가 쉽지 않다
C 원로 영화 예술가들이 만족하지 않는다
D 자신의 능력이 부족하다

공략　'现在这些史实问题都摆在我面前，所以觉得特别困难'이라는 부분에서, 보기 B의 史实와 동일한 어휘를 듣고 '매우 힘들다'라는 의미의 핵심어 '特别困难'을 통해 정답이 B임을 알 수 있다.

4　　난이도 上　공략 Key **方式를 통한 의미 파악**

《电影传奇》在哪方面作了调整?

A 拍摄人员
B 不拍外国电影
C 再现老电影
D 拍摄方式

「영화전기」는 어떤 방면에서 조정을 했는가?

A 촬영 스텝
B 외국 영화는 찍지 않는다
C 옛날 영화를 재현해낸다
D 촬영 방식

공략　'《电影传奇》也在调整。一开始我们用……方式……改为拍……播出后观众认可了这种方式'라는 부분에서 보기 D의 方式와 동일한 어휘를 듣고 정답이 D임을 알 수 있다.

5　　난이도 上　공략 Key **앞부분의 대화 내용 파악**

关于男的，下列哪项正确?

A 计划去印度
B 是一个著名演员
C 也曾拍过电视剧
D 曾经生活很困难

남자에 관해 다음 중 옳은 것은?

A 인도에 갈 계획이다
B 유명한 배우이다
C 예전에 드라마도 찍은 적이 있다
D 예전에 생활이 어려웠다

공략　이 문제는 남녀 대화의 순서에 따라 제시된 문제가 아니어서 난이도가 비교적 높은 편이다. 남녀 대화의 앞부분에서 핵심어 印度를 듣고 그 내용을 기억해두었다면 정답이 A임을 알 수 있다.

6-10

男：杨女士，您好。**10**您一直强调家庭教育的重要性。那么能给我们说说您在青少年时代受到的家庭教育吗?

女：我是在南方长大的。**6**父亲是一家报社的副刊部主任。他曾经出过一本中篇小说集。母亲不写东西，但爱读书。我们家庭的文化气息很浓。应该说我是在一个比较好的环境中成长的。我本来可以成为一个作家的，我父亲也希望我将来能走他的路，从事他的事业，做一个文化人。在这

남: 양 여사님, 안녕하세요. **10**여사님은 가정 교육의 중요성을 늘 강조하시는데, 그렇다면 여사님이 청소년 시절에 받았던 가정 교육에 대해 저희에게 말씀해주실 수 있으세요?

여: 저는 남쪽 지역에서 자랐습니다. **6**아버지께서는 한 신문사의 칼럼 제작 주임으로 일하셨고, 예전에 중편 소설집 한 권을 출판하신 적이 있습니다. 어머니께서는 글을 쓰지는 않으셨지만, 책 읽는 것은 아주 좋아하셨지요. 저희 가정의 문화적 기풍이 높은 편이었으니, 저는 비교적 좋은 환경에서 자랐다고 할 수 있겠네요. 저도 원래는 작가가 되고 싶었고 아버지도 제가 미래에 아버지의 길을 따라 아버지께서 하시는 그 분야의 일

样的一个家庭中，如果确定理想的话，向文化方面发展是比较适合我的。但虽然我尊重作家，要让我把它确立为将来的事业，我不愿意。

男：大概是看到父亲每天爬格子挺辛苦的，有一种畏惧感吧？

女：不是，我记得我母亲说过一句话。她说："女儿，只要是学文学，你爸爸会帮你很大的忙。"母亲的话是出于一种关心，她可能是不想我多走弯路。但是这句话使我产生了一种逆反心理。我想：7我的事业干吗非要爸爸帮我呢？出于这种逆反心理，我决定要走一条与父亲截然相反的路。

男：对这件事父母一定很失望吧？您和他们发生过冲突吗？

女：那时候对我有些失望，但他们没有强迫我的意思。我们家还是比较民主的。当然父母对我的影响确实很大，因此我现在才会这么喜欢文学和艺术。8其实父母对我最大的影响还是对我文化气质的培养上，无论我从事什么职业，气质上总是浸染着很多来自家庭的东西，这是更重要的。

男：依您看您的家长是合格的吗？

女：家长合格不合格，9主要是看他是不是真正关爱自己的孩子，能不能引导孩子朝一个正确的方向发展，能不能平等地对待孩子，能不能开发孩子的所有潜力。9我认为我父母是合格的家长。

을 해서 문화인으로 살아가기를 바라셨죠. 이런 가정에서 꿈을 확실히 정했다면 문화 방면으로 발전해나가는 것이 저에게 비교적 적합했을 것입니다. 그러나 저는 비록 작가를 존경은 하지만 그것을 제 미래의 일로 확립시키는 것은 원하지 않았어요.

남: 아마 아버지께서 매일같이 원고를 쓰며 힘들어 하시는 것을 보고 어떤 두려움이 생겨서였겠죠?

여: 아닙니다. 저희 어머니의 어떤 말씀 때문이었던 걸로 기억하는데요. 어머니께서 저에게 "애야, 네가 문학을 공부하면 네 아빠가 너에게 큰 도움이 될 거야"라고 말씀하셨죠. 어머니의 말씀은 제가 살면서 많은 시행착오를 겪지 않기를 바라는 저에 대한 관심에서 우러나온 것이었지만, 그 말이 저에게 일종의 반항심을 불러일으켰죠. 저는 7'내가 하는 일에서 왜 아버지가 꼭 나를 도와주어야 하지?'라고 생각했고, 반항 심리 때문에 아버지와는 전혀 다른 길을 가겠다고 결심하게 되었죠.

남: 그 일로 부모님께서도 분명 실망이 크셨겠죠? 여사님과 부모님 사이에 갈등은 없었나요?

여: 그때 부모님께서 제게 조금 실망하셨지만 강요하지는 않으셨어요. 저희 집은 비교적 민주적이거든요. 물론 부모님이 제게 미치는 영향이 매우 컸기 때문에 제가 지금에서라도 이렇게 문학과 예술을 좋아하게 된 것이죠. 8사실 부모님이 저에게 끼친 가장 큰 영향은 제가 문화적 소질을 기를 수 있던 것에 있습니다. 제가 어떤 분야에 종사하든 기본적 소질에 있어서는 가정으로부터 얻은 것들에 익숙하고 물들어 있으니, 그게 더 중요한 것이지요.

남: 여사님은 여사님의 부모님이 표준에 부합하는 그런 부모님이라고 생각하시나요?

여: 부모가 표준에 부합하는지의 여부는 9그들이 자신의 아이들에 대해 진정으로 관심을 기울이고 아이를 아끼는지, 아이가 올바른 방향으로 발전할 수 있도록 인도할 수 있는지, 아이를 평등하게 대할 수 있는지, 아이가 가진 잠재 능력을 개발해낼 수 있는지에 달려있습니다. 9제 생각에 저희 부모님은 표준에 부합하는 분들입니다.

어휘　女士 nǚshì 몡 여사 | ★强调 qiángdiào 통 강조하다 | ★家庭教育 jiātíng jiàoyù 가정 교육 | ★青少年时代 qīngshàonián shídài 청소년 시절 | 南方 nánfāng 몡 남방, 남쪽 지방 | ★一家报社 yì jiā bàoshè 한 신문사 | 副刊 fùkān 몡 칼럼 | 中篇小说集 zhōngpiān xiǎoshuōjí 중편 소설집 | ★文化气息 wénhuà qìxī 문화 기풍 | ★浓 nóng 혱 짙다, 심하다 | 文化人 wénhuàrén 몡 문화인 | ★确定理想 quèdìng lǐxiǎng 꿈을 정하다 | ★适合我 shìhé wǒ 나에게 적합하다 | ★尊重 zūnzhòng 통 존중하다, 존경하다 | 确立为 quèlì wéi ~으로 확립시키다 | ★爬格子 pá gézi 통 열심히 원고를 쓰다 | 畏惧感 wèijù gǎn 두려움 | ★出于关心 chūyú guānxīn 관심에서 우러나오다 | ★走弯路 zǒu wānlù 시행착오를 겪다 | ★逆反心理 nìfǎn xīnlǐ 몡 반항 심리 | ★截然相反 jiérán xiāngfǎn 완전히 다르다 | ★失望 shīwàng 통 실망하다 | ★发生冲突 fāshēng chōngtū 갈등을 겪다 | ★强迫 qiángpò 통 강요하다 | 民主 mínzhǔ 몡혱 민주(적이다) | 文化气质 wénhuà qìzhì 문화적 소질 | ★培养 péiyǎng 통 기르다, 배양하다 | 浸染 jìnrǎn 통 점점 물들다 | ★合格 hégé 혱 합격하다, 표준에 부합하다 | 关爱 guān'ài 통 관심을 가지고 아끼다 | ★引导 yǐndǎo 통 이끌다, 지도하다 | ★平等对待 píngděng duìdài 공평하게 대하다 | ★开发潜力 kāifā qiánlì 잠재력을 개발하다

关于父亲，下列哪项正确？ | 아버지에 관하여 다음 중 옳은 것은?

A 在报社工作
B 是北方人
C 觉得自己很辛苦
D 不希望女儿当作家

A 신문사에서 일한다
B 북방 사람이다
C 자신이 힘들게 고생한다고 생각한다
D 딸이 작가가 되는 것을 바라지 않는다

듣기
제2부분

공략 '父亲是一家报社的副刊部主任'이라는 부분에서, 보기 A의 报社와 동일한 어휘를 듣고 정답이 A임을 알 수 있다.

女的为什么没有从事写作？ | 여자는 왜 글 쓰는 일을 하지 않았는가?

A 妈妈不同意
B 觉得太辛苦
C 不愿接受父亲的帮助
D 不喜欢文学

A 어머니가 반대하셔서
B 너무 고생스럽다고 생각하기 때문에
C 아버지의 도움을 받고 싶지 않아서
D 문학을 좋아하지 않기 때문에

공략 반어문 '我的事业干吗非要爸爸帮我呢?'를 통해 정답이 C임을 알 수 있다.

女的认为家庭对她最大的影响是什么？ | 여자는 가정이 그녀에게 끼친 가장 큰 영향은 무엇이라 생각하는가?

A 对她工作的帮助
B 对她生活的照顾
C 尊重她的选择
D 培养了她的文化气质

A 그녀의 일에 대한 도움
B 그녀의 생활에 대한 보살핌
C 그녀의 선택을 존중해주는 것
D 그녀의 문화적 기질을 기르게 해준 것

공략 '其实父母对我最大的影响还是对我文化气质的培养上'이라는 부분에서, 보기 D의 培养, 文化气质와 동일한 어휘를 듣고 '가장 큰'이라는 의미의 핵심어 最大를 통해 정답이 D임을 알 수 있다.

女的认为自己的父母怎么样？ | 여자는 자신의 부모님에 대해 어떻게 생각하는가?

A 真正关爱孩子
B 严格要求孩子
C 什么都答应孩子
D 帮孩子实现理想

A 진정으로 아이에 대해 관심을 가지고 아낀다
B 아이에게 엄격하게 요구한다
C 아이가 원하는 대로 무엇이든 다 들어준다
D 아이가 꿈을 이룰 수 있도록 도와준다

공략 인터뷰의 마지막 부분에서 여자는 부모가 어떠해야만 표준에 부합하는지를 설명하고, 마지막으로 자신의 부모는 표준에 부합한다고 하였다. 이를 통해 여자가 부모님을 어떻게 생각하는지를 알 수 있다. '主要是看他是不是真正关爱自己的孩子'라는 부분에서 보기 A의 '真正关爱孩子'와 동일한 어휘를 듣고 또한 핵심어 主要를 통해 정답이 A임을 알 수 있다.

10

这段对话主要谈的是什么?
A 家庭关系
Ⓑ 家庭教育
C 父母的影响
D 家庭环境

이 글에서 주로 이야기하는 내용은?
A 가정 관계
Ⓑ 가정 교육
C 부모의 영향
D 가정 환경

공략   대화가 시작되는 부분인 '您一直强调家庭教育的重要性'을 듣고 이 인터뷰의 주제가 가정 교육에 관한 것임을 알 수 있으므로 정답은 B이다.

06 day 동일한 어휘와 핵심어에 주목하라

🎧 06-6 본책_ 101쪽

정답   1. A   2. B   3. D   4. C   5. A   6. D   7. C   8. B   9. D   10. C

1-5

女: **1**观复博物馆是新中国第一家私立博物馆。作为它的创办人，您能不能谈一下，博物馆是如何实现赢利的呢?

男: 观复博物馆现在的运用主要有三部分：第一部分是门票收入。每张门票50元。我考察了全世界票的收费标准，大致跟当地的电影院的门票差不多。**2**我们把观复博物馆的门票设计成了六个样子，参观者可以自愿选择任意一种。大家都把门票作为纪念品保存，在我们的垃圾箱里看不到丢弃的门票。虽然每个人的参观成本大约是150元，我们只收50元。但我依然认为每一位买票参观的人都是我们的赞助人。第二部分收入是我们提供的各种服务，包括鉴定、讲解、场地租用等。第三部分收入来自我们的品牌输出，把无形资产变成有形财富。

女: **3**除了每年的大年三十至大年初三这四天，博物馆全年都开放。是这样的吗?

男: 是的。其实，从成本上讲，闭馆更省钱。但我们考虑的不是这个，现在每天都不断有观众来参观，最多的时候达到

여: **1**관푸박물관은 신중국의 첫 사설 박물관인데요, 이것을 세운 설립자로서, 이 박물관이 어떻게 이익을 얻고 있는지 말씀해주실 수 있으신가요?

남: 관푸박물관은 현재 운용 방면에서 세 부분으로 나눌 수 있습니다. 첫 번째 부분은 입장료 수입입니다. 입장권이 한 장에 50위안인데요, 전 세계의 박물관 입장권의 표준 가격을 현지 조사해보니, 대체로 그 지역의 영화표 가격과 비슷했습니다. **2**저희는 관푸박물관의 입장권을 여섯 종류로 디자인하여, 관람객들이 원하는 대로 임의로 하나를 선택할 수 있게 하였습니다. 관람객 모두가 그 입장권을 기념으로 보관해두니, 쓰레기통에서 버려진 박물관의 입장권은 볼 수가 없습니다. 관람객당 관람 원가는 대략 150위안인데, 저희는 단지 50위안만 받고 있지만, 저희는 그래도 관람객 한 분한 분이 모두 저희들의 스폰서라고 생각합니다. 두 번째 수입 부분은 저희들이 제공하는 감정, 해설, 장소 대여 등을 포함한 각종 서비스입니다. 세 번째 수입 부분은 저희의 브랜드 수출에 있는데요, 무형 자산을 유형 자산으로 바꾸는 것이지요.

여: **3**매년 섣달 그믐날부터 정월 초사흘까지의 이 나흘을 제외하고 박물관은 일 년 내내 개관하지요?

남: 그렇습니다. 사실 원가로 보면 폐관을 하는 것이 더 경제적이지만, 저희가 고려하는 부분은 그게 아니니까요. 지금은 매일같이 관람객들이 끊임없이 찾아주시는데 가장 많을 때는 몇백 명에 이른답니다. 저희 관푸박물관은 멀리서 찾아주시는 관람객들을 실망시킬 수

几百人。观复博物馆不能让大老远前来参观的人失望。

女：听说您还准备建新的观复博物馆，您对新馆有什么设想呢？

男：未来的观复博物馆会有非常好的设计，满足观众的乐趣。现在观复博物馆五千平方米，以后至少达到两万到三万平方米。公共交通要非常便捷，要具备高品质的展览，4还要有充足的休息空间，让每个参观者都非常愉快。比如有些人会参观一整天，要有餐饮和休息的区域，最低标准要有免费的饮用水。我还要建一个文化庭院，给每一个为博物馆做出重大贡献的人做一个真人大小的铜像。

女：您有那么多的想法，为什么还准备把观复博物馆捐出呢？

男：我希望能够把博物馆交给社会管理使其社会化，成为社会公共财富。另外，我的晚年想过得清静一些，不再负责博物馆的经营和管理。退下来以后，5我很希望能腾出时间再多写些书。

없습니다.

여: 듣자 하니까 선생님께서는 새로운 관푸박물관을 지으려고 준비하신다던데, 이 새로운 박물관에 대해 어떤 구상을 갖고 계신가요?

남: 미래의 관푸박물관은 아주 훌륭하게 설계되어 관람객들의 즐거움을 만족시켜드릴 것입니다. 현재 관푸박물관의 면적은 5,000㎡이지만 이후에는 최소 20,000~30,000㎡에 이를 것입니다. 대중교통도 편리하게 연결될 것이고, 높은 수준의 전람을 열 것이며, 4또 충분한 휴식 공간을 만들어 모든 관람객들을 즐겁게 할 것입니다. 예를 들어 하루 종일 참관하시는 분들을 위해 식사와 휴식을 할 수 있는 곳을 만들고 기본적으로 식수는 무료로 제공하려고 합니다. 또한 저희는 문화 정원을 지어 박물관에 아주 큰 공헌을 한 각각의 인물을 실물 크기의 동상으로 만들려고 합니다.

여: 선생님께서 이렇게 많은 계획을 갖고 계신데, 어째서 또 관푸박물관을 기증하실 생각을 하셨나요?

남: 저는 박물관을 사회에 맡겨 관리하도록 하고 이것이 사회의 공공 자산이 되기를 바랍니다. 그 밖에도 저는 노후에는 박물관의 경영 관리를 맡지 않고 그냥 조용히 보내고 싶습니다. 퇴직을 한 후에는 5시간을 내서 책을 조금 더 많이 쓰고 싶은 게 저의 바람입니다.

어휘 ★博物馆 bówùguǎn 명 박물관 | ★私立 sīlì 형동 사립의; 개인이 설립하다 | ★创办人 chuàngbànrén 명 설립자 | ★赢利 yínglì 이익, 이윤 | ★运用 yùnyòng 동 운용하다 | ★门票 ménpiào 명 입장권 | ★考察 kǎochá 동 현지 조사하다, 시찰하다 | 收费标准 shōufèi biāozhǔn 가격의 표준 | ★大致 dàzhì 부 대체로 | 电影院 diànyǐngyuàn 영화관 | ★设计 shèjì 동 설계하다, 디자인하다 | ★参观者 cānguānzhě 관람객 | ★自愿 zìyuàn 동 스스로 원하다 | ★任意 rènyì 임의의 | ★纪念品 jìniànpǐn 명 기념품 | 保存 bǎocún 동 보존하다, 저장하다 | ★垃圾箱 lājīxiāng 쓰레기통 | ★丢弃 diūqì 동 내버리다 | 参观成本 cānguān chéngběn 관람 원가 | ★依然 yīrán 부 여전히 | ★赞助人 zànzhùrén 명 스폰서 | 鉴定 jiàndìng 동 감정하다, 평가하다 | ★讲解 jiǎngjiě 동 해설하다, 설명하다 | 场地租用 chǎngdì zūyòng 장소 대여 | ★品牌 pǐnpái 브랜드, 상표 | ★输出 shūchū 동 수출하다 | 无形资产 wúxíng zīchǎn 명 무형 자산 | 有形财富 yǒuxíng cáifù 유형 자산 | ★大年三十 dànián sānshí 섣달그믐 | ★从……上讲 cóng……shang jiǎng ~에서 말하자면 | ★达到 dádào 동 이르다 | ★大老远 dàlǎoyuǎn 형 아주 먼 | ★满足 mǎnzú 만족시키다 | 平方米 píngfāngmǐ 양 제곱미터, 평방미터 | ★公共交通 gōnggòng jiāotōng 대중교통 | ★便捷 biànjié 형 편리하다 | ★具备 jùbèi 동 갖추다 | ★高品质 gāopǐnzhì 높은 품질의 | ★展览 zhǎnlǎn 동 전람하다 | ★充足 chōngzú 형 충분하다 | ★空间 kōngjiān 명 공간 | ★一整天 yìzhěngtiān 하루 종일 | ★餐饮 cānyǐn 명 음식 판매, 요식업 | 区域 qūyù 명 구역, 지역 | ★免费 miǎnfèi 동 무료로 하다 | ★饮用水 yǐnyòngshuǐ 명 식수, 마실 물 | 文化庭院 wénhuà tíngyuàn 문화 정원 | ★贡献 gòngxiàn 명동 공헌(하다) | 铜像 tóngxiàng 명 동상 | 捐出 juānchū 기증하다 | 公共财富 gōnggòng cáifù 공공 자산 | ★晚年 wǎnnián 명 노년 | ★清静 qīngjìng 형 조용하다, 고요하다 | 退下来 tuì xiàlai 퇴직하다 | 腾出时间 téngchū shíjiān 시간을 내다

---

1 난이도 下   공략 Key 동일한 의미의 문장 찾기

观复博物馆有什么特点?

Ⓐ 中国第一家私人博物馆

B 全年无休

C 不收门票

D 由外国人创办

관푸박물관은 어떤 특징을 가지고 있는가?

Ⓐ 중국의 첫 사설 박물관이다

B 연중무휴이다

C 입장료를 받지 않는다

D 외국인이 설립한 것이다

공략 '观复博物馆是新中国第一家私立博物馆'이라는 부분과 보기 A는 동일한 의미임을 알 수 있다.

2

난이도 中 공략 Key **동일한 의미의 문장 찾기**

关于门票，下列哪项正确？

A 每张150元
Ⓑ 设计成6种样子
C 图样单一
D 大多被丢弃

입장권에 관해 다음 중 옳은 것은?

A 한 장에 150위안이다
Ⓑ 여섯 가지 종류로 디자인되었다
C 동일한 패턴이다
D 대부분 내버려진다

공략 '我们把观复博物馆的门票设计成了六个样子'라는 부분과 보기 B는 동일한 의미임을 알 수 있다.

3

난이도 中 공략 Key **숫자 관련 내용 구별**

观复博物馆一年闭馆几天？

A 一周
B 30天
C 3天
Ⓓ 4天

관푸박물관은 일 년에 며칠을 폐관하는가?

A 일주일
B 30일
C 3일
Ⓓ 4일

공략 '除了每年的大年三十至大年初三这四天，博物馆全年都开放'이라는 부분에서 세 가지 숫자가 제시되는데, 그 숫자들과 관련된 내용을 주의해서 듣고 구별하면 이 문제의 정답을 알 수 있다.

4

난이도 中 공략 Key **동일한 의미의 문장 찾기**

关于未来的观复博物馆，下列哪项正确？

A 面积五千平方米
B 提供免费食品
Ⓒ 有充足的休息空间
D 门票更便宜

미래의 관푸박물관에 대해 다음 중 옳은 것은?

A 면적은 5,000㎡이다
B 음식을 무료로 제공한다
Ⓒ 넓은 휴식 공간이 있다
D 입장료가 더 싸다

공략 '还要有充足的休息空间'이라는 부분과 보기 C는 동일한 의미임을 알 수 있다.

5

난이도 下 공략 Key **동일한 의미의 문장 찾기**

男的有什么期望？

Ⓐ 有时间写写书
B 扩大博物馆规模
C 强化博物馆管理
D 多做慈善事业

남자는 어떤 소망을 가지고 있는가?

Ⓐ 시간이 있을 때 책을 쓴다
B 박물관 규모를 넓힌다
C 박물관 관리를 한층 더 강화한다
D 자선 사업을 많이 한다

공략 '我很希望能腾出时间再多写些书'라는 부분과 보기 A는 동일한 의미임을 알 수 있다.

男：各位听众大家好，**10** 今天我们有幸请到了《少年报》的"知心姐姐"卢勤，请她谈谈在未成年人教育方面的心得体会。请问您是从什么时候开始从事教育工作的，又是什么让您能够一直在教育工作上探索呢？

女：我到《少年报》工作已经有十九年了。我从小就想当"知心姐姐"，因为我是从小看着《少年报》长大的，当时有一个栏目叫做"知心姐姐"，**6** 我就悄悄给"知心姐姐"写了一封信，"知心姐姐"给我回了信，于是我就有了很大的成就感。后来我自己就想当"知心姐姐"了。

男：您特别地幸运，因为您实现了自己的理想。您觉得读懂孩子需要什么？

女：**7** 那就是爱孩子，当你从内心里爱这个孩子的时候，你的脸上就有爱的微笑，你的语言里面就有爱的激励，于是孩子就会发现你的这双眼睛爱他，他就会把心交给你。

男：现在五到七岁的孩子中有很多"问题孩子"，这让家长们比较苦恼，该如何在这个特殊阶段教育孩子呢？

女：**8** 最重要的就是培养孩子的自信，在这个阶段的孩子都需要家长发现他好的那一面，得到肯定。比如说我自己小的时候就特别喜欢画画儿，每次给妈妈看，她都说你画得太好了！我姐姐夸我真是画画儿的天才，所以我就特别热爱画画儿。后来我上学以后老师也把黑板报交给了我，我从一年级一直画到初中。

男：有些家长越是在人多的时候，越是会和别人说自己的孩子不好，我很困惑，这些家长是什么心理呢？

女：这种情况比较普遍，很多家长愿意当着别人的面说孩子的不好，这个时候**9** 可能是因为他总对自己的孩子期望值很高，如果这个孩子本身有一点毛病，他就会把这个毛病看得比天还大，这就会进入一种恶性循环。

男：看来教育孩子的确有不少学问。我们每一个家长都得好好学习啊。

남: 청취자 여러분 안녕하세요. **10** 오늘 저희는 「샤오녠바오」의 '절친 언니'로 불리는 루친 씨를 어렵게 모시고, 미성년자의 교육 방면에서 직접 체험하고 느낀 점들에 대해 이야기를 나눠보려고 합니다. 루친 씨는 언제부터 교육 방면의 일에 종사하셨으며 또 무엇 때문에 줄곧 교육 쪽 일을 연구하고 계신 건가요?

여: 제가 「샤오녠바오」에서 일한 지가 벌써 19년이나 되었습니다. 제가 어려서부터 '절친 언니'가 되고 싶었던 이유는, 저도 어려서부터 「샤오녠바오」를 보며 자랐고, 그 당시에 '절친 언니'라는 제목의 칼럼이 있었는데, **6** 한번은 제가 몰래 '절친 언니'에게 편지를 썼더니 그 '절친 언니'가 답장을 보내주셨어요. 그래서 저는 그때 큰 성취감을 느꼈죠. 후에 저도 나중에 커서 '절친 언니'가 되고 싶다고 생각했습니다.

남: 당신은 참 운이 좋은 것 같네요, 꿈을 이루었으니까요. 그럼 아이들을 잘 이해하려면 어떤 것들이 필요하다고 생각하시나요?

여: **7** 그건 바로 아이를 사랑하는 것입니다. 당신이 마음으로부터 그 아이를 사랑할 때, 당신의 얼굴은 사랑스러운 미소를 띠게 되고 당신의 말 속에는 사랑이 담긴 격려가 있게 됩니다. 그리하여 아이는 당신의 그런 눈빛에서 당신이 자신을 사랑하고 있음을 알게 되고, 그 아이는 당신에게 마음을 열게 되지요.

남: 현재 5살에서 7살까지의 아이들 중에 문제 아이들이 많아서 이 때문에 부모님들이 괴로워하는데, 이런 특별한 단계에서는 아이를 어떻게 교육해야 할까요?

여: **8** 가장 중요한 것은 아이의 자신감을 키워주는 것입니다. 이 단계의 모든 아이들에게는 부모가 아이의 잘하는 부분을 찾아내 인정받게 해주는 것이 필요합니다. 예를 들어 제가 어렸을 때 그림을 그리는 것을 아주 좋아했는데, 매번 어머니께 제 그림을 보여드리면 어머니는 항상 저에게 그림을 너무 잘 그렸다고 말씀해주셨습니다. 제 언니도 제가 그림을 그리는 것에서는 천재라며 칭찬해주었고요. 그래서 저는 매우 애착을 가지고 그림을 그렸습니다. 후에 학교에 들어가니까 선생님께서도 저에게 학습 벽보를 맡기셨고, 그래서 1학년 때부터 중학교 때까지 내내 그렸지요.

남: 일부 부모님들은 사람이 많을 때일수록 더 다른 사람들에게 자기 아이의 안 좋은 점을 이야기해서, 제가 참 당혹스러울 때가 있는데요, 이런 부모님들은 어떤 심리인가요?

여: 이런 상황은 비교적 흔한데요, 많은 부모님들이 다른 사람들 앞에서 아이의 좋지 않은 점을 이야기할 때는 **9** 아마 그들의 아이에 대한 기대치가 높기 때문일 겁니다. 만약 아이 자신에게 단점이 있다면 그런 부모님들은 그 단점을 세상 어떤 것보다 더 큰 문제로 받아들여, 후에 이것이 일종의 악순환에 빠지게 됩니다.

남: 보니까 아이를 교육하는 것은 확실히 많은 지식을 필요로 하는군요. 모든 부모님들께서는 많이 배우고 익히셔야겠습니다.

어휘 ★听众 tīngzhòng 명 청취자 | ★有幸 yǒuxìng 형 운이 좋다, 행운이다 | 知心 zhīxīn 형 절친하다, 막역하다 | ★未成年人 wèichéngniánrén 명 미성년자 | ★心得体会 xīndé tǐhuì 마음속 깊이 얻은 체험 | 探索 tànsuǒ 동 탐색하다, 찾다 | ★栏目 lánmù 명 란, 칼럼 | 悄悄 qiāoqiāo 부 몰래, 살며시 | ★一封信 yì fēng xìn 편지 한 통 | ★回信 huíxìn 동 답장하다, 회신하다 | 成就感 chéngjiùgǎn 명 성취감 | ★实现理想 shíxiàn lǐxiǎng 꿈을 실현하다 | 从内心里 cóng nèixīn li 마음속으로부터 | ★微笑 wēixiào 명동 미소(를 짓다) | ★激励 gǔlì 동 격려하다 | ★这双眼睛 zhè shuāng yǎnjing 이 한 쌍의 눈 | ★问题孩子 wèntí háizi 문제아 | ★苦恼 kǔnǎo 형 고통스럽다, 괴롭다 | ★特殊阶段 tèshū jiēduàn 특별한 단계 | ★培养自信 péiyǎng zìxìn 자신감을 기르다 | 肯定 kěndìng 동 긍정하다, 확신하다 | ★夸 kuā 동 칭찬하다 | 天才 tiāncái 천재 | 黑板报 hēibǎnbào 명 학습 벽보 | ★困惑 kùnhuò 형 당혹스럽다 | 期望值 qīwàngzhí 명 기대치 | ★本身 běnshēn 명 그 자신, 그 자체 | 毛病 máobìng 명 단점, 결점 | ★比天还大 bǐ tiān hái dà 하늘보다 더 크다 | ★恶性循环 èxìng xúnhuán 악순환, 악성 고리 | ★的确 díquè 부 확실히 | 学问 xuéwen 명 지식, 학문

6 난이도 上 공략 Key 동일한 의미의 문장 찾기

女的为什么想当"知心姐姐"?	여자는 왜 '절친 언니'가 되고 싶었는가?
A 兴趣爱好	A 취미로
B 为了赚钱	B 돈을 벌기 위해서
C 擅长教育孩子	C 아이들 교육에 뛰어나서
D 曾从中得到过鼓励	D 예전에 그로부터 격려를 받은 적이 있어서

공략 '我就悄悄给"知心姐姐"写了一封信,"知心姐姐"给我回了信,于是我就有了很大的成就感'이라는 부분과 보기의 D는 동일한 의미임을 알 수 있다.

7 난이도 中 공략 Key 동일한 의미의 문장 찾기

女的觉得读懂孩子需要什么?	여자는 아이를 이해하려면 무엇이 필요하다고 생각하는가?
A 有责任心	A 책임감이 있어야 한다
B 和孩子交流	B 아이와 교류를 해야 한다
C 对孩子有爱心	C 아이에 대해 사랑하는 마음을 가져야 한다
D 平等对待孩子	D 공평하게 아이들을 대해야 한다

공략 '那就是爱孩子'라는 부분과 보기 C는 동일한 의미임을 알 수 있다.

8 난이도 下 공략 Key 핵심어 最重要를 통한 의미 파악

女的讲自己画画儿的经历是为了说明什么?	여자는 무엇을 설명하기 위해 자신이 그림을 그린 경험을 이야기했는가?
A 培养孩子的特长	A 아이의 특기를 길러주려고
B 帮孩子建立自信	B 아이가 자신감을 가지는 것을 도와주려고
C 对孩子要严格要求	C 아이에게 엄격하게 요구하려고
D 及时发现孩子的问题	D 그때그때 바로 아이의 문제를 발견하려고

공략 '最重要的就是培养孩子的自信'이라는 부분에서 핵심어 '最重要'를 듣고 뒤에 이어지는 培养과 自信을 통해 정답이 B임을 알 수 있다.

为什么有些家长当着别人的面批评孩子?

A 表示谦虚
B 鼓励孩子
C 孩子表现太差
Ⓓ 对孩子期望值太高

일부 부모님들은 왜 다른 사람들 앞에서 아이를 꾸짖는가?

A 겸손함을 나타내려고
B 아이를 격려하려고
C 아이가 너무 형편없어서
Ⓓ 아이에 대한 기대치가 너무 높아서

공략　'因为他总对自己的孩子期望值很高'라는 부분에서 이유를 나타내는 핵심어 因为를 통해 정답이 D임을 알 수 있다.

关于女的, 可以知道什么?

A 是一名作家
B 初中时开始学画画
Ⓒ 在《少年报》工作
D 家里有 "问题孩子"

여자에 관해 알 수 있는 것은?

A 작가이다
B 중학교 때 그림을 배우기 시작했다
Ⓒ 「사오녠바오」에서 일한다
D 가정에 문제아가 있다

공략　대화의 첫 번째 문장을 듣고 여자가 일하는 곳이 '사오녠바오'임을 기억해두면 정답이 C임을 알 수 있다.

📅 07 day 기타 특수 상황을 해결하는 비법을 마스터하라

🎧 07-6　본책_ 115쪽

정답　1. A　2. D　3. D　4. C　5. B　6. B　7. B　8. D　9. A　10. A

1-5

男: 可能有很多人试过这招儿, 早上一起来就对着镜子说: "我是世界上最棒的"。您提出来, 这样做可能会事倍功半, 还有可能适得其反, 这是怎么回事呢?

女: 我们每个人都不是世界上最棒的, 这一点毫无疑问, 也用不着自欺欺人。这种对着镜子乱喊乱叫的方式, 可以赶上白雪公主中的那个对着镜子喊叫的狠毒而愚蠢的皇后。我想很多人这样喊叫的时候, 是为了给自己增加一点自信心, 然后好有力量迎接挑战。要知道, 所谓最棒, 就已经是在比较了。[2]人不能生活在比较中, 我们有价值、有信心, 不是

남: 아마 많은 분들께서 이런 방법을 써보셨을 것 같은데요, 아침에 일어나자마자 거울에 대고 "내가 세상에서 가장 최고야"라고 외치는 것 말입니다. 이렇게 하는 것이 별 효과가 없는지 아니면 그와 반대로 효과가 있는지 선생님께서 말씀해주실 수 있으신가요?

여: 우리는 누구나 다 세상에서 가장 최고는 아니지요, 이는 의심할 여지가 없는 것이고 또 이 사실이 아닌 말로 자신과 다른 사람을 속일 필요도 없습니다. 거울에 대고 큰 소리로 외치는 이런 방법은 백설공주에서 거울에 대고 소리치는 그 악랄하고 어리석은 왕비를 따라서 하는 것이라고 할 수 있겠네요. 제 생각에 많은 사람들이 이렇게 큰 소리로 외치는 것은, 자기 스스로에게 자신감을 불어넣어 더 큰 힘으로 무언가에 도전하기 위함인 것 같습니다. 그런데 소위 말하는 가장 최고라고 하는 것은 이미 다른 것들과 비교를 거친 것임

因为我们比别人更棒，而是因为生命本身就是有价值的。也就是独一无二的存在，你的自信来自你的内心，而不是在和别人的比较中建立起来的。**1所以"最棒"的说法，既不真实牢靠，也不符合规律。**你如果相信了这个方法，有一天，你发现你不棒的时候，会怎么样呢？万分沮丧!

男：您提出了自卑出没的种种时刻，非常有意思。尤其是说同学聚会的时候，相互比较的心理很微妙。那如何减轻这种情绪呢？

女：自卑出没的种种时刻很多是我总结出来的，不一定全面。自卑很狡猾的，几乎无处不在。有时候我们很多重大的失误都是因为它神出鬼没地跳出来故意捣乱，而我们还浑然不知，却沉迷于这就是我的个性，这就是我的尊严的误区之中。这种自我欺骗对减轻自卑是没有多大作用的，像上面所说的对着镜子大喊就是这样。**3真正的醒悟是无条件地接受自己。**

男：我们遇到悲伤的事情经常说："**4顺其自然吧，**过一段时间后总会好的。"您对此是什么看法？

女：你要主动地去处理你的悲伤，不能完全依赖时间去解决问题。因为我们没法走在时间前面，你能跟时间肩并肩走到一起就很不错了。

을 알아야 합니다. **2사람은 비교 속에서는 살 수가 없습니다.** 우리에게 가치가 있고 우리가 자신감이 있는 것은, 우리가 다른 사람들보다 더 잘나서가 아니라 우리의 생명 그 자체가 가치 있기 때문입니다. 다시 말해 이 세상에서 유일한 존재라는 것입니다. 당신의 자신감은 당신의 마음속으로부터 나오는 것이지 다른 사람과의 비교에서 생겨나는 것이 아닙니다. **1따라서 '가장 최고'라는 말은 사실도 아니고 믿을 만한 것도 아니며 또 규율에 부합하는 말도 아닙니다.** 만약 당신이 '가장 최고'라는 그 말을 믿고 있다면 언젠가 자신이 최고가 아니라는 것을 알게 됐을 때 어떻게 되겠어요? 매우 낙담하고 의기소침해지겠지요.

남: 선생님께서 제기하신 열등감이 생기고 사라지는 여러 순간이라는 게 아주 재미있습니다. 특히 동창 모임에서 서로 비교하는 심리가 아주 미묘하게 나타나는데, 어떻게 그 기분을 누그러뜨릴 수 있을까요?

여: 열등감이 생기고 사라지는 여러 순간들이라는 게 많은 부분 제가 정리해낸 것이라 전면적이라고는 할 수 없습니다. 열등감은 아주 간사한 것이지요, 거의 모든 곳에 다 존재한답니다. 어떤 때에는 우리가 저지르는 큰 실수들이 모두 열등감이 교묘하고 빠르게 밖으로 튀어나와 어지럽혀 놓기 때문에 일어난 것인데, 우리는 그 사실을 전혀 알지 못하고 오히려 그것이 우리의 개성이라고 굳게 믿어버립니다. 이것이 바로 우리 존엄성의 오류가 있는 부분입니다. 이러한 자아 기만이라는 것이 열등감을 줄이는 데 있어서는 큰 효과가 없답니다. 마치 위에서 말씀드린 거울을 보며 큰 소리로 외치는 것과 같은 것이지요. **3진정한 깨달음은 무조건적으로 자신을 받아들이는 것입니다.**

남: 우리가 슬픈 일을 겪을 때 종종 '**4그냥 흘러가는 대로 두자,** 시간이 조금 지나면 좋아질 것이다'라고 말을 하는데, 선생님께서는 이에 대해 어떻게 생각하시나요?

여: 여러분은 능동적으로 여러분의 슬픔을 해결하려고 해야 합니다. 시간에만 기대어 문제를 해결하려 해서는 안 됩니다. 왜냐하면 우리는 시간 앞에서 걸을 수 없기 때문에 시간과 나란히 함께 걸을 수 있다면 아주 괜찮은 거죠.

어휘 招 zhāo 명 방법, 수단 | ★镜子 jìngzi 명 거울 | ★棒 bàng 형 대단하다, 잘하다 | ★事倍功半 shì bèi gōng bàn 성 들인 노력은 크지만 얻은 성과는 적다 | ★适得其反 shì dé qí fǎn 성 결과가 바라던 바와 정반대가 되다 | ★毫无疑问 háowú yíwèn 조금의 의문도 없다 | ★用不着 yòngbuzháo 필요가 없다 | ★自欺欺人 zì qī qī rén 성 자신도 속이고 다른 사람도 속이다 | ★乱喊乱叫 luàn hǎn luàn jiào 큰 소리로 마구 외치다 | 赶上 gǎnshàng 동 따라잡다 | ★白雪公主 Báixuě gōngzhǔ 고유 백설공주 | 喊叫 hǎnjiào 동 외치다 | ★狠毒 hěndú 형 악랄하다 | ★愚蠢 yúchǔn 형 어리석다 | ★皇后 huánghòu 명 황후, 왕비 | ★增加自信心 zēngjiā zìxìnxīn 자신감을 증가시키다 | 力量 lìliang 명 힘 | ★迎接 yíngjiē 동 맞이하다 | ★挑战 tiǎozhàn 명동 도전(하다) | ★所谓 suǒwèi 형 소위 ~이라는 것은 | ★价值 jiàzhí 명 가치 | ★不是……而是…… bùshì……érshì…… ~이 아니라 ~이다 | ★独一无二 dú yī wú èr 성 유일무이하다 | ★内心 nèixīn 명 내심, 속마음 | ★建立自信 jiànlì zìxìn 자신감을 세우다 | 真实牢靠 zhēnshí láokao 진실하고 믿을 만하다 | ★符合规律 fúhé guīlù 규율에 부합하다 | 万分 wànfēn 부 매우, 대단히 | ★沮丧 jǔsàng 형 낙담하다, 의기소침하다 | ★自卑 zìbēi 형 스스로 열등하다 | 出没 chūmò 동 출몰하다, 나타났다 사라지다 | ★种种 zhǒngzhǒng 명 여러 가지 | ★时刻 shíkè 명 순간, 시각 | ★聚会 jùhuì 명 모임 | ★微妙 wēimiào 형 미묘하다 | ★减轻 jiǎnqīng 동 줄이다, 덜다 | ★情绪 qíngxù 명 정서, (언짢은) 기분 | ★总结出来 zǒngjié chūlai 총괄해내다 | ★全面 quánmiàn 명형 모든 방면; 전면적인 | ★狡猾 jiǎohuá 형 교활하다

│ ★无处不在 wúchù búzài 모든 곳에 다 있다 │ ★失误 shīwù 몡 실수, 잘못 │ ★神出鬼没 shén chū guǐ mò 셍 귀신같이 나타났다 사라지다, 변화가 교묘하고 신속하다 │ ★捣乱 dǎoluàn 동 어지럽히다, 소란을 피우다 │ ★浑然不知 húnrán bùzhī 전혀 알지 못하다 │ ★沉迷于 chénmí yú ∼에 깊이 빠지다 │ ★个性 gèxìng 몡 개성 │ ★尊严 zūnyán 몡휑 존엄(하다) │ ★误区 wùqū 몡 오류가 있는 부분, 잘못된 영역 │ 自我欺骗 zìwǒ qīpiàn 자아 기만 │ ★醒悟 xǐngwù 동 깨닫다 │ 无条件 wútiáojiàn 동 아무 조건도 없다 │ ★悲伤 bēishāng 휑 슬프다 │ ★主动 zhǔdòng 휑 주동적이다 │ ★处理 chǔlǐ 동 처리하다 │ ★依赖 yīlài 동 의지하다, 기대다 │ ★肩并肩走 jiān bìng jiān zǒu 나란히 걷다

1   난이도 中   공략 Key 동일한 의미의 어휘 찾기

女的怎么看"我是世界上最棒的"？

A 不真实
B 能消除自卑
C 会增加自信
D 能事半功倍

여자는 '내가 세상에서 가장 최고다'라는 말에 대해 어떻게 생각하는가?

A 진실하지 않다
B 열등감을 없앨 수 있다
C 자신감을 증가시킬 수 있다
D 적은 노력으로 큰 성과를 얻을 수 있다

공략 '所以"最棒"的说法，既不真实牢靠'라는 부분에서 보기 A와 동일한 어휘 '不真实'를 통해 정답이 A임을 알 수 있다.

2   난이도 中   공략 Key 동일한 의미의 문장 찾기

关于比较，女的是什么看法？

A 适当地比较有好处
B 比较能建立自信
C 比较是一种个性
D 不要总是进行比较

비교에 관해 여자는 어떤 생각을 가지고 있는가？

A 적당하게 비교하는 것은 좋은 점이 있다
B 비교하는 것은 자신감을 가지게 해준다
C 비교는 일종의 개성이다
D 항상 비교를 해서는 안 된다

공략 '人不能生活在比较中'이라는 부분을 듣고 보기 D와 동일한 의미임을 파악해야 한다. 이 문제에서는 자신의 관점에 따라 A를 선택하지 않도록 주의한다.

3   난이도 中   공략 Key 동일한 의미의 문장 찾기

女的认为应该怎样面对自卑？

A 对着镜子大喊
B 时刻提醒自己最棒
C 永远保持乐观
D 无条件地接受自己

여자는 열등감을 어떻게 대해야 한다고 생각하는가？

A 거울을 마주하고 큰 소리로 외친다
B 시시각각 자신이 가장 훌륭하다고 일깨운다
C 언제나 낙관적인 태도를 유지한다
D 무조건적으로 자기 자신을 받아들인다

공략 '真正的醒悟是无条件地接受自己'라는 부분과 보기의 D는 동일한 의미임을 알 수 있다.

4   난이도 上   공략 Key 핵심어 自然

"顺其自然"是什么意思？

A 随便做
B 主动去处理悲伤
C 让事情自然发展
D 不要灰心

'顺其自然'은 어떤 의미인가？

A 마음대로 한다
B 주동적으로 나서서 슬픔을 해결한다
C 일이 자연스럽게 발전해나가도록 한다
D 낙심하지 말아야 한다

공략 '顺其自然吧'라는 부분을 듣고 그 뒤 문장을 주의 깊게 듣는다. 만약 그 뒷부분의 내용이 보기의 내용과 아무 관계가 없다면 '顺其自然'을 통해 답을 유추해야 한다. 여기서 自然이라는 단어를 통해 정답이 C임을 알 수 있는데, '顺其自然'은 '일이 자연스럽게 발전해나가도록 하다'라는 의미이다.

난이도 上 **공략 Key** 전체 내용 파악

这段对话主要谈什么？	이 대화는 주로 무엇에 대해 이야기하고 있는가？
A 相信自己最棒	A 자신이 가장 최고라고 믿는다
B 勇于接受自己	B 용감하게 자신을 받아들여야 한다
C 学会顺其自然	C 순리에 따르는 법을 배워야 한다
D 永不言弃	D 포기하지 말아야 한다

공략 이 문제는 난이도가 비교적 높아서 문장의 내용을 확실히 이해해야만 정답을 고를 수 있다. 전체 문장의 핵심 내용을 살펴보면, 용감하게 자신을 받아들이고 자신을 기만하지 말라는 의미이므로 정답은 B이다.

6-10

女：国外对针灸一直很有兴趣。先请您谈谈这其中的原因吧！

男：针灸疗法简便易行，行之有效。在治疗很多疾病中，可以起到立竿见影的作用。6比如说牙疼、腰疼这类疼痛性疾病。很多好的医生可以做到一针下去，病痛顿除。所以很容易被大家接受。再者，它对人体没有任何伤害，是一种纯自然疗法。非常符合现在人对疾病的治疗理论。所以国外对针灸的兴趣是非常大的。当然，针灸还可以治很多慢性病。它主要是通过治疗来调动人体自身的抗病抵御能力。这也是国外人对针灸感兴趣的原因之一。

女：从西方只认同实践来看，您是否认为，中医推广的力度还远远不够。

男：我很同意你的看法。中医要发展，还是任重道远。特别是中药服用比较复杂，要煎服，7口感也不好，不方便携带。8所以如果制药方式没有重大变革，推广是有难度的。现在有免煎颗粒，比过去就好得多了。再者，我们的宣传也不到位。大家没有认识到，整体调整，调动自身免疫功能来战胜疾病的好处。

女：有人说："中医是养生，西医是治病。"您赞同这种说法吗？

男：其实西医也有很多是养生的理论，中医也有很多治病的办法。看问题应该理

여: 해외에서 침구에 대해 줄곧 큰 관심을 보이고 있는데, 그 이유가 무엇인지 선생님께서 말씀 좀 해주시죠.

남: 침구 요법은 편리하고 간단하게 할 수 있으며 그 효과가 좋습니다. 여러 가지 질병 치료에서 즉시 효과를 볼 수 있습니다. 6예를 들어 치통이나 요통처럼 통증을 유발하는 질병에서 말이죠. 의사의 침 한 방으로 병의 통증을 바로 사라지게 할 수 있지요. 그래서 사람들이 이것을 쉽고 편하게 받아들이는 것입니다. 게다가 이 침구 요법은 인체에 어떠한 해도 끼치지 않는 일종의 순 자연 치료법이어서, 현대인의 질병 치료 이론에도 아주 적합하지요. 때문에 해외에서 침구에 대해 큰 관심을 보이는 것입니다. 물론 침구 요법으로 여러 만성 질병도 고칠 수 있습니다. 이 침구 요법을 통해 인체는 병에 대한 저항 능력을 키울 수 있는데, 이것 역시 해외 사람들이 침구에 대해 큰 관심을 보이는 이유 중 하나이지요.

여: 서양에서 오직 실제로 경험하는 것들만 인정하는 것으로 볼 때, 선생님께서는 중의학을 널리 보급시키는 힘은 아무래도 아직 많이 부족하다고 생각하시는지요?

남: 저는 당신의 생각에 동의합니다. 중의학을 발전시키려면 아무래도 책임이 막중하고 오랜 노력도 필요합니다. 특히 한약을 복용하는 것이 비교적 번거로운데, 달여서 먹어야 하고 7맛도 없는데다가 휴대하기도 불편하기 때문입니다. 8그래서 한약을 제조하는 방식에 큰 변화가 없다면, 중의학을 널리 보급하기가 어렵습니다. 요즘은 그래도 달여 먹지 않아도 되는 환약이 있어서 예전보다는 많이 나아졌습니다. 그 밖에 홍보에 있어서도 만족스럽지 못합니다. 한약이 몸 전체의 상태를 조절해 면역력을 키워 병을 이겨낼 수 있게 한다는 장점을 사람들은 잘 모르더라고요.

여: 어떤 사람들은 '중의학은 양생이고 서양의학은 병을 고치는 것이다'라고 하는데, 이 말에 대해 선생님은 동의하시나요？

性，应该平和。所以对这种说法，我不能完全赞同。

女：您如何看待中西医结合这一问题？

男：我曾在《百家讲坛》中专门讲到中西医结合的问题。中医和西医尽管是两种医学理论体系，但是它们的研究个体是一个，都是人。所以，它们在理论上有一定的通用性，9在治疗上有很大的互补性。俗话说："尺有所短，寸有所长"。我们如果能很好地把它们结合在一起，来治疗疾病，将会事半功倍。

남: 사실 서양의학에도 많은 양생 이론들이 있고 중의학에도 많은 치료 방법들이 있습니다. 문제를 대할 때는 이성적이고 차분한 태도로 보아야 합니다. 때문에 이 말에 대해 저는 완전히 동의하지는 않습니다.

여: 중의학과 서양의학을 결합시키는 이 문제에 대해 선생님께서는 어떻게 생각하십니까?

남: 제가 예전에 「백가강단」이라는 프로그램에서 특별히 중의학과 서양의학의 결합 문제에 대해 강의한 적이 있습니다. 중의학과 서양의학은 비록 각기 다른 두 종류의 의학 이론 체계이지만 그것들의 연구 개체는 하나입니다, 바로 인간이지요. 때문에 그것들이 이론상으로는 어느 정도 통용이 되고 9치료 면에서도 상호 보완성이 큽니다. 속담에 '척도 짧을 때가 있고, 촌도 길 때가 있다'라는 말이 있지요. 우리가 그것들을 잘 결합시켜 질병을 치료한다면, 앞으로는 적은 노력으로 큰 성과를 얻을 수 있습니다.

어휘 ★针灸 zhēnjiǔ 명 침구 | 疗法 liáofǎ 명 요법 | ★简便易行 jiǎnbiàn yì xíng 간편해서 하기 쉽다 | 行之有效 xíng zhī yǒu xiào 성 하면 효과가 있다 | ★治疗 zhìliáo 동 치료하다 | ★疾病 jíbìng 명 질병 | ★起作用 qǐ zuòyòng 효과가 있다, 작용을 하다 | ★立竿见影 lì gān jiàn yǐng 성 즉시 효과가 나타나다 | ★比如说 bǐrú shuō 예를 들면 | ★牙疼 yáténg 명 치통 | ★腰疼 yāoténg 명 요통 | 疼痛性疾病 téngtòngxìng jíbìng 통증성 질병 | 病痛 bìngtòng 명 병고, 병의 통증 | 顿除 dùn chú 바로 사라지다 | ★再者 zàizhě 접 게다가, 그 밖에 | ★伤害 shānghài 동 해를 끼치다 | 纯自然疗法 chún zìrán liáofǎ 순 자연 요법 | ★慢性病 mànxìngbìng 명 만성 질병 | 调动 diàodòng 동 이동하다, 불러일으키다 | ★抗病 kàngbìng 동 투병하다 | 抵御 dǐyù 동 막다, 저항하다 | ★认同 rèntóng 동 인정하다 | ★实践 shíjiàn 명동 실천(하다) | ★是否 shìfǒu 부 ~인지 아닌지 | ★推广 tuīguǎng 동 널리 보급하다 | 力度 lìdù 명 힘 | ★远远不够 yuǎnyuǎn búgòu 훨씬 부족하다 | ★任重道远 rèn zhòng dào yuǎn 성 책임이 막중하고 오랜 노력도 필요하다 | ★服用 fúyòng 동 복용하다 | 煎服 jiānfú 동 달여서 먹다 | ★口感 kǒugǎn 명 맛 | ★方便携带 fāngbiàn xiédài 휴대하기 편리하다 | 制药方式 zhìyào fāngshì 제약 방식 | ★变革 biàngé 동 변화시키다 | ★免煎颗粒 miǎn jiān kēlì 달여 먹지 않아도 되는 알약, 환약 | ★宣传 xuānchuán 동 홍보하다, 광고하다 | ★到位 dàowèi 형 만족스럽다, 제격이다 | ★免疫功能 miǎnyì gōngnéng 면역 기능 | ★战胜疾病 zhànshèng jíbìng 병을 이겨내다 | ★养生 yǎngshēng 동 양생하다, 병에 걸리지 않도록 건강 관리를 잘하여 오래 살기를 꾀하다 | ★赞同 zàntóng 동 동의하다, 찬성하다 | ★理性 lǐxìng 형 이성적이다 | ★平和 pínghé 형 차분하다, 평온하다 | ★结合 jiéhé 동 결합하다 | 理论体系 lǐlùn tǐxì 이론 체계 | 研究个体 yánjiū gètǐ 연구 개체 | 通用性 tōngyòngxìng 통용성 | ★互补性 hùbǔxìng 상호 보완성 | ★尺有所短，寸有所长 chǐ yǒu suǒ duǎn, cùn yǒu suǒ cháng 성 척도 짧을 때가 있고 촌도 길 때가 있다, 저마다 장단점을 가지고 있어 서로 취할 점이 있다 | ★把它们结合起来 bǎ tāmen jiéhé qǐlai 그것들을 결합시키다 | ★事半功倍 shì bàn gōng bèi 성 적은 노력으로 큰 성과를 얻다

6　　　　　　　　　　　　　　　　　　　　　　　　난이도 上　공략 Key 各种에 유의

关于针灸疗法，下面哪项正确？

A 可以治疗各种疾病
Ⓑ 对治疗疼痛疾病更好
C 不容易被大家接受
D 对慢性病无效

침구 요법에 관해 다음 중 옳은 것은?

A 각종 질병을 치료할 수 있다
Ⓑ 통증이 있는 질병 치료에 더 효과적이다
C 사람들의 인정을 받기가 쉽지 않다
D 만성 질병에는 효과가 없다

공략 '比如说牙疼、腰疼这类疼痛性疾病。很多好的医生可以做到一针下去，病痛顿除'라는 부분을 통해, 침구 요법이 통증을 유발하는 질병에 효과가 크다는 것을 알 수 있으므로 정답은 B이다. 보기 A에서 절대적인 의미를 가진 단어 각종에 주의하지 않아 A를 정답으로 잘못 선택해서는 안 된다.

中药有什么缺点?	한약에는 어떤 단점이 있는가?
A 方便携带	A 휴대하기에 편리하다
⑧ 口感不好	⑧ 맛이 좋지 않다
C 治疗范围有限	C 치료 범위에 한계가 있다
D 服用简单	D 복용이 쉽고 간단하다

공략　'口感也不好'라는 부분과 보기 B는 동일한 의미임을 알 수 있다.

关于中医推广，男的是什么看法?	중의학을 보급시키는 것에 관해, 남자는 어떤 견해를 가지고 있는가?
A 很难推广	A 보급하기가 어렵다
B 前途光明	B 전망이 밝다
C 人们很难接受	C 사람들이 받아들이기가 쉽지 않다
⑩ 制药方式要变化	⑩ 제조 방식에 변화가 있어야 한다

공략　이중 부정문 '所以如果制药方式没有重大变革，推广是有难度的'는 보기 D와 동일한 의미임을 알 수 있다.

"尺有所短，寸有所长"是说中西医什么关系?	'척도 짧을 때가 있고, 촌도 길 때가 있다'라는 속담의 의미는 중의학과 서양의학의 어떤 관계를 설명하는 것인가?
Ⓐ 两者互补	Ⓐ 두 가지가 상호 보완성이 있다
B 西医更好	B 서양의학이 더 좋다
C 中医更好	C 중의학이 더 좋다
D 毫不相关	D 전혀 관계가 없다

공략　'在治疗上有很大的互补性。俗话说："尺有所短，寸有所长"'이라는 부분을 통해 정답이 A임을 알 수 있다. 이 문제는 듣는 방법에 주의해야 하는데 '……互补性'을 듣고 바로 뒷부분에서 俗话라는 단어를 듣게 될 때 互补性이라는 단어를 기억하고 있으면 뒤에 나오는 속담의 내용을 이해하지 못하더라도 정답을 고를 수 있다.

这段对话主要谈的是什么?	이 대화는 주로 무엇에 대해 이야기하고 있는가?
Ⓐ 中医	Ⓐ 중의학
B 西医	B 서양의학
C 针灸	C 침구
D 中药	D 한약

공략　글의 주제를 묻는 이런 문제는 난이도가 높은 경우가 많은데, 글의 주요 내용을 확실히 이해해야만 정답을 고를 수 있다. 이 대화에서는 침구, 한약, 중의학과 서양의학의 비교, 중의학 등의 단어를 언급하고 있으므로 글의 주된 내용은 중의학에 관한 것임을 알 수 있다. 따라서 정답은 A이다.

🏫 **08** day 글의 주제를 파악하라

🎧 08-6 **본책_** 125쪽

| 정답 | 1. C | 2. A | 3. B | 4. D | 5. B | 6. C | 7. A | 8. A | 9. B |

1-3

尽管在生活中是不能让悲观和失望的情绪成为生活中的主宰的，但是如果想要保持良好的心境，去面对生活中的起伏，去看一场悲剧也许是一种不错的调节方式。你有没有过这样的体验，当你在看一场电影的时候，你会因为进入情节而忘记了生活中的一切痛苦，甚至忘记了自己的存在。**1** <u>所以我们可以通过看电影，来排解自己的不良情绪</u>，心里的不良情绪就像毒素，它会在我们的身体里累积，到了一定的时候，就需要释放一下。这时候，去看一场悲剧，正好可以帮你把这些毒素排干净。虽然你可能在悲剧上演的时候，哭得死去活来，但是在剧终的时候你会感到无比轻松。因为那些痛苦和伤害都没有真正发生在你身上，**2** <u>你是多么幸运呀！</u>这时你身体累积的不良情绪，也会随着你的眼泪和难过而被释放掉。

비록 살면서 비관적이고 낙담하는 감정이 생활을 지배하게 해서는 안 되겠지만, 만약 좋은 기분을 유지하면서 생활에서 나타나는 기복에 대처하려면, 비극 영화를 한 편 보는 것이 어쩌면 좋은 감정 조절 방식일 수 있다. 당신은 이런 경험이 있는가? 영화를 보다가 그 줄거리에 빠져들어 당신 생활 중의 모든 고통을 잊어버리거나, 심지어 자신의 존재까지도 잊어버리게 된 경우 말이다. **1**이 때문에 우리는 영화를 통해서 자신의 좋지 않은 기분을 풀어버릴 수 있는 것이다. 마음속의 좋지 않은 감정은 마치 독소와 같아서 그것은 우리의 몸 안에 쌓이게 되고, 어느 때가 되면 우리는 그것을 밖으로 내보내야 한다. 이때 비극 영화를 한 편 보러 가면, 바로 당신이 그러한 독소들을 깨끗하게 밖으로 내보내는 데 도움이 될 것이다. 비록 당신은 비극 영화를 보면서 매우 슬퍼하며 울겠지만, 영화가 끝날 때쯤 당신은 아주 홀가분함을 느낄 것이다. 왜냐하면 그러한 고통이나 상처가 진짜로 당신의 곁에서 일어난 일이 아니기 때문에, **2**당신이 얼마나 운이 좋은 사람이라고 생각하겠는가! 이때 당신의 몸 안에 쌓여있던 좋지 않은 감정들도 당신의 눈물, 괴로움과 같이 밖으로 내보내지게 되는 것이다.

어휘 ★悲观 bēiguān 형 비관적이다 | 情绪 qíngxù 명 기분, 감정 | 主宰 zhǔzǎi 통 지배하다 | ★保持好心境 bǎochí hǎo xīnjìng 좋은 기분을 유지하다 | 起伏 qǐfú 통 기복을 이루다 | ★一场悲剧 yì chǎng bēijù 한 편의 비극 영화 | 调节方式 tiáojié fāngshì 조절 방식 | ★体验 tǐyàn 통 경험하다, 체험하다 | ★情节 qíngjié 명 줄거리 | 痛苦 tòngkǔ 형 고통스럽다 | 排解 páijiě 통 (울적함·걱정 등의 기분을) 풀다, 없애다 | ★不良情绪 bùliáng qíngxù 좋지 않은 기분 | 毒素 dúsù 명 독소 | ★累积 lěijī 통 쌓다, 누적하다 | ★释放 shìfàng 통 방출하다, 석방하다 | 排干净 pái gānjìng 깨끗하게 내보내다 | ★上演 shàngyǎn 통 상연하다, 공연하다 | ★哭得死去活来 kū de sǐ qù huó lái 매우 상심하며 울다 | ★剧终 jùzhōng 통 연극이 끝나다 | 无比 wúbǐ 형 비할 바 없다[매우 뛰어남을 가리킴] | ★轻松 qīngsōng 형 편안하다, 홀가분하다 | ★幸运 xìngyùn 형 운이 좋다 | ★随着 suízhe 개 ~을 따라서, ~에 뒤이어 | ★难过 nánguò 형 괴롭다, 고통스럽다 | ★被释放掉 bèi shìfàng diào 내보내지다

1 난이도 下 공략 Key 동일한 의미의 문장 찾기

看一场悲剧电影，有什么作用?

A 可以忘记烦恼
B 可以解除压力
C 可以发泄不良情绪
D 可以增加信心

비극 영화를 보면 어떤 효과가 있는가?

A 고민을 잊을 수 있다
B 스트레스를 없앨 수 있다
C 좋지 않은 기분을 풀 수 있다
D 자신감을 더할 수 있다

공략 '所以我们可以通过看电影，来排解自己的不良情绪'라는 부분과 보기 C는 동일한 의미임을 알 수 있다.

2

看完悲剧电影，会有什么样的感受？	비극 영화를 보고 나면, 어떤 느낌을 가지게 되는가?
Ⓐ 幸运	Ⓐ 운이 좋다
B 幸福	B 행복하다
C 乐观	C 낙관적이다
D 有魅力	D 매력이 있다

공략 '你是多么幸运呀!'라는 부분에서 보기 A의 幸运과 동일한 어휘를 들을 수 있으므로 정답은 A이다.

3

这段话的主要内容是什么？	이 글의 주된 내용은 무엇인가？
A 不良情绪的坏处	A 좋지 않은 기분이 가져다주는 해로움
Ⓑ 看悲剧的好处	Ⓑ 비극적인 영화를 보면 좋은 점
C 如何解除压力	C 스트레스를 어떻게 없애는가
D 保持乐观的心态	D 낙관적인 심리 상태를 유지하자

공략 이 문제를 풀려면 전체 내용을 이해해야만 한다. 이 글은 비극 영화를 보는 것이 당신을 마음껏 울어버리게 만들고 그로 인해 좋지 않은 기분을 풀 수 있으며, 스스로 자신은 운이 좋은 사람이라 여기며 자신의 삶은 편한 것이라고 느끼게 한다는 내용이므로 정답은 B이다.

4-6

从前，4有个人偷了一袋洋葱，被人捉住后，送到法官面前。法官提出了三种惩罚方案，让这个人自行选择。第一种方案是一次性吃掉所有的洋葱。第二种是鞭打一百下。第三种是交纳罚金。5这个人选择了一次性吃掉所有的洋葱。一开始他信心十足。可是吃下几个洋葱之后，他的眼睛像火烧一样，嘴巴像火烤一般，鼻涕不停地流，他说："我一口也吃不下了，你们还是鞭打我吧。"可是在被鞭打了几十下之后，他再也受不了了。他哭喊道："不能再打了，我愿意交罚金。"后来，这个人成了全城人的笑柄。因为他本来需要接受一种惩罚的，却将三种惩罚都尝遍了。6其实，许多人都有过这样的经历。由于对自己的能力缺乏足够的了解，导致决策失误，而尝到不必要的苦头。

예전에 4어떤 사람이 양파 한 자루를 훔치다가 붙잡혀 판사 앞에 불려가게 되었다. 판사는 세 가지 종류의 처벌 방안을 내놓으며 그 사람에게 스스로 선택하라고 하였다. 첫 번째 방안은 모든 양파를 한 번에 먹어버리는 것이었고, 두 번째 방안은 백 번의 채찍질을 당하는 것이었고, 세 번째 방안은 벌금을 내는 것이었다. 5그 사람은 모든 양파를 한 번에 먹어버리는 것을 선택했다. 처음에 그는 자신감이 넘쳐 흘렸지만 양파 몇 개를 먹은 후 그의 눈은 불로 태우는 것 같이 뜨거웠고, 입 역시 불에 굽는 것 같이 뜨거웠으며, 콧물은 끊임없이 흘러내렸다. 그러자 그가 "이제 한 입도 못 먹을 것 같으니 당신들이 나에게 채찍질을 하시오"라고 말했다. 그러나 몇십 차례 채찍질을 당한 후 그는 더 이상은 참을 수 없어 "더는 때리지 마시오, 내가 벌금을 내겠소"라고 울며 소리쳤다. 후에 그 사람은 온 도시 사람들의 웃음거리가 되었다. 왜냐하면 그는 원래 한 가지 처벌만을 받으려고 했지만 결국에는 세 가지 처벌을 다 겪었기 때문이다. 6사실 많은 사람들이 이러한 경험을 가지고 있다. 자신의 능력에 대해 충분히 이해하지 못해서 방법을 결정하는 데 있어 실수를 하여 불필요한 고통을 맛보게 되는 것이다.

어휘 ★从前 cóngqián 圀 이전, 예전 | ★偷 tōu 图 훔치다 | ★一袋洋葱 yí dài yángcōng 양파 한 자루 | ★被人捉住 bèi rén zhuōzhù 붙잡히다 | ★法官 fǎguān 圀 판사, 법관 | 惩罚方案 chéngfá fāng'àn 처벌 방안 | 自行选择 zìxíng xuǎnzé 스스로 선택하다 | 一次性 yícìxìng 阌 일회성의, 일회용의 | ★吃掉 chīdiào 图 먹어버리다 | 鞭打 biāndǎ 图 채찍질하다 | 一百下 yìbǎi xià 백 번, 백 차례 | ★交纳 jiāonà 图 내다, 납부하다 | ★罚金 fájīn 圀 벌금 | ★信心十足 xìnxīn shízú 자신감이 충만하다 | 火烧 huǒshāo 图 불로 태우다 | ★嘴巴 zuǐba 圀 입 | 火烤 huǒkǎo 图 불로 굽다 | 鼻涕 bítì 圀 콧물 | ★受不了 shòubuliǎo 图 참을 수 없다 | ★再也……了 zàiyě……le 더 이상은 ~하다 | 哭喊 kūhǎn 图 울며 소리치다 | ★全城 quánchéng 圀 온 도시 | 笑柄 xiàobǐng 圀 웃음거리 | 尝遍了 chángbiàn le 다 맛보다 | ★足够的了解 zúgòu de liǎojiě 충분한 이해 | ★导致 dǎozhì 图 초래하다, 야기하다 | 决策 juécè 圀 결정된 방법이나 방침 | ★失误 shīwù 图 실수하다 | 尝苦头 cháng kǔtou 고통을 맛보다 | ★不必要 búbìyào 阌 불필요하다

---

4   난이도 中   공략 Key 偷를 통한 의미 파악

那个人为什么要被惩罚?	그 사람은 왜 처벌을 받게 되었는가?
A 吃洋葱	A 양파를 먹어서
B 杀人	B 사람을 죽여서
C 打架	C 싸움을 해서
Ⓓ 偷东西	Ⓓ 물건을 훔쳐서

공략   '有个人偷了一袋洋葱'이라는 부분에서 보기 D의 핵심어 偷와 동일한 어휘를 들을 수 있으므로 정답은 D이다.

---

5   난이도 中   공략 Key 보기의 의미 구분에 유의

那个人开始选择的是哪种惩罚?	그 사람이 처음으로 선택한 것은 어떤 처벌이었는가?
A 鞭打一百下	A 백 번 채찍질 당하는 것
Ⓑ 吃掉所有洋葱	Ⓑ 모든 양파를 먹어버리는 것
C 缴纳罚金	C 벌금을 내는 것
D 买下所有洋葱	D 모든 양파를 사버리는 것

공략   처음 선택한 것을 묻고 있으므로 '这个人选择了一次性吃掉所有的洋葱'이라는 부분을 통해 정답이 B임을 알 수 있다. 그 후에 그가 두 번째로 선택한 것이 보기 A의 '鞭打一百下'였고, 마지막으로 선택한 것이 보기 C의 '缴纳罚金'이었다.

---

6   난이도 上   공략 Key 마지막 문장의 내용 파악

下列哪项最适合做这段话的标题?	다음 중 이 글의 제목으로 가장 적합한 것은?
A 要勇于接受惩罚	A 처벌을 용감하게 받아들여야 한다
B 要知错改错	B 잘못을 알고 고쳐야 한다
Ⓒ 正确认识自己	Ⓒ 자신을 정확히 알아야 한다
D 不要偷东西	D 물건을 훔쳐서는 안 된다

공략   마지막 문장 '其实，许多人都有过这样的经历。由于对自己的能力缺乏足够的了解，导致决策失误，而尝到不必要的苦头'에서 결론을 나타내는 어휘 其实와 '对自己……缺乏……了解'를 통해 정답이 C임을 알 수 있다.

近来有一句流行语：“现在不是大鱼吃小鱼的时代，是快鱼吃慢鱼的时代。”这句话让一些自觉发展速度较慢的老板，越想越觉得不安。<u>7其实大鱼有大鱼的生存方式，小鱼有小鱼的生存空间，快鱼要活，慢鱼亦要求生</u>。谁能活到最后，真的说不定。自然界里，行动缓慢的动物，寿命往往较长，从科学角度分析，因为消耗少、新陈代谢慢，从而节省了能量。如果能量是有限的，用的慢的当然比用的快的活得长久。<u>8人们恐惧慢，是因为活在快的时代，仿佛一停步，就会被远远地抛在后面</u>。但你有没有发现，过快的发展潜伏着危机。速度会造成极大的伤害，在高速的情况下，再坚固的物体也是脆弱的，一点小小的意外，都会导致受重伤甚至毁灭。人生如跑马拉松。浮躁的心态、盲目地加速，只是一时的痛快，对长远的发展并不是好事。<u>9人生到底可以跑多远，并不在于速度快慢，而是要不停地跑</u>。

최근 유행하는 말이 있다. "요즘은 큰 물고기가 작은 물고기를 잡아 먹는 시대가 아니라 빠른 물고기가 느린 물고기를 잡아 먹는 시대다." 이 말은 스스로 발전 속도가 비교적 느리다고 생각하는 사장들에게는 생각할수록 더 불안감을 느끼게 한다. 7사실 큰 물고기는 큰 물고기만의 생존 방식이 있고, 작은 물고기는 작은 물고기만의 생존 공간이 있으며, 빠른 물고기가 살고자 한다면 작은 물고기도 역시 살 길을 찾으려 한다. 누가 마지막까지 살아남을지는 정말로 단언하기 어렵다. 자연계에서 행동이 느린 동물이 수명이 비교적 긴 경우가 종종 있는데, 과학적인 관점에서 분석해보면 소모량이 적고 신진대사가 느려서 에너지 소비를 줄일 수 있기 때문이다. 만약 에너지가 제한적이라면, 에너지를 천천히 사용하는 쪽이 당연히 에너지를 빨리 사용하는 쪽보다 더 오래 살 수 있는 것이다. 8사람들이 느린 것을 두려워하는 것은, 우리가 빠른 시대에 살고 있어서 마치 걸음을 멈추면 멀리 뒤로 처질 수 있기 때문이다. 하지만 당신이 알고 있는지 모르겠지만, 지나치게 빠른 발전에는 위험이 잠복해 있다. 속도가 아주 큰 해를 입힐 수도 있는데, 속도가 빠른 상황에서는 아무리 견고한 물체라도 연약한 것이 되며, 뜻밖의 작은 사고로도 심각한 손상을 입거나 심지어 파괴될 수도 있다. 인생은 마라톤과 같다. 경솔한 마음으로 맹목적으로 속도만 높이려 하는 것은, 단지 잠깐 동안의 즐거움에 지나지 않으며 긴 발전에는 결코 좋은 일이 아니다. 9인생이 대체 얼마나 멀리까지 달려갈 수 있느냐는, 결코 속도가 빠르고 느린 데에 있는 것이 아니라 쉬지 않고 꾸준히 달려가는 데에 있다.

어휘 ★近来 jìnlái 몡 최근, 요즘 | ★流行语 liúxíngyǔ 유행어 | ★自觉 zìjué 통 자각하다, 스스로 깨닫다 | ★老板 lǎobǎn 몡 사장 | ★越想越觉得 yuè xiǎng yuè juéde 생각할수록 ~이라고 느끼다 | 不安 bù'ān 혱 불안하다 | 生存方式 shēngcún fāngshì 생존 방식 | 生存空间 shēngcún kōngjiān 생존 공간 | 亦 yì 뷔 ~도 역시 | 求生 qiúshēng 통 살 길을 찾다 | 说不定 shuōbudìng 통 단언하기 어렵다 | ★自然界 zìránjiè 몡 자연계 | 行动缓慢 xíngdòng huǎnmàn 행동이 느리다 | ★寿命 shòumìng 몡 수명 | ★从科学角度分析 cóng kēxué jiǎodù fēnxī 과학적인 관점에서 분석하다 | ★消耗 xiāohào 통 소모하다, 소비하다 | ★新陈代谢 xīn chén dài xiè 쳉 신진대사 | 从而 cóng'ér 젭 그리하여, 따라서 | ★节省 jiéshěng 통 아끼다, 절약하다 | ★能量 néngliàng 몡 에너지 | 有限 yǒuxiàn 혱 한계가 있다 | ★恐惧 kǒngjù 통 두렵다 | 仿佛 fǎngfú 뷔 마치 | ★被抛在后面 bèi pāo zài hòumian 뒤처지다 | ★过快 guòkuài 혱 지나치게 빠르다 | 潜伏 qiánfú 통 잠복하다, 숨어있다 | ★危机 wēijī 몡 위기, 위험 | ★造成 zàochéng 통 야기하다, 초래하다 | 极大 jídà 혱 매우 크다 | ★在高速的情况下 zài gāosù de qíngkuàng xià 빠른 속도의 상황에서 | 坚固 jiāngù 혱 견고하다 | ★脆弱 cuìruò 혱 연약하다, 나약하다 | ★意外 yìwài 혱 의외이다, 뜻밖이다 | ★受重伤 shòu zhòngshāng 중상을 입다 | 毁灭 huǐmiè 통 파괴하다, 없애다 | ★马拉松 mǎlāsōng 몡 마라톤 | ★浮躁 fúzào 혱 경솔하다 | ★心态 xīntài 몡 심리 상태 | ★盲目 mángmù 혱 맹목적이다 | ★加速 jiāsù 통 가속하다 | 一时的痛快 yìshí de tòngkuài 잠시 동안의 즐거움 | ★长远 chángyuǎn 혱 길다, 오래다 | ★不在于 bú zàiyú ~에 있지 않다 | ★不停 bùtíng 뷔 끊임없이, 쉬지 않고

说话人对这句流行语是什么看法？	화자는 그 유행하는 말에 대해 어떤 관점을 가지고 있나?
Ⓐ **不完全同意**	Ⓐ **완전히 동의하지는 않는다**
B 完全赞同	B 완전히 동의한다
C 没说明	C 설명하지 않았다
D 觉得可笑	D 우습다고 생각한다

공략　핵심어 流行语를 듣고 그 뒷부분의 화자의 태도를 나타내는 문장 '其实大鱼有大鱼的生存方式，小鱼有小鱼的生存空间，快鱼要活，慢鱼亦要求生'을 주의 깊게 들어야 한다. 이 문장은 '모든 물고기들은 전부 다 자기만의 생존 방식이 있으므로 빠른 것이 반드시 좋은 것이 아니다'라는 의미이므로 정답은 A이다.

人们为什么恐惧慢？	사람들은 왜 느린 것을 두려워하는가?
Ⓐ **害怕落后**	Ⓐ **뒤처지는 것이 두려워서**
B 减少寿命	B 수명이 줄어서
C 效率太低	C 효과가 낮아서
D 会被淘汰	D 도태하게 될 것 같아서

공략　'人们恐惧慢，是因为活在快的时代，仿佛一停步，就会被远远地抛在后面'이라는 부분에서 '被……抛在后面'이 보기 A의 落后와 동일한 의미이므로 정답이 A임을 알 수 있다.

这段话主要想说明什么？	이 글이 주로 설명하고자 하는 것은？
A 要抓住每分每秒	A 매분 매초를 잘 잡아야 한다
Ⓑ **坚持才是最重要的**	Ⓑ **꾸준히 하는 것이야말로 가장 중요한 것이다**
C 欲速则不达	C 빨리 하고자 하면 이루지 못한다
D 快节奏的缺陷	D 빠른 생활 리듬의 결점

공략　마지막 문장인 '人生到底可以跑多远，并不在于速度快慢，而是要不停地跑'를 통해 끊임없이 꾸준히 하는 것이 가장 중요함을 알 수 있으므로 정답은 B이다.

정답 1. A 2. D 3. C 4. A 5. B 6. D 7. C 8. D 9. D

1-3

[1]在生活中有很多这样的朋友。在你遭遇困难时，虽然在尽力帮助你，但没办到之前绝不会告诉你他在帮你，甚至有时候还故意疏远你。等到终于办成了，才会告诉你，想给你一个惊喜，甚至有的人连惊喜都不给你，做好事不留名。不能不说，这种人是好人。我们的社会也往往把这种行为归为品德高尚，不居功，更不邀功，这确实很难得。[1]但是，当你的朋友有困难，而你确实有能力帮助对方时，[1]不妨让他知道，有一个人在帮他。对于身处困境的人来说，这至少是一种安慰。这时候你给予他的关心，会让他更有希望，更有信心去面对困难。[2]人的忍耐力是有限度的。有人曾做过统计，我们对一个人或一件事的忍耐极限平均为46天，也就是说如果你连续46天不理我，那你第47天就别再指望我会理你了。去年我女朋友要过生日时，[3]我提前一个月告诉她，要给她庆祝生日，她整整幸福了一个月，天天都生活在兴奋和期待中。她对我的做法非常满意，我想要是事前没告诉她，甚至有意冷落她，让她先忍受一个月的失落，只为了最后一刻给她一个惊喜，那她还会欣然接受我的惊喜吗？我真的不敢确信她真的能忍受一个月，真庆幸，我没有那么做。

[1]살면서 이러한 친구들을 많이 만나게 된다. 당신이 어려움을 겪을 때, 비록 온 힘을 다해 당신을 도와주면서도 일이 다 해결되기 전까지는 당신에게 절대로 그가 당신을 돕고 있다는 사실을 말하지 않고, 심지어는 일부러 당신을 멀리하다가, 마침내 일이 잘 해결되고 나서야 당신에게 그 사실을 알려 놀라움과 기쁨을 주거나, 심지어는 이러한 놀라움이나 기쁨마저 주지 않고 아무도 모르게 좋은 일을 하는 그런 친구가 있다. 이런 종류의 사람을 두고 좋은 사람이 아니라고는 말할 수 없다. 요즘 사회에서도 종종 이러한 행위를 인품이 고상하고 겸손하며 공을 바라지 않는, 정말 보기 드문 것으로 여긴다. [1]하지만 당신의 친구가 어려움을 겪을 때, 당신이 정말 도와줄 능력이 있어 그를 돕는다면 [1]그에게 어떤 사람이 그를 돕고 있다는 것을 알게 해주는 것도 괜찮다. 어려움에 처한 사람에게는, 이것이 적어도 일종의 위안이 될 수 있다. 이때 당신이 그에게 보낸 관심이 그가 희망을 더 가지게 할 수 있고, 닥친 어려움에 더 자신감을 가지고 대처할 수 있게 할 것이다. [2]사람의 인내력에는 한계가 있다. 어떤 사람이 조사한 통계에 따르면, 어떤 한 사람이나 어떤 한 가지 일에 대한 인내력의 최대 한도는 평균적으로 46일이라고 한다. 다시 말해서 만약 당신이 46일 동안 나를 거들떠보지 않는다면, 47일째가 되는 날에 당신은 내가 당신에게 여전히 관심을 가지고 있을 것이라고 생각해서는 안 된다는 것이다. 작년 내 여자 친구의 생일 때, [3]나는 한 달 전에 그녀에게 생일 축하를 해주겠다고 말했고, 그녀는 꼬박 한 달을 행복해하며 매일매일을 흥분과 기대 속에서 살았다. 그녀는 나의 그런 행동에 아주 흡족해했는데, 내가 생각하기에 만약 사전에 그녀에게 알리지 않았다면, 심지어 일부러 냉대하는 척을 해서 한 달간을 그녀가 낙담하며 지내게 하고 오직 마지막 순간에 그녀에게 놀라움과 기쁨만을 주려고 했다면, 그녀는 흔쾌히 내가 주는 놀라움과 기쁨을 받아들일 수 있었겠는가? 나는 정말 감히 그녀가 한 달을 견뎌낼 수 있을지 확신할 수 없었기에, 천만다행으로 그렇게 하지는 않았다.

어휘 ★遭遇困难 zāoyù kùnnan 어려움을 겪다 | 尽力 jìnlì 图 온 힘을 다하다 | 绝不会 jué bú huì 절대 ~하지 않다 | ★疏远 shūyuǎn 图 멀리하다 | ★惊喜 jīngxǐ 图 놀랍고 기쁘다 | 留名 liúmíng 图 이름을 남기다 | ★品德高尚 pǐndé gāoshàng 인품이 고상하다 | 居功 jūgōng 图 자신에게 공이 있다고 여기다 | 邀功 yāogōng 图 공을 바라다, 다른 사람의 공로를 가로채다 | ★难得 nándé 휑 얻기 어렵다, 드물다 | ★不妨 bùfáng 뮈 무방하다, 괜찮다 | ★身处困境 shēn chǔ kùnjìng 곤경에 처하다 | ★对于……来说 duìyú……láishuō ~에 대해서 말하자면 | ★安慰 ānwèi 图 위안하다, 위로하다 | ★给予 jǐyǔ 图 주다 | 忍耐力 rěnnàilì 인내력 | ★限度 xiàndù 몡 한도, 한계 | ★统计 tǒngjì 图 통계하다, 합산하다 | ★极限 jíxiàn 몡 최대 한도 | ★平均 píngjūn 휑图 평균적인; 평균하다 | ★不理 bùlǐ 图 거들떠보지 않다, 상대하지 않다 | 指望 zhǐwàng 图 바라다, 기대하다 | ★过生日 guò shēngrì 생일을 보내다 | ★提前 tíqián 图 앞당기다 | ★庆祝 qìngzhù 图 축하하다 | ★整整 zhěngzhěng 뮈 꼬박 | ★期待 qīdài 图 바라다, 기대하다 | ★事前 shìqián 몡 사전, 일이 일어나기 전 | 有意 yǒuyì 뮈 고의로, 일부러 | ★冷落 lěngluò 图 냉대하다, 푸대접하다 | ★失落 shīluò 휑 낙담하다, 풀이 죽다 | 最后一刻 zuìhòu yíkè 마지막 순간 | 欣然 xīnrán 뮈 흔쾌히, 즐겁게 | ★确信 quèxìn 图 확신하다 | ★忍受 rěnshòu 图 참다, 견디다 | ★庆幸 qìngxìng 图 다행이라고 생각하다, (의외의) 좋은 결과에 기뻐하다

듣기
제3부분

1 난이도 中 | 공략 Key '生活中有很多这样的朋友……但是'를 통한 의미 파악

有能力帮助朋友时，最好怎么做？

Ⓐ **让他知道你在帮他**
B 帮以后告诉他
C 不告诉他
D 给他一个惊喜

능력이 되어서 친구를 도와줄 때, 어떻게 하는 것이 가장 좋은가？

Ⓐ **당신이 그를 도와주는 것을 그가 알도록 한다**
B 도와주고 나서 그에게 말한다
C 그에게 말하지 않는다
D 그에게 놀라움과 기쁨을 준다

공략 '在生活中有很多这样的朋友'라는 부분을 듣고 뒷부분에 언급될 행동들이 화자가 동의하지 않는 내용일 가능성이 크다는 것을 알아차리고, 전환의 의미를 나타내는 접속사 但是 뒷부분이 바로 화자가 나타내고자 하는 관점임을 파악해야 한다. 但是 뒷부분의 '不妨让他知道，有一个人在帮他'라는 부분을 통해 정답이 A임을 알 수 있다.

2 난이도 中 | 공략 Key 동일한 의미의 문장 찾기

关于人的忍耐力，下列哪项正确？

A 通过练习可以提高
B 每个人都一样
C 忍耐极限一个月
Ⓓ **是有限的**

사람의 인내력에 관해 다음 중 옳은 것은？

A 연습을 통해 향상될 수 있다
B 모든 사람들은 다 똑같다
C 인내력의 최대 한도는 한 달이다
Ⓓ **한계가 있다**

공략 '人的忍耐力是有限度的'라는 부분을 통해 정답이 D임을 알 수 있다. 이 문제에서는 자신의 관점에 따라 A를 선택하지 않도록 주의해야 한다.

3 난이도 中 | 공략 Key 동일한 의미의 문장 찾기

女朋友快过生日时，说话人是怎么做的？

A 告诉她的朋友
B 一个月保密
Ⓒ **告诉她要为她庆祝生日**
D 庆祝前一天告诉她

여자 친구가 곧 생일일 때, 화자는 어떻게 하였는가？

A 그녀의 친구들에게 알렸다
B 한 달간 비밀로 했다
Ⓒ **그녀에게 그녀의 생일을 축하해줄 것이라고 알렸다**
D 축하해주기 하루 전에 그녀에게 알렸다

공략 '我提前一个月告诉她，要给她庆祝生日'라는 부분을 통해 정답이 C임을 알 수 있다.

　　在长白山的莽莽林海中穿行，常常会看到这样一个奇怪的现象，稀疏生长或独自生长的树木，树身都不会太高，而且它们的枝干也弯曲不直。**4但成片集中生长的树木则每一棵都高大挺拔**，从不旁逸斜出。阳光、水分是树木生存必需的条件，按照这个道理，占有阳光、空间多的树木一定会比那些头顶上只有巴掌大一块天的树木要长得好，但为什么生存环境优越的树木反而没有环境恶劣的树木高大？对于这个问题，**5当地人是这样解释的**。树也如同人一样，单独生长的树木因为不存在竞争，就会变得懒散随意，这往往使它们长得奇形怪状；而集中长在一起的树木，每个个体想要生存，就必须让自己长得高大强壮，才能争得有限的阳光、水分等资源，从而存活下来。最终，长成了栋梁之才。**6可见，竞争往往是让生命自强不息的最好方法**。

　　창바이산의 나무가 우거진 울창한 숲을 지나가면, 종종 나무가 듬성듬성하게 자라났거나 홀로 자라난 기이한 모습을 볼 수 있는데, 그런 나무의 줄기는 모두가 그다지 크지 않고 게다가 나뭇가지도 휘어서 곧지 않다. **4그러나 한 덩어리로 집결되어 자라난 나무는 매 그루가 하나같이 다 높게 우뚝 솟아있다.** 측면에서부터 불규칙적으로 자라난 것이 없다. 햇빛과 수분은 나무가 생존하는 데 필수적인 조건인데, 이 이치에 따르면 햇빛을 충분히 받을 수 있고, 생존 공간을 많이 가지고 있는 나무가 분명 나무 꼭대기 위에 겨우 손바닥만 한 하늘을 가지고 있는 그런 나무보다 더 잘 자라야 한다. 하지만 어째서 생존 환경이 월등한 나무가 오히려 생존 환경이 열악한 나무보다 높고 크지 않은 것일까? 이 문제에 대해 **5현지인들은 이렇게 해석했다.** 나무도 마치 사람과 같아서, 단독으로 자라나는 나무는 경쟁이 없기 때문에 나태하고 제멋대로 하여 이로 인해 종종 나무들이 기이한 모양으로 자라난다. 하지만 집결되어 함께 자라는 나무들은, 각각의 개체가 생존을 위해 나무 스스로 크고 튼튼하게 자라야만 제한적인 햇빛과 수분 등의 자원을 쟁취하여 살아남을 수 있게 되어, 결국에는 대들보로 쓸 만한 큰 재목이 된다는 것이다. **6이로부터 경쟁은 종종 생명이 스스로 노력하여 게을리하지 않게 하는 가장 좋은 방법이라는 것을 알 수 있다.**

어휘　长白山 Chángbái Shān [고유] 창바이산 | 莽莽林海 mǎngmǎng línhǎi 나무가 우거진 울창한 숲 | 穿行 chuānxíng [동] 지나가다, 가로질러 가다 | ★奇怪 qíguài [형] 이상하다, 기이하다 | 稀疏 xīshū [형] 드문드문하다, 엉성하다 | ★独自 dúzì [부] 혼자서, 단독으로 | 树身 shùshēn [명] 나무줄기 | 枝干 zhīgàn [명] 나뭇가지 | ★弯曲不直 wānqū bù zhí 휘어서 곧지 않다 | ★成片生长 chéngpiàn shēngzhǎng 한 덩어리를 이루며 자라다 | ★则 zé [접] 오히려, 그러나 | ★高大挺拔 gāodà tǐngbá 높게 우뚝 솟다 | 旁逸斜出 páng yì xié chū [성] 측면에서 불규칙적으로 자라다 | ★必需的条件 bìxū de tiáojiàn 필수적인 조건 | 占有 zhànyǒu [동] 점유하다 | ★头顶 tóudǐng [명] 머리 꼭대기 | ★巴掌大 bāzhang dà 손바닥만 하다 | ★优越 yōuyuè [형] 우월하다, 뛰어나다 | 反而 fǎn'ér [부] 오히려 | ★恶劣 èliè [형] 열악하다 | ★高大 gāodà [형] 높고 크다 | ★对于这个问题 duìyú zhège wèntí 이 문제에 대해서 | ★当地人 dāngdìrén 현지인 | ★解释 jiěshì [동] 해설하다, 설명하다 | ★如同 rútóng [동] 마치 ~과 같다 | ★单独 dāndú [부] 단독으로, 홀로 | ★存在竞争 cúnzài jìngzhēng 경쟁이 존재하다 | 懒散随意 lǎnsǎn suíyì 나태하고 제멋대로이다 | ★奇形怪状 qí xíng guài zhuàng [성] 이상한 형상, 기이한 모습 | ★集中 jízhōng [동] 집중하다, 집결하다 | ★个体 gètǐ [명] 개체 | ★高大强壮 gāodà qiángzhuàng 높고 크고 튼튼하다 | ★有限 yǒuxiàn [형] 제한적이다 | ★资源 zīyuán [명] 자원 | 从而 cóng'ér [접] 그리하여 | ★存活 cúnhuó [동] 생존하다 | ★最终 zuìzhōng [명] 마지막, 끝 | 栋梁之才 dòngliáng zhī cái 대들보가 될 만한 인물 | ★可见 kějiàn [접] ~임을 알 수 있다 | ★自强不息 zì qiáng bù xī [성] 스스로 노력하여 게을리하지 않다

4

난이도 中　공략 Key 동일한 의미의 어휘 찾기

成片生长的树木有什么特点?

Ⓐ **高大挺拔**
B 弯曲不直
C 旁逸斜出
D 树身不高

한 덩어리로 집결되어 자라난 나무는 어떤 특징이 있는가?

Ⓐ **높게 우뚝 솟아있다**
B 휘어서 곧지 않다
C 측면에서부터 불규칙하게 자라난다
D 나무줄기가 크지 않다

공략　동일한 어휘 '高大挺拔'를 통해 정답이 A임을 알 수 있는데, 핵심어 '高大挺拔' 앞부분의 '成片集中生长的树木'라는 어휘도 주의 깊게 들어야 문제에서 묻고자 하는 내용을 바로 파악할 수 있다.

5

谁对这种现象做出了合理的解释?

A 植物专家
B 当地人
C 古人
D 说话人

누가 이 현상에 대해 합리적인 해설을 하였는가?

A 식물 전문가
B 현지인
C 옛사람
D 화자

공략 보기 B와 동일한 어휘 当地人을 듣고 그 뒷부분의 解释라는 핵심어를 함께 기억해두어야 정답이 B임을 알 수 있다.

6

这段话主要想说明什么道理?

A 树木需要阳光
B 竞争弊大于利
C 集体合作很重要
D 竞争对人的发展有益

이 글은 주로 어떤 이치를 설명하려고 하는가?

A 나무는 햇빛을 필요로 한다
B 경쟁하는 것은 이익보다 손해가 더 크다
C 함께 협력하는 것은 매우 중요하다
D 경쟁은 발전하는 데 도움이 된다

공략 결론을 나타내는 핵심어 可见을 듣고 그 뒤의 문장인 '竞争往往是让生命自强不息的最好方法'를 주의 깊게 들으면 이 글이 이야기하고자 하는 것이 경쟁임을 알 수 있다.

7-9

心理学研究曾做过一个实验，给四岁的儿童每人一颗非常好吃的软糖。并告诉他们，如果立刻就吃，只能吃一颗。但如果等20分钟后再吃，就可以吃到两颗。**7**有的孩子急不可耐，立刻就把糖吃掉了。而另一些孩子，则耐着性子等待着。有的闭上眼睛或头枕双臂做睡觉状，还有一些孩子用自言自语或唱歌来转移注意力，消磨时光以克制自己的欲望。最后获得了两颗糖。研究人员对这些孩子进行了跟踪研究，发现最终得到两颗软糖的孩子，上中学后普遍表现出较强的适应性、自信心和独立自主精神。而那些禁不住软糖诱惑的孩子，则往往屈服于压力而逃避挑战。**8**随后几十年的跟踪观察，**9**也证明那些能克制自己，等待吃两颗糖果的孩子，事业上更容易获得成功。

심리학 연구에서 일찍이 한 테스트를 했는데, 4살짜리 아이들에게 각각 아주 맛있는 젤리 사탕을 한 개씩 주었다. 그리고는 그 아이들에게 만약에 사탕을 바로 먹어버리면 단지 한 개만 먹을 수 있는 반면, 만약 20분을 기다린 후에 사탕을 먹으면 두 개를 먹을 수 있다고 말했다. 그러자 **7**어떤 아이는 한시도 참지 못하고 바로 사탕을 먹어버렸고, 다른 몇몇의 아이들은 참을성 있게 기다렸다. 어떤 아이는 눈을 감기도 하고, 또 어떤 아이는 머리에 양팔을 받치고 잠자는 모양을 하기도 하고, 또 다른 아이는 혼자 중얼거리거나 노래를 부르면서 주의력을 전이시키며 자신의 욕구를 억제하며 시간을 보냈다. 그리고 결국 마지막에 두 개의 사탕을 얻었다. 연구원들은 이러한 아이들에 대해 추적 연구를 진행했는데, 마지막에 두 개의 사탕을 얻은 아이들은 중학교에 진학한 후 보편적으로 비교적 강한 적응성과 자신감 및 독립적이고 자주적인 의식을 나타낸 반면, 사탕의 유혹을 참지 못한 그런 아이들은 종종 스트레스를 이기지 못해 도전을 피하려 한다는 사실을 알아냈다. **8**그 후 몇십 년의 추적 관찰에서도, **9**자신의 욕구를 억누르고 두 개의 젤리 사탕을 먹을 때까지 기다렸던 그러한 아이들이 자기 일에서도 더 쉽게 성공을 거둔 것이 증명되었다.

어휘 ★实验 shíyàn 圐 시험, 테스트 | ★一颗软糖 yì kē ruǎntáng 젤리 한 알 | ★立刻 lìkè 囝 즉시, 곧바로 | ★急不可耐 jí bùkě nài 한시도 참을 수가 없다, 급해서 기다릴 수 없다 | ★把……吃掉了 bǎ……chīdiào le ~을 먹어버리다 | ★耐着性子 nàizhe xìngzi 참을성 있게 | ★闭上眼睛 bìshàng yǎnjing 눈을 감다 | 头枕双臂 tóu zhěn shuāng bì 머리에 양팔을 받치다 | 做睡觉状 zuò shuìjiào zhuàng 잠자는 모습 | ★自言自语 zì yán zì yǔ 웹 혼잣말을 하다, 중얼거리다 | ★转移注意力 zhuǎnyí zhùyìlì 주의력을 전이시키다 | ★消磨时光 xiāomó shíguāng 세월을 허비하다 | ★克制欲望 kèzhì yùwàng 욕망을 억누르다 | ★研究人员 yánjiū rényuán 연구원 | ★跟踪研究 gēnzōng yánjiū 추적 연구하다 | ★最终 zuìzhōng 圐 마지막, 끝 | 适应性 shìyìngxìng 圐 적합성, 적응성 | ★自信心 zìxìnxīn 圐 자신감 | ★独立自主 dú lì zì zhǔ 웹 독립적이고 자주적이다 | ★禁不住 jīnbuzhù 견디지 못하다, 참지 못하다 | ★诱惑 yòuhuò 圐 유혹하다, 매료시키다 | ★则 zé 圙 오히려, 그러나 | 屈服于 qūfú yú ~에 굴복하다 | ★逃避 táobì 圐 도피하다 | ★挑战 tiǎozhàn 圐 도전하다 | ★跟踪观察 gēnzōng guānchá 추적 관찰하다 | ★克制自己 kèzhì zìjǐ 자제하다, 자신을 억누르다

7 난이도 中 공략 Key 急不可耐를 통한 의미 파악

<table>
<tr><td>

得到一颗糖的孩子有什么特点?

A 年龄小

B 贪吃

Ⓒ 缺乏耐心

D 不聪明

</td><td>

사탕 한 개를 얻은 아이들은 어떠한 특징이 있는가?

A 나이가 어리다

B 게걸스럽게 먹는다

Ⓒ 인내심이 부족하다

D 똑똑하지 않다

</td></tr>
</table>

공략 '有的孩子急不可耐'라는 부분에서 '急不可耐'가 매우 조급하고 인내심이 없음을 나타내므로 보기 C와 동일한 의미임을 알 수 있다. 또한 '有的孩子急不可耐' 바로 뒤에 나오는 '立刻就把糖吃掉了'라는 부분을 기억하고 있다면, 문맥상 '사탕을 바로 먹었다'가 문제에서 '사탕을 한 개만 먹었다'와 동일한 의미임을 알 수 있으므로 정답은 C이다.

8 난이도 上 공략 Key 보기 A와 내용 구분에 유의

<table>
<tr><td>

这项研究持续了多长时间?

A 20分钟

B 整个中学时期

C 一生

Ⓓ 几十年

</td><td>

이 연구는 얼마간 지속되었는가?

A 20분

B 중·고등학교 시절 내내

C 평생

Ⓓ 몇십 년

</td></tr>
</table>

공략 '随后几十年的跟踪观察'를 통해 이 테스트가 몇십 년에 걸쳐 진행된 것을 알 수 있으므로 정답은 D이다. 이 문제에서는 보기 A의 내용과 혼동하지 않도록 주의해야 한다. A와 관련된 내용은 20분을 기다렸다가 먹으면 두 개의 사탕을 먹을 수 있다는 것이므로 이 연구가 지속된 시간과는 관계가 없다.

9 난이도 中 공략 Key 证明의 뒷부분 내용 파악

<table>
<tr><td>

这项研究关注孩子的什么?

A 思维能力

B 团队精神

C 竞争意识

Ⓓ 自控能力

</td><td>

이 연구는 아이들의 무엇에 대해 주목하고 있는가?

A 사고 능력

B 단체 정신

C 경쟁 의식

Ⓓ 자기 통제 능력

</td></tr>
</table>

공략 마지막 문장에서 핵심어 证明 뒤의 내용이 테스트의 결론을 나타낸다는 것을 알 수 있다. 즉, 证明의 바로 뒷부분 '那些能克制自己, 等待吃两颗糖果的孩子, 事业上更容易获得成功'을 통해, 이 테스트가 자기 자신을 자제하는 것과 관련된 내용임을 알 수 있으므로 정답은 D이다.

정답 1. A 2. B 3. A 4. B 5. B 6. C 7. D 8. A

1-4

华南虎又称中国虎，是中国特有的虎种。它们曾经生活在中国东部和南部。华南虎的特点是头圆耳软，四肢粗大有力，尾较长，全身橙黄色，并布满黑色横纹，胸腹部杂有较多的乳白色。**1**较其它虎种更为原始，更接近老虎的直系祖先——中华虎猫。**2**华南虎雄虎从头到尾，身长约一点八米，重约一百五十到两百二十五公斤。雌虎从头至尾，身长约一点六至一点七米，体重约一百一十公斤。华南虎主要生活在森林山地，多单独生活，不成群。多在夜间活动。嗅觉发达，行动敏捷，善于游泳但不善于爬树。所有的老虎种类中，**3**华南虎是最为濒临灭绝的一种。目前，几乎在野外灭绝。仅在各地动物园、繁殖基地人工饲养着不到一百只。华南虎不仅在生态系统中，发挥着极其重要的作用。而且它的起源、扩散，以及分布区的变迁过程，在研究虎的起源和演化等方面具有不可替代的科学价值。华南虎现在成了举世瞩目的明星，只是聚光灯下空空落落，主角缺席。**4**我们不知野生华南虎身在何处。甚至，不知道它们是否已经永远告别了这个世界。

화난 호랑이는 중국 호랑이라고도 부르는데, 중국 특유의 호랑이 종류이다. 이 호랑이는 예전에 중국 동남부에서 생활했다. 화난 호랑이의 특징은 머리가 둥글고 귀가 말랑말랑하며, 팔다리는 굵은데다가 힘이 있고 꼬리는 비교적 길다. 온몸은 주황색을 띠며 검은색 가로 무늬로 가득한데 가슴과 배 부분에는 상아색이 비교적 많이 섞여 있다. **1**다른 종류의 호랑이에 비해 그 모습이 더 원시적이고, 호랑이의 직계 조상인 중국 호랑 고양이에 더 가깝다. **2**수컷 화난 호랑이는 머리부터 꼬리까지의 신장이 약 1.8미터이고, 몸무게는 약 150~225킬로그램 정도이다. 암컷 호랑이는 머리부터 꼬리까지의 신장이 약 1.6~1.7미터이고, 몸무게는 약 110킬로그램 정도이다. 화난 호랑이는 주로 삼림이나 산지에서 생활하고, 대다수가 무리를 짓지 않고 홀로 생활한다. 또한 대부분이 야간에 활동한다. 이 호랑이는 후각이 발달되어 있고, 행동이 민첩하며, 수영은 아주 잘하지만 나무에 오르는 것은 잘 못한다. 모든 호랑이 중에서 **3**화난 호랑이는 가장 심각하게 멸종 위기에 직면해 있는 호랑이종이다. 야생 화난 호랑이는 현재 거의 멸종되었으며, 여러 동물원이나 번식지에서 인공적으로 사육되는 호랑이도 겨우 100마리가 채 되지 않는다. 화난 호랑이는 생태계에서 매우 중요한 역할을 할 뿐만 아니라, 그것의 기원, 확산 및 분포 지역의 변천 과정 등은 호랑이의 기원이나 진화 방면의 연구에서 대체할 수 없는 과학적인 가치를 가지고 있다. 화난 호랑이는 현재 전 세계가 모두 주목하는 인기 스타이지만, 스포트라이트 아래 아무것도 없이 텅 비어 있는 것처럼 주인공은 자리를 비운 상태이다. **4**우리는 야생 화난 호랑이가 어디에 있는지 알 수 없다. 어쩌면 그것들은 이미 이 세상과 영원히 작별하였는지도 모른다.

어휘 华南虎 Huánánhǔ 몡 화난(华南) 호랑이 | ★又称 yòu chēng 또 ~이라고도 부르다 | ★特有 tèyǒu 혱 특유하다 | ★曾经 céngjīng 튀 예전에, 일찍이 | ★四肢 sìzhī 몡 팔다리, 사지 | ★粗大 cūdà 혱 굵다 | ★尾 wěi 몡 꼬리 | 橙黄色 chénghuángsè 몡 주황색 | ★布满 bùmǎn 가득 널려있다 | ★横纹 héngwén 몡 가로 무늬 | 胸腹部 xiōngfùbù 몡 흉복부, 가슴과 배 부분 | ★乳白色 rǔbáisè 몡 상아색 | 较 jiào 개 ~에 비해 | 虎种 hǔzhǒng 호랑이 종류 | ★原始 yuánshǐ 혱 원시의 | 直系祖先 zhíxì zǔxiān 직계 조상 | ★雄虎 xiónghǔ 몡 수컷 호랑이 | 身长 shēncháng 몡 신장 | ★雌虎 cíhǔ 암컷 호랑이 | ★森林 sēnlín 몡 삼림 | 山地 shāndì 몡 산지 | ★单独生活 dāndú shēnghuó 홀로 생활하다 | 成群 chéngqún 동 무리를 짓다 | ★嗅觉 xiùjué 몡 후각 | ★发达 fādá 동 발달하다 | ★敏捷 mǐnjié 혱 민첩하다 | ★善于 shànyú 동 ~을 잘하다 | 爬树 páshù 동 나무에 오르다 | ★濒临灭绝 bīnlín mièjué 멸종 위기에 처하다 | ★目前 mùqián 몡 현재 | ★动物园 dòngwùyuán 몡 동물원 | 繁殖基地 fánzhí jīdì 번식지 | ★人工饲养 réngōng sìyǎng 인공으로 사육하다 | 生态系统 shēngtài xìtǒng 몡 생태계 | ★发挥作用 fāhuī zuòyòng 역할을 발휘하다 | ★起源 qǐyuán 몡 기원 | 扩散 kuòsàn 동 확산하다 | ★以及 yǐjí 접 및, 그리고 | 分布区 fēnbùqū 분포 지역 | ★变迁 biànqiān 동 변천하다 | ★演化 yǎnhuà 동 진화하다 | ★不可替代 bùkě tìdài 대체할 수 없다 | ★举世瞩目 jǔ shì zhǔ mù 성 세계가 다 주목하다 | 聚光灯 jùguāngdēng 몡 스포트라이트 | 空空落落 kōngkōng luòluò 텅 비어 쓸쓸하다, 공허하다 | ★主角 zhǔjué 몡 주인공 | ★缺席 quēxí 동 자리를 비우다 | ★野生 yěshēng 혱 야생의 | ★身在何处 shēn zài héchù 어느 곳에 있다

1

与其它虎种相比，华南虎有什么特点？	다른 종류의 호랑이들과 비교하면 화난 호랑이는 어떠한 특징이 있는가？
Ⓐ 更原始 B 更像猫 C 身体更长 D 更强壮	Ⓐ 더 원시적이다 B 고양이를 더 닮았다 C 몸이 더 길다 D 몸이 더 건장하다

공략　보기 A와 동일한 의미의 어휘 '更为原始'를 통해 정답이 A임을 알 수 있다. 또한 이 문제는 보기 C의 '身体更长'을 잘 구분해서 들어야 하는데 본문에서는 '꼬리가 비교적 길다'라고 언급하였으나 몸이라는 단어는 언급하지 않았으므로 C는 정답이 아니다.

2

关于华南虎，下列哪项正确？	화난 호랑이에 관하여 다음 중 옳은 것은？
A 喜欢群居 Ⓑ 雄虎不到2米 C 雌虎身长更长 D 善于爬树	A 무리를 지어 사는 것을 좋아한다 Ⓑ 수컷 호랑이는 몸길이가 2미터가 되지 않는다 C 암컷 호랑이의 몸길이가 더 길다 D 나무에 잘 오른다

공략　'华南虎雄虎从头到尾，身长约一点八米'라는 부분을 통해 수컷 호랑이는 2미터가 채 되지 않는다는 것을 알 수 있으므로 정답은 B이다.

3

华南虎现状怎么样？	화난 호랑이의 현재 상황은 어떠한가？
Ⓐ 濒临灭绝 B 跟其他虎的数量差不多 C 多为野生繁殖 D 人工饲养为百余只	Ⓐ 멸종 위기에 직면해있다 B 다른 호랑이들의 개체 수와 별 차이가 없다 C 대부분이 야생 번식을 한다 D 인공적으로 사육되는 것은 100여 마리이다

공략　보기 A와 동일한 어휘 '濒临灭绝'를 통해 정답이 A임을 알 수 있다.

4

关于野生华南虎，说话人是什么看法？	야생 화난 호랑이에 관해서 화자는 어떠한 관점을 가지고 있는가？
A 现存的数量不多 Ⓑ 可能已经消失 C 无需保护 D 为数众多	A 현존하는 개체 수가 많지 않다 Ⓑ 아마 이미 멸종되었을 것이다 C 보호가 필요하지 않다 D 개체 수가 매우 많다

공략　'我们不知野生华南虎身在何处。甚至，不知道它们是否已经永远告别了这个世界'라는 부분이 '야생 화난 호랑이는 어쩌면 영원히 사라진 것일지도 모른다'는 의미를 나타내므로 정답은 B이다.

5 到2011年为止，《动物世界》已经开播10周年了。这其中的大多数镜头都是动物学家在野外实际拍摄的。这些冒险家有时披着人造河马皮混入河马群，有时单枪匹马深入婆罗洲探寻巨大的食人蟒，**6** 实在让人为他们捏了一把冷汗。好在科学家有一个好助手——隐蔽的摄像机，可以近距离拍摄动物，而不引起动物的警觉。这种摄像机隐藏在伪装成石头、树木、动物粪便等的仿造物里。它们被事先放置在动物经常出没的地方，一旦动物出现，拍摄信号会自动传输到计算机上。这种摄像机装有声控开关，平时不工作，**7** 一有动物的声响，就自动启动。还有一种叫做"魔镜"的伪装摄像机，非常适合在热带雨林里拍摄。它是一辆装有履带的小车，**8** 可以远程遥控，履带可以爬坡，适合在不平的路面行动。这辆小车四面都是镜子，无论从哪个角度看过去，都能反射周围的景物，和森林混在一起很难被动物们发现。这种摄像机避免了拍摄时打扰动物，也保证了拍摄人员的安全。

5 2011년 들어 「동물세계」는 이미 방송 10주년이 되었다. 이 프로그램 속 대부분의 장면들은 모두 동물학자들이 야외에서 실제로 촬영한 것이다. 이러한 모험가들은 때로는 인조 하마 가죽을 걸치고 하마 무리 속으로 들어가기도 했으며, 때로는 아무 도움도 받지 않고 혼자서 거대한 식인 구렁이를 찾으러 보르네오로 깊숙이 들어가기도 했는데, **6** 사람들이 그들 때문에 정말 가슴을 졸였다. 다행히도 과학자들에게는 훌륭한 조수가 하나 있었는데 그것은 바로 숨겨진 카메라이다. 이 카메라는 가까운 거리에서 동물을 촬영할 수 있을 뿐 아니라 동물의 경계심을 불러일으키지 않는다. 이런 카메라는 가짜로 만들어진 돌멩이나 나무, 동물의 대소변 등의 모조품 안에 숨겨둔다. 이것들은 사전에 동물들이 자주 출몰하는 곳에 놓아두는데, 일단 동물들이 나타나면 촬영 신호가 자동으로 컴퓨터로 전송된다. 이러한 카메라에는 음성으로 조종되는 스위치가 있어, 평소에는 작동을 하지 않다가 **7** 동물 소리가 나면 바로 자동으로 작동한다. 또한 '요술 거울'이라고 부르는 위장 카메라도 있는데, 열대 우림 지역에서 촬영하기에 매우 적합하다. 이것은 캐터필러를 장착한 소형차인데, **8** 먼 곳에서도 조종할 수 있고, 캐터필러 장치로 언덕을 오를 수 있기 때문에 평평하지 않은 길에서 촬영하기에도 적합하다. 이 소형차의 사방은 모두 거울로 되어 있어서 어느 각도에서 보더라도 주위의 경치를 반사해서, 삼림에서 동물들과 한데 섞여있어도 쉽게 발견되지 않는다. 이러한 카메라로 촬영하면 동물에게 영향을 주는 것을 피할 수 있고 또한 촬영 스텝들의 안전도 지킬 수 있다.

듣기
제3부분

어휘 ★到……为止 dào……wéizhǐ ~까지, ~을 끝으로 | 动物世界 dòngwù shìjiè [고유] 동물세계 | ★开播 kāibō 동 방송을 시작하다 | ★周年 zhōunián 명 주년 | ★镜头 jìngtóu 명 장면, 카메라 렌즈 | 动物学家 dòngwùxuéjiā 명 동물학자 | ★野外 yěwài 명 야외 | ★实际拍摄 shíjì pāishè 실제로 촬영하다 | ★冒险家 màoxiǎnjiā 명 모험가 | ★披着 pīzhe ~을 걸치고 | 人造河马皮 rénzào hémǎ pí 인조 하마 가죽 | 混入 hùnrù 동 한데 섞여 들다, 혼입하다 | ★单枪匹马 dān qiāng pǐ mǎ 성 단기로 창을 들고 적진에 뛰어들다, 남의 도움을 받지 않고 혼자 해내다 | ★深入 shēnrù 동 깊이 들어가다 | ★探寻 tànxún 동 찾다, 탐구하다 | ★巨大 jùdà 형 거대하다 | 食人蟒 shírénmǎng 명 식인 구렁이 | ★捏了一把冷汗 niē le yì bǎ lěnghàn 마음을 졸이다, 걱정을 하다 | ★好在 hǎozài 부 다행히, 운 좋게 | ★助手 zhùshǒu 명 조수 | ★隐蔽 yǐnbì 동 숨기다, 은폐하다 | ★摄像机 shèxiàngjī 명 카메라 | ★近距离 jìn jùlí 가까운 거리 | ★引起警觉 yǐnqǐ jǐngjué 경계심을 불러일으키다 | 隐藏 yǐncáng 동 감추다, 숨다 | ★伪装 wěizhuāng 동 위장하다 | ★粪便 fènbiàn 명 대소변 | ★仿造物 fǎngzàowù 명 모조품 | ★事先 shìxiān 명 사전(에), 미리 | ★放置 fàngzhì 동 내버려두다, 놓아두다 | 出没 chūmò 동 출몰하다 | ★一旦 yídàn 부 일단 | ★信号 xìnhào 명 신호 | 传输 chuánshū 동 전송하다, 보내다 | 计算机 jìsuànjī 명 컴퓨터 | 声控开关 shēngkòng kāiguān 음성으로 조종하는 스위치 | ★自动启动 zìdòng qǐdòng 자동으로 작동하다 | 魔镜 mójìng 명 요술 거울 | ★热带雨林 rèdài yǔlín 명 열대 우림 | 履带 lǚdài 명 캐터필러, 무한궤도[차바퀴의 둘레에 강판으로 만든 벨트를 걸어 놓은 장치로 탱크, 장갑차, 불도저 등에 이용됨] | ★角度 jiǎodù 명 각도 | ★反射 fǎnshè 동 반사하다 | 景物 jǐngwù 명 경치, 경물 | ★混在一起 hùnzài yìqǐ 한데 섞여있다 | ★避免 bìmiǎn 동 피하다, 면하다 | ★打扰 dǎrǎo 동 방해하다, 영향을 끼치다 | ★保证 bǎozhèng 동 보증하다, 약속하다 | ★拍摄人员 pāishè rényuán 촬영 스텝

5

《动物世界》这个节目是从什么时候开始的?	「동물세계」이 프로그램은 언제 시작되었는가?
A 2011年	A 2011년
B 2001年	**B 2001년**
C 2010年	C 2010년
D 1990年	D 1990년

공략 첫 문장 '到2011年为止，《动物世界》已经开播10周年了'를 듣고 프로그램이 언제 시작되었는지를 계산해야 한다. 문장에서 2011년에 10주년을 맞이했다고 언급하고 있으므로 정답은 2001년인 B이다.

6

实在让人为他们捏了一把冷汗主要是什么意思?	사람들이 그들 때문에 정말 가슴을 졸였다는 것은 무슨 의미인가?
A 节目很精彩	A 프로그램이 정말 훌륭하다
B 觉得他们可怜	B 그들이 불쌍하다고 여기다
C 替他们担心	**C 그들 때문에 걱정하다**
D 羡慕他们的冒险	D 그들의 모험을 부러워하다

공략 이 문제는 관용어의 의미를 정확히 이해해야 하는데, '为他们捏了一把冷汗'에서 捏汗이 '손에 땀을 쥐다'라는 의미이므로 이 관용어의 표면적인 뜻은 '그들 때문에 손에 식은땀을 쥐었다'라고 할 수 있다. 이는 '그들 때문에 걱정하다'라는 비유적인 의미로 해석되므로 정답은 C이다.

7

隐蔽的摄像机是怎么启动的?	숨겨진 카메라는 어떻게 작동하는가?
A 人工启动	A 인력으로 작동한다
B 通过光来启动	B 빛으로 작동한다
C 利用计算机启动	C 컴퓨터를 이용해 작동한다
D 听到动物声响自动启动	**D 동물이 내는 소리를 듣고 자동으로 작동한다**

공략 '一有动物的声响，就自动启动'이라는 부분을 통해 정답이 D임을 알 수 있다.

8

关于魔镜摄像机，正确的是:	요술 거울 카메라에 관해 다음 중 옳은 것은?
A 可远程遥控	**A 먼 거리에서 원격 조종할 수 있다**
B 不适合在热带使用	B 열대에서 사용하기에는 적합하지 않다
C 容易被动物发现	C 동물들에 의해 쉽게 발견된다
D 体积庞大	D 체격이 매우 크다

공략 보기 A와 동일한 내용인 '可以远程遥控'에서 정답이 A임을 알 수 있다.

 # 11 _{day} 보기가 답을 찾는 잣대다

정답 1. B 2. D 3. C 4. B 5. D 6. C 7. A 8. C 9. D

1-3

好工作不是让你能发挥到别人的水平，而是发挥出你自己的能力。其实能力包括很多方面，这里特别强调一点，那就是性格。性格决定命运。比方说，**1A**有一些人性格相对比较外向，有热情、有活力。总是愿意研究新鲜事物，能忍受不确定感。**1A**适合做些灵活度比较高的工作。而有些相反，有的人做事按部就班，墨守成规。这种性格也适合做很多事情。**1B**比如一些规则性强的工作。但是，他也存在很大的缺陷，就是创造性可能不够，缺乏灵活度。所以，每个人在找工作的时候，要想到职业规划这个问题。**2**就是你的性格特点是什么？你适合找什么样的工作？什么工作能发挥你的特长？而不是别人说这个工作好，社会推崇这个工作，你就非要去做。

좋은 직업이란, 당신이 다른 사람의 능력만큼 발휘할 수 있게 하는 것이 아니라, 당신 자신이 가진 능력을 발휘하도록 하는 것이다. 사실 능력이란 여러 방면의 것들을 포함하며, 여기에는 특히 강조해야 할 점이 있는데 그것은 바로 성격이다. 성격이 운명을 결정하는 것이다. 예를 들어, **1A**어떤 사람들은 성격이 상대적으로 외향적인 편이고, 열정적이며, 활력이 넘쳐 늘 새로운 사물에 대해 연구하고 싶어하고, 인생의 불확실한 느낌을 잘 견뎌내서, **1A**융통성이 비교적 높은 일을 하는 데 적합하다. 하지만 이와 반대로 어떤 사람들은 일을 하는 데 있어 질서 있게 순서대로 진행하고 예전 방식을 그대로 고수하며 바꾸려고 하지 않는다. 이런 성격 또한 많은 일을 해내는 데 적합하다. **1B**예를 들어 규칙성이 강한 일들 말이다. 그러나 그에게도 큰 결점이 있는데, 그것은 바로 창조성이 부족할 수 있고, 융통성이 부족하다는 것이다. 때문에 사람마다 일을 찾을 때 직업 계획이라는 이 문제를 생각해야만 한다. **2**당신 성격의 특징은 무엇인가? 어떠한 일이 당신에게 적합한가? 어떤 일에서 당신의 특기를 발휘할 수 있는가? 그러나 다른 사람들이 이런 직업이 좋다고 하여서 혹은 사회적으로 이런 직업을 높이 평가한다고 하여서 당신이 반드시 그런 일을 해야 하는 것은 아니다.

어휘 ★发挥 fāhuī 동 발휘하다 | ★强调 qiángdiào 동 강조하다 | 命运 mìngyùn 명 운명 | ★比方说 bǐfāng shuō 예를 들어 | ★外向 wàixiàng 형 외향적이다 | ★有热情 yǒu rèqíng 열정이 있다 | ★有活力 yǒu huólì 활력이 있다 | ★新鲜事物 xīnxiān shìwù 새로운 사물 | ★忍受 rěnshòu 동 참다, 견디다 | 不确定感 bú quèdìnggǎn 불확정감, 불확실한 느낌 | ★灵活度 línghuódù 융통성의 정도 | ★按部就班 àn bù jiù bān 성 조리 있게 순서대로 일하다 | ★墨守成规 mò shǒu chéng guī 성 낡은 것을 고수하며 개선하려고 하지 않다 | ★规则性 guīzéxìng 명 규칙성 | ★缺陷 quēxiàn 명 결점, 결함 | 创造性 chuàngzàoxìng 명 창조성 | ★缺乏 quēfá 동 부족하다 | 职业规划 zhíyè guīzé 직업 계획 | ★特长 tècháng 명 특기 | 推崇 tuīchóng 동 높이 평가하다 | ★非要 fēiyào 부 반드시, 어쨌든

1

난이도 中 **공략 Key** 상반된 두 개의 보기를 통한 유추

性格内向的人适合做什么样的工作？

A 灵活度高的
B 规则性强的
C 充满新鲜感的
D 创造性强的

성격이 내성적인 사람은 어떠한 일을 하는 데 적합한가?

A 융통성이 높은 것
B 규칙성이 강한 것
C 새로움이 가득한 것
D 창조성이 강한 것

공략 '有一些人性格相对比较外向……适合做些灵活度比较高的工作'라는 부분이 보기 A와 동일한 내용이고, 그 뒤의 '而有些相反……比如一些规则性强的工作'라는 부분이 보기 B와 동일한 내용임을 알 수 있다. 그렇다면 상반된 의미를 나타내는 보기 A와 B 둘 중에 반드시 정답이 있음을 예측하고 문제의 내용을 들으면 정답이 B임을 쉽게 알 수 있다.

2

根据这段话，可以知道什么?

A 灵活性强的工作好
B 社会推荐的工作好
C 收入高的工作好
D 适合自己的才是最好的

이 글에 근거하여 알 수 있는 것은?

A 융통성이 강한 직업이 좋다
B 사회가 권하는 직업이 좋다
C 수입이 높은 직업이 좋다
D 자신에게 적합한 것이 가장 좋은 것이다

공략　마지막 문장 '就是你的性格特点是什么? 你适合找什么样的工作? 什么工作能发挥你的特长? 而不是别人说这个工作好，社会推崇这个工作，你就非要去做'에서 '就是……而不是……'라는 문장 구조를 통해 就是 뒷부분이 보기 D의 내용이고 而不是 뒷부분이 보기 B의 내용임을 알 수 있는데, 문제에서 이 글에 근거하여 알 수 있는 것을 묻고 있으므로 정답은 D이다.

3

这段话主要谈什么?

A 社会定位很重要
B 工作和性格的矛盾
C 根据性格选择工作
D 性格决定命运

이 글은 주로 무엇에 대해 이야기하는가?

A 사회적 위치는 매우 중요하다
B 직업과 성격의 모순
C 성격에 따라 직업을 선택한다
D 성격이 운명을 결정한다

공략　이 글에서는 주로 어떠한 성격이 어떠한 직업에 적합하며, 또 직업을 고를 때 자신에게 맞는 것을 골라야 한다는 이야기를 하고 있으므로 정답은 C이다.

4-6

　　如果问现在的年轻一代，喜欢哪种类型的音乐，**4**得到的大多数回答是流行音乐。流行音乐歌唱的大都是男女爱情，**5**歌词贴近生活，通俗易懂，易于传唱。因此受到普遍欢迎，不足为怪。但所谓"流行"，即是红极一时，却很快就会被遗忘的快餐文化。除了能为日常生活增添一些乐趣，大多数的流行音乐带给乐民的营养成分实在太少。但是流行音乐与高雅音乐相比较起来，二者之间并不是完全的界限分明。随着时间的推移，流行音乐有可能上升为高雅音乐。**6**因此，我们不能否认流行音乐的积极作用。

　　요즘 젊은 세대에게 어떠한 종류의 음악을 좋아하는지 묻는다면 **4**대부분은 유행하는 음악이라고 대답한다. 유행하는 음악은 대부분 남녀 간의 사랑을 노래하고, **5**노래 가사는 생활과 밀접하게 연관되어 있어서 보편적으로 이해하기가 쉽고, 쉽게 전해져 불린다. 따라서 그런 노래들이 많은 인기를 얻는 것은 특별한 일이 아니다. 하지만 소위 말하는 '유행'이라는 것은 일시적으로 한때 인기를 얻는 것으로, 오히려 빨리 잊힐 수 있는 인스턴트 문화이다. 일상생활에 조금의 즐거움을 더해주는 것 외에는 대다수의 유행 음악들이 음악을 듣는 대중들에게 주는 영양적인 면은 정말이지 극히 적다. 하지만 유행 음악과 고상한 음악을 서로 비교해보면 둘 사이의 경계가 완전히 분명한 것은 아니다. 시간의 변화에 따라서 유행 음악이 고상한 음악으로 승화될 수도 있으므로, **6**우리는 유행 음악의 긍정적인 역할을 부정해서는 안 된다.

어휘　★年轻一代 niánqīng yídài 젊은 세대 | ★类型 lèixíng 몡 유형 | ★流行音乐 liúxíng yīnyuè 몡 유행 음악, 유행가 | ★大都是 dàdōu shì 대부분 ~이다 | ★歌词 gēcí 몡 가사 | ★贴近生活 tiējìn shēnghuó 생활에 바짝 다가가다, 생활과 깊게 연관되어있다 | ★通俗易懂 tōngsú yì dǒng 통속적이어서 이해하기 쉽다 | ★易于传唱 yìyú chuánchàng 쉽게 전해져 불린다 | 不足为怪 bùzú wéi guài 특별한 구석이 없다, 그저 평범하다 | ★所谓 suǒwèi 휑 소위 ~라는 것은 | 红极一时 hóng jí yìshí 한때 인기 절정이다 | ★被遗忘 bèi yíwàng 잊히다 | ★快餐文化 kuàicān wénhuà 몡 인스턴트 문화 | ★日常生活 rìcháng shēnghuó 일상생활 | ★增添乐趣 zēngtiān lèqù 즐거움을 더하다 | 乐民 yuèmín 음악을 듣는 대중들 | ★营养成分 yíngyǎng chéngfèn 영양 성분 | ★高雅音乐 gāoyǎ yīnyuè 고상한 음악 | ★二者之间 èrzhě zhījiān 둘 사이 | ★界限分明 jièxiàn fēnmíng 경계가 분명하다 | ★随着时间的推移 suízhe shíjiān de tuīyí 시간의 흐름에 따라서 | 上升 shàngshēng 동 상승하다, 향상하다 | ★不能否认 bùnéng fǒurèn 부인할 수 없다

4　난이도 下　공략 Key 동일한 어휘 및 大多数를 통한 의미 파악

现在的年轻人比较喜欢什么音乐？	요즘의 젊은이들은 어떤 음악을 비교적 좋아하는가?
A 古典音乐	A 고전 음악
Ⓑ 流行音乐	Ⓑ 유행 음악
C 爱情音乐	C 사랑 노래
D 快餐音乐	D 인스턴트 음악

공략　'得到的大多数回答是流行音乐'라는 부분에서 보기 B와 동일한 어휘 流行音乐와 핵심어가 되는 大多数를 통해 정답이 B임을 알 수 있다.

5　난이도 中　공략 Key 상반된 보기를 통한 유추

下列哪项不是流行音乐的特点？	아래 항목 중 유행하는 음악의 특징이 아닌 것은?
A 通俗易懂	A 통속적이어서 알기 쉽다
B 易于传唱	B 쉽게 전해져 불린다
C 为生活增添乐趣	C 생활에 즐거움을 더해준다
Ⓓ 歌词远离生活	Ⓓ 노래 가사가 생활과 멀리 떨어져 있다

공략　먼저 '贴近生活'에서 보기 D는 틀린 내용임을 알 수 있고, 다음으로 '通俗易懂'에서 보기 A는 맞는 내용임을 알 수 있는데, 그렇다면 이 두 개의 상반된 의미의 보기 중에서 하나가 반드시 답임을 예측할 수 있다. 그런데 그 다음으로 '易于传唱'을 듣고 보기 B 역시 맞는 내용임을 알 수 있기 때문에, 보기에서 맞는 것 2개와 틀린 것 1개가 나왔다면 문제에서는 틀린 내용을 묻게 될 것을 이미 예측할 수 있으므로 바로 정답으로 보기 D를 고를 수 있다.

6　난이도 下　공략 Key 동일한 의미의 문장 찾기

说话人对流行音乐是什么态度？	화자는 유행 음악에 대해 어떤 태도를 취하는가?
A 流行音乐都会很快过时	A 유행 음악은 전부 다 매우 빨리 지나가버린다
B 高雅音乐才是真正的音乐	B 고상한 음악이야말로 진정한 음악이다
Ⓒ 不能否认流行音乐的作用	Ⓒ 유행 음악이 미치는 영향을 부정할 수 없다
D 流行音乐不如高雅音乐	D 유행 음악은 고상한 음악만 못하다

공략　마지막 문장 '因此，我们不能否认流行音乐的积极作用'에서 핵심어 因此와 그 뒷부분의 내용이 보기 C와 동일한 의미임을 알 수 있다.

起初狗仔队的名声并不坏，它由意大利语翻译过来，原意为"追踪摄影队"。意思是，一种不怕风吹雨打，勇于刻苦挖掘鲜为人知之事的、略带执着不屈性格的人。从某种意义上说，狗仔队的出现顺应了历史潮流。20世纪50年代，名人开始被偶像化，那些政商名流、演艺明星成为大家崇拜的对象。7让人们好奇的是，镁光灯后的明星上不上厕所，会不会谈恋爱，来自四面八方的窥私欲就这样把追踪摄影队推上了历史舞台。大概"狗仔队"这三个字一闻就是臭的，他们的镜头里你看不到什么美丽的事物，所看到的让人绝对无法认同他们记者的身份。一般的社会记者用暗访的方法报道真相，8赢得了尊重，但是当狗仔队用偷偷摸摸的方式报道真相，我们脑海里往往会浮现出一副丑陋的嘴脸，8因为他们的真相没有让人看到社会责任的存在。如果没有狗仔队，你就不会知道明星们都出入什么场所，哪个明星在谈恋爱等等，9总之，你的生活也许会少很多乐趣，但也仅此而已。

처음에는 파파라치의 평판이 결코 나쁘지 않았다. 파파라치는 이태리어에서 번역되어 전해진 것으로, 원래는 '행방을 쫓아다니는 사진사들'을 가리키는 말이었다. 그 본래의 의미는 일종의 온갖 시련을 두려워하지 않고 용감하게 소수의 사람들만 아는 일들을 열심히 찾아내는, 어찌보면 약간 굴복하지 않고 악착같은 성격을 띠는 사람들이었다. 어떤 점에서 보면 파파라치의 출현은 역사적인 흐름을 따른 것이다. 20세기 1950년대에 유명인들이 우상화되면서, 정재계 유명 인사나 스타가 된 연예인들이 많은 사람들의 숭배 대상이 되었다. 7사람들의 호기심을 불러일으키는 것은, 그 스타가 화장실에 가는지 안 가는지, 연애를 하는지 안 하는지 등의 카메라 플래시 밖에서의 모습인데, 이러한 사적인 것을 몰래 엿보고 싶은 욕구가 사방팔방에서 생겨나, 행방을 뒤쫓아 다니는 그런 사진사들을 역사의 무대로 오르게 한 것이다. 아마 '파파라치'라는 이 단어를 딱 들으면 추악하다고 생각하게 되는데, 그들의 카메라 렌즈 안에서는 아름다운 사물이라는 것은 그 어떤 것도 볼 수가 없고, 볼 수 있는 거라곤 모조리 다 그들을 사진 기자라는 신분으로 절대 인정할 수 없게 만드는 것들뿐이다. 일반적인 사회 기자들은 갖은 방법을 통해 은밀한 조사를 거쳐 사건의 진상을 보도하여 8그로 인해 사람들의 존경을 받지만, 파파라치들은 남몰래 살며시 촬영한 것을 사람들에게 보여주고 알리므로, 우리들은 종종 머릿속에서 추한 얼굴을 하고 있는 모습으로 그들을 떠올리게 된다. 8왜냐하면 그런 파파라치들이 알리는 진상에서는 사회적 책임 따위는 찾아볼 수 없기 때문이다. 만약 파파라치가 없다면 당신은 스타들이 어떤 장소를 드나드는지 어떤 스타가 연애를 하는지 등은 알 수 없기 때문에, 9요컨대 당신의 생활에 즐거움은 조금 줄어들겠지만 그렇다고 해도 그것 역시 그게 다일뿐이다.

어휘 ★起初 qǐchū 몡 처음, 최초 | ★狗仔队 gǒuzǎiduì 몡 파파라치 | ★名声 míngshēng 몡 명성, 평판 | ★意大利语 Yìdàlìyǔ 몡 이태리어 | ★翻译过来 fānyì guòlai 번역해내다 | ★愿意 yuànyì 동 바라다, 원하다 | 追踪 zhuīzōng 동 행방을 쫓다, 뒤를 쫓다 | 摄影队 shèyǐngduì 사진사 무리 | ★风吹雨打 fēng chuī yǔ dǎ 성 세상의 온갖 시련을 겪다 | ★勇于 yǒngyú 동 용감하게 ~하다 | ★刻苦 kèkǔ 형 고생을 견디다, 애를 쓰다 | 挖掘 wājué 동 파다, 찾아내다 | ★鲜为人知 xiǎn wéi rén zhī 성 소수의 사람만 알고 있다 | 略带 lüè dài 약간 ~을 지니다, ~한 기색을 띠다 | ★执着不屈 zhízhuó bùqū 악착같고 굴복하지 않다 | ★从某种意义上说 cóng mǒuzhǒng yìyì shang shuō 어떤 의미로 보면 | 顺应 shùnyìng 동 순응하다 | ★历史潮流 lìshǐ cháoliú 역사적인 흐름 | ★年代 niándài 몡 연대 | 被偶像化 bèi ǒuxiànghuà 우상화가 되다 | 政商名流 zhèng shāng míngliú 정재계 유명 인사 | 演艺明星 yǎnyì míngxīng 스타 연예인 | ★崇拜 chóngbài 동 숭배하다 | 镁光灯 měiguāngdēng 몡 (사진 촬영용) 플래시 | ★厕所 cèsuǒ 몡 화장실 | ★谈恋爱 tán liàn'ài 연애하다 | ★四面八方 sì miàn bā fāng 성 사방팔방 | 窥私欲 kuīsīyù 사적인 것을 엿보는 욕구 | 历史舞台 lìshǐ wǔtái 역사의 무대 | ★闻 wén 동 듣다 | ★臭 chòu 형 (명성·평판 등이) 나쁘다, 추악하다 | ★镜头 jìngtóu 몡 렌즈 | ★绝对 juéduì 뷔 절대로, 반드시 | ★认同 rèntóng 동 인정하다 | 身份 shēnfen 몡 신분 | ★暗访 ànfǎng 동 은밀하게 조사하다 | ★报道 bàodào 동 보도하다 | ★真相 zhēnxiàng 몡 진상 | ★赢得 yíngdé 동 얻다 | ★偷偷摸摸 tōutōumōmō 형 남몰래 하다, 슬며시 하다 | ★脑海里 nǎohǎi li 머릿속에서 | 浮现 fúxiàn 동 떠오르다 | ★一副丑陋的嘴脸 yí fù chǒulòu de zuǐliǎn 추한 몰골 | ★社会责任 shèhuì zérèn 사회적 책임 | ★总之 zǒngzhī 젭 요컨대 | ★仅此而已 jǐn cǐ éryǐ 단지 이것에 지나지 않다

7 난이도 上 공략 Key 소거법 적용과 핵심어 파악

为什么说狗仔队的诞生顺应了历史潮流？	파파라치의 출현이 왜 역사적인 흐름에 따른 것이라고 하였는가?
Ⓐ 满足了人们的好奇心 B 挖掘新鲜事 C 性格不屈 D 媒体的发展	**Ⓐ 사람들의 호기심을 만족시켜서** B 뉴스거리를 찾아내서 C 굴하지 않는 성격 때문에 D 대중 매체의 발전 때문에

공략 '挖掘鲜为人知之事'라는 부분은 보기 B에, '略带执着不屈性格'라는 부분은 보기 C에 해당하는 내용인데, 이 둘은 문제와 관련해서 모두 다 답이 아니다. 그 뒷부분 문장 '让人们好奇的是，镁光灯后的明星……这样把追踪摄影队推上了历史舞台'에서 보기 A 중의 핵심어 好奇에 대해 언급하고 있으므로 정답은 A이다.

8 난이도 上 공략 Key 보기 A와 C 구분

关于狗仔队，下列哪项正确？	파파라치에 대해 다음 중 옳은 것은?
A 赢得了尊重 B 从英语翻译而来 **Ⓒ 缺乏社会责任感** D 得到了人们的认同	A 존경을 받았다 B 영어에서 번역되어 전해진 것이다 **Ⓒ 사회적 책임감이 부족하다** D 사람들의 인정을 받았다

공략 보기 A와 동일한 어휘 '赢得了尊重'을 듣고 이 앞부분의 '一般社会记者'라는 내용을 함께 기억해야 한다. 또한 핵심어 但是를 통해 의미가 앞 문장과 전환이 되는 것을 파악할 수 있고 뒤에 이어지는 문장 '因为他们的真相没有让人看到社会责任的存在'에서 보기 C와 동일한 어휘 '社会责任'이 있으므로 정답은 C이다.

9 난이도 上 공략 Key 仅此而已의 어기와 의미 파악

这段话主要想说明狗仔队的什么？	이 글은 파파라치의 무엇에 대해 이야기하려 하는가?
A 受到了不公平的对待 B 不符合时代的发展 C 很受人们欢迎 **Ⓓ 存在没有多少意义**	A 불공평한 대우를 받았다 B 시대에 발전에 부합하지 않는다 C 사람들에게 인기가 있다 **Ⓓ 무슨 의미라고 할 게 없다**

공략 마지막 문장 '总之，你的生活也许会少很多乐趣，但也仅此而已'에서 '仅此而已'는 '단지 이것에 지나지 않는다'는 의미로, 다시 말해 파파라치의 존재는 별 의미도 없고 어떤 가치도 없다는 것이므로 정답은 D이다.

📅 12 day 특수 문장을 잡아라 Ⅰ – 把자문

본책_ 166쪽

정답 **1.** A **2.** C **3.** C **4.** D **5.** D **6.** B **7.** C **8.** A

1

난이도 上 공략 Key 把자문에서 단독 술어로 쓸 수 없는 醒

Ⓐ 每天早上妈妈很早就把我醒，但不知为什么今天一点动静也没有。
B 成年人当中，讲普通话的，基本上限于受过高等教育的群体。
C 很多公司在面试的时候非常看重应聘者的工作经验。
D 你看他长得普普通通，他可是我们这儿名副其实的"专家"。

Ⓐ 매일 아침 엄마는 매우 일찍 나를 불러 깨우는데, 오늘은 왜인지 인기척이 전혀 없다.
B 성인들 중에서 표준어를 쓰는 사람은 대부분 고등 교육을 받은 사람들이다.
C 많은 회사들은 면접을 볼 때 지원자의 업무 경력을 매우 중요하게 여긴다.
D 봐, 그는 아주 평범하게 생겼지만 이곳에서는 명실상부한 전문가야.

정답 A 每天早上妈妈很早就把我醒，但不知为什么今天一点动静也没有。
➡ 每天早上妈妈很早就把我**叫醒**，但不知为什么今天一点动静也没有。

공략 醒은 자동사로 把자문에서 직접적으로 술어가 될 수 없으므로, 醒 앞에 타동사 叫를 넣어 '동사술어+결과보어' 구조인 '叫醒'으로 바꿔야 한다.

어휘 ★醒 xǐng 圄 깨다 | ★不知为什么 bù zhī wèishénme 왜 그런지 모르다 | ★动静 dòngjìng 圀 인기척, 동정 | 成年人 chéngniánrén 圀 성인 | ★普通话 pǔtōnghuà 圀 표준어 | 限于 xiànyú 圄 한정되다, 제한을 받다 | 高等教育 gāoděng jiàoyù 圀 고등 교육 | 群体 qúntǐ 圀 단체, 집단 | ★面试 miànshì 圀圄 면접시험(을 보다) | ★看重 kànzhòng 圄 중요하게 여기다 | ★应聘者 yìngpìnzhě 지원자 | ★普普通通 pǔpǔtōngtōng 아주 평범하다 | ★名副其实 míng fù qí shí 圀 명실상부하다 | 专家 zhuānjiā 圀 전문가

2

난이도 下 공략 Key 把자문에서 술어가 될 수 없는 동사 以为

A 虽然是初次见面，但是两个人志同道合，聊起天来竟如同交往多年的朋友。
B 大学给了我们一个学习的舞台，其中核心的内容就是培养我们的专业素质。
Ⓒ 大家都把他以为没有能力的人，但他竟然考上了北大。
D 可以毫不夸张地说，这部著作在历史上的成就是绝无仅有、空前绝后的。

A 비록 처음 만났지만 두 사람은 뜻이 서로 맞아 이야기를 할 때면 의외로 마치 오래 사귄 친구와도 같았다.
B 대학은 우리에게 학습의 무대를 제공해주는데 그중 핵심이 되는 내용은 바로 우리의 전공 소양을 길러주는 것이다.
Ⓒ 모두가 다 그를 무능력한 사람이라고 여겼지만 그는 뜻밖에도 베이징대학에 합격했다.
D 조금의 과장 없이 말할 수 있는 것은, 이 저서의 역사적 성과는 바로 유일무이하고 전무후무하다는 것이다.

정답 C 大家都把他**以为**没有能力的人，但他竟然考上了北大。
➡ 大家都把他**当成**没有能力的人，但他竟然考上了北大。

공략 以为는 인지 동사로 把자문에서 술어가 될 수 없으므로, '~으로 여기다'의 의미인 동사 当成으로 바꿔야 한다.

어휘 初次见面 chūcì jiànmiàn 처음 만나다 | ★志同道合 zhì tóng dào hé 圀 뜻이 같고 의견이 맞다 | ★聊起天来 liáo qǐ tiān lái 이야기를 하다 | ★竟 jìng 圄 뜻밖에도, 의외로 | 如同 rútóng 圄 마치 ~과 같다 | 交往多年 jiāowǎng duōnián 오랫동안 사귀다 | 舞台 wǔtái 圀 무대 | 核心 héxīn 圀 핵심 | ★培养 péiyǎng 圄 기르다, 배양하다 | ★专业素质 zhuānyè sùzhì 전공 소양 | 考上 kǎoshàng 圄 (시험에) 합격하다 | ★毫不夸张 háobù kuāzhāng 조금의 과장도 없이 | 这部著作 zhè bù zhùzuò 이 저서 | ★绝无仅有 jué wú jǐn yǒu 圀 유일무이하다 | ★空前绝后 kōng qián jué hòu 圀 전무후무하다

<table>
<tr><td>

A 中国投资的动力主要是来自国内企业，来自于国内的巨大储蓄。

B 北京的许多传统建筑物凝结着古代劳动人们的智慧，如天坛的回音壁。

Ⓒ 很多单身一族，每天把自己漂漂亮亮的，但也掩饰不了内心的孤独。

D 节奏紧张的现代社会产生了大量不能单纯依赖于药物的“文明病”。

</td><td>

A 중국의 투자 원동력은 주로 국내 기업의 거대한 저축에서 나오는 것이다.

B 베이징의 수많은 전통 건축물에는 고대 노동자들의 지혜가 어려있는데, 예를 들면 톈탄의 후이인비(메아리벽) 같은 것이다.

Ⓒ 많은 독신자들이 매일 자신의 모습은 예쁘게 꾸미지만 마음속의 외로움은 숨기지 못한다.

D 바쁜 리듬의 현대 사회에서는 단순히 약물에만 의존할 수 없는 수많은 문명병이 생겨난다.

</td></tr>
</table>

정답　C　很多单身一族，每天把自己漂漂亮亮的，但也掩饰不了内心的孤独。
　　　　⏩　很多单身一族，每天把自己打扮得漂漂亮亮的，但也掩饰不了内心的孤独。

공략　把자문에서는 반드시 동사술어가 있어야 하므로, '漂漂亮亮的' 앞에 동사 '打扮得'를 넣어 '동사술어+정도보어' 구조인 '打扮得漂漂亮亮的'로 바꿔야 한다.

어휘　★投资 tóuzī 圆통 투자(하다) | 动力 dònglì 圆 원동력 | ★国内企业 guónèi qǐyè 국내 기업 | ★巨大 jùdà 圆 거대하다 | ★传统建筑物 chuántǒng jiànzhùwù 전통 건축물 | 凝结 níngjié 통 응결되다, 어려있다 | ★智慧 zhìhuì 圆 지혜 | 天坛 Tiāntán 고유 톈탄 | 回音壁 Huíyīnbì 고유 후이인비[톈탄 공원 남쪽의 원형 담장] | ★单身一族 dānshēn yì zú 독신자들 | ★打扮 dǎban 통 꾸미다 | ★掩饰 yǎnshì 통 숨기다 | 内心 nèixīn 圆 속마음 | ★孤独 gūdú 圆 외롭다 | ★节奏 jiézòu 圆 리듬 | ★紧张 jǐnzhāng 圆 긴박하다 | ★依赖 yīlài 통 의존하다 | 文明病 wénmíngbìng 圆 문명병

<table>
<tr><td>

A 不要因为问题小就忽视它，这样很容易导致严重的后果，甚至可能使整个系统瘫痪。

B 1987年12月莫高窟被联合国教科文组织列为世界文化遗产。

C 司马迁继承了父亲的遗愿，终于完成了一部空前的历史著作——《史记》。

Ⓓ 朋友的突然来访，把我本来的计划完全破了。

</td><td>

A 문제가 작다고 해서 그것을 소홀히 여겨서는 안 되는데, 그렇게 하게 되면 심각한 결과를 초래하기 쉽고 심지어는 전체 시스템이 마비될 수도 있다.

B 1987년 12월 모가오굴은 유네스코에 의해 세계 문화유산으로 지정되었다.

C 사마천은 아버지의 염원을 이어받아 마침내 전대미문의 역사 저서인 『사기』를 완성하였다.

Ⓓ 친구들의 갑작스런 방문이 나의 원래 계획을 완전히 망가뜨렸다.

</td></tr>
</table>

정답　D　朋友的突然来访，把我本来的计划完全破了。
　　　　⏩　朋友的突然来访，把我本来的计划完全打破了。

공략　破는 형용사로 把자문에서 단독으로 술어가 될 수 없으므로, 앞에 동사 打를 넣어 '동사술어+결과보어' 구조인 '打破'로 바꿔야 한다.

어휘　★忽视 hūshì 통 소홀히하다 | ★导致 dǎozhì 통 초래하다 | 严重的后果 yánzhòng de hòuguǒ 심각한 결과 | ★系统 xìtǒng 圆 시스템 | ★瘫痪 tānhuàn 통 마비되다 | ★莫高窟 Mògāo kū 고유 모가오굴 | ★联合国教科文组织 Liánhéguó Jiàokēwén Zǔzhī 고유 유네스코(UNESCO) | ★列为 lièwéi ～에 속하다 | ★世界文化遗产 shìjiè wénhuà yíchǎn 세계문화유산 | ★司马迁 Sīmǎ Qiān 고유 사마천 | ★继承 jìchéng 통 이어받다 | 遗愿 yíyuàn 圆 염원 | ★空前 kōngqián 圆 전대미문의 | ★历史著作 lìshǐ zhùzuò 역사 저서 | ★史记 Shǐjì 圆 사기 | 来访 láifǎng 통 방문하다

5

A 学习外语时，如果你的听力不好，要想口语好，是绝不可能的。

B 如果你是一个抽烟者，看上去就会比同龄人衰老10岁。

C 名校的毕业生要承担更多的社会责任，社会对他们有着更多的关注和要求。

D 许多家庭主妇都放生活的中心在孩子身上，这样也给孩子很大的压力。

A 외국어를 공부할 때, 당신의 청취 실력이 좋지 않은데 회화를 잘하려고 생각한다면 그것은 절대로 불가능한 것이다.

B 만약 당신이 흡연자라면, 같은 연령의 사람들보다 10살은 더 늙어 보일 것이다.

C 명문 학교의 졸업생들은 더 많은 사회적 책임을 져야 하는데, 이는 사회가 그들에 대해 더 많은 관심과 요구를 가지고 있기 때문이다.

D 많은 가정주부들이 생활의 중심을 아이에게 두고 있는데, 그렇게 하는 것은 아이에게도 큰 스트레스가 된다.

정답 D 许多家庭主妇都放生活的中心在孩子身上，这样也给孩子很大的压力。

➡ 许多家庭主妇都把生活的中心放在孩子身上，这样也给孩子很大的压力。

공략 중국어에서 '동사술어……在……'와 같은 문장 구조는 없으므로, 이때는 把자문을 이용해 문장을 만들어야 한다.

어휘 ★绝不可能 jué bù kěnéng 절대로 불가능하다 | ★抽烟者 chōuyānzhě 흡연자 | ★看上去 kàn shàngqu 보아하니, 보기에 | ★同龄人 tónglíngrén 몡 같은 연령의 사람, 또래 | 衰老 shuāilǎo 혱 노쇠하다, 늙다 | 名校 míngxiào 명문 학교 | ★毕业生 bìyèshēng 몡 졸업생 | ★承担 chéngdān 통 부담하다, 담당하다 | ★社会责任 shèhuì zérèn 사회적 책임 | ★关注 guānzhù 통 관심을 가지다 | ★家庭主妇 jiātíng zhǔfù 몡 가정주부

6

A 每一代都在责备下一代人，但下一代总是照常成长。

B 有的父母孩子一犯错就把他们批评，这样会激起孩子的逆反心理。

C 一年之中，大部分人抬头看天的时间，不足一个小时，甚至很久都没有抬过头了。

D 在欧洲的一些公园，常见到一种架在草坪上的望远镜，名叫"望鸟镜"。

A 매 세대마다 다음 세대의 사람들을 나무라기는 하지만 다음 세대는 변함없이 성장하고 있다.

B 어떤 부모는 아이가 잘못을 저지르면 바로 아이를 한바탕 혼내기도 하는데, 그렇게 하면 아이의 반항 심리를 불러일으킬 수 있다.

C 대부분의 사람들은 고개를 들어 하늘을 보는 시간이 일 년 중 한 시간도 채 되지 않으며 심지어는 매우 오랫동안 고개를 들지 않기도 한다.

D 유럽의 일부 공원에서 종종 잔디밭에 세워져 있는 망원경을 볼 수 있는데 그런 망원경은 '망조경'이라 부른다.

정답 B 有的父母孩子一犯错就把他们批评，这样会激起孩子的逆反心理。

➡ 有的父母孩子一犯错就把他们批评了一顿，这样会激起孩子的逆反心理。

공략 把자문에서 동사술어를 단독으로 사용할 수 없으므로 반드시 '동사술어+기타 성분'의 형태가 되어야 한다. 그러므로 동사 批评 뒤에 완료를 나타내는 동태조사 了와 동작의 양을 나타내는 동량보어 '一顿'을 함께 써서 '批评了一顿'의 형태가 되어야 바른 표현이다.

어휘 ★责备 zébèi 통 나무라다, 질책하다 | ★下一代人 xià yídài rén 다음 세대의 사람 | ★照常 zhàocháng 팀 평상시처럼 | ★犯错 fàncuò 통 잘못을 저지르다 | ★批评 pīpíng 통 꾸짖다, 비평하다 | ★激起 jīqǐ 통 불러일으키다, 야기하다 | ★逆反心理 nìfǎn xīnlǐ 몡 반항 심리 | 一年之中 yì nián zhī zhōng 일 년 중 | 抬头 táitóu 통 고개를 들다 | ★不足 bùzú 통 모자라다, 부족하다 | ★欧洲 Ōuzhōu 고유 유럽 | 架 jià 통 세우다, 설치하다 | ★草坪 cǎopíng 몡 잔디밭 | 望远镜 wàngyuǎnjìng 몡 망원경

A 朱老师在去教学大楼的路上，突然发现一位面带笑容的老人正迎面而来。

B 先生侃侃而谈，他的音容笑貌虽然没什么变化，但眼角的皱纹似乎暗示着这些年的艰辛和不快。

C 抗战时期，他们将各民族人民都被团结起来，共同抵御日本侵略者的入侵。

D 这幅画出自中国现代著名画家徐悲鸿之手，有着很高的收藏价值。

A 주 선생님은 강의 건물로 가는 길에 한 노인이 미소를 띠며 바로 정면에서 걸어오는 것을 문득 알아차렸다.

B 선생님은 당당하고 차분하게 말씀하셨고 그의 목소리와 웃는 얼굴 모습에는 어떠한 변화가 없었지만, 눈가의 주름이 몇 년간의 고생과 불행을 암시하는 듯했다.

C 항일 전쟁 시기에 그들은 여러 민족 사람들을 단결시켜 일본 침략자들의 침입에 함께 저항했다.

D 이 그림은 중국 현대 저명 화가인 쉬베이홍의 손에서 나온 작품으로 소장 가치가 매우 크다.

정답　C　抗战时期，他们**将**各民族人民都**被**团结起来，共同抵御日本侵略者的入侵。
➡ 抗战时期，他们**将**各民族人民都团结起来，共同抵御日本侵略者的入侵。

공략　把의 문어체가 바로 将인데, 把와 被는 한 문장에서 함께 쓰이지 않으므로 보기 C에서 被를 제거해야만 맞는 문장이다.

어휘　★教学大楼 jiàoxué dàlóu 강의 건물 | 面带笑容 miàn dài xiàoróng 미소를 띠다 | 迎面走来 yíngmiàn zǒulái 맞은편에서 걸어오다 | 侃侃而谈 kǎn kǎn ér tán [성] 당당하고 차분하게 말하다 | 音容笑貌 yīn róng xiào mào [성] 웃는 얼굴과 목소리 | ★眼角 yǎnjiǎo [명] 눈가 | ★皱纹 zhòuwén [명] 주름 | ★暗示 ànshì [동] 암시하다 | ★艰辛 jiānxīn [형] 고생스럽다 | 抗战 kàngzhàn [명] 항전 | ★抵御 dǐyù [동] 저항하다 | ★侵略者 qīnlüèzhě [명] 침략자 | ★入侵 rùqīn [동] 침입하다 | ★一幅画 yì fú huà 그림 한 폭 | 徐悲鸿 Xú Bēihóng [고유] 쉬베이홍 | ★收藏价值 shōucáng jiàzhí 소장 가치

A 老板思索再三，还是那位助理赶出公司去了。

B 鲁迅具有坚韧不拔的战斗精神，是我们学习的榜样。

C 我们仔细调查研究后，认为他要负全部责任，但他却百般抵赖。

D 中国古代地域辽阔，民族众多，历史上形成的传统节日多达数百个。

A 사장은 여러 번 깊이 생각하였음에도 그 보조 직원을 회사에서 내보내버렸다.

B 루쉰은 확고한 신념과 강한 의지의 전투적 정신을 가지고 있기에 우리가 배울 만한 귀감이 된다.

C 우리는 자세한 조사와 연구 후에 그가 모든 책임을 져야 한다고 생각했지만 그는 오히려 갖가지 방법으로 끝까지 이를 부인하였다.

D 중국 고대에는 지역이 광활했고 민족은 매우 많았으며 역사상 형성된 전통 명절이 많게는 수백 개에 이르렀다.

정답　A　老板思索再三，还是那位助理赶出公司去了。
➡ 老板思索再三，还是**把**那位助理赶出公司去了。

공략　'赶出去'는 주어 老板이 목적어 助理에 대해 가한 동작을 가리키므로, 이 문장에서는 반드시 주어가 목적어를 처리한 결과를 나타내는 把자문을 사용하여야 한다.

어휘　思索再三 sīsuǒ zàisān 여러 번 깊이 생각하다 | ★助理 zhùlǐ [명] 조수 | ★赶出去 gǎn chūqu 쫓아내다 | 鲁迅 Lǔ Xùn [고유] 루쉰 | 坚韧不拔 jiān rèn bù bá [성] 신념이 확고하고 의지가 완강하여 흔들림이 없다 | 战斗 zhàndòu [명][동] 전투(하다) | ★榜样 bǎngyàng [명] 귀감, 본보기 | ★负全部责任 fù quánbù zérèn 전체 책임을 지다 | ★百般抵赖 bǎibān dǐlài 갖가지 방법으로 부인하다, 발뺌하다 | ★地域辽阔 dìyù liáokuò 지역이 광활하다 | 众多 zhòngduō [형] 매우 많다 | ★传统节日 chuántǒng jiérì [명] 전통 명절 | ★多达 duō dá 많게는 ~에 이르다 | ★数百个 shù bǎi ge 수백 개

정답 1. A 2. D 3. B 4. D 5. D 6. A 7. B 8. D

---

1 난이도 中 공략 Key 함께 사용할 수 없는 被와 受

A 孩子被父母受的影响很大，因此父母的一言一行、一举一动都要小心。
B 夫妻吵架是很正常的事，但千万注意不能在孩子面前吵架。
C 夏天的南极，仍然非常寒冷，即使穿上了防寒服，也会冻得发抖。
D 他获奖的原因并不在于他多聪明，而在于他平时花的功夫比别人多。

A 아이가 부모에게서 받는 영향이 매우 크기 때문에 부모는 모든 말과 행동을 조심해야 한다.
B 부부가 말다툼을 하는 것은 정상적인 일이지만 아이 앞에서 말다툼을 하지 않도록 반드시 주의해야 한다.
C 여름에도 남극은 여전히 날씨가 추운데 설령 방한복을 입는다고 해도 추워서 몸을 부들부들 떨게 된다.
D 그가 입상하게 된 이유는 결코 그가 더 똑똑해서가 아니라 평소에 그가 다른 사람들보다 더 많이 시간을 들여 노력했기 때문이다.

정답 A 孩子被父母受的影响很大，因此父母的一言一行、一举一动都要小心。
➡ 孩子受父母的影响很大，因此父母的一言一行、一举一动都要小心。

공략 被와 受가 모두 피동의 의미를 나타내므로 한 문장에 함께 사용할 수 없다. 被나 受와 함께 어울려 쓰이는 단어에 유의해서 경우에 따라 被 또는 受를 적합하게 사용해야만 한다.

어휘 ★一言一行 yì yán yì xíng 일언일행, 모든 말과 행동 | ★一举一动 yì jǔ yí dòng 모든 행동, 일거수일투족 | ★夫妻 fūqī 명 부부 | ★吵架 chǎojià 동 말다툼하다 | ★千万 qiānwàn 부 부디, 반드시 | 南极 nánjí 명 남극 | ★仍然 réngrán 부 여전히 | 寒冷 hánlěng 형 춥다 | 防寒服 fánghánfú 명 방한복 | ★冻得发抖 dòng de fādǒu 추워서 몸을 부들부들 떨다 | ★获奖 huòjiǎng 동 입상하다, 상을 타다 | ★在于 zàiyú 동 ~에 있다 | ★功夫 gōngfu 명 (투자한) 시간, 노력

---

2 난이도 中 공략 Key 피동문에 쓸 수 없는 이합동사

A 苹果富含丰富的维生素，不仅能提高免疫力，而且可以改善心血管功能。
B 文章里的中心思想确定以后，还要认真选择和组织材料。
C 面对五花八门的装饰材料，消费者应该学会精挑细选。
D 他被中国的一所名牌大学毕业后，就开了一家自己的公司。

A 사과는 풍부한 비타민을 함유하고 있어서 면역력을 높여줄 뿐만 아니라 심혈관 기능도 개선시킬 수 있다.
B 글의 중심 사상을 정한 후에 진지하게 글의 소재를 선택하고 체계화해야 한다.
C 다양한 장식 재료에 대해 소비자들은 반드시 꼼꼼하게 선택하는 법을 배우고 익혀야 한다.
D 그는 중국의 한 명문 대학을 졸업한 후 바로 자신의 회사를 차렸다.

정답 D 他被中国的一所名牌大学毕业后，就开了一家自己的公司。
➡ 他从中国的一所名牌大学毕业后，就开了一家自己的公司。

공략 毕业는 이합동사로 피동문에 쓸 수 없으므로 문장에서 반드시 '从……毕业' 형태로 쓰여야 한다.

어휘 ★富含 fùhán 동 다량으로 함유하다 | ★维生素 wéishēngsù 명 비타민 | ★免疫力 miǎnyìlì 명 면역력 | ★改善 gǎishàn 동 개선하다 | 心血管 xīnxuèguǎn 명 심혈관 | ★功能 gōngnéng 명 기능 | 文章 wénzhāng 명 문장, 글 | 中心思想 zhōngxīn sīxiǎng 명 중심 사상 | 材料 cáiliào 명 재료, 자료 | ★五花八门 wǔ huā bā mén 성 다양하다, 변화가 많다 | ★装饰材料 zhuāngshì cáiliào 장식 재료 | ★消费者 xiāofèizhě 명 소비자 | ★精挑细选 jīng tiāo xì xuǎn 꼼꼼하게 선택하다 | ★一所大学 yì suǒ dàxué 한 대학 | ★名牌大学 míngpái dàxué 명문 대학

3

A 当前和今后相当长一段时间内，安排青年劳动力就业是一项相当繁重的任务。

B 我有两个姐姐，一个被送美国留学，另一个去年大学刚毕业。

C 屈原如果不被放逐，就不会写出《离骚》那样伟大的作品。

D 想象不仅对于读者的欣赏是一种必要，对于诗人的创作也是一种必要。

A 지금부터 앞으로 상당히 긴 시간 동안에는 청년 노동자들의 취업을 배정하는 일이 가장 고된 임무라고 할 수 있다.

B 나는 언니가 둘 있는데, 한 명은 미국으로 보내져 유학을 하고 있고, 또 한 명은 작년에 막 대학을 졸업하였다.

C 굴원이 만약 추방당하지 않았다면 『이소』와 같은 그러한 위대한 작품을 써내지 못했을 것이다.

D 상상이라는 것은 독자들이 감상하는 데 필요할 뿐만 아니라 시인의 창작에 있어서도 필요하다.

독해 제1부분

정답　B　我有两个姐姐，一个被送美国留学，另一个去年大学刚毕业。

➡ 我有两个姐姐，一个被送到美国留学，另一个去年大学刚毕业。

공략　把자문의 용법과 같이 被자문에서도 동사술어 뒤에 개사가 있어야만 그 뒤에 장소 목적어를 가질 수 있다.

어휘　★当前 dāngqián 몡 현재, 지금 | ★相当长一段时间 xiāngdāng cháng yí duàn shíjiān 상당히 긴 시간 동안 | ★安排 ānpái 통 배정하다, 안배하다 | 劳动力 láodònglì 몡 노동력 | ★就业 jiùyè 통 취업하다 | ★一项任务 yí xiàng rènwù 한 가지 임무 | ★繁重 fánzhòng 형 (일·임무 등이) 많고 고되다 | ★留学 liúxué 통 유학하다 | ★屈原 Qū Yuán 고유 굴원 | 放逐 fàngzhú 통 추방하다, 쫓아내다 | ★离骚 Lísāo 몡 이소 | ★伟大 wěidà 형 위대하다 | ★作品 zuòpǐn 몡 작품 | ★欣赏 xīnshǎng 통 감상하다, 좋다고 여기다 | 创作 chuàngzuò 몡통 문예 창작(품); 창작하다 | ★必要 bìyào 형 필요하다

4

A 艾滋病是一种传染病，其病毒侵入人体后，会使人丧失对病原体的免疫力。

B 金丝猴是中国特有的珍稀动物，主要生活在四川、云南、陕西等地区。

C 不论是大学还是中学，思想政治都应把传授知识和培养品德结合起来。

D 房间收拾好以后，又被孩子会弄乱的，所以我干脆就不收拾整理了。

A 에이즈는 일종의 전염병인데 그 바이러스가 인체에 침투하면 병원체에 대한 면역력을 잃어버리게 된다.

B 들창코원숭이는 중국 특유의 희귀 동물로 주로 쓰촨, 윈난, 산시 등의 지역에서 생활한다.

C 대학교에서든 중·고등학교에서든 사상 정치 교육은 반드시 지식의 전수와 인품 및 덕성의 배양을 함께 결합시켜야만 한다.

D 방을 청소하고 나면 아이가 또 어지럽힐지도 모르니까 나는 그냥 아예 청소하지 않았다.

정답　D　房间收拾好以后，又被孩子会弄乱的，所以我干脆就不收拾整理了

➡ 房间收拾好以后，又会被孩子弄乱的，所以我干脆就不收拾整理了。

공략　被자문에서 조동사 会는 반드시 被 앞에 놓여야 한다.

어휘　★艾滋病 àizībìng 몡 에이즈 | ★传染病 chuánránbìng 몡 전염병 | ★病毒 bìngdú 몡 바이러스 | 侵入人体 qīnrù réntǐ 인체에 침입하다 | ★丧失 sàngshī 통 잃다 | 病原体 bìngyuántǐ 몡 병원체 | ★免疫力 miǎnyìlì 몡 면역력 | ★金丝猴 jīnsīhóu 몡 들창코원숭이 | ★特有 tèyǒu 형 특유하다 | ★珍稀动物 zhēnxī dòngwù 희귀 동물 | 思想政治 sīxiǎng zhèngzhì 사상 정치 | ★传授知识 chuánshòu zhīshi 지식을 전수하다 | ★培养品德 péiyǎng pǐndé 인품 및 덕성을 기르다 | ★收拾 shōushi 통 청소하다, 정리하다 | ★被弄乱 bèi nòngluàn 어지럽혀지다 | ★干脆 gāncuì 児 아예, 차라리

5

A 大型国有企业遭受的损失，很大程度上是由于企业内部监督管理不严。

B 此次诗歌朗诵会上，众多艺术家的表演，使在场的大学生热血沸腾。

C 近年来，中国以新的姿态参与国际事务，迈出了从被动接受者转变为参与者的重要一步。

Ⓓ 新中国成立前，很多农民终生被地主的压迫，他们过着水深火热的生活。

A 대형 국유 기업이 입은 손실은 상당 부분 기업 내부의 감독과 관리가 엄격하지 않았기 때문이다.

B 이번 시 낭송 대회에서 많은 예술가들의 공연이 현장의 대학생들을 흥분시켰다.

C 최근 몇 년 동안, 중국은 새로운 태도로 국제 사무에 참여하며 수동적인 수취인이 아닌 참여자로서의 중요한 걸음을 내디뎠다.

Ⓓ 신 중국의 수립 이전에 많은 농민들은 한평생 지주에게 억압을 받으며 힘들고 고통스러운 삶을 살았다.

정답 D 新中国成立前，很多农民终生<u>被</u>地主<u>的</u>压迫，他们过着水深火热的生活。

➡ 新中国成立前，很多农民终生<u>被</u>地主压迫，他们过着水深火热的生活。

공략 被자문에서 동사술어 앞에 구조조사 的를 사용할 수 없으므로 이 문장에서 的를 제거해야 맞는 문장이 된다.

어휘 ★国有企业 guóyǒu qǐyè 몡 국유 기업 | ★遭受 zāoshòu 통 (손해를) 입다 | ★损失 sǔnshī 몡 손해 | 不严 bù yán 엄격하지 않다 | ★此次 cǐ cì 이번 | ★诗歌朗诵 shīgē lǎngsòng 시 낭송 | ★在场 zàichǎng 통 현장에 있다, 자리에 있다 | ★热血沸腾 rè xuè fèi téng 졩 기분이 고조되다, 흥분하다 | ★近年来 jìnnián lái 최근 몇 년간 | 姿态 zītài 몡 자태, 태도 | ★参与 cānyù 통 참여하다 | 迈出 màichū 통 내딛다 | ★接受者 jiēshòuzhě 수취인, 수령인 | 终生 zhōngshēng 몡 한평생, 일생 | ★被压迫 bèi yāpò 억압을 받다 | ★水深火热 shuǐ shēn huǒ rè 졩 힘들고 고통스럽다

6

Ⓐ 那个孩子天真无邪的话被我哭笑不得，同时也令我感动不已、羡慕不已。

B 大学毕业后去农村应聘村官的人中，多数人希望能在建设新农村这一大环境中找到施展才华的途径。

C 塑料购物袋国家强制性标准的实施，从源头上限制了塑料袋的生产，但要真正减少塑料袋的污染，还需要消费者从自身做起。

D 不管他跳舞跳得多么好，都不能获得评委们的好感，因为他脸部有缺陷。

Ⓐ 그 아이의 천진무구한 말이 나를 울 수도 웃을 수도 없게 한 동시에 나를 매우 감동시켰고 부러움을 느끼게도 하였다.

B 대학 졸업 후 농촌으로 가서 마을 위원회 간부를 지원하는 사람들 중 대부분은 새로운 농촌을 건설하는 그런 전체적인 사회 환경과 분위기에서 자신의 재능을 발휘할 길을 찾을 수 있기를 희망한다.

C 비닐 봉투 사용에 대한 국가의 강제적인 규제로 근본적으로 비닐 봉투의 생산을 제한하였지만, 비닐 봉투 사용의 오염을 줄이려면 소비자들이 각자 자신부터 행동에 옮겨야만 한다.

D 춤을 얼마나 잘 추느냐와 관계없이 그는 얼굴에 결점이 있어서 심사위원의 호감을 얻을 수는 없을 것이다.

정답 A 那个孩子天真无邪的话<u>被</u>我哭笑不得，同时也令我感动不已、羡慕不已。

➡ 那个孩子天真无邪的话<u>使</u>我哭笑不得，同时也令我感动不已、羡慕不已。

공략 이 문장은 아이의 말을 듣고 난 후 나의 반응과 변화를 나타내는 내용이므로, 被를 사용한 피동의 형태가 아니라 使를 사용한 사동의 형태여야 한다.

어휘 ★天真无邪 tiān zhēn wú xié 졩 천진무구하다 | ★哭笑不得 kū xiào bù dé 졩 울 수도 없고 웃을 수도 없다 | ★令 lìng 통 ~하게 하다 | ★不已 bùyǐ 통 ~해 마지 않다 | ★应聘 yìngpìn 통 지원하다 | 村官 cūnguān 몡 마을 위원회 간부 | ★施展才华 shīzhǎn cáihuá 재능을 발휘하다 | ★途径 tújìng 몡 길, 방법 | ★塑料购物袋 sùliào gòuwùdài 비닐 봉투 | ★强制 qiángzhì 통 강요하다, 강압하다 | ★实施 shíshī 통 실시하다 | 源头 yuántóu 몡 원천, 발원지 | ★消费者 xiāofèizhě 몡 소비자 | ★评委 píngwěi 몡 심사 위원 | 脸部 liǎnbù 몡 얼굴 | ★有缺陷 yǒu quēxiàn 결점이 있다

<table>
<tr><td>

A 现代医学一再证明，当一个人精力衰退、对事物缺乏好奇心与兴趣时，循环系统功能也会跟着退化。

Ⓑ 有时一个人会受一时的困难所击倒，这也是再正常不过的事了。

C 中国观众对好莱坞大片是不陌生的，因而这些大片在中国取得了不俗的票房佳绩。

D 母亲像往日一样，从屋里端出了热腾腾的饭菜，招呼我们赶紧吃。

</td><td>

A 현대 의학이 거듭 증명한 바로는, 사람의 정력이 쇠퇴하고 사물에 대한 호기심이나 흥미가 부족할 때 순환 계통의 기능도 그에 따라 퇴화될 수 있다고 한다.

Ⓑ 때로는 사람이 일시적인 어려움에 의해 쓰러지는 것 역시 지극히 정상적인 일이다.

C 중국 관중들이 할리우드 블록버스터 영화에 대해 생소하게 느끼지 않아, 이런 영화들이 중국에서 우수한 박스오피스 성적을 냈다.

D 어머니께서는 예전처럼 집에서 뜨끈뜨끈한 요리를 내어 주시며, 우리를 불러 얼른 먹으라고 하셨다.

</td></tr>
</table>

독해
제1부분

정답　B 有时一个人会**受**一时的困难**所**击倒，这也是再正常不过的事了。

➡ 有时一个人会**被**一时的困难**所**击倒，这也是再正常不过的事了。

공략　被자문에서 被는 술어 앞의 조사 所와 함께 쓰일 수 있지만, 受는 조사 所와 함께 쓰일 수 없으므로 이 문장에서는 受를 被로 고쳐야 맞는 문장이 된다.

어휘　★一再 yízài 閈 거듭 | ★精力衰退 jīnglì shuāituì 정력이 쇠퇴하다 | ★好奇心 hàoqíxīn 圀 호기심 | ★循环系统 xúnhuán xìtǒng 圀 순환 계통 | ★功能 gōngnéng 圀 기능 | ★被……所击倒 bèi……suǒ jīdǎo ~에 의해 쓰러지다 | ★再……不过了 zài……búguò le 더 ~할 수 없다 | 好莱坞 Hǎoláiwù 고유 할리우드 | 大片 dàpiàn 圀 블록버스터 영화 | ★陌生 mòshēng 圀 생소하다 | 不俗 bùsú 圀 품위가 있다, 뒤처지지 않다 | ★票房 piàofáng 圀 박스오피스 | 佳绩 jiājì 圀 우수한 성적 | 往日 wǎngrì 圀 예전 | ★端 duān 됭 받쳐 들다 | ★热腾腾 rètēngtēng 圀 뜨끈뜨끈한 모양

<table>
<tr><td>

A 人生的最大价值在于对社会的无私奉献。

B 他的作品始终如一地关注社会最底层的小人物的命运，文字富有浓郁的理想主义色彩。

C 取得成绩不盲目乐观，遇到困难不失望悲观，这是许多成功人士成就事业后的经验总结。

Ⓓ 老人所有的钱都叫儿子花，现在变得无依无靠，只能露宿街头。

</td><td>

A 인생에서 가장 큰 가치는 사회에 대한 사심 없는 공헌에 있다.

B 그의 작품은 한결같이 사회의 가장 아래 계층의 보잘것없는 사람들의 운명에 관심을 두고 있으며, 그의 글은 강한 이상주의 색채가 다분하다.

C 성적을 거두었다고 맹목적으로 낙관하지 않고, 어려움에 부딪혔다고 실망하거나 비관하지 않는 것이, 많은 성공 인사들이 사업을 이루어낸 후 밝힌 경험의 총결이다.

Ⓓ 노인의 모든 돈을 아들이 다 써버려서 그는 지금은 기댈 곳도 없이 길거리에서 노숙을 할 수밖에 없다.

</td></tr>
</table>

정답　D 老人所有的钱都**叫**儿子**花**，现在变得无依无靠，只能露宿街头。

➡ 老人所有的钱都**叫**儿子**花光了**，现在变得无依无靠，只能露宿街头。

공략　叫도 被와 같이 피동의 의미를 나타내는데, 주로 구어체에서 많이 쓰인다. 被자문에서 술어가 되는 동사는 단독으로 쓰이지 않고 뒤에 다른 성분과 함께 쓰이므로, 동사 花를 '동사술어+기타 성분' 형태인 '花光了'로 고쳐야 한다.

어휘　★价值 jiàzhí 圀 가치 | ★无私奉献 wúsī fèngxiàn 사심 없는 공헌 | ★始终如一 shǐ zhōng rú yī 圀 처음부터 끝까지 한결같다 | ★关注 guānzhù 됭 관심을 가지다 | ★社会底层 shèhuì dǐcéng 사회의 가장 아래 계층 | ★小人物 xiǎorénwù 圀 보잘것없는 사람 | ★富有 fùyǒu 됭 다분하다 | ★浓郁 nóngyù 圀 (색채·감정·분위기 등이) 강하다 | ★理想主义色彩 lǐxiǎng zhǔyì sècǎi 이상주의 색채 | ★盲目乐观 mángmù lèguān 맹목적으로 낙관하다 | ★悲观 bēiguān 圀 비관적이다 | ★总结 zǒngjié 圀됭 최종 결론; 총정리하다 | ★无依无靠 wú yī wú kào 圀 기댈 곳이 없다 | ★露宿街头 lùsù jiētóu 길거리에서 노숙하다

| 정답 | **1.** A | **2.** D | **3.** C | **4.** A | **5.** C | **6.** C | **7.** B | **8.** D |

1　　난이도 中　공략 Key 부사 相当 뒤에 쓸 수 없는 어기조사 了

(A) 元旦晚会上，孩子们表演了自己精心准备的节目，相当精彩了。	(A) 새해 파티에서 아이들은 자신들이 정성을 들여 준비한 프로그램을 공연하였는데 그 공연은 매우 훌륭했다.
B 时间是治疗心灵伤痛的良师，但绝不是解决问题的高手。	B 시간이 마음의 고통을 치유해주는 좋은 스승이기는 하지만 결코 문제를 해결해주는 뛰어난 능력자는 아니다.
C 我一直坚持跑步，不仅是为了锻炼身体，也是为了磨练自己的意志。	C 나는 꾸준히 달리기를 하고 있는데, 이는 몸을 단련하기 위해서일 뿐만 아니라 내 자신의 의지를 단련하기 위함이기도 하다.
D 在图书市场上，将《孙子兵法》应用在经济管理领域的作品不在少数。	D 도서 시장에서 『손자병법』을 경제 관리 분야에 응용한 작품의 수가 비교적 많다.

정답　A　元旦晚会上，孩子们表演了自己精心准备的节目，**相当**精彩**了**。

　　　➡ 元旦晚会上，孩子们表演了自己精心准备的节目，**相当**精彩。

공략　相当은 상태를 나타내는 정도부사로 '相当+형용사' 뒤에 상황의 변화를 나타내는 어기조사 了를 붙일 수 없다.

어휘　★元旦 Yuándàn 몡 설날[양력 1월 1일] | 晚会 wǎnhuì 몡 이브닝 파티 | ★精心 jīngxīn 휑 정성을 들이다 | ★相当 xiāngdāng 튀 상당히, 매우 | ★治疗 zhìliáo 통 치료하다 | 心灵伤痛 xīnlíng shāngtòng 마음의 고통 | 良师 liángshī 몡 좋은 스승 | ★绝不是 jué búshì 결코 아니다 | ★高手 gāoshǒu 몡 고수, 뛰어난 능력자 | ★磨练意志 móliàn yìzhì 의지를 단련하다 | 图书市场 túshū shìchǎng 도서 시장 | 孙子兵法 Sūnzǐ Bīngfǎ 몡 손자병법 | ★经济管理 jīngjì guǎnlǐ 경제 관리 | ★领域 lǐngyù 몡 영역, 분야 | ★不在少数 búzài shǎoshù 숫자가 비교적 많다

2　　난이도 中　공략 Key 부사 才를 사용한 문장 끝에 쓸 수 없는 어기조사 了

A 据我所知，本次摄影展起初是以地方旅游经济为目的展开的。	A 내가 알기로 이번 사진전은 당초 지역 관광 경제를 목적으로 열린 것이다.
B 在我看来，创意是有一定门槛的，但不是特别高。	B 내가 보기에 창의적인 생각에는 어느 정도의 기준이라는 게 있기는 하지만 그 기준이 매우 높은 것은 아니다.
C "海归"往往掌握先进技术，市场观念比较强，并拥有最新的观念和理念。	C 유학파들은 흔히 선진적인 기술에 능통하고, 시장 관념도 비교적 강하며 게다가 새로운 관념과 이념을 가지고 있다.
(D) 数学考试，他才得了7分了，但语文考试却得了满分。	(D) 수학 시험에서 그는 겨우 7점을 받았지만 국어 시험에서는 만점을 받았다.

정답　D　数学考试，他**才**得了7分**了**，但语文考试却得了满分。

　　　➡ 数学考试，他**才**得了7分，但语文考试却得了满分。

공략　부사 才를 사용한 문장 끝에는 상황의 변화를 나타내는 어기조사 了를 함께 쓸 수 없다.

어휘　★据我所知 jù wǒ suǒ zhī 내가 아는 바로는 | ★本次 běn cì 이번 | ★摄影展 shèyǐngzhǎn 몡 사진전 | ★起初 qǐchū 몡 처음 | ★以……为目的 yǐ……wéi mùdì ～을 목적으로 삼다 | 旅游经济 lǚyóu jīngjì 관광 경제 | ★展开 zhǎnkāi 통 펴다, 전개하다 | ★在我看来 zài wǒ kànlái 내가 보기에 | 创意 chuàngyì 몡 창의적인 생각, 아이디어 | ★门槛 ménkǎn 몡 기준, 넘어야 할 난관 | ★海归 hǎiguī 몡 유학파, 해외파 | ★掌握 zhǎngwò 통 파악하다, 정통하다 | ★先进技术 xiānjìn jìshù 선진 기술 | ★市场观念 shìchǎng guānniàn 몡 시장 관념 | ★理念 lǐniàn 몡 이념, 관념 | ★满分 mǎnfēn 몡 만점

A 天底下快乐的人并不是上天给了他快乐的事，而是给了他一颗快乐的心。

B 宽容是一种为人处世的人生哲学，原谅别人的过错，才能与他人保持良好的人际关系，获得他人的尊敬与钦佩。

C 每年春节，大街小巷热热闹闹的，孩子们跑来跑去，笑了放鞭炮，真是一番热闹祥和的景象。

D 记忆和理解是有区别的，少了一种记忆手段并不意味着理解能力会下降。

A 세상을 유쾌하게 사는 사람은 하나님이 그에게 즐거운 일을 주어서가 아니라 즐거운 마음을 주었기 때문이다.

B 관용은 일종의 남과 잘 어울리며 살아가는 인생 철학인데, 다른 사람의 잘못을 용서할 줄 알아야만 다른 사람과 좋은 인간관계를 유지할 수 있고 다른 이들의 존경과 공경을 받을 수 있다.

C 매년 설날이 되면 온 거리는 매우 활기차고 아이들은 이리저리 뛰어놀고 웃으며 폭죽을 터트리는데, 정말로 떠들썩하고 화목한 모습이다.

D 기억과 이해는 차이가 있는데, 일종의 기억 수단이 줄어드는 것이 결코 이해 능력이 떨어진다는 것을 의미하지는 않는다.

독해
제1부분

정답　C　每年春节，大街小巷热热闹闹的，孩子们跑来跑去，笑了放鞭炮，真是一番热闹祥和的景象。
　　　　　▶ 每年春节，大街小巷热热闹闹的，孩子们跑来跑去，笑着放鞭炮，真是一番热闹祥和的景象。

공략　'笑着放鞭炮'에서 앞의 동사 笑는 뒤의 '放鞭炮' 동작의 묘사를 나타내므로 笑 뒤에 완료를 나타내는 동태조사 了를 사용할 수 없고 지속, 진행을 나타내는 동태조사 着만 쓸 수 있다.

어휘　★天底下 tiāndǐxia 몡 세상 | 上天 shàngtiān 몡 하나님 | ★一颗心 yì kē xīn 마음 | ★宽容 kuānróng 통 관용하다 | ★为人处世 wéirén chǔshì 남과 잘 사귀며 살아가다 | 人生哲学 rénshēng zhéxué 인생 철학 | ★过错 guòcuò 몡 잘못 | 钦佩 qīnpèi 통 존경하다, 탄복하다 | ★春节 Chūnjié 몡 설날, 춘절 | 大街小巷 dàjiē xiǎoxiàng 온 거리 | ★热热闹闹的 rèrènàonào de 매우 활기차다 | ★跑来跑去 pǎo lái pǎo qù 이리저리 뛰어다니다 | ★放鞭炮 fàng biānpào 폭죽을 터트리다 | ★一番 yì fān 한 번, 한 차례 | 热闹祥和 rènao xiánghé 떠들썩하고 화목하다 | ★意味着 yìwèizhe 통 의미하다

A 汽车开了到山脚下，大家便散开各玩各的。突然，一声突如其来的爆炸声引起了大家的注意。

B 吹风机由一组电热丝和一个小风扇组合而成，通电时电热丝会产生热量，风扇通过它将吹出热风。

C 迄今为止发现的最早的地图，是1573年在湖南长沙马王堆出土的三幅汉代国绘地图。

D 大多数鲸鱼生活在海洋中，可以分为两类：一是须鲸，二是雪鲸。

A 차가 산기슭 아래에 도착해서, 모두들 흩어져 각자 놀고 있었는데, 갑자기 들려온 폭발음이 사람들의 주의를 끌었다.

B 헤어드라이어는 전열선 한 세트와 작은 선풍기 날개가 결합되어 만들어진다. 전원을 켜면 전열선은 열을 발생시키고 선풍기 날개는 그것을 통해 뜨거운 바람을 내보낸다.

C 지금까지 발견된 것 중 가장 오래된 지도는, 1573년 후난 창사 마왕두이에서 발굴된 세 폭의 한나라 지도다.

D 대부분의 고래는 바다에서 생활하며 이런 고래를 두 종류로 나눌 수 있는데, 그중 하나는 수염 고래이고 또 하나는 눈 고래이다.

정답　A　汽车开了到山脚下，大家便散开各玩各的。突然，一声突如其来的爆炸声引起了大家的注意。
　　　　　▶ 汽车开到了山脚下，大家便散开各玩各的。突然，一声突如其来的爆炸声引起了大家的注意。

공략　'开到'는 '동사술어+결과보어'의 구조인데, 이런 구조에서 완료를 나타내는 동태조사 了가 함께 쓰일 때 了는 결과보어 뒤에 놓아야만 한다.

어휘　★山脚下 shānjiǎo xià 산기슭 아래 | 散开 sǎnkāi 통 흩어지다 | ★各玩各的 gè wán gè de 각자 놀다 | ★突如其来 tū rú qí lái 셍 갑자기 발생하다 | ★爆炸声 bàozhàshēng 폭발음 | 吹风机 chuīfēngjī 몡 헤어드라이어 | 电热丝 diànrèsī 전열선 | ★迄今为止 qìjīn wéizhǐ 지금까지 | ★出土 chūtǔ 통 발굴하다, 출토하다 | 幅 fú 얭 폭 | ★汉代 Hàndài 몡 한(汉) 왕조 시대 | 绘 huì 통 그리다, 묘사하다 | ★鲸鱼 jīngyú 몡 고래 | 须鲸 xūjīng 몡 수염 고래 | 雪鲸 xuějīng 몡 눈 고래

5

A 香港地域狭小，人口众多。为了解决交通问题，政府对私家车征收重税。
B 网络文学毫无疑问为许多有才华的青年作者提供了展示才华的平台，使得一批优秀的青年写手涌现了出来。
C 很久以前，我曾在中国工作了三年了，那段经历，对我来说是永远难以忘怀的。
D 在适当的时间吃零食，可以消除疲劳、调节心情、缓解压力，并且可以为身体补充能量。

A 홍콩은 지역이 좁고 인구는 매우 많아서, 교통 문제를 해결하기 위해 정부는 자가용 승용차에 대해 중과세를 부과하고 있다.
B 인터넷 문학은 의심할 여지 없이 재능을 가진 수많은 청년 작가들에게 솜씨를 드러낼 수 있는 기회를 제공하여, 글쓰기에 능한 우수한 청년 인재들이 대량으로 생겨나게 하였다.
C 오래 전에 나는 일찍이 중국에서 3년간 일한 적이 있는데, 그것은 나에게 영원히 잊지 못할 경험이었다.
D 적당한 시간에 간식을 먹는 것은 피로를 없앨 수 있고, 기분을 조절할 수 있고, 스트레스를 줄일 수 있으며 게다가 몸에 에너지를 보충할 수도 있다.

정답 C 很久以前，我曾在中国工作了三年了，那段经历，对我来说是永远难以忘怀的。
➡ 很久以前，我曾在中国工作过三年，那段经历，对我来说是永远难以忘怀的。

공략 두 개의 了를 동시에 사용할 때 문장 끝의 어기조사 了는 현재의 상황을 나타내므로, 이미 지나간 상황을 나타내는 문장에서는 문장 끝에 어기조사 了를 사용할 수 없다.

어휘 ★香港 Xiānggǎng [고유] 홍콩 | ★地域 dìyù [명] 지역 | ★狭小 xiáxiǎo [형] 좁다, 협소하다 | ★众多 zhòngduō [형] 매우 많다 | ★私家车 sījiāchē [명] 자가용 승용차 | 征收 zhēngshōu [동] 부과하다, 징수하다 | 重税 zhòngshuì [명] 중과세 | ★网络文学 wǎngluò wénxué [명] 인터넷 문학 | ★毫无疑问 háowú yíwèn 의심할 여지가 없다 | ★展示才华 zhǎnshì cáihuá 재능을 펼치다 | 平台 píngtái [명] 무대, 기회 | 写手 xiěshǒu [명] 글쓰기나 문자 편집에 재능이 있는 사람 | 涌现 yǒngxiàn [동] 한꺼번에 나타나다 | ★难以忘怀 nányǐ wànghuái 잊지 못하다 | ★零食 língshí [명] 간식, 군것질 | ★消除 xiāochú [동] 없애다 | ★缓解 huǎnjiě [동] 완화시키다 | ★能量 [명] néngliàng 에너지

6

A 天冷了，你应该多穿点衣服。
B 老师的鼓励，使他的信心大大增加了。
C 昨天睡得太晚，所以今早我9点多才醒来了。
D 为了预防在野外活动中走失，你应当掌握定位和测向方法。

A 날씨가 추워졌으니 옷을 좀 많이 껴입어라.
B 선생님의 격려가 그의 자신감을 크게 키워주었다.
C 어제 너무 늦게 자는 바람에 나는 오늘 아침에 9시가 넘어서야 일어났다.
D 야외 활동 중 실종되는 것을 예방하기 위해 너는 반드시 위치와 방향을 측정하는 방법을 잘 파악하고 있어야만 한다.

정답 C 昨天睡得太晚，所以今早我9点多才醒来了。
➡ 昨天睡得太晚，所以今早我9点多才醒来。

공략 동사 앞에 부사 才가 있을 때 이 문장의 끝에는 변화를 나타내는 어기조사 了를 사용할 수 없다.

어휘 ★多穿点衣服 duō chuān diǎn yīfu 옷을 많이 껴입다 | ★增加信心 zēngjiā xìnxīn 자신감이 늘다 | ★醒 xǐng [동] 깨다 | ★预防 yùfáng [동] 예방하다 | ★野外活动 yěwài huódòng 야외 활동 | ★走失 zǒushī [동] 실종되다 | ★掌握 zhǎngwò [동] 파악하다, 정통하다 | 定位 dìngwèi [동] 위치를 측정하다 | 测向 cèxiàng [동] 방향을 측정하다, 방향을 탐지하다

A 愚公精神要赋予它新的时代内涵，信息时代也需要弘扬持之以恒的精神。

Ⓑ 他的生平经历，史书上不曾留下了记载，我们也无从考证。

C 他不但爱唱京剧，而且精于京剧史的研究。

D 这次考试不难，但由于他准备得不够充分，差点儿就没及格。

A 우공 정신은 그것에 새로운 시대적 의미를 부여하였는데, 정보화 시대에도 꾸준히 하는 정신을 발양할 필요가 있다.

Ⓑ 그의 일생 경험은 역사책에 기록된 바가 없어서 우리도 고증할 방법이 없다.

C 그는 경극을 부르는 것을 매우 좋아할 뿐만 아니라 경극사의 연구에도 정통하다.

D 이번 시험이 어렵지는 않았지만 그는 준비를 충분하게 하지 못해서 하마터면 합격하지 못할 뻔했다.

정답   B   他的生平经历，史书上不曾留下了记载，我们也无从考证。

        ▷ 他的生平经历，史书上不曾留下过记载，我们也无从考证。

공략   부사 曾经은 了가 아니라 过와 함께 쓰인다. 부사 已经은 了와 함께 쓰인다.

어휘   愚公精神 Yúgōng jīngshén 우공 정신 | ★赋予 fùyǔ 통 부여하다, 주다 | ★时代内涵 shídài nèihán 시대적 의미, 시대적 내용 | ★信息时代 xìnxī shídài 명 정보화 시대 | ★弘扬 hóngyáng 통 발양하다, 더욱 발전 확대시키다 | ★持之以恒 chí zhī yǐ héng 성 오랫동안 견지하다, 꾸준히 하다 | ★生平经历 shēngpíng jīnglì 일생 경험 | 史书 shǐshū 명 역사책 | ★记载 jìzǎi 통 기재하다, 기록하다 | 无从考证 wúcóng kǎozhèng 고증할 방법이 없다 | ★京剧 jīngjù 명 경극 | ★精于 jīngyú 통 ~에 정통하다 | ★京剧史 jīngjùshǐ 경극사 | ★差点儿 chàdiǎnr 부 하마터면, 거의 | ★及格 jígé 통 합격하다

A 冬天他爱穿一件破旧的棉衣，从不围围巾，丝毫没有大学校长的派头。

B 社区主任接受采访时表示，去年大家做了很多调解工作，今年会更多地为受到情感和生活困扰的人提供帮助。

C 营救告一段落后，志愿者把重点转向照顾幸存者，一刻也不停歇。

Ⓓ 老人指那个高个儿说：“他就是你们要找的那位科学家。”

A 겨울에 그는 낡은 무명옷을 입는 것을 매우 좋아하고, 여태까지 목도리를 두른 적도 없어, 그에게 대학교 총장의 기세라고는 조금도 없다.

B 지역 사회 주임이 인터뷰할 때 나타낸 바로는, 작년에는 모두들 중재와 관련된 일을 많이 했는데, 올해에는 사랑을 필요로 하고 생활의 어려움을 겪는 사람들을 위해 더 많이 봉사할 것이라고 하였다.

C 구조가 일단락 지어진 후에, 자원 봉사자들은 생존자들을 보살피는 데 힘을 쏟았고, 잠시도 쉬지 않았다.

Ⓓ 노인은 그 키다리를 가리키며 말했다. “그가 바로 너희들이 찾으려 하던 그 과학자이다.”

정답   D   老人指那个高个儿说：“他就是你们要找的那位科学家。”

        ▷ 老人指着那个高个儿说：“他就是你们要找的那位科学家。”

공략   문장에서 두 개의 동사가 있을 때, 앞의 동사는 뒤의 동사가 발생하는 방식을 나타내므로 지속 및 진행을 나타내는 동태조사 着가 함께 쓰여야 한다. 따라서 이 문장에서는 指 뒤에 着를 붙여야 맞는 표현이 된다.

어휘   ★破旧 pòjiù 형 낡다 | ★棉衣 miányī 명 무명옷 | ★围 wéi 통 두르다, 둘러싸다 | ★围巾 wéijīn 명 목도리 | ★丝毫 sīháo 부 조금도 | 派头 pàitóu 명 기세, 위엄 | 社区 shèqū 명 지역 사회 | 主任 zhǔrèn 명 주임 | ★采访 cǎifǎng 통 인터뷰하다 | ★调解 tiáojiě 통 중재하다, 조정하다 | ★受到困扰 shòudào kùnrǎo 어려움을 겪다 | 营救 yíngjiù 통 구조하다, 구제하다 | 告一段落 gào yí duànluò 일이 일단락 지어지다 | ★志愿者 zhìyuànzhě 명 자원봉사자 | ★幸存者 xìngcúnzhě 생존자 | ★一刻 yíkè 명 잠시, 잠깐 | 停歇 tíngxiē 통 쉬다, 휴식하다 | ★高个儿 gāogèr 명 키다리 | ★科学家 kēxuéjiā 명 과학자

15 day 술어의 의미를 보충하는 표현 — 보어

정답　1. A　2. A　3. D　4. B　5. A　6. D　7. A　8. D

1　난이도 中　공략 Key 이합동사의 위치

Ⓐ 我从小一感冒就发烧起来，头也疼得厉害。	Ⓐ 나는 어렸을 때부터 감기에만 걸리면 열이 나고 두통도 매우 심했다.
B 他是一位有着30多年教龄的老教师。	B 그는 30년이 넘는 교사 경력을 갖고 있는 베테랑 교사이다.
C 做任何事情，只要开始行动，就等于取得了一半的成功。	C 어떠한 일을 하든지 행동에 옮기기만 하면 절반의 성공을 거둔 것과 같다.
D 婺源市是南宋著名学者朱熹的故里和中国铁路之父詹天佑的家乡。	D 우위안 시는 남송 때 유명한 학자인 주희의 고향이자, 중국 철로의 아버지라 불리는 잔텐유의 고향이다.

정답　A　我从小一感冒就<u>发烧起来</u>，头也疼得厉害。
　　　　◐　我从小一感冒就<u>发起烧来</u>，头也疼得厉害。

공략　发烧는 이합동사인데, '동사+起来' 형태로 추상적인 의미를 나타낼 때 이합동사는 동사와 목적어 부분을 분리시켜 起来의 사이에 두어야 하므로, 이 문장은 '열이 나기 시작하다'는 의미인 '发起烧来'로 고쳐야 맞다.

어휘　★感冒 gǎnmào 图 감기에 걸리다 | ★发烧 fāshāo 图 열이 나다 | ★头疼 tóuténg 阌 머리가 아프다 | ★厉害 lìhai 阌 심하다, 대단하다 | 教龄 jiàolíng 閡 교직의 근속 연수 | 婺源 Wùyuán 고유 우위안 | ★南宋 Nánsòng 閡 남송 | ★学者 xuézhě 閡 학자 | 朱熹 Zhū Xī 고유 주희 | 故里 gùlǐ 閡 고향 | 铁路之父 tiělù zhī fù 철로의 아버지 | 詹天佑 Zhān Tiānyòu 고유 잔텐유

2　난이도 中　공략 Key '多/少+동사' 구조 파악

Ⓐ 到了故宫，再走多几步就是景山公园，在那儿你能看到故宫全景。	Ⓐ 고궁에 도착해 얼마 더 가면 징산 공원이 있는데 거기에서 고궁의 전경을 볼 수 있다.
B 旅行对我们作家来说是非常好的机会，可以让我们了解社会的各个阶层。	B 여행은 우리 같은 작가에게 아주 좋은 기회라 할 수 있는데, 사회 여러 계층의 사람들을 이해할 수 있게 해주기 때문이다.
C 人们生活的地球，是一个天然的磁体，有南北两个磁极。	C 사람들이 생활하는 지구는 천연의 자성체인데 남극과 북극 두 개의 자극이 있다.
D 生活就如同一次旅行，在乎的不是旅游的终点，而是旅途上的风景和旅游的心情。	D 인생은 마치 한 차례의 여행과도 같은데, 중요한 점은 여행의 종착역이 아니라 여행길의 풍경과 여행의 기분이다.

정답　A　到了故宫，再<u>走多</u>几步就是景山公园，在那儿你能看到故宫全景。
　　　　◐　到了故宫，再<u>多走</u>几步就是景山公园，在那儿你能看到故宫全景。

공략　중국어에서 '동사+多/少'의 구조는 없다. 반드시 '多/少+동사'의 형태로 권고나 충고의 의미를 나타내야 한다. 예를 들면 '多喝点水(물을 조금 더 마시다), 多吃点蔬菜(야채를 조금 더 먹다), 多睡觉(잠을 더 자다), 少喝点酒(술을 조금 적게 마시다), 少抽点烟(담배를 조금 덜 피우다)' 등이 있다.

어휘　★故宫 Gùgōng 고유 고궁 | 景山公园 Jǐngshān Gōngyuán 고유 징산 공원 | ★全景 quánjǐng 閡 전경 | 阶层 jiēcéng 閡 계층 | 磁体 cítǐ 閡 자성체 | 磁极 cíjí 閡 자기극, 자극 | ★如同 rútóng 图 마치 ~과 같다 | ★在乎 zàihu 图 신경 쓰다, 개의하다 | 终点 zhōngdiǎn 閡 종착역, 종점 | ★旅途 lǚtú 閡 여행 도중, 여행길

A 每个人都需要关爱，关爱可以增进人们的感情，拉近人与人之间的距离，但关爱有一个前提就是适当。	A 사람들은 누구나 다 관심을 필요로 하고, 관심은 인간 관계에서 감정을 증진시키며 사람과 사람 사이의 거리를 좁혀주지만, 관심의 전제는 바로 적당함이다.
B 人们面临财务困境的主要原因在于，在学校学习多年，却从未学过任何有关金钱方面的知识。	B 사람들이 경제적으로 어려움을 겪게 되는 주된 요인은, 학교에서 오래도록 공부하기는 했지만 경제적인 방면에 관한 지식은 어떠한 것도 배운 적이 없다는 점에 있다.
C 1940年11月27日出生的李小龙虽然不是第一个进入好莱坞的华人，却是第一个成为国际巨星的功夫演员。	C 1940년 11월 27일에 태어난 리샤오룽은 비록 첫 번째로 할리우드에 진출한 중국인은 아니지만 국제적인 톱스타가 된 무술 배우로서는 가장 처음이다.
Ⓓ 那次旅行，因为我晕车得厉害，所以很多风景都没看到，回来后真是后悔莫及。	Ⓓ 지난번 여행에서 나는 차멀미를 너무 심하게 해서 경치를 제대로 구경하지 못했는데 돌아온 후에 그게 정말 후회된다.

정답　D　那次旅行，因为我**晕车得**厉害，所以很多风景都没看到，回来后真是后悔莫及。
　　　⊙　那次旅行，因为我**晕车晕得**厉害，所以很多风景都没看到，回来后真是后悔莫及。

공략　'동사+명사'의 구조 뒤에 정도보어가 올 때 동사술어는 반드시 중복하여 '동사+명사+동사+得+정도보어' 형태가 되어야 하므로, 이 문장에서는 晕车와 得 사이에 동사 晕을 한 번 더 써야 맞는 문장이 된다.

어휘　★关爱 guān'ài 통 관심을 가지고 아끼다 | ★增进感情 zēngjìn gǎnqíng 감정을 증진시키다 | 拉近 lājìn 통 가까이 끌어당기다 | ★前提 qiántí 명 전제 | ★面临困境 miànlín kùnjìng 어려움에 직면하다 | 财务 cáiwù 명 재무, 재정 | 好莱坞 Hǎoláiwù 고유 할리우드 | ★华人 Huárén 명 중국인 | ★国际巨星 guójì jùxīng 국제적인 톱스타 | ★功夫 gōngfu 명 무술 | ★晕车 yùnchē 통 차멀미하다 | ★后悔莫及 hòu huǐ mò jí 성 후회막급이다

A 人要善待自己，善待自己的最好方法就是善待别人，而善待别人的最好方法就是宽恕别人。	A 사람은 자신을 소중히 대해야 하는데, 자신을 소중히 대하는 가장 좋은 방법은 바로 다른 사람을 소중히 대하는 것이며, 다른 사람을 소중히 대하는 가장 좋은 방법은 바로 그들에게 관용을 베푸는 것이다.
Ⓑ 今天好不容易可以休息一下，我本来打算睡个够，可没想到刚躺下在床上，老板就又打过电话来。	Ⓑ 오늘 간신히 쉴 수 있게 되어서 나는 원래 잠이나 충분히 잘 생각이었는데, 뜻밖에도 침대에 막 누웠을 때 사장의 전화가 또 걸려왔다.
C 一所大学的成功除了要靠一些杰出人士的支撑外，更多的是靠许许多多普通的小人物全心全意的服务与奉献。	C 대학의 성공은 출중한 인사들이 버텨주는 것에 기대는 것 외에, 더 많은 부분에서 별 보잘것없는 여러 사람들의 온 마음을 다한 서비스와 봉사에 있다.
D 他突然来访，我的计划完全被打乱了，虽然我们是多年的好朋友，心中也难免会生出一些不快。	D 그의 갑작스러운 방문이 나의 계획을 완전히 망쳐버렸다. 비록 우리가 오래된 좋은 친구이기는 하지만 불쾌감이 드는 걸 피할 수 없다.

정답　B　今天好不容易可以休息一下，我本来打算睡个够，可没想到刚**躺下在床上**，老板就又打过电话来。
　　　⊙　今天好不容易可以休息一下，我本来打算睡个够，可没想到刚**躺下**，老板就又打过电话来。
　　　⊙　今天好不容易可以休息一下，我本来打算睡个够，可没想到刚**躺在床上**，老板就又打过电话来。

공략　'躺下'와 '躺在床上'은 각각 결과보어와 장소를 나타내는 보어인데, 한 문장에서는 함께 사용할 수 없다.

어휘　★善待 shàndài 통 소중히 대하다 | ★宽恕 kuānshù 통 관용을 베풀다 | ★好不容易 hǎobù róngyì 부 간신히 | ★躺 tǎng 통 눕다 | ★杰出人士 jiéchū rénshì 출중한 인사 | 支撑 zhīchēng 통 버티다 | ★许许多多 xǔxǔduōduō 수많은 | ★小人物 xiǎorénwù 명 보잘것없는 사람, 이름 없는 사람 | ★全心全意 quán xīn quán yì 성 온 마음과 정성을 다하다 | 奉献 fèngxiàn 명 공헌 | ★被打乱了 bèi dǎluàn le 엉망이 되었다 | ★难免 nánmiǎn 형 피하기 어렵다

Ⓐ 一看到树上长小嫩芽出来，我就特别兴奋，好似看到了一个新生命的诞生。

B 他平时总是沉默寡言，但一谈起他那心爱的专业时，就变得健谈多了。

C 为什么这种浪费人才的现象，至今没有引起有关部门的重视呢？

D 一个人只有时刻保持积极乐观的心态，才会更加热爱生命、热爱生活。

Ⓐ 나무에서 어린 새싹이 자라나는 것을 보자마자 나는 매우 흥분했는데, 마치 하나의 새로운 생명의 탄생을 본 것만 같았다.

B 그는 평소에는 늘 과묵하지만 그가 선호하는 전문 분야에 대해 이야기할 때면 말재주가 뛰어나게 변한다.

C 이런 인재 낭비 현상이 왜 지금까지도 관련 부처의 관심을 불러일으키지 않는가?

D 사람은 항상 적극적이고 낙관적인 심리 상태를 유지해야만 생명을 더 사랑하고 삶을 더 사랑하게 된다.

정답　A　一看到树上<u>长</u>小嫩芽<u>出来</u>，我就特别兴奋，好似看到了一个新生命的诞生。

➡ 一看到树上<u>长出</u>小嫩芽<u>来</u>，我就特别兴奋，好似看到了一个新生命的诞生。

공략　'长出来'가 명사 목적어를 가질 때 그 명사가 보통명사(장소명사는 제외)라면 대부분 出来 사이에 위치하고, 그렇지 않은 경우에는 出来 뒤에 놓이기도 하지만, 동사 长 뒤에 바로 위치하는 '长+명사+出来' 형태로는 절대 쓰이지 않는다.

어휘　小嫩芽 xiǎo nènyá 어린 새싹 ｜ ★好似 hǎosì 〔동〕 마치 ～같다 ｜ 新生命 xīn shēngmìng 새 생명 ｜ ★诞生 dànshēng 〔동〕 탄생하다 ｜ ★沉默寡言 chén mò guǎ yán 〔성〕 과묵하다 ｜ ★谈起 tánqǐ 이야기를 꺼내다 ｜ ★心爱 xīn'ài 〔동〕 선호하다, 애지중지하다 ｜ ★专业 zhuānyè 〔명〕 전공, 전문 분야 ｜ ★健谈 jiàntán 〔형〕 말솜씨가 좋다 ｜ ★引起重视 yǐnqǐ zhòngshì 관심을 불러일으키다 ｜ ★有关部门 yǒuguān bùmén 관련 부처 ｜ ★时刻 shíkè 〔부〕 항상 ｜ ★保持 bǎochí 〔동〕 유지하다 ｜ ★积极 jījí 〔형〕 적극적이다 ｜ ★乐观 lèguān 〔형〕 낙관적이다 ｜ ★心态 xīntài 〔명〕 심리 상태 ｜ 热爱 rè'ài 〔동〕 뜨겁게 사랑하다

A 崔永元是中央电视台的著名主持人，他的节目很受欢迎。

B 中学时代打下的坚实基础，为他进一步自学创造了条件。

C 他们在遇到困难的时候，并没有消沉，而是从大家的信赖和关怀中得到了力量，树立了克服困难的信心。

Ⓓ 有的学生普通话说不标准，很可能与他的小学老师的语言情况有关。

A 추이융위안은 중앙방송국의 유명한 진행자인데, 그의 프로그램은 큰 인기를 얻고 있다.

B 중·고등학교 시절에 기초를 튼튼히 잘 닦은 것이 그가 더 나아가 독학을 할 수 있는 조건을 만들어준 것이 되었다.

C 그들은 어려움을 만났을 때 결코 의기소침해하지 않았고, 사람들의 믿음과 관심에서 힘을 얻어 어려움을 극복할 자신감을 일으켰다.

Ⓓ 어떤 학생들은 표준어를 정확하게 구사하지 못하는데, 이는 그의 초등학교 때 선생님의 언어 상황과 관련이 있다고 할 수 있다.

정답　D　有的学生普通话<u>说</u>不标准，很可能与他的小学老师的语言情况有关。

➡ 有的学生普通话<u>说得</u>不标准，很可能与他的小学老师的语言情况有关。

공략　상태보어는 동사 뒤에 조사 得를 사용하여 '동사+得+보어' 형태가 되어야만 한다. 예를 들면, '汉语说得很流利(중국어를 아주 유창하게 말한다), 跑得很快(아주 빨리 달린다)' 등이 있는데, 이런 구조에서 보어를 이끄는 조사 得는 생략할 수 없다.

어휘　★中央电视台 Zhōngyāng Diànshìtái 〔명〕 중앙방송국 ｜ ★主持人 zhǔchírén 〔명〕 진행자 ｜ ★打下基础 dǎxià jīchǔ 기초를 닦다 ｜ ★坚实 jiānshí 〔형〕 견고하다, 튼튼하다 ｜ ★进一步 jìnyíbù 〔부〕 진일보하여, 더 나아가 ｜ ★创造条件 chuàngzào tiáojiàn 조건을 만들다 ｜ ★消沉 xiāochén 〔형〕 의기소침하다 ｜ ★信赖 xìnlài 〔동〕 신뢰하다, 믿고 의지하다 ｜ ★关怀 guānhuái 〔동〕 관심을 기울이다 ｜ ★树立 shùlì 〔동〕 일으키다, 세우다 ｜ ★克服困难 kèfú kùnnan 어려움을 극복하다 ｜ ★普通话 pǔtōnghuà 〔명〕 표준어 ｜ ★标准 biāozhǔn 〔명〕〔형〕 표준(적이다) ｜ 语言情况 yǔyán qíngkuàng 언어 상황

Ⓐ 记者在采访中发现，不少民众已经养了睡前阅读的习惯。

B 如果今天比昨天做得更差，那么明天怎么会更好？

C 据了解，人体所需的矿物质4%左右是由饮用水提供的。

D 桥下的流水在"哗哗"作响，一艘艘搭着花棚的竹竿木船穿洞而过。

Ⓐ 기자는 취재 중에 많은 국민들이 이미 잠들기 전에 독서하는 습관이 있다는 것을 알게 되었다.

B 만일 오늘이 어제보다 더 형편없다면, 내일 어떻게 더 나아질 수 있겠는가?

C 조사에 따르면, 인체가 필요로 하는 광물질의 4% 정도는 식수가 제공하는 것이라고 한다.

D 다리 밑에서는 흐르는 물이 콸콸 소리를 내고, 꽃 모양의 천막을 친 대나무 배가 한 척 한 척 동굴을 통과해 간다.

독해
제1부분

정답   A   记者在采访中发现，不少民众已经**养**了睡前阅读的习惯。

       ➲   记者在采访中发现，不少民众已经**养成**了睡前阅读的习惯。

공략   동사 养이 명사를 목적어로 가질 때 반드시 보어 成을 동반하여 '养+成+명사' 형태로 써야 한다.

어휘   ★采访 cǎifǎng ⑧ 취재하다, 인터뷰하다 | 民众 mínzhòng ⑲ 민중, 대중 | ★养成习惯 yǎngchéng xíguàn 습관을 기르다 | ★据了解 jù liǎojiě 조사에 따르면 | 矿物质 kuàngwùzhì ⑲ 광물질 | ★饮用水 yǐnyòngshuǐ ⑲ 식수 | ★由……提供 yóu……tígōng ~이 제공하다 | ★桥 qiáo ⑲ 다리 | ★流水 liúshuǐ ⑲ 유수, 흐르는 물 | 哗哗作响 huāhuā zuòxiǎng 콸콸 소리를 내다 | 一艘船 yì sōu chuán 배 한 척 | 搭 dā ⑧ 걸치다, 세우다 | 花棚 huāpéng 꽃 모양의 천막 | 竹竿 zhúgān ⑲ 대나무 장대 | 穿洞而过 chuān dòng ér guò 동굴을 통과하다

A 在她的一再鼓动下，丈夫辞职去了一家私营企业。

B 结婚数年，所有的温情都被生活抹去，剩下的只有油盐酱醋。

C 我最近新租的房子离公司很远，要转两趟车才能到。

Ⓓ 他昨天早点睡，可是今天还是起不来，真是无药可救了。

A 그녀의 거듭된 부추김에 남편은 사직을 하고 민영 기업으로 갔다.

B 결혼 후 수년이 지나니 모든 온정은 다 삶 속에서 사라지고, 남은 것이라고는 보잘것없는 것뿐이다.

C 내가 최근에 얻은 집은 회사에서 아주 먼데, 차를 두 번이나 갈아타야 도착할 수 있다.

Ⓓ 그는 어제 일찍 자고도 오늘 아직도 일어나지 못했다. 정말 구제불능이다.

정답   D   他昨天**早点睡**，可是今天还是起不来，真是无药可救了。

       ➲   他昨天**睡得很早**，可是今天还是起不来，真是无药可救了。

공략   '早点睡'는 권고나 충고의 의미를 나타내며, 미래의 일이나 상황을 표현할 때 사용한다. 이 문장은 어제 일어난 과거의 상태를 나타내고 있으므로, 보어의 형식을 취해 '睡得很早'로 고쳐야 맞는 문장이 된다.

어휘   ★鼓动 gǔdòng ⑧ 부추기다, 선동하다 | ★辞职 cízhí ⑧ 사직하다 | ★私营企业 sīyíng qǐyè ⑲ 민영 기업 | ★数年 shùnián ⑲ 수년 | 温情 wēnqíng ⑲ 온정 | ★被抹去 bèi mǒqù 지워지다, 사라지다 | ★剩下 shèngxià ⑧ 남다, 남기다 | ★油盐酱醋 yóu yán jiàng cù ⑳ 보잘것없는 것, 자질구레하고 사소한 것 | ★新租的 xīn zū de 새로 임대한 것 | ★转两趟车 zhuǎn liǎng tàng chē 차를 두 번 갈아타다 | ★起不来 qǐbulái ⑧ 일어나지 못하다 | ★无药可救 wú yào kě jiù 구제불능이다

16 day 짝꿍만 알면 정답 확률 100% — 고정 형식

정답	1. A	2. D	3. B	4. C	5. A	6. C	7. B	8. A

---

1 난이도 中 공략 Key '在+사람 명사+看来' 구조 파악

Ⓐ 在专家们的意见看来，这种病已经无药可救了，他最长还有6个月的时间。

B 有些炎症，西药中药都能治。事实上，很多中药不但治疗效果不比西药差，而且副作用更小。

C 最近几年，这儿的粮食总产量，一直以每年百分之二十的速度在增长。

D 尽管气候条件和地理环境都极为不利，登山队员还是克服了重重困难，胜利到达峰顶。

Ⓐ 전문가들이 보기에 이런 병은 고칠 방법이 없어 그는 길어도 6개월의 시간밖에 더 살 수 없다.

B 어떤 염증은 양약이나 한약으로 다 치료가 가능하다. 사실, 많은 한약들이 치료 효과가 양약보다 떨어지지 않으며 게다가 부작용 또한 더 적다.

C 최근 몇 년간 이곳의 총 식량 생산량은 줄곧 매년 20%의 속도로 증가하고 있다.

D 비록 기후 조건과 지리적 환경이 매우 불리하기는 했지만, 등산 대원들은 갖은 어려움을 극복하여 성공리에 산 정상에 도착했다.

정답 A 在专家们的意见看来，这种病已经无药可救了，他最长还有6个月的时间。

➡ 在专家们看来，这种病已经无药可救了，他最长还有6个月的时间。

공략 '在……看来'는 '~이라고 여기다'라는 의미이고, 따라서 在와 看来 사이에는 일반적으로 사람, 기관, 단체 혹은 국가 등의 명사가 놓이게 되므로 이 문장에서는 '在专家们看来'로 바꿔야 맞다.

어휘 ★专家 zhuānjiā 명 전문가 | ★无药可救 wú yào kě jiù 구제불능이다, 방법이 없다 | 炎症 yánzhèng 명 염증 | ★西药 xīyào 명 양약 | ★中药 zhōngyào 명 한약 | ★治疗 zhìliáo 동 치료하다 | 不比 bùbǐ 동 ~보다 못하다, ~과 다르다 | ★副作用 fùzuòyòng 명 부작용 | 粮食 liángshi 명 양식, 식량 | ★产量 chǎnliàng 명 생산량 | ★以……速度增长 yǐ……sùdù zēngzhǎng ~의 속도로 증가하다 | ★极为不利 jíwéi búlì 매우 불리하다 | ★登山队员 dēngshān duìyuán 등산 대원 | ★克服 kèfú 동 극복하다 | ★重重困难 chóngchóng kùnnan 갖은 어려움 | ★峰顶 fēngdǐng 명 산의 정상

---

2 난이도 中 공략 Key '受+명사+欢迎' 구조 파악

A 倾听别人的交谈，对我来说是获得知识、经验、思想启迪的机会。

B 蜂鸟是地球上已知的最小的一种鸟。

C 《西游记》是以民间流传的唐僧取经故事为基础写成的。

Ⓓ 该书一经出版就受欢迎很多职场人士，甚至于有些公司人手一本。

A 다른 사람의 이야기를 경청하는 것은 나에게 있어 지식과 경험 및 생각을 일깨워주는 기회를 얻는 것이다.

B 벌새는 지구상에서 이미 알려진 가장 작은 새이다.

C 『서유기』는 민간에서 전해 내려온, 당나라 승려가 인도로 불경을 구하러 가는 이야기를 기초로 쓰여진 것이다.

Ⓓ 이 책은 출판되자마자 많은 직장인들의 인기를 얻었고, 심지어 어떤 회사에서는 모든 사람들이 다 한 권씩 가지고 있을 정도였다.

정답 D 该书一经出版就受欢迎很多职场人士，甚至于有些公司人手一本。

➡ 该书一经出版就受很多职场人士欢迎，甚至于有些公司人手一本。

공략 '受欢迎'이 대상을 나타내는 명사와 함께 쓰일 때, 그 명사는 반드시 受와 欢迎 사이에 놓인다. 즉, '~의 인기를 얻다, ~에게 인기가 있다'는 의미로 '受+명사+欢迎' 형태로 써야 한다.

어휘 ★倾听 qīngtīng 동 경청하다 | ★交谈 jiāotán 동 이야기하다 | ★获得知识 huòdé zhīshi 지식을 얻다 | 启迪 qǐdí 명동 깨우침; 깨우치다 | 蜂鸟 fēngniǎo 명 벌새 | 已知 yǐzhī 동 이미 알다 | 西游记 Xīyóujì 명 서유기 | ★民间 mínjiān 명 민간 | ★流传 liúchuán 동 전해지다 | 唐僧 Táng sēng 당나라 승려 | 取经 qǔjīng 동 인도에 가서 불경을 구해오다 | ★职场人士 zhíchǎng rénshì 직장인 | ★人手一本 rénshǒu yì běn 매 사람마다 한 권씩 있다

3 난이도 上　공략 Key '就……状况来说' 구조 파악

A 以海洋旅游为依托的海洋产业具有非常好的发展前景。	A 바다 여행을 바탕으로 한 해양 산업은 발전 전망이 매우 좋다.
B 当时的状况来说，女性谈自由、谈权利简直就是天方夜谭。	B 당시의 상황으로 말하자면, 여성이 자유를 말하고 권리를 말하는 것은 그야말로 허무맹랑한 것이었다.
C 那种拔苗助长式的教育方法必将造成身体和心理上双重的伤害。	C 그러한 객관적인 규칙을 어기고 인위적으로 관여하는 식의 교육 방법은 반드시 신체와 심리에 이중으로 해를 끼치게 될 것이다.
D 多年来，京郊旅游在京城旅游业中一直占据着十分重要的地位。	D 여러 해 동안 베이징의 교외 관광은 베이징의 관광업 중에서 줄곧 매우 중요한 위치를 차지하고 있다.

정답　B　当时的状况来说，女性谈自由、谈权利简直就是天方夜谭。
　　　➡️　就当时的状况来说，女性谈自由、谈权利简直就是天方夜谭。

공략　'~상황에 대해 말하자면'의 의미를 나타내는 '就……状况来说' 고정 형식에서 就는 생략할 수 없다.

어휘　以……为依托 yǐ……wéi yītuō ~을 바탕으로 하다 | ★海洋产业 hǎiyáng chǎnyè 해양 산업 | ★发展前景 fāzhǎn qiánjǐng 발전 전망 | ★状况 zhuàngkuàng 몡 상황 | ★女性 nǚxìng 몡 여성 | ★简直 jiǎnzhí 뮈 그야말로 | ★天方夜谭 tiānfāngyètán 몡 허무맹랑한 말, 아라비안나이트 | ★拔苗助长 bá miáo zhù zhǎng 셍 일을 급하게 이루려고 하다가 도리어 일을 그르치다 | ★必将 bìjiāng 뮈 반드시 ~할 것이다 | ★造成伤害 zàochéng shānghài 해를 끼치다 | ★双重 shuāngchóng 혱 이중의 | ★多年来 duōnián lái 여러 해 동안 | 京郊 Jīngjiāo 몡 베이징 시 교외 | 占据地位 zhànjù dìwèi 지위, 위치를 차지하다

4 난이도 中　공략 Key '连+명사+也(都)+동사' 구조 파악

A 这段感人的爱情故事经电台报道后，引起了广泛的关注。	A 이 감동적인 사랑 이야기는 방송에서 보도된 후 큰 관심을 불러일으켰다.
B 医院修建在小山上，是一处典型的中国古代园林式建筑。	B 샤오산에 세워진 병원은 전형적인 중국 고대 정원 형식의 건축물이다.
C 已经到了而立之年，但她连一次也没谈过恋爱，是名副其实的"剩女"。	C 이미 서른 살이 되었지만 그녀는 한 번도 연애를 해본 적 없는 명실상부한 골드미스이다.
D 那里是休闲度假的好地方。更是难得的天然浴池，因此吸引了大量的游客。	D 그곳은 한가롭게 휴가를 보내기에 좋은 곳인데, 더욱이 보기 드문 천연 목욕탕이 있어서 많은 여행객들을 끌어들인다.

정답　C　已经到了而立之年，但她连一次也没谈过恋爱，是名副其实的"剩女"。
　　　➡️　已经到了而立之年，但她连一次恋爱也没谈过，是名副其实的"剩女"。

공략　'连+명사+也(都)+동사' 구조에서 명사는 连 뒤, 也나 都 앞에만 놓일 수 있으므로, 이 문장은 '连一次恋爱也没谈过'로 고쳐야 맞다.

어휘　★感人 gǎnrén 혱 감동적이다 | 电台 diàntái 몡 방송국 | ★报道 bàodào 통 보도하다 | ★引起关注 yǐnqǐ guānzhù 관심을 불러일으키다 | ★广泛 guǎngfàn 혱 광범위하다, 보편적이다 | ★修建 xiūjiàn 통 건설하다 | ★一处建筑 yí chù jiànzhù 건축물 한 곳 | ★典型 diǎnxíng 혱 전형적이다 | 园林式 yuánlínshì 정원식 | ★而立之年 ér lì zhī nián 서른 살 | ★谈恋爱 tán liàn'ài 연애하다 | ★名副其实 míng fù qí shí 셍 명실상부하다 | ★剩女 shèngnǚ 몡 골드미스 | ★休闲度假 xiūxián dùjià 한가롭게 휴가를 보내다 | ★难得 nándé 혱 드물다 | 天然浴池 tiānrán yùchí 천연 목욕탕 | ★游客 yóukè 몡 여행객

난이도 中　공략 Key　원인과 결과를 나타내는 '因为……而……' 호응 구조

A 很多人为了第一份工作不理想而跳槽，但跳槽之后又往往会更加失落。

B 竹节虫的体色几乎和竹子一样，在安静时，其体形也与竹子很接近。

C 从今天起，所有的超市和商场都不再免费提供塑料购物袋。

D 最近上映的几部外国影片，是我这十年来我所看到的最具民族特色的作品。

A 많은 사람들이 처음 직업이 이상적이지 않아서 직업을 바꾸지만 직업을 바꾼 후 그들은 또 종종 더 낙담하기도 한다.

B 대벌레의 몸 색깔은 거의 대나무의 색과 같고, 가만히 있을 때에는, 그 형체도 대나무와 아주 비슷하다.

C 오늘부터 모든 슈퍼마켓과 상점에서는 더 이상 비닐 봉투를 무료로 제공하지 않는다.

D 최근 상영한 몇 편의 외국 영화가, 내가 10년 동안에 본 영화들 중 가장 민족적 특색을 갖춘 작품들이었다.

정답　A　很多人**为了**第一份工作不理想**而**跳槽，但跳槽之后又往往会更加失落。

➡ 很多人**因为**第一份工作不理想**而**跳槽，但跳槽之后又往往会更加失落。

공략　이 문장이 나타내는 것은 원인과 결과의 관계이므로 인과 관계 구조인 '因为……而……'을 사용해야 한다. '为了……而……'은 목적과 행위를 나타내는 표현이다.

어휘　★一份工作 yí fèn gōngzuò 직업｜★理想 lǐxiǎng 명형 이상(적이다)｜★跳槽 tiàocáo 동 직업을 바꾸다｜★失落 shīluò 형 낙담하다, 풀이 죽다｜竹节虫 zhújiéchóng 명 대벌레｜体色 tǐsè 명 몸의 색깔｜★竹子 zhúzi 명 대나무｜体形 tǐxíng 명 체형｜★接近 jiējìn 형 비슷하다, 가깝다｜★从今天起 cóng jīntiān qǐ 오늘부터｜★超市 chāoshì 명 슈퍼마켓, 마트｜★商场 shāngchǎng 명 쇼핑몰, 상가｜★免费 miǎnfèi 동 무료로 하다｜★塑料袋 sùliàodài 명 비닐 봉투｜★上映 shàngyìng 동 상영하다｜★影片 yǐngpiàn 명 영화｜★民族特色 mínzú tèsè 민족적 특색

난이도 下　공략 Key　'跟……交流' 구조 파악

A 这种病毒传播速度非常快，引起了世界各国政府的极大重视。

B 午饭后可以小睡一会儿，这对缓解疲劳、补充体力很有帮助。

C 每天忙于工作的父母们回家后都筋疲力尽，孩子的交流实在太少了。

D 他生前对中国一直怀有深厚的感情，他在作品中多次以赞美的口气提到中国和中国人。

A 이러한 바이러스는 전파 속도가 매우 빨라서 세계 각국 정부의 큰 관심을 불러일으켰다.

B 점심을 먹은 후에 잠깐 잠을 자는 것은, 피로를 줄이고 체력을 보충하는 데 많은 도움이 된다.

C 매일 바쁘게 일하는 부모는 퇴근하고 집에 오면 모두 기진맥진하는데, 이러다 보니 아이와의 교류는 정말이지 너무 적다.

D 그는 생전에 중국에 대해 늘 깊은 감정을 가지고 있었고, 그의 작품에서 여러 차례 찬미하는 어조로 중국과 중국인에 대해 언급했었다.

정답　C　每天忙于工作的父母们回家后都筋疲力尽，孩子的**交流**实在太少了。

➡ 每天忙于工作的父母们回家后都筋疲力尽，**跟**孩子的**交流**实在太少了。

공략　'~과 교류하다'의 의미를 나타내는 '跟……交流' 구조에서 跟은 생략할 수 없다.

어휘　★病毒 bìngdú 명 바이러스｜★传播 chuánbō 동 전파하다｜★速度 sùdù 명 속도｜★引起重视 yǐnqǐ zhòngshì 관심을 불러일으키다｜★世界各国 shìjiè gèguó 세계 각국｜★小睡一会 xiǎoshuì yíhuì 잠깐 자다｜★缓解疲劳 huǎnjiě píláo 피로를 줄이다｜★补充体力 bǔchōng tǐlì 체력을 보충하다｜★忙于工作 mángyú gōngzuò 일하느라 바쁘다｜★筋疲力尽 jīn pí lì jìn 성 기진맥진하다｜★生前 shēngqián 명 생전｜★怀有 huáiyǒu 동 품다｜★深厚的感情 shēnhòu de gǎnqíng 깊은 감정｜★以赞美的口气 yǐ zànmèi de kǒuqì 찬미하는 어조로｜★提到 tídào 동 언급하다

A 在经济快速发展的情况下，如何使人民的收入水平提高，是新政府面临的严峻课题。	A 경제가 빠르게 발전하는 상황에서, 어떻게 국민들의 월급 수준을 향상시키느냐가 신정부가 직면한 심각한 과제이다.
ⓑ 俗话说："差之毫厘，失之千里"，错误微不足道的，但造成的损失却不可估量。	**ⓑ** 속담에 '미세한 차이가 천 리의 오차를 일으킨다'는 말이 있는데, 이는 보잘것없는 잘못이어도 그것이 끼치는 손실은 예측하기 어렵다는 의미이다.
C 众所周知，新时代的教育应该培养学生善于观察、善于思考、善于创造的能力。	C 모든 사람이 다 알고 있듯이 새 시대의 교육은 반드시 아이들이 관찰에 뛰어나고, 사고에 뛰어나며, 창조에 뛰어날 수 있는 능력을 길러주어야만 한다.
D 北京奥运会向世界传达了中国人们致力于建设和谐社会、追求平等的美好愿望。	D 베이징올림픽은 세상에게 중국인들이 조화로운 사회의 건설과 평등의 소망을 추구하는 데 힘쓰고 있음을 나타내주었다.

정답 B 俗话说："差之毫厘，失之千里"，错误微不足道**的**，但造成的损失却不可估量。

➲ 俗话说："差之毫厘，失之千里"，错误**是**微不足道**的**，但造成的损失却不可估量。

공략 '是+성어+的' 구조에서 是와 的 둘 중 어느 것도 생략할 수 없으므로 이 문장은 '错误是微不足道的'로 고쳐야 맞다.

어휘 如何 rúhé 대 어떠하다 | ★面临 miànlín 동 직면하다 | ★严峻课题 yánjùn kètí 심각한 과제 | ★俗话 súhuà 명 속담 | ★差之毫厘，失之千里 chā zhī háo lí, shī zhī qiān lǐ 성 미세한 차이가 천 리의 오차를 일으킨다 | ★微不足道 wēi bù zú dào 성 보잘것없어서 말할 가치도 없다 | ★造成损失 zàochéng sǔnshī 손실을 끼치다 | ★不可估量 bùkě gūliáng 예측할 수 없다 | ★众所周知 zhòng suǒ zhōu zhī 성 모든 사람들이 다 알다 | ★培养 péiyǎng 동 배양하다, 기르다 | ★奥运会 Àoyùnhuì 명 올림픽 | 致力于 zhìlì yú ~에 힘쓰다, ~에 애쓰다 | ★和谐社会 héxié shèhuì 조화로운 사회

ⓐ 这支团队训练有素，成员由法律方面的专家为主，他们做事我保证万无一失。	**ⓐ** 이 팀은 훈련이 잘 되어 있는데, 팀원이 법률 방면의 전문가들 위주로 구성되어, 내가 보증하는데 그들이 하는 일이라면 실패를 염려하지 않아도 된다.
B 在年降雨量少于500毫升的地区不能种树，只能种草。	B 연 강우량이 500ml보다 적은 지역에서는 나무를 심을 수 없고 단지 풀만 심을 수 있다.
C 经验多固然是好事，但如果只靠经验做事，也是不行的。	C 경험이 많은 것이 물론 좋은 일이기는 하지만, 만약 단지 경험에만 기대어 일을 한다면 그것 또한 안 되는 것이다.
D 世界各国人口寿命调查数据表明，女性平均寿命比男性长7年。	D 세계 각국 인구 수명을 조사한 데이터 자료에 따르면 여성의 평균 수명이 남성보다 7년이 더 길다고 한다.

정답 A 这支团队训练有素，成员**由**法律方面的专家**为**主，他们做事我保证万无一失。

➲ 这支团队训练有素，成员**以**法律方面的专家**为**主，他们做事我保证万无一失。

공략 '以……为' 구조에서 以를 다른 단어로 대체할 수 없으므로, 이 문장은 由를 以로 고쳐야 맞다.

어휘 ★这支团队 zhè zhī tuánduì 이 단체, 이 팀 | ★训练有素 xùn liàn yǒu sù 성 평상시에 훈련이 되어 있어서 기초가 튼튼하다 | ★成员 chéngyuán 명 구성원 | ★法律 fǎlù 명 법률 | ★保证 bǎozhèng 동 보증하다 | ★万无一失 wàn wú yì shī 성 실패나 실수할 염려가 전혀 없다 | 年降雨量 nián jiàngyǔliàng 연 강우량 | ★少于 shǎo yú ~보다 적은 | ★毫升 háoshēng 양 밀리리터 | ★靠 kào 동 기대다, 의거하다 | ★寿命 shòumìng 명 수명 | ★数据 shùjù 명 데이터 | ★表明 biǎomíng 동 분명하게 밝히다, 표명하다 | ★平均 píngjūn 형 평균의

17 day 문장을 연결하는 고리 - 접속사

정답	1. C	2. A	3. D	4. B	5. D	6. A	7. A	8. B

1

난이도 下　공략 Key '一个……另一个……' 구조 파악

A 拜年是中国民间传统习俗，是人们辞旧迎新，相互表达美好祝愿的一种方式。
B 人际关系被很多人视为衡量一个人社会地位的标准之一。
C 我有两个姐姐：一个在中国留学，别的去年大学刚毕业。
D 盐不仅是重要的调味品，也是维持人体正常发育不可或缺的物质。

A 세배는 중국의 민간 전통 풍습으로, 사람들이 묵은 해를 보내고 새해를 맞이하여 서로 덕담을 전하는 일종의 방식이다.
B 인간관계는 많은 사람들에게 사회적 지위를 가늠하는 표준의 하나로 여겨진다.
C 나는 언니가 두 명 있는데, 한 명은 중국에서 유학을 하고, 또 다른 한 명은 작년에 대학을 막 졸업했다.
D 소금은 중요한 조미료일 뿐만 아니라 인체가 정상적으로 자라는 데 없어서는 안 될 물질이다.

정답 C 我有两个姐姐：一个在中国留学，**别的**去年大学刚毕业。
➡ 我有两个姐姐：一个在中国留学，**另一个**去年大学刚毕业。

공략 수량이 둘인 것을 나눠서 설명할 때는 '一个……另一个' 구조만을 사용할 수 있다. 만약 둘 이상일 때는 '一个……别的' 구조를 사용할 수 있는데, 예를 들어 '你们这些人，一个留在这儿，别的都跟我出去'라고 표현한다.

어휘 ★拜年 bàinián 통 세배하다, 새해 인사를 드리다 | ★民间 mínjiān 명 민간 | ★传统习俗 chuántǒng xísú 전통 풍습 | ★辞旧迎新 cí jiù yíng xīn 성 묵은 해를 보내고 새해를 맞다 | ★表达祝愿 biǎodá zhùyuàn 덕담을 전하다, 축복을 전하다 | ★被视为 bèi shìwéi ~으로 여겨지다 | ★衡量 héngliáng 통 가늠하다 | 盐 yán 명 소금 | 调味品 tiáowèipǐn 명 조미료 | ★维持 wéichí 통 지탱하다, 유지하다 | ★发育 fāyù 통 발육하다, 자라다 | ★不可或缺 bùkě huò quē 없어서는 안 된다

2

난이도 上　공략 Key '不仅仅……更' 호응 구조

A 有时候一个人的行为不仅仅代表了他自己，而代表了整个集体。
B 人参、貂皮、鹿茸被称为长白山 "三宝" 长期享誉中外。
C 青藏高原有 "世界屋脊" 之称，是亚洲许多大河的发源地。
D 在选拔人才时，既要听其言、观其貌，还要察其行、考其绩。

A 어떤 때에는 한 사람의 행위가 단지 그 자신을 대표하는 것일 뿐만 아니라 나아가 집단 전체를 대표하기도 한다.
B 창바이산의 세 가지 보물로 불리는 인삼, 밍크 모피, 녹용은 오랫동안 세계적으로 명성을 누리고 있다.
C 칭짱 고원은 세계의 용마루라는 명칭이 있는데, 아시아의 수많은 큰 강들의 발원지이다.
D 인재를 선발할 때는 그 사람의 말을 들어보고 그 사람의 용모를 보아야 할 뿐만 아니라 그의 실제 행위를 살펴보고 그의 업무 성적을 평가해보아야 한다.

정답 A 有时候一个人的行为**不仅仅**代表了他自己，**而**代表了整个集体。
➡ 有时候一个人的行为**不仅仅**代表了他自己，**更**代表了整个集体。

공략 '~일 뿐만 아니라 ~이다'라는 의미를 나타내는 호응 구조인 '不仅仅……更'에서 更은 而로 대체될 수 없는데, 왜냐하면 更은 점진적인 의미를 나타내는 반면 而은 전환의 의미를 지니기 때문이다.

어휘 ★整个集体 zhěnggè jítǐ 집단 전체 | ★人参 rénshēn 명 인삼 | ★貂皮 diāopí 명 밍크 모피 | ★鹿茸 lùróng 명 녹용 | ★享誉中外 xiǎngyù zhōngwài 세계적으로 명성을 누리다 | ★青藏高原 Qīngzàng gāoyuán 고유 칭짱 고원 | 世界屋脊 shìjiè wūjǐ 세계의 용마루 | ★有……之称 yǒu……zhīchēng ~이라는 명칭을 가지고 있다 | ★亚洲 Yàzhōu 고유 아시아 | ★发源地 fāyuándì 명 발원지 | ★选拔人才 xuǎnbá réncái 인재를 선발하다 | ★听其言 tīng qí yán 그 말을 듣다 | 观其貌 guān qí mào 그 용모를 보다 | 察其行 chá qí xíng 그 행위를 살펴보다 | 考其绩 kǎo qí jì 그 업무 성적을 평가하다

A 网络语言，顾名思义，就是由网民创造，在网络上流行的语言，是网民约定俗称的表达方式。

B 许多人一生都在等待一个可以改变他命运的机会。事实上，机会无处不在，而关键在于，当机会出现时，你是否已经准备好了。

C 在千家万户的欢声笑语中，在千言万语的祝福声中，我们迎来了兔年春节。

Ⓓ 对联，俗称对子，上下两联对仗工整，平仄协调，不光受到了外国友人的关注，而且在国内也深受喜爱。

A 인터넷 언어란 글자 그대로 네티즌들이 창조해내는 것으로, 인터넷에서 유행하는 언어이며 네티즌들이 통속적으로 부르기로 한 표현 방식이다.

B 많은 사람들은 한평생 자신의 운명을 바꿀 만한 기회를 기다리고 있다. 사실상 기회는 모든 곳에 다 존재하는데, 관건은 기회가 왔을 때 당신이 준비가 잘 되어있느냐에 달려있다.

C 집집마다 즐겁게 이야기하며 웃는 소리와 많은 축복의 소리 속에 우리는 토끼해 새해를 맞이하였다.

Ⓓ 대련은 속칭 '对子'라고 하는데, 위아래 한 쌍의 짜임새 있는 대구 글귀를 새긴 것으로 그 운율이 조화를 이루며, 국내에서 큰 사랑을 받고 있을 뿐만 아니라 외국 사람들에게까지 주목을 받고 있다.

독해
제1부분

정답   D   对联，俗称对子，上下两联对仗工整，平仄协调，不光受到了外国友人的关注，而且在国内也深受喜爱。

      ↻ 对联，俗称对子，上下两联对仗工整，平仄协调，不光在国内深受喜爱，而且也受到了外国友人的关注。

공략   '不仅……而且……' 구조에서 높은 정도를 나타내는 내용이 而且 뒤에 놓여야만 한다.

어휘   ★网络语言 wǎngluò yǔyán 인터넷 언어 ｜ ★顾名思义 gù míng sī yì 셍 글자 그대로, 이름을 보고 그 뜻을 생각하다 ｜ ★网民 wǎngmín 명 네티즌 ｜ ★约定俗称 yuēdìng súchēng 통속적으로 부르기로 정하다 ｜ ★无处不在 wú chù bú zài 모든 곳에 다 존재한다 ｜ ★千家万户 qiān jiā wàn hù 셍 많은 집들, 집집마다 ｜ ★欢声笑语 huānshēng xiàoyǔ 즐겁게 이야기하고 웃는 소리 ｜ ★千言万语 qiān yán wàn yǔ 셍 수없이 많은 말 ｜ ★祝福 zhùfú 동 축복하다 ｜ ★兔年 tùnián 토끼해 ｜ 春节 Chūnjié 명 설, 춘절 ｜ ★对联 duìlián 명 대련 ｜ ★俗称 súchēng 동 속칭하다 ｜ 对仗 duìzhàng 동 대구를 만들다 ｜ 工整 gōngzhěng 형 짜임새가 있다 ｜ 平仄 píngzè 명 평측[시문의 운율] ｜ ★协调 xiétiáo 형 조화롭다 ｜ ★深受喜爱 shēnshòu xǐ'ài 큰 사랑을 받다

A 人一生都在不断地追求快乐，失意却在所难免。

Ⓑ 电子产品的出现使我们的生活发生了巨大的变化，这些变化中既有正面的，也是负面的。

C 腊梅是中国特有的传统名贵观赏花木，有着悠久的栽培历史。

D 亲近自然是人的本能，在与自然的接触中，你会产生许多的思考和感悟。

A 사람들은 한평생 끊임없이 즐거움을 추구하지만, 실의에 빠지는 것은 불가피한 것이다.

Ⓑ 전자 제품의 출현은 우리 생활에 큰 변화를 일으켰는데, 이러한 변화 중에는 긍정적인 것뿐만 아니라 부정적인 것도 있다.

C 납매는 중국 특유의 유명하고 진귀한 관상 화초로, 유구한 재배 역사를 가지고 있다.

D 자연을 가까이하는 것은 인간의 본능으로, 자연과의 접촉 중에 당신에게는 여러 생각과 깨달음이 생길 것이다.

정답   B   电子产品的出现使我们的生活发生了巨大的变化，这些变化中既有正面的，也是负面的。

      ↻ 电子产品的出现使我们的生活发生了巨大的变化，这些变化中既有正面的，也有负面的。

공략   호응 구조인 '既有……也有……'는 동시에 두 가지 방면의 것을 지니고 있다는 의미이므로 也有를 也是로 대체할 수 없다.

어휘   ★不断 búduàn 부 끊임없이 ｜ ★追求 zhuīqiú 동 추구하다 ｜ ★失意 shīyì 형 실의하다 ｜ ★在所难免 zài suǒ nán miǎn 셍 불가피하다 ｜ ★电子产品 diànzǐ chǎnpǐn 전자 제품 ｜ ★正面 zhèngmiàn 형 긍정적인 ｜ ★负面 fùmiàn 형 부정적인 ｜ ★腊梅 làméi 명 납매[음력 섣달 전후에 피는 매화] ｜ ★特有 tèyǒu 형 특유하다 ｜ ★名贵 mínggguì 형 유명하고 진귀하다 ｜ ★观赏 guānshǎng 동 관상하다 ｜ ★悠久的历史 yōujiǔ de lìshǐ 유구한 역사 ｜ ★栽培 zāipéi 동 재배하다 ｜ ★亲近自然 qīnjìn zìrán 자연을 가까이하다 ｜ ★本能 běnnéng 명 본능 ｜ ★接触 jiēchù 동 접촉하다 ｜ 感悟 gǎnwù 명동 깨달음; 깨닫다

A 吐鲁番盆地平均每年要刮70次大风卷起漫天风沙，所以有"风库"之称。

B 一项调查结果显示，50.3%的大学毕业生在第一份工作坚持不到一年的时候就开始跳槽。

C 植物在阳光的照射下，会吸收二氧化碳进行光合作用，以合成它们所需要的有机物。

D "尺有所短，寸有所长"。如果看到了别人身上的优点，就应该要虚心学习，那么不能成功。

A 투루판 분지는 평균적으로 매년 70차례 센 바람이 휘몰아쳐서 황사가 하늘을 뒤덮기 때문에 '바람의 창고'라는 명칭이 있다.

B 한 조사 결과에 따르면, 대학 졸업생 중 50.3%는 첫 번째 직업에서 1년도 채 버티지 못하고 직업을 바꾼다고 한다.

C 식물은 햇빛을 쬐며 그들이 필요로 하는 유기물을 합성하기 위해 이산화탄소를 흡수해 광합성을 한다.

D '사람은 저마다 장단점을 가지고 있어 서로 취할 점이 있다.' 만약에 다른 사람의 장점을 보게 된다면 반드시 겸허히 배우려고 해야 하는데 그렇지 않으면 성공할 수 없다.

정답　D　"尺有所短，寸有所长"。**如果**看到了别人身上的优点，**就**应该要虚心学习，**那么**不能成功。
→　"尺有所短，寸有所长"。**如果**看到了别人身上的优点，**就**应该要虚心学习，**否则**不能成功。

공략　'如果……就……' 구조의 문장에서 '应该要虚心学习'와 뒷부분의 '不能成功'은 상반된 결과를 나타내므로 반드시 否则를 사용해 문장을 연결해야 한다.

어휘　吐鲁番 Tǔlǔfān [고유] 투루판 | ★盆地 péndì [명] 분지 | 卷起 juǎnqǐ [동] 휘몰아치다, 말아올리다 | ★漫天风沙 màntiān fēngshā 황사가 하늘을 뒤덮다 | ★第一份工作 dì-yī fèn gōngzuò 첫 번째 직업 | ★跳槽 tiàocáo [동] 직업을 바꾸다 | ★照射 zhàoshè [동] 비추다 | ★二氧化碳 èryǎnghuàtàn [명] 이산화탄소 | ★光合作用 guānghé zuòyòng [명] 광합성 | 合成 héchéng [동] 합성하다 | ★有机物 yǒujīwù [명] 유기물 | ★尺有所短，寸有所长 chǐ yǒu suǒ duǎn, cùn yǒu suǒ cháng [성] 사람은 저마다 장단점이 있다 | ★虚心 xūxīn [형] 겸허하다

A 我有一个信念：无论做各种事，只要开始就一定不半途而废。

B 生活不是单行线，一条路可以转几个弯，可以有多种选择。

C 平遥没有故宫的庄严和肃穆，它只是一座平民之城。

D 生活中会发生什么，我们无法选择，但我们至少可以选择怎样面对。

A 나는 이러한 신념을 가지고 있다. 어떠한 일을 하든지 시작하기만 하면 반드시 중도에 그만두지 않는 것이다.

B 삶은 일방통행로가 아니라 길 하나에서 여러 개의 모퉁이를 돌 수 있고 여러 가지의 선택이 있을 수 있다.

C 핑야오는 옛 왕궁의 장엄함과 엄숙함이 없는, 그저 평민의 도시이다.

D 살면서 어떤 일이 발생하게 될 것인지는 우리가 선택할 수 없지만, 우리는 적어도 그것을 어떻게 대해야 하는지는 선택할 수 있다.

정답　A　我有一个信念：**无论**做**各种**事，只要开始就一定不半途而废。
→　我有一个信念：**无论**做**什么**事，只要开始就一定不半途而废。

공략　어떤 조건하에서도 결과가 변하지 않음을 나타내는 无论 뒤에는 各种을 쓸 수 없고, 의문대사 什么가 와야만 한다.

어휘　★信念 xìnniàn [명] 신념 | ★半途而废 bàn tú ér fèi [성] 중도에 그만두다 | 单行线 dānxíngxiàn [명] 일방통행로 | ★一条路 yì tiáo lù 한 길 | ★转弯 zhuǎnwān [동] 모퉁이를 돌다 | 平遥 Píngyáo [고유] 핑야오 | ★故宫 gùgōng [명] 옛 왕궁 | ★庄严 zhuāngyán [형] 장엄하다 | 肃穆 sùmù [형] 엄숙하고 정중하다, 엄숙하고 경건하다 | 一座平民之城 yí zuò píngmín zhī chéng 평민의 도시 | ★至少 zhìshǎo [부] 최소한, 적어도 | ★面对 miànduì [동] 마주 대하다, 직면하다

Ⓐ 我帮助了他，他不但不感谢我，而对我发脾气，真是不可理喻。

B 不到万不得已，我是不会采取那样的手段来处理这个问题的。

C 幸福没有快车道，所有的幸福，都来自平凡的坚持和不懈的努力。

D 企业管理水平低下和核心竞争力不足，是阻碍一些企业壮大的两大顽疾。

Ⓐ 내가 그를 도와주었는데, 그는 나에게 고마워하지 않았을 뿐만 아니라 오히려 나에게 화를 냈다. 정말 납득이 안 된다.

B 정말 어쩔 도리가 없기 전까지는 나는 그러한 수법을 써서 이 문제를 처리하지는 않을 것이다.

C 행복에는 고속 주행 도로가 없으며, 모든 행복은 다 평범한 꾸준함과 끊임없는 노력에서 오는 것이다.

D 기업 관리 수준의 저하와 핵심 경쟁력의 부족은 기업의 성장을 가로막는 양대 고질병이다.

정답 A 我帮助了他，他不但不感谢我，**而**对我发脾气，真是不可理喻。

➡ 我帮助了他，他不但不感谢我，**反而**对我发脾气，真是不可理喻。

공략 不但不는 反而과 함께 호응하여 쓰이며 而且와도 함께 쓰일 수는 있지만, 전환의 의미를 나타내는 而과는 절대로 호응하지 않는다.

어휘 ★发脾气 fā píqi 동 화를 내다 | ★不可理喻 bù kě lǐ yù 성 이치로 이해시킬 수 없다, 납득이 안 가다 | ★万不得已 wàn bù dé yǐ 성 정말 방법이 없다 | ★采取手段 cǎiqǔ shǒuduàn 수법을 쓰다, 수단을 취하다 | ★处理问题 chǔlǐ wèntí 문제를 처리하다 | 快车道 kuàichēdào 명 고속 주행 도로 | ★来自 láizì 동 ~에서 오다 | ★平凡 píngfán 형 평범하다 | ★不懈 búxiè 형 해이하지 않다 | ★水平低下 shuǐpíng dīxià 수준 저하 | ★核心竞争力 héxīn jìngzhēnglì 핵심 경쟁력 | ★阻碍 zǔ'ài 동 가로막다 | ★壮大 zhuàngdà 동 강대해지다 | 顽疾 wánjí 명 고질병, 난치병

A 一个有生活情趣的人，能够不断发现生活中的新乐趣，并且感染身边其他人。

Ⓑ 他的这篇论文立论准确，简明扼要，观点鲜明。只要在个别地方略加修改，稍加润色，那么才能拿到一流杂志那儿发表了。

C 一杯清水会因滴入一滴污水而变得污浊，一杯污水却不会因一滴清水的存在而变清澈。

D 情侣之间产生争执的主要原因，是他们把爱当成一把雕刻刀，时时刻刻都想用这把刀把对方塑造得符合自己心中的理想。

A 삶의 재미를 갖고 있는 사람은 끊임없이 삶 속에서 새로운 재미를 발견해내고, 게다가 주위 사람들에게 영향을 끼친다.

Ⓑ 그의 논문은 논점이 정확하고 간단명료하며 관점이 뚜렷하다. 일부분만 약간 수정하고 다듬기만 한다면 바로 일류 잡지에 발표할 수 있을 것이다.

C 맑은 물 한 컵에 더러운 물 한 방울이 떨어져 들어가게 되면 더럽게 변하는데, 더러운 물 한 컵은 맑은 물 한 방울로 인해 맑게 변하지 않는다.

D 연인 사이에 다툼이 생기는 주된 원인은, 그들이 사랑을 조각도로 간주하여 시시각각 그 칼을 사용해 상대방을 자신의 마음속 이상형에 걸맞게 만들어내려 하기 때문이다.

정답 B 他的这篇论文立论准确，简明扼要，观点鲜明。只要在个别地方略加修改，稍加润色，那么**才**能拿到一流杂志那儿发表了。

➡ 他的这篇论文立论准确，简明扼要，观点鲜明。只要在个别地方略加修改，稍加润色，那么**就**能拿到一流杂志那儿发表了。

공략 只要는 부사 就와 호응해서 쓰인다.

어휘 ★生活情趣 shēnghuó qíngqù 삶의 재미, 삶의 정취 | ★分享 fēnxiǎng 동 함께 나누다 | ★感染 gǎnrǎn 동 물들이다, 영향을 끼치다 | ★简明扼要 jiǎnmíng èyào 간단명료하면서도 요점이 있다 | ★鲜明 xiānmíng 형 뚜렷하다 | ★略加修改 lüèjiā xiūgǎi 조금 수정하다 | 稍加润色 shāojiā rùnsè (문장을) 약간 다듬다 | 清水 qīngshuǐ 명 맑은 물 | ★滴入 dīrù 떨어져 들어가다 | ★污水 wūshuǐ 명 더러운 물 | ★污浊 wūzhuó 형 더럽다 | 清澈 qīngchè 형 맑고 투명하다 | ★情侣 qínglǚ 명 연인 | ★争执 zhēngzhí 동 논쟁하다 | ★雕刻刀 diāokèdāo 명 조각도 | ★塑造 sùzào 동 만들다, 소조하다

18 day 숨겨진 매력을 발견하라 — 특수 어휘

정답　1. D　　2. B　　3. D　　4. D　　5. A　　6. C　　7. B　　8. A

1　　난이도 下　공략 Key 명사 变化에 유의

A 随着年龄的增长，我对象棋有了更深地了解，这也让我明白了很多人生道理。 B 珍宝一般是指由天然材料制成的，具有一定价值的首饰、工艺品或其他珍藏。 C 调查发现，处于亚健康状态的患者多是年龄在18至45岁之间的城市白领。 **D** 美国的快餐文化变化了人们的饮食习惯，也改变了一个国家的饮食文化。	A 나이가 들어가면서 나는 바둑에 대해 더 깊이 이해하게 되었는데, 그것은 나에게 더 많은 인생의 도리를 깨닫게 해주었다. B 진귀한 보배란 일반적으로 천연 재료로 만든 어느 정도의 가치를 지닌 장신구, 공예품 혹은 기타 진귀한 소장품 등을 가리킨다. C 조사 결과에 따르면, 병은 없지만 좋지 않은 몸 상태의 환자들은 대부분 18~45세의 도시 사무직 근로자이다. **D** 미국의 패스트푸드 문화는 사람들의 식습관을 변화시켰고, 나라의 음식 문화도 변화시켰다.

정답　D　美国的快餐文化**变化**了人们的饮食习惯，也改变了一个国家的饮食文化。
　　➡ 美国的快餐文化**改变**了人们的饮食习惯，也改变了一个国家的饮食文化。

공략　变化는 명사로서 동태조사 了와 함께 쓰일 수 없으며 뒤에 목적어도 놓을 수 없다. 따라서 이 문장은 变化를 改变으로 고쳐야 된다.

어휘　★象棋 xiàngqí 몡 바둑, 장기 | ★人生道理 rénshēng dàolǐ 인생의 도리 | 珍宝 zhēnbǎo 몡 보배, 진귀한 보물 | ★由⋯⋯制成 yóu⋯⋯zhìchéng ~으로 만들다 | ★天然材料 tiānrán cáiliào 천연 재료 | ★首饰 shǒushì 몡 장신구 | ★工艺品 gōngyìpǐn 몡 공예품 | 珍藏 zhēncáng 몡 진귀한 소장품 | ★处于⋯⋯状态 chǔyú⋯⋯zhuàngtài ~상태에 놓여있다 | ★亚健康 yàjiànkāng 몡 병은 없지만 몸이 좋지 않은 상태 | ★患者 huànzhě 몡 환자 | ★城市白领 chéngshì báilǐng 도시 사무직 근로자 | ★快餐文化 kuàicān wénhuà 패스트푸드 문화 | ★饮食习惯 yǐnshí xíguàn 몡 식습관

2　　난이도 中　공략 Key 형용사 充足에 유의

A 日光下的西湖如一面镜子，闪闪发亮。 **B** 生产更多的消费品是为了充足人们生活水平不断提高的需要。 C 冰糖葫芦是北方常见的一种小吃，一般用山楂串成。 D 人可以平凡，但不能平庸；可以淡泊名利，但不能没有追求。	A 햇살 아래의 시후는 마치 거울처럼 반짝이며 빛난다. **B** 더 많은 소비품을 생산하는 것은 사람들 생활 수준의 끊임없는 향상에 따른 요구를 만족시키기 위해서이다. C 탕후루는 북방 지역에서 흔히 볼 수 있는 일종의 간식으로, 일반적으로 산사나무 열매를 꿰어서 만든다. D 사람이 평범할 수는 있지만 변변하지 못할 정도로 평범해서는 안 되며, 명리를 좇지 않을 수는 있지만 추구하는 것이 없어서는 안 된다.

정답　B　生产更多的消费品是为了**充足**人们生活水平不断提高的需要。
　　➡ 生产更多的消费品是为了**满足**人们生活水平不断提高的需要。

공략　充足는 형용사로 뒤에 목적어를 동반할 수 없으므로 동사인 满足를 사용해 '요구를 만족시키다'의 의미인 '满足需要'로 고쳐야 맞는 문장이 된다.

어휘　★西湖 Xīhú 고유 시후 | ★一面镜子 yí miàn jìngzi 거울 하나 | ★闪闪发亮 shǎnshǎn fāliàng 반짝이며 빛나다 | ★消费品 xiāofèipǐn 몡 소비품 | ★充足 chōngzú 혱 충분하다 | ★小吃 xiǎochī 몡 간식 | 山楂 shānzhā 몡 산사나무, 산사나무의 열매 | ★平凡 píngfán 혱 평범하다 | ★平庸 píngyōng 혱 평범하고 변변하지 못하다 | ★淡泊名利 dànbó mínglì 명리를 좇지 않다 | ★追求 zhuīqiú 동 추구하다

<table>
<tr><td>

A 虽然说付出才会有回报，但付出和回报并不成比例，这样的例子不胜枚举。

B 信念一旦形成，就可以产生强大的推动力，能使人们为实现某个目标而持之以恒地奋斗。

C 和你一同笑过的人，你也许很快就会把他忘却，而和你一起哭过的人，你也许一生都会记住他。

D 人们往往把交往看做一种能力，却忽略了独处也是一种能力，不擅交际固然是一种遗憾，不耐孤独也未尝是一种很严重的缺陷。

</td><td>

A 비록 대가를 지불해야만 보답이 따른다고들 말하지만, 대가를 지불하는 것과 보답은 결코 비례하지 않는다. 그러한 예는 너무 많아 일일이 다 헤아릴 수 없다.

B 신념은 일단 형성되면 강한 추진력이 생겨서, 사람들이 어떤 목표를 실현하기 위해 꾸준히 분투하게 한다.

C 당신과 함께 웃어본 사람은 당신이 빨리 잊어버릴 수도 있지만, 당신과 함께 울어본 사람은 당신이 평생 그를 기억할지도 모른다.

D 사람들은 종종 교제를 일종의 능력으로 간주하는데, 도리어 혼자 지내는 것 역시 일종의 능력임을 간과하고 있다. 교제에 능하지 않은 것이 물론 유감스럽기는 하지만, 고독함을 견디지 못하는 것도 일종의 심각한 결점이 아니라고 할 수 없다.

</td></tr>
</table>

독해
제1부분

정답　D　人们往往把交往看做一种能力，却忽略了独处也是一种能力，不擅交际固然是一种遗憾，不耐孤独也**未尝**是一种很严重的缺陷。

　　➡ 人们往往把交往看做一种能力，却忽略了独处也是一种能力，不擅交际固然是一种遗憾，不耐孤独也**未尝不**是一种很严重的缺陷。

공략　未尝은 뒤에 부정부사 不를 동반하여 이중 부정의 의미를 나타내는데 '~이 아니라고 할 수 없다' 즉 '~인 셈이다'라는 뜻을 나타낸다. 예를 들면 '这种方法也未尝不是一种好方法(이런 방법은 일종의 좋은 방법인 셈이다)'처럼 쓰인다.

어휘　★付出 fùchū 통 지불하다, 들이다 | ★回报 huíbào 통 보답하다 | ★成比例 chéng bǐlì 비례하다 | ★例子 lìzi 명 예, 보기 | ★不胜枚举 bú shèng méi jǔ 성 (너무 많아) 일일이 다 헤아릴 수 없다 | ★强大 qiángdà 형 강대하다, 강력하다 | 推动力 tuīdònglì 명 추진력 | ★持之以恒 chí zhī yǐ héng 성 오랫동안 견지하다, 오랫동안 꾸준하게 나아가다 | ★忘却 wàngquè 통 잊어버리다 | ★忽略 hūlüè 통 소홀히 하다, 간과하다 | 独处 dúchǔ 통 혼자 살다 | ★不擅交际 bú shàn jiāojì 교제에 능하지 않다 | ★遗憾 yíhàn 명형 유감(이다) | ★不耐孤独 bú nài gūdú 고독을 견디지 못하다 | ★缺陷 quēxiàn 명 결함, 결점

<table>
<tr><td>

A 读书好似爬山，爬得越高，望得越远；读书又好似耕耘，汗水流得越多，收获越丰富。

B 悲观的人，先被自己打败，然后才被生活打败；乐观的人，先战胜自己，然后才战胜生活。

C 《木兰诗》和《孔雀东南飞》合成"乐府双璧"是汉代乐府民歌中最著名的两大代表作。

D 知人不易，自知更难，明白自己合适做什么，能够做什么，对于很多人来说，甚至比认识别人更加困难。

</td><td>

A 독서는 마치 등산과도 같아서 높은 곳에 오를수록 더 멀리 볼 수 있다. 독서는 또한 땅을 갈고 김을 매는 경작과도 같아서 더 많은 땀을 흘릴수록 더 풍부한 수확을 거둘 수 있다.

B 비관적인 사람은 우선 자신에게 지게 되고 그리고 나서야 삶에 패하는 것이다. 낙관적인 사람은 우선 자신을 이기게 되고 그리고 나서야 삶에 승리하는 것이다.

C 「목란시」와 「공작동남비」를 함께 엮은 '악부쌍벽'은 한 나라 때 악부민가 중 가장 유명한 양대 대표작이다.

D 사람을 아는 것은 어렵고 자신을 아는 것은 더 어렵다. 자신이 무엇을 하기에 적합한지, 무엇을 할 수 있는지를 깨닫는 것은 많은 사람들에게 있어서 다른 사람을 아는 것보다도 더욱 어려운 일이다.

</td></tr>
</table>

정답　D　知人不易，自知更难，明白自己**合适**做什么，能够做什么，对于很多人来说，甚至比认识别人更加困难。

　　➡ 知人不易，自知更难，明白自己**适合**做什么，能够做什么，对于很多人来说，甚至比认识别人更加困难。

공략　合适는 형용사로 목적어를 동반할 수 없으므로, 이 문장에서는 동사 适合를 사용해야 한다.

어휘　★好似 hǎosì 통 마치 ~과 같다 | ★耕耘 gēngyún 통 경작하다 | ★汗水 hànshuǐ 명 땀 | ★收获 shōuhuò 명동 수확(하다) | ★悲观 bēiguān 형 비관적이다 | ★被打败 bèi dǎbài 패하다 | ★乐观 lèguān 형 낙관적이다 | ★战胜 zhànshèng 통 승리하다 | 乐府 yuèfǔ 명 악부[한시의 형식 중 하나] | ★汉代 Hàndài 명 한대, 한 왕조 | ★民歌 míngē 명 민가

5

A 我们不知道他这样做的原因毕竟是什么？但我们都感觉似乎他也有苦衷。

B 南辕北辙这个成语告诉我们，无论做什么事都要首先看准方向。

C 元朝时代，从皇帝到文武百官再到普通百姓，都有不同的服饰形式。

D 在全球变暖的背景下，我们更应该提倡"低碳"生活，减少温室气体的排放。

A 우리는 그가 이렇게 한 이유가 도대체 무엇인지 모르겠지만, 그 나름대로 고충이 있을 것이라 생각한다.

B '속으로는 남쪽으로 가려 하면서 수레는 도리어 북쪽으로 몰다'라는 이 성어가 우리에게 알려주는 바는 무슨 일을 하든 우선 방향을 정확히 살펴야 한다는 것이다.

C 원나라 때는 황제부터 모든 관원들, 일반 백성에 이르기까지 모두 다 다른 복장 형식이 있었다.

D 지구 온난화라는 배경 아래, 우리는 반드시 저탄소 생활을 장려하고 온실가스의 배출을 줄여야만 한다.

정답 A 我们不知道他这样做的原因**毕竟**是什么？但我们都感觉似乎他也有苦衷。

➡ 我们不知道他这样做的原因**究竟**是什么？但我们都感觉似乎他也有苦衷。

공략 의문문에서는 究竟만을 사용할 수 있다. 끝까지 파헤쳐 얻은 결론을 나타내면서 어떤 사실이나 원인을 강조하는 어기로 쓰이는 毕竟은 평서문에 쓴다.

어휘 ★似乎 sìhū 閉 마치 (~인 것 같다) | ★苦衷 kǔzhōng 圀 고충 | ★南辕北辙 nán yuán běi zhé 쒭 속으로는 남쪽으로 가려 하면서 수레는 도리어 북쪽으로 몰다 | ★看准方向 kànzhǔn fāngxiàng 방향을 정확히 보다 | ★元朝 Yuáncháo 圀 원 왕조 | 皇帝 huángdì 圀 황제 | 文武百官 wénwǔ bǎiguān 圀 문무백관, 모든 관원들 | ★普通百姓 pǔtōng bǎixìng 보통 서민 | 服饰 fúshì 圀 복장 | ★全球变暖 quánqiú biànnuǎn 지구 온난화 | ★背景 bèijǐng 圀 배경, 배후 | ★提倡 tíchàng 图 제창하다, 장려하다 | ★低碳 dītàn 저탄소 | ★温室气体 wēnshì qìtǐ 온실가스 | ★排放 páifàng 图 배출하다

6

A 农历腊月初八，是中国民间的传统节日"腊八节"。

B 香槟酒味道醇美，适合在任何时刻饮用，而且价格也不太昂贵。

C 政府从来制定过具体的关于缩小贫富差距的规划。

D 回族目前人口1000万，是中国少数民族中分布最广的一个民族。

A 음력 섣달 초여드레는 중국 민간의 전통 명절인 '납팔절'이다.

B 샴페인은 맛이 순하고 좋은데, 언제든지 마시기에 적합하고 게다가 가격도 그렇게 비싸지 않다.

C 정부는 여태까지 빈부 격차를 줄이는 것에 관한 구체적인 계획을 세운 적이 없다.

D 회족은 현재 인구가 1,000만 명으로 중국 소수민족 중 가장 광범위하게 분포한 민족이다.

정답 C 政府**从来**制定过具体的关于缩小贫富差距的规划。

➡ 政府**从来没**制定过具体的关于缩小贫富差距的规划。

공략 从来는 뒤에 부정부사 不나 没를 동반해 부정 형식으로만 쓰인다.

어휘 ★农历 nónglì 圀 음력 | ★腊月初八 làyuè chū bā 섣달 초여드레 | ★传统节日 chuántǒng jiérì 圀 전통 명절 | ★腊八节 làbājié 圀 납팔절[중국 전통 명절 중 하나] | ★香槟酒 xiāngbīnjiǔ 圀 샴페인 | ★味道醇美 wèidao chúnměi 맛이 순하고 좋다 | ★任何时刻 rènhé shíkè 언제든지, 아무 때나 | ★饮用 yǐnyòng 图 마시다 | ★昂贵 ánguì 圀 비싸다 | ★制定 zhìdìng 图 제정하다, 만들다 | ★缩小 suōxiǎo 图 축소하다 | ★贫富差距 pínfù chājù 빈부 격차 | 规划 guīhuà 圀 계획 | ★回族 Huízú 고유 회족[중국 소수민족 중 하나] | ★少数民族 shǎoshù mínzú 圀 소수민족 | ★分布 fēnbù 图 분포하다

A 很多人在求职时会考虑两大要素：一是职业稳定性，二是发展前景。
Ⓑ 炎热的夏天，人的身体容易处于缺水状态，因此必要及时补充水分。
C 世界上没有什么天才，成功就是靠自己的努力，发掘自身内在的潜力，从而改变自己的命运。
D 符合时代的需要、符合观众的口味和需求，是电视剧受欢迎的重要原因。

A 많은 사람들이 구직을 할 때 중요한 양대 요소를 고려하는데, 첫 번째는 직업의 안정성이고 두 번째는 발전 전망이다.
Ⓑ 무더운 여름에는 인체가 쉽게 수분 부족 상태에 놓이기 때문에 제때에 수분을 보충해줄 필요가 있다.
C 세상에 천재는 없다. 성공은 바로 자신의 노력에 의지해 자신의 내재된 잠재력을 발굴해냄으로써 자신의 운명을 바꾸는 것이다.
D 시대의 요구에 부합하고 시청자의 취향과 요구에 부합한 것이 TV드라마가 인기를 얻게 된 중요한 요인이다.

독해
제1부분

정답　B　炎热的夏天，人的身体容易处于缺水状态，因此**必要**及时补充水分。

➡ 炎热的夏天，人的身体容易处于缺水状态，因此**需要**及时补充水分。

➡ 炎热的夏天，人的身体容易处于缺水状态，因此及时补充水分**很有必要**。

공략　必要는 명사나 형용사로 쓰이므로 뒤에 목적어를 동반할 수 없다. 이 문장에서는 必要 대신 동사 需要를 사용하거나, 아니면 문장을 '及时补充水分很有必要(제때에 수분을 보충하는 것이 필요하다)'로 고쳐야 한다.

어휘　★求职 qiúzhí 图 구직하다 | ★要素 yàosù 圐 요소 | 职业稳定性 zhíyè wěndìngxìng 직업의 안정성 | ★发展前景 fāzhǎn qiánjǐng 발전 전망 | ★炎热 yánrè 圐 무덥다 | ★及时 jíshí 图 제때에, 즉시 | ★补充水分 bǔchōng shuǐfèn 수분을 보충하다 | ★靠 kào 图 의지하다, 기대다 | ★发掘 fājué 图 발굴하다 | ★潜力 qiánlì 圐 잠재력 | ★从而 cóng'ér 젭 그리하여, 그렇게 함으로써 | ★命运 mìngyùn 圐 운명 | ★符合 fúhé 图 부합하다 | ★口味 kǒuwèi 圐 맛, 취향 | ★电视剧 diànshìjù 圐 TV드라마

Ⓐ 不要忘了身边常常指责你、批评你的几个朋友们，他们往往是你真正的财富。
B 茅台酒被称为中国的国酒，一直享有外交酒、友谊酒的美誉。
C 对学习没有兴趣的人，或者忙得没工夫看书的人，终会被时代的潮流所淘汰。
D 研究发现，大部分人都认为手机使用者越来越旁若无人了，吵闹的铃声成为最烦人的噪音。

Ⓐ 당신 곁에서 종종 당신을 질책하고 당신을 꾸짖는 몇몇 친구를 잊지 마라. 그들이 당신의 진정한 재산이다.
B 마오타이주는 중국의 국주라고 불리는데 줄곧 외교주, 우의주라는 명성을 누리고 있다.
C 학습에 대해 흥미가 없는 사람이나 바빠서 책을 볼 시간이 없는 사람은 결국 시대적인 흐름에서 도태될 것이다.
D 연구에 따르면, 대부분의 사람들은 휴대폰 사용자들이 갈수록 아무 거리낌이 없이 행동한다고 여긴다. 시끄러운 벨 소리가 가장 짜증스러운 소음이 된 것이다.

정답　A　不要忘了身边常常指责你、批评你的**几个**朋友**们**，他们往往是你真正的财富。

➡ 不要忘了身边常常指责你、批评你的**几个**朋友，他们往往是你真正的财富。

공략　'명사+们' 앞에는 수량 구조가 놓일 수 없다.

어휘　★指责 zhǐzé 图 질책하다, 나무라다 | ★批评 pīpíng 图 꾸짖다, 비평하다 | ★财富 cáifù 圐 재물 | 茅台酒 Máotáijiǔ 고유 마오타이주 | ★被称为 bèi chēngwéi ~이라 불리다 | 国酒 guójiǔ 圐 국주 | ★享有美誉 xiǎngyǒu měiyù 명성을 누리다 | ★忙得没工夫 máng de méi gōngfu ~할 시간이 없을 정도로 바쁘다 | ★潮流 cháoliú 圐 흐름, 추세 | ★淘汰 táotài 图 도태하다, 가려내다 | ★旁若无人 páng ruò wú rén 셉 아무 거리낌 없이 행동하다, 안하무인격이다 | ★吵闹 chǎonào 圐 시끄럽다 | ★铃声 língshēng 圐 벨 소리 | ★烦人 fánrén 휑图 성가시다; 짜증스럽게 하다 | ★噪音 zàoyīn 圐 소음

19 day 과유불급! 정도 표현을 제대로 알자 — 정도부사

정답　1. C　2. B　3. D　4. A　5. D　6. B　7. C　8. B

1

난이도 中　공략 Key 很 뒤에 쓸 수 없는 명사

A 兔子的耳朵起着导热器的作用，不断将它身上的热量排出体外。
B 头发大量脱落就是一种病态，像伤寒、贫血、糖尿病等都会引起脱发。
C 尽管他给人的第一印象有点霸道，但不能否认他还是一个很魅力的男性。
D 世界上曾经生活过350多种野马，可现在只剩一种了。

A 토끼의 귀는 열전도기 역할을 하는데, 끊임없이 몸의 열량을 몸 밖으로 방출해낸다.
B 머리카락이 많이 빠지는 것은 일종의 병적인 상태인데, 장티푸스, 빈혈, 당뇨병 등은 모두 탈모를 일으킬 수도 있다.
C 비록 그의 첫인상이 다소 포악스럽기는 하지만 그가 그래도 꽤 매력 있는 남자라는 것은 부인할 수 없다.
D 세상에는 일찍이 350여 종의 야생마가 생활했었는데 지금은 단지 한 종류만이 남아있다.

정답　C　尽管他给人的第一印象有点霸道，但不能否认他还是一个很**魅力**的男性。
→ 尽管他给人的第一印象有点霸道，但不能否认他还是一个很**有魅力**的男性。

공략　很 뒤에는 반드시 형용사나 심리 동사만이 쓰이므로 명사는 很과 함께 쓰일 수 없다. 이 문장은 명사 魅力를 형용사처럼 쓰는 '有魅力' 형태로 바꿔야 맞다.

어휘　★兔子 tùzi 몡 토끼 | 导热器 dǎorèqì 몡 열전도기 | ★不断 búduàn 뷔 끊임없이 | ★热量 rèliàng 몡 열량 | ★排出体外 páichū tǐwài 몸 밖으로 배출해내다 | ★脱落 tuōluò 동 빠지다 | ★病态 bìngtài 몡 병적인 상태 | ★伤寒 shānghán 몡 장티푸스 | ★贫血 pínxuè 몡 빈혈 | ★糖尿病 tángniàobìng 몡 당뇨병 | ★引起 yǐnqǐ 동 일으키다 | ★脱发 tuōfà 몡 탈모 | ★第一印象 dì-yī yìnxiàng 첫인상 | ★霸道 bàdào 혱 포악하다 | ★否认 fǒurèn 동 부인하다 | ★魅力 mèilì 몡 매력 | 野马 yěmǎ 몡 야생마 | ★剩 shèng 동 남다

2

난이도 上　공략 Key 兴高采烈 앞에 쓸 수 없는 十分

A 自春秋时代，骑术就是读书人必备的技术之一。
B 阳春三月的一天，孩子们十分兴高采烈地跑出去放风筝。
C 没有人生下来就是大明星，也没有人刚开始工作就能如愿以偿。
D 在我们每天读的新闻中，总会发现很多"废词"，没有什么营养。

A 춘추 시대부터 승마술은 학자가 반드시 갖춰야 할 기술 중 하나였다.
B 춘삼월 어느 날, 아이들은 무척 기뻐하며 뛰어나가 연날리기를 했다.
C 태어나자마자 톱스타인 사람은 없고, 일을 막 시작하자마자 성공하는 사람도 없다.
D 우리가 매일 읽는 뉴스에서 아무런 영양가도 없는, 많은 쓸데없는 단어들을 늘 발견하게 된다.

정답　B　阳春三月的一天，孩子们**十分兴高采烈**地跑出去放风筝。
→ 阳春三月的一天，孩子们**兴高采烈**地跑出去放风筝。

공략　兴高采烈는 '대단히 기뻐하다, 매우 흥겹다'라는 의미로, 이 성어 자체가 이미 정도가 심한 상태를 나타내므로 그 앞에 정도부사 十分을 쓸 수 없다.

어휘　★春秋时代 Chūnqiū shídài 몡 춘추 시대 | ★骑术 qíshù 몡 승마술 | ★必备 bìbèi 동 반드시 갖추다 | ★阳春三月 yángchūn sānyuè 춘삼월 | ★兴高采烈 xìng gāo cǎi liè 솅 대단히 기쁘다, 무척 흥겹다 | ★放风筝 fàng fēngzheng 연을 날리다 | ★明星 míngxīng 몡 스타 | ★如愿以偿 rú yuàn yǐ cháng 솅 희망이 이루어지다, 성공하다 | ★废词 fèicí 쓸데없는 단어 | ★营养 yíngyǎng 몡 영양

A 以前的记者等新闻，现在的记者抓新闻，有人就觉得这是多么了不起的事。
B 地动仪的发明比欧洲早了1700多年，它对地震预测的准确性，在当时来说是十分了不起的。
C 猜拳是中国民间喝酒时玩的一种游戏，为的是增加喝酒的乐趣。据记载，早在唐代就已经有这种游戏了。
D 虽然大家都不喜欢"厚脸皮"的人，但当你学外语时，"厚脸皮"有时也是十分需要的。

A 예전 기자들은 뉴스를 기다렸다면 요즘 기자들은 뉴스를 낚아오는데, 어떤 사람들은 이를 매우 대단한 일이라고 여긴다.
B 후풍지동의의 발명은 유럽보다 1,700여 년이나 빨랐는데, 그것의 지진 예측에 대한 정확성은 당시로서는 매우 대단한 것이었다.
C 벌주 놀이는 중국 민간에서 술을 마실 때 하는 일종의 게임으로 이는 술을 마실 때 흥을 돋우기 위한 것이다. 기록에 따르면, 일찍이 당나라 때에 이미 이러한 게임이 있었다고 한다.
D 비록 모두가 낯짝 두꺼운 사람을 좋아하지는 않지만 외국어를 배울 때는 철면피인 것이 때로는 매우 필요하다.

정답   D   虽然大家都不喜欢"厚脸皮"的人，但当你学外语时，"厚脸皮"有时也是十分需要的。
    ➡ 虽然大家都不喜欢"厚脸皮"的人，但当你学外语时，"厚脸皮"有时也是十分必要的。

공략   需要는 동사로 정도부사 十分의 수식을 받을 수 없으므로 여기서는 동사 需要가 아닌 형용사 必要로 고쳐야 한다.

어휘   ★抓新闻 zhuā xīnwén 뉴스를 낚다 | ★了不起 liǎobuqǐ 형 대단하다, 뛰어나다 | ★地动仪 dìdòngyí 명 후풍지동의[세계 최초의 지진계] | ★欧洲 Ōuzhōu 고유 유럽 | ★地震 dìzhèn 명 지진 | ★预测 yùcè 명동 예측(하다) | ★准确性 zhǔnquèxìng 명 정확성 | ★猜拳 cāiquán 명 벌주 놀이[손가락 개수 알아맞히는 게임] | ★游戏 yóuxì 명 게임 | ★增加乐趣 zēngjiā lèqù 흥을 돋우다 | ★据记载 jù jìzǎi 기록에 따르면 | ★唐代 Tángdài 명 당대, 당 왕조 | ★厚脸皮 hòuliǎnpí 명 철면피, 낯짝이 두꺼운 사람

A 我正在特别聚精会神地做着一份文件，突然老板神情严肃地让我过去一下儿。
B 蛇身上有很多寄生虫，这些虫卵和虫体一旦进入体内，危害很大，可使人感染各种疾病，严重时甚至危及生命。
C 成语"掩耳盗铃"的意思是偷钟怕被别人听到捂住自己的耳朵，比喻自己欺骗自己，意思是自欺欺人。
D 云南省的昆明冬季温和，夏季凉爽，因此被称为"春城"。

A 내가 정신을 집중하며 문서를 만들고 있는데, 갑자기 사장님이 심각한 표정으로 나를 부르셨다.
B 뱀의 몸에는 많은 기생충이 있는데, 그런 벌레 알과 벌레가 일단 체내로 들어오게 되면 인체에 큰 해를 끼치게 되어 각종 질병에 감염될 수 있고, 심해지면 심지어 생명까지 위태롭게 한다.
C 성어 '귀를 막고 방울을 훔치다'는 방울을 훔치는데 다른 사람이 듣게 될까 봐 자신의 귀를 막는다는 의미로, 자신이 자신을 속이는 것을 비유하며, 스스로도 믿지 못할 것으로 남을 속인다는 뜻이다.
D 윈난성의 쿤밍은 겨울철에는 따뜻하고, 여름철에는 시원하기 때문에 '봄의 도시'라고 불린다.

정답   A   我正在特别聚精会神地做着一份文件，突然老板神情严肃地让我过去一下儿。
    ➡ 我正在聚精会神地做着一份文件，突然老板严肃神情地让我过去一下儿。

공략   성어 聚精会神은 '매우 집중하다'라는 뜻으로 이미 정도가 심함을 나타내므로 정도부사 特别의 수식을 받지 못한다.

어휘   ★聚精会神 jù jīng huì shén 성 정신을 집중하다 | ★一份文件 yí fèn wénjiàn 문서 한 부 | ★严肃 yánsù 형 엄숙하다, 심각하다 | ★蛇 shé 명 뱀 | ★寄生虫 jìshēngchóng 명 기생충 | 虫卵 chóngluǎn 명 벌레 알 | 虫体 chóngtǐ 명 벌레 | ★感染 gǎnrǎn 동 감염되다 | 疾病 jíbìng 명 질병 | ★危及 wēijí 동 위험이 미치다 | ★掩耳盗铃 yǎn ěr dào líng 성 귀를 막고 방울을 훔치다, 눈 가리고 아웅하다 | 钟 zhōng 명 종, 방울 | ★捂住 wǔzhù 가리다 | ★欺骗 qīpiàn 동 속이다 | ★自欺欺人 zì qī qī rén 성 스스로도 믿지 못할 것으로 남을 속이다 | ★昆明 Kūnmíng 고유 쿤밍 | ★温和 wēnhé 형 온난하다, 온화하다 | ★凉爽 liángshuǎng 형 서늘하다, 시원하고 상쾌하다 | ★被称为 bèi chēngwéi ~이라고 불리다

A 人们对科幻小说再熟悉不过了，世界上第一部科幻小说是1918年出版的《科学怪人》。
B 面向新世纪，北京师范大学确立了综合性、有特色的世界高水平大学的奋斗目标。
C 学生创业可以作为一个很好的尝试，作为一个锻炼机会，但不要有太高的预期。
Ⓓ 这里虽说夏天不算太热，但冬天却很冻得要命，有时甚至到了零下30-40度。

A 사람들은 공상 과학 소설에 대해 더할 나위 없이 잘 알고 있는데, 세계 최초 공상 과학 소설은 1918년에 출판된 『프랑켄슈타인』이다.
B 새로운 세기에 직면하여, 베이징사범대학교는 종합적이고 특색 있는 세계 높은 수준의 대학으로서의 분투 목표를 확고히 세웠다.
C 학생들의 창업을 좋은 시도로 보거나 단련의 기회로 여길 수는 있지만, 너무 큰 기대를 가지지는 말아야 한다.
Ⓓ 이곳이 여름에는 그리 더운 편이 아니지만, 겨울에는 매섭게 추운데 어떤 때에는 심지어 영하 30~40도까지 이른다.

정답 D　这里虽说夏天不算太热，但冬天却**很冻得要命**，有时甚至到了零下30-40度。

➡ 这里虽说夏天不算太热，但冬天却**冻得要命**，有时甚至到了零下30-40度。

공략　'冻得要命'은 '매우 춥다'라는 뜻으로 이미 정도가 심한 상태를 나타내므로 정도부사 很의 수식을 받지 않는다.

어휘　★科幻小说 kēhuàn xiǎoshuō 몡 공상 과학 소설 | ★再熟悉不过了 zài shúxī búguò le 더할 나위 없이 잘 알다 | ★出版 chūbǎn 통 출판하다 | ★面向 miànxiàng 통 ～에 직면하다, ～으로 향하다 | ★新世纪 xīn shìjì 새로운 세기 | ★确立 quèlì 통 확립하다, 확고히 세우다 | ★综合性 zōnghéxìng 종합성 | ★世界高水平大学 shìjiè gāo shuǐpíng dàxué 세계 높은 수준의 대학 | ★创业 chuàngyè 통 창업하다 | ★尝试 chángshì 통 시도해보다 | ★预期 yùqī 통 미리 기대하다 | ★不算 búsuàn ～이라고 할 수 없다, ～한 편은 아니다 | ★甚至 shènzhì 囝 심지어, ～까지 | ★零下 língxià 몡 영하

A 现代社会是一个充满竞争的社会，这也是造成某些人自卑的重要原因。
Ⓑ 这是一个很美丽而富饶的世外桃源，犯罪率堪称世界最低。
C 面试时要多说事实，避免笼统、琐碎的词句，应该要尽量具体。
D 80后的弱点是"以自我为中心、社会经验不足、生活自理能力差、缺乏忍耐"。

A 현대 사회는 경쟁으로 가득한 사회로, 이는 일부 사람들에게 열등감을 일으키는 중요한 요인이다.
Ⓑ 이곳은 아름답고 풍요로운 무릉도원인데, 범죄 발생률이 세계에서 가장 낮다고 할 수 있다.
C 면접시험을 볼 때는 좀 더 솔직하게 말해야 하고, 막연하거나 자질구레한 문구 사용을 피해 가능한 한 구체적으로 말해야 한다.
D 80년 이후 출생한 세대의 단점은 자기 중심적이고, 사회 경험이 부족하며, 생활에서 스스로 처리하는 능력이 떨어지고, 참을성이 부족하다는 것이다.

정답 B　这是一个**很**美丽**而**富饶的世外桃源，犯罪率堪称世界最低。

➡ 这是一个美丽**而**富饶的世外桃源，犯罪率堪称世界最低。

공략　접속사 而로 형용사가 연결되어 쓰이는 구조는 很의 수식을 받을 수 없다.

어휘　★充满竞争 chōngmǎn jìngzhēng 경쟁으로 가득하다 | ★造成 zàochéng 통 일으키다, 야기하다 | ★自卑 zìbēi 혱 열등감을 가지다, 스스로 낮추다 | ★富饶 fùráo 혱 풍요롭다 | ★世外桃源 shì wài táo yuán 졍 무릉도원, 별천지 | ★犯罪率 fànzuìlǜ 범죄 발생률 | ★面试 miànshì 몡통 면접시험(을 보다) | ★避免 bìmiǎn 통 피하다, 면하다 | ★笼统 lǒngtǒng 혱 개괄적이다, 막연하다 | ★琐碎 suǒsuì 혱 자질구레하고 번거롭다, 사소하고 잡다하다 | ★具体 jùtǐ 혱 구체적이다 | ★弱点 ruòdiǎn 몡 약점, 단점 | ★自理能力 zìlǐ nénglì 스스로 처리하는 능력 | ★忍耐 rěnnài 통 인내하다, 참다

A 结婚几年后，当年的激情已经全无，双方各自的缺点都表现出来。

B 青少年沉迷于网络游戏，需要全社会的关怀和帮助，更需要父母的教育。

C 我们常说现代社会人与人之间的关系更冷漠了，但我们为什么又总说现代社会比以前相当文明呢？

D 在西藏开车出行时，一定要小心，常常会发生各种意想不到的意外，所以一定要提前准备好。

A 결혼 후 몇 년이 지나자 그때의 열정적인 감정은 이미 다 사라지고 두 사람 각자의 결점은 다 드러나버린다.

B 청소년들이 인터넷 게임에 깊이 빠진 것에는 사회 전체의 보살핌과 도움이 필요하며 부모들의 가르침이 더욱 필요하다.

C 우리는 종종 현대 사회에서 인간관계가 더 냉담하다고들 말하는데, 우리는 어째서 또 현대 사회가 예전보다 교양이 있다고 늘 말하는가?

D 티베트에서 차를 몰고 외출할 때는 반드시 조심해야 하는데, 종종 예상치 못한 사고가 생기기 때문에 미리 준비를 잘 해두어야만 한다.

정답   C   我们常说现代社会人与人之间的关系更冷漠了，但我们为什么又总说现代社会比以前相当文明呢？
      ➡ 我们常说现代社会人与人之间的关系更冷漠了，但我们为什么又总说现代社会比以前文明呢？

공략   비교문에서는 형용사 술어 앞에 更이나 还를 제외한 다른 정도부사는 사용할 수 없다.

어휘   ★激情 jīqíng 몡 열정적인 감정 | ★沉迷于 chénmí yú ~에 깊이 빠지다 | ★网络游戏 wǎngluò yóuxì 인터넷 게임 | ★关怀 guānhuái 동 관심을 가지고 보살피다 | ★冷漠 lěngmò 형 냉담하다, 무관심하다 | ★文明 wénmíng 형 교양이 있다, 예의가 바르다 | ★西藏 Xīzàng 고유 티베트 | ★开车出行 kāichē chūxíng 차를 몰고 외출하다 | ★意想不到 yìxiǎng búdào 예상 밖이다

A 牛郎织女结婚后，男耕女织，情义深重，生活得很幸福。

B 他这次准备得比较非常充分，因此很好地发挥出了自己实力。

C 精卫那锲而不舍的精神，善良的愿望，宏伟的志向，受到人们的尊敬。

D 观看月食无须采取减光措施，只要天气晴朗，直接用眼睛观看即可。

A 견우와 직녀는 결혼 후, 남자는 농사를 짓고 여자는 베를 짜며, 깊은 정으로 매우 행복하게 살았다.

B 그는 이번에 아주 충분히 준비를 했기 때문에 자신의 실력을 잘 발휘했다.

C 정위조의 끈기 있게 끝까지 해내는 정신과 착한 소망과 장대한 포부는 사람들의 존경을 받았다.

D 월식을 보는 것은 감광 조치를 취할 필요 없이, 날씨만 맑으면 눈으로 직접 바로 볼 수 있다.

정답   B   他这次准备得比较非常充分，因此很好地发挥出了自己实力。
      ➡ 他这次准备得非常充分，因此很好地发挥出了自己实力。

공략   정도부사는 두 개를 연이어 사용하지 않기 때문에 比较와 非常 중에서 하나를 삭제해야만 맞는 문장이 된다.

어휘   ★牛郎 Niúláng 고유 견우 | ★织女 Zhīnǚ 고유 직녀 | ★男耕女织 nán gēng nǔ zhī 남자는 농사짓고 여자는 베를 짜다 | ★情义深重 qíngyì shēnzhòng 정이 깊고 두텁다 | ★充分发挥 chōngfèn fāhuī 십분 발휘하다 | ★实力 shílì 몡 실력 | ★精卫 jīngwèi 몡 정위조[중국 고대 신화 중 기록된 일종의 새] | ★锲而不舍 qiè ér bù shě 셩 끈기 있게 끝까지 해내다 | ★善良 shànliáng 형 착하다, 선량하다 | ★宏伟 hóngwěi 형 장대하다 | ★受到尊敬 shòudào zūnjìng 존경을 받다 | ★观看 guānkàn 동 보다, 관람하다 | ★月食 yuèshí 몡 월식 | ★采取措施 cǎiqǔ cuòshī 조치를 취하다 | ★减光 jiǎnguāng 몡 감광 | ★晴朗 qínglǎng 형 맑다, 쾌청하다 | ★即可 jíkě 뷔 ~하면 바로 ~할 수 있다

20_{day} 문장 성분의 조건을 알면 답이 보인다

본책_ 244쪽

정답 **1.** D **2.** B **3.** B **4.** C **5.** A **6.** B **7.** A **8.** D

---

1 난이도 上 공략 Key 목적어 부족

A 把名字刻在人们的心中比刻在大理石上保存得更长久。	A 마음에 새겨진 이름은 대리석에 새긴 것보다 더 오래 보존된다.
B 这个杀毒软件可以从网上免费下载，不过你需要先注册。	B 이 백신 프로그램은 인터넷에서 무료로 다운받을 수 있지만 우선 회원 가입을 해야 한다.
C 学会体谅别人并不困难，只要你愿意站在对方的角度和立场看问题。	C 당신이 상대방의 관점과 입장에서 문제를 보려고만 한다면, 다른 사람을 이해하는 것을 배우는 일은 결코 어렵지 않다.
Ⓓ 在信息时代，一个人是否具有迅速捕捉有效信息，决定他能得到的成就的大小。	Ⓓ 정보화 시대에는 유용한 정보를 신속하게 찾아내는 능력을 갖추었느냐가 그가 얻을 수 있는 성과의 크기를 결정한다.

정답 D 在信息时代，一个人是否**具有**迅速捕捉有效信息，决定他能得到的成就的大小。

➡ 在信息时代，一个人是否**具有**迅速捕捉有效信息**的能力**，决定他能得到的成就的大小。

공략 具有의 의미는 '가지다, 구비하다'로 뒤에는 반드시 호응하는 목적어가 있어야만 한다.

어휘 ★刻 kè 동 새기다, 조각하다 | ★大理石 dàlǐshí 명 대리석 | ★长久 chángjiǔ 형 (시간이) 길다, 오래다 | ★杀毒 shādú 동 컴퓨터 바이러스를 죽이다 | ★软件 ruǎnjiàn 명 소프트웨어, 프로그램 | ★免费 miǎnfèi 동 무료로 하다 | ★下载 xiàzài 동 다운로드하다 | ★注册 zhùcè 동 등록하다, 회원 가입을 하다 | ★体谅 tǐliàng 동 (남의 입장에서) 알아주다, 이해하다 | ★并不困难 bìng bú kùnnan 결코 어렵지 않다 | ★角度 jiǎodù 명 각도, 관점 | ★立场 lìchǎng 명 입장, 태도 | ★信息时代 xìnxī shídài 정보화 시대 | ★迅速 xùnsù 형 신속하다, 재빠르다 | 捕捉 bǔzhuō 동 잡다, 포착하다

---

2 난이도 中 공략 Key 주어 파악

A 千岛湖位于浙江杭州西郊淳安县境内。	A 첸다오후는 저장성 항저우 서쪽 교외의 춘안현에 위치하고 있다.
Ⓑ 他永远看问题的角度跟我们不一样。	Ⓑ 그가 문제를 대하는 관점은 언제나 우리와 다르다.
C 好消息不怕迟到，也不怕重复，怕的是不分享。	C 희소식은 늦더라도 괜찮고 되풀이되어도 좋지만 함께 누리지 못하면 안 된다.
D 初春时节，草长莺飞，正是一年当中放风筝的最佳季节。	D 풀이 자라고 꾀꼬리가 날아다니는 초봄은 일 년 중 연날리기를 하기에 가장 좋은 계절이다.

정답 B 他**永远**看问题的角度跟我们不一样。

➡ 他看问题的角度**永远**跟我们不一样。

공략 永远은 주어인 '他看问题的角度' 뒤에 위치해야 한다. 이 문장에서는 他를 주어로 여기지 않도록 주의한다.

어휘 千岛湖 Qiāndǎohú 고유 첸다오후 | ★位于 wèiyú 동 ~에 위치하다 | ★浙江 Zhèjiāng 고유 저장성 | ★杭州 Hángzhōu 고유 항저우 | 西郊 xījiāo 명 서쪽 교외 | 淳安 Chún'ān 고유 춘안 | ★县 xiàn 명 현 | ★境内 jìngnèi 명 경내, 국내 | ★角度 jiǎodù 명 각도, 관점 | ★迟到 chídào 동 지각하다 | ★重复 chóngfù 동 중복하다 | ★分享 fēnxiǎng 동 함께 나누다, 함께 누리다 | 初春时节 chūchūn shíjié 초봄, 초봄 시기 | 草长莺飞 cǎo zhǎng yīng fēi 성 풀이 자라고 꾀꼬리가 날아다니다, 춘삼월의 정경 | 放风筝 fàng fēngzheng 연날리기를 하다 | ★最佳季节 zuìjiā jìjié 가장 좋은 계절

A 财富不是你一生的朋友，朋友却是你一生的财富。 **B** 金庸的武侠小说构思精奇，开展了武侠萧索的新天地。 C 梁山伯和祝英台的故事，中国民间有很多不同的版本。 D 核桃有较多优质蛋白质和脂肪酸，有利于促进脑细胞的生长和发育。	A 재물이 당신 일생의 친구가 아니라, 친구가 당신 일생의 재물이다. **B** 진용의 무협 소설은 정교하고 교묘한 구상이 잘 드러나는데, 활기 없던 무협 작품에 신세계를 개척하였다. C 양산백과 축영대의 이야기는 중국 민간에 여러 가지 판본이 있다. D 호두는 비교적 많은 양질의 단백질과 지방산을 가지고 있어 뇌세포의 성장과 발육을 촉진시키는 데 도움이 된다.

독해
제1부분

정답　B　金庸的武侠小说构思精奇，开展了武侠萧索的新天地。

　　　　⬥ 金庸的武侠小说构思精奇，开拓了武侠萧索的新天地。

공략　이 문제에서 살펴볼 점은 어휘 간의 호응인데, 新天地는 반드시 동사 开拓와 함께 쓰여 '신천지를 개척하다'라는 의미를 나타내며, 동사 开展은 活动과 호응하여 '어떤 활동을 전개하다'라는 의미로 쓰인다.

어휘　★财富 cáifù 몡 부, 재산 | ★金庸 Jīn Yōng 고유 진용[중국의 무협 소설가] | ★武侠小说 wǔxiá xiǎoshuō 몡 무협 소설 | ★构思 gòusī 몡동 구상(하다) | 精奇 jīngqí 혱 정교하고 교묘하다 | 萧索 xiāosuǒ 혱 적막하다, 활기가 없다 | ★新天地 xīntiāndì 몡 신세계, 신천지 | ★梁山伯 Liáng Shānbó 고유 양산백 | ★祝英台 Zhù Yīngtái 고유 축영대 | ★版本 bǎnběn 몡 판본 | ★核桃 hétao 몡 호두 | ★优质 yōuzhì 혱 질이 우수하다, 양질의 | ★蛋白质 dànbáizhì 몡 단백질 | ★脂肪酸 zhīfángsuān 몡 지방산 | ★促进 cùjìn 동 촉진시키다, 촉진하다 | 脑细胞 nǎoxìbāo 뇌세포 | ★发育 fāyù 동 발육하다

A 牛奶营养丰富、物美价廉，人称"白色血液"，是最理想的天然食品。 B "上有天堂，下有苏杭"表达了古往今来人们对苏州、杭州的由衷赞美。 **C** 在他的领导下，使我们公司的业务取得了很大的进展，现在公司可以说是蒸蒸日上。 D 医生的职责是救死扶伤，这是一个高尚的职业。但医生承受的心理压力也比常人大许多。	A 우유는 영양이 풍부하며 값도 저렴하여 사람들이 '백색 혈액'이라고 부르는 가장 이상적인 천연 식품이다. B '하늘에는 천당이 있고, 땅에는 쑤저우와 항저우가 있다'라는 말로 예로부터 지금까지 사람들은 쑤저우와 항저우에 대한 진심에서 우러나오는 찬미를 나타내었다. **C** 그의 지도는 우리 회사 업무가 큰 진전을 보게 했는데(그의 지도로 우리 회사 업무는 큰 진전을 보이고 있는데), 현재 회사는 날로 번영하고 있다고 말할 수 있다. D 의사의 직책은 죽음에 처한 사람을 구하고 부상자를 돌보는 것으로, 이는 고귀한 직업이다. 하지만 의사가 견뎌야 할 심리적인 스트레스도 일반인보다 훨씬 더 크다.

정답　C　在他的领导下，使我们公司的业务取得了很大的进展，现在公司可以说是蒸蒸日上。

　　　　⬥ 他的领导，使我们公司的业务取得了很大的进展，现在公司可以说是蒸蒸日上。

　　　　⬥ 在他的领导下，我们公司的业务取得了很大的进展，现在公司可以说是蒸蒸日上。

공략　'在……下'는 개사 구조로 문장에서 주어가 될 수 없고, 뒤의 使는 동사 술어로 이 문장은 주어가 부족한 불완전한 문장이다. 이 틀린 문장을 두 가지 방법으로 고칠 수 있는데, 하나는 '在……下'를 삭제하여 '他的领导'를 주어 성분으로 만드는 것이고, 또 하나는 동사 使를 삭제하여 '我们公司的业务'를 주어 성분으로 만드는 것이다.

어휘　★物美价廉 wù měi jià lián 셩 상품의 질이 좋고 값도 저렴하다 | ★人称 rénchēng 동 ~이라고 불리다 | ★天然食品 tiānrán shípǐn 몡 천연 식품 | ★上有天堂，下有苏杭 shàng yǒu tiāntáng, xià yǒu Sū Háng 하늘에는 천당이 있고, 땅에는 쑤저우와 항저우가 있다 | ★古往今来 gǔ wǎng jīn lái 셩 예로부터 지금까지 | ★由衷赞美 yóuzhōng zànměi 진심에서 우러나오는 찬미 | ★取得进展 qǔdé jìnzhǎn 진척되다, 진전을 보이다 | ★蒸蒸日上 zhēng zhēng rì shàng 셩 날로 번영하다 | ★职责 zhízé 몡 직책 | ★救死扶伤 jiù sǐ fú shāng 셩 죽음에 처한 사람을 구조하고 부상자를 돌보다 | ★高尚 gāoshàng 혱 고상하다, 고결하다 | ★承受压力 chéngshòu yālì 스트레스를 견뎌내다 | 常人 chángrén 몡 일반인

5

A 公司采取了这样的方法措施解决这个问题，真是让人失望。

B 今年北京降雪较早，这样的气象条件有利于雪场造雪，因此大多数雪场都选择了提前开放。

C 北京等一线城市的房价涨了，势必会影响二三线城市，这就是房价的扩展效应。

D 减负是一个科学化的过程，它的主要目的是培养孩子学会真正的学习，并不是人们想象中的早放学。

A 회사가 이러한 방법(대책)을 써서 이 문제를 해결한 것이 나를 정말 실망시켰다.

B 올해 베이징은 비교적 일찍 눈이 내렸는데, 이러한 기상 조건은 스키장에서 인공 눈을 만들기에 유리하기 때문에 대다수의 스키장들은 앞당겨 개장하였다.

C 베이징 등 주요 도시들의 집값이 오르는 것은 반드시 중소 도시에까지 영향을 끼치게 될 것이며, 이것이 바로 집값의 확산 효과이다.

D 과중한 수업 부담을 줄인다는 것은 하나의 과학적인 과정으로, 그것의 주된 목적은 아이들이 진정한 학습을 할 수 있도록 길러내는 것이지, 사람들이 생각하는 대로 일찍 수업을 마친다는 의미는 결코 아니다.

정답 A　公司采取了这样的**方法措施**解决这个问题，真是让人失望。

▶ 公司采取了这样的**方法**解决这个问题，真是让人失望。

▶ 公司采取了这样的**措施**解决这个问题，真是让人失望。

공략　方法와 措施는 의미가 같으므로 중복하지 말고 하나만 사용해야 한다.

어휘　★采取措施 cǎiqǔ cuòshī 대책을 쓰다, 조취를 취하다 | ★降雪 jiàngxuě 통 눈이 내리다 | ★气象条件 qìxiàng tiáojiàn 기상 조건 | ★有利于 yǒulì yú ~에 유리하다 | ★雪场 xuěchǎng 명 스키장 | ★造雪 zào xuě (인공) 눈을 만들다 | ★一线城市 yíxiàn chéngshì 일선 도시, 주요 도시 | ★房价 fángjià 명 집값 | ★涨 zhǎng 통 (수위나 물가 등이) 오르다 | ★势必 shìbì 부 반드시, 꼭 | 二三线城市 èr sān xiàn chéngshì 2, 3선급 도시, 중소 도시 | 扩展效应 kuòzhǎn xiàoyìng 확산 효과 | ★减负 jiǎnfù 통 과중한 부담을 덜다 | ★科学化 kēxuéhuà 과학적, 과학화 | ★培养 péiyǎng 통 기르다

6

A 教训和经验一样宝贵，缺少它的人一样很难成功。

B 这件事比我们想的甚至还复杂，大家一定要提高警惕。

C 信任是一种弥足珍贵的东西，不可能用金钱买到，更不可能用武力得到。

D 打哈欠是人体的保护性警告，当人体睡眠不足或劳累过度时，就会打哈欠。

A 교훈은 경험과 마찬가지로 귀중하여 그것이 부족한 사람 역시 성공하기 어렵다.

B 이 일은 심지어 우리가 생각했던 것보다 더 복잡하므로 모두가 경각심을 높여야만 한다.

C 믿음이라는 것은 매우 진귀한 것으로 돈으로 살 수 없으며, 힘으로 얻을 수 있는 것은 더더욱 아니다.

D 하품을 하는 것은 인체의 보호성 경고로, 인체가 수면이 부족하거나 지나치게 무리를 하면 하품을 하게 된다.

정답 B　这件事**比**我们想的**甚至**还复杂，大家一定要提高警惕。

▶ 这件事**甚至比**我们想的还复杂，大家一定要提高警惕。

공략　甚至는 부사로 비교문에서 개사인 比보다 앞에 위치한다.

어휘　★教训 jiàoxùn 명 교훈 | ★宝贵 bǎoguì 형 진귀하다, 귀중하다 | ★甚至 shènzhì 부 심지어 | ★复杂 fùzá 형 복잡하다 | ★警惕 jǐngtì 통 경계하다, 경계심을 갖다 | ★信任 xìnrèn 통 신임하다, 신뢰하다 | ★弥足珍贵 mí zú zhēnguì 매우 진귀하다 | ★金钱 jīnqián 명 돈 | ★武力 wǔlì 명 무력, 힘 | ★打哈欠 dǎ hāqian 통 하품을 하다 | ★保护性 bǎohùxìng 보호성 | ★警告 jǐnggào 명통 경고(하다) | ★睡眠不足 shuìmián bùzú 수면이 부족하다 | ★劳累过度 láolèi guòdù 과로하다, 지나치게 무리하다

Ⓐ 我们生活在地球上，是一个天然的磁体，地球在自转过程中会产生磁场。

B 旅行中的翻山越岭、长途跋涉，是对人的意志的磨练，可以激发人们的潜能。

C 如果人不到新的环境面临新的挑战，必定会变得见识短浅、思路狭窄。

D 网络小说最大的特点是互动性强，作者可以及时参考读者的意见，调整写作内容。

Ⓐ 우리가 생활하는 지구는 천연의 자성체로, 지구가 자전하는 과정 중에 자기장이 만들어진다.

B 여행 중 먼 길을 고생스럽게 가는 것은 사람의 의지를 단련시키는 것인데, 이는 사람들의 잠재력을 불러일으킬 수 있다.

C 만약 새로운 환경을 접해보지 못하고 새로운 도전에 직면해보지 못한다면, 틀림없이 식견은 얕아지고 사고의 폭도 좁아지게 될 것이다.

D 인터넷 소설의 가장 큰 특징은 상호 소통이 강하다는 점인데, 작가는 독자의 의견을 곧바로 참고하여 글의 내용을 수정할 수 있다.

정답 A 我们生活在地球上，是一个天然的磁体，地球在自传过程中会产生磁场。
➡ 我们生活的地球，是一个天然的磁体，地球在自传过程中会产生磁场。

공략 보기 A에서 주어는 我们인데 반해 뒷부분 '是一个天然的磁体'의 주어가 사람이 될 수 없기 때문에, 이 문장에서는 주어 성분을 반드시 '我们生活的地球' 형태로 고쳐야만 한다.

어휘 ★地球 dìqiú 몡 지구 | ★天然 tiānrán 혱 천연의 | ★磁体 cítǐ 몡 자성체 | ★自转 zìzhuàn 동 자전하다 | 磁场 cíchǎng 몡 자기장 | ★翻山越岭 fān shān yuè lǐng 셍 산과 고개를 넘다, 가는 길이 멀고 험하다 | ★长途跋涉 chángtú báshè 먼 길을 고생스럽게 가다 | ★意志 yìzhì 몡 의지 | ★磨练 móliàn 동 단련하다 | ★激发 jīfā 동 분발시키다 | ★潜能 qiánnéng 몡 잠재력 | ★面临挑战 miànlín tiǎozhàn 도전에 직면하다 | ★必定 bìdìng 뷔 틀림없이 | ★见识短浅 jiànshi duǎnqiǎn 식견이 얕다 | ★思路狭窄 sīlù xiázhǎi 사고의 폭이 좁다 | ★网络小说 wǎngluò xiǎoshuō 인터넷 소설 | ★互动性 hùdòngxìng 상호 작용성 | ★及时 jíshí 뷔 곧바로, 신속히 | ★参考 cānkǎo 동 참고하다 | ★调整 tiáozhěng 동 조정하다

A 油炸食品食用太多会严重影响健康。

B 绿茶中含有大量的维生素C，感冒时可以多喝点儿。

C 握手时要相互注视，微笑，不要显得心不在焉。

Ⓓ 根据我3000年前的考察，这一带的制陶技术已经相当发达了。

A 튀김 요리를 너무 많이 먹으면 건강에 심각하게 영향을 끼칠 수 있다.

B 녹차에는 다량의 비타민C가 함유되어 있어서, 감기에 걸렸을 때 녹차를 조금 더 많이 마시는 게 좋다.

C 악수를 할 때는 서로 쳐다보고 미소를 지어야 하며, 건성으로 하는 것처럼 보여서는 안 된다.

Ⓓ 내가 한 조사에 따르면, 3,000년 전, 이 시대의 도자기 제조 기술은 이미 상당히 발달되어 있었다.

정답 D 根据我3,000年前的考察，这一代的制陶技术已经相当发达了。
➡ 根据我的考察，3,000年前，这一代的制陶技术已经相当发达了。

공략 이 문장은 논리적인 관계가 잘못되었는데, 문맥상 我는 '3000年前的考察' 바로 앞에 위치할 수 없다. '3000年前'이 考察 뒤에 놓여야만 논리적으로 맞는 문장이다.

어휘 ★油炸食品 yóuzhá shípǐn 튀김 식품, 튀김 요리 | ★食用 shíyòng 동 먹다, 식용하다 | ★绿茶 lǜchá 몡 녹차 | ★含有 hányǒu 동 함유하다 | ★维生素 wéishēngsù 몡 비타민 | ★感冒 gǎnmào 몡동 감기(에 걸리다) | ★握手 wòshǒu 몡동 악수(하다) | ★注视 zhùshì 동 주시하다, 쳐다보다 | ★微笑 wēixiào 동 미소를 짓다 | ★显得 xiǎnde 동 (어떤 상황이) 드러나다, ~인 것 같다 | ★心不在焉 xīn bú zài yān 셍 정신을 딴 데 팔다, 건성으로 하다 | ★考察 kǎochá 동 고찰하다, 조사하다 | 制陶技术 zhìtáo jìshù 도자기 제조 기술 | ★发达 fādá 동 발달하다

📅 21 day 술어 단어를 유혹하라 Ⅰ – 동사

본책_ 262쪽

정답 1. D 2. A 3. C 4. A 5. C 6. B 7. B 8. C

1

난이도 中 공략 Key 面对难题의 호응 구조

　　人之所以会心累，就是因为常常①<u>徘徊</u>在坚持和放弃之间，犹豫不决。生活中总会有一些值得我们②<u>拥有</u>的东西，也有一些必须要放弃的东西。放弃与坚持，是每个人都不得不③<u>面对</u>的人生难题。

A 盘旋　　拥抱　　当面
B 奔波　　占有　　推理
C 缠绕　　占领　　对付
Ⓓ 徘徊　　拥有　　面对

　　사람들이 심적 피로를 느끼게 되는 이유는, 지켜야 할 것과 포기 사이에서 늘 <u>배회하며</u> 머뭇거리기 때문이다. 삶 속에는 늘 우리가 <u>가져야</u> 할 것들과 포기해야만 하는 것들이 있기 마련이다. 포기와 지켜내는 것은 모든 사람들이 어쩔 수 없이 <u>맞서야</u> 할 인생의 난관인 것이다.

A 맴돌다 | 포옹하다 | 직접 마주하다
B 분주하다 | 점유하다 | 추리하다
C 휘감다 | 점령하다 | 대처하다
Ⓓ 배회하다 | 가지다 | 맞서다

공략
- ①번 칸 '이리저리 거닐다, 배회하다'라는 의미를 나타내는 徘徊가 가장 적합하다.
- ②번 칸 '值得拥有'가 서로 호응한다.
- ③번 칸 '面对难题'는 고정 형식으로, '난관에 맞서다'라는 의미이다.

어휘 ★之所以 zhīsuǒyǐ 접 ~의 이유, ~의 까닭 | 心累 xīn lèi 심적으로 피로하다 | ★犹豫不决 yóu yù bù jué 성 머뭇거리다 | ★人生难题 rénshēng nántí 인생의 난관, 인생의 난제 | 盘旋 pánxuán 통 맴돌다, 배회하다 | ★拥抱 yōngbào 통 포옹하다, 껴안다 | ★当面 dāngmiàn 부 직접 마주하여 | ★奔波 bēnbō 통 분주하다 | 推理 tuīlǐ 통 추리하다 | ★缠绕 chánrào 통 휘감다 | ★占领 zhànlǐng 통 점령하다, 점거하다 | 对付 duìfu 통 대처하다 | ★徘徊 páihuái 통 이리저리 거닐다, 배회하다

2

난이도 上 공략 Key 孕育艺术의 호응 구조

　　古城苏州，素有"人间天堂"之称，在这优美环境里①<u>孕育</u>出了苏州刺绣艺术。苏绣已有2000余年的历史，早在三国时就有了关于苏绣制作的②<u>记载</u>。苏绣具有图案秀丽、③<u>构思</u>巧妙、绣工细致、针法活泼的④<u>独特</u>风格，地方特色⑤<u>浓郁</u>。

Ⓐ 孕育　　记载　　构思　　独特　　浓郁
B 诞生　　记忆　　设计　　独立　　浓厚
C 制造　　记录　　构成　　单独　　浓烈
D 发育　　标记　　设置　　特殊　　浓重

　　고성인 쑤저우는 본래 '지상의 천국'이라는 명칭을 가지고 있는데, 그 아름다운 환경 속에서 쑤저우 자수 예술을 <u>싹 틔웠다</u>. 쑤저우 자수는 이미 2,000여 년의 역사를 가지고 있으며, 일찍이 삼국 시대에 쑤저우 자수 제작에 관한 <u>기록</u>이 있다고 한다. 쑤저우 자수는 도안이 아름답고, <u>구상</u>이 절묘하며, 수공이 섬세하고, 스티치에 생동감이 있는 <u>독특한</u> 스타일이며 그 지방 특색이 <u>짙다</u>.

Ⓐ 싹 틔우다 | 기록 | 구상 | 독특하다 | 짙다
B 생기다 | 기억 | 디자인 | 독립하다 | 짙다
C 제조하다 | 기록 | 구성 | 단독으로 | 강렬하다
D 성장하다 | 표기 | 설치 | 특수하다 | 짙다

공략
- ①번 칸 '孕育艺术'는 고정 형식으로, '예술을 싹 틔우다'라는 의미이다.
- ②번 칸 '有……的记载'는 '~한 기록이 있다'라는 의미이다.
- ③번 칸 '构思/设计巧妙'는 '구상/디자인이 절묘하다'라는 의미이다.
- ④번 칸 '独特风格'는 '독특한 스타일'이라는 의미이다.
- ⑤번 칸 '特色浓郁/浓厚'는 '특색이 짙다'라는 의미이다.

어휘 ★苏州 Sūzhōu [고유] 쑤저우 | ★素有⋯⋯之称 sùyǒu⋯⋯zhī chēng 본래 ~이라는 명칭을 가지고 있다 | ★人间天堂 rénjiān tiāntáng 지상의 천국 | ★优美 yōuměi [형] 아름답다 | ★刺绣 cìxiù [명동] 자수; 수를 놓다 | 余 yú [주] 여 | ★三国 Sānguó [명] 삼국 시대 | ★制作 zhìzuò [동] 제작하다 | ★图案秀丽 tú'àn xiùlì 도안이 아름답다 | 绣工细致 xiùgōng xìzhì 수공이 섬세하다 | 针法活泼 zhēnfǎ huópo 스티치가 생동감이 있다 | ★地方特色 dìfāng tèsè 지방 특색 | ★记载 jìzǎi [명동] 기록(하다) | ★构思 gòusī [명] 구상 | ★独特 dútè [형] 독특하다 | ★浓郁 nóngyù [형] (향기·색채·감정·흥미 등이) 짙다, 강하다 | ★诞生 dànshēng [동] 생기다, 탄생하다 | ★设计 shèjì [명동] 디자인(하다) | ★独立 dúlì [동] 독립하다 | ★浓厚 nónghòu [형] (안개·색채·의식·흥미 등이) 짙다, 농후하다 | 构成 gòuchéng [명동] 구성(하다) | ★单独 dāndú [부] 단독으로 | 浓烈 nóngliè [형] (냄새·맛·의식 등이) 강렬하다, 자극적이다 | ★发育 fāyù [동] 발육하다, 성장하다 | 标记 biāojì [명동] 표기(하다) | 设置 shèzhì [동] 설치하다 | ★特殊 tèshū [형] 특수하다 | ★浓重 nóngzhòng [형] (안개·냄새 등이) 농후하다, 짙다

---

3   난이도 中   공략 Key 维护形象의 호응 구조

　　假笑会导致"微笑抑郁症"，这是一种多发生在都市白领身上的新型抑郁①<u>倾向</u>。患者常常为了②<u>维护</u>自己在别人心目中的美好形象，刻意③<u>掩饰</u>自己的情绪，强颜④<u>欢笑</u>。

A	观念	守护	装饰	欢乐
B	导向	爱护	掩盖	喜悦
C	**倾向**	**维护**	**掩饰**	**欢笑**
D	概念	维持	掩护	微笑

　　거짓 웃음은 '웃음 우울증'을 일으킬 수 있는데, 이는 일종의 대도시 화이트칼라 계층에서 많이 나타나는 새로운 형태의 우울 <u>성향</u>이다. 환자들은 항상 다른 사람들의 기억 속에서 본인의 아름다운 이미지를 <u>지키기</u> 위해, 애써 자신의 감정을 <u>숨기고</u> 마음속으로는 언짢더라도 억지로 <u>즐거운 웃음을 짓는다</u>.

A 관념 | 수호하다 | 장식하다 | 겁다
B 인도 방향 | 아끼다 | 가리다 | 기쁘다
C 성향 | 지키다 | 숨기다 | 즐겁게 웃다
D 개념 | 유지하다 | 두둔하다 | 미소를 띠다

공략   ②번 칸   '维护形象'은 고정 형식으로, '이미지를 지키다'라는 의미이다.

      ③번 칸   '掩饰情绪'는 '다른 사람들에게 자신의 감정을 드러내지 않는다'는 뜻으로 보기 C를 제외한 다른 보기의 단어들은 情绪와 호응하여 쓰이지 않는다.

      ④번 칸   '强颜欢笑'는 '진심으로 웃는 것이 아니라 억지로 웃는 척을 하다'라는 의미의 성어이다.

어휘 ★假笑 jiǎxiào 거짓 웃음 | ★导致 dǎozhì [동] 야기하다, 일으키다 | 抑郁症 yìyùzhèng [명] 우울증 | ★都市白领 dūshì báilǐng 대도시 화이트칼라 계층 | ★新型 xīnxíng [형] 신형의 | ★患者 huànzhě [명] 환자 | ★在别人心目中 zài biéren xīnmù zhōng 다른 사람들의 기억 속 | ★美好形象 měihǎo xíngxiàng 아름다운 이미지 | ★刻意 kèyì [부] 힘껏, 애써서 | ★情绪 qíngxù [명] 감정, 기분 | ★强颜欢笑 qiǎng yán huān xiào [성] 마음속으로 언짢지만 억지로 즐거운 듯한 웃음을 짓다 | ★观念 guānniàn [명] 관념 | ★守护 shǒuhù [동] 수호하다 | ★装饰 zhuāngshì [동] 장식하다 | 导向 dǎoxiàng [명] 인도하는 방향 | ★爱护 àihù [동] 아끼다 | ★掩盖 yǎngài [동] 덮어 가리다, 감추다 | ★喜悦 xǐyuè [명형] 기쁨; 기쁘다 | ★倾向 qīngxiàng [명] 성향 | ★维护 wéihù [동] 지키다 | ★掩饰 yǎnshì [동] 숨기다, 감추다 | ★概念 gàiniàn [명] 개념 | ★维持 wéichí [동] 유지하다 | ★掩护 yǎnhù [동] 엄호하다, 두둔하다

---

4   난이도 中   공략 Key 演奏乐曲의 호응 구조

　　马头琴，因琴头雕饰着马头而得名。是蒙古民族的代表性乐器，也是①<u>民间</u>艺人，牧民家中所喜爱的乐器，马头琴所②<u>演奏</u>的乐曲，具有③<u>深沉</u>粗犷，激昂的特点，④<u>体现</u>了蒙古民族的生产、生活和草原风格。

A	**民间**	**演奏**	**深沉**	**体现**
B	乡镇	扮演	沉闷	发扬
C	主流	展示	沉重	凝聚
D	潮流	演绎	深奥	呈现

　　마두금은 칠현금의 자루 끝에 말 머리 모양 장식을 한 것 때문에 얻게 된 이름이다. 이는 몽골 민족의 대표적인 악기로 <u>민간</u> 예술인이라고도 하며, 유목민 가정에서 사랑받는 악기로, 마두금이 <u>연주하는</u> 곡들은 <u>낮고 묵직하며</u> 거친 느낌의 격앙된 특징을 갖고 있으며, 몽골 민족의 생산, 생활 및 초원의 풍격을 <u>구현해낸다</u>.

A 민간 | 연주하다 | 낮고 묵직하다 | 구현하다
B 소도시 | 출연하다 | 음울하다 | 드높이다
C 주류 | 드러내다 | 무겁다 | 응집하다
D 풍조 | 나타내다 | 심오하다 | 보이다

공략　②번칸　이 문제의 핵심 항목인 '演奏乐曲'는 고정 형식으로, '곡을 연주하다'라는 의미이다.
　　　④번칸　'体现风格'만이 알맞은 조합이며, '풍격을 구현해내다'라는 의미이다.

어휘　马头琴 mǎtóuqín 몡 마두금[몽고족 현악기 중 하나] | ★雕饰 diāoshì 통 조각하여 장식하다 | ★蒙古 Měnggǔ 고유 몽골
| 乐器 yuèqì 몡 악기 | ★艺人 yìrén 몡 예술인, 연예인 | ★牧民 mùmín 몡 유목민 | ★喜爱 xǐ'ài 통 좋아하다 | ★乐曲
yuèqǔ 몡 곡 | ★粗犷 cūguǎng 혱 거칠다, 호방하다 | ★激昂 jī'áng 혱 (감정·어조 등이) 격앙되다 | ★演奏 yǎnzòu 통
연주하다 | ★深沉 shēnchén 혱 (음조·목소리가) 낮고 묵직하다 | ★体现 tǐxiàn 통 구현하다 | ★乡镇 xiāngzhèn 몡 소도시,
규모가 작은 지방 도시 | ★扮演 bànyǎn 통 ~의 역을 연기하다, 출연하다 | ★沉闷 chénmèn 혱 (분위기·날씨 등이) 음울하다,
(마음이) 답답하다 | ★发扬 fāyáng 통 드높이다 | ★主流 zhǔliú 몡 주류 | ★展示 zhǎnshì 통 드러내다 | ★沉重 chénzhòng
혱 (무게·기분·부담 등이) 몹시 무겁다, (심정이) 우울하다 | ★凝聚 níngjù 통 응집하다 | ★潮流 cháoliú 몡 풍조 | ★演绎
yǎnyì 통 자세히 진술하다, 나타내다 | ★深奥 shēn'ào 혱 (함의·이치가) 심오하다 | ★呈现 chéngxiàn 통 보이다, 양상을 띠다

5　난이도 下　공략 Key 提高效率의 호응 구조

対员工的赞美是一种有效而又强大的力量。赞美能够使员工对自己更加自信、对工作更加热爱，具有很强的①刺激作用，能够确保②提高工作的效率。③作为主管，对于这种不需要④本钱而效果明显的"武器"，为什么不经常使用呢?

A 督促　　增加　　负担　　支出
B 激发　　改进　　充当　　本事
C 刺激　　提高　　作为　　本钱
D 激励　　上升　　担任　　成本

직원에 대한 칭찬은 일종의 효과 있고 강력한 힘이다. 칭찬은 직원에게 스스로에 대한 자신감을 더 키워주고, 일에 대해서도 더 애착을 가지게 하는 매우 강한 자극적인 효과를 지녀 확실하게 업무의 능률을 향상시킨다. 팀장으로서 이러한 밑천이 필요 없고 효과가 확실한 무기를 어찌 자주 사용하지 않을 수 있겠는가?

A 독촉하다 | 증가하다 | 부담하다 | 지출
B 불러일으키다 | 개선하다 | 맡다 | 능력
C 자극하다 | 향상시키다 | ~으로서 | 밑천
D 북돋우다 | 상승하다 | 담당하다 | 자본금

공략　①번칸　'有刺激/激励作用'의 조합이 다 가능하다.
　　　②번칸　'提高效率'는 고정 형식으로, '능률/효율을 향상시키다'라는 의미이다.
　　　③번칸　作为는 '~의 자격으로서'라는 의미로, 뒤에 신분을 나타내는 명사를 취하는 作为만이 主管과 호응한다.
　　　④번칸　문맥상 本钱과 成本이 다 가능하다.

어휘　★员工 yuángōng 몡 직원 | ★赞美 zànměi 통 칭찬하다 | ★确保 quèbǎo 통 확실히 보장하다 | ★主管 zhǔguǎn 몡 팀장,
책임자 | ★武器 wǔqì 몡 무기 | ★督促 dūcù 통 독촉하다 | ★支出 zhīchū 몡 지출 | ★激发 jīfā 통 (감정을) 불러일으키다 |
★充当 chōngdāng 통 (어떤 직무·역할을) 맡다 | ★本事 běnshi 몡 능력 | ★刺激 cìjī 통 자극하다 | ★本钱 běnqián 몡 밑천
| ★激励 jīlì 통 북돋우다, 격려하다 | ★担任 dānrèn 통 맡다 | ★成本 chéngběn 몡 원가, 자본금

6　난이도 中　공략 Key '达到/实现目标'의 호응 구조

心理学家表示，目标①明确的人更容易成功，他们比别人更能②预测出自己的目标和现实之间的差距，然后制定出实际的计划，这样可以③促使人们充分发挥出自己的全部潜力，并最终④达到自己的目标。

A 确实　　测量　　推动　　抵达
B 明确　　预测　　促使　　达到
C 确定　　衡量　　促进　　到达
D 制定　　觉得　　鼓励　　实现

심리학자가 밝힌 바로는, 목표가 명확한 사람이 더 쉽게 성공할 수 있다고 한다. 그들은 다른 사람들보다 자신의 목표와 현실의 차이를 더 잘 예측해낸 후 실질적인 계획을 세우는데, 이렇게 하는 것이 우리가 자신의 모든 잠재력을 충분히 발휘할 수 있게 하여 결국에는 자신의 목표에 도달할 수 있도록 하는 것이다.

A 확실하다 | 측정하다 | 추진하다 | 도착하다
B 명확하다 | 예측하다 | ~하게 하다 | 도달하다
C 확정하다 | 따져보다 | 촉진하다 | 도착하다
D 제정하다 | ~이라 생각하다 | 격려하다 | 실현하다

공략　①번칸　'目标明确/确定'의 조합이 다 가능하다.
　　　②번칸　보기 D의 觉得는 '觉得出'의 형태로 사용할 수 없으므로 적합하지 않다.

③번 칸　促使는 '~하게 하다'라는 뜻으로 使와 같은 의미라고 할 수 있다. 보기 A와 C의 推动과 促进은 동의어로, '社会发展'이나 '经济发展' 등의 단어와 주로 호응하여 쓰이므로 문맥상 적합하지 않다.

④번 칸　'达到/实现目标'는 고정 형식으로, '목표에 도달하다/목표를 실현하다'라는 의미이다. 보기 A와 C의 抵达와 到达는 동의어로, 뒤에는 장소를 나타내는 단어만 동반할 수 있다.

어휘　★心理学家 xīnlǐxuéjiā 명 심리학자 | ★差距 chājù 명 차이, 격차 | ★制定 zhìdìng 동 세우다, 제정하다 | ★充分发挥 chōngfèn fāhuī 충분히 발휘하다 | ★潜力 qiánlì 명 잠재력 | ★测量 cèliáng 동 측정하다 | ★推动 tuīdòng 동 추진하다 | ★抵达 dǐdá 동 도착하다 | ★预测 yùcè 동 예측하다 | ★促使 cùshǐ 동 ~하게 하다 | ★确定 quèdìng 형동 확정적이다; 확정하다 | ★衡量 héngliáng 동 따져보다, 평가하다 | ★促进 cùjìn 동 촉진하다, 재촉하다 | ★制定 zhìdìng 동 제정하다

7　난이도 上　공략 Key 사물이 생겨남을 의미할 수 있는 诞生

打哈欠是人们身体的一种本能反应，不受①主观思想操控。当身体感受到疲劳、睡意等外界②刺激时，就会诱发相关分子大量分泌，进而引起"哈欠中枢"兴奋，对身体肌肉群发出指令。而肌肉群严格③遵照指令执行，于是一个哈欠就④诞生了。

	A	B	C	D
	自我	**主观**	客观	自己
	影响	**刺激**	引诱	引导
	遵守	**遵照**	根据	照着
	出生	**诞生**	产生	生产

하품을 하는 것은 인체의 본능적인 반응이어서 주관적인 생각의 통제를 받지 않는다. 인체가 피로나 졸음 등의 외부 자극을 느낄 때 관련 물질이 대량으로 분비되어, '하품 중추'를 흥분시켜 인체의 근육 조직에 명령을 보내게 된다. 근육 조직은 그 명령을 엄격히 따라서 실행으로 옮겨 하품이 나오게 되는 것이다.

A 자아 | 영향 | 준수하다 | 태어나다
B 주관적인 | 자극 | 따르다 | 생기다
C 객관적인 | 유인 | ~에 따라서 | 생기다
D 자신 | 인도하다 | ~대로 | 생산하다

공략　
①번 칸　'주관적인 생각'이라는 의미의 '主观思想'만이 가능하다. 보기 D의 自己는 뒤에 조사 的를 붙여 쓰며, 보기 A의 自我는 뒤에 주로 소개나 비평과 같은 동사를 동반하므로 적합하지 않다.

②번 칸　'受到影响/刺激'의 조합이 다 가능하다.

③번 칸　'遵照/根据/照着'가 모두 다 가능하다. 보기 A의 遵守는 '준수하다'라는 의미로 法律나 规定 등의 명사와 호응해서 쓰이므로 문맥상 적합하지 않다.

④번 칸　'哈欠诞生/产生'의 조합이 다 가능하다.

어휘　★打哈欠 dǎ hāqian 동 하품을 하다 | ★本能反应 běnnéng fǎnyìng 본능적인 반응 | ★受……操控 shòu……cāokòng 통제를 받다 | ★睡意 shuìyì 명 졸음 | ★外界 wàijiè 명 외부 | ★诱发 yòufā 동 일으키다, 유발하다 | ★相关分子 xiāngguān fènzǐ 관련 물질 | ★分泌 fēnmì 동 분비하다 | ★进而 jìn'ér 접 더 나아가 | 中枢 zhōngshū 명 중추 | ★肌肉 jīròu 명 근육 | ★发出指令 fāchū zhǐlìng 명령을 보내다 | ★严格 yángé 형동 엄격하다; 엄격히 하다 | ★执行 zhíxíng 동 실행하다, 집행하다 | ★遵照 zūnzhào 동 따르다 | ★引诱 yǐnyòu 명동 유인(하다) | ★引导 yǐndǎo 동 인도하다, 이끌다

8　난이도 中　공략 Key 展示天赋의 호응 구조

丁俊晖虽然是首次参加这种顶级赛事，但他表现得非常①镇定，具有非常大的②潜力。丁俊晖生于江苏，因父亲③经营台球生意而与这项运动结缘，从9岁开始④正规训练，2002年开始在国际赛场上尽情⑤展示自己的台球天赋。

A 平静	能力	管理	正式	展开
B 冷静	努力	插足	正统	展出
C 镇定	**潜力**	**经营**	**正规**	**展示**
D 淡定	效力	处理	正经	展现

딩쥔후이는 비록 처음으로 그런 최고 수준의 경기에 참가하였는데도 아주 침착해보였으며 매우 큰 잠재력을 가진 듯했다. 딩쥔후이는 장쑤성에서 태어났으며 아버지가 당구 사업을 경영하여서 이 종목의 스포츠와 연을 맺었다고 하는데, 9살 때부터 정식으로 훈련을 하여 2002년부터 국제 무대에서 자신의 천부적인 당구 실력을 한껏 드러내기 시작했다.

A 조용한 | 능력 | 관리하다 | 정식의 | 펼치다
B 침착한 | 노력 | 관여하다 | 정통의 | 전시하다
C 침착한 | 잠재력 | 경영하다 | 정식의 | 드러내다
D 냉정한 | 효력 | 처리하다 | 표준의 | 나타내다

공략
- ①번 칸 '表现得冷静/镇定'의 조합이 다 가능하다.
- ③번 칸 '经营生意'의 조합이 가장 적합하다.
- ④번 칸 '正式/正规训练'의 조합이 모두 가능하다.
- ⑤번 칸 '展示天赋'는 고정 형식으로서 '천부적인 자질을 드러내다'라는 의미이다. 다른 보기의 단어들은 天赋와 함께 호응하여 쓰일 수 없다.

어휘 丁俊晖 Dīng Jùnhuī [고유] 딩쥔후이 | ★首次 shǒucì [명] 최초, 처음 | 顶级赛事 dǐngjí sàishì 최고 수준의 경기 | ★台球 táiqiú [명] 당구 | ★结缘 jiéyuán [동] 인연을 맺다 | ★训练 xùnliàn [동] 훈련하다 | ★国际赛场 guójì sàichǎng 국제 무대 | ★尽情 jìnqíng [부] 한껏, 실컷 | ★天赋 tiānfù [명] 천부적인 자질 | ★平静 píngjìng [형] 조용하다 | ★管理 guǎnlǐ [동] 관리하다 | ★展开 zhǎnkāi [동] 펼치다, 전개하다 | ★冷静 lěngjìng [형] 침착하다, 냉정하다 | 效力 xiàolì [명] 효력 | 插足 chāzú [동] 참여하다, 관여하다 | 正统 zhèngtǒng [형] 정통의 | ★展出 zhǎnchū [동] 전시하다, 진열하다 | ★镇定 zhèndìng [형] 침착하다, 차분하다 | ★经营 jīngyíng [동] 경영하다다 | ★正规 zhèngguī [형] 정규의, 정식의 | ★展示 zhǎnshì [동] 드러내다, 나타내다 | ★淡定 dàndìng [형] 냉정하다, 침착하 | 正经 zhèngjing [형] 표준의 | ★展现 zhǎnxiàn [동] 펼쳐 보이다, 나타내다

🗓 22 day 술어 단어를 유혹하라 Ⅱ – 형용사

본책_ 276쪽

정답 1. C 2. B 3. D 4. C 5. D 6. A 7. B 8. C

1 난이도 中 공략 Key 骄傲自满의 호응 구조 파악

著名画家徐悲鸿有一句名言"傲气不可有，傲骨不可无"。这句名言说明了一个做人的简单①道理：不要在成绩面前骄傲②自满，不要狂妄自大，目中无人，但也不能③丧失气节一味地讨好别人，④卑躬屈膝。

A 理论　自发　损失　半途而废
B 原理　自主　迷失　讨价还价
C 道理　自满　丧失　卑躬屈膝
D 原则　满足　消失　咬牙切齿

유명한 화가인 쉬베이훙은 '거만함은 있어서는 안 되고 강직함은 없어서는 안 된다'라는 명언을 남겼다. 이 명언은 인간됨의 간단한 <u>도리</u>를 알려주는데, 이는 '성과 앞에 교만하거나 <u>자만하지</u> 말고, 거만하여 남을 업신여겨서는 안 되지만, 지조를 <u>잃고</u> 무턱대고 다른 사람에게 잘 보이려고 하거나 <u>줏대 없이 비굴하게 아첨해서도</u> 안 된다'는 것이다.

A 이론 | 자발적이다 | 손실하다 | 일을 중도에 그만두다
B 원리 | 자주적이다 | 잃다 | 값을 흥정하다
C 도리 | 자만하다 | 잃다 | 줏대 없이 비굴하게 아첨하다
D 원칙 | 만족하다 | 사라지다 | 몹시 화를 내다

공략
- ①번 칸 '做人的道理/原则'의 조합이 다 가능하다.
- ②번 칸 '骄傲自满'은 고정 형식으로, '교만하고 자만하다'라는 의미이다.
- ③번 칸 오직 丧失만이 气节와 호응하여 '지조를 잃어버리다'라는 의미로 쓰일 수 있다. 보기 D의 消失는 뒤에 명사 목적어를 동반할 수 없다. 또한 보기 A의 损失는 '经济损失(경제적 손실)'의 형태로, B의 迷失는 '迷失方向(방향을 잃어버리다)'의 형태로 자주 호응하여 쓰인다.
- ④번 칸 卑躬屈膝만이 문맥상 적합하며 '다른 사람 앞에서 자신에 대한 존엄성이 없이 비굴하게 굴다'라는 의미이다.

어휘 徐悲鸿 Xú Bēihóng [고유] 쉬베이훙 | ★傲气 àoqì [명] 거만한 태도 | 傲骨 àogǔ [명] 강직한 성격 | ★骄傲自满 jiāo ào zì mǎn [성] 교만하고 자만하다 | ★狂妄自大 kuáng wàng zì dà [성] 아주 거만하여 안하무인격이다 | ★目中无人 mù zhōng wú rén [성] 거만하고 남을 업신여기다 | 气节 qìjié [명] 기개, 지조 | ★一味 yíwèi [부] 단순히, 무턱대고 | ★讨好 tǎohǎo [동] 잘 보이다 | ★自发 zìfā [형] 자발적인 | ★损失 sǔnshī [동] 손실하다 | ★半途而废 bàn tú ér fèi [성] 일을 중도에 그만두다 | ★迷失 míshī [동] (방향·길 등을) 잃다 | ★讨价还价 tǎo jià huán jià [성] 값을 흥정하다 | ★丧失 sàngshī [동] 잃어버리다 | ★卑躬屈膝 bēi gōng qū xī [성] 줏대 없이 비굴하게 아첨하다 | ★咬牙切齿 yǎo yá qiè chǐ [성] 몹시 화를 내다

2

下雨天，人们的①视线会受到影响，特别是下暴雨时雨刷器不能有效地去除挡风玻璃上的雨水，令驾驶者眼前②模糊不清。同时，由于气温降低，前后挡风都会有雾气，③因此，这时应该打开冷气和后挡风玻璃加热器尽快④消除雾气。

비 오는 날에는 사람들의 시선이 영향을 받게 되는데, 특히 폭우가 내릴 때 와이퍼가 차 앞 유리의 빗방울을 제대로 닦아내지 못해 운전자의 눈앞을 흐려지게 만든다. 이와 동시에 기온이 떨어져 차 앞뒤 유리에 김이 서리게 되므로 따라서 이때는 반드시 에어컨과 차 뒤 유리의 히터(열선)를 틀어 가능한 한 빨리 서린 김을 제거해야 한다.

A	视力	含糊	但是	消化
B	**视线**	**模糊**	**因此**	**消除**
C	视野	混乱	所以	消失
D	思维	浑浊	于是	排除

A 시력 | 모호하다 | 그러나 | 소화하다
B 시선 | 흐릿하다 | 따라서 | 제거하다
C 시야 | 혼란하다 | 따라서 | 사라지다
D 사고 | 혼탁하다 | 그리하여 | 배제하다

독해
제2부분

공략　①번 칸　'비가 오는 날에는 분명하게 보이지 않는다'라는 의미가 '시선에 장애를 주어 영향을 끼치게 된다'라는 뜻이므로 视线만이 문맥상 적합하다.

②번 칸　'模糊不清'은 고정 형식으로, '분명하게 보이지 않다'라는 의미이다.

④번 칸　보기 B의 消除만이 명사 雾气를 목적어로 두어 '서린 김을 제거하다'라는 의미로 쓰일 수 있다. 보기 A의 消化는 위장 활동의 의미로만 쓰이고, C의 消失는 뒤에 명사를 동반할 수 없으며, D의 排除는 '포함시키지 않다, 배제하다'라는 의미이다.

어휘　★暴雨 bàoyǔ 몡 폭우 | ★雨刷器 yǔshuāqì 몡 와이퍼 | ★去除 qùchú 동 제거하다, 없애다 | ★挡风玻璃 dǎngfēng bōli 차의 바람막이 유리 | ★驾驶者 jiàshǐzhě 운전자 | ★雾气 wùqì 몡 안개, 김 | ★冷气 lěngqì 몡 에어컨 | ★加热器 jiārèqì 몡 히터, 가열기 | ★视线 shìxiàn 몡 시선 | ★视野 shìyě 몡 시야 | ★混乱 hùnluàn 톙 혼란하다 | ★思维 sīwéi 몡 사고, 사유 | ★浑浊 húnzhuó 톙 (물·공기 따위가) 혼탁하다, 흐리다 | ★排除 páichú 동 제거하다

3

道具不仅是舞台艺术的组成部分，它在①塑造典型环境、反映时代②气息、烘托演员的表演、增强其表现力等方面，也起着重要的作用。因此，在舞台上，对每一件道具的运用和处理，我们都要③反复思考，④精心设计，使其在整个演出中与表演有机地结合起来。

공연 소품은 무대 예술의 구성 부분일 뿐만 아니라 전형적인 환경을 만들어내고, 시대적 정취를 반영하며, 배우의 연기를 돋보이게 하고, 표현력을 높이는 데 있어 중요한 역할을 한다. 그러므로 무대에서 모든 소품의 활용과 배치에 대해서 우리는 거듭해서 생각하고 심혈을 기울여 설계하여야만 그것이 전체 공연에서 연기와 유기적으로 결합할 수 있게 된다.

A	创造	气氛	重新	精密
B	捏造	感觉	复习	精致
C	造成	空气	重复	精细
D	**塑造**	**气息**	**反复**	**精心**

A 창조하다 | 분위기 | 다시 | 정밀하다
B 날조하다 | 느낌 | 복습하다 | 정교하다
C 야기하다 | 공기 | 반복하다 | 세밀하다
D 만들다 | 정취 | 거듭하여 | 심혈을 기울이다

공략　①번 칸　'塑造环境'은 중요한 호응 구조이다. 보기 C의 造成은 '(좋지 않은 결과를) 야기하다'라는 의미로 쓰이므로 문맥상 적합하지 않다.

②번 칸　'时代气息'는 중요한 호응 구조이다.

③번 칸　'反复思考'는 중요한 호응 구조이다.

④번 칸　'精心设计'는 고정 형식으로, '심혈을 기울여 설계하다'라는 의미이다.

어휘　★道具 dàojù 몡 공연 도구, 촬영 소품 | 舞台艺术 wǔtái yìshù 무대 예술 | ★组成部分 zǔchéng bùfen 구성 부분 | ★典型环境 diǎnxíng huánjìng 전형적인 환경 | ★烘托 hōngtuō 동 돋보이게 하다, 부각시키다 | ★整个演出 zhěnggè yǎnchū 전체 공연 | ★有机结合 yǒujī jiéhé 유기적으로 결합하다 | ★精密 jīngmì 톙 정밀하다 | ★捏造 niēzào 동 날조하다 | ★精致 jīngzhì 톙 정교하다 | ★精细 jīngxì 톙 세밀하다 | ★气息 qìxī 몡 정취, 숨결 | ★精心 jīngxīn 톙 심혈을 기울이다

4

九寨沟是水的世界。九寨沟的水是世间最①<u>清澈</u>的，无论是平静的湖泊，还是飞泻的瀑布，都那么美妙迷人，让人②<u>流连忘返</u>。水构成了九寨沟最富有魅力的景色，也是九寨沟的③<u>灵魂</u>。

A 清新	络绎不绝	精神
B 清洁	目不转睛	核心
C 清澈	**流连忘返**	**灵魂**
D 透明	川流不息	基础

주자이거우는 물의 세계라고 하는데, 주자이거우의 물은 세계에서 가장 <u>맑고 투명하며</u>, 평온한 호수든 내리퍼붓는 폭포든 모두가 다 아름답고 황홀하여 사람들이 그 <u>아름다운 경치에 빠져 떠나기 싫게</u> 만든다. 물은 주자이거우의 가장 매력적인 풍경을 만들어내는데, 이는 또한 주자이거우의 <u>혼</u>이라 할 수 있다.

A 산뜻하다 | 끝없이 이어지다 | 정신
B 청결하다 | 주시하다 | 핵심
C 맑고 투명하다 | 아름다운 경치에 빠져 떠나기 싫어하다 | 혼
D 투명하다 | 끊임없이 오가다 | 기초

공략

①번 칸 清澈는 관광지의 매우 아름다운 물을 형용하는 단어로 문맥상 가장 적합하다. 보기 A의 清新은 '清新的空气(산뜻한 공기)'의 형태로, D의 透明은 '透明的玻璃(투명한 유리)'의 형태로 자주 호응하여 쓰인다.

②번 칸 문맥상 '경치가 너무 아름다워 돌아가기 싫어하다'라는 의미로 '让人流连忘返'만이 쓰일 수 있다. 보기 A의 络绎不绝와 D의 川流不息은 '사람이 많고 차가 많다'라는 의미이고, 보기 B의 目不转睛은 '눈의 움직임이 없이 계속 보다' 즉 '주시하다'라는 의미이므로 이들은 다 문맥상 적합하지 않다.

어휘 ★九寨沟 Jiǔzhàigōu 고유 주자이거우 | 世间 shìjiān 명 세상, 세간 | ★平静 píngjìng 형 평온하다 | ★湖泊 húpō 명 호수 | ★飞泻 fēi xiè 내리퍼붓다 | ★瀑布 pùbù 명 폭포 | ★美妙 měimiào 형 아름답다 | ★迷人 mírén 형 매력적이다, 황홀하다 | ★构成 gòuchéng 동 이루다, 구성하다 | ★富有魅力 fùyǒu mèilì 매력이 풍부하다 | ★景色 jǐngsè 명 풍경, 경치 | 清新 qīngxīn 형 산뜻하다, 신선하다 | ★络绎不绝 luò yì bù jué 성 끝없이 이어지다 | ★清洁 qīngjié 형 청결하다 | ★目不转睛 mù bù zhuǎn jīng 성 주시하다 | ★核心 héxīn 명 핵심 | ★清澈 qīngchè 형 맑고 투명하다 | ★流连忘返 liú lián wàng fǎn 성 아름다운 경치에 빠져 떠나기 싫어하다 | 灵魂 línghún 명 영혼, 핵심 요소 | ★透明 tòumíng 형 투명하다 | ★川流不息 chuān liú bù xī 성 끊임없이 오가다 | ★基础 jīchǔ 명 기초

5

晚上走夜路要小心谨慎，但不要①<u>害怕</u>，即使遇上了意外也不要②<u>手足无措</u>，要③<u>冷静</u>地想办法。

A 恐惧	手忙脚乱	谨慎
B 惊慌	手舞足蹈	安静
C 可怕	手疾眼快	平静
D 害怕	**手足无措**	**冷静**

밤에 밤길을 걸을 때는 매우 조심해야 하지만 <u>두려워하지는</u> 마라. 설령 뜻밖의 사고가 생기더라도 <u>당황하여 어쩔 줄 몰라</u> 하지 말고, <u>침착하게</u> 방법을 생각해야 한다.

A 겁먹다 | 허둥지둥하다 | 신중하다
B 놀라서 허둥대다 | 기뻐서 어쩔 줄 모르다 | 조용하다
C 끔찍하다 | 반응이 빠르고 날쌔다 | 평온하다
D 두려워하다 | 당황하여 어찌할 바를 모르다 | 침착하다

공략

①번 칸 보기 C의 可怕는 문맥상 절대로 쓰일 수 없다.

②번 칸 보기 D의 手足无措는 '어찌할 바를 모르다'라는 의미이므로 문맥상 가장 적합하고, 보기 A의 手忙脚乱도 의미상 적합하다고 할 수 있다.

③번 칸 '冷静地想'은 고정 형식으로, '침착하게 생각하다'라는 의미이다.

어휘 ★走夜路 zǒu yèlù 밤길을 걷다 | ★小心谨慎 xiǎoxīn jǐnshèn 매우 조심스럽다 | ★意外 yìwài 명 뜻밖의 사고 | ★恐惧 kǒngjù 동 겁먹다 | ★手忙脚乱 shǒu máng jiǎo luàn 성 허둥지둥하다 | ★惊慌 jīnghuāng 형 놀라서 허둥대다 | ★手舞足蹈 shǒu wǔ zú dǎo 성 기뻐서 어쩔 줄 모르다 | ★可怕 kěpà 형 끔찍하다, 무섭다 | ★手疾眼快 shǒu jí yǎn kuài 손발이 빠르다, 반응이 빠르고 날쌔다 | ★手足无措 shǒu zú wú cuò 성 당황하여 어찌할 바를 모르다

　　许多有抱负的人都不够重视积少成多的道理，一心只想①一鸣惊人而不去努力耕耘，当他发现比他开始晚的人都有了②可观的收入，而自己依然是③一无所有时，才想到自己没④播种，只有付出才会有收获。

Ⓐ 一鸣惊人　　可观　　一无所有　　播种
B 一丝不苟　　宏观　　半途而废　　培育
C 一如既往　　壮观　　有条不紊　　照料
D 一帆风顺　　美观　　众所周知　　酝酿

야망을 가진 사람들은 모두들 티끌 모아 태산이라는 이치를 그리 중요하게 여기지 않고, <u>단번에 성공을 거둘</u> 생각만 하며 열심히 노력하려고 하지 않는다. 그가 자신보다 시작이 늦었던 사람들이 다들 <u>상당한</u> 수입을 거두는데 자신은 여전히 <u>가진 것이 아무것도 없다</u>는 것을 알게 되었을 때, 그제서야 자신은 <u>씨를 뿌리지</u> 않았음을 알게 된다. 노력을 기울여야만 비로소 성과가 있다.

Ⓐ 단번에 성공을 거두다 | 상당하다 | 가진 게 아무것도 없다 | 씨를 뿌리다
B 조금도 소홀히 하지 않다 | 거시적인 | 도중에 포기하다 | 재배하다
C 지난날과 다름없다 | 장관이다 | 조리 있고 질서 정연하다 | 보살피다
D 순조롭게 진행되다 | 예쁘다 | 모두가 다 안다 | 미리 준비하다

공략

(①번 칸) 보기 A의 '단번에 성공을 거두다'라는 의미의 一鸣惊人만이 문맥상 적합하다. 보기 B의 一丝不苟는 '조금의 소홀함도 없이 매우 성실하다'라는 의미이고, 보기 C의 一如既往은 '예전과 똑같다'라는 의미이며, 보기 D의 一帆风顺은 '매우 순조롭다'라는 의미로 이들은 문맥상 적합하지 않다.

(②번 칸) '可观的收入'는 고정 형식으로, '상당한 수입'이라는 의미이다. 보기 B의 宏观은 '宏观目标(거시적인 목표)'의 형태로, C의 壮观은 '壮观的景色(장관을 이루는 풍경)'의 형태로, D의 美观은 '家具美观(가구가 예쁘다)'의 형태로 자주 호응하여 쓰인다.

(③번 칸) 보기 A의 '아무것도 가진 것이 없다'라는 의미의 一无所有만이 문맥상 적합하다. 보기 B의 半途而废는 '도중에 포기하다'라는 의미이고, C의 有条不紊은 '조리정연하다'라는 의미이며, D의 众所周知는 '모두가 다 알고 있다'라는 의미이므로 이들은 모두 문맥상 적합하지 않다.

어휘　★抱负 bàofù 몡 야망, 포부 | ★积少成多 jī shǎo chéng duō 셍 티끌 모아 태산 | ★耕耘 gēngyún 통 부지런히 일하다, 정신을 집중하고 노력을 기울이다 | ★一鸣惊人 yì míng jīng rén 셍 단번에 놀랄 만한 성취를 거두다 | ★可观 kěguān 혱 상당하다 | ★一无所有 yì wú suǒ yǒu 셍 가진 게 아무것도 없다 | ★播种 bōzhǒng 통 씨를 뿌리다 | ★一丝不苟 yì sī bù gǒu 셍 조금도 소홀히 하지 않다 | ★宏观 hóngguān 혱 거시적인 | ★半途而废 bàn tú ér fèi 셍 도중에 포기하다 | ★培育 péiyù 통 재배하다 | ★一如既往 yì rú jì wǎng 셍 지난날과 다름없다 | ★壮观 zhuàngguān 혱 장관이다 | ★有条不紊 yǒu tiáo bù wěn 셍 조리 있고 질서 정연하다 | ★照料 zhàoliào 통 보살피다 | ★一帆风顺 yì fān fēng shùn 셍 일이 순조롭게 진행되다 | ★众所周知 zhòng suǒ zhōu zhī 셍 모든 사람이 다 안다 | ★酝酿 yùnniàng 통 미리 준비하다

　　甜食对治疗抑郁、①放松心情很有奇效。许多人在②犒劳自己的时候喜欢来一点儿甜的，忘却减肥、忘却塑身、忘却那些紧身的③华丽的衣服。一般来说，喜爱甜食的人，④脾气都很好，他们的坏心情可以用巧克力、蛋糕、布丁、奶酪等甜美的食物来⑤消除。

A 解放　　奖励　　完美　　气氛　　消失
Ⓑ 放松　　犒劳　　华丽　　脾气　　消除
C 解放　　奖赏　　繁华　　胃口　　消灭
D 缓解　　欣赏　　豪华　　语气　　取消

단 음식은 우울증을 치료하고 마음을 <u>느긋하게 하는</u> 데 특효가 있다고 한다. 많은 사람들은 <u>먹는 것으로 자신을 위로할</u> 때 단 음식을 즐겨 먹는데, 그때는 다이어트도 잊고, 몸매를 가꾸는 것도 잊고, 몸에 달라붙는 그러한 <u>화려한</u> 옷도 잊는다. 일반적으로 단 음식을 좋아하는 사람은 <u>성격</u>이 다들 좋은데, 그들의 좋지 않은 기분은 초콜릿, 케이크, 푸딩, 치즈 등의 달콤한 음식으로 <u>해소된다</u>.

A 해방하다 | 표창하다 | 완벽하다 | 분위기 | 사라지다
Ⓑ 느긋하게 하다 | 먹는 걸로 위로하다 | 화려하다 | 성격 | 해소하다
C 해방하다 | 포상하다 | 번화하다 | 식욕 | 소멸하다
D 완화시키다 | 감상하다 | 호화스럽다 | 어투 | 취소하다

공략

(①번칸) 放松만이 心情과 호응하여 '마음을 느긋하게 하다'라는 의미의 '放松心情' 형태로 쓰일 수 있다. 보기 D의 缓解는 주로 压力와 호응하여 쓰인다.

(②번칸) '犒劳自己'의 조합이 가장 알맞으며 '자신에게 맛있는 것을 사주다'라는 의미이다.

(③번칸) '华丽的衣服'는 자주 쓰이는 고정 형식으로, '화려한 옷'이라는 의미이다. 보기 C의 繁华는 '繁华的城市(번화한 도시)'의 형태로, D의 豪华는 '豪华的车子(호화스러운 고급차)'의 형태로 자주 호응하여 쓰이므로 이들은 문맥상 적합하지 않다.

(④번칸) '성격이 다들 좋다'라는 의미인 '脾气都很好'가 문맥상 가장 적합하다. 보기 A의 气氛은 사람에 관한 것에는 사용할 수 없고 '喝酒的气氛(술 마시는 분위기)', '上课的气氛(수업 분위기)'의 형태로 자주 쓰인다.

어휘 ★甜食 tiánshí 명 단 음식 | ★治疗 zhìliáo 통 치료하다 | ★抑郁 yìyù 형 우울하다, 울적하다 | ★有奇效 yǒu qíxiào 특효가 있다 | ★忘却 wàngquè 통 잊어버리다 | ★减肥 jiǎnféi 통 다이어트하다 | ★塑身 sùshēn 통 몸매를 가꾸다 | ★紧身 jǐnshēn 형 몸에 꼭 끼다 | ★布丁 bùdīng 명 푸딩 | ★奶酪 nǎilào 명 치즈 | ★解放 jiěfàng 통 해방하다 | ★奖励 jiǎnglì 명통 상; 표창하다 | ★放松 fàngsōng 통 느긋하게 하다 | ★犒劳 kàoláo 명통 위로 음식, 위로주; (술이나 음식으로) 위로하다 | ★华丽 huálì 형 화려하다 | ★奖赏 jiǎngshǎng 명통 포상(하다) | ★繁华 fánhuá 형 번화하다 | ★胃口 wèikǒu 명 식욕 | ★缓解 huǎnjiě 통 완화시키다 | ★欣赏 xīnshǎng 통 감상하다, 마음에 들어하다 | ★豪华 háohuá 형 호화스럽다

---

8   난이도 中   공략 Key 旺盛的精力의 호응 구조

现代社会的竞争日益激烈，人们为了工作和生活①**疲于奔命**，很多人都处在亚健康状态。这时适当地锻炼，会让你保持②**旺盛**的精力。如果你觉得③**昏昏欲睡**，那就暂时④**停止**工作，运动一下让你的血液加速吧。

A 风尘仆仆 　 强盛 　 眼花缭乱 　 中断
B 废寝忘食 　 充足 　 头昏脑胀 　 中止
Ⓒ 疲于奔命 　 **旺盛** 　 **昏昏欲睡** 　 **停止**
D 夜以继日 　 充分 　 筋疲力尽 　 抛弃

현대 사회의 경쟁이 날로 치열해져서, 사람들은 다들 일과 생활을 위해 <u>눈코 뜰 새 없이 바쁘게 지내느라 매우 지쳐있는데</u>, 때문에 많은 사람들이 건강과 질병 사이의 중간 상태에 놓여 있다고 한다. 이때는 적당히 운동을 하는 것이 <u>왕성한</u> 정력을 유지시켜 줄 수 있다. 만약 <u>나른하고 원기가 없다고</u> 느낀다면, 잠시 하던 일을 <u>멈추고</u> 운동을 좀 해서 당신 몸의 피를 잘 돌게 하자.

A 갖은 고초를 다 겪다 | 강성하다 | 눈을 현혹시키다 | 중단하다
B 전심전력하다 | 충분하다 | 머리가 어질어질하다 | 중지하다
Ⓒ 눈코 뜰 새 없이 바빠 지치다 | 왕성하다 | 나른하고 원기가 없다 | 멈추다
D 밤낮으로 고생하며 일하다 | 충분하다 | 기진맥진하다 | 버리다

공략

(①번칸) '눈코 뜰 새 없이 바쁘게 지내느라 매우 피곤하다'라는 의미의 疲于奔命이 가장 적합하다. 보기 B의 '어떤 일에 매우 몰두하여 밥을 먹고 잠을 자는 것마저 잊다'라는 성어 废寝忘食의 의미도 기억하자.

(②번칸) '旺盛的精力'는 자주 쓰이는 고정 형식으로, '왕성한 정력'이라는 의미이다.

(③번칸) 보기 A의 眼花缭乱은 '물건이 너무 많아 눈이 휘둥그레지다, 눈을 현혹시키다'라는 의미이므로 문맥상 적합하지 않으며 나머지 보기의 성어들은 의미상 다 적합하다.

어휘 ★日益激烈 rìyì jīliè 날로 치열해지다 | ★亚健康 yàjiànkāng 건강과 질병 사이의 중간 상태 | ★处于……状态 chǔyú ……zhuàngtài ~상태에 놓이다 | ★保持 bǎochí 통 유지하다, 지키다 | ★精力 jīnglì 명 정력 | ★加速 jiāsù 통 속도를 내다 | ★风尘仆仆 fēng chén pú pú 성 세상의 갖은 고초를 다 겪다 | ★强盛 qiángshèng 형 강성하다 | ★眼花缭乱 yǎn huā liáo luàn 성 눈을 현혹시키다 | ★中断 zhōngduàn 통 중단하다 | ★废寝忘食 fèi qǐn wàng shí 성 전심전력하다 | ★充足 chōngzú 형 충분하다 | ★头昏脑胀 tóu hūn nǎo zhàng 성 머리가 어질어질하다 | ★中止 zhōngzhǐ 통 중지하다 | ★疲于奔命 pí yú bēn mìng 성 눈코 뜰 새 없이 바빠서 지치다 | ★旺盛 wàngshèng 형 왕성하다 | ★昏昏欲睡 hūn hūn yù shuì 성 나른하고 원기가 없다 | ★停止 tíngzhǐ 통 멈추다 | ★夜以继日 yè yǐ jì rì 성 밤낮으로 고생하며 일하다 | ★充分 chōngfèn 형부 충분하다; 충분히 | ★筋疲力尽 jīn pí lì jìn 성 기진맥진하다 | ★抛弃 pāoqì 통 버리다, 포기하다

 23 _{day} 사물의 의미를 기억하라 – 명사

정답 1. A   2. D   3. B   4. C   5. D   6. A   7. A   8. A

---

1 난이도 中 공략 Key **时代的特点**의 호응 구조

饥饿的人追求温饱；①<u>贫穷</u>的人追求富有；处于动乱的人追求②<u>安定</u>。人人都有自己的追求，这些追求往往折射出人生的思考，③<u>时代</u>的特点。

굶주린 사람은 따뜻하고 배부른 것을 추구하고, <u>가난한</u> 사람은 부유함을 추구하며, 혼란한 상태에 빠져있는 사람은 <u>안정됨</u>을 추구한다. 사람들은 저마다 자신이 추구하는 것이 있으며, 그러한 추구는 종종 인생에 대한 사고와 <u>시대적</u> 특징을 반영한다.

Ⓐ	**贫穷**	**安定**	**时代**
B	贫困	稳定	时期
C	朴实	安详	时刻
D	空虚	平安	时光

Ⓐ	가난하다 | 안정되다 | 시대
B	가난하다 | 안정되다 | 시기
C	소박하다 | 침착하다 | 시각
D	공허하다 | 평안하다 | 시절

공략

①번 칸 ┊ 보기 A와 B의 贫穷과 贫困이 둘 다 가능한데, 앞의 饥饿와 대구를 이룬다.

②번 칸 ┊ 보기 A, B, D가 모두 가능하다. 보기 C의 安详은 나이 드신 분이 세상을 떠나셨을 때 '평안히 잠드셨다'라는 의미인 '死得很安详'의 형태로 자주 쓰인다.

③번 칸 ┊ '时代的特点'은 자주 쓰이는 고정 형식으로, '시대적 특징'이라는 의미이다.

어휘 ★饥饿 jī'è 혱 배고프다, 굶주리다 ┊ ★追求 zhuīqiú 통 추구하다 ┊ ★温饱 wēnbǎo 혱 따뜻하고 배부르다 ┊ 富有 fùyǒu 혱 부유하다 ┊ ★处于动乱 chǔyú dòngluàn 혼란 상태에 빠져있다 ┊ 折射 zhéshè 통 사물의 면모를 반영하다, 투영하다 ┊ ★朴实 pǔshí 혱 소박하다 ┊ 安详 ānxiáng 혱 침착하다, 점잖다 ┊ ★时刻 shíkè 명부 시각; 시시각각 ┊ ★空虚 kōngxū 혱 공허하다 ┊ 时光 shíguāng 명 시기, 시절

---

2 난이도 上 공략 Key **精力分散**의 호응 구조

出租车在什么时候最危险？答案是没有乘客时。因为有乘客时，司机有①<u>目标</u>，他会②<u>全神贯注</u>于驾驶，③<u>想方设法</u>尽快到达目的地；而没有乘客时，他是④<u>盲目</u>的，走到十字路口往往左转右转犹豫不定，⑤<u>精力</u>就被分散了。

택시는 언제 가장 위험할까? 정답은 승객이 없을 때이다. 왜냐하면 승객이 있을 땐 기사에게 <u>목표</u>가 생겨 그는 운전에 <u>온 정신을 집중하게 되고</u>, <u>갖은 방법을 다해</u> 가능한 한 빨리 목적지에 도착하려고 한다. 반면에 승객이 없을 땐 그는 <u>무분별하게 되어</u> 사거리에서 종종 좌회전을 할지 우회전을 할지 우물쭈물하다가 <u>정력</u>이 분산된다.

A	标志	迫不及待	齐心协力	茫然	意识
B	焦点	聚精会神	千方百计	急躁	意志
C	对象	专心致志	小心翼翼	冲动	活力
Ⓓ	**目标**	**全神贯注**	**想方设法**	**盲目**	**精力**

A	표지 | 잠시도 지체할 수 없다 | 마음을 합쳐 함께 노력하다 | 막연하다 | 의식
B	초점 | 정신을 집중하다 | 갖은 방법을 다 쓰다 | 조급하다 | 의지
C	대상 | 온 마음을 기울이다 | 매우 조심하다 | 충동적이다 | 활력
Ⓓ	목표 | 온 정신을 집중하다 | 갖은 방법을 다하다 | 무분별하다 | 정력

공략

②번 칸 ┊ '정신을 집중하다'라는 의미로 보기 B, C, D의 聚精会神, 专心致志, 全神贯注가 모두 가능하다. 보기 A의 迫不及待는 '잠시도 지체할 수 없다, 잠시도 기다릴 여유가 없다'라는 의미이므로 문맥상 적합하지 않다.

어휘　★驾驶 jiàshǐ 통 운전하다 | ★尽快 jǐnkuài 부 가능한 한 빨리 | ★到达 dàodá 통 도착하다 | ★目的地 mùdìdì 명 목적지 | ★十字路口 shízìlùkǒu 명 사거리, 교차로 | ★左转右转 zuǒzhuǎn yòuzhuǎn 좌회전하거나 우회전하다 | ★犹豫不定 yóuyù búdìng 우물쭈물하다, 망설이며 결정을 내리지 못하다 | ★分散 fēnsàn 통 분산하다 | ★标志 biāozhì 명 표지, 상징 | ★迫不及待 pò bù jí dài 성 절박하여 잠시도 지체할 수 없다 | ★齐心协力 qí xīn xié lì 성 마음을 합쳐 함께 노력하다 | ★茫然 mángrán 형 막연하다, 멍하다 | ★意识 yìshí 명 의식 | ★焦点 jiāodiǎn 명 초점 | ★聚精会神 jù jīng huì shén 성 정신을 집중하다 | ★千方百计 qiān fāng bǎi jì 성 갖은 방법을 다 써보다 | ★急躁 jízào 형 조급하다 | ★意志 yìzhì 명 의지 | ★专心致志 zhuān xīn zhì zhì 성 온 마음을 기울이다 | ★小心翼翼 xiǎo xīn yì yì 성 매우 조심스럽다 | ★冲动 chōngdòng 형 충동적이다 | ★活力 huólì 명 활력 | ★全神贯注 quán shén guàn zhù 성 온 정신을 집중시키다 | ★想法设法 xiǎngfǎ shèfǎ 갖은 방법을 다하다 | ★盲目 mángmù 형 맹목적이다, 무분별하다 | ★精力 jīnglì 명 정력, 기력

3　　난이도 中　공략 Key 人生的乐趣의 호응 구조

　　乘坐热气球的操作员，能做的只是调整气球的高度以①**捕捉**不同的风向，而气球的②**具体**航线和落点，就只能听天由命了。这正是乘坐热气球的魅力所在，既有控制的可能性，又保留了不确定性，所以比任何精确设定的飞行都来得③**刺激**。其实，人生的④**乐趣**也是如此。

열기구 조종사가 할 수 있는 것은 단지 바람의 방향을 <u>잡기</u> 위해 열기구의 높이를 조절하는 것뿐, 열기구의 <u>구체적인</u> 항로와 낙하 지점은 하늘에 운명을 맡겨야만 한다. 이것이 바로 열기구를 타는 매력으로, 제어 가능성이 있다는 것뿐만 아니라 불확실성을 가지고 있기 때문에, 정확히 설정된 어떠한 비행보다도 더 <u>자극적이라</u> 할 수 있다. 사실 인생의 <u>즐거움</u>도 바로 이러하다.

A 把握	准确	兴奋	快乐
B 捕捉	**具体**	**刺激**	**乐趣**
C 逮捕	全面	激烈	娱乐
D 掌握	稳定	热烈	愉快

A 붙잡다 | 정확하다 | 흥분하다 | 즐겁다
B 잡다 | 구체적이다 | 자극적이다 | 즐거움
C 체포하다 | 전면적이다 | 치열하다 | 오락
D 장악하다 | 안정적이다 | 열렬하다 | 유쾌하다

공략　①번칸　보기 C의 逮捕는 '逮捕犯人(범인을 체포하다)'의 형태로 자주 쓰이므로 문맥상 적합하지 않다.

②번칸　보기 A와 B가 다 가능하다.

③번칸　빈칸에는 결과가 불확실한 것이나 속도가 매우 빠른 것을 나타내는 표현으로 '자극적이다'라는 의미의 刺激가 가장 적합하다.

④번칸　'人生的乐趣'는 자주 쓰이는 고정 형식으로, '인생의 즐거움'이라는 의미이다.

어휘　★热气球 rèqìqiú 명 열기구 | ★操作员 cāozuòyuán 명 조종사, 운영자 | ★调整 tiáozhěng 통 조정하다, 조절하다 | 风向 fēngxiàng 명 풍향 | ★航线 hángxiàn 명 항로 | ★落点 luòdiǎn 명 낙하 지점 | ★听天由命 tīng tiān yóu mìng 성 운명을 하늘에 맡기다 | ★魅力 mèilì 명 매력 | ★正是……所在 zhèngshì……suǒzài 바로 ~이 있는 곳(점)이다 | ★保留 bǎoliú 통 보존하다, 남겨두다 | ★精确 jīngquè 형 정확하다 | ★设定 shèdìng 통 설정하다 | ★把握 bǎwò 통 붙잡다, 파악하다 | ★准确 zhǔnquè 형 정확하다 | ★兴奋 xīngfèn 형 흥분하다 | 捕捉 bǔzhuō 통 붙잡다 | ★具体 jùtǐ 형 구체적이다 | ★刺激 cìjī 형 자극적이다 | ★逮捕 dàibǔ 통 (사법기관에서 피의자를) 체포하다 | ★激烈 jīliè 형 치열하다 | ★娱乐 yúlè 명 오락, 예능 | ★掌握 zhǎngwò 통 숙달하다, 장악하다 | ★稳定 wěndìng 형 안정적이다 | ★热烈 rèliè 형 열렬하다

4

发表演说时，好的开场白可以使你成为众多观众的①<u>中心</u>，活跃整个会场的②<u>气氛</u>，激发起观众聆听和③<u>参与</u>的热情。所以好的开场白对一篇演讲意义重大，它可以使你要演讲的内容和④<u>信息</u>很好地传达出去。

A	注意	风气	加强	消息
B	关注	风俗	加入	报道
Ⓒ	**中心**	**气氛**	**参与**	**信息**
D	焦点	气息	参加	报告

연설을 할 때 훌륭한 개회사는 당신을 수많은 관중들 사이의 <u>중심</u>이 될 수 있게 하며, 전체 회의장의 <u>분위기</u>를 활기차게 만들어 관중들의 경청하고 <u>참여하고자</u> 하는 열정을 불러일으킨다. 따라서 훌륭한 개회사는 연설에서 중대한 의의를 가지며, 당신이 연설의 내용과 <u>정보</u>를 잘 전달할 수 있게 한다.

A 주의하다 | 기풍 | 강화하다 | 소식
B 관심을 가지다 | 풍속 | 가입하다 | 보도
Ⓒ 중심 | 분위기 | 참여하다 | 정보
D 초점 | 정취 | 참가하다 | 보고

독해
제2부분

공략

(①번칸) 보기 C와 D의 中心과 焦点이 다 가능하다. 보기 A와 B의 注意와 关注는 품사가 둘 다 동사이므로 명사가 놓여야 할 빈칸에는 적합하지 않다.

(②번칸) '会场的气氛'은 자주 쓰이는 고정 형식으로, '회의장 분위기'라는 의미이다.

(③번칸) 보기 C의 参与가 가장 적합하지만 D의 参加도 의미상 가능하다.

(④번칸) 보기 C의 信息만이 '정보를 전달하다'라는 의미로 뒤의 '传达出去'와 어울려 호응할 수 있다.

어휘 ★发表演说 fābiǎo yǎnshuō 연설을 발표하다, 연설하다 | ★开场白 kāichǎngbái 명 개회사, 프롤로그 | ★众多 zhòngduō 형 매우 많다 | ★活跃 huóyuè 통 활기차게 하다 | ★整个会场 zhěnggè huìchǎng 전체 회의장 | ★激发 jīfā 통 불러일으키다 | ★聆听 língtīng 통 경청하다 | ★意义重大 yìyì zhòngdà 의의가 중대하다 | ★风气 fēngqì 명 기풍, 풍조 | ★关注 guānzhù 통 관심을 가지다 | ★风俗 fēngsú 명 풍속 | ★气氛 qìfēn 명 분위기 | ★参与 cānyù 통 참여하다 | ★信息 xìnxī 명 정보 | ★焦点 jiāodiǎn 명 초점 | ★气息 qìxī 명 정취, 숨결 | ★报告 bàogào 명통 보고(하다)

5

如果你与他人发生争吵，你最应该做的不是用①<u>语气</u>和态度的强硬来压倒对方，即使②<u>道理</u>都在你这边，也要耐心地听完对方的话，不要只会用强硬的③<u>声调</u>来压对方。因为，你越强迫对方，对方④<u>反抗</u>越大。

A	气势	理由	脸色	抗议
B	声势	理论	态度	对抗
C	语调	原因	声音	抗争
Ⓓ	**语气**	**道理**	**声调**	**反抗**

만약 다른 사람과 언쟁이 생긴다면, 당신이 하지 말아야 할 일은 강경한 <u>말투</u>와 태도로 상대방을 압도하는 것이다. 설령 당신에게 <u>일리</u>가 있다고 하더라도, 인내심 있게 상대방의 말을 끝까지 들어야 하며, 강경한 <u>톤</u>으로만 상대방을 누르려고 하면 안 된다. 왜냐하면 당신이 상대방에게 강요할수록 상대방은 더 크게 <u>반항하기</u> 때문이다.

A 기세 | 이유 | 안색 | 항의하다
B 위세 | 이론 | 태도 | 대항하다
C 어조 | 원인 | 목소리 | 항쟁하다
Ⓓ 말투 | 일리 | 톤 | 반항하다

공략

(①번칸) 보기 C와 D의 语调와 语气가 둘 다 가능하다.

(②번칸) 보기 D의 道理는 말다툼을 할 때 상대방에게 종종 '有/没有道理'라는 표현을 사용해 '일리가 있다/없다'라는 의미를 나타낸다.

(③번칸) 보기 C와 D의 声音과 声调가 모두 가능하다.

어휘 ★发生争吵 fāshēng zhēngchǎo 언쟁이 일어나다, 말다툼이 발생하다 | ★态度强硬 tàidu qiángyìng 태도가 강경하다 | ★压倒 yādǎo 통 압도하다 | ★对方 duìfāng 명 상대방 | ★耐心 nàixīn 명형 인내심(이 있다) | ★压 yā 통 누르다, 억압하다 | ★强迫 qiǎngpò 통 강요하다 | ★气势 qìshì 명 기세 | ★脸色 liǎnsè 명 안색, 기색 | ★抗议 kàngyì 통 항의하다 | 声势 shēngshì 명 위세, 기세 | ★理论 lǐlùn 명 이론 | 对抗 duìkàng 통 대항하다 | ★语调 yǔdiào 명 어조, 억양 | 抗争 kàngzhēng 통 항쟁하다, 투쟁하다 | ★语气 yǔqì 명 말투, 어투 | ★反抗 fǎnkàng 통 반항하다

元宵节是我国的传统节日，全国各处的①习俗都差不多，元宵节为尚未成亲的男女青年②提供了见面的机会。古时候是不允许女子外出③自由活动的，但是过节的时候却可以结伴一起去玩，元宵节闹灯会是男女青年与有情人相会的④时机。

정월대보름은 중국의 전통 명절로, 전국 곳곳의 **풍습**은 모두가 다 비슷하다. 정월대보름은 미혼의 남녀 청춘들이 만날 수 있는 기회를 **제공하였다**. 옛날에는 여성들이 밖으로 나가 **자유로운** 활동을 하는 것이 허락되지 않았지만, 명절을 쇨 때는 짝을 지어 놀러 나갈 수 있었고, 대보름의 시끌벅적한 연등회는 남녀 청춘들이 연인과 서로 만날 수 있던 **좋은 기회**였다.

Ⓐ 习俗　　　提供　　　自由　　　时机
B 风俗　　　造成　　　自己　　　期间
C 制度　　　制作　　　随意　　　时候
D 习惯　　　制造　　　自然　　　机遇

Ⓐ 풍습 | 제공하다 | 자유롭다 | 좋은 기회
B 풍속 | 초래하다 | 자기 | 기간
C 제도 | 제작하다 | 마음대로 | 때
D 습관 | 제조하다 | 자연스럽다 | 좋은 기회

공략　　①번 칸　명절은 반드시 '풍속이나 풍습'이라는 의미인 보기 A의 习俗나 B의 风俗와 함께 호응하여 쓰여야 한다.

②번 칸　'초래하다, 야기하다'라는 의미인 보기 B의 造成은 뒤에 항상 좋지 않은 결과를 동반하므로 문맥상 적합하지 않아서, 이 문제의 정답은 A임을 알 수 있다.

어휘　★元宵节 Yuánxiāojié 몡 정월대보름 | ★传统节日 chuántǒng jiérì 전통 명절 | ★全国各处 quánguó gèchù 전국 곳곳 | ★尚未成亲 shàngwèi chéngqīn 미혼이다 | ★外出 wàichū 통 외출하다, 밖으로 나가다 | ★过节 guòjié 통 명절을 쇠다 | ★结伴 jiébàn 통 짝이 되다, 동행이 되다 | 闹 nào 혱 시끌벅적하다 | 灯会 dēnghuì 몡 연등회 | ★情人 qíngrén 몡 연인 | ★相会 xiānghuì 통 서로 만나다 | ★时机 shíjī 몡 좋은 기회 | ★期间 qījiān 몡 기간 | ★制作 zhìzuò 통 제작하다 | ★随意 suíyì 뷔 마음대로, 뜻대로 | ★制造 zhìzào 통 제조하다 | ★机遇 jīyù 몡 좋은 기회

植物净化室内环境与植物的叶面大小有直接①关系，所以，植物的高矮、冠径的大小、绿叶的表面积都会影响到净化②效果。一般情况下，10平米左右的房间，放两盆1.5米高的植物比较③合适。

식물이 실내 환경을 정화하는 것과 식물의 잎 면적의 크기는 직접적인 **관계**가 있어서, 식물체의 높이, 갓의 지름 크기, 푸른 잎의 표면적은 모두 정화 **효과**에 영향을 끼칠 수 있다. 일반적인 상황에서 10제곱미터 정도의 방에는 1.5미터 높이의 식물 화분을 두 개 놓아두면 비교적 **적당하다**.

Ⓐ 关系　　　效果　　　合适
B 联系　　　结果　　　合理
C 相关　　　后果　　　正常
D 有关　　　作用　　　适合

Ⓐ 관계 | 효과 | 적당하다
B 연락 | 결과 | 합리적이다
C 상관되다 | (나쁜) 결과 | 정상적이다
D 관련되다 | 작용 | 적합하다

공략　　①번 칸　'관계가 있다'라는 의미로 보기 A의 关系만이 有와 호응하여 '有关系'의 형태로 쓰일 수 있다. 보기 B의 联系도 有와 호응하여 쓰일 수는 있지만 联系는 사람과 사람 사이에서 전화나 메시지 등을 통한 연락을 의미하므로 문맥상 적합하지 않다. 또한 보기 C의 相关과 D의 有关은 앞에 有를 동반할 수 없으므로 적합하지 않다.

②번 칸　'净化效果/作用'의 조합이 모두 가능하지만, '净化效果'의 호응이 더 적합하다.

③번 칸　보기 A의 合适와 D의 适合가 모두 문맥상 적합하다.

어휘　★植物 zhíwù 몡 식물 | ★净化 jìnghuà 통 정화하다 | ★室内环境 shìnèi huánjìng 실내 환경 | 叶面 yèmiàn 몡 잎 면적 | ★高矮 gāo'ǎi 몡 높이 | 冠径 guànjìng 몡 갓의 지름 | ★表面积 biǎomiànjī 몡 표면적 | ★一般情况下 yìbān qíngkuàng xià 일반적인 상황에서 | ★平米 píngmǐ 양 제곱미터 | ★盆 pén 양 대야나 화분 등으로 담는 물건을 세는 단위

8

是不是所有的人都做梦？绝大部分科学家①相信，所有人都做梦。有的人觉得自己没有做梦，因为醒来时梦中的②情形都不记得了。有研究表明，无梦睡眠不仅③质量不好，而且还是大脑受到④损害和有病的一种征兆。

Ⓐ	相信	情形	质量	损害
B	以为	情景	效率	迫害
C	确定	情况	品质	伤害
D	反应	情节	效果	侵害

모든 사람들은 다 꿈을 꾸는 것인가? 대부분의 과학자들은 모든 사람이 다 꿈을 꾼다고 <u>믿는다</u>. 그런데 어떤 사람은 자신이 꿈을 꾸지 않는다고 여기는데, 왜냐하면 잠에서 깨어났을 때 꿈 속의 <u>상황</u>을 기억하지 못하기 때문이다. 연구에 의하면, 꿈을 꾸지 않는 수면은 수면의 <u>질</u>이 좋지 않을 뿐만 아니라 대뇌가 <u>손상을 입었거나</u> 병이 있는 일종의 징조라고 한다.

Ⓐ	믿다 | 상황 | 질 | 손상을 입다
B	~이라고 여기다 | 정황 | 효율 | 박해하다
C	확정하다 | 상황 | 품질 | 해치다
D	반응하다 | 줄거리 | 효과 | 침해하다

독해
제2부분

공략　②번 칸　보기 C의 情况은 '工作/生活情况'의 형태로 자주 쓰이고, '줄거리'라는 의미인 D의 情节는 '电影/故事情节'의 형태로 자주 호응하여 쓰이므로 이들은 문맥상 적합하지 않다.
③번 칸　'睡眠质量'은 자주 쓰이는 호응 구조로 '수면의 질'이라는 의미이다.

어휘　★做梦 zuòmèng 통 꿈을 꾸다 | ★绝大部分 jué dà bùfen 대부분 | ★醒来 xǐnglái 통 잠에서 깨다 | ★研究表明 yánjiū biǎomíng 연구에 의하면 | ★睡眠 shuìmián 명통 수면; 잠을 자다 | ★征兆 zhēngzhào 명 징조, 조짐 | ★情形 qíngxing 명 상황, 정황 | ★损害 sǔnhài 통 손실을 입다, 손상을 입다 | ★情景 qíngjǐng 명 정황, 모습 | ★效率 xiàolǜ 명 효율, 능률 | 迫害 pòhài 통 박해하다, 학대하다 | ★确定 quèdìng 통 확정하다 | ★品质 pǐnzhì 명 품질, 품성 | ★伤害 shānghài 통 해치다 | ★反应 fǎnyìng 통 반응하다 | ★情节 qíngjié 명 줄거리, 경위 | ★侵害 qīnhài 통 침해하다

📅 **24** day 명사를 이끄는 천군만마 – 개사

본책_ 298쪽

정답　**1.** C　**2.** D　**3.** A　**4.** A　**5.** B　**6.** D　**7.** B　**8.** D

1

人都有一种倾向：喜欢①按照别人对自己的期待去生活。②假设有人以对待成功人士的态度去对待一个人，那么这个人将会③表现出与成功者一样的能力。

A	仿照	设想	表示
B	据	一旦	展示
Ⓒ	按照	假设	表现
D	按	假使	表明

사람들은 모두 일종의 성향이 있는데, 다른 사람이 자신에 대해 거는 기대<u>에 따라서</u> 살아가기를 좋아한다고 한다. <u>만약</u> 누군가 성공 인사를 대하는 태도로 사람을 대한<u>다고 가정하면</u>, 그 사람은 앞으로 성공한 사람과 같은 능력을 <u>나타내게</u> 될 것이다.

A	모방하다 | 상상하다 | 표시하다
B	~에 근거하여 | 일단 | 드러내다
Ⓒ	~에 따라서 | 가정하다 | 나타내다
D	~에 따라서 | 만약 | 표명하다

공략
①번 칸 '기대에 따라서'라는 의미로 보기 C와 D의 '按照/按期待' 둘 다 가능하다.
③번 칸 '능력을 드러내다/나타내다'라는 의미로 보기 B와 C의 展示와 表现이 모두 能力과 호응하여 쓰일 수 있으므로 정답은 C이다.

어휘 ★倾向 qīngxiàng 몡 성향, 경향 | ★期待 qīdài 통 기대하다 | ★对待 duìdài 통 대하다, 대처하다 | ★成功人士 chénggōng rénshì 성공 인사 | ★成功者 chénggōngzhě 성공한 사람 | ★仿照 fǎngzhào 통 모방하다, 본뜨다 | ★设想 shèxiǎng 통 상상하다, 가상하다 | ★表示 biǎoshì 통 나타내다, 표시하다 | ★一旦 yídàn 뷔 일단 | ★展示 zhǎnshì 드러내다, 전시하다 | ★假设 jiǎshè 통 가정하다, 꾸며내다 | ★假使 jiǎshǐ 젭 만약, 만일 | ★表明 biǎomíng 통 표명하다, 분명하게 밝히다

---

2 난이도 中 공략 Key '与……有关'의 호응 구조

我们看到星星闪闪，这不是因为星星①**本身**的光度出现变化，而是与大气的密度②**有关**。大气隔在我们与星星之间，当星光通过大气层时，会受到大气的③**遮挡**。大气不是绝对的透明，而是根据密度的不同而产生变化。所以我们在地面透过它来看星星，就会看到星星好像在④**闪烁**的样子了。

A 自身　　关系　　遮掩　　闪动
B 自己　　对于　　阻挡　　闪亮
C 本体　　关于　　遮盖　　闪耀
Ⓓ 本身　　有关　　遮挡　　闪烁

우리가 별의 반짝거림을 보게 되는 것은 별 그 **자체**의 밝기에 변화가 나타나서가 아니라 대기의 밀도와 **관계가 있어서이다**. 대기는 우리와 별 사이를 차단하고 있어서, 별빛이 대기층을 통과할 때 대기로부터 **가로막히게** 되는 것이다. 대기는 절대적으로 투명한 것이 아니라, 밀도의 차이에 따라서 변화를 일으키게 된다. 따라서 우리가 지면에서 대기를 통과한 별을 보면 마치 별이 **반짝거리는** 듯한 모양을 볼 수 있게 되는 것이다.

A 자신 | 관계 | 가리다 | 번쩍거리다
B 자기 | ~에 대하여 | 저지하다 | 반짝이다
C 실체 | ~에 관하여 | 덮다 | 반짝거리다
Ⓓ 자체 | 관계가 있다 | 가로막다 | 반짝거리다

공략
①번 칸 '명사+本身'의 구조가 가장 적합하지만, 보기 A의 自身도 문맥상 적합하다.
②번 칸 '与……有关'은 고정 형식으로, '~과 관계가 있다'라는 의미이다. 보기 A의 关系는 명사이므로 빈칸에 적합하지 않다. '与……有关系'의 형태가 되어야만 빈칸에 적합하다.
④번 칸 모든 보기의 단어들이 다 가능하지만 '星星闪烁'의 형태가 가장 알맞은 조합이다.

어휘 ★闪闪 shǎnshǎn 혱 반짝거리다 | ★光度 guāngdù 몡 광도, 밝기 | ★密度 mìdù 몡 밀도 | ★隔 gé 통 가로막다 | ★星光 xīngguāng 몡 별빛 | ★透明 tòumíng 혱 투명하다 | ★透过 tòuguo 통 통과하다, 투과되다 | ★遮掩 zhēyǎn 통 가리다, 숨기다 | 闪动 shǎndòng 통 (빛이) 번쩍거리다 | ★阻挡 zǔdǎng 통 저지하다, 가로막다 | ★闪亮 shǎnliàng 통 반짝이다 | ★本体 běntǐ 몡 실체, 실질 | ★遮盖 zhēgài 통 덮다, 가리다 | ★闪耀 shǎnyào 통 반짝거리다 | ★本身 běnshēn 몡 그 자신, 그 자체 | ★遮挡 zhēdǎng 통 가로막다, 차단하다 | ★闪烁 shǎnshuò 통 반짝거리다

---

3 난이도 中 공략 Key '由……组成'의 호응 구조

他像是飘在大地上的风一样，随意地往前走。他①经过无数村庄与集镇，尽管有着百般②姿态，然而却③由同样颜色的树木，同样④形状的房屋组成，同样的街道上走着同样的人。

Ⓐ 经过　　姿态　　由　　形状
B 通过　　形态　　自　　模样
C 过去　　姿势　　以　　外形
D 走过　　形势　　从　　外貌

그는 마치 대지에 떠다니는 바람처럼 마음 내키는대로 앞을 향해 걸었다. 그는 수많은 마을과 작은 도시들을 **지나쳤는데**, 그곳들은 비록 갖가지의 **자태**를 가지고는 있었지만 똑같은 색의 나무들과 똑같은 **외관**의 가옥들**로** 이루어져 있었고, 똑같은 거리에는 똑같은 사람들이 걷고 있었다.

Ⓐ 지나다 | 자태 | ~으로 | 외관
B 통과하다 | 형태 | ~으로부터 | 모양
C 지나가다 | 자세 | ~으로 | 외형
D 거치다 | 형세 | ~으로부터 | 외모

공략
- **①번 칸** 보기 A의 经过와 D의 走过가 둘 다 적합하며, B의 通过도 가능은 하지만 문맥상 썩 잘 어울리지는 않는다.
- **②번 칸** '갖가지 자태'라는 의미인 '百般姿态'의 조합이 가장 적합하다. 보기 C의 姿势는 '身体的姿势(몸의 자세)'의 형태로, D의 形势는 '社会形势(사회 형세)'의 형태로 자주 호응하여 쓰이므로 이들은 문맥상 적합하지 않다.
- **③번 칸** '由……组成'은 고정 형식으로, '~으로 구성되다'라는 의미이다.
- **④번 칸** 보기 D의 外貌는 사람의 외모를 나타내므로 문맥상 적합하지 않다.

어휘 ★飘 piāo ⑧ 떠다니다, 흩날리다 | ★随意 suíyì ⑨ 마음 내키는대로 | ★无数 wúshù ⑱ 매우 많다 | ★村庄 cūnzhuāng ⑲ 마을 | 集镇 jízhèn ⑲ 작은 도시, 읍 | ★百般姿态 bǎibān zītài 갖가지의 자태 | ★形状 xíngzhuàng ⑲ 형상, 외관 | ★形态 xíngtài ⑲ 형태 | ★模样 múyàng ⑲ 모양 | ★姿势 zīshì ⑲ 자세 | ★形势 xíngshì ⑲ 형세 | ★外貌 wàimào ⑲ 외모

---

4 난이도 中 공략 Key '比……更'의 호응 구조

事实表明，"淘气"的孩子常常①比"老实"的孩子具有更好的认识和观察事物的能力。因为淘气的孩子接触面广，大脑受到的②刺激多，这样可以激发孩子的③兴趣，因为观察需要适当的时间和空间，家长应该给孩子足够的时间和空间，让他们"淘气"一点，让他们④自由地去遐想、去观察、去活动。

밝혀진 사실에 따르면, '장난기가 심한' 아이가 종종 '얌전한' 아이보다 사물을 더 잘 인식하고 관찰하는 능력을 가지고 있다고 한다. 왜냐하면 장난기가 심한 아이는 접촉하는 것이 광범위해서 대뇌가 받는 자극이 많아져 이렇게 되면 아이의 흥미를 유발시킬 수 있다고 한다. 관찰은 적당한 시간과 공간이 필요하기 때문에, 부모들은 아이에게 충분한 시간과 공간을 주어 그들이 '장난을 좀 칠 수' 있게 하고 또한 그들이 자유롭게 상상하고 관찰하고 활동할 수 있게 해야 한다.

	比	刺激	兴趣	自由
A	比	刺激	兴趣	自由
B	和	激励	智商	放心
C	同	鼓励	潜能	快乐
D	对	支持	智慧	自在

A	~보다 | 자극하다 | 흥미 | 자유롭다
B	~과 | 격려하다 | 아이큐 | 안심하다
C	~과 | 격려하다 | 잠재력 | 즐겁다
D	~에 대해 | 지지하다 | 지혜 | 자유롭다

공략
- **①번 칸** '比……具有更好的'는 비교문의 고정 형식으로, '~보다 더 좋은 ~을 가지고 있다'라는 의미이다.
- **②번 칸** '자극을 받다'라는 의미인 '受刺激'가 가장 알맞은 호응 구조이다.
- **③번 칸** '激发兴趣/潜能'의 조합이 둘 다 가능하다.
- **④번 칸** 모든 보기의 단어들이 다 가능하지만 自由가 문맥상 가장 적합하다.

어휘 ★淘气 táoqì ⑱ 장난이 심하다 | ★老实 lǎoshi ⑱ 얌전하다, 고분고분하다 | ★观察 guānchá ⑧ 관찰하다 | ★接触面 jiēchù miàn 접촉 부위 | 大脑 dànǎo ⑲ 대뇌 | ★激发 jīfā ⑧ 불러일으키다 | ★足够 zúgòu ⑱ 충분하다 | ★遐想 xiáxiǎng ⑧ 끝없이 상상을 하다 | ★刺激 cìjī ⑧ 자극하다 | ★激励 jīlì ⑧ 격려하다 | ★智商 zhìshāng ⑲ 아이큐, 지능 지수 | ★鼓励 gǔlì ⑧ 격려하다, 북돋우다 | ★潜能 qiánnéng ⑲ 잠재력 | ★支持 zhīchí ⑧ 지지하다 | ★智慧 zhìhuì ⑲ 지혜

---

5 난이도 下 공략 Key 有利于의 호응 구조

挺胸可以使肺活量提升20%左右。从而有利①于新陈代谢。肺活量提升了，身体的各②部位得到的氧气便增加了，人就不容易③疲劳。

가슴을 쭉 펴면 폐활량을 20% 정도 높일 수 있어서 신진대사에 이롭다고 한다. 폐활량이 증가하면 신체의 각 부위가 얻게 되는 산소도 증가하여, 사람이 쉽게 피곤해지지 않는다.

A	自	地方	压抑
B	于	部位	疲劳
C	在	位置	烦躁
D	从	部分	疲惫

A	~으로부터 | 곳 | 갑갑하다
B	~에 | 부위 | 피곤하다
C	~에서 | 위치 | 초조하다
D	~으로부터 | 부분 | 피로하다

공략　　①번칸 '有利于'는 고정 형식으로, '~에 도움이 되다, ~에 이롭다'라는 의미이다.
　　②번칸 '身体的部位'의 조합이 가장 적합하다.
　　③번칸 모든 보기의 어휘들이 문맥상 다 가능하다.

어휘　★挺胸 tǐngxiōng 图 가슴을 쭉 펴다 ｜ ★肺活量 fèihuóliàng 图 폐활량 ｜ ★提升 tíshēng 图 끌어올리다, 높이다 ｜ ★从而 cóng'ér 图 그리하여, 따라서 ｜ ★有利于 yǒulì yú ~에 이롭다, ~에 유리하다 ｜ ★新陈代谢 xīn chén dài xiè 图 신진대사 ｜ ★氧气 yǎngqì 图 산소 ｜ ★便 biàn 图 곧, 바로 ｜ ★增加 zēngjiā 图 증가하다, 늘리다 ｜ ★压抑 yāyì 图图 억누르다; 갑갑하다 ｜ ★部位 bùwèi 图 부위 ｜ ★疲劳 píláo 图 피곤하다, 지치다 ｜ ★烦躁 fánzào 图 초조하다 ｜ ★疲惫 píbèi 图 매우 피곤하다

6　난이도 中　공략 Key '被……所……'의 호응 구조

　　电影和城市有紧密的依存关系：城市为电影提供经济支撑和场地①来源，电影对城市的景观起到有效的②宣传作用。用电影引领城市，营造③和谐的城市文化氛围，提高城市的知名度和美誉度，从而增强城市综合竞争力，这已④被众多城市所认可。

　　영화와 도시는 긴밀한 의존 관계에 있다. 도시는 영화에 경제적 지원과 장소의 출처를 제공하며, 영화는 도시의 경관에 효과적인 홍보 역할을 한다. 영화로 도시를 이끌면 조화로운 도시 문화 분위기가 조성되고, 도시의 지명도와 명성이 향상되어 그로 인해 도시의 종합 경쟁력이 강화된다. 이는 이미 많은 도시에 의해 인정된 것이다.

A	根源	介绍	和蔼	使
B	基础	宣布	和睦	令
C	根据	传达	和平	将
Ⓓ	来源	宣传	和谐	被

A 근원 ｜ 소개하다 ｜ 상냥하다 ｜ ~하게 하다
B 기초 ｜ 선포하다 ｜ 화목하다 ｜ 시키다
C ~에 근거하여 ｜ 전하다 ｜ 평화롭다 ｜ ~을
Ⓓ 출처 ｜ 홍보하다 ｜ 조화롭다 ｜ ~에 의해

공략　　①번칸 '场地来源'의 조합이 가장 적합하다.
　　②번칸 '홍보 효과가 있다'라는 뜻의 '有效的宣传作用'의 조합이 가장 적합하다. 宣传은 '홍보하다'라는 의미이다.
　　③번칸 보기 D의 和谐가 문맥상 가장 적합한데, '和谐的氛围(조화로운 분위기)'의 형태로 자주 호응하여 쓰인다. 보기 A의 和蔼는 '和蔼的老人(상냥한 노인)'의 형태로, B의 和睦는 '和睦的家庭(화목한 가정)'의 형태로 자주 호응하여 쓰이므로 이들은 모두 문맥상 적합하지 않다.
　　④번칸 '被……所……'는 고정 형식으로, '~에 의해 ~되다'라는 의미이다. 보기 C의 将은 把와 같은 의미이므로 문맥상 적합하지 않다.

어휘　★紧密 jǐnmì 图 긴밀하다 ｜ ★依存关系 yīcún guānxi 의존 관계 ｜ ★支撑 zhīchēng 图 지탱하다 ｜ ★场地 chǎngdì 图 장소 ｜ ★景观 jǐngguān 图 경관, 경치 ｜ ★引领 yǐnlǐng 图 이끌다 ｜ ★营造 yíngzào 图 조성하다 ｜ ★美誉度 měiyùdù 사회적 찬사를 받는 정도 ｜ ★增强 zēngqiáng 图 강화하다 ｜ ★综合竞争力 zōnghé jìngzhēnglì 종합 경쟁력 ｜ ★众多 zhòngduō 图 매우 많다 ｜ ★认可 rènkě 图 승인하다, 인가하다 ｜ ★和蔼 hé'ǎi 图 상냥하다 ｜ ★宣布 xuānbù 图 선포하다 ｜ ★和睦 hémù 图 화목하다 ｜ ★传达 chuándá 图 전하다 ｜ ★宣传 xuānchuán 图 홍보하다, 선전하다 ｜ ★和谐 héxié 图 조화롭다

7　난이도 中　공략 Key '为……设置'의 호응 구조

　　花样游泳是专①为女子设置的体育项目，原来是比赛间歇休息时的表演项目，是游泳、舞蹈与音乐的完美②结合，素有"水中芭蕾"的美称，它是一项具有艺术性的③优雅的体育项目，但也需要力量和④技巧，需要经过很长时间的⑤训练。

　　싱크로나이즈드 스위밍은 오로지 여성을 위해 만들어진 스포츠 경기 종목으로, 원래는 수영 시합 중 막간의 휴식 시간에 했던 공연 종목이었는데, 수영과 무용, 음악의 완벽한 결합으로 일찍부터 '수중 발레'라는 아름다운 명칭이 있었다. 싱크로나이즈드 스위밍은 예술성을 지닌 우아한 스포츠 종목이지만, 힘과 기교가 필요하며 오랜 시간의 훈련을 거쳐야만 한다.

A	因	融合	美丽	实力	锻炼
Ⓑ	为	结合	优雅	技巧	训练
C	对	合作	美妙	技术	培养
D	向	协作	优美	技能	培训

A ~으로 인해 ｜ 융합하다 ｜ 아름답다 ｜ 실력 ｜ 단련하다
Ⓑ ~을 위해 ｜ 결합하다 ｜ 우아하다 ｜ 기교 ｜ 훈련하다
C ~에게 ｜ 협력하다 ｜ 미묘하다 ｜ 기술 ｜ 기르다
D ~에게 ｜ 협동하다 ｜ 우아하고 아름답다 ｜ 기능 ｜ 훈련하다

공략

- **①번칸** '为……设置'는 고정 형식으로, '~을 위해 설치하다, 만들다'라는 의미이다.
- **②번칸** 보기 A의 融合와 B의 结合가 둘 다 가능하다. C의 合作와 D의 协作는 사람과 사람 사이의 협력을 나타내므로 문맥상 적합하지 않다.
- **③번칸** 모든 보기의 어휘들이 다 가능하다.
- **④번칸** 문맥상 모든 보기의 어휘들이 전부 가능하지만 보기 B의 技巧가 가장 적합하다.
- **⑤번칸** 시합을 위해 연습한다는 의미로는 B의 训练이 가장 적당하다. A의 锻炼은 '锻炼身体'의 형태로, C의 培养은 '培养能力'의 형태로, D의 培训는 '培训职员'의 형태로 주로 호응하여 쓰이므로 문맥상 적합하지 않다.

어휘
★花样游泳 huāyàng yóuyǒng 명 싱크로나이즈드 스위밍, 수중 발레 | ★设置 shèzhì 동 세우다, 만들다 | ★间歇 jiànxiē 형 간헐적이다 | ★舞蹈 wǔdǎo 명 무용, 춤 | ★完美 wánměi 형 완벽하여 흠 잡을 데 없다 | ★素有……美称 sùyǒu……měichēng 일찍이 ~이라는 아름다운 명칭이 있다 | ★一项 yí xiàng 한 종목, 한 항목 | ★艺术性 yìshùxìng 명 예술성 | ★融合 rónghé 동 융합하다 | ★实力 shílì 명 실력 | ★优雅 yōuyǎ 형 우아하다 | ★技巧 jìqiǎo 명 기교 | ★美妙 měimiào 형 미묘하다, 아름답고 묘하다 | ★培养 péiyǎng 동 기르다 | ★协作 xiézuò 동 협동하다, 합력하다 | ★优美 yōuměi 형 우아하고 아름답다 | 技能 jìnéng 명 기능, 솜씨 | ★培训 péixùn 동 훈련하다

독해 제2부분

---

8   난이도 上   공략 Key 除非의 의미 파악

轿子本是①<u>将</u>车子去掉轮子改装而成，以供帝王和②<u>年老体弱</u>的大臣代步。这种交通工具汉代就有，唐代朝廷规定，③<u>除非</u>生病文武百官都应骑马，轿子也就少了。到了宋代又多起来，人们还把轿子④<u>装饰</u>成花轿供嫁娶时用。

A	把	德高望重	消除	打扮
B	用	容颜已改	去除	装修
C	被	年老体衰	开除	改装
Ⓓ	**将**	**年老体弱**	**除非**	**装饰**

가마란 본래 수레<u>를 가지고</u> 바퀴를 없애 개조하여 만든 것으로, 왕과 <u>나이 들어 쇠약한</u> 신하가 타고 다니도록 제공하기 위한 것이었다. 이러한 교통수단은 이미 한나라 때 있었는데, 당나라 때 조정에서 병이 났을 때<u>를 제외하고는</u> 관원들은 모두 말을 타고 다니라고 규정을 하여 가마의 수도 줄어들게 되었다. 송나라 때부터 가마가 다시 많아지기 시작했는데, 사람들은 또한 가마를 꽃가마로 <u>꾸며서</u> 시집이나 장가를 갈 때 사용하기도 하였다.

- A ~을 가지고 | 덕망이 높다 | 없애다 | 꾸미다
- B ~을 사용해 | 용모가 변하다 | 제거하다 | 인테리어하다
- C ~에게 | 연로하여 기력이 쇠하다 | 해고하다 | 개조하다
- **Ⓓ ~을 가지고 | 연로하여 쇠약하다 | ~을 제외하고 | 꾸미다**

공략

- **①번칸** 보기 A, B, D의 把, 用, 将이 모두 가능하다.
- **②번칸** '연로하여 쇠약하다'라는 의미의 동의어인 보기 C의 年老体衰와 D의 年老体弱가 문맥상 적합하다. 보기 A의 德高望重은 '덕망이 높다'라는 의미이고, B의 容颜已改는 여자가 나이가 들었음을 나타낼 때 자주 쓰이는 표현이므로 이들은 적합하지 않다.
- **③번칸** 보기 D의 除非가 '~을 제외하고는, ~여야만'이라는 유일한 조건을 나타내므로 문맥상 가장 적합하다.
- **④번칸** 보기 C와 D의 改装과 装饰는 문맥상 둘 다 적합하다. 보기 A의 打扮은 사람에게만 쓸 수 있고, B의 装修는 '装修房间'의 형태로 자주 쓰이므로 이들은 문맥상 적합하지 않다.

어휘
★轿子 jiàozi 명 가마 | ★去掉 qùdiào 동 없애버리다 | ★轮子 lúnzi 명 바퀴 | ★改装 gǎizhuāng 동 다르게 꾸미다, 개조하다 | ★以供 yǐ gōng 제공하기 위하여 | ★帝王 dìwáng 명 제왕, 군주 | ★大臣 dàchén 명 대신, 신하 | ★代步 dàibù 명동 (걸음을 대신하는) 차, 탈 것; 걸음을 대신하다 | ★交通工具 jiāotōng gōngjù 명 교통수단 | ★汉代 Hàndài 명 한대, 한 왕조 | ★唐代 Tángdài 명 당대, 당 왕조 | ★朝廷 cháotíng 명 조정 | ★文武百官 wénwǔ bǎiguān 명 문무백관, 모든 관원들 | ★宋代 Sòngdài 명 송대, 송 왕조 | ★花轿 huājiào 명 꽃가마 | ★嫁娶 jiàqǔ 동 시집가고 장가들다 | ★德高望重 dé gāo wàng zhòng 성 덕망이 높다 | ★消除 xiāochú 동 없애다, 제거하다 | ★打扮 dǎban 동 꾸미다 | ★容颜已改 róngyán yǐ gǎi 용모, 모습이 변했다 | ★去除 qùchú 동 제거하다, 없애다 | ★装修 zhuāngxiū 동 장식하고 꾸미다, 인테리어하다 | ★年老体衰 nián lǎo tǐ shuāi 성 연로하여 기력이 쇠하다 | 开除 kāichú 동 해고하다, 제명하다 | ★年老体弱 niánlǎo tǐ ruò 연로하여 쇠약하다 | ★除非 chúfēi 접 오직 ~하여야, ~을 제외하고는 | ★装饰 zhuāngshì 동 장식하다

25 day 꾸미는 말의 모든 것 – 부사

| 정답 | 1. A | 2. B | 3. D | 4. C | 5. A | 6. B | 7. D | 8. A |

---

1 난이도 中 공략 Key 고정 형식 亲眼所见

眼见为实，我们通常只相信自己①**亲眼**所见的东西。认为只有自己看到的，才是真实②**可靠**的。然而有时我们亲眼看见的却常常与真实相悖。视觉上的错觉常常会欺骗许多③**自以为是**的头脑。

ⓐ **亲眼**　可靠　自以为是
B 亲自　依赖　沉默寡言
C 亲耳　可信　心直口快
D 亲口　相信　自高自大

직접 눈으로 본 것만이 확실한 것이기 때문에 우리는 일반적으로 **직접 자기 눈으로** 본 것만 믿게 된다. 또한 자신이 직접 본 것만이 정말 **믿음직한** 것이라고 여긴다. 그러나 때로는 우리가 직접 본 것이지만 자주 진실과 어긋나기도 한다. 시각상의 착각은 늘 **자신만 옳다고 여기는** 많은 생각들을 속일 수 있다.

ⓐ 자기 눈으로 직접 | 믿음직하다 | 자신만 옳다고 여기다
B 몸소 | 의지하다 | 과묵하다
C 자기 귀로 직접 | 믿을 만하다 | 거침없이 말하다
D 자기 입으로 직접 | 믿다 | 거만하다

공략

(①번 칸) '亲眼所见'은 자주 쓰이는 고정 형식으로, '자기 눈으로 직접 보다'라는 의미이다. 이 밖에 '亲耳所听(자기 귀로 직접 듣다)'과 '亲口所说(자기 입으로 직접 말하다)' 및 '亲自看见/见到(자기가 직접 보다)' 등의 표현이 있다.

(②번 칸) '真是可靠/可信'의 조합이 둘 다 가능하다. 보기 B의 依赖와 D의 相信의 주체는 주로 사람이므로 문맥상 적합하지 않다.

(③번 칸) 自以为是는 '자신이 옳다고 여긴다'라는 의미로 문맥상 가장 적합하다. 沉默寡言은 '말수가 적다, 과묵하다'라는 의미이고, 心直口快는 '거침없이 말하다'라는 의미이며, 自高自大는 '매우 거만하다'라는 의미이므로 이들은 모두 문맥상 적합하지 않다.

어휘　★眼见为实 yǎn jiàn wéi shí 직접 눈으로 보는 것을 믿는다 | ★通常 tōngcháng 몡톙 보통; 일반적이다 | ★亲眼所见 qīnyǎn suǒ jiàn 직접 보다 | 相悖 xiāngbèi 통 어긋나다 | ★视觉 shìjué 몡 시각 | ★错觉 cuòjué 몡 착각 | ★欺骗 qīpiàn 통 속이다 | ★头脑 tóunǎo 몡 두뇌, 생각 | ★亲眼 qīnyǎn 뮈 자기 눈으로 직접 | ★可靠 kěkào 톙 믿음직하다 | ★自以为是 zì yǐ wéi shì 셍 자신만 옳다고 생각하다 | ★亲自 qīnzì 뮈 직접, 몸소 | ★依赖 yīlài 통 의지하다 | ★沉默寡言 chén mò guǎ yán 셍 과묵하다 | ★亲耳 qīn'ěr 뮈 자기 귀로 직접 | ★可信 kěxìn 톙 믿을 만하다 | ★心直口快 xīn zhí kǒu kuài 셍 거침없이 말하다 | ★亲口 qīnkǒu 뮈 자기 입으로 직접 | ★自高自大 zì gāo zì dà 셍 거만하다

---

2 난이도 中 공략 Key 부사 的确와 确实

有人总是抱怨自己的环境，有人知道先适应环境，然后①**改造**环境。②**即便**不能改变环境，心态也是很重要的。③**的确**，环境改变人的心态，人的心态改变人的④**人生**。

A 改善　与其　明确　心情
ⓑ **改造**　即便　的确　人生
C 包装　即使　确实　生活
D 改变　哪怕　确切　命运

어떤 사람은 늘 자신의 환경에 대해 불평만 하고, 또 어떤 사람은 먼저 환경에 적응을 하고 나서 환경을 **개조해야** 한다는 것을 안다. **설령** 환경을 바꿀 수 없다 하더라도 심리 상태 역시 매우 중요한 것이다. **확실히** 환경은 사람의 심리 상태를 변화시키고, 사람의 심리 상태는 **인생**을 변화시킨다.

A 개선하다 | ~하기보다는 | 명확하다 | 기분
ⓑ 개조하다 | 설령 | 확실히 | 인생
C 포장하다 | 설령 | 확실히 | 생활
D 바꾸다 | 설령 | 정확하다 | 운명

공략

(①번 칸) '환경을 개조하다, 환경을 개선하다'라는 의미로 보기 B의 改造와 A의 改善이 环境과 함께 어울려 쓰일 수 있다.

(②번 칸) 보기 B, C, D가 '설령 ~이라 하더라도'라는 의미의 동의어이므로 이 세 가지가 다 가능하다. 보기 A의 与其는 '与其……不如(~하기보다는 ~하는 편이 더 낫다)'의 형태로 쓰이므로 적합하지 않다.

(③번 칸) 문장의 맨 앞에 쓰여서 단독으로 문장을 이룰 수 있는 것으로는 보기 B와 C의 부사 的确와 确实만이 가능하다. 따라서 ①번 칸과 ③번 칸을 통해 정답이 B임을 알 수 있다. 보기 A의 明确는 '目标明确(목표가 명확하다)'의 형태로, D의 确切는 '消息确切(소식이 정확하다)'의 형태로 자주 호응하여 쓰이므로 다 적합하지 않다.

(④번 칸) 모든 보기의 단어들이 문맥상 적합하다.

어휘 ★抱怨 bàoyuàn 통 불평하다, 원망하다 | ★适应环境 shìyìng huánjìng 환경에 적응하다 | ★心态 xīntài 명 심리 상태 | ★改善 gǎishàn 통 개선하다 | ★与其 yǔqí 접 ~하기보다는 | ★明确 míngquè 형통 명확하다; 명확하게 하다 | ★改造 gǎizào 통 개조하다, 변화시키다 | ★即便 jíbiàn 접 설령 ~이라 하더라도 | ★的确 díquè 부 확실히, 분명히 | ★包装 bāozhuāng 통 포장하다 | ★即使 jíshǐ 접 설령 ~이라 하더라도 | ★确实 quèshí 부형 확실히; 확실하다 | ★哪怕 nǎpà 접 설령 ~이라 하더라도 | ★确切 quèqiè 형 정확하다, 확실하다

---

3   난이도 上   공략 Key '更何况……呢'의 호응 구조

①尽管婚纱摄影从实质内容上看，与普通摄影没什么太大的区别，但是，您别忘了，对一般人来说，在设备条件②简陋的环境下拍照与舒适③温馨的环境下拍照也不是相同的感觉，更④何况是新婚夫妇呢?

A 无论	优秀	温柔	并且
B 虽然	不良	柔和	况且
C 不管	简单	自在	而且
Ⓓ 尽管	简陋	温馨	何况

비록 웨딩드레스 촬영이 실질적인 내용으로 볼 때 일반적인 촬영과 그다지 큰 차이가 없어 보이기는 하지만, 기억해라, 보통 사람들에게 있어서도 설비 조건이 초라한 환경에서 사진을 찍는 것과 안락하고 포근한 환경에서 사진을 찍는 것이 서로 다른 느낌이 드는데, 하물며 신혼부부는 오죽하겠는가?

A ~을 막론하고 | 우수하다 | 부드럽다 | 게다가
B 비록 ~하지만 | 좋지 않다 | 보드랍다 | 더구나
C ~을 막론하고 | 간단하다 | 자유롭다 | 게다가
Ⓓ 비록 ~하지만 | 초라하다 | 포근하다 | 하물며

공략

(①번 칸) 보기 B와 D의 접속사 虽然과 尽管은 '비록 ~하지만'의 의미를 나타내어 전환 구조를 만드는 동의어로 둘 다 가능하다. 보기 A와 C의 접속사 无论과 不管 역시 동의어로 '~을 막론하고, ~에 관계없이'라는 조건의 의미를 나타내므로 이들은 문맥상 적합하지 않다.

(②번 칸) 보기 D와 C의 '条件简陋/简单'의 조합이 모두 가능하다. 보기 A의 优秀는 '成绩优秀'의 형태로, B의 不良은 '不良习惯'의 형태로 자주 호응하여 쓰이므로 문맥상 적합하지 않다.

(③번 칸) 보기 D와 C의 '舒适温馨/自在'의 조합이 둘 다 가능하다. 보기 A의 温柔는 '温柔的女孩(부드러운 여자아이)'의 형태로, B의 柔和는 '柔和的光线(부드러운 광선)'의 형태로 자주 호응하여 쓰이므로 이들은 문맥상 적합하지 않다.

(④번 칸) '更何况……呢'는 '하물며 ~은 오죽하겠는가, 하물며 ~은 말해 무엇하겠는가'라는 반문의 어기를 나타낼 때 자주 쓰이는 호응 구조이다.

어휘 ★婚纱摄影 hūnshā shèyǐng 웨딩드레스 촬영 | ★设备条件 shèbèi tiáojiàn 설비 조건 | ★拍照 pāizhào 통 사진을 찍다 | ★舒适 shūshì 형 편안하다, 안락하다 | ★新婚夫妇 xīnhūn fūfù 신혼부부 | ★优秀 yōuxiù 형 우수하다 | ★温柔 wēnróu 형 부드럽고 상냥하다 | ★并且 bìngqiě 접 게다가 | ★不良 bùliáng 형 좋지 않다, 불량하다 | ★柔和 róuhé 형 보드랍다, 연하고 부드럽다 | ★况且 kuàngqiě 접 더구나, 게다가 | ★自在 zìzài 형 자유롭다 | 而且 érqiě 접 게다가 | ★简陋 jiǎnlòu 형 초라하다, 허술하다 | ★温馨 wēnxīn 형 포근하다, 따뜻하다 | ★何况 hékuàng 접 하물며, 더구나

　　东晋以后，北方的一些士族及①**大批**流民②**陆续**移居江南，于是政府划出一些③**特定**的区域安置这些人，但仍用北方的地名④**称呼**这些新设置的州、郡、县，它们便是侨州郡县。

	A	B	C	D
	多数	大量	大批	部分
	延续	连续	陆续	持续
	特别	特殊	特定	独特
	称号	称为	称呼	名称

(정답 C)

　　동진 이후, 북쪽 지방의 일부 사대부 가문 사람들과 **대량의** 유랑민들이 **연이어** 강남으로 이주하게 되어, 정부가 일부 **특정한** 구역을 나누어 그 사람들이 정착할 수 있도록 하였는데, 그러한 새로 세운 주, 군, 현을 여전히 북쪽의 지명을 사용하여 **불렀다**. 그것이 바로 교주군현이다.

A 다수 | 계속하다 | 특별하다 | 호칭
B 대량의 | 연속하다 | 특수하다 | ~이라고 부르다
(정답) C 대량의 | 연이어 | 특정하다 | ~이라고 부르다
D 부분 | 지속하다 | 독특하다 | 명칭

공략

①번 칸 모든 보기의 단어들이 다 가능하다.

②번 칸 '陆续移居'는 자주 쓰이는 고정 형식으로, '연이어 이주하다'라는 의미이다. 본문에서는 유랑민들이 하나씩 하나씩 연이어 강남으로 이주하였음을 나타내므로 陆续가 문맥상 가장 적합하다. 보기 A의 延续는 뒤에 긴 시간을 의미하는 단어들과 함께 어울려 쓰이고, B와 D의 连续와 持续는 뒤에 주로 수량사를 동반해 쓰이므로 이들은 모두 문맥상 적합하지 않다.

③번 칸 보기 A, B, C의 단어들이 다 가능하지만, 보기 D의 独特는 '独特的文化'의 조합으로 자주 호응하여 쓰이므로 문맥상 적합하지 않다.

④번 칸 보기 C 称呼의 품사는 명사와 동사인데, 본문에서는 동사의 용법으로 쓰여 '~이라고 부르다'라는 의미이다. 보기 A와 D의 称号와 名称은 명사이므로 동사의 위치인 빈칸에는 적합하지 않으며, B의 称为는 被와 함께 '被称为'의 형태로 쓰여야 하므로 역시 빈칸에 적합하지 않다.

어휘 ★东晋 Dōngjìn 圐 동진 | 士族 shìzú 圐 (동한, 위진 남북조 시기의) 사대부 가문 | 流民 liúmín 圐 유랑민, 유민 | ★移居 yíjū 圐 이주하다, 거처를 옮기다 | 江南 Jiāngnán 교유 강남[창장(长江) 하류의 남쪽 지역] | ★划出 huàchū 圐 가르다, 나누다 | ★区域 qūyù 圐 구역, 지역 | ★安置 ānzhì 圐 적절한 위치를 찾아주다, 정착하다 | ★设置 shèzhì 圐 설치하다, 세우다 | 州 zhōu 圐 주[고대 행정 구역의 명칭] | 郡 jùn 圐 군[고대 행정 구역의 명칭] | 县 xiàn 圐 현[중국 행정 구획 단위 중 하나] | ★便 biàn 圐 바로 | ★延续 yánxù 圐 계속하다, 지속하다 | ★称号 chēnghào 圐 호칭, 칭호 | ★连续 liánxù 圐 연속하다, 계속하다 | ★特殊 tèshū 圐 특별하다, 특수하다 | ★大批 dàpī 圐 대량의 | ★陆续 lùxù 圐 연이어, 잇달아 | ★特定 tèdìng 圐 특정하다, 특별히 지정한 | ★称呼 chēnghu 圐圐 호칭; ~이라고 부르다 | ★持续 chíxù 圐 지속하다 | ★独特 dútè 圐 독특하다 | 名称 míngchēng 圐 명칭, 이름

　　骄傲使人①**盲目**自满，固步自封，自高自大，②**脱离**群众，堵塞进步与成功的道路。谦虚绝不是自卑。自卑是③**不切实际**地过低估计自己，觉得自己④**处处**不如别人，对事业灰心丧气，这往往导致无所作为。

	A	B	C	D
	盲目	产生	容易	目的
	脱离	离开	摆脱	消除
	不切实际	不分是非	实事求是	不符实际
	处处	每每	各处	到处

(정답 A)

　　교만함은 사람을 **맹목적으로** 자만하게 하고, 현재 상태에 만족하여 제자리걸음하게 하며, 거만하게 하고, 사람들과 **단절하게** 하며, 발전과 성공의 길을 가로막는다. 겸손한 것은 결코 열등감을 갖는 것이 아니다. 열등감은 **현실에 맞지 않게** 자신을 과소평가하여, 자신은 **여러 면에서** 다른 사람들보다 못하다고 여겨 어떠한 일에 대해 의기소침하게 되는데, 이것은 종종 어떠한 성과도 내지 못하는 결과를 초래한다.

(정답) A 맹목적인 | 단절하다 | 현실에 맞지 않다 | 여러 면에서
B 생기다 | 떠나다 | 시비를 가리지 않다 | 매번
C 쉽다 | 벗어나다 | 실사구시 | 곳곳
D 목적 | 없애다 | 현실에 부합하지 않다 | 도처

공략

①번 칸 보기 A의 盲目, B의 产生, C의 容易가 모두 가능하다.

②번 칸 '사람들과 단절하다'라는 의미로 '脱离群众'의 조합이 가장 적합하다. 보기 C의 摆脱는 '摆脱麻烦'의 형태로, D의 消除는 '消除疲劳'의 형태로 자주 호응하여 쓰이므로 이들은 문맥상 적합하지 않다.

③번 칸 보기 A의 不切实际와 D의 不符实际가 동의어로, '실제에 부합하지 않다'라는 의미이므로 둘 다 가능하다. 보기 B의 不分是非는 '시비를 가리지 않다'라는 의미이며, C의 实事求是는 '사실과 같다, 객관적이다'라는 의미이므로 이들은 문맥상 적합하지 않다.

④번 칸 处处는 추상적인 의미를 나타낼 수 있다. 보기 B의 每每는 '매번'이라는 의미이고, C와 D의 各处와 到处는 장소만을 의미하므로 이들은 문맥상 적합하지 않다.

어휘 ★自满 zìmǎn 형 자만하다 | ★固步自封 gù bù zì fēng 성 제자리걸음하다 | ★自高自大 zì gāo zì dà 성 거만하다, 자만하다 | ★群众 qúnzhòng 명 대중, 군중 | ★堵塞 dǔsè 동 가로막다 | ★谦虚 qiānxū 형 겸손하다, 겸허하다 | ★自卑 zìbēi 형 스스로 열등하다 | ★过低 guòdī 형 지나치게 낮다 | ★灰心丧气 huī xīn sàng qì 성 의기소침하다 | ★导致 dǎozhì 동 초래하다 | ★无所作为 wú suǒ zuò wéi 성 어떠한 성적도 내지 못하다 | ★盲目 mángmù 형 맹목적인 | ★脱离 tuōlí 동 벗어나다, 단절하다 | ★摆脱 bǎituō 동 벗어나다, 떨쳐버리다 | ★消除 xiāochú 동 없애다 | ★不切实际 bú qiè shí jì 성 현실에 부합되지 않다 | ★不分是非 bùfēn shìfēi 시비를 가리지 않다 | ★实事求是 shí shì qiú shì 성 실사구시 | ★处处 chùchù 부 각 방면에, 여러 면에서 | ★到处 dàochù 명 도처, 곳곳

---

6 난이도 中 공략 Key 再三考虑의 호응 구조

托尔斯泰平时就很①<u>重视</u>体育锻炼，他经常骑马、游泳、打球，又非常勇敢，曾和大黑熊斗过。他完成长篇②<u>巨著</u>《战争与和平》之后，想休息一段时间，经过③<u>再三</u>考虑后，便由大儿子④<u>陪同</u>，一起来到草原上。

A	注重	作品	一再	陪伴
B	**重视**	**巨著**	**再三**	**陪同**
C	看重	著作	再次	相伴
D	关心	小说	每次	带领

톨스토이는 평소 운동을 하는 것을 매우 <u>중요하게 여겨</u>, 자주 승마, 수영, 구기 운동 등을 하였고, 또한 매우 용감하여 큰 흑곰과도 싸워본 적이 있다고 한다. 그는 장편 <u>대작</u> 『전쟁과 평화』를 완성한 후, 얼마간 쉬고 싶어 <u>여러 번의</u> 심사숙고를 거친 후, 맏아들이 그를 <u>동행하여</u> 함께 초원으로 갔다고 한다.

A 중시하다 | 작품 | 거듭 | 동반하다
B 중시하다 | 대작 | 여러 번 | 동행하다
C 중시하다 | 저작 | 다시 | 동반하다
D 관심을 가지다 | 소설 | 매번 | 인솔하다

공략

①번 칸 보기 A와 B의 注重과 重视가 다 가능하다. 보기 C의 看重은 '看重某个人'의 형태로 주로 호응하여 쓰이므로 문맥상 적합하지 않다.

②번 칸 '长篇巨著/著作/小说'의 조합이 모두 가능하다.

③번 칸 '再三考虑'는 자주 쓰이는 고정 형식으로, '여러 번 고려하다'라는 의미이다. 보기 A의 一再는 '一再嘱咐/劝告(거듭 부탁하다/충고하다)'의 형태로 자주 호응하여 쓰인다.

④번 칸 보기 B의 陪同이 가장 적합하다. 보기 A와 C의 陪伴과 相伴도 문맥상 적합하지만, D의 带领은 '带领军队(군대를 인솔하다, 이끌다)'의 형태로 주로 쓰이므로 문맥상 적합하지 않다.

어휘 ★托尔斯泰 Tuō'ěrsītài 고유 톨스토이 | ★体育锻炼 tǐyù duànliàn 운동을 하다 | ★骑马 qímǎ 동 말을 타다, 승마하다 | ★游泳 yóuyǒng 동 수영하다 | ★勇敢 yǒnggǎn 형 용감하다 | ★大黑熊 dà hēixióng 큰 흑곰 | ★长篇 chángpiān 명형 장편; 장편의 | ★注重 zhùzhòng 동 중시하다 | ★一再 yízài 부 거듭, 반복해서 | ★陪伴 péibàn 동 동반하다, 함께하다 | ★巨著 jùzhù 명 대작 | ★再三 zàisān 부 여러 번, 거듭 | ★陪同 péitóng 동 동행하다, 수행하다 | ★看重 kànzhòng 동 중시하다 | ★著作 zhùzuò 명 저작, 작품 | ★相伴 xiāngbàn 동 동반하다, 함께하다 | ★带领 dàilǐng 동 인솔하다, 인도하다

很久以来，人们一直在想：太阳是不是也会因燃料①**枯竭**而熄灭？天文学家经过长期②**精心**地研究，已经有肯定而令人③**惊奇**的回答：太阳④**最终**是会熄灭的。

오래 전부터 사람들은 '태양이 연료가 <u>고갈되어</u> 소멸되지는 않을까?'라는 생각을 줄곧 해왔다. 천문학자들이 오랜 기간 <u>심혈을 기울인</u> 연구를 통해 확실하면서도 사람들을 <u>놀라게</u> 할 만한 답을 찾았는데, 그것은 바로 태양도 <u>결국에는</u> 소멸된다는 것이다.

A 干涸	精致	吃惊	终于
B 萎缩	辛苦	奇怪	已经
C 枯萎	努力	惊讶	曾经
Ⓓ 枯竭	**精心**	**惊奇**	**最终**

A	마르다 | 정교하다 | 놀라다 | 마침내
B	쇠퇴하다 | 고생스럽다 | 이상하다 | 이미
C	시들다 | 노력하다 | 놀라다 | 일찍이
Ⓓ	**고갈되다 | 심혈을 기울이다 | 놀라다 | 결국에는**

공략

①번 칸 보기 D의 枯竭만이 燃料와 호응하여 '燃料枯竭(연료가 고갈되다)'의 형태로 쓰일 수 있다. 보기 A의 干涸는 '河水干涸(강물이 마르다)'의 형태로, B의 萎缩는 '市场萎缩(시장이 쇠퇴하다)'의 형태로, C의 枯萎는 '花枯萎(꽃이 시들다)'의 형태로 자주 호응하여 쓰이므로 모두 문맥상 적합하지 않다.

②번 칸 보기 B, C, D가 모두 가능하다. A의 精致는 '精致的礼物(섬세한 선물)'의 형태로 자주 쓰이므로 문맥상 적합하지 않다.

③번 칸 '사람을 놀라게 하다'라는 의미로 '令人吃惊/惊讶/惊奇'의 조합이 모두 다 가능하다.

④번 칸 보기 D의 最终은 미래를 나타낼 수 있으므로 조동사 会와 어울려 쓰인다.

어휘 ★燃料 ránliào 명 연료 | ★熄灭 xīmiè 동 (등이나 불이) 꺼지다, 소멸하다 | ★天文学家 tiānwénxuéjiā 명 천문학자 | ★干涸 gānhé 형 (강이나 연못 등의) 물이 마르다 | ★精致 jīngzhì 형 정교하다 | ★萎缩 wěisuō 형 위축되다, 쇠퇴하다 | ★枯萎 kūwěi 형 시들다 | ★枯竭 kūjié 형 고갈되다 | ★精心 jīngxīn 형 심혈을 기울이다

①**正式**成为模特后，为了不②**辜负**赵总对我的期望，我拼了命地干，我什么活都接，想为公司、为自己多挣点钱。我从不挑③**客户**、挑品牌，不④**单**是为了收入，我还要给所有和我接触过的人一个好印象。

정식으로 모델이 된 후, 자오 사장이 내게 거는 기대를 <u>저버리지</u> 않으려고 나는 죽기살기로 일했고, 회사를 위해 또 나 자신을 위해 더 많은 돈을 벌려고 어떤 일이든 받아서 했다. 나는 여태껏 <u>거래처</u>를 고르거나, 브랜드를 골라가며 일하지 않았는데, 이는 <u>단지</u> 수입을 위해서일 뿐만 아니라 나를 접해 본 모든 사람들에게 좋은 인상을 주기 위해서였다.

Ⓐ 正式	**辜负**	**客户**	**单**
B 正规	无辜	顾客	总
C 正常	打破	客人	只
D 终于	破坏	主顾	也

Ⓐ	**정식의 | 저버리다 | 거래처 | 단지**
B	정규의 | 무고하다 | 고객 | 전부의
C	정상적인 | 깨다 | 손님 | 단지
D	마침내 | 파괴하다 | 단골 고객 | 역시

공략

①번 칸 보기 A의 正式와 D의 终于가 가능하다. B의 正规와 C의 正常은 문맥상 적합하지 않다. 正规는 주로 '正规训练(정규 훈련)'의 형태로 자주 쓰인다.

②번 칸 보기 A만이 가능한데, 난이도가 있는 동사 辜负는 '辜负期望(다른 사람의 기대에 미치지 못하다)'의 형태로 자주 호응하여 쓰인다. 보기 B의 无辜는 '죄가 없다, 무고하다'라는 의미이므로 문맥상 적합하지 않다.

④번 칸 '不单是', '不只是'는 같은 의미이므로 보기 A와 C가 둘 다 가능하다.

어휘 ★模特 mótè 명 모델 | ★期望 qīwàng 동 기대하다, 바라다 | ★拼命 pīnmìng 동 죽기살기로 하다, 필사적으로 하다 | ★挣钱 zhèngqián 동 돈을 벌다 | ★品牌 pǐnpái 명 브랜드, 상표 | ★接触 jiēchù 동 접촉하다, 닿다 | ★正式 zhèngshì 형 정식의 | ★辜负 gūfù 동 (호의·기대·도움 등을) 헛되게 하다, 저버리다 | ★客户 kèhù 명 거래처, 바이어 | ★单 dān 부 단지, 다만 | ★正规 zhèngguī 형 정규의, 표준의 | ★无辜 wúgū 형 무고하다, 죄가 없다 | ★打破 dǎpò 동 깨다, 타파하다 | ★破坏 pòhuài 동 파괴하다, 훼손시키다 | ★主顾 zhǔgù 명 단골 고객

26 day 하나 둘 셋, 세는 데도 법칙이 있다 – 양사

정답 1. D 2. B 3. A 4. C 5. D 6. B 7. A 8. C

---

1 난이도 上 공략 Key 一枚卵의 호응 구조

독해 제2부분

为了保证种族不被灭绝，在长期自然选择的①进化过程中，海参拥有了超强的繁殖能力。一只成年海参，一次可排卵约500万②枚。即便只有万分之一的成活率，也可以保证种族的③延续。

A 进展　　副　　持续
B 转变　　棵　　蔓延
C 演化　　支　　延伸
D 进化　　枚　　延续

종족이 멸종되지 않게 하기 위해, 장기간 자연 도태의 **진화** 과정 중 해삼은 매우 강한 번식 능력을 가지고 있었다. 다 자란 해삼은 한 마리당 한 번에 500만 **개**의 알을 배란할 수 있다. 설령 만 분의 일의 활착률이라고 하더라도 종족의 **지속**은 보장할 수 있다.

A 진전하다 | 쌍 | 지속하다
B 바뀌다 | 그루 | 만연하다
C 변천하다 | 자루 | 늘이다
D 진화하다 | 개 | 지속하다

공략

①번 칸 동물의 진화를 나타내므로 보기 D의 进化가 가장 적합하다. 보기 A의 进展은 '工作进展(업무가 진전되다)'의 형태로, B의 转变은 '态度转变(태도가 바뀌다)'의 형태로, C의 演化는 '文字演化(문자가 변천하다)'의 형태로 자주 호응하여 쓰이므로 이들은 모두 문맥상 적합하지 않다.

②번 칸 '一枚卵'은 고정 형식으로 '알 한 개'를 의미한다.

③번 칸 보기 C의 延续가 '种族延续'의 형태로 쓰이기에 가장 적합하다. 보기 A의 持续는 '持续上涨(지속해서 오르다)'의 형태로, B의 蔓延은 '疾病蔓延(질병이 만연하다)'의 형태로 자주 호응하여 쓰이므로 문맥상 적합하지 않다.

어휘 ★种族 zhǒngzú 몡 종족 | ★被灭绝 bèi mièjué 멸종되다 | ★自然选择 zìrán xuǎnzé 자연 선택, 자연 도태 | 海参 hǎishēn 몡 해삼 | ★超强 chāoqiáng 매우 강하다 | ★繁殖 fánzhí 통 번식하다 | ★成年 chéngnián 몡통 성인; 다 자라다 | 排卵 páiluǎn 통 배란하다 | ★即便 jíbiàn 쩹 설령 ~이라 하더라도 | ★成活率 chénghuólǜ 몡 활착률 | ★进展 jìnzhǎn 통 진전하다 | ★持续 chíxù 통 지속하다 | ★蔓延 mànyán 통 만연하다 | ★演化 yǎnhuà 통 변천하다, 진화하다 | ★延伸 yánshēn 통 늘이다 | ★进化 jìnhuà 통 진화하다 | ★延续 yánxù 통 지속하다

---

2 난이도 中 공략 Key 一架钢琴의 호응 구조

过去的一年中，我搬了新房子，却一下子拿不出钱来①搞装修；看中了一台大②屏幕彩电，可银行里的存款还没到期；给孩子买了一③架钢琴，买电脑的钱就不够了……这里所说的手头拮据，不是过去那种没钱吃饭的拮据，而是人们经济收入增加后，④满足不了太多欲望的拮据。

A 弄　　　银幕　　　座　　　满意
B 搞　　　屏幕　　　架　　　满足
C 做　　　镜片　　　辆　　　充足
D 干　　　尺寸　　　个　　　满足

지난 일 년 중 나는 새집으로 이사를 했지만 단번에 돈을 들여 인테리어를 **하지는** 못했다. 큰 **화면**의 한 컬러 텔레비전이 마음에 들었지만 은행 적금이 아직 만기가 되지 않았고, 아이에게 피아노를 한 **대** 사주려고 하니 컴퓨터를 살 돈이 부족했다. 여기서 말하는 주머니 사정이 여의치 않다는 것은 과거의 그런 밥 먹을 돈이 없는 궁핍함이 아니라, 사람들의 수입이 많아지고 난 후 너무 많은 욕망을 **만족시켜주지** 못하는 궁핍함이다.

A 하다 | 스크린 | 동 | 만족스럽다
B 하다 | 화면 | 대 | 만족시키다
C 하다 | 렌즈 | 대 | 충분하다
D 하다 | 사이즈 | 개 | 만족시키다

공략　①번 칸　보기 B와 A의 '搞/弄装修'의 조합이 가능하다.

공략　①번 칸　보기 B와 A의 '搞/弄装修'의 조합이 가능하다.

②번 칸　보기 B와 D의 '大屏幕/尺寸'의 형태로 모두 쓰일 수 있다. 보기 B의 屏幕은 텔레비전과 컴퓨터의 화면을 의미하고, A의 银幕는 영화의 스크린을 의미하며, C의 镜片은 안경의 렌즈를 의미하므로 银幕와 镜片은 문맥상 적합하지 않다.

③번 칸　보기 B와 D의 '一架/个钢琴'의 조합이 가능하다.

④번 칸　동사 满足만이 欲望과 호응하여 '满足欲望(욕망을 만족시키다)'의 형태로 쓰인다. 보기 C의 充足는 '资源/营养/睡眠充足(자원/영양/수면이 충분하다)'의 형태로 자주 호응하여 쓰이므로 문맥상 적합하지 않다.

어휘　★搬 bān 동 이사하다 | ★拿不出钱来 ná bù chū qián lái 돈을 쓸 수 없다, 돈을 낼 수 없다 | ★装修 zhuāngxiū 동 인테리어하다 | ★看中 kànzhòng 동 마음에 들다 | ★彩电 cǎidiàn 명 컬러 텔레비전 | ★存款 cúnkuǎn 명동 저금(하다) | ★到期 dàoqī 동 만기가 되다 | ★钢琴 gāngqín 명 피아노 | ★拮据 jiéjū 형 궁핍하다 | ★欲望 yùwàng 명 욕망 | ★弄 nòng 동 하다, 행하다 | ★银幕 yínmù 명 은막, 스크린 | ★搞 gǎo 동 하다 | ★屏幕 píngmù 명 화면, 스크린 | ★满足 mǎnzú 동 만족시키다 | ★镜片 jìngpiàn 명 렌즈 | ★充足 chōngzú 형 충분하다 | ★尺寸 chǐcun 명 사이즈, 치수

3　　　　　　　　　　　　　　　　　　　　　　난이도 中　공략 Key 一份淳朴의 호응 구조

　　　站在高楼①林立、车水马龙的大都市，我②虽然举目无亲，却踌躇满志，梦想着在这里③创造些什么，留下点什么，表达些什么。那一④份年轻人的淳朴和热情，和沈从文先生第一次来到北京时一样。

빌딩이 즐비하고 차량이 줄을 잇는 대도시에 서서, 나는 비록 의지할 만한 사람은 아무도 없지만 자신감으로 가득 차 이곳에서 무엇을 창조해내고, 무엇을 남길 것이며, 무엇을 나타낼 것인지를 꿈꾸고 있다. 젊은이의 그런 한 순박함과 열정은 선충원 선생이 처음 베이징으로 왔을 때와 똑같았다.

	林立	虽然	创造	份
Ⓐ	林立	虽然	创造	份
B	众多	尽管	开创	道
C	森严	虽说	造成	丝
D	拥挤	不管	制造	些

Ⓐ 즐비하다 | 비록 ~하지만 | 창조하다 | 모양, 상태를 나타냄
B 매우 많다 | 비록 ~하지만 | 창업하다 | 문항
C 엄격하다 | 비록 ~하지만 | 초래하다 | 가닥
D 붐비다 | ~을 막론하고 | 제조하다 | 몇몇

공략　①번 칸　'高楼林立'는 '빌딩이 즐비하다, 빌딩이 숲을 이루다'라는 의미이다. 문맥상 보기 B의 众多도 적합하다. C의 森严은 '等级森严(계급이 엄격하다)'의 형태로, D의 拥挤는 '交通拥挤(교통이 붐비다)'의 형태로 자주 호응하여 쓰이므로 이 둘은 문맥상 적합하지 않다.

②번 칸　보기 A의 虽然, B의 尽管, C의 虽说는 '비록 ~하지만'이라는 의미의 동의어이므로 모두 다 가능하다.

③번 칸　보기 A와 B의 创造와 开创이 둘 다 가능하다. C의 造成은 '造成严重后果(나쁜 결과를 초래하다)'의 형태로, D의 制造는 '制造商品(물건을 제조하다)'의 형태로 자주 호응하여 쓰이므로 문맥상 적합하지 않다.

④번 칸　'一份淳朴和热情'은 고정 형식으로, '한 순박함과 열정'을 의미한다. 보기 B의 道는 '一道命令(하나의 명령)'의 형태로 쓰이고, C의 丝는 '一丝温暖(한 가닥 따스함)'의 형태로 주로 쓰인다.

어휘　★高楼林立 gāolóu línlì 빌딩이 숲을 이루다, 빌딩이 즐비하다 | ★车水马龙 chē shuǐ mǎ lóng 성 차량의 왕래가 끊이지 않다, 차량이 줄을 잇다 | ★举目无亲 jǔ mù wú qīn 성 의지할 만한 사람이 아무도 없다 | ★踌躇满志 chóu chú mǎn zhì 성 자신감에 차 있다 | ★梦想 mèngxiǎng 명동 꿈; 갈망하다 | ★淳朴 chúnpǔ 형 순박하다 | 沈从文 Shěn Cóngwén 고유 선충원 | ★众多 zhòngduō 형 매우 많다 | ★开创 kāichuàng 동 창업하다 | ★森严 sēnyán 형 엄격하다, 삼엄하다 | ★造成 zàochéng 동 초래하다 | ★拥挤 yōngjǐ 형동 붐비다; 한데 모이다 | ★制造 zhìzào 동 제조하다

독해
제2부분

　　胡老师遥遥地①注视着柏老。他看着这个渐渐有了一②把年纪的人，目光里③充满了同情。除了胡老师，还有多少人明白这些呢? 时光飞快逝去，时光可以像硫酸一样④腐蚀记忆之弦。

A 关注	双	充满	腐败
B 凝视	份	充沛	危害
Ⓒ 注视	把	充满	腐蚀
D 注目	张	充分	侵蚀

　　후 선생이 저 멀리서 바이라오를 주시하고 있다. 그 지긋한 나이에 가까운 사람을 바라보는 그의 시선에는 동정심이 가득하다. 후 선생 외에 또 몇 명의 사람들이 이런 느낌을 알겠는가? 세월은 너무도 빠르게 흘러가고 또한 세월은 황산과도 같이 기억의 줄을 부식시켜버린다.

A 관심을 가지다 | 쌍 | 가득하다 | 부패하다
B 응시하다 | 부 | 왕성하다 | 해를 끼치다
Ⓒ 주시하다 | 얼마간의 | 가득하다 | 부식시키다
D 주목하다 | 장 | 충분하다 | 침식하다

공략

①번칸　'정감을 가지고 계속 바라보다'라는 의미로 보기 C의 注视와 B의 凝视가 둘 다 가능하다.

②번칸　'一把年纪'는 고정 형식으로, '지긋한 나이, 많은 나이'를 의미한다.

③번칸　充满만이 동사로서 뒤의 同情을 동반해 '充满同情'의 형태로 쓰일 수 있다. 보기 B의 充沛는 '精力充沛(정력이 왕성하다)'의 형태로, D의 充分은 '理由充分(이유가 충분하다)'의 형태로 자주 호응하여 쓰이므로 이들은 문맥상 적합하지 않다.

④번칸　'황산'과 함께 호응하여 쓰일 수 있는 것으로 '부식하다'라는 의미인 보기 C의 腐蚀가 가장 적합하다. '침식하다'라는 의미인 D의 侵蚀도 가능하다. A의 腐败는 '政府腐败(정부가 부패하다)'의 형태로, B의 危害는 '危害健康(건강에 해를 끼치다)'의 형태로 자주 호응하여 쓰이므로 이들은 문맥상 적합하지 않다.

어휘　遥遥地 yáoyáo de 아득히 멀다, 요원하다 | ★渐渐 jiànjiàn 튄 점점 | ★一把年纪 yì bǎ niánjì 지긋한 나이, 많은 나이 | ★目光 mùguāng 명 시선, 눈길 | ★同情 tóngqíng 동 동정하다 | ★时光 shíguāng 명 세월, 시절 | ★飞快 fēikuài 형 매우 빠르다 | ★逝去 shì qù 흘러가다, 지나가다 | ★硫酸 liúsuān 명 황산 | ★弦 xián 명 줄, 현 | ★关注 guānzhù 동 관심을 가지다 | ★腐败 fǔbài 동 부패하다 | ★凝视 níngshì 동 응시하다 | ★充沛 chōngpèi 형 왕성하다, 넘쳐 흐르다 | ★注视 zhùshì 동 주시하다, 주목하다 | ★腐蚀 fǔshí 동 부식하다, 부식시키다 | 注目 zhùmù 동 주목하다 | 侵蚀 qīnshí 동 침식하다

　　别①盯着他们看，更别去多管闲事，充当什么英雄好汉，要权当没看到眼前发生的一切，②否则会引火烧身，被他们打一③顿那可划不来。看着被调戏的两个女孩吓得要死的样子，我真想走过去管一回闲事，可经谢云这么一吓唬，又有些④胆怯。

A 瞧	不然	趟	担心
B 瞪	要不	场	害怕
C 瞅	那么	次	胆小
Ⓓ 盯	否则	顿	胆怯

　　그들을 주시하지 말고, 쓸데없는 일에는 참견하려고도 하지 마라. 무슨 영웅호걸이란 말이냐, 눈앞에서 일어난 일을 못 본 체해라, 그렇지 않으면 불똥이 튈지도 모른다. 그들에게 한 대 얻어맞으면 본전도 못 찾는다. 희롱당하는 두 여자 아이들이 매우 놀라는 모습을 보고 나는 정말 가서 참견하고 싶었지만, 징셰윈이 이렇게 겁을 주니 나 역시 조금 겁이 났다.

A 보다 | 그렇지 않으면 | 번 | 걱정하다
B 부릅뜨다 | 그렇지 않으면 | 바탕 | 두려워하다
C 보다 | 그렇다면 | 번 | 소심하다
Ⓓ 주시하다 | 그렇지 않으면 | 대 | 겁내다

①번 칸 보기 B의 瞪, C의 瞅, D의 盯이 모두 가능하다. A의 瞧는 '瞧一瞧'의 형태로 쓰이므로 문맥상 적합하지 않다.

②번 칸 보기 A의 不然, B의 要不, D의 否则가 '그렇지 않으면'이라는 의미의 동의어이므로 모두 가능하다.

③번 칸 '打一顿'은 고정 형식으로 '한 대 맞다'라는 의미이다.

④번 칸 보기 A의 担心, B의 害怕, D의 胆怯가 문맥상 다 가능한데, 이 중 胆怯가 '겁내다, 두려워하다'라는 의미를 나타낸다는 것을 기억해두자. 보기 C의 胆小는 '소심하다'라는 의미이므로 문맥상 적합하지 않다.

어휘 ★多管闲事 duō guǎn xiánshì 쓸데없는 일에 참견하다 | ★充当 chōngdāng 동 맡다, 담당하다 | ★英雄好汉 yīngxióng hǎohàn 영웅호걸 | ★权当 quándāng 동 임시로 대신하다, ~인 셈 치다 | ★引火烧身 yǐn huǒ shāo shēn 성 스스로 사서 고생하다 | ★划不来 huábulái 수지가 맞지 않다 | ★被调戏 bèi tiáoxì 희롱당하다 | ★吓得要死 xià de yàosǐ 매우 놀라다 | ★吓唬 xiàhu 동 겁주다 | ★瞧 qiáo 동 보다 | ★不然 bùrán 접 그렇지 않으면 | ★瞪 dèng 동 (눈을) 부릅뜨다 | ★瞅 chǒu 동 보다 | ★胆小 dǎnxiǎo 형 소심하다, 겁이 많다 | ★盯 dīng 동 주시하다 | ★胆怯 dǎnqiè 형 겁내다

6

난이도 中 공략 Key 一则新闻의 호응 구조

英国的《新科学家》杂志1983年4月号，爆出了一①则引人注目的科学新闻：英国科学家用公牛身上的细胞跟西红柿的体细胞②杂交，形成的杂种细胞分化后长成一③株外形很像西红柿，结的果实④含有动物性蛋白，并有牛肉味道的特殊西红柿，称为"牛柿"。

A 道	交往	棵	拥有
Ⓑ 则	杂交	株	含有
C 遍	合成	根	富含
D 篇	合作	条	具有

영국의 「뉴 사이언티스트(New Scientist)」지는 1983년 4월호에 사람들의 이목을 끄는 과학 소식 한 토막을 실었다. 영국 과학자들이 황소 몸의 세포와 토마토의 체세포를 교배하여 얻어낸 잡종 세포는 분화된 후 외형이 토마토 같은 한 그루로 자라나는데, 그것에 맺힌 열매는 동물성 단백질을 함유하였으며 게다가 쇠고기 맛이 나는 특수한 토마토여서 '쇠고기 토마토(Beefsteak Tomato)'라고 불린다는 것이다.

A 문항 | 왕래하다 | 그루 | 보유하다
Ⓑ 토막 | 교배하다 | 그루 | 함유하다
C 번 | 합성하다 | 대 | 풍부하게 함유하다
D 편 | 협력하다 | 줄기 | 가지다

공략

①번 칸 '一则新闻'은 고정 형식으로 '소식(뉴스) 한 토막'이라는 의미이다.

②번 칸 보기 B의 杂交가 가장 적합한데, C의 合成도 의미상 가능하다. 보기 A의 交往과 D의 合作는 사람에게만 쓰일 수 있으므로 문맥상 적합하지 않다.

③번 칸 '一株/棵西红柿'의 조합이 다 가능하다.

④번 칸 보기 B의 含有와 보기 C의 富含이 蛋白와 어울려 쓰일 수 있다. 보기 A의 拥有는 '拥有财富(재산을 보유하다)'의 형태로, D의 具有는 '具有特点(특징을 가지고 있다)'의 형태로 주로 호응하여 쓰이므로 이들은 문맥상 적합하지 않다.

어휘 ★爆出 bàochū 동 (뜻밖에, 의외로) 나타나다 | ★引人注目 yǐn rén zhù mù 성 사람들의 이목을 끌다 | ★公牛 gōngniú 명 황소 | ★细胞 xìbāo 명 세포 | ★杂种 zázhǒng 명 잡종 | ★外形 wàixíng 명 외형 | ★果实 guǒshí 명 과실 | ★蛋白 dànbái 명 단백질 | ★牛肉 niúròu 명 쇠고기 | ★特殊 tèshū 형 특수하다, 특별하다 | ★称为 chēngwéi 동 ~이라고 부르다 | ★交往 jiāowǎng 동 왕래하다, 교제하다 | ★拥有 yōngyǒu 동 보유하다, 가지다 | ★杂交 zájiāo 동 교배하다 | ★含有 hányǒu 동 함유하다 | ★合成 héchéng 동 합성하다 | ★富含 fùhán 동 풍부하게 함유하다 | ★合作 hézuò 동 협력하다

我①<u>屏住</u>呼吸，早已忘了银幕外的世界。接着，②<u>雄伟</u>无比的场面令人叹为观止地呈现出来。阴影所到之处一③<u>幢幢</u>摩天大楼纷纷倒塌，火光熊熊，漫天飞舞的是④<u>燃烧</u>着的汽车碎片，一座城市很快被夷为平地。

나는 숨을 <u>죽이고</u> 일찌감치 스크린 밖의 세상을 잊어버렸다. 이어서 더할 나위 없이 훌륭한 <u>웅장한</u> 장면들이 나타났다. 그림자 밖의 <u>수많은</u> 고층 빌딩들이 잇달아 무너지고, 불빛은 활활 타오르고, 온 하늘에 흩날리는 것은 <u>불에 타고</u> 있는 자동차 파편들로, 도시는 곧 초토화될 듯했다.

Ⓐ 屏住	**雄伟**	**幢幢**	**燃烧**
B 停止	宏伟	间间	燃料
C 屏住	宏大	条条	灼烧
D 中止	庞大	块块	烧毁

Ⓐ 멈추다 | 웅장하다 | 동 | 타다
B 정지하다 | 웅장하다 | 칸 | 연료
C 멈추다 | 웅대하다 | 줄기 | 태우다
D 중지하다 | 방대하다 | 조각 | 소각하다

공략
　①번 칸　屏住만이 呼吸와 호응하여 '屏住呼吸(숨을 죽이다)'의 형태로 쓰일 수 있다.
　②번 칸　'웅장한 장면'이라는 의미로 '雄伟/宏伟/宏大的场面'의 조합이 다 가능하다. 보기 D의 庞大는 '庞大的规模(방대한 규모)'의 형태로 자주 호응하여 쓰이므로 문맥상 적합하지 않다.
　③번 칸　'一幢幢大楼'는 '수많은 빌딩'이라는 의미이다.
　④번 칸　보기 A의 燃烧와 C의 灼烧가 다 가능하다. B의 燃料는 명사이고, D의 烧毁는 조사 着를 동반하여 쓰일 수 없으므로 문맥상 적합하지 않다.

어휘　★银幕 yínmù 뗑 은막, 스크린 | ★场面 chǎngmiàn 뗑 장면 | ★叹为观止 tàn wéi guān zhǐ 젱 감탄해 마지않다, 더할 나위 없이 훌륭하다 | ★呈现 chéngxiàn 동 나타나다 | ★阴影 yīnyǐng 뗑 음영, 그림자 | ★摩天大楼 mótiān dàlóu 뗑 마천루, 초고층 빌딩 | ★纷纷 fēnfēn 閉 잇달아 | ★倒塌 dǎotā 동 무너지다 | ★火光熊熊 huǒguāng xióngxióng 활활 타오르는 불빛 | ★漫天飞舞 màntiān fēiwǔ 온 하늘에 흩날리다 | ★碎片 suìpiàn 뗑 파편 | ★被夷为平地 bèi yí wéi píngdì 초토화되다, 전소되다 | ★屏住 bǐngzhù 동 (호흡을) 멈추다 | ★雄伟 xióngwěi 혱 웅장하다, 웅대하다 | ★燃烧 ránshāo 동 연소하다, 타다 | ★宏伟 hóngwěi 혱 웅장하다, 장엄하다 | ★燃料 ránliào 뗑 연료 | ★宏大 hóngdà 혱 웅대하다 | 灼烧 zhuóshāo 태우다 | 中止 zhōngzhǐ 동 중지하다 | ★庞大 pángdà 혱 방대하다, 거대하다 | ★烧毁 shāohuǐ 동 소각하다

海滨有洁白平整的沙滩，沙滩上搭着一座座茅草凉棚，供①<u>游客</u>们乘凉、歇息。这里远离②<u>喧闹</u>的大城市，显得十分恬静、安适，别有一③<u>番</u>情趣。

해변에는 새하얗고 평평한 백사장이 있고, 백사장에는 많은 초막이 세워져 있어 <u>여행객</u>들이 시원한 바람을 쐬며 휴식을 취할 수 있게 한다. 이곳은 <u>떠들썩한</u> 대도시와 멀리 떨어져 있어 매우 평안하고 조용하여 또 다른 <u>종류</u>의 정취가 있는 듯하다.

A 旅客	热闹	把
B 客人	繁华	些
Ⓒ 游客	**喧闹**	**番**
D 顾客	吵闹	<u>丝</u>

A 여행객 | 떠들썩하다 | 자루, 묶음
B 손님 | 번화하다 | 약간
Ⓒ 여행객 | 떠들썩하다 | 종류
D 고객 | 시끄럽다 | 가닥

공략
　①번 칸　보기 A의 旅客와 C의 游客가 둘 다 가능하다.
　②번 칸　모든 보기의 단어들이 다 가능하다.
　③번 칸　'一番情趣'는 고정 형식으로 '한 종류(가지)의 정취'를 의미한다.

어휘　★海滨 hǎibīn 뗑 해변, 바닷가 | ★洁白 jiébái 혱 새하얗다 | ★平整 píngzhěng 혱 가지런하다, 평평하다 | ★沙滩 shātān 뗑 백사장, 모래사장 | ★搭着 dāzhe 널려있다, 세워져있다 | ★茅草 máocǎo 뗑 백모, 모초 | ★凉棚 liángpéng 뗑 천막 | ★乘凉 chéngliáng 동 시원한 바람을 쐬다 | ★歇息 xiēxi 동 휴식하다, 쉬다 | ★远离 yuǎnlí 멀리 떠나다 | ★恬静 tiánjìng 혱 평안하고 고요하다 | ★安适 ānshì 혱 조용하고 편안하다 | ★别有 biéyǒu 동 달리 있다, 또 다른 ~이 있다 | ★游客 yóukè 뗑 여행객, 관광객 | ★繁华 fánhuá 혱 번화하다 | ★喧闹 xuānnào 혱 떠들썩하다 | ★吵闹 chǎonào 혱 시끄럽다, 떠들썩하다

| 정답 | 1. A | 2. A | 3. D | 4. C | 5. B | 6. D | 7. B | 8. A |

1 　난이도 上　공략 Key 성어 一无是处

　　过多地反省自己，很容易让人产生自己①<u>一无是处</u>的错觉。反省的目的应该让自己更好，而不是变得更糟，经常认为"事情没有②<u>处理</u>好都是我的错"，只会让你更缩手缩脚，而不会让你在处事上变得更有信心，被人误会。有错误，我们就要虚心③<u>检讨</u>，让未来更好。

Ⓐ 一无是处　　处理　　检讨
B 无可奈何　　运行　　解剖
C 无能为力　　进展　　借鉴
D 一无所有　　解决　　纠正

　　과도하게 자신을 성찰하는 것은 사람들이 자신은 <u>아무런 장점도 가지고 있지 않다</u>고 착각하게 하기 쉽다. 성찰의 목적은 자신이 더 잘 되게 하기 위함이지 더 나쁘게 하려는 것이 아닌데, 종종 '일을 잘 <u>처리하지</u> 못한 것이 전부 내 잘못이다'라고 여기는 것은 당신을 더 위축시킬 뿐, 당신이 일을 처리하는 데 더 자신감이 들게 하지는 않으며, 남들에게 오해도 살 수 있다. 잘못이 있다면, 우리는 겸손하게 <u>깊이 반성하여</u> 더 좋은 미래를 만들어야 하는 것이다.

Ⓐ 장점이라고는 하나도 없다 | 처리하다 | 깊이 반성하다
B 어찌 해볼 도리가 없다 | 운행하다 | 해부하다
C 무력하다 | 진전하다 | 본보기로 삼다
D 아무것도 가진 게 없다 | 해결하다 | 바로잡다

공략　①번 칸　一无是处는 '아무런 장점도 가지고 있지 않다'라는 의미이므로 문맥상 가장 적합하다. 보기 C의 无能为力는 '어떤 사람을 돕고 싶지만 아무런 능력이 없다', 즉 '무력하다'라는 의미이고, D의 一无所有는 '가진 것이 아무것도 없다'라는 의미이므로 문맥상 적합하지 않다.

②번 칸　보기 A의 处理와 D의 解决가 모두 가능하다.

③번 칸　보기 A의 检讨와 D의 纠正이 모두 가능하다.

어휘　★过多 guòduō 혱 너무 많다, 지나치다 | ★反省 fǎnxǐng 통 반성하다 | ★错觉 cuòjué 명 착각 | ★糟 zāo 혱 (일 또는 상황이) 나쁘다 | ★缩手缩脚 suō shǒu suō jiǎo 셩 위축되다 | ★一无是处 yì wú shì chù 셩 장점이라고는 하나도 없다 | ★检讨 jiǎntǎo 통 깊이 반성하다 | ★无可奈何 wú kě nài hé 셩 어찌 해볼 도리가 없다 | ★运行 yùnxíng 통 운행하다 | ★解剖 jiěpōu 통 해부하다, 깊이 관찰하고 분석하다 | ★无能为力 wú néng wéi lì 셩 무력하다 | ★进展 jìnzhǎn 통 진전하다 | ★借鉴 jièjiàn 통 본보기로 삼다 | ★一无所有 yì wú suǒ yǒu 셩 아무것도 가진 게 없다 | ★纠正 jiūzhèng 통 바로잡다, 교정하다

2 　난이도 上　공략 Key 长盛不衰의 의미 파악

　　景德镇的瓷器从五代到清代①<u>长盛不衰</u>，这在世界陶瓷艺术史上是②<u>绝无仅有</u>的。景德镇瓷器③<u>集</u>各地瓷器技艺于一身，以其精湛的技艺，被称为中国瓷器的④<u>杰出</u>代表。

Ⓐ 长盛不衰　　绝无仅有　　集　　杰出
B 众所周知　　空前绝后　　聚　　出色
C 默默无闻　　出类拔萃　　集　　优秀
D 人才辈出　　闻名于世　　合　　优越

　　징더전의 자기는 오대부터 청대까지 <u>오래도록 흥성하여 쇠하지 않았는데</u>, 이는 세계 도자기 예술 역사상 <u>유일무이한</u> 것이다. 징더전의 자기는 각 지역의 자기 기술을 한데 <u>모은</u> 그 뛰어난 기술로 중국 자기의 <u>출중한</u> 대표라고 불린다.

Ⓐ 오랫동안 흥성하여 쇠하지 않다 | 유일무이하다 | 모으다 | 출중하다
B 모든 사람이 다 알고 있다 | 전무후무하다 | 모이다 | 뛰어나다
C 이름이 세상에 알려지지 않다 | 같은 무리에서 특히 뛰어나다 | 모으다 | 우수하다
D 인재가 계속 배출되다 | 전 세계에 널리 알려졌다 | 합치다 | 우월하다

공략

(①번칸) 长盛不衰는 '상황이 줄곧 좋아서 쇠퇴하지 않다'라는 의미이므로 문맥상 가장 적합하다. 보기 B의 众所周知는 '모두가 다 알고 있다'라는 의미로 주로 문장 맨 앞에 위치하며, C의 默默无闻은 '세상에 이름이 나지 않다'라는 의미이고, D의 人才辈出는 '인재가 많다'라는 의미이므로 모두 문맥상 적합하지 않다.

(②번칸) '예전에는 있었던 적이 없다'라는 의미로 보기 A의 绝无仅有와 B의 空前绝后가 둘 다 가능하다.

(③번칸) '集……于一身'은 자주 쓰이는 고정 형식으로, '~을 한데 모으다'라는 의미이다.

(④번칸) '杰出/出色/优秀代表'의 조합이 모두 가능하다. 보기 D의 优越는 '优越的生活'의 형태로 자주 호응하여 쓰이므로 문맥상 적합하지 않다.

어휘

★景德镇 Jǐngdézhèn [고유] 징더전 | ★瓷器 cíqì [명] 자기 | ★五代 Wǔdài [명] 오대 | ★清代 Qīngdài [명] 청대, 청나라 | ★陶瓷 táocí [명] 도자기 | ★技艺 jìyì [명] 기술, 기예 | ★精湛 jīngzhàn [형] 뛰어나다, 우수하다 | ★长盛不衰 cháng shèng bù shuāi 오랫동안 흥성하여 쇠퇴하지 않다 | ★绝无仅有 jué wú jǐn yǒu [성] 거의 없다 | ★杰出 jiéchū [형] 출중하다, 뛰어나다 | ★众所周知 zhòng suǒ zhōu zhī [성] 모든 사람이 다 알고 있다 | ★空前绝后 kōng qián jué hòu [성] 전무후무하다, 이전에도 없었고 앞으로도 없다 | ★出色 chūsè [형] 대단히 뛰어나다, 훌륭하다 | ★默默无闻 mò mò wú wén [성] 이름이 세상에 알려지지 않다 | ★出类拔萃 chū lèi bá cuì [성] 같은 무리 가운데에서 특별히 뛰어나다 | ★人才辈出 rén cái bèi chū [성] 인재가 계속 배출되다 | ★闻名于世 wénmíng yú shì 전 세계에 널리 알려졌다 | ★优越 yōuyuè [형] 우월하다

3

난이도 中 　공략 Key 성어 无精打采

我在街上有几次见到她，她总是①<u>眼神</u>呆呆的、②<u>无精打采</u>地独自走着，我③<u>冲</u>她迎面走来，她也看不见，走到④<u>面前</u>和她打个招呼，她猛吃一惊，"啊，老沈，原来是你。"

나는 길에서 몇 번이나 그녀를 만났는데 그녀는 항상 <u>눈빛</u>이 멍하게 <u>기운 없이</u> 혼자서 걷고 있었고, 내가 그녀를 <u>향해</u> 맞은편에서 걸어가도 그녀는 보이지 않았는지 내가 <u>눈앞</u>까지 가서 인사를 나누면, 그녀는 매우 놀랍다는 듯 "아, 라오선, 알고 보니 너였구나"라고 했다.

A 眼睛	无所不有	从	面对
B 眼光	无能为力	朝	对面
C 目光	绝无仅有	向	前面
D 眼神	**无精打采**	**冲**	**面前**

A 눈	없는 것이 없다	~으로부터	마주 보다
B 시선	무력하다	~쪽으로	맞은편
C 눈빛	유일무이하다	~을 향해	앞
D 눈빛	**기운이 없다**	**~을 향해**	**눈앞**

공략

(①번칸) '눈빛이 멍하다'라는 의미로 '目光/眼神呆呆的'의 조합이 다 가능하다.

(②번칸) 无精打采는 '기운이 없다, 생기가 없다'라는 의미이므로 문맥상 가장 적합하다. 다른 보기의 성어들은 모두 문맥상 적합하지 않다.

(③번칸) '~을 향해서, ~쪽으로'라는 의미로 보기 B의 朝, C의 向, D의 冲이 모두 가능하다.

(④번칸) 보기 C의 前面과 D의 面前이 둘 다 문맥상 적합하다.

어휘

★街上 jiēshang [명] 길거리 | ★独自 dúzì [부] 혼자서, 홀로 | ★迎面走来 yíngmiàn zǒulái 맞은편에서 걸어오다 | ★打招呼 dǎ zhāohu [동] 인사하다 | ★猛吃一惊 měng chī yì jīng 몹시 놀라다 | ★无所不有 wú suǒ bù yǒu [성] 없는 것이 없다, 무엇이든지 다 갖고 있다 | ★面对 miànduì [동] 마주 보다, 대면하다 | ★眼光 yǎnguāng [명] 시선, 안목 | ★无能为力 wú néng wéi lì [성] 무력하다, 능력이 미치지 못하다 | ★目光 mùguāng [명] 눈빛, 시선 | ★绝无仅有 jué wú jǐn yǒu [성] 유일무이하다 | ★眼神 yǎnshén [명] 눈빛 | ★无精打采 wú jīng dǎ cǎi [성] 기운이 없다, 풀이 죽다

4

房的平均①<u>销售</u>价格同比上涨11.7%。房价的不断②<u>攀升</u>，让消费者③<u>不知所措</u>，人们在为房地产市场的繁荣欢欣鼓舞的同时，也为其过热而引发的种种风险④<u>忧心忡忡</u>。

A 出售	上涨	想方设法	愁眉苦脸
B 售出	上升	自以为是	不以为然
C 销售	**攀升**	**不知所措**	**忧心忡忡**
D 预售	攀登	弱不禁风	无忧无虑

주택의 평균 **판매** 가격이 전년도 동기와 대비하여 11.7%가 올랐다. 집값의 끊임없는 **상승**은 소비자들을 **어떻게 해야 할지 모르게 하며**, 사람들은 부동산 시장의 호황으로 매우 기뻐하는 동시에 또한 그 과열로 인해 일어날 각종 위험 때문에 **근심 걱정에 쌓여있다**.

- A 판매하다 | 오르다 | 갖은 방법을 다 생각하다 | 근심하고 걱정하다
- B 팔다 | 상승하다 | 자신만이 옳다고 생각하다 | 그렇게 여기지 않다
- **C 판매하다 | 오르다 | 어떻게 해야 할지 모르다 | 근심 걱정에 쌓이다**
- D 전매하다 | 등반하다 | 몸이 비리비리하다 | 아무런 근심 걱정이 없다

공략

- ①번 칸) 모든 보기의 단어들이 다 가능하다.
- ②번 칸) '오르다, 상승하다'라는 의미로 보기 A의 上涨, B의 上升, C의 攀升이 모두 가능하다. D의 攀登은 '攀登高山(높은 산을 등반하다)'의 형태로 자주 호응하여 쓰이므로 문맥상 적합하지 않다.
- ③번 칸) 不知所措는 '어떻게 해야 할지 모르다'라는 의미이므로 문맥상 가장 적합하다.
- ④번 칸) '근심하고 걱정하다'라는 의미로 보기 A의 愁眉苦脸과 C의 忧心忡忡이 문맥상 모두 적합하다.

어휘　★同比 tóngbǐ 图 전년도 동기와 대비하다 | ★消费者 xiāofèizhě 뗑 소비자 | ★房地产 fángdìchǎn 뗑 부동산 | ★欢欣鼓舞 huān xīn gǔ wǔ 젱 매우 기뻐하다, 날 듯이 기뻐하다 | ★过热 guòrè 혱 과열되다 | ★引发 yǐnfā 图 일으키다 | ★风险 fēngxiǎn 뗑 위험 | ★出售 chūshòu 图 팔다, 판매하다 | ★上涨 shàngzhǎng 图 (수위·물가 등이) 오르다 | ★想方设法 xiǎng fāng shè fǎ 젱 갖은 방법을 다 생각하다 | ★愁眉苦脸 chóu méi kǔ liǎn 젱 걱정과 근심에 쌓인 표정, 근심하고 걱정하다 | ★售出 shòuchū 图 팔다 | ★上升 shàngshēng 图 상승하다 | ★自以为是 zì yǐ wéi shì 젱 자신만이 옳다고 생각하다 | ★不以为然 bù yǐ wéi rán 젱 그렇게 여기지 않다 | ★销售 xiāoshòu 图 판매하다 | ★攀升 pānshēng 图 오르다 | ★不知所措 bù zhī suǒ cuò 젱 어떻게 해야 할지 모르다 | ★忧心忡忡 yōu xīn chōng chōng 젱 근심 걱정에 시달리다 | ★预售 yùshòu 图 전매하다, 사전에 판매하다 | ★攀登 pāndēng 图 등반하다, 기어오르다 | ★弱不禁风 ruò bù jīn fēng 젱 몸이 너무 약해서 바람에도 쓰러질 것 같다, 몸이 비리비리하다 | ★无忧无虑 wú yōu wú lǜ 젱 아무런 근심이나 걱정이 없다

5

她说，作为唯一的孩子，从小就享受到父母①<u>无微不至</u>的关爱，现在，她也希望能在病床前尽孝，回报父母，但现实不②<u>允许</u>。小的时候，父母就对她寄予厚望，现在，每当她在工作中③<u>取得</u>进步，父母都会急着告诉亲戚朋友，她成了父母最大的④<u>骄傲</u>。

A 层出不穷	同意	获得	自大
B 无微不至	**允许**	**取得**	**骄傲**
C 日积月累	批准	得到	宝贝
D 微不足道	允许	收到	骄傲

그녀가 말하길, 유일한 자녀로서 어렸을 때부터 부모님의 **매우 세심한** 보살핌을 받은 것처럼 지금은 그녀 역시 병상 앞에서 효도를 다하며 부모님께 보답하고 싶지만 현실은 **허락하지** 않는다고 했다. 어렸을 때 부모님께서 그녀에 대해 큰 기대를 거서서 현재 그녀는 모든 일에서 성과를 **얻었다고** 하는데, 부모님께서는 그때마다 친척이나 친구들에게 그녀가 당신들의 가장 큰 **자랑거리**라며 말씀하신다고 한다.

- A 끊임없이 나타나다 | 동의하다 | 얻다 | 우쭐대다
- **B 매우 세심하다 | 허락하다 | 얻다 | 자랑거리**
- C 갈수록 더해 가다 | 비준하다 | 얻다 | 귀염둥이
- D 하찮아서 말할 가치도 없다 | 허락하다 | 받다 | 자랑거리

공략

(①번 칸) 无微不至는 '매우 세심하다, 매우 꼼꼼하다'라는 의미이며 주로 照顾, 关爱, 关心 등의 동사들과 자주 호응하여 쓰인다.

(②번 칸) 允许만이 现实와 어울려 '现实不允许(현실이 허락하지 않다)'의 형태로 쓰일 수 있다. 보기 A의 同意와 C의 批准은 주체가 반드시 사람이어야 하므로 모두 문맥상 적합하지 않다.

(③번 칸) '获得/取得/得到进步'의 조합이 모두 가능하다. 보기 D의 收到는 '收到礼物(선물을 받다)'의 형태로 자주 호응하여 쓰인다.

(④번 칸) '자랑거리'라는 의미로 '骄傲'만이 문맥상 적합하다.

어휘
★唯一 wéiyī 휑 유일한 | ★享受 xiǎngshòu 图 누리다, 향유하다 | ★关爱 guān'ài 图 관심을 가지고 아끼다, 사랑으로 돌보다 | ★病床 bìngchuáng 몡 병상 | ★尽孝 jìnxiào 图 효도를 다하다 | ★回报 huíbào 图 보답하다 | ★寄予 jìyǔ 图 (기대·희망 등을) 걸다 | ★厚望 hòuwàng 몡 큰 기대, 간절한 희망 | ★亲戚 qīnqi 몡 친척 | ★层出不穷 céng chū bù qióng 헝 끊임없이 나타나다 | ★自大 zìdà 휑 잘난 척하다, 우쭐대다 | ★无微不至 wú wēi bú zhì 헝 (배려와 보살핌이) 세심하다 | ★日积月累 rì jī yuè lěi 헝 날마다 조금씩 쌓이다, 갈수록 더해가다 | ★宝贝 bǎobèi 몡 귀염둥이

6

난이도 **中**　공략 Key 성어 三思而后行

　　成长能令一个人的思想更成熟，使人凡事都懂得要①<u>三思而后行</u>，成长能使一个人更明白事理，②<u>辨别</u>是非，懂得如何在别人危急的时刻，施以援手。若你思想③<u>成熟</u>，对任何事都先想一想，凡事替别人想一想的话，必能培养出一份细密的心思和④<u>宽大</u>的胸怀，谁说成长不是一种美？

A	欲速则不达	分辨	成熟	宽容
B	水火不相容	辨明	缜密	大气
C	桃李满天下	分别	成长	宽阔
Ⓓ	三思而后行	辨别	成熟	宽大

　　성장은 인간의 사상을 더 성숙하게 하고, 사람들에게 모든 일에 있어 <u>반드시 심사숙고하여 행동해야</u> 함을 알게 한다. 또한 성장은 사람들에게 사물의 이치를 더 잘 알게 하고, 옳고 그름을 <u>판별하게</u> 하며, 다른 사람이 위급한 상황에 처해 있을 때 어떻게 도움의 손길을 내밀어야 하는지도 알게 한다. 만약 당신이 <u>성숙된</u> 사상으로 어떤 일을 대하든지 생각을 먼저 해보고 매사에 다른 사람을 위해 한 번 생각해본다면, 분명 세심한 사고와 <u>넓은</u> 마음을 길러낼 수 있는데, 어느 누가 성장이 일종의 아름다움이 아니라고 말하겠는가?

A 빨리 하려 하면 도리어 못 이룬다 | 분별하다 | 성숙하다 | 너그럽다
B 물과 불은 서로 상극이다 | 분명히 구분하다 | 치밀하다 | 기개가 크다
C 문하생이 천하에 가득하다 | 구별하다 | 성장하다 | 넓다
Ⓓ 심사숙고하여 행동해야 한다 | 판별하다 | 성숙하다 | 넓다

공략

(①번 칸) 三思而后行은 '반드시 심사숙고한 후 행동해야 한다'는 의미로 문맥상 가장 적합하고, 다른 보기의 성어들은 모두 문맥상 적합하지 않다.

(②번 칸) '옳고 그름을 구별하다, 판별하다'라는 의미로 '分辨/辨明/辨别是非'의 조합이 모두 다 가능하다.

(③번 칸) '사상이 성숙하다'라는 의미로 '思想成熟'의 호응 구조가 적합하다.

(④번 칸) 모든 보기의 단어들이 전부 문맥상 적합하다.

어휘
★凡事 fánshì 몡 모든 일 | ★明白事理 míngbai shìlǐ 사물의 이치를 알다 | ★是非 shìfēi 몡 옳고 그름 | ★危急 wēijí 휑 위급하다 | 施以援手 shī yǐ yuánshǒu 도움의 손길을 내밀다 | ★培养 péiyǎng 图 기르다, 배양하다 | ★一份心思 yí fèn xīnsi 사고, 마음 | ★胸怀 xiōnghuái 몡 마음, 가슴 | ★欲速则不达 yù sù zé bù dá 헝 일을 빨리 하려고 하면 도리어 이루지 못한다 | ★分辨 fēnbiàn 图 분별하다, 구분하다 | ★宽容 kuānróng 휑 너그럽다 | ★水火不相容 shuǐhuǒ bù xiāngróng 물과 불은 서로 상극이다 | ★辨明 biànmíng 图 분명히 구분하다 | ★缜密 zhěnmì 휑 치밀하다, 엄밀하다 | ★大气 dàqì 휑 기세가 크다, 기개가 크다 | ★桃李满天下 táolǐ mǎn tiānxià 헝 문하생이 천하에 가득하다, 양성한 인재들이 곳곳에 가득하다 | ★分别 fēnbié 图 구별하다, 헤어지다 | ★宽阔 kuānkuò 휑 넓다 | ★三思而后行 sān sī ér hòu xíng 헝 마땅히 심사숙고하고 나서 행동하여야 한다 | ★辨别 biànbié 图 판별하다, 구별하다 | ★宽大 kuāndà 휑 넓다, 너그럽다

　　专业①<u>人员</u>招聘网连续多次②<u>发布</u>招聘宠物美容师的信息，而应聘者始终③<u>寥寥无几</u>，专业的宠物美容师将是各家专业宠物美容机构"打着灯笼也难找"的④<u>目标</u>。

A	人士	公布	彬彬有礼	目的
Ⓑ	**人员**	**发布**	**寥寥无几**	**目标**
C	人物	发出	千里迢迢	人物
D	职员	发表	跃跃欲试	人才

　　전문<u>가</u> 채용 사이트에 연속해서 여러 차례 애완동물 미용사를 모집한다는 소식을 <u>알렸지</u>만, 지원자는 한결같이 <u>매우 드물었다</u>. 전문적인 애완동물 미용사는 각 애완동물 전문 미용 기관의 '구하기가 매우 힘든' <u>목표</u>가 될 것이다.

A　인사 | 발표하다 | 점잖고 예의가 바르다 | 목적
Ⓑ　요원 | 알리다 | 매우 드물다 | 목표
C　인물 | 내다 | 길이 아주 멀다 | 인물
D　직원 | 발표하다 | 해보고 싶어 안달이다 | 인재

공략
（①번 칸） '전문가'라는 의미로 '专业人士'가 가장 적합하지만 '专业人员'도 가능하다.
（②번 칸） '소식을 내다, 알리다'라는 의미로 '发布/发出信息'의 조합이 둘 다 가능하다. 보기 A의 公布는 '公布成绩(성적을 발표하다)'의 형태로, D의 发表는 '发表演说(연설을 발표하다)'의 형태로 자주 호응하여 쓰이므로 문맥상 적합하지 않다.
（③번 칸） 寥寥无几는 '수량이 매우 적다'라는 의미이므로 문맥상 가장 적합하다.
（④번 칸） 보기 B의 目标와 D의 人才가 문맥상 모두 가능하다.

어휘　★招聘网 zhāopìn wǎng 채용 사이트 | ★宠物 chǒngwù 몡 애완동물 | ★美容师 měiróngshī 몡 미용사 | ★始终 shǐzhōng 閅 늘 | ★机构 jīgòu 몡 기구, 기관 | ★打着灯笼也难找 dǎzhe dēnglong yě nán zhǎo 등롱을 들고 찾아도 찾기 어렵다, 구하기 매우 힘들다 | ★人士 rénshì 인사 | ★公布 gōngbù 통 공포하다, 발표하다 | ★彬彬有礼 bīn bīn yǒu lǐ 셩 점잖고 예의가 바르다 | ★人员 rényuán 몡 인원, 요원 | ★发布 fābù 통 발표하다, 알리다 | ★寥寥无几 liáo liáo wú jǐ 셩 수량이 매우 적다, 매우 드물다 | ★千里迢迢 qiān lǐ tiáo tiáo 셩 길(여정)이 아주 멀다 | ★发表 fābiǎo 통 발표하다 | ★跃跃欲试 yuè yuè yù shì 셩 해보고 싶어 안달이다

　　自驾车旅游自上世纪90年代中期开始在北京、上海、广州等大城市的白领①<u>阶层</u>中流行后，拥有②<u>得天独厚</u>的旅游条件和③<u>便利</u>交通条件的海南省，就成为自驾车旅游爱好者的主要旅游目的地。

Ⓐ	**阶层**	**得天独厚**	**便利**
B	阶段	丰富多彩	方便
C	阶级	地大物博	快捷
D	阶层	富丽堂皇	便捷

　　자가용 여행이 지난 1990년대 중반부터 베이징, 상하이, 광저우 등 대도시의 화이트칼라 <u>계층</u>에서 유행된 후, <u>우월한</u> 여행 조건과 <u>편리한</u> 교통 조건을 갖춘 하이난성이 자가용 여행 애호가들의 주된 여행 목적지가 되었다.

Ⓐ　계층 | 우월한 조건을 갖고 있다 | 편리한
B　단계 | 풍부하고 다채롭다 | 편리한
C　계급 | 땅이 넓고 생산물이 풍부하다 | 신속한
D　계층 | 화려하고 웅장하다 | 빠르고 편리한

공략　（②번 칸） 得天独厚는 '조건이 매우 좋고, 자원이 매우 풍부하다'라는 의미로 문맥상 가장 적합하다. 보기 B의 丰富多彩는 '丰富多彩的生活(풍부하고 다채로운 생활)'의 형태로, C의 地大物博는 '地大物博的国家(땅이 넓고 생산물이 풍부한 나라)'의 형태로, D의 富丽堂皇은 '富丽堂皇的宫殿(화려하고 웅장한 궁전)'의 형태로 주로 호응하여 쓰이므로 모두 문맥상 적합하지 않다.

어휘　★自驾车 zì jiàchē 스스로 차를 운전하다 | ★白领 báilǐng 몡 화이트칼라, 사무직 근로자 | ★爱好者 àihàozhě 몡 애호가 | ★目的地 mùdìdì 몡 목적지 | ★阶层 jiēcéng 몡 (사회의) 계층 | ★得天独厚 dé tiān dú hòu 셩 우월한 자연 조건을 갖고 있다, 처한 환경이 남다르다 | ★便利 biànlì 혱 편리하다 | ★阶段 jiēduàn 몡 단계 | ★丰富多彩 fēng fù duō cǎi 셩 풍부하고 다채롭다 | ★阶级 jiējí 몡 계급 | ★地大物博 dì dà wù bó 셩 땅이 넓고 생산물이 풍부하다 | ★快捷 kuàijié 혱 빠르다, 신속하다 | ★富丽堂皇 fù lì táng huáng 셩 화려하고 웅장하다 | ★便捷 biànjié 혱 빠르고 편리하다, 간편하다

28 day 답을 꿰뚫는 날카로운 눈 – 특수 문형·상반 구조

정답	1. C	2. D	3. A	4. B	5. D	6. B	7. A	8. C

독해 제2부분

1

난이도 中 공략 Key 核心投资와 非核心投资의 대응 구조

　　"向日葵法"是一种财产配置方法，有助于家庭和个人理财得到更好的①回报，"花心"是核心投资，也就是那些收益②稳定、危险性不大的投资；而"花瓣"则是③非核心投资，也就是潜在收益极大，④风险也很大的投资。

A 收益	确定	不	险情
B 利润	丰厚	颇	危机
C 回报	稳定	非	风险
D 亏本	固定	借	危险

　　'해바라기법'이란 일종의 자산 배치 방법으로 가정과 개인의 자산 관리에서 더 큰 수익을 얻는 데 도움이 된다. '꽃술'은 핵심 투자로 다시 말해 그 수익이 안정적이고, 위험성은 크지 않은 투자이다. 반면 '꽃잎'은 '비핵심 투자'로 다시 말해 잠재 수익이 매우 크며, 위험 또한 매우 큰 투자이다.

A 수익 | 확실하다 | 부(부정을 나타냄) | 위험한 상황
B 이윤 | 넉넉하다 | 꽤 | 위기
C 수익 | 안정적이다 | 비(범위에 속하지 않음) | 위험
D 적자 | 고정적이다 | 빌리다 | 위험

공략

①번 칸 　보기 A의 收益, B의 利润, C의 回报가 문맥상 모두 가능하다. D의 亏本은 '투자한 돈이 없어지다. 즉 적자를 보다. 밑지다'라는 의미로 쓰이므로 문맥상 적합하지 않다.

②번 칸 　'收益丰厚/稳定'의 조합이 둘 다 가능하다.

③번 칸 　'核心投资'와 '非核心投资'는 반대 의미를 나타내는 대응 구조이므로 보기 C의 非만이 적합하다. 보기 B의 颇는 '꽤, 매우'라는 의미로 쓰이는데, 예를 들어 '颇受欢迎'은 '매우 인기가 있다'라는 뜻이다.

④번 칸 　'투자 방면에서의 위험'이라는 의미를 나타내는 것으로 보기 C의 风险이 가장 적합하다.

어휘　★向日葵 xiàngrìkuí 명 해바라기 | 财产配置 cáichǎn pèizhì 자산 배치 | ★理财 lǐcái 동 자산을 관리하다, 재테크하다 | ★花心 huāxīn 명 꽃술 | ★核心投资 héxīn tóuzī 핵심 투자 | ★危险性 wēixiǎnxìng 위험성 | ★花瓣 huābàn 명 꽃잎 | ★则 zé 부 바로 ~이다 | ★潜在收益 qiánzài shōuyì 잠재 수익 | ★收益 shōuyì 명 수익 | ★险情 xiǎnqíng 명 위험한 상황(상태) | ★利润 lìrùn 명 이윤 | ★丰厚 fēnghòu 형 후하다, 넉넉하다 | ★颇 pō 부 꽤, 상당히 | ★回报 huíbào 동 보답하다, 사례하다 | ★非 fēi 접두 비(범위에 속하지 않음) | ★风险 fēngxiǎn 명 위험 | ★亏本 kuīběn 동 밑지다, 적자를 내다

2

난이도 上 공략 Key 반의어 单独와 团体

　　"团购"就是团体购物，指的是认识的或者不认识的消费者①联合起来，来提升买家与商家的议价能力，以求得最优价格的一种购物②方式。根据薄利多销、最大优价的③道理，商家可以给出低于零售价格的团购折扣，并提供④单独购买得不到的优质服务。

A 联络	手段	观念	独特
B 结合	渠道	原理	孤独
C 合并	途径	理论	特殊
D 联合	方式	道理	单独

　　'공동 구매'란 단체로 물건을 구매하는 것으로, 서로 아는 혹은 모르는 소비자들이 연합하여 최적의 가격을 얻기 위해 구매자와 상인의 가격 협상 능력을 끌어올리는 일종의 구매 방식을 가리킨다. 박리다매와 최적 가격의 이치에 따라 상인은 소매 가격보다 낮은 공동 구매 할인을 제시할 수 있으며, 게다가 단독으로 구매할 때는 받을 수 없는 양질의 서비스도 제공할 수 있다.

A 연락하다 | 수단 | 관념 | 독특하다
B 결합하다 | 경로 | 원리 | 외롭다
C 합병하다 | 경로 | 이론 | 특수하다
D 연합하다 | 방식 | 이치 | 단독으로

공략 ①번 칸 문맥상 '연합하다'라는 의미인 联合가 가장 적합하다.

②번 칸 보기의 모든 단어들이 문맥상 다 적합하다.

③번 칸 보기 C의 理论과 D의 道理가 둘 다 가능하다. 보기 A의 观念은 '传统观念(전통 관념)'의 형태로, B의 原理는 '科学原理(과학 원리)'의 형태로 자주 호응하여 쓰이므로 모두 문맥상 적합하지 않다.

④번 칸 单独는 첫 번째 문장의 团体의 반의어로, 문장에서 团体와 반대 의미를 나타내는 대응 구조를 이루므로 가장 적합하다.

어휘 ★团购 tuángòu 명 공동 구매 | ★团体 tuántǐ 명 단체, 집단 | ★消费者 xiāofèizhě 명 소비자 | ★提升 tíshēng 동 끌어올리다 | 议价 yìjià 동 가격을 협상하다 | ★最优 zuìyōu 최적의, 가장 우수한 | ★薄利多销 bólìduōxiāo 박리다매 | ★商家 shāngjiā 명 상인, 사업가 | ★零售 língshòu 동 소매하다 | ★折扣 zhékòu 명 할인, 에누리 | ★得不到 débudào 얻지 못하다 | ★优质服务 yōuzhì fúwù 양질의 서비스 | ★联络 liánluò 동 연락하다 | ★结合 jiéhé 동 결합하다 | ★渠道 qúdào 명 경로, 방법 | ★原理 yuánlǐ 명 원리 | ★孤独 gūdú 형 외롭다, 고독하다 | ★合并 hébìng 동 합병하다 | ★途径 tújìng 명 경로, 수단 | ★联合 liánhé 동 연합하다

3

난이도 上 공략 Key 意味着의 의미 파악

　　“华谊兄弟”①宣布，拟在上海建立“华谊兄弟文化城”。这是“华谊兄弟”首个文化旅游项目，②意味着公司正式进军文化旅游市场。该项目规划占地1000亩，主要用于建设影视③基地，包括摄影棚和其他配套④设施。

'화이슝디'가 상하이에 '화이슝디 문화 타운'을 세울 것이라고 선언하였다. 이는 '화이슝디'의 첫 번째 문화 관광 프로젝트로, 회사가 정식으로 문화 관광 시장으로 진출한다는 것을 의미한다. 이 프로젝트는 점용 면적을 1,000묘(약 22만 평)로 계획하고 있으며, 주로 촬영 세트와 기타 부대시설을 포함한 영상 기지를 건설하는 데 쓰인다.

Ⓐ 宣布	意味着	基地	设施
B 宣扬	不见得	建筑	机构
C 公布	恨不得	大夏	设备
D 声明	忍不住	区域	集团

Ⓐ 선언하다 | 의미하다 | 기지 | 시설
B 선양하다 | 반드시 ~한 것은 아니다 | 건축물 | 기구
C 발표하다 | 간절히 ~하고 싶다 | 빌딩 | 설비
D 성명하다 | 견딜 수 없다 | 구역 | 집단

공략 ①번 칸 '선언하다'라는 의미로 보기 A의 宣布와 D의 声明이 둘 다 가능하다. 보기 B의 宣扬은 '宣扬思想(사상을 널리 알리다)'의 형태로, C의 公布는 '公布结果(결과를 발표하다)'의 형태로 자주 호응하여 쓰이므로 문맥상 적합하지 않다.

②번 칸 意味着는 '~을 의미하다'라는 뜻이므로 문맥상 가장 적합하다.

③번 칸 '영화를 촬영하는 장소라는 의미를 나타내는 '影视基地'가 하나의 단어처럼 쓰이므로 보기 A 基地가 가장 적합하다.

④번 칸 문맥상 보기 A의 设施과 C의 设备가 모두 가능하다.

어휘 华谊兄弟 Huáyì Xiōngdì 고유 화이슝디[영화 제작사] | 拟 nǐ 동 ~할 생각이다, ~하려고 한다 | ★建立 jiànlì 동 세우다, 건립하다 | ★文化城 wénhuàchéng 문화 타운 | ★旅游项目 lǚyóu xiàngmù 관광 프로젝트 | ★进军 jìnjūn 동 나아가다, 진출하다 | ★该 gāi 대 이, 그 | ★规划 guīhuà 동 계획하다, 기획하다 | ★占地 zhàndì 동 토지를 점용하다 | ★亩 mǔ 양 묘[토지 면적의 단위] | ★摄影棚 shèyǐngpéng 명 촬영 세트, 스튜디오 | ★配套 pèitào 동 하나의 세트로 만들다, 맞추다 | ★宣布 xuānbù 동 선언하다, 발표하다 | ★意味着 yìwèizhe 동 의미하다 | ★基地 jīdì 명 기지, 근거지 | ★设施 shèshī 명 시설 | ★宣扬 xuānyáng 동 선양하다, 널리 알리다 | ★不见得 bújiànde 반드시 ~한 것은 아니다 | ★建筑 jiànzhù 명동 건축물; 건축하다 | ★机构 jīgòu 명 기구 | ★公布 gōngbù 동 공포하다, 발표하다 | ★恨不得 hènbude 동 간절히 ~하고 싶다 | ★大厦 dàshà 명 빌딩 | ★设备 shèbèi 명 설비 | 声明 shēngmíng 동 성명하다, 공개적으로 선언하다 | ★忍不住 rěnbuzhù 동 견딜 수 없다 | ★区域 qūyù 명 구역, 지역 | ★集团 jítuán 명 집단, 그룹

法律是外在的、强制的，是一种刚性①制度，而道德是②内在的、自觉的，是一种柔性③约束。但另一方面，法律却是低调的、④消极的，它仅仅是不允许做什么，而道德却是高调的，积极的、它要求的是应当做什么。

법률은 외재적이고 강압적인 일종의 강한 특성의 제도인 반면, 도덕은 내재적이고 자각적인 일종의 부드러운 특성의 규제이다. 하지만 또 다른 방면으로는 법률은 융통성이 없고 소극적이어서, 그것은 단지 어떤 일을 하는 것을 허락하지 않는 반면, 도덕은 융통성이 있고 적극적이어서, 그것이 요구하는 것은 무언가를 해야만 한다는 것이다.

A	道理	封闭	制约	封建
B	**制度**	**内在**	**约束**	**消极**
C	秩序	保守	束缚	消失
D	政策	潜在	控制	落后

A	도리 | 폐쇄하다 | 제약하다 | 봉건적이다
B	**제도 | 내재적이다 | 규제하다 | 소극적이다**
C	질서 | 보수적이다 | 속박하다 | 사라지다
D	정책 | 잠재하다 | 통제하다 | 낙후되다

독해
제2부분

공략　②번 칸　보기 B의 内在는 앞 문장의 外在의 반의어로, 内在와 外在가 전환을 나타내는 접속사 而로 연결되어 있어 内在가 가장 적합하다.

②④번 칸　보기 B의 消极가 뒤 문장의 积极의 반의어로, 두 단어가 전환을 나타내는 의미의 접속사 而로 연결되어 있다.

어휘　★外在 wàizài 형 외재적인, 외재하는 | ★强制 qiángzhì 동 강제하다. 강압하다 | ★刚性 gāngxìng 명 강한 특성 | ★道德 dàodé 명 도덕, 윤리 | ★自觉 zìjué 형동 자발적인; 자각하다 | ★柔性 róuxìng 명 부드러운 특성 | ★低调 dīdiào 명 융통성이 없는 사상, 무기력하고 소극적인 사상 | ★高调 gāodiào 명 융통성이 있는 사상 | ★封闭 fēngbì 동 폐쇄하다 | ★制约 zhìyuē 동 제약하다 | ★封建 fēngjiàn 형 봉건적이다. 고리타분하다 | ★制度 zhìdù 명 제도 | ★内在 nèizài 형 내재적인 | ★约束 yuēshù 동 규제하다, 구속하다 | ★秩序 zhìxù 명 질서 | ★保守 bǎoshǒu 형 보수적이다 | ★束缚 shùfù 동 속박하다, 구속하다 | ★消失 xiāoshī 동 사라지다 | ★政策 zhèngcè 명 정책 | ★潜在 qiánzài 동 잠재하다 | ★控制 kòngzhì 동 통제하다, 제어하다 | ★落后 luòhòu 동 낙후되다

遇事不要急于下结论，①即便有了答案也要等等，也许有更好的解决②方式，站在不同的角度就有不同答案，要学会换位③思考，特别是在遇到麻烦的时候，千万要学会等一等，过于着急④不见得会有好结果。

일이 생겼을 때는 급히 결론을 내리지 말고, 설령 해답이 있다 하더라도 좀 기다려봐야 한다. 어쩌면 더 좋은 해결 방식이 있을지도 모르고, 다른 관점에서 보면 또 다른 답이 있기 마련이므로 다른 입장과 관점에서 생각하는 법을 배워야만 한다. 특히 번거로운 일이 생겼을 때에는 필히 기다릴 줄 알아야 하며, 지나치게 조급해한다고 해서 반드시 좋은 결과가 있는 것은 아니다.

A	即使	程序	思索	忍不住
B	假设	渠道	推理	恨不得
C	况且	方案	考察	不由得
D	**即便**	**方式**	**思考**	**不见得**

A	설령 ～이라 해도 | 순서 | 사색하다 | 참지 못하다
B	가정하다 | 경로 | 추리하다 | 간절히 ～하고 싶다
C	더구나 | 방안 | 고찰하다 | 저도 모르게
D	**설령 ～이라 해도 | 방식 | 생각하다 | 반드시 ～한 것은 아니다**

공략　①번 칸　'설령 ～이라 하더라도'라는 의미로, '即便/即使……也'의 조합이 다 가능하다.

②번 칸　'해결 방안/방식'이라는 의미로, '解决方案/方式'의 조합이 모두 가능하다.

③번 칸　'换位思考'는 고정 형식으로, '입장과 관점을 바꿔서 생각하다'라는 의미이다.

④번 칸　不见得는 '반드시 ～한 것은 아니라'라는 의미이므로 문맥상 가장 적합하다. 보기 A의 忍不住는 '참지 못하다'라는 의미이고, B의 恨不得는 '간절히 ～하고 싶다'라는 의미이며, C의 不由得는 '저절로, 자연히'라는 의미이므로 모두 문맥상 적합하지 않다.

★急于 jíyú 통 급히 ~하다 | ★下结论 xià jiélùn 결론을 내리다 | ★换位思考 huànwèi sīkǎo 다른 입장과 관점에서 고려하다 | ★过于 guòyú 부 지나치게, 너무 | ★即使 jíshǐ 접 설령 ~이라 하더라도 | ★程序 chéngxù 명 순서, 절차 | ★思索 sīsuǒ 통 사색하다 | ★忍不住 rěnbuzhù 통 참을 수 없다 | ★假设 jiǎshè 통 가정하다, 가설하다 | ★渠道 qúdào 명 경로, 방법 | ★推理 tuīlǐ 통 추리하다 | ★恨不得 hènbude 통 간절히 ~하고 싶다 | ★况且 kuàngqiě 접 더구나, 하물며 | ★方案 fāng'àn 명 방안 | ★考察 kǎochá 통 고찰하다 | ★不由得 bùyóude 부 저도 모르게 | ★即便 jíbiàn 접 설령 ~이라 하더라도 | ★方式 fāngshì 명 방식 | ★思考 sīkǎo 통 사고하다 | ★不见得 bújiànde 반드시 ~한 것은 아니다

---

6 난이도 中 공략 Key 반의어 伟大와 渺小

来到天坛，①登高一望，满眼绿林，可以看得很远很远，在这②雄伟和远大之中，忽然感到人的渺小。其实，天坛并不是在证明天的③伟大和人的渺小，更不是让人匍匐在苍天之下，诚惶诚恐，而是让你④感受到融入天地中的乐趣。

톈탄에 와서 높은 곳에 올라 바라보면 푸른 숲이 눈에 가득 차고 아주 먼 곳까지 볼 수 있는데, 이 웅장함과 원대함 속에서 문득 인간의 미미함을 느낀다. 사실, 톈탄이 하늘의 위대함과 인간의 미미함을 증명하는 것은 아니고, 사람들을 푸른 하늘 아래 엎드리게 하여 황공해 몸 둘 바를 모르게 하는 것은 더더욱 아니며, 이는 당신에게 천지 속에 녹아 드는 즐거움을 느끼도록 하는 것이다.

A 迈	宏伟	伟人	体会
Ⓑ 登	雄伟	伟大	感受
C 踩	雄厚	宽阔	体验
D 跨	宏观	宽大	感染

A 내딛다 | 웅장하다 | 위인 | 체득하다
Ⓑ 오르다 | 웅장하다 | 위대하다 | 느끼다
C 밟다 | 풍부하다 | 넓다 | 체험하다
D 뛰어넘다 | 거시적이다 | 크다 | 감염되다

공략

①번 칸 '登高一望'은 자주 쓰이는 고정 형식으로, '높은 곳에 올라 바라보다'라는 의미이다.

②번 칸 보기 A의 宏伟와 B의 雄伟가 둘 다 가능하다.

③번 칸 伟大와 渺小는 반의어로 문장에서 반대 의미를 나타내는 대응 구조를 이루므로, 伟大만이 적합하다. 보기 C의 宽阔는 '宽阔的海洋(넓은 바다)'의 형태로, D의 宽大는 '衣服宽大(옷이 크다)'의 형태로 자주 호응하여 쓰이므로 모두 문맥상 적합하지 않다.

④번 칸 동의어인 보기 B의 感受와 C의 体验이 문맥상 적합하다. 보기 A의 '몸소 느끼다, 이해하다'라는 의미의 体会는 '体会父母的辛苦(부모님이 고생하는 것을 알다)'의 형태로 자주 호응하여 쓰이므로 문맥상 적합하지 않다.

어휘 ★天坛 Tiāntán 고유 톈탄 | ★登高一望 dēnggāo yí wàng 높은 곳에 올라 바라보다 | ★满眼 mǎnyǎn 통 눈에 가득 차다, 시야에 가득 들어오다 | ★渺小 miǎoxiǎo 형 매우 작다, 미미하다 | ★匍匐 púfú 통 포복하다, 엎드리다 | ★苍天 cāngtiān 명 푸른 하늘 | ★诚惶诚恐 chéng huáng chéng kǒng 성 황공하여 몸 둘 바를 모르다 | ★融入 róngrù 통 녹아 들다, 융합되어 들어가다 | ★乐趣 lèqù 명 즐거움, 기쁨 | ★迈 mài 통 내딛다 | ★宏伟 hóngwěi 형 웅장하다, 장대하다 | ★伟人 wěirén 명 위인 | ★体会 tǐhuì 통 체험하여 느끼다 | ★雄伟 xióngwěi 형 웅장하다, 웅대하다 | ★感受 gǎnshòu 통 느끼다 | ★踩 cǎi 통 밟다 | ★雄厚 xiónghòu 형 풍부하다, 충분하다 | ★宽阔 kuānkuò 형 넓다, 광대하다 | ★体验 tǐyàn 통 체험하다 | ★跨 kuà 통 뛰어넘다 | ★宏观 hóngguān 형 거시적이다 | 宽大 kuāndà 형 넓다, 크다 | ★感染 gǎnrǎn 통 감염되다

---

7 난이도 上 공략 Key 상반된 의미 '外表……骨子里……'

胡河清与鲁迅①甚为相近，"鲁迅者，刑天也"。胡河清外表儒雅，②骨子里却猛志常在。而且不怒则已，一怒便触不周之山，不是选择安眠药所致的③宁静，而是走向④滂沱大雨中如李尔王那样洒脱。

후허칭이 루쉰과 매우 비슷한데 루쉰은 형천이다. 후허칭의 외모는 온화하고 기품이 있지만, 속마음은 웅대한 포부와 야망으로 가득 차있다. 게다가 화를 내지 않으면 몰라도 한번 화를 내면 부주산을 건드릴 정도이고, 수면제로 인한 편안함을 택하는 것이 아닌 거센 빗속을 향해가는 리어왕처럼 그렇게 대범하다.

Ⓐ 甚为	骨子	宁静	滂沱
B 极为	骨头	安静	倾盆
C 特别	内心	平静	瓢泼
D 格外	血液	冷静	倾斜

Ⓐ 매우 | 뼈대 | 편안하다 | 거세다
B 매우 | 뼈 | 조용하다 | 억수처럼 쏟아지다
C 특히 | 마음속 | 평온하다 | 억수같이 내리다
D 특히 | 혈액 | 침착하다 | 기울다

공략
- ①번칸   모든 보기의 단어들이 전부 강한 정도를 나타내므로 문맥상 다 가능하다.
- ②번칸   '外表(외모)……骨子里(속마음)……'는 상반된 의미의 대응 구조이므로, 보기 A의 骨子만이 적합하다.
- ③번칸   보기 A의 宁静과 C의 平静이 둘 다 문맥상 적합하다. 보기 D의 '침착하다'라는 의미인 冷静은 주로 '头脑冷静(신중하다, 냉정하다)'의 형태로 자주 호응하여 쓰이므로 문맥상 적합하지 않다.
- ④번칸   '거센 비'라는 의미로 '滂沱/倾盆/瓢泼大雨'의 조합이 모두 다 가능하다.

어휘 ★鲁迅 Lǔ Xùn [고유] 루쉰 | ★相近 xiāngjìn [형] 비슷하다 | ★刑天 Xíngtiān [고유] 형천[염제의 신하] | ★外表 wàibiǎo [명] 겉모습 | ★儒雅 rúyǎ [형] 온화하고 기품이 있다 | 猛志常在 měng zhì cháng zài [성] 웅대한 포부와 야망이 가득하다, 포부가 여전히 크다 | ★怒 nù [형] 화내다, 분노하다 | 则已 zé yǐ ∼면 그만이다, ∼할 뿐 | ★便 biàn [부] 곧, 바로 | 触 chù [동] 부딪치다, 닿다 | ★不周山 Bùzhōu Shān [고유] 부주산[고대 전설 중의 산 이름] | ★安眠药 ānmiányào [명] 수면제 | ★李尔王 Lǐ'ěr wáng [고유] 리어왕 | ★洒脱 sǎtuo [형] 대범하다, 거리낌이 없다 | ★甚为 shènwéi [부] 몹시, 매우 | ★骨子里 gǔzilǐ [명] 속마음, 내심 | ★宁静 níngjìng [형] 편안하다, 고요하다 | ★滂沱 pāngtuó [형] (비가 내리는 것이) 세차다, 거세다 | ★极为 jíwéi [부] 매우, 아주 | ★倾盆 qīngpén [동] (비가) 억수처럼 쏟아지다 | ★内心 nèixīn [명] 속마음 | ★瓢泼 piáopō [형] (비가) 억수같이 내리다 | ★格外 géwài [부] 특히, 유달리 | ★倾斜 qīngxié [형] 기울다, 경사지다

---

8   난이도 上   공략 Key '只不过……罢了' 구조

　　每次潮汐，海水会对地面①产生摩擦作用，这种摩擦会给自转着的地球带来一些②阻碍，使得地球的自转速度逐渐慢下来。而我们一天时间的长短，恰恰是根据地球自转一周来规定的。因此，随着地球自转速度的③减慢，我们的每一天在变得长起来，只不过这种变化很微小，人们很难察觉④罢了。

A	产生	阻挡	放缓	行了
B	出现	妨碍	减少	完了
Ⓒ	产生	阻碍	减慢	罢了
D	生产	防止	减轻	好了

조수 때마다 해수는 지면에 대한 마찰 작용이 일어나게 되는데, 이러한 마찰은 자전하는 지구에 어느 정도의 지장을 주게 되어, 지구의 자전 속도를 점점 느려지게 만든다. 그런데 우리들 하루 시간의 길이는 바로 지구가 한 바퀴 자전하는 것에 근거해 정해지는 것이다. 때문에 지구의 자전 속도가 느려짐에 따라 우리의 하루하루가 길어지고 있는데, 다만 이러한 변화가 매우 작아서 사람들이 알아차리기 어려울 뿐이다.

- A 일어나다 | 가로막다 | 늦추다 | 됐다
- B 나타나다 | 방해하다 | 감소하다 | 끝냈다
- Ⓒ 일어나다 | 지장을 주다 | 느리다 | ∼일 뿐이다
- D 생산하다 | 방지하다 | 줄다 | 됐다

공략
- ①번칸   '작용이 일어나다'라는 의미로 '产生作用'의 조합이 가장 적합하다. 보기 B의 '생겨나다, 나타나다'라는 뜻의 出现은 '出现丁克族(딩크족이 생겨나다)'의 형태로, D의 '생산하다'라는 뜻의 生产은 '生产商品(상품을 생산하다)'의 형태로 자주 호응하여 쓰이므로 모두 문맥상 적합하지 않다.
- ②번칸   '지장을 주다'라는 의미로 보기 C의 阻碍와 A의 阻挡이 가능하다. 보기 B의 妨碍는 '妨碍爸爸工作(아빠의 일을 방해하다)'의 형태로, D의 防止는 '防止发生事故(사고 발생을 방지하다)'의 형태로 자주 호응하여 쓰이므로 문맥상 적합하지 않다.
- ③번칸   '속도가 느리다'라는 의미로 '速度放缓/减慢'의 조합이 둘 다 가능하다. 보기 B의 减少는 '数量减少(수량이 감소하다)'의 형태로, D의 减轻은 '病情减轻(병세가 누그러지다)'의 형태로 자주 호응하여 쓰이므로 모두 문맥상 적합하지 않다.
- ④번칸   '只不过……罢了'는 고정 형식으로, '단지 ∼일 뿐이다, 다만 ∼에 불과하다'라는 의미를 나타낸다.

어휘 ★潮汐 cháoxī [명] 조수[밀물과 썰물] | ★海水 hǎishuǐ [명] 바닷물, 해수 | ★摩擦 mócā [명동] 마찰(하다) | ★自转 zìzhuàn [동] 자전하다 | ★恰恰是 qiàqià shì 바로(꼭) ∼이다 | ★微小 wēixiǎo [형] 극소하다, 아주 작다 | ★察觉 chájué [동] 알아차리다, 간파하다 | ★阻挡 zǔdǎng [동] 가로막다, 저지하다 | ★放缓 fànghuǎn [동] 늦추다, 풀다 | ★妨碍 fáng'ài [동] 지장을 주다, 방해하다 | ★减少 jiǎnshǎo [동] 감소하다 | ★阻碍 zǔ'ài [동] 장애를 주다, 지장을 주다 | ★减慢 jiǎnmàn [동] 속도가 느려지다, 속도를 줄이다 | ★防止 fángzhǐ [동] 방지하다 | ★减轻 jiǎnqīng [동] 줄다, 가볍게 하다

📅 29 day 핵심 키워드에 초점을 맞춰라

본책_ 364쪽

정답 1. E 2. A 3. D 4. C 5. B 6. D 7. E 8. C 9. B 10. A

1-5

新疆有两种著名的树，一是白杨，一是胡杨。白杨的美在于挺拔，而胡杨之美在于顽强的生命力和醉人的金黄色，因此更令人神往。

据说，(1)E胡杨几千万年前就在地球上生存了，是一种古老的树。随着时间的推移，胡杨逐渐演变成沙漠河流沿岸最主要的树种。为了能在缺水的环境中生存，胡杨的根系非常发达，它们的根可以扎到地下几十米去吸取水分。

每年4月，胡杨开花结果，(2)A一串一串菱形的果实，如同一小段一小段绿色的鞭炮，挂满枝头。这些果实其实是花苞，花苞会慢慢地从绿色变成淡红色，六七月份的时候，花苞就炸开了。风一吹，成熟了的种子随风飘浮，(3)D如能找到一个湿润的地方就会扎根发芽，成长为一颗顶天立地的胡杨树。

每年10月，秋天的胡杨就穿上金黄色的礼服，(4)C迎接四面八方的宾客。远观胡杨，层林尽染，一片金色的海洋。近观胡杨，每一片叶子的叶脉都清晰可见，透明的叶片相互映衬，散射出黄色的光晕。

在新疆塔里木河两岸生长着的那些或高或低、错落有致的胡杨，每年都吸引着许多游客来到这里。有人说，正是有了这片胡杨林，(5)B天山南麓的大片绿洲才免遭沙漠的吞噬。所以，当地人视胡杨为"英雄树"，还有人赞美它是"沙漠的脊梁"。

A 一串一串菱形的果实
B 天山南麓的大片绿洲才免遭沙漠的吞噬
C 迎接四面八方的宾客
D 如能找到一个湿润的地方就会扎根发芽
E 胡杨几千万年前就在地球上生存了

신장에는 두 종류의 유명한 나무가 있다. 하나는 백양나무이고, 또 하나는 사막 버드나무이다. 백양나무의 아름다움은 우뚝 솟은 데 있는 반면, 사막 버드나무의 아름다움은 완강한 생명력과 사람을 도취시키는 황금색에 있는데, 그 때문에 더 사람을 황홀하게 한다.

듣자 하니, 사막 버드나무는 몇천만 년 전에도 지구상에 생존했다고 하는 일종의 오래된 나무이다. 시간이 지남에 따라, 사막 버드나무는 점차 사막의 하천 연안 지역에서 가장 주된 나무로 변천하였다. 물이 부족한 환경에서 생존하기 위해 사막 버드나무의 뿌리는 매우 발달되어 있으며, 그 뿌리는 지하 몇십 미터까지 파고 들어가 수분을 흡수할 수 있다.

매년 4월에 사막 버드나무는 한 꿰미 한 꿰미의 마름모 모양을 한 열매를 맺게 되는데, 이는 마치 한 층 한 층의 푸른 폭죽의 모습과도 같이 가지 끝에 가득히 매달려있다. 이런 열매들은 사실 꽃의 떡잎인데, 떡잎은 녹색에서 옅은 붉은색으로 천천히 변하게 되어, 6, 7월이 되면 떡잎이 터져 나오게 된다. 바람이 불면 잘 익은 종자는 바람에 따라 이리저리 떠다니다가, 습윤한 곳을 찾게 되면 뿌리를 내리고 싹을 틔워, 하늘을 떠받치고 땅에 우뚝 선 한 그루의 사막 버드나무로 자란다.

매년 10월, 가을의 사막 버드나무는 황금색의 예복을 입고 사방팔방의 손님들을 맞이한다. 멀리서 사막 버드나무를 보면 숲이 온통 물들어 금색의 바다와 같다. 가까이에서 사막 버드나무를 보면 잎 하나하나의 잎맥을 뚜렷하게 볼 수 있고, 투명한 잎사귀들은 서로를 비추며 노란 빛의 고리를 난반사해낸다.

신장 타리무강 양안에서 생장하고 있는 그런 크거나 혹은 작고, 엇갈린 배열이 제법 정취가 있는 사막 버드나무는 매년 수많은 여행객들을 그곳으로 끌어들인다. 어떤 이는 그 사막 버드나무 숲이 있어서, 천산 남쪽 기슭의 큰 오아시스가 사막의 침해를 받지 않게 되는 것이라고 말한다. 따라서 현지인들은 사막 버드나무를 '영웅 나무'라고 여기며, 또 어떤 사람은 그것을 '사막의 주축'이라고 칭송하기도 한다.

A 한 꿰미 한 꿰미의 마름모 모양을 한 열매
B 천산 남쪽 기슭의 큰 오아시스가 사막의 침해를 받지 않게 된다
C 사방팔방의 손님들을 맞이한다
D 습윤한 곳을 찾게 되면 뿌리를 내리고 싹을 틔운다
E 사막 버드나무는 몇천만 년 전에도 지구상에 생존하였다

어휘　★新疆 Xīnjiāng 고유 신장 | ★白杨 báiyáng 명 백양나무, 미루나무 | ★胡杨 húyáng 명 사막 버드나무[유프라티카 포플러(Populus euphratica)] | ★挺拔 tǐngbá 형 우뚝 솟다 | ★顽强 wánqiáng 형 완강하다, 억세다 | ★生命力 shēngmìnglì 명 생명력 | ★醉人 zuìrén 동 사람을 도취시키다, 취하게 하다 | ★金黄色 jīnhuángsè 명 황금색 | ★令人神往 lìng rén shén wǎng 성 (어떤 장소나 사물이 대단히 아름다워) 사람의 눈길을 끌다, 사람을 황홀하게 하다 | ★据说 jùshuō 동 들리는 바에 의하면(듣자니) ~이라 한다 | ★古老 gǔlǎo 형 오래 되다 | ★随着时间的推移 suízhe shíjiān de tuīyí 시간이 흐름에 따라 | ★演变 yǎnbiàn 동 변화 발전하다, 변천하다 | ★沙漠 shāmò 명 사막 | ★河流 héliú 명 강, 하천 | ★沿岸 yán'àn 명 연안 | ★树种 shùzhǒng 명 나무의 종류, 나무의 종자 | ★缺水 quēshuǐ 동 물이 부족하다 | ★生存 shēngcún 동 생존하다 | ★根系 gēnxì 명 근계, 뿌리 | ★发达 fādá 형 발달하다; 발달시키다 | ★扎 zhā 동 찌르다, 파고 들다 | ★吸取 xīqǔ 동 흡수하다, 빨아들이다 | ★水分 shuǐfèn 명 수분 | ★开花结果 kāihuā jiéguǒ 꽃이 피고 열매를 맺다, 순조롭게 좋은 결과를 맺다 | ★如同 rútóng 동 마치 ~과 같다 | ★一小段一小段 yì xiǎo duàn yì xiǎo duàn 한 층 한 층의, 한 구간 한 구간의 | ★鞭炮 biānpào 명 폭죽 | ★挂满枝头 guàmǎn zhītóu 가지 끝에 가득 매달리다 | 花苞 huābāo (꽃의) 떡잎 | ★淡红色 dàn hóngsè 연한 붉은색 | ★炸开 zhàkāi 동 폭발하다, 폭파하다 | ★随风漂浮 suífēng piāofú 바람에 따라 이리저리 떠다니다 | ★顶天立地 dǐng tiān lì dì 성 하늘을 떠받치고 땅에 우뚝 서다 | ★礼服 lǐfú 명 예복 | 远 yuǎn 형 멀다 | 观 guān 동 보다 | ★层林尽染 céng lín jìn rǎn 첩첩이 들어선 숲이 온통 물들다 | ★一片海洋 yí piàn hǎiyáng 바다 | ★叶脉 yèmài 명 잎맥 | ★清晰可见 qīngxī kějiàn 분명하게 볼 수 있다 | ★透明 tòumíng 형 투명하다 | ★叶片 yèpiàn 명 잎사귀 | ★映衬 yìngchèn 동 서로 비추다, 빛나게 하다 | ★散射 sǎnshè 동 난반사하다 | 光晕 guāngyūn 명 빛의 고리 | ★塔里木河 Tǎlǐmù Hé 고유 타리무강 | ★或高或低 huò gāo huò dī 높거나 낮거나 | ★错落有致 cuò luò yǒu zhì 성 엇갈린 배열이 제법 정취 있다 | ★游客 yóukè 명 여행객, 관광객 | ★视……为…… shì……wéi…… ~을 ~으로 보다(간주하다) | ★英雄 yīngxióng 명 영웅 | ★赞美 zànměi 동 찬미하다, 찬양하다 | ★脊梁 jǐliang 명 중추, 주축 | ★一串一串 yí chuàn yí chuàn 한 꿰미 한 꿰미의 | ★菱形 língxíng 명 마름모 | ★果实 guǒshí 명 과실 | ★南麓 nánlù 명 남쪽 기슭 | ★绿洲 lǜzhōu 명 오아시스 | ★免遭 miǎnzāo 동 받지 않다, 당하지 않다 | ★吞噬 tūnshì 동 (통째로) 삼키다, 침해하다 | ★迎接 yíngjiē 동 맞이하다 | ★四面八方 sì miàn bā fāng 성 사방팔방 | ★宾客 bīnkè 명 손님 | ★湿润 shīrùn 형 촉촉하다, 습윤하다 | ★扎根 zhāgēn 동 뿌리를 내리다, 깊이 파고 들다 | ★发芽 fāyá 동 싹이 트다, 발아하다

1　　　　난이도 下　공략 Key 동일한 의미의 几千万年과 古老

| E　胡杨几千万年前就在地球上生存了 | E　사막 버드나무는 몇천만 년 전에도 지구상에 생존하였다 |

공략　빈칸 뒷부분 '是一种古老的树'에서 古老가 보기 E의 '几千万年'과 같은 의미임을 알 수 있다.

2　　　　난이도 中　공략 Key 结果와 果实의 의미상 연관성

| A　一串一串菱形的果实 | A　한 꿰미 한 꿰미의 마름모 모양을 한 열매 |

공략　빈칸 앞부분 '每年4月，胡杨开花结果'에서 结果는 보기 A 중 果实의 동사 술어가 되므로 두 단어가 연관성이 있음을 알 수 있다.

3　　　　난이도 上　공략 Key 种子와 扎根发芽의 의미상 연관성

| D　如能找到一个湿润的地方就会扎根发芽 | D　습윤한 곳을 찾게 되면 뿌리를 내리고 싹을 틔운다 |

공략　빈칸 앞부분 '风一吹，成熟了的种子随风飘浮'에서 种子와 보기 D의 '扎根发芽'가 의미상 연관성이 있음을 알 수 있다.

4　　　　난이도 上　공략 Key 礼服와 迎接宾客의 의미상 연관성

| C　迎接四面八方的宾客 | C　사방팔방의 손님들을 맞이한다 |

공략　빈칸 앞의 '秋天的胡杨就穿上金黄色的礼服'에서 礼服와 보기 C의 '迎接宾客'는 의미상 연관성이 있음을 알 수 있다.

B 天山南麓的大片绿洲才免遭沙漠的吞噬	B 천산 남쪽 기슭의 큰 오아시스가 사막의 침해를 받지 않게 된다

공략　빈칸 뒷부분 '所以，当地人视胡杨为"英雄树"，还有人赞美它是"沙漠的脊梁"。'에서 동일한 어휘 沙漠를 통해 정답을 유추할 수 있다.

6-10

人生来就会笑，但很少有人知道，笑也是一种很好的健身运动。每笑一声，从面部到腹部约有80块肌肉参与运动。(6)D要是笑100次，对心脏的血液循环和肺功能的锻炼，相当于划10分钟船的运动效果。

只要发笑，嘴角和颧骨部位的肌肉便跟着运动，(7)E将嘴和两眼向上提拉。这种面部按摩，可以阻止面部线条下坠。笑，也是一种保持青春的美容操。因为笑的时候，脸部肌肉收缩，会使脸部更有弹性。笑可以使人减慢衰老。俗话说的好："笑一笑，十年少"。当你笑的时候，大脑神经会放松一会儿，从而使大脑有更多的休息时间。

笑，可使一些部位的肌肉收缩，另一些部位的肌肉放松，一张一弛，(8)C使劳累的肌肉在运动中得以放松，实在是一种缓解痉挛性疼痛的妙法。有这种职业性肌肉劳损的人只要笑口常开，无疑会从这种特殊的运动中大大获益。

笑作为一种有效的深呼吸运动，(9)B已被越来越多的人们所认识。人笑伴随的腹部肌群的起伏，又是一种极好的腹肌运动。腹肌在大笑中强烈的收缩和震荡，有助于把血液挤入胸腔静脉。

可惜，人到成年，(10)A每人每天平均只笑15次，比孩提时代每天笑400次左右少多了。对健康来说，这实在是令人遗憾的损失。

A 每人每天平均只笑15次

B 已被越来越多的人们所认识

C 使劳累的肌肉在运动中得以放松

D 要是笑100次，对心脏的血液循环和肺功能的锻炼

E 将嘴和两眼向上提拉

사람은 태어날 때부터 웃을 수 있긴 하지만, 웃음이 일종의 좋은 건강 운동이라는 것을 아는 사람은 얼마 없다. 매번 웃을 때마다 얼굴에서부터 복부까지 약 80개의 근육이 운동에 참여한다. 만약 백 번을 웃으면 심장의 혈액 순환 및 폐 기능의 훈련이 10분간 배를 젓는 운동의 효과와 맞먹는다고 할 수 있다.

웃으면 입가와 광대뼈 부위의 근육이 그에 따라 운동을 하게 되어, 입과 두 눈을 위로 끌어올린다. 이러한 안면 마사지는 얼굴 선이 아래로 처지는 것을 막아줄 수 있다. 또한 웃음은 젊음을 유지하는 미용 체조라고 할 수 있다. 왜냐하면 웃을 때 얼굴 부위의 근육이 수축하게 되어 얼굴을 더 탄력 있게 만들기 때문이다. 웃음은 노화를 늦춰주는데, 속담에 '웃으면 십 년이 젊어진다'라는 말이 있다. 당신이 웃을 때 대뇌의 신경은 느슨해지게 되어 그로 인해 대뇌가 더 많은 휴식 시간을 갖게 되는 것이다.

웃음은 일부 신체 부위의 근육을 수축하게 하고, 또 다른 신체 부위의 근육은 느슨하게 하며, 죄었다가 풀었다가 하면서 지친 근육이 운동 중에 이완이 되도록 하는데, 확실히 일종의 경련성 통증 완화의 묘책이라 할 수 있다. 이러한 직업성 근육 손상이 있는 사람은 자주 웃기만 해도 틀림없이 이런 특수한 운동으로 인해 크게 이득을 얻을 수 있다.

웃음은 일종의 효과적인 심호흡 운동으로, 이미 점점 더 많은 사람들에게 알려지고 있다. 사람이 웃을 때 수반되는 복부 근육의 움직임은 또한 매우 좋은 복근 운동이다. 크게 웃을 때 복근의 강한 수축과 진동은 혈액을 흉강 정맥으로 유입시키는 데에도 도움이 된다.

애석하게도, 사람이 성인이 되면 한 사람이 하루에 평균적으로 15번밖에 웃지 않는다고 하는데, 유아기 때 매일 400번 정도 웃는 것에 비하면 턱없이 적은 숫자이다. 건강에 있어 이는 실로 안타까운 손해라고 할 수 있다.

A 한 사람이 하루에 평균적으로 15번밖에 웃지 않는다

B 이미 점점 더 많은 사람들에게 알려지고 있다

C 지친 근육이 운동 중에 이완이 되도록 한다

D 만약 백 번을 웃으면 심장의 혈액 순환 및 폐 기능의 훈련

E 입과 두 눈을 위로 끌어올린다

어휘 ★生来 shēnglái 閅 태어날 때부터 | ★健身运动 jiànshēn yùndòng 건강 운동 | ★面部 miànbù 圀 얼굴, 안면 | ★腹部 fùbù 圀 복부 | ★肌肉 jīròu 圀 근육 | ★相当于 xiāngdāngyú 图 ~에 맞먹는다 | ★划船 huáchuán 图 배를 젓다 | ★嘴角 zuǐjiǎo 圀 입가 | ★颧骨 quángǔ 圀 광대뼈 | ★按摩 ànmó 图 마사지하다 | ★阻止 zǔzhǐ 图 저지하다 | ★面部线条 miànbù xiàntiáo 얼굴 선 | ★下坠 xiàzhuì 图 아래로 떨어지다 | ★保持青春 bǎochí qīngchūn 젊음을 유지하다 | ★美容操 měiróngcāo 미용 체조 | ★收缩 shōusuō 图 수축하다 | ★有弹性 yǒu tánxìng 탄력이 있다 | ★减慢衰老 jiǎnmàn shuāilǎo 노화를 늦추다 | ★俗话 súhuà 圀 속담 | ★笑一笑, 十年少 xiào yí xiào, shí nián shào 웃으면 10년이 젊어진다 | ★大脑 dànǎo 圀 대뇌 | ★神经 shénjīng 圀 신경 | ★放松 fàngsōng 图 느슨하게 하다 | ★从而 cóng'er 젭 그렇게 함으로써 | ★一张一弛 yì zhāng yì chí 웹 죄었다 늦추었다 하다 | ★缓解 huǎnjiě 图 완화되다 | 痉挛性疼痛 jìngluánxìng téngtòng 경련성 통증 | ★妙法 miàofǎ 圀 묘책 | ★职业性 zhíyèxìng 직업성 | ★肌肉劳损 jīròu láosǔn 근육 손상 | ★笑口常开 xiào kǒu cháng kāi 圈 항상 웃다 | ★无疑 wúyí 圈 틀림이 없다 | ★特殊 tèshū 圈 특수하다 | ★大大获益 dàdà huòyì 크게 이득을 얻다 | ★作为 zuòwéi 图 ~으로 여기다, ~으로 삼다 | ★深呼吸 shēnhūxī 图 심호흡하다 | ★伴随 bànsuí 图 수반하다 | ★起伏 qǐfú 图 기복을 이루다 | ★腹肌 fùjī 圀 복근 | ★强烈 qiángliè 圈 강렬하다 | ★震荡 zhèndàng 图 진동하다 | ★挤入 jǐrù 좁은 틈을 헤쳐서 들어가다 | ★胸腔 xiōngqiāng 圀 흉강 | ★静脉 jìngmài 圀 정맥 | ★孩提时代 háití shídài 유아기 | ★令人遗憾 lìng rén yíhàn 안타깝다 | ★损失 sǔnshī 图图 손실(되다)

---

6   난이도 下   공략 Key 웃음의 횟수를 나타내는 笑一声과 笑100次

D 要是笑100次，对心脏的血液循环和肺功能的锻炼	D 만약 백 번을 웃으면 심장의 혈액 순환 및 폐 기능의 훈련

공략 빈칸 앞부분 '每笑一声，从面部到腹部约有80块肌肉参与运动'에서 '笑一声'과 보기 D의 '笑100次'가 모두 웃음의 횟수를 나타내는 것을 통해 정답을 유추할 수 있다.

---

7   난이도 中   공략 Key 동일한 어휘 嘴

E 将嘴和两眼向上提拉	E 입과 두 눈을 위로 끌어올린다

공략 빈칸 앞부분 '只要发笑，嘴角和颧骨部位的肌肉便跟着运动'에서 동일한 단어 嘴를 통해 정답을 유추할 수 있다.

---

8   난이도 中   공략 Key 동일한 어휘 肌肉放松

C 使劳累的肌肉在运动中得以放松	C 지친 근육이 운동 중에 이완이 되도록 한다

공략 빈칸 앞부분 '另一些部位的肌肉放松，一张一弛'에서 동일한 어휘 '肌肉放松'을 통해 정답을 유추할 수 있다.

---

9   난이도 上   공략 Key '주어+피동문' 구조

B 已被越来越多的人们所认识	B 이미 점점 더 많은 사람들에게 알려지고 있다

공략 빈칸 앞부분 '笑作为一种有效的深呼吸运动'은 주어로 쓰였고, 뒤이어 서술어로 피동문인 보기 B의 '已被越来越多的人们所认识'가 쓰였다. 빈칸 앞에서 '웃음이 효과적인 운동'이라고 했으므로 뒤이어 '많은 사람들에게 알려지고 있다'는 내용이 문맥상 적합하다.

---

10   난이도 中   공략 Key 의미상 연관성

A 每人每天平均只笑15次	A 한 사람이 하루에 평균적으로 15번밖에 웃지 않는다

공략 빈칸 앞부분 '可惜, 人到成年'과 빈칸 뒷부분 '比孩提时代每天笑400次左右少多了'를 통해 빈칸에는 어른이 되면 유아기 때보다 적게 웃는다는 내용이 적합함을 유추할 수 있으므로 보기 A의 내용이 문맥상 적합하다.

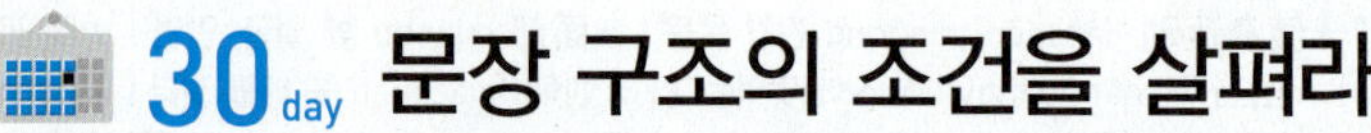

30 day 문장 구조의 조건을 살펴라

| 정답 | 1. D | 2. A | 3. B | 4. E | 5. C | 6. A | 7. E | 8. D | 9. B | 10. C |

1-5

我常想读书人是世间幸福人，因为他除了拥有现实的世界之外，还拥有另一个更为浩瀚也更为丰富的世界。(1)D **现实世界是人人都有的**，而后一个世界却为读书人所独有。由此我又想，那些失去或不能阅读的人是多么的不幸，(2)A **他们的损失是不可补偿的**。世间有诸多的不平等，如财富的不平等，权力的不平等，而阅读能力的拥有或丧失却体现为精神的不平等。

一个人的一生，只能经历自己拥有的那一份欣悦，那一份苦难，也许再加上他亲自闻知的那一些关于自身以外的经历和经验。然而，人们通过阅读，却能进入不同时空的诸多他人的世界。这样，(3)B **具有阅读能力的人**，无形间获得了超越有限生命的无限可能性。阅读不仅使他多识了草木虫鱼之名，(4)E **而且可以上至远古下及未来**，饱览存在的与非存在的奇风异俗。

更为重要的是，(5)C **读书带给人们的既有知识的增加**，同时也有精神的感化与陶冶。人们从读书学做人，从那些往哲先贤以及当代才俊的著述中学得他们的人格。

A 他们的损失是不可补偿的
B 具有阅读能力的人
C 读书带给人们的既有知识的增加
D 现实世界是人人都有的
E 而且可以上至远古下及未来

나는 종종 독서인이 이 세상에서 가장 행복한 사람이라고 생각한다. 왜냐하면 그는 현실의 세계 외에 더 드넓고 더 풍부한 세계도 갖고 있기 때문이다. <u>현실의 세계는 모두가 다 갖고 있지</u>만 후자의 세계는 독서인만이 갖고 있다. 이로써 나는 그러한 독서를 하지 않거나 할 수 없는 사람들이 얼마나 불행하며, <u>그들의 손해는 보상받을 수가 없는 것이라는</u> 생각이 들었다. 세상에는 수많은 불평등이 존재하는데, 예를 들어 부의 불평등도 있고 권력의 불평등도 있지만, 독서 능력의 소유나 상실은 정신적인 불평등으로 드러나게 된다.

한 사람의 인생은 자신이 가진 희로애락을 겪는 것과 어쩌면 거기에다가 그가 직접 듣고 알게 되는 그러한 자신 이외의 경력과 경험이 더해진 것이라 할 수 있다. 그런데 사람들은 독서를 통하여 다른 시공간 속의 많은 타인의 세계로 들어서게 된다. 이러한 <u>독서 능력을 갖고 있는 사람은</u> 어느 틈엔가 유한한 생명을 뛰어넘은 무한한 가능성을 얻게 된다. 독서는 그로 하여금 풀, 나무, 벌레, 물고기의 이름을 많이 알게 할 뿐만 아니라, <u>게다가 먼 옛날부터 미래까지</u> 존재하거나 존재하지 않는 진기한 풍속을 충분히 접할 수 있게 한다.

더욱 중요한 것은 <u>독서는 사람들에게 지식적인 증가를 가져다주기도 하고</u>, 동시에 정신적인 감화와 수양도 있게 한다. 사람들은 독서로부터 사람됨을 배울 수 있는데, 과거의 어질고 사리에 밝은 사람과 당대의 재능이 뛰어난 사람들의 저작들로부터 그들의 인격을 배울 수 있다.

A 그들의 손해는 보상받을 수가 없는 것이다
B 독서 능력을 갖고 있는 사람
C 독서는 사람들에게 지식적인 증가를 가져다주기도 하고
D 현실의 세계는 모두가 다 갖고 있다
E 게다가 먼 옛날부터 미래까지

어휘 ★读书人 dúshūrén 명 독서인[책 읽기를 좋아하거나 책을 많이 읽는 사람] | ★世间 shìjiān 명 세상 | ★除了……还…… chúle……hái…… ~외에 또 ~, ~을 제외하고 또 ~ | ★拥有 yōngyǒu 동 가지다, 소유하다 | ★现实 xiànshí 명형 현실(적이다) | ★浩瀚 hàohàn 형 드넓다, 광활하다 | ★为……所独有 wèi……suǒ dúyǒu ~가 혼자만 갖고 있다, ~만이 갖고 있다 | ★由此 yóucǐ 부 이로써, 이로부터 | ★失去 shīqù 동 잃다, 잃어버리다 | ★不幸 búxìng 명형 불행(하다) | ★诸多 zhūduō 형 많은 | ★平等 píngděng 명형 평등(하다) | ★财富 cáifù 명 부, 재산 | ★权力 quánlì 명 권력 | ★丧失 sàngshī 동 상실하다, 잃어버리다 | 一份欣悦 yí fèn xīnyuè 기쁨, 즐거움 | ★一份苦难 yí fèn kǔnàn 고난 | ★再加上 zàijiāshàng 게다가 | ★亲自 qīnzì 부 직접 | ★闻知 wén zhī 들어서 알다 | ★自身 zìshēn 대 자신 | ★时空 shíkōng 명 시공, 시간과 공간 | ★无形间 wúxíng jiān 어느 틈에, 모르는 사이에 | ★超越 chāoyuè 동 넘어서다, 초월하다 | ★有限 yǒuxiàn 형 유한하다, 한계가 있다 | ★无限 wúxiàn 형 끝이 없다, 무한하다 | ★多识 duō shí 많이 알다 | ★草木虫鱼 cǎo mù chóng yú 풀, 나무, 벌레, 물고기 | ★饱览 bǎolǎn 동 충분히 보다, 실컷 구경하다 | ★奇风异俗 qí fēng yì sú 진기한 풍속 | ★感化

gǎnhuà ⑧ 감화하다, 감화시키다 | ★陶冶 táoyě ⑧ 수양하다, 갈고 닦다 | ★往哲先贤 wǎng zhé xiānxián 과거의 어질고 사리에 밝은 사람 | ★以及 yǐjí 졥 및, 그리고 | ★当代 dāngdài 몡 당대, 그 시대 | ★才俊 cáijùn 몡 재능이 출중한 사람 | ★著述 zhùshù 몡⑧ 저술(하다) | ★人格 réngé 몡 인격, 인품 | ★不可补偿 bùkě bǔcháng 보상할 수가 없다 | ★上至远古 shàng zhì yuǎngǔ 위로는 먼 옛날에 이르다 | ★下及未来 xià jí wèilái 아래로는 미래에 미치다

난이도 中 공략 Key 접속사 而

1

| D 现实世界是人人都有的 | D 현실의 세계는 모두가 다 갖고 있다 |

공략 빈칸과 그 뒷부분 '现实世界是人人都有的，而后一个世界却为读书人所独有'에서 접속사 而이 상반된 의미의 두 문장을 연결하고 있음을 알 수 있다.

난이도 上 공략 Key 대사 他们

2

| A 他们的损失是不可补偿的 | A 그들의 손해는 보상받을 수가 없는 것이다 |

공략 빈칸 앞부분 '那些失去或不能阅读的人是多么的不幸'을 통해 보기 A의 대사 他们은 앞 문장의 '……的人'을 대신하는 단어임을 알 수 있다.

난이도 中 공략 Key '的+명사' 구조

3

| B 具有阅读能力的人 | B 독서 능력을 갖고 있는 사람 |

공략 빈칸과 그 뒷부분 '具有阅读能力的人, 无形间获得了超越有限生命的无限可能性'에서, 보기 B의 '……的人'은 명사 구조로 문장에서 주어로 쓰여 뒤에 술어가 되는 동사 获得를 동반해야 함을 알 수 있다.

난이도 下 공략 Key 접속사 '不仅……而且……'의 호응 구조

4

| E 而且可以上至远古下及未来 | E 게다가 먼 옛날부터 미래까지 |

공략 빈칸 앞부분 '阅读不仅使他多识了草木虫鱼之名'에서 접속사 不仅은 보기 E의 접속사 而且와 호응한다는 것을 알 수 있다.

난이도 下 공략 Key '既有……也有……'의 호응 구조

5

| C 读书带给人们的既有知识的增加 | C 독서는 사람들에게 지식적인 증가를 가져다주기도 하고 |

공략 빈칸 뒷부분 '同时也有精神的感化与陶冶'에서 也有는 보기 C의 既有와 호응한다는 것을 알 수 있다.

中国古代有一位个性爽朗、性情善良的好女孩儿，名叫花木兰。

花木兰是河南商丘人，从小跟着父亲读书写字，平日料理家务。她还喜欢骑马射箭，练得一身好武艺。有一天，衙门里的差役送来了征兵的通知，要征木兰的父亲去当兵。但父亲年纪老迈，又怎能参军打仗呢？木兰没有哥哥，弟弟又太小，她不忍心让年老的父亲去受苦，(6)A 于是决定女扮男装，代父从军。木兰父母虽不舍得女儿出征，但又无他法，只好同意她去了。

木兰随着队伍，到了北方边境。(7)E 她担心自己女扮男装的秘密被人发现，故此处处加倍小心。白天行军，木兰紧紧地跟上队伍，从不敢掉队。夜晚宿营，她从来不敢脱衣服。作战的时候，她凭着一身好武艺，总是冲杀在前。从军十二年，木兰屡建奇功，(8)D 同伴们对她敬佩，赞扬她是个勇敢的好男儿。

战争结束了，皇帝召见有功的将士，论功行赏。但木兰既不想做官，也不想要财物，她只希望得到一匹快马，好让她立刻回家。皇帝欣然答应，(9)B 派使者护送她回去。

木兰的父母听说木兰回来，非常欢喜，立刻赶到城外去迎接。木兰回家后，脱下战袍，换上女装，梳好头发，出来向护送她回家的同伴们道谢。同伴们见木兰原是女儿身，(10)C 都十分惊奇，没想到共同战斗十二年的战友竟是一位漂亮的女子。

A 于是决定女扮男装，代父从军
B 派使者护送她回去
C 都十分惊奇
D 同伴们对她敬佩
E 她担心自己女扮男装的秘密被人发现

중국 고대에 화목란이라는 이름의 성격이 쾌활하고 성품이 착한 여자아이가 있었다.

화목란은 허난 상추 사람으로, 어렸을 때부터 아버지를 따라 책을 읽고 글자를 쓰며 평소에는 가사일을 돌보았다. 그녀는 또한 말을 타는 것과 활을 쏘는 것을 좋아하여, 무예를 훌륭하게 몸에 익혔다. 어느 날 관아의 심부름꾼이 징병 통지를 보내왔는데 목란의 아버지를 군인으로 징집하겠다는 것이었다. 하지만 늙고 쇠약한 아버지가 어찌 군대에 가서 전투를 벌이겠는가? 목란에게는 오빠도 없고 남동생은 또 너무 어렸는데, 그녀는 차마 연로하신 아버지를 고생하게 할 수 없었다. 그리하여 그녀가 남자로 분장을 하고 아버지를 대신해 군대에 들어가기로 결정했다. 목란의 부모님은 딸을 전쟁터에 보내는 것이 안타까웠지만 어찌할 방법이 없어 할 수 없이 그녀를 보내는 것에 동의하였다.

목란은 부대를 따라 북쪽 국경 지대로 갔다. 그녀는 자신이 남장한 비밀이 사람들에게 알려질까 봐 걱정했기 때문에 여러 면에서 각별히 더 조심하였다. 낮에 행군할 때 목란은 대오의 뒤를 바짝 쫓으며 감히 한 번도 낙오한 적이 없었다. 밤에 야영할 때 그녀는 감히 옷을 벗지도 못했다. 전투할 때 그녀는 자신의 훌륭한 무예 실력에 의지해 늘 전방에서 목숨을 걸고 싸웠다. 군대에서의 12년간 목란은 여러 번 뛰어난 공훈을 세웠고, 동료들은 그녀를 존경하며 감탄했고, 그녀가 용감한 사내대장부라고 칭찬하였다.

전쟁이 끝난 후, 황제가 공적을 세운 장병들을 소견하여 공로를 따져 상을 주려 하였다. 하지만 목란은 관직에 오르고 싶지 않았고 재물을 받고 싶지도 않았다. 그녀는 단지 준마 한 마리를 얻어 당장 집으로 돌아가고 싶었다. 이에 황제는 흔쾌히 동의했고 사자를 파견해 그녀를 바래다주라고 하였다.

목란의 아버지는 목란이 돌아온다는 소식을 듣고는 매우 기뻐하며 곧바로 성 밖으로 마중을 갔다. 목란은 집으로 돌아온 후, 전포를 벗고 여성복으로 갈아입고 머리를 예쁘게 빗고 나와 그녀를 집까지 바래다 준 동료들에게 감사의 인사를 했다. 동료들은 목란이 원래 여자였다는 것을 알고서 모두 매우 놀라며 의아해했고, 전투에서 함께 12년을 보낸 전우가 뜻밖에도 아름다운 여자였을 줄은 미처 생각지도 못했다.

A 그리하여 그녀가 남자로 분장을 하고 아버지를 대신해 군대에 들어가기로 결정했다
B 사자를 파견해 그녀를 바래다주라고 하였다
C 모두 매우 놀라며 의아해했다
D 동료들은 그녀를 존경하며 감탄했다
E 그녀는 자신이 남장한 비밀이 사람들에게 알려질까 봐 걱정했다

어휘 ★爽朗 shuǎnglǎng 쮈 쾌활하다 | ★性情 xìngqíng 몡 성격, 성품 | ★善良 shànliáng 쮈 선량하다, 착하다 | ★花木兰 Huā Mùlán 고유 화목란 | 河南 Hénán 고유 허난성 | 商丘 Shāngqiū 고유 상추 | ★料理家务 liàolǐ jiāwù 가사일을 보다 | ★骑马 qímǎ 동 말을 타다 | ★射箭 shèjiàn 동 활을 쏘다 | ★一身武艺 yìshēn wǔyì 몸에 지니고 있는 무예 | ★衙门 yámen 몡 관아, 관공서 | 差役 chāiyì 몡 (관아의) 심부름꾼, 아역 | ★征兵 zhēngbīng 동 징병하다 | ★当兵 dāngbīng 동

군대에 가다, 군인이 되다 | ★老迈 lǎomài 혱 늙고 쇠약하다 | ★参军 cānjūn 동 군대에 가다 | ★打仗 dǎzhàng 동 전쟁하다,
전투하다 | ★不忍心 bù rěnxīn 차마 ~하지 못하다 | ★受苦 shòukǔ 동 고생을 하다, 고통을 받다 | ★不舍得 bù shěde
안타까워하다, 아까워하다 | 出征 chūzhēng 동 나가서 싸우다, 출정하다 | ★他法 tā fǎ 다른 방법 | ★队伍 duìwu 명 대오,
대열 | ★边境 biānjìng 명 국경 지대, 변경 | ★故此 gùcǐ 젭 그래서, ~하기 때문에 | ★处处 chùchù 명 도처에, 여러 면에서 |
★加倍 jiābèi 뷔 각별히 | ★行军 xíngjūn 동 행군하다 | ★掉队 diàoduì 동 낙오하다 | ★宿营 sùyíng 동 야영하다, 숙영하다
| ★作战 zuòzhàn 동 싸우다, 전투하다 | ★凭 píng 개 ~에 의지하여 | ★冲杀 chōngshā 동 (전쟁에서) 목숨을 걸고 싸우다
| ★屡建奇功 lǚ jiàn qígōng 여러 번 뛰어난 공훈을 세우다 | ★赞扬 zànyáng 동 칭찬하다 | ★召见 zhàojiàn 동 소견하다
| ★将士 jiàngshì 명 장병 | ★论功行赏 lùn gōng xíng shǎng 셩 공로를 따져 상을 주다, 논공행상하다 | ★做官 zuòguān
동 관직에 오르다 | ★欣然 xīnrán 뷔 흔쾌히 | ★欢喜 huānxǐ 혱 기쁘다 | ★迎接 yíngjiē 동 마중하다, 영접하다 | ★战袍
zhànpáo 명 전포[장수가 입던 긴 윗옷] | ★梳 shū 동 빗질하다 | ★护送 hùsòng 동 호송하다, 바래다주다 | ★道谢 dàoxiè 동
감사의 말을 하다 | ★战斗 zhàndòu 명동 전투(하다) | ★战友 zhànyǒu 명 전우 | ★竟 jìng 뷔 뜻밖에 | ★女扮男装 nǚbàn
nánzhuāng 남자로 분장하다 | ★代父从军 dài fù cóngjūn 아버지를 대신해 군대에 가다 | ★使者 shǐzhě 명 사자, 심부름꾼
| ★惊奇 jīngqí 혱 놀라며 의아해하다 | ★敬佩 jìngpèi 동 존경하고 감탄하다, 경탄하다 | ★秘密 mìmì 명 비밀

독해
제3부분

6   난이도 中   공략 Key 접속사 于是

A 于是决定女扮男装，代父从军	A 그리하여 그녀가 남자로 분장을 하고 아버지를 대신해 군대에 들어가기로 결정했다

공략   빈칸과 그 앞부분 '她不忍心让年老的父亲去受苦，于是决定女扮男装，代父从军'에서, 앞 문장은 원인을 나타내
고 뒤 문장은 결과를 나타내는데, 보기 A의 于是가 원인과 결과를 연결하는 접속사로 쓰였다.

7   난이도 中   공략 Key 접속사 故此

E 她担心自己女扮男装的秘密被人发现	E 그녀는 자신이 남장한 비밀이 사람들에게 알려질까 봐 걱정했다

공략   빈칸과 그 뒷부분 '她担心自己女扮男装的秘密被人发现，故此处处加倍小心'에서, 앞 문장은 원인을 나타내고 뒤
문장은 결과를 나타내는데 故此가 '그래서, 이 때문에'라는 접속사 因此와 같은 의미임을 알 수 있다.

8   난이도 上   공략 Key 주어인 同伴们과 동사 술어 赞扬

D 同伴们对她敬佩	D 동료들은 그녀를 존경하며 감탄했다

공략   빈칸과 그 뒷부분 '同伴们对她敬佩，赞扬她是个勇敢的好男儿'에서, 뒤 문장이 동사 술어 구조인 '赞扬……'인데
이 동사 술어의 주어가 앞 문장의 同伴们임을 알 수 있다.

9   난이도 上   공략 Key 皇帝와 派使者의 의미상 연관성

B 派使者护送她回去	B 사자를 파견해 그녀를 바래다주라고 하였다

공략   빈칸과 그 앞부분 '皇帝欣然答应，派使者护送她回去'에서 皇帝와 보기 B의 派使者가 의미상 연관성이 있다.

10   난이도 中   공략 Key 형용사 술어 구조 十分惊奇

C 都十分惊奇	C 모두 매우 놀라며 의아해했다

공략   빈칸과 그 앞뒤 문장 '同伴们见木兰原是女儿身，都十分惊奇，没想到共同战斗十二年的战友竟是一位漂亮的
女子'에서, 형용사 술어 구조인 보기 C의 주어가 同伴们이 되고 또한 보기 C의 惊奇가 빈칸 뒤 문장의 没想到와 의미
상 연관성이 있음을 알 수 있다.

31 day 글의 흐름, 성어와 문장 부호로 간파하라

| 정답 | 1. C | 2. A | 3. E | 4. B | 5. D | 6. D | 7. B | 8. E | 9. A | 10. C |

1-5

齐国的大将田忌，很喜欢赛马，有一回，他和齐威王约定，要进行一场比赛。(1)C 他们把各自的马分成上、中、下三等，比赛的时候，上马对上马，中马对中马，下马对下马。由于齐威王每个等级的马都比田忌的马强得多，所以比赛了几次，田忌都失败了。

田忌觉得很扫兴，比赛还没有结束，(2)A 就垂头丧气地离开赛马场，这时，他的好朋友孙膑走了过来，拍着他的肩膀说："下次比赛，你按照我说的做，保证你能赢。"

于是他们两个来到齐威王面前要求再比一次。齐威王心里暗暗觉得好笑，于是吩咐手下，把前几次赢得的银钱全部抬来，(3)E 另外又加了一千两黄金，也放在桌子上。

比赛开始了。孙膑先以下等马对齐威王的上等马，第一局输了。齐威王站起来说："(4)B 想不到赫赫有名的孙膑先生，竟然想出这样拙劣的对策。"孙膑不去理他。接着进行第二场比赛。孙膑拿上等马对齐威王的中等马，获胜了一局。

齐威王有点心慌意乱了。

第三局比赛，孙膑拿中等马对齐威王的下等马，又战胜了一局。这下，齐威王目瞪口呆。比赛的结果是三局两胜——(5)D 田忌赢了齐威王。还是同样的马匹，由于调换一下比赛的出场顺序，就得到转败为胜的结果。

A 就垂头丧气地离开赛马场
B 想不到赫赫有名的孙膑先生
C 他们把各自的马分成上、中、下三等
D 田忌赢了齐威王
E 另外又加了一千两黄金

제나라의 대장 전기는 경마를 매우 좋아했다. 한번은 전기가 제나라 위왕과 시합을 하기로 약속을 했다. 그들은 각자 자신의 말들을 상, 중, 하 세 등급으로 나누고, 시합을 할 때 상등급은 상등급끼리, 중등급은 중등급끼리, 하등급은 하등급끼리 겨루게 했다. 제나라 위왕의 각 등급 말들이 모두 전기의 말들보다 월등했기 때문에 전기는 몇 번의 시합에서 모두 패하고 말았다.

전기는 흥이 깨져 기분이 좋지 않아 시합이 끝나지도 않았는데 낙담하며 경마장을 떠나려고 했다. 이때, 전기의 친한 벗인 손빈이 와서 전기의 어깨를 두드리며 말했다. "다음 시합에서 내가 말하는 대로 하면 자네가 이길 수 있다고 나는 확신을 하네."

그리하여 그들 두 사람은 제나라 위왕에게 가서 다시 한 번 시합을 하자고 요구하였다. 제나라 위왕은 마음속으로 몰래 가소롭다고 생각하며, 부하에게 분부해 앞의 몇 번 시합에서 획득한 은화를 전부 올리고 그 외에 또 천 량의 황금을 더해 탁자 위에다가 놓으라고 하였다.

시합이 시작되었다. 손빈은 먼저 하등급 말로 위왕의 상등급 말을 상대하도록 했고, 첫 번째 판은 지고 말았다. 제나라 위왕이 일어나서 말했다. "예상치도 못하게 명성이 자자한 손빈 선생이 뜻밖에 이런 졸렬한 대책을 생각해내시다니." 손빈은 그를 거들떠보지도 않았다. 이어서 두 번째 시합이 진행되었다. 손빈은 상등급 말로 위왕의 중등급 말을 상대하도록 하여 승리를 거두었다.

제나라 위왕은 약간 당황하여 어찌할 바를 몰랐다.

세 번째 시합에서 손빈은 중등급 말로 위왕의 하등급 말을 상대하게 해서 다시 한 번 승리를 거두었다. 이번에는 제나라 위왕이 놀라 어안이 벙벙해졌다. 시합의 결과는 세 판 중 두 판을 승리한 전기가 제나라 위왕을 이겼다. 여전히 똑같은 말이었지만 출전 순서를 변경함으로써, 역전승의 결과를 얻을 수 있었던 것이다.

A 낙담하며 경마장을 떠나려고 했다
B 예상치도 못하게 명성이 자자한 손빈 선생이
C 그들은 각자 자신의 말들을 상, 중, 하 세 등급으로 나누었다
D 전기가 제나라 위왕을 이겼다
E 그 외에 또 천 량의 황금을 더했다

어휘 齐国 Qíguó 뎽 제나라 | 大将 dàjiàng 뎽 대장 | ★田忌 Tiánjì 고유 전기 | ★赛马 sàimǎ 뎽동 경마(하다) | 威王 Wēiwáng 고유 제나라 위왕 | ★约定 yuēdìng 동 약속하다 | 上马 shàng mǎ 상등급 말 | 中马 zhōng mǎ 중등급 말 | 下马 xià mǎ 하등급 말 | ★等级 děngjí 뎽 등급 | ★扫兴 sǎoxìng 동 흥을 깨다, 기분을 망치다 | ★孙膑 Sūn Bìn 고유 손빈 | ★拍 pāi 동 두드리다, 치다 | ★肩膀 jiānbǎng 뎽 어깨 | ★暗暗 ànàn 뿌 몰래, 암암리에 | ★好笑 hǎoxiào 혱 우습다, 가소롭다 | ★吩咐 fēnfù 동 분부하다, 명령하다 | ★银钱 yínqián 뎽 은화 | ★第一局 dì-yī jú 첫 번째 판, 첫 번째 경기 | ★竟然 jìngrán 뿌 뜻밖에 | ★拙劣 zhuōliè 혱 졸렬하다 | ★对策 duìcè 뎽 대책, 대응책 | ★理 lǐ 동 거들떠보다, 아랑곳하다 | ★获胜 huòshèng 동 승리를 얻다, 이기다 | ★心慌意乱 xīn huāng yì luàn 셩 마음이 어지럽고 안절부절못하다, 당황하여 어찌할 바를 모르다 | ★战胜 zhànshèng 동 승리하다, 싸워 이기다 | ★目瞪口呆 mù dèng kǒu dāi 셩 어안이 벙벙하다, 눈이 휘둥그레지다 | ★三局两胜 sān jú liǎng shèng 세 판 중 두 판을 승리하다 | ★马匹 mǎpǐ 뎽 마필[당나귀·조랑말·노새 등 말의 총칭] | ★调换 diàohuàn 동 변경하다, 교체하다 | ★出场 chūchǎng 동 출장하다, 출전하다 | ★顺序 shùnxù 뎽 순서 | ★转败为胜 zhuǎn bài wéi shèng 역전승하다 | ★垂头丧气 chuí tóu sàng qì 셩 고개를 떨구고 낙담하다 | ★赫赫有名 hè hè yǒu míng 셩 명성이 자자하다 | ★黄金 huángjīn 뎽 황금

---

1   **난이도** 中   **공략 Key** 동일한 어휘 上, 中, 下

| C 他们把各自的马分成上、中、下三等 | C 그들은 각자 자신의 말들을 상, 중, 하 세 등급으로 나누었다 |

공략 빈칸과 그 뒷부분 '他们把各自的马分成上、中、下三等，比赛的时候，上马对上马，中马对中马，下马对下马'에서, 보기 C의 문장은 말을 상, 중, 하 세 등급으로 나눈다는 내용이고 뒤 문장은 이 세 등급의 말을 어떻게 배치했는지 이어서 설명하는 내용이므로 이 두 문장이 연관성이 있음을 알 수 있다.

---

2   **난이도** 上   **공략 Key** 문맥 파악

| A 就垂头丧气地离开赛马场 | A 낙담하며 경마장을 떠나려고 했다 |

공략 빈칸과 그 앞부분 '田忌觉得很扫兴，比赛还没有结束，就垂头丧气地离开赛马场'에서, 전기가 흥이 깨져 기분이 좋지 않다는 내용과 경기장을 떠난다는 내용이 문맥상 자연스럽게 연결된다는 것을 알 수 있다.

---

3   **난이도** 中   **공략 Key** 银钱과 一千两黄金의 의미상 연관성

| E 另外又加了一千两黄金 | E 그 외에 또 천 량의 황금을 더했다 |

공략 빈칸과 그 앞부분 '把前几次赢得的银钱全部抬来，另外又加了一千两黄金'에서, 앞 문장과 뒤 문장에 모두 돈을 나타내는 단어가 쓰여 의미상 연관이 있음을 알 수 있다.

---

4   **난이도** 中   **공략 Key** '想不到……竟然'의 의미상 연관성

| B 想不到赫赫有名的孙膑先生 | B 예상치도 못하게 명성이 자자한 손빈 선생이 |

공략 빈칸과 그 뒷부분 '想不到赫赫有名的孙膑先生，竟然想出这样拙劣的对策'에서, 想不到와 竟然이 의미상 연관성이 있음을 알 수 있다.

---

5   **난이도** 下   **공략 Key** 말바꿈표 [——]

| D 田忌赢了齐威王 | D 전기가 제나라 위왕을 이겼다 |

공략 빈칸과 그 앞부분 '比赛的结果是三局两胜——田忌赢了齐威王'에서, 말바꿈표가 있는 것을 보아 앞뒤로 의미가 같은 내용이 놓인다는 것을 알 수 있다.

从前，一个富商花费巨资收藏了许多珍贵的古董和字画，还有各种珍珠翡翠，为防止失窃，他安装了严密的保安系统。(6)D<u>并且严格限制家人和自己进入欣赏</u>，只是把它当成个人财富的一部分，用以向别人炫耀。

有一天，富商忽然心血来潮，决定让大厦的清洁工进去大开眼界。清洁工进去后，(7)B<u>并未流露出艳羡之色</u>，只是慢慢地逐一浏览。富商忍不住炫耀地说："怎么样，看了这么多好东西，不枉此生了吧!"

清洁工静静地说："是啊，我现在自觉与你一样富有，而且比你更快乐。"(8)E<u>那富商大惑不解，面露不悦</u>。"你所有的宝物我都看过了，不就与你一样富有了吗? 而且我不必为这些东西担心这担心那，岂不比你更快乐。"

能够欣赏，常常比拥有更快乐。(9)A<u>快乐是一种流动的空气</u>，你自私时，它便已经停止流动了。你关上门，使快乐无法流向你，困守在自设的真空中不肯接受也不愿意付出，结果很可能窒息。而当你敞开心胸，乐于付出的同时，(10)C<u>快乐和富裕以及真正的自由就会进入你的心中</u>。

A 快乐是一种流动的空气
B 并未流露出艳羡之色
C 快乐和富裕以及真正的自由就会进入你的心中
D 并且严格限制家人和自己进入欣赏
E 那富商大惑不解，面露不悦

예전에 한 거상이 거액의 자금을 들여 수많은 진귀한 골동품과 서화 및 여러 종류의 진주와 비취를 소장하게 되었는데, 도난을 방지하기 위해 그는 빈틈없는 보안 시스템을 설치하였다. <u>게다가 가족들과 자신이 감상하러 들어가는 것을 엄격하게 제한하며</u>, 그것들을 다른 사람들에게 자랑하고 뽐내기 위한 것으로서 단지 개인 재산의 일부분으로만 여겼다.

어느 날, 거상은 문득 어떤 생각이 떠올라서, 빌딩의 청소부를 들여보내 그의 안목을 넓혀주기로 마음먹었다. 청소부는 들어간 후 <u>매우 부러워하는 기색을 전혀 내비치지 않고</u>, 그저 천천히 하나하나 훑어보기만 했다. 거상은 자랑하고픈 마음을 참지 못하고 이렇게 말했다. "어떻소, 좋은 물건을 이렇게 많이 보았으니 평생 한이 없겠지요!"

청소부는 조용히 대답했다. "그렇소, 나는 지금 당신과 똑같이 부유함을 느끼고 있고 게다가 나는 당신보다 더 즐겁다고 할 수 있소." <u>그 거상은 도무지 이해가 안 된다는 듯 얼굴에 불쾌함을 드러냈다.</u> "당신의 모든 보물을 내가 다 보았는데, 당신과 똑같이 부유한 것이 아니겠소? 게다가 나는 이러한 물건들로 인해 이 걱정 저 걱정을 할 필요가 없으니 어찌 당신보다 더 즐겁지 않겠소."

감상할 수 있다는 것은 종종 가지고 있는 것보다 더 즐거운 일이다. <u>즐거움이란 일종의 흐르는 공기인데</u>, 당신이 이기적일 때 그것은 이미 멈추어 흐르지 않게 된다. 당신이 문을 닫으면 즐거움은 당신에게 흘러갈 수 없게 되고, 자신이 만든 진공 상태의 공간에 갇혀 받아들이려고 하지 않고 내놓으려고도 하지 않는다면 그 결과 아마 질식하게 될 것이다. 반면 당신이 가슴을 활짝 열고 기꺼이 내놓으려고 하면 그와 동시에 <u>즐거움과 부유함 그리고 진정한 자유는 당신의 마음속으로 들어온다.</u>

A 즐거움이란 일종의 흐르는 공기이다
B 매우 부러워하는 기색을 전혀 내비치지 않다
C 즐거움과 부유함 그리고 진정한 자유는 당신의 마음속으로 들어온다
D 게다가 가족들과 자신이 감상하러 들어가는 것을 엄격하게 제한하다
E 그 거상은 도무지 이해가 안 된다는 듯 얼굴에 불쾌함을 드러내다

어휘　★富商 fùshāng 명 부유한 상인, 거상 | ★花费 huāfèi 동 쓰다, 들이다 | ★巨资 jùzī 명 거액의 자금 | ★收藏 shōucáng 동 소장하다, 수집하다 | ★珍贵 zhēnguì 형 진귀하다, 귀중하다 | ★古董 gǔdǒng 명 골동품 | ★字画 zìhuà 명 서화 | ★珍珠 zhēnzhū 명 진주 | ★翡翠 fěicuì 명 비취 | ★防止 fángzhǐ 동 방지하다 | ★失窃 shīqiè 동 도난당하다 | ★安装 ānzhuāng 동 설치하다 | ★严密 yánmì 형 빈틈없다 | ★保安系统 bǎo'ān xìtǒng 보안 시스템 | ★财富 cáifù 명 재산, 부 | ★炫耀 xuànyào 동 자랑하다, 뽐내다 | ★心血来潮 xīn xuè lái cháo 성 문득 어떤 생각이 떠오르다, 불현듯 생각이 나다 | ★大厦 dàshà 명 빌딩 | ★清洁工 qīngjiégōng 명 청소부 | ★大开眼界 dàkāi yǎnjiè 식견을 넓히다, 시야를 넓히다 | ★逐一 zhúyī 부 일일이, 하나하나 | ★浏览 liúlǎn 동 대강 훑어보다, 대강 둘러보다 | ★忍不住 rěnbuzhù 동 견딜 수 없다, 참을 수 없다 | ★不枉此生 bùwǎng cǐshēng 한평생 헛되지 않다 | ★富有 fùyǒu 동 충분히 가지다, 풍부하다 | ★宝物 bǎowù 명 보물 | ★不必 búbì 부 ~할 필요없다 | ★岂不 qǐbù 부 어찌 ~이 아닌가 | ★欣赏 xīnshǎng 동 감상하다, 좋고 여기다 | ★自私 zìsī 형 이기적이다 | ★流动 liúdòng 동 흐르다, 옮겨 다니다 | 流向 liúxiàng 명 물이 흐르는 방향, 가는 방향 | ★困守 kùnshǒu 동 (포위된 상황에서) 사수하다 | ★自设 zìshè 동 자신이 만들다, 자신이 세우다 | ★真空 zhēnkōng 명 진공

│ ★不肯 bù kěn 원하지 않다, ~하려 하지 않다 │ ★付出 fùchū 图 (돈이나 대가를) 내다, 들이다 │ ★窒息 zhìxī 图 질식하다
│ ★敞开 chǎngkāi 图 활짝 열다, 풀다 │ ★心胸 xīnxiōng 圐 가슴 │ ★乐于 lèyú 图 기꺼이 ~하다 │ ★并未 bìng wèi 결코
~이 아니다 │ ★流露 liúlù 图 (생각·감정을) 무의식 중에 나타내다, 무심코 드러내다 │ ★艳羡 yànxiàn 图 대단히 부러워하다,
몹시 흠모하다 │ ★富裕 fùyù 圐 부유하다 │ ★大惑不解 dà huò bù jiě 圐 도무지 이해가 되지 않다 │ ★面露不悦 miàn lù
bú yuè 얼굴에 불쾌함을 드러내다

6   난이도 中   공략 Key 문맥 파악

D 并且严格限制家人和自己进入欣赏	D 게다가 가족들과 자신이 감상하러 들어가는 것을 엄격 하게 제한하다

공략   빈칸과 그 앞부분 '为防止失窃，他安装了严密的保安系统。并且严格限制家人和自己进入欣赏'에서, 앞 문장의
'거상이 도난 방지를 위해 보안 시스템을 설치하였다'라는 내용과 이어서 설명하는 보기 D의 '严格限制……'가 문맥상 연
관성이 있음을 알 수 있다.

7   난이도 中   공략 Key 문맥 파악

B 并未流露出艳羡之色	B 매우 부러워하는 기색을 전혀 내비치지 않다

공략   빈칸과 그 뒷부분 '并未流露出艳羡之色，只是慢慢地逐一浏览'에서, 뒤 문장 '只是……浏览'과 보기 B의 내용이 의
미상 연관성이 있음을 알 수 있다.

8   난이도 上   공략 Key 문맥 파악

E 那富商大惑不解，面露不悦	E 그 거상은 도무지 이해가 안 된다는 듯 얼굴에 불쾌함 을 드러내다

공략   빈칸 앞부분 '清洁工静静地说：“是啊，我现在自觉与你一样富有，而且比你更快乐。”'를 통해, 자신의 부를 자
랑하고픈 거상에게 청소부는 예상 밖의 대답을 했음을 알 수 있다. 이에 대한 거상의 반응이 좋지 않음을 유추해볼 수 있
고, 보기 E의 내용이 이에 부합한다.

9   난이도 下   공략 Key 流动을 통한 의미 파악

A 快乐是一种流动的空气	A 즐거움이란 일종의 흐르는 공기이다

공략   빈칸과 그 뒷부분 '快乐是一种流动的空气，你自私时，它便已经停止流动了'에서, 동일한 어휘 流动을 통해 정답
을 유추할 수 있다.

10   난이도 中   공략 Key 문맥 파악

C 快乐和富裕以及真正的自由就会进入你的 心中	C 즐거움과 부유함 그리고 진정한 자유는 당신의 마음속 으로 들어온다

공략   빈칸과 그 앞부분 '而当你敞开心胸，乐于付出的同时，快乐和富裕以及真正的自由就会进入你的心中'에서, 앞
문장 '当……同时'는 조건을 나타내고 보기 C의 내용이 그 뒤의 결과를 나타내고 있음을 알 수 있다.

📅 32 day 보기의 내용을 먼저 꿰뚫어라

본책_ 400쪽

1-4

据史书记载，公元前135年，汉武帝令唐蒙出使南越，唐蒙饮到南越国所产的枸酱酒后，将此酒带回长安，受到汉武帝的称赞，并留了"唐蒙饮枸酱而使夜郎"的传说。1843年，清代诗人郑珍咏赞茅台"酒冠黔人国"。1949年前，茅台酒生产凋敝，仅有三家酒坊，<u>[1]1704年，"偈盛烧房"将其产酒正式定名为茅台酒。</u>

茅台酒，被尊称为"国酒"。<u>[2]它具有色清透明、醇香馥郁、入口柔绵、清冽甘爽、回香持久的特点</u>，人们把茅台酒独有的香味称为"茅香"，是我国酱香型风格最完美的典型。

1915年，美国旧金山巴拿马万国博览会，中国参展代表掷茅台酒酒瓶振国威，茅台酒一举夺得金奖，从此跻身世界三大名酒行列，成为中华民族工商业率先走向世界的杰出代表。

茅台酒以优质高粱为原料，用小麦制成高温曲，而用曲量多于原料。<u>[3]用曲多，发酵期长，多次发酵，多次取酒等独特工艺</u>，这是茅台酒风格独特、品质优异的重要原因。酿制茅台酒要经过两次加生沙(生粮)、八次发酵、九次蒸馏，生产周期长达八九个月，<u>[4]再陈贮三年以上，勾兑调配，然后再贮存一年</u>，使酒质更加和谐醇香，绵软柔和，方准装瓶出厂，全部生产过程近五年之久。

茅台酒一直享有外交酒、友谊酒等美誉。1975年，时任国务院副总理的王震在一次全国性会议上正式宣布：贵州茅台酒是我国(中国)国酒。

역사서의 기록에 따르면, 기원전 135년에 한무제가 당몽을 남월에 사절로 보냈는데, 당몽이 남월에서 생산된 거우장주를 마시고 이 술을 장안으로 가져와 한무제의 칭찬을 받았으며, '당몽은 거우장주를 마신 것으로 야랑에 사절로 가게 되었다'라는 전설이 있다. 1843년 청나라 시인 정진영은 마오타이가 '구이저우에서 가장 훌륭한 술이다'라고 찬미하였다. 1949년 이전에는 마오타이주의 생산이 부진하여 겨우 세 개의 양조장만 있었는데, <u>[1]1704년 '계성소방'이 그곳에서 생산된 술을 정식으로 마오타이주라고 이름을 지었다.</u>

마오타이주는 '국주'라고 높이 불려진다. <u>[2]그것은 색이 맑고 투명하며, 향은 순수하고 진하며, 부드럽게 넘어가고, 산뜻하고 달콤하며, 향이 오래 지속되는 특징을 갖고 있어</u>, 사람들은 마오타이주의 특유한 향기를 '마오향'이라고 부르는데, 이는 중국의 술 향기 면에 있어 가장 훌륭한 풍격의 전형이라고 할 수 있다.

1915년 미국 샌프란시스코 파나마 태평양 박람회에서 중국은 전시에 참가하는 대표 상품으로 마오타이주를 선보여 국가의 위세를 크게 떨쳤고, 마오타이주는 단번에 최우수상을 받았다. 이때부터 마오타이주는 세계 3대 명주의 반열에 오르게 되어, 중국의 상공업이 앞장서서 세계로 나아가는 데 있어 뛰어난 대표가 되었다.

마오타이주는 양질의 고량을 원료로 하여, 밀로 고온에서 누룩을 빚으며 누룩의 사용량이 원료보다 많다. <u>[3]누룩을 많이 사용하고, 발효 기간이 길고, 여러 번 발효하고, 술을 여러 번 발취하는 등의 독특한 기법이</u>, 마오타이주가 풍격이 독특하고 품질이 우수하게 된 중요한 이유이다. 마오타이주를 빚는 것은 두 번 생 곡물을 첨가하고, 여덟 번 발효하고, 아홉 번 증류하는 과정을 거치는데 생산 주기가 8, 9개월에 이르며, <u>[4]그리고 나서 3년 이상 저장을 하고 고루 섞은 다음 또 다시 1년을 저장하여</u> 술의 품질을 더 순하고 향기롭고 부드럽게 하여 사각형 병에 담아 출하하는데, 전체 생산 과정은 근 5년에 이른다.

마오타이주는 줄곧 외교주와 우의주라는 명성을 누리고 있다. 1975년, 그 당시 국무원 부총리를 맡고 있던 왕전이 첫 번째 전국 회의에서 '구이저우의 마오타이주는 중국의 국주이다'라고 정식으로 선언하였다.

어휘　★据记载 jù jìzǎi 기록에 따르면 │ ★史书 shǐshū 몡 역사서 │ ★公元前 gōngyuán qián 기원전 │ ★汉武帝 Hàn Wǔdì 고유 한무제 │ ★令 lìng 동 ～하게 하다, ～을 시키다 │ 唐蒙 Tángméng 고유 당몽 │ ★出使 chūshǐ 동 외국에 사절로 가다 │ 南越 nányuè 고유 남월[지금의 광동 성과 광시 성 일대의 지명] │ 枸酱酒 Gǒujiàngjiǔ 몡 거우장주 │ ★长安 Cháng'ān 고유 장안 │ ★称赞 chēngzàn 동 칭찬하다, 찬양하다 │ 夜郎 Yèláng 고유 야랑[현재의 구이저우 서쪽 지역] │ ★传说 chuánshuō 몡 전설 │ ★诗人 shīrén 몡 시인 │ 酒冠黔人国 jiǔ guàn Qiánrénguó 구이저우에서 가장 훌륭한 술이다 │ ★冠 guàn 동 으뜸가다, 일등이다 │ ★黔 Qián 고유 중국 구이저우(贵州)성의 별칭 │ ★凋敝 diāobì 동 쇠퇴하다, 부진하다 │ ★酒坊 jiǔfáng 몡 양조장, 술집 │ 产酒 chǎn jiǔ 술을 생산하다 │ ★定名 dìngmíng 동 이름을 짓다, 명명하다 │ ★茅台酒 Máotáijiǔ 몡 마오타이주 │ ★被尊称为 bèi zūnchēng wéi ～으로 높이 불려지다, ～으로 존칭되다 │ ★国酒 guójiǔ 몡 국주 │ ★色清透明 sè qīng tòumíng 색이 맑고 투명하다 │ ★醇香 chúnxiāng 형 순수하고 향기롭다 │ 馥郁 fùyù 형 향기가 짙다 │ 入口柔绵 rùkǒu róu mián 부드럽게 넘어가다 │ 清冽甘爽 qīngliè gān shuǎng 산뜻하고 달콤하다 │ 回香持久 huí xiāng chíjiǔ 향이 오래 유지되다 │ ★典型 diǎnxíng 몡형 전형, 대표적인 것; 전형적인 │ 旧金山 Jiùjīnshān 고유 샌프란시스코 │ ★巴拿马 Bānámǎ 고유 파나마 │ ★博览会 bólǎnhuì 몡 박람회 │ ★参展代表 cānzhǎn dàibiǎo 전시에 참가하는 대표 │ 掷 zhì 동 던지다, 투척하다 │ 振国威 zhèn guówēi 국가의 위세를 떨치다 │ ★一举 yìjǔ 뷔 단번에, 일거에 │ ★夺得 duódé 동 쟁취하다, 따다 │ ★金奖 jīnjiǎng 몡 금상, 최우수상 │ ★跻身 jīshēn 동 (어떤 대열·위치에) 들어서다, 오르다 │ ★行列 hángliè 몡 행렬, 반열 │ ★工商业 gōngshāngyè 몡 상공업 │ ★率先 shuàixiān 뷔 앞장서서, 먼저 │ ★走向世界 zǒuxiàng shìjiè 세계로 나아가다 │ ★杰出 jiéchū 걸출한, 뛰어난 │ ★优质 yōuzhì 형 질이 우수하다, 양질의 │ ★高粱 gāoliáng 몡 고량, 수수 │ ★原料 yuánliào 몡 원료 │ ★小麦 xiǎomài 몡 밀, 소맥 │ ★曲 qū 몡 누룩 │ ★用曲量 yòng qǔ liàng 누룩 사용량 │ ★发酵 fājiào 동 발효하다 │ ★独特工艺 dútè gōngyì 독특한 기법 │ ★优异 yōuyì 형 특히 우수하다 │ ★酿制 niàngzhì 동 양조하다 │ 生沙 shēng shā 생 곡물 │ ★蒸馏 zhēngliú 동 증류하다 │ ★生产周期 shēngchǎn zhōuqī 생산 주기 │ 陈贮 chénzhù 저장하다 │ ★勾兑 gōuduì 동 뒤섞다, 혼합하다 │ ★调配 tiáopèi 동 고루 섞다, 배합하다 │ ★贮存 zhùcún 동 저장하다, 저축해두다 │ ★和谐 héxié 형 조화롭다 │ 绵软 miánruǎn 형 부드럽다, 보들보들하다 │ ★柔和 róuhé 형 연하고 부드럽다 │ ★方 fāng 몡 사각형 │ ★装瓶 zhuāng píng 병에 담다 │ ★享有……美誉 xiǎngyǒu……měiyù 명성을 누리다 │ ★国务院 guówùyuàn 몡 국무원 │ ★副总理 fùzǒnglǐ 몡 부총리 │ ★宣布 xuānbù 동 선포하다, 선언하다

1　난이도 中　공략 Key 동일한 어휘 찾기

茅台酒的正式命名是在什么时候？ A 1915年 B 1949年 **ⓒ 1704年** D 1843年	마오타이주는 언제 정식으로 이름이 지어졌는가? A 1915년 B 1949년 **ⓒ 1704년** D 1843년

공략　핵심어는 '正式命名'으로, 첫 번째 단락에서 동의어 '正式命名'을 찾을 수 있는데, 그 앞에서 언급하고 있는 '1704年'에 '正式命名'이 되었음을 알 수 있으므로 C가 정답이다.

2　난이도 中　공략 Key 동일한 어휘 찾기

茅台酒的特点不包括： A 入口柔绵 **Ⓑ 颜色浑浊** C 清冽甘爽 D 回香持久	마오타이주의 특징에 포함되지 않는 것은? A 부드럽게 넘어간다 **Ⓑ 색이 혼탁하다** C 산뜻하고 달콤하다 D 향이 오래 지속된다

공략　핵심어는 特点으로, 두 번째 단락에서 핵심어 特点을 찾을 수 있다. '它具有色清透明、醇香馥郁、入口柔绵、清冽甘爽、回香持久的特点'에서 具有와 特点 사이의 내용을 살펴보면, 보기 A, C, D에 해당되는 동일한 어휘들을 찾아볼 수 있다. 보기 B의 浑浊는 透明의 반의어이므로 마오타이주의 특징이 아니라는 것을 쉽게 알 수 있다.

어휘　★浑浊 húnzhuó 형 혼탁하다, 흐리다

茅台酒的品质为什么独特?	마오타이주의 품질이 왜 독특하다고 하는가?
A 酒精度高	A 알코올 도수가 높아서
B 香气持久	B 향기가 오래 지속되어서
C 选用上等原料	C 고급 원료를 사용해서
Ⓓ 工艺特殊	Ⓓ 기법이 특별해서

공략   핵심어는 '品质独特'이다. 우선 네 번째 단락에서 '这是茅台酒风格独特、品质优异的重要原因'이라는 내용을 볼 수 있는데, 품질이 독특한 이유를 찾기 위해 그 앞 문장인 '用曲多，发酵期长，多次发酵，多次取酒等独特工艺'를 살펴보면 '……等'의 바로 뒷부분, 즉 '独特工艺'가 질문의 답이라는 것을 알 수 있으므로 이와 동일한 의미인 D가 정답이다.

어휘   ★酒精度 jiǔjīngdù 알코올 도수

茅台酒在蒸馏出来后还需要储存多长时间?	마오타이주는 증류된 후 얼마간의 보존 시간이 필요한가?
Ⓐ 四年	Ⓐ 4년
B 一年	B 1년
C 三年	C 3년
D 五年	D 5년

공략   핵심어는 蒸馏로, 네 번째 단락에서 '九次蒸馏'를 찾을 수 있는데, 문제에서 '얼마간 저장하느냐'를 묻고 있으므로 '九次蒸馏' 뒤에 나오는 '陈贮三年……再贮存一年'을 통해 정답이 A임을 알 수 있다. 문제와 본문에서 언급된 단어 陈贮와 贮存 및 储存은 모두 동의어로 '저장하다'라는 의미를 나타낸다.

어휘   ★储存 chǔcún 图 저장하다, 쌓아두다

5-8

⁶西安古称"长安"，是世界四大文明古都之一，深邃的历史文化和举世闻名的文物古迹，使西安在国内外享有盛誉，每年都能吸引数十万海外游客来此观光。西安，建成于公元前12世纪，先后有21个王朝和政权建都于此。1981年，联合国教科文组织把西安确定为"世界历史名城"。

西安是中华文明历史上最富盛名的都城，是令外国人心怀景仰而来顶礼膜拜的伟大城市。西安建城史已有3100多年，建都时间超过1200年，⁵汉唐时期，西安是中国对外交流的中心，是当时最早超过百万人口的国际大都市，在其发展的极盛阶段，一直充当着世界中心的地位，吸引了大批的外国使节与朝拜者的到来，"西方罗马，东方长安"是其在世界历史地位中的写照。西安向

⁶시안의 옛 명칭은 '장안'으로, 세계 4대 문명 고도 중의 하나이다. 깊은 역사 문화와 세계적으로 유명한 문물고적으로 시안은 국내외에서 큰 영예를 누리고 있으며, 매년 수십만의 해외 여행객들을 끌어들여 이곳으로 관광하러 오게 한다. 시안은 기원전 12세기에 세워졌으며, 21개의 왕조와 정권이 연이어 이곳에 수도를 정했다. 1981년 유네스코가 시안을 '세계 역사 유명 도시'로 확정하였다.

시안은 중화 문명 역사상 가장 큰 명성을 누리고 있는 수도로, 외국인들이 마음속으로 우러러보고 숭배하도록 하는 위대한 도시이다. 시안의 건립 역사는 이미 3,100여 년이 되었고, 수도를 건설한 시간은 1200년이 넘는다. ⁵한나라와 당나라 시기에, 시안은 중국의 대외 교류의 중심이었고, 당시 최초로 인구가 100만이 넘는 국제적 대도시였다. 그 발전이 가장 절정이었던 시기에는 줄곧 세계 중심의 지위를 맡았고, 대규모의 외국 사절과 방문자들을 끌어들였는데, '서양에는 로마, 동양에는 장안'이라는 말은 그것의 세계 역사적 지위를 나타내 서술한 것이다. 시안은 세계에 문명 중국이 가지고 있는 자신감, 개방, 대범함, 포용, 진보적인 민족정신을 드러내 보였으

世界展现了文明中国拥有的自信、开放、大气、包容、向上的民族精神，铸造了炎黄子孙永远为之自豪的文化高地。著名的丝绸之路以西安为起点；7"世界八大奇迹"之一的秦始皇陵兵马俑则展示了这座城市雄浑、厚重的历史文化底蕴。"一座城市的历史就是一个民族的历史"，西安，这座中国历史文化的首善之都，以世代传承的雍容儒雅，满腹经纶，博学智慧，大气恢弘，成为中国历史的光荣。

当今的西安是中华人民共和国陕西省的省会，是中国重点高等院校最为集中的城市之一，8科技实力雄厚。西安还是中国西部地区最大最重要的科研基地。

며, 중화 민족의 후손이 영원히 자부심을 느낄 만한 문화의 고지를 만들었다. 유명한 실크로드는 시안으로부터 시작되고, 7'세계 8대 기적' 중의 하나인 진시황릉 병마용은 이 도시의 웅장하고 중후한 역사 문화의 자세한 실정을 드러내고 있다. '한 도시의 역사는 바로 한 민족의 역사이다.' 시안, 이 중국 역사 문화의 수도는 대대손손 전수하고 계승된 점잖은 기품과 풍부한 경륜과 넓은 학식 및 지혜와 큰 대범함으로 중국 역사의 영광이 되었다.

현재 시안은 중화 인민 공화국 산시성의 성 소재지로 중국의 핵심 고등 교육 기관이 가장 밀집되어있는 도시 중의 하나로, 8충분한 과학 기술력을 갖고 있다. 시안은 또한 중국의 서부 지역에서 가장 크고 가장 중요한 과학 연구 기지이기도 하다.

어휘 ★西安 Xī'ān [고유] 시안 | ★古称 gǔchēng 몡 옛 명칭, 옛 이름 | ★古都 gǔdū 몡 고도, 옛 도읍 | ★深邃 shēnsuì 혱 깊다, 심오하다 | ★举世闻名 jǔ shì wén míng 솅 전 세계에 이름이 알려지다 | ★文物古迹 wénwù gǔjì 문물 고적 | ★享有盛誉 xiǎngyǒu shèngyù 큰 영예를 누리다 | ★数十万 shùshíwàn 수십만 | ★游客 yóukè 몡 여행객, 관광객 | ★观光 guānguāng 동 관광하다 | ★建成于 jiànchéng yú ~에 세우다 | ★公元前 gōngyuán qián 기원전 | ★王朝 wángcháo 몡 왕조 | ★政权 zhèngquán 몡 정권 | ★建都 jiàndū 동 수도를 정하다, 수도를 세우다 | ★于此 yú cǐ 여기에 | ★联合国教科文组织 Liánhéguó Jiàokēwén Zǔzhī [고유] 유네스코(UNESCO) | ★确定 quèdìng 동 확정하다 | ★最富盛名 zuì fù shèngmíng 가장 큰 명성을 누리다 | ★心怀景仰 xīnhuái jǐngyǎng 마음속으로 우러러보다 | ★顶礼膜拜 dǐng lǐ mó bài 솅 남의 발 아래 머리를 조아리며 설설 기다, 맹목적으로 숭배하다 | ★汉唐 Hàn Táng 몡 한대와 당대 | ★对外交流 duìwài jiāoliú 대외 교류 | ★国际大都市 guójì dàdūshì 국제 대도시 | ★极盛阶段 jíshèng jiēduàn 절정의 시기 | ★充当 chōngdāng 동 맡다, 담당하다 | ★外国使节 wàiguó shǐjié 외국 사절 | ★朝拜者 cháobàizhě 방문자, 참배자 | ★写照 xiězhào 몡 묘사, 서술 | ★展现 zhǎnxiàn 동 드러내다 | ★开放 kāifàng 동 개방하다 | ★大气 dàqi 혱 대범하다 | ★包容 bāoróng 혱 포용하다, 너그럽게 감싸다 | ★向上 xiàngshàng 동 진보하다, 발전하다 | ★铸造 zhùzào 동 주조하다, 만들다 | ★炎黄子孙 YánHuáng zǐsūn 몡 중화 민족의 후손 | ★自豪 zìháo 혱 스스로 긍지를 느끼다 | ★丝绸之路 sīchóu zhī lù 몡 실크로드, 비단길 | ★起点 qǐdiǎn 몡 기점, 출발점 | ★世界八大奇迹 shìjiè bā dà qíjì 세계 8대 기적 | ★秦始皇陵兵马俑 Qínshǐhuáng líng bīngmǎyǒng 진시황릉 병마용 | ★展示 zhǎnshì 동 드러내다, 나타내다 | ★雄浑 xiónghún 혱 웅장하고 힘차다 | ★厚重 hòuzhòng 혱 중후하다, 풍성하다 | ★文化底蕴 wénhuà dǐyùn 문화의 상세한 내용, 문화의 자세한 실정 | 首善之都 shǒu shàn zhī dū 수도 | ★世代传承 shìdài chuánchéng 대대손손 전수하고 계승하다 | ★雍容儒雅 yōngróng rúyǎ 점잖은 기품 | ★满腹经纶 mǎn fù jīng lún 솅 풍부한 경륜 | ★博学智慧 bóxué zhìhuì 넓은 학식과 지혜 | ★大气恢弘 dàqì huīhóng 큰 대범함 | ★光荣 guāngróng 몡혱 영광(스럽다) | ★陕西 Shǎnxī [고유] 산시성 | ★省会 shěnghuì 몡 성도(省都), 성 정부 소재지 | ★高等院校 gāoděng yuànxiào 고등 교육 기관 | ★科技实力 kējì shílì 과학 기술력 | ★雄厚 xiónghòu 혱 풍부하다, 충분하다 | ★西部地区 xībù dìqū 서부 지역 | ★科研基地 kēyán jīdì 과학 연구 기지

---

5 [난이도] 中 [공략 Key] 동일한 의미의 문장 찾기

西安在汉唐时期怎样？	시안은 한나라와 당나라 때 어떠했는가?
A 政治斗争激烈	A 정치적 투쟁이 치열했다
B 人口超过百万	**B** 인구가 100만 명을 넘었다
C 是中国的中心	C 중국의 중심이었다
D 是陕西省省会	D 산시성의 성 소재지였다

공략 핵심어는 '汉唐时期'로, 두 번째 단락에서 찾을 수 있다. '汉唐时期, 西安是中国对外交流的中心, 是当时最早超过百万人口的国际大都市'라는 부분을 통해 정답이 B임을 알 수 있다.

关于西安，可以知道什么？ A 是世界经济中心 B 建成于公元12世纪 C 是中国最古老的城市 D 是四大文明古都之一	시안에 관해 알 수 있는 것은? A 세계 경제의 중심이다 B 서기 12세기에 세워졌다 C 중국에서 가장 오래된 도시이다 D 4대 문명 고도 중 하나이다

공략 보기 A, B, C, D와 관련된 내용을 본문에서 찾아 하나씩 대조해야 하는데, 보기 A와 C는 본문에서 언급하지 않은 내용이고, B는 첫 번째 단락에서 公元이 아닌 公元前이라고 언급하고 있으므로 정답이 아니다. 보기 D는 첫 번째 단락에서 동일한 내용의 문장을 찾을 수 있으므로 정답은 D이다.

下列哪项是“世界八大奇迹”之一？ A 丝绸之路 B 西方罗马，东方长安 C 西安古城 D 秦始皇兵马俑	다음 항목에서 '세계 8대 기적' 중 하나인 것은? A 실크로드 B 서양에는 로마, 동양에는 장안 C 시안 옛 도시 D 진시황릉 병마용

공략 핵심어는 '世界八大奇迹'로, 두 번째 단락에서 찾을 수 있다. '"世界八大奇迹"之一的秦始皇陵兵马俑'이라는 부분을 통해 정답이 D임을 쉽게 알 수 있다.

根据上文，当今的西安哪方面实力雄厚？ A 农业 B 科技 C 资源 D 文化	본문에 따르면, 현재의 시안은 어느 방면에서 실력이 충분한가? A 농업 B 과학 기술 C 자원 D 문화

공략 핵심어는 '实力雄厚'로, 마지막 단락에서 '科技实力雄厚'라고 언급하고 있으므로 정답은 B이다.

33 day 옳고 그름을 판단하라

정답 1. D   2. A   3. C   4. C   5. B   6. D   7. D   8. A

1-4

空难事故发生后，飞机往往解体，甚至被烈火烧毁。人们到现场救援的时候，总是会寻找一个东西，**1**它的名字大家已经耳熟能详了，对了，这就是被誉为空难"见证人"的"黑匣子"。它可以给调查人员提供证据，帮助他们了解事故的真相。

实际上，黑匣子是飞机上的记录仪器，是一种飞行数据记录仪。它能将飞机的高度、速度、航向、爬升率、下降率、加速情况、耗油量、起落架放收、格林尼治时间，还有飞机系统工作状况和发动机工作参数等飞行参数都记录下来。另一种是"座舱话音记录仪"。它实际上就是一个无线电通话记录器，可以记录飞机上的各种通话。**2**这一仪器上有4条音轨，分别记录飞行员与地面指挥机构的通话，正、副驾驶员之间的对话，机长、空中小姐对乘客的讲话，威胁、爆炸、发动机声音异常，以及驾驶舱内各种声音。黑匣子能够向调查者提供飞机出事故前各系统的运转情况。因为空难发生在短暂的瞬间，有时飞行员和全部乘务员同时遇难，调查事故的原因会有很大困难，而飞行数据记录仪可以向人们提供飞机失事瞬间和失事前一段时间里，飞机的飞行状况、机上设备的工作情况等。而座舱语言记录仪能帮助人们根据机上人员的各种对话分析事故原因，以便对事故作出正确的结论。

3A,B,D为了承受飞机坠毁时的猛烈撞击和高温烈焰，黑匣子的外壳具有很厚的钢板和许多层绝热防冲击保护材料。而且为了尽可能的安全，**4**黑匣子通常安装在飞机尾部最安全的部位，也就是失事时最不易损坏的部位，在飞机坠毁时，黑匣子在1100℃的火焰中能经受30分钟的烧烤，能承受2吨重的物体挤压5分钟，**3C**能够在汽油、机油、油精、电池、酸液、海水中浸泡几个月，总之，它能在许多恶劣的条件下安然无恙。就

항공 사고가 발생한 후, 비행기는 종종 해체가 되며, 심지어는 거센 불길에 타버리기도 한다. 사람들이 사고 현장에 구조를 하러 가면 늘 찾게 되는 물건이 있는데, **1**그것의 이름은 모두가 이미 익숙해서 잘 알고 있을 것이다. 그렇다. 그것은 바로 항공 사고의 '목격자'라고 불리는 '블랙박스'이다. 블랙박스는 사고 조사원에게 증거를 제공하고, 그들이 사고의 진상을 파악하는 데 도움을 준다.

사실상, 블랙박스는 비행기의 기록 장치로 일종의 비행 데이터 기록기이다. 그것은 비행기의 고도, 속도, 항행 방향, 상승률, 하강률, 가속 상황, 연료 소모량, 랜딩 기어 작동 여부, 세계 표준 시간, 그리고 비행기 시스템의 작업 상황과 엔진의 작업 계수 등 비행 계수를 모두 기록한다. 이외에 또 다른 종류는 '객실 음성 기록기'이다. 그것은 사실 무선 전신 통화 기록기인데, 비행기에서의 각종 통화를 기록할 수 있다. **2**이 측정기는 4개 음성 채널이 있는데, 각각 비행기 조종사와 지상의 지휘 본부와의 통화, 정조종사와 부조종사 간의 대화, 기장과 스튜어디스가 승객들에게 전하는 말, 위협, 폭발, 엔진 소리의 이상, 그리고 조종실 내의 각종 소리들을 기록한다. 블랙박스는 사고 조사원들에게 비행기 사고가 발생하기 전의 각 시스템의 운행 상황을 제공해준다. 비행기 사고는 순식간에 발생하고, 때로는 조종사와 모든 승무원들이 동시에 재난을 당하기 때문에 사고 원인을 조사하는 데 큰 어려움이 있는데, 비행 데이터 기록기는 사람들에게 비행기의 사고 순간과 사고가 나기 전 얼마간 시간 동안의 비행기의 비행 상황, 기계 설비의 작동 상황 등을 제공해준다. 게다가 객실 음성 녹음기는 비행기 안에 있던 사람들의 여러 대화에 근거하여 사고 원인을 분석하고 그 사고에 대해 정확한 결론을 내릴 수 있도록 도와준다.

3A,B,D기체가 추락하여 부서질 때의 강한 충격과 고온의 화염을 견뎌내기 위해, 블랙박스의 케이스는 매우 두꺼운 철판과 열을 차단하고 충격을 막아주는 여러 겹의 보호 재료로 되어있다. 게다가 최대한의 안전을 위해 **4**블랙박스는 일반적으로 기체 꼬리 부분의 가장 안전한 위치에 설치되는데, 이는 사고가 발생했을 때 쉽게 손상되지 않는 부분으로, 비행기가 추락하여 부서질 때, 블랙박스는 1,100도의 화염 속에서 30분을 견딜 수 있고, 2톤의 물체에 5분간 눌리는 것도 견딜 수 있으며, **3C**휘발유, 기계유, 윤활유, 전지, 산성 액체, 해수 속에 잠겨서도 몇 달을 견뎌낼 수 있다. 아무튼 블랙박스는 수많은 열악한 조건에서도 문제가 되지 않는다. 설령 이렇게 보호가 된다고 하더라도 일부 항공 사고에서는 블랙박스가 손상을 입기 때문에 국제 항공 기구는 더 엄격한 기준을 정하였고, 기록 매

算这样的保护，仍然在有些空难中黑匣子遭到了损坏，所以国际航空机构又规定了更加严格的标准，而且记录介质也从磁带式改进成为能承受更大冲击的静态存储记录仪，类似于计算机里的存储芯片。

개체 역시 예전의 자기 테이프 방식에서 더 큰 충격을 받아 정지가 된 상태에서도 기록을 저장할 수 있는 기록기로 개선되었는데, 이는 컴퓨터 내부의 저장 마이크로칩과 유사한 것이다.

어휘 ★空难 kōngnàn 몡 항공 사고, 비행기 사고 | ★解体 jiětǐ 통 해체되다 | ★烈火 lièhuǒ 몡 사나운 불길, 거센 불길 | ★烧毁 shāohuǐ 통 타버리다, 소각하다 | ★现场 xiànchǎng 몡 현장 | ★救援 jiùyuán 통 구원하다, 구조하다 | ★寻找 xúnzhǎo 통 찾다, 구하다 | ★耳熟能详 ěr shú néng xiáng 셍 귀에 익어서 자세히 말할 수 있다 | ★被誉为 bèi yùwéi ～이라고 불리다, ～이라고 칭송되다 | ★见证人 jiànzhèngrén 몡 목격자, 증인 | ★黑匣子 hēixiázi 몡 블랙박스 | ★调查人员 diàochá rényuán 조사원 | ★证据 zhèngjù 몡 증거 | ★真相 zhēnxiàng 몡 진상 | ★记录仪器 jìlù yíqì 기록 장치 | ★数据 shùjù 몡 데이터 | ★记录仪 jìlùyí 몡 기록기, 레코더 | 航向 hángxiàng 몡 (배나 비행기의) 항행 방향 | 爬升率 páshēnglǜ 상승률 | 下降率 xiàjiànglǜ 하강률 | ★加速 jiāsù 통 가속하다, 속도를 내다 | ★耗油量 hàoyóuliàng 몡 연료 소모량 | 起落架 qǐluòjià 몡 (비행기의) 랜딩 기어 | 格林尼治时间 Gélínnízhì shíjiān 몡 그리니치 시간, 세계 표준 시간 | 发动机 fādòngjī 몡 엔진, 모터 | 工作参数 gōngzuò cānshù 작업 계수 | ★座舱 zuòcāng 몡 (여객기의) 객실 | ★无线电 wúxiàndiàn 무선 전신 | 音轨 yīnguǐ 몡 사운드 트랙, 음성 채널 | ★指挥机构 zhǐhuī jīgòu 지휘 본부 | ★驾驶员 jiàshǐyuán 몡 운전사 | ★机长 jīzhǎng 몡 기장 | ★空中小姐 kōngzhōng xiǎojiě 몡 스튜어디스 | ★乘客 chéngkè 몡 승객 | ★威胁 wēixié 통 위협하다 | ★爆炸 bàozhà 통 폭발하다 | ★异常 yìcháng 혱 심상치 않다, 정상이 아니다 | ★驾驶舱 jiàshǐcāng 몡 조종석 | ★运转情况 yùnzhuǎn qíngkuàng 운행 상황 | ★短暂 duǎnzàn 혱 (시간이) 짧다 | ★瞬间 shùnjiān 몡 순간, 순식간 | ★乘务员 chéngwùyuán 몡 승무원 | ★分析 fēnxī 통 분석하다 | ★以便 yǐbiàn 젭 ～하기에 편리하도록, ～하기 위하여 | ★承受 chéngshòu 통 받아들이다, 견뎌내다 | ★坠毁 zhuìhuǐ 통 추락하여 부서지다 | ★猛烈 měngliè 혱 맹렬하다, 세차다 | ★撞击 zhuàngjī 통 세게 부딪치다, 때리다 | ★高温 gāowēn 몡 고온 | ★烈焰 lièyàn 몡 맹렬한 화염, 맹렬한 불길 | ★外壳 wàiké 몡 (비교적 딱딱한) 외각, 케이스 | ★钢板 gāngbǎn 몡 강판 | ★绝热 juérè 통 단열하다, 열을 차단하다 | ★防冲击 fáng chōngjī 충격을 막다 | ★安装 ānzhuāng 통 설치하다 | ★尾部 wěibù 몡 꼬리 부분 | ★失事 shīshì 몡 의외의 사고가 발생하다 | ★损坏 sǔnhuài 통 손상시키다, 훼손시키다 | ★火焰 huǒyàn 몡 화염, 불꽃 | ★烧烤 shāokǎo 통 불에 굽다 | ★吨 dūn 양 톤 | ★挤压 jǐyā 통 내리누르다 | ★汽油 qìyóu 몡 휘발유, 가솔린 | ★机油 jīyóu 몡 기계유, 오일 | 油精 yóujīng 몡 윤활유 | ★电池 diànchí 몡 전지 | ★酸液 suānyè 산성 액체 | ★浸泡 jìnpào 통 (오랜 시간 물에) 담그다, 잠그다 | ★恶劣 èliè 혱 아주 나쁘다, 열악하다 | ★安然无恙 ān rán wú yàng 셍 평안하고 걱정거리가 없다, 탈 없이 무사하다 | ★遭到 zāodào 통 (불행이나 불리한 일을) 당하다, 겪다 | 介质 jièzhì 몡 매개체, 매질 | 磁带式 cídàishì 자기테이프(magnetic tape) 방식 | ★改进 gǎijìn 통 개선하다 | 静态 jìngtài 몡 정지 상태 | ★存储 cúnchǔ 통 저장하다, 저축하다 | ★类似于 lèisì yú ～과 유사하다 | 芯片 xīnpiàn 몡 칩(chip), 마이크로칩 (microchip)

1　　　　　　　　　　　　　　　　　　　　　　　**난이도** 中　**공략 Key** 耳熟能详의 의미 파악

关于"黑匣子"，下面哪项正确？ A 会被烈火烧毁 B 有了它飞机就不会出事 C 只在飞机里有 Ⓓ 名字被人们熟知	'블랙박스'에 관해, 다음 중 옳은 것은? A 화염에 타버릴 수 있다 B 블랙박스가 있어 비행기는 사고가 나지 않는다 C 단지 비행기에만 있다 Ⓓ 그 이름은 사람들이 잘 알고 있다

공략 핵심어는 黑匣子로, 첫 번째 단락에서 찾을 수 있는데, 핵심어의 앞뒤 내용을 살펴보면 쉽게 정답을 파악할 수 있다. 보기의 순서대로 내용을 찾아보면, 보기 A는 '飞机往往解体, 甚至被烈火烧毁'라는 부분을 통해 화염에 타는 것은 블랙박스가 아니라 비행기라는 것을 알 수 있고, 보기 B와 C는 본문에서 언급하지 않은 내용들이며, 보기 D는 '它的名字大家已经耳熟能详了'라는 부분에서 '매우 익숙해서 자세히 말할 수 있다'라는 의미로 '耳熟能详'이라고 언급하고 있으므로, 이를 통해 D가 정답이라는 것을 알 수 있다.

2

关于“座舱话音记录仪”，正确的是：

Ⓐ 有4条音轨
B 可以记录飞行数据
C 可以记录飞机外部的声音
D 可以瞬间记下很多资料

‘객실 음성 녹음기’에 관해, 다음 중 옳은 것은?

Ⓐ 4개의 음성 채널이 있다
B 비행 데이터를 기록할 수 있다
C 비행기 외부 소리를 기록할 수 있다
D 순간적으로 많은 자료를 기록할 수 있다

공략 핵심어는 ‘座舱话音记录仪’로, 두 번째에서 찾을 수 있는데, 정답은 핵심어의 앞뒤 내용을 살펴보면 쉽게 파악할 수 있다. 주의할 점은 이 문제의 보기 중 숫자가 언급된 항목이 있는데, 우선 숫자가 들어 있는 보기를 먼저 살펴보는 것이 빠르므로 보기 A의 ‘4’라는 숫자를 본문에서 찾아보면 ‘这一仪器上有4条音轨……’라는 문장이 있다. 이 문장이 보기 A의 내용과 일치하므로 다른 보기 B, C, D는 살펴보기도 전에 정답이 A임을 알 수 있다.

3

根据本文，下列不正确的是：

A 黑匣子能承受高温
B 黑匣子能承受猛烈撞击
Ⓒ 可以在液体中浸泡一年
D 有很厚的金属保护层

본문에 따르면, 다음 중 옳지 않은 것은?

A 블랙박스는 고온을 견뎌낼 수 있다
B 블랙박스는 강한 충격을 견뎌낼 수 있다
Ⓒ 액체에서 1년간 잠겨있을 수 있다
D 매우 두꺼운 금속 보호막이 있다

공략 보기의 순서대로 내용을 살펴보면, 보기 A 중의 高温은 마지막 단락에서 찾을 수 있는데, ‘为了承受飞机坠毁时的猛烈撞击和高温烈焰，黑匣子的外壳具有很厚的钢板和许多层绝热防冲击保护材料’라는 부분을 통해 보기 A, B, D가 모두 본문과 일치하는 내용임을 알 수 있다. 보기 C는 마지막 단락 ‘能够在汽油、机油、油精、电池、酸液、海水中浸泡几个月’라는 부분에서 블랙박스가 액체에 잠겨서 1년간이 아니라 몇 달만 견딜 수 있음을 알 수 있으므로 정답은 C이다.

4

“黑匣子”一般放在什么地方？

A 飞机座舱里
B 飞机驾驶舱里
Ⓒ 飞机的尾部
D 装在机翼上

‘블랙박스’는 일반적으로 어느 곳에 위치하는가?

A 비행기의 객실 안
B 비행기의 조종실 안
Ⓒ 비행기의 꼬리 부분
D 비행기의 날개에 설치한다

공략 핵심어는 ‘放在……地方’으로, 마지막 단락의 ‘黑匣子通常安装在飞机尾部最安全的部位’라는 부분을 통해 정답이 C임을 쉽게 알 수 있다.

5A花园里并排生长着两棵柠檬树。其中一棵长得颀长，另一棵却很矮小。花园的主人看好长得高大的那棵树，天天精心照料它，它自然长得也更好。每次浇完水，主人会大大赞美那棵大树一番。身材矮小的那棵树被冷落在花园的一角。

有一天，一阵大风把几粒高山雪莲的种子吹到了花园里。**5B**花园里其他的地面都被水泥硬化了，只有两棵柠檬树下有点儿土壤。**7**种子们找到大树请求给它们一个容身之所。大树高傲地说："这是不可能的事儿，这是我的地盘。"其实大树有自己的想法，它怕那些种子突然有一天会开出鲜艳的花朵，抢走它的风头。看着大树强硬的态度，种子们只能去找那棵矮树商量。矮树满口答应，说："和你们相处是我的荣幸，你们过来吧！"就这样，那些雪莲的种子在矮树下扎下根来。

过了几个星期，种子们破土而出，开出了美丽的花朵。花香能飘到几公里外的地方。有一天花园的主人闻香而来，发现了那几朵雪莲。他欣喜若狂，拿出最好的肥料施给那些花，到几公里外的地方取泉水浇灌它们。**6**渐渐地，矮树也从中得益，长得越来越高，有一天超过了那颗大树。再看看那棵大树，虽然是盛夏季节，却因缺少呵护，只剩下歪歪曲曲的枯枝，因为没有人照料，它快要枯死了。

5A화원에 레몬 나무 두 그루가 나란히 자라고 있었다. 그중 한 그루는 훤칠하고 다른 한 그루는 왜소했다. 화원의 주인은 높고 크게 자라는 그 나무를 보며, 매일 정성껏 그 나무를 보살폈고, 그 나무는 자연히 더 잘 자라났다. 매번 물을 다 주고, 주인은 그 큰 나무를 크게 칭찬했고, 왜소한 나무는 화원 한구석에서 냉대를 받았다.

어느 날, 한차례 강한 바람으로 고산의 각시서덜취 씨앗이 화원으로 불어왔다. **5B**화원 안에 다른 바닥은 모두 시멘트로 굳어있고, 단지 레몬 나무 두 그루 아래에만 약간의 흙이 있었다. **7**각시서덜취 씨앗들이 큰 나무를 찾아가 자신들이 지낼 만한 곳을 줄 수 없겠느냐고 부탁했다. 큰 나무는 거만하게 말했다. "그것은 불가능한 일이야, 여기는 내 구역이거든." 사실 큰 나무에게는 자기만의 생각이 있었는데, 그는 그 씨앗들이 어느 날 화려한 꽃을 피워 자신보다 주목을 더 받을까 두려웠다. 큰 나무의 강경한 태도를 보고 씨앗들은 그 작은 나무를 찾아가 상의할 수밖에 없었다. 작은 나무는 두말없이 "너희들과 같이 지내면 영광이지, 이리로 오렴!" 하면서 허락하였다. 이렇게 그 각시서덜취 씨앗들은 작은 나무 아래에서 뿌리를 내렸다.

몇 주가 지나고, 씨앗들은 땅 위로 올라와 아름다운 꽃을 피웠다. 꽃의 향기는 몇 킬로미터 밖까지 퍼졌다. 어느 날, 화원의 주인이 그 향기를 맡고 와서는 그 몇 송이의 각시서덜취를 발견했다. 그는 매우 기뻐하며, 가장 좋은 비료를 그 꽃들에게 주고, 몇 킬로미터 밖까지 가서 샘물을 길어와 그것들에게 물을 주었다. **6**서서히 작은 나무도 그 가운데 이득을 얻어 점점 더 크게 자라나 어느 날 그 큰 나무를 넘어서게 되었다. 머지 않아 그 큰 나무는 계절이 한 여름인데도 불구하고 오히려 보살핌을 받지 못해 꼬불꼬불한 마른 가지만 남아있게 되었고, 아무도 돌보지 않아 곧 말라 죽을 것 같았다.

어휘 并排 bìngpái 图 나란히 배열하다 | ★柠檬树 níngméngshù 레몬 나무 | 颀长 qícháng 웹 훤칠하다, 키가 크다 | ★精心照料 jīngxīn zhàoliào 정성껏 보살피다 | ★浇水 jiāoshuǐ 图 물을 뿌리다 | ★赞美 zànměi 图 칭송하다 | ★冷落 lěngluò 图 냉대하다 | ★雪莲 xuělián 图 각시서덜취, 설련 | ★几粒种子 jǐ lì zhǒngzi 씨앗 몇 알 | ★水泥 shuǐní 图 시멘트 | ★硬化 yìnghuà 图 굳어지다 | ★土壤 tǔrǎng 图 토양, 흙 | ★请求 qǐngqiú 图 부탁하다 | ★容身之所 róngshēn zhī suǒ 기거할 곳, 몸을 맡길 곳 | ★高傲 gāo'ào 图 거만하다 | ★地盘 dìpán 图 근거지 | ★鲜艳 xiānyàn 웹 화려하다 | ★抢风头 qiǎng fēngtou 주목을 더 끌다 | ★强硬 qiángyìng 웹 강경하다 | ★满口答应 mǎnkǒu dāyìng 두말없이 허락하다 | ★相处 xiāngchǔ 图 함께 지내다 | ★扎根 zhāgēn 图 뿌리를 내리다 | ★破土而出 pò tǔ ér chū 땅 위로 올라오다 | ★闻香而来 wén xiāng ér lái 향기를 맡고 오다 | ★欣喜若狂 xīn xǐ ruò kuáng 셍 기뻐서 어쩔 줄 모르다 | ★肥料 féiliào 图 비료, 거름 | ★浇灌 jiāoguàn 图 물을 대다 | ★渐渐地 jiànjiàn de 서서히 | ★从中得益 cóng zhōng dé yì 그 가운데 이익을 얻다 | ★呵护 hēhù 图 보호하다, 애지중지하다 | ★歪歪曲曲 wāiwāiqūqū 꼬불꼬불하다 | ★枯枝 kūzhī 图 마른 나뭇가지

5　　　　　　　　　　　　　　**난이도** 中　**공략 Key** 보기의 순서대로 내용 살펴보기

关于"那个小园"，下列哪项不正确？

A 并排长着两棵树
Ⓑ 全部都是泥土地面
C 主人天天去
D 矮树受到冷落

'그 정원'에 관해, 다음 중 옳지 않은 것은?

A 두 그루의 나무가 나란히 자라고 있다
Ⓑ 전부 다 진흙 바닥으로 되어있다
C 주인이 매일 가본다
D 작은 나무는 냉대를 받았다

공략 핵심어는 小园으로, 첫 번째 단락과 두 번째 단락에서 모두 花园을 찾을 수 있다. 보기의 순서대로 내용을 살펴보면, 보기 A는 '花园里并排生长着两棵柠檬树'라는 부분을 통해 본문과 일치하는 내용임을 알 수 있다. 보기 B는 '花园里其他的地面都被水泥硬化了，只有两棵柠檬树下有点儿土壤'이라는 부분을 통해 본문과 일치하는 내용이 아님을 알 수 있으므로 나머지 보기 C와 D를 살펴보지 않아도 정답이 B임을 알 수 있다.

---

6 난이도 **中** 공략 Key 보기의 순서대로 내용 살펴보기

关于矮树，下列哪项正确?

A 根系发达
B 叶子枯黄
C 变得傲慢无礼
Ⓓ 最后超过了大树

작은 나무에 관해, 다음 중 옳은 것은?

A 뿌리가 발달되었다
B 잎이 시들어 누렇다
C 거만하고 무례하게 변했다
Ⓓ 마지막에는 큰 나무를 넘어섰다

공략 핵심어는 矮树인데 본문 전체에서 矮树라는 단어를 찾아볼 수 있으므로, 보기의 순서대로 내용을 대조하여 파악한다. 사실상 보기 A, B, C의 내용은 본문에 언급되지 않았고, 보기 D는 마지막 단락의 '矮树也从中得益，长得越来越高，有一天超过了那颗大树'라는 부분을 통해 본문과 일치함을 알 수 있으므로 정답은 D이다.

---

7 난이도 **中** 공략 Key 핵심어 雪莲种子的请求

高树为什么没接受雪莲种子的请求?

A 担心主人的责骂
B 对自己没有礼貌
C 希望它们有更好的发展
Ⓓ 生怕雪莲抢了他的风头

큰 나무는 왜 각시서덜취 씨앗의 부탁을 받아들이지 않았는가?

A 주인의 꾸지람을 걱정해서
B 자신에게 예의를 갖추지 않아서
C 그들에게 더 큰 발전이 있기를 바래서
Ⓓ 각시서덜취가 자신보다 더 주목을 끌게 될까 두려워서

공략 핵심어는 '雪莲种子的请求'로, 두 번째 단락의 '种子们找到大树请求给它们一个容身之所。……它怕那些种子突然有一天会开出鲜艳的花朵，抢走它的风头'라는 부분을 통해 보기 D가 정답임을 알 수 있다.

---

8 난이도 **上** 공략 Key 전체 내용 파악

根据本文，下列正确的是：

Ⓐ 方便他人，自己方便
B 要有自己的想法
C 每个人都有自己的长处
D 一分耕耘，一分收获

본문에 따르면, 다음 중 옳은 것은?

Ⓐ 타인을 편리하게 하면 자신도 편리해진다
B 자기만의 생각이 있어야 한다
C 누구나 다 자기만의 장점을 갖고 있다
D 노력한 만큼 성과를 얻는다

공략 이 글은 '큰 나무는 각시서덜취 씨앗들의 부탁을 거절하고 그들을 도와주지 않은 반면, 작은 나무는 그 씨앗들의 부탁을 들어주어 그들에게 편리함을 제공하고, 마지막에는 자신도 이득을 얻게 되었다'라는 내용이므로, '타인을 편리하게 하면 자신도 편리해진다'라는 의미의 보기 A가 가장 적합하다.

어휘 ★方便他人，自己方便 fāngbiàn tārén, zìjǐ fāngbiàn 타인을 편리하게 하면 자신도 편리해진다 | ★一分耕耘，一分收获 yì fēn gēngyún, yì fēn shōuhuò 노력한 만큼 성과를 얻다

정답 **1.** B   **2.** D   **3.** B   **4.** C   **5.** A   **6.** D   **7.** C   **8.** A

1-4

明朝出了一位伟大的医学家和药物学家——李时珍，湖北蕲春人。

李时珍家世代行医。他的父亲医术很高，给穷人看病常常不收诊费，但自己的儿子当医生却不合他的意；因为那时候，行医是被人看不起的职业。李时珍可不这样想。他看到医生能救死扶伤，解除病人的痛苦，就从小立下志愿，要像父亲一样为穷人看病。

李时珍处处留心向父亲学习，暗自记下了不少药方。有一回，父亲遇到了疑难病症，一时想不出有效的药方。李时珍凑到父亲耳边，轻轻地说了一个古方。父亲一听他说的药方正对症，才同意他学医。

李时珍22岁开始给人看病，一面行医，一面研究药物。他发现旧的药物书有不少缺点：许多有用的药物没有记载；有些药物只记了个名称，没有说明形状和生长情况；还有一些药物记错了药性和药效。他想："病人吃错了药，那多危险啊，我何不自己编写一部完善的药物书呢？"

为了写这部药物书，李时珍不但在治病的时候注意积累经验，还亲自到各地去采药。他不怕山高路远，不怕严寒酷暑，走遍了出产药材的名山。他有时好几天不下山，饿了吃些干粮，天黑了就在山上过夜。他走了上万里路，拜访了千百个医生、老农、渔民和猎人，向他们学到了许多书本上没有的知识。他还亲口品尝了许多药材，判断药性和药效。

几年以后，他回到蕲春老家，开始写书。花了整整27年，**3B**他终于编写成了一部空前绝后的药物书，就是著名的《本草纲目》。

3A1593年，李时珍逝世，很可惜他没有能目睹自己呕心沥血编写的《本草纲目》的问

명나라의 위대한 의학자이자 약물학자인 이시진은 후베이성 치춘 사람이다.

이시진 집안은 대대로 의사였다. 그의 아버지는 의술이 매우 뛰어났고, 가난한 사람들에게 종종 무료로 치료해주었다. 하지만 아들이 의사가 되는 것을 마음에 들어 하지 않았다. 그때는 의료업이 사람들에게 무시당하는 직업이었기 때문이다. 하지만 이시진은 그렇게 생각하지 않았다. 그는 의사가 죽음에 처한 사람을 구하고 부상자를 돌보며, 환자의 고통을 없애주는 것을 보고, 어릴 적부터 아버지처럼 가난한 사람들을 치료해줄 거라는 포부를 세웠다.

이시진은 여러 면에서 주의를 기울이며 아버지를 본받아 배우고, 남몰래 많은 처방을 기록해두었다. 한번은 아버지가 치료가 어려운 질병에 대한 효과적인 약 처방이 잠시 생각나지 않았는데, 이시진이 아버지께 다가가 옛날부터 전해 내려오는 처방을 알려드린 적이 있었다. 아버지는 그의 처방을 듣고 그것이 바로 그 병에 맞는 처방이라는 것을 알고나서야 그가 의학 공부하는 것에 동의하였다.

이시진은 22살 때부터 진료를 시작하였고, 의료업에 종사하면서, 약물 연구도 하였다. 그는 오래된 약물 서적에서 많은 결점들을 발견하였다. 많은 유용한 약물들에 대한 기록도 없었으며, 어떤 약물은 단지 이름만 기록되어 있을 뿐, 형상이나 성장 상황에 대한 설명은 없었다. 또한 일부 약물은 약물의 성질과 약효가 잘못 기록되어 있었다. 그는 생각했다. '환자가 약을 잘못 먹으면 그 얼마나 위험한가, 내 어찌 완벽한 약물 서적 한 권을 편찬하지 않을 수 있겠는가?'

이 약물 서적 편찬을 위해, 이시진은 병을 치료하며 경험을 쌓는 것에 주의를 기울일 뿐 아니라 직접 여러 지역에 가서 약초를 채집했다. 그는 높은 산과 먼 길, 엄동설한과 혹서도 참아내며 약재가 나는 유명한 산을 두루 돌아다녔다. 어떤 때에는 며칠씩 산에서 내려오지 않고, 배가 고프면 비상 식량을 조금씩 먹어가며, 해가 지면 산에서 밤을 보냈다. 그는 먼 길을 다니며 많은 의사, 농부, 어부, 사냥꾼을 찾아 뵙고 그들에게서 책에 없는 수많은 지식을 배웠다. 그는 또한 직접 여러 약재들을 맛보고 약의 성질과 약효를 판단하였다.

몇 년 후, 그는 고향인 치춘으로 돌아와 책을 쓰기 시작했다. 꼬박 27년의 시간을 들여 **3B**그는 마침내 전무후무한 약물 서적 한 권을 편찬했는데, 그것이 바로 유명한 『본초강목』이다.

3A1593년, 이시진은 세상을 떠났는데, 애석하게도 자신이 심혈을 기울여 편찬한 『본초강목』이 세상에 발표되

世，因为该书的印刷本当时还在雕刻。三年后，《本草纲目》在南京全部出版，史称金陵版。目前该版本已成为世界珍宝。

는 것을 직접 보지 못했다. 이 책의 인쇄본이 당시에 만들어지는 중이었기 때문이다. 3년 후, 『본초강목』은 난징에서 모두 출판되었는데, 그 역사적 명칭은 금릉판이다. 현재 이 판본은 이미 세계의 진귀한 보물이 되었다.

어휘　★明朝 Míngcháo 몡 명나라 | ★药物学家 yàowù xuéjiā 몡 약물학자 | ★李时珍 Lǐ Shízhēn 고유 이시진 | ★湖北 Húběi 고유 후베이성 | 蕲春 Qíchūn 고유 치춘 | ★世代行医 shìdài xíngyī 대대로 의료업에 종사하다 | ★医术 yīshù 몡 의술 | ★诊费 zhěnfèi 몡 진료비 | ★合他的意 hé tā de yì 그의 마음에 들다 | ★行医 xíngyī 통 의료 행위에 종사하다 | ★看不起 kànbuqǐ 통 경시하다, 깔보다 | ★救死扶伤 jiù sǐ fú shāng 셩 죽음에 처한 사람을 구하고 부상자를 돌보다 | ★解除 jiěchú 통 없애다 | ★痛苦 tòngkǔ 몡 고통 | ★立下志愿 lìxià zhìyuàn 뜻을 세우다 | ★处处 chùchù 뷔 도처에, 각 방면에 | ★留心 liúxīn 통 관심을 갖다 | ★暗自 ànzì 뷔 뒷전에서, 남몰래 | ★药方 yàofāng 몡 처방, 처방전 | ★疑难病症 yínán bìngzhèng 치료가 어려운 질병 | ★凑 còu 통 다가가다 | ★古方 gǔfāng 몡 옛날부터 전해 내려오는 처방 | ★对症 duìzhèng 통 병의 증상에 맞다 | ★名称 míngchēng 몡 명칭 | ★形状 xíngzhuàng 몡 형상, 생김새 | ★药性 yàoxìng 몡 약물의 성질 | ★药效 yàoxiào 몡 약효 | ★何不 hébù 뷔 어찌 ~하지 않는가 | ★编写 biānxiě 통 집필하다, 편집하여 저술하다 | ★完善 wánshàn 톙통 완벽하다; 완벽하게 하다 | ★积累经验 jīlěi jīngyàn 경험을 쌓다 | ★采药 cǎiyào 통 약초를 캐다 | ★山高路远 shān gāo lù yuǎn 셩 산은 높고 길은 멀다, 멀고 험한 여정 | ★严寒酷暑 yánhán kùshǔ 엄동설한과 혹서 | ★走遍了 zǒubiàn le 두루 돌아다니다 | ★药材 yàocái 몡 약재 | ★干粮 gānliáng 몡 건조 식량, 비상 식량 | ★过夜 guòyè 통 밤을 지내다 | ★渔民 yúmín 몡 어민 | ★猎人 lièrén 몡 사냥꾼 | ★品尝 pǐncháng 통 맛보다, 시식하다 | ★整整 zhěngzhěng 뷔 온전히, 꼬박 | ★空前绝后 kōng qián jué hòu 셩 전무후무하다 | ★逝世 shìshì 통 서거하다 | ★目睹 mùdǔ 통 직접 보다 | ★呕心沥血 ǒu xīn lì xuè 셩 심혈을 기울이다 | ★问世 wènshì 통 세상에 나오다, 발표되다 | ★印刷本 yìnshuāběn 인쇄본 | ★雕刻 diāokè 통 조각하다, 새기다 | ★史称 shǐ chēng 역사적 명칭 | ★金陵 Jīnlíng 고유 금릉[난징(南京)의 옛 이름] | ★版本 bǎnběn 몡 판본 | ★世界珍宝 shìjiè zhēnbǎo 세계의 진귀한 보물

1　　난이도 中　공략 Key 不合他的意의 의미 파악

第二段划线句子的意思是：

A 儿子不听他的话
Ⓑ 他不希望儿子当医生
C 行医非常辛苦且收入不多
D 行医在当时的社会地位很低

두 번째 단락에서 밑줄 친 문장의 의미는?

A 아들이 그의 말을 듣지 않는다
Ⓑ 그는 아들이 의사가 되는 것을 바라지 않는다
C 의료업에 종사하면 매우 고생스러운데다가 수입이 적다
D 의료업에 종사하는 건 당시 사회에서는 매우 낮은 지위였다

공략　두 번째 단락의 밑줄 친 문장 '但自己的儿子当医生却不合他的意'에서 핵심 내용은 '不合他的意'인데, 그 의미는 '그가 만족해하지 않는다'라는 뜻이므로 정답은 B이다.

2　　난이도 中　공략 Key 반어문 '何不……呢'

第四段划线句子的意思是：

A 我不想自己编药物书
B 编药物书很有前途
C 编药物书并不容易
Ⓓ 我要自己编药物书

네 번째 단락에서 밑줄 친 문장의 의미는?

A 나는 약물 서적을 편찬하고 싶지 않다
B 약물 서적은 비전이 있다
C 약물 서적은 결코 쉽지 않다
Ⓓ 내가 스스로 약물 서적을 편찬하려고 한다

공략　네 번째 단락의 밑줄 친 문장 '我何不自己编写一部完善的药物书呢?'는 반어문으로, 부정의 형식으로 긍정의 의미를 나타내는 문장인데, 그 의미는 '내가 스스로 약물 서적 한 권을 편찬하려고 한다'이므로 정답은 D이다.

어휘　★前途 qiántú 몡 전망, 전도

3

关于《本草纲目》，下列哪项正确？

A　1593年出版
Ⓑ　一本伟大的药物学著作
C　编写了30年
D　是由李时珍和其弟子共同编写的书

『본초강목』에 관해, 다음 중 옳은 것은?

A　1593년에 출판되었다
Ⓑ　위대한 약물학 저서이다
C　30년간 편찬하였다
D　이시진과 그의 제자가 함께 편찬한 책이다

공략　핵심어는 《本草纲目》으로, 마지막 두 단락에서 찾을 수 있다. 보기의 순서대로 내용을 살펴보면, 보기 A는 마지막 단락에서 '1593年, 李时珍逝世, ……因为该书的印刷本当时还在雕刻。三年后,《本草纲目》在南京全部出版'이라는 부분을 통해 정답이 아님을 알 수 있다. 보기 B는 '他终于编写成了一部空前绝后的药物书，就是著名的《本草纲目》。'라는 부분에서 空前绝后가 '예전에도 없었고 앞으로도 없을 위대한 것'을 의미하므로 보기 B의 내용과 일치함을 알 수 있다.

4

与最后一段中"呕心沥血"的词义相近的词汇是：

A　焕然一新
B　精神集中
Ⓒ　竭尽全力
D　患得患失

다음 중 마지막 단락의 '呕心沥血'의 의미와 가장 밀접한 것은?

A　면모가 새롭게 달라지다
B　정신을 모으다
Ⓒ　모든 힘을 다 기울이다
D　개인의 이해득실만 따지다

공략　呕心沥血가 '전력을 다해 매우 노력하다'라는 의미의 성어라는 것을 알고 있다면 쉽게 보기 C를 정답으로 고를 수 있다. 만약 이 성어의 의미를 모른다면 心과 血 이 두 글자가 가진 의미에 근거해 정답을 유추하도록 한다.

어휘　★焕然一新 huàn rán yì xīn 솅 면모가 새롭게 달라지다 | ★竭尽全力 jiéjìn quánlì 모든 힘을 다 기울이다 | ★患得患失 huàn dé huàn shī 솅 개인의 이해득실만 따지다

5-8

著名画家张大千长着飘逸的白胡子，看上去颇有点仙风道骨的气质。一个朋友见到大师，好奇地问道："张先生，你睡觉时，胡子是放在被子上面，还是搁在里头？"张大千每天上床睡觉，从来没注意过自己的胡子，故而据实道来说："这……我也不清楚。是啊，我怎么没在意这个呢？这样吧，明天再告诉你。"

⁵这天晚上，张大千躺在床上，将胡子放在被子上面，觉得好像有点不太对劲，把它挪到被子里头，也感到不像是那么回事。真可谓，里也不是，外也不是，怎么折腾都觉得不妥。大师不由得感到纳闷："以前这根本就不算是什么事，现在怎么成了头痛的问题呢？"

心理学家做过一项实验，⁶人们纫针的

유명한 화가인 장다첸은 품위 있는 하얀 수염을 기르고 있어 보기에 보통 사람들과는 다른 비범한 기질이 꽤 드러났다. 한 친구가 이 대가를 만나 궁금해하며 물었다. "장선생, 자네는 잠을 잘 때, 수염을 이불 위에 두는 거요, 아니면 이불 안쪽에 두는 거요?" 장다첸은 매일같이 잠잘 때, 여태껏 자신의 수염에 주의를 기울인 적이 없었기 때문에 사실대로 말했다. "그것은…… 나도 잘 모른다네. 글쎄, 내 어찌 이에 대해 신경을 쓰지 않았지? 이렇게 합시다, 내일 다시 자네에게 알려주겠소."

⁵그날 저녁, 장다첸은 침대에 누워 수염을 이불 위에 두니 조금 이상한 듯하다고 느꼈고, 수염을 이불 안쪽에다 두니 그 역시 그럴듯하지 않다고 느꼈다. 정말 안쪽도 아니고 바깥쪽도 아닌 듯했다. 아무리 만지작거려봐도 다 맞지 않는 것 같았다. 이 대가는 자신도 모르게 답답함을 느끼며 "예전에 이것은 별 대수롭지 않은 일이었는데, 지금은 어째서 골치 아픈 일이 된 것인가?"라고 말했다.

심리학자가 어떤 실험을 한 적이 있는데, ⁶사람들이 바늘에 실을 꿸 때, 신경을 집중할수록 실을 꿰기가 더 어렵

时候，神情越是专注，越是不容易穿进去。他们称这种现象为"目的颤抖"，也就是人们通常所说"穿针心理"。有时事情就是这样，你目的性越强，越容易把事情搞糟。你越是特别在意什么，它给你带来的困扰就越大。打个比方说，**7**噪声达到同样的分贝，有的人感觉要强烈一些，有的人感觉就没那么明显。只缘前者更在意噪声，所受的影响和危害也就更大。即使是同一个人，听到同样分贝的噪声，当他心不在焉的时候，就不会觉得噪声有多么严重；当他被噪声牵制了注意力，搞得心神不宁的时候，就会感到噪声大得难以容忍。

有时与受伤俱来的疼痛，也与人的注意力有关。一个人精力高度集中时意外受伤，往往感觉不到疼痛，也不知道自己受伤。一旦看到伤口在流血，他就会慢慢恢复痛感。很多人都有过这样的体验，其实受伤时疼痛已经造成，只是人全神贯注于别的地方，感觉都倾注到了别的因素上，所以掩盖了本身的痛觉。

다고 한다. 그들은 이런 현상을 '목적성 떨림'이라고 칭했는데, 이것이 바로 사람들이 일반적으로 얘기하는 '바늘에 실을 꿰는 심리'이다. 때로는 일이라는 것이 이러하다. 당신의 목적성이 강할수록 일을 더 쉽게 그르치게 된다. 당신이 어떤 것에 특히 신경을 쓸수록, 그것이 당신을 더욱 성가시게 만든다. 예를 들어, **7**소음을 동일한 데시벨로 맞추어도 어떤 사람은 그것이 강하다고 느끼지만 어떤 사람은 그다지 뚜렷하게 느끼지 않는다. 단지 전자가 소음을 더 의식하고 있기 때문에 받게 되는 영향과 해도 더 큰 것이다. 설령 동일한 사람이 동일한 데시벨의 소음을 듣더라도, 그가 신경을 쓰지 않고 있을 때에는 소음이 얼마나 심각한지 느끼지 못하지만, 그가 소음으로 인해 주의력에 영향을 받아 마음이 편안하지 않을 때에는 그 소음이 용납할 수 없을 정도로 크게 느껴지게 된다.

때로는 부상을 당했을 때 오는 통증도 사람의 주의력과 관계가 있다. 사람의 정신이 매우 집중되어 있을 때 의외의 부상을 입게 되면 흔히 그 통증을 느끼지 못하고 자신이 부상을 당한지도 모른다고 한다. 일단 상처에서 피가 나는 것을 보게 되면 그는 천천히 통증을 느끼게 된다고 한다. 많은 사람들이 이러한 경험을 가지고 있는데, 사실 부상을 당했을 때 통증은 이미 생기게 된 것이지만, 다른 일에 온 정신을 집중하면 감각은 다른 요소에 집중되어 본래의 통증은 감춰지게 되는 것이다.

어휘　张大千 Zhāng Dàqiān 〔고유〕 장다첸 | ★飘逸 piāoyì 〔형〕 품위 있다 | ★胡子 húzi 〔명〕 수염 | ★颇有点 pō yǒudiǎn 꽤 있다 | ★仙风道骨 xiān fēng dào gǔ 〔성〕 (풍격과 기개가) 남다르다, 비범하다 | ★气质 qìzhì 〔명〕 기질, 풍격 | ★好奇 hàoqí 〔형〕 호기심이 많다 | ★搁 gē 〔동〕 놓다, 두다 | ★故而 gù'ér 〔접〕 그러므로 | ★据实道来 jù shí dào lái 사실대로 말하다 | ★不太对劲 bútài duìjìn 별로 마음에 들지 않다 | ★捋 lǚ 〔동〕 (손으로) 쓰다듬다 | ★被子 bèizi 〔명〕 이불 | ★不像那么回事 bú xiàng nàme huí shì 그럴듯하지 않다 | ★真可谓 zhēn kěwèi 정말 ~이라 할 만하다 | ★里也不是，外也不是 lǐ yě bùshì, wài yě bùshì 안쪽도 아니고 바깥쪽도 아니다 | ★折腾 zhēteng 〔동〕 (어떤 일을) 반복하다, 만지작거리다 | ★不妥 bùtuǒ 〔형〕 부적당하다 | ★纳闷 nàmèn 〔동〕 답답해하다 | ★头痛 tóutòng 〔형〕 골치 아프다 | ★纫针 rènzhēn 〔동〕 바늘귀에 실을 꿰다 | ★神情 shénqíng 〔명〕 표정, 기색 | ★专注 zhuānzhù 〔동〕 집중하다, 전념하다 | ★颤抖 chàndǒu 〔동〕 부들부들 떨다, 덜덜 떨다 | ★目的性 mùdìxìng 〔명〕 목적성 | ★搞糟 gǎozāo 그르치다, 잘못하다 | ★在意 zàiyì 〔동〕 마음에 두다, 거리끼다 | ★困扰 kùnrǎo 〔동〕 괴롭히다 | ★打个比方说 dǎ ge bǐfāng shuō 예를 들어 말하다 | ★噪声 zàoshēng 〔명〕 소음, 불협화음 | ★分贝 fēnbèi 〔양〕 데시벨 | ★强烈 qiángliè 〔형〕 강렬하다, 선명하다 | ★明显 míngxiǎn 〔형〕 뚜렷하다, 분명하다 | ★只缘 zhǐ yuán 단지 ~때문이다 | ★前者 qiánzhě 〔명〕 전자 | ★心不在焉 xīn bú zài yān 〔성〕 정신을 딴 데 팔다 | ★牵制 qiānzhì 〔동〕 견제하다 | ★注意力 zhùyìlì 〔명〕 주의력 | ★心神不宁 xīnshén bù níng 마음이 편안하지 않다 | ★难以 nányǐ 〔부〕 ~하기 어렵다 | ★容忍 róngrěn 〔동〕 용인하다, 용납하다 | ★俱来 jù lái 전부 오다, 모두 닥치다 | ★疼痛 téngtòng 〔명〕〔형〕 통증; 아프다 | ★高度集中 gāodù jízhōng 매우 집중하다 | ★意外受伤 yìwài shòushāng 의외의 부상을 당하다 | ★一旦 yídàn 〔부〕 일단 | ★伤口 shāngkǒu 〔명〕 상처 | ★流血 liúxuè 〔동〕 피를 흘리다 | ★恢复 huīfù 〔동〕 회복하다, 회복되다 | ★痛感 tònggǎn 〔명〕 아픈 느낌 | ★体验 tǐyàn 〔명〕 체험 | ★造成 zàochéng 〔동〕 형성하다, 만들다 | ★全神贯注 quán shén guàn zhù 〔성〕 온 정신을 집중하다 | ★倾注 qīngzhù 〔동〕 기울이다 | ★掩盖 yǎngài 〔동〕 덮어 씌우다, 감추다 | ★痛觉 tòngjué 〔명〕 통각

5　　난이도 中　공략 Key 里也不是, 外也不是 앞 문장의 내용 파악

第二段中"里也不是，外也不是"是什么意思?

Ⓐ **胡子放在哪儿都不舒服**
B　不想在房间里面
C　不理解怎么回事
D　怎么也睡不着

두 번째 단락의 '里也不是, 外也不是'는 어떤 의미인가?

Ⓐ **수염을 어디에 두어도 편하지 않다**
B　방 안에 있고 싶지 않다
C　어찌된 일인지 이해되지 않다
D　도무지 잠이 오지 않다

6

난이도 **中**　공략 Key **穿针心理의 앞 문장의 내용 파악**

第三段中"穿针心理"是指什么？

A 做事应该关注
B 目的决定了成功
C 注意不影响做事
Ⓓ **过于关注无助于解决问题**

세 번째 단락의 '穿针心理'는 무엇을 가리키는 것인가?

A 일을 할 때는 반드시 주의를 기울여야 한다
B 목적이 성공을 결정한다
C 일에 영향을 끼치지 않도록 주의한다
Ⓓ 지나치게 주의를 기울이는 건 문제 해결에 도움이 안
　된다

공략 '穿针心理(바늘에 실을 꿰는 심리)'는 이 글에서 새롭게 언급된 것으로 이 단어 앞뒤의 내용을 살펴보면 그 의미를 이해할
수 있다. '穿针心理'의 앞 문장 '人们纫针的时候，神情越是专注，越是不容易穿进去'의 내용을 살펴보면 '穿针心
理'가 '정신을 너무 집중하면 문제를 해결할 수 없다'라는 뜻을 나타냄을 알 수 있으므로 정답은 D이다.

7

난이도 **中**　공략 Key **핵심어 同样分贝的噪音 찾기**

为什么同样分贝的噪音，不同的人感觉都不
一样？

A 不同的人容忍程度不一样
B 噪声对身体有害
Ⓒ **不同的人关注程度不一样**
D 人们的目的不同

동일한 데시벨의 소음을 사람마다 왜 다르게 느끼는가？

A 사람마다 용납할 수 있는 정도가 다르기 때문에
B 소음이 건강에 해롭기 때문에
Ⓒ 사람마다 주의를 기울이는 정도가 다르기 때문에
D 사람들의 목적이 다르기 때문에

공략 핵심어는 '同样分贝的噪音'으로, 세 번째 단락 '噪声达到同样的分贝，有的人感觉要强烈一些，有的人感觉就
没那么明显。只缘前者更在意噪声，所受的影响和危害也就更大。'라는 문장에서 찾을 수 있는데, 이 문장 중 只
缘이 只因为의 의미이고, 在意가 关注의 의미임을 알 수 있으므로 정답은 C이다.

8

난이도 **上**　공략 Key **全神贯注의 의미 파악**

最后一段"全神贯注"的意思是：

Ⓐ **专心致志**
B 心不在焉
C 漫不经心
D 全力以赴

마지막 단락의 '全神贯注'의 의미는？

Ⓐ 온 마음을 다 기울이다
B 정신을 딴 데 팔다
C 전혀 신경 쓰지 않다
D 최선을 다하다

공략 성어 全神贯注의 의미가 '정신을 매우 집중하다'라는 것을 안다면 쉽게 정답을 고를 수 있다. 이 성어의 의미를 모른다면
성어 중의 '全神'이라는 표현을 통해 그 의미를 유추하도록 한다.

어휘 ★专心致志 zhuān xīn zhì zhì 성 온 마음을 다 기울이다 ｜ ★漫不经心 màn bù jīng xīn 성 전혀 아랑곳하지 않다, 전혀
신경 쓰지 않다 ｜ ★全力以赴 quán lì yǐ fù 성 최선을 다하다, 온 힘을 다하다

정답 1. C 2. D 3. A 4. B 5. D 6. C 7. A 8. B

1-4

逆商是人们面对逆境，在逆境中的成长能力的商数，用来测量每个人面对逆境时的应变和适应能力的大小。**1**逆商高的人在面对困难时往往表现出非凡的勇气和毅力，锲而不舍地将自己塑造成一个成功的人；相反，那些逆商低的人则常常畏畏缩缩、半途而废，最终一败涂地。

从某种程度上说，**2**逆商对政治人物比情商和智商更为重要。因为政治斗争历来是激烈程度最高的斗争，失败和挫折像家常便饭一样，会时有发生。如果碰上精英云集的三国时代，失败就更加司空见惯了。

这里不能不提曹操和刘备两位三国巨头。曹操一生赢过很多次，重大的如官渡之战；也输过很多次，著名的如赤壁之战。可他老人家心理素质极好，尤其是逆商极高，不论面对多大的风浪，总能毫不气馁，坦然处之，然后从头再来。所以，他的成就也就最大。就拿赤壁之战来说，曹操的战舰和军营全部着火，二十万大军死的死，伤的伤，败得一塌糊涂，不仅统一江南已是不可能，就连保住性命都很难说。这种事搁在袁绍身上，早气死多少回了。可曹操到底是曹操，虽然这次败得彻彻底底，损失了面子不说，还损失了永远统一中国的机会，但依然不减英雄气度，当时曹操是五十四岁，其间还风风火火地三次南征孙权。

反过来再看刘备。章武二年，**3**刘备于夷陵之战中大败于孙权之手，被火烧七百里连营，败得不可谓不惨。但刘备总共的兵力才四万，就算全军覆没，比起当年赤壁之战曹操的损失要小得多了。而且，自己还有整个富饶的益州作为后盾，假以时日，稍加休养，完全可以重振雄风，这可以在诸葛亮后来的六次北伐中完全得到验证。可这位刘皇叔的逆商太低，面对挫折，心力交瘁，竟然一病不起，完全是一副输不起的样子。他好

역경 지수(AQ)란 사람들이 역경에 부딪혔을 때 역경 속에서 성장할 수 있는 능력을 나타내는 지수로, 역경에 부딪혔을 때의 임기응변 및 적응 능력의 크기를 가늠하는 데 쓰인다. **1**역경 지수가 높은 사람은 어려움에 직면했을 때 종종 뛰어난 용기와 의지를 나타내고, 끈기 있게 끝까지 자신을 성공한 사람으로 만들지만, 반대로 역경 지수가 낮은 사람은 자주 주눅이 들고, 일을 중도에서 그만두어, 결국에는 실패하여 돌이킬 수 없는 지경에 이르게 된다.

어떤 면에서 보면, **2**역경 지수는 정치인에게는 감성 지수(EQ)와 지능 지수(IQ)보다 더 중요하다고 할 수 있다. 왜냐하면 정치 투쟁은 항상 치열함의 정도가 가장 높은 투쟁으로, 실패와 좌절이 지극히 평범한 일로 늘 발생하기 때문이다. 만약 걸출한 인물들이 모여있던 삼국시대라고 한다면 실패는 더욱 흔히 볼 수 있는 일이었을 것이다.

여기서 조조와 유비 이 두 삼국시대의 거두에 관한 이야기를 하지 않을 수 없다. 조조는 평생 여러 번 승리를 거두었는데, 중대한 것으로는 관도대전을 꼽을 수 있고, 또한 여러 번 패한 적도 있었는데, 유명한 것으로는 적벽대전을 꼽을 수 있다. 조조는 훌륭한 심리적 소질을 지녔다고 하는데, 특히 역경 지수가 매우 높아서, 어떠한 고난에 직면하든 낙심하지 않고, 태연하게 일을 처리하고 난 후 처음부터 다시 했다고 한다. 따라서 그의 업적도 매우 컸다. 적벽대전을 가지고 말해보면, 그때 조조의 전함과 군영이 모두 불에 타고 20만 대군이 부상을 당하고 사망하여 전쟁에서 완전히 패하여 강남을 통일하는 것이 불가능해졌을 뿐 아니라, 생명을 지키는 것조차 장담할 수 없었다. 이 일이 원소에게 일어났다면 그는 여러 차례 분노했을 것이다. 하지만 조조는 역시 조조였다. 비록 그때 철저하게 패하여서, 체면이 깎인 것은 말할 것도 없고 중국을 영원히 통일시키려던 기회도 잃게 되었지만 그는 여전히 영웅의 기백을 잃지 않았다. 당시 조조는 54세였는데, 그 기간에 기세 등등하게 세 번이나 남쪽으로 손권 정벌에 나섰다고 한다.

이와 반대로 유비를 살펴보자. 장무 2년, **3**유비는 이릉대전에서 손권에 대패하였는데, 700리의 군영이 불에 타 매우 참담하게 패하였다. 하지만 유비의 전체 병력은 겨우 4만 명으로 설령 군대가 전멸하였다 할지라도, 적벽대전 당시 조조의 손실에 비하면 매우 적은 숫자였다. 게다가 유비에게는 든든한 배경으로 풍요로운 익주가 있어, 시간적으로 여유가 주어진다면, 이전 상태로 되돌려 충분히 다시 위풍을 떨칠 수 있던 상황이었는데, 이는 제갈량 이후의 여섯 차례 북벌 전쟁 중 검증되었던 것이다. 하지만 유비의 역경 지수는 매우 낮아서 좌절에 직면했을 때 몸과

容易挺到次年的四月二十四日就去世了，留下一个本事平平的儿子刘禅，由诸葛亮拉扯成人。

因此，刘备和曹操最大的差距是逆商，而不是通常人们所认为的智商，因为作为一个政治领袖，他们的智力缺失可以由大臣弥补，但逆商却是任何人也弥补不了的。

마음이 지칠 대로 지쳐 뜻밖에 병으로 나날이 악화되었지만 그는 완전히 패배를 인정하지 않는 모습이었다. 유비는 가까스로 이듬해 4월 24일까지 견디다가 세상을 떠났고, 평범한 능력을 지닌 아들 유선만을 남겨놓았는데, 그는 제갈량의 보살핌으로 어른이 되었다.

그러므로, 유비와 조조의 가장 큰 차이는 역경 지수였지 일반적으로 사람들이 알고 있던 지능 지수가 아니었다. 왜냐하면 정치 지도자로서 그들의 지능 지수의 부족함은 대신들로 보충할 수 있지만 역경 지수는 어떠한 사람으로도 보충할 수 없는 것이기 때문이다.

어휘 ★逆商 nìshāng 몡 역경 지수(AQ) | ★面对 miànduì 동 마주 대하다, 직면하다 | ★逆境 nìjìng 몡 역경 | ★商数 shāngshù 몡 지수, 몫 | ★测量 cèliáng 동 측량하다, 가늠하다 | ★应变 yìngbiàn 동 응변하다 | ★非凡 fēifán 형 뛰어나다, 비범하다 | ★勇气 yǒngqì 몡 용기 | ★毅力 yìlì 몡 굳센 의지 | ★锲而不舍 qiè ér bù shě 성 끈기 있게 끝까지 해내다 | ★塑造 sùzào 동 만들다 | ★畏畏缩缩 wèiwèisuōsuō 무서워서 벌벌 떨다, 주눅이 들다 | ★半途而废 bàn tú ér fèi 성 일을 중도에 그만두다 | ★一败涂地 yí bài tú dì 성 여지없이 참패하다, 철저히 실패하여 돌이킬 수 없는 지경에 이르다 | ★政治人物 zhèngzhì rénwù 정치 인물 | ★情商 qíngshāng 몡 감성 지수(EQ) | ★智商 zhìshāng 몡 지능 지수(IQ) | ★政治斗争 zhèngzhì dòuzhēng 정치 투쟁 | ★历来 lìlái 부 줄곧, 항상 | ★激烈 jīliè 형 치열하다, 격렬하다 | ★挫折 cuòzhé 동 좌절시키다, 실패하다 | ★家常便饭 jiāchángbiànfàn 집에서 일상적으로 먹는 보통 식사, 지극히 평범한 일 | ★时有发生 shí yǒu fāshēng 늘 발생하다 | ★精英云集 jīngyīng yúnjí 걸출한 인물들이 운집하다, 엘리트들이 구름같이 모여들다 | ★司空见惯 sī kōng jiàn guàn 성 늘 보아서 신기하지 않다, 흔히 있는 일이다 | ★曹操 Cáo Cāo 고유 조조 | ★刘备 Liú Bèi 고유 유비 | ★巨头 jùtóu 몡 거두, 우두머리 | ★赢过 yíngguo 이긴 적이 있다, 승리한 적이 있다 | 官渡之战 Guāndù zhī zhàn 관도대전 | 赤壁之战 Chìbì zhī zhàn 적벽대전 | ★心理素质 xīnlǐ sùzhì 심리적 소양, 심리적 소질 | ★风浪 fēnglàng 몡 풍파, 고난 | ★气馁 qìněi 동 낙심하다, 용기를 잃다 | ★坦然处之 tǎnrán chǔ zhī 태연하게 일을 처리하다 | ★从头再来 cóngtóu zài lái 처음부터 다시 하다 | ★战舰 zhànjiàn 몡 전함 | ★军营 jūnyíng 몡 군영, 군대의 주둔지 | ★着火 zháohuǒ 동 불이 나다, 화재가 발생하다 | ★一塌糊涂 yì tā hú tú 성 뒤죽박죽이 되다 | ★保住性命 bǎozhù xìngmìng 목숨을 지키다 | ★搁 gē 동 놓다, 두다 | 袁绍 Yuán Shào 고유 원소 | ★彻彻底底 chèchèdǐdǐ 철저하게 | ★损失 sǔnshī 동 손해를 보다, 손실하다 | ★依然 yīrán 부 여전히 | ★英雄气度 yīngxióng qìdù 영웅의 기백 | ★风风火火 fēngfēnghuǒhuǒ 위세가 드높은, 기세등등한 | ★南征 nán zhēng 남쪽 정벌 | ★反过来 fǎnguòlai 동 뒤집다, 거꾸로 하다 | 章武 Zhāngwǔ 고유 장무 | 夷陵之战 Yílíng zhī zhàn 이릉대전 | ★大败于 dàbài yú ~에 참패하다 | 连营 lián yíng 이어져 있는 군영 | ★不可谓不惨 bù kěwèi bù cǎn 매우 참담하다 | ★兵力 bīnglì 몡 병력, 군사력 | ★就算 jiùsuàn 접 설령 ~이라 하더라도 | ★全军覆没 quán jūn fù mò 성 군대가 전멸하다, 완전히 실패하다 | ★富饶 fùráo 형 풍요롭다, 부유하다 | 益州 Yìzhōu 고유 익주 | ★后盾 hòudùn 몡 배경, 지지자 | ★假以时日 jià yǐ shírì 시간적 여유가 주어지다 | ★稍加休养 shāojiā xiūyǎng 조금 회복하다, 이전 상태로 되돌리다 | ★重振雄风 chóngzhèn xióngfēng 다시 위풍을 떨치다 | ★诸葛亮 Zhūgě Liàng 고유 제갈량 | 北伐 běifá 북벌 전쟁(北伐战争)의 약칭 | ★验证 yànzhèng 동 검증하다 | 皇叔 huángshū 황숙[황제의 숙부] | ★心力交瘁 xīn lì jiāo cuì 성 마음과 몸이 지칠 대로 지치다 | ★一病不起 yí bìng bù qǐ 성 (병에 걸린 후) 나날이 악화되어 죽다, 병으로 죽다 | ★输不起 shūbuqǐ 질 수 없다 | ★次年 cì nián 이듬해 | ★本事平平 běnshi píngpíng 능력이 평범하다 | ★拉扯 lāche 동 보살피다, 애써 키우다 | ★差距 chājù 몡 차이, 거리 | ★政治领袖 zhèngzhì lǐngxiù 정치 지도자 | ★缺失 quēshī 동 부족하다 | ★大臣 dàchén 몡 대신, 중신 | ★弥补 míbǔ 동 메우다, 보충하다

1   난이도 中   공략 Key 첫 번째 단락의 내용 파악

逆商是指什么?

A 在顺境中的适应能力
B 只对政治人物重要
C 影响一个人的成败
D 也称逆境

역경 지수가 가리키는 것은?

A 순탄한 환경에서의 적응 능력
B 단지 정치인에게 있어 중요한 것
C 한 사람의 성공과 실패에 영향을 끼치는 것
D 역경이라고도 불리는 것

공략 첫 번째 단락 '逆商高的人在面对困难时往往表现出非凡的勇气和毅力，锲而不舍地将自己塑造成一个成功的人；相反，那些逆商低的人则常常畏畏缩缩、半途而废，最终一败涂地'라는 부분을 통해 '역경 지수가 높은 사람은 쉽게 성공하고, 그렇지 못한 사람은 쉽게 실패한다'는 것을 알 수 있으므로 정답은 C이다.

2 난이도 下 ｜ 공략 Key 단락의 주제가 되는 첫 번째 문장의 내용 파악

第二段主要告诉我们什么？ A 智商不是那么重要 B 三国人物都是精英 C 政治人物逆商都很高 **Ⓓ 逆商对政治人物重要**	두 번째 단락은 주로 무엇에 대해 이야기하는가？ A 지능 지수는 그렇게 중요하지 않다 B 삼국시대 인물들은 모두 다 걸출하다 C 정치인의 역경 지수는 모두 높다 **Ⓓ 역경 지수는 정치인에게 있어 중요하다**

공략 두 번째 단락 첫 번째 줄의 '逆商对政治人物比情商和智商更为重要'라는 내용의 뒤를 이어서 '因为……'로 그 이유를 들어 설명한 것을 통해, 이 단락의 주된 내용이 '역경 지수가 정치인에게 중요하다'라는 것을 알 수 있으므로 정답은 D 이다.

어휘 ★精英 jīngyīng 몡 걸출한 인물, 엘리트

3 난이도 下 ｜ 공략 Key 동일한 의미의 문장 찾기

关于刘备，正确的是： **Ⓐ 夷陵之战大败于孙权** B 进行六次北伐 C 逆商很高 D 统一了中原	유비에 관해 다음 중 옳은 것은？ **Ⓐ 이릉대전에서 손권에 참패했다** B 여섯 차례 북벌 전쟁을 일으켰다 C 역경 지수가 매우 높다 D 중원을 통일했다

공략 보기의 순서대로 본문에서 관련 부분을 찾아 그 내용을 살펴보아야 하는데, 네 번째 단락 첫 번째 줄의 '刘备于夷陵之战中大败于孙权之手'라는 부분에서 보기 A와 일치하는 내용이 언급되었으므로 정답은 A이다.

어휘 ★中原 Zhōngyuán 고유 중원

4 난이도 中 ｜ 공략 Key 전체적으로 구조가 나뉜 글의 주제 파악

本文告诉我们什么？ A 曹操与刘备之差 **Ⓑ 面向逆境你准备好了吗** C 逆水行舟，不进则退 D 政治人物应有的素质	본문이 우리에게 알려주는 바는 무엇인가？ A 조조와 유비의 차이 **Ⓑ 역경에 직면하여 당신은 준비가 되어있는가** C 어려움을 극복하고 앞을 향해 분발하지 않으면 반드시 　뒤떨어진다 D 정치인에게 반드시 있어야 할 소질

공략 이 글은 전체적으로 두 개의 구조로 나누어져 있는데, 앞의 두 단락에서는 '역경 지수의 중요성'에 대해 언급하고, 뒤의 세 단락에서는 삼국시대를 예로 들어 한 걸음 더 나아가 설명하고 있다. 전체 내용은 모두 '역경 지수'에 관한 것이므로 정답은 B이다.

어휘 ★逆水行舟，不进则退 nì shuǐ xíng zhōu, bú jìn zé tuì 셩 물을 거슬러 가는 배는 앞으로 나아가지 않으면 퇴보한다. 어려움을 극복하고 앞을 향해 분발하지 않으면 반드시 뒤떨어질 것이다

5-8

许多人都有过无法集中注意力的苦恼，一件两三个钟头就能搞定的工作偏偏耗费了一整天都无法专注。那么，怎样才能保持较高的注意力水平呢？科学研究发现，**5**当大	많은 사람들이 모두 주의력을 집중시키지 못해 생긴 고통을 겪어본 적이 있을 것이다. 두세 시간이면 다 처리할 수 있는 일을 유독 하루 종일의 시간을 들여도 집중하지 못하는 경우가 있다. 그렇다면, 어떻게 해야 비교적 높은 주의력을 유지할 수 있을까? 과학 연구에 따르면, **5**대뇌

脑的前额叶皮层被合适的化学物质刺激时，集中注意力的行为就产生了。尤其是多巴胺这类"愉悦性化学物质"的水平升高，更能促使注意力集中。当多巴胺水平升高时，你的潜意识就会希望获得更多的它带来的美妙感觉，这促使你更专注于正在做的事情。

6所有人都会在某些因素影响下发生注意力减退，这包括疲劳、压力、生气等内部因素和电视、电脑等外界诱惑。其中，睡眠不足是最为普遍的因素之一。因为睡眠不足时人体内的供氧会受到影响，而氧气是制造那些化学物质的必需品。

为了赢回你的注意力，除了关掉闹钟，睡到自然醒以外，科学家们还发现了另外一招——吃零食。

如果你正在赶着去参加一个长时间的会议，那么，吃一点苹果、蛋糕之类的零食吧。这些食物会帮助你集中注意力，喝两口浓缩咖啡也是不错的选择。但是当心，过量的咖啡会过度刺激神经，从而减弱你的注意力。

7然而当注意力减退是由压力或生气引起时，吃零食可能就没那么有效果了。要应对这类的注意力分散，最好的办法也许是马上开始有氧运动，滑冰或仅仅轻快地走上两圈都行。任何运动都比坐在办公桌前拼命想着集中注意力效果更好，如果不具备运动的条件，那么就推开椅子站起来——这个简单的动作也会告诉你的大脑是时候清醒并警觉一下了。

전두엽 피질이 알맞은 화학 물질에 자극을 받았을 때, 주의력을 집중시키는 행위가 생겨난다고 한다. 특히 도파민과 같은 종류의 '기분을 유쾌하게 하는 화학 물질'이 많아지면 주의력을 더 집중시킬 수 있다고 한다. 도파민의 양이 늘어나면 당신의 잠재의식은 도파민이 가져다주는 좋은 느낌을 더 많이 얻고 싶다고 느껴, 이것으로 당신이 하고 있는 일에 더 집중할 수 있게 한다.

6모든 사람들은 일부 요소의 영향으로 주의력 감퇴가 일어나는데, 여기에는 피로, 스트레스, 분노 등 내적 요인과 텔레비전, 컴퓨터 등의 외부 자극이 포함된다. 그중, 수면 부족이 가장 보편적인 요인 중의 하나이다. 수면이 부족하면 인체 내의 산소 공급에 영향을 받게 되는데, 산소는 그러한 화학 물질을 만들어내는 필수품인 것이다.

당신의 주의력을 되찾으려면, 자명종을 끄고, 자연스럽게 잠에서 깰 때까지 수면을 취하는 것 외에도, 과학자들이 발견한 또 다른 방법은 바로 간식을 먹는 것이다.

만약 당신이 서둘러 긴 시간의 회의에 참가하러 가는 길이라면, 사과와 케이크 같은 간식을 좀 먹도록 하자. 이러한 음식들은 당신이 주의력을 집중하는 데 도움이 된다. 에스프레소 커피 두 모금도 역시 좋은 선택이다. 하지만 조심해야 할 것은 지나치게 많은 양의 커피는 신경을 과도하게 자극해 당신의 주의력을 떨어뜨릴 수 있다.

7그런데 주의력 감퇴가 스트레스나 분노에 의해 일어난 것일 때, 간식을 먹는 것은 그다지 효과가 있다고 할 수 없다. 그런 종류의 주의력 분산에 대처하기 위한 가장 좋은 방법은 그 즉시 유산소 운동을 하는 것인데, 스케이트를 타거나 아니면 단지 가볍게 두 바퀴 걷는 것만으로도 좋다. 어떠한 운동이라도 책상 앞에 앉아 필사적으로 주의력을 집중하려고만 하는 것보다는 효과가 더 좋으며, 만약 운동 조건이 갖춰져 있지 않다면, 의자를 밀쳐내고 일어서는 이 간단한 동작으로도 당신의 뇌를 깨울 수 있다.

어휘　★注意力 zhùyìlì 몡 주의력 | ★苦恼 kǔnǎo 혱 몹시 괴롭다 | ★搞定 gǎodìng 동 (일을) 다 처리하다 | ★偏偏 piānpiān 뷔 유독 | ★耗费 hàofèi 동 들이다 | ★一整天 yì zhěngtiān 하루 종일 | ★专注 zhuānzhù 동 집중하다 | ★大脑 dànǎo 몡 대뇌 | 前额 qián'é 몡 이마 | 皮层 pícéng 몡 피층, 피질 | ★刺激 cìjī 동 자극하다 | 多巴胺 duōbā'àn 도파민 | ★升高 shēnggāo 동 높이 오르다 | ★促使 cùshǐ 동 ~하도록 (재촉)하다 | ★潜意识 qiányìshí 몡 잠재의식 | ★美妙 měimiào 혱 아름답고 묘하다 | ★某些 mǒuxiē 떼 몇몇, 일부 | ★减退 jiǎntuì 동 감퇴하다 | ★内部因素 nèibù yīnsù 내부 요소 | ★外界诱惑 wàijiè yòuhuò 외부 자극, 외부 유혹 | ★睡眠不足 shuìmián bùzú 수면 부족 | ★供氧 gōng yǎng 산소를 공급하다 | ★氧气 yǎngqì 몡 산소 | ★必需品 bìxūpǐn 몡 필수품 | ★赢回 yínghuí 되찾아오다 | ★关掉 guāndiào 동 꺼버리다 | ★闹钟 nàozhōng 몡 알람 시계 | ★自然醒 zìrán xǐng 자연히 깨다 | ★一招 yì zhāo 한 수, 한 방법 | ★零食 língshí 몡 간식, 군것질 | ★浓缩 nóngsuō 동 농축하다 | ★当心 dāngxīn 동 조심하다 | ★减弱 jiǎnruò 동 약화되다 | ★分散 fēnsàn 동 분산하다 | ★有氧运动 yǒuyǎng yùndòng 몡 유산소 운동 | ★滑冰 huábīng 동 스케이트를 타다 | ★轻快 qīngkuài 혱 (동작이) 가볍다 | ★圈 quān 몡 환, 고리 | ★拼命 pīnmìng 필사적으로 하다 | ★推开 tuīkāi 동 밀어젖히다 | ★清醒 qīngxǐng 동 (의식이나 정신 등을) 차리다 | ★警觉 jǐngjué 동 각성하다

5 난이도 中 공략 Key 긴 문장의 핵심 파악

根据上文，注意力集中的原因是： A 产生饥饿感 B 受到外界诱惑 C 多巴胺水平降低 **D 大脑被某些化学物质刺激**	본문에 따르면 주의력을 집중시키는 원인은? A 배고픔이 생길 때 B 외부 자극을 받았을 때 C 도파민의 양이 낮아졌을 때 **D 대뇌가 어떤 화학 물질에 자극을 받았을 때**

공략 핵심어는 '注意力集中的原因'으로, 본문에서 첫 번째 단락에서 찾을 수 있다. '当大脑的前额叶皮层被合适的化学物质刺激时，集中注意力的行为就产生了'라는 부분을 통해 정답이 D임을 알 수 있다.

6 난이도 中 공략 Key 단락의 내용 파악

第二段介绍了什么主题？ A 睡眠不足的坏处 B 如何防止注意力减退 **C 引起注意力减退的因素** D 要抵制外界诱惑	두 번째 단락에서 다루고 있는 주제는? A 수면 부족의 해로운 점 B 주의력 감퇴를 어떻게 방지하는가 **C 주의력 감퇴를 일으키는 요소** D 외부 자극을 억제해야만 한다

공략 두 번째 단락 첫 번째 문장 '所有人都会在某些因素影响下发生注意力减退'라는 부분과 그 뒤에 이어지는 내용이 그 것이 포함하는 요소를 설명하므로, 주로 '주의력 감퇴를 일으키는 요소'를 언급함을 알 수 있어 정답은 C이다.

7 난이도 中 공략 Key 핵심어 因压力引起를 통한 내용 파악

根据上文，对付因压力引起注意力减退的办法是： **A 有氧运动** B 保证睡眠 C 安静地思考 D 吃苹果等零食	본문에 따르면, 스트레스로 생긴 주의력 감퇴에 대처하는 방법은? **A 유산소 운동** B 수면 시간 확보 C 조용히 사색하기 D 사과 같은 간식 먹기

공략 핵심어는 '因压力引起'로, 마지막 단락 첫 번째 줄의 '然而当注意力减退是由压力或生气引起时，吃零食可能就没那么有效果了。要应对这类的注意力分散，最好的办法也许是马上开始有氧运动'이라는 부분을 통해 정답이 A임을 알 수 있다. 핵심어가 언급된 부분을 끝까지 살피지 않아 '吃零食'를 정답으로 오해하지 않도록 주의한다.

8 난이도 中 공략 Key 각 단락의 내용 파악

最适合做上文标题的是： A 消除你的苦恼 **B 赢回你的注意力** C 培养你的好习惯 D 提高你的工作效率	본문의 제목으로 가장 적합한 것은? A 당신의 고민 없애기 **B 당신의 주의력 되찾기** C 당신의 좋은 습관 기르기 D 당신의 작업 효율 높이기

공략 앞의 두 단락은 주의력 감퇴에 대한 내용을 다루고 있고, 뒤의 세 단락은 그 문제를 해결하는 방법에 대해 언급하고 있으므로 이 글이 전체적으로 '주의력'과 관련된 것임을 알 수 있어 정답은 B이다.

📅 36 day 기본적인 쓰기 테크닉을 마스터하라

본책_ 450쪽

난이도 上 (140자)

1

　　相传秦始皇修长城时，强征天下民夫，青年男女范喜良、孟姜女新婚三天，新郎就被迫出发修筑长城，不久因饥寒劳累而死，尸骨被埋在长城墙下。孟姜女身背寒衣，历尽艰辛，万里寻夫来到长城边，得到的却是丈夫的噩耗。她痛哭城下，三日三夜不止，长城都倒塌了，露出范喜良的尸体，孟姜女也于绝望之中投海而死。

　　전설에 의하면 진시황이 만리장성을 지을 때, 전국에서 인부들을 강제로 징집하였다. 청춘 남녀 범희량과 맹강녀는 결혼한 지 3일밖에 되지 않아 신랑이 만리장성을 쌓을 인부로 징용을 나가게 되었다. 그 후 얼마 지나지 않아 남편은 굶주림과 추위, 힘든 노동으로 지쳐서 그만 죽게 되었고, 그 시체는 만리장성 성벽 아래에 묻히게 되었다. 맹강녀는 겨울 옷가지를 걸치고 온갖 어려움과 위험을 무릅쓰고 남편을 찾으러 먼 길을 떠나 만리장성에 도착하였는데, 듣게 된 것은 남편의 부고였다. 그녀는 만리장성 아래에서 삼 일 밤낮을 쉬지 않고 통곡하여 만리장성이 허물어져 범희량의 시체가 드러나, 맹강녀도 슬픔을 이기지 못하고 바다에 몸을 던져 죽고 말았다고 한다.

어휘 ★秦始皇 Qínshǐhuáng [고유] 진시황 | ★修长城 xiū Chángchéng 만리장성을 짓다 | ★强征 qiǎngzhēng [동] 강제로 징집하다 | ★民夫 mínfū [명] (옛날에 관청·군대에 부역 나간) 인부, 역도 | ★范喜良 Fàn Xǐliáng [고유] 범희량 | ★孟姜女 Mèng Jiāngnǔ [고유] 맹강녀 | ★新婚 xīnhūn [동] 막 결혼하다 | ★新郎 xīnláng [명] 신랑 | ★被迫 bèipò [동] 강요당하다, 외부의 핍박을 받다 | ★修筑 xiūzhù [동] 짓다, 건설하다 | ★饥寒 jīhán [명] 굶주림과 추위 | ★劳累 láolèi [형] (무리한 노동으로 인해) 지치다, 피로하다 | ★尸骨 shīgǔ [명] 시체 | ★埋 mái [동] 묻다, 매장하다 | ★身背寒衣 shēn bēi hányī 겨울 옷가지를 걸치다 | ★历尽艰辛 lìjìn jiānxīn 온갖 어려움과 위험을 겪다 | ★万里寻夫 wànlǐ xún fū 남편을 찾으러 먼 길을 떠나다 | ★噩耗 èhào [명] 부고, 불길한 소식 | ★痛哭 tòngkū [동] 통곡하다 | ★倒塌 dǎotā [동] 무너지다, 넘어지다 | ★露出 lùchū [동] 드러내다 | ★绝望 juéwàng [명][동] 절망(하다) | ★投海而死 tóu hǎi ér sǐ 바다에 뛰어들어 죽다

모범 답안 (80자)

				孟	姜	女	哭	长	城					
	秦	始	皇	为	了	修	长	城	，	抓	了	刚	刚	结	婚	的	孟	姜
女	的	丈	夫	。	后	来	孟	姜	女	去	找	他	，	但	没	想	到	他	的
丈	夫	早	已	劳	累	而	死	。	于	是	她	痛	哭	城	下	，	将	长	城
哭	倒	了	一	片	，	最	后	自	己	也	投	海	而	死	。				

맹강녀곡장성

　　진시황은 만리장성을 짓기 위해 막 결혼한 맹강녀의 남편을 잡아갔다. 그 후 맹강녀는 남편을 찾으러 떠났지만, 뜻밖에도 그녀의 남편은 힘든 노동으로 인해 이미 죽어버렸다. 그리하여 그녀는 만리장성 아래에서 통곡하여 온 만리장성을 허물어버렸고, 결국에는 그녀도 바다에 몸을 던져 죽고 말았다.

어휘 ★劳累而死 láolèi ér sǐ (무리한 노동으로 인해) 지쳐서 죽다 | ★将 jiāng [개] ~을 | ★哭倒 kūdǎo 울어 무너뜨리다 | ★一片 yípiàn [명] 전체, 전부

2

一个人在处世中，拿得起是一种勇气，放得下是一种肚量。对于人生道路上的鲜花、鼓掌，有处世经验的人大都能等闲视之，屡经风雨的人更有自知之明。但对于坎坷与泥泞，能以平常心视之，就非常不易。大的挫折与大的灾难，能不为之所动，能坦然承受，这就是一种肚量。拿得起，实为可贵，放得下，才是人生处世之真谛。

사람이 세상을 살아가는 데 있어 감당할 수 있는 것은 일종의 용기이며, 내려놓을 수 있는 것은 일종의 도량이다. 인생길에서의 꽃과 박수에 대해 처세 경험이 있는 사람들은 대부분 그것들을 예사롭게 대하며, 시련과 고난을 여러 차례 겪은 사람은 그로 인해 스스로를 더욱 잘 알게 된다. 하지만 험난함과 진창 같은 삶에 대해 평상심으로 그것을 바라보기란 무척이나 어렵다. 큰 좌절과 재난에 동요되지 않고 태연하게 견뎌낼 수 있는 것이 바로 일종의 도량이다. 감당할 수 있는 것이 참으로 귀한 것이기는 하지만, 내려놓는 것이야말로 비로소 인생 처세에 있어 진리이다.

쓰기

어휘　★处世 chǔshì 통 처세하다, 사람들과 사귀며 살아가다 | ★拿得起 nádeqǐ 감당할 수 있다, 해낼 수 있다 | ★勇气 yǒngqì 명 용기 | ★放得下 fàngdexià 놓을 수 있다, 내려놓을 수 있다 | ★肚量 dùliàng 명 도량 | ★鲜花 xiānhuā 명 생화, 싱싱한 꽃 | ★鼓掌 gǔzhǎng 통 박수를 치다, 손뼉을 치다 | ★等闲视之 děng xián shì zhī 성 (사람·사물을) 예사롭게 대하다, 등한시하다 | ★屡经风雨 lǚ jīng fēngyǔ 여러 차례의 시련과 고난을 겪다 | ★自知之明 zì zhī zhī míng 성 자신을 정확히 알다, 자신의 결점을 정확히 알다 | ★坎坷 kǎnkě 형 울퉁불퉁하다, 인생이 순탄치 못하다 | ★泥泞 nínìng 명형 진창; 질퍽거리다 | ★平常心 píngchángxīn 명 평상심 | ★视之 shì zhī 그것을 보다, 그것을 대하다 | ★不易 búyì 형 쉽지 않다, 어렵다 | ★挫折 cuòzhé 명통 좌절(시키다) | ★灾难 zāinàn 명 재난, 재해 | ★为之所动 wéi zhī suǒ dòng 그로 인해 동요하다, 그로 인해 흔들리다 | ★坦然 tǎnrán 형 (마음이) 평온하고 걱정이 없다, 태연하다 | ★承受 chéngshòu 통 받아들이다, 견뎌내다 | ★可贵 kěguì 형 귀하다, 귀중하다 | ★真谛 zhēndì 명 진리, 참뜻

모범 답안　(81자)

					放	得	下								

가운데 부분에 제목 쓰기

| ∨ | ∨ | 为 | 人 | 处 | 世 | 时 | ， | 既 | 要 | 拿 | 得 | 起 | ， | 也 | 要 | 放 | 得 | 下 | 。 |

두 칸 띄우기

| 面 | 对 | 鲜 | 花 | 、 | 掌 | 声 | ， | 很 | 多 | 人 | 能 | 做 | 到 | 等 | 闲 | 视 | 之 | ； | 但 |

한자에 유의

| 面 | 对 | 坎 | 坷 | 、 | 挫 | 折 | ， | 却 | 不 | 容 | 易 | 坦 | 然 | 承 | 受 | 。 | 因 | 此 | ， |

한자에 유의

| 拿 | 得 | 起 | 固 | 然 | 可 | 贵 | ， | 但 | 放 | 得 | 下 | 才 | 是 | 人 | 生 | 的 | 真 | 谛 | 。 |

정신적 방면의 귀중함을 나타낼 때는 可贵가 적합하며, 宝贵는 사용할 수 없음

내려놓음

세상을 살아갈 때, 감당해야 할 것뿐만 아니라 내려놓아야 할 것이 있다. 꽃과 박수 소리에 대해서는 많은 사람들이 예사롭게 대하지만, 험난함과 좌절에 대해서는 태연히 받아들이기가 쉽지 않다. 따라서, 감당할 수 있는 것이 물론 귀한 것이기는 하지만, 내려놓는 것이야말로 비로소 인생의 진리라 할 수 있다.

어휘　★为人处世 wéirén chǔshì 남과 잘 사귀며 살아가다, 남과 잘 어울리며 처세하다 | ★既要……也要…… jì yào……yě yào…… ~해야 할 뿐만 아니라 ~도 해야 한다 | ★掌声 zhǎngshēng 명 박수 소리 | ★固然 gùrán 접 물론 ~이기는 하지만

3

　　"东坡肉"相传是苏东坡在徐州创制的。当时苏轼(字东坡)任徐州知州，黄河决口，他身先士卒，和全城百姓筑堤保城，受到当地百姓的敬重。于是当地百姓杀猪宰羊，上府慰劳，苏轼推辞不掉，便指点家人烧成红烧肉回赠给老百姓，百姓食后，都觉得肥而不腻、酥香味美，这便是后来的"东坡肉"。

　　'둥포러우'는 소동파가 쉬저우에서 처음으로 만들어낸 것으로 전해진다. 당시 소식(자는 동파)이 쉬저우 지주로 재직할 때, 황허의 제방이 터지게 되었는데, 그는 앞장서서 백성들을 이끌어 제방을 쌓아 도시가 물에 잠기는 것을 막아내 그 지역 백성들의 존경을 받았다. 그리하여 백성들은 돼지와 양을 잡아 상부에 갖다 바쳤고, 소식은 이를 거절할 수 없어 집안 사람을 시켜 홍사오러우로 만들어 백성들에게 답례로 나누어주었다. 백성들은 이를 맛본 후 모두 돼지고기가 비계가 많아도 느끼하지 않고, 바삭바삭하고 맛이 좋다고 느꼈는데, 이것이 바로 훗날의 '둥포러우'인 것이다.

어휘 ★东坡肉 Dōngpōròu 몡 둥포러우 | ★相传 xiāngchuán 통 ~이라고 전해지다 | ★苏东坡 Sū Dōngpō 고유 소동파 | 徐州 Xúzhōu 고유 쉬저우 | ★创制 chuàngzhì 통 창제하다, 처음으로 만들다 | ★当时 dàngshí 몡 그때, 당시 | ★苏轼 Sū Shì 고유 소식 | 知州 zhīzhōu 몡 지주[명청 시대 주(州)의 일급 행정 수장] | ★决口 juékǒu 통 제방이 (홍수로) 터지다 | ★身先士卒 shēn xiān shì zú 셩 장수가 병사들보다 앞장서다, 앞장서서 대중을 이끌다 | ★百姓 bǎixìng 몡 백성, 평민 | ★筑堤保城 zhùdī bǎo chéng 제방을 쌓아 성을 지키다 | ★敬重 jìngzhòng 통 존경하다, 존중하다 | ★杀猪宰羊 shā zhū zǎi yáng 돼지와 양을 잡다, (승전 축하의) 잔칫상을 차리다 | ★上府 shàngfǔ 몡 상부 | ★慰劳 wèiláo 통 위문하다, 위로하다 | ★推辞不掉 tuīcí bú diào 거절하지 못하다, 사양하지 못하다 | ★指点 zhǐdiǎn 통 지시하다, 가리키다 | ★烧成 shāo chéng 끓여서 ~으로 만들다, 구워서 ~으로 만들다 | ★红烧肉 Hóngshāoròu 몡 홍사오러우 | ★回赠 huízèng 통 선물로 답례하다 | ★肥而不腻 féi ér bú nì 비계가 많아도 느끼하지 않다 | 酥香味美 sū xiāng wèi měi 바삭바삭하고 맛이 좋다

모범 답안 (89자)

　　东坡肉

✓✓ "东坡肉"据说是苏轼在徐州发明的，那时正好黄河决口，他就和当地老百姓一起保卫家园。老百姓很感动，便杀猪宰羊去感谢他，他就指点家人做成红烧肉回赠给老百姓，这便是后来的"东坡肉"。

둥포러우

'둥포러우'는 소식이 쉬저우에서 발명한 것으로 전해진다. 그때가 바로 황허의 제방이 터졌을 때였는데, 그때 그는 그 지역 백성들과 함께 도시를 지켜냈다. 백성들이 이에 매우 감동하여 돼지와 양을 잡아 그에게 감사의 뜻을 전했고, 그는 가족들을 시켜 그것을 홍사오러우로 만들어 백성들에게 답례로 나누어주었는데, 이것이 바로 훗날의 '둥포러우'인 것이다.

어휘 ★据说 jùshuō 통 전해지는 말에 의하면 ~라 한다 | ★发明 fāmíng 통 발명하다 | ★保卫家园 bǎowèi jiāyuán 고향을 지키다 | ★便 biàn 뷔 곧, 바로

# 37 day 고득점을 얻는 스킬에 올인하라

난이도 中 (161자)

1

人人都爱面子，爱面子到底好不好呢？这一直有争议。一般来说，爱面子的人无非有两种心理，一种是不甘心落在人后，一种是不想在别人面前难堪。其实，这种行为是人人皆有的，不分中外，只要在正常的范围内，就不会有太大妨碍，反而还会促使我们端正自己的行为。当然，如果过于看重面子，就会给自己带来不必要的负担，这就是所谓的"死要面子活受罪"。

사람들은 누구나 다 체면을 중시하는데, 체면치레가 도대체 좋은 것인가 그렇지 않은 것인가? 이는 줄곧 논쟁이 되어왔다. 일반적으로 말해서, 체면을 중시하는 사람에게는 단지 두 종류의 심리가 있다고 하는데, 한 종류는 다른 사람보다 뒤처지는 것을 원치 않는 것이고, 또 한 종류는 다른 사람들 앞에서 난처해지는 것을 원치 않는 것이다. 사실, 이러한 행동은 모든 사람들이 다 가지고 있고, 국내외를 구분하지 않는 것으로, 정상적인 범위 내에서 일어나는 것이라면 그리 큰 지장을 주지 않으며, 오히려 우리들이 자신의 행위를 바로잡도록 할 수도 있다. 물론, 지나치게 체면을 중시하면 자기 스스로에게 불필요한 부담을 가져다주는데, 이것이 소위 말하는 '체면을 위해서 고통을 감수한다'라는 것이다.

쓰기

어휘 ★爱面子 ài miànzi 체면을 중시하다 | ★争议 zhēngyì 명동 논쟁(하다) | ★无非有 wúfēi yǒu 단지 ~밖에 없다, 단지 ~뿐이다 | ★甘心 gānxīn 동 달가워하다, 기꺼이 원하다 | ★落在人后 luò zài rén hòu 다른 사람보다 뒤처지다 | ★难堪 nánkān 형 부끄럽다, 난처하다 | ★人人皆有 rénrén jiē yǒu 모두 다 갖고 있다 | ★不分中外 bùfēn zhōngwài 중국과 외국을 구별하지 않다, 국내외를 구별하지 않다 | ★妨碍 fáng'ài 동 지장을 주다 | ★促使 cùshǐ 동 ~하도록 재촉하다, ~하게끔 하다 | ★端正 duānzhèng 동 바로잡다, 바르게 하다 | ★看重 kànzhòng 동 중시하다 | ★负担 fùdān 명 부담, 책임 | ★所谓 suǒwèi 형 소위 ~이라는 것은 | ★死要面子活受罪 sǐ yào miànzi huó shòuzuì 체면을 위해서 고통을 감수하다

모범 답안 (108자)

					说	面	子								
	爱	面	子	究	竟	好	不	好	一	直	有	争	议	。	爱 面 子 的
人	无	非	有	两	种	心	理	：	一	种	是	不	甘	心	落 后 ； 一 种
是	不	想	在	人	前	难	堪	。	其	实	这	是	人	人	皆 有 的 ， 适
当	地	爱	面	子	对	我	们	还	有	一	定	的	好	处	。 千 万 不 要
过	分	看	重	面	子	，	那	样	会	让	我	们	"	死	要 面 子 活 受
罪	"	。													

(到底보다 좋은 표현 / 쌍점(콜론) / 쌍반점(세미콜론) / 어려운 어휘 암기 / 사자성어 / 관용어)

체면에 대하여

　체면을 중시하는 것이 도대체 좋은 것인지 아닌지는 줄곧 논쟁이 되어왔다. 체면을 중시하는 사람에게는 단지 두 종류의 심리가 있다고 한다. 한 종류는 다른 사람보다 뒤처지는 것을 원치 않는 것이고, 또 한 종류는 다른 사람들 앞에서 난처해지는 것을 원치 않는 것이다. 사실 이는 모든 사람들이 다 가지고 있으며, 적당히 체면치레하는 것은 우리에게 어느 정도의 좋은 점도 있다. 절대 지나치게 체면을 중요하게 여겨서는 안 되는데, 그렇게 하면 우리들이 체면을 위해서 고통까지 감수하도록 할 수 있다.

어휘 ★不甘心落后 bù gānxīn luòhòu 뒤처지는 것을 달가워하지 않다 | ★过分 guòfèn 형 지나치다

2

从前有位老人家愚公，已经快九十岁了。他家的住处正对着太行和王屋两座大山，出入的道路十分艰难，于是他决定搬掉这两座山。愚公带着三个子孙开始行动。每年往返一次。邻居的儿子七八岁也去帮忙，可一位叫智叟的老人却嘲笑愚公年纪大，力气小，怎能搬掉这么多的山石土块呢？可愚公却不以为然，说：“我虽然会死，可我还有儿子，儿子又生孙子，孙子又生儿子……这样子子孙孙不会断绝，而这两座山又不会增高，还怕挖不平？”山神把这件事禀报天帝。天帝被愚公移山的诚意感动了，就派人把两座大山背走了。

예전에 우공이라는 90세가 다 된 노인이 있었다. 그의 집은 태행산과 왕옥산이라는 두 개의 큰 산을 마주하고 있어 드나드는 길이 매우 어려웠는데, 그리하여 그는 이 두 개의 산을 옮기기로 결정하였다. 우공은 세 명의 자손과 함께 행동을 개시하였고, 매년 한 차례씩 오고 갔다. 일고여덟 살 난 이웃의 아이들도 그들을 도우러 갔는데, 지수라는 노인은 우공이 나이가 많고 힘은 약한데 어찌 이렇게 많은 산의 돌과 흙덩어리들을 옮기겠느냐며 그를 비웃었다. 하지만 우공은 그렇지 않다는 듯 말했다. “내가 비록 죽게 되더라도, 나에겐 아들이 있고, 아들이 또 손자를 낳고, 손자가 또 아들을 낳고…… 이렇게 자자손손 대가 끊기지 않을 것이고 이 두 산은 더 높아지지 않을 터인데 이 산을 평평하게 파내지 못할 것을 겁내겠느냐?” 산신령은 이 일을 하느님께 알렸다. 하느님은 우공이 산을 옮기려는 성의에 감동하여, 사람을 보내 그 두 큰 산을 옮기게 하였다.

어휘 ★老人家 lǎorenjia 몡 노인, 어르신 | ★愚公 Yúgōng 고유 우공 | ★住处 zhùchù 몡 거처, 거주지 | ★正对着 zhèng duìzhe 바로 ~을 향하고 있다, 바로 ~을 마주하고 있다 | ★两座大山 liǎng zuò dàshān 두 개의 큰 산 | ★艰难 jiānnán 혱 어렵다, 힘들다 | ★搬掉 bāndiào 옮겨버리다 | ★子孙 zǐsūn 몡 자손 | ★往返 wǎngfǎn 동 오가다, 왕복하다 | 智叟 Zhìsǒu 고유 지수 | ★嘲笑 cháoxiào 동 비웃다, 빈정거리다 | 山石土块 shānshí tǔkuài 산의 돌과 흙덩어리 | ★不以为然 bù yǐ wéi rán 성 그렇게 여기지 않다 | ★子子孙孙 zǐ zǐ sūn sūn 성 자자손손, 대대손손 | ★断绝 duànjué 동 단절하다, 끊다 | ★增高 zēnggāo 동 높아지다, 늘어나다 | ★山神 shānshén 몡 산신령 | ★禀报 bǐngbào 동 (상부나 상급자에게) 보고하다 | 天帝 tiāndì 몡 하느님, 상제 | 移山 yí shān 산을 옮기다 | ★诚意 chéngyì 몡 성의 | ★背 bēi 동 짊어지다, 업다

모범 답안 (124자)

					愚	公	移	山											
		从	前	有	个	愚	公	，	接	近	九	十	岁	了	。	有	一	天	他
决	定	搬	走	挡	在	他	家	前	的	两	座	大	山	，	于	是	便	率	领
三	个	子	孙	开	始	行	动	。	有	个	叫	智	叟	的	人	嘲	笑	他	不
自	量	力	，	但	愚	公	反	驳	道	：	“	我	死	了	，	还	有	儿	子，
儿	子	又	生	孙	子	，	孙	子	又	生	儿	子	…	…	，	还	怕	挖	不
平	？”	天	帝	听	说	后	很	感	动	，	便	命	人	将	山	背	走	了	。

快보다 좋은 표현 / 就의 문어체 / 어려운 어휘 암기 / 사자성어 / 말줄임표 / 반어문 / 把의 문어체

우공이산

예전에 우공이라는 90세가 다 된 노인이 있었다. 어느 날 그는 그의 집을 가로막고 있는 두 개의 큰 산을 옮기기로 결정하였고, 그리하여 세 명의 자손을 데리고 바로 행동에 옮겼다. 지수라고 불리는 노인은 그가 주제를 모른다며 비웃었지만 우공은 이렇게 반박했다. “내가 죽으면 아들이 있고, 아들이 또 손자를 낳고, 손자는 또 아들을 낳을 것인데…… , 이 산을 평평하게 파내지 못할 것을 겁내겠느냐?” 하느님은 이 말을 듣고 매우 감동하여, 사람을 보내 산을 옮기게 하였다.

어휘　★接近 jiējìn 동 접근하다, 가까이하다 | ★搬走 bānzǒu 동 옮겨가다 | ★挡在 dǎngzài 막다, 가로막다 | ★率领 shuàilǐng 동 거느리다, 이끌다 | ★不自量力 bú zì liàng lì 성 자신의 능력을 정확하게 헤아리지 못하다, 주제를 모르다 | ★反驳 fǎnbó 동 반박하다 | ★将 jiāng 개 ~을

3

난이도 中 (242자)

一个农民从洪水中救起了他的妻子，他的孩子却被淹死了。事后，人们议论纷纷。有的说他做得对，因为孩子可以再生一个，妻子却不能死而复活。有的说他做错了，因为妻子可以另娶一个，孩子却不能死而复活。我听了人们的议论，也感到疑惑难决：如果只能救活一人，究竟应该救妻子呢，还是救孩子？于是我去拜访那个农民，问他当时是怎么想的。他说："我什么也没想。洪水袭来，妻子在我身旁，我抓住她就往附近的山坡游。当我返回时，孩子已经被洪水冲走了。"归途上，我琢磨着农民的话，对自己说：所谓人生的抉择不少便是如此。

한 농부가 홍수 속에서 그의 아내를 구조했고, 그의 아이는 익사를 당했다. 일이 발생한 후, 사람들의 의견은 분분했다. 어떤 사람은 그가 한 일이 옳다고 하였는데, 왜냐하면 아이는 다시 하나 낳을 수 있지만 아내는 죽고 나면 다시 살아날 수 없기 때문이라고 하였다. 어떤 사람은 그가 잘못한 것이라 하였는데, 왜냐하면 아내는 또 다시 얻으면 되지만 아이는 죽고 나면 다시 살아날 수 없기 때문이라고 하였다. 나는 사람들의 의견을 듣고도 판단하기 어려운 의혹을 느꼈다. '만약 한 사람의 목숨만 구할 수 있다면, 도대체 아내를 구해야 할까, 아니면 아이를 구해야 할까?' 그리하여 나는 그 농부를 찾아가 그에게 당시 어떻게 생각하였는지에 대해 물었다. 그는 말했다. "저는 아무것도 생각하지 않았습니다. 홍수가 덮쳤을 때, 아내가 제 옆에 있어서 저는 아내를 붙잡고 근처의 산비탈 쪽으로 바로 헤엄쳐 갔지요. 제가 돌아갔을 때, 아이는 이미 홍수에 떠밀려 내려갔답니다." 돌아오는 길에 나는 농부의 말을 깊이 생각하며 스스로에게 '소위 인생의 선택이라고 하는 것들이 대부분 바로 이러하겠지'라고 말했다.

쓰기

어휘　★洪水 hóngshuǐ 명 홍수 | ★救 jiù 동 구하다 | ★被淹死了 bèi yānsǐ le 익사 당하다 | ★议论纷纷 yì lùn fēn fēn 성 의견이 분분하다 | ★死而复活 sǐ ér fùhuó 죽었다가 부활하다 | ★娶 qǔ 동 장가가다, 아내를 얻다 | ★疑惑 yíhuò 동 의심하다 | ★拜访 bàifǎng 동 방문하다 | ★洪水袭来 hóngshuǐ xílái 홍수가 덮쳐오다 | ★山坡 shānpō 명 산비탈 | ★返回 fǎnhuí 동 되돌아오다 | ★被冲走了 bèi chōngzǒu le 떠밀려 내려가다 | ★归途 guītú 명 돌아오는 길 | ★琢磨 zuómo 동 깊이 생각하다 | ★所谓 suǒwèi 형 소위 ~이라 하는 것은 | ★抉择 juézé 동 선택하다 | ★如此 rúcǐ 대 이와 같다, 이러하다

모범 답안　(138자)

								抉	择										
	一	位	农	民	从	洪	水	中	救	了	妻	子	，	孩	子	却	被	淹
死	了	。	对	这	件	事	，	人	们	议	论	纷	纷	。	有	人	认	为	他
做	对	了	；	有	人	认	为	他	做	错	了	。	疑	惑	之	下	，	我	去
拜	访	了	那	位	农	民	，	问	他	当	时	的	情	况	，	他	答	道	：
"	当	时	洪	水	袭	来	，	妻	子	在	我	身	旁	，	当	时	我	什	么
都	没	想	，	抓	住	她	便	跑	，	之	后	才	知	道	孩	子	被	冲	走
了	"	。	是	啊	，	人	生	很	多	抉	择	不	都	是	这	样	吗	？	

被자문

사자성어

쌍반점(세미콜론)

어려운 어휘

回答보다 좋은 표현

就의 문어체

被자문

选择보다 좋은 표현

한 농부가 홍수 속에서 아내를 구했고, 아이는 익사를 당했다. 이 일에 대해 사람들의 의견은 분분했다. 어떤 사람은 그가 한 일이 옳다고 하였고, 어떤 사람은 그가 잘못한 것이라 하였다. 의혹심이 들어, 나는 그 농부를 찾아가 그에게 당시의 상황에 대해 물었다. 그는 "홍수가 덮쳤을 때, 아내는 제 옆에 있었는데, 당시 저는 아무것도 생각하지 않고 아내를 붙잡고 바로 도망쳤고, 그 후에서야 아이가 떠밀려 내려간 것을 알게 되었지요"라고 대답하였다. 그렇다, 인생의 많은 선택들이 모두 이러하지 않겠는가?

어휘 ★疑惑之下 yíhuò zhī xià 의혹심에 | ★答道 dádào 통 대답하다

38 day 지문을 읽는 능력을 길러라

본책_ 472쪽

난이도 中 (324자)

1

一个幼儿园老师让孩子们玩儿一个游戏，每人带一个口袋，里面装上土豆。每个土豆上写上自己讨厌的同学的名字，讨厌的人越多土豆的数量也就越多。

第二天，每个孩子都特地带来了一些土豆。有的是两个，有的是三个，最多的是五个。老师告诉孩子们，无论到什么地方都要带着袋子。孩子们觉得游戏很有趣，大家都很高兴。

一个星期后，孩子们开始抱怨，因为发霉的土豆散发出难闻的气味。他们不愿意再随身带着沉重的袋子，都想扔掉这又难闻又沉重的袋子。

老师问他们："在这一周里，你们对随身带着土豆有什么感觉？"孩子们纷纷沮丧地表示，带着土豆袋子行动不方便，土豆发霉后的气味很难闻等等。

老师说："这些发霉的土豆就是你们心里痛恨的人。如果无论到什么地方都要带着它们，你们的一生将会变得非常痛苦。"

한 유치원 교사가 아이들에게 게임을 하나 하게 하였는데, 아이들 모두 각자 주머니를 한 개씩 가지고 그 안에다가 감자를 담으라고 하였다. 모든 감자에는 자신이 싫어하는 친구의 이름을 적게 했는데, 싫어하는 사람이 많을수록 감자의 수도 많아지는 것이었다.

이튿날, 아이들은 모두 일부러 감자를 가지고 왔다. 어떤 아이는 2개, 어떤 아이는 3개, 가장 많이 가져온 아이는 5개를 가져왔다. 선생님은 아이들에게 어디를 가든지 항상 그 주머니를 가지고 가라고 했다. 아이들은 이 게임이 재미있다고 생각했고, 모두들 매우 즐거워했다.

일주일이 지난 후, 아이들은 불평하기 시작했다. 왜냐하면 곰팡이가 핀 감자에서 고약한 냄새가 풍겼기 때문이다. 아이들은 무거운 주머니를 더는 가지고 다니려 하지 않았고, 모두들 그 냄새가 고약하고 무거운 주머니를 버리고 싶어했다.

선생님이 아이들에게 물었다. "일주일간 너희들은 감자를 가지고 다니는 것에 대해 어떤 느낌이 들었니?" 아이들은 연달아 의기소침해 하며, 감자 주머니를 가지고 다니기가 불편했고 감자에 곰팡이가 핀 후의 냄새가 너무 고약했다는 등의 의견을 나타냈다.

그러자 선생님은 말했다. "곰팡이가 핀 이런 감자들이 바로 너희들이 마음속으로 원망하는 사람들이란다. 만약 어느 곳을 가든지 그것들을 가지고 다닌다면 너희들 일생은 매우 고통스러워지게 될 것이란다."

어휘 ★幼儿园 yòu'éryuán 명 유치원 | ★游戏 yóuxì 명 게임 | ★口袋 kǒudai 명 주머니, 자루 | ★装上 zhuāngshàng 담다, 싣다 | ★土豆 tǔdòu 명 감자 | ★特地 tèdì 부 특별히, 일부러 | ★抱怨 bàoyuàn 통 원망하다 | ★发霉 fāméi 통 곰팡이가 피다 | ★难闻 nánwén 형 냄새가 고약하다 | ★随身带着 suíshēn dàizhe 몸에 지니다, 몸에 휴대하다 | ★沉重 chénzhòng 형 몹시 무겁다 | ★扔掉 rēngdiào 통 버리다 | ★纷纷 fēnfēn 부 연달아, 끊이지 않고 | ★沮丧 jǔsàng 형 낙담하다, 의기소침하다 | 等等 děngděng 조 등등 | 痛恨 tònghèn 통 몹시 미워하다, 매우 원망하다 | ★痛苦 tòngkǔ 형 고통스럽다, 괴롭다

放下痛恨

一个幼儿园老师让孩子们玩一个游戏：每人带一个口袋，里面装上土豆，每个土豆上写上一个自己讨厌的同学的名字。

起初，孩子们觉得游戏很有趣，可过了一周后，土豆开始发霉，孩子们纷纷表示，味道很难闻，行动也很不方便。

这时，老师告诉他们："这些土豆就是你们痛恨的人，如果你无论到哪儿都带着它们，你们的一生将会变得很痛苦。"

싹점(콜론)

。(원문과 비슷한 문장으로 서술)

刚开始의 문어체

어려운 어휘 암기

어려운 어휘 암기

어려운 어휘 암기

접속사 无论

원망 내려놓기

한 유치원 교사가 아이들에게 게임을 하나 하게 하였다. 모두들 각자 주머니를 한 개씩 가지고 그 안에다가 감자를 담고, 모든 감자에는 자신이 싫어하는 친구의 이름을 적었다.

처음에 아이들은 이 게임이 재미있다고 생각했지만, 일주일이 지난 후 감자에 곰팡이가 피기 시작하자, 아이들은 연달아 냄새가 고약하고, 가지고 다니기에 불편하다고 얘기했다.

이때, 선생님은 아이들에게 말했다. "이런 감자들이 바로 너희들이 마음속으로 원망하는 사람들이란다. 만약 어느 곳을 가든지 그것들을 가지고 다닌다면 너희들 일생은 매우 고통스러워지게 될 것이란다."

2 난이도 中 (317자)

国王决定从他的十位王子中选出一位做继承人。他吩咐一位大臣在一条两旁临水的大道上放置了一块"巨石"，任何人想要通过这条路，只能把它推开或绕过去。国王让王子们通过那条大路，把一封信送到一个将军手里。王子们很快完成了任务。国王问："你们是怎么把信送到的？"

一个说："我是划船过去的，我在附近找了一条小船就划过去了。"另一个说："我是从水里游过去的，只花了10多分钟就游到了对岸。"小王子说："我是从大路上走过去的。我用手使劲一推那块石头，它就滚到河里去了。"

"这么大的石头，你怎么想到用手去推

국왕은 그의 열 명의 왕자 중 왕위 계승자를 뽑기로 결정하였다. 그는 대신에게 양쪽이 물에 인접한 큰길에 큰 바위를 놓아두라고 명령하였는데, 누구든 이 길을 지나가려면 그 바위를 밀쳐내거나 아니면 길을 돌아서 가야만 했다. 국왕은 왕자들에게 그 큰길을 지나 편지 한 통을 장군에게 가져다주라고 하였다. 왕자들은 신속하게 임무를 완성하였다. 국왕은 "너희들은 어떻게 편지를 전해주었느냐?"라며 물었다.

한 왕자가 말했다. "저는 배를 타고 갔습니다. 저는 근처에서 작은 배 한 척을 찾아 그 배를 저어 갔습니다." 또 다른 한 왕자가 말했다. "저는 물 속을 헤엄쳐서 갔는데, 단지 10여 분 만에 맞은편 기슭에 도착하였습니다." 어린 왕자가 말했다. "저는 큰길을 지나쳐서 갔습니다. 제가 손으로 힘껏 그 바위를 밀쳐내자 그 바위는 강 속으로 굴러 들어가버렸답니다."

"그렇게 큰 바위를 너는 어떻게 손으로 밀쳐낼 생각을

呢?”国王问他。“我不过试了试，”小王子说，“谁知我一推，它就动了。”

原来，那块所谓的“巨石”是国王和大臣用很轻的材料做成的。自然，这位善于尝试的小王子继承了王位。

한 것이더냐?" 국왕이 그에게 물었다. "저는 그저 한번 시도해본 것뿐입니다." 어린 왕자가 말했다. "제가 밀쳐내자마자 그게 움직일 것이라 누가 생각했겠습니까."

알고 보니, 소위 말하는 그 '큰 바위'라는 것은 국왕과 대신이 매우 가벼운 재료로 만들어낸 것이었다. 당연히, 시도에 능한 그 어린 왕자가 왕위를 계승하게 되었다.

어휘 ★继承人 jìchéngrén 명 왕위 계승자 | ★吩咐 fēnfù 동 분부하다, 명령하다 | ★大臣 dàchén 명 대신 | ★两旁临水 liǎngpáng lín shuǐ 양쪽이 물에 인접하다 | 大道 dàdào 명 대로, 큰길 | ★放置 fàngzhì 동 놓아두다, 방치하다 | ★巨石 jùshí 명 큰 바위 | ★推开 tuīkāi 동 밀어 열다, 밀쳐내다 | ★绕过去 rào guòqu 돌아서 가다, 우회하다 | ★一封信 yì fēng xìn 편지 한 통 | ★将军 jiāngjūn 명 장군 | ★划船 huáchuán 동 배를 젓다 | ★对岸 duì'àn 명 (강의) 맞은편 기슭 | ★使劲 shǐjìn 동 힘을 쓰다 | ★滚 gǔn 동 굴리다, 구르다 | ★谁知 shéi zhī 누가 알겠는가 | ★所谓的 suǒwèi de 소위 말하는 | ★善于尝试 shànyú chángshì 시도하는 데 뛰어나다 | ★继承王位 jìchéng wángwèi 왕위를 계승하다

[모범 답안] (182자)

			善	于	尝	试													
	国	王	要	从	十	位	王	子	中	选	一	位	继	承	人	。	他	吩
咐	大	臣	在	一	条	两	旁	临	水	的	路	上	放	了	一	块	巨	石	，
让	人	不	能	轻	易	通	过	这	条	路	。	之	后	国	王	让	王	子	们
通	过	那	条	路	送	信	，	王	子	们	很	快	完	成	了	任	务	。	
	国	王	问	王	子	们	是	怎	么	过	去	的	，	有	的	说	是	划
船	过	去	的	；	有	的	说	是	游	泳	过	去	的	。	而	小	王	子	却
说	他	是	从	路	上	走	过	去	的	，	因	为	他	推	开	了	那	块	巨
石	。																		
	原	来	，	这	块	所	谓	的	巨	石	，	只	不	过	是	用	很	轻
的	材	料	做	成	的	。	自	然	善	于	尝	试	的	小	王	子	得	到	了
王	位	。																	

시도에 뛰어남

국왕은 열 명의 왕자 중 왕위 계승자를 뽑기로 하였다. 그는 대신에게 양쪽이 물에 인접한 길에 큰 바위를 하나 놓아두라고 명령하였고, 사람들이 쉽게 그 길을 통과하지 못하게 하였다. 그 후 국왕은 왕자들에게 그 길을 지나 편지를 전해주라고 하였고, 왕자들은 신속하게 임무를 완성하였다.

국왕이 왕자들에게 어떻게 지나갔는지 물었는데, 어떤 왕자는 배를 저어 지나갔다고 하였고, 어떤 왕자는 헤엄을 쳐서 건너갔다고 하였다. 그런데 어린 왕자가 자신은 그 큰 바위를 밀쳐내고 길을 지나쳐서 갔다고 대답하였다.

알고 보니, 소위 말하는 그 큰 바위라는 것은 단지 매우 가벼운 재료로 만들어진 것에 불과했다. 당연히 시도에 능한 그 어린 왕자가 왕위를 계승하게 되었다.

난이도 上 (605자)

쓰기

　　这是一家刚成立的广告公司，规模小得可怜。创业初期，老板没有很多的钱去争取在闹市区的漂亮广告位，只剩下一些不显眼的地方供他斟酌。而对于这些位置，他的员工凭着职业习惯就全部否定了。

　　他笑笑说，我还是把它拿下吧。就在他买下那些不显眼的广告位之后，圈内一片哗然。

　　很快他们要着手联系一些广告业务了，虽然员工们都很勤奋，却丝毫没有进展。无奈之下，他只好亲自上阵。

　　那天，他去这个城市最大的一家啤酒公司联系业务。他介绍了自己广告位的情况后，那位经理一听便没了兴趣：“说实话，我对你的广告位根本没有兴趣，别说是20万元，就是两块钱我也没兴趣。”

　　他显然有些尴尬，但还是执著地说：“那么说，一块钱你就有兴趣了？”

　　那位经理笑了：“一块钱我当然有兴趣了，但你也不可能给我呀！”

　　这时，意外的事情发生了，他掏出合同，对那位经理说：“好！我就一块钱租给你一个月！”于是，在那位广告经理的错愕未消之前，他们的合同订了下来。

　　回到公司，他马上安排人员将一面广告牌挂到了那些广告位上，上面只写着几个大字：此广告位一元出租!

　　这些广告牌在一夜之间一下子成为这个城市关注的焦点。在人们的议论纷纷中，这些广告牌获得了极高的浏览率。

　　而半个月之后，那个著名的啤酒公司的广告登了上去，那位经理亲口告诉记者这一切都是真实的，他们只付了一块钱。人们惊讶不已。

　　就这样仿佛传奇般的经历，以极快的速度，让一个小小的广告公司一跃成为全城知名品牌，而那些广告牌也成了这座城市高价竞争的牌位。

　　이 회사는 막 설립된 규모가 볼품없이 작은 광고 회사이다. 창업 초기에 사장은 번화가에 위치한 훌륭한 광고 자리를 사들일 많은 돈이 없었고, 단지 남겨진 눈에 띄지 않는 몇몇 곳만을 고려할 수밖에 없었다. 이러한 광고 자리에 대해 직원들은 직업적 습성에 따라 전부 반대하였다.

　　그는 웃으며, 그래도 그 자리를 사들일 것이라고 말했다. 그가 그 눈에 띄지 않는 광고 자리를 구입한 후 회사 내에서는 야단법석이 났다.

　　직원들은 신속하게 몇몇 광고 업무를 연계하는 일을 하기 시작했는데, 직원들이 모두 부지런히 일을 했는데도 불구하고 업무에는 조금의 진전도 보이지 않았다. 어쩔 수 없이 그가 직접 일에 나서게 되었다.

　　그 날, 그는 이 도시에서 가장 큰 맥주 회사에 업무를 연계하러 갔다. 그가 자신의 광고 자리에 대해 소개를 한 후에, 그 회사 사장은 그의 말을 듣고서 관심이 전혀 없다는 듯 말했다. “솔직히 말해서 나는 당신의 광고 자리에 전혀 관심이 없소. 20만 위안은 말할 것도 없고, 설령 2위안이라고 하여도 나는 관심이 없소.”

　　그는 분명 다소 난감하긴 했지만, “그렇다고 한다면, 1위안 가격에는 관심이 있다는 것이겠지요?”라며 집요하게 물었다.

　　그러자 그 사장은 웃으며 말했다. “1위안이라면 당연히 관심이 있지요. 하지만 당신도 나에게 그렇게 해주기는 불가능할 거요.”

　　이때, 뜻밖의 일이 발생했다. 그는 계약서를 꺼내 그 사장에게 “좋소! 제가 1위안에 당신에게 한 달간 임대를 해드리겠소”라고 말했다. 그리하여 그 사장의 놀라움이 채 가시기도 전에 그들의 계약은 체결되었다.

　　회사로 돌아와 그는 바로 인원을 배치해 그 광고 자리에 광고판을 걸게 하였고, 광고판에는 “이 광고 자리는 1위안에 임대합니다!”라는 몇 글자의 큰 글씨만을 써 넣었다.

　　이 광고판은 하룻밤 사이에 이 도시에서 관심의 초점이 되었다. 사람들의 의견이 분분한 가운데, 이 광고판은 매우 높은 열람률을 보였다.

　　보름이 지난 후, 그 자리에 유명한 맥주 회사의 광고가 오르게 되었고, 그 사장은 직접 기자에게 이 모든 것은 사실이며, 그들은 겨우 1위안만을 지불했다고 말했다. 이에 사람들은 놀라움을 금치 못하였다.

　　바로 이러한 마치 전설과도 같은 일이 매우 빠른 속도로 아주 작은 광고 회사를 온 도시에서 일약 유명한 브랜드가 되게 하였고, 그 광고판 또한 이 도시에서 고가 경쟁의 광고판 자리가 되었다.

어휘 ★小得可怜 xiǎo de kělián 볼품없이 작다, 매우 작다 | ★创业 chuàngyè 통 창업하다 | ★闹市区 nàoshìqū 명 번화가 | ★广告位 guǎnggàowèi 광고 자리 | ★不显眼 bù xiǎnyǎn 눈에 띄지 않다 | ★斟酌 zhēnzhuó 통 헤아리다, 고려하다 | ★员工 yuángōng 명 직원 | ★职业习惯 zhíyè xíguàn 직업적 습성 | ★圈内 quānnèi 명 범위 안 | ★一片哗然 yí piàn huárán 야단법석이다 | ★着手 zhuóshǒu 통 착수하다, 시작하다 | ★联系业务 liánxì yèwù 업무를 연계하다 | ★丝毫没有 sīháo méiyǒu 조금도 없다 | ★进展 jìnzhǎn 통 진전하다 | ★无奈之下 wúnài zhīxià 어쩔 수 없이 | ★亲自上阵 qīnzì shàngzhèn 직접 싸움에 나서다 | ★别说……就是……也 biéshuō……jiùshì……yě ~은 말할 것 없이 설령 ~이라 하더라도 | ★尴尬 gāngà 형 난감하다, 당혹스럽다 | ★执著 zhízhuó 형 집요하다 | ★掏出 tāochū 통 꺼내다, 끄집어내다 | ★合同 hétong 명 계약서 | ★错愕 cuò'è 형 경악하다 | 未消 wèi xiāo 가시지 않다 | 一面广告牌 yí miàn guǎnggàopái 광고판 한 면 | ★出租 chūzū 통 임대하다 | ★关注 guānzhù 통 관심을 가지다 | ★焦点 jiāodiǎn 명 초점, 집중 | ★议论纷纷 yì lùn fēn fēn 성 의견이 분분하다 | ★浏览率 liúlǎnlǜ 열람률 | ★亲口告诉 qīnkǒu gàosu 직접 알리다 | ★惊讶不已 jīngyà bùyǐ 놀라움을 금치 못하다 | ★传奇 chuánqí 명 전기, 전설 | ★一跃成为 yí yuè chéngwéi 일약 ~이 되다 | ★全城知名品牌 quán chéng zhīmíng pǐnpái 온 도시에서의 유명 브랜드 | ★高价 gāojià 명 고가 | 牌位 páiwèi 광고판 자리

모범 답안 (283자)

一元出租

有一家刚成立的广告公司，规模小得可怜。创业初期，因资金不足他们只能买下一些不显眼的广告位。当然也很难找到有兴趣的客户。

有一天，该公司的经理亲自去一家大型啤酒企业联系业务。当介绍完自己的广告位的情况后，那个公司的经理显然毫无兴趣，并尖刻地说道别说20万，就是两块钱，他也不买。

这时，这位广告公司的经理并未放弃，执著地问他一块钱的话会不会买，这位啤酒公司的经理惊得目瞪口呆。最终双方以一元钱的价格签订了合同。

回来后，他将广告牌都标上了一元出租的标语。该公司也一夜之间成了整个城市关注的焦点，网络浏览率跃居第一。

就这样，一个小小的广告公司奇迹般地成为全城知名品牌。

1위안 임대

막 설립된 규모가 볼품없이 작은 광고 회사가 있었다. 창업 초기에 자금이 부족해서 그들은 눈에 띄지 않는 광고 자리를 구입할 수밖에 없었다. 이에 관심을 보이는 고객을 찾기란 당연히 어려웠다.

어느 날, 이 회사의 사장은 직접 대형 맥주 회사에 업무를 연계하러 갔다. 그가 자신의 광고 자리에 대해 소개를 하자 그 회사 사장은 분명하게 관심이 전혀 없다고 하였고, 20만 위안은 말할 것도 없고, 설령 2위안이라고 하여도 그는 구입하지 않겠다며 매몰차게 얘기했다.

이때, 이 광고 회사 사장은 결코 포기하지 않고, 그에게 1위안이라면 그 광고 자리를 구입할 것인지 아닌지 집요하게 물었다. 그 맥주 회사 사장은 어안이 벙벙할 정도로 놀랐다. 결국 쌍방은 1위안이라는 가격에 계약을 체결하였다.

돌아온 후, 그는 광고판을 1위안 임대라는 문구로 표시하였다. 이 회사도 하룻밤 사이에 이 도시에서 관심의 초점이 되었고, 인터넷 열람률은 단번에 1등을 차지하게 되었다.

바로 이렇게 아주 작은 한 광고 회사가 기적처럼 온 도시의 유명 브랜드가 되었다.

어휘 ★资金不足 zījīn bùzú 자금이 부족하다 | ★客户 kèhù 몡 손님, 거래처 | ★大型企业 dàxíng qǐyè 대기업 | ★显然 xiǎnrán 휑 명백하다, 분명하다 | ★毫无兴趣 háowú xìngqù 조금도 흥미가 없다 | ★尖刻 jiānkè 휑 신랄하다, (말에) 가시가 박히고 매몰차다 | ★并未放弃 bìng wèi fàngqì 결코 포기하지 않다 | ★目瞪口呆 mù dèng kǒu dāi 솅 (놀라거나 두려워서) 어안이 벙벙하다, 눈이 휘둥그레지다 | ★以……价格 yǐ……jiàgé ~가격으로 | ★签订合同 qiāndìng hétong 계약을 체결하다 | ★标上 biāoshàng 표시하다 | ★标语 biāoyǔ 몡 문구, 표어 | ★整个城市 zhěnggè chéngshì 온 도시 | ★网络浏览率 wǎngluò liúlǎnlǜ 인터넷 열람률 | ★跃居 yuèjū 동 일약 ~이 되다, 단번에 ~을 차지하다

40 day 1000자 글을 축약하는 방법을 익혀라 본책_ 502쪽

난이도 中 (896자)

一次和朋友在街上闲逛，路旁有个垃圾堆，清洁工人已经把垃圾都装上了车，可是车却怎么也发动不起来，那个清洁工很着急。朋友忙跑过去，不顾脏乱和难闻的气味，用力地帮他推车。几经努力，车终于启动了。我对朋友说：“你也不嫌脏，那味儿多难闻！”朋友看着我，给我讲了一个故事。

在他上大学的时候，校园后面的围墙下是一个大垃圾场，学校里每天都有大量的垃圾被堆放到这里。有一个50多岁的老工人开着一辆破旧的车来运垃圾，一车一车，每天不知要跑多少趟。在一次上大课的时候，白发的老教授忽然问了大家一个与课堂内容不相关的问题：“你们谁能告诉我每天运走校园垃圾的那个人的名字？”大家一片茫然，老教授又问：“那你们谁能给我描述一下那个人的样子？”下面仍然一片寂静。老教授感叹地说：“你们不会注意他的！因为他只是一个运垃圾的。谁会想到10年前，他也曾站在这

한번은 친구와 거리를 거닐었는데, 길가에는 쓰레기 더미가 있었고, 환경미화원이 쓰레기들을 전부 차에 실었는데 아무리 해도 차에 시동이 걸리지 않아, 그 환경미화원이 매우 조급해하는 것을 보게 되었다. 그때 친구는 더럽고 고약한 냄새는 생각하지도 않고 얼른 달려가서 힘을 다해 그를 도와 차를 밀어냈다. 몇 번의 노력 끝에 차가 마침내 시동이 걸렸다. 나는 친구에게 “넌 더러운 게 괜찮은가 보구나, 그 냄새 정말 심하던데!”라고 말했다. 그러자 친구가 나를 보며 이야기를 하나 해주었다.

그가 대학을 다닐 때, 캠퍼스 뒤쪽 담장 아래에 큰 쓰레기 하치장이 하나 있었는데, 매일 학교에서 나오는 많은 쓰레기들을 그곳에 쌓아두었다고 한다. 쉰 살이 넘은 한 청소부가 낡고 오래된 차를 끌고 와서 그 쓰레기들을 운반하였고, 한 대씩 한 대씩 매일 몇 번을 왕복했는지 모른다고 했다. 한번은 대형 강의를 할 때, 백발의 나이든 교수님께서 갑자기 모두에게 수업 내용과는 관계 없는 질문을 하셨다. “너희들 중 누가 나에게 매일 캠퍼스의 쓰레기를 운반하는 저 사람의 이름을 알려줄 수 있겠나?” 모두들 어안이 벙벙했다. 나이든 교수님께서 또 물으셨다. “그렇다면 너희들 중 누가 나에게 그 사람의 모습을 묘사해줄 수 있겠나?” 여전히 고요함이 흘렀다. 나이든 교수님은 탄식하며 말했다. “너희들은 그 사람을 주의 깊게 보지 않는구나! 그가 단지 쓰레기를 운반하는 사람이기 때문에 말이

里给学生们讲课！后来他因病告别了讲台，几年后病体恢复，他没有应邀再来授课，而是买了一辆旧货车，每天往城外运送校园里的垃圾，不要一分钱！"学生们都呆了，仿佛在听着一个美丽的童话，可是这是现实，是撞痛人心的现实！

老教授接着说："今天早晨我经过那个垃圾堆，他的车陷在泥里，束手无策。当时有很多晨跑的大学生经过他身旁，却看也不看他一眼，是我帮他把车推上来的。一个人应该理解别人的劳动，更应该尊重别人的劳动，关心别人，在别人有困难时主动伸出双手，是做人应具备的最起码的品质。可我们大学生又做了些什么呢？没有一个健全的心灵，有再多的知识又有什么用？"

阶梯教室里静得可以听见大家忏悔的心跳，老教授的话像一柄重锤，敲开了每个人心中的一扇门，那一刻，大家仿佛长大了许多。

我问："后来呢？"

朋友说："有一次在往车上装垃圾时，他的病忽然发作，倒在垃圾堆上，再也没有起来！他的追悼会，几乎所有的学生都参加了！"

我默然，为自己刚才的心态而羞愧。很久以后的一个夏天，我和女友一起逛街，路过一个臭味冲天的垃圾场，一群清洁工人正在清理。女友一脸厌烦地掩住鼻子，神情很是不屑。我说："你不该这样看他们，没有他们就没有清洁的城市！"然后我给她讲了朋友说的那个故事。她听完，停住脚步，回头凝视着那一群身影，久久不语。

다. 10년 전에 그도 이곳에서 학생들에게 수업을 했던 사람이었다는 것을 누가 생각이나 했겠나! 후에 그는 병 때문에 강단을 떠나게 되었는데, 몇 년 후 몸이 회복되어 다시 수업을 하라는 초청에 그는 응하지 않고, 낡은 화물차 한 대를 사서 매일같이 캠퍼스의 쓰레기를 밖으로 운반하는 일을 하며 한 푼의 돈도 받지 않는단다!" 학생들은 모두 명해졌고, 마치 아름다운 동화를 한 편 들은 것과도 같았지만 이는 현실이었다. 마음을 아프게 하는 현실이었다!

나이 든 교수님이 이어서 말씀하셨다. "오늘 아침에 내가 그 쓰레기 더미가 있는 곳을 지나가는데, 그의 차가 진흙에 빠져 속수무책인 상황이었지. 그때 조깅을 하는 많은 학생들이 그의 옆에 있었지만 아무도 그를 거들떠보지 않아 내가 그를 도와 차를 끌어내었어. 사람은 반드시 다른 사람의 노동을 이해해주어야 하고, 다른 사람의 노동을 존중해야 하며, 다른 사람에게 관심을 가지고, 다른 사람이 어려움에 처했을 때 적극적으로 손을 내밀어주는 것이 인간됨에 있어 갖추어야 할 최소한의 인품인 것이네. 그런데 우리 대학생들은 어떠한 일들을 한 것인가? 건전한 마음이 없다면 아무리 많은 지식을 가지고 있다고 한들 무슨 소용이 있단 말인가?"

계단식의 커다란 강의실 안은 모두가 뉘우치는 심장 소리를 들을 수 있을 정도로 고요했고, 나이든 교수님의 말씀은 무거운 망치와도 같이 모든 사람들의 마음의 문을 두드렸다. 바로 그 순간, 모두들 크게 자라난 것 같았다.

나는 "그 후에는?"이라고 물었다.

친구가 대답했다. "한번은 차에 쓰레기를 실을 때, 그분의 병이 갑자기 발작을 일으켜서 쓰레기 더미에 쓰러졌고, 다시는 일어나지 못하셨어. 그분의 추도회에 거의 모든 학생들이 참가했었지!"

나는 아무 말도 못하고, 방금 전 내 자신의 마음 자세에 부끄러움을 느꼈다. 한참이 지난 후 어느 여름에, 나는 여자 친구와 같이 쇼핑을 하다가 악취가 하늘을 찌르는 듯한 한 쓰레기 하치장을 지나가게 되었는데, 그때 환경미화원들이 청소를 하고 있었다. 여자 친구는 짜증난 얼굴로 코를 막으며 매우 깔보는 듯한 표정을 지었다. 나는 "너 그들을 그렇게 쳐다보면 안 되는 거야, 저들이 없으면 깨끗한 도시도 없는 거잖아!"라고 말했다. 그리고 나서 나는 여자 친구에게 친구가 해준 그 이야기를 들려주었다. 그녀는 이야기를 다 듣고서 발걸음을 멈추었고, 고개를 돌려 그들의 그림자를 쳐다보며 한참 동안 아무 말이 없었다.

어휘 ★闲逛 xiánguàng 통 한가로이 돌아다니다 ┃ ★路旁 lùpáng 명 길가, 길 옆 ┃ ★垃圾堆 lājīduī 명 쓰레기 더미 ┃ ★清洁工人 qīngjié gōngrén 명 환경미화원, 청소부 ┃ ★装上 zhuāngshàng 싣다, 담다 ┃ ★发动 fādòng 통 시동을 걸다, 기기를 돌리다 ┃ ★忙跑过去 máng pǎo guòqu 급히 달려가다 ┃ ★不顾 búgù 통 고려하지 않다, 살피지 않다 ┃ ★脏乱 zāngluàn 형 더럽고 지저분하다 ┃ ★难闻 nánwén 형 냄새가 고약하다, 냄새가 좋지 않다 ┃ ★气味 qìwèi 명 냄새 ┃ ★几经努力 jǐjīng nǔlì 몇 번의 노력을 거치다 ┃ ★启动 qǐdòng 통 작동을 시작하다, 시동을 걸다 ┃ ★嫌脏 xián zāng 더러운 것을 싫어하다 ┃ 味儿 wèir 명 맛, 냄새 ┃ ★围墙 wéiqiáng 명 담, 담장 ┃ 垃圾场 lājīchǎng 명 쓰레기 하치장 ┃ ★堆放 duīfàng 통 쌓아두다 ┃ ★破旧 pòjiù 형 낡다, 허름하다 ┃ ★运 yùn 통 나르다, 운반하다 ┃ 大课 dàkè 명 대형 강의, 대형 수업 ┃ ★一片茫然 yípiàn mángrán 멍하다, 막연하다 ┃ ★描述 miáoshù 통 묘사하다, 서술하다 ┃ ★一片寂静 yípiàn jìjìng 온통 고요하다, 조용하다 ┃ ★感叹 gǎntàn 통 탄식하다 ┃ ★告别 gàobié 통 작별 인사를 하다 ┃ ★讲台 jiǎngtái 명 강단 ┃ ★病体 bìngtǐ 명 병든 몸 ┃ ★恢复 huīfù 통 회복하다 ┃ ★应邀 yìngyāo 통 초청에 응하다 ┃ ★授课 shòukè 통 수업하다 ┃ ★旧货车 jiù huòchē 낡은 화물차 ┃ ★呆了 dāi le 멍해지다, 어리둥절해지다 ┃ ★童话 tónghuà 명 동화 ┃ 撞痛人心 zhuàng tòng rénxīn 사람의 마음을 아프게 하다 ┃

★陷在泥里 xiàn zài ní lǐ 진흙에 빠지다 | ★束手无策 shù shǒu wú cè 图 속수무책이다, 어쩔 도리가 없다 | ★晨跑 chén pǎo 조깅하다 | ★伸出双手 shēn chū shuāngshǒu 두 손을 내밀다 | ★具备 jùbèi 图 갖추다, 구비하다 | ★起码 qǐmǎ 图 적어도, 최소한 | ★健全 jiànquán 图 건전하다, 건강하고 온전하다 | ★阶梯 jiētī 图 계단 | ★忏悔 chànhuǐ 图 참회하다, 뉘우치다 | ★一柄重锤 yì bǐng zhòng chuí 무거운 망치 한 자루 | ★敲开 qiāokāi 치다, 두드리다 | ★一扇门 yí shàn mén 문 한 짝 | ★仿佛 fǎngfú 图 마치 ~인 것 같다 | ★发作 fāzuò 图 발작하다, 갑자기 일어나다 | ★追悼会 zhuīdàohuì 图 추도회 | ★默然 mòrán 图 침묵하며 말이 없는 모양, 묵묵히 있는 모양 | ★羞愧 xiūkuì 图 부끄럽다, 창피하다 | ★逛街 guàngjiē 图 쇼핑하다 | ★臭味冲天 chòuwèi chōngtiān 악취가 하늘을 찌르다 | ★清理 qīnglǐ 图 깨끗이 정리하다 | ★一脸厌烦 yì liǎn yànfán 짜증난 얼굴 | ★掩住 yǎnzhù 가리다, 덮다 | ★神情 shénqíng 图 표정, 기색 | ★不屑 búxiè 图 깔보다, 경시하다 | ★清洁 qīngjié 图 깨끗하다, 청결하다 | ★凝视 níngshì 图 응시하다, 눈여겨보다 | 一群身影 yì qún shēnyǐng 그림자 무리 | ★久久不语 jiǔjiǔ bù yǔ 오래도록 말이 없다

모범 답안 [386자]

他的追悼会几乎所有的同学都去了。

很久以后的某一天，我和女友一起逛街时，女友看到清洁工清理垃圾的样子马上露出厌恶的表情我就将这个故事告诉了她，听后，她久久不语。

존중받아야 할 모든 사람들의 노동

한번은 친구와 거리를 거닐다가 한 환경미화원이 쓰레기차에 시동을 걸고 있는 것을 보게 되었는데, 그 차는 아무리 해도 시동이 걸리지 않았다. 친구가 그것을 본 후 쓰레기의 악취는 생각하지도 않고 바로 가서 힘을 다해 그를 도와 차를 밀어냈다.

이해하지 못하는 나에게 친구는 이런 이야기를 하나 들려주었다. 그가 대학을 다닐 때 쉰 살이 넘은 한 노인이 매일 쓰레기를 치웠는데 그 어떤 학생도 그를 주의 깊게 본 적이 없었고, 쓰레기차가 시동이 걸리지 않는 상황이었을 때도 아무도 그를 도와주지 않았다. 어느 날, 한 교수님이 그들에게 알려주었다. 그 노인은 원래 그 대학의 교수님이었고, 병 때문에 사직을 한 후 무료로 학교에 와서 쓰레기를 운반하며, 매일같이 몇 차례를 왔다갔다하는지 모른다고 했다.

교수님께서는 이어서, 한 명의 대학생으로서 반드시 다른 사람의 노동을 이해해주어야 하고, 다른 사람의 노동을 존중해야 하며, 다른 사람이 어려움에 처했을 때에는 적극적으로 손을 내밀어주어야 하는데, 그렇지 않으면 설령 아무리 많은 지식을 갖춘다고 한들 아무 소용이 없는 것이라고 말씀하셨다.

후에, 친구는 이어서 말했다. 그 노인이 또 한번은 차에 쓰레기를 실을 때 갑자기 병이 발작을 일으켜서 다시는 일어날 수 없게 되었고, 그의 추도회에 거의 모든 학생이 갔다고 했다.

한참이 지난 후 어느 날, 나는 여자 친구와 함께 쇼핑을 하다가 여자 친구가 환경미화원이 쓰레기를 치우는 모습을 보고 바로 싫어하는 기색을 내보였는데, 그때 나는 그 이야기를 그녀에게 들려주었고, 이야기를 들은 후 그녀는 한참 동안 아무 말이 없었다.

어휘　★立即 lìjí 뿐 곧, 바로 ｜ ★不解 bùjiě 통 이해하지 못하다, 모르다 ｜ ★收垃圾 shōu lājī 쓰레기를 치우다 ｜ ★因病辞职 yīn bìng cízhí 병으로 사직하다 ｜ ★免费 miǎnfèi 통 무료로 하다 ｜ ★作为 zuòwéi 통 ～으로 여기다, ～으로 삼다 ｜ ★当代大学生 dāngdài dàxuéshēng 현재 대학생 ｜ ★哪怕 nǎpà 접 설령 ～이라 하더라도 ｜ ★露出 lùchū 통 드러내다 ｜ ★厌恶 yànwù 통 몹시 싫어하다, 혐오하다

정답	1. D	2. B	3. C	4. A	5. B	6. A	7. C	8. D	9. D	10. C
듣기	11. B	12. D	13. D	14. B	15. D	16. D	17. D	18. B	19. C	20. D
	21. A	22. C	23. A	24. C	25. A	26. B	27. D	28. C	29. D	30. B
	31. D	32. A	33. C	34. B	35. D	36. D	37. D	38. B	39. A	40. D
	41. C	42. A	43. C	44. A	45. B	46. D	47. B	48. A	49. D	50. D
독해	51. C	52. C	53. A	54. A	55. B	56. D	57. B	58. D	59. B	60. B
	61. C	62. A	63. B	64. A	65. D	66. B	67. A	68. D	69. C	70. A
	71. C	72. A	73. B	74. D	75. E	76. D	77. B	78. A	79. C	80. E
	81. B	82. B	83. A	84. A	85. C	86. B	87. C	88. B	89. B	90. A
	91. C	92. D	93. B	94. B	95. D	96. B	97. B	98. B	99. B	100. C
쓰기	227쪽 모범 답안 참조									

실전 모의고사

듣기 🎧 12

1

난이도 下 공략 Key 答应을 통한 의미 파악

在一片西瓜地旁边，有个小女孩儿站在田边问瓜农："我想买西瓜，可是我只有一块钱。"瓜农说："那我给你一个小西瓜。"小女孩说："好吧！但是现在先别摘，我过一段时间再来取。"<u>瓜农答应了</u>。一个月后，小女孩儿捧走了一个大西瓜。	수박 밭 옆에서 한 여자아이가 밭 기슭에 서서 농민에게 물었다. "제가 수박을 사고 싶은데요, 그런데 저에겐 1위안밖에 없거든요." 농민이 말하길 "그럼 내가 작은 수박 하나를 너에게 주마." 그러자 여자아이가 말했다. "좋아요, 그런데 지금 수박을 따지 마시고, 제가 얼마 지난 후에 다시 가지러 올게요." <u>농민은 아이의 말에 동의했다.</u> 한 달이 지난 후, 여자아이는 큰 수박 하나를 두 손으로 받쳐 들고 가버렸다.
A 小女孩没有花钱 B 西瓜一块钱一斤 C 小西瓜比大西瓜甜 Ⓓ 瓜农答应了小女孩的要求	A 여자아이는 돈을 쓰지 않았다 B 수박은 한 근에 1위안이다 C 작은 수박은 큰 수박보다 달다 Ⓓ 농민은 아이의 요구에 동의했다

공략 보기 D 중의 동일한 부분 '瓜农答应了'를 듣고 일치하는 내용임을 알 수 있다.

어휘 ★一片 yípiàn 온통, 전체[지면이나 수면의 넓게 펼쳐진 평면을 나타냄] | 西瓜地 xīguā dì 수박 밭 | 田边 tiánbiān 명 밭 기슭 | 瓜农 guānóng 명 수박 재배 농민 | ★摘 zhāi 동 따다, 꺾다 | 答应 dāying 동 동의하다, 승낙하다 | ★捧走 pěngzǒu 두 손으로 받쳐 들고 가다

2

演讲时，演讲者的脸部表情会直接影响演讲的效果。紧张、喜悦等情绪都会清楚地表现在脸上，这很难由人的意志加以控制。演讲的内容可能很精彩，但如果表情缺乏自信，演讲就很容易变得欠缺说服力。

A 第一印象很关键
Ⓑ 演讲时表情很重要
C 演讲时间不能太长
D 演讲要注意把握节奏

연설을 할 때, 연설자의 얼굴 표정은 연설의 효과에 직접적으로 영향을 끼칠 수 있다. 긴장하거나 즐거워하는 등의 감정은 모두 분명하게 얼굴에 나타나며, 이는 사람의 의지로 제어하기가 매우 어렵다. 연설 내용은 매우 훌륭하지만 얼굴 표정에 자신감이 결여되었다면, 그 연설에는 설득력이 부족하게 되기 쉽다.

A 첫인상이 매우 중요하다
Ⓑ 연설을 할 때는 표정이 매우 중요하다
C 연설 시간이 너무 길어서는 안 된다
D 연설은 흐름의 파악에 주의해야 한다

공략 첫 문장의 '演讲者的脸部表情会直接影响演讲的效果'라는 부분과 보기 B는 동일한 의미임을 알 수 있다.

어휘 ★演讲 yǎnjiǎng 몡동 연설(하다) | ★脸部表情 liǎnbù biǎoqíng 얼굴 표정 | ★喜悦 xǐyuè 혱 즐겁다, 기쁘다 | ★情绪 qíngxù 몡 감정, 정서 | ★由……控制 yóu……kòngzhì ~이 통제하다, ~이 제어하다 | 意志 yìzhì 몡 의지 | ★缺乏 quēfá 동 결여되다, 결핍되다 | 欠缺 qiànquē 동 부족하다, 결핍되다 | ★说服力 shuōfúlì 몡 설득력

3

有一头狮子与人同行赶路。他们看见一块刻着人征服狮子图像的石碑。于是，那人指着画面对狮子说："你看! 事实证明，我们比你们强得多!"狮子笑着说："如果狮子会雕刻，那么你就会看到很多人倒在狮子脚下。"

A 狮子是兽中之王
B 狮子懂得雕刻技术
Ⓒ 狮子和人互相看不起
D 石碑是狮子雕刻的

사자 한 마리와 사람이 함께 서둘러 길을 가다가, 사람이 사자를 정복하는 그림이 새겨진 비석을 보게 되었다. 이에 그 사람이 그림을 가리키며 사자에게 말했다. "봐! 사실이 증명하듯, 우리가 너희들보다 훨씬 더 강해!" 사자는 웃으며 말했다. "만약에 사자가 조각을 할 수 있었다면 많은 사람들이 사자의 발 밑에 쓰러져있는 것을 당신이 보게 되었을 것이오."

A 사자는 짐승 중의 왕이다
B 사자는 조각 기술을 안다
Ⓒ 사자와 사람은 서로 깔본다
D 비석은 사자가 조각한 것이다

공략 유머러스한 이야기로, 글의 내용을 이해해야만 정답을 고를 수 있다. '事实证明，我们比你们强得多'라는 부분을 듣고 '사람이 사자를 깔본다'라는 것을 알 수 있고, '如果狮子会雕刻，那么你就会看到很多人倒在狮子脚下'라는 부분을 듣고 '사자가 사람을 깔본다'라는 것을 알 수 있으므로 정답은 C이다.

어휘 ★同行 tóngxíng 동 함께 가다, 동행하다 | ★赶路 gǎnlù 동 길을 재촉하다, 서둘러 가다 | ★征服 zhēngfú 동 정복하다 | 图像 túxiàng 몡 이미지, 그림 | ★石碑 shíbēi 몡 비석 | 画面 huàmiàn 몡 화면, 그림 | ★事实证明 shìshí zhèngmíng 사실이 증명하다 | ★雕刻 diāokè 동 조각하다 | 倒在……脚下 dǎozài……jiǎoxià 발 아래 쓰러지다

4

食疗在中国有着很久的应用历史。它既不苦口，也无毒副作用。因此，是病人乐于接受的治疗方法。食疗作用一般比较缓慢，不宜作为主要治疗手段，可作为慢性病的辅助治疗方法。

식이 요법은 중국에서 오랜 응용의 역사를 가지고 있다. 이는 입에 쓰지도 않고, 독성 부작용도 없다. 따라서 환자가 기꺼이 받으려 하는 치료 방법이기도 하다. 식이 요법은 일반적으로 효과가 느린 편이어서, 주된 치료 방법으로는 적합하지 않고 만성병의 보조 치료 방법으로 여길 만하다.

Ⓐ 食疗历史很长

B 食疗有副作用

C 良药苦口利于病

D 食疗更适于急性病

Ⓐ 식이 요법의 역사는 길다

B 식이 요법에는 부작용이 있다

C 좋은 약은 입에 쓰지만 병에는 이롭다

D 식이 요법은 급성 질병에 더 적합하다

공략 '食疗在中国有着很久的应用历史'라는 부분과 보기 A는 동일한 의미임을 알 수 있다.

어휘 ★食疗 shíliáo 몡 식이 요법 | ★应用 yìngyòng 동 응용하다, 이용하다 | 苦口 kǔkǒu 혱 입에 쓰다 | ★毒副作用 dú fùzuòyòng 독성 부작용 | ★乐于接受 lèyú jiēshòu 기꺼이 받아들이다 | ★治疗 zhìliáo 동 치료하다 | ★缓慢 huǎnmàn 혱 느리다, 완만하다 | 不宜 bùyí 동 ~하기에 적당치 않다, ~하는 것은 좋지 않다 | ★作为 zuòwéi 동 ~으로 여기다, ~으로 삼다 | ★慢性病 mànxìngbìng 몡 만성병 | ★辅助 fǔzhù 혱 보조적인, 부차적인

5   난이도 中   공략 Key 一寸光阴의 의미 파악

　　人生没有彩排，不可重复，每一天都是现场直播。正因为时光流逝，一去不复返，每一天都不可追回。因此，<u>更要珍惜每一寸光阴</u>。孝敬父母，疼爱孩子，体贴爱人，善待朋友。

A 感情需要培养

Ⓑ 一寸光阴一寸金

C 婚姻不能强求

D 品德需要培养

　　인생은 리허설이 없고, 다시 되풀이할 수도 없다. 하루하루가 생중계인 것이다. 세월은 유수와 같고, 한 번 지나가면 다시 돌아오지 않기 때문에 매일매일을 되돌릴 수가 없다. 따라서 <u>매 시간을 더 소중히 여겨야만 한다</u>. 부모에게 효도하고, 아이를 사랑하며, 배우자에게 자상하게 하고, 친구에게 잘 대해야 한다.

A 감정은 길러낼 필요가 있다

Ⓑ 시간은 금이다

C 결혼은 강요해서는 안 된다

D 품성은 길러낼 필요가 있다

공략 보기 B는 '시간은 금과 같이 귀하므로 낭비해서는 안 된다'라는 의미를 나타내는데, 원문에서 '更要珍惜每一寸光阴'이라는 부분이 보기 B와 동일한 의미임을 알 수 있다.

어휘 ★彩排 cǎipái 몡동 리허설(하다) | ★重复 chóngfù 동 되풀이하다, 반복하다 | ★现场直播 xiànchǎng zhíbō 생중계 | ★时光流逝 shíguāng liúshì 세월이 유수와 같다 | ★一去不复返 yí qù bú fù fǎn 셩 한 번 가면 다시 돌아오지 않다 | ★追回 zhuīhuí 동 되찾다, 회수하다 | ★珍惜 zhēnxī 동 소중히 여기다 | ★一寸光阴 yí cùn guāngyīn 한 치의 시간 | ★孝敬 xiàojìng 동 웃어른을 잘 섬기고 공경하다, 효도하다 | ★疼爱 téng'ài 동 매우 귀여워하다, 매우 사랑하다 | ★体贴 tǐtiē 동 자상하게 돌보다 | ★善待 shàndài 동 좋게 대하다, 잘 대접하다

6   난이도 中   공략 Key 전환의 의미를 나타내는 접속사 可是

　　<u>台风给人类带来的破坏常让我们深恶痛绝</u>。可是，如果没有台风，全世界的水荒会更严重，地球上的冷热会更不均衡。热带会更热，寒带会更冷，而温带将不复存在。难怪气象学家说："台风是人类生存的必需。"

Ⓐ 台风也有积极作用

B 人们无法预测台风

C 地球温度在逐年上升

D 台风影响水资源分配

　　<u>태풍이 인류에게 가져다주는 해는 늘 우리가 극히 싫어하는 것들이다</u>. 하지만, 만약 태풍이 없다면, 전 세계의 물 부족 현상은 더 심각해질 것이고, 지구상의 추위와 더위도 더 불균형해질 것이다. 열대 지역은 더 더워질 것이고, 한대 지역은 더 추워질 것이며, 온대 지역은 사라지게 될 것이다. 그러니 기상학자들은 '태풍은 인류 생존의 필수'라고 한다.

Ⓐ 태풍도 긍정적인 작용을 한다

B 사람들은 태풍을 예측할 방법이 없다

C 지구의 온도는 해마다 상승한다

D 태풍은 수자원의 분포에 영향을 끼친다

 첫 번째 문장인 '台风给人类带来的破坏……'는 태풍의 좋지 않은 면에 관한 내용이고, 그 다음 문장은 전환의 의미를
나타내는 可是로 시작된다. 그러므로 태풍의 좋은 면에 관해 서술하고 있는 보기 A가 정답이다.

어휘　★台风 táifēng 명 태풍 | ★破坏 pòhuài 동 훼손시키다, 해치다 | ★深恶痛绝 shēn wù tòng jué 성 극도로 미워하다,
원한과 증오가 극에 달하다 | 水荒 shuǐhuāng 명 심각한 물 부족 | ★均衡 jūnhéng 형 고르다, 균형이 잡히다 | ★热带 rèdài
명 열대 | ★寒带 hándài 명 한대 | ★温带 wēndài 명 온대 | ★不复存在 búfù cúnzài 사라지다 | ★难怪 nánguài 부
어쩐지, 그러길래 | ★气象学家 qìxiàngxuéjiā 명 기상학자

7　　난이도 中　공략 Key 동일한 의미의 문장 찾기

发脾气时，人们往往选择与自己更亲近的人，而不是自己讨厌的人。所谓亲近的人就是大部分时间跟你在一起的人。我们发火，往往是因为我们对自己亲近的人给予更多的期望。或许说，想从他们那里得到更多。	화를 낼 때, 사람들은 종종 자신이 싫어하는 사람이 아닌 자신과 가까운 사람에게 화를 내곤 한다. 가까운 사람이란 바로 대부분의 시간을 당신과 함께 지내는 사람을 말한다. 우리가 화를 내는 것은 종종 우리가 자신과 가까운 사람에게 더 많은 기대를 하기 때문이고, 어쩌면 그들에게서 더 많은 것을 얻고 싶어서인지도 모른다.
A 有付出才有回报 B 期望越高失望越大 Ⓒ 人们对亲近的人期望更高 D 人们常常对陌生人发火	A 대가를 지불해야만 비로소 보답이 있다 B 기대가 클수록 실망도 크다 Ⓒ 사람들은 가까운 사람에 대해 더 큰 기대를 한다 D 사람들은 자주 낯선 사람에게 화를 낸다

공략　'我们对自己亲近的人给予更多的期望'이라는 부분과 보기 C는 동일한 의미임을 알 수 있다.

어휘　★发脾气 fā píqi 동 화내다, 성질을 부리다 | ★亲近 qīnjìn 형 친근하다, 가깝다 | ★所谓 suǒwèi 형 소위 ～이라는 것은 |
★发火 fāhuǒ 동 화를 내다 | ★给予 jǐyǔ 동 주다 | 期望 qīwàng 명동 기대; 바라다 | ★或许 huòxǔ 부 아마, 어쩌면 |
★从……那里 cóng……nàli 그곳으로부터

8　　난이도 上　공략 Key 동일한 의미의 문장 찾기

对可能遇到的困难进行预防是完全有必要的。但是，有时候过高地估计困难，强调风险会削弱拼搏的勇气，变得瞻前顾后、缩手缩脚，以致错过成功的良机。我们得像歌词中唱的那样：该出手时就出手。	닥칠 어려움에 대해 미리 예방을 하는 것은 전적으로 필요한 것이다. 하지만, 때로 어려움을 지나치게 예측하거나 위험을 강조하는 것은 맞서 싸울 용기를 약화시키고, 앞뒤를 재며 몸을 사리게 하여 성공의 좋은 기회를 놓치게 할 수 있다. 그러므로 우리는 노래 가사에 나오는 것처럼 그렇게 손을 대야할 때는 손을 대야만 하는 것이다.
A 万事开头难 B 创造需要继承 C 人无远虑，必有近忧 Ⓓ 过于强调风险会失去好机会	A 무슨 일이든 처음이 어렵다 B 창조는 계승할 필요가 있다 C 사람이 앞날을 미리 고려하지 않으면 반드시 걱정거리를 만나게 된다 Ⓓ 지나치게 위험을 강조하는 것은 좋은 기회를 잃게 할 수 있다

공략　'有时候过高地估计困难，强调风险……以致错过成功的良机'라는 부분과 보기 D는 동일한 의미임을 알 수 있다.

어휘　★预防 yùfáng 동 예방하다 | ★过高 guògāo 형 지나치게 높다 | ★强调 qiángdiào 동 강조하다 | ★风险 fēngxiǎn 명
위험 | ★削弱 xuēruò 동 약화시키다 | ★拼搏 pīnbó 동 전력을 다해 싸우다, 끝까지 싸우다 | ★勇气 yǒngqì 명 용기 |
★瞻前顾后 zhān qián gù hòu 성 앞뒤를 살피다, 지나치게 조심하여 결단을 못 내리다 | ★缩手缩脚 suō shǒu suō jiǎo
성 몸을 사리다 | ★以致 yǐzhì 접 ～이 되다, ～을 초래하다 | ★错过 cuòguò 동 놓치다 | ★良机 liángjī 명 좋은 기회 | 歌
词 gēcí 명 가사 | ★该出手时就出手 gāi chūshǒu shí jiù chūshǒu 손을 대야 할 때는 손을 대야 한다, 해야할 것은 해야 한다

公园的椅子上坐着一位老妇人。一个小孩子走过来问道："老婆婆，您的牙齿还好吗？""不行了，都掉光了"老妇人回答。小孩子高兴极了，放心地拿出一包花生说："那请您先替我照看一下吧，我去踢球。"

A 小孩要去游泳
B 吃糖对牙齿不好
C 小孩很关心老人的身体
Ⓓ 小孩担心老人吃他的花生

공원 의자에 한 노부인이 앉아있었다. 어떤 아이가 걸어와서는 "할머니, 할머니 치아는 괜찮으세요?"라고 묻자, "좋지 않단다, 다 빠져버렸어"라고 노부인이 대답했다. 그러자 아이는 매우 기뻐하며 안심하듯 땅콩 한 봉지를 꺼내며 말했다. "그러면 할머니께서 저 대신 이것 좀 봐주세요, 전 축구하러 가야해서요."

A 아이는 수영을 하러 가려고 한다
B 사탕을 먹는 것은 치아에 좋지 않다
C 아이는 노인의 건강에 매우 관심이 많다
Ⓓ 아이는 노인이 자신의 땅콩을 먹을까 염려한다

공략 유머러스한 이야기로, 글의 내용을 이해해야만 정확한 답을 고를 수 있다. 아이가 할머니의 치아가 다 빠져버렸다는 얘기를 들었을 때 '放心地拿出一包花生' 하며 할머니께 땅콩을 봐달라고 하였으므로, 이 아이는 할머니가 자신의 땅콩을 먹을까 봐 염려하고 있다는 것을 알 수 있다.

어휘 ★老妇人 lǎofùrén 몡 노부인 | ★走过来 zǒu guòlai 걸어오다 | ★问道 wèndào 통 묻다 | ★老婆婆 lǎopópo 몡 할머니 | ★牙齿 yáchǐ 몡 치아 | ★掉光了 diàoguāng le 다 빠지다 | ★替我 tì wǒ 나 대신

10   난이도 下   공략 Key 동일한 의미의 문장 찾기

造纸术是中国古代四大发明之一。它与指南针、火药、印刷术一起，为中国古代文化的繁荣提供了物质基础。纸的发明大大地促进了文化的传播与发展。

A 火药出现于北宋
B 欧洲人喜欢瓷器
Ⓒ 纸的发明促进了文化交流
D 纸的出现促进了毛笔的产生

제지술은 중국 고대 4대 발명품 중 하나이다. 이는 나침반, 화약, 인쇄술과 함께 중국 고대 문화의 번영에 물질적인 기초를 제공해주었다. 종이의 발명은 문화의 보급과 발전을 크게 촉진시켰다.

A 화약은 북송시대에 생겨났다
B 유럽 사람들은 자기를 좋아한다
Ⓒ 종이의 발명은 문화 교류를 촉진시켰다
D 종이의 출현은 붓 생산을 촉진시켰다

공략 '纸的发明大大地促进了文化的传播与发展'이라는 부분과 보기 C는 동일한 의미임을 알 수 있다.

어휘 ★造纸术 zàozhǐshù 몡 제지술 | ★指南针 zhǐnánzhēn 몡 나침반 | ★印刷术 yìnshuāshù 몡 인쇄술 | ★文化繁荣 wénhuà fánróng 문화의 번영 | ★物质基础 wùzhì jīchǔ 물질적인 기초 | ★大大促进 dàdà cùjìn 크게 촉진시키다

11   난이도 下   공략 Key 동일한 의미의 구문 찾기

玻璃杯不仅通透好看，而且与其它材质的杯子比起来，玻璃杯还是最健康的。玻璃杯不含有机的化学物质，不用担心化学物质被喝进肚子里。而且杯子表面光滑，容易清洗。所以，用玻璃杯喝水是最健康、最安全的。

A 要少吃多餐
Ⓑ 玻璃杯容易清洗
C 玻璃杯对身体有害
D 运动后要多喝水

유리컵은 속을 훤히 볼 수 있고 아름다울 뿐만 아니라, 다른 재질의 컵과 비교해보면 유리컵이 그래도 가장 건강에 좋다. 유리컵은 유기 화학 물질을 함유하고 있지 않아, 화학 물질이 뱃속으로 들어갈 염려가 없다. 게다가 컵의 표면이 매끄러워 깨끗하게 닦기 쉽다. 따라서, 유리컵으로 물을 마시는 것이 가장 건강하고, 가장 안전하다고 할 수 있다.

A 식사는 적게 하되 자주 먹다
Ⓑ 유리컵은 깨끗하게 닦기 쉽다
C 유리컵은 건강에 해롭다
D 운동 후 물을 많이 마셔야한다

공략   '容易清洗'라는 부분과 보기 B는 동일한 의미임을 알 수 있다.

어휘   ★玻璃杯 bōlibēi 명 유리컵 | 通透 tōngtòu 통 훤히 보다, 훤하게 꿰뚫다 | 材质 cáizhì 명 재질 | ★与……比起来 yǔ……bǐ qǐlai ~과 비교하다 | ★含有 hányǒu 통 함유하다 | 有机 yǒujī 형 유기물의, 유기적인 | ★化学物质 huàxué wùzhì 화학 물질 | ★表面 biǎomiàn 명 표면 | ★光滑 guānghuá 형 매끌매끌하다, 반들반들하다 | ★清洗 qīngxǐ 통 깨끗이 씻다

12   난이도 下   공략 Key 동일한 의미의 문장 찾기

每个人都有自己的生活模式。适合某人穿的鞋也许另一个人穿起来会觉得痛苦不堪。生活没有统一的标准，没有固定的模式。因此我们不要浪费时间模仿别人的生活模式，<u>找到适合自己的生活才是最重要的</u>。 A 性格决定命运 B 鞋要买大一点的 C 他人的经验要借鉴 Ⓓ 适合自己的才是最好的	모든 사람들은 다 자신만의 생활 패턴을 가지고 있다. 어떤 사람에게는 잘 맞는 신발을 다른 어떤 사람이 신었을 때는 어쩌면 몹시 아프다고 느낄 수도 있다. 삶에는 통일된 기준이 없고, 고정적인 패턴이 없다. 따라서 우리는 시간을 낭비해가며 다른 사람의 생활 패턴을 모방하지 말고, <u>자신에게 맞는 생활을 찾는 것이야말로 가장 중요하다고 할 수 있다</u>. A 성격이 운명을 결정짓는다 B 신발은 조금 큰 것을 사야 한다 C 다른 사람의 경험을 본보기로 삼아야 한다 Ⓓ 자신에게 맞는 것이야말로 가장 좋은 것이다

공략   '找到适合自己的生活才是最重要的'라는 부분과 보기 D는 동일한 의미임을 알 수 있다.

어휘   ★生活模式 shēnghuó móshì 생활 패턴 | ★痛苦不堪 tòngkǔ bùkān 몹시 아프다, 몹시 고통스럽다 | ★统一 tǒngyī 형 통일된, 일치된 | ★固定 gùdìng 형 고정적인, 불변하는 | ★模仿 mófǎng 통 모방하다

13   난이도 中   공략 Key 동일한 의미의 문장 찾기

人们一般认为，一个人能否取得成功，主要取决于智力水平，即智商越高，取得的成功就越大。<u>但现在，心理学家研究发现，情商水平对一个人能否取得成功也有重大的影响</u>，有时甚至超过智力水平。 A 智力是天生的 B 情商受环境的影响 C 情商决定智商 Ⓓ 情商影响人们的发展	사람들은 일반적으로, 어떤 사람이 성공을 거둘 수 있느냐 없느냐는 주로 그의 지능 수준에 달려있다고 여긴다. 즉, 아이큐가 높을수록 더 큰 성공을 거둘 수 있다는 것이다. 하지만 요즘, 심리학자들의 연구가 밝힌 바에 따르면, <u>감성 지수 또한 사람의 성공 여부에 큰 영향을 끼친다</u>는데, 때로는 그것이 심지어 지능 수준을 넘어선다고 한다. A 지능은 타고난 것이다 B 감성 지수는 환경의 영향을 받는다 C 감성 지수는 지능 지수를 결정짓는다 Ⓓ 감성 지수는 사람들의 발전에 영향을 끼친다

공략   '情商水平对一个人能否取得成功也有重大的影响'이라는 부분과 보기 D는 동일한 의미임을 알 수 있다. 이 밖에도, 전환의 의미를 나타내는 접속사 但을 듣고 그 뒤에서 언급할 내용이 매우 중요한 것임을 알 수 있으므로, 그 뒤의 문장을 주의 깊게 들으면 감성 지수가 사람의 성공에 영향을 끼친다는 것을 알 수 있다.

어휘   ★能否 néngfǒu 통 할 수 있는지 없는지 | ★取决于 qǔjué yú ~에 달려있다 | ★智力 zhìlì 명 지능 | ★智商 zhìshāng 명 지능 지수(IQ) | 心理学家 xīnlǐxuéjiā 명 심리학자 | ★情商 qíngshāng 명 감성 지수(EQ)

俗话说：“字是人的第二张脸。”中国人对书法的热爱程度是不言而喻的。虽然不是每一个人最终都能成为书法家，但书法已经成为一种文化，潜移默化地融入到中国人的生活当中。

A 习惯很难改变
Ⓑ 中国人喜欢书法
C 做人要表里如一
D 要有自知之明

속담에 '글자는 인간의 두 번째 얼굴이다'라는 말이 있다. 중국인들의 서예에 대한 사랑은 말할 필요도 없는 것이다. 비록 모든 사람들이 끝내 다 서예가가 되지는 못하지만, 서예는 이미 일종의 문화가 되었으며, 모르는 사이에 감화되어 중국인들의 생활 속으로 스며들었다.

A 습관은 바꾸기 어렵다
Ⓑ 중국인들은 서예를 좋아한다
C 사람은 말과 행동이 일치해야 한다
D 자기 자신을 잘 알아야만 한다

공략 '中国人对书法的热爱程度是不言而喻的'라는 부분과 보기 B는 동일한 의미임을 알 수 있다.

어휘 ★俗话 súhuà 몡 속담 | ★热爱 rè'ài 통 열애하다, 애착을 가지다 | ★不言而喻 bù yán ér yù 솅 말하지 않아도 안다, 말할 필요도 없다 | ★最终 zuìzhōng 혱 최후의, 맨 마지막의 | ★书法家 shūfǎjiā 몡 서예가 | ★潜移默化 qián yí mò huà 솅 은연중에 감화되다, 무의식 중에 감화되다 | ★融入 róngrù 통 스며들다, 융합되어 들어가다

做生意的过程实际上是与人打交道的过程。人都是有感情的，以诚待人、以情感人是生意兴隆的关键之一。市场营销的最高境界就是赢得和占有顾客的心。得人心者得顾客，得顾客者得市场。

A 顾客总是对的
B 要合作也要竞争
C 打折才能吸引顾客
Ⓓ 做生意就是跟人打交道

사업을 하는 과정은 사실상 사람들과 교제를 하는 과정이다. 사람은 모두 감정을 가지고 있기에, 사람들에게 정성으로 대하고, 마음으로 감동시키는 것은 사업이 번창하는 관건 중 하나이다. 시장 마케팅의 최고 경지는 바로 고객의 마음을 얻고 차지하는 것이다. 인심을 얻으면 고객을 얻고, 고객을 얻으면 시장을 얻을 수 있다.

A 고객은 언제나 옳다
B 협력하고 경쟁해야 한다
C 세일을 해야만 고객을 끌어들일 수 있다
Ⓓ 사업을 하는 것은 바로 사람들과 교제를 하는 것이다

공략 '做生意的过程实际上是与人打交道的过程'에서 보기 D 중의 단어와 동일한 단어를 듣고 의미가 일치함을 알 수 있다.

어휘 ★做生意 zuò shēngyi 사업을 하다, 장사를 하다 | ★打交道 dǎ jiāodao 통 왕래하다, 교제하다 | ★以诚待人 yǐ chéng dài rén 정성으로 사람을 대하다 | ★以情感人 yǐ qíng gǎn rén 마음으로 사람을 감동시키다 | ★生意兴隆 shēngyi xīnglóng 사업이 번창하다 | ★市场营销 shìchǎng yíngxiāo 시장 마케팅, 시장 판매 | ★最高境界 zuìgāo jìngjiè 최고의 경지 | ★赢得 yíngdé 통 얻다 | ★占有 zhànyǒu 통 점유하다, 차지하다 | 得人心者 dé rénxīn zhě 인심을 얻은 자

16-20

女：各位观众大家好！今天我们请来了著名作家刘心武先生。刘先生历时七年完成了《刘心武续红楼梦》一书。此书一出，引发了很多争议。今天，我们想就这个话题跟他聊一聊。刘老师，您好！早在1922年，俞平伯先生就发表过《论续书的不可能》一文。16他认为所有续写《红楼梦》的人注定要失败，因此提出此路

여: 시청자 여러분, 안녕하십니까! 오늘 우리는 유명 작가이신 류신우 선생님을 모셨는데요. 류 선생께서는 7년에 걸쳐 『류신우 속(續) 홍루몽』이란 책을 완성하셨습니다. 이 책이 나오자마자 많은 논쟁을 불러일으켰는데요. 오늘 우리는 이 주제에 대해서 그분과 이야기를 나누겠습니다. 류 선생님, 안녕하십니까! 위핑보 선생님께서 일찍이 1922년에 「속서(續書)의 불가능을 논함」이라는 글을 발표하신 적이 있습니다. 16그분은 『홍루몽』을 속작(續作)하는 모든 사람들은 반드시 실

不通的警告，免得年轻人枉费精力。您读过俞先生的这篇文章吗？

男：以前读过。

女：您动笔之前，有没有想过俞先生的忠告。

男：没有。俞先生是红学大家，是公认的权威。我一直都很尊敬他，可我从不迷信权威，不会因为俞先生说过这样的话，就不敢去尝试。

女：历史上不少人续写过《红楼梦》，您觉得您跟他们有什么不同？

男：他们是从自己的角度续写，17而我是从曹雪芹的角度续写。在这个过程中，我不仅要揣摸曹雪芹的心理，还要模仿他的演绎风格。所以，难度要比别人大得多。

女：那这个写作过程倒是很苦呀！

男：苦中有乐吧！18两年前，老伴儿去世了，儿子又不在身边，那个时候我心情极差，是红楼梦这个工作为我排遣了孤独和寂寞。从这个角度来说，不就成了快乐么！

女：嗯！您在续写《红楼梦》的时候，有没有感觉到自己的语言功力稍稍差了一点儿？

男：不是一点儿呀！语言上不仅比不了曹雪芹，就连高鹗也比不上。我已经万分小心了，可还是会闹笑话，从古人的嘴里说出现代的话。

女：19书出版后引起这么大的争议，您当初想到过吗？

男：我当初以为会引起一些反响，但没想到会引来这么多批评。不过，这也是好事，20至少带动了更多的人去读《红楼梦》，尤其是80后、90后的年轻人。我觉得这个是最大的意义。

패할 것이라고 생각하셔서, 젊은 사람들이 정신과 체력을 허비하지 않도록 그 일은 불가능한 것이라고 경고하셨습니다. 선생님께서는 혹시 위 선생님의 그 글을 읽으신 적이 있습니까?

남: 예전에 읽은 적이 있습니다.

여: 글을 쓰기 전에 위 선생님의 충고를 생각해보신 적이 있습니까?

남: 없습니다. 위 선생님께서는 홍학의 대가이시고 공인된 권위자이십니다. 저는 그분을 매우 존경하지만, 절대 권위를 맹신하지는 않습니다. 위 선생님께서 그런 말씀을 하셨다고 해서 제가 감히 시도 못할 것은 아니니까요.

여: 역사상 많은 사람들이 『홍루몽』을 속작했는데요, 다른 사람들과 비교해서 선생님이 쓰신 책에는 어떤 차이가 있다고 생각하십니까?

남: 그들은 자신의 관점에서 『홍루몽』을 속작했지만 17저는 조설근 선생님의 관점에서 속작했습니다. 이 과정에서 저는 조설근 선생님의 심리를 곰곰이 생각해봤을 뿐만 아니라 그의 연역(演繹) 기풍도 모방하고자 했습니다. 그래서 난이도가 다른 것보다 더 높습니다.

여: 그렇다면 원고를 쓰시는 동안 고생이 많으셨겠네요!

남: 고생 가운데 기쁨도 있었습니다. 182년 전에 제 아내가 세상을 떠나고, 아들도 제 옆에 없었기 때문에 저는 마음이 매우 괴로웠지요. 그 와중에 『홍루몽』을 쓰면서 저는 외로움과 쓸쓸함을 극복할 수 있었답니다. 이런 점에서 보면 그게 오히려 기쁨이 된 것 아니겠습니까!

여: 아 네! 그런데 『홍루몽』을 쓰시는 동안에 자신의 언어 감각이 좀 떨어졌다고 생각하지는 않으셨나요?

남: 조금 떨어진 것이 아니지요! 언어 방면에서는 물론 조설근 선생님에 비할 수 없을 뿐만 아니라 심지어 고악 선생님보다도 못합니다. 제 나름대로 매우 신중하고 조심스럽게 쓰긴 했지만, (책에서의 어투는) 그래도 많은 웃음거리가 되었습니다. 고대 사람들의 입에서 현대적인 말이 나오기도 했답니다.

여: 19책이 출판된 후에 이렇게 많은 논란이 생길 것이라고 애초에 생각해보신 적이 있습니까?

남: 애초에 책이 나오면 많은 반향을 일으킬 줄은 알았지만 이렇게 많은 비판이 나올 것이라고는 생각하지 못했습니다. 그러나 이것 또한 저에게 좋은 일이라 할 수 있는데, 많은 논란으로 인해 20적어도 더 많은 사람들이 『홍루몽』을 읽게 되었기 때문이지요. 특히 80, 90년대 이후 태어난 젊은이들이 그러했는데, 저는 이것이 가장 큰 의의라고 생각합니다.

어휘 　★历时 lìshí 통 시간이 걸리다, 시간이 경과하다 | ★红楼梦 Hónglóumèng 명 홍루몽[중국 고전 소설] | ★引发争议 yǐnfā zhēngyì 논쟁을 불러일으키다 | 续书 xùshū 속편 | ★注定 zhùdìng 부 필히, 반드시 | ★提出警告 tíchū jǐnggào 경고를 제기하다 | ★此路不通 cǐ lù bùtōng 이 길은 막혔다, 이 일은 실행 불가능하다 | ★免得 miǎnde 접 ~하지 않도록 | ★枉费精力 wǎngfèi jīnglì 정신과 체력을 낭비하다 | ★动笔 dòngbǐ 통 글을 쓰기 시작하다 | ★忠告 zhōnggào 명동 충고(하다) | 红学 hóngxué 명 홍학[홍루몽을 연구하는 학문] | ★公认 gōngrèn 통 공인하다 | ★权威 quánwēi 명 권위 | ★迷信 míxìn 통 맹신하다, 덮어놓고 믿다 | ★尝试 chángshì 통 시도해보다 | ★角度 jiǎodù 명 관점 | 曹雪芹 Cáo Xuěqín 고유 조설근[홍루몽의 작가] | 揣摩 chuǎimó 통 곰곰이 따져보다 | 演绎风格 yǎnyì fēnggé 연역 기풍 | ★苦中有乐 kǔ zhōng yǒu lè 고생 가운데 기쁨도 있다 | ★老伴 lǎobàn 명 마누라, 영감[노부부가 다른 한쪽의 배우자를 가리키는 말] | ★排遣 páiqiǎn 통 (좋지 않은 기분을) 해소하다, 없애다 | ★孤独 gūdú 형 고독하다 | ★寂寞 jìmò 형 외롭다, 쓸쓸하다 | ★语言功力

yǔyán gōnglì 언어 솜씨, 언어 감각 | ★稍稍 shāoshāo 图 조금, 약간 | 高鹗 Gāo È 고유 고악 | ★万分小心 wànfēn xiǎoxīn 대단히 조심하다, 매우 신중하다 | ★闹笑话 nào xiàohua 图 웃음을 사다, 웃음거리가 되다 | ★出版 chūbǎn 图 출판하다 | ★引起反响 yǐnqǐ fǎnxiǎng 반향을 일으키다 | 带动 dàidòng 图 이끌어 나가다, 선도하다

16　　　　　　　　　　　　　　　　　　　　　　　난이도 上　공략 Key 동일한 의미의 문장 찾기

关于俞平伯，可以知道什么？ A 准备退休 B 续写了《红楼梦》 C 希望年轻人多读书 Ⓓ 劝阻人们续写《红楼梦》	위핑보에 관하여 알 수 있는 것은? A 퇴직을 준비한다 B 『홍루몽』을 속작하였다 C 젊은 사람들이 책을 많이 읽기를 바란다 Ⓓ 사람들이 『홍루몽』을 속작하는 것을 만류한다

공략　'他认为所有续写《红楼梦》的人注定要失败'라는 부분을 통해, 그는 사람들이 『홍루몽』을 속작하면 실패할 것이라고 생각하고 있음을 알 수 있으므로, 그가 사람들에게 『홍루몽』을 속작하지 말라고 충고하는 것을 알 수 있어 정답은 D이다.

17　　　　　　　　　　　　　　　　　　　　　　　난이도 下　공략 Key 동일한 의미의 문장 찾기

男的觉得自己续写的《红楼梦》有何不同？ A 写作时间短 B 重视故事的结局 C 有自己的语言风格 Ⓓ 从曹雪芹的角度写	남자는 자신이 속작한 『홍루몽』에는 어떤 다른 점이 있다고 생각하는가? A 글을 쓴 시간이 짧다 B 글의 결말을 중요시한다 C 자신만의 언어 스타일이 있다 Ⓓ 조설근의 관점에서 글을 썼다

공략　'而我是从曹雪芹的角度续写'라는 부분과 보기 D는 동일한 의미임을 알 수 있다.

18　　　　　　　　　　　　　　　　　　　　　　　난이도 中　공략 Key 동일한 어휘 찾기

关于男的，下列哪项正确？ A 常常开玩笑 Ⓑ 妻子去世了 C 身体不太好 D 写这本书花了10年	남자에 관해서, 다음 중 옳은 것은? A 자주 농담을 한다 Ⓑ 아내가 세상을 떠났다 C 건강이 별로 좋지 않다 D 이 책을 쓰는 데 10년이 걸렸다

공략　'两年前，老伴儿去世了'라는 부분에서 老伴儿이 바로 남편이나 아내를 지칭하는 말이므로 그의 아내가 세상을 떠났다는 내용임을 알 수 있어 정답은 B이다.

19　　　　　　　　　　　　　　　　　　　　　　　난이도 中　공략 Key 동일한 의미의 문장 찾기

书出版后反响怎么样？ A 受到好评 B 无人关注 Ⓒ 引来很多争议 D 受到年轻人的青睐	책이 출판된 후 어떠한 반향을 일으켰는가？ A 호평을 받았다 B 아무도 관심을 기울이지 않았다 Ⓒ 많은 논쟁을 불러일으켰다 D 젊은 사람들에게 인기를 얻었다

공략　'书出版后引起这么大的争议'라는 부분과 보기 C는 동일한 의미임을 알 수 있다.

20

男的认为，续写《红楼梦》最大的意义是什么？

A 成立《红楼梦》研究学会
B 让年轻人喜欢写作
C 将《红楼梦》拍成电影
Ⓓ 让更多人去读《红楼梦》

남자는 속작한『홍루몽』이 지닌 가장 큰 의의는 무엇이라 생각하는가?

A 『홍루몽』 연구학회를 설립했다
B 젊은이들이 하여금 글 쓰는 것을 좋아하도록 만들었다
C 『홍루몽』을 영화로 촬영되게 하였다
Ⓓ 더 많은 사람들이 『홍루몽』을 읽도록 하였다

공략 '至少带动了更多的人去读《红楼梦》'이라는 부분과 보기 D는 동일한 의미임을 알 수 있다.

21-25

女：各位网友大家好！今天我们有幸请来著名私营企业家新希望集团董事长刘永好先生。刘先生您好！作为一位成功的企业家，您的成功主要靠什么？

男：**22**我现在的成功只是相对的成功。一个企业是否成功要看20年、30年，甚至更长的时间。我们才十几年的历史，应该说在十几年的过程中，取得了一定的成绩。以前确实有不少人不少企业，一段时间做得非常好，一段时间又倒下去了。有人说是各领风骚三五年，所以我现在还说不清楚我们是不是真的取得了成功。**21**但很重要的一点就是，我们按照自己的意愿努力去做，十多年如一日，脚踏实地去做。我觉得这是最重要的。

女：您觉得这些经验还适用于现代的社会吗？

男：现代是知识经济的时代，知识经济带来一些新的机会，包括金融、网络、计算机、生物工程等带来的机会。这些都必须在一定的基础上把握它。但是不管怎么样，关键是靠努力去做。比如努力、信念、激情。这些东西都是用不完的，不管在什么时代，都应该具备。

女：您的公司最需要什么样的人才？

男：**23**我希望是有激情，敢说敢干的。当然，还要能够掌握一些现代知识，不怕吃苦，能够拼搏的这样一些人。如果再有一定的经验就更好了。今年，我们投资了两千多万，正在建一个培训中心。**24**我们希望吸收一些新鲜的血液，使得我们企业的整个人才结构有一个新的调

여: 네티즌 여러분, 안녕하십니까! 오늘 우리는 유명한 민간 기업가이자 새희망 그룹의 회장님이신 류용하오 선생님을 어렵게 모셨습니다. 류 회장님, 안녕하십니까! 성공한 기업가로서, 회장님의 성공 비결은 무엇이었나요?

남: **22**지금 저의 성공은 단지 상대적인 성공이라 할 수 있습니다. 한 기업의 성공 여부는 20년, 30년, 심지어 더 긴 시간을 지켜보아야 합니다. 우리 회사는 겨우 십여 년의 역사에 불과하고, 십여 년 동안에 우리 회사는 어느 정도의 성과를 거두었다고 말할 수 있는 것이지요. 이전에도 많은 사람들과 기업들이 얼마간의 시간 동안 성공을 하기도 했지만 또 부도가 나기도 했습니다. 어떤 이들은 잘 되어도 3~5년이라고들 말하는데, 그래서 저는 지금 우리 회사가 정말 성공을 거둔 것인지 아닌지 잘 모르겠습니다. **21**그러나 중요한 것은 바로 우리는 우리의 바람대로 열심히 노력하여 십여 년을 하루와 같이 착실하고 견실하게 일한다는 점입니다. 저는 이 점이 가장 중요하다고 생각합니다.

여: 회장님의 이러한 경험들이 현대 사회에 잘 적용된다고 생각하십니까?

남: 현대는 지식 경제의 시대이고, 지식 경제는 금융, 인터넷, 컴퓨터, 생물 공학 등과 같은 새로운 기회들을 가져다줍니다. 이러한 기회들은 일정한 기초를 바탕으로 포착해야 하는데, 그러나 어찌 되었든 관건이 되는 것은 힘써 열심히 해야 한다는 점입니다. 예를 들어 노력, 신념, 열정들은 끝없이 쓰일 수 있는 것들이고 시대를 막론하고 우리는 그것들을 갖추어야만 하지요.

여: 회장님의 회사에는 어떤 인재가 가장 필요합니까?

남: **23**제가 원하는 직원은 열정적이며, 대담하게 말하고 대담하게 일하는 사람입니다. 물론, 현대 지식에 능통하며, 고생을 두려워하지 않고, 힘을 다해 끝없이 노력하는 사람이면 좋겠습니다. 그리고 어느 정도의 경험이 있다면 더 좋겠습니다. 올해 우리 회사는 2,000만 위안이 넘는 돈을 투자하여 교육 센터를 짓고 있습니다. **24**우리는 이로써 일부 새 직원을 들여 우리 회사의 전체 인재 구조에 새로운 조정을 가져올 수 있기를 바랍니다. 저는 그것이 우리 회사의 발전에 이로울 것이라고 생각합니다.

整。我想这对我们企业的发展是有益的。

女：在选择人才的时候，您最看重学历吗？

男：25学历当然重要！它标志着对知识的掌握程度。但是学问、知识或者本领并不只是在学校中才能学到，更重要的是通过社会实践。一个人的素质通过学校的学习可以提高，通过实践的锻炼也可以提高。这看你的努力、你的天分、应变精神，当然还有机遇。

여: 회장님께서는 인재를 고용할 때 학력을 중요하게 생각하시나요?

남: 25학력은 당연히 중요합니다! 왜냐하면 학력은 지식 파악의 정도를 의미하기 때문입니다. 그러나 학문, 지식, 재능이 학교에서만 배우는 것이 아니기 때문에 보다 더 중요한 것은 사회 활동을 통해서 얻어야 한다는 점입니다. 사람의 소질은 학교에서 학습을 통해서 향상될 수도 있고, 실천적인 단련을 통해서도 향상될 수 있습니다. 이는 자신의 노력, 타고난 자질, 임기응변의 정신을 살펴봐야 하며 기회도 물론 있어야 합니다.

어휘 ★网友 wǎngyǒu 몡 네티즌 | ★有幸 yǒuxìng 혱 운이 좋은 | ★私营企业家 sīyíng qǐyèjiā 민간 기업가 | ★集团 jítuán 몡 그룹, 집단 | ★董事长 dǒngshìzhǎng 몡 회장, 대표 이사 | ★作为 zuòwéi 통 ~의 자격으로 | 倒下去 dǎo xiàqu 쓰러지다, 실패하다 | ★各领风骚 gè lǐng fēngsāo 각 분야의 재능 | ★意愿 yìyuàn 몡 바람, 소망 | ★十多年如一日 shí duō nián rú yírì 십여 년이 하루와 같다 | ★脚踏实地 jiǎo tà shí dì 혱 일하는 것이 착실하고 견실하다 | ★适用于 shìyòng yú ~에 적용하다 | ★知识经济时代 zhīshi jīngjì shídài 지식 경제 시대 | ★金融 jīnróng 몡 금융 | ★网络 wǎngluò 몡 네트워크 | 生物工程 shēngwù gōngchéng 생물공학 | ★把握 bǎwò 통 파악하다 | ★信念 xìnniàn 몡 신념 | ★激情 jīqíng 몡 열정, 정열 | ★具备 jùbèi 통 갖추다 | ★敢说敢干 gǎnshuō gǎngàn 대담하게 말하고 대담하게 행동하다 | ★掌握 zhǎngwò 통 숙달하다, 정통하다 | ★吃苦 chīkǔ 통 고생하다 | ★拼搏 pīnbó 통 끝까지 싸우다, 전력을 다해 싸우다 | ★投资 tóuzī 통 투자하다 | ★培训中心 péixùn zhōngxīn 몡 훈련 센터, 양성 센터 | 新鲜的血液 xīnxiān de xuèyè 젊은 피, 새로운 인물 | 人才结构 réncái jiégòu 인재 구조 | ★调整 tiáozhěng 통 조정하다, 조절하다 | 有益 yǒuyì 유익하다, 도움이 되다 | ★看重 kànzhòng 통 중시하다 | ★标志着 biāozhìzhe 상징하다 | ★本领 běnlǐng 몡 능력, 재능 | ★社会实践 shèhuì shíjiàn 사회적 실천 | ★素质 sùzhì 몡 소질, 소양 | ★应变精神 yìngbiàn jīngshén 임기응변의 정신 | ★机遇 jīyù 몡 기회

---

21   난이도 中   공략 Key 동일한 의미의 문장 찾기

男的认为成功主要靠什么？

Ⓐ 脚踏实地地做事
B 宏观看世界
C 合理配置资源
D 做事之前作好计划

남자는 성공이 주로 무엇에 의한 것이라 생각하는가?

Ⓐ 착실하고 견실하게 일을 하는 것
B 거시적으로 세상을 보는 것
C 합리적으로 자원을 배분하는 것
D 일을 하기 전에 잘 세워둔 계획

공략 '但很重要的一点就是，我们按照自己的意愿努力去做，十多年如一日，脚踏实地去做'라는 부분에서 우선 핵심어인 '很重要'를 들을 수 있으며, 문장 끝 부분에 나오는 내용이 보기 A와 동일하므로 정답은 A이다. 한편, 이 문제와 다음 문제인 22번 문제의 순서에 주의해야 하는데, 이런 문제들처럼 뒤 문제에 해당되는 내용이 먼저 언급되기도 하므로, 평소 한 번에 여러 개의 문제를 빠르게 살펴보는 연습을 하도록 하자.

---

22   난이도 中   공략 Key 동일한 의미의 문장 찾기

男的为什么说自己的成功是相对的？

A 企业利润不高
B 经历过多次失败
Ⓒ 成功需要时间检验
D 形成自己的品牌

남자는 왜 자신의 성공이 상대적이라고 말하였는가？

A 기업 이윤이 높지 않아서
B 많은 실패를 겪어서
Ⓒ 성공은 시간의 검증을 필요로 하므로
D 자신의 브랜드를 만들어서

공략 '我现在的成功只是相对的成功。一个企业是否成功要看20年、30年，甚至更长的时间'이라는 부분에서, 보기 C와 동일한 의미인 '要看20年、30年，甚至更长的时间'을 듣고 C가 정답임을 알 수 있다.

男的欣赏什么样的人?

Ⓐ 有激情
B 口才好
C 谦虚谨慎
D 有组织能力

남자는 어떠한 사람을 좋아하는가?

Ⓐ 열정이 있는 사람
B 말솜씨가 좋은 사람
C 겸손하고 신중한 사람
D 조직력을 지닌 사람

공략   '我希望是有激情，敢说敢干的'라는 부분에서 보기 A와 동일한 어휘를 듣고 A가 정답임을 알 수 있다.

男的为什么要建培训中心?

A 吸引投资
B 降低培训资本
Ⓒ 调整人才结构
D 加大宣传力度

남자는 왜 훈련 센터를 지어야 한다고 하였는가?

A 투자를 끌어들이므로
B 훈련 자본을 줄일 수 있어서
Ⓒ 인재 구조를 조정할 수 있어서
D 홍보에 힘을 쏟을 수 있어서

공략   '我们希望吸收一些新鲜的血液，使得我们企业的整个人才结构有一个新的调整'이라는 부분에서, 보기 C와 동일한 의미인 '我们企业的整个人才结构有一个新的调整'을 듣고 C가 정답임을 알 수 있다.

男的怎样看待学历?

Ⓐ 也很重要
B 和能力成正比
C 不能说明什么
D 在实践中可以获得

남자는 학력에 대해 어떻게 생각하는가?

Ⓐ 또한 매우 중요하다
B 능력과 정비례한다
C 무엇인지 설명할 수 없다
D 실천 과정 중에 얻을 수 있다

공략   '学历当然重要'라는 부분에서 보기 A와 동일한 의미인 '当然重要'를 듣고 A가 정답임을 알 수 있다.

26-30

男：各位网友大家好！今天我们请到的嘉宾是中国有名的跳水队员吴敏霞。

女：大家好！我是吴敏霞。

男：据说很多人都是在年龄很小的时候进入跳水队，几年，甚至是十几年跳下来。慢慢就成了队伍中的老大。从你的亲身经历来看，是这样吗？你还记得自己刚进跳水队的时候，是什么样子的吗？

女：是这样的。1998年，刚到国家队那会儿，26 我的年龄是最小的。那时候，每天就是跟着训练，自己也没有什么太多的想法，更多的就是想快点进步，能够跟上国家队的这个队伍。27 队伍中的姐

남: 네티즌 여러분, 안녕하십니까! 오늘 우리가 초청한 게스트는 중국의 유명한 다이빙 선수인 우민샤 선수입니다.

여: 안녕하십니까! 우민샤입니다.

남: 듣기로 많은 사람들이 나이가 어릴 때부터 다이빙팀에 들어가서, 몇 년, 심지어 십여 년 동안 다이빙을 하다가 차츰 팀의 맏이가 된다고 하더군요. 우 선수의 경험으로 보면, 이런 것이 맞습니까? 우 선수께서는 다이빙팀에 막 들어갔을 때가 기억나시나요? 어떤 상황이었습니까?

여: 그렇습니다. 1998년에 국가대표팀에 막 들어갔을 때 26 제 나이가 가장 어렸습니다. 그때 저는 그저 매일 다른 선수들을 따라 연습하며 별 다른 생각은 하지 않고, 제가 빨리 발전해서 국가대표팀의 수준을 따라갈 수 있기만을 희망했지요. 27 팀원인 언니, 동생들의 보

妹们相互照顾，相互鼓励，一点一点帮助我成长起来。

男：其实，我们再看跳水的时候，享受的是那几秒钟的魅力，但是为了那种美丽，你付出的是每天十几个小时的努力。短时间下来可以理解，但是一跳就跳了十多年，是什么东西在支持着你？

女：其实跳水就跟你的工作一样，它也是我们的一项工作。但是，只要你对这项工作感兴趣，就会去坚持，也会有梦想。曾经我觉得跳水就是我的一种兴趣，一个努力的方向吧！

男：为了跳好一个动作，可能会成千上万次地重复这个动作。这是在我们看来比较枯燥的一个过程，你是怎样看待这一个过程的？

女：在比赛的时候，自己可能会出现不同的情况，比如心情和身体的感觉。你不知道正式上场时会有什么样的想法和情绪，28所以我们在训练中必须反复地练习一个动作，做到在不同的环境下，都能把这个动作适应好，都把它练稳，才能在真正比赛的那一刻发挥出应有的水平。

男：29我们都知道，你已经连续夺得了两届奥运会女子双人三米跳冠军。你说你还有梦想和目标，这个梦想和目标是奥运会的单人冠军吗？

女：我觉得我就是为了下一届奥运会努力，不管怎么样，我觉得作为一个运动员，没有这个梦想和动力的话，他就达不到这样一个成功的台阶。30如果说天分的话，我觉得我可能比别的运动员差了一点儿，但是为了弥补自身的不足，我会在平时付出更多。所以，我在为下一届奥运会拼搏，而不是在为某个细小的目标拼搏。

살핌과 격려가 저를 조금씩 조금씩 성장하게 해주었답니다.

남: 사실 우리는 다이빙을 볼 때 그 몇 초의 매력을 즐기는 것이지만 선수들은 그 몇 초의 아름다움을 위해 매일 십여 시간의 노력을 쏟는다고 합니다. 짧은 시간 동안 해온 것은 이해할 수 있지만 이렇게 십여 년 동안 계속 다이빙을 해오셨는데, 무엇이 우 선수를 지탱할 수 있게 해주었습니까?

여: 사실 다이빙은 당신의 일과 같은 것입니다. 이것 역시 우리의 일인 것이지요. 그런데 당신이 이 일에 흥미를 느낀다면 꾸준히 해낼 수 있고, 또한 꿈도 가지게 되는 것입니다. 일찍이 저는 다이빙이 바로 제 관심과 제 노력의 방향이라고 생각했답니다!

남: 한 동작을 완벽하게 하기 위해 수천만 번 이상 그 동작을 반복한다고 하는데, 이것이 우리가 보기에는 지루한 과정일 것도 같은데 그 과정을 우 선수께서는 어떻게 생각하시나요?

여: 시합을 할 때 자신에게 여러 상황이 발생할 수 있는데요, 예를 들면 마음과 신체의 감각입니다. 정식으로 시합장에 나갈 때의 생각과 기분이 어떨지 모르기 때문에 28우리는 훈련하는 중에 반드시 한 동작을 반복적으로 연습하여, 다른 환경에서도 이 동작에 잘 적응해 안정적으로 해낼 수 있도록 해야만 비로소 시합에서 그에 상응한 실력을 잘 발휘할 수 있답니다.

남: 29우리는 우 선수가 올림픽 다이빙 3미터 여자 복식에서 두 번 우승한 것을 알고 있습니다. 우 선수에게 또 다른 꿈과 목표가 있다고 하셨는데, 그러면 그 꿈과 목표가 올림픽 단식 우승이신가요?

여: 저는 다음 올림픽 대회를 위해 노력해야 한다고 생각합니다. 어찌 되었든 운동선수로서 꿈과 원동력이 없다면 그러한 성공 단계에 도달할 수 없다고 생각합니다. 30선천적인 재능 면에서는 제가 다른 선수들보다 조금 떨어지지만, 저의 그 부족한 점을 만회하기 위해 저는 평소에 더 많은 노력을 쏟을 것입니다. 그래서 어떤 작은 목표를 위해 전력을 다하는 것이 아닌 다음 올림픽 대회를 위해 전력을 다할 것입니다.

실전
모의고사

어휘　网友 wǎngyǒu 몡 네티즌 | ★嘉宾 jiābīn 몡 게스트, 귀빈 | ★跳水 tiàoshuǐ 몡 다이빙 | 队员 duìyuán 몡 대원 | 吴敏霞 Wú Mǐnxiá 고유 우민샤 | ★老大 lǎodà 몡 큰 형님 | ★亲身经历 qīnshēn jīnglì 직접 자신이 경험하다 | ★训练 xùnliàn 동 훈련하다 | ★享受 xiǎngshòu 동 누리다 | ★魅力 mèilì 몡 매력 | ★付出 fùchū 동 쏟다, 바치다 | ★一项工作 yí xiàng gōngzuò 한 가지 일 | ★成千上万 chéng qiān shàng wàn 솅 수천수만, 대단히 많다 | ★枯燥 kūzào 혱 무미건조하다, 지루하다 | ★正式上场 zhèngshì shàngchǎng 정식으로 출장하다 | ★反复 fǎnfù 동 반복하다 | ★发挥应有的水平 fāhuī yīngyǒu de shuǐpíng 상응한 실력을 발휘하다 | ★届 jiè 양 회, 차 | ★奥运会 Àoyùnhuì 몡 올림픽 | ★冠军 guànjūn 몡 우승 | ★台阶 táijiē 몡 단계, 수준 | ★天分 tiānfèn 몡 타고난 자질 | ★弥补 míbǔ 동 메우다, 보완하다 | ★不足 bùzú 혱 부족하다 | ★拼搏 pīnbó 동 끝까지 싸우다, 전력을 다해 싸우다 | ★细小 xìxiǎo 혱 아주 작다, 미세하다

26

女的刚进国家队时什么情况?

A 有远大目标
Ⓑ 年龄最小
C 常常得到表扬
D 跟不上训练进度

여자가 국가대표팀에 막 들어왔을 때 상황이 어땠는가?

A 원대한 목표가 있었다
Ⓑ 나이가 가장 어렸다
C 자주 칭찬을 받았다
D 훈련 진도를 따라갈 수 없었다

공략　'我的年龄是最小的'라는 부분과 보기 B는 동일한 의미임을 알 수 있다.

27

是什么让女的坚持了下来?

A 兴趣
B 荣誉感
C 经济压力
Ⓓ 大家的鼓励

무엇이 여자가 꾸준히 할 수 있도록 하였는가?

A 흥미
B 명예감
C 경제적 스트레스
Ⓓ 여러 사람들의 격려

공략　'队伍中的姐妹们相互照顾，相互鼓励，一点一点帮助我成长起来'라는 부분에서 보기 D와 동일한 의미인 '相互鼓励'를 듣고 D가 정답임을 알 수 있다.

28

女的怎么看跳水训练的过程?

A 很枯燥
B 能让人心态平衡
Ⓒ 反复训练很有必要
D 影响队员的积极性

여자는 다이빙 훈련 과정을 어떻게 보는가?

A 무미건조하다
B 심리 상태의 균형을 이루게 해준다
Ⓒ 반복 훈련이 매우 필요하다
D 팀원들의 적극성에 영향을 끼친다

공략　'所以我们在训练中必须反复地练习一个动作'라는 부분에서 보기 C와 동일한 의미인 '必须反复地练习'를 듣고 C가 정답임을 알 수 있다.

29

关于女的，可以知道什么?

A 退役了
B 现任国家队教练
C 被称为"跳水皇后"
Ⓓ 得过两次奥运会冠军

여자에 관해서 알 수 있는 것은?

A 은퇴했다
B 현재 국가대표 코치를 맡고 있다
C '다이빙의 여왕'으로 불린다
Ⓓ 올림픽에서 두 번 우승을 했다

공략　'你已经连续夺得了两届奥运会女子双人三米跳冠军'이라는 부분에서 보기 D 중 동일한 의미의 '两届奥运会'와 '冠军'을 듣고 D가 정답임을 알 수 있다.

女的怎么评价自己?　　　　　　　　여자는 자신을 어떻게 평가하는가?

A 不够努力　　　　　　　　　　　A 노력이 부족하다
Ⓑ 天分稍差　　　　　　　　　　　Ⓑ 천부적인 자질은 다소 떨어진다
C 心理素质好　　　　　　　　　　C 심리적 소질이 우수하다
D 充满幻想　　　　　　　　　　　D 환상이 가득하다

공략　'如果说天分的话, 我觉得我可能比别的运动员差了一点儿'이라는 부분에서 보기 B 중의 동일한 어휘인 '天分'과
'差了一点儿'을 듣고 B가 정답임을 알 수 있다.

31-33

　　从前有个渔夫, 他从海里捞出了一颗大珍珠, 他爱不释手。³¹但是美中不足的是珍珠上面有一个小黑点, 渔夫心想若能将小黑点去掉, 这颗珍珠将成为无价之宝。于是他就用刀去挖小黑点, 可是刮了一层黑点仍在, 再挖一层, 黑点还在。刮到最后黑点儿的确消失了, ³²可珍珠也不复存在了。人们往往因为坚持完美而失去一些他们认为可以拥有的东西。追求完美无缺的事物本是无可厚非的, 然而这种愿望落空也是经常发生的事情, ³³人们是不可能拥有绝对完美的。

　　옛날 어떤 어부가 바다에서 큰 진주 하나를 건지게 되었는데, 그는 그것을 매우 아껴 손에서 놓지를 않았다. ³¹그러나 그 진주의 옥의 티는 진주 표면에 작은 흑점이 하나 있는 것이었는데, 어부는 만약 이 흑점을 빼버릴 수 있다면 이 진주가 더없이 값진 보물이 될 것이라고 생각했다. 그래서 그는 칼로 그 흑점을 파내기 시작했지만 한 층을 깎아내도 그 흑점은 여전히 남아 있었다. 또 한 층을 깎았지만 흑점은 그래도 남아있었다. 마지막까지 깎아내자 그 흑점은 사라지게 되었는데, ³²하지만 진주 또한 사라져버리고 말았다. 사람들은 종종 완벽함을 추구하다가 자신이 가질 수 있는 것을 잃어버리게 된다. 완벽한 사물을 추구하는 것을 크게 비난할 수는 없지만, 그런 바람이 허사가 되는 일도 자주 발생하기 마련이다. 왜냐하면 ³³사람들은 절대적인 완벽함을 가질 수 없기 때문이다.

어휘　★渔夫 yúfū 몡 어부 | 捞出 lāochū 건져내다 | ★一颗珍珠 yì kē zhēnzhū 진주 한 알 | ★爱不释手 ài bú shì shǒu 셍 너무 좋아하여 잠시도 손에서 놓지 않다 | ★美中不足 měi zhōng bù zú 셍 옥에도 티가 있다 | 黑点 hēidiǎn 몡 흑점 | ★若 ruò 젭 만약 | ★去掉 qùdiào 통 없애버리다, 빼버리다 | ★无价之宝 wú jià zhī bǎo 셍 아주 진기한 보물, 더없이 값진 것 | ★挖 wā 통 파내다, 찾아내다 | ★的确 díquè 뷔 확실히 | ★消失 xiāoshī 통 사라지다 | ★不复存在 búfù cúnzài 더는 존재하지 않다, 사라지다 | ★完美 wánměi 휑 완벽하다, 매우 훌륭하다 | ★拥有 yōngyǒu 통 보유하다, 가지다 | ★完美无缺 wán měi wú quē 셍 완전무결하다, 전혀 흠잡을 데가 없다 | ★无可厚非 wú kě hòu fēi 셍 크게 비난할 수 없다 | ★落空 luòkōng 통 수포로 돌아가다, 허사가 되다 | ★绝对 juéduì 휑 절대적인

渔夫为什么要用刀刮珍珠?　　　　　어부는 왜 칼로 진주를 깎았는가?

A 珍珠不够光滑　　　　　　　　　A 진주가 별로 매끄럽지 않아서
B 想把它变小点儿　　　　　　　　B 진주를 작게 만들려고
C 想在中间穿个洞　　　　　　　　C 중간에 구멍을 뚫으려고
Ⓓ 珍珠上有个黑点儿　　　　　　　Ⓓ 진주에 검은 점이 있어서

공략　'但是美中不足的是珍珠上面有一个小黑点'이라는 부분에서 보기 D 중의 단어와 동일한 '有一个小黑点'을 듣고 D가
정답임을 알 수 있다.

32

那颗珍珠最后怎么了？

A 被毁掉了
B 被人偷走了
C 被做成了项链
D 被渔夫买掉了

그 진주는 마지막에 어떻게 되었는가？

A 못쓰게 되버렸다
B 누군가 훔쳐갔다
C 목걸이로 만들어졌다
D 어부가 사버렸다

공략　'可珍珠也不复存在了'에서 '不复存在'가 바로 '사라지다, 없어지다'라는 뜻이므로 보기 A와 동일한 의미임을 알 수 있다.

33

这段话想告诉我们什么？

A 资金要慢慢积累
B 选珍珠主要看大小
C 不能过分追求完美
D 失去的东西更珍贵

이 글이 우리에게 알려주는 바는？

A 자금은 차근차근 축적해야만 한다
B 진주를 고를 때는 주로 크기를 봐야 한다
C 지나치게 완벽함을 추구해서는 안 된다
D 잃어버린 물건이 더 귀하다

공략　'人们是不可能拥有绝对完美的'라는 부분과 보기 C는 동일한 의미임을 알 수 있다.

34-37

研究发现十四岁以前是一个人智力开发的关键时期，这个时期一个人的智力开发几乎可以占一个人智力开发总量的百分之九十。34这是一把双刃剑，就是说一个学生在他十四岁之前学到他感兴趣的东西，35他的智力会得到极大的开发，他散发出的能量确实是成年人无法想象的。36我的孩子小时候喜欢看小人书，有一次，我给他买了一套《葫芦娃》，他妈便按照文字给他讲了一遍，没想到就讲了这一遍，毫不识字的他几乎就能复述下来。由此我发现了孩子的阅读能力，便不断地到书店给他买书，结果培养了孩子博览群书的好习惯，也为他以后轻松考取北京大学打下了坚实的基础。反之，如果十四岁之前，孩子学的是他不感兴趣的东西，甚至大人强迫孩子学习他不愿意学习的东西，那么他的智力很大程度上将会被扼杀，所以在孩子智力开发的关键时刻，一定不要逼着孩子去干他不想干的事情。反观现在很多家长违背孩子意愿给他的孩子报了很多学习班，当然他们的愿望是好的，但造成的后果是严重的。如果你觉得学习某样东西

연구가 밝힌 바에 의하면 사람의 지능 개발은 14세 이전이 가장 중요한 시기라고 한다. 이 시기에 이루어지는 사람의 지능 개발이 거의 지능 개발 총량의 90%를 차지한다. 34이 시기는 유리한 점과 불리한 점의 양면성을 가진 시기인데, 즉 한 학생이 14세 전에 자신이 흥미를 느끼는 것을 배우게 되면 35그의 지능을 최대로 개발시킬 수 있고, 그가 내뿜는 역량은 정말이지 성인들이 상상할 수 없을 정도이다. 36내 아이가 어렸을 때 이야기 그림책을 읽는 것을 좋아하여 한번은 내가 『표주박 인형』 한 세트를 사주었는데, 아이 엄마가 아이에게 책대로 한 번 읽어주자 생각지도 못하게 한 번만 읽어주었음에도 불구하고 글을 하나도 모르는 그 아이가 거의 모든 내용을 자신의 말로 바꾸어 말하는 것을 보았다. 이로써 나는 아이의 독해 능력을 발견하였고, 지속적으로 서점에 가서 아이에게 책을 사주었다. 그 결과 아이에게 많은 책들을 두루 다독하는 좋은 습관을 길러주게 되었다. 또한 이는 아이가 후에 베이징대학교에 가뿐히 합격하는 것에도 튼튼한 기초를 다지게 만들었다. 이와 반대로 만약 14세 이전에 아이들이 자기가 흥미를 느끼지 않는 것을 배우고, 심지어 부모가 강제로 아이들 자신이 원치 않는 것들을 배우게 하면 아이의 지능은 크게 저하될 수 있다. 따라서 아이들 지능 개발의 결정적인 순간에는 아이들이 원치 않는 것을 강제로 시켜서는 안 된다. 반대 입장에서 보면 많은 학부모들이 아이의 뜻과는 어긋나게 아이를 여러 학원에 등록시키고자 하는데, 그들의 바람이 좋은 것이기는 하지만 그로 야기된 결과는 매우 심각하다. 만약 당신이 어떤 학습이 아

对孩子很重要，**37**那么应该先观察孩子是否对这样东西感兴趣。

이에게 중요하다는 생각이 든다면, **37**아이들이 그것에 대해 흥미를 느끼는지 아닌지를 먼저 살펴보아야만 한다.

어휘 ★智力 zhìlì 몡 지능 | ★开发 kāifā 동 개발하다 | ★关键时期 guānjiàn shíqī 매우 중요한 시기 | 总量 zǒngliàng 몡 총량 | ★双刃剑 shuāngrènjiàn 양날의 칼, 유리한 점과 불리한 점의 양면성을 가진 것 | 散发 sànfā 동 내뿜다, 발산하다 | 能量 néngliàng 몡 에너지, 역량 | ★无法想象 wúfǎ xiǎngxiàng 상상할 수 없다 | ★小人书 xiǎorénshū 몡 이야기 그림책 | ★一套 yí tào 한 세트 | 葫芦娃 Húluwá 몡 표주박 인형 | ★便 biàn 부 바로 | ★毫不识字 háobù shízì 글자를 전혀 모르다 | ★复述 fùshù 동 (배운 것이나 읽은 내용을 이해하여) 자신의 말로 바꿔 말하다 | 由此 yóucǐ 접 이로써 | ★博览群书 bólǎn qún shū 많은 책들을 두루 다독하다 | ★考取 kǎoqǔ 동 시험에 합격하다 | ★打下坚实的基础 dǎxià jiānshí de jīchǔ 튼튼한 기초를 다지다 | ★反之 fǎnzhī 접 이와 반대로 | ★强迫 qiángpò 동 강요하다 | ★被扼杀 bèi èshā 말살되다 | ★逼着 bīzhe 강요하다, 몰아대다 | ★违背 wéibèi 동 위배하다 | ★观察 guānchá 동 관찰하다, 살피다

---

34   난이도 上   공략 Key 의미 유추

双刃剑最可能是什么意思？ A 没有误差 **B** 有利也有弊 C 有很多好处 D 优越性很大	양날의 칼은 무엇을 의미하는 것인가? A 오차가 없다 **B** 이로운 점도 있고 해로운 점도 있다 C 이로운 점이 많다 D 우월성이 크다

실전 모의고사

공략 의미를 해석하는 문제인데, 이러한 문제는 문장 속 단어의 의미를 제대로 파악해야만 알맞은 답을 고를 수 있다. '双刃剑(양날의 칼)'이 바로 '이로운 점도 있고 해로운 점도 있다'라는 뜻이므로 보기 B가 정답임을 알 수 있다. 그러나 만약 双刃剑의 의미를 모른다면, 의미를 알고 있는 단어 双을 듣고 전체적인 의미를 유추해야 하는데, 双이 '둘'을 의미하므로 이로운 점과 해로운 점 두 가지를 언급하고 있는 B가 정답이라는 것을 유추할 수 있다.

---

35   난이도 中   공략 Key 동일한 의미의 문장 찾기

十四岁之前学感兴趣的东西会怎么样？ A 提高记忆力 B 爱好更加广泛 C 培养阅读的精神 **D** 智力得到很好的开发	14세 이전에 흥미를 느끼는 것을 배우면 어떠한가？ A 기억력을 향상시킨다 B 취미가 더 광범위해진다 C 독서 정신을 길러준다 **D** 지능이 더 잘 개발된다

공략 '他的智力会得到极大的开发'라는 부분과 보기 D는 동일한 의미임을 알 수 있다.

---

36   난이도 上   공략 Key 동일한 의미의 문장 찾기

关于说话人，可以知道什么？ A 缺少耐心 B 在北大读书 C 强调道德的重要性 **D** 他孩子爱看书	화자에 관해 알 수 있는 것은？ A 인내심이 부족하다 B 베이징대학에서 공부한다 C 도덕의 중요성을 강조한다 **D** 그의 아이는 책 읽기를 좋아한다

공략 '我的孩子小时候喜欢看小人书'라는 부분과 보기 D는 동일한 의미임을 알 수 있다.

37

根据这段话，家长应该注意什么？

A 要教孩子理财
B 做孩子的榜样
C 常常与老师交流
D 发现孩子的兴趣所在

이 글에 따르면 학부모는 반드시 무엇에 주의해야 하는가？

A 아이에게 재테크를 가르쳐야 한다
B 아이에게 모범을 보여야 한다
C 선생님과 자주 교류해야 한다
D 아이의 무엇에 흥미가 있는지 발견해야 한다

공략 마지막 문장인 '那么应该先观察孩子是否对这样东西感兴趣'와 보기 D는 동일한 의미임을 알 수 있다.

38-40

人生在世不能没有朋友，在所有朋友中不能缺了最重要的一个，**38** 那就是自己。缺了这个朋友，即使朋友遍天下，也只是表面热闹而已。一个人是不是自己的朋友，有一个可靠的测试标准，**39** 就是看他能否独处。独处时是否感到充实，如果他害怕独处，一心想逃避自己，他当然不是自己的朋友，能否和自己做朋友，关键在于有没有另一个自我，它实际上是一个人的更高的自我，这个自我以理性的态度关爱着另一个在世上愤愤的自我。**40** 理性的关爱正是友谊的特征。有的人不爱自己，一味自怨，仿佛是自己的仇人；有的人爱自己，却没有理性，一味自恋，俨然是自己的情人。在这两种场合更高的自我则是缺席的。成为自己的朋友这是人生很高的成就。

사람이 세상을 살아가는데 친구가 없어서는 안 되는데, 모든 친구들 중 없어서 안 될 친구는 **38** 바로 자기 자신이다. 설령 다른 친구들이 수없이 많다 해도 자신이란 친구가 없다면 그것은 겉으로만 북적거리는 것일 뿐이다. 자신의 친구인지 아닌지를 판단할 수 있는 믿을 만한 테스트의 기준은 **39** 바로 홀로 지낼 수 있는지의 여부와 홀로 지낼 때에도 충실감을 느낄 수 있는지의 여부이다. 만약 홀로 지내는 것을 두려워하고 피하려는 생각만 한다면 그는 물론 자신의 친구가 아니다. 자신과 친구가 될 수 있는지 없는지의 관건은 또 다른 하나의 자아가 있는지 없는지에 있다. 그것은 사실 한 사람의 더 큰 자아라고 할 수 있는데, 이 자아는 이성적인 태도로 세상에서 화난 모습으로 살아가는 또 다른 자아를 사랑으로 보살펴준다. **40** 이성적인 사랑과 관심은 바로 우정의 특징이다. 어떤 사람은 자신을 사랑하지 않고 무조건 자신을 원망하며, 마치 자신을 원수처럼 여긴다. 또 어떤 사람은 자신을 사랑하지만 이성이 없고 무조건적으로 자기 자신을 사랑하여 흡사 자신의 애인처럼 여긴다. 이 두 가지의 경우는 바로 더 큰 자아가 결여된 것이다. 자신의 친구가 되는 것은 인생에서 매우 큰 성취라고 할 수 있다.

어휘 ★人生在世 rénshēng zàishì 사람이 세상을 살다 | ★遍天下 biàn tiānxià 세상에 널리 퍼져있다 | ★只是……而已 zhǐshì……éryǐ 단지 ~일 뿐이다 | ★可靠 kěkào 혱 믿을 만하다 | ★测试 cèshì 몡동 테스트(하다) | ★独处 dúchù 동 혼자 살다 | ★逃避 táobì 동 도피하다 | ★关爱 guān'ài 동 관심을 갖고 돌보다 | 愤愤 fènfèn 혱 매우 화가 난 모양 | ★特征 tèzhēng 몡 특징 | ★一味 yíwèi 児 무턱대고, 무조건 | ★自怨 zì yuàn 스스로 원망하다 | ★仿佛 fǎngfú 児 마치 ~인 듯하다 | ★仇人 chóurén 몡 원수 | ★自恋 zìliàn 몡 나르시시즘[자기 자신을 사랑하는 행위] | 俨然 yǎnrán 児 흡사 ~인 듯하다 | 情人 qíngrén 몡 연인 | ★场合 chǎnghé 몡 특정한 시간, 특정한 상황 | ★则 zé 児 바로, 곧 | ★缺席 quēxí 동 결석하다

38

根据这段话，最重要的朋友是谁？

A 父母
B 自己
C 战友
D 大学同学

이 글에 따르면 가장 중요한 친구는 누구인가？

A 부모
B 자기 자신
C 전우
D 대학교 동창

공략 '那就是自己'라는 부분에서 보기 B의 自己와 동일한 어휘를 듣고 B가 정답임을 알 수 있다.

39

那个测试的标准是什么？

Ⓐ 能否独处
B 生活是否充实
C 是否见义勇为
D 是否有许多朋友

그 테스트의 기준은 무엇인가？

Ⓐ 혼자 지낼 수 있는지의 여부
B 삶이 충실한지의 여부
C 불의를 보면 참지 못하는지의 여부
D 많은 친구들이 있는지의 여부

공략 '就是看他能否独处'라는 부분에서 보기 A의 '能否独处'와 동일한 어휘를 듣고 A가 정답임을 알 수 있다.

40

什么是友谊的特征？

A 善于倾听
B 主动沟通
C 无条件支持
Ⓓ 理性的关爱

우정의 특징은 무엇인가？

A 잘 경청하기
B 주동적인 교류
C 무조건적인 지지
Ⓓ 이성적인 사랑과 관심

공략 '理性的关爱着正是友谊的特征'이라는 부분에서 보기 D '理性的关爱'와 동일한 어휘를 듣고 D가 정답임을 알 수 있다.

41-43

　　齐国有一个喜欢打猎的人花费很多时间去打猎，结果却是一无所获。回家后觉得愧对家人，出门又觉得没脸见邻里好友，他仔细琢磨为什么自己总是打不到猎物。**41**最后才明白是猎狗不好，可是因为家贫没办法得到好猎狗，**42**于是他想回到自己田里努力耕种，等收获之后便可以买一只好的猎犬，等到有一只好猎犬时，便容易捕获野兽，实现自己成为一个好猎人的心愿。工欲善其事，必先利其器，但是应该具备哪些器具才能善其事呢？这可能是更重要的课题。很多企业员工每天辛辛苦苦从早忙到晚，领导者也是天天加班又加班，可惜效益就是上不去，为什么，基础建设没打好，员工技能低，管理制度不完善等等，**43**都可能是根源所在。全身心投身经营的企业家，唯有不断思考这个问题，摸索出答案，方能取得成功。

　　제나라에 사냥을 즐겨하는 사람이 하나 있었는데 그는 매번 오랜 시간 사냥했지만 늘 아무런 수확도 없었다. 그는 이렇게 집으로 돌아가면 가족들을 볼 면목이 없을 뿐만 아니라 밖에 나가 동네 친구들을 볼 면목도 없다고 생각했다. 그래서 그는 자신이 왜 사냥감을 잡지 못하는지 곰곰이 생각한 끝에 **41**그 이유가 자신의 사냥개가 좋지 않아서라는 것을 알게 되었다. 하지만 그의 집은 가난했기 때문에 좋은 사냥개를 얻을 방법이 없었다. **42**그리하여 그는 집으로 돌아가 열심히 농사를 지어 수확을 하고 나면 좋은 사냥개 한 마리를 살 수 있을 것이고, 좋은 사냥개를 얻게 되면 쉽게 사냥감을 잡아 자신이 훌륭한 사냥꾼이 되리라는 바람을 이룰 수 있을 것이라 생각했다. 일을 잘 하려면 먼저 도구를 잘 다듬어야 하지만, 어떤 도구들을 갖추어야만 그 일을 잘 해낼 수 있다는 말인가? 이는 아마 매우 중요한 과제일 것이다. 많은 회사 직원들이 매일 아침부터 저녁 늦게까지 고생스럽게 일을 하고, 사장도 매일같이 야근을 하는데, 유감스럽게도 수익이 부진한 것은 왜일까? 기초를 잘 세우지 않고, 직원들의 기술도 좋지 않고, 관리제도 또한 완벽하지 않다는 것들이 **43**모두 문제의 근원지가 될 수 있다. 몸과 마음을 다해 경영에 뛰어든 기업가들이 이 문제를 끊임없이 생각하고 답안을 모색해야만이 비로소 성공을 얻을 수 있는 것이다.

실전 모의고사

 齐国 Qíguó 圐 제나라 | ★打猎 dǎliè 圐 사냥하다 | ★一无所获 yì wú suǒ huò 図 아무런 수확도 없다 | ★愧对 kuìduì 圐 볼 면목이 없다 | ★没脸 méiliǎn 圐 면목이 없다 | ★邻里好友 línlǐ hǎoyǒu 동네 친한 친구 | ★琢磨 zuómo 圐 깊이 생각하다 | ★猎物 lièwù 圐 사냥감 | ★猎狗 liègǒu 圐 사냥개 | ★家贫 jiā pín 집이 가난하다 | 耕种 gēngzhòng 圐 농사를 짓다, 땅을 갈고 파종하다 | ★收获 shōuhuò 圐 수확하다, 추수하다 | ★便 biàn 囝 바로 | ★猎犬 lièquǎn 圐 사냥개 | ★捕获 bǔhuò 圐 포획하다, 잡다 | ★野兽 yěshòu 圐 야수 | ★心愿 xīnyuàn 圐 소망, 바람 | ★工欲善其事，必先利其器 gōng yù shàn qí shì, bì xiān lì qí qì 図 장인이 일을 잘 하려면 먼저 도구를 잘 다듬어야 한다, 모든 일은 기초가 제일 중요하다 | ★课题 kètí 圐 과제, 프로젝트 | ★员工 yuángōng 圐 직원 | ★辛辛苦苦 xīnxīnkǔkǔ 매우 고생스럽다 | 领导者 lǐngdǎozhě 지도자 | ★加班 jiābān 圐 초과 근무를 하다, 잔업하다 | ★可惜 kěxī 圐 아쉽다, 유감스럽다 | ★效益 xiàoyì 圐 효과와 수익, 성과 | ★上不去 shàng bu qù 부진하다 | ★打基础 dǎ jīchǔ 圐 기초를 닦다, 기반을 닦다 | ★技能 jìnéng 圐 기능, 솜씨 | ★管理制度 guǎnlǐ zhìdù 관리 제도 | ★根源所在 gēnyuán suǒzài 근원지 | ★全身心 quánshēnxīn 囝 몸과 마음을 다해 | ★经营 jīngyíng 圐 경영하다 | ★企业家 qǐyèjiā 圐 기업가 | ★唯有 wéiyǒu 囝 다만, 오직 | ★摸索 mōsuǒ 圐 모색하다, 더듬다 | ★方能 fāngnéng 圐 비로소 ~할 수 있다

41　　　　　　　　　　　　　　　　　　　　　　　**난이도** 中　**공략 Key** 동일한 의미의 문장 찾기

那个猎人为什么打不到猎物?	그 사냥꾼은 왜 사냥감을 잡지 못했는가?
A 猎物太少	A 사냥감이 너무 적어서
B 自己反应太慢	B 자신이 민첩하지 못해서
C 没有好的猎犬	**C 좋은 사냥개가 없어서**
D 注意力不集中	D 주의력을 집중할 수 없어서

공략　'最后才明白是猎狗不好'라는 부분에서 보기 C와 동일한 의미인 '猎狗不好'를 듣고 C가 정답임을 알 수 있다.

42　　　　　　　　　　　　　　　　　　　　　　　**난이도** 上　**공략 Key** 동일한 의미의 문장 찾기

那个猎人想怎样解决问题?	그 사냥꾼은 어떻게 문제를 해결하려고 했는가?
A 先赚钱	**A 우선 돈을 번다**
B 请亲戚帮忙	B 친척에게 도움을 청한다
C 向老猎人请教	C 나이든 사냥꾼에게 가르침을 청한다
D 换个地方打猎	D 장소를 바꾸어 사냥한다

공략　'于是他想回到自己田里努力耕种，等收获之后便可以买一只好的猎犬'이라는 부분에서 보기 A와 동일한 의미의 문장 '回到自己田里努力耕种，等收获之后'를 듣고 A가 정답임을 알 수 있다.

43　　　　　　　　　　　　　　　　　　　　　　　**난이도** 上　**공략 Key** 동일한 어휘 찾기

根据这段话，企业家怎样才能取得成功?	이 글에 따르면 기업가는 어떻게 해야만이 성공을 거둘 수 있는가?
A 扩大企业规模	A 기업 규모를 확대한다
B 提高员工福利	B 직원들의 복지를 향상시킨다
C 找出问题的根源所在	**C 문제의 근원지를 찾아낸다**
D 掌握市场信息	D 시장 정보를 파악한다

공략　'都可能是根源所在。全身心投身经营的企业家，唯有不断思考这个问题'라는 부분에서 보기 C 중의 '根源所在'와 동일한 어휘를 듣고 C가 정답임을 알 수 있다.

女人爱美，讲究气质，**44**在一般人的观念里总认为只有通过保养、妆扮、训练等才可以提升女性的魅力，甚至认为这些才是女性的魅力之本。其实这些只是塑造魅力的手段和方法，事实上任何魅力女性必定是内秀的，女人的内秀需要日久天长的培养。女人有十分魅力，但如果不读书将失掉七分内涵。书是修炼内力之路上最值得信赖的伙伴，有了好书籍相伴左右，女人就能拥有一颗属于自己的心灵，拥有丰富的情感体验，不再畏惧年龄，不再因额头生几条皱纹而苦恼。**45**所以说爱读书的女人最美，容颜易老，但气质不会老去，因为气质时时有补给。爱读书的女性就像天使一样，不但自己美，也能影响和温暖她的周围。**46**如果胸无点墨，华丽的衣服装饰只能给人以肤浅的感觉。女人的气质美是女人美的全部表现，气质美会使男士们忽视其容貌，而关注其内在美，气质美的女性即使长相差点儿，也会很有女人味儿。

여성들은 아름다움을 추구하고 기품을 중요하게 여기는데, **44**일반 사람들은 오직 양생, 치장, 훈련 등을 통해서만 여성의 매력을 높일 수 있다고 생각하며, 심지어 이것들이야말로 여성이 지닌 매력의 근본이라고 여긴다. 사실 이것들은 단지 매력을 만들어내는 수단과 방법일 뿐이고, 매력적인 여성이란 반드시 내재된 아름다움이 있어야 한다. 여성의 내재적인 매력은 오랜 세월의 양성이 필요한 것이다. 여성마다 100%의 매력을 가지고 있지만 만약 책을 읽지 않으면 그중 70%의 매력을 잃게 될 것이다. 책은 여성의 내재적인 매력을 높일 수 있는 가장 믿을 만한 친구이다. 좋은 책들과 함께 지내면 여성들은 자신만의 영혼을 가질 수 있고, 풍부한 감정 체험도 가지게 되어 더 이상 나이를 두려워하지 않게 되고, 이마에 주름이 생기는 것 때문에 더 이상 고민하지 않게 될 것이다. 따라서 **45**책을 즐겨 읽는 여성들이 가장 아름답다고 할 수 있고, 외모는 늙더라도 기품은 늙지 않을 것인데, 왜냐하면 기품은 늘 채워지기 때문이다. 책을 좋아하는 여성들은 천사처럼 자신이 아름다워질 뿐만 아니라, 주변에 영향을 주고 주위를 따뜻하게 만든다. **46**만약 학문적인 지식이나 교양이 없으면, 화려한 옷차림을 해도 사람들에게는 단지 그저 천박한 느낌만을 줄 것이다. 여성 기품의 미는 여성미의 모든 표현이라 할 수 있고, 기품의 미는 남성들이 그녀들의 외모를 중요하게 여기지 않도록 하며, 그 내재적인 미에 관심을 갖게 한다. 기품의 미를 가진 여성들은 설령 생김새가 그리 예쁘지 않아도 여성스러움을 풍길 수 있는 것이다.

실전
모의고사

어휘 ★爱美 àiměi 图 아름다운 것을 좋아하다. 몸치장을 좋아하다 | ★讲究 jiǎngjiu 图 중요하게 여기다 | ★气质 qìzhì 몡 품격, 기품 | ★保养 bǎoyǎng 图 보양하다, 양생하다 | ★装扮 zhuāngbàn 图 꾸미다. 화장하다 | ★训练 xùnliàn 图 훈련하다 | ★提升魅力 tíshēng mèilì 매력을 끌어올리다 | ★塑造 sùzào 图 빚다, 만들다 | ★必定 bìdìng 图 반드시 | ★内秀 nèixiù 혱 내재된 아름다움이 있다. (겉으로 드러나지 않으나 실제로는) 총명하다 | ★日久天长 rì jiǔ tiān cháng 젭 오랜 세월이 흐르다 | ★十分 shífēn 10분의 10, 100% | ★失掉 shīdiào 图 잃다, 놓치다 | ★内涵 nèihán 몡 내용, 의미 | ★修炼 xiūliàn 图 수련하다, 단련하다 | ★内力 nèilì 몡 내력, 내부 역량 | ★值得信赖 zhídé xìnlài 믿음직하다 | ★伙伴 huǒbàn 몡 친구, 동료 | ★书籍 shūjí 몡 서적 | ★相伴左右 xiāngbàn zuǒyòu 좌우에 배석하다. 곁에서 함께하다 | ★属于自己 shǔyú zìjǐ 자신에게 속하다 | ★心灵 xīnlíng 몡 영혼, 마음 | ★情感体验 qínggǎn tǐyàn 감정적 체험 | ★畏惧 wèijù 图 두려워하다 | ★额头 étou 몡 이마 | ★皱纹 zhòuwén 몡 주름 | ★苦恼 kǔnǎo 图 고민하다 | 容颜 róngyán 몡 용모 | 补给 bǔjǐ 图 보충하다, 공급하다 | ★天使 tiānshǐ 몡 천사 | ★胸无点墨 xiōng wú diǎn mò 젭 학문적인 지식이나 교양이 없다 | ★华丽 huálì 혱 화려하다 | ★装饰 zhuāngshì 몡图 장식(하다) | ★肤浅 fūqiǎn 혱 천박하다. (학식이) 얕다 | ★忽视 hūshì 图 소홀히하다 | ★容貌 róngmào 몡 용모 | ★关注 guānzhù 图 관심을 가지다 | ★内在美 nèizàiměi 내재된 미 | ★长相 zhǎngxiàng 몡 생김새

44 난이도 下 공략 Key 동일한 어휘 찾기

一般人认为什么可以提升女性魅力?

Ⓐ **保养**
B 知识丰富
C 要有手段
D 追求内秀

일반 사람들은 무엇이 여성의 매력을 높인다고 생각하는가?

Ⓐ 양생
B 풍부한 지식
C 수완이 있는 것
D 내면의 아름다움을 추구하는 것

공략 '在一般人的观念里总认为只有通过保养、妆扮、训练等才可以提升女性的魅力'라는 부분 중 보기 A의 保养과 동일한 어휘를 듣고 A가 정답임을 알 수 있다.

45

说话人认为什么样的女人最美?

A 感情丰富
B 爱读书的人
C 善于表达
D 会打扮的人

화자는 어떠한 여성이 가장 아름답다고 생각하는가?

A 감정이 풍부한 여성
B 책 읽기를 좋아하는 여성
C 표현을 잘하는 여성
D 잘 꾸미는 여성

공략 '所以说爱读书的女人最美'라는 부분에서 보기 B와 동일한 의미인 '爱读书的女人'과 그 뒤에서 언급된 핵심어인 最를 듣고 B가 정답임을 알 수 있다.

46

胸无点墨主要是什么意思?

A 不活泼
B 非常漂亮
C 心胸狭窄
D 文化水平低

'胸无点墨'의 주된 의미는?

A 활발하지 않다
B 매우 아름답다
C 마음이 좁다
D 교양이 낮다

공략 胸无点墨를 듣고 그 의미를 유추해야 하는데, 胸无点墨의 표면적인 의미는 바로 '胸中没有一点墨水(마음에 조금의 먹물도 없다)'이며, 墨水(먹물)는 일반적으로 학식이 있는 사람들을 일컫는 것으로 그 비유적인 의미가 '교양'이므로, 이 문제에서는 보기 D가 胸无点墨와 동일한 의미임을 알 수 있다.

47

这段话主要谈什么?

A 怎样让自己更年轻
B 女性如何提升气质
C 职场女性应该如何化妆
D 获得上司信任的秘诀

이 글은 주로 무엇에 대해 이야기하는가?

A 어떻게 해야 자신을 더 젊게 만드는가
B 여성은 어떻게 기품을 향상시키는가
C 직장 여성은 어떻게 메이크업을 하는가
D 상사의 신임을 얻는 비결

공략 전체적인 글의 내용은 '어떠한 여성이 가장 아름다우며, 또 여성은 어떻게 해야만 더 아름다워질 수 있는가'에 대한 것으로, '여성은 어떻게 기품을 향상시키는가'가 이 글의 주제임을 알 수 있으므로 정답은 B이다.

48-50

　　竹子主要分布在热带及亚热带地区，少数分布在温带和寒带。它对水、热条件要求特别高，**48**所以雨量充沛，热量稳定的地区是竹子生长最理想的生态环境。竹子四季常青，无论是夏天还是冬天，总是蓬勃生长。竹子不仅可以做观赏饰物，**49**还可以美化环境。在中国自古以来人们就喜欢用竹子做成各种各样的生活用品，如桌子、椅子、竹席，还有梳子、牙签等，云南的少数民族还用竹子修建房屋。竹子也可以用于工业做成

　　대나무는 주로 열대, 아열대 지역에 분포되어 있으며, 소수는 온대와 한대 지역에도 분포되어 있다. 대나무는 물과 열에 민감하기 때문에, **48**강우량이 충분하고 열의 양이 안정적인 지역이 대나무가 생장하기에 가장 이상적인 생태 환경이다. 대나무는 사시사철 늘 푸르고 여름이든 겨울이든 관계없이 왕성하게 자라난다. 대나무는 관상용 장식물일 뿐만 아니라, **49**또한 환경을 아름답게 꾸미기도 한다. 중국에서는 예로부터 사람들이 대나무를 사용해 테이블, 의자, 대자리 그리고 빗, 이쑤시개 등의 각종 생활용품을 만들었고 중국 윈난성에 거주하는 소수민족들은 대나무를 사용해 집을 짓는다. 대나무는 또한 공업에 쓰

<table>
<tr><td>

纸张，供我们读书写字，另外，人们去饭店吃饭总忘不了来一盘竹笋炒肉。竹子全身都是宝，他是一种很有价值的植物。

</td><td>

여 종이로 만들어져 우리는 이 종이로 만든 책을 읽고 그 종이에 글을 쓰기도 한다. 이 밖에도, 사람들이 식당에 밥을 먹으러 가면 잊지 않고 죽순요리(죽순과 돼지고기를 같이 볶은 중국요리)를 시키는데, 이렇듯 대나무는 전신이 다 보물이어서 일종의 매우 가치 있는 식물이다.

</td></tr>
</table>

어휘 ★竹子 zhúzi 몡 대나무 | ★热带 rèdài 몡 열대 | ★亚热带 yàrèdài 몡 아열대 | 温带 wēndài 몡 온대 | 寒带 hándài 몡 한대 | ★雨量 yǔliàng 몡 강우량 | ★充沛 chōngpèi 혱 왕성하다, 충족하다 | ★生态环境 shēngtài huánjìng 생태환경 | ★四季常青 sì jì cháng qīng 혱 사시사철 푸르다 | ★蓬勃生长 péngbó shēngzhǎng 왕성하게 자라다 | ★观赏 guānshǎng 동 감상하다 | 饰物 shìwù 몡 장식품, 장신구 | ★美化环境 měihuà huánjìng 환경 미화하다 | ★自古以来 zìgǔ yǐlái 예로부터 | ★竹席 zhúxí 몡 대자리 | ★梳子 shūzi 몡 빗 | ★牙签 yáqiān 몡 이쑤시개 | 云南 Yúnnán 고유 윈난성 | ★少数民族 shǎoshù mínzú 소수민족 | 修建 xiūjiàn 동 건축하다 | 纸张 zhǐzhāng 몡 종이 | ★竹笋 zhúsǔn 몡 죽순 | ★炒 chǎo 동 볶다 | ★有价值 yǒu jiàzhí 가치가 있다

---

48 난이도 中 공략 Key 동일한 어휘 및 핵심어 最를 통한 내용 파악

<table>
<tr><td>

竹子的生长环境有什么特点?

Ⓐ 雨量充沛
B 比较干旱
C 主要分布在温带
D 喜欢寒冷地带

</td><td>

대나무의 생장 환경에는 어떤 특징이 있는가?

Ⓐ 강우량이 충분하다
B 비교적 건조하다
C 주로 온대 지역에 분포한다
D 한랭 지대를 선호한다

</td></tr>
</table>

공략 '所以雨量充沛，热量稳定的地区是竹子生长最理想的生态环境'이라는 부분에서 보기 A와 동일한 단어를 듣고 그 뒤에서 언급된 핵심어 '最理想'을 통해 A가 정답임을 알 수 있다.

---

49 난이도 中 공략 Key 동일한 문장 찾기

<table>
<tr><td>

关于竹子，下列哪项正确?

A 没有经济价值
B 药用价值很高
C 是一种农作物
Ⓓ 可以美化环境

</td><td>

대나무에 관하여 다음 중 옳은 것은?

A 경제적 가치가 없다
B 약용 가치가 매우 높다
C 일종의 농작물이다
Ⓓ 환경을 아름답게 한다

</td></tr>
</table>

공략 '还可以美化环境'이라는 부분을 통해 보기 D와 동일한 의미임을 알 수 있다.

---

50 난이도 上 공략 Key 전체 내용 파악

<table>
<tr><td>

下面哪项最适合做这段话的标题?

A 胸有成竹
B 竹子和熊猫
C 竹子的典故
Ⓓ 竹子浑身都是宝

</td><td>

다음 중 이 글의 제목으로 적합한 것은?

A 일을 하기 전에 이미 모든 준비가 되어 있다
B 대나무와 판다
C 대나무의 전고
Ⓓ 전신이 모두 보물인 대나무

</td></tr>
</table>

공략 전체적인 글의 내용은 '대나무의 이로운 점'에 대한 것이므로 이와 동일한 의미인 보기 D가 이 글의 제목으로 적합하다.

---

51   난이도 中   공략 Key 어순 파악

A 对于一辆车来说，外观真的很重要。 B 风既有大小，又有方向。因此风预报包括风速和风向。 C 正所谓"宝马赠英雄"，在古代，马常被当作为珍贵的礼物给英雄赠送。 D 傣族人把孔雀作为自己民族精神的象征，孔雀舞是最具傣族代表性的舞蹈。	A 차에게 있어 외관은 정말로 매우 중요한 것이다. B 바람은 크기뿐 아니라 방향도 있으므로 바람 예보는 풍속과 풍향을 포함한다. C 소위 '진귀한 말은 영웅에게 바친다'라는 말은 고대에 말이 귀한 선물로 여겨져 영웅에게 바쳐서이다. D 다이족 사람들은 공작새를 자신들 민족 정신의 상징으로 여기며, 공작춤은 가장 다이족을 대표하는 춤이다.

정답   C   正所谓"宝马赠英雄"，在古代，马常被当作为珍贵的礼物给英雄赠送。

     ➡ 正所谓"宝马赠英雄"，在古代，马常被当作为珍贵的礼物赠送给英雄。

공략   赠送은 '주다, 드리다'라는 뜻으로 개사 给와 함께 어울려 '~에게 주다, ~에게 드리다'라는 의미로 쓰일 때는 '给……赠送'이 아닌 '赠送给'로 써야 한다.

어휘   ★外观 wàiguān 명 겉모양, 외관 | ★预报 yùbào 명동 예보(하다) | 风速 fēngsù 명 풍속 | ★所谓 suǒwèi 형 소위 ~이라는 것은 | 宝马赠英雄 bǎomǎ zèng yīngxióng 진귀한 말은 영웅에게 바친다 | ★珍贵 zhēnguì 형 진귀하다, 귀중하다 | ★赠送 zèngsòng 동 주다, 드리다 | 傣族 dǎizú 명 태족, 다이족[중국 윈난성(云南省)에 거주하는 소수민족] | ★孔雀 kǒngquè 명 공작새 | ★象征 xiàngzhēng 명동 상징(하다) | ★代表性 dàibiǎoxìng 대표성 | ★舞蹈 wǔdǎo 명 춤

---

52   난이도 中   공략 Key 주어와 목적어의 부적절한 조합

A 与上海相比，北京的天气要冷得多。 B 爱是一种付出，是一种不需要回报的给予。 C 深秋的香山，是人们登高远眺、观赏红叶的好时候。 D 陕西历史博物馆以其丰富的文物藏品，被誉为华夏宝库。	A 상하이와 비교해보면, 베이징의 날씨는 훨씬 춥다. B 사랑은 주는 것이고, 보답을 바라지 않는 베풂이다. C 늦가을의 샹산은 사람들이 높은 곳에 올라 먼 곳을 바라보며 단풍을 감상하기에 좋은 곳이다. D 산시역사박물관은 그 풍부한 문물 소장품으로 중화민족의 보고로 불린다.

정답   C   深秋的香山，是人们登高远眺、观赏红叶的好时候。

     ➡ 深秋的香山，是人们登高远眺、观赏红叶的好地方。

공략   보기 C의 주요한 문장 구조는 '香山是好时候'이다. 이 문장에서 주어인 香山과 목적어인 '好时候'의 조합이 적절하지 않으므로 '好时候'를 '好地方'으로 고쳐야 맞다.

어휘   ★与……相比 yǔ……xiāngbǐ ~과 비교하면 | ★付出 fùchū 동 (돈이나 대가를) 바치다, 들이다 | ★回报 huíbào 동 보답하다 | ★给予 jǐyǔ 동 주다 | ★深秋 shēnqiū 명 늦가을 | 登高 dēnggāo 동 높은 곳에 오르다 | 远眺 yuǎntiào 동 멀리 바라보다, 조망하다 | ★观赏 guānshǎng 동 감상하다 | 红叶 hóngyè 명 단풍 | ★博物馆 bówùguǎn 명 박물관 | ★文物 wénwù 명 문물 | ★藏品 cángpǐn 명 소장품 | ★被誉为 bèi yùwéi ~으로 불리다 | ★华夏 Huáxià 고유 중국의 옛 명칭, 중화민족 | ★宝库 bǎokù 명 보고[귀중한 물건을 간수해두는 곳]

A 在王洛宾改编的歌曲，最著名的是《在那遥远的地方》。

B 他带着异样的眼光来提问题，给我的感觉很不舒服。

C 成功的人看前面的机会，失败的人只看后面的机会。

D 频繁的骨折让他的腿肌开始萎缩，身高至今只有86厘米。

A 왕뤄빈이 편곡한 곡들 중에서 가장 유명한 곡은 「저 먼 곳에서」이다.

B 그는 이상한 시선으로 질문을 했는데, 그것에 나는 불쾌한 느낌이 들었다.

C 성공한 사람은 앞으로의 기회를 보고, 실패한 사람은 지나간 기회만을 볼 뿐이다.

D 잦은 골절이 그의 다리 근육을 쇠퇴하게 하여 그의 키는 지금까지도 겨우 86센티미터이다.

정답　A　在王洛宾改编的歌曲，最著名的是《在那遥远的地方》。

➡ 在王洛宾改编的歌曲**中**，最著名的是《在那遥远的地方》。

공략　개사 在 뒤에 보통명사(장소나 시간명사 이외의 명사)가 올 때, 그 보통명사 뒤에는 반드시 '上/中/下' 등의 방위사가 함께 쓰여야 한다. 예를 들면 '在经济上(경제 방면에서)', '在比赛中(시합 중)', '在这样的情况下(이러한 상황에서)' 등이 있다. 반면, '在北京(베이징에서)', '在2008年(2008년에)'과 같은 장소나 시간명사 뒤에는 절대로 방위사를 함께 쓸 수 없다.

어휘　★改编 gǎibiān 图 편곡하다, 각색하다 | ★遥远 yáoyuǎn 图 아득히 멀다, 까마득하다 | ★异样 yìyàng 图 이상하다, 색다르다 | ★眼光 yǎnguāng 图 시선, 눈길 | ★提问题 tí wèntí 질문을 하다 | ★频繁 pínfán 图 빈번하다 | ★骨折 gǔzhé 图 골절되다 | 腿肌 tuǐjī 다리 근육 | ★萎缩 wěisuō 图 위축되다, 쇠퇴하다 | ★至今 zhìjīn 图 지금까지, 여태껏 | ★厘米 límǐ 图 센티미터

A 吸烟没有安全剂量，吸入的每一支烟都会有损害健康。

B 人与人之间能走到一起，第一个是建立在彼此欣赏的基础上的。

C 有时帮助别人，并不是为了听他说一声谢谢，只是为了得到一种心理满足。

D 果汁的营养和水果比起来有大差距，一定不要把它们混为一谈。

A 흡연에는 안전한 사용량이란 없으며, 흡입하는 모든 담배는 건강을 해친다.

B 사람과 사람 사이에서 함께할 수 있는지를 판단하는 가장 중요한 것은 서로 좋아하는가에 기반을 두고 있다고 할 수 있다.

C 때로 다른 사람을 돕는 것은 결코 그에게서 고맙다는 말 한마디를 듣기 위함이 아니라, 단지 일종의 심리적 만족을 얻기 위함일 뿐이다.

D 과일 주스의 영양은 과일과 비교해보면 큰 차이가 있으므로, 그 둘을 똑같이 여겨서는 안 된다.

정답　A　吸烟没有安全剂量，吸入的每一支烟都会**有损害**健康。

➡ 吸烟没有安全剂量，吸入的每一支烟都会**损害**健康。

➡ 吸烟没有安全剂量，吸入的每一支烟都会**有害**健康。

공략　有는 동사이므로 그 뒤에 损害라는 동사를 이어서 또 사용할 수 없다. 따라서 有를 삭제하여 '损害健康'으로 고치거나, 아니면 동사 有害를 사용해 '有害健康'으로 고쳐야 맞는 문장이 된다.

어휘　★剂量 jìliàng 图 사용량, 조제량 | ★一支烟 yì zhī yān 담배 한 개비 | ★损害 sǔnhài 图 해치다, 손상시키다 | ★彼此 bǐcǐ 图 서로, 피차 | ★欣赏 xīnshǎng 图 좋아하다, 마음에 들다 | ★营养 yíngyǎng 图 영양 | ★差距 chājù 图 격차, 차이 | ★混为一谈 hùn wéi yì tán 图 동일시하다, 똑같이 취급하다

    난이도 下　공략 Key '不是……而是……' 구조

A 愚者错失机会，智者善抓住机会，成功者创造机会。	A 어리석은 자는 기회를 놓치고, 지혜로운 자는 기회를 잡으며, 성공한 자는 기회를 만들어낸다.
Ⓑ 人生最精彩的不是实现理想的瞬间，但是实现理想的过程!	Ⓑ 인생에서 가장 훌륭한 것이란 이상적인 순간을 이루어내는 것이 아니라 이상적인 과정을 이루어내는 것이다!
C 要战胜孤独，就要学会为别人着想，多花一些时间和精力去关心别人。	C 고독함을 이겨내려면, 다른 사람을 위해 생각하고 조금 더 많은 시간과 에너지를 들여 다른 사람에게 관심을 기울이는 법을 배워야 한다.
D 人在看电视和读书时，参与活动的心理机制是不同的。	D 사람이 텔레비전을 볼 때와 책을 읽을 때는 활동에 참여하려는 심리적 메커니즘이 다르다.

정답　B　人生最精彩的**不是**实现理想的瞬间，**但是**实现理想的过程!

　　➡　人生最精彩的**不是**实现理想的瞬间，**而是**实现理想的过程!

공략　보기 B의 문장은 앞의 내용을 부정하고 뒤의 내용을 긍정하는 의미로, 반드시 연결어 '不是……而是……' 구조를 사용해야 맞는 문장이 된다.

어휘　★愚者 yúzhě 몡 어리석은 자 | ★错失 cuòshī 동 놓치다, 잃어버리다 | ★智者 zhìzhě 몡 지혜로운 자 | ★抓住 zhuāzhù 동 잡다, 붙잡다 | ★瞬间 shùnjiān 몡 순간 | ★战胜 zhànshèng 동 이겨내다, 승리하다 | ★孤独 gūdú 혱 고독하다, 외롭다 | ★为别人着想 wèi biéren zhuóxiǎng 다른 사람을 위해 생각하다, 고려하다 | ★精力 jīnglì 몡 정력, 에너지 | ★参与活动 cānyù huódòng 활동에 참여하다 | 心理机制 xīnlǐ jīzhì 심리적 메커니즘

    난이도 中　공략 Key 문장의 논리적 관계

A 如果我们把工作当成赚钱的工具，那工作便成了一种庸俗的劳累。	A 만약 우리가 일을 돈 버는 도구로 여긴다면, 일은 일종의 속된 노동이 되어버릴 것이다.
B 吸烟危害健康，不但会导致肺癌，还会增加脑血管病的发病率。	B 흡연은 건강을 해치는데, 폐암을 유발할 수 있을 뿐만 아니라, 뇌혈관 질병의 발병률도 높일 수 있다.
C 她性格特别温柔，是典型的贤妻良母，每天为全家人的饮食起居操心。	C 그녀는 성격이 매우 부드럽고 상냥한 전형적인 현모양처로, 매일같이 가족들의 생활에 신경을 쓴다.
Ⓓ 有没有顽强的毅力和脚踏实地的精神，是一个人取得成功的关键。	Ⓓ 강한 의지와 성실한 정신이 있느냐 없느냐는, 사람이 성공을 거둘 수 있느냐 없느냐의 관건이 된다.

정답　D　有没有顽强的毅力和脚踏实地的精神，是一个人取得成功的关键。

　　➡　**有没有**顽强的毅力和脚踏实地的精神，是一个人**能否**取得成功的关键。

공략　보기 D 문장의 앞절에서 '有没有'는 긍정과 부정의 두 가지 가능성을 다 포함하고 있는데, 논리적인 관계에 따라 뒷절에서도 긍정과 부정의 두 가지 상황을 언급해야 하므로 뒷절의 取得 앞에 能否를 써야만 문맥상 맞는 문장이 된다.

어휘　★赚钱 zhuànqián 동 돈을 벌다 | ★庸俗 yōngsú 혱 속되다, 저속하다 | ★劳累 láolèi 혱 (과로로) 피로하다, 지치다 | ★危害 wēihài 동 해치다, 손상시키다 | ★导致 dǎozhì 동 야기하다, 일으키다 | ★肺癌 fèi'ái 몡 폐암 | 脑血管 nǎoxuèguǎn 몡 뇌혈관 | ★发病率 fābìnglǜ 몡 발병률 | ★温柔 wēnróu 혱 부드럽고 상냥하다 | ★典型 diǎnxíng 혱 전형적인 | ★贤妻良母 xián qī liáng mǔ 쎙 현모양처 | ★饮食起居 yǐnshíqǐjū 몡 일상생활 | ★操心 cāoxīn 동 신경을 쓰다, 걱정하다 | ★顽强 wánqiáng 혱 완강하다 | ★毅力 yìlì 몡 굳센 의지 | ★脚踏实地 jiǎo tà shí dì 쎙 착실하고 견실하다, 성실하다

57

A 有时候你会有这样的感受，越是熟悉，越是很难说明它的具体情况。

B 他是一个很有魅力的男人，我每次看到他的时候都保持着独特的微笑。

C 说话时的态度会影响别人对你的第一印象，应该有礼貌而且有自信。

D 无论是刮风下雨，还是大雪纷飞，他都会坚持晨跑，从不间断。

A 때로 당신은 더 잘 알게 될수록 그것의 구체적인 상황을 설명하기가 더 어려운 그런 느낌을 가질 수도 있다.

B 그는 아주 매력적인 남자인데, 내가 매번 그를 볼 때마다 그는 독특한 미소를 띠고 있었다.

C 말할 때의 태도는 당신에 대한 첫인상에 영향을 끼치므로, 반드시 예의가 있고 자신감이 있어야 한다.

D 바람이 불고 비가 내리든 많은 눈이 쏟아지든 관계 없이 그는 꾸준히 조깅을 하는데, 이제껏 한번도 멈춘 적이 없다.

정답　B　他是一个很有魅力的男人，我每次看到他的时候都保持着独特的微笑。

➡ 他是一个很有魅力的男人，我每次看到他的时候，他都保持着独特的微笑。

공략　보기 B 문장의 뒤 절에서 '保持着独特的微笑'의 주어인 他는 생략할 수 없으므로 반드시 써주어야 한다.

어휘　★具体情况 jùtǐ qíngkuàng 구체적인 상황 | ★魅力 mèilì 몡 매력 | ★独特 dútè 혱 독특하다, 특별하다 | ★微笑 wēixiào 몡동 미소(짓다) | ★第一印象 dì-yī yìnxiàng 첫인상 | ★礼貌 lǐmào 몡혱 예의(바르다) | ★大雪纷飞 dàxuě fēnfēi 많은 눈이 흩날리다 | ★晨跑 chén pǎo 조깅하다 | ★间断 jiànduàn 동 중단되다, 멈추다

58

A 经济发展不仅意味着国民经济规模的扩大，更意味着经济和社会生活质量的提高。

B 只顾经济发展，不注意环保，对人类来说是一种自杀行为，最终会导致资源枯竭，环境恶化严重。

C 在现代社会，要想成为一名成功人士，创造卓越的成就，就必须从培养良好的个人习惯入手。

D 小时候大家都有在自家院子里玩"跳房子"的经历，这个游戏虽然很简单，但是很有趣，随着很多孩子度过了童年。

A 경제 발전은 국민 경제 규모의 확대를 의미할 뿐만 아니라 경제와 사회 생활의 질의 향상까지도 의미한다.

B 단지 경제 발전만을 고려하여 환경 보호에 주의하지 않는 것은 인류에게 있어 일종의 자살 행위인데, 이는 끝내 자원 고갈을 초래하게 될 것이고, 환경의 악화도 더 심화시킬 것이다.

C 현대 사회에서 유명 인사가 되어 뛰어난 업적을 이루고 싶다면, 반드시 훌륭한 습관을 기르는 것부터 시작해야 한다.

D 모두가 어렸을 때 자신의 집 마당에서 '사방치기' 놀이를 했던 경험이 있을텐데, 이 게임은 비록 간단하지만 매우 재미있어 많은 아이들의 어린 시절과 함께했다.

정답　D　小时候大家都有在自家院子里玩"跳房子"的经历，这个游戏虽然很简单，但是很有趣，随着很多孩子度过了童年。

➡ 小时候大家都有在自家院子里玩"跳房子"的经历，这个游戏虽然很简单，但是很有趣，伴随着很多孩子度过了童年。

공략　随着와 伴随着는 다른 의미와 용법으로 쓰인다. 随着는 보통 '随着+명사+的+동사, 주어+越来越……(~의 ~에 따라, ~은 갈수록 ~하다)'의 형태로 쓰인다. 예를 들면 '随着经济的发展，人们的生活也越来越好了。(경제의 발전에 따라 사람들의 생활도 갈수록 좋아지다.)'가 있다. 반면, 伴随着는 뒤에 사람을 자주 동반하여 '~과 함께하다, 따르다'의 의미로 쓰인다. 예를 들면 '这张照片从小一直伴随着我。(이 사진은 어려서부터 줄곧 나와 함께했다.)'가 있다.

어휘　★意味着 yìwèizhe 동 의미하다 | ★规模 guīmó 몡 규모 | ★环保 huánbǎo 환경 보호 | ★自杀 zìshā 동 자살하다 | ★导致 dǎozhì 동 초래하다 | ★枯竭 kūjié 혱 고갈되다 | ★恶化 èhuà 악화되다 | ★卓越 zhuóyuè 혱 탁월하다, 출중하다 | ★从……入手 cóng……rùshǒu ~에서부터 착수하다 | ★院子 yuànzi 몡 마당, 뜰 | 跳房子 tiàofángzi 몡동 사방치기(놀이를 하다) | ★度过 dùguò 동 (시간을) 보내다, 지내다

A 纵观古今中外所有的成功者，他们都对工作和事业爱得如痴如醉，正是这种热情，点燃了他们耀眼的成功。

B 他站在那里一直不说话，看起来很老老实实，一点也不淘气，这就是我对他的第一印象。

C 精力充沛之人的四周，几乎整日都充满着各种各样的机会，忙得他们分身乏术。

D 书是人类最好的朋友、最好的老师，是人类获得知识的重要途径之一。博览群书的人是值得人们尊重的人。

A 동서고금의 모든 성공한 사람들을 종합적으로 살펴보면, 그들은 모두 일과 사업에 매우 심취했는데, 바로 이러한 열정이 그들의 눈부신 성공에 불을 붙인 것이다.

B 그 아이는 저쪽에 서서 내내 아무런 말도 하지 않아, 매우 얌전하고, 전혀 장난이 심한 것 같지 않아 보였는데, 이것이 바로 그 아이에 대한 나의 첫인상이다.

C 에너지가 넘치는 사람의 주변은 거의 하루 종일 여러 가지 기회로 가득차 있어, 그들이 빠져나올 겨를이 없다.

D 책은 인류의 가장 좋은 친구이자 가장 좋은 선생님이고, 인류가 지식을 얻는 중요한 수단 중 하나이기도 하다. 여러 가지 책을 많이 읽은 사람은 사람들이 존중할 만한 사람이다.

정답　B 他站在那里一直不说话，看起来**很老老实实**，一点也不淘气，这就是我对他的第一印象。
　　　　○ 他站在那里一直不说话，看起来**老老实实**，一点也不淘气，这就是我对他的第一印象。

공략　형용사의 중첩 형태인 老老实实는 '很老实(매우 얌전하다)'라는 의미를 나타내므로 그 앞에 정도의 심화를 나타내는 정도부사 很을 동반해서는 안 된다.

어휘　纵观 zòngguān 통 종합적으로 고찰하다 | ★古今中外 gǔ jīn zhōng wài 성 동서고금 | ★如痴如醉 rú chī rú zuì 심취된 듯하다, 도취된 듯하다 | ★点燃 diǎnrán 통 점화하다 | ★耀眼 yàoyǎn 통 눈부시다 | ★老老实实 lǎolǎoshíshí 매우 온순하다 | ★淘气 táoqì 형 장난이 심하다 | ★精力充沛 jīnglì chōngpèi 에너지가 넘치다 | ★分身乏术 fēnshēn fáshù 몸을 뺄 도리가 없다 | ★途径 tújìng 명 수단, 방법 | ★博览群书 bólǎn qúnshū 여러 가지 책을 많이 읽다, 많은 책을 두루 다독하다

A 一年365天她每天让女儿平均练习5小时的钢琴和小提琴，如果弹不好，她还不让女儿吃饭、喝水，直到弹奏正确为止。

B 应聘这个工作一定要有很强的文字功底，有热情和团结合作的精神，最好还要有相关的工作经验的人。

C 乔布斯在业内被称为"创新之王"，他彻底改变了计算机、音乐以及通信世界。

D 随着交通和通讯的发展，世博会已变成思考人类共同关心的问题、宣传举办城市、发展地区经济的实用活动。

A 1년 365일 그녀는 매일같이 그녀의 딸에게 평균 5시간 동안 피아노와 바이올린을 연습하게 하였고, 만약 잘하지 못하면, 그녀는 딸에게 제대로 연주할 때까지 밥도 못 먹고 물도 못 마시게 하였다.

B 이 일에 지원하려면 반드시 탄탄한 글의 기본기가 있고 열정과 단결 협력 정신을 지녀야 하며, 또한 관련된 업무 경험이 있다면(관련된 업무 경험자이면) 가장 좋다.

C 스티브잡스는 업계 내에서 '창조의 왕'으로 불리는데, 그는 컴퓨터, 음악 및 통신 세계를 완전히 변화시켰다.

D 교통과 통신의 발전에 따라, 세계 박람회는 이미 인류가 공통적으로 관심을 기울이는 문제에 대해 깊이 생각하고, 개최 도시를 홍보하고, 지역 경제를 발전시키는 등의 실용적인 활동으로 변하였다.

정답　B 应聘这个工作一定要有很强的文字功底，有热情和团结合作的精神，最好还**要**有相关的工作**经验的人**。
　　　　○ 应聘这个工作一定要有很强的文字功底，有热情和团结合作的精神，最好还**要**有相关的工作**经验**。
　　　　○ 应聘这个工作一定要有很强的文字功底，有热情和团结合作的精神，最好还**是**有相关工作**经验的人**。

공략　보기 B 문장의 뒷절에서 동사와 그 뒤의 목적어 조합이 적합하지 않은데, 문장에서 '的人'을 삭제하여 '最好还要有相关的工作经验'이라고 쓰거나, 아니면 '最好还是有相关工作经验的人'으로 고쳐야 맞는 문장이 된다.

어휘　★钢琴 gāngqín 명 피아노 | ★小提琴 xiǎotíqín 명 바이올린 | ★弹 tán 통 치다, 연주하다 | ★弹奏 tánzòu 통 연주하다 | 为止 wéizhǐ 통 ~을 끝으로 하다 | ★文字功底 wénzì gōngdǐ 글의 기초, 글의 기본기 | 乔布斯 Qiáobùsī 고유 (스티브)잡스 | 业内 yènèi 업계 내 | ★彻底 chèdǐ 형 철저하다 | ★计算机 jìsuànjī 명 컴퓨터 | 通信 tōngxìn 명동 통신(하다) | ★通讯 tōngxùn 명동 통신(하다) | ★世博会 shìbóhuì 세계 박람회 | ★宣传 xuānchuán 통 홍보하다, 선전하다

　　小时侯，幸福是一件东西，①拥有就幸福；长大后，幸福是一个②目标，达到就幸福；成熟后，发现幸福原来是一种心态，③领悟就幸福。

A 拥护　　眼光　　奉献
B 占有　　目光　　贡献
Ⓒ 拥有　　目标　　领悟
D 拥抱　　标志　　觉悟

　　어렸을 때는 행복이 하나의 물건이어서, **가지는 것이** 바로 행복이었다. 자라난 후엔 행복이 하나의 **목표**여서, 이르게 되는 것이 바로 행복이었다. 성숙해진 후에야 행복은 본래 일종의 심리 상태이며, **깨달음**이 바로 행복이라는 것을 알게 되었다.

A 지지하다 | 안목 | 공헌하다
B 점유하다 | 눈빛 | 공헌하다
Ⓒ 가지다 | 목표 | 깨닫다
D 껴안다 | 상징 | 자각하다

공략

(①번 칸) 拥有는 '拥有幸福(행복을 지니다)', '拥有健康(건강을 지니다)', '拥有财富(부를 지니다)'의 형태로 자주 호응해서 쓰인다. 이 밖에, 拥护는 주로 '拥护他当领导(그가 지도자가 되는 것을 지지하다)'의 형태로, 占有는 '占有别人的财产(다른 이의 재산을 점유하다)'의 형태로, 拥抱는 '拥抱朋友(친구를 껴안다)' 등의 형태로 쓰이므로 문맥상 적합하지 않다.

(②번 칸) 目标만이 达到와 호응하여 '达到目标(목표에 도달하다)'의 형태로 쓰일 수 있다. 이 밖에, 眼光은 '有眼光(안목이 있다)'의 형태로, 目光은 '温柔的目光(부드러운 눈빛)'의 형태로, 标志는 '天安门是北京的标志(톈안먼은 베이징의 상징이다)'라는 형태로 자주 호응하여 쓰이므로 이들은 모두 문맥상 적합하지 않다.

어휘　★达到 dádào 图 이르다, 도달하다 | ★心态 xīntài 명 심리 상태 | ★拥护 yōnghù 图 옹호하다, 지지하다 | ★眼光 yǎnguāng 명 안목, 시선 | ★奉献 fèngxiàn 图 바치다, 공헌하다 | ★占有 zhànyǒu 图 점유하다, 차지하다 | ★目光 mùguāng 명 눈빛, 시선 | ★贡献 gòngxiàn 图 공헌하다, 기여하다 | ★拥有 yōngyǒu 图 보유하다, 가지다 | ★领悟 lǐngwù 图 깨닫다, 이해하다 | ★拥抱 yōngbào 图 포옹하다, 껴안다 | ★标志 biāozhì 명 표지, 상징 | 觉悟 juéwù 图 자각하다, 깨닫다

　　羽毛球运动是全身运动项目，可增大上下肢和腰的活动能力，能有效地消除久坐、久视对身体的①不良影响。羽毛球运动虽然有很多好处，但也②并非打的时间越长越好。打球之前，一定要做好③充分的准备活动。

Ⓐ 不良　　并非　　充分
B 严峻　　无非　　充足
C 恶劣　　除非　　充沛
D 艰巨　　避免　　充实

　　배드민턴은 전신 운동 종목으로, 상지와 하지 및 허리의 활동 능력을 키울 수 있고, 오래 앉아있고 오래 주시하는 행위가 건강에 끼치는 **나쁜** 영향을 효과적으로 없앨 수 있다. 배드민턴 운동은 비록 좋은 점이 많기는 하지만, 배드민턴을 치는 시간이 길수록 좋은 것은 **결코 아니다**. 또한 운동하기 전에는 반드시 **충분한** 준비 운동을 해야만 한다.

Ⓐ 나쁘다 | 결코 아니다 | 충분하다
B 모질다 | 단지 ~에 지나지 않다 | 충분하다
C 열악하다 | 오직 ~하여야만 | 왕성하다
D 막중하다 | 피하다 | 충실하다

공략

(①번 칸) '不良影响(나쁜 영향)'으로 호응하여 쓰였다. 나머지 보기의 경우 '严峻的考验(모진 시련)', '恶劣的天气(열악한 날씨)', '艰巨的任务(막중한 임무)' 등의 형태로 자주 호응하여 쓰이므로 문맥상 적합하지 않다.

(③번 칸) '充分的准备(충분한 준비)'의 형태로 자주 호응하여 쓰인다. 이 밖에 充足는 '睡眠充足(잠이 충분하다)'의 형태로, 充沛는 '精力充沛(에너지가 왕성하다)'의 형태로, 充实는 '生活充实(생활이 충실하다)'의 형태로 자주 호응하여 쓰이므로 이들은 모두 빈칸에 적합하지 않다.

어휘　★羽毛球 yǔmáoqiú 명 배드민턴 | ★全身运动 quánshēn yùndòng 전신 운동 | ★项目 xiàngmù 명 종목, 항목 | ★增大 zēngdà 图 증대하다 | 上下肢 shàngxiàzhī 상지와 하지 | ★腰 yāo 명 허리 | ★消除 xiāochú 图 없애다 | ★不良 bùliáng 혱 좋지 않다 | ★并非 bìngfēi 图 결코 ~이 아니다 | ★严峻 yánjùn 혱 모질다 | ★无非 wúfēi 图 단지 ~에 지나지 않다 | ★充足 chōngzú 혱 충분하다 | ★恶劣 èliè 혱 아주 나쁘다, 열악하다 | ★除非 chúfēi 젭 오직 ~하여야만 | ★充沛 chōngpèi 혱 왕성하다 | ★艰巨 jiānjù 혱 막중하다 | ★避免 bìmiǎn 图 피하다 | ★充实 chōngshí 혱图 충실하(게 하)다

　　什刹海始为元、明、清三代城市①**规划**和水系的核心。乘坐老北京黄包车②**游览**什刹海美景，沿途胡同、四合院景点随意逛，还可观看老北京堂会表演——天桥杂技绝活！③**感受**老北京的味道。

A 划分	观光	承受
Ⓑ **规划**	**游览**	**感受**
C 计划	游览	体会
D 策划	登陆	感染

　　스차하이는 원, 명, 청의 3대 왕조 때부터 도시 **계획**과 수맥의 핵심이었다. 옛 베이징의 인력거를 타고 스차하이의 아름다운 경치를 **유람하며**, 길가 골목과 사합원 등의 명소를 거닐고, 옛 베이징의 축하연 공연인 구름다리 곡예도 감상하자! 옛 베이징의 정취를 **느낄** 수 있다.

A 나누다 | 관광하다 | 견뎌내다
Ⓑ **계획 | 유람하다 | 느끼다**
C 계획 | 유람하다 | 체득하다
D 계책 | 상륙하다 | 감염되다

공략

（①번칸）'城市规划'는 고정 형식으로 '도시 계획'이라는 의미를 나타낸다.

（②번칸）观光은 뒤에 명사를 동반할 수 없고, 그저 '去北京观光(베이징으로 관광을 가다)'의 형태로만 사용할 수 있으므로 빈칸에 적합하지 않다.

（③번칸）感受는 体验의 동의어로 '感受老北京的味道(옛 베이징의 정취를 느끼다)', '感受中国的文化(중국의 문화를 느끼다)' 등의 형태로 자주 호응하여 쓰인다. 이 밖에, 承受는 '承受压力(스트레스를 견뎌내다)'의 형태로, 体会는 '体会到真正的爱(진정한 사랑을 깨닫다)'의 형태로, 感染은 '感染疾病(질병에 감염되다)'의 형태로 자주 호응하여 쓰이므로 문맥상 적합하지 않다.

어휘　什刹海 Shíchàhǎi 고유 스차하이 | ★核心 héxīn 명 핵심 | ★黄包车 huángbāochē 명 인력거 | ★美景 měijǐng 명 아름다운 경치 | ★沿途 yántú 명부 길가; 길을 따라 | ★胡同 hútòng 명 골목 | ★四合院 sìhéyuàn 명 사합원[베이징의 전통 주택 양식] | ★景点 jǐngdiǎn 명 명소 | ★随意 suíyì 부 마음대로 | ★堂会 tánghuì 명 축하연 | ★天桥 tiānqiáo 명 육교, 구름다리 | ★杂技 zájì 명 곡예, 서커스 | ★绝活 juéhuó 명 특기, 절묘한 재주 | ★划分 huàfēn 동 나누다 | ★观光 guānguāng 동 관광하다 | ★承受 chéngshòu 동 견뎌내다, 감내하다 | ★规划 guīhuà 명동 계획(하다) | ★游览 yóulǎn 동 유람하다 | ★感受 gǎnshòu 명동 느낌; 느끼다 | ★体会 tǐhuì 명동 (체험에서 얻은) 느낌; 체득하다 | ★策划 cèhuà 동 계획하다, 계책을 세우다 | ★登陆 dēnglù 동 상륙하다 | ★感染 gǎnrǎn 동 감염되다

　　所谓尺有所短，寸有所长。所以我们切不可骄傲①**自满**，每个人都应该②**虚心**学习别人的长处，③ **弥补**自己的短处。用不着④**自卑**。

Ⓐ **自满**	**虚心**	**弥补**	**自卑**
B 自私	谦虚	补偿	悲观
C 自觉	称心	补救	卑劣
D 自立	甘心	补贴	卑鄙

　　소위 '일장일단이 있다'라고 한다. 따라서 우리는 교만하고 **자만해서는** 안 되며, 모든 사람들은 반드시 다른 사람들의 장점을 **겸손히** 배워야만 하고, 자신의 단점을 **보완해야**만 한다. **열등감을 가질** 필요는 없다.

Ⓐ 자만하다 | 겸손하다 | 보완하다 | 열등감을 가지다
B 이기적이다 | 겸손하다 | 보상하다 | 비관하다
C 자발적이다 | 흡족하다 | 보완하다 | 비열하다
D 자립하다 | 달가워하다 | 보조하다 | 졸렬하다

공략

（①번칸）骄傲와 自满은 동의어로 '骄傲自满(교만하고 자만하다)'의 형태로 자주 호응하여 쓰인다.

（②번칸）虚心은 '虚心学习'의 형태로 자주 쓰인다.

（③번칸）弥补는 '弥补短处(단점을 보완하다)', '弥补不足(부족한 점을 보완하다)'의 형태로 자주 어울려 쓰인다. 이 밖에 补偿은 '补偿损失(손실을 보상하다)'의 형태로, 补贴는 '补贴家用(생활비를 보조하다)'의 형태로 자주 호응하여 쓰이므로 문맥상 적합하지 않다.

（④번칸）문맥상 自卑와 悲观이 둘 다 가능하다. 하지만 卑劣와 卑鄙는 '卑劣的行为(비열한 행동)', '卑鄙的行为(졸렬한 행동)'의 형태로 자주 어울려 쓰이므로 적합하지 않다.

어휘　★尺有所短，寸有所长 chǐ yǒu suǒ duǎn, cùn yǒu suǒ cháng 셩 한 자의 길이도 짧을 때가 있고, 한 치의 길이도 길 때가 있다, 일장일단이 있다 | 切不可 qiè bùkě ∼해서는 안 된다 | ★长处 chángchu 명 장점 | ★短处 duǎnchu 명 단점 | ★自满 zìmǎn 형 자만하다 | ★虚心 xūxīn 형 겸손하다 | ★弥补 míbǔ 동 메우다, 보완하다 | ★自卑 zìbēi 형 열등감을 가지다, 비굴하다 | ★自私 zìsī 형 이기적이다 | ★谦虚 qiānxū 형 겸손하다 | ★补偿 bǔcháng 동 보충하다, 보상하다 | ★悲观 bēiguān 형 비관하다 | ★自觉 zìjué 형동 자발적이다; 자각하다 | ★称心 chènxīn 동 마음에 들다, 흡족하다 | ★补救 bǔjiù 동 보완하다, 만회하다 | ★卑劣 bēiliè 형 비열하다 | ★自立 zìlì 동 자립하다 | ★甘心 gānxīn 동 달가워하다, 흡족해하다 | 补贴 bǔtiē 동 보조하다, 보태주다 | ★卑鄙 bēibǐ 형 졸렬하다, 비열하다

65　　　난이도 上　　공략 Key 捏泥人 호응 구조

　　“泥人张”彩塑创作①<u>题材</u>广泛。“泥人张”彩塑用色简雅明快，用料②<u>讲究</u>，所③<u>捏</u>的泥人历经久远，不燥不裂，栩栩如生，在国际上享有极高的④<u>声誉</u>。

A 课题　　注重　　扎　　名誉
B 课程　　着重　　绣　　荣誉
C 器材　　追究　　拽　　信誉
Ⓓ 题材　　讲究　　捏　　声誉

　　‘니런장’이라는 채색 지점토 인형 창작품은 그 <u>소재</u>가 광범위하다. ‘니런장’ 채색 지점토 인형은 색의 사용에 있어 심플하고 우아하며 시원시원한데다가, 재료를 <u>중요시해</u>, <u>빚어낸</u> 지점토 인형은 오랜 시간이 지나도 마르거나 갈라지지 않고 꼭 살아있는 것 같아 국제적으로 아주 높은 <u>명성</u>을 누리고 있다.

A 과제 | 중시하다 | 매다 | 명예
B 과목 | 치중하다 | 수놓다 | 영예
C 기자재 | 추궁하다 | 잡아당기다 | 위신
Ⓓ 소재 | 중요시하다 | 빚다 | 명예

공략　②번 칸　讲究가 수공예품 등을 만들 때 신경을 쓰고 중요하게 여긴다는 의미를 나타내어 用料(재료), 针法(스티치), 制作(제작) 등과 자주 호응하여 쓰이므로 빈칸에 가장 적합하다.

③번 칸　‘捏泥人’은 ‘점토 인형을 빚다’라는 의미로 자주 호응하여 쓰인다. 이 밖에, 扎는 ‘扎风筝(연을 매다)’, ‘扎灯笼(등불을 매다)’의 형태로, 绣는 ‘绣花(꽃을 수놓다)’의 형태로 자주 호응하여 쓰이므로 문맥상 적합하지 않다.

④번 칸　声誉가 ‘在国际上享有声誉’의 형태로 자주 호응하여 쓰이므로 문맥상 가장 적합하다.

어휘　★泥人 nírén 명 점토 인형, 흙 인형 | ★彩塑 cǎisù 명 (민간 공예품의 일종) 채색 지점토 인형 | ★创作 chuàngzuò 명동 문예 창작품; 창작하다 | ★广泛 guǎngfàn 형 광범위하다, 폭넓다 | ★简雅 jiǎnyǎ 간결하고 우아하다 | ★明快 míngkuài 형 시원시원하다, 명쾌하다 | 用料 yòngliào 명 재료, 원자재 | ★历经久远 lìjīng jiǔyuǎn 오랜 시간을 거치다 | ★不燥不裂 bú zào bú liè 마르거나 갈라지지 않다 | ★栩栩如生 xǔ xǔ rú shēng 셩 마치 살아있는 것 같이 생생하다 | ★享有声誉 xiǎngyǒu shēngyù 명성을 누리다 | ★课题 kètí 명 과제 | ★注重 zhùzhòng 동 중시하다 | 扎 zhā 동 매다, 엮다 | ★名誉 míngyù 명 명예, 명성 | ★着重 zhuózhòng 동 강조하다, 치중하다 | 绣 xiù 동 수놓다 | 荣誉 róngyù 명 영예 | 器材 qìcái 명 기자재 | ★追究 zhuījiū 동 추궁하다 | 拽 zhuài 잡아당기다 | 信誉 xìnyù 명 위신, 신망 | ★题材 tícái 명 소재, 제재 | ★讲究 jiǎngjiu 동 중요시하다, 신경을 쓰다 | ★捏 niē 동 빚다 | 声誉 shēngyù 명 명성

66　　　난이도 中　　공략 Key 调节情绪 호응 구조

　　音乐能①<u>调节</u>情绪，但这种调节作用遵循一定的②<u>原理</u>。比如，一个人在悲伤、烦恼时，可以听一些伤感的音乐，从而使不良情绪得以③<u>释放</u>；而一个人在思绪凌乱、烦躁④<u>不安</u>时，可以听一些轻音乐，以引发平静舒畅的感觉。

A 调理　　原则　　减缓　　慌乱
Ⓑ 调节　　原理　　释放　　不安
C 调整　　准则　　缓解　　紧张
D 整理　　规则　　排放　　心乱

　　음악은 감정을 <u>조절할</u> 수 있지만 이러한 조절 작용은 일정한 <u>원리</u>를 따른다. 예를 들어, 상심하고 걱정스러울 때 슬픈 노래를 들으면 좋지 않은 감정을 <u>쏟아낼</u> 수 있고, 생각이 혼란스럽고 초조하며 <u>불안할</u> 때는 평온하고 상쾌한 느낌을 자아내기 위해 경음악을 들으면 좋다.

A 돌보다 | 원칙 | 느려지다 | 허둥대다
Ⓑ 조절하다 | 원리 | 쏟아내다 | 불안하다
C 조정하다 | 준칙 | 완화시키다 | 긴장하다
D 정리하다 | 규칙 | 배출하다 | 심란하다

공략 　①번 칸　 调节는 情绪(감정), 温度(온도), 高度(높이) 등과 자주 호응하여 쓰인다. 이 밖에 调理는 '调理身体(몸조리하다)'의 형태로, 调整은 '调整工作(업무를 조정하다)'의 형태로 整理는 '整理房间(방을 정리하다)'의 형태로 자주 호응하여 쓰이므로 모두 문맥상 적합하지 않다.

　③번 칸　 '释放/缓解不良情绪'의 조합이 둘 다 가능하다.

어휘 ★调节 tiáojié 통 조절하다 | ★遵循 zūnxún 통 따르다 | ★悲伤 bēishāng 형 상심하다, 몹시 슬퍼하다 | ★烦恼 fánnǎo 형 근심하다, 걱정스럽다 | ★伤感 shānggǎn 통 슬퍼하다 | ★不良情绪 bùliáng qíngxù 좋지 않은 감정 | ★思绪 sīxù 명 생각, 정서 | ★凌乱 língluàn 형 어수선하다, 혼란하다 | ★烦躁 fánzào 형 초조하다 | ★轻音乐 qīngyīnyuè 명 경음악 | ★引发 yǐnfā 통 일으키다, 자아내다 | ★舒畅 shūchàng 형 상쾌하다 | 调理 tiáolǐ 통 돌보다, 몸조리하다 | 原则 yuánzé 명 원칙 | 减缓 jiǎnhuǎn 통 느려지다 | 慌乱 huāngluàn 형 허둥거리다, 당황하다 | ★原理 yuánlǐ 명 원리 | ★释放 shìfàng 통 방출하다, 석방하다 | ★不安 bù'ān 형 불안하다 | 准则 zhǔnzé 명 준칙 | ★缓解 huǎnjiě 통 완화시키다, 누그러뜨리다 | 规则 guīzé 명 규칙 | ★排放 páifàng 통 배출하다, 방류하다 | ★心乱 xīnluàn 형 심란하다

---

67   난이도 中   공략 Key '研究表明/显示' 호응 구조

一般认为，女性要想取得①事业上的成功，一定要变得"很男人"。但最近研究②表明，太像男人的女性反而③通常很难被大家接受，因为那样的女性④显得太没有女人味了。

일반적으로는 여성이 사업상의 성공을 거두려면 반드시 '매우 남성답게' 변해야만 한다고 생각한다. 하지만 최근 연구가 밝힌 바에 따르면, 지나치게 남자다운 여성은 보통 오히려 사람들에게 인정을 받기 어렵다고 하는데, 이는 그러한 여성들에게는 여성스러움이 너무 없는 것 같이 보이기 때문이라고 한다.

Ⓐ 事业	**表明**	**通常**	**显得**
B 职业	表示	往往	觉得
C 职场	表达	一般	变得
D 企业	显示	常常	长得

Ⓐ 사업 | 분명히 밝히다 | 보통 | ~인 것처럼 보이다
B 직업 | 나타내다 | 종종 | ~이라고 여기다
C 직장 | 드러내다 | 일반적으로 | ~으로 변하다
D 기업 | 나타내다 | 자주 | ~같이 생기다

공략 　①번 칸　 문맥상 '事业上的成功(사업상의 성공)'이 가장 적합하고, 企业는 빈칸에 어울리지 않는 단어이다.

　②번 칸　 '研究表明/显示'의 조합이 둘 다 가능하므로 정답은 A이다. 이 밖에 表示는 '领导表示(지도자가 ~을 나타내다)'의 형태로, 表达는 '表达思想(사상을 드러내다)'의 형태로 자주 호응하여 쓰이므로 이 둘은 문맥상 적합하지 않다.

어휘 ★女性 nǚxìng 명 여성 | ★反而 fǎn'ér 부 오히려 | ★女人味 nǚrénwèi 여성스러움 | ★事业 shìyè 명 사업 | ★表明 biǎomíng 통 분명하게 밝히다, 표명하다 | ★通常 tōngcháng 명 보통, 평상시 | ★显得 xiǎnde 통 ~인 것 같다, ~인 것처럼 보이다 | 职业 zhíyè 명 직업 | ★表示 biǎoshì 통 나타내다, 표시하다 | ★职场 zhíchǎng 명 직장 | ★表达 biǎodá 통 드러내다, 표현하다 | ★企业 qǐyè 명 기업 | ★显示 xiǎnshì 통 나타내다, 보여주다

---

68   난이도 中   공략 Key 家喻户晓의 용법

清初，徽剧①盛行于安徽及江浙一带，在南方流传甚广。清乾隆年间，四大徽班先后进入北京演出，名噪华夏，逐渐变得②家喻户晓。清道光、咸丰年间，徽剧在北京同湖北汉剧等剧种③结合，逐渐④演变成京剧。

청나라 초기, 휘극은 안후이성 및 장저 일대에서 성행하였고, 남쪽 지방에서 매우 널리 전해졌다. 청대 건륭 시기에 4대 휘극 공연단은 연이어 베이징으로 가서 공연하였고, 그 명성이 자자해 점차 사람들이 모두 다 알게 되었다. 청대 도광, 함풍 시기에 휘극은 베이징과 후베이 한극 등의 전통극들과 결합하여 점차 경극으로 변화발전하였다.

A 著名	脍炙人口	合伙	转变
B 流行	众所周知	联合	进化
C 进行	举世闻名	合作	变化
Ⓓ 盛行	家喻户晓	结合	演变

A 유명하다 | 널리 사람들의 입에 오르내리다 | 동료가 되다 | 바꾸다
B 유행하다 | 모든 사람이 다 알고 있다 | 연합하다 | 진화하다
C 진행하다 | 전 세계에 이름이 알려지다 | 협력하다 | 변화하다
Ⓓ 성행하다 | 사람마다 모두 알다 | 결합하다 | 변화발전하다

공략　①번칸　流行과 盛行이 모두 가능하다.

②번칸　보기 4개의 성어들은 모두 '매우 유명하다'라는 의미를 나타내지만, 家喻户晓가 일반적으로 '이야기, 인물' 등을 나타낼 때 쓰이므로 정답은 D이다. 이 밖에 脍炙人口는 주로 '시, 글' 등을 나타내고, 众所周知는 문장의 맨 앞에 쓰이며, 举世闻名은 일반적으로 장소를 나타낼 때 쓰이므로, 모두 빈칸에 적합하지 않다.

③번칸　合伙와 合作는 단지 사람이나 회사와의 협력이나 결합을 나타내므로 이들은 문맥상 적합하지 않다.

④번칸　문맥상 '비교적 긴 시간을 거쳐 나타나는 변화와 발전'이라는 의미로 演变이 가장 알맞은데, 주로 '문화와 문자' 등의 방면에서 자주 쓰인다. 이 밖에 进化는 동물과 사람한테만 사용할 수 있으므로 빈칸에는 적합하지 않다.

어휘　★清初 Qīng chū 청나라 초기 | ★徽剧 huījù 몡 휘극[안후이성 지방의 중국 전통극의 하나] | ★安徽 Ānhuī 고유 안후이성 | 江浙一带 Jiāng Zhè yídài 장저(장쑤 성과 저장 성) 일대 | ★流传甚广 liúchuán shèn guǎng 매우 널리 전해지다 | ★乾隆 Qiánlóng 고유 건륭 | ★四大徽班 sì dà huībān 4대 휘극 공연단 | ★名噪华夏 míng zào Huáxià 중국에 이름이 자자하다 | 道光 Dàoguāng 고유 도광 황제 | 咸丰 Xiánfēng 고유 함풍 황제 | 湖北 Húběi 고유 후베이성 | 剧种 jùzhǒng 몡 전통극의 종류 | ★京剧 jīngjù 몡 경극 | ★脍炙人口 kuài zhì rén kǒu 솅 좋은 시문이나 사물이 널리 사람들의 입에 오르내리다 | ★合伙 héhuǒ 동 동료가 되다 | 转变 zhuǎnbiàn 동 바꾸다, 바뀌다 | ★众所周知 zhòng suǒ zhōu zhī 솅 모든 사람이 다 알고 있다 | 联合 liánhé 동 연합하다 | ★举世闻名 jǔ shì wén míng 솅 전 세계에 이름이 알려지다 | ★盛行 shèngxíng 동 성행하다, 널리 유행하다 | ★家喻户晓 jiā yù hù xiǎo 솅 사람마다 모두 알다 | ★演变 yǎnbiàn 동 변천하다, 변화발전하다

69

　　驾着无动力的小舟，利用船桨①<u>掌握</u>好方向，在时而湍急时而平缓的水流中顺流而下，在与大自然抗争中演绎精彩的②<u>瞬间</u>，这就是漂流，一项勇敢者的运动。而今很多人都在寻找这样一种区别于③<u>平凡</u>生活的独特感受。就是这样一种感受，使④<u>都市</u>人为之倾倒，并成为他们生活的一部分。

A 把握	期间	平庸	现代
B 平衡	刹那	普通	世界
ⓒ 掌握	瞬间	平凡	都市
D 抓住	一瞬	一般	城市

무동력 배를 몰며 노를 이용해 좋은 방향을 <u>장악하여</u>, 때로는 거친 물살에 때로는 느린 물살에 물이 흘러가는 대로 따라 내려가며, 대자연과의 싸움에서 훌륭한 <u>순간</u>을 펼쳐내는 것이 바로 용감한 자의 스포츠의 일종인 래프팅이다. 현재 많은 사람들이 이러한 <u>평범한</u> 생활과 구분되는 독특한 체험을 찾고 있는데, 이는 바로 <u>도시</u> 사람들이 그것에 매료되도록 하여 그들 생활의 한 부분이 되게 하는 그러한 체험이다.

A 파악하다 | 기간 | 평범하다 | 현대
B 균형을 맞추다 | 찰나 | 보통이다 | 세계
ⓒ 장악하다 | 순간 | 평범하다 | 도시
D 잡다 | 일순간 | 일반적이다 | 도시

공략　①번칸　이 문제를 풀기 위한 가장 좋은 방법은 소거법을 사용하는 것이다. ①번 칸에서 抓住는 적합하지 않다.

②번칸　期间은 비교적 긴 시간을 나타내어 주로 '战争期间(전쟁 기간)', '暑假期间(여름 방학 기간)' 등과 자주 호응하여 쓰이므로 적합하지 않다.

④번칸　世界人이라는 단어는 없으므로 B는 답이 될 수 없다.

어휘　驾 jià 동 몰다, 운전하다 | 动力 dònglì 몡 동력 | ★小舟 xiǎo zhōu 작은 배 | 船桨 chuánjiǎng 몡 노 | ★时而 shí'ér 부 때때로 | ★湍急 tuānjí 형 물살이 세다 | ★平缓 pínghuǎn 형 완만하다, 느리다 | 顺流而下 shùn liú ér xià 물이 흘러가는 대로 따라 내려가다 | ★抗争 kàngzhēng 동 항쟁하다, 투쟁하다 | ★演绎 yǎnyì 동 널리 펴다, 명료하게 하다 | ★漂流 piāoliú 동 물결따라 흐르다, 래프팅하다 | ★独特 dútè 형 독특하다 | ★为之倾倒 wèi zhī qīngdǎo 그것에 매료되다 | ★把握 bǎwò 동 붙잡다, 파악하다 | ★平庸 píngyōng 형 평범하다, 보통이다 | ★平衡 pínghéng 형동 균형이 맞다; 균형을 맞추다 | ★刹那 chànà 몡 찰나, 순간 | ★瞬间 shùnjiān 몡 순간 | ★抓住 zhuāzhù 동 잡다 | ★一瞬 yíshùn 몡 일순간, 순식간

70

想要做研究就一定要善于①<u>观察</u>、善于思考。另外，当然还要具备非同一般的毅力，对自己的目标能坚定不移、②<u>孜孜不倦</u>地追求。这样才能在③<u>司空见惯</u>的生活和事物中发现深刻的主题，让自己在茫茫人海中④<u>脱颖而出</u>。

Ⓐ 观察　　孜孜不倦　　司空见惯　　脱颖而出
B 查看　　息息相关　　视若无睹　　百里挑一
C 查找　　滔滔不绝　　旁若无人　　出类拔萃
D 检查　　依依不舍　　习以为常　　鹤立鸡群

연구를 하려면 반드시 <u>관찰</u>과 사고에 능해야 한다. 이밖에도 물론 남다른 의지를 지녀야 하고, 확고한 신념으로 <u>열심히 노력하며</u> 자신의 목표를 추구해야 한다. 이렇게 해야만이 <u>흔한</u> 일상생활과 사물 중에서 심도 있는 주제를 발견할 수 있고, 수많은 사람들 중에서 자신이 <u>두각을 나타내도록</u> 할 수 있다.

Ⓐ 관찰하다 | 게을리하지 않고 열심히 하다 | 흔히 있는 일이다 | 두각을 나타내다
B 점검하다 | 관계가 아주 밀접하다 | 보고도 못 본 체하다 | 매우 출중하다
C 찾다 | 쉴새없이 말하다 | 행동이 거만하다 | 같은 무리보다 뛰어나다
D 검사하다 | 헤어지기 서운해하다 | 습관이 되다 | 재능이나 외모가 출중하다

공략

〔①번 칸〕 세 개의 빈칸에 모두 알맞은 성어를 골라야 하는 문제로 어려워 보이지만, 핵심 항목은 ①번 칸이다. '善于观察'만이 서로 호응하여 쓰일 수 있고, 나머지 다른 보기의 단어들은 善于와 함께 쓰이지 않는다.

〔②번 칸〕 '지칠 줄 모르고 계속해서 추구하다'라는 의미로 '孜孜不倦地追求'만이 가능하다. 息息相关은 'A与B息息相关(A와 B는 관계가 매우 밀접하다)'의 형태로, 滔滔不绝는 '滔滔不绝地说(끊임없이 말하다)'의 형태로, 依依不舍는 '分开时依依不舍(헤어질 때 서운해하다)'의 형태로 자주 호응하여 쓰이므로 모두 빈칸에 적합하지 않다.

〔③번 칸〕 '늘 보아서 흔한 일상생활'이라는 의미인 '司空见惯的生活'가 가장 적합하다.

어휘 ★善于思考 shànyú sīkǎo 사고에 능하다 | ★具备 jùbèi 통 갖추다, 구비하다 | ★非同一般 fēi tóng yìbān 범상치 않다, 남다르다 | ★毅力 yìlì 명 굳센 의지 | ★坚定不移 jiān dìng bù yí 성 (입장·주장·의지 등이) 확고부동하여 조금도 흔들림이 없다 | ★追求 zhuīqiú 통 추구하다 | ★深刻 shēnkè 형 핵심을 찌르다, 깊이가 있다 | ★主题 zhǔtí 명 주제 | ★茫茫人海 mángmáng rénhǎi 수많은 사람들 | ★孜孜不倦 zī zī bú juàn 성 조금도 게을리하지 않고 열심히 하다 | ★司空见惯 sī kōng jiàn guàn 성 흔히 있는 일이다 | ★脱颖而出 tuō yǐng ér chū 성 두각을 나타내다 | ★查看 chákàn 통 점검하다 | ★息息相关 xī xī xiāng guān 성 관계가 아주 밀접하다 | ★视若无睹 shì ruò wú dǔ 성 보고도 못 본 체하다 | ★百里挑一 bǎi lǐ tiāo yī 성 매우 출중하다 | ★查找 cházhǎo 통 찾다, 조사하다 | ★滔滔不绝 tāo tāo bù jué 성 쉴새없이 말하다 | ★旁若无人 páng ruò wú rén 성 행동이 거만하다 | ★出类拔萃 chū lèi bá cuì 성 같은 무리 가운데에서 특별히 뛰어나다 | ★依依不舍 yī yī bù shě 성 차마 떠나지 못하다, 헤어지기 서운해하다 | ★习以为常 xí yǐ wéi cháng 성 버릇이 되어 예사로운 일로 되다 | ★鹤立鸡群 hè lì jī qún 성 사람의 재능이나 외모가 출중하다, 군계일학

71-75

在现实生活中，你和谁在一起的确很重要，甚至能改变你的成长轨迹，(71)C<u>决定你的人生成败</u>。和什么样的人在一起，就会有什么样的人生。和勤奋的人在一起，你不会懒惰；和积极的人在一起，你不会消沉；与智者同行，你会不同凡响；与高人为伍，你能登上巅峰。

科学家研究认为："人是唯一能接受暗示的动物。"积极的暗示，会对人的情绪和生理状态产生良好的影响，(72)A<u>激发人的内在潜能</u>，发挥人的超常水平，使人进取，

현실 생활에서 당신이 누구와 함께 하느냐는 정말 매우 중요하며, 심지어 이는 당신의 성장 궤도를 바꾸어 <u>당신 인생의 성패를 결정짓기도 한다</u>. 어떤 사람과 함께 하느냐가 어떤 인생을 가지게 되는지를 나타내기 때문이다. 부지런한 사람과 함께 있으면 당신도 게을러지지 않을 것이고, 적극적인 사람과 같이 있으면 당신도 의기소침해지지 않을 것이며, 지혜로운 사람과 같이 있으면 당신도 지혜로워질 것이고, 명인과 같이 있으면 당신도 최고의 자리에 올라갈 수 있을 것이다.

과학자들의 연구에 의하면 '사람은 암시를 받아들일 수 있는 유일한 동물'이라고 한다. 적극적인 암시가 사람의 기분과 생리 상태에 좋은 영향을 줄 수 있고, <u>사람의 내재적</u>

催人奋进。远离消极的人吧！否则，(73)B他们在不知不觉中偷走你的理想，使你渐渐颓废，变得平庸。

积极的人像太阳，照到哪里哪里亮；消极的人像月亮，初一十五不一样。态度决定一切。有什么态度，就有什么样的未来；性格决定命运。有怎样的性格，就有怎样的人生。

有人说，(74)D人生有三大幸事：上学时遇到好老师，工作时遇到一位好上司，成家时遇到一个好伴侣。有时他们一个甜美的笑容，一句温馨的问候，(75)E就能使您的人生与众不同，光彩照人；生活中最不幸的是：由于你身边缺乏积极进取的人，缺少远见卓识的人，使你的人生变得平平庸庸，黯然失色。

A 激发人的内在潜能
B 他们在不知不觉中偷走你的理想
C 决定你的人生成败
D 人生有三大幸事
E 就能使您的人生与众不同，光彩照人

인 잠재력을 불러일으켜 자신의 뛰어난 능력을 발휘하게 하고, 사람을 진취적이게 만들어 분발하고 전진하게 한다. 소극적인 사람에게서 멀어져라! 그렇지 않으면, 그들은 당신이 모르는 사이에 당신의 꿈을 빼앗아 갈 것이고, 당신으로 하여금 점점 의기소침하게 하여 당신은 평범해질 것이다.

적극적인 사람은 태양과 같이 어느 곳이든 밝게 비추지만, 소극적인 사람은 달과 같이 음력 초하루와 음력 보름이 다르다. 태도는 모든 것을 결정한다. 어떤 태도를 지니느냐가 바로 어떤 미래를 갖게 되는지를 나타낸다. 또한 성격도 운명을 결정지을 수 있다. 어떤 성격을 갖느냐가 바로 어떤 인생을 갖게 되는지를 나타내는 것이다.

어떤 이는 인생에 세 가지의 기쁜 일이 있다고 말한다. 그것은 바로 학교에 다닐 때 좋은 선생님을 만나는 일이고, 일할 때 좋은 상사를 만나는 일이며, 결혼할 때 좋은 배우자를 만나는 일이다. 때로 그들의 달콤한 웃음과 따뜻한 인사 한마디가 당신의 인생을 남들보다 뛰어나고 아름답게 만들 수 있다. 삶에서 제일 불행한 것은 당신 곁에 적극적이고 진취적인 사람과 탁월한 식견을 가지고 있는 사람이 부족해서 당신의 인생을 평범하고 초라하게 만드는 것이다.

A 사람의 내재적인 잠재력을 불러일으키다
B 그들은 당신이 모르는 사이에 당신의 꿈을 빼앗아 갈 것이다
C 당신 인생의 성패를 결정짓다
D 인생에는 세 가지의 기쁜 일이 있다
E 당신의 인생을 남들보다 뛰어나고 아름답게 만들 수 있다

어휘　★在现实生活中 zài xiànshí shēnghuó zhōng 현실 생활에서 | ★的确 díquè 倶 확실히 | 轨迹 guǐjì 몡 궤적, 발자취 | ★勤奋 qínfèn 匓 부지런하다, 근면하다 | ★懒惰 lǎnduò 匓 게으르다 | ★消沉 xiāochén 匓 소침하다, 기가 죽다 | ★智者 zhìzhě 몡 지혜로운 자 | 同行 tóngxíng 동 동행하다 | ★不同凡响 bù tóng fán xiǎng 셩 우수하다, 뛰어나다 | ★高人 gāorén 몡 명인, 달인 | ★与……为伍 yǔ……wéiwǔ ~와 동료(한패)가 되다 | ★登上 dēngshàng 동 올라서다, 오르다 | 巅峰 diānfēng 몡 최고봉, 절정 | ★唯一 wéiyī 匓 유일한 | ★暗示 ànshì 동 암시하다 | ★生理状态 shēnglǐ zhuàngtài 생리 상태 | ★良好 liánghǎo 匓 좋다, 양호하다 | ★发挥 fāhuī 동 발휘하다 | ★超常水平 chāocháng shuǐpíng 뛰어난 수준 | ★进取 jìnqǔ 동 진취하다, 향상하려 노력하다 | 催人奋进 cuī rén fènjìn 타인을 격려하여 분발(전진)하게 하다 | ★远离 yuǎnlí 동 멀리 떠나다 | ★消极 xiāojí 匓 소극적이다, 부정적이다 | ★颓废 tuífèi 匓 의기소침하다, 의욕이 없고 활기가 없다 | ★平庸 píngyōng 匓 평범하다, 보통이다 | ★上司 shàngsi 몡 상사 | ★成家 chéngjiā 동 결혼하다 | ★伴侣 bànlǚ 몡 배우자 | ★甜美 tiánměi 匓 달콤하다, 즐겁다 | ★笑容 xiàoróng 몡 웃는 얼굴 | ★温馨 wēnxīn 匓 따스하다 | ★问候 wènhòu 동 안부를 묻다 | ★远见卓识 yuǎn jiàn zhuó shí 셩 멀리 내다보는 탁월한 식견 | ★黯然失色 àn rán shī sè 셩 빛을 잃다, 초라하기 그지없다 | ★激发 jīfā 동 (감정을) 불러일으키다 | ★潜能 qiánnéng 몡 잠재력 | ★不知不觉 bù zhī bù jué 셩 자기도 모르는 사이에 | ★偷走 tōuzǒu 훔쳐 달아나다 | 幸事 xìngshì 몡 기쁜 일, 다행스러운 일 | ★与众不同 yǔ zhòng bù tóng 셩 남다르다, 남보다 뛰어나다 | ★光彩照人 guāng cǎi zhào rén 셩 아름답고 눈부셔서 사람의 이목을 끌다

71　　　　　　　　　　　　　　　　　　　　　　　난이도 上　공략 Key 소거법 적용

C 决定你的人生成败	C 당신 인생의 성패를 결정짓다

공략　의미상으로만 보면, 이 문제는 A와 C가 모두 가능하고, 빈칸 앞부분 '改变你的成长轨迹'의 구조와 똑같이 보기들 모두가 '동사+목적어'의 구조를 이루고 있으므로 아래 문제들의 답을 먼저 고른 후 정답을 선택하도록 한다.

난이도 中 　공략 Key 동의어 水平과 潜能

| A 激发人的内在潜能 | A 사람의 내재적인 잠재력을 불러일으키다 |

공략 빈칸 뒷부분 '发挥人的超常水平'을 통해 정답이 A임을 알 수 있는데, '发挥水平'과 '激发潜能'은 모두 능력과 관련된 문장에서 자주 쓰이는 호응 구조이다. 이 문제의 답이 A이므로 71번 문제의 답은 C가 된다.

73

난이도 中 　공략 Key 연결어 否则에 유의

| B 他们在不知不觉中偷走你的理想 | B 그들은 당신이 모르는 사이에 당신의 꿈을 빼앗아 갈 것이다 |

공략 빈칸 앞부분 '远离消极的人吧! 否则'를 통해 빈칸에는 반드시 좋지 않은 의미를 나타내는 문장이 이어질 것이라고 유추할 수 있으므로 정답은 B이다.

74

난이도 下 　공략 Key 문장 부호 [:]에 유의

| D 人生有三大幸事 | D 인생에는 세 가지의 기쁜 일이 있다 |

공략 빈칸 뒷부분 ': 上学时遇到好老师，工作时遇到一位好上司，成家时遇到一个好伴侣。'에서 [:]에 주의한다. [:]의 앞뒤 문장은 동일한 의미를 나타내는데, [:] 뒤에서 세 가지의 내용에 대해 언급하고 있으므로 정답은 D이다.

75

난이도 中 　공략 Key 문장 전후의 의미 파악

| E 就能使您的人生与众不同，光彩照人 | E 당신의 인생을 남들보다 뛰어나고 아름답게 만들 수 있다 |

공략 빈칸 앞부분에서 '一句温馨的问候'는 전체 문장의 주어 성분으로 그 뒷부분에서 긍정적인 의미의 내용이 이어질 것이라고 유추할 수 있으므로 정답은 E이다.

76-80

其实，传说中的仙鹤，就是丹顶鹤，它是生活在沼泽或浅水地带的一种大型涉禽，(76)D 有"湿地之神"的美称。某些地区的居民，用丹顶鹤象征幸福、吉祥、长寿和忠贞。(77)B 在各时期的文学和艺术品中屡有出现，殷商时代的墓葬中，就有鹤的形象出现在雕塑中。春秋战国时期的青铜器中，鹤体造型的礼器就已出现。

丹顶鹤体长在1.2米以上，全身几乎都是纯白色，(78)A 只是头顶裸出部分鲜红色及喉、颊和颈部是暗褐色，嘴呈灰绿色，脚呈灰黑色。

丹顶鹤是动物界真正坚守"一夫一妻制"的动物。对人类文化来说，一夫一妻制很普遍，但在广大的动物王国里却很稀少。

사실, 전설에 나오는 선학(仙鹤)은 바로 시베리아 흰 두루미이다. 흰 두루미는 늪지나 얕은 물 지역에서 생활하는 일종의 대형 섭금류이며, '습지의 신'이라는 아름다운 이름을 가지고 있다. 어떤 지역 주민들은 흰 두루미를 행복, 행운, 장수와 충성을 상징하는 새라고 여긴다. 흰 두루미는 각 시기의 문학과 예술품들에 많이 등장했는데, 은 왕조 시대의 고분에서는 두루미의 형상이 조각품에 새겨져 나오기도 했다. 또한 춘추 전국 시대의 청동기 중에서 두루미 모양의 예기가 나온 적도 있다.

흰 두루미의 신장은 1.2미터 이상이고, 온몸은 대부분이 순백색이며, 머리 끝 부분만 선홍색을 띠고, 목구멍, 뺨, 목 부분은 짙은 갈색을, 입은 녹회색을, 발은 흑회색을 띤다.

흰 두루미는 동물계에서 진정한 '일부일처제'를 지키는 동물이다. 인류 문화에 있어서는 일부일처제가 보편적이지만 거대한 동물 왕국에서는 매우 드문 일이다. 그것들은 일단 배우자를 선택하면, 부부는 서로 사랑하며, 변함

(79)C<u>它们一旦选好了配偶</u>，就会夫妻恩爱，忠贞不渝，长相厮守，白头偕老。如果有一只因病或意外死亡，留下的一只不会再行婚配。更有感情至深者会不饮不食，长叫悲鸣不止，直至抑郁悲痛而死。

每年的秋末冬初，(80)E<u>丹顶鹤开始从北方的繁殖地向南方迁飞</u>，飞到盐城沿海滩涂，每年大约有800~1000只丹顶鹤在此越冬，最多时有1020只。

A 只是头顶裸出部分鲜红色
B 在各时期的文学和艺术品中屡有出现
C 它们一旦选好了配偶
D 有"湿地之神"的美称
E 丹顶鹤开始从北方的繁殖地向南方迁飞

없는 충성과 지조를 다하고, 오랫동안 서로 의지하며 백년해로를 한다. 만약 그중 한 마리가 병이나 의외의 사고로 먼저 죽게 되면, 남은 한 마리는 다시 결혼을 하지 않는다. 만약 사랑이 매우 깊은 부부라면 남은 한 마리는 심지어 먹이를 먹지도 않고 물도 마시지 않으며, 오래도록 멈추지 않고 슬프게 울다가, 우울하고 비통해져 죽게 된다.

매년 늦가을이 지나 겨울로 접어들 때, <u>흰 두루미들은 북쪽 지방의 번식지에서 남쪽 지방으로 옮겨 날아가는데</u>, 옌청 연해의 간석지까지 날아간다고 한다. 매년 대략 800~1,000마리의 흰 두루미가 그곳에서 겨울을 보내는데, 가장 많을 때는 1,020마리까지 날아오기도 한다.

A 머리 끝 부분만 선홍색을 띤다
B 흰 두루미는 각 시기의 문학과 예술품들에 많이 등장했다
C 그것들은 일단 배우자를 선택하면
D '습지의 신'이라는 아름다운 이름을 가지고 있다
E 흰 두루미들은 북쪽 지방의 번식지에서 남쪽 지방으로 옮겨 날아간다

어휘　★传说 chuánshuō 몡 전설 | 仙鹤 xiānhè 몡 (신화 속에서) 신선이 기르는 백학 | ★丹顶鹤 dāndǐnghè 몡 시베리아 흰 두루미 | ★沼泽 zhǎozé 몡 늪, 늪지 | 浅水 qiǎnshuǐ 깊이가 비교적 얕은 물 | ★大型 dàxíng 혱 대형의 | 涉禽 shèqín 몡 (두루미·백로·황새 따위의) 섭금류 | ★某些 mǒuxiē 떼 몇몇, 일부 | ★居民 jūmín 몡 주민 | ★象征 xiàngzhēng 몡동 상징(하다) | ★吉祥 jíxiáng 혱 길하다, 행운이다 | ★长寿 chángshòu 몡동 장수(하다) | ★忠贞 zhōngzhēn 혱 충정하다, 충성스럽고 절개가 있다 | ★殷商 Yīnshāng 몡 은 왕조 | 墓葬 mùzàng 몡 고분 | ★雕塑 diāosù 몡동 조각품; 조각하다 | ★春秋战国 Chūnqiū Zhànguó 몡 춘추 전국 시대 | ★青铜器 qīngtóngqì 몡 청동기 | ★造型 zàoxíng 동 조형하다, 형상화하다 | ★礼器 lǐqì 몡 예기[예식(禮式)·의식(儀式)에 사용되는 그릇] | 体长 tǐcháng 몡 체장, 몸길이 | ★纯白色 chúnbáisè 몡 순백색 | 喉 hóu 몡 목구멍, 인후 | 颊 jiá 몡 뺨, 볼 | ★颈部 jǐngbù 몡 경부, 목 부분 | ★暗褐色 ànhèsè 몡 짙은 갈색 | ★呈 chéng 동 나타나다 | ★灰绿色 huīlǜsè 몡 녹회색 | ★灰黑色 huīhēisè 몡 흑회색 | ★动物界 dòngwùjiè 몡 동물계 | 坚守 jiānshǒu 동 꿋꿋이 지키다, 떠나지 않다 | ★一夫一妻制 yìfūyìqīzhì 몡 일부일처제 | ★广大 guǎngdà 혱 크고 넓다, 거대하다 | 王国 wángguó 몡 왕국 | ★稀少 xīshǎo 혱 적다, 드물다 | ★恩爱 ēn'ài 동 (부부간의) 금슬이 좋다, 애정이 깊다 | ★忠贞不渝 zhōng zhēn bù yú 솅 변함없이 충성과 지조를 다하다 | ★长相厮守 chángxiāng sīshǒu 오랫동안 서로 의지하며 지내다 | ★白头偕老 bái tóu xié lǎo 솅 백년해로 | ★死亡 sǐwáng 몡동 사망(하다) | 行婚配 xíng hūnpèi 결혼하다 | ★感情至深 gǎnqíng zhìshēn 애정이 깊다 | 悲鸣 bēimíng 동 슬피 울다 | 不止 bùzhǐ 동 멈추지 않다, 그치지 않다 | ★抑郁 yìyù 혱 우울하다, 울적하다 | ★悲痛 bēitòng 혱 비통하다 | ★秋末冬初 qiū mò dōng chū 늦가을이 지나 겨울로 접어들다 | 盐城 Yánchéng 고유 옌청 | ★沿海 yánhǎi 몡 연해, 바닷가 근처 지방 | 滩涂 tāntú 몡 간석지 | 越冬 yuèdōng 동 월동하다, 겨울을 나다 | 裸出 luǒchū 드러내다 | ★鲜红色 xiānhóngsè 몡 선홍색 | ★美术作品 měishù zuòpǐn 미술 작품 | ★屡 lǚ 뿐 여러 번, 누차 | ★配偶 pèi'ǒu 몡 배우자, 반려자 | ★美称 měichēng 몡 아름다운 이름, 미칭 | ★繁殖地 fánzhídì 번식지 | 迁飞 qiānfēi 동 날아 옮겨가다

76　난이도 上　공략 Key 연관 어휘를 통한 내용 파악

D 有"湿地之神"的美称	D '습지의 신'이라는 명칭을 가지고 있다

공략　빈칸 앞부분 '它是生活在沼泽或浅水地带的一种大型涉禽'에서 沼泽와 浅水가 모두 湿地라는 의미를 나타내므로 정답은 D이다.

77

난이도 上 **공략 Key** 연관 어휘를 통한 내용 파악

| B 在各时期的文学和艺术品中屡有出现 | B 흰 두루미는 각 시기의 문학과 예술품들에 많이 등장했다 |

공략 빈칸 뒷부분 '殷商时代的墓葬中，就有鹤的形象出现在雕塑中。春秋战国时期的青铜器中，鹤体造型的礼器就已出现。'에서 언급된 두 시대 殷商, 春秋战国와 예술품 雕塑, 礼器를 통해 정답이 B임을 알 수 있다.

난이도 下 **공략 Key** 색을 나타내는 어휘를 통한 내용 파악

| A 只是头顶裸出部分鲜红色 | A 머리 끝 부분만 선홍색을 띤다 |

공략 빈칸 앞부분 '全身几乎都是纯白色'를 통해 빈칸에도 색상과 관련된 문장이 이어질 것이라고 유추할 수 있으므로 정답은 A이다.

난이도 中 **공략 Key** '一旦……就……' 호응 구조

| C 它们一旦选好了配偶 | C 그것들은 일단 배우자를 선택하면 |

공략 빈칸 뒷부분 '就会夫妻恩爱'를 통해 빈칸에도 '부부'와 관련된 문장이 언급될 것이라고 유추할 수 있으므로 정답은 C이다. 여기서 配偶는 바로 '배우자'라는 의미이다. 이 밖에도 연결어 '一旦……就……'의 호응 구조를 통해 쉽게 정답을 찾을 수 있다.

80

난이도 中 **공략 Key** 동일한 어휘 飞

| E 丹顶鹤开始从北方的繁殖地向南方迁飞 | E 흰 두루미들은 북쪽 지방의 번식지에서 남쪽 지방으로 옮겨간다 |

공략 빈칸 뒷부분 '飞到盐城沿海滩涂'를 통해 빈칸에도 날아가는 내용이 언급될 것이라고 유추할 수 있으므로 정답은 E이다. 또한 두 문장에서 동일한 단어인 飞만을 보고도 쉽게 정답을 고를 수 있다.

81-84

笛子是中国广为流传的吹奏乐器，因为是用天然竹材制成，所以也称为"竹笛"。虽然也有石笛和玉笛。不过，制作笛子的最好原料仍是竹子，因为这种材料的笛子声音效果最好。

笛子由一根竹管做成，里面去节，在管身上开有一个吹孔、一个膜孔、六个音孔。<u>81吹孔是笛子的第一个孔，气流由此吹入，使管内空气振动而发音。</u>膜孔是笛子的第二个孔，专用来贴笛膜，笛膜多用芦苇膜或竹膜做成，笛膜经气流振动，便发出清脆而圆润的乐音。

<u>82笛子虽然短小简单，但它却有七千年的历史。</u>大约在四千五百多年前的时候，笛

피리는 중국에서 널리 유행하는 취주 악기이며, 천연 대나무 재료를 사용해서 만들었다고 해서 '대피리(죽적)'라고도 불린다. 비록 돌피리(석적)와 옥피리(옥적)가 있기는 하지만 피리를 만드는 가장 좋은 재료는 그래도 대나무이다. 왜냐하면 이 재료로 만든 피리의 소리가 가장 좋기 때문이다.

피리는 하나의 죽관(대나무 관)으로 만들어지는데, 안쪽의 대 마디를 없애고 대나무 관에다가 취공 한 개, 막공(청공) 한 개, 음공(지공) 여섯 개를 뚫어서 만든다. <u>81취공은 피리의 첫 번째 구멍으로, 공기가 이곳으로 들어가서 대나무 관 내 공기를 진동시켜 소리가 나도록 한다.</u> 막공은 피리의 두 번째 구멍으로, 이는 울림막(피리청)을 붙이는 데 쓰인다. 울림막은 대부분 갈대 속청이나 대나무 속청으로 만들며, 이는 공기의 진동에 따라 맑고 풍부한 소리가 나도록 한다.

<u>82피리는 비록 작고 간단하지만 이미 7,000년의 역사</u>

子由骨制改为竹制，被叫做"骨笛"。在公元前1世纪末汉武帝时，笛子称为"横吹"，它在当时的鼓吹乐中占有相当重要的地位。从7世纪开始，笛子又有了改进，增加了膜孔，使它的表现力有了很大的发展，并且演奏技术也发展到相当高的水平。

83笛子的表现力非常丰富，它既能演奏悠长、高亢的旋律，又能表现辽阔、宽广的情调，同时也可以奏出欢快华丽的舞曲和婉转优美的小调。然而，笛子的表现力不仅仅在于优美的旋律，它还能表现大自然的各种声音。比如模仿各种鸟叫等。笛子不但演奏技巧丰富，而且它的品种也多种多样，有曲笛、梆笛、定调笛、加键笛、玉屏笛、七孔笛、十一孔笛等，并形成了风格迥异的南北两派。

元朝以后笛子与现在类似，随着宋词元曲的崛起，戏曲蓬勃发展，笛子成为很多剧种的伴奏乐器，并按伴奏剧种不同分为两类：梆笛和曲笛。在民间戏曲以及少数民族剧种的乐队里，笛子也是不可缺少的乐器。

를 가지고 있다. 대략 4,500여 년 전에 피리는 뼈로 만든 피리에서 대나무로 만든 피리로 바뀌었는데, 그래서 피리를 '골적(뼈피리)'이라고도 불렀다. 기원 전 1세기 말 한무제 때 피리는 '횡취'라고도 불리었으며, 이는 당시의 고취악 중에서 중요한 위치를 차지하고 있었다. 7세기가 되어 피리는 또 다시 새롭게 개선이 되었는데, 막공을 늘려 피리의 표현력을 더 크게 발전시켰고, 연주 기술 또한 상당히 높은 수준으로까지 발전하게 되었다.

83피리는 표현력이 매우 풍부하면서도 높고 낭랑한 선율을 오래도록 연주해낼 수 있을 뿐만 아니라, 폭넓은 분위기를 표현해낼 수 있으며, 동시에 경쾌하고 화려한 무곡과 감미롭고 아름다운 멜로디도 연주해낼 수 있다. 하지만 피리의 표현력은 단지 아름다운 선율에만 있는 것이 아니다. 피리는 자연의 각종 소리들까지도 표현해낼 수 있는데, 여러 가지 새 울음소리의 모방이 가장 대표적이다. 피리는 연주 기교가 풍부할 뿐만 아니라 그것의 종류 또한 다양한데, 곡적, 방적, 정조적, 건반적, 옥병적, 7공적, 11공적 등이 있으며, 스타일이 전혀 다른 남북 두 개 분파가 형성되어 있다.

원대 이후의 피리는 지금과 비슷한데, 송사와 원곡의 발전에 따라 희곡도 크게 발전하였으며, 피리는 많은 전통극의 반주 악기가 되었고, 반주극의 종류에 따라 방적과 곡적 이 두 가지로 나눌 수 있다. 이렇듯 민간 희곡과 소수민족 연극의 악단에서 피리는 없어서는 안 될 악기이다.

실전
모의고사

어휘 ★笛子 dízi 명 피리 | ★广为流传 guǎngwéi liúchuán 널리 전해지다 | ★吹奏 chuīzòu 통 (악기를) 불다, 연주하다 | ★乐器 yuèqì 명 악기 | ★天然 tiānrán 형 천연의 | 竹材 zhúcái 명 대나무 재료 | ★制成 zhìchéng ～으로 만들다 | ★制作 zhìzuò 통 제작하다, 만들다 | ★原料 yuánliào 명 원료 | 节 jié 명 (대의) 마디 | 吹孔 chuīkǒng 명 취공[대금에서, 입김을 불어넣는 구멍] | 膜孔 mókǒng 명 막공, 청공[대금·중금·통소 따위에서, 입으로 부는 구멍인 취공와 손가락을 짚는 구멍인 지공 사이에 갈대청을 발라 맑은 진동 소리가 나게 한 구멍] | 音孔 yīnkǒng 명 음공, 지공[손가락을 짚는 구멍] | 气流 qìliú 명 숨, 기류 | ★由此进入 yóu cǐ jìnrù 여기에서 들어가다 | ★震动 zhèndòng 통 진동하다 | ★笛膜 dímó 명 울림막, 피리청 | 芦苇 lúwěi 명 갈대 | ★振动 zhèndòng 통 진동하다 | ★清脆 qīngcuì 형 맑고 듣기 좋다 | ★圆润 yuánrùn 형 (소리가) 풍부하고 달콤하다, (표면이) 매끄럽다 | 乐音 yuèyīn 명 음악 소리, 노랫가락 | ★短小 duǎnxiǎo 형 짧고 작다, 왜소하다 | 骨制 gǔzhì 뼈로 만든 | ★汉武帝 Hàn wǔdì 고유 한무제 | 横吹 héngchuī 횡취 | 鼓吹乐 gǔchuīyuè 고취악 | ★改进 gǎijìn 통 개선하다 | ★演奏 yǎnzòu 통 연주하다 | ★悠长 yōucháng 형 길고 오래다 | ★高亢 gāokàng 형 (소리가) 높고 낭랑하다, 우렁차다 | ★旋律 xuánlǜ 명 선율 | ★辽阔 liáokuò 형 아득히 멀고 광활하다 | ★宽广 kuānguǎng 형 드넓다 | ★情调 qíngdiào 명 분위기 | ★奏 zòu 통 연주하다 | ★欢快 huānkuài 형 즐겁다, 유쾌하다 | ★华丽 huálì 형 화려하다, 아름답다 | ★舞曲 wǔqǔ 명 무도곡, 댄스뮤직 | ★婉转 wǎnzhuǎn 형 (소리가) 구성지다, 감미롭다 | ★优美 yōuměi 형 아름답다, 아름답고 우아하다 | ★小调 xiǎodiào 명 (민간의 통속적인) 곡조, 가락 | ★风格迥异 fēnggé jiǒngyì 스타일이 완전히 다르다 | ★类似 lèisì 형 유사하다 | ★蓬勃发展 péngbó fāzhǎn 번영하다 | ★伴奏 bànzòu 명통 반주(하다) | ★民间戏曲 mínjiān xìqǔ 민간 전통극 | ★少数民族 shǎoshù mínzú 소수민족 | ★乐队 yuèduì 명 악단, 밴드

81　　　　　　　　　　　　　　　　　　　　**난이도** 中　**공략 Key** 보기의 순서대로 관련 내용 찾기

关于"吹孔"，下列哪项正确？	'취공'에 관해 다음 중 옳은 것은?
A　一共有两个	A　모두 두 개가 있다
Ⓑ　空气由此进入	Ⓑ　공기가 이곳으로부터 들어간다
C　用来贴笛膜	C　울림막(피리청)을 붙이는 데 사용된다
D　处于膜孔和笛膜之间	D　막공(청공)과 울림막(피리청) 사이에 있다

 핵심어는 吹孔으로, 두 번째 단락에서 찾을 수 있고, 여기에서 정답과 관련된 내용이 언급될 것을 알 수 있다. 보기의 순서대로 내용을 대조해보면, 일단 보기 A와 연관된 내용은 '在管身上开有一个吹孔'을 통해 정답이 아님을 알 수 있다. 보기 B는 '吹孔是笛子的第一个孔，气流由此吹入'라는 부분을 통해 B와 일치하는 내용임을 알 수 있으므로 정답은 B 이다.

82

난이도 中 공략 Key 문장의 의미 파악

第三段中，"骨笛"的例子说明什么？

A 笛子很短小
B 笛子很早就出现了
C 可以演奏各种声音
D 笛子在鼓吹乐中的重要性

세 번째 단락에서 '골적'의 예는 무엇을 설명하는 것인가?

A 피리가 작다
B 피리는 오래 전부터 있었다
C 여러 소리들을 연주할 수 있다
D 고취악 중에서 피리의 중요성

공략 핵심어는 骨笛로, 세 번째 단락에서 찾을 수 있고, 핵심어 앞뒤 문장 '笛子虽然短小简单，但它却有七千年的历史。大约在四千五百多年前的时候，笛子由骨制改为竹制，被叫做"骨笛"'를 통해 피리의 역사가 오래 되었음을 알 수 있으므로 정답은 B이다.

83

난이도 下 공략 Key 보기의 순서대로 관련 내용 찾기

关于第四段，下列哪项正确？

A 笛子极具表现力
B 笛子更适合演奏小曲
C 笛子无法模仿自然声音
D 七孔笛比十一孔笛更具有表现力

네 번째 단락에 관해 다음 중 옳은 것은?

A 피리는 큰 표현력을 지니고 있다
B 피리는 소곡을 연주하기에 더 알맞다
C 피리는 자연의 소리를 모방할 수 없다
D 7공적은 11공적보다 더 큰 표현력을 가지고 있다

공략 보기의 순서대로 살펴보면, 보기 A와 관련된 내용은 네 번째 단락 첫 번째 줄에서 찾을 수 있는데, '笛子的表现力非常丰富'라는 부분이 A와 일치하는 내용이므로 정답은 A이다.

84

난이도 中 공략 Key 전체 내용 파악

本文的主要内容是：

A 中国的笛文化
B 笛子的制作工序
C 笛子的种类
D 中国南北笛子的不同风格

본문의 주요 내용은?

A 중국의 피리 문화
B 피리의 제조 공정
C 피리의 종류
D 중국 남북 피리의 각기 다른 스타일

공략 이 문제는 모든 단락의 내용을 대략적으로 살펴보아야 한다. 첫번째 단락은 첫 문장을 읽어보면 내용을 대강 이해할 수 있다. 두 번째 단락은 '피리의 구조'에 대해 언급하고 있으며, 세 번째 단락은 '피리의 역사'에 관해, 네 번째 단락은 '피리의 표현력'에 관해 서술하고 있으므로, 이들을 종합해보면 이 글의 주요 내용은 '중국의 피리 문화'임을 알 수 있으므로 정답은 A이다.

相传春秋战国时，宋国一男子有一个家传的药方，专治冬季里手部的冻伤和龟裂。据说药方是祖上传下的，极具医用价值。可惜这个宋国人不懂得利用秘方赚钱，只是靠洗染布料为生，日子过得非常拮据。

一天，有位姓冯的远方亲戚来到宋国人家中做客，无意中知道了祖传药方的事。于是，这位冯姓亲戚考虑了一个晚上，第二天早上他跟宋国人商量，决定以五十两银子求购药方。对于宋国人来说，这可是天大的好事！于是宋国人召集全家老小商议，大家七嘴八舌，最后一致同意卖出药方，不过要价却是在原有的基础上多要一百两银子。没想到，冯姓亲戚没有犹豫，很痛快就答应了。

一年后，冯姓亲戚再次回到宋国。宋国人见他一身华服，乘坐豪华车马，周围还有侍卫随从，惊讶地询问缘由。冯姓亲戚坐在车里笑着对他说：“我得到药方后，来到齐国，跟齐王说，今后将士们在冬季打仗就不用为冻手之事烦恼了。齐王当即就用了我的药方，效果立竿见影。齐王趁机攻打邻国，当时正值寒冬，85 齐国士兵因为涂抹了这种神奇的药膏，战斗力更强，一鼓作气大败邻国。事后，齐王很感激。”

同一个事物，在不同人眼里价值是完全不一样的。86 比如那个价值连城的药方，在宋国人眼里就是一个普通的偏方，而在姓冯的亲戚眼里却是“稀世珍宝”，他相信一旦投资得当，便可以创造出巨大的价值。

由此，我们可以得出结论：88 若想投资成功，你必须要具备一双敏锐的、能够发现黄金的“慧眼”。一些“宝贝”，由于人们的习惯性判断，使你觉得它似乎是没什么价值的。但是独具慧眼的人，却总能从中发现赚钱的机会。

전해지기로 춘추 전국 시대 때 송나라의 어떤 남자에게 집안에서 대대로 전해 내려오는 처방이 하나 있었는데, 이 처방은 겨울철 손의 동상과 갈라짐을 전문적으로 치료할 수 있는 것이었다. 듣자 하니 이 처방은 조상 대대로 내려온 것으로 매우 큰 의용 가치를 지닌 것이었다. 그런데 안타깝게도 이 송나라 사람은 그 비방을 이용해서 돈을 벌 방법을 알지 못해, 단지 옷감을 세탁하고 염색하는 일을 생업으로 하며 매우 가난하게 생활했다.

어느 날 풍 씨라는 먼 친척이 송나라 사람 집에 오게 되었는데, 풍 씨는 본의 아니게 조상들로부터 전해 내려온 처방을 알게 되었다. 그리하여 이 풍 씨라는 친척은 오랜 시간 생각한 끝에 다음 날 아침 송나라 사람과 상의하고, 은화 50냥으로 그 처방을 사야겠다고 결정했다. 송나라 사람에게는 이것이 엄청나게 좋은 일이었다. 그리하여 송나라 사람은 온 가족들을 불러모아 회의를 했고, 모두들 제각기 한마디씩 하다가 결국은 그 처방을 파는 것에 모두 동의하였다. 그러나 원래 정한 가격에 은화 100냥을 추가하는 조건을 제시했는데, 뜻밖에도 풍 씨는 망설임 없이 흔쾌히 동의하였다.

1년 후 풍 씨는 다시 송나라로 돌아왔다. 송나라 사람은 풍 씨가 화려한 옷을 입고 화려한 수레에 타고 있으며 호위병이 곁에서 수행까지 해주는 모습을 보게 되었고, 의아해서 이렇게 된 연유를 물어보았다. 풍 씨는 화려한 수레에 앉아서 웃으며 그에게 말했다. “나는 그 처방을 사서 제나라로 가서 제나라 왕에게 이후 장병들이 겨울에 전쟁을 할 때 동상 때문에 고민을 하지 않아도 되겠다고 말씀드렸지요. 제나라 왕은 즉시 그 처방을 사용했고 그 효과가 바로 나타났지요. 제나라 왕은 그 기회를 이용해 이웃 나라를 공격하였는데, 그때가 바로 추운 겨울이었고 85 제나라 장병들은 그런 신기한 연고를 바르고 전투력이 더 강해져서 단번에 이웃 나라들을 무찔렀지요. 그 일이 있은 후 제나라 왕은 무척 감격하셨답니다.”

똑같은 물건이지만 사람마다 그 가치를 다 다르게 본다. 86 예를 들면, 그 진귀한 처방이 송나라 사람의 눈에는 그냥 보통 처방으로 보였지만 풍 씨의 눈에는 '보기 드문 보물'로 보였는데, 그는 투자를 잘하면 큰 가치를 창출할 수 있다고 믿었기 때문이다.

이로 인해 우리는 이런 결론을 얻을 수 있다. 88 만약 투자를 해서 성공하려면 반드시, 예리하고 '황금'을 발견할 수 있는 혜안을 지녀야 한다는 것이다. 어떤 '보배'는 사람의 습관적인 판단 때문에 당신이 그것을 아무 가치 없는 것으로 여기도록 할 수 있다. 하지만 '혜안'을 가진 사람은 늘 그중에서 돈을 벌 수 있는 기회를 발견한다.

어휘 ★相传 xiāngchuán 圄 ~이라고 전해지다 | ★春秋战国 Chūnqiū Zhànguó 圄 춘추 전국 시대 | 宋国 Sòngguó 圄 송나라 | 家传 jiāchuán 圄 집안에서 대대로 전해 내려오다 | ★药方 yàofāng 圄 처방, 처방전 | ★专治 zhuānzhì 圄 전문으로 치료하다 | ★冻伤 dòngshāng 圄 동상(에 걸리다) | ★龟裂 jūnliè 圄 갈라지다, 피부가 트다 | ★据说 jùshuō 圄 들리는 말에 의하면 | ★祖上传下的 zǔshàng chuánxià de 조상이 전해준 것 | ★具 jù 圄 지니다 | ★医用价值 yīyòng jiàzhí 의용 가치, 의학 분야에서 쓸 만한 가치 | ★秘方 mìfāng 圄 비방, 묘방 | ★赚钱 zhuànqián 圄 돈을 벌다 | 洗染布料 xǐrǎn bùliào 옷감을 세탁하고 염색하다 | ★拮据 jiéjū 圄 곤궁하다, 궁핍하다 | ★远房亲戚 yuǎnfáng qīnqi 먼 친척 | ★做客 zuòkè 圄 손님이 되다 | ★无意中 wúyìzhōng 무심코, 무심결에 | ★求购 qiúgòu 圄 구매를 희망하다 | ★天大的好事 tiāndà de hǎoshì 매우 큰 경사, 엄청나게 좋은 일 | ★召集 zhàojí 圄 소집하다, 불러 모으다 | ★全家老小 quánjiā lǎoxiǎo 온 집안 가족들 | ★商议 shāngyì 圄 협의하다, 상의하다 | ★七嘴八舌 qī zuǐ bā shé 圄 여러 사람들이 왁자지껄 떠들썩하게 이야기하다, 제각기 떠들다 | ★一致同意 yízhì tóngyì 전원 찬성 | ★卖出 màichū 圄 내다 팔다 | ★要价 yàojià 圄 값을 부르다, (담판 시) 조건을 제시하다 | ★犹豫 yóuyù 圄 머뭇거리다, 주저하다 | ★痛快 tòngkuài 圄 시원스럽다 | ★一身华服 yìshēn huáfú 화려한 복장 | ★乘坐 chéngzuò 圄 타다 | ★豪华 háohuá 圄 호화스럽다, 사치스럽다 | 侍卫 shìwèi 圄圄 호위병; 호위하다 | 随从 suícóng 圄圄 수행원; 수행하다 | ★询问 xúnwèn 圄 물어보다, 알아보다 | ★缘由 yuányóu 圄 원인, 연유 | 将士 jiàngshì 圄 장병 | ★打仗 dǎzhàng 圄 전쟁하다, 싸우다 | ★为……烦恼 wèi……fánnǎo ~때문에 걱정하다 | ★当即 dāngjí 圄 즉시, 바로 | ★立竿见影 lì gān jiàn yǐng 圄 효과가 빠르다 | 趁机 chènjī 圄 기회를 틈타서 | ★攻打 gōngdǎ 圄 공격하다 | 邻国 línguó 圄 이웃 나라 | ★正值寒冬 zhèngzhí hándōng 바로 추운 겨울 때이다 | ★涂抹 túmǒ 圄 칠하다, 바르다 | ★神奇 shénqí 圄 신기하다, 기묘하다 | ★药膏 yàogāo 圄 연고 | 战斗力 zhàndòulì 圄 전투력, 투쟁력 | ★一鼓作气 yì gǔ zuò qì 圄 단번에 해치우다, 처음의 기세로 끝장내다 | 大败邻国 dàbài línguó 이웃 나라를 대파하다 | ★感激 gǎnjī 圄 감격하다 | ★价值连城 jià zhí lián chéng 圄 물건이 특별히 가치가 있다, 물품이 매우 진귀하다 | ★在……眼里 zài……yǎnli ~의 눈에는 | ★偏方 piānfāng 圄 민간 처방 | ★稀世珍宝 xīshì zhēnbǎo 보기 드문 보물 | ★一旦……便…… yídàn……biàn…… 일단 ~하면 바로 ~이다 | ★得当 dédàng 圄 적당하다, 알맞다 | ★得出结论 déchū jiélùn 결론을 얻다 | ★若 ruò 圄 만약, 만일 | ★具备 jùbèi 圄 갖추다, 지니다 | ★敏锐 mǐnruì 圄 날카롭다, 예리하다 | ★慧眼 huìyǎn 圄 혜안, 예리한 안목 | ★独具慧眼 dú jù huì yǎn 圄 탁월한 안목을 갖추다

85 　　난이도 中　　공략 Key 보기의 순서대로 관련 내용 찾기

关于药方，下列说法正确的是：	처방에 관해 다음 중 옳은 것은?
A 没有什么太大的价值	A 그다지 큰 가치가 없다
B 宋国人卖了100两银子	B 송나라 사람이 은화 100냥에 팔았다
C 帮助齐国赢得了胜利	**C 제나라가 승리를 얻는 데 도움을 주었다**
D 冯姓亲戚又转手卖了	D 친척 풍 씨가 되팔았다

공략 보기의 순서대로 살펴보면, 우선 보기 A와 관련된 내용은 첫 번째 단락 '极具医用价值'라는 부분을 통해 틀렸음을 알 수 있다. 보기 B와 관련된 내용은 두 번째 단락 '不过要价却是在原有的基础上多要一百两银子'라는 부분과 '决定以 五十两银子求购药方'이라는 부분을 통해 처방의 값이 모두 합쳐 은화 150냥임을 알 수 있으므로 역시 틀린 내용이다. 보기 C와 관련된 내용은 세 번째 단락 마지막 부분에서 '一鼓作气大败邻国'라고 언급하고 있는데, 이 부분을 통해 그 처 방 때문에 제나라가 승리를 거두었음을 알 수 있으므로 C가 정답이다.

86 　　난이도 中　　공략 Key 문맥 파악

根据本文，冯姓亲戚是怎样的人？	본문에 따르면 친척 풍 씨는 어떠한 사람인가?
A 不诚实的人	A 불성실한 사람
B 很有生意头脑	**B 훌륭한 사업적인 두뇌를 가지고 있는 사람**
C 是一个有名的医生	C 유명한 의사
D 原来靠洗染布料为生	D 원래는 옷감을 세탁하고 염색하는 일을 생업으로 했던 사람

공략 네 번째 단락 '那个价值连城的药方，在宋国人眼里就是一个普通的偏方，而在姓冯的亲戚眼里却是"稀世珍 宝"'라는 부분을 통해, 평범하게 여겨졌던 처방을 풍 씨가 발굴하여 투자한 것임을 알 수 있으므로 풍 씨가 사업적인 두뇌 를 가진 사람이라는 의미의 B가 정답이다.

87

"立竿见影"的意思是：	'立竿见影'의 의미는?
A 没有什么效果	A 아무런 효과가 없다
B 能治疗各种疾病	B 여러 질병을 고칠 수 있다
C 很快就发挥作用	**C 매우 빨리 효과를 발휘한다**
D 非常昂贵	D 매우 비싸다

공략　이 문제는 의미를 해석하는 문제로, 만약 立竿见影의 의미를 알고 있다면 쉽게 C를 고를 수 있다. 만약 立竿见影의 의미를 모른다면, 시간을 너무 지체하지 말고 성어 각각의 한자가 지닌 의미를 종합해 그 의미를 유추하도록 한다.

88

上文主要想告诉我们什么？	본문이 우리에게 알려주는 바는?
A 宋国人的愚蠢	A 송나라 사람의 어리석음
B 要以诚待人	B 진심으로 남을 대해야 한다
C 小药方大效用	C 작은 처방의 큰 효용
D 机会需要发现	**D 기회는 발견해야 한다**

공략　이 글의 앞부분에서 먼저 이야기를 소개했는데, 이는 마지막 단락에서 이야기의 교훈을 알리기 위한 것이다. 즉 마지막 단락 특히 첫 번째 줄의 '若想投资成功，你必须要具备一双敏锐的、能够发现黄金的"慧眼"'이라는 부분을 통해 이 글의 주제가 바로 '기회는 발견해야 한다'임을 알 수 있으므로 정답은 D이다.

89-92

有句成语叫做"冠冕堂皇"，这冠和冕就是古代帝王或官员戴的礼帽。史载，黄帝始创冠冕，可见帽子有着悠久的历史。最早的帽子主要是当作装饰品，它不像后世的帽子那样把头全盖住，而是只有狭窄的冠梁，遮头的一部分，两旁用丝带在颔下打结固定。

古代男子20岁开始戴冠，要举行冠礼，表示进入成年。至今在闽南和台湾，男子的成人仪式中必不可少的就是要戴一顶新帽子。

在古代，帽子曾经是权力等级的象征。汉朝时，**92**天子戴的是九寸高"通天冠"，太子戴的是七寸高"远游冠"，乐师戴的是"方山冠"。**89**"冕"的出现比"冠"要早，它前低后高，前方用丝线垂面，使目不斜视，两旁用丝线遮耳，表示不听谗言。一般只有皇子继承皇位时才能加"冕"。所以"冕旒"成了帝王的代称。**90**现代人们以脱帽表示礼貌，但在古代却是失礼的举动。杜甫在《饮中八仙歌》中说，张旭酒醉后竟"脱帽露顶王公

중국에는 '관면당황'이라는 사자성어가 있다. '관'과 '면'은 바로 고대 왕들이나 관리들의 예모를 의미한다. 역사 기록에 의하면 황제가 관면을 창시했다고 하는데, 이로써 이 모자가 유구한 역사를 지니고 있다는 것을 알 수 있다. 최초의 모자는 주로 장식품으로 쓰였기 때문에 후세의 모자처럼 그렇게 머리를 전부 덮는 것이 아닌, 단지 폭이 좁은 관량이었고, 머리를 덮는 부분 양쪽은 비단 리본으로 턱 아래에서 매듭을 지어 고정시켰다.

고대 남자는 20살 때부터 모자를 쓰기 시작했는데, 관례를 거행하여 성인이 된 것을 나타내었다. 지금까지도 민난과 타이완에서는 남성들의 성인 예식 중에서 빠질 수 없는 일이 바로 새 모자를 쓰는 것이다.

고대에 모자는 일찍이 권력 계급의 상징이었다. 한나라 때 **92**황제가 썼던 모자는 높이가 9촌이나 되는 '통천관'이었고, 황태자가 썼던 모자는 높이가 7촌인 '원유관'이며, 악사가 썼던 모자는 '방산관'이었다. **89**'면'이 '관'보다 더 일찍 생겨났으며 면은 앞쪽이 낮고 뒤쪽은 높아 앞쪽은 명주실을 늘어뜨려, 눈이 옆을 바라보지 못하게 만들고, 양쪽에 명주실로 귀를 덮은 것은 이간질하는 말을 듣지 않는다는 것을 의미하였다. 일반적으로 황태자는 왕위를 계승 받을 때 비로소 왕관(면)을 쓰게 되었고, 따라서 '면류'는 황제들을 대신하는 이름이 되었다. **90**현대 사람들은 모자를 벗는 것을 예의라 생각하지만 고대에 이는 예

前"，是有失体统的。

　　说到帽子，自然要扯到具有中国特色的"乌纱帽"，作为权贵"头衣"的乌纱帽始于隋朝，<u>91并以帽上饰玉多寡区别官职大小。</u>宋太祖赵匡胤登基后，为防议事时朝臣交头接耳，下诏书改变乌纱帽的样式：在乌纱帽的两边各加一个翅，这样只要脑袋一动，软翅就忽悠颤动。乌纱帽上装饰有不同的花纹，以区别官位的高低。

　　皇上居高临下，看得清清楚楚。朱元璋定都南京三年后作出规定，凡文武百官上朝和办公时，一律要戴乌纱帽，穿圆领衫束腰带。另外，取得功名而未授官职的状元、进士也可戴乌纱帽。从此，乌纱帽成为官员的一种特有标志。

　　如今，各式帽子还是识别民族和行业的标志。蒙古族喜欢戴狐皮帽，土族爱戴织锦帽，新疆和田维吾尔族妇女戴的是小花帽，直径仅十厘米，堪称迷你帽。江南颇具特色的是乌毡帽，它能冬经风雪夏遮阳，农民渔民四季都喜欢戴。

의에 어긋나는 행동이었다. 두보의「음중팔선가」에서는 장욱이 술에 취해 뜻밖에도 '왕 앞에서 모자를 벗은 것'을 체통을 잃은 행위라고 하였다.

　　모자에 대해 말하자면 당연히 중국의 특색을 지닌 '오사모(烏紗帽)'가 빠질 수 없는데, 권력을 상징하는 '두의(頭衣)'인 오사모는 수 왕조 때부터 생겨났고, <u>91또한 모자에 달린 옥 장식의 많고 적음에 따라 관직의 높고 낮음을 구별하였다.</u> 송 태조 조광윤이 제위에 오른 이후 공무를 논의할 때 조정의 관리들이 귓속말하며 소곤거릴까 봐 왕은 소명을 내려 오사모의 모양을 바꾸었는데, 오사모의 양쪽에 날개를 하나씩 달아서 머리를 흔들면 그 날개가 바로 따라서 흔들거리도록 한 것이다. 또한 오사모에다가 여러 가지 무늬로 장식을 하여 이것으로 관직의 높고 낮음을 구별하였다.

　　황제는 높이 앉아 아래를 내려다보기 때문에 모든 것을 뚜렷하게 볼 수 있다. 주원장은 난징을 수도로 정하고 3년 후에 규정을 만들었는데, 모든 관원들이 정사를 의논하거나 공무를 처리할 때 일률적으로 오사모를 써야 하며, 목 둘레가 둥근 윗옷을 입고 허리띠를 매야 한다고 하였다. 이 밖에 관직의 등급은 얻었으나 관직을 수여 받지 않은 장원이나 진사도 오사모를 쓸 수 있게 하였다. 그때부터 오사모는 관원들의 특별한 상징이 되었다.

　　지금도 여러 모자들은 민족과 직업을 구별하는 상징이다. 몽골족은 여우 가죽 모자를 좋아하고 토족은 비단 모자를 좋아하며, 신장 허톈 위구르족 여성들은 샤오화 모자를 쓰는데, 이 모자의 직경은 겨우 10센티미터여서 미니 모자라고도 한다. 강남 지역의 특색 있는 모자는 우잔 모자이다. 이 모자는 겨울에 바람과 눈을 막을 수 있고, 여름에는 햇빛을 가릴 수 있어서 농민과 어부들이 무척 즐겨 쓴다.

어휘　★冠冕堂皇 guān miǎn táng huáng 휑 겉모양이 번지르르하다, 그럴듯하다 | 冠 guān 휑 관, 갓 | 冕 miǎn 휑 왕관, 면류관 | ★戴 dài 통 착용하다, 쓰다 | ★礼帽 lǐmào 휑 예모 | 黄帝 huángdì 휑 황제, 왕 | ★始创 shǐchuàng 통 창시하다 | ★悠久的历史 yōujiǔ de lìshǐ 유구한 역사 | ★装饰品 zhuāngshìpǐn 휑 장식품, 장식물 | ★后世 hòushì 휑 후세 | ★把……全盖住 bǎ……quán gàizhù ~을 모두 가리다, 덮다 | ★狭窄 xiázhǎi 휑 비좁다, 좁다 | 冠梁 guānliáng 관량 | ★遮 zhē 휑 덮다, 감추다 | ★丝带 sīdài 휑 명주 끈 | 颏 kē 휑 턱 | ★打结 dǎjié 통 매듭을 짓다 | ★固定 gùdìng 통 고정하다 | ★至今 zhìjīn 휑 지금까지 | 闽南 Mǐnnán 고유 민난 | ★仪式 yíshì 휑 의식 | ★必不可少 bì bù kě shǎo 휑 없어서는 안 된다, 꼭 필요하다 | ★一顶帽子 yì dǐng màozi 모자 하나 | ★等级 děngjí 휑 등급, 계급 | ★象征 xiàngzhēng 휑통 상징(하다) | ★汉朝 Hàncháo 휑 한대, 한 왕조 | ★天子 tiānzǐ 휑 황제, 임금 | ★太子 tàizǐ 휑 황태자, 왕세자 | ★乐师 yuèshī 휑 악사 | 丝线 sīxiàn 휑 견사, 명주실 | 垂面 chuí miàn 얼굴 앞에 드리우다 | ★目不斜视 mù bù xié shì 휑 옆을 바라보지 않다, 한눈을 팔지 않다 | ★谗言 chányán 휑 이간질하는 말 | ★继承 jìchéng 통 계승하다 | ★皇位 huángwèi 휑 황제의 자리 | 冕旒 miǎnliú 휑 면류관 | 代称 dàichēng 휑 다른 이름, 별칭 | ★脱帽 tuōmào 통 모자를 벗다 | ★失礼 shīlǐ 통 예의에 어긋나다 | ★举动 jǔdòng 휑 동작, 행위 | 杜甫 Dù Fǔ 고유 두보[중국 당나라 때의 시인] | 张旭 Zhāng Xù 고유 장욱[중국 고대 서예 대가] | ★酒醉 jiǔzuì 통 술에 취하다 | ★有失体统 yǒu shī tǐtǒng 체통을 잃다 | 扯 chě 통 끌어당기다, 잡담하다 | ★乌纱帽 wūshāmào 휑 사모, 오사모[옛날, 검은색 마포나 면으로 만든 관모] | 权贵 quánguì 휑 집권자, 권세와 지위가 높은 사람 | ★隋朝 Suícháo 휑 수대, 수 왕조 | 饰玉 shì yù 옥으로 장식하다 | 多寡 duōguǎ 휑 많고 적음 | ★官职 guānzhí 휑 관직 | ★宋太祖 Sòng tàizǔ 휑 송 태조 | ★登基 dēngjī 통 제위에 오르다, 등극하다 | ★议事 yìshì 통 공무를 논의하다 | 朝臣 cháochén 휑 조정의 관리 | ★交头接耳 jiāo tóu jiē ěr 휑 귀에 입을 대고 소곤거리다 | 下诏书 xià zhàoshū 소명을 내리다, 명령을 내리다 | ★样式 yàngshì 휑 양식, 형식 | 翅 chì 휑 날개 | ★脑袋 nǎodai 휑 머리, 뇌 | 忽悠颤动 hūyou chàndòng 흔들거리다 | ★居高临下 jū gāo lín xià 휑 높은 곳에서 내려다보다, 유리한 지위에 있다 | ★清清楚楚 qīngqīngchǔchǔ 또렷하다 | 朱元璋 Zhū Yuánzhāng 고유 주원장[중국 명나라의 초대 황제] | 定都南京 dìngdū Nánjīng 난징에 수도를 세우다 | ★文武百官 wénwǔ bǎiguān 모든 관원들 | 上朝 shàngcháo 통 임금이 조정에서 집무를 보다, 입궐하여 임금을 뵙고 정사를 의논하다 | ★一律 yílǜ 휑 일률적으로 | ★圆领衫 yuánlǐngshān 휑 라운드셔츠, 목 둘레가 둥근 윗옷 | 束腰带 shù yāodài 허리띠를 매다 | ★功名 gōngmíng 휑 옛날, 과거에서의 칭호나 관직에서의 등급

★官职 guānzhí 몡 관직 | ★状元 zhuàngyuán 몡 장원 | 进士 jìnshì 몡 진사 | ★特有标志 tèyǒu biāozhì 특별한 상징 | ★如今 rújīn 몡 지금, 이제 | 识别 shíbié 통 식별하다 | ★蒙古族 Měnggǔzú 고유 몽고족 | 狐皮 húpí 여우 가죽 | 土族 Tǔzú 고유 토족 | 织锦 zhījǐn 몡 채색 무늬 단자, 비단 | ★新疆 Xīnjiāng 고유 신장 | ★维吾尔族 Wéiwú'ěrzú 고유 위구르족 | ★直径 zhíjìng 몡 직경 | ★厘米 límǐ 양 센티미터 | ★堪称 kānchēng 통 ～이라고 할 만하다 | ★迷你 mínǐ 혱 미니, 소형의 | ★颇具特色 pō jù tèsè 특색을 갖추다 | 遮阳 zhēyáng 통 햇빛을 가리다 | ★渔民 yúmín 몡 어부

---

89 난이도 中 공략 Key 보기의 순서대로 관련 내용 찾기

关于"冠冕"，下列正确的是：

A 官员不能戴礼帽
B 古代的帽子把头全盖住
C 女子也要行冠礼
Ⓓ 冕出现的更早

'관면'에 관해 다음 중 옳은 것은?

A 관원은 예모를 착용할 수 없다
B 고대의 모자는 머리 전체를 가렸다
C 여자도 관례를 치러야만 한다
Ⓓ 면(왕관)이 더 일찍 생겨났다

공략　보기의 순서대로 살펴보면, 우선 보기 A와 관련된 내용은 첫 번째 단락 '这冠和冕就是古代帝王或官员戴的礼帽'라는 부분을 통해 A는 정답이 아님을 알 수 있다. 보기 B와 관련된 내용은 첫 번째 단락 '它不像后世的帽子那样把头全盖住'라는 부분을 통해 역시 정답이 아님을 알 수 있다. 보기 C에서는 '여자도 관례를 치뤄야 한다'라고 하였는데, 본문에서는 '여자'와 관련된 내용은 언급하지 않았으므로 C 또한 정답이 아니라는 것을 알 수 있다. 마지막으로 보기 D와 관련된 내용은 세 번째 단락 '"冕"的出现比"冠"要早'라는 부분을 통해 본문의 내용과 일치함을 알 수 있다.

---

90 난이도 中 공략 Key 脱帽를 통한 의미 파악

在古代，不戴帽子表示什么？

Ⓐ 没有礼貌
B 地位很高
C 尚未成年
D 没有官职

고대에는 모자를 쓰지 않는 것이 무엇을 의미했는가?

Ⓐ 예의가 없다
B 지위가 높다
C 아직 성년이 되지 않았다
D 관직이 없다

공략　핵심어인 '不戴帽子'와 관련된 내용은 세 번째 단락 '现代人们以脱帽表示礼貌，但在古代却是失礼的举动'이라는 부분을 통해 모자를 벗는 것이 고대에는 예의없는 행동이었음을 알 수 있으므로 정답은 A이다.

---

91 난이도 上 공략 Key 보기의 순서대로 관련 내용 찾기

关于"乌纱帽"，下列正确的是：

A 开始于唐朝
B 是宋太祖发明的
Ⓒ 可区别不同的官职
D 目的是为了美观

'오사모'에 관해 다음 중 옳은 것은?

A 당대부터 있었다
B 송 태조가 발명하였다
Ⓒ 서로 다른 관직을 구별할 수 있다
D 아름다움을 위한 것이다

공략　핵심어인 '오사모'와 관련된 내용은 네 번째 단락에서 찾을 수 있다. 보기의 순서대로 관련 내용을 찾아 보면, 보기 A는 '乌纱帽始于隋朝'라는 부분을 통해 정답이 아님을 알 수 있다. 보기 B는 '宋太祖赵匡胤登基后，为防议事时朝臣交头接耳，下诏书改变乌纱帽的样式'라는 부분을 통해 역시 정답이 아님을 알 수 있다. 보기 C와 관련된 내용은 '并以帽上饰玉多寡区别官职大小'라는 부분을 통해 본문과 일치하는 내용임을 알 수 있다.

根据本文，下列正确的是：	본문에 따르면 다음 중 옳은 것은?
A 最早的帽子是为了区别官职	A 최초의 모자는 관직을 구별하기 위함이었다
B 杜甫不喜欢张旭	B 두보는 장욱을 좋아하지 않는다
C 状元不能戴乌纱帽	C 장원은 오사모를 착용할 수 없다
D "通天冠"是皇帝戴的	D '통천관'은 왕이 착용하던 것이다

공략 보기의 순서대로 살펴보면, 보기 A와 관련된 내용은 첫 번째 단락 '最早的帽子主要是当作装饰品'이라는 부분을 통해 정답이 아님을 알 수 있다. 보기 B의 내용은 본문에 언급되지 않았으므로 역시 정답이 아니다. 보기 C와 관련된 내용은 다섯 번째 단락 '取得功名而未授官职的状元、进士也可戴乌纱帽'라는 부분을 통해 정답이 아님을 알 수 있다. 보기 D와 관련된 내용은 세 번째 단락 '天子戴的是九寸高"通天冠"'이라는 부분에서 天子가 바로 황제를 의미하므로 본문의 내용과 일치함을 알 수 있다.

93-96

　　灰尘是人人讨厌的东西，它有碍环境卫生，危害人体健康。因此，古往今来，人们总是"时时勤拂拭，勿使染尘埃"。然而你可曾想到，人类的生息离不开灰尘。假如自然界真的没有灰尘，我们将面临怎样的境地呢？

　　灰尘在吸收太阳部分光线的同时向四周反射光线，如同无数个点光源。阳光经过灰尘的散射，强度大大削弱，因而变得柔和。94假如大气中没有灰尘，强烈的阳光将使人无法睁开眼睛。

　　大气中的气体容易散射紫、蓝、青三色光，所以一般情况下天空呈蓝色。灰尘则不同，它不加选择地散射七色阳光。我们看到遥远的天空随高度降低而逐渐由蓝变白，就是因为底层大气的灰尘含量较高。假如大气中没有灰尘，由于只存在气体对阳光的散射，整个天空将始终是蔚蓝色的。

　　灰尘大多具有吸湿性能。空气中的水蒸气，必须依附在灰尘上，才能凝结成小水滴。这样，当空气中的水蒸气达到饱和时，分散的水汽便依附着灰尘而形成稳定的水滴，可以在空中长时间地漂浮。95假如空中没有灰尘，地面上的万物都将是湿漉漉的。更严重的是，天空不可能有云雾，也难以形成雨、雪来调节气候，从地面上蒸发到大气上空的水也就不可能再回到地面上来。假如地球上的水越来越少，最后完全干涸，生物就不能生存导致灭绝。此外，由于这些小水

　　먼지는 누구나 다 싫어하고, 환경 위생에 지장을 주며, 신체 건강에 해를 끼치는 것이다. 따라서 옛날부터 지금까지 사람들은 늘 '먼지는 수시로 닦고 먼지에 오염되지 않도록 해야 한다'고 해왔다. 그런데 인류의 생존에는 먼지가 없으면 안 된다는 것을 생각해본 적이 있는가? 만약 자연계에서 정말 먼지가 없다면 우리는 어떠한 상황에 직면하게 될까?

　　먼지는 햇빛 광선의 일부분을 흡수하는 동시에 수많은 점광원처럼 사방에 빛을 반사한다. 햇빛은 먼지의 난반사를 거치면서 그 강도가 점점 약해지고 더 부드러워진다. 94만약 대기 중에 먼지가 없다면 강한 햇빛으로 인해 사람은 눈을 뜰 수가 없다.

　　대기 중의 기체는 보라, 남색, 청색 이 3색 광선을 쉽게 난반사하기 때문에 일반적으로 하늘은 파란색으로 나타난다. 그러나 먼지는 이와 다르게 선택의 여지없이 일곱 가지 색의 빛을 난반사한다. 우리는 멀리 있는 하늘이 높이가 낮아짐에 따라 파란색에서부터 하얀색으로 변하는 것을 볼 수 있는데, 이는 바로 대기층의 밑바닥에 있는 먼지의 함량이 비교적 높기 때문이다. 만약 대기 중에 먼지가 없다면, 햇빛에 대한 기체의 난반사만이 존재하게 되므로 하늘은 온통 짙푸른 색이 될 것이다.

　　먼지는 흡습 성질을 가지고 있다. 공기 중에 있는 수증기는 먼지에 달라붙어야만 물방울로 응결될 수 있다. 이렇게 되면, 공기 중의 수증기가 포화 상태에 이르렀을 때, 분산된 수증기가 먼지에 달라붙어 안정된 물방울을 만들어 장시간 동안 공중에 떠있게 할 수 있다. 95만약 공기 중에 먼지가 없으면 만물이 다 축축해질 것이다. 더 심각한 것은 하늘에서 구름과 안개가 생기지 않기 때문에 눈, 비를 만들어 기후를 조절하기 어려워질 것이고, 지면에서 대기까지 증발하는 물이 다시 지면으로 돌아오지 못하게 될 것이다. 만약 지구상에 물이 갈수록 적어진다면 결국에는 완전히 말라버리게 되고, 생물들은 생존하지 못해 멸종하게 될 것이다. 이 밖에도, 이러한 작은 물방울은 햇빛에 대

어휘 ★灰尘 huīchén 몡 먼지 | 有碍 yǒu'ài 동 지장이 있다 | ★古往今来 gǔ wǎng jīn lái 셍 옛날부터 지금까지 | 时时勤拂拭，勿使染尘埃 shíshí qín fúshì, wù shǐ rǎn chén'āi 먼지는 수시로 닦고 먼지에 오염되지 않도록 해야 한다 | 生息 shēngxī 동 생존하다, 생활하다 | ★假如 jiǎrú 접 만약 | ★面临 miànlín 동 직면하다 | ★境地 jìngdì 몡 상황, 처지 | ★吸收 xīshōu 동 흡수하다 | ★反射 fǎnshè 동 반사하다 | ★如同 rútóng 동 마치 ~과 같다 | 无数个 wúshù ge 무수의, 수많은 | 光源 guāngyuán 몡 광원 | 散射 sǎnshè 동 난반사 | ★大大削弱 dàdà xuēruò 크게 약해지다 | ★柔和 róuhé 혱 부드럽다, 강렬하지 않다 | ★睁开眼睛 zhēngkāi yǎnjing 눈을 뜨다 | ★紫 zǐ 혱 자줏빛의 | ★蓝 lán 남색의, 쪽빛의 | 青 qīng 혱 푸른, 진녹색의 | ★呈蓝色 chéng lánsè 파란색이 나타나다 | ★则 zé 접 오히려 | ★不加选择 bù jiā xuǎnzé 선택의 여지 없이, 무작위로 | ★遥远 yáoyuǎn 혱 아득히 멀다, 요원하다 | 由蓝变白 yóu lán biàn bái 푸른색에서 하얀색으로 변하다 | 底层 dǐcéng 몡 밑바닥 | ★蔚蓝色 wèilánsè 쪽빛, 짙푸른 색 | 吸湿性能 xīshī xìngnéng 흡습 성능 | ★水蒸气 shuǐzhēngqì 몡 수증기 | ★依附 yīfù 동 부착하다, 달라붙다 | 凝结 níngjié 동 응결하다 | ★小水滴 xiǎo shuǐdī 작은 물방울 | 饱和 bǎohé 몡혱 포화; 포화 상태에 이르다 | 水汽 shuǐqì 몡 수증기 | ★漂浮 piāofú 동 뜨다, 떠다니다 | ★湿漉漉的 shīlùlù de 축축하다 | ★云雾 yúnwù 몡 구름과 안개 | ★难以形成 nányǐ xíngchéng 형성되기 어렵다 | ★蒸发 zhēngfā 동 증발하다 | ★干涸 gānhé 혱 물이 마르다 | ★导致 dǎozhì 동 초래하다 | ★灭绝 mièjué 동 완전히 없애다, 철저히 소멸하다 | ★此外 cǐwài 이외에, 이 밖에 | 晚霞 wǎnxiá 몡 저녁 노을 | 朝晖 zhāohuī 몡 아침 햇살 | 闲云迷雾 xián yún míwù 떠도는 구름과 짙은 안개 | ★彩虹 cǎihóng 몡 무지개 | 日晕 rìyùn 몡 햇무리 | ★气象万千 qì xiàng wàn qiān 셍 다채롭다

---

93 난이도 上 공략 Key 문장을 이루는 어휘들을 통한 의미 파악

第一段中划线句子是什么意思?	첫 번째 단락의 밑줄 친 문장의 의미는?
A 灰尘的作用很大	A 먼지의 역할은 매우 크다
Ⓑ 要保持清洁	Ⓑ 청결을 유지해야 한다
C 要保护环境	C 환경을 보호해야 한다
D 要热爱大自然	D 자연을 사랑해야 한다

공략 이 문제는 의미를 해석하는 문제인데, 우선 밑줄 친 문장 '时时勤拂拭，勿使染尘埃' 중의 각 단어들의 의미를 살펴보도록 한다. 时时는 '자주'라는 의미이고, 拂拭는 '먼지를 청소하다'라는 의미이며, 勿는 '~하지 마라'는 의미이다. 이 문장에서 뒷부분의 '먼지에 오염되지 않도록 하라'는 뜻의 '勿使染尘埃'가 특히 더 중요한 내용이므로 이 문제의 정답은 B이다.

---

94 난이도 中 공략 Key 핵심어 如果没有灰尘

如果没有灰尘，会变得怎么样?	만약 먼지가 없다면 어떻게 변하게 되는가?
A 天空将不再是蓝色	A 하늘은 더 이상 파랗지 않을 것이다
Ⓑ 阳光会变得更强烈	Ⓑ 햇빛이 더 강렬해질 것이다
C 将没有白天和黑夜的区分	C 낮과 밤의 구별이 없어질 것이다
D 人们会容易得皮肤病	D 사람들은 쉽게 피부병을 앓을 것이다

공략 핵심어인 '如果没有灰尘'과 관련된 내용은 두 번째 단락에서 찾을 수 있는데, '假如大气中没有灰尘，强烈的阳光将使人无法睁开眼睛'이라는 부분을 통해 정답이 B임을 알 수 있다.

95

关于没有灰尘的世界，正确的是：

A 空气中将没有水蒸气
B 会时常有暴雨、大雪
C 地面的水将不再蒸发
Ⓓ 云雾的形成没有可能了

먼지가 없는 세상에 관해 다음 중 옳은 것은?

A 공기 중 수증기가 없어질 것이다
B 폭우와 폭설이 자주 내릴 것이다
C 지면의 물이 더 이상 증발할 수 없게 될 것이다
Ⓓ 구름과 안개의 형성이 불가능해질 것이다

공략 핵심어인 '没有灰尘'과 관련된 내용은 네 번째 단락에서 찾을 수 있는데, '假如空中没有灰尘，地面上的万物都将是湿漉漉的。更严重的是，天空不可能有云雾'라는 부분을 통해 정답은 D임을 알 수 있다.

96

本文的主要内容是：

A 灰尘的危害
Ⓑ 你认识灰尘吗
C 要时刻保持卫生
D 奇妙的天气现象

본문의 주요 내용은?

A 먼지의 해
Ⓑ 당신은 먼지를 아는가
C 늘 위생에 신경 써야만 한다
D 기묘한 기상 현상

공략 앞의 두 문제가 모두 '만약 먼지가 없다면 해로운 점이 있을 것이다'라는 내용과 관련이 있고, 이 밖에 첫 번째 단락 '然而你可曾想到，人类的生息离不开灰尘。假如自然界真的没有灰尘，我们将面临怎样的境地呢？'라는 부분을 통해 이 글이 '당신은 먼지를 아는가'에 관해 서술하고 있음을 알 수 있으므로 정답은 B이다.

97-100

航空气象预报与一般的气象预报差异非常大。[97]航空气象预报具有及时性、精细化、国际性的特点，且预报关注点与普通气象预报有所不同。

航空预报分为高空预报和机场预报两个方面。机场预报和观测报告在国际上有一些特定的格式，需要编码及解码。机场观测报告和机场预报，分别提供机场的定时观测数据及对未来数小时的天气预报，只有经过训练的航空公司签派员和飞行员才能读懂。[98]飞机航行期间需要和很多国家交换预报资料，获得最新的预报信息。同时，飞机一般飞行在3万尺以上的高空上，因此，需要专门做一些特殊的高空的天气预报图。不过，一些先进国家正在考虑利用数值预报系统改进高空预报。

相对日常天气预报，航空天气预报要求的精细度更高，因此挑战还是很大的。航空天气预报要求定点、定时、定量，定点是指很具体的一个地方，就是机场；定时指要求

항공 기상 예보는 일반적인 기상 예보와 크게 다르다. [97]항공 기상 예보는 적시성, 정밀화, 국제성이라는 특징을 가지고 있으며, 예보의 관심점은 보통 기상 예보와는 다소 다른 점이 있다.

항공 예보는 고공 예보와 공항 예보로 나눌 수 있다. 공항 예보와 관측 보고는 국제적으로 지정된 형식이 있고 코드와 암호 풀이가 필요하다. 공항 관측 보고와 공항 예보는 각각 정해진 시간의 관측 데이터와 앞으로 몇 시간의 기상 예보를 제공하는데, 이런 데이터들은 훈련을 거친 항공 회사 운항 관리자와 비행사만이 이해할 수 있다. [98]비행기 운항 기간에는 많은 국가들과 예보 자료를 교환하여 최신 예보 정보를 얻어야 한다. 이와 동시에 비행기가 일반적으로 3만 피트 이상의 고공을 날아다니기 때문에 특수한 고공 기상 예보 도표를 만들어야 한다. 하지만 일부 선진국들은 데이터 수치 시스템을 이용해서 고공 예보를 개선시키는 것을 고려하고 있다.

일상적인 기상 예보와는 상대적으로 항공 기상 예보는 정밀도가 더 높아야 하므로 매우 까다롭다고 할 수 있다. 항공 기상 예보는 지정된 장소, 시간, 양을 요구한다. 지정된 장소는 구체적인 장소로 즉 공항을 가리키며, 지정된 시간은 구체적인 시간 구간, 예를 들면, 비행기 이륙 시간과 착륙 시간의 예보를 나타낸다. 지정된 양은 (태풍 등의) 강도에 대한 예보에 있어 정확하면서도 구체적인 것을 요

具体的时间区间，例如起飞和降落时间的预报；定量，要求强度预报很准确具体。99而在高空预报方面，民航气象中心主要利用卫星资料来观测，但准确的地点和时间预报也很难。

　　为了应对这样高要求的天气预报，民航气象中心利用人造卫星观测对流云团、台风，甚至火山灰来预报高空天气。在机场天气预报方面，使用专门的仪器测量"跑道视程"，专门观测跑道上面的能见度，同时也考虑灯光的影响。除了机场天气预报，航空天气预报也关注机场附近的天气、云底高度、湿度、温度等。

　　目前，民航气象使用的比较先进的观测设备主要是天气雷达。100常规的雷达可以监测雷暴和台风；先进的多普勒雷达，一般安装在机场附近，可以监测风切变；更为先进的激光雷达则用于监测晴空风切变，因为一般的雷达需要依靠空气的水汽来监测，对晴空风切变无能为力。

구한다. 또한 99고공 예보 방면에서 민항 기상 센터는 주로 위성 자료를 이용해서 관측하기는 하지만 정확한 장소, 시간을 예보하기란 매우 어렵다.

이러한 높은 수준의 기상 예보에 대처하기 위해 민항 기상 센터는 인공위성을 이용해 구름 덩어리의 흐름이나 태풍을 관측하고, 심지어는 화산재까지 관측하여 고공 기상을 예측한다. 공항 일기 예보에 있어서는 전문적인 측정 기구인 '활주로 시계'를 이용해서, 활주로의 가시거리를 전문적으로 관측하는 동시에 빛의 영향도 고려한다. 공항 기상 예보 외에 항공 기상 예보 또한 공항 부근의 날씨, 운저 고도, 습도, 온도 등을 주시한다.

현재 민항 기상에서 사용하는 비교적 선진적인 관측 설비는 주로 기상 레이더이다. 100일반적인 레이더는 천둥 번개와 태풍을 관측할 수 있고, 선진적인 도플러 레이더를 공항 근처에 설치하면 바람 전단 응력을 관측할 수 있는데, 더 뛰어난 레이저 레이더는 맑은 날씨의 바람 전단 응력을 관측하는 데에도 사용할 수 있다. 일반적인 레이더는 공기의 수증기를 이용해서 관측하기 때문에 맑은 날씨의 바람 전단 응력에 대해서는 관측이 불가능하다.

실전
모의고사

| **97** | 난이도 **中**　공략 Key '与……有所不同'의 의미 파악 |

<table>
<tr><td>

较之一般气象预报，航空气象预报：

A　随机性大
Ⓑ **人们的关注点不同**
C　播出的时间不同
D　观测难度相似

</td><td>

일반적인 기상 예보보다 항공 기상 예보는?

A　임의성이 크다
Ⓑ **사람들의 관심점이 다르다**
C　방송 시간이 다르다
D　관측의 난이도가 비슷하다

</td></tr>
</table>

공략　핵심어인 '一般气象预报'와 관련된 내용은 본문의 첫 번째 단락에서 찾을 수 있는데, '航空气象预报具有及时性、精细化、国际性的特点, 且预报关注点与普通气象预报有所不同'이라는 부분을 통해 정답은 B임을 알 수 있다.

98

난이도 中 공략 Key 보기의 순서대로 관련 내용 찾기

关于机场预报，正确的是：	공항 예보에 관해 다음 중 옳은 것은?
A 技术水平有待提高	A 기술 수준 향상이 기대된다
Ⓑ 国家间共同合作预报	Ⓑ 국가 간에 함께 협력하여 예보한다
C 普通百姓也能看懂	C 일반 시민들도 보고 이해한다
D 利用数字预报系统	D 숫자 예보 시스템을 사용한다

공략 핵심어인 '机场预报'를 두 번째 단락에서 찾은 후 보기의 순서대로 내용을 살펴보면, 보기 A의 내용은 본문에서 언급하고 있지 않으므로 A는 정답이 아니라는 것을 알 수 있다. 보기 B와 관련된 내용은 '飞机航行期间需要和很多国家交换预报资料'라는 부분을 통해 정답임을 알 수 있다.

난이도 中 공략 Key 핵심어 高空预报

关于高空预报，正确的是：	고공 예보에 관해 다음 중 옳은 것은?
A 无法测出云底高度	A 운저 고도를 예측할 수 없다
Ⓑ 主要通过卫星系统观测	Ⓑ 주로 위성 시스템을 통해 관측한다
C 测量"跑道视程"	C 활주로 시계를 측량한다
D 能报出具体的地点和时间	D 구체적인 장소와 시간을 알릴 수 있다

공략 핵심어인 高空预报와 관련된 내용은 세 번째 단락에서 찾을 수 있는데, '而在高空预报方面，民航气象中心主要利用卫星资料来观测'라는 부분을 통해 B가 정답임을 알 수 있다.

100

난이도 下 공략 Key 핵심어 普通雷达

关于普通"雷达"，下列哪项正确？	일반적인 '레이더'에 관해 다음 중 옳은 것은?
A 能观测晴空风切变	A 맑은 하늘의 바람 전단 응력을 관측할 수 있다
B 都安装在机场附近	B 모두 공항 부근에 설치한다
Ⓒ 可观测暴雨和台风	Ⓒ 폭우와 태풍을 관측할 수 있다
D 多普勒雷达比激光雷达更先进	D 도플러 레이더가 레이저 레이더보다 더 뛰어나다

공략 핵심어인 普通雷达와 관련된 내용은 마지막 단락에서 찾을 수 있는데, '常规的雷达可以监测雷暴和台风'이라는 부분에서 常规와 普通이 같은 의미의 단어임을 알 수 있으므로 정답은 C이다.

난이도 中 (1113자)

101

益川敏英在上大学的时候，遇上一件令他十分头痛的事情——他的英语成绩全年级最差。英语老师也不止一次敲着桌子对益川敏英说：“你这么聪明的一个人，怎么会学不好英语？如果你的英语一直这样的话，你怎么有可能到外国去留学，又怎么可能读得懂英文版的课程？”

益川敏英做梦都想到英国的剑桥大学去留学，想成为像诺贝尔那样享誉世界的物理学家。但“英语”成为了自己的拦路虎，怎么办？益川敏英真的有点发愁了。

益川敏英决定突击英语，可是不管自己如何努力，还是提不起一点学习英语的热情。有时候益川敏英硬逼着自己大声朗诵英语，并且用英语和身边的同学对话，可是同学听了却是一脸茫然，反问他：“你说的什么英语？我怎么一句也听不懂？”

益川敏英越逼自己学越生气，他看着手里这些在眼前活蹦乱跳的英文字母，真想一把火烧了自己所有的英语书。

英语不好，是不是真的就如许多教授说的那样，一生都不会有多大的成就？益川敏英跑去问自己最信任的物理教授。

教授想了好一会儿，说：“很大的可能。因为你英语不好，就无法到外面去和别人进行学术交流；你英语不好，有许多新知识你就无法一下子领会到；你英语不好……”物理教授的话还没有说完，益川敏英伤心地往外跑。

看来自己这辈子成不了有成就的物理学家，更不可能像诺贝尔那样享誉世界，益川敏英越想越觉得自己前途暗淡，越这么想越觉得需要喝酒解愁。益川敏英走进一家酒馆，对着酒店老板大喊：“上酒。”不一会儿，一只猴子拿着一瓶酒和一个杯子飞快地跑到益川敏英面前摆好，然后又飞快地去拿盘子和碟子。

益川敏英十分惊诧，他所有的关注点都在这只穿着格子衬衣的猴子侍应生身上，它在酒店中麻利地穿梭，手脚并用。益川敏英

마스카와 도시히데는 대학에 다닐 때 골치 아픈 일이 하나 있었는데, 그것은 바로 그의 영어 성적이 전 학년에서 가장 형편없던 것이었다. 영어 선생님은 몇 번이나 책상을 두드리면서 마스카와 도시히데에게 말했다. "자네처럼 이렇게 똑똑한 학생이 왜 영어를 잘 못해? 영어가 계속 이러면 어떻게 외국으로 유학을 갈 수 있겠으며, 또 영어 교육 과정을 어떻게 알아들을 수 있겠어?"

마스카와 도시히데는 꿈에서조차 영국의 케임브리지대학교로 유학을 가고 싶었고, 노벨처럼 세계적으로 명성을 누리는 물리학자가 되고 싶었다. 그러나 '영어'가 그에게 걸림돌이 되었으니 어떻게 해야 한단 말인가? 마스카와 도시히데는 정말 걱정이 되었다.

마스카와 도시히데는 영어에 매진하기로 했지만 스스로 아무리 노력해보아도 영어 공부에 대한 열정이 생기지 않았다. 때로 마스카와 도시히데는 억지로 큰 소리를 내 영어를 읽고, 또 영어로 주변 친구들과 대화를 하기도 하였다. 그러나 주변 친구들이 그의 영어를 듣고 나서는 멍한 표정을 지으며 그에게 "네가 말하는 게 무슨 영어니? 나는 어째 한마디도 못 알아듣는 거지?"라고 반문하였다.

마스카와 도시히데는 억지로 영어 공부를 하면 할수록 더 화가 났고, 눈앞에서 날뛰는 영어 알파벳을 보면서, 모든 영어책을 한꺼번에 태워버리고 싶은 생각까지 들었다.

많은 교수님들의 말씀처럼 영어를 잘하지 못하면 인생에서 많은 성과를 거두지 못한다는 것이 진실인지가 너무 궁금해서 마스카와 도시히데는 자신이 가장 믿고 신뢰하는 물리학 교수님을 찾아가 여쭤보았다.

교수님은 한참 동안 생각하고 나서 말씀하셨다. "그럴 가능성이 크지. 만약 영어를 잘하지 못하면 밖에 나가서 다른 사람들과 학술 교류도 못할 것이고, 또 네가 영어를 못하면 많은 새로운 지식들을 단시간에 이해할 수도 없을 것이며, 만약 영어를 못한다면……" 교수님의 말씀이 채 끝나기도 전에 마스카와 도시히데는 상심하여 밖으로 뛰쳐나가 버렸다.

보아하니 자신은 이 평생에 성과를 거두는 물리학자가 될 수 없을 것 같았고, 노벨처럼 그렇게 세계적으로 명예를 떨치는 사람은 더더욱 될 수 없을 것 같았다. 마스카와 도시히데는 생각할수록 자신의 미래가 암담하다고 느꼈고, 또 그렇게 생각할수록 더 술을 마시며 근심을 달래고 싶어졌다. 그래서 그는 한 술집에 들어가 술집 주인에게 "술을 내오시오"라며 큰소리를 쳤다. 잠시 후에 원숭이 한 마리가 술병과 잔을 들고 재빨리 마스카와 도시히데 앞에 와서 상을 차려주고 나서는 다시 또 신속하게 쟁반과 접시를 가지러 갔다.

마스카와 도시히데는 너무 놀라고 의아해서, 그의 모든 관심의 초점은 격자무늬 셔츠를 입은 그 원숭이한테 쏠렸다. 그 원숭이는 술집에서 빠르게 쉴 새 없이 오가며, 손발을 동시에 사용했다. 마스카와 도시히데는 문득 술집 주

忽然想知道老板是怎么把猴子训练成功的。

酒店的老板对益川敏英说："人也好，动物也好，它总有一项功能是胜过于别人的，只要你寻找到了，并不断地挖掘它，训练它，持之以恒，那么不要说猴子会当侍应生，现在欧洲的猪不是也能排雷了吗？"

听完酒店老板的话，益川敏英忽然间觉得英语学得好坏对自己不是那么重要了，重要的是自己一直把物理学学好。

益川敏英大学毕业之后，留在了名古屋大学进行自己的物理学研究，后来到了京都产业大学，并且认识了自己的合作者小林诚。他和小林诚一起进行自发对称性破缺的实验。益川敏英在一次洗澡的时候突然想到"六元模型"，凭着"六元模型"实验的成功，益川敏英和小林诚一起获得了2008年的诺贝尔物理学奖。

2008年12月举办的诺贝尔奖颁奖晚会，是益川敏英的第一次国外旅行，因为在这之前，所有的外国学术会议，益川敏英都会以自己英语不好无法进行英语演讲而拒绝。现在看来，英语不好对于益川敏英来说又有什么关系，只要他找到了自己胜过别人的地方而加以持之以恒的努力，最后就一定能够成为享誉世界的物理学家。

인이 어떻게 이 원숭이를 잘 훈련시켰는지 알고 싶어졌다.

술집 주인은 마스카와 도시히데에게 말했다. "사람도 그렇고 동물도 그렇소. 남들보다 잘하는 기술 하나쯤은 가지고 있는데, 그 기술을 찾아내 계속해서 발굴하고 훈련시켜 오랫동안 꾸준히 해나간다면 원숭이가 종업원으로 일할 수 있는 것은 말할 필요도 없는 것이지요. 요즘 유럽의 돼지들도 지뢰를 제거할 수 있다고 하지 않소?"

술집 주인의 말을 듣고 나서 마스카와 도시히데는 별안간 영어를 잘하고 못하느냐가 자신에게 그리 중요한 일이 아니며, 중요한 것은 자신이 계속해서 물리학 공부를 잘해내는 것이라는 생각이 들었다.

마스카와 도시히데는 대학을 졸업한 후 나고야대학에 남아 계속 물리학을 연구했고, 후에 교토산업대학으로 가서 자신의 파트너인 고바야시 마코토를 만나게 되었다. 그는 고바야시 마코토와 함께 자발적 대칭성의 깨짐에 대한 실험을 했다. 마스카와 도시히데는 샤워를 하다가 문득 '육원 모형'을 생각하게 되었고, 그는 '육원 모형' 실험의 성공을 통해서 고바야시 마코토와 함께 2008년의 노벨 물리학상을 받게 되었다.

마스카와 도시히데가 2008년 12월에 열린 노벨상 수상식에 참석한 일은 그의 첫 번째 외국 여행이었다. 이전의 모든 외국 학술회의는, 마스카와 도시히데가 자신이 영어를 잘하지 못해 영어로 연설을 못한다는 이유로 거절을 했었다. 지금 보아하니 영어를 잘하지 못하는 것이 마스카와 도시히데에게 있어 무슨 상관이란 말인가? 자신이 남들보다 더 뛰어난 점을 찾아 끊임없이 노력한다면 결국에는 반드시 세계적으로 명예를 떨치는 물리학자가 될 수 있는 것이다.

어휘　★令……十分头疼 lìng……shífēn tóuténg ～으로 하여금 매우 골치 아프게 하다 | ★全年级 quán niánjí 전 학년 | ★不止一次 bùzhǐ yí cì 여러 번 | ★英文版 Yīngwénbǎn 영문판 | ★做梦都想 zuòmèng dōu xiǎng 꿈에서조차 ～하고 싶어 하다 | 剑桥大学 Jiànqiáo Dàxué [고유] 케임브리지대학교(University of Cambridge) | ★诺贝尔 Nuòbèi'ěr [고유] 노벨 | ★享誉世界 xiǎngyù shìjiè 세상에 명예를 떨치다 | ★拦路虎 lánlùhǔ [명] 장애물, 난관 | ★发愁 fāchóu [동] 걱정하다, 근심하다 | ★突击 tūjī [동] 매진하다 | ★提不起……热情 tíbùqǐ……rèqíng 열의가 생기지 않다 | ★硬逼着 yìng bīzhe 강요하다, 압박하다 | ★朗诵 lǎngsòng [동] 낭송하다, 큰 소리로 읽다 | ★一脸茫然 yì liǎn mángrán 멍한 얼굴을 하다, 멍한 표정을 짓다 | ★反问 fǎnwèn [동] 반문하다 | ★活蹦乱跳 huóbèngluàntiào 날뛰다, 기뻐서 깡충깡충 뛰다 | ★字母 zìmǔ [명] 자모, 알파벳 | ★真想一把火烧了 zhēn xiǎng yì bǎ huǒshāo le 정말 한번에 불태워버리고 싶다 | ★如……所说的那样 rú……suǒ shuō de nàyàng ～이 말한 것처럼 그러하다 | ★信任 xìnrèn [동] 신임하다, 신뢰하다 | ★无法 wúfǎ [동] 방법이 없다 | ★进行学术交流 jìnxíng xuéshù jiāoliú 학술 교류를 진행하다 | ★领会 lǐnghuì [동] 이해하다, 깨닫다 | ★这辈子 zhè bèizi 이 평생, 이 한세상 | ★成不了 chéngbuliǎo 될 수 없다 | ★前途暗淡 qiántú àndàn 앞길이 막막하다, 전도가 암담하다 | ★喝酒解愁 hē jiǔ jiěchóu 술을 마시며 근심을 달래다 | 酒馆 jiǔguǎn [명] 술집 | 上酒 shàng jiǔ 술을 내오다 | ★猴子 hóuzi [명] 원숭이 | ★飞快 fēikuài [형] 매우 빠르다, 재빠르다 | ★摆好 bǎihǎo 차려놓다 | ★盘子 pánzi [명] 쟁반 | ★碟子 diézi [명] 접시 | ★惊诧 jīngchà [동] 놀라며 의아하게 여기다 | ★关注点 guānzhùdiǎn 관심의 초점 | ★格子衬衣 gézi chènyī 격자무늬 셔츠 | ★侍应生 shìyìngshēng [명] 급사, 종업원 | ★麻利 máli [형] 재빠르다, 민첩하다 | 穿梭 chuānsuō [동] 쉴 새 없이 드나들다, 빈번하게 왕래하다 | 手脚并用 shǒujiǎo bìngyòng 손발을 동시에 함께 사용하다 | ★……也好，……也好 ……yě hǎo, ……yě hǎo ～든 ～든, ～(하더라)도 ～(하더라)도 | ★一项功能 yí xiàng gōngnéng 한 가지 기능 | 胜过于 shèngguò yú ～을 능가하다 | ★寻找 xúnzhǎo [동] 찾다 | ★挖掘 wājué [동] 찾아내다, 캐다 | ★训练 xùnliàn [동] 훈련하다 | ★持之以恒 chí zhī yǐ héng [성] 끈기를 가지고 지속하다, 오랫동안 견지하다 | 排雷 páiléi 지뢰를 제거하다 | ★把……学好 bǎ……xuéhǎo ～을 잘 배우다, ～을 마스터하다 | 名古屋大学 Mínggǔwū Dàxué [고유] 나고야대학교 | 京都 jīngdū [고유] 교토 | ★合作者 hézuòzhě [명] 파트너, 협력자 | ★模型 móxíng [명] 모델, 모형 | ★颁奖 bānjiǎng [동] 상을 주다, 시상하다

　　　　　　找到自身的优势

　　　益川敏英上大学时，英语成绩很差，老师对此也十分头疼，但毫无办法。在当时的情况下，英语成绩不好，就意味着不能去国外留学，不能成为一名享誉全世界的著名物理学家。而这恰恰是益川的梦想。

　　　因此他决定突击英语，逼着自己大声朗读抓住机会与同学对话等等，但都毫无成效。

　　　有一天，心中非常郁闷的他，走到一家酒馆要大醉一场，正当他刚刚点完菜时，看见一只猴子拿着一瓶酒和一个杯子在他面前摆好，然后又去拿盘子和碟子。益川十分诧异，就忍不住问老板怎么把猴子训练成功的。

　　　老板回答无论人还是动物，总有一项功能是胜过别人的，只要能找到它，并持之以恒，就一定会成功。听了老板的这番话，益川觉得英语好坏对自己不是那么重要了，重要的是把物理学学好。

　　　大学毕业后，益川与朋友一起在某项试验中取得了巨大的成功，并获得了2008年诺贝尔物理学奖。

　　　如此看来，英语不好又有什么关系呢？

실전
모의고사

자신의 우세를 찾아라

마스카와 도시히데는 대학에 다닐 때 영어 성적이 형편없었고, 선생님은 이에 대해 매우 골치 아파했지만 아무런 방법이 없었다. 당시 상황에서 영어 성적이 좋지 않다는 것은 외국으로 유학을 갈 수 없고 세계적으로 명예를 떨치는 유명한 물리학자도 될 수 없다는 것을 의미했다. 그러나 그것이 바로 마스카와 도시히데의 꿈이었다.

그래서 그는 영어에 매진하기로 하고, 억지로 큰 소리를 내 영어를 읽고 주변 친구들과 영어로 대화하는 방법을 이용했지만 아무런 효과가 없었다.

어느 날, 마음이 너무 답답했던 그는 술집에 가서 술을 먹고 실컷 취하고 싶었다. 그가 막 주문을 했을 때 원숭이 한 마리가 술병과 잔을 그의 앞에 차려주고 나서 또 쟁반과 접시를 나르는 것을 보게 되었다. 마스카와 도시히데는 너무 의아한 나머지 술집 주인에게 어떻게 이 원숭이를 잘 훈련시켰는지 물어보았다.

술집 주인은 사람이든 동물이든 한 가지 기능쯤은 남들보다 잘할 수 있는 것이 있고, 그것을 찾아내서 꾸준히 해나간다면 반드시 성공할 수 있다고 말했다. 술집 주인의 말을 듣고 나서 마스카와 도시히데는 영어를 잘하고 못하는 것이 자신에게 그리 중요한 일이 아니며, 중요한 일은 물리학 공부를 잘해내는 것이라는 생각이 들었다.

대학을 졸업한 후, 마스카와 도시히데는 친구와 함께 어떤 실험에서 큰 성공을 거두었고, 2008년 노벨 물리학상을 받게 되었다. 이로 보면 영어를 잘하지 못하는 것이 무슨 상관이 있다는 말인가?

어휘　★优势 yōushì 명 우세, 우위 | ★毫无办法 háowú bànfǎ 어찌할 방법이 없다 | ★意味着 yìwèizhe 통 의미하다 | ★恰恰 qiàqià 부 바로, 꼭 | ★梦想 mèngxiǎng 명 꿈 | ★抓住机会 zhuāzhù jīhuì 기회를 잡다, 기회를 포착하다 | ★毫无成效 háowú chéngxiào 조금의 효과도 없다 | ★郁闷 yùmèn 형 우울하다 | ★大醉一场 dà zuì yìchǎng 만취하다 | ★诧异 chàyì 통 의아해하다, 이상해하다 | ★忍不住 rěnbuzhù 통 견딜 수 없다, 참을 수 없다 | ★番 fān 양 회, 차례 | ★某项 mǒu xiàng 어떤 항목 | 实验 shíyàn 명동 실험(하다) | ★巨大的成功 jùdà de chénggōng 큰 성공 | 诺贝尔物理学奖 Nuòbèi'ěr wùlǐxuéjiǎng 고유 노벨 물리학상 | ★如此看来 rúcǐ kànlái 이로 보면

01day

1 ① X ② O ③ O ④ O

2 ① 暂时 잠시 ② 养老院 양로원
③ 推销 널리 팔다 ④ 误解 오해하다

3 幼儿园 / 游戏 / 有趣 / 无聊

[녹음 원문]

1 ① 暂时 ② 养老院 ③ 推销 ④ 误解

2 ① 暂时 ② 养老院 ③ 推销 ④ 误解

3 一个幼儿园老师让孩子们玩儿一个游戏，刚开始他们觉得很有趣，但不到三十分钟，他们都表现出无聊的样子。

유치원 선생님이 아이들에게 게임을 하나 하게 했다. 처음에는 재미있어 하더니 30분도 채 안 되어서 그들은 재미없어 하는 모습을 지었다.

02day

1 ① O ② O ③ X ④ O

2 ① 潜力 잠재력 ② 精通 정통하다
③ 钢琴家 피아니스트
④ 撒谎 거짓말을 하다

3 新学期 / 办公室 / 优秀 / 成绩

[녹음 원문]

1 ① 潜力 ② 精通 ③ 钢琴家 ④ 撒谎

2 ① 潜力 ② 精通 ③ 钢琴家 ④ 撒谎

3 新学期开始，校长把一位老师叫到办公室，告诉他："你是本校最优秀的老师，希望你这学期能让学生取得更好的成绩。"

신학기가 시작되자 교장 선생님은 선생님 한 분을 사무실로 불렀다. 그러고는 "선생님은 저희 학교에서 가장 훌륭하신 분이십니다. 이번 학기에 학생들이 더 좋은 성적을 거둘 수 있게 노력해주십시오"라고 말했다.

03day

1 ① O ② X ③ O ④ O

2 ① 闹钟 알람 시계 ② 吵架 말다툼하다
③ 有害无益 백해무익하다
④ 情侣装 커플룩

3 面试 / 整齐 / 看着 / 自信

[녹음 원문]

1 ① 闹钟 ② 吵架 ③ 有害无益 ④ 情侣装

2 ① 闹钟 ② 吵架 ③ 有害无益 ④ 情侣装

3 面试时你的仪表很重要，穿着要干净整齐，说话时要看着对方的眼睛，不要一直低着头，那样显得很没有自信。

면접을 할 때는 예의가 중요하며 정갈하고 가지런하게 옷을 입어야 한다. 말을 할 때는 상대방의 눈을 보아야 하며 줄곧 고개를 떨구고 있으면 자신감이 없어 보인다.

04day

1 ① X ② O ③ O ④ X

2 ① 春晚 늦봄 ② 团圆节 중추절
③ 菊花茶 국화차 ④ 三国演义 삼국연의

3 公司 / 妻子 / 客人 / 发了脾气

[녹음 원문]

1 ① 春晚 ② 团圆节
③ 菊花茶 ④ 三国演义

2 ① 春晚 ② 团圆节
③ 菊花茶 ④ 三国演义

3 有一天，我在公司加班，突然接到妻子的电话，告诉我家里来了客人，让我赶快回家。我一生气就对她发了脾气。

어느 날, 나는 회사에서 초과 근무를 하고 있다가 집에 손님이 와서 빨리 들어오라는 아내의 전화를 갑자기 받았다. 나는 화가 나서 아내에게 화를 냈다.

1 ① X   ② X   ③ X   ④ X
2 ① 与众不同 보통 사람과 다르다
   ② 起初很受欢迎 처음에 인기가 있다
   ③ 酷爱音乐 음악을 매우 좋아하다
   ④ 很多人反对 많은 사람들이 반대하다
3 随着 / 追求 / 关注 / 引发

[녹음 원문]

1 ① 与众不同   ② 起初很受欢迎
   ③ 酷爱音乐   ④ 很多人反对

2 ① 与众不同   ② 起初很受欢迎
   ③ 酷爱音乐   ④ 很多人反对

3 随着人们生活水平的提高，人们越来越追求
   美感，关注自身的健康了。首先我们必须意
   识到：肥胖也是一种病，因为过于肥胖，会
   引发各种疾病。

사람들의 생활 수준이 높아짐에 따라 사람들은
점점 미를 추구하며 자신의 건강에 관심을 가진
다. 우선 우리는 반드시 비만은 일종의 병이며 지
나치게 비만일 경우 각종 질병을 야기시킬 수 있
다는 것을 인식해야 한다.

1 ① X   ② O   ③ O   ④ O
2 ① 高中还没毕业
      고등학교를 아직 졸업하지 않았다
   ② 成就突出 성과가 두드러지다
   ③ 善于经商 장사에 능하다
   ④ 包袱很大 부담이 크다
3 名著经典 / 兴趣 / 保持 / 热情

[녹음 원문]

1 ① 高中还没毕业   ② 成就突出
   ③ 善于经商   ④ 包袱很大

2 ① 高中还没毕业   ② 成就突出
   ③ 善于经商   ④ 包袱很大

3 读什么样的书？不强求一定要读什么名著经
   典，读点闲书也挺好的。这也能激起我们的
   兴趣，让我们保持对生活的热情。

어떤 책을 읽어야 하나? 반드시 저명한 고전을 읽
어야 한다고 강요하고 싶지 않고 심심풀이로 책
을 읽어도 좋다. 이는 흥미를 유발시킬 수 있으며
생활에 대한 열정도 가질 수 있다.

1 ① O   ② O   ③ X   ④ O
2 ① 认同 동일시하다
   ② 中国特有的 중국 특유의
   ③ 自我批评 자기 비판
   ④ 跳槽 직업을 바꾸다
3 增长见识 / 书呆子 / 适当 / 获得

[녹음 원문]

1 ① 认同   ② 中国特有的
   ③ 自我批评   ④ 跳槽

2 ① 认同   ② 中国特有的
   ③ 自我批评   ④ 跳槽

3 打工能增长知识、增长见识。现在社会对人
   才有很高的要求，只坐在教室里死读书的"书
   呆子"远远不能满足公司的要求，适当地做一
   些打工，可获得一些经验。

아르바이트를 하면서 경험을 늘릴 수 있다. 현대
사회에서는 인재에게 요구하는 바가 많다. 교실
에 앉아서 공부만 하는 책벌레는 영원히 회사의
요구를 만족시켜줄 수 없다. 적절하게 아르바이
트를 하면서 경험을 축적해야 한다.

1 ① O   ② O   ③ O   ④ X
2 ① 孩子也是如此 아이도 이러하다
   ② 稀少 적다, 드물다
   ③ 缺一不可 하나라도 부족해서는 안 된다
   ④ 法官 법관
3 年轻美丽 / 普通 / 邀请 / 吃惊

[녹음 원문]

1 ① 孩子也是如此   ② 稀少
   ③ 缺一不可   ④ 法官

2 ① 孩子也是如此　　② 稀少
　　③ 缺一不可　　　　④ 法官

3 那时的她年轻美丽，身边有很多追求者，而他却是一个很普通的人。因此，当宴会结束，他邀请她一块儿去喝咖啡的时候，她很吃惊。

그 당시 그녀는 젊고 아름다웠기에 주위에 쫓아다니는 사람이 많았지만 그 남자는 평범한 사람이었다. 그래서 파티가 끝났을 때 그가 그녀에게 커피를 함께 마시자고 했을 때 그녀는 매우 놀랐다.

09day

1 ① O　　② X　　③ O　　④ O
2 ① 母语 모국어　　② 零食 간식, 군것질
　　③ 忍耐力 인내심　④ 当地人 현지인
3 风味 / 川菜 / 甜 / 酸

[녹음 원문]

1 ① 母语　　　　② 零食
　　③ 忍耐力　　　④ 当地人

2 ① 母语　　　　② 零食
　　③ 忍耐力　　　④ 当地人

3 中国饮食各个地方都有不同的风味，主要有"四大菜系"：川菜、鲁菜、湘菜、粤菜，在味道上有"南甜北咸，东辣西酸"的说法。

중국 음식은 각 지역마다 다른 특색을 가지고 있는데, 주로 쓰촨, 산둥, 후난, 광둥 요리 '4대 요리'가 있다. 맛에는 '남쪽은 달고 북쪽은 짜고 동쪽은 맵고 서쪽은 시다'라는 말이 있다.

10day

1 ① O　　② X　　③ O　　④ X
2 ① 百分之五十 50%　② 冠军 일등
　　③ 正月 정월　　　　④ 倒数第一 뒤에서 일등
3 抓紧 / 律师 / 失败 / 英雄

[녹음 원문]

1 ① 百分之五十　　② 冠军
　　③ 正月　　　　　④ 倒数第一

2 ① 百分之五十　　② 冠军
　　③ 正月　　　　　④ 倒数第一

3 他抓紧一切时间看书学习，练习演讲。他失业过，做过工人，当过律师。他从29岁起，开始竞选议员和总统，前后尝试过11次，失败过9次。他就是被称为"全世界第一英雄"的美国总统——林肯。

그는 모든 시간을 책을 읽고 공부하고 강연을 연습하는 데 쓴다. 그는 실직 상태인 적도 있었고 노동일도 했었고 변호사 일도 해본 적이 있다. 그는 29살 때부터 의원과 대통령 경선에 참가했는데, 모두 11번 참가해서 9번 실패했다. 그는 바로 '세계 제일의 영웅'이라고 불리는 '링컨' 미국 대통령이다.

11day

1 ① O　　② O　　③ X　　④ O
2 ① 不如意的事 여의치 않은 일
　　② 发牢骚 불평하다
　　③ 开场白 머리말, 서두
　　④ 特长 장점
3 谦虚 / 两面性 / 展示 / 魅力

[녹음 원문]

1 ① 不如意的事　　② 发牢骚
　　③ 开场白　　　　④ 特长

2 ① 不如意的事　　② 发牢骚
　　③ 开场白　　　　④ 特长

3 谦虚是一种美德，但凡事都有两面性，不能简单地说对与不对。在和别人交往的时候，我们应该真诚、谦虚；而在适当的时候，我们也应该自信地展示自己的才能和魅力。

겸손은 미덕이다. 그러나 모든 일은 양면성이 있어서 단순하게 '맞다', '틀리다' 말할 수 없다. 다른 사람과 교제할 때는 반드시 진솔하고 겸손해야 한다. 그리고 적당한 때에 자신감 있게 자신의 재능과 매력을 펼쳐 보여야 한다.

12day

1 ① 把　②给　③对　④让
2 ① (X) → 我把作业做完了。
　②(X) → 他没把房间打扫干净。
　③(X) → 医生把他的病治好了。
　④(X) → 妈妈想把儿子培养成人才。

13day

1 ①被　②使　③向　④把
2 ①(X) → 爸爸对我很生气。
　②(X) → 窗户被关上了。
　③(X) → 他的书没被别人拿走。
　④(X) → 我的电脑被他弄坏了。

14day

1 ①着　②过　③了　④了
2 ①(X) → 她哭着说。
　②(X) → 我没吃早饭。
　③(X) → 我们来这儿看过电影。
　④(X) → 他常常迟到。

15day

1 ①下来　②出来　③得　④起来
2 ①(X) → 他说汉语说得很好。
　②(X) → 老师走进教室去。
　③(X) → 我做完作业了。
　④(X) → 昨天我看了一个小时电视。

16day

1 ①由　②对　③在　④下
2 ①(X) → 她受男孩欢迎。
　②(O)
　③(X) → 对南方人来说，这儿太冷。
　④(X) → 这件事是很重要的。

17day

1 ①反而　②无论　③与其　④尽管
2 ①(X) → 不管爸爸同意不同意，我都要去。
　②(X) → 他不但会说汉语，而且会说英语。
　③(X) → 如果说他努力学习了，那么就不会失
　　　败。

18day

1 ①或者　②还是　③旅游　④游览
2 ①(X) → 我真想去西藏旅游。
　②(X) → 我不理解，所以老师又说了一遍。
　③(X) → 上课的时候，朋友来找我。
　④(X) → 那时我经历了很多困难。

19day

1 ①高高兴兴　　②高兴
　③还　　　　　④很
2 ①(X) → 他这个人老老实实的。
　②(X) → 七八月天热死了。
　③(X) → 他特别严厉地批评了我。
　④(X) → 我的汉语比他更好。

20day

1 ①而 / 却　②增进　③增强
2 ①(X) → 父母要多跟孩子交流。
　②(X) → 这本书是很有名的一本书。
　③(X) → 她是一个很外向的女孩儿。
　④(X) → 他拥有良好的人际关系。

21day

1 ①C　②A　③B　④D
2 ①适合　②理解　③增强　④产生

22day

1 ①D　②C　③A　④B
2 ①充分　②和睦　③亲密　④坚强

23day

1 ①B　②A　③D　④C
2 ①心情　②效率　③视野　④成绩

24day

1 ①C　②A　③B　④D
2 ①通过　②朝　③在　④跟

25day

1 ①B　②A　③C　④D
2 ①刚　②难道　③竟然　④可

26day

1 ① C   ② D   ③ A   ④ B
2 ① 所   ② 座   ③ 部   ④ 篇

27day

1 ① D   ② B   ③ A   ④ C
2 ① 周   ② 晓   ③ 途   ④ 返

28day

1 ① C   ② B   ③ D   ④ A
2 ① 就是   ② 骨子   ③ 实际   ④ 再

29day

1 C   2 B   3 A

30day

1 B   2 C   3 A

31day

1 A   2 C   3 B

32day

1 X   2 O   3 X   4 O

[본문 해석]

> 예전에 '창안', '징자오'라고 불린 시안은 세계적으로 유명한 4대 고대 도시 중 하나이기도 하고 중국 역사상 수도로 있었던 시간이 가장 길며 영향력이 제일 큰 수도이다. 중화 민족의 요람이며 중화 문명의 발상지이고 중국 문화를 대표하며 '천연 역사 박물관'이라는 명예를 가지고 있다.

33day

1 X   2 O   3 X   4 O

[본문 해석]

> 경극 검보는 18세기 말 및 19세기 초에 형성되었다. 검보는 여러 가지 색과 그림으로 캐릭터의 성격, 인품, 신체, 특징, 외모 등을 표현한다. 검보는 일반적으로 배우가 스스로 거울 앞에서 붓으로 그리는 것이며 경극 연기자들이 반드시 갖춰야 할 기본기 중 하나다.

34day

1 ① B   ② A   ③ D   ④ C
2 ① C   ② A   ③ D   ④ B

35day

1 메뚜기의 종류
2 '슈퍼 노바'는 무엇인가?
3 우리 사장님이 부자가 될 수 있었던 이유

[본문 해석]

> 1 메뚜기는 기본적으로 두 가지로 나뉜다. 첫 번째는 멀리뛰기를 잘하는 '飞蝗(멀뚜기)'과 단거리를 잘 뛰는 토종 메뚜기 '土蝗(누리)'이다.
>
> 2 본래 어둡고 전혀 볼 수 없는 항성이 있는데 어떤 경우에는 단숨에 별 17개 이상의 광채를 낼 수 있어서 새벽별이 되는데, 이것이 바로 초신성(수퍼 노바)이다.
>
> 3 우리 사장님은 짧은 몇 년 동안 단숨에 부자가 되었다. 끊임없는 그의 노력 때문이기도 하고 다른 한편으로는 당시의 사회적인 조건과 연관이 없을 수 없다.

36day

1 ① 健康   ② 旅游   ③ 谦虚   ④ 裤子
   ⑤ 长辈   ⑥ 幸福   ⑦ 疲劳   ⑧ 陌生
   ⑨ 规模   ⑩ 退休
2 ① 翻译   ② 影响   ③ 妨碍   ④ 照顾
   ⑤ 上旬   ⑥ 疾病

37day

1 ① B   ② C   ③ A   ④ D
2 ① 아름다운 것이 많아서 다 헤아릴 수 없다
   ② 해고를 당하다   ③ 예측을 벗어나다
   ④ 조금도 ~이 없다

38day

1 차오차오(乔乔)   2 촬영가
3 황허강   4 4년 2000여 시간
5 4분짜리 다큐멘터리
6 지구를 살리고 환경을 보호하기 위해서

[본문 해석]

그는 촬영가로 차오차오라고 하고 올해 26세이다. 2005년 그는 촬영팀과 같이 황허강을 따라 4년에 걸쳐서 2000여 시간을 들여 4분짜리 다큐멘터리를 완성했다. 다큐멘터리를 찍기 위해 차오차오는 베이징의 집과 차를 팔았고 사방에서 돈을 조달해서 지금까지 490여 만 위안을 썼다. 그가 이렇게 한 목적은 단지 하나, 지구를 살리고 우리의 환경을 보호하기 위해서다.

39day

[참고 답안]

教练 / 赛季 / 刮胡子 / 满脸的泡沫 / 气喘吁吁 /
优惠

[본문 해석]

라오왕은 모 대학의 축구 코치인데 최근 시즌 경기에서 그의 팀 성적이 상당히 좋았다. 하루는 아침에 라오왕이 화장실에서 수염을 깎고 있는데 전화가 울렸다. 부인은 전화를 받고는 흥분해서 그에게 말했다. "라오왕 빨리 전화 받아요, 『텐텐 스포츠』 잡지사 사람이 당신과 얘기 좀 하고 싶데요." 왕 코치는 이런 유명한 스포츠 잡지에 실리면 분명 자기 축구팀이 전국으로 유명해질 것이라고 생각하니 매우 흥분되었다. 너무 흥분한 라오왕은 얼굴에 거품이 가득한 채 전화기로 달려갔고 숨을 헐떡거리며 물었다. "여보세요? 누구세요?" 전화 건너편에서 물었다. "실례지만 왕 코치님이신가요?" "네, 네." 그는 흥분해서 대답했다. "왕 코치님, 코치님처럼 스포츠에 종사하는 분들을 위해 특별 우대 구독 행사를 마련했어요. 그래서 1년치 『텐텐 스포츠』 잡지를 구독하시면 10% 할인해드립니다."

40day

[참고 답안]

化妆品 / 投诉 / 肥皂 / 普通雇员 / 昂贵 / 巧妙

[본문 해석]

대기업 화장품 회사가 고객으로부터 소송을 당했다. 이유는 고객이 산 비누가 속이 비어 있었다는 것이다. 그래서 이 회사는 생산을 멈추고 포장팀에서 판매팀까지 조사하게 되었고 비누가 도대체 어디에서 유실되었는지 알아보았다.

재빠르게 엔지니어는 X레이 감지기 시설을 계획했다. 그래서 그중에 빈 상자가 생기는 것을 막기 위해 두 사람이 생산 라인을 거치는 비누 상자를 감독해야 했다. 매우 성공적이었지만 그들은 매우 힘들었다.

작은 화장품 회사도 같은 상황에 맞닥뜨렸다. 그러나 평범한 직원은 다른 방법을 이용해서 이 문제를 해결했다. 그는 X레이 감지기를 사용하지도 않고 비싼 다른 설비를 이용하지도 않고 효율이 높은 선풍기를 샀다. 그는 생산 라인 옆에 선풍기를 설치해두고 비누 상자 하나하나를 통과시켰다. 그러면 빈 상자는 선풍기 바람에 날아갈 것이다.

엔지니어도 분명 노력을 많이 했다. 하지만 작은 회사 직원의 방법이 더 절묘하다.

展示 zhǎnshì 통 전시하다, 펼쳐 보이다
展望 zhǎnwàng 통 (먼 곳을) 바라보다
展现 zhǎnxiàn 통 (눈앞에) 펼쳐 보이다, 나타내다, 보이다
崭新 zhǎnxīn 형 참신한, 새로운
占据 zhànjù 통 점거하다, 차지하다
占领 zhànlǐng 통 점령하다
战斗 zhàndòu 명 전투
战略 zhànlüè 명 전략
战术 zhànshù 명 전술
战役 zhànyì 명 전투, 싸움
掌握 zhǎngwò 통 장악하다, 파악하다
障碍 zhàng'ài 통 가로막다, 지장을 주다
招标 zhāobiāo 통 입찰 공고를 하다
招收 zhāoshōu 통 모집하다, 받아들이다
着迷 zháomí 통 빠지다
照耀 zhàoyào 통 비추다
遮挡 zhēdǎng 통 가려서 막다
折腾 zhēteng 통 고민하다, 괴로워하다
折磨 zhémó 통 고통스럽게 하다
真挚 zhēnzhì 형 진실하다, 간절하다
珍贵 zhēnguì 형 진귀하다, 귀중하다
珍惜 zhēnxī 통 아끼다, 아까워하다
珍珠 zhēnzhū 명 진주
侦探 zhēntàn 통 정탐하다
斟酌 zhēnzhuó 통 따지다, 고려하다
镇定 zhèndìng 형 침착하다, 차분하다
镇静 zhènjìng 형 평온하다, 차분하다
振奋 zhènfèn 형 (정신이) 고무적이다, 활기차다
振兴 zhènxīng 통 진흥하다, 흥성하게 하다
争端 zhēngduān 명 싸움의 발단, 분쟁
争夺 zhēngduó 통 싸워서 빼앗다, 쟁탈하다
争气 zhēng qì 통 뒤처지지 않으려고 애쓰다
争先恐后 zhēngxiānkǒnghòu 성 뒤질세라 앞을 다투다
争议 zhēngyì 통 논쟁하다
征服 zhēngfú 통 정복하다
挣扎 zhēngzhá 통 발버둥 치다, 힘써 버티다
蒸发 zhēngfā 통 증발하다
整顿 zhěngdùn 통 정돈하다, 바로잡다
正经 zhèngjīng 형 정식의, 엄숙하다
证实 zhèngshí 통 (확실함을) 증명하다
郑重 zhèngzhòng 형 정중하다, 엄숙하다
支撑 zhīchēng 통 받치다, 버티다
支援 zhīyuán 통 지원하다, 원조하다
知足常乐 zhīzúchánglè 성 만족스럽게 여기다, 분수를 지켜 만족할 줄 안다
脂肪 zhīfáng 명 지방
执行 zhíxíng 통 집행하다
殖民地 zhímíndì 명 식민지
指标 zhǐbiāo 명 지표, 목표
指令 zhǐlìng 통 지시하다, 명령하다

治理 zhìlǐ 통 통치하다, 다스리다, 관리하다
制裁 zhìcái 통 제재하다
制止 zhìzhǐ 통 제지하다, 저지하다
致辞 zhìcí 통 연설을 하다
致力 zhìlì 통 힘쓰다
致使 zhìshǐ 통 ~하여 ~하게 되다, ~한 탓으로 ~하다
滞留 zhìliú 통 체류하다
忠诚 zhōngchéng 형 충성스럽다
忠实 zhōngshí 형 충실하다
终究 zhōngjiū 부 결국
衷心 zhōngxīn 형 충심의, 진심의
肿瘤 zhǒngliú 명 종양
众所周知 zhòngsuǒzhōuzhī 성 모든 사람들이 다 알다
周密 zhōumì 형 주도면밀하다, 세밀하다
周折 zhōuzhé 명 우여곡절, 고심
周转 zhōuzhuǎn 통 (자금이) 운용되다
昼夜 zhòuyè 명 주야, 밤낮
逐年 zhúnián 부 해마다
主办 zhǔbàn 통 주최하다
住宅 zhùzhái 명 (규모가 비교적 큰) 주택
注释 zhùshì 통 주석하다
注重 zhùzhòng 통 중시하다
著作 zhùzuò 통 저작하다
驻扎 zhùzhā 통 주둔하다
铸造 zhùzào 통 주조하다
拽 zhuài 통 당기다, 잡아당기다
专长 zhuāncháng 명 특기, 전문적인 학문
专程 zhuānchéng 부 특별히
专利 zhuānlì 명 특허
专题 zhuāntí 명 특별 주제, 특별 테마
砖 zhuān 명 벽돌
转达 zhuǎndá 통 전달하다, 전하다
转让 zhuǎnràng 통 양도하다, 넘겨주다
转移 zhuǎnyí 통 바꾸다, 옮기다, 전이하다
转折 zhuǎnzhé 통 바꾸다, 전환하다
庄稼 zhuāngjia 명 농작물
庄严 zhuāngyán 형 장중하다, 엄숙하다
庄重 zhuāngzhòng 형 (언행이) 장중하다
装卸 zhuāngxiè 통 조립하고 분해하다
幢 zhuàng 양 동, 채 [주택을 셀 때 쓰임]
壮观 zhuàngguān 형 장관이다, 웅장하다
壮丽 zhuànglì 형 웅장하고 아름답다
壮烈 zhuàngliè 형 장렬하다
追悼 zhuīdào 통 추도하다, 추모하다
追究 zhuījiū 통 조사하다, 따지다, 추궁하다
准则 zhǔnzé 명 준칙, 말, 행동 등이 근거로 하는 원칙
琢磨 zhuómó 통 (옥이나 돌을) 갈다, 사색하다, 고려하다
着想 zhuóxiǎng 통 고려하다, 생각하다
着重 zhuózhòng 통 (~에) 중점을 두다, 역점을 두다, 치중하다

卓越 zhuóyuè 형 탁월하다, 뛰어나다
资本 zīběn 명 자본 (비유적인 뜻으로도 쓰일 수 있음)
资产 zīchǎn 명 자산, 재산
资深 zīshēn 형 경력이 오래, 베테랑의
资助 zīzhù 통 재물로 돕다, 경제적으로 돕다
姿态 zītài 명 자태, 모양, 모습
滋味 zīwèi 명 (음식의) 맛
滋润 zīrùn 형 습윤하다
自卑 zìbēi 형 스스로 낮추다, 열등감을 가지다
自力更生 zìlìgēngshēng 성 자력갱생하다
自主 zìzhǔ 명 자주 통 스스로 처리하다
宗旨 zōngzhǐ 명 목적, 목표, 주지, 주요한 목적과 의도
踪迹 zōngjì 명 (어떤 행동이 남긴) 종적
总而言之 zǒng'éryánzhī 성 총괄적으로 말하면, 요컨대
总和 zǒnghé 명 합계
纵横 zònghéng 형 종횡의
走私 zǒusī 통 밀수하다
揍 zòu 통 (사람을) 때리다
租赁 zūlìn 통 빌려 쓰다, 세내어 쓰다
足以 zúyǐ 통 충분히 ~할 수 있다
阻碍 zǔ'ài 통 장애를 주다, 지장을 주다
阻拦 zǔlán 통 저지하다
阻挠 zǔnáo 통 저지하다, (몰래) 방해하다
祖先 zǔxiān 명 선조, 조상
钻研 zuānyán 통 깊이 연구하다, 탐구하다
钻石 zuànshí 명 다이아몬드
尊严 zūnyán 형 존엄하다
遵循 zūnxún 통 따르다
作弊 zuòbì 통 부정행위를 하다
作废 zuòfèi 통 (효력을 잃어) 폐기하다
作风 zuòfēng 명 태도, 행위
作息 zuòxī 명 일과 휴식

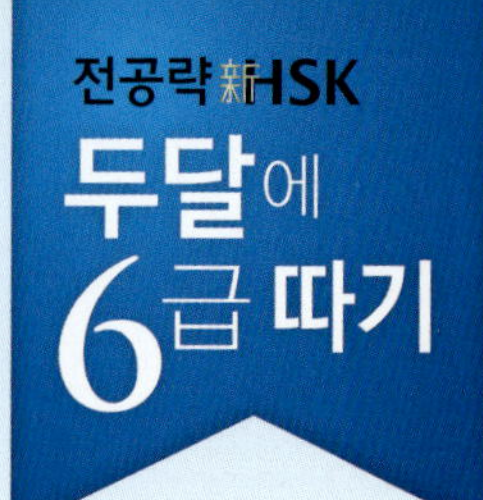

6급 만점 단어 중→한→중 녹음 MP3 파일
www.booksJRC.com에서 무료 다운로드하실 수 있습니다.

01 day 1~150

挨 āi 동 인접하다, 순서대로 하다

爱不释手 àibúshìshǒu 성 너무나 좋아하여 차마 손에서 떼어 놓지 못하다

爱戴 àidài 동 받들어 모시다

暧昧 àimèi 형 애매하다, 불확실하다

安宁 ānníng 형 (마음이) 편하다, 안정되다

安详 ānxiáng 형 침착하다, 차분하다

安置 ānzhì 동 안치하다, 배치하다

按摩 ànmó 동 안마하다, 마사지하다

按时 ànshí 부 제때에, 시간에 맞추어

案件 ànjiàn 명 사건, 사안, 안건

案例 ànlì 명 사례, 구체적인 예

暗示 ànshì 동 암시하다 명 암시

昂贵 ángguì 형 비싸다

凹凸 āotū 형 울퉁불퉁하다

熬 áo 동 오래 끓이다, 참다

奥秘 àomì 명 신비, 비밀

巴结 bājie 동 아첨하다, 아부하다

扒 bā 동 파내다, 허물다, 벗기다

疤 bā 명 상처, 흉터

拔苗助长 bámiáozhùzhǎng 성 일을 급하게 이루려고 하다가 도리어 일을 그르치다

把关 bǎguān 동 관문을 지키다, 책임을 지다

罢工 bàgōng 명 파업, 스트라이크 동 파업하다, 스트라이크하다

霸道 bàdào 명 패도 형 포악하다

掰 bāi 동 쪼개다, 뜯어 내다

摆脱 bǎituō 동 벗어나다, 빠져 나오다

败坏 bàihuài 동 손상시키다 형 부패하다

拜访 bàifǎng 동 방문하다

颁布 bānbù 동 공포하다, 반포하다

颁发 bānfā 동 수여하다, 하달하다

半途而废 bàntú'érfèi 성 도중에 포기하다

伴随 bànsuí 동 따라가다, 함께 가다

扮演 bànyǎn 동 ~역을 맡아 하다, 출연하다

绑架 bǎngjià 동 납치하다, 인질로 잡다

榜样 bǎngyàng 명 모범, 본보기, 귀감

包庇 bāobì 동 비호하다, 감싸주다

包袱 bāofu 명 부담, 짐, 보따리

包围 bāowéi 동 포위하다, 휩싸이다

包装 bāozhuāng 동 포장하다 명 포장

饱和 bǎohé 형 (사물의 상태가) 최고조에 달하다, 포화 상태에 이르다

饱经沧桑 bǎojīngcāngsāng 성 세상만사의 변화를 실컷 경험하다

保密 bǎomì 동 비밀을 지키다, 기밀로 하다

保守 bǎoshǒu 형 보수적이다 동 고수하다

保养 bǎoyǎng 동 수리하다, 정비하다, 보양하다, 양생하다

保障 bǎozhàng 동 보장하다, 보증하다

保重 bǎozhòng 동 건강에 주의하다, 몸조심하다

抱负 bàofù 명 포부, 큰 뜻

抱怨 bàoyuàn 동 원망하다

报仇 bàochóu 동 복수하다, 보복하다

报酬 bàochou 명 보수, 대가, 월급

报复 bàofù 명 보복, 앙갚음 동 보복하다

报销 bàoxiāo 동 청구하다, 결산하다, 제거하다

暴露 bàolù 동 폭로하다, 드러내다

爆发 bàofā 동 폭발하다, 돌발하다

爆炸 bàozhà 동 폭발하다, 작렬하다

曝光 bàoguāng 동 (사진에서) 노출하다, 폭로되다, 드러나다

卑鄙 bēibǐ 형 비열하다, 졸렬하다

悲哀 bēi'āi 명 비애, 슬픔 형 슬프고 애통하다

悲惨 bēicǎn 형 비참하다, 슬프다, 비통하다

北极 běijí 명 북극

贝壳 bèiké 명 조가비

备份 bèifèn 동 복제하다, 백업(backup)하다

备忘录 bèiwànglù 명 비망록, 회의록

背叛 bèipàn 동 배반하다, 배신하다

背诵 bèisòng 동 외우다, 암송하다

被告 bèigào 명 피고(인)

奔波 bēnbō 동 분주하다

奔驰 bēnchí 동 질주하다, 폭주하다

本能 běnnéng 명 본능 부 본능적으로

本钱 běnqián 명 본전, 원금, 자본금

本身 běnshēn 명 그 자신, 그 자체, 자신

本事 běnshi 명 능력, 재능, 재주

笨拙 bènzhuō 형 멍청하다, 우둔하다

崩溃 bēngkuì 동 붕괴하다, 파산하다

甭 béng 부 ~할 필요 없다, ~하지 마라

迸发 bèngfā 동 솟아나다, 분출하다

蹦 bèng 동 뛰어오르다, 껑충 뛰다

逼迫 bīpò 동 핍박하다, 옥죄어 재촉하다

鼻涕 bíti 명 콧물

比方 bǐfang 동 비유하다, 예를 들다 접 예컨대 명 비유

比喻 bǐyù 명 비유(법) 동 비유하다

鄙视 bǐshì 동 경멸하다

闭塞 bìsè 동 (입, 길 등을) 막다

毕竟 bìjìng 부 결국, 끝내, 필경

弊病 bìbìng 명 폐단, 문제점, 결함

弊端 bìduān 명 폐단, 폐해, 병폐

避免 bìmiǎn 동 피하다, 방지하다

边疆 biānjiāng 명 국경 지대, 변경

边界 biānjiè 명 경계, 범위, 국경선

边境 biānjìng 명 국경 지대, 변경, 변방

边缘 biānyuán 명 끝자락, 위기 형 경계에 근접한, 여러 방면과 관련된

编织 biānzhī 동 엮다, 짜다, 뜨다, 편직하다

鞭策 biāncè 동 독려하고 재촉하다, 채찍질하다 동 (말을) 채찍질하다

贬义 biǎnyì 명 부정적이거나 혐오적인 의미

扁 biǎn 형 평평하다, 납작하다

变故 biàngù 명 변고, 재난

变迁 biànqiān 동 변천하다

变质 biànzhì 동 (주로 나쁜 쪽으로) 변질되다

便利 biànlì 형 편리하다 동 편리하게 하다

便条 biàntiáo 명 메모, 쪽지

便于 biànyú 동 (~하기에) 쉽다, ~에 편하다

遍布 biànbù 동 널리 퍼지다, 널리 분포하다

辩护 biànhù 동 변호하다, 변론하다

辩解 biànjiě 동 해명하다, 변명하다

辩证 biànzhèng 동 변증하다, 논증하다

辨认 biànrèn 동 식별해 내다

标本 biāoběn 명 표본

标记 biāojì 명 표기 동 표기하다

标题 biāotí 명 표제, 제목 동 제목을 달다

表决 biǎojué 동 표결하다

表态 biǎotài 동 태도를 표명하다 명 태도

表彰 biǎozhāng 동 표창하다

憋 biē 동 답답하게 하다 동 참다, 억제하다

别致 biézhi 형 색다르다, 별나다

别扭 bièniu 형 (말이나 글이) 어색하다

濒临 bīnlín 동 인접하다, 가까이 가다

冰雹 bīngbáo 명 우박

진행하다

压迫 yāpò 통 억압하다, 압박하다

压岁钱 yāsuìqián 명 세뱃돈

压缩 yāsuō 통 압축하다

压抑 yāyì 형 억압하다

淹没 yānmò 통 잠기다, 침몰되다

严峻 yánjùn 형 심각하다, 모질다

严厉 yánlì 형 호되다, 매섭다

延期 yánqī 통 (기간을) 연장하다, 늘리다

延伸 yánshēn 통 펴다, 늘이다, 확장하다

延续 yánxù 통 계속하다, 지속하다

沿海 yánhǎi 명 연해, 바닷가 근처 지방

岩石 yánshí 명 암석, 바위

炎热 yánrè 형 무덥다

演变 yǎnbiàn 통 변화 발전하다, 변천하다

演绎 yǎnyì 명 연역(일반적 전제에서 개별적 결론을 유추해내는 것)

演奏 yǎnzòu 통 연주하다

掩盖 yǎngài 통 위에서 덮어 씌우다, 덮어 가리다

掩护 yǎnhù 통 몰래 보호하다, 엄호하다

厌恶 yànwù 통 혐오하다, 몹시 싫어하다

验收 yànshōu 통 검수하다, 검사하여 받다

验证 yànzhèng 통 검증하다

氧气 yǎngqì 명 산소

摇摆 yáobǎi 통 흔들거리다, 동요되다

遥远 yáoyuǎn 형 요원하다, 아득히 멀다

耀眼 yàoyǎn 형 눈부시다

野蛮 yěmán 형 야만적이다, 미개하다

一度 yídù 부 한때, 한동안 명 한 번, 한 차례

一贯 yíguàn 형 한결같다, 일관되다

一帆风顺 yìfānfēngshùn 성 일이 순조롭게 진행되다

一举两得 yìjǔliǎngdé 성 일거양득, 일석이조

一律 yílǜ 부 형 일률적으로(이다), 한결같다

一目了然 yímùliǎorán 성 일목요연하다, 한눈에 환히 알다

一如既往 yìrújìwǎng 성 지난날과 다름없다

一丝不苟 yìsībùgǒu 성 조금도 빈틈이 없다

一向 yíxiàng 부 줄곧, 내내 명 최근, 근래

依旧 yījiù 통 (상황이) 여전하다, 의구하다

依赖 yīlài 통 의지하다, 의존하다

依托 yītuō 통 의지하다, 기대다

仪器 yíqì 명 측정기구

遗产 yíchǎn 명 유산

遗留 yíliú 통 남겨 놓다

遗失 yíshī 통 유실하다

疑惑 yíhuò 통 의심하다 명 의혹

以便 yǐbiàn 접 (~하기에 편리)하도록, ~하기 위하여

以免 yǐmiǎn 접 ~하지 않도록, ~않기 위해서

以至 yǐzhì 접 ~까지, ~에 이르기까지

以致 yǐzhì 접 ~이(가) 되다, ~을(를) 가져오다

亦 yì 부 ~도 역시, 또, 또한

翼 yì 명 날개, 깃

异常 yìcháng 형 심상치 않다 부 대단히

意料 yìliào 명 예상, 예측 통 예상하다

意识 yìshí 명 의식

意味着 yìwèizhe 통 의미하다, 뜻하다

意志 yìzhì 명 의지, 의기

毅力 yìlì 명 굳센 의지, 완강한 의지

毅然 yìrán 부 의연히, 결연히

阴谋 yīnmóu 명 음모 통 음모하다

引导 yǐndǎo 통 인도하다, 인솔하다, 이끌다

引擎 yǐnqíng 명 엔진

引用 yǐnyòng 통 인용하다, 임용하다

隐蔽 yǐnbì 통 은폐하다, 가리다 형 은폐된

隐患 yǐnhuàn 명 잠복해 있는 병, 겉에 드러나지 않은 폐해

隐瞒 yǐnmán 통 숨기다, 속이다

隐私 yǐnsī 명 사적인 비밀, 개인의 사생활

隐约 yǐnyuē 형 희미하다, 흐릿하다

印刷 yìnshuā 통 인쇄하다

英勇 yīngyǒng 형 매우 용감하다

婴儿 yīng'ér 명 영아

迎面 yíngmiàn 명 맞은편 통 정면을 향하다

盈利 yínglì 명 이윤, 이익 통 이윤을 얻다

应酬 yìngchou 명 접대 통 접대하다

应邀 yìngyāo 통 초청에 응하다, 초청을 받아들이다

拥护 yōnghù 통 옹호하다, 지지하다

拥有 yōngyǒu 통 보유하다, 소유하다

庸俗 yōngsú 형 저속하다, 비속하다

永恒 yǒnghéng 형 영원히 변하지 않다

勇于 yǒngyú 통 용감하게 ~하다

涌现 yǒngxiàn 통 한꺼번에 나타나다

踊跃 yǒngyuè 통 펄쩍 뛰어오르다 형 열렬하다, 활기차다

优胜劣汰 yōushèngliètài 성 우승열패하다, 나은 자는 이기고 못한 자는 패하다

优先 yōuxiān 통 우선하다

优异 yōuyì 형 특히 우수하다, 특출하다

优越 yōuyuè 형 우월하다, 우량하다

忧郁 yōuyù 형 우울하다, 침울하다

油腻 yóunì 형 기름지다, 느끼하다

油漆 yóuqī 명 페인트

犹如 yóurú 통 마치 ~와(과) 같다,

有条不紊 yǒutiáobùwěn 성 (말·행동이) 조리 있고 질서 정연하다

幼稚 yòuzhì 형 유치하다, 어리다

诱惑 yòuhuò 통 꾀다, 유혹하다

愚蠢 yúchǔn 형 어리석다, 우둔하다

愚昧 yúmèi 형 우매하다

舆论 yúlùn 명 여론

与日俱增 yǔrìjùzēng 성 날이 갈수록 많아지다, 날로 늘어나다

预料 yùliào 통 예상하다, 예측하다 명 예상

预先 yùxiān 부 사전에, 미리

预兆 yùzhào 통 조짐을 보이다 명 전조

愈 yù 통 (병이) 낫다, 뛰어넘다, ~보다 낫다

冤枉 yuānwang 형 억울하다 통 억울한 누명을 씌우다

元素 yuánsù 명 원소

园林 yuánlín 명 원림, 조경 풍치림

圆满 yuánmǎn 형 원만하다, 훌륭하다

原谅 yuánliàng 통 양해하다, 이해하다

源泉 yuánquán 명 원천, 사물 발생의 본원

缘故 yuángù 명 연고

约束 yuēshù 통 단속하다, 규제하다

运行 yùnxíng 통 운행하다

孕育 yùnyù 통 낳아 기르다, 생육하다

酝酿 yùnniàng 통 술을 빚다, 사전에 미리 준비하다

蕴藏 yùncáng 통 잠재하다, 매장되다

砸 zá 통 내리치다, 박다, 찧다, 다지다

灾害 zāihài 명 재해, 화, 재난, 환난

灾难 zāinàn 명 재난, 재해, 화

栽培 zāipéi 통 심어 가꾸다, 배양하다

宰 zǎi 통 주관하다, 주재하다, 도살하다

在乎 zàihu 통 ~에 있다, 마음속에 두다

在意 zàiyì 통 마음에 두다

10day 1351~1500

再接再厉 zàijiēzàilì 성 더욱 더 힘쓰다

攒 zǎn 통 쌓다, 모으다, 저축하다

赞叹 zàntàn 통 찬탄하다

赞助 zànzhù 통 찬조하다, 지지하다

暂且 zànqiě 부 잠시, 잠깐, 당분간

遭受 zāoshòu 통 (불행 또는 손해를) 입다, 당하다, 만나다, 부닥치다

遭殃 zāoyāng 통 재난을 입다, 불행을 당하다

遭遇 zāoyù 명 처지 통 만나다, 부닥치다

糟蹋 zāotà 통 낭비하다, 못 쓰게 하다

噪音 zàoyīn 명 소음

责怪 zéguài 통 원망하다, 나무라다

贼 zéi 명 도둑, 적

赠送 zèngsòng 통 증정하다, 선사하다

扎 zhā 통 찌르다

扎实 zhāshí 형 견실하다, 견고하다

渣 zhā 명 찌꺼기, 침전물

诈骗 zhàpiàn 통 속이다, 갈취하다

摘要 zhāiyào 통 요점을 (따서) 적다

债券 zhàiquàn 명 채권

斩钉截铁 zhǎndīngjiétiě 성 과단성이 있고 머뭇거리지 않다

并非 bìngfēi 동 결코 ~하지 않다

并列 bìngliè 동 병렬하다

播放 bōfàng 동 방송하다, 방영하다

播种 bōzhǒng 동 파종하다, 씨를 뿌리다

波涛 bōtāo 명 파도

剥削 bōxuē 동 착취하다

博大精深 bódàjīngshēn 성 사상·학식이 넓고 심오하다

博览会 bólǎnhuì 명 박람회

搏斗 bódòu 동 격렬하게 싸우다, 갈기다

薄弱 bóruò 형 박약하다, 취약하다, 약하다

补偿 bǔcháng 동 보충하다, 보상하다

补救 bǔjiù 동 (조치를 취하여) 교정하다, 보완하다, 바로잡다

补贴 bǔtiē 명 보조금, 수당 동 보조하다

哺乳 bǔrǔ 동 젖을 먹이다

捕捉 bǔzhuō 동 잡다, 붙잡다, 체포하다

不得已 bùdéyǐ 형 어쩔 수 없이, 부득이

不妨 bùfáng 부 (~하는 것도) 괜찮다, 무방하다

不顾 búgù 동 고려하지 않다, 꺼리지 않다

不禁 bùjīn 부 자기도 모르게, 참지 못하고

不堪 bùkān 동 감당할 수 없다, ~할 수 없다 형 몹시 심하다, 형편 없다

不愧 búkuì 동 ~에 부끄럽지 않다, 손색이 없다

不可思议 bùkěsīyì 성 불가사의하다

不料 búliào 부 뜻밖에, 의외에

不时 bùshí 부 자주, 늘, 불시에, 갑자기

不惜 bùxī 동 아끼지 않다

不相上下 bùxiāngshàngxià 성 우열을 가릴 수 없다, 막상막하

不像话 bú xiànghuà 형 이치에 맞지 않다

不屑一顾 búxièyígù 성 거들떠볼 가치도 없다

不言而喻 bùyán'éryù 성 말하지 않아도 안다, 말할 필요도 없다

不由得 bùyóude 부 저절로, 저도 모르게 동 허용하지 않다, ~하지 않을 수 없다

不择手段 bùzéshǒuduàn 성 목적을 달성하기 위하여 수단 방법을 가리지 않다

不止 bùzhǐ 동 멈추지 않다, 그치지 않다

布告 bùgào 명 게시문, 포고문 동 공고하다

布置 bùzhì 동 (각종 물건을 적절히) 안배하다, 진열하다

02 day 151~300

步伐 bùfá 명 걸음걸이, 발걸음

部署 bùshǔ 동 배치하다, 안배하다 명 배치

部位 bùwèi 명 부위

才干 cáigàn 명 능력, 재간

财富 cáifù 명 부(富), 재산, 자산

财务 cáiwù 명 재무, 재정

财政 cáizhèng 명 재정

裁缝 cáiféng 동 재봉하다

裁判 cáipàn 명 심판 동 심판을 보다

裁员 cáiyuán 동 감원하다

采购 cǎigòu 동 구입하다 명 구매원

采集 cǎijí 동 채집하다, 수집하다

采纳 cǎinà 동 받아들이다, 채택하다

彩票 cǎipiào 명 복권

参谋 cānmóu 명 [군사] 참모 동 조언하다

参照 cānzhào 동 참조하다, 참고하다

残酷 cánkù 형 잔혹하다, 냉혹하다

残忍 cánrěn 형 잔인하다, 악랄하다

灿烂 cànlàn 형 찬란하다, 눈부시다

舱 cāng 명 객실, 선실, 선창

仓促 cāngcù 형 촉박하다, 황급하다

仓库 cāngkù 명 창고, 곳간, 식량 창고

苍白 cāngbái 형 창백하다, 무기력하다

操劳 cāoláo 동 애써 일하다, 수고하다

操练 cāoliàn 동 훈련하다, 갈고 닦다

操纵 cāozòng 동 제어하다, 다루다

操作 cāozuò 동 조작하다, 다루다, 일하다

嘈杂 cáozá 형 떠들썩하다, 시끌벅적하다

草率 cǎoshuài 형 적당히 하다, 대충하다

策划 cèhuà 동 획책하다, 계획하다, 기획하다

策略 cèlüè 명 책략, 전술 형 전략적이다

侧面 cèmiàn 명 옆면, 측면, 한 측면

测量 cèliáng 동 측량하다 명 측량, 측정

层出不穷 céngchūbùqióng 성 끊임없이 나타나다, 꼬리를 물고 나타나다

层次 céngcì 명 단계

差距 chājù 명 격차, 차이

查获 cháhuò 동 수사하여 체포하다, 압수하다

诧异 chàyì 동 의아해하다, 이상해하다

刹那 chànà 명 찰나, 순간

馋 chán 동 식탐하다, 몹시 부러워하다

缠绕 chánrào 동 둘둘 감다, 얽히다, 휘감다

阐述 chǎnshù 동 상세히 논술하다, 명백하게 논술하다

颤抖 chàndǒu 동 부들부들 떨다

昌盛 chāngshèng 형 창성하다, 번창하다

尝试 chángshì 동 시도해 보다

场合 chǎnghé 명 상황, 장소

敞开 chǎngkāi 동 활짝 열다 부 한껏, 마음껏

畅通 chàngtōng 형 원활하다, 막힘없이 잘 통하다, 잘 소통되다

畅销 chàngxiāo 형 판로가 넓다, 잘 팔리다

倡导 chàngdǎo 동 앞장서서 제창하다

钞票 chāopiào 명 지폐, 돈

超越 chāoyuè 동 넘다, 넘어서다, 능가하다

巢穴 cháoxué 명 보금자리, 소굴

潮流 cháoliú 명 조류, 추세, 풍조

潮湿 cháoshī 형 습하다, 눅눅하다

嘲笑 cháoxiào 동 비웃다, 놀리다

撤退 chètuì 동 철수하다, 퇴각하다

撤销 chèxiāo 동 없애다, 취소하다

沉淀 chéndiàn 동 침전하다, 가라앉다

沉闷 chénmèn 형 (성격이) 쾌활하지 않다, 내성적이다

沉思 chénsī 동 깊이 생각하다

沉重 chénzhòng 형 몹시 무겁다, 심하다

沉着 chénzhuó 형 침착하다

陈旧 chénjiù 형 낡다, 오래 되다, 케케묵다

陈列 chénliè 동 진열하다

陈述 chénshù 동 진술하다

称心如意 chènxīnrúyì 성 마음에 꼭 들다, 자기 마음에 완전히 부합되다

成交 chéngjiāo 동 거래가 성립하다

成效 chéngxiào 명 효능, 효과

成心 chéngxīn 부 고의로, 일부러

承办 chéngbàn 동 맡아 처리하다

承担 chéngdān 동 담당하다, 맡다

承诺 chéngnuò 명 승낙, 대답 동 승낙하다

呈现 chéngxiàn 동 나타나다, 양상을 띠다

诚挚 chéngzhì 형 성실하고 진실하다

盛 chéng 동 (용기 등에) 물건을 담다

惩罚 chéngfá 명 징벌 동 징벌하다

秤 chèng 명 저울

吃苦 chīkǔ 동 고생하다, 고통을 맛보다

池塘 chítáng 명 (비교적 작고 얕은) 못

迟缓 chíhuǎn 형 느리다, 완만하다

迟疑 chíyí 형 망설이다, 머뭇거리다

持久 chíjiǔ 형 오래 유지되다, 지속되다

赤道 chìdào 명 [천문] 적도

赤字 chìzì 명 [경제] 적자, 결손

冲动 chōngdòng 명 충동

冲击 chōngjī 명 충격 동 적진으로 돌격하다

冲突 chōngtū 명 모순, 충돌 동 충돌하다

充沛 chōngpèi 형 넘쳐흐르다, 충족하다

充实 chōngshí 형 충분하다 동 충족시키다

充足 chōngzú 형 충분하다, 충족하다

崇拜 chóngbài 동 숭배하다

崇高 chónggāo 형 숭고하다, 고상하다

崇敬 chóngjìng 동 존경하다

筹备 chóubèi 동 기획하고 준비하다

稠密 chóumì 형 조밀하다, 촘촘하다

丑恶 chǒu'è 형 추악하다, 더럽다

出神 chūshén 동 넋을 잃다, 넋이 나가다

出息 chūxi 명 전도(前途), 발전성, 장래성 동 장래성이 있게 양성하다

处境 chǔjìng 명 처지, 환경, 상황

处置 chǔzhì 동 처치하다, 징벌하다

储备 chǔbèi 명 예비품, 예비 인원 동 비축하다

储蓄 chǔxù 동 저축하다

触犯 chùfàn 동 저촉되다, 범하다, 위반하다

川流不息 chuānliúbùxī 성 (사람과

威风 wēifēng 명 위풍, 위엄 형 당당하다
威信 wēixìn 명 위신, 신망, 체면
微不足道 wēibùzúdào 성 의의나 가치가 보잘것없다
微观 wēiguān 명 미시(경제용어) 형 미시의
为难 wéinán 동 난처하다, 난감하다
为期 wéiqī 동 기한으로 하다 명 기한
违背 wéibèi 동 위반하다, 위배하다
维持 wéichí 동 유지하다, 지키다, 후원하다
维生素 wéishēngsù 명 비타민(vitamin)
维修 wéixiū 동 수리하다, 보수하다
伪造 wěizào 동 위조하다, 날조하다
委托 wěituō 동 위탁하다
未免 wèimiǎn 부 (불가피하게) 꼭 ~하게 되다
位于 wèiyú 동 ~에 위치하다
畏惧 wèijù 동 두려워하다, 무서워하다
慰问 wèiwèn 동 위문하다
文凭 wénpíng 명 공문서, 졸업 증서
文物 wénwù 명 문물
文雅 wényǎ 형 품위가 있다, 우아하다
问世 wènshì 동 세상에 나오다, 발표되다
窝 wō 명 둥지, 둥우리, 보금자리
乌黑 wūhēi 형 새까맣다, 아주 검다
污蔑 wūmiè 동 모독하다, 중상하다
诬陷 wūxiàn 동 무함하다, 모함하다
无比 wúbǐ 형 더 비할 바가 없다
无偿 wúcháng 형 무상의, 보수가 없는
无耻 wúchǐ 형 염치 없다, 뻔뻔스럽다
无动于衷 wúdòngyúzhōng 성 조금도 동요되지 않다, 전혀 무관심하다
无非 wúfēi 부 단지, ~밖에 없다, ~뿐이다
无精打采 wújīngdǎcǎi 성 풀이 죽다
无赖 wúlài 형 무뢰하다, 막돼먹다 명 무뢰한
无理取闹 wúlǐqǔnào 성 일부러 말썽을 부리다
无能为力 wúnéngwéilì 성 능력이 없다
无穷无尽 wúqióngwújìn 성 무궁무진하다
无微不至 wúwēibúzhì 성 배려하고 보살핌이 세심하고 주도면밀하다
无忧无虑 wúyōuwúlù 성 아무런 근심이 없다
无知 wúzhī 형 무지하다, 아는 것이 없다
武侠 wǔxiá 명 무협, 협객
侮辱 wǔrǔ 동 모욕하다
舞蹈 wǔdǎo 명 무도, 춤, 무용 동 춤추다, 무용하다
勿 wù 부 ~해서는 안 된다, ~하지 마라
务必 wùbì 부 반드시, 꼭, 기필코
物美价廉 wùměijiàlián 성 상품의 질이 좋고 값도 저렴하다
误差 wùchā 명 오차
吸取 xīqǔ 동 흡수하다, 섭취하다
昔日 xīrì 명 옛날, 이전, 석일, 종전
牺牲 xīshēng 동 대가를 치르다, 희생하다

熄灭 xīmiè 동 (등이나 불이) 꺼지다, 소멸하다
习俗 xísú 명 풍속, 습속
媳妇 xífù 명 부인, 마누라, 며느리
袭击 xíjī 동 기습하다, 습격을 입다
喜闻乐见 xǐwénlèjiàn 성 즐겨 듣고 즐겨 보다
系列 xìliè 명 계열, 시리즈
细胞 xìbāo 명 세포
细菌 xìjūn 명 세균
细致 xìzhì 형 정교하다, 세밀하다, 정밀하다
狭隘 xiá'ài 형 좁다
峡谷 xiágǔ 명 협곡
霞 xiá 명 노을
下属 xiàshǔ 명 부하, 하급 직원
夏令营 xiàlìngyíng 명 여름 캠프
先进 xiānjìn 형 선진의, 남보다 앞선 명 앞선 사람
纤维 xiānwéi 명 섬유
鲜明 xiānmíng 형 분명하다, 명확하다
掀起 xiānqǐ 동 열다, 들어올리다, 벗기다
闲话 xiánhuà 명 험담, 뒷말 동 한담하다
贤惠 xiánhuì 형 어질고 총명하다
衔接 xiánjiē 동 맞물리다, 연결하다
嫌 xián 명 혐의, 의심 동 의심하다, 싫어하다, 역겨워하다
嫌疑 xiányí 명 의심쩍음, 혐의
显著 xiǎnzhù 형 현저하다, 뚜렷하다
现成 xiànchéng 형 원래부터 있는, 기성의
陷害 xiànhài 동 모함하다, 남을 해치다
陷阱 xiànjǐng 명 함정
陷入 xiànrù 동 빠지다, 떨어지다, 몰입하다
线索 xiànsuǒ 명 실마리, 단서, 전개
乡镇 xiāngzhèn 명 소도시, 규모가 작은 지방 도시
相等 xiāngděng 동 같다, 대등하다
相辅相成 xiāngfǔxiāngchéng 성 서로 보완하고 도와서 일을 완성하다
镶嵌 xiāngqiàn 동 끼워 넣다, 박아 넣다
想方设法 xiǎngfāngshèfǎ 동 갖은 방법을 다하다
响亮 xiǎngliàng 형 크고 맑다, 우렁차다
响应 xiǎngyìng 명동 호응(하다)
向来 xiànglái 부 본래부터, 줄곧, 여태까지
向往 xiàngwǎng 동 열망하다, 갈망하다
巷 xiàng 명 골목, 좁은 길
消除 xiāochú 동 없애다, 해소하다
消极 xiāojí 형 의기소침하다
销毁 xiāohuǐ 동 소각하다, 불태워 없애다
小心翼翼 xiǎoxīnyìyì 성 매우 조심스럽다
肖像 xiàoxiàng 명 초상
效益 xiàoyì 명 효과와 수익, 효익
协会 xiéhuì 명 협회
协助 xiézhù 동 협조하다, 거들어 주다
携带 xiédài 동 휴대하다

写作 xiězuò 동 글을 짓다, 창작하다
泄露 xièlòu 동 누설하다, 폭로하다
泄气 xièqì 동 분풀이하다, 기가 죽다
屑 xiè 명 부스러기, 찌꺼기 형 자질구레하다
心得 xīndé 명 심득, 느낌, 소감, 체득
心灵 xīnlíng 명 심령, 정신
心眼儿 xīnyǎnr 명 내심, 마음속
辛勤 xīnqín 형 부지런하다
欣慰 xīnwèi 형 기쁘고 안심이 되다
欣欣向荣 xīnxīnxiàngróng 성 초목이 무성하게 자라다, (사업이) 번창하다
新陈代谢 xīnchéndàixiè 성 신진 대사
新颖 xīnyǐng 형 새롭다, 참신하다

信赖 xìnlài 동 신뢰하다, 신임하다
信誉 xìnyù 명 평판, 신용, 명성
兴隆 xīnglóng 형 번창하다, 크게 발전하다
兴旺 xīngwàng 형 창성하다, 번창하다
腥 xīng 형 비린내가 나다 명 비린내
兴高采烈 xìnggāocǎiliè 성 매우 기쁘다
兴致勃勃 xìngzhìbóbó 성 흥미진진하다
胸怀 xiōnghuái 명 마음
胸膛 xiōngtáng 명 가슴, 흉부
雄厚 xiónghòu 형 풍부하다
修复 xiūfù 동 복원하다, 원상 복구하다
修建 xiūjiàn 동 건조하다, 건설하다
羞耻 xiūchǐ 형 수줍다, 부끄럽다
嗅觉 xiùjué 명 후각
须知 xūzhī 명 주의 사항, 숙지 사항 동 반드시 알아야 한다
虚伪 xūwěi 형 허위의, 거짓의, 속임수의
需求 xūqiú 명 수요, 필요
畜牧 xùmù 동 목축하다
酗酒 xùjiǔ 동 주정하다
宣扬 xuānyáng 동 선양하다, 널리 알리다, 떠벌리다
悬挂 xuánguà 동 걸다, 매달다
悬念 xuánniàn 동 걱정하다
悬崖峭壁 xuányáqiàobì 성 깎아지른 듯한 절벽
旋律 xuánlǜ 명 선율, 멜로디
旋转 xuánzhuǎn 동 돌다, 회전하다
选拔 xuǎnbá 동 (인재를) 선발하다
削弱 xuēruò 동 약화되다, 약해지다
雪上加霜 xuěshàngjiāshuāng 성 설상가상이다
熏陶 xūntáo 동 훈도하다, 영향을 끼치다
巡逻 xúnluó 동 순찰하다, 순시하다
寻觅 xúnmì 동 찾다
循环 xúnhuán 동 순환하다
循序渐进 xúnxùjiànjìn 성 순차적으로

차들이) 냇물처럼 끊임없이 오가다

穿越 chuānyuè 동 통과하다, 지나가다

传达 chuándá 동 전하다, 전달하다

传授 chuánshòu 동 전수하다, 가르치다

喘气 chuǎnqì 동 호흡하다, 헐떡거리다

串 chuàn 동 꿰다, 잘못 연결하다, 뒤섞이다

创新 chuàngxīn 명 창의성, 창조성
동 옛것을 버리고 새것을 창조하다

创作 chuàngzuò 동 (문예 작품을) 창작하다
명 창작

吹牛 chuī niú 동 허풍 떨다

吹捧 chuīpěng 동 (지나치게) 치켜세우다

垂直 chuízhí 명 수직

锤 chuí 명 추, 쇠망치 동 쇠망치로 치다,
단련하다

纯粹 chúncuì 형 순수하다 부 순전히, 완전히

纯洁 chúnjié 형 순결하다, 순수하고 맑다

慈祥 cíxiáng 형 자애롭다, 자상하다

雌雄 cíxióng 명 암컷과 수컷, 승패, 승부

次品 cìpǐn 명 질이 낮은 물건

伺候 cìhou 동 시중들다, 모시다, 돌보다

刺 cì 명 가시, 바늘 동 (뽀족한 것으로)
찌르다, 뚫다

从容 cóngróng 형 침착하다

丛 cóng 명 숲, 덤불, 떼, 무리

凑合 còuhe 형 그런대로 ~할 만하다, 한데
모으다

粗鲁 cūlǔ 형 거칠고 우악스럽다, 교양이 없다

窜 cuàn 동 마구 날뛰다, 수정하다,
바로잡다, 쫓아 내다, 축출하다

脆弱 cuìruò 형 연약하다, 취약하다, 무르다

搓 cuō 동 비비다, 비벼 꼬다, 문지르다

磋商 cuōshāng 동 반복하여 협의하다,
상세하게 논의하다

挫折 cuòzhé 명 좌절, 실패
동 좌절시키다, 패배시키다

搭 dā 동 다리, 새 둥지를 만들다

搭档 dādàng 동 협력하다 명 협력자, 콤비

搭配 dāpèi 동 배합하다, 조합하다, 결합하다

达成 dáchéng 동 달성하다, 도달하다, 얻다

答复 dáfù 명 답변, 대답 동 답변하다

打官司 dǎ guānsi 동 소송하다, 고소하다

打击 dǎjī 동 공격하다, 치다, 때리다

打量 dǎliang 동 살펴보다, 짐작하다

打猎 dǎliè 동 사냥하다

大不了 dàbuliǎo 형 대단하다, 굉장하다

大肆 dàsì 부 제멋대로, 함부로

大体 dàtǐ 부 대체로, 대략 명 중요한 이치,
대략적인 상황

大致 dàzhì 부 대개, 대략, 아마 형 대략적인

歹徒 dǎitú 명 악당, 나쁜 사람

代价 dàijià 명 대가, 가격, 대금

代理 dàilǐ 동 대리하다, 대신하다, 대행하다

带领 dàilǐng 동 인솔하다, 이끌다, 인도하다

怠慢 dàimàn 동 소홀히하다, 냉대하다

逮捕 dàibǔ 동 체포하다, 잡다

担保 dānbǎo 동 보증하다, 책임지다

胆怯 dǎnqiè 형 겁내다, 무서워하다

淡季 dànjì 명 비성수기

诞辰 dànchén 명 탄신, 생일

诞生 dànshēng 동 탄생하다, 태어나다

当场 dāngchǎng 부 당장, 즉석에서

当初 dāngchū 명 당초, 애초, 원래

当前 dāngqián 명 현재, 목전 동 직면하다

当事人 dāngshìrén 명 관계자, 당사자

当务之急 dāngwùzhījí 성 당장 급히
처리해야 하는 일, 급선무

当心 dāngxīn 동 조심하다

当选 dāngxuǎn 동 당선되다

档案 dàng'àn 명 (공)문서, 서류, 파일, 기록

档次 dàngcì 명 (품질 등의) 등급, 차등

导弹 dǎodàn 명 유도탄, 미사일

岛屿 dǎoyǔ 명 섬

倒闭 dǎobì 동 도산하다

捣乱 dǎoluàn 동 교란하다, 소란을 피우다

得不偿失 débùchángshī 성 얻는 것보다
잃는 것이 더 많다

得力 délì 동 도움을 받다, 힘을 얻다

得天独厚 détiāndúhòu 성 우월한 자연
조건을 갖고 있다

得意 déyì 형 득의하다, 대단히 만족하다

得罪 dézuì 동 미움을 사다, 실례가 되다

登录 dēnglù 동 등록하다, 기입하다

蹬 dēng 동 밟다, 뻗다, 밀다, 딛다

瞪 dèng 동 부라리다, 눈을 부릅뜨고 노려보다

堤坝 dībà 명 댐과 둑

敌视 díshì 동 적대시하다, 적대하다

抵达 dǐdá 동 도착하다, 도달하다

抵抗 dǐkàng 동 저항하다, 대항하다

抵制 dǐzhì 동 배척하다, 억제하다, 저지하다

递增 dìzēng 동 점점 늘다, 점차 증가하다

颠簸 diānbǒ 동 흔들리다, 요동하다

点缀 diǎnzhuì 동 단장하다, 장식하다

典型 diǎnxíng 명 대표적인 인물 형 전형적인

奠定 diàndìng 동 다지다, 닦다, 안정시키다

惦记 diànjì 동 늘 생각하다, 항상 마음에 두다

叼 diāo 동 입에 물다

雕刻 diāokè 동 조각하다

雕塑 diāosù 동 조소하다 명 조소품

吊 diào 동 걸다, 매달다

调动 diàodòng 동 교환하다, 변동하다

跌 diē 동 쓰러지다, (물가가) 내리다

盯 dīng 동 주시하다, 응시하다

叮嘱 dīngzhǔ 동 신신당부하다

定期 dìngqī 명 정기 동 날짜를 정하다

定义 dìngyì 명 정의

丢人 diūrén 동 체면을 잃다

丢三落四 diūsānlàsì 성 이것저것 빠뜨리다

东张西望 dōngzhāngxīwàng
성 여기저기 두리번거리다

董事长 dǒngshìzhǎng 명 대표이사, 회장

动荡 dòngdàng 동 불안하다, 동요하다

动机 dòngjī 명 동기

动静 dòngjing 명 동정, 동태, 낌새

动力 dònglì 명 동력, 원동력

动身 dòngshēn 동 출발하다, 떠나다

动手 dòngshǒu 동 하다, 시작하다

动态 dòngtài 명 (일사건의) 동태, 변화의 추이

动员 dòngyuán 동 전시 체제화하다,
동원하다, 설득하다

冻结 dòngjié 동 얼다, 얼리다, 동결하다

兜 dōu 명 호주머니 동 싸다, 책임을 지다

陡峭 dǒuqiào 형 (산세 등이) 험준하다

督促 dūcù 동 감독·재촉하다, 독촉하다

独裁 dúcái 동 독재하다

堵塞 dǔsè 동 막히다, 가로막다

赌博 dǔbó 동 노름하다, 도박하다

杜绝 dùjué 동 제지하다, 철저히 막다

端正 duānzhèng 형 단정하다 동 바로잡다

短促 duǎncù 형 (시간이) 매우 짧다

断绝 duànjué 동 단절하다, 끊다, 차단하다

堆积 duījī 동 (사물이) 쌓여 있다, 쌓이다

对策 duìcè 명 대책, 대비책

对称 duìchèn 형 대칭이다

对付 duìfu 동 대처하다, 다루다, 대응하다

对抗 duìkàng 동 대항하다, 저항하다

对立 duìlì 동 대립하다, 대립되다

对联 duìlián 명 대련, 주련

对应 duìyìng 동 대응하다 형 대응하는

对照 duìzhào 동 대조하다, 비교하다

兑换 duìhuàn 동 환전하다, 현금으로 바꾸다

兑现 duìxiàn 동 약속을 이행하다, 현금으로
바꾸다

队伍 duìwu 명 대열, 행렬, 대오

顿时 dùnshí 부 갑자기, 곧바로, 바로

多元化 duōyuánhuà 명 다원화

堕落 duòluò 동 타락하다, 떠돌다

额外 éwài 형 정액 외의, 정원 외의, 초과한

恶心 ěxin 동 구역이 나다, 오심이 나다

遏制 èzhì 동 저지하다, 억제하다

二氧化碳 èryǎnghuàtàn
명 이산화탄소(CO_2)

发呆 fādāi 동 멍하다, 어리둥절하다

发动 fādòng 동 일으키다, 발동하다

发觉 fājué 동 발견하다, 알아차리다, 깨닫다

发射 fāshè 동 쏘다

发誓 fāshì 동 맹세하다

发扬 fāyáng 동 드높이다, 더욱더 발전시키다

若干 ruògān 〔대〕 약간, 조금, 소량	衰老 shuāilǎo 〔형〕 노쇠하다, 늙어 쇠약해지다	调和 tiáohé 〔동〕 알맞게 배합하다, 중재하다
散发 sànfā 〔동〕 발산하다, 뿌리다	衰退 shuāituì 〔동〕 쇠퇴하다, 감퇴하다	调剂 tiáojì 〔동〕 조제하다
骚扰 sāorǎo 〔동〕 소란을 피우다	率领 shuàilǐng 〔동〕 거느리다, 이끌다	挑衅 tiǎoxìn 〔명〕 도발 〔동〕 싸움을 걸다
色彩 sècǎi 〔명〕 색채, 색깔	爽快 shuǎngkuai 〔형〕 호쾌하다, 명쾌하다	
筛选 shāixuǎn 〔동〕 치다, 거르다	思索 sīsuǒ 〔동〕 사색하다, 깊이 생각하다	

闪烁 shǎnshuò 〔동〕 반짝이다, 깜빡이다	思维 sīwéi 〔명〕 사유 〔동〕 사유하다, 생각하다	跳跃 tiàoyuè 〔동〕 뛰어오르다, 도약하다
擅长 shàncháng 〔동〕 뛰어나다, 잘하다	斯文 sīwen 〔형〕 우아하다, 고상하다, 점잖다	停泊 tíngbó 〔동〕 (배가) 정박하다, 머물다
上瘾 shàng yǐn 〔동〕 중독되다	饲养 sìyǎng 〔동〕 먹이다	停顿 tíngdùn 〔동〕 머물다, (말을) 잠시 쉬다
上游 shàngyóu 〔명〕 (강의) 상류, 앞선 목표나 수준, 앞장	耸 sǒng 〔동〕 치솟다, 주의를 끌다	停滞 tíngzhì 〔동〕 정체되다, 침체하다
捎 shāo 〔동〕 인편에 보내다, 가는 길에 가져가다	搜索 sōusuǒ 〔동〕 검색하다, 수색하다	挺拔 tǐngbá 〔형〕 우뚝 솟아 있다, 미끈하다
奢侈 shēchǐ 〔형〕 사치스럽다	艘 sōu 〔양〕 척 〔선박을 헤아리는 데 쓰임〕	通货膨胀 tōnghuòpéngzhàng 〔명〕 통화 팽창, 인플레이션
设想 shèxiǎng 〔동〕 상상하다	苏醒 sūxǐng 〔동〕 되살아나다, 소생하다	通俗 tōngsú 〔형〕 통속적이다
社区 shèqū 〔명〕 공동체, 지역사회	诉讼 sùsòng 〔동〕 소송하다, 고소하다	统筹兼顾 tǒngchóujiāngù 〔성〕 여러 방면의 일을 통일적으로 계획하고 두루 돌보다
涉及 shèjí 〔동〕 관련되다, 미치다, 다루다	素食 sùshí 〔명〕 채식 〔동〕 채식하다	统统 tǒngtǒng 〔부〕 전부, 모두
摄氏度 Shèshìdù 〔명〕 섭씨	素质 sùzhì 〔명〕 소양, 자질, 밑바탕, 본질	投机 tóujī 〔형〕 의기투합하다 〔동〕 투기하다
申报 shēnbào 〔동〕 (서면으로) 기관에 보고하다	塑造 sùzào 〔동〕 빚어서 만들다, 조소하다, 인물을 형상화하다	投降 tóuxiáng 〔동〕 투항하다, 항복하다
呻吟 shēnyín 〔동〕 신음하다	随即 suíjí 〔부〕 바로, 즉각, 즉시	投掷 tóuzhì 〔동〕 던지다, 투척하다
深奥 shēn'ào 〔형〕 깊고 오묘하다, 심오하다	随手 suíshǒu 〔부〕 ～하는 김에, 겸해서	突破 tūpò 〔동〕 돌파하다, 타파하다, 극복하다
神态 shéntài 〔명〕 표정과 태도	隧道 suìdào 〔명〕 굴, 터널	涂抹 túmǒ 〔동〕 칠하다
渗透 shèntòu 〔동〕 삼투하다, 침투하다	损坏 sǔnhuài 〔동〕 손상시키다, 훼손시키다	徒弟 túdì 〔명〕 제자
生效 shēngxiào 〔동〕 효력이 발생하다	索性 suǒxìng 〔부〕 차라리, 아예	途径 tújìng 〔명〕 방법, 경로, 과정
生锈 shēngxiù 〔동〕 녹이 슬다	塌 tā 〔동〕 무너지다	团圆 tuányuán 〔동〕 흩어졌다가 다시 모이다
声誉 shēngyù 〔명〕 명성, 명예	踏实 tāshi 〔형〕 편안하다, 안정되다, 착실하다	推测 tuīcè 〔동〕 추측하다, 헤아리다
盛产 shèngchǎn 〔동〕 산출하다, 생산하다	泰斗 tàidǒu 〔명〕 태산북두, 권위자	推翻 tuīfān 〔동〕 뒤집어엎다, 전복시키다
盛开 shèngkāi 〔동〕 활짝 피다, 만발하다	贪婪 tānlán 〔형〕 매우 탐욕스럽다	推销 tuīxiāo 〔동〕 판로를 확장하다, 마케팅 하다
盛情 shèngqíng 〔명〕 두터운 정, 지극한 정	贪污 tānwū 〔동〕 탐오하다, 횡령하다	吞吞吐吐 tūntūn tǔtǔ 〔동〕 우물쭈물하다
盛行 shèngxíng 〔동〕 성행하다, 널리 유행하다	瘫痪 tānhuàn 〔동〕 반신불수가 되다, 마비되다	托运 tuōyùn 〔동〕 탁송하다, 운송을 위탁하다
失误 shīwù 〔동〕 실수를 하다 〔명〕 실수, 실책	弹性 tánxìng 〔명〕 탄성, 탄력성, 유연성	拖延 tuōyán 〔동〕 지연하다, 연기하다
施展 shīzhǎn 〔동〕 (수완·재능을) 펼치다	探测 tàncè 〔동〕 관측하다, 탐지하다	脱离 tuōlí 〔동〕 벗어나다, 떠나다, 이탈하다
十足 shízú 〔형〕 충분하다, 넘쳐흐르다	探索 tànsuǒ 〔동〕 탐색하다, 찾다	妥当 tuǒdang 〔형〕 타당하다, 알맞다
时常 shícháng 〔부〕 늘, 자주, 항상	探讨 tàntǎo 〔동〕 탐구하다, 조사하다	妥善 tuǒshàn 〔형〕 나무랄 데 없다, 알맞다
时光 shíguāng 〔명〕 시기, 때, 시절	探望 tànwàng 〔동〕 방문하다, 문안하다, 보다	妥协 tuǒxié 〔동〕 타협하다, 타결되다
实惠 shíhuì 〔명〕 실리, 실익 〔형〕 실속 있다	倘若 tǎngruò 〔접〕 만일 ～한다면	椭圆 tuǒyuán 〔명〕 타원
实事求是 shíshìqiúshì 〔성〕 실사구시	掏 tāo 〔동〕 끄집어 내다, 끌어 내다, 파다	挖掘 wājué 〔동〕 파다, 캐다, 찾아 내다
示范 shìfàn 〔명〕 시범, 모범 〔동〕 모범을 보이다	滔滔不绝 tāotāobùjué 〔성〕 쉴새없이 말하다	瓦解 wǎjiě 〔동〕 와해되다, 분열하다
示威 shìwēi 〔동〕 시위하다 〔명〕 시위, 데모	淘气 táoqì 〔형〕 장난이 심하다, 말을 듣지 않다	歪曲 wāiqū 〔동〕 왜곡하다
事迹 shìjì 〔명〕 사적	淘汰 táotài 〔동〕 도태되다	外行 wàiháng 〔형〕 문외한이다, 경험이 없다
势必 shìbì 〔부〕 반드시, 꼭, 필연코	讨价还价 tǎojiàhuánjià 〔성〕 값을 흥정하다	丸 wán 〔명〕 알갱이, 환약, 알약
释放 shìfàng 〔동〕 석방하다, 방출하다	特长 tècháng 〔명〕 특기, 장기, 장점	完毕 wánbì 〔동〕 끝내다, 마치다
适宜 shìyí 〔형〕 알맞다 〔동〕 적합하다, 적당하다	提拔 tíbá 〔동〕 발탁하다, 등용하다	玩弄 wánnòng 〔동〕 가지고 놀다, 희롱하다, 우롱하다
逝世 shìshì 〔동〕 서거하다, 세상을 떠나다	提炼 tíliàn 〔동〕 추출하다, 향상시키다	顽强 wánqiáng 〔형〕 완강하다, 억세다
收藏 shōucáng 〔동〕 소장하다, 보존하다	提示 tíshì 〔동〕 일러 주다, 힌트를 주다 〔명〕 도움말	挽回 wǎnhuí 〔동〕 만회하다, 돌이키다
收缩 shōusuō 〔동〕 수축하다, 긴축하다	体谅 tǐliàng 〔동〕 이해하다, 양해하다	惋惜 wǎnxī 〔동〕 애석해하다, 안타까워하다
收益 shōuyì 〔명〕 수익, 이득, 수입	体系 tǐxì 〔명〕 체계	万分 wànfēn 〔부〕 대단히, 극히, 매우
守护 shǒuhù 〔동〕 지키다, 수호하다	天伦之乐 tiānlúnzhīlè 〔성〕 가족이 누리는 단란함	往常 wǎngcháng 〔명〕 평소, 평상시
受罪 shòuzuì 〔동〕 고생하다, 혼나다	天然气 tiānránqì 〔명〕 천연 가스	往事 wǎngshì 〔명〕 지난 일, 옛일
授予 shòuyǔ 〔동〕 수여하다, 주다	田径 tiánjìng 〔명〕 육상경기	妄想 wàngxiǎng 〔동〕 망상하다, 공상하다 〔명〕 망상, 공상
舒畅 shūchàng 〔형〕 상쾌하다, 홀가분하다	填空 tiánkòng 〔동〕 괄호를 채우다	危机 wēijī 〔명〕 위기, 위험한 고비
束缚 shùfù 〔동〕 구속하다, 속박하다	舔 tiǎn 〔동〕 핥다	
竖 shù 〔형〕 수직의, 세로의 〔동〕 똑바로 세우다	挑剔 tiāotī 〔동〕 까다롭다	
树立 shùlì 〔동〕 수립하다, 세우다	条款 tiáokuǎn 〔명〕 조항, 조목	
耍 shuǎ 〔동〕 놀리다, 장난하다		

繁忙 fánmáng 혱 일이 많고 바쁘다

繁忙 fánmáng 혱 일이 많고 바쁘다
繁殖 fánzhí 동 번식하다, 증가하다
反驳 fǎnbó 동 반박하다
反常 fǎncháng 혱 이상하다
反馈 fǎnkuì 명 피드백
反面 fǎnmiàn 명 이면(裏面), 뒷면
反射 fǎnshè 동 반사하다, 반사 작용을 하다
反之 fǎnzhī 접 이와 반대로, 바꾸어서 말하면
泛滥 fànlàn 동 (물이) 범람하다
范畴 fànchóu 명 범주
防守 fángshǒu 동 수비하다
防御 fángyù 동 방어하다
防治 fángzhì 동 예방·치료하다
放射 fàngshè 동 방사하다, 방출하다
飞翔 fēixiáng 동 하늘을 빙빙 돌며 날다, 비상하다
飞跃 fēiyuè 동 비약하다
非法 fēifǎ 혱 불법적인, 비합법적인
肥沃 féiwò 혱 비옥하다
诽谤 fěibàng 동 비방하다, 중상모략하다
沸腾 fèiténg 동 들끓다
废除 fèichú 동 취소하다, 폐지하다
分红 fēnhóng 동 이익을 분배하다
分解 fēnjiě 동 분해하다, 분열되다
分裂 fēnliè 명 분열하다
分泌 fēnmì 동 분비하다
分歧 fēnqí 혱 불일치하다, 어긋나다 명 불일치
分散 fēnsàn 혱 분산하다, 흩어지다
吩咐 fēnfù 동 분부하다, 명령하다
粉碎 fěnsuì 혱 산산조각나다
丰盛 fēngshèng 혱 풍성하다, 성대하다
丰收 fēngshōu 동 풍작을 이루다
风度 fēngdù 명 품격, 태도, 매너
风土人情 fēngtǔrénqíng 명 지방의 특색과 풍습, 풍토와 인심
封闭 fēngbì 동 밀봉하다, 폐쇄하다
封锁 fēngsuǒ 동 폐쇄하다, 봉쇄하다, 끊다
锋利 fēnglì 혱 날카롭다, 예리하다
奉献 fèngxiàn 동 바치다, 공헌하다 명 공헌
敷衍 fūyǎn 동 자세히 서술하다, 부연 설명하다
服气 fúqì 동 진심으로 탄복하다
俘虏 fúlǔ 명 포로
辐射 fúshè 동 복사하다, 방사하다
抚养 fǔyǎng 동 부양하다, 정성들여 기르다
辅助 fǔzhù 동 돕다, 협조하다
腐败 fǔbài 동 썩다, 부패하다, 타락하다
腐烂 fǔlàn 동 부패하다 혱 진부하다
腐蚀 fǔshí 동 부식하다, 타락시키다
腐朽 fǔxiǔ 동 썩다, 부패하다
负担 fùdān 명 책임 동 부담하다
复活 fùhuó 동 부활하다, 소생하다
富裕 fùyù 혱 부유하다

赋予 fùyǔ 동 (중대한 임무나 사명 등을) 부여하다, 주다
覆盖 fùgài 동 덮다, 뒤덮다
改良 gǎiliáng 동 개량하다, 개선하다 명 개량, 개혁, 혁신
盖章 gàizhāng 동 도장을 찍다, 날인하다

干扰 gānrǎo 동 (남의 일을) 방해하다, 지장을 주다
干涉 gānshè 동 간섭하다 명 간섭
干预 gānyù 동 간섭하다, 개입하다
尴尬 gāngà 혱 입장이 곤란하다
感慨 gǎnkǎi 동 감격하다, 감개무량하다
感染 gǎnrǎn 동 감염되다, 감동시키다
杠杆 gànggǎn 명 지레, 지렛대
高尚 gāoshàng 혱 고상하다, 품위 있다
高涨 gāozhǎng 동 급증하다, 급상승하다
告辞 gàocí 동 이별을 고하다, 작별을 고하다
告诫 gàojiè 동 훈계하다, 타이르다
割 gē 동 절단하다, 자르다, 절개하다
搁 gē 동 놓다, 두다, 내버려 두다, 그만두다
格局 géjú 명 짜임새, 구조, 구성
格式 géshi 명 격식, 양식
隔阂 géhé 명 틈, 간격, 거리
隔离 gélí 동 분리시키다, 차단하다
各抒己见 gèshūjǐjiàn 성 각자 자기의 의견을 발표하다
根深蒂固 gēnshēndìgù 성 기초가 튼튼하여 쉽게 흔들리지 않다, 고질이 되다
根源 gēnyuán 명 (비유) 근원, 근본 동 ~에서 비롯되다
跟踪 gēnzōng 동 미행하다, 추적하다
更新 gēngxīn 동 새롭게 바뀌다, 혁신하다
耕地 gēngdì 동 논밭을 갈다 명 경지
公道 gōngdào 명 정의, 공리, 바른 도리
公关 gōngguān 명 공공(公共) 관계, 섭외
攻克 gōngkè 동 점령하다, 극복하다
巩固 gǒnggù 혱 견고하다, 튼튼하다
共鸣 gòngmíng 명 공명 동 공감하다
勾结 gōujié 동 결탁하다, 내통하다, 공모하다
辜负 gūfù 동 저버리다, 어기다
姑且 gūqiě 부 잠시, 잠깐, 우선
股东 gǔdōng 명 주주
顾虑 gùlǜ 동 걱정하다
关照 guānzhào 동 돌보다, 배려하다
管辖 guǎnxiá 동 관할하다
贯彻 guànchè 동 관철시키다
灌溉 guàngài 동 논밭에 물을 대다, 관개하다
罐 guàn 명 단지, 항아리

光彩 guāngcǎi 명 빛, 광채 혱 영예롭다
光辉 guānghuī 명 찬란한 빛 혱 찬란하다
归根到底 guīgēndàodǐ 성 근본으로 돌아가다, 결국
归纳 guīnà 동 귀납하다, 종합하다 명 논리학 귀납법
规划 guīhuà 동 기획하다, 계획하다 명 계획, 기획
过渡 guòdù 동 과도하다, 넘어가다
过滤 guòlǜ 동 거르다, 여과하다, 받다
过问 guòwèn 동 참견하다, 따져 묻다
过瘾 guòyǐn 혱 인이 박히다, 실컷 ~하다
含糊 hánhu 혱 (태도나 말 따위가) 애매하다
含义 hányì 명 내포된 뜻, 담겨진 의미
寒暄 hánxuān 동 (상투적인) 인사말을 나누다
罕见 hǎnjiàn 혱 보기 드물다, 희한하다
捍卫 hànwèi 동 지키다, 수호하다, 방위하다
航天 hángtiān 명 우주 비행
毫无 háowú 동 조금도 ~이 없다
号召 hàozhào 동 호소하다 명 호소
耗费 hàofèi 동 낭비하다, 소비하다
和蔼 hé'ǎi 혱 상냥하다, 부드럽다
和解 héjiě 동 화해하다, 화의하다
和睦 hémù 혱 화목하다, 사이가 좋다
和气 héqi 혱 온화하다, 부드럽다, 상냥하다
和谐 héxié 혱 잘 어울리다, 조화롭다
合算 hésuàn 동 수지가 맞다, 합산하다
痕迹 hénjì 명 흔적, 자취, 자국
狠心 hěnxīn 동 모질게 마음먹다 혱 모질다
恨不得 hènbude 동 간절히 ~하고 싶다
哼 hēng 동 신음하다, 흥얼거리다
烘 hōng 동 (불에) 말리다, 부각시키다
轰动 hōngdòng 동 뒤흔들다, 들끓게 하다
宏观 hóngguān 혱 (자연 과학에서) 거시적
宏伟 hóngwěi 혱 웅장하다, 장대하다
哄 hòng 동 떠들어 대다
喉咙 hóulóng 명 목구멍, 인후
吼 hǒu 동 고함치다, 포효하다
后顾之忧 hòugùzhīyōu 성 뒷걱정
后勤 hòuqín 명 후방 근무, 보급 업무
候选 hòuxuǎn 동 입후보하다
呼啸 hūxiào 동 (휙휙·씽씽 등) 날카롭고 긴 소리를 내다
呼吁 hūyù 동 구하다, 청하다, 호소하다
忽略 hūlüè 동 소홀히 하다, 등한시하다
胡乱 húluàn 부 함부로, 멋대로, 대충대충
湖泊 húpō 명 호수의 통칭
互联网 hùliánwǎng 명 컴퓨터 인터넷
互相 hùxiāng 부 서로, 상호
化验 huàyàn 동 화학 실험을 하다
化妆 huàzhuāng 동 화장하다
划分 huàfēn 동 나누다, 구획하다, 구분하다
画蛇添足 huàshétiānzú 성 쓸데없는 짓을

하다, 사족을 가하다

还原 huányuán 图 원상 회복하다, 환원하다

环节 huánjié 图 일환

缓和 huǎnhé 图 완화하다, 느슨해지다
图 완화시키다, 진정시키다

荒凉 huāngliáng 图 황량하다, 쓸쓸하다

荒谬 huāngmiù 图 엉터리이다, 터무니없다

荒唐 huāngtáng 图 황당하다

黄昏 huánghūn 图 황혼, 해질 무렵

恍然大悟 huǎngrándàwù 图 갑자기 모두
알게 되다

挥 huī 图 휘두르다, 흔들다, 내두르다

挥霍 huīhuò 图 돈을 헤프게 쓰다

辉煌 huīhuáng 图 (빛이) 휘황찬란하다

回避 huíbì 图 회피하다, 피하다, 비켜가다

回收 huíshōu 图 회수하다

悔恨 huǐhèn 图 뼈저리게 뉘우치다,
후회하다

毁灭 huǐmiè 图 훼멸시키다

汇报 huìbào 图 종합하여 보고하다

贿赂 huìlù 图 뇌물을 주다 图 뇌물

荤 hūn 图 육식

浑身 húnshēn 图 전신, 온몸

混淆 hùnxiáo 图 뒤섞이다, 헷갈리다

混浊 hùnzhuó 图 혼탁하다

讥笑 jīxiào 图 비웃다, 조소하다, 조롱하다

饥饿 jī'è 图 배고프다, 굶주리다

机构 jīgòu 图 기구

机灵 jīling 图 영리하다, 재치 있다

机械 jīxiè 图 기계, 기계 장치 图 융통성이
없다

机智 jīzhì 图 기지가 넘치다

基因 jīyīn 图 유전자, 유전 인자

激发 jīfā 图 (감정을) 불러일으키다,
끓어오르게 하다

激励 jīlì 图 격려하다, 북돋워 주다

激情 jīqíng 图 격정, 열정적인 감정

吉祥 jíxiáng 图 운수가 좋다, 행운이다

即便 jíbiàn 图 설령 ~하더라도

急功近利 jígōngjìnlì 图 조급한 성공과
눈앞의 이익에만 급급하다

急剧 jíjù 图 급격하게, 급속히

急于求成 jíyúqiúchéng 图 서둘러 목적을
달성하려 하다

急躁 jízào 图 초조해하다, 성급하다

极端 jíduān 图 극단 图 아주, 몹시, 매우

嫉妒 jídù 图 질투하다, 시기하다

籍贯 jíguàn 图 출생지

给予 jǐyǔ 图 주다, 해 주다, 베풀어 주다

计较 jìjiào 图 따지다, 염두에 두다

记载 jìzǎi 图 기재하다 图 기록, 기사

忌讳 jìhuì 图 금기하다, 꺼리다, 기피하다

季度 jìdù 图 사분기(四分期), 분기

继承 jìchéng 图 상속하다, 이어받다

寄托 jìtuō 图 (기대, 희망, 감정 따위를) 걸다

迹象 jìxiàng 图 흔적, 자취, 현상

加剧 jiājù 图 악화되다, 격화되다

夹杂 jiāzá 图 혼합하다, 뒤섞다

佳肴 jiāyáo 图 맛있는 요리

家属 jiāshǔ 图 가솔, 딸린 식구

家喻户晓 jiāyùhùxiǎo 图 집집마다 다 알다

尖端 jiānduān 图 첨단의 图 첨단

坚定 jiāndìng 图 확고부동하다, 결연하다

坚固 jiāngù 图 견고하다, 튼튼하다

坚韧 jiānrèn 图 단단하고 질기다, 강인하다

坚实 jiānshí 图 견실하다, 견고하다

坚硬 jiānyìng 图 단단하다, 견고하다, 굳다

监督 jiāndū 图 감독하다 图 감독

兼职 jiānzhí 图 겸직하다 图 겸직

艰难 jiānnán 图 곤란하다, 어렵다, 힘들다

简化 jiǎnhuà 图 간소화하다, 단순화하다

简陋 jiǎnlòu 图 초라하다, 조촐하다

见多识广 jiànduōshíguǎng 图 박식하고
경험이 많다

见义勇为 jiànyìyǒngwéi 图 불의를 보면
참지 못하다

间隔 jiàngé 图 간격, 사이 图 간격을 두다

健全 jiànquán 图 건강하고 온전하다
图 완전하게 하다

溅 jiàn 图 (액체가) 튀다

践踏 jiàntà 图 밟다, 짓밟다, 유린하다

鉴别 jiànbié 图 감별하다, 변별하다

鉴定 jiàndìng 图 감정하다, 평가하다

鉴于 jiànyú 图 ~의 점에서 보아,
~을 고려하면

将近 jiāngjìn 图 거의 ~에 근접하다

僵硬 jiāngyìng 图 경직되다, 융통성이 없다

奖励 jiǎnglì 图 장려하다 图 상(賞)

奖赏 jiǎngshǎng 图 상을 주다 图 포상

降临 jiànglín 图 강림하다, 내려오다,
찾아오다

交叉 jiāochā 图 교차하다, 겹치다

交代 jiāodài 图 설명하다, 분부하다

交涉 jiāoshè 图 교섭하다, 협상하다

娇气 jiāoqì 图 여리다, 연약하다, 무르다

搅拌 jiǎobàn 图 휘저어 섞다, 반죽하다

缴纳 jiǎonà 图 납부하다, 납입하다

较量 jiàoliàng 图 겨루다, 문제삼다

皆 jiē 图 모두, 전부, 다

阶层 jiēcéng 图 계층, 단계

接连 jiēlián 图 연이어, 연속하여, 계속해서

揭露 jiēlù 图 폭로하다, 까발리다

杰出 jiéchū 图 빼어난, 출중한

结晶 jiéjīng 图 결정, 소중한 성과

结局 jiéjú 图 결말, 결국, 결과, 끝

竭尽全力 jiéjìnquánlì 图 최선을 다하다

截止 jiézhǐ 图 마감하다

截至 jiézhì 图 (시간적으로) ~까지 마감이다,
~에 이르다

解除 jiěchú 图 없애다, 제거하다, 해소하다

解放 jiěfàng 图 해방하다

解雇 jiěgù 图 해고하다

解剖 jiěpōu 图 해부하다

解散 jiěsàn 图 해산하다, 흩어지다

借鉴 jièjiàn 图 참고로 하다, 교훈으로 삼다

借助 jièzhù 图 ~의 힘을 빌리다

戒备 jièbèi 图 경비하다, 경계하다

界限 jièxiàn 图 경계, 한도

津津有味 jīnjīnyǒuwèi 图 흥미진진하다,
감칠맛 나다

尽量 jǐnliàng 가능한 한, 최대 한도로

进而 jìn'ér 图 더 나아가

浸泡 jìnpào 图 (오랜 시간 물에) 담그다

晋升 jìnshēng 图 승진하다, 진급하다

经纬 jīngwěi 图 (직물의) 날줄과 씨줄,
경도와 위도

惊动 jīngdòng 图 놀라게 하다, 시끄럽게
하다

惊讶 jīngyà 图 의아스럽다, 놀랍다

兢兢业业 jīngjīngyèyè 图 근면하고
성실하게 업무에 임하다

精打细算 jīngdǎxìsuàn 图 세밀하게
계산하다, 면밀하게 계획하다

精华 jīnghuá 图 정화, 정수

精简 jīngjiǎn 图 정선하다

精益求精 jīngyìqiújīng 图 훌륭하지만
더욱 더 완벽을 추구하다

精致 jīngzhì 图 정치하다, 섬세하다

警惕 jǐngtì 图 경계하다, 경계심을 갖다

竞选 jìngxuǎn 图 선거 운동을 하다, 선거에
입후보하다

纠纷 jiūfēn 图 다툼, 분쟁, 분규

纠正 jiūzhèng 图 교정하다, 고치다

救济 jiùjì 图 구제하다

拘留 jūliú 图 구류하다

拘束 jūshù 图 제한하다, 구속하다

鞠躬 jūgōng 图 몹시 조심하는 모양
图 허리를 굽혀 절하다

局部 júbù 图 국부, (일)부분

局势 júshì 图 국면, 정세, 형세, 시국

咀嚼 jǔjué 图 (음식물을) 씹다, 음미하다

沮丧 jǔsàng 图 낙담하다 图 낙담하게 하다

举世瞩目 jǔshìzhǔmù 图 전세계 사람들이
주목하다

举足轻重 jǔzúqīngzhòng 图 대단히
중요한 위치에 있어서 전체에 중대한
영향을 끼치다

剧烈 jùliè 图 극렬하다, 격렬하다

浓厚 nónghòu 혱 (연기·안개·구름층 등이)
짙다, (흥미가) 크다
挪 nuó 통 옮기다, 움직이다, 변경하다
虐待 nüèdài 통 학대하다
殴打 ōudǎ 통 구타하다
呕吐 ǒutù 통 구토하다
趴 pā 통 엎드리다, 기대다
排斥 páichì 통 배척하다
排除 páichú 통 제거하다, 없애다
排放 páifàng 통 배출하다, 방류하다
攀登 pāndēng 통 등반하다, 타고 오르다
盘旋 pánxuán 통 선회하다, 머물다
判断 pànduàn 통 판단하다 명 판단
判决 pànjué 통 판결하다, 선고하다
명 판결, 선고
畔 pàn 명 가장자리, 부근
庞大 pángdà 혱 매우 크다, 방대하다
抛弃 pāoqì 통 버리다, 포기하다
泡沫 pàomò 명 (물)거품, 포말
培训 péixùn 통 양성하다, 키우다, 훈련하다
培育 péiyù 통 기르다, 재배하다, 키우다
配备 pèibèi 통 배치하다, 분배하다
配合 pèihé 통 협동하다, 협력하다
配偶 pèi'ǒu 명 배필, 배우자, 커플
配套 pèitào 통 조립하다, 맞추다
盆地 péndì 명 분지
烹饪 pēngrèn 통 요리하다
捧 pěng 통 받들다, 남에게 아첨하다
批发 pīfā 통 도매하다
批判 pīpàn 통 비판하다, 지적하다
劈 pī 통 쪼개다, 패다, 금가다, 쪼개지다
疲惫 píbèi 통 대단히 피곤하다, 대단히 지치다
疲倦 píjuàn 혱 피곤하다, 지치다, 늘어지다
譬如 pìrú 통 예를 들다
偏差 piānchā 명 편차, 오차
偏见 piānjiàn 명 편견, 선입견
偏僻 piānpì 혱 외지다, 궁벽하다, 구석지다
片断 piànduàn 명 토막, 도막, 단편
片刻 piànkè 명 잠깐, 잠시
漂浮 piāofú 통 뜨다, 표류하다
飘扬 piāoyáng 통 펄럭이다
拼搏 pīnbó 통 전력을 다해 분투하다
拼命 pīnmìng 통 기를 쓰다
贫乏 pínfá 혱 빈궁하다, 가난하다, 부족하다
频繁 pínfán 혱 잦다, 빈번하다
频率 pínlǜ 명 빈도(수), 주파수
品德 pǐndé 명 인품과 덕성, 품성
评估 pínggū 통 평가하다
屏障 píngzhàng 명 장벽, 보호벽
통 둘러싸다, 차단하다, 막다
坡 pō 명 비탈, 언덕 혱 경사지다, 비스듬하다
迫不及待 pòbùjídài 혱 일각도 지체할 수
없다
破例 pòlì 통 전례를 깨다

魄力 pòlì 명 패기, 박력
扑 pū 통 돌진하여 덮치다
铺 pū 통 (물건을) 깔다, 펴다
朴实 pǔshí 혱 소박하다, 꾸밈이 없다
普及 pǔjí 통 확산되다, 대중화시키다
혱 보편화된
欺负 qīfu 통 얕보다, 괴롭히다, 업신여기다
欺骗 qīpiàn 통 속이다, 사기치다, 기만하다
凄凉 qīliáng 혱 처량하다, 애처롭다
齐全 qíquán 혱 완전히 갖추다, 완비하다
齐心协力 qíxīnxiélì 성 한마음 한뜻으로
함께 노력하다
歧视 qíshì 명 경시, 차별대우 통 경시하다
旗帜 qízhì 명 깃발, 본보기, 모범
启程 qǐchéng 통 출발하다, 길을 나서다
启示 qǐshì 통 계시하다, 시사하다, 계발하다
启事 qǐshì 명 광고, 공고
岂有此理 qǐyǒucǐlǐ 성 어찌 이럴 수가 있단
말인가?
起草 qǐcǎo 통 기초하다, 글의 초안을
작성하다
起伏 qǐfú 통 기복을 이루다, 변화하다
起码 qǐmǎ 혱 최소한의 부 적어도
起源 qǐyuán 통 기원하다
气概 qìgài 명 기개
气魄 qìpò 명 패기, 힘, 세력
气势 qìshì 명 기세
迄今为止 qìjīnwéizhǐ 성 지금에
이르기까지
掐 qiā 통 꼬집다, 끊다, 누르다
恰到好处 qiàdàohǎochù 성 (말·행동
등이) 꼭 들어맞다
恰巧 qiàqiǎo 부 때마침, 공교롭게
洽谈 qiàtán 통 협의하다, 상담하다
千方百计 qiānfāngbǎijì 성 갖은 방법을 다
써 보다
牵扯 qiānchě 통 연루되다, 관련되다
牵制 qiānzhì 통 견제하다
迁就 qiānjiù 통 영합하다, 끌려가다
迁徙 qiānxǐ 통 이주하다
谦逊 qiānxùn 혱 겸손하다
签署 qiānshǔ 통 정식 서명하다
前提 qiántí 명 전제, 전제 조건, 선결 조건
潜力 qiánlì 명 잠재 능력, 저력
潜移默化 qiányímòhuà 성 무의식 중에
감화되다, 영향을 받아 은연중에
변하다
谴责 qiǎnzé 통 비난하다, 질책하다
抢劫 qiǎngjié 통 강탈하다, 약탈하다

抢救 qiǎngjiù 통 서둘러 구호하다
强迫 qiǎngpò 통 강요하다, 강제로 시키다
桥梁 qiáoliáng 명 교량, 다리
窍门 qiàomén 명 방법
翘 qiào 통 치켜들다
切实 qièshí 혱 친절하다, 적절하다
锲而不舍 qiè'érbùshě 성 나태함 없이
끈기있게 끝까지 해내다
侵犯 qīnfàn 통 침범하다
钦佩 qīnpèi 통 경복하다, 탄복하다
勤俭 qínjiǎn 혱 근검하다
勤劳 qínláo 혱 열심히 일하다
清澈 qīngchè 혱 맑고 투명하다
清除 qīngchú 통 깨끗이 없애다
清晰 qīngxī 혱 또렷하다, 분명하다
倾听 qīngtīng 통 귀를 기울여 듣다, 경청하다
倾向 qīngxiàng 통 쏠리다 명 경향
倾斜 qīngxié 혱 기울다, 경사지다
晴朗 qínglǎng 혱 쾌청하다
请柬 qǐngjiǎn 명 청첩장, 초대장
屈服 qūfú 통 복종하다, 굴복하다
曲折 qūzhé 혱 굽다, 꼬불꼬불하다
驱逐 qūzhú 통 몰아내다, 쫓아내다
渠道 qúdào 명 관개 수로
取缔 qǔdì 통 단속하다
取消 qǔxiāo 통 효력을 잃다, 취소하다
圈套 quāntào 명 계책, 덫, 함정, 올가미
全力以赴 quánlìyǐfù 성 (어떤 일에) 모든
힘을 쏟다
权衡 quánhéng 통 따지다, 고려하다
权威 quánwēi 명 권위
缺陷 quēxiàn 명 결함, 결점, 부족한 점
确保 quèbǎo 통 확보하다, 확실하게
보증하다
饶恕 ráoshù 통 처벌을 면하게 하다,
용서하다
热泪盈眶 rèlèiyíngkuàng 성 매우
감격하다
人间 rénjiān 명 인간, 세간, 세상
仁慈 réncí 혱 인자하다
忍受 rěnshòu 통 견디다, 버티다, 참다
任意 rènyì 부 제멋대로, 마음대로
任重道远 rènzhòngdàoyuǎn 성 짐은
무겁고 길은 멀다, 책임이 막중하다
日新月异 rìxīnyuèyì 성 매일 새롭고 매월
다르다, 나날이 새로워지다
容纳 róngnà 통 수용하다, 받아들이다
溶解 róngjiě 통 녹다, 용해되다
融洽 róngqià 혱 관계가 좋다, 사이좋다
柔和 róuhé 혱 연하고 부드럽다, 온화하다
揉 róu 통 (손으로) 문지르다, 비비다

剧烈 jùliè 쥉 극렬하다, 격렬하다

聚精会神 jùjīnghuìshén 쪙 정신을 집중하다

觉悟 juéwù 쯍 깨닫다, 자각하다, 인식하다 쪙 의식, 자각

觉醒 juéxǐng 쯍 각성하다, 깨닫다

倔强 juéjiàng 쥉 강하고 고집스럽다

开除 kāichú 쯍 해고하다, 해임하다

开阔 kāikuò 쥉 넓다, 광활하다

开辟 kāipì 쯍 (길을) 열다

开拓 kāituò 쯍 개척하다, 확장하다

开展 kāizhǎn 쯍 넓히다, 확대시키다

刊登 kāndēng 쯍 싣다, 게재하다, 등재하다

勘探 kāntàn 쯍 탐사하다

砍伐 kǎnfá 쯍 나무를 베다

慷慨 kāngkǎi 쥉 아낌 없이 후하게 대하다, 북받치다

靠拢 kàolǒng 쯍 접근하다, 근접하다

磕 kē 쯍 부딪치다

可观 kěguān 쥉 대단하다

可行 kěxíng 쥉 실행 가능하다

刻不容缓 kèbùrónghuǎn 쪙 잠시라도 지체할 수 없다

啃 kěn 쯍 갉아먹다

恳切 kěnqiè 쥉 간절하다, 진지하다

坑 kēng 쯍 함정에 빠뜨리다 쪙 구덩이, 갱

空前绝后 kōngqiánjuéhòu 쪙 전무후무하다

空洞 kōngdòng 쪙 공동 쥉 내용이 없고 공허하다

空虚 kōngxū 쥉 텅 비다, 공허하다

恐吓 kǒnghè 쯍 위협하다, 협박하다

空隙 kòngxì 쪙 틈, 겨를, 시간

枯燥 kūzào 쥉 무미건조하다

苦尽甘来 kǔjìngānlái 쪙 쓴 것이 다하면 단 것이 온다

挎 kuà 쯍 걸다, 메다, 차다

跨 kuà 쯍 큰 걸음으로 뛰어넘다, 한계를 뛰어 넘다

宽敞 kuānchang 쥉 넓다, 널찍하다

框架 kuàngjià 쪙 틀, 뼈대

亏待 kuīdài 쯍 박대하다, 푸대접하다

亏损 kuīsǔn 쯍 적자 나다, 손해를 보다

捆绑 kǔnbǎng 쯍 (밧줄로) 묶다, 포박하다

扩充 kuòchōng 쯍 확충하다

扩散 kuòsàn 쯍 확산하다

扩张 kuòzhāng 쯍 넓히다, 확장하다

狼狈 lángbèi 쥉 낭패스럽다, 궁색하다

捞 lāo 쯍 건지다

牢骚 láosāo 쪙 불평, 불만

唠叨 láodao 쯍 되풀이하여 말하다

冷酷 lěngkù 쥉 냉혹하다, 가혹하다

愣 lèng 쯍 멍해지다, 어리둥절하다, 넋 놓다

理睬 lǐcǎi 쯍 거들떠보다, 상대하다

理所当然 lǐsuǒdāngrán 쪙 마땅히 이러해야 한다

理直气壮 lǐzhíqìzhuàng 쪙 이유가 충분하여 말에 힘이 있다

力求 lìqiú 쯍 온갖 노력을 하다

力所能及 lìsuǒnéngjí 쪙 자신의 능력으로 해 낼 수 있다

力争 lìzhēng 쯍 힘껏 구하다, 힘쓰다

立足 lìzú 쯍 발붙이다, 입지를 세우다

历来 lìlái 씁 역대로, 줄곧, 항상

利害 lìhai 쪙 이익과 손해 쥉 심하다

连年 liánnián 쯍 몇 해 동안 이어지다

连锁 liánsuǒ 쥉 연쇄적인

廉洁 liánjié 쥉 청렴하다

谅解 liàngjiě 쯍 양해하다

辽阔 liáokuò 쥉 광활하다, 아득히 넓다

列举 lièjǔ 쯍 열거하다, 늘어놓다

淋 lín 쯍 (액체가) 떨어지다, 젖다

吝啬 lìnsè 쥉 인색하다

零星 língxīng 쥉 소량의, 자질구레한

灵感 línggǎn 쪙 영감

灵魂 línghún 쪙 영혼

灵敏 língmǐn 쥉 (반응이) 빠르다, 민감하다

伶俐 línglì 쥉 영리하다, 총명하다

领会 lǐnghuì 쯍 이해하다, 깨닫다, 납득하다

领悟 lǐngwù 쯍 깨닫다, 이해하다

领袖 lǐngxiù 쪙 지도자, 우두머리

溜 liū 쯍 활강하다, 미끄러지다

留恋 liúliàn 쯍 미련을 가지다, 그리워하다

留神 liúshén 쯍 주의하다

流露 liúlù 쯍 드러내다, 표출하다, 보이다

隆重 lóngzhòng 쥉 성대하고 엄숙하다

聋哑 lóngyǎ 쥉 귀가 먹고 말도 못하다

垄断 lǒngduàn 쯍 독점하다, 독차지하다

笼罩 lǒngzhào 쯍 덮다, 뒤덮다

搂 lǒu 쯍 안다, 껴안다, 부둥키다

轮廓 lúnkuò 쪙 윤곽

论坛 lùntán 쪙 논단, 대중에게 의견을 진술하는 곳

06 day　751~900

啰唆 luōsuo 쥉 말이 많다

络绎不绝 luòyìbùjué 쪙 왕래가 빈번하여 끊이지 않다

落成 luòchéng 쯍 완공되다, 낙성되다

落实 luòshí 쯍 실현하다, 수행하다

屡次 lǚcì 씁 자주, 종종, 되풀이하여

履行 lǚxíng 쯍 이행하다, 실천하다

掠夺 lüèduó 쯍 약탈하다, 탈취하다

麻痹 mábì 쯍 마비되다 쥉 경각심을 늦추다

埋伏 máifú 쯍 매복하다 쪙 매복병

迈 mài 쯍 내딛다, 나아가다 쥉 늙다

脉搏 màibó 쪙 맥박

漫长 màncháng 쥉 (시간·길이) 멀다, 길다

茫茫 mángmáng 쥉 아득하다, 망망하다

茫然 mángrán 쥉 멍하다, 막연하다

盲目 mángmù 쥉 맹목적, 무작정, 눈먼

冒充 màochōng 쯍 사칭하다, ~인 체하다

茂盛 màoshèng 쥉 (식물이) 우거지다

媒介 méijiè 쪙 매개자, 매개체

媒体 méitǐ 쪙 대중 매체, 매스 미디어

萌芽 méngyá 쯍 싹트다, 움트다

猛烈 měngliè 쥉 맹렬하다 씁 급격히

弥补 míbǔ 쯍 메우다, 보충하다

弥漫 mímàn 쯍 자욱하다, 가득하다

免得 miǎnde 쩝 ~하지 않도록

免疫 miǎnyì 쪙 면역

勉励 miǎnlì 쯍 격려하다

勉强 miǎnqiǎng 쥉 간신히, 마지못하다

描绘 miáohuì 쯍 그리다, 묘사하다

渺小 miǎoxiǎo 쥉 매우 작다, 보잘것없다

蔑视 mièshì 쯍 멸시하다, 깔보다

敏捷 mǐnjié 쥉 민첩하다, 빠르다,

敏锐 mǐnruì 쥉 예민하다, 예리하다

名额 míng'é 쪙 정원, 인원 수

名副其实 míngfùqíshí 쪙 명실상부하다

命名 mìngmíng 쯍 명명하다, 이름짓다

模式 móshì 쪙 양식, 패턴, 모델

摩擦 mócā 쯍 마찰하다 쪙 [물리] 마찰

魔术 móshù 쪙 마술

抹杀 mǒshā 쯍 말살하다, 없애다

莫名其妙 mòmíngqímiào 쪙 영문을 알 수 없다, 대단히 오묘하다

默默 mòmò 씁 묵묵히, 말없이

谋求 móuqiú 쯍 강구하다, 모색하다

目睹 mùdǔ 쯍 직접 보다, 목도하다

纳闷儿 nàmèn 쯍 답답해하다, 갑갑해하다

耐用 nàiyòng 쥉 오래 쓸 수 있다, 질기다

难堪 nánkān 쥉 난감하다, 난처하다

难免 nánmiǎn 쯍 면하기 어렵다

难能可贵 nánnéngkěguì 쪙 어려운 일을 해내서 귀중하게 여길 만하다, 아주 기특하다

恼火 nǎohuǒ 쯍 화내다 쥉 견딜 수 없다

内涵 nèihán 쪙 내포, 내용, 의미

能量 néngliàng 쪙 에너지, 능력, 역량

拟定 nǐdìng 쯍 입안하다, 초안을 세우다

年度 niándù 쪙 연도

捏 niē 쯍 집다, 잡다, 빚다

拧 níng 쯍 비틀다, 꼬집다

凝固 nínggù 쯍 응고하다, 정체되다

凝聚 níngjù 쯍 맺히다, 응집하다, 모으다

宁肯 nìngkěn 씁 차라리 ~할지언정, 설령 ~할지라도

宁愿 nìngyuàn 씁 차라리 ~할지언정

扭转 niǔzhuǎn 쯍 되돌리다, 반전하다

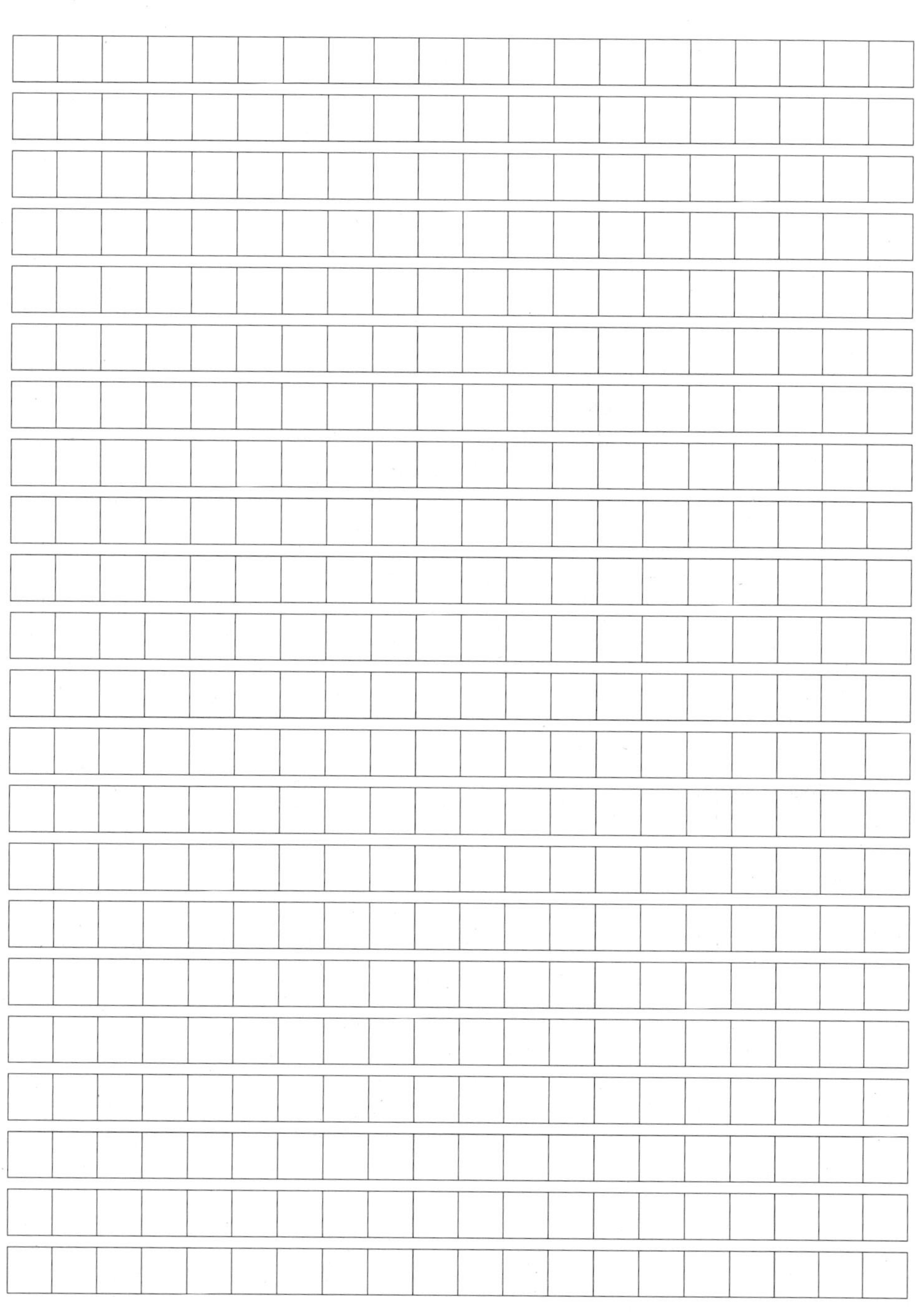

新汉语水平考试
HSK(六级)

注　意

一、HSK(六级)分三部分：

    1.　听力(50题，约35分钟)

    2.　阅读(50题，50分钟)

    3.　书写(1题，45分钟)

二、**听力结束后，有5分钟填写答题卡。**

三、全部考试约140分钟(含考生填写个人信息时间5分钟)。

一、听 力

第一部分

第 1–15 题：请选出与所听内容一致的一项。

1. **A** 小女孩没有花钱
   B 西瓜一块钱一斤
   C 小西瓜比大西瓜甜
   D 瓜农答应了小女孩的要求

2. **A** 第一印象很关键
   B 演讲时表情很重要
   C 演讲时间不能太长
   D 演讲要注意把握节奏

3. **A** 狮子是兽中之王
   B 狮子懂得雕刻技术
   C 狮子和人互相看不起
   D 石碑是狮子雕刻的

4. **A** 食疗历史很长
   B 食疗有副作用
   C 良药苦口利于病
   D 食疗更适于急性病

5. **A** 感情需要培养
   B 一寸光阴一寸金
   C 婚姻不能强求
   D 品德需要培养

6. **A** 台风也有积极作用
   B 人们无法预测台风
   C 地球温度在逐年上升
   D 台风影响水资源分配

7. **A** 有付出才有回报
   B 期望越高失望越大
   C 人们对亲近的人期望更高
   D 人们常常对陌生人发火

8. **A** 万事开头难
   B 创造需要继承
   C 人无远虑，必有近忧
   D 过于强调风险会失去好机会

9. **A** 小孩要去游泳
   B 吃糖对牙齿不好
   C 小孩很关心老人的身体
   D 小孩担心老人吃他的花生

10. **A** 火药出现于北宋
    B 欧洲人喜欢瓷器
    C 纸的发明促进了文化交流
    D 纸的出现促进了毛笔的产生

11. **A** 要少吃多餐

　　B 玻璃杯容易清洗

　　C 玻璃杯对身体有害

　　D 运动后要多喝水

12. **A** 性格决定命运

　　B 鞋要买大一点的

　　C 他人的经验要借鉴

　　D 适合自己的才是最好的

13. **A** 智力是天生的

　　B 情商受环境的影响

　　C 情商决定智商

　　D 情商影响人们的发展

14. **A** 习惯很难改变

　　B 中国人喜欢书法

　　C 做人要表里如一

　　D 要有自知之明

15. **A** 顾客总是对的

　　B 要合作也要竞争

　　C 打折才能吸引顾客

　　D 做生意就是跟人打交道

第二部分

第 16－30 题：请选出正确的答案。

16. **A** 准备退休
    B 续写了《红楼梦》
    C 希望年轻人多读书
    D 劝阻人们续写《红楼梦》

17. **A** 写作时间短
    B 重视故事的结局
    C 有自己的语言风格
    D 从曹雪芹的角度写

18. **A** 常常开玩笑
    B 妻子去世了
    C 身体不太好
    D 写这本书花了10年

19. **A** 受到好评
    B 无人关注
    C 引来很多争议
    D 受到年轻人的青睐

20. **A** 成立《红楼梦》研究学会
    B 让年轻人喜欢写作
    C 将《红楼梦》拍成电影
    D 让更多人去读《红楼梦》

21. **A** 脚踏实地地做事
    B 宏观看世界
    C 合理配置资源
    D 做事之前作好计划

22. **A** 企业利润不高
    B 经历过多次失败
    C 成功需要时间检验
    D 形成自己的品牌

23. **A** 有激情
    B 口才好
    C 谦虚谨慎
    D 有组织能力

24. **A** 吸引投资
    B 降低培训资本
    C 调整人才结构
    D 加大宣传力度

25. **A** 也很重要
    B 和能力成正比
    C 不能说明什么
    D 在实践中可以获得

26. **A** 有远大目标

   B 年龄最小

   C 常常得到表扬

   D 跟不上训练进度

27. **A** 兴趣

   B 荣誉感

   C 经济压力

   D 大家的鼓励

28. **A** 很枯燥

   B 能让人心态平衡

   C 反复训练很有必要

   D 影响队员的积极性

29. **A** 退役了

   B 现任国家队教练

   C 被称为"跳水皇后"

   D 得过两次奥运会冠军

30. **A** 不够努力

   B 天分稍差

   C 心理素质好

   D 充满幻想

第三部分

第 31-50 题：请选出正确答案。

31. **A** 珍珠不够光滑
    B 想把它变小点儿
    C 想在中间穿个洞
    D 珍珠上有个黑点儿

32. **A** 被毁掉了
    B 被人偷走了
    C 被做成了项链
    D 被渔夫买掉了

33. **A** 资金要慢慢积累
    B 选珍珠主要看大小
    C 不能过分追求完美
    D 失去的东西更珍贵

34. **A** 没有误差
    B 有利也有弊
    C 有很多好处
    D 优越性很大

35. **A** 提高记忆力
    B 爱好更加广泛
    C 培养阅读的精神
    D 智力得到很好的开发

36. **A** 缺少耐心
    B 在北大读书
    C 强调道德的重要性
    D 他孩子爱看书

37. **A** 要教孩子理财
    B 做孩子的榜样
    C 常常与老师交流
    D 发现孩子的兴趣所在

38. **A** 父母
    B 自己
    C 战友
    D 大学同学

39. **A** 能否独处
    B 生活是否充实
    C 是否见义勇为
    D 是否有许多朋友

40. **A** 善于倾听
    B 主动沟通
    C 无条件支持
    D 理性的关爱

41. A 猎物太少

  B 自己反应太慢

  C 没有好的猎犬

  D 注意力不集中

42. A 先赚钱

  B 请亲戚帮忙

  C 向老猎人请教

  D 换个地方打猎

43. A 扩大企业规模

  B 提高员工福利

  C 找出问题的根源所在

  D 掌握市场信息

44. A 保养

  B 知识丰富

  C 要有手段

  D 追求内秀

45. A 感情丰富

  B 爱读书的人

  C 善于表达

  D 会打扮的人

46. A 不活泼

  B 非常漂亮

  C 心胸狭窄

  D 文化水平低

47. A 怎样让自己更年轻

  B 女性如何提升气质

  C 职场女性应该如何化妆

  D 获得上司信任的秘诀

48. A 雨量充沛

  B 比较干旱

  C 主要分布在温带

  D 喜欢寒冷地带

49. A 没有经济价值

  B 药用价值很高

  C 是一种农作物

  D 可以美化环境

50. A 胸有成竹

  B 竹子和熊猫

  C 竹子的典故

  D 竹子浑身都是宝

二、阅 读

第一部分

第 51–60 题：请选出有语病的一项。

51. **A** 对于一辆车来说，外观真的很重要。

    B 风既有大小，又有方向。因此风预报包括风速和风向。

    C 正所谓"宝马赠英雄"，在古代，马常被当作为珍贵的礼物给英雄赠送。

    D 傣族人把孔雀作为自己民族精神的象征，孔雀舞是最具傣族代表性的舞蹈。

52. **A** 与上海相比，北京的天气要冷得多。

    B 爱是一种付出，是一种不需要回报的给予。

    C 深秋的香山，是人们登高远眺、观赏红叶的好时候。

    D 陕西历史博物馆以其丰富的文物藏品，被誉为华夏宝库。

53. **A** 在王洛宾改编的歌曲，最著名的是《在那遥远的地方》。

    B 他带着异样的眼光来提问题，给我的感觉很不舒服。

    C 成功的人看前面的机会，失败的人只看后面的机会。

    D 频繁的骨折让他的腿肌开始萎缩，身高至今只有86厘米。

54. **A** 吸烟没有安全剂量，吸入的每一支烟都会有损害健康。

    B 人与人之间能走到一起，第一个是建立在彼此欣赏的基础上的。

    C 有时帮助别人，并不是为了听他说一声谢谢，只是为了得到一种心理满足。

    D 果汁的营养和水果比起来有大差距，一定不要把它们混为一谈。

55. **A** 愚者错失机会，智者善抓住机会，成功者创造机会。

　　B 人生最精彩的不是实现理想的瞬间，但是实现理想的过程!

　　C 要战胜孤独，就要学会为别人着想，多花一些时间和精力去关心别人。

　　D 人在看电视和读书时，参与活动的心理机制是不同的。

56. **A** 如果我们把工作当成赚钱的工具，那工作便成了一种庸俗的劳累。

　　B 吸烟危害健康，不但会导致肺癌，还会增加脑血管病的发病率。

　　C 她性格特别温柔，是典型的贤妻良母，每天为全家人的饮食起居操心。

　　D 有没有顽强的毅力和脚踏实地的精神，是一个人取得成功的关键。

57. **A** 有时候你会有这样的感受，越是熟悉，越是很难说明它的具体情况。

　　B 他是一个很有魅力的男人，我每次看到他的时候都保持着独特的微笑。

　　C 说话时的态度会影响别人对你的第一印象，应该有礼貌而且有自信。

　　D 无论是刮风下雨，还是大雪纷飞，他都会坚持晨跑，从不间断。

58. **A** 经济发展不仅意味着国民经济规模的扩大，更意味着经济和社会生活质量的提高。

　　B 只顾经济发展，不注意环保，对人类来说是一种自杀行为，最终会导致资源枯竭，环境恶化严重。

　　C 在现代社会，要想成为一名成功人士，创造卓越的成就，就必须从培养良好的个人习惯入手。

　　D 小时候大家都有在自家院子里玩"跳房子"的经历，这个游戏虽然很简单，但是很有趣，随着很多孩子度过了童年。

59.　A 纵观古今中外所有的成功者，他们都对工作和事业爱得如痴如醉，正是
　　　　这种热情，点燃了他们耀眼的成功。

　　　B 他站在那里一直不说话，看起来很老老实实，一点也不淘气，这就是我
　　　　对他的第一印象。

　　　C 精力充沛之人的四周，几乎整日都充满着各种各样的机会，忙得他们分
　　　　身乏术。

　　　D 书是人类最好的朋友、最好的老师，是人类获得知识的重要途径之一。
　　　　博览群书的人是值得人们尊重的人。

60.　A 一年365天她每天让女儿平均练习5小时的钢琴和小提琴，如果弹不好，
　　　　她还不让女儿吃饭、喝水，直到弹奏正确为止。

　　　B 应聘这个工作一定要有很强的文字功底，有热情和团结合作的精神，最
　　　　好还要有相关的工作经验的人。

　　　C 乔布斯在业内被称为"创新之王"，他彻底改变了计算机、音乐以及通信
　　　　世界。

　　　D 随着交通和通讯的发展，世博会已变成思考人类共同关心的问题、宣传
　　　　举办城市、发展地区经济的实用活动。

第二部分

第 61–70 题：选词填空。

61. 小时侯，幸福是一件东西，______就幸福；长大后，幸福是一个______，
    达到就幸福；成熟后，发现幸福原来是一种心态，______就幸福。

    | A 拥护 | 眼光 | 奉献 | B 占有 | 目光 | 贡献 |
    | C 拥有 | 目标 | 领悟 | D 拥抱 | 标志 | 觉悟 |

62. 羽毛球运动是全身运动项目，可增大上下肢和腰的活动能力，能有效地消
    除久坐、久视对身体的______影响。羽毛球运动虽然有很多好处，但也
    ______打的时间越长越好。打球之前，一定要做好______的准备活动。

    | A 不良 | 并非 | 充分 | B 严峻 | 无非 | 充足 |
    | C 恶劣 | 除非 | 充沛 | D 艰巨 | 避免 | 充实 |

63. 什刹海始为元、明、清三代城市______和水系的核心。 乘坐老北京黄包车
    ______什刹海美景，沿途胡同、四合院景点随意逛，还可观看老北京堂会
    表演——天桥杂技绝活! ______老北京的味道。

    | A 划分 | 观光 | 承受 | B 规划 | 游览 | 感受 |
    | C 计划 | 游览 | 体会 | D 策划 | 登陆 | 感染 |

64. 所谓尺有所短，寸有所长。所以我们切不可骄傲______，每个人都应该
    ______学习别人的长处，______自己的短处。用不着______。

    | A 自满 | 虚心 | 弥补 | 自卑 |
    | B 自私 | 谦虚 | 补偿 | 悲观 |
    | C 自觉 | 称心 | 补救 | 卑劣 |
    | D 自立 | 甘心 | 补贴 | 卑鄙 |

65. "泥人张"彩塑创作______广泛。"泥人张"彩塑用色简雅明快，用料
______，所______的泥人历经久远，不燥不裂，栩栩如生，在国际上享有
极高的______。

A 课题	注重	扎	名誉
B 课程	着重	绣	荣誉
C 器材	追究	拽	信誉
D 题材	讲究	捏	声誉

66. 音乐能______情绪，但这种调节作用遵循一定的______。比如，一个人在
悲伤、烦恼时，可以听一些伤感的音乐，从而使不良情绪得以______；而
一个人在思绪凌乱、烦躁______时，可以听一些轻音乐，以引发平静舒畅
的感觉。

A 调理	原则	减缓	慌乱
B 调节	原理	释放	不安
C 调整	准则	缓解	紧张
D 整理	规则	排放	心乱

67. 一般认为，女性要想取得______上的成功，一定要变得"很男人"。但最近
研究______，太像男人的女性反而______很难被大家接受，因为那样的女
性______太没有女人味了。

A 事业	表明	通常	显得
B 职业	表示	往往	觉得
C 职场	表达	一般	变得
D 企业	显示	常常	长得

68. 清初，徽剧______于安徽及江浙一带，在南方流传甚广。清乾隆年间，四大徽班先后进入北京演出，名噪华夏，逐渐变得______。清道光、咸丰年间，徽剧在北京同湖北汉剧等剧种______，逐渐______成京剧。

A 著名	脍炙人口	合伙	转变
B 流行	众所周知	联合	进化
C 进行	举世闻名	合作	变化
D 盛行	家喻户晓	结合	演变

69. 驾着无动力的小舟，利用船桨______好方向，在时而湍急时而平缓的水流中顺流而下，在与大自然抗争中演绎精彩的______，这就是漂流，一项勇敢者的运动。而今很多人都在寻找这样一种区别于______生活的独特感受。就是这样一种感受，使______人为之倾倒，并成为他们生活的一部分。

A 把握	期间	平庸	现代
B 平衡	刹那	普通	世界
C 掌握	瞬间	平凡	都市
D 抓住	一瞬	一般	城市

70. 想要做研究就一定要善于______、善于思考。另外，当然还要具备非同一般的毅力，对自己的目标能坚定不移、______地追求。这样才能在______的生活和事物中发现深刻的主题，让自己在茫茫人海中______。

A 观察	孜孜不倦	司空见惯	脱颖而出
B 查看	息息相关	视若无睹	百里挑一
C 查找	滔滔不绝	旁若无人	出类拔萃
D 检查	依依不舍	习以为常	鹤立鸡群

<h1 style="text-align:center">第三部分</h1>

第 71–80 题：选句填空。

71–75.

　　在现实生活中，你和谁在一起的确很重要，甚至能改变你的成长轨迹，(71)＿＿＿＿＿＿。和什么样的人在一起，就会有什么样的人生。和勤奋的人在一起，你不会懒惰；和积极的人在一起，你不会消沉；与智者同行，你会不同凡响；与高人为伍，你能登上巅峰。

　　科学家研究认为："人是唯一能接受暗示的动物。"积极的暗示，会对人的情绪和生理状态产生良好的影响，(72)＿＿＿＿＿＿，发挥人的超常水平，使人进取，催人奋进。远离消极的人吧！否则，(73)＿＿＿＿＿＿，使你渐渐颓废，变得平庸。

　　积极的人像太阳，照到哪里哪里亮；消极的人像月亮，初一十五不一样。态度决定一切。有什么态度，就有什么样的未来；性格决定命运。有怎样的性格，就有怎样的人生。

　　有人说，(74)＿＿＿＿＿＿：上学时遇到好老师，工作时遇到一位好上司，成家时遇到一个好伴侣。有时他们一个甜美的笑容，一句温馨的问候，(75)＿＿＿＿＿＿；生活中最不幸的是：由于你身边缺乏积极进取的人，缺少远见卓识的人，使你的人生变得平平庸庸，黯然失色。

A 激发人的内在潜能

B 他们在不知不觉中偷走你的理想

C 决定你的人生成败

D 人生有三大幸事

E 就能使您的人生与众不同，光彩照人

76 – 80.

其实，传说中的仙鹤，就是丹顶鹤，它是生活在沼泽或浅水地带的一种大型涉禽，(76)______________。某些地区的居民，用丹顶鹤象征幸福、吉祥、长寿和忠贞。(77)______________，殷商时代的墓葬中，就有鹤的形象出现在雕塑中。春秋战国时期的青铜器中，鹤体造型的礼器就已出现。

丹顶鹤体长在1.2米以上，全身几乎都是纯白色，(78)______________及喉、颊和颈部是暗褐色，嘴呈灰绿色，脚呈灰黑色。

丹顶鹤是动物界真正坚守"一夫一妻制"的动物。对人类文化来说，一夫一妻制很普遍，但在广大的动物王国里却很稀少。(79)______________，就会夫妻恩爱，忠贞不渝，长相厮守，白头偕老。如果有一只因病或意外死亡，留下的一只不会再行婚配。更有感情至深者会不饮不食，长叫悲鸣不止，直至抑郁悲痛而死。

每年的秋末冬初，(80)______________，飞到盐城沿海滩涂，每年大约有800–1000只丹顶鹤在此越冬，最多时有1020只。

A 只是头顶裸出部分鲜红色

B 在各时期的文学和艺术品中屡有出现

C 它们一旦选好了配偶

D 有"湿地之神"的美称

E 丹顶鹤开始从北方的繁殖地向南方迁飞

第四部分

第 81-100 题：请选出正确答案。

81-84.

笛子是中国广为流传的吹奏乐器，因为是用天然竹材制成，所以也称为"竹笛"。虽然也有石笛和玉笛。不过，制作笛子的最好原料仍是竹子，因为这种材料的笛子声音效果最好。

笛子由一根竹管做成，里面去节，在管身上开有一个吹孔、一个膜孔、六个音孔。吹孔是笛子的第一个孔，气流由此吹入，使管内空气振动而发音。膜孔是笛子的第二个孔，专用来贴笛膜，笛膜多用芦苇膜或竹膜做成，笛膜经气流振动，便发出清脆而圆润的乐音。

笛子虽然短小简单，但它却有七千年的历史。大约在四千五百多年前的时候，笛子由骨制改为竹制，被叫做"骨笛"。在公元前1世纪末汉武帝时，笛子称为"横吹"，它在当时的鼓吹乐中占有相当重要的地位。从7世纪开始，笛子又有了改进，增加了膜孔，使它的表现力有了很大的发展，并且演奏技术也发展到相当高的水平。

笛子的表现力非常丰富，它既能演奏悠长、高亢的旋律，又能表现辽阔、宽广的情调，同时也可以奏出欢快华丽的舞曲和婉转优美的小调。然而，笛子的表现力不仅仅在于优美的旋律，它还能表现大自然的各种声音。比如模仿各种鸟叫等。笛子不但演奏技巧丰富，而且它的品种也多种多样，有曲笛、梆笛、定调笛、加键笛、玉屏笛、七孔笛、十一孔笛等，并形成了风格迥异的南北两派。

元朝以后笛子与现在类似，随着宋词元曲的崛起，戏曲蓬勃发展，笛子成为很多剧种的伴奏乐器，并按伴奏剧种不同分为两类：梆笛和曲笛。在民间戏曲以及少数民族剧种的乐队里，笛子也是不可缺少的乐器。

81. 关于"吹孔"，下列哪项正确？

A 一共有两个

B 空气由此进入

C 用来贴笛膜

D 处于膜孔和笛膜之间

82. 第三段中，"骨笛"的例子说明什么？

    A 笛子很短小
    B 笛子很早就出现了
    C 可以演奏各种声音
    D 笛子在鼓吹乐中的重要性

83. 关于第四段，下列哪项正确？

    A 笛子极具表现力
    B 笛子更适合演奏小曲
    C 笛子无法模仿自然声音
    D 七孔笛比十一孔笛更具有表现力

84. 本文的主要内容是：

    A 中国的笛文化
    B 笛子的制作工序
    C 笛子的种类
    D 中国南北笛子的不同风格

85–88.

　　相传春秋战国时，宋国一男子有一个家传的药方，专治冬季里手部的冻伤和龟裂。据说药方是祖上传下的，极具医用价值。可惜这个宋国人不懂得利用秘方赚钱，只是靠洗染布料为生，日子过得非常拮据。

　　一天，有位姓冯的远方亲戚来到宋国人家中做客，无意中知道了祖传药方的事。于是，这位冯姓亲戚考虑了一个晚上，第二天早上他跟宋国人商量，决定以五十两银子求购药方。对于宋国人来说，这可是天大的好事！于是宋国人召集全家老小商议，大家七嘴八舌，最后一致同意卖出药方，不过要价却是在原有的基础上多要一百两银子。没想到，冯姓亲戚没有犹豫，很痛快就答应了。

　　一年后，冯姓亲戚再次回到宋国。宋国人见他一身华服，乘坐豪华车马，周围还有侍卫随从，惊讶地询问缘由。冯姓亲戚坐在车里笑着对他说："我得到药方后，来到齐国，跟齐王说，今后将士们在冬季打仗就不用为冻手之事烦恼了。齐王当即就用了我的药方，效果立竿见影。齐王趁机攻打邻国，当时正值寒冬，齐国士兵因为涂抹了这种神奇的药膏，战斗力更强，一鼓作气大败邻国。事后，齐王很感激。"

　　同一个事物，在不同人眼里价值是完全不一样的。比如那个价值连城的药方，在宋国人眼里就是一个普通的偏方，而在姓冯的亲戚眼里却是"稀世珍宝"，他相信一旦投资得当，便可以创造出巨大的价值。

　　由此，我们可以得出结论：若想投资成功，你必须要具备一双敏锐的、能够发现黄金的"慧眼"。一些"宝贝"，由于人们的习惯性判断，使你觉得它似乎是没什么价值的。但是独具慧眼的人，却总能从中发现赚钱的机会。

85. 关于药方，下列说法正确的是：

　　A 没有什么太大的价值　　　　　B 宋国人卖了100两银子
　　C 帮助齐国赢得了胜利　　　　　D 冯姓亲戚又转手卖了

86. 根据本文，冯姓亲戚是怎样的人？

　　A 不诚实的人　　　　　　　　　B 很有生意头脑
　　C 是一个有名的医生　　　　　　D 原来靠洗染布料为生

87. "立竿见影"的意思是：

   A 没有什么效果

   B 能治疗各种疾病

   C 很快就发挥作用

   D 非常昂贵

88. 上文主要想告诉我们什么？

   A 宋国人的愚蠢

   B 要以诚待人

   C 小药方大效用

   D 机会需要发现

89-92.

　　有句成语叫做"冠冕堂皇"，这冠和冕就是古代帝王或官员戴的礼帽。史载，黄帝始创冠冕，可见帽子有着悠久的历史。最早的帽子主要是当作装饰品，它不像后世的帽子那样把头全盖住，而是只有狭窄的冠梁，遮头的一部分，两旁用丝带在颔下打结固定。

　　古代男子20岁开始戴冠，要举行冠礼，表示进入成年。至今在闽南和台湾，男子的成人仪式中必不可少的就是要戴一顶新帽子。

　　在古代，帽子曾经是权力等级的象征。汉朝时，天子戴的是九寸高"通天冠"，太子戴的是七寸高"远游冠"，乐师戴的是"方山冠"。"冕"的出现比"冠"要早，它前低后高，前方用丝线垂面，使目不斜视，两旁用丝线遮耳，表示不听谗言。一般只有皇子继承皇位时才能加"冕"。所以"冕旒"成了帝王的代称。现代人们以脱帽表示礼貌，但在古代却是失礼的举动。杜甫在《饮中八仙歌》中说，张旭酒醉后竟"脱帽露顶王公前"，是有失体统的。

　　说到帽子，自然要扯到具有中国特色的"乌纱帽"，作为权贵"头衣"的乌纱帽始于隋朝，并以帽上饰玉多寡区别官职大小。宋太祖赵匡胤登基后，为防议事时朝臣交头接耳，下诏书改变乌纱帽的样式：在乌纱帽的两边各加一个翅，这样只要脑袋一动，软翅就忽悠颤动。乌纱帽上装饰有不同的花纹，以区别官位的高低。

　　皇上居高临下，看得清清楚楚。朱元璋定都南京三年后作出规定，凡文武百官上朝和办公时，一律要戴乌纱帽，穿圆领衫束腰带。另外，取得功名而未授官职的状元、进士也可戴乌纱帽。从此，乌纱帽成为官员的一种特有标志。

　　如今，各式帽子还是识别民族和行业的标志。蒙古族喜欢戴狐皮帽，土族爱戴织锦帽，新疆和田维吾尔族妇女戴的是小花帽，直径仅十厘米，堪称迷你帽。江南颇具特色的是乌毡帽，它能冬经风雪夏遮阳，农民渔民四季都喜欢戴。

89. 关于"冠冕"，下列正确的是：

　　A 官员不能戴礼帽

　　B 古代的帽子把头全盖住

　　C 女子也要行冠礼

　　D 冕出现的更早

90. 在古代，不戴帽子表示什么？

   A 没有礼貌
   B 地位很高
   C 尚未成年
   D 没有官职

91. 关于"乌纱帽"，下列正确的是：

   A 开始于唐朝
   B 是宋太祖发明的
   C 可区别不同的官职
   D 目的是为了美观

92. 根据本文，下列正确的是：

   A 最早的帽子是为了区别官职
   B 杜甫不喜欢张旭
   C 状元不能戴乌纱帽
   D "通天冠"是皇帝戴的

93–96.

　　灰尘是人人讨厌的东西，它有碍环境卫生，危害人体健康。因此，古往今来，人们总是"时时勤拂拭，勿使染尘埃"。然而你可曾想到，人类的生息离不开灰尘。假如自然界真的没有灰尘，我们将面临怎样的境地呢？

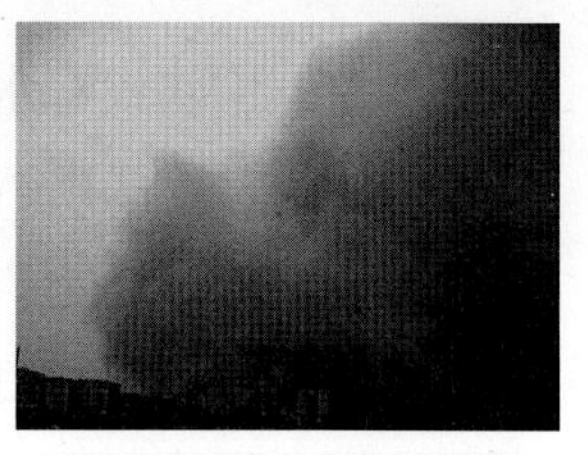

　　灰尘在吸收太阳部分光线的同时向四周反射光线，如同无数个点光源。阳光经过灰尘的散射，强度大大削弱，因而变得柔和。假如大气中没有灰尘，强烈的阳光将使人无法睁开眼睛。

　　大气中的气体容易散射紫、蓝、青三色光，所以一般情况下天空呈蓝色。灰尘则不同，它不加选择地散射七色阳光。我们看到遥远的天空随高度降低而逐渐由蓝变白，就是因为底层大气的灰尘含量较高。假如大气中没有灰尘，由于只存在气体对阳光的散射，整个天空将始终是蔚蓝色的。

　　灰尘大多具有吸湿性能。空气中的水蒸气，必须依附在灰尘上，才能凝结成小水滴。这样，当空气中的水蒸气达到饱和时，分散的水汽便依附着灰尘而形成稳定的水滴，可以在空中长时间地漂浮。假如空中没有灰尘，地面上的万物都将是湿漉漉的。更严重的是，天空不可能有云雾，也难以形成雨、雪来调节气候，从地面上蒸发到大气上空的水也就不可能再回到地面上来。假如地球上的水越来越少，最后完全干涸，生物就不能生存导致灭绝。此外，由于这些小水滴对阳光的折射作用，才会有晚霞朝晖、闲云迷雾、彩虹日晕等气象万千的自然景色。

93. 第一段中划线句子是什么意思？

　　A 灰尘的作用很大

　　B 要保持清洁

　　C 要保护环境

　　D 要热爱大自然

94. 如果没有灰尘，会变得怎么样？

　　A 天空将不再是蓝色

　　B 阳光会变得更强烈

　　C 将没有白天和黑夜的区分

　　D 人们会容易得皮肤病

95. 关于没有灰尘的世界，正确的是：

　　A 空气中将没有水蒸气
　　B 会时常有暴雨、大雪
　　C 地面的水将不再蒸发
　　D 云雾的形成没有可能了

96. 本文的主要内容是：

　　A 灰尘的危害
　　B 你认识灰尘吗
　　C 要时刻保持卫生
　　D 奇妙的天气现象

97–100.

航空气象预报与一般的气象预报差异非常大。航空气象预报具有及时性、精细化、国际性的特点，且预报关注点与普通气象预报有所不同。

航空预报分为高空预报和机场预报两个方面。机场预报和观测报告在国际上有一些特定的格式，需要编码及解码。机场观测报告和机场预报，分别提供机场的定时观测数据及对未来数小时的天气预报，只有经过训练的航空公司签派员和飞行员才能读懂。飞机航行期间需要和很多国家交换预报资料，获得最新的预报信息。同时，飞机一般飞行在3万尺以上的高空上，因此，需要专门做一些特殊的高空的天气预报图。不过，一些先进国家正在考虑利用数值预报系统改进高空预报。

相对日常天气预报，航空天气预报要求的精细度更高，因此挑战还是很大的。航空天气预报要求定点、定时、定量，定点是指很具体的一个地方，就是机场；定时指要求具体的时间区间，例如起飞和降落时间的预报；定量，要求强度预报很准确具体。而在高空预报方面，民航气象中心主要利用卫星资料来观测，但准确的地点和时间预报也很难。

为了应对这样高要求的天气预报，民航气象中心利用人造卫星观测对流云团、台风，甚至火山灰来预报高空天气。在机场天气预报方面，使用专门的仪器测量"跑道视程"，专门观测跑道上面的能见度，同时也考虑灯光的影响。除了机场天气预报，航空天气预报也关注机场附近的天气、云底高度、湿度、温度等。

目前，民航气象使用的比较先进的观测设备主要是天气雷达。常规的雷达可以监测雷暴和台风；先进的多普勒雷达，一般安装在机场附近，可以监测风切变；更为先进的激光雷达则用于监测晴空风切变，因为一般的雷达需要依靠空气的水汽来监测，对晴空风切变无能为力。

97. 较之一般气象预报，航空气象预报：

A 随机性大

B 人们的关注点不同

C 播出的时间不同

D 观测难度相似

98. 关于机场预报，正确的是：

    A 技术水平有待提高

    B 国家间共同合作预报

    C 普通百姓也能看懂

    D 利用数字预报系统

99. 关于高空预报，正确的是：

    A 无法测出云底高度

    B 主要通过卫星系统观测

    C 测量"跑道视程"

    D 能报出具体的地点和时间

100. 关于普通"雷达"，下列哪项正确？

    A 能观测晴空风切变

    B 都安装在机场附近

    C 可观测暴雨和台风

    D 多普勒雷达比激光雷达更先进

三、书 写

第 101 题：缩写。

(1) 仔细阅读下面这篇文章，时间为10分钟，阅读时不能抄写、记录。
(2) 10分钟后，监考收回阅读材料，请你将这篇文章缩写成一篇短文，时间为35分钟。
(3) 标题自拟。只需复述文章内容，不许加入自己的观点。
(4) 字数为400左右。
(5) 请把作文直接写在答题卡上。

　　益川敏英在上大学的时候，遇上一件令他十分头痛的事情——他的英语成绩全年级最差。英语老师也不止一次敲着桌子对益川敏英说："你这么聪明的一个人，怎么会学不好英语？如果你的英语一直这样的话，你怎么有可能到外国去留学，又怎么可能读得懂英文版的课程？"

　　益川敏英做梦都想到英国的剑桥大学去留学，想成为像诺贝尔那样享誉世界的物理学家。但"英语"成为了自己的拦路虎，怎么办？益川敏英真的有点发愁了。

　　益川敏英决定突击英语，可是不管自己如何努力，还是提不起一点学习英语的热情。有时候益川敏英硬逼着自己大声朗诵英语，并且用英语和身边的同学对话，可是同学听了却是一脸茫然，反问他："你说的什么英语？我怎么一句也听不懂？"

　　益川敏英越逼自己学越生气，他看着手里这些在眼前活蹦乱跳的英文字母，真想一把火烧了自己所有的英语书。

　　英语不好，是不是真的就如许多教授说的那样，一生都不会有多大的成就？益川敏英跑去问自己最信任的物理教授。

　　教授想了好一会儿，说："很大的可能。因为你英语不好，就无法到外面去和别人进行学术交流；你英语不好，有许多新知识你就无法一下子领会到；你英语不好……"物理教授的话还没有说完，益川敏英伤心地往外跑。

　　看来自己这辈子成不了有成就的物理学家，更不可能像诺贝尔那样享誉世界，益川敏英越想越觉得自己前途暗淡，越这么想越觉得需要喝酒解愁。益川敏英走进一家酒馆，对着酒店老板大喊："上酒。"不一会儿，一只猴子拿着一瓶酒和一个杯子飞快地跑到益川敏英面前摆好，然后又飞快地去拿盘子和碟子。

益川敏英十分惊诧，他所有的关注点都在这只穿着格子衬衣的猴子侍应生身上，它在酒店中麻利地穿梭，手脚并用。益川敏英忽然想知道老板是怎么把猴子训练成功的。

酒店的老板对益川敏英说："人也好，动物也好，它总有一项功能是胜过于别人的，只要你寻找到了，并不断地挖掘它，训练它，持之以恒，那么不要说猴子会当侍应生，现在欧洲的猪不是也能排雷了吗？"

听完酒店老板的话，益川敏英忽然间觉得英语学得好坏对自己不是那么重要了，重要的是自己一直把物理学学好。

益川敏英大学毕业之后，留在了名古屋大学进行自己的物理学研究，后来到了京都产业大学，并且认识了自己的合作者小林诚。他和小林诚一起进行自发对称性破缺的实验。益川敏英在一次洗澡的时候突然想到"六元模型"，凭着"六元模型"实验的成功，益川敏英和小林诚一起获得了2008年的诺贝尔物理学奖。

2008年12月举办的诺贝尔奖颁奖晚会，是益川敏英的第一次国外旅行，因为在这之前，所有的外国学术会议，益川敏英都会以自己英语不好无法进行英语演讲而拒绝。现在看来，英语不好对于益川敏英来说又有什么关系，只要他找到了自己胜过别人的地方而加以持之以恒的努力，最后就一定能够成为享誉世界的物理学家。

(音乐，30秒，渐弱)

大家好！欢迎参加HSK (六级) 考试。
大家好！欢迎参加HSK (六级) 考试。
大家好！欢迎参加HSK (六级) 考试。

HSK (六级) 听力考试分三部分，共50题。
请大家注意，听力考试现在开始。

第一部分

第1到15题，请选出与所听内容一致的一项。现在开始第1题：

1. 在一片西瓜地旁边，有个小女孩站在田边问瓜农："我想买西瓜，可是我只有一块钱。"瓜农说："那我给你一个小西瓜。"小女孩说："好吧！但是现在先别摘，我过一段时间再来取。"瓜农答应了。一个月后，小女孩儿捧走了一个大西瓜。

2. 演讲时，演讲者的脸部表情会直接影响演讲的效果。紧张、喜悦等情绪都会清楚地表现在脸上，这很难由人的意志加以控制。演讲的内容可能很精彩，但如果表情缺乏自信，演讲就很容易变得欠缺说服力。

3. 有一头狮子与人同行赶路。他们看见一块刻着人征服狮子图像的石碑。于是，那人指着画面对狮子说："你看！事实证明，我们比你们强得多！"狮子笑着说："如果狮子会雕刻，那么你就会看到很多人倒在狮子脚下。"

4. 食疗在中国有着很久的应用历史。它既不苦口，也无毒副作用。因此，是病人乐于接受的治疗方法。食疗作用一般比较缓慢，不宜作为主要治疗手段，可作为慢性病的辅助治疗方法。

5. 人生没有彩排，不可重复，每一天都是现场直播。正因为时光流逝，一去不复返，
每一天都不可追回。因此，更要珍惜每一寸光阴。孝敬父母，疼爱孩子，体贴爱
人，善待朋友。

6. 台风给人类带来的破坏常让我们深恶痛绝。可是，如果没有台风，全世界的水荒会
更严重，地球上的冷热会更不均衡。热带会更热，寒带会更冷，而温带将不复存
在。难怪气象学家说："台风是人类生存的必需。"

7. 发脾气时，人们往往选择与自己更亲近的人，而不是自己讨厌的人。所谓亲近的人
就是大部分时间跟你在一起的人。我们发火，往往是因为我们对自己亲近的人给予
更多的期望。或许说，想从他们那里得到更多。

8. 对可能遇到的困难进行预防是完全有必要的。但是，有时候过高地估计困难，强调
风险会削弱拼搏的勇气，变得瞻前顾后、缩手缩脚，以致错过成功的良机。我们得
向歌词中唱的那样：该出手时就出手。

9. 公园的椅子上坐着一位老妇人。一个小孩子走过来问道："老婆婆，您的牙齿还好
吗？""不行了，都掉光了"老妇人回答。小孩子高兴极了，放心地拿出一包花生说：
"那请您先替我照看一下吧，我去踢球。"

10. 造纸术是中国古代四大发明之一。它与指南之、火药、印刷术一起，为中国古代文
化的繁荣提供了物质基础。纸的发明大大地促进了文化的传播与发展。

11. 玻璃杯不仅通透好看，而且与其它材质的杯子比起来，玻璃杯还是最健康的。玻璃
杯不含有机的化学物质，不用担心化学物质被喝进肚子里。而且杯子表面光滑，容
易清洗。所以，用玻璃杯喝水是最健康、最安全的。

12. 每个人都有自己的生活模式。适合某人穿的鞋也许另一个人穿起来会觉得痛苦不
堪。生活没有统一的标准，没有固定的模式。因此我们不要浪费时间模仿别人的生
活模式，找到适合自己的生活才是最重要的。

13. 人们一般认为，一个人能否取得成功，主要取决于智力水平，即智商越高，取得的
成功就越大。但现在，心理学家研究发现，情商水平对一个人能否取得成功也有重
大的影响，有时甚至超过智力水平。

14. 俗话说:"字是人的第二张脸。"中国人对书法的热爱程度是不言而喻的。虽然不是每一个人最终都能成为书法家，但书法已经成为一种文化，潜移默化地融入到中国人的生活当中。

15. 做生意的过程实际上是与人打交道的过程。人都是有感情的，以诚待人、以情感人是生意兴隆的关键之一。市场营销的最高境界就是赢得和占有顾客的心。得人心者得顾客，得顾客者得市场。

<h1 align="center">第二部分</h1>

第 16 到 30 题，请选出正确答案。现在开始第16到20题：

第 16 到 20 题是根据下面的一段采访：

女：各位观众大家好！今天我们请来了著名作家刘心武先生。刘先生历时七年完成了《刘心武续红楼梦》一书。此书一出，引发了很多争议。今天，我们想就这个话题跟他聊一聊。刘老师，您好！早在1922年，俞平伯先生就发表过《论续书的不可能》一文。他认为所有续写《红楼梦》的人注定要失败，因此提出此路不通的警告，免得年轻人枉费精力。您读过俞先生的这篇文章吗？

男：以前读过。

女：您动笔之前，有没有想过俞先生的忠告。

男：没有。俞先生是红学大家，是公认的权威。我一直都很尊敬他，可我从不迷信权威，不会因为俞先生说过这样的话，就不敢去尝试。

女：历史上不少人续写过《红楼梦》，您觉得您跟他们有什么不同？

男：他们是从自己的角度续写，而我是从曹雪芹的角度续写。在这个过程中，我不仅要揣摸曹雪芹的心理，还要模仿他的演绎风格。所以，难度要比别人大得多。

女：那这个写作过程倒是很苦呀！

男：苦中有乐吧！两年前，老伴儿去世了，儿子又不在身边，那个时候我心情极差，是红楼梦这个工作为我排遣了孤独和寂寞。从这个角度来说，不就成了快乐么！

女：嗯！您在续写《红楼梦》的时候，有没有感觉到自己的语言功力稍稍差了一点儿？

男：不是一点儿呀！语言上不仅比不了曹雪芹，就连高鄂也比不上。我已经万分小心了，可还是会闹笑话，从古人的嘴里说出现代的话。

女：书出版后引起这么大的争议，您当初想到过吗？

男：我当初以为会引起一些反响，但没想到会引来这么多批评。不过，这也是好事，至少带动了更多的人去读《红楼梦》，尤其是80后、90后的年轻人。我觉得这个是最大的意义。

16.　关于俞平伯，可以知道什么？

17.　男的觉得自己续写的《红楼梦》有何不同？

18.　关于男的，下列哪项正确？

19.　书出版后反响怎么样？

20.　男的认为，续写《红楼梦》最大的意义是什么？

第 21 到 25 题是根据下面一段采访：

女：各位网友大家好！今天我们有幸请来著名私营企业家新希望集团董事长刘永好先
生。刘先生您好！作为一位成功的企业家，您的成功主要靠什么？

男：我现在的成功只是相对的成功。一个企业是否成功要看20年、30年，甚至更长的时
间。我们才十几年的历史，应该说在十几年的过程中，取得了一定的成绩。以前确
实有不少人不少企业，一段时间做得非常好，一段时间又倒下去了。有人说是各领
风骚三五年，所以我现在还说不清楚我们是不是真的取得了成功。但很重要的一点
就是，我们按照自己的意愿努力去做，十多年如一日，脚踏实地去做。我觉得这是
最重要的。

女：您觉得这些经验还适用于现代的社会吗？

男：现代是知识经济的时代，知识经济带来一些新的机会，包括金融、网络、计算机、
生物工程等带来的机会。这些都必须在一定的基础上把握它。但是不管怎么样，关
键是靠努力去做。比如努力、信念、激情。这些东西都是用不完的，不管在什么时
代，都应该具备。

女：您的公司最需要什么样的人才？

男：我希望是有激情，敢说敢干的。当然，还要能够掌握一些现代知识，不怕吃苦，能
够拼搏的这样一些人。如果再有一定的经验就更好了。今年，我们投资了两千多
万，正在建一个培训中心。我们希望吸收一些新鲜的血液，使得我们企业的整个人
才结构有一个新的调整。我想这对我们企业的发展是有益的。

女：在选择人才的时候，您最看重学历吗？

男：学历当然重要！它标志着对知识的掌握程度。但是学问、知识或者本领并不只是在
学校中才能学到，更重要的是通过社会实践。一个人的素质通过学校的学习可以提
高，通过实践的锻炼也可以提高。这看你的努力、你的天分、应变精神，当然还有
机遇。

21. 男的认为成功主要靠什么？

22. 男的为什么说自己的成功是相对的？

23. 男的欣赏什么样的人？

24. 男的为什么要建培训中心？

25. 男的怎样看待学历？

第 26 到 30 题是根据下面一段采访：

男：各位网友大家好！今天我们请到的嘉宾是中国有名的跳水队员吴敏霞。

女：大家好！我是吴敏霞。

男：据说很多人都是在年龄很小的时候进入跳水队，几年，甚至是十几年跳下来。慢慢就成了队伍中的老大。从你的亲身经历来看，是这样吗？你还记得自己刚进跳水队的时候，是什么样子的吗？

女：是这样的。1998年，刚到国家队那会儿，我的年龄是最小的。那时候，每天就是跟着训练，自己也没有什么太多的想法，更多的就是想快点进步，能够跟上国家队的这个队伍。队伍中的姐妹们相互照顾，相互鼓励，一点一点帮助我成长起来。

男：其实，我们再看跳水的时候，享受的是那几秒钟的魅力，但是为了那种美丽，你付出的是每天十几个小时的努力。短时间下来可以理解，但是一跳就跳了十多年，是什么东西在支持着你？

女：其实跳水就跟你的工作一样，它也是我们的一项工作。但是，只要你对这项工作感兴趣，就会去坚持，也会有梦想。曾经我觉得跳水就是我的一种兴趣，一个努力的方向吧！

男：为了跳好一个动作，可能会成千上万次地重复这个动作。这是在我们看来比较枯燥的一个过程，你是怎样看待这一个过程的？

女：在比赛的时候，自己可能会出现不同的情况，比如心情和身体的感觉。你不知道正式上场时会有什么样的想法和情绪，所以我们在训练中必须反复地练习一个动作，做到在不同的环境下，都能把这个动作适应好，都把它练稳，才能在真正比赛的那一刻发挥出应有的水平。

男：我们都知道，你已经连续夺得了两届奥运会女子双人三米跳冠军。你说你还有梦想和目标，这个梦想和目标是奥运会的单人冠军吗？

女：我觉得我就是为了下一届奥运会努力，不管怎么样，我觉得作为一个运动员，没有这个梦想和动力的话，他就达不到这样一个成功的台阶。如果说天分的话，我觉得我可能比别的运动员差了一点儿，但是为了弥补自身的不足，我会在平时付出更多。所以，我在为下一届奥运会拼搏，而不是在为某个细小的目标拼搏。

26. 女的刚进国家队时什么情况？

27. 是什么让女的坚持了下来？

28. 女的怎么看跳水训练的过程？

29. 关于女的，可以知道什么？

30. 女的怎么评价自己？

第三部分

第 31 到 50 题，请选出正确答案。现在开始第31到33题：

第 31 到 33 题是根据下面一段话：

　　从前有个渔夫，他从海里捞出了一颗大珍珠，他爱不释手。但是美中不足的是珍珠上面有一个小黑点，渔夫心想若能将小黑点去掉，这颗珍珠将成为无价之宝。于是他就用刀去挖小黑点，可是刮了一层黑点仍在，再挖一层，黑点还在。刮到最后黑点儿的确消失了，可珍珠也不复存在了。人们往往因为坚持完美而失去一些他们认为可以拥有的东西。追求完美无缺的事物本是无可厚非的，然而这种愿望落空也是经常发生的事情，人们是不可能拥有绝对完美的。

　　31.　渔夫为什么要用刀刮珍珠？

　　32.　那颗珍珠最后怎么了？

　　33.　这段话想告诉我们什么？

第 34 到 37 题是根据下面一段话：

　　研究发现十四岁以前是一个人智力开发的关键时期，这个时期一个人的智力开发几乎可以占一个人智力开发总量的百分之九十。这是一把双刃剑，就是说一个学生在他十四岁之前学到他感兴趣的东西，他的智力会得到极大的开发，他散发出的能量确实是成年人无法想象的。我的孩子小时候喜欢看小人书，有一次，我给他买了一套《葫芦娃》，他妈便按照文字给他讲了一遍，没想到就讲了这一遍，毫不识字的他几乎就能复述下来。由此我发现了孩子的阅读能力，便不断地到书店给他买书，结果培养了孩子博览群书的好习惯，也为他以后轻松考取北京大学打下了坚实的基础。反之，如果十四岁之前，孩子学的是他不感兴趣的东西，甚至大人强迫孩子学习他不愿意学习的东西，那么他的智力很大程度上将会被扼杀，所以在孩子智力开发的关键时刻，一定不要逼着孩子去干他不想干的事情。反观现在很多家长违背孩子意愿给他的孩子报了很多学习班，当然他们的愿望是好的，但造成的后果是严重的。如果你觉得学习某样东西对孩子很重要，那么应该先观察孩子是否对这样东西感兴趣。

　　34.　双刃剑最可能是什么意思？

　　35.　十四岁之前学感兴趣的东西会怎么样？

　　36.　关于说话人，可以知道什么？

　　37.　根据这段话，家长应该注意什么？

第 38 到 40 题是根据下面一段话：

　　人生在世不能没有朋友，在所有朋友中不能缺了最重要的一个，那就是自己。缺了这个朋友，即使朋友遍天下，也只是表面热闹而已。一个人是不是自己的朋友，有一个可靠的测试标准，就是看他能否独处。独处时是否感到充实，如果他害怕独处，一心想逃避自己，他当然不是自己的朋友，能否和自己做朋友，关键在于有没有另一个自我，它实际上是一个人的更高的自我，这个自我以理性的态度关爱着另一个在世上愤愤的自我。理性的关爱正是友谊的特征。有的人不爱自己，一味自怨，仿佛是自己的仇人；有的人爱自己，却没有理性，一味自恋，俨然是自己的情人。在这两种场合更高的自我则是缺席的。成为自己的朋友这是人生很高的成就。

38. 根据这段话，最重要的朋友是谁？

39. 那个测试的标准是什么？

40. 什么是友谊的特征？

第 41 到 43 题是根据下面一段话：

　　齐国有一个喜欢打猎的人花费很多时间去打猎，结果却是一无所获。回家后觉得愧对家人，出门又觉得没脸见邻里好友，他仔细琢磨为什么自己总是打不到猎物。最后才明白是猎狗不好，可是因为家贫没办法得到好猎狗，于是他想回到自己田里努力耕种，等收获之后便可以买一只好的猎犬，等到有一只好猎犬时，便容易捕获野兽，实现自己成为一个好猎人的心愿。工欲善其事，必先利其器，但是应该具备哪些器具才能善其事呢？这可能是更重要的课题。很多企业员工每天辛辛苦苦从早忙到晚，领导者也是天天加班又加班，可惜效益就是上不去，为什么，基础建设没打好，员工技能低，管理制度不完善等等，都可能是根源所在。全身心投身经营的企业家，唯有不断思考这个问题，摸索出答案，方能取得成功。

41. 那个猎人为什么打不到猎物？

42. 那个猎人想怎样解决问题？

43. 根据这段话，企业家怎样才能取得成功？

第 44 到 47 题是根据下面一段话：

　　女人爱美，讲究气质，在一般人的观念里总认为只有通过保养、妆扮、训练等才可以提升女性的魅力，甚至认为这些才是女性的魅力之本。其实这些只是塑造魅力的手段和方法，事实上任何魅力女性必定是内秀的，女人的内秀需要日久天长的培养。女人有十分魅力，但如果不读书将失掉七分内涵。书是修炼内力之路上最值得信赖的伙伴，有了好书籍相伴左右，女人就能拥有一颗属于自己的心灵，拥有丰富的情感体验，不再畏惧年龄，不再因额头生几条皱纹而苦恼。所以说爱读书的女人最美，容颜易老，但气质不会老去，因为气质时时有补给。爱读书的女性就像天使一样，不但自己美，也能影响和温暖她的周围。如果胸无点墨，华丽的衣服装饰只能给人以肤浅的感觉。女人的气质美是女人美的全部表现，气质美会使男士们忽视其容貌，而关注其内在美，气质美的女性即使长相差点儿，也会很有女人味儿。

44.　一般人认为什么可以提升女性魅力？

45.　说话人认为什么样的女人最美？

46.　胸无点墨主要是什么意思？

47.　这段话主要谈什么？

第 48 到 50 题是根据下面一段话：

　　竹子主要分布在热带及亚热带地区，少数分布在温带和寒带。它对水、热条件要求特别高，所以雨量充沛，热量稳定的地区是竹子生长最理想的生态环境。竹子四季常青，无论是夏天还是冬天，总是蓬勃生长。竹子不仅可以做观赏饰物，还可以美化环境。在中国自古以来人们就喜欢用竹子做成各种各样的生活用品，如桌子、椅子、竹席，还有梳子、牙签等，云南的少数民族还用竹子修建房屋。竹子也可以用于工业做成纸张，供我们读书写字，另外，人们去饭店吃饭总忘不了来一盘竹笋炒肉。竹子全身都是宝，他是一种很有价值的植物。

48.　竹子的生长环境有什么特点？

49.　关于竹子，下列哪项正确？

50.　下面哪项最适合做这段话的标题？

听力考试现在结束。

一、听力

第一部分	1. D	2. B	3. C	4. A	5. B
	6. A	7. C	8. D	9. D	10. C
	11. B	12. D	13. D	14. B	15. D
第二部分	16. D	17. D	18. B	19. C	20. D
	21. A	22. C	23. A	24. C	25. A
	26. B	27. D	28. C	29. D	30. B
第三部分	31. D	32. A	33. C	34. B	35. D
	36. D	37. D	38. B	39. A	40. D
	41. C	42. A	43. C	44. A	45. B
	46. D	47. B	48. A	49. D	50. D

二、阅读

第一部分	51. C	52. C	53. A	54. A	55. B
	56. D	57. B	58. D	59. B	60. B
第二部分	61. C	62. A	63. B	64. A	65. D
	66. B	67. A	68. D	69. C	70. A
第三部分	71. C	72. A	73. B	74. D	75. E
	76. D	77. B	78. A	79. C	80. E
第四部分	81. B	82. B	83. A	84. A	85. C
	86. B	87. C	88. D	89. D	90. A
	91. C	92. D	93. B	94. B	95. D
	96. B	97. B	98. B	99. B	100. C

三、书写

101. 모범 답안 → 해설집 227쪽 참고

新 汉 语 水 平 考 试
HSK(六级)答题卡

姓名	
中文	

考点代码
[0] [1] [2] [3] [4] [5] [6] [7] [8] [9]
[0] [1] [2] [3] [4] [5] [6] [7] [8] [9]
[0] [1] [2] [3] [4] [5] [6] [7] [8] [9]
[0] [1] [2] [3] [4] [5] [6] [7] [8] [9]
[0] [1] [2] [3] [4] [5] [6] [7] [8] [9]
[0] [1] [2] [3] [4] [5] [6] [7] [8] [9]
[0] [1] [2] [3] [4] [5] [6] [7] [8] [9]

国籍
[0] [1] [2] [3] [4] [5] [6] [7] [8] [9]
[0] [1] [2] [3] [4] [5] [6] [7] [8] [9]
[0] [1] [2] [3] [4] [5] [6] [7] [8] [9]

序号
[0] [1] [2] [3] [4] [5] [6] [7] [8] [9]
[0] [1] [2] [3] [4] [5] [6] [7] [8] [9]
[0] [1] [2] [3] [4] [5] [6] [7] [8] [9]
[0] [1] [2] [3] [4] [5] [6] [7] [8] [9]
[0] [1] [2] [3] [4] [5] [6] [7] [8] [9]

性别　　　男 [1]　　　　女 [2]

年龄
[0] [1] [2] [3] [4] [5] [6] [7] [8] [9]
[0] [1] [2] [3] [4] [5] [6] [7] [8] [9]

注意　　　请用2B铅笔这样写： ■

一、听力

1. [A] [B] [C] [D]　　6. [A] [B] [C] [D]　　11. [A] [B] [C] [D]　　16. [A] [B] [C] [D]　　21. [A] [B] [C] [D]
2. [A] [B] [C] [D]　　7. [A] [B] [C] [D]　　12. [A] [B] [C] [D]　　17. [A] [B] [C] [D]　　22. [A] [B] [C] [D]
3. [A] [B] [C] [D]　　8. [A] [B] [C] [D]　　13. [A] [B] [C] [D]　　18. [A] [B] [C] [D]　　23. [A] [B] [C] [D]
4. [A] [B] [C] [D]　　9. [A] [B] [C] [D]　　14. [A] [B] [C] [D]　　19. [A] [B] [C] [D]　　24. [A] [B] [C] [D]
5. [A] [B] [C] [D]　　10. [A] [B] [C] [D]　　15. [A] [B] [C] [D]　　20. [A] [B] [C] [D]　　25. [A] [B] [C] [D]

26. [A] [B] [C] [D]　　31. [A] [B] [C] [D]　　36. [A] [B] [C] [D]　　41. [A] [B] [C] [D]　　46. [A] [B] [C] [D]
27. [A] [B] [C] [D]　　32. [A] [B] [C] [D]　　37. [A] [B] [C] [D]　　42. [A] [B] [C] [D]　　47. [A] [B] [C] [D]
28. [A] [B] [C] [D]　　33. [A] [B] [C] [D]　　38. [A] [B] [C] [D]　　43. [A] [B] [C] [D]　　48. [A] [B] [C] [D]
29. [A] [B] [C] [D]　　34. [A] [B] [C] [D]　　39. [A] [B] [C] [D]　　44. [A] [B] [C] [D]　　49. [A] [B] [C] [D]
30. [A] [B] [C] [D]　　35. [A] [B] [C] [D]　　40. [A] [B] [C] [D]　　45. [A] [B] [C] [D]　　50. [A] [B] [C] [D]

二、阅读

51. [A] [B] [C] [D]　　56. [A] [B] [C] [D]　　61. [A] [B] [C] [D]　　66. [A] [B] [C] [D]　　71. [A] [B] [C] [D] [E]
52. [A] [B] [C] [D]　　57. [A] [B] [C] [D]　　62. [A] [B] [C] [D]　　67. [A] [B] [C] [D]　　72. [A] [B] [C] [D] [E]
53. [A] [B] [C] [D]　　58. [A] [B] [C] [D]　　63. [A] [B] [C] [D]　　68. [A] [B] [C] [D]　　73. [A] [B] [C] [D] [E]
54. [A] [B] [C] [D]　　59. [A] [B] [C] [D]　　64. [A] [B] [C] [D]　　69. [A] [B] [C] [D]　　74. [A] [B] [C] [D] [E]
55. [A] [B] [C] [D]　　60. [A] [B] [C] [D]　　65. [A] [B] [C] [D]　　70. [A] [B] [C] [D]　　75. [A] [B] [C] [D] [E]

76. [A] [B] [C] [D] [E]　　81. [A] [B] [C] [D]　　86. [A] [B] [C] [D]　　91. [A] [B] [C] [D]　　96. [A] [B] [C] [D]
77. [A] [B] [C] [D] [E]　　82. [A] [B] [C] [D]　　87. [A] [B] [C] [D]　　92. [A] [B] [C] [D]　　97. [A] [B] [C] [D]
78. [A] [B] [C] [D] [E]　　83. [A] [B] [C] [D]　　88. [A] [B] [C] [D]　　93. [A] [B] [C] [D]　　98. [A] [B] [C] [D]
79. [A] [B] [C] [D] [E]　　84. [A] [B] [C] [D]　　89. [A] [B] [C] [D]　　94. [A] [B] [C] [D]　　99. [A] [B] [C] [D]
80. [A] [B] [C] [D] [E]　　85. [A] [B] [C] [D]　　90. [A] [B] [C] [D]　　95. [A] [B] [C] [D]　　100. [A] [B] [C] [D]

三、书写

101.

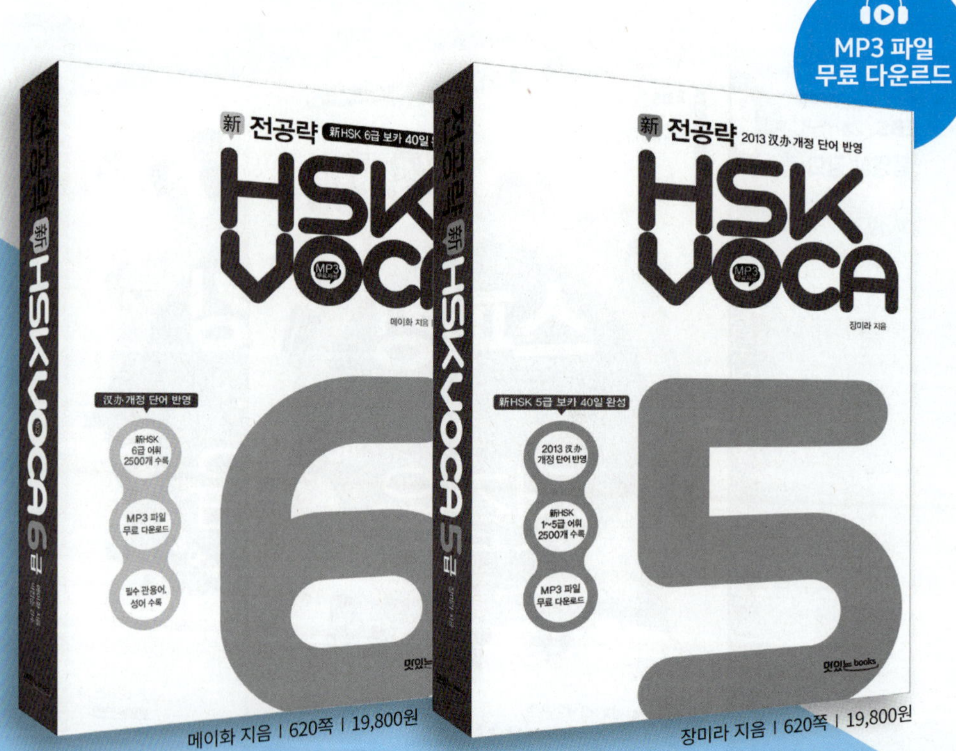

값 27,000원

ISBN 978-89-98444-34-1
ISBN 978-89-98444-28-0 (세트)